JN443273

Pearson

교문사

Pearson Education South Asia Pte Ltd
9 North Buona Vista Drive
#13-05/06 The Metropolis
Tower One
Singapore 138588

Pearson Education offices in Asia: *Bangkok, Beijing, Ho Chi Minh City, Hong Kong, Jakarta, Kuala Lumpur, Manila, Seoul, Singapore, Taipei, Tokyo*

Original edition HORNGRENS COST ACCOUNTING, GLOBAL EDITION 16/e by Srikant Datar and Madhav Rajan, ISBN 9781292211541, published by Pearson Education Limited Copyright © 2017 Pearson Education Limited. All rights reserved. No part of this book may be reproduced or transmitted in any form or by any means, electronic or mechanical, including photocopying, recording or by any information storage retrieval system, without permission from Pearson Education Inc. KOREAN language edition published by PEARSON EDUCATION SOUTH ASIA PTE LTD, Copyright © 2022. Authorized for sale only in South Korea.

3 2 1
23 22 21

Cover Art: weerapat wattanapichayakul/123RF®

발행일: 2022년 1월 3일
공급처: 교문사(031-955-6111~4/genie@gyomoon.com)
ISBN: 978-981-3137-28-8(93320)
가격: 38,000원

Copyright © Pearson Education South Asia Pte Ltd 2022. All rights reserved. This publication is protected by Copyright and permission should be obtained from the publisher prior to any prohibited reproduction, storage in a retrieval system, or transmission in any form or by any means, electronic, mechanical, photocopying, recording, or likewise. For information regarding permission(s), write to: Rights and Permissions Department.

Pearson

http://pearsonapac.com/

역자 서문

《Horngren's Cost Accounting》 16판은 1962년 초판이 발간된 이후 전세계적으로 원가관리회계의 교과서뿐 아니라 공인회계사 수험서로 가장 널리 활용되는 교재 중 하나라고 생각된다. 이번 번역과정에 참여한 역자들 모두도 《Horngren's Cost Accounting》의 이전 판으로 원가관리회계를 공부하였던 경험이 있다. 지금도 이 책은 다루고 있는 주제의 광범위함과 함께 최신 이슈의 적극적인 도입을 통해 원가관리회계 교재로서 명성을 유지하고 있다.

이 책의 장점은 여러가지이지만 많은 독자가 모두 동의하는 점은 원가관리회계의 광범위한 주제를 다루고 있으며 독자가 이해하기 쉽게 전달하려고 노력하고 있다는 점이라 하겠다. 광범위한 주제와 관련하여 이 책은 전통적인 원가관리회계 주제와 함께 최신 이슈를 통합하여 제시하려 하고 있다. 예를 들어, 16판은 글로벌 기업의 활동이 증가하는 것과 관련하여 여러 국가에서 활동하는 기업의 예산, 원가배부 등의 주제가 강화되었고 지속가능성과 관련하여 환경, 사회적 책임 등의 이슈가 포함되었다. 또한 기업의 혁신활동을 지원하는 재무적, 비재무적 측정 및 관리에 대한 내용이 균형성과표와 관련하여 추가되었다. 따라서 독자들은 이 책을 통해 원가관리회계의 많은 주제 및 이슈를 빠짐없이 모두 확인할 수 있다.

또 다른 장점은 광범위한 내용이 독자에게 잘 전달되도록 간결하면서도 이해가 쉬운 문장과 함께 많은 실무사례 및 다양한 예제를 제공하고 있다는 점이다. 이러한 문체와 사례는 판을 거듭하며 오랜 기간 이 책의 특징으로 이어져 오는 것으로 쉽지 않은 원가관리회계의 개념들을 처음 접하는 독자들이 이해하는 데 많은 도움이 된다. 특히 원가관리회계의 많은 주제들이 실무를 접하지 않은 독자에게는 생소할 수 있기 때문에 계산이나 암기를 통한 학습보다는 이러한 실무사례 및 예제를 통해 이슈를 이해하고 활용하는 능력을 키우는 것이 중요하다. 또한 독자들이 필요에 의해 일부 장을 건너뛰거나 장의 순서를 바꿔서 학습할 수 있도록 유연하게 구성되어 있어 독자의 수준과 상황에 따라 다양한 장의 조합으로 학습이 가능하다.

마지막으로 번역서의 특징은 다음과 같다. 먼저 이 번역서는 《Horngren's Cost Accounting》 16판의 방대한 분량을 '원가관리회계' 교과목으로 1학기에 진행할 수 있도록 재구성하고자 하였다. 이에 따라, 원서의 20장(재고관리, 적시시스템 및 역산원가계산), 22장(경영통제시스템, 이전가격결정 및 다국적 측면), 23장(성과측정, 보상제도 및 다국적 측면)이 이번 번역에서는 제외되었다. 그리고 17장(종합원가계산)과 18장(공손, 재작업품 및 작업폐물)은 종합원가계산으로 장을 통합하였다. 또한 원서의 중복 또는 지엽적인 내용과 문제는 삭제하였으며, 일부 사례의 경우 국내 상황에 맞게 수정하였다. 특히 최근 급변하는 기업환경을 반영하는 다양한 개념을 소개하기 위하여, 단편적인 내용의 나열보다 사례를 통한 포괄적인 접근방법을 채택하였다. 따라서 본 번역서는 기존의 교재에서 다루지 않았던 다양한 형태의 기업 사례를 다루어, 정형화된 계정과목에 한정하지 않고 기업 전체의 원가관리회계 이슈를 아우르는 원가관리회계 교재의 좋은 길잡이가 되기를 기대한다.

본 교재의 출간을 위해 애써 주신 교문사에 감사드리고 특히 이번 번역을 기획하고 진행하는데 도움을 주신 박현수 부장님, 진경민 과장님 그리고 편집과정에서 많은 도움을 주신 성혜진 과장님과 심승화 대리님께도 깊은 감사의 말씀을 전한다.

저자 소개

Srikant M. Datar는 하버드 경영대학원의 명예로운 Arthur Lowes Dickinson 교수이자 하버드 대학교 Innovation Labs의 학장이며, 하버드 대학의 수석 부학장이다. 뭄바이 대학을 우수한 성적으로 졸업한 그는 아마다바드의 IIM(Indian Institute of Management)와 ICWAI(Institute of Cost and Works Accountants of India)를 졸업하였다. 공인 회계사인 그는 스탠퍼드 대학에서 두 개의 석사 학위와 박사 학위를 받았다.

The Accounting Review, Contemporary Accounting Research, Journal of Accounting, Auditing and Finance, Journal of Accounting and Economics, Journal of Accounting Research 및 Management Science를 비롯한 주요 회계, 마케팅 및 운영 관리 저널에 연구를 게재했다. 여러 저널의 부편집장 및 편집위원을 역임하였으며 북미, 남미, 아시아, 아프리카, 호주 및 유럽의 기업 경영진과 학계에 자신의 연구를 발표했다. 《관리 회계: 의사결정 및 성과 동기 부여》 및 《MBA 재검토: 갈림길에 선 경영 교육》의 공동 저자이다.

학생들에게 헌신적이고 혁신적인 선생님으로 인정받는 Datar는 카네기 멜론 대학교의 강의실에서 'George Leland Bach Award for Excellence', 스탠퍼드 대학교에서 'Distinguished Teaching Award'를 수상했습니다.

Novartis A.G., ICF International, T-Mobile US, Stryker Corporation의 이사회 구성원이자 HCL Technologies의 수석 전략 고문이다. Apple Computer, Boeing, DuPont, Ford, General Motors, Morgan Stanley, PepsiCo, Visa 및 World Bank를 비롯한 많은 조직에서 일했다. 미국 회계 협회 및 관리 회계사 협회의 회원이다.

Madhav V. Rajan은 스탠퍼드 대학교 경영 대학원의 Robert K. Jaedicke 회계 교수이다. 또한 스탠퍼드 로스쿨의 법학 교수이기도 하다. 2010년부터 2016년까지 스탠퍼드 경영 대학원(Stanford GSB)에서 학부 수석 부학장이자 MBA 프로그램 책임자였다. 2017년에는 스탠퍼드 경영 대학원에 대한 그의 성과와 헌신적인 봉사를 인정받아 Davis 상을 받았다.

인도의 마드라스 대학교에서 상업 학사 학위를 받았고 카네기 멜론 대학교에서 회계, MBA 및 박사 학위로 석사 학위를 받았다. 1990년 그의 논문은 'Alexander Henderson Award for Excellence in Economic Theory'을 수상했다.

Rajan의 연구는 특히 내부 통제, 자본 예산 책정, 공급망 및 성과 시스템과 관련된 관리 회계 문제의 경제 기반 분석에 중점을 둔다. Accounting Review, Journal of Accounting and Economics, Journal of Accounting Research, Management Science, Review of Financial Studies를 비롯한 다양한 주요 저널에 연구를 발표했다. 2004년에는 Notable Contribution to Management Accounting Literature상을 수상하였으며, 저서 《관리 회계: 의사 결정 및 성과 동기 부여》의 공동 저자이다.

Management Science의 회계 부문 편집위원장이자 회계 및 운영 관리 부문의 부편집위원장을 역임했으며, 2002년부터 2008년까지 Rajan은 Accounting Review의 편집위원장을 역임했다. Rajan은 전미회계학회(AAA)의 관리회계분야 총회 연설을 두 번 하였다.

와튼에서 학부 교육 분야의 가장 큰 상인 David W. Hauck Award를 포함하여 와튼과 스탠퍼드에서 여러 차례 교수상을 수상하는 영예를 안았다. 그는 스탠퍼드 Executive Program을 가르치고 있으며, Financial and Accounting for the Nonfinancial Executive의 공동 이사이다. Genentech, Hewlett-Packard 및 nVidia를 비롯한 많은 회사의 교육 프로그램에 참여했으며 Infosys 글로벌 리더십 프로그램의 교수진이다.

Cavium, Inc. 및 iShares, Inc.의 이사이며, iShares Trust의 신탁 관리자이자 C.M. Capital Investment Advisory Board의 위원이다.

저자 서문

학생의 입장에서 원가회계를 공부하는 것은 최고의 투자라 할 수 있다. 소규모 상점부터 대규모 다국적 기업에 이르기까지 모든 조직은 원가회계를 필요로 한다. 원가회계는 경영자가 계획, 통제를 하고, 제품이나 서비스 또는 고객의 원가가 얼마인지 계산을 하는데 주요한 정보를 제공한다. 최근 기업 내 원가부서가 회사의 중요한 경영 의사결정에 참여하는 비중이 높아지는 상황에서 이 책은 경영진이 의사결정을 할 때 원가회계가 어떠한 역할을 하는지에 초점을 둔다. 특히 이 책은 '목적에 맞는 원가계산'이라는 개념에 충실함으로써 경영진이 경영전략 실행 시 원가회계가 실질적인 관리수단으로 사용되게끔 하고자 한다.

새로워진 점

글로벌 이슈에 대한 심도 깊은 분석

오늘날의 경영환경은 점점 더 글로벌하게 변하고 있다. 기업의 공급체인 제품생산, 판매시장 등은 이미 국제화되었다. 이러한 환경변화에 대응하여 6장에서는 다국적 기업의 예산편성 시 유의할 점, 16장에서는 미국과 남아프리카 공화국 간의 가금류 무역분쟁에 있어 결합원가의 중요성 등을 설명하였고, 기타 각 장에서 최근 글로벌 이슈에 대해 언급을 하였다.

상품 및 서비스 산업에 대한 집중

세계 경제가 전통적인 제품 위주의 환경에서 상품 및 서비스 위주의 환경으로 변화하고 있다. 그러한 시대 흐름을 반영하여 10장에서는 클라우드 컴퓨팅 서비스에 대한 선형원가함수 추정, 19장에서는 운송회사의 자본예산 편성 사례를 제시하였다. 또한 각 장마다 제시되어 있는 CONCEPTS IN ACTION에서도 상품 및 서비스 산업의 내용을 추가하였는데, 2장에서 Twitter사의 고정비 절감 사례, 5장에서 Mayo Clinic의 활동기준원가 적용 사례, 6장에서 24 Hour Fitness의 웹 기반 예산편성 사례, 12장에서 Best Buy사의 영업이익 분석 사례가 대표적이다.

지속가능성에 대한 강조

앞으로 다가올 경영환경에서는 지속가능성이 매우 중요하며, 경영진은 장기 재무적 성과, 사회적 성과, 환경 성과의 달성을 중요한 기업의 비교우위 요소로 간주한다. 이에 대응하여 2장, 4장, 6장, 10장, 13장, 15장, 19장에서 환경원가, 에너지 자립, 스마트 그리드, 탄소 저감에 대한 이슈를 원가분석, 탄소세, 배출권 거래제 등의 방법을 통해 설명하고 있다. 또한 12장에서는 사회적 성과와 환경 성과 측정의 유익함과 균형성과표에서 이러한 성과들이 어떻게 실현될 수 있는지에 대해 제시하였다.

혁신에 대한 강조

이 책에서는 기업의 혁신활동 및 창업활동을 지원하는 회계의 역할을 제시하고 있다. 예를 들면, R&D 지출의 경우 지출이 발생한 회계기간에서 비용 처리하는데 이 지출로 인한 효익은 비용 처리한 연도 이후에 기대된다. 즉, 지출과 효익이 회계 기간의 관점에서 비대칭인 경우에 대해 상세히 논하고 있다. 6장에서는 기업의 혁신활동 관련 예산을 어떻게 편성하는지, 당해 연도의 성과와 관련이 없는 성공적인 혁신활동의 성과를 어떻게 측정할 것인지에 대해 설명하고 있다. 11장에서는 혁신활동과 관련한 의사결정 시 비재무적 측정치의 중요성에 대해, 13장에서는 고객에 대한 이해에서부터 혁신활동이 시작하며, 18장에서는 품질향상을 위한 혁신활동에 대해 설명하고 있다.

최신 주제

조직의 변화속도는 매우 빠르다. 이 책은 변화하는 조직에서 원가회계가 어떠한 역할을 담당해야 하는지에 대해 다음과 같이 제시하고 있다.

- 기업의 지속가능성과 경영 목표를 달성하기 위한 지속가능 전략과 구체적인 실현 방법을 소개한다.
- 균형성과표에서 활용되는 성과측정치들에 대한 가중치를 학술 연구 논문에 근거하여 제시하며, 특히 전략지도에서 연결의 강도, 차별화, 초점, 유발점과 같은 새로운 측정 방법론을 제시한다.
- 최근 임원 보상제도에 관한 동향을 제시한다.
- 기업이 활용하는 자원관리 시스템의 발달사와 새로운 원가계산 시스템에 대해 소개한다.
- 미래 원가 추정 시 수요예측의 근거자료로 사용되는 빅데이터 관련 최근의 동향과 구체적인 데이터 분석방법에 대해 제시한다.

각 장의 도입부에서 관련 경영 사례 제시

각 장의 시작부분에서는 특정 회사의 상황을 설명하는 사례를 제시한다. 이를 통해 독자들은 경영환경 속에서 기업이 직면하는 딜레마를 이해하고, 그 상황이 각 장과 어떻게 연결되어 있는지 이해할 수 있다. 예를 들면, 2장에서는 Quiksilver사가 고정비 부담의 어려움으로 인해 파산한 상황, 5장에서는 General Motors사가 공급업체들을 평가할 때 사용한 활동기준원가계산, 9장에서는 Boeing 항공사의 미처리 주문과 재고원가 감소노력을 통해 린 제조 방식에 대한 설명, 14장에서는 Delta 항공사에서 매출액의 변동성을 줄이기 위해 제안한 마일리지 보상 프로그램 등이다.

CONCEPTS IN ACTION 제시

각 장에서는 방위산업, 엔터테인먼트, 제조, 소매, 스포츠 등의 업종에서 실제 발생한 원가회계 사례를 제시하였다. 예를 들면,

- Subway사의 원가-조업도-이익 분석: 3장
- Chipotle사의 재료원가 차이 분석: 7장
- H&M사의 목표가격: 13장

- Amazon Prime의 고객 수익성 분석: 14장
- Netflix사의 병목현상: 18장

간결한 표현

이 책은 독자들이 각 장에서 제시된 다양한 개념과 구체적인 분석 방법을 최대한 이해하기 쉽도록 간결하게 표현하였다. 15판에서 12장~16장의 순서에 대해 긍정적인 평가를 받았기 때문에 16판에서도 이 순서를 유지하였다. 예를 들면, 13장에서 원가배부의 목적과 제품원가, 가격정책에 대해 설명하기 시작하여, 14장에서는 고객원가 계산을 위한 원가배분, 15장에서는 보조부문의 원가계산을 위한 원가배분, 16장에서는 결합원가에 대해 설명하였다.

도전!(Try It!)

각 장마다 제시되어 있는 '도전'을 통해 학생들이 배운 개념을 실제 적용해볼 수 있도록 하였다.

차례

CHAPTER 4
개별원가계산 94

CHAPTER 5
활동기준원가계산 130

CHAPTER 6
종합예산과 책임회계 162

CHAPTER 7
변동예산과 직접원가차이, 경영통제 196

CHAPTER 8
변동예산, 제조간접원가차이 및 경영관리 236

CHAPTER 9
재고자산 원가계산과 조업도 분석 278

CHAPTER 10
원가행태의 결정 322

CHAPTER 11
의사결정과 관련 정보 346

CHAPTER 12
전략, 균형성과표 396

CHAPTER 13
가격결정과 원가관리 414

CHAPTER 14
원가배부, 고객수익성분석, 매출차이분석 452

CHAPTER 15
부문별 제조원가 배부(공통비용과 수익) 498

CHAPTER 16 원가배부: 결합제품과 부산물 534

CHAPTER 17 종합원가계산과 공손 564

CHAPTER 18 균형성과표, 품질, 시간 606

CHAPTER 19
자본예산과 원가분석 630

※ 원서의 17장(종합원가계산)과 18장(공손, 재작업품 및 작업폐물)을 종합원가계산으로 통합하고 20장(재고관리, 적시시스템 및 역산원가계산), 22장(경영통제시스템, 이전가격결정 및 다국적 측면), 23장(성과측정, 보상제도 및 다국적 측면)을 이번 번역에서 제외했다.

1 조직 내 회계담당자의 역할

학습목표

1 재무회계와 관리회계를 구분한다.

2 관리회계사가 기업의 의사결정을 어떻게 도와주는지 이해한다.

3 5단계 의사결정과정을 학습하고 5단계 의사결정과정이 관리회계에 어떻게 활용되는지 살펴본다.

4 관리회계사가 지켜야 하는 3개의 가이드라인에 대해 학습한다.

5 관리회계사가 조직에서 어떠한 일을 담당하는지 살펴본다.

6 관리회계사가 지켜야 할 직업윤리에 대해 이해한다.

모든 기업은 수입과 비용을 신경 쓴다. 모든 기업의 경영자들은 수익과 원가가 어떻게 작동하는지 숙지해야 하며, 또한 통제되지 않은 위험이 기업의 성과에 미치는 영향에 대해서도 알고 있어야 한다. 경영자들은 원가회계정보를 활용해 연구개발, 생산계획, 예산, 가격결정 그리고 새로운 제품이나 서비스에 대한 의사결정을 내린다. 때때로 이러한 결정들은 트레이드오프(tradeoff)가 존재한다. 아래의 사례는 원가와 가격에 대해 정확하게 이해한 Coca-Cola가 매출량의 감소에도 불구하고 어떻게 수익을 창출하였는지 보여주고 있다.

Coca-Cola에게, 작은 크기는 더 큰 이익을 나타낸다[1]

적게 판매하는 것이 많이 판매하는 것보다 수익성이 더 좋을 수 있을까? 많은 소비자들이 건강에 대해 우려하기 시작하면서, 소다 소비를 줄이게 되었다. 소비자들은 “너무 많이 마시고 싶지 않아”, “칼로리가 많은 것은 안 돼”, “너무 많은 설탕은 안 돼”라고 외치기 시작했다. 그러자 Coca-Cola는 작은 사이즈의 콜라를 마시면 된다는 전략으로 작은 사이즈의 Coca-Cola를 판매하기 시작했다. 2015년, 미국의 소다 매출량은 전반적으로 하향 추세였지만, 산업의 수입은 증가하였다. 이러한 현상이 어떻게 가능한 것인가? 소다 회사들은 작은 사이즈의 음료를 더 비싼 가격에 판매함으로 인해 가능한 일이었다.

Coca-Cola는 시장에서 주도적으로 작은 사이즈의 음료를 판매하기 시작했다. 작은 사이즈의 12온스(340ml) 병 콜라와 7.5온스(210ml) 캔 콜라는 2015년에 매출이 15% 증가했다. 반면, 큰 사이즈의 콜라 매출은 하락했다. 재미있는 점은 작은 사이즈 콜라의 단위가격은 큰 사이즈 콜라의 단위가격보다 높다는 것이다. 만약, 작은 사이즈 콜라의 인기가 계속된다면, Coca-Cola는 소다를 덜 판매하지만 더 많은 돈을 벌 수 있게 될 것이다.

urbanbuzz/Alamy Stock Photo

원가회계를 공부하다 보면, 경영자와 회계사들이 어떻게 기업을 성공적으로 운영해왔는지 알게 될 것이다. Nike나 Pittsburgh Steelers와 같이 큰 규모의 기업들도 회계 지식을 갖춘 경영진들을 고용했다.

---

1 출처: Mike Esterl, “Smaller Sizes Add Pop to Soda Sales,” *The Wall Street Journal*, 2016년 1월 27일 (http://www.wsj.com/articles/smaller-sizes-add-pop-to-soda-sales-1453890601); Trefis, “How Coke Is Making the Most Out of Falling Soda Volumes,” 2016년 1월 5일 (http://www.trefis.com/stock/ko/articles/327882/how-coke-is-making-the-most-out-of-falling-soda-volumes/2016-01-05)

재무회계, 관리회계 그리고 원가회계

재무회계 수업에서 이미 학습하였듯이 회계시스템은 경제적 사건과 거래를 기록하고, 이 자료를 가공하여 경영자를 비롯한 모든 이해관계자들에게 유용한 정보를 제공한다. 경제적 거래를 산출한다는 것은 자료를 모으고, 이를 분류 · 요약하고 분석하는 것을 의미한다. 예를 들어, 원가자료는 재료, 노무 그리고 배송으로 분류되어 수집된다. 수집 · 분류된 자료는 월별, 분기별, 연도별 총원가로 요약된다. 요약된 원가정보를 가지고 회계사들은 원가가 어떻게 변화하고 있는지 분석하고 이를 경영자들과 함께 논의한다. 또한, 회계시스템은 기업의 재무제표(재무상태표, 손익계산서, 현금흐름표)와 성과분석보고서에 있는 정보들을 제공한다. 경영자들은 회계정보를 활용하여 기업의 활동, 사업, 기능 영역에 대한 의사를 결정한다. 예를 들어, iPad와 노트북의 매출 증가를 보여주는 자료가 보고된다면, Apple은 판매원을 더 고용할 의사결정을 내릴 것이다. 경영자들이 그들의 일을 올바르게 수행하기 위해서는 회계정보를 반드시 알아야 한다.

각 부서의 매니저들은 그들의 필요에 따라 회계정보가 다양한 형태로 보고되기를 원한다. 대표적인 예로 판매 주문 정보(sales order information)가 있다. Porsche의 판매 담당 매니저는 판매부 직원들의 수임료를 결정하는 총매출액 정보를 가장 중요하게 생각한다. 반면에 물류 담당 매니저에게는 지역별 판매주문량과 고객이 요청한 배송 날짜에 상품이 정확하게 배송되었는지에 관한 정보가 중요하다. 그리고 제조 부서의 매니저는 효과적인 생산스케줄을 개발하기 위해 다양한 상품군과 고객들이 희망하는 배달일정에 대한 정보가 중요하다.

각 부서의 매니저들이 요구하는 사항을 모두 충족시키기 위해, Porsche는 데이터웨어하우스(datawarehouse) 혹은 정보창고(infobarn)라고 불리는 데이터베이스를 만들었다. 이 데이터베이스는 다수의 목적으로 사용될 수 있도록 작고 구체적인 형태의 정보로 구성되어 있다. 판매주문 데이터베이스는 각 주문의 상품정보, 판매가, 주문량, 배송정보(장소와 날짜)와 관련된 상세 정보들을 제공하고 있다. 데이터베이스 정보는 다양한 매니저들이 요구하는 정보를 습득할 수 있도록 도와준다. 그래서 많은 회사들은 자신들만의 ERP(enterprise resource planning) 시스템을 구축한다. ERP 시스템은 기업 내 구매, 생산, 물류 그리고 판매 등 기업의 경영 활동을 도와주는 데이터베이스이다.

재무회계와 관리회계는 다른 지향점을 가지고 있다. 재무회계는 투자자, 정부, 은행 등과 같은 외부 정보이용자들에게 재무정보를 보고하는 데 목적이 있다. 관리회계는 재무적 정보와 비재무적 정보를 측정 · 분석하여 경영자들이 기업의 목표를 달성하기 위한 의사결정을 내리도록 도와준다. 경영자들은 관리회계 정보를 다음과 같이 사용한다.

- 전략을 개발하고 논의하거나 실행할 때
- 제품 디자인, 생산 그리고 마케팅 결정을 논의하거나 기업의 성과를 평가할 때

관리회계는 일반적으로 인정된 회계원칙이나 기준이 없다. 관리회계가 중요하게 고려하는 것은 다음과 같다.

- 경영자들이 관리회계 정보를 활용하여 더 좋은 결과를 만들 수 있을까?
- 정보를 활용하여 얻은 이익이 비용보다 클 것인가?

관리회계와 재무회계의 차이를 보기 1-1에 정리하였다. 한 가지 주목해야 할 점은 재무제표는 관리회계와 재무회계에 모두 필요한 정보라는 것이다.

보기 1-1 관리회계와 재무회계의 차이점

	관리회계	재무회계
정보의 목적	경영자들의 의사결정이 조직의 목적을 달성할 수 있도록 도와줌	투자자, 은행, 규제기관 및 외부투자자에게 기업의 재무상태에 대한 정보 제공
정보이용자들	기업의 내부 정보이용자들(관리자)	투자자, 은행, 규제기관, 공급자들과 같은 외부 정보이용자
초점	미래지향적 (2017년 예산은 2016년에 준비)	과거
측정과 보고 원칙	따라야 하는 회계기준은 없음(경제성의 원칙에 따라 결정될 수는 있음)	IFRS에 따라 재무제표가 작성되어야 함. 독립적인 외부감사인이 이를 감사함
주기와 보고서 종류	1시간 주기로부터 15년, 20년의 주기까지 다양함. 제품, 부서 그리고 전략에 관한 재무정보와 비재무적 정보를 담고 있는 보고서	1년 혹은 분기별로 재무제표 작성
결과	경영자와 다른 직원들의 행동에 영향을 줌	경제적 사건을 보고하는 역할을 함. 또한 재무제표의 재무성과를 활용하여 경영자들의 보상을 결정하기에 경영자들의 행동에도 영향을 줌

원가회계 역시 관리회계와 재무회계에 유용한 정보를 제공한다. 원가회계는 원가와 관련한 재무, 비재무적 정보를 측정하고 분석한다. 예를 들어, 원가회계에서 측정한 제품원가는 재무회계 분야에서 재고자산의 가치를 측정하기 위해 필요한 정보이고, 관리회계에서는 관리회계사들의 의사결정에 필요한 정보이다. 그러나 오늘날 대부분의 회계전문가들은 원가정보는 관리회계정보의 일부라고 생각한다. 따라서, 관리회계와 원가회계의 구분은 명확하지 않다. 이 책에서 이 두 개념을 구분하지 않고 사용할 것이다.

경영자들은 종종 원가관리라는 용어를 사용한다. 불행하게도 이 용어에 대한 정확한 정의는 없다. 이 책에서 원가관리는 경영자들이 제품의 가치를 높이기 위한 것 혹은 조직의 목표를 달성하기 위한 방법으로 자원을 활용하는 것으로 정의 내린다. 원가관리는 비용을 줄이는 것만 의미하지 않는다. 예를 들어, 추가적인 비용이 발생하더라도, 새로운 제품의 품질 향상이나 고객의 만족도 상승으로 이익이 증가된다면, 이 역시 원가관리라고 할 수 있다. 새로운 시장 진출 여부, 새로운 조직프로세스의 시행 여부 그리고 제품 디자인의 변경 여부와 같은 것 역시 원가관리의 분야이다. 회계시스템으로 획득한 정보는 경영자로 하여금 원가를 관리하는 데 유용한 정보를 제공하지만, 정보나 회계시스템은 원가관리는 아니다.

전략 결정과 관리회계사

기업의 전략은 기업이 보유하고 있는 능력과 시장에서의 기회를 어떻게 연결시키는지 구체화한 것이다. 다시 말해, 전략은 경쟁사들과 구별되는 기업 자신들만의 가치창출 방법을 의미한다. 사업은 한두 개의 전략을 가지고 있다. 예를 들어, Southwest Airlines와 Vanguard(뮤추얼 펀드 회사)는 가격경쟁력 전략을 시행하고 있다. 그들은 분별력 있게 원가를 관리하여 고객들에게 양질의 제품과 서비스를 저가에 제공함으로써 수익을 얻고 있다. Apple이나 Johnson & Johnson은 상품차별화 전략을 시행하고 있다. 그들은 경쟁사들과 차별화된 특별한 제품과 서비스를 고객들에게 제공함으로써 이익을 창출한다.

어떤 전략을 선택하는지는 경영자들이 해야 하는 중요한 일 중 하나이다. 관리회계사(management accountant)는 모든 부서의 매니저들에게 경쟁우위 정보[2]를 제공하고 그들과 함께 전략을 만들어낸다. 전략적 원가관리는 전략적인 이슈들에 대한 원가관리를 의미한다.

관리회계 정보는 경영자들에게 다음 질문들에 대한 해답을 제공함으로써 전략을 세울 수 있게 도와준다.

- 우리에게 중요한 고객은 누구이며, 우리에게 있어 가장 경쟁력 있는 역량은 무엇인가? Amazon.com의 온라인서점이 성공을 거두면서, 경쟁사인 Barnes & Noble의 관리회계사는 기술기반을 증진시키는 것과 온라인시장을 구축하는 것에 대한 여러 대안의 비용과 편익을 분석하였다. 유사하게, Toyota도 비용효익분석을 통해 변화하는 소비자의 요구에 대응하기 위한 방안으로 컴퓨터통합생산 공장을 설립하였다.
- 우리 고객의 협상력(bargaining power)은 무엇인가? Kellog는 자신들의 높은 브랜드 가치를 통해 고객들의 협상력을 낮췄고, 그들의 시리얼 가격을 인상하였다.
- 우리의 공급자들의 협상력은 무엇인가? Dell Computers의 관리회계사는 마이크로프로세서와 소프트웨어에 대한 사용료를 결정해야 할 때, 마이크로프로세서의 공급자인 Intel과 소프트웨어 공급자인 Microsoft의 협상력을 중요한 고려사항으로 생각한다.
- 시장에 있는 대체재는 무엇인가? 대체재는 우리의 제품과 어떤 면(디자인, 가격, 원가, 질)이 다른가? Hewlett-Packard는 타사의 프린터와 기능 및 품질을 비교한 후, 새로운 프린터의 디자인과 원가 그리고 가격을 결정하였다.
- 전략을 시행하기 위해 충분한 현금을 보유하고 있는가? 아니면, 추가적인 자금을 융통해야 하는가? Procter & Gamble은 면도기 제조회사인 Gillette를 인수하기 위해 새로운 부채와 주식을 발행하였다.

만약, 전략과 역량이 효과적으로 시행되지 않는다면, 그 아무리 최고의 전략과 역량이라 할지라도 쓸모가 없다.

의사결정, 계획 그리고 관리: 5단계 의사결정과정

콜로라도의 신문회사인 Daily News의 사례를 통해 5단계 의사결정과정을 알아보자. 경영자들이 5단계 의사결정과정을 가지고 어떻게 다양한 의사결정을 내리는지 살펴볼 것이다.

Daily News는 경쟁자들과 다음과 같은 차별점을 가지고 있다.

- 면밀하게 분석된 자료를 기반으로 기사를 쓰는 저명한 저널리스트
- 광고주와 독자들의 이목을 집중시키는 색상
- 속보, 인터뷰 그리고 분석을 바로 전달하는 웹사이트

Daily News는 성공적인 전략을 위해 전산화된 최첨단의 프린트 기반, 웹 기반의 정보기술 인프라 그리고 신문산업에서 가장 중요한 유통네트워크를 활용하였다. Daily News의 매

---

[2] 경쟁우위 정보는 다음과 같다. (1) 경쟁사와 비교한 기업의 원가, 생산성, 효율성의 이점, (2) 기업의 차별화된 제품 및 서비스에 부여할 수 있는 프리미엄

니저인 Naomi Crawford는 계속해서 증가하는 제작원가에 맞추기 위해, 2017년 회사의 수입을 증가시켜야만 했다. Naomi는 5단계 의사결정과정을 통해서 그녀가 2017년에 꼭 해야 하는 일들을 결정했다.

1. 문제와 불확실한 점을 식별한다. Naomi에게는 두 가지 선택사항이 있었다.
   - 신문의 판매가격 상승
   - 1페이지당 광고가격 상승

   신문 가격과 광고비의 인상으로 인한 수요의 변화는 불확실하다. 판매가격이나 광고가격의 인상은 수요의 감소를 야기할 수 있고, 이는 수입을 높이기보다는 오히려 줄일 수도 있다. 이 결정은 2017년 3월부터 시행되었다.

2. 정보를 수집한다. 경영자들이 의사결정 전에 관련 정보를 수집한다면, 불확실성을 파악하기가 더 쉽다. Naomi는 마케팅 매니저에게 신문가격의 상승이 독자들에게 미치는 영향을 조사해달라고 부탁했고, 광고 담당 매니저에게는 현재 혹은 미래의 광고주들의 수요 조사를 요청했다. 그리고 그녀는 과거 자료를 기반으로 신문가격의 인상이 독자 수에 미치는 영향에 대해서도 조사했다. Daily News의 관리회계사인 Ramon Sandoval은 과거 광고가격 인상 혹은 인하가 광고 수입에 미치는 영향에서도 조사하고, 추가적으로 경쟁 신문사와 다른 미디어의 광고료에 대한 정보를 분석하였다.

3. 미래 예측한다. Naomi는 수집한 정보에 기반하여 미래를 예측하였다. 그녀는 신문 가격의 인상은 독자들의 마음을 상하게 하고 이는 결국 독자 수 감소로 이어질 것이라 결론지었다. 그래서 그녀는 다른 시각으로 광고료에 접근하였다. 시장 전체의 광고료가 상승할 것으로 예측하였고, Daily News의 광고료 인상은 광고 계약에 큰 영향을 미치지 않을 것이라고 판단했다.

   Naomi는 예측을 하기 위해서는 판단이 필요하다고 생각했다. 그녀는 편견에 빠지는 것을 조심하였다. 과연 독자들의 정서를 잘 파악한 것인가? 가격인상의 부정적인 효과에 대한 생각으로 의사결정을 잘못한 것은 아닌가? 경쟁사들은 예상대로 광고료를 올릴 것인가? 과거 경쟁사들의 행동에 지나치게 의존하여 예측한 것은 아닌가? 상황이 변하고 있지는 않은가? 과연 광고 담당자들은 광고주들에게 광고료 인상에 대해 설득할 수 있을 것인가? Naomi는 이러한 가정들과 그녀의 생각들을 재검토하면서 그녀의 예측과 판단에 확신을 갖게 되었다.

4. 최적의 대안을 선택한다. 기업의 전략은 조직의 모든 사람들이 의사결정을 내릴 때에 중요한 지침 역할을 한다. 기업은 다양한 부서로 조직되어 있으므로, 의사결정 시에 모두가 따를 수 있는 일관된 전략이 필요하다. 모든 의사결정이 전략에 맞추어 조정되어야만 조직이 더 나은 목표를 달성할 수 있게 된다. 만약 그렇지 않게 된다면, 조직은 서로 다른 방향으로 움직일 것이고 이는 좋지 않은 결과를 야기할 것이다.

   상품의 다양화 전략을 추구하면서, Naomi는 2017년 3월부터 광고료를 4% 인상하여 페이지당 $5,200로 결정하였다. 하지만 신문판매가격은 인상하지 않기로 결정했다. 그녀는 Daily News의 독특한 스타일과 웹 기반 신문이라는 특징이 독자 수를 늘릴 것이고, 이는 광고주들의 가치창출에도 도움이 될 것이라고 판단했다. 그녀는 판매 부서와 새로운 광고료 계획을 논의하였고, Ramon은 광고 수입이 $4,160,000($5,200/페이지 × 800페이지)[3]가 될 것이라고 추정하였다.

1단계에서 4단계까지는 계획이라고 한다. 계획은 조직의 목표와 전략을 결정하는 것, 목표를 달성하기 위한 여러 방안들의 결과를 예측하는 것, 목표를 달성하는 방법 그리고 목표달성을 위한 조직 내 의사소통으로 구성되어 있다. 관리회계사는 주요 성공요인과 무엇이 가치를 창출하는지 명확하게 이해하고 있기에 계획활동에서 그들의 역할이 중요하다.

계획을 시행할 때 가장 중요한 것은 바로 예산이다. 예산이란 기업이 달성하고자 하는 목표를 수행하기 위해 해야 하는 활동을 화폐단위로 표시한 것이다. 2017년 3월, Daily News의 광고수입예산은 $4,160,000이다. 이를 달성하기 위한 매출, 생산, 유통계획, 현금흐름 예측정보 그리고 자금계획 등 기업의 총활동에 대한 예측액이 총예산이다. 예산은 다양한 부서에서 계획하는 것이기에, 기업의 모든 조직원들이 기업의 공급자와 고객과 더불어 서로 소통하고 조정해야 한다.

5. **선택된 대안을 실행하고, 성과를 평가하며 학습한다.** Daily News의 매니저는 2017년 3월 예산을 실행하였다. 관리회계사는 기업의 실제발생액과 예산액의 차이를 비교하며 차이분석을 시행한다. 이처럼 매니저들이 최초에 수립한 예산액과 실제결과를 비교하는 것을 통제라고 한다. 통제는 계획된 결정을 평가하거나, 과거 성과를 평가하기도 하고 미래 의사결정을 수정하는 피드백의 기초자료로 활용된다.

실제발생액(결과)을 측정하고 비교하는 것은 경영자들로 하여금 조직의 구성원들이 자신들의 일을 잘 하고 있는지 알 수 있게 한다. 경영자들의 보상을 성과와 연동한다면, 경영자들은 더 열심히 일할 것이다. 성과연동보상은 경영자들로 하여금 내적으로는 일을 잘 하였다는 만족감을 줄 것이고 외적으로는 성과에 걸맞는 연봉, 성과급이나 승진을 제공한다.

예산은 실제결과의 벤치마크 역할로써 계획뿐만 아니라 통제의 역할도 한다.

Daily News의 성과평가를 생각해 보자. 2017년 3월, 신문사는 광고를 판매하고, 청구서를 발행하고 납입금을 받았다. 이러한 거래들은 회계시스템에 기록된다. 보기 1-2의 성과분석보고서를 보면, 2017년 3월 Daily News의 매출을 확인할 수 있다. 이를 통해 800페이지의 예산보다 40페이지가 적은 760페이지의 광고가 판매된 것을 알 수 있다. 그리고 페이지당 가격은 예산에서 보고한 $5,200가 아닌 $5,080이다. 그 결과, 실제 광고수입은 $3,860,800이고 이는 예산에서 보고한 $4,160,000보다 $299,200만큼 적다. 이처럼 경영자들은 실제발생액을 평가하기 위해 재무적인 정보와 비재무적인 정보를 모두 활용한다.

보기 1-2의 성과분석보고서는 탐색과 학습(learnings)의 기본이 된다. 과거 성과를 검토하고, 더 나은 의사결정의 대안들과 계획을 모색한다. 학습은 기업의 목표, 전략 그리고 의사

보기 1-2 Daily News의 2017년 3월 성과분석보고서(광고수입)

	실제결과 (1)	예산 (2)	차이 (실제결과 − 예산) (3) = (1) − (2)	차이수준 (4) = (3) ÷ (2)
판매된 광고 페이지 수	760페이지	800페이지	40페이지 과대예산	5.0% 하락
정당 광고료	$5,080	$5,200	$120 감소	2.3% 하락
광고 수입	$3,860,800	$4,160,000	$299,200 감소	7.2% 하락

[3] 2017년 3월 기준, 800페이지가 광고주들에게 판매될 것으로 예측한다.

결정을 변화시킨다. 나아가 경영자를 교체하는 결정을 내리기도 한다.

관리회계사는 보기 1-2의 성과분석보고서를 통해 경영자들에게 다양한 질문을 함으로써 조직의 문제와 기회에 대한 새로운 시각을 유도한다. 예를 들어 Daily News의 차별화된 전략은 다른 신문사들에 비해 독자들을 더 많이 이끌어오는가? 마케팅과 세일즈부서는 광고주들에게 페이지당 $5,200인 광고료보다 더 높은 가치를 제공하기 위해 충분한 노력을 하고 있는가? 왜 실제 광고가격은 예산에서 제시한 $5,200가 아니라 $5,080인가? 판매담당자가 할인된 가격을 제공한 것인가? 경제적 상황이 광고가격의 감소를 유발한 것인가? 편집과 생산 기준에 의해 광고수입이 떨어진 것인가? 더 많은 독자들이 온라인뉴스를 구독하는가?

이러한 질문들은 신문사의 편집자들로 하여금 후속 행동을 유도한다. 더 많은 판매부 직원을 채용하거나 편집정책을 변경하고, 혹은 독자들의 온라인 유료구독을 증진하기 위한 온라인 설비투자를 진행한다. 마케팅, 편집부 그리고 생산 부서는 효과적인 성과를 달성하기 위해 서로 조율하고 화합해서 일해야 한다.

관리회계사는 광고료 인상 이후 광고를 중단한 광고주가 누구인지 조사해야 한다. 그리고 경영진들은 판매부서가 이러한 광고주들을 언제, 어떻게 연락하고 만나야 하는지 결정해야 한다.

계획과 통제는 계획이 실행되었을 때 경영자들이 예측하지 못한 기회들을 붙잡을 수 있도록 융통성이 있어야 한다. 즉, 사건들이 계획과 달리 전개될 때 기존의 계획보다 더 나은 방법이 있다면, 통제는 기존의 계획을 고수하지 말아야 한다.

보기 1-3의 왼쪽 부분은 Daily News의 의사결정과정을, 오른쪽 부분은 관리회계시스템이 의사결정을 도와주는 과정을 보여준다.

혁신과 지속가능경영을 추구하는 기업에게 있어 계획과 통제는 쉬운 일이 아니다. Daily

보기 1-3 Daily News의 의사결정, 계획 그리고 통제과정에서 회계는 어떠한 도움을 주는가?

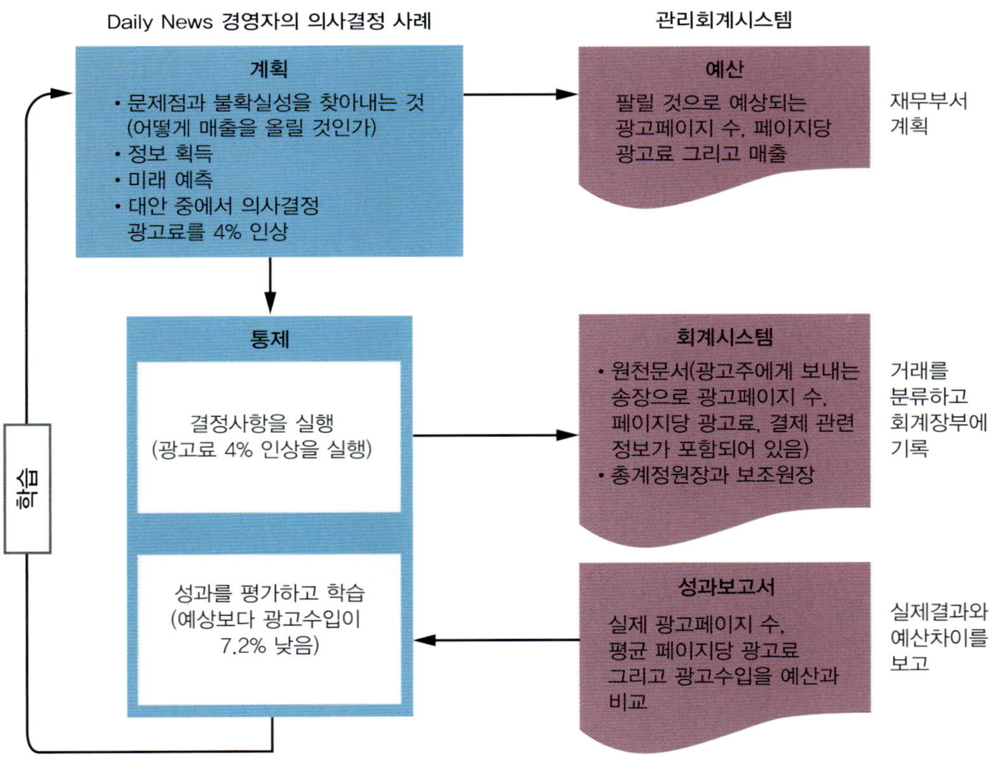

News의 사례에서도 Daily News는 온라인신문으로 넘어가는 독자들을 붙잡기 위해서 반드시 변화해야만 했다. 앞에서 말한 5가지 단계를 생각해 보자.

- **1단계:** 불확실성은 훨씬 커졌다. 신문에 대한 수요는 존재하는가? 고객들은 정보를 얻기 위해 다른 방법보다 Daily News를 선호할 것인가?
- **2단계:** 경영자들은 믿을 만한 정보를 획득하는 것이 어려워졌다. 경영자들은 상이한 데이터들을 연결하고, 실험하고, 다양한 전문가들을 접하며 세상이 어떻게 변화하고 있는지 이해해야 한다.
- **3단계:** 미래예측을 하기 위해 다양한 시나리오와 모델들을 개발해야만 한다.
- **4단계:** 경영자들은 상황이 예상과는 다르게 흘러가는 경우를 대비하여 계획을 수정할 수 있음을 인지한 채 의사결정을 내려야 한다.
- **5단계:** 학습을 하는 것은 매우 중요하다. 불확실성은 어떻게 변화하고 이런 상황에서 경영자들은 어떻게 대응하는지 알아야 한다.

지속가능경영(sustainability)을 위한 계획과 통제는 어려운 일이다. Daily News는 인쇄기의 에너지 소비, 인쇄물 재활용 그리고 환경오염 방지를 위해 어떠한 행동을 해야 할 것인가? Daily News의 지속가능경영 정책에 대해 고객들은 Daily News에 충성심을 더 가질 것인가? 투자자들은 지속가능경영에 Daily News가 자원을 투자하는 것에 긍정적으로 받아들일 것인가? 투자자와 고객의 정서를 파악하는 것은 쉽지 않다. 지속가능경영이 장기적으로 성공할 것인지에 대한 예측 역시 마찬가지다. 경영자들이 결정을 내리는 순간에도 환경 규제나 지속가능경영에 대한 사회적 기대는 변하고 있다. 이러한 변화에 맞춰 경영자들은 학습하고 변화에 적응해야 한다.

관리회계 가이드라인

3개의 가이드라인은 관리회계사의 효과적인 조직운영전략을 위한 의사결정에 도움을 준다.

- 원가-효익 접근법
- 행동 및 기술적 고려사항
- 목적에 따라 다양한 원가 사용

원가-효익 접근법

경영자들은 지속적으로 자원배분 의사결정에 직면하게 된다. 새로운 소프트웨어 패키지를 구매할 것인지 혹은 새로운 직원을 고용할 것인지와 같은 대안들을 결정해야 한다. 그들은 의사결정을 할 때 원가-효익 접근법(cost-benefit approach)을 사용한다. 경영자들은 관리회계 정보를 활용하여 예상되는 효익이 예상되는 원가보다 큰 대안을 선택한다.

컨설팅 회사가 첫 예산시스템을 도입하는 것을 생각해 보자. 이전에 이 회사는 과거 기록을 활용하였을 것이고 정형화된 예산계획은 거의 없었을 것이다. 예산시스템을 도입하게 되면 경영자는 미래 계획을 용이하게 세울 수 있고, 예산과 실제발생액을 비교할 수 있으며, 이를 통해 차이를 분석하고 개선조치를 취할 수 있다. 예산시스템이 더 나은 결정을 이끌고 이로 인해 기업성과가 개선되지만, 효익을 정확하게 측정하는 것은 쉽지 않다. 소프트웨어 투자나 직원교육과 관련한 원가는 측정하기 쉽지만, 경영자가 소비한 시간과 관련한 원가는 측정하기 어렵다. 그럼에도 불구하고 경영자들은 기대효익과 기대원가를 비교하고, 판단하여 의사결정을 내린다. 그 결과, 컨설팅회사는 예산시스템을 도입하기로 결정했다.

행동 및 기술적 고려사항

원가-효익 접근법을 활용할 때, 경영자들은 행동 및 기술적 고려사항(behavioral and technical considerations)을 반드시 염두에 두어야 한다. 기술적 고려사항은 필요한 정보(예: 다양한 가치사슬의 원가)를 적절한 양식(예: 실제발생액과 예산액)과 주기(예: 주차별 혹은 분기별)에 따라 전달해줌으로써 경영자들이 효과적인 의사결정을 할 수 있도록 도와준다. 그러나 경영자들은 기술적 사항만 고려하지 않는다. 경영자들은 행동적 고려사항 역시 중요하게 생각한다. 경영자들은 직원들을 격려하여 그들이 일을 더 잘 할 수 있도록 한다. 경영자들은 예산을 통해 직원들에게 동기를 부여하고 그들이 기업의 목표를 달성하였을 땐 보상을 한다. 직원들이 부진한 실적을 냈을 때, 그들에게 낮은 실적에 대한 지적사항을 제시하기보다는 앞으로 개선할 수 있는 방안을 같이 모색하는 것이 행동적 고려사항이다.

목적에 따라 다양한 원가

목적에 따라 다양한 원가(different costs for different purposes)가 존재하기 때문에 경영자들은 다양한 의사결정 상황에 맞는 원가 측정 방식을 사용한다. 따라서, 외부보고 목적용으로 측정된 원가는 내부보고를 위한 원가로 사용하기엔 적절하지 않다.

예를 들어, Microsoft사가 새로운 제품에 대한 광고를 준비하고 있다고 가정해 보자. 외부정보이용자들을 위해, Microsoft는 GAAP(Generally Accepted Accounting Principles)에 따라 당해년도에 발생한 광고비용을 손익보고서상에 비용으로 처리할 것이다. 하지만 경영진들이 광고비용을 자본화하고 이를 상각하여 매년 상각금액을 비용처리하는 것이 성과를 평가하는 적합한 방법이라고 생각한다면, 내부보고에서 광고비용은 그렇게 측정될 것이다.

이제는 기업의 조직 내에서 경영자와 관리회계사의 관계와 보고 책임에 대한 이야기를 할 것이다.

조직 구조와 관리회계사

경영자의 역할을 살펴보고 관리회계사와 재무부서가 어떻게 경영자를 돕는지 살펴보자.

라인 · 스태프 관계

조직은 라인 관리자와 스태프 관리자로 구별된다. 라인 관리자는 조직의 목표달성에 직접적으로 책임이 있는 담당자로서 생산, 마케팅 그리고 물류부서의 관리자가 이에 해당된다. 예를 들어, 제조부서의 관리자는 예산에서 목표로 한 영업이익, 제품의 질과 제품안전 그리고 환경법 준수에 특정 수준을 달성해야 할 책임이 있다. 유사하게, 병원의 소아과에서는 서비스의 질, 원가, 진료비용 청구와 관련하여 책임이 있다. 스태프 관리자는 라인 관리자에게 조언을 하고, 도움 및 보조를 하는 사람으로서 관리회계사, 정보기술 담당자나 인사관리 담당자들이 이에 해당한다. 예를 들어 공장장(라인 관리자)은 새로운 장비에 투자하는 것에 책임이 있고, 관리회계사(스태프 관리자)는 다양한 장비들의 정보를 제공하며 공장장을 돕는 일을 담당한다.

점차적으로, Honda와 Dell과 같은 조직에서도 목적을 달성하기 위해 팀을 운영한다. 이 팀에는 라인과 스태프 관리자들이 함께 구성되어 있고, 이들은 팀을 이루어 합리적인 의사결정을 내리기 위해 협업한다.

최고재무관리자와 관리자

최고재무관리자(CFO)는 재무담당이사(finance director)라고도 불린다. CFO는 기업의 재무활동에 책임이 있다. 조직마다 CFO의 책임은 다르지만, 보통 다음의 일을 담당한다.

- **통제부문**(controllership): 경영자와 주주들에게 재무제표의 정보를 전달해주고 회계시스템을 감독
- **세금**(tax): 세금에 대한 전략 및 계획 수립
- **자금부문**(treasury): 은행업무, 단·장기 자금조달, 투자 그리고 현금 관리
- **위험관리**(risk management): 이자율과 환율의 재무 위험 관리, 파생상품 관리
- **기업설명회**(investor relationship): 주주들과 의사소통
- **전략 계획**(strategic planning): 전략을 수립하고 전략 수행을 위해 자원 배분

독립적인 내부감사는 조직의 재무제표 작성이 정책과 과정에 맞게 이루어졌는지 검토하고 분석한다.

Chief Accounting Officer로 일컬어지는 관리자(Controller)는 기업의 관리회계와 재무회계를 담당하고 있다. 이 책에서는 Chief Accounting Officer의 관리회계 담당 업무에 집중해서 살펴볼 것이다. 최근 관리자들은 그들의 부서 외에서는 직계 권한(line authority)이 없다. 그러나 관리자는 조직 전체를 특별한 방식으로 관리한다. 관련 있는 자료들을 보고하고 해석하면서, 관리자들은 직원들에게 영향을 미치고 라인 관리자들이 더 좋은 선택을 할 수

보기 1-4 CFO와 관리자의 보고 관계

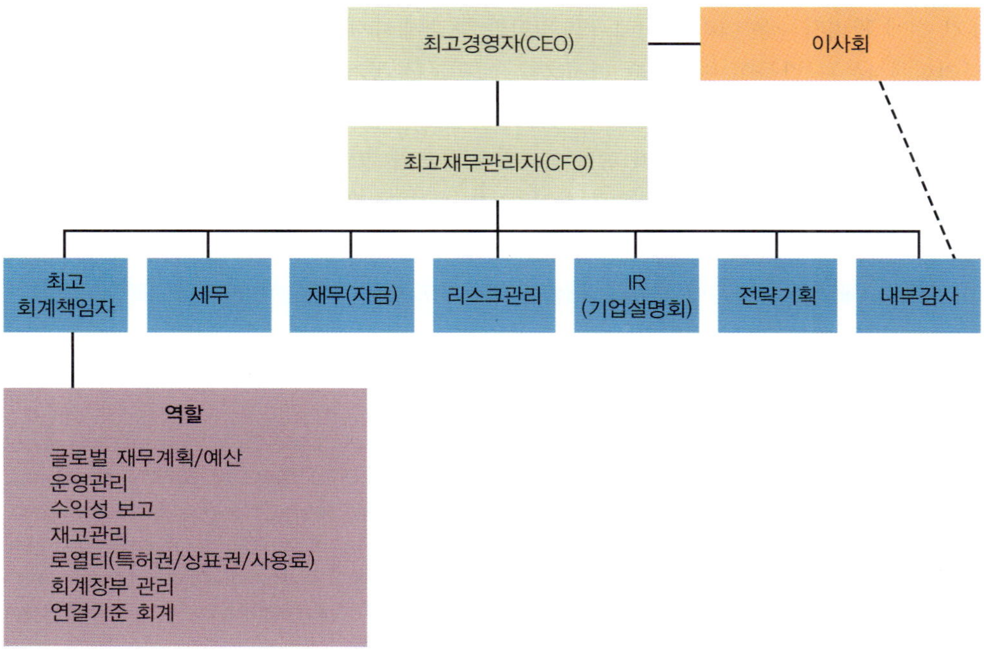

있도록 도와준다.

보기 1-4는 스포츠 의류의 선도기업인 Nike의 CFO와 다른 관리자들의 조직도를 나타낸다. CFO는 스태프 관리자로써 CEO에게 업무를 보고하는 역할을 담당하고 있다. 대부분의 기업과 마찬가지로 Nike의 관리자도 CFO에게 업무를 보고한다. 또한 Nike는 미국, 아시아, 남미 그리고 유럽 등 주요 각 지역에 담당 지역관리자가 있다. 지역관리자는 지역경영자를 도와 예산을 수립하고 원가를 분석한다. 동시에 지역경영자는 조직 전체의 회계정책을 조정하기 위해 관리자에게 보고할 책임이 있다. 기업들은 종종 각 국가별 국가관리자를 고용하기도 한다.

보기 1-4는 기업의 전형적인 보고 관계를 보여준다. 대부분의 조직은 경우에 따라 비공식적 관계가 존재한다. 비공식적인 관계는 최고경영자 집단과 관리자들의 친분관계를 의미한다.

경영자들이 전략이나 조직의 개편을 수립하고 실행할 때를 생각해 보자. 그리고 관리회계사와 관리자가 해야 할 일에 대해서 정리해 보자. 성공적인 관리회계사는 뛰어난 분석능력이 있어야 하며 이와 동시에 뛰어난 대인관계 기술도 가지고 있어야 한다.

관리회계의 수많은 부분[4]

사람들은 회계사를 '숫자놀이하는 사람'으로 생각한다. 대부분의 회계사들이 재무관리자가 되는 것을 생각하면 어느 정도 사실인 이야기이지만, 그들의 능력은 거기에서 멈추지 않는다. 성공한 관리회계사는 분석적인 능력 외에도 다른 여러 가지 능력을 가지고 있다.

관리회계사는 반드시 크로스펑셔널팀(cross-functional teams)이나 동업자로서 일해야 한다. 즉, 관리회계사가 유능하기 위해, 그들은 팀 내에서 동료들과 같이 일해야 한다. 팀 내에서 그들은 사업적 이슈들에 대해 배울 수 있고, 다양한 구성원들의 동기와 그들의 시각에서 상황을 이해할 수 있게 된다.

관리회계사는 어떠한 상황에서도 적대적인 관계를 갖지 않고 사실에 기반해 상황을 판단하고, 냉철한 사고로 비판적인 판단을 할 수 있어야 한다. 관리회계사는 예산을 편성할 때 경영자들로 하여금 고려해야 할 사항들에 대해서 힘든 질문들을 제기해야 한다. 또한 그들은 계획과 결정을 개선하기 위해 행동해야 한다. 2012년에 JP Morgan이 $60억 이상의 투자 손실을 내기 전에 관리자들은 이러한 이례적인 위험한 투자에 대해 질문들을 했어야 한다.

관리회계사는 사람들이 변화하고 혁신적일 수 있도록 동기를 부여하고 이끌어야 한다. 새로운 아이디어를 실행하는 것은 어렵다. 미국국방부(DoD)는 320개 이상의 재무와 회계시스템을 하나의 플랫폼으로 통합하고자 했을 때, 회계 장교와 그의 관리회계사 팀은 회의를 열어 이 변화를 모든 구성원들이 이해하도록 하는 것을 목표로 잡았다. 결과적으로 DoD는 모든 구성원의 실적을 새로운 플랫폼으로 조정하였고, 결과에 따른 보너스를 개인들에게 하나하나 설명하였으며, 새로움 플랫폼이 가져올 혁신에 대해서도 이야기했다. 이러한 노력으로 DoD는 새로운 플랫폼을 받아들일 수 있었다.

---

[4] United States Senate Permanent Subcommittee on Investigations. *JPMorgan Chase Whale Trades: A Case History of Derivatives Risks and Abuses*. Washington, DC: Government Printing Office, March 15, 2013; Wendy Garling, "Winning the Transformation Battle at the Defense Finance and Accounting Service," Balanced Scorecard Report, May-June 2007; Bill Nixon, John Burns, and Mostafa Jazayeri, *The Role of Management Accounting in New Product Design and Development Decisions*, Volume 9, Issue 1. London: Chartered Institute of Management Accountants, November 2011; and Eric Pfanner and Magumi Fujikawa, "Toshiba Slashes Earnings for Past Seven Years," *The Wall Street Journal (September 7, 2015)*.

관리회계사들은 무엇보다 명확하고 솔직하게 의사소통해야 한다. 관리회계사의 일 중 큰 부분을 차지하는 것이 바로 소통이다. 프리미엄 자동차 회사인 Rolls Royce와 Porsche가 새로운 모델을 디자인할 때, 관리회계사들은 엔지니어와 함께 일하면서 새로운 자동차가 상업적인 부분, 기술적인 부분 그리고 재무적인 부분 모두 만족시킬 수 있도록 작업했다. 관리회계사가 다른 부서들과 정보를 교환하고 소통함으로써 새로운 혁신은 성공할 수 있었다.

관리회계사는 높은 신뢰성을 가져야 한다. 재무정보 조작을 강요하는 경영자들에게 굴복해서는 안 되며, 조직과 주주들을 위해 일하고 있음을 명심해야 한다. 2015년, 일본의 반도체, 가전제품, 원자력 발전소를 제조하는 Toshiba 기업은 지난 7년 동안 $19억의 이익을 과대평가하여 기록했다. 경영자는 목표이익을 달성하기 위해 공격적으로 원가를 낮게 보고하고, 손실을 지연하고, 수익을 과대보고했다.

직업윤리

오늘날만큼 윤리에 대한 기준과 관심이 높았던 적은 없다. Arthur Andersen(회계법인), Countrywide Financial(모기지 회사), Enron(석유가스 회사), Lehman Brothers(투자은행), Toshiba(일본 재벌기업)의 스캔들은 기업에 대한 대중의 신뢰를 악화시켰다. 기업의 모든 구성원은 사회에서 요구하는 윤리적 기준에 순응해야 할 의무가 있다.

윤리는 사회가 올바르게 작동하기 위해 필요한 기본사항이다. 윤리가 약하면, 공급기업들은 제품의 질을 향상시키거나 원가를 낮추기 위한 투자 대신 공급계약에 우위를 갖기 위해 뇌물을 주는 부정행위를 저지를 것이다. 윤리적 행동이 결여된다면, 소비자들은 제품을 신뢰하지 못하게 될 것이고, 이는 제품불매로 이어져 결국 시장은 실패할 것이다. 또한, 투자자들 역시 재무제표의 신뢰성에 대해 의심하게 되면서 기업에 투자하는 것을 꺼릴 것이다. Ahold(세계적인 슈퍼마켓 기업)와 Tyco International(글로벌 제조기업)의 스캔들은 비윤리적인 행동이 기업의 가치를 빠르게 하락시키는 것은 잘 보여주는 사례이다.

제도적 지원

회계사들은 특별한 윤리적 의무를 가지고 있다. 그들은 내부와 외부 정보이용자들에게 신뢰성 높은 회계정보를 제공하기 위한 책임이 있다. 2002년 미국은 일련의 회계부정 스캔들에 대응하여 사베인즈-옥슬리법을 통과시켰다. 이 법안은 상장기업의 내부통제, 기업지배구조, 경영자 모니터링, 공시를 개선하기 위해 등장했다. 이러한 규제들은 상당히 엄격한 윤리적 기준을 제시하였고, 이 기준을 지키지 않는 경영자와 회계사들에게 높은 형사처벌을 부과하였다. 또한 이 법안은 기업의 불법적이거나 비윤리적인 행동을 고발하는 방법을 상세히 기술했다.

사베인즈-옥슬리법에 따르면, CEO와 CFO는 기업의 재무제표가 신실하게 작성되었는지 공증을 받아야 한다. 감사인의 독립성을 높이기 위해, 이사회의 감사위원회가 기업을 감사하는 회계법인을 결정 · 보상 · 해임할 수 있는 권한을 가질 수 있도록 했다. 또한 회계법인과 기업 간의 재무적 의존도를 낮추기 위해, 법령에서는 회계법인이 감사하고 있는 기업에 대해서는 컨설팅, 세무 · 고문업무와 같은 비감사서비스 제공에 제한을 두었다. 이 법령은 또한 PCAOB(한국으로 치면, 금융감독원)에게 감사인들을 감독할 권한을 주었다.

윤리 사례

관리회계사는 여러 측면에서 윤리적 이슈들을 직면하게 된다. 다음 두 개의 사례로 윤리적 이슈들을 살펴보기로 한다.

- **사례** A: 관리회계사는 소프트웨어 제품의 개발비 회계처리와 관련하여 고민을 하고 있다. 현재 개발원가는 비용으로 처리되지 않고 자산으로 자본화되고 있다. 기업의 이익으로 성과금을 지급받는 경영자는 '새로 개발되는 상품은 매출을 창출할 것이다'라고 주장하며, 개발원가는 자산으로 처리되는 것이 적합하다고 주장하고 있다. 그러나 경영자의 이러한 주장은 논리가 부족하다. 왜냐하면 최근 두 개의 개발 상품은 성공하지 못했기 때문이다. 관리회계사는 경영자와의 갈등을 최대한 피하면서 올바른 결정을 내리기 위해 고민하고 있다.
- **사례** B: 새로운 계약에 대한 입찰건을 앞두고, 포장공급업체가 구매기업의 관리회계사에게 Super Bowl 티켓과 관련 비용을 전부 지원해주겠다고 제안했다. 공급자는 티켓을 주면서 새로운 계약건에 대한 이야기는 하지 않았다. 관리회계사는 공급자와 개인적으로 친분이 있는 사이도 아니다. 관리회계사는 공급자가 입찰과 관련한 정보를 물어볼 수도 있기 때문에, 공급자로부터 이러한 혜택을 받는 것이 걱정되기 시작했다.

각각의 상황에서 관리회계사는 윤리적 딜레마에 직면하고 있다. 윤리적 사항들은 항상 명쾌한 답이 있는 것이 아니다. 사례 A는 권한, 신뢰성 그리고 진실성이 관련되어 있다. 관리회계사는 경영자에게 새로운 제품이 상업적으로 가치가 있다는 것에 대한 신뢰할 수 있는 정보를 제공해달라고 요청해야 할 것이다. 만약 경영자가 충분한 증거를 제시하지 못한다면, 개발원가를 당기비용으로 처리하는 것이 적합하다.

사례 B는 기밀정보와 진실성이 관련되어 있다. 사례 B의 공급자는 경쟁기업의 입찰건에 대한 정보를 물어보지 않을 수도 있다. 그러나 B의 사례와 같은 '이해의 충돌'은 많은 기업에서 실제로 일어나는 문제이다. 그러므로 직원들은 공급자로부터 '호의'를 받지 않아야 한다.

만약 사례 A의 관리회계사가 새로운 제품의 상업적 가치에 대한 경영자의 대답에 만족하지 않는다면, 그는 기업관리자를 찾아가서 현 상황에 대한 논의를 진행해야 한다. 사례 B의 관리회계사는 자신의 상사에게 해당 사실을 먼저 논의해야 한다. 만약 상사에게 Super Bowl 휴가에 대해 허락을 받는다면, 공급자에게 초대건은 회사의 절차에 따라 공식적으로 승인되었다고 알려줘야 한다. 그리고 공식적으로 기업의 기밀사항에 대한 이야기는 할 수 없다고 말해야 한다.

대부분의 회계법인들은 직업윤리에 대한 보고서를 발행한다. 이 보고서에는 전문가적 적격성 및 정당한 주의, 성실, 공정, 객관성, 비밀유지 그리고 전문가적 품위에 대한 내용이 포함되어 있다.

자율학습

Campbell Soup Company의 원가는 다음과 같다.

a. Campbell의 토마토 수프 제품을 위한 토마토 구입원가
b. Pepperidge Farm 비스킷을 신선하게 유지하기 위한 용기의 재설계 재료원가
c. Healthy Request 수프 제품의 광고를 담당한 Backer, Spielvogel & Bates에게 광고비 지급
d. Prego 피자 식품가공 연구원의 급여
e. Safeway 마트에서 사용하는 Campbell 제품의 보상쿠폰 관련 원가
f. Campbell 수프 제품의 고객상담서비스 통화료
g. 아침식사 제품인 Swanson Fiesta 생산에 사용되는 장갑 원가
h. Pepperidge Farm 배달직원이 배달 시 사용하는 휴대용 컴퓨터 원가

요구사항

각 원가항목(a–h)을 기업의 활동에 따라 분류하시오.

Solution

a. 생산
b. 제품디자인
c. 판매비
d. 개발비
e. 판매비
f. 고객서비스
g. 생산
h. 유통물류비

과제

서술형 문제

1-1 관리회계와 재무회계의 차이점은 무엇인가?

1-2 "관리회계는 재무회계에 포함되지 않는다." 이를 설명하고 사례를 제시하시오.

1-3 경영자들이 전략을 수행할 때 관리회계 정보가 어떤 도움을 주는지 설명하시오.

1-4 관리회계사가 제품의 품질과 생산 및 배송의 적시성을 어떻게 향상시키는지 설명하시오.

1-5 5단계 의사결정과정에 대해 설명하시오.

1-6 계획과 통제의 차이점에 대해 서술하시오.

1-7 관리회계사가 경영자의 의사결정에 도움을 주는 3가지 가이드라인은 무엇인가?

객관식 문제

1-8 다음 관리회계사의 주요한 역할이 아닌 것은 무엇인가?

a. 외부정보이용자들에게 재무정보를 제공한다.
b. 정보를 활용하여 기업의 전략을 세우고 시행한다.
c. 조직의 목표를 달성하기 위한 의사결정을 도와준다.
d. 기업의 생산 결정과 마케팅 의사결정에 필요한 정보를 제공한다.

주관식 문제

1-9 **5단계 의사결정과정, 서비스 기업.** Brook Exterior는 페인팅 서비스를 제공하는 기업이다. 이 회사의 사장인 Richard Brook은 매출을 올릴 방안을 모색하고 있다. Brook은 다음과 같은 행동을 수행하고자 한다.

a. Mr. Brook은 도장공을 충원하는 대신 페인트 스프레이를 구매하기로 결정했다.
b. Mr. Brook은 생산성과 수익성을 높이기 위해 핸드페인팅(hand painting) 대신 페인트 스프레이를 사용하는 것에 대해 직원들과 논의했다.
c. Mr. Brook은 경매에서 수많은 잠재적인 작업에 대해 배웠다.
d. Mr. Brook은 스프레이 구매의 기대비용과 도장공 충원 시 기대비용을 비교하고 이 두 대안의 수익성을 비교했다.
e. Mr. Brook은 스프레이를 사용하게 된다면 페인트 작업 시간을 약 20% 줄일 수 있을 것으로 추정했다.
f. Mr. Brook은 온라인으로 페인트 스프레이 가격을 조사했다.

요구사항

a~f를 5단계 의사결정에 따라 분류하시오(문제점과 불확실성 구분, 정보 획득, 미래 예측, 대안 선택, 결정을 실행하고 결과를 평가하고 학습).

요구사항

1-10 **관리회계 가이드라인.** 각각의 상황에 적합한 관리회계 가이드라인을 제시하시오(원가-효익 접근법, 행동 및 기술적 고려사항, 목적에 따른 다양한 원가 사용).

a. 조직 내에 구매부서를 세울 것인지 혹은 구매를 외주에 맡길 것인지 분석
b. 일본 자회사의 직원들에게 뛰어난 성과에 대한 금전적인 보너스를 줄 것인지 혹은 스웨덴 자회사에 있는 직원들에게 추가적인 휴가를 줄 것인지 결정
c. 영업사원을 추가로 고용하는 것에 대한 고려
d. 영업사원에게 연봉협상 시 선택할 수 있는 2가지 옵션 제공(낮은 급여와 높은 판매수임료 혹은 높은 급여와 낮은 판매수임료)
e. 두 가지 시스템을 고려한 후, 더 비싼 컴퓨터 시스템을 선택
f. 상위부서의 경영자들이 성과 목표를 결정하는 것 대신, 부서에서 성과목표를 결정하는 참여예산 시스템을 도입
g. 직원들에게 이익배분 계획에 대해 소개

2 원가의 개념 및 목적

학습목표

1. 원가 대상에 대해 학습한다.
2. 직접원가와 간접원가를 구분한다.
3. 변동원가와 고정원가를 구분한다.
4. 단위원가는 신중하게 해석해야 한다.
5. 재고가능원가와 기간원가를 구분한다.
6. 재고가능원가와 기간원가의 흐름을 이해한다.
7. 원가회계와 원가관리에 대해 학습한다.

원가는 무엇인가? 원가란 내가 핸드폰을 구매할 때 지불했던 가격을 의미하는가? 아니면 매달 내는 아파트 월세와 같이 현금유출을 의미하는 것인가? 조직에서는 다양한 종류의 원가를 다룬다. 수입이 발생할 때 원가 역시 발생한다. 불행히도, 경기가 나쁘거나 매출이 감소할 때, 기업은 재빠르게 원가를 줄일 수 없다. 수영복 제조회사인 Quicksilver의 사례를 통해 원가에 대해 같이 이야기해 보자.

높은 고정비용으로 파산한 Quicksilver[1]

2015년 수영복 제조회사인 Quicksilver는 파산을 발표했다. 회사의 높은 고정원가(수영복 매출이 감소하여도 줄어들지 않는 원가)가 Quicksilver를 파산하게 만들었다.

1990년대와 2000년대 초반, Quicksilver는 젊은 세대에게 선풍적인 인기를 끌며 큰 성공을 이뤘다. Quicksilver는 뉴욕 타임스퀘어 같이 전세계 비싼 지역에 100개 이상의 매장을 열었다. 이러한 공격적인 확장은 기업에게 큰 빚을 안겨주었다. 설상가상으로 2015년 매출이 급격하게 감소하기 시작하였고 급여나 임차료와 같은 고정비용은 기업에게 부담이 되기 시작했다. Quicksilver는 파산을 발표하면서, 재빠르게 비핵심 브랜드를 팔기 시작했고, 많은 매장들을 문을 닫았다.

Richard Naude/Alamy Stock Photo

Quicksilver의 사례를 통해 알 수 있듯이, 경영자들은 반드시 기업의 원가를 알아야 하고 이를 통제할 수 있어야 한다. Sony나 Mayo Clinic과 같은 기업들은 경영자들이 기업의 원가에 대해 효과적으로 이해할 수 있도록 다양한 원가보고서를 만든다. 이번 장에서 우리는 원가의 개념과 원가에 대한 회계정보가 어떻게 활용되는지 살펴볼 것이다.

---

[1] 출처: Andrew Khouri, "Wipeout: Quiksilver files for Chapter 11 bankruptcy in U.S.," Los Angeles Times, 2015년 9월 9일. (http://www.latimes.com/business/la-fi-quiksilver-bankruptcy-20150909-story.html); Deborah Belgum, "Oaktree Capital Working on Buying Quiksilver," *California Apparel News*, November 3, 2015(https://www.apparelnews.net/news/2015/nov/03/oaktree-capital-working-buying-quiksilver)

원가와 원가용어

원가는 특별한 목적을 달성하기 위해 희생된 혹은 포기된 자원을 의미한다. 원가는 상품이나 서비스를 제공받기 위해 지불된 것을 의미하며, 보통 화폐 단위로 표기된다. 실제원가는 발생된 원가를 의미하며, 예측된 원가인 예산원가와 구별된다.

보통 원가라고 하면, 많은 사람들은 특정 물건의 가격을 생각한다. 이때, 특정 물건은 '원가대상'이라고 일컬어진다. 원가대상이란 원가를 계산하는 대상이다. 당신이 BMW 자동차 제조공장의 책임자라고 생각해 보자. 이때 공장의 원가대상에는 어떤 것들이 있는지 한 번 생각해 보자(보기 2-1 참조).

BMW 경영자는 BMW X6와 같은 다양한 자동차의 원가뿐만 아니라 서비스, 프로젝트, 부서, 고객응대의 모든 원가에 대해서도 알아야 한다. 경영자들은 원가 정보를 활용하여 제품 혁신, 품질 그리고 고객서비스에 대해 결정한다.

이제, BMW의 경영자가 원가대상의 실제원가와 예산원가를 알아야 하는지에 대해 생각해 보자. 경영자들은 의사결정을 하기 위해 모든 종류의 원가에 대해서 항상 파악해야 한다. 경영자는 실제원가와 예산원가를 비교함으로써 원가를 얼마나 잘 통제하고 있는지 파악할 수 있으며, 미래 원가도 더 잘 관리할 수 있게 된다.

그렇다면, 어떻게 원가시스템이 다양한 원가대상의 원가를 측정할 수 있을까? 보통 원가시스템은 집계와 배부의 두 단계로 이루어져 있다. 원가집계는 회계시스템에 맞춰 원가자료를 체계화하고 수집한 것이다. 예를 들어, BMW는 자동차 제조공장에서 다양한 재료원가, 노무원가, 감독·관리에서 발생하는 원가 등을 수집한다. 그리고 집계된 원가는 원가대상(다양한 BMW 모델)에 따라 분류된다. BMW 경영자는 이러한 원가정보를 다음과 같이 사용한다.

- 자동차 모델의 가격 측정이나 R&D, 마케팅 투자 금액과 관련한 의사결정
- 결정을 실행할 때, 직원들을 어떻게 동기부여할 것인가 하는 고민(예: 추가적인 보상을 직원들에게 지급함으로써 원가를 효율적으로 줄일 수 있는 방안)

우리는 관리회계사들이 원가를 배부하는 것이 왜 유용한지 알기 위해, 이와 관련한 개념들을 다룰 것이다. 그리고 위에서 잠시 이야기한 재료원가, 노무원가 그리고 감독·관리에서 발생하는 원가와 같이 다양한 원가에 대해서 논의할 것이다. 아직 배우지 않았지만, 재료원가가 감독·관리에서 발생하는 원가보다 원가대상에 배부하는 것이 쉬울 것이라는 것을 짐작할 수 있을 것이다. 이런 이야기를 사례와 함께 이번 장에서 배워보도록 하자.

보기 2-1 **BMW의 원가대상 사례**

원가대상	사례
제품	BMW X6 자동차
서비스	BMW 중개인에게 정보와 도움을 제공하는 전화상담 서비스
프로젝트	BMW 자동차의 내비게이션 기능을 향상하는 R&D 프로젝트
고객	BMW 자동차를 광범위하게 구매하는 중개인(예: Herb Chamber Motors)
활동	생산장비의 설치 및 유지보수
부서	환경안전팀

직접원가와 간접원가

원가는 직접원가와 간접원가로 분류된다. 관리회계사는 원가대상에 원가를 배부하기 위해 다양한 방법을 사용한다.

- **직접원가:** 특정 원가대상과 관련한 원가로서 실현가능한 방법으로 추적이 가능한 원가다. 예를 들어, BMW X6 모델의 강철이나 타이어의 원가는 대표적인 직접원가이다. 왜냐하면 BMW X6에 사용된 강철이나 타이어의 원가는 쉽게 추적할 수 있기 때문이다. X6 근무시간 기록표에 기록된 직원들의 노동시간은 X6의 노무원가이다. 이는 원가대상(X6)을 쉽게 추적할 수 있으므로 직접원가로 분류된다. 원가추적이란 특정 원가대상에 배부된 직접원가를 나타내는 용어이다.
- **간접원가:** 특정 원가대상과 관련된 원가이지만, 실현가능한 방법으로 추적이 불가능한 원가이다. 예를 들어, 다양한 제품이 제조되는 공장을 관리·감독하는 관리자들(공장책임자 포함)의 급여는 X6 모델의 간접원가이다. 공장관리비는 자동차 생산을 관리하는 원가이므로 원가대상과 관련이 있다. 하지만 공장관리자는 X6 모델 생산만 관리하는 것이 아니라 다른 제품의 생산도 감독하고 있으므로 공장관리비는 간접원가이다. 강철이나 타이어와 같은 직접원가와 다르게, 공장관리자의 일은 X6 제품생산에만 국한된 일이 아니다. 그러므로 공장관리비 중 X6 생산에 관련된 비용을 추적하는 것은 불가능하다. 따라서, 간접원가는 배부기준에 따라 원가대상별로 배부한다. 이를 원가배부라고 한다.

원가할당(원가배부)은 일반적으로 두 가지 과정을 모두 일컫는 용어로 (1) 원가대상에 대한 직접원가를 추적하는 것, (2) 원가대상에 간접원가를 배부하는 것이 해당한다. 보기 2-2는 BMW X6의 예를 가지고 직접원가와 간접원가의 원가추적과 원가배부를 보여주고 있다.

보기 2-2 원가대상에 대한 원가배부

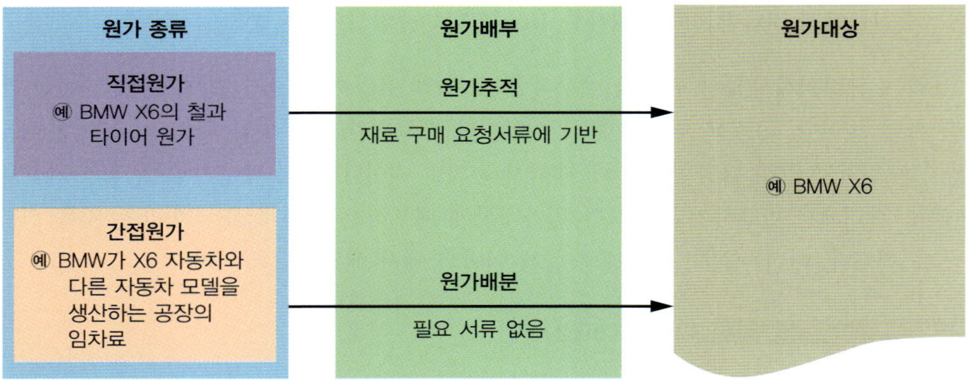

원가배부 시 주의사항(Cost Allocation Challenges)

원가는 제품의 수익성을 측정하는 중요한 정보이므로, 경영자들은 원가대상에 정확한 원가를 배부하고자 한다. 즉, 경영자가 정확한 원가를 알지 못한다면, 수익성이 있는 제품 대신에 수익성이 적은 제품을 기업의 주력 상품으로 선택하는 불상사가 생길 수 있다.

직접원가는 원가대상에 따라 추적하는 것이 상대적으로 쉽다. 하지만 간접원가는 다르다. 일부 간접원가는 정확하게 원가대상에 배부되기도 하지만, 간접원가를 정확하게 배부하는 것은 어렵다.

X6의 사례를 생각해 보자. 강철과 타이어의 원가는 직접원가로, 정확하게 측정하기가 상대적으로 쉽다. 반면, 공장의 임차료는 X6의 대표적인 간접원가이다. 공장에서는 X6뿐만 아니라 다른 제품들도 생산되고 있다. 만약, BMW가 공장 전체 면적 중 X6의 생산과 관련된 면적을 측정하여, 전체 면적 중에 X6가 사용하는 면적의 비율만큼 임차료를 부과한다고 가정해 보자. 위의 배부방법은 사용한 면적만큼 임차료를 배부하기에 합리적인 방법으로 볼 수 있다. 더 많은 공간을 사용해서 자동차를 생산한다면, 더 많은 비용이 부과되는 논리이다. 따라서 간접원가 중 임차료와 같은 원가들은 상대적으로 배부하기가 어렵지 않다. 하지만 공장의 관리비와 같은 간접원가는 배부하는 것이 매우 어렵다. 예를 들어, 관리비를 각 자동차 모델에서 일한 직원 수로 배부해야 할지 아니면 생산된 자동차 수로 배부해야 할지 결정하는 것은 쉽지 않다.

간접원가/직접원가 분류 기준

원가를 간접원가와 직접원가로 분류하는 기준은 다음과 같다.

- **원가의 중요도:** 원가의 금액이 작다는 것은 덜 중요한 원가이다. 그러므로 해당 원가를 특정한 원가대상으로 추적하는 것은 경제적으로 좋은 방법이 아니다. Lands' End와 같은 우편 배달 카탈로그(mail order catalog) 회사를 생각해 보자. 이 회사의 택배요금은 추적이 용이하므로 직접원가로 분류된다. 그러나 택배에 붙이는 송장의 원가는 간접원가로 분류된다. 왜 그런 것인가? 송장은 고객별로 추적이 가능하지만, 이를 일일이 추적하는 것은 비효율적이다. 송장을 추적하여 얻는 효익은 각각의 송장을 0.5센트씩 직접원가로 계산하는 것이다. 생각해 보면 1년에 $45,000의 급여를 받는 판매관리직원에게 송장을 추적하는 일을 시키는 것보다는 고객의 요구에 맞는 마케팅 방법을 모색하는 일을 시키는 것이 기업의 입장에서 훨씬 나은 선택이다.
- **정보발전:** 정보수집기술의 발전은 더 많은 원가의 추적을 가능하게 하였고, 이로 인하여 직접원가의 분류가 용이해졌다. 예를 들어, 과거에는 간접원가로 분류되었던 클립, 못과 같은 저원가의 재료들도 바코드의 등장으로 지금은 직접원가로 분류가 가능하다. Dell은 컴퓨터 칩이나 DVD 드라이브에 바코드를 장착해 생산과정에서 이러한 부품들의 이동이 모두 기록된다. 슈퍼마켓에서도 바코드를 활용하여 제품의 원가정보를 빠르고 효율적으로 원가장부에 기록된다.
- **생산설계:** 만약 기업이 설비를 특정한 원가대상(예: 특정 제품)의 생산에만 사용한다면, 관련원가를 쉽게 직접원가로 분류할 수 있다. 예를 들어, General Chemicals는 탄산나트륨(소다회)만 제조하는 시설에서 발생하는 원가는 탄산나트륨(소다회)의 직접원가로 분류한다.

특정원가는 원가대상에 따라 직접원가가 될 수도 있고 혹은 간접원가가 될 수도 있다. 즉, 원가대상이 무엇이냐에 따라서 직접·간접원가의 분류가 이루어진다. 예를 들어, BMW 조립부서의 감독관을 생각해 보자. 만약, 원가대상이 조립부서라면, 조립부서 감독관의 급여는 직접원가로 분류된다. 하지만 만약 원가대상이 X6와 같은 BMW의 생산제품 중 하나라면, 감독관의 급여는 간접원가이다.

마지막으로, 원가는 회계시스템에 기록되지 않아도 발생할 수 있다. 예를 들어, 퇴직보험은 직원이 근무하는 동안에 발생하는 비용이지만, 회계장부에는 직원이 퇴직한 후에 기록된다. 환경비용 역시 또 다른 사례이다. General Electronics와 같은 많은 기업들은 환경오염이 발생한 이후에 이를 정화하기 위해 수많은 비용을 지불했다. 스위스 제약회사인 Novartis는 배출되는 온실가스 배출량에 따라 환경비용을 부담하고 있다. 이는 경영자들로 하여금 환경비용을 의사결정에 반영하게 하기 위한 방안이다. Novartis의 환경비용은 제품에 따라 추적이 가능하다면 직접원가로 분류될 수 있다. 그러나 보통 이러한 비용들은 제조설비 운영비용이므로 제품별로 구분하는 것이 불가능하다. 그러므로 보통 환경비용은 간접원가로 분류된다.

원가행태: 변동원가와 고정원가

원가시스템은 재료, 노무 그리고 장비와 같은 재료들의 취득원가와 재료들이 제품과 서비스를 생산하는 데 어떻게 사용되는지 기록한다. 이는 경영자들로 하여금 원가행태를 이해하는 데 도움이 된다. 회계시스템에서 관측되는 대표적인 원가행태는 변동원가와 고정원가이다. **변동원가**는 제품생산량 또는 활동수준에 비례하여 원가가 변동한다. **고정원가**는 주어진 기간 동안에, 제품생산량 또는 활동수준과 무관하게 일정한 원가가 발생한다. 변동원가와 고정원가는 주어진 기간에 활동수준에 따라 원가의 변동 혹은 고정 여부에 따라 결정된다. 변동원가와 고정원가의 구분은 경영자들에게 의사결정과 성과평가에 관한 유용한 정보를 제공한다. 아래 BMW 사례를 통해 변동원가와 고정원가에 대해 배워보도록 하자.

1. 변동원가 만약 BMW가 X6 자동차 1대당 $600의 핸들을 장착한다고 가정해 보자. BMW X6의 총핸들원가는 '$600×생산자동차 수'가 될 것이다.

X6 생산량 (1)	핸들당 변동원가(핸들의 단위원가) (2)	핸들의 총변동원가 (3)=(1)×(2)
1	$600	$ 600
1,000	600	600,000
3,000	600	1,800,000

핸들원가는 자동차 생산량에 비례하여 증가하므로, 대표적인 변동원가이다. 핸들의 단위당 변동원가는 일정하다. 예를 들어, (2)열에 있는 핸들 1개당 변동원가는 X6가 1,000개가 생산되든 3,000개가 생산되든 일정하다. 그 결과, (3)열에 있는 핸들의 총원가는 (1)열에 있는 X6 생산량과 비례하여 증가한다. 변동원가의 변동성은 총원가를 기준으로 이야기한다.

보기 2-3의 Panel A는 핸들의 총원가를 보여준다. 원가는 생산량이 증가할수록 일정한 비율로 증가하고 있다. 변동원가의 또 다른 예로 공장에 기계를 설치하는 직원의 임금이 있다. 설치 직원은 1시간당 $20의 임금을 받는다. 그러므로 설치직원의 임금은 설치시간에 비례하여 증가한다.

2. 고정원가 BMW가 X6 생산라인을 감독하는 관리자에게 1년에 $2,000,000의 급여를 준다고 가정해 보자. 주어진 1년 동안에 관리자의 급여는 생산량과는 무관하게 $2,000,000가 지급된다(보기 2-3의 Panel B 참조). 고정원가는 생산량에 무관하게 발생하지만, 단위당 고정원가는 자동차 생산량이 증가할수록 감소한다.

보기 2-3 **변동원가와 고정원가 그래프**

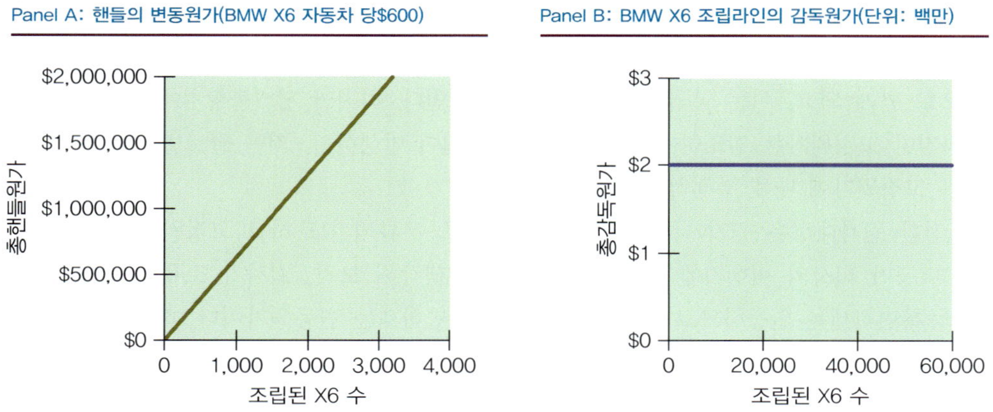

그렇다면, 변동원가와 고정원가로 원가를 구분하는 이유는 무엇인가? 원가는 상품이나 서비스를 획득할 때 지불하는 금액이다. BMW는 핸들이 필요할 때 핸들을 구매하므로, 핸들의 총원가는 변동원가이다. 더 많은 X6가 생산될수록 더 많은 핸들이 구매될 것이고 핸들의 총원가 역시 증가할 것이다.

BMW X6 생산라인 고정 감독관리비(1년) (1)	X6 생산량 (2)	고정 감독관리비의 단위원가 (3)=(1)÷(2)
$2,000,000	10,000	$200
$2,000,000	25,000	$ 80
$2,000,000	50,000	$ 40

변동원가와 대조적으로 X6 생산라인 감독관리자의 급여(1년에 $2,000,000)는 고정원가이다. 관리자의 급여가 결정될 때, BMW도 몇 대의 자동차가 생산 · 관리될지는 알 수 없었다. BMW가 매년 60,000대의 X6 생산을 감독할 수 있는 관리자를 고용했다고 가정해 보자. 만약 X6의 수요가 55,000대라면, 55,000대는 관리자가 수용할 수 있는 이상적인 수용치다. X6 생산라인 감독관리자는 60,000대의 생산을 감독할 수 있지만, X6의 수요가 수용능력보다 낮기에 55,000대만 감독할 것이다. 그러나 단기간에 감독관리자의 비용을 조절할 수 없기에 BMW는 감독관리자가 60,000대가 아니라 55,000대만 감독하더라도 계약한 급여를 전부 지불해야 한다. 즉, 수요가 낮아서 55,000대만 감독하고 있다 하더라도 BMW는 생산라인 감독관리자의 급여는 $2,000,000만큼 지급해야 한다.

변동원가와 다르게, 고정원가는 자원의 수요에 따라 즉각적으로 변하지 않는다. 그러나 시간에 걸쳐, 경영자들은 고정원가를 줄인다. 예를 들어, 만약에 X6의 인기가 하락하여, X6 생산시간이 감소하게 된다면, BMW는 X6 생산라인 감독관리자를 해고하든지 혹은 다른 생산라인으로 이동시킬 것이다. 자원이 사용되지 않으면 자동적으로 비용이 감소되는 변동원가와 다르게, 고정원가는 경영자들이 적극적으로 조정해야 한다.

개별원가대상이 선천적으로 변동원가이거나 혹은 고정원가인 것은 아니다. 노무원가를 예를 들어 생각해 보자. 만약 직원들이 생산량 기준으로 임금을 받는다면, 이러한 노무원가는 변동원가이다. 또 다른 예로, 의류기업에서는 직원들의 임금을 바느질된 셔츠 기준으로 지급한다면, 이 기업의 노무원가는 변동원가이다. 왜냐하면 직원이 얼마나 많은 셔츠를 만들었는지에 따라 총원가가 결정되기 때문이다. 반대로 어떤 기업들은 노동조합 조항에 연봉과 더불어 해고하지 않는다는 내용을 넣는다. 이러한 경우에, 급여는 고정원가로 분류된다. 오랜 기간 동안, 일본회사들은 그들의 직원들에게 고용안정을 보장해왔다. 비록 고용안정은 기업으로 하여금 높은 고정적인 노무원가를 발생시키지만, 기업은 직원들의 높은 충성심과 헌신을 보상으로 받게 되고, 이는 궁극적으로 생산성을 높인다. 하지만 경기불황기에 기업의 매출은 감소하지만 고정원가는 감소하지 않기 때문에, 손실이 발생한다. 최근 글로벌 금융위기로 기업들은 고정원가에 대해 부정적으로 바라보고 있다.

특정한 원가대상은 원가기준에 따라 변동원가로 분류되기도 하고 고정원가로 분류될 수 있다. 비행기 회사의 비행기에 대한 등록면허세를 생각해 보자. 회사가 소유한 비행기 수에 따라 등록면허세는 변동하므로 비행기 회사의 등록면허세는 변동원가이다. 하지만 비행기 운행마일을 기준으로 생각해 본다면, 운행하지 않은 비행기도 등록면허세를 내야 하기 때문에

CONCEPTS IN ACTION

Zipcar는 Twitter의 고정원가를 줄여주었다

Mike Kahn/Green Stock Media/Alamy Stock Photo

전세계 많은 도시에서 기업들은 공유자동차 서비스를 사용함으로써 법인자동차의 연료비, 보험료 그리고 주차비를 효과적으로 줄이고 있다. Zipcar는 수요중심의 공유자동차 서비스를 제공하는 기업이다. Zipcar는 주 단위, 일 단위, 혹은 시간 단위로 서비스를 제공하고 있으며, 1시간 기준 약 $7 그리고 1일 기준 $79의 요금을 받고 있다(연료, 보험 모두 포함된 금액이고, 하루 기준 약 180마일을 사용할 수 있다).

Zipcar가 기업들에게 어떤 이점을 제공하는지 한 번 생각해보자. 기업들은 회의 참석, 고객 픽업, 배달 혹은 심부름을 위해 법인차를 소유하고 있다. 법인차는 자동차 구매비용(자산), 유지 비용 그리고 다수의 운전사들을 위한 보험비 등 높은 고정원가를 발생시킨다.

최근 샌프란시스코 도심에 본사를 두고 있는 Twitter는 Zipcar를 사용하여 교통비와 간접원가를 줄이고 있다. 사업적인 측면에서 본다면, Zipcar는 Twitter와 다른 기업들로 하여금 법인차를 소유함으로써 발생하는 고정원가를 변동원가로 전환시켰다. Zipcar를 사용한다면, 사업이 부진하거나 고객을 방문할 일이 없는 경우에 Twitter는 법인차 소유로 인해 발생하는 고정원가를 떠안을 필요가 없다. 물론 사업이 잘 되는 경우에 Twitter 경영진들은 Zipcar를 더 자주 사용할 것이다. 그래서 Twitter가 법인차를 소유하는 경우보다 더 많은 비용이 발생할 수도 있다. 온라인 소셜 네트워크 공동 창업자인 Jack Dorsey는 Zipcar의 편리함을 다음과 같이 말했다. "우리는 Zipcar를 사용함으로써 택시비용과 대중교통의 시간지연을 피할 수 있습니다. Zipcar는 가장 빠르고 편하게 도시를 다닐 수 있는 수단입니다."

Zipcar는 기업의 비용절감뿐만 아니라 환경 지속가능성에 기여하고 있다. 2015년에 발간된 보고서에 따르면 Zipcar로 인해 북미지역의 약 33,000대의 자동차가 필요하지 않게 되었다. Zipcar 대표인 Kaye Ceille는 다음과 같이 말했다. "기업들은 점점 환경적 영향을 인식하고 있습니다. Zipcar는 도로를 달리는 차량을 줄이는 것을 포함하여 많은 환경적 이점을 제공하고 있습니다."

출처: Elizabeth Olsen, "Car Sharing Reinvents the Company Wheels," *New York Times*, May 7, 2009 (http://www.nytimes.com/2009/05/07/business/businessspecial/07CAR.html); Zipcar, Inc., "Case Studies: Twitter" (http://www.zipcar.com/business/is-it/case-studies); Zipcar, Inc., "San Francisco Bay Area Rates & Plans (http://www.zipcar.com/sf/check-rates); "New Research Finds Business Use of Zipcar Reduces Personal Car Ownership," Zipcar, Inc. press release, Boston, MA, July, 27, 2015 (http://www.zipcar.com/press/releases/z4breducescarownership).

고정원가로 볼 수 있다. 즉, 기준을 무엇으로 정하느냐에 따라 원가대상은 변동원가가 될 수도, 고정원가가 될 수도 있다.

일부 원가는 변동원가와 고정원가의 특성을 모두 가지고 있다. 이러한 원가를 혼합원가 혹은 준변동원가라고 한다. 예를 들어, 핸드폰 요금은 기본요금과 기본제공량을 초과해서 사용한 경우에 발생하는 초과요금으로 구성된다. 이때, 기본요금은 고정원가의 성격을 가지고 있고, 초과요금은 핸드폰 사용량에 따라 변하므로 변동원가의 성격을 가지고 있다. 혼합원가에 대한 부분은 뒤에서 다시 자세하게 다룰 것이다.

2-1 도전!

Pepsi Corporation은 트럭을 사용하여 콜라를 창고에서 소매점으로 운송한다. 가솔린원가는 1마일당 $0.15이다. 보험료는 1년에 $6,000이다. 만약 트럭이 (1) 1년에 20,000마일, (2) 1년에 30,000마일 운전했을 때, 총원가와 가솔린 단위원가(1마일당 원가)와 보험료 단위원가(1마일당 원가)를 계산하시오.

원가동인

활동량이나 생산량과 같은 원가동인(cost drivers)은 변동적이다. 원가동인은 주어진 기간 동안에 원가에 영향을 준다. 활동은 특정한 목적에 맞는 이벤트나 일을 의미한다. 예를 들어, 제품 디자인, 기계 설치 혹은 제품 테스트를 활동이라고 한다. 활동량이나 생산량의 변화가 총원가의 변화와 인과관계가 성립된다면, 활동량과 생산량은 원가동인이다. 예를 들어, 제품의 부품 수에 따라 제품디자인 원가가 변한다면, 제품의 부품 수는 제품디자인 원가의 원가동인이다.

변동원가의 원가동인은 변동원가의 변화에 비례하여 변하는 활동량과 생산량이다. 예를 들어, 핸들 총원가의 원가동인은 조립된 자동차 개수이다. 만약, 설치기사가 시간당 임금으로 급여를 받는다면, 설치원가의 원가동인은 설치시간이다.

단기간에서는 고정원가의 원가동인은 없지만, 장기간에서는 원가동인이 존재할 수 있다. HP 공장에서 생산되는 컬러프린터의 0.1%를 테스트한다고 가정해 보자. 테스트 부서에서 사용되는 장비와 직원의 급여는 테스트 비용에 포함된다. 그리고 이러한 비용들은 거의 변하지 않을 것이다. 단기간의 테스트 비용은 생산량의 변화와 관련이 없으므로 고정원가로 분류된다. 그러므로 프린터의 생산량은 단기에서는 테스트 비용의 원가동인이 아니다. 하지만 HP는 테스트 부서의 장비와 직원을 미래 생산량에 맞춰 늘리거나 줄일 것이다. 따라서 장기의 측면에서 본다면 생산량은 테스트 비용의 원가동인이다. 테스트, 디자인 그리고 설치와 같은 활동에 따라 원가를 구별하는 원가시스템을 활동기준원가시스템이라고 부른다.

관련범위

관련범위(relevant range)는 원가와 활동량 혹은 생산량의 특정관계를 나타내는 활동범위를 의미한다. 예를 들어, 고정원가는 주어진 활동량 혹은 생산량(기업이 생산할 것이라고 기대되는)과 주어진 시간 동안(보통 특정한 예산기간)에 고정적인 행태를 보인다. BMW가 Thomas Transport Company(TTC)와 X6를 BMW 딜러에게 수송하는 계약을 체결했다고 생각해 보자. 이 계약을 위해, TTC는 2대의 트럭을 대여했고, 트럭 1대의 렌트비는 $40,000이다. 트럭

보기 2-4 Thomas Transport 회사의 고정원가 행태

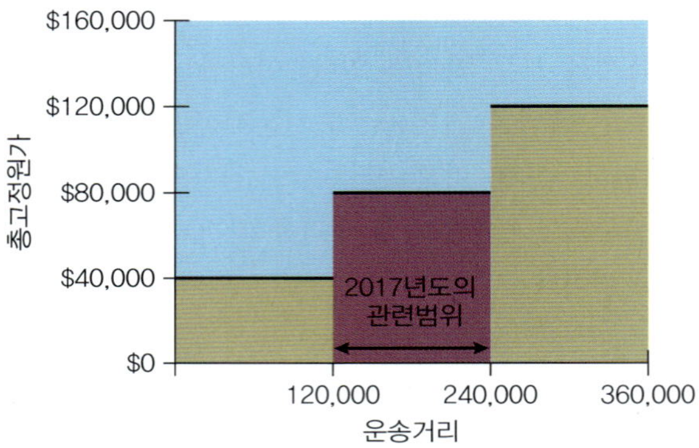

한 대의 1년 최대 사용거리는 120,000마일이다. 2017년 2대의 트럭으로 운송할 것으로 예상되는 거리는 총 170,000마일이다.

보기 2-4는 운송거리에 따른 고정원가의 행태를 보여주고 있다. 120,000마일까지는 TTC는 1대의 트럭만 운영할 것이다. 120,001부터 240,000마일까지 TTC는 2대의 트럭을, 240,001부터 360,000마일까지는 3대의 트럭을 운영할 것이다. 2017년에는 170,000마일이 운행될 것이라고 예상했고, 170,000은 120,001~240,000 운행 범위에 해당된다. 따라서, 170,000마일이 운행된다면, 렌탈비는 고정원가로 $80,000가 발생할 것이다. 120,001~240,000 관련 범위 안에서는 운행거리가 변한다 하더라고 렌탈비는 $80,000로 고정되어 있다.

고정원가는 1년 이상의 장기간에서는 변할 수 있다. 예를 들어, 2018년에 2대의 트럭 렌탈비가 $2,000 상승한다고 가정해 보자. 이 경우에, 총고정원가는 $82,000가 될 것이다. 만약 트럭 렌탈비 인상이 발생한다면, 120,001~240,000 범위의 2018년도 렌탈비는 $82,000에서 고정될 것이다.

관련범위는 변동원가에서도 적용 가능하다. 관련범위를 벗어난 경우에, 변동원가는 생산량과 비례하여 변하지 않을 수 있다. 예를 들어, 변동원가의 대표적인 예인 직접재료원가를 생각해 보자. 기업이 직접재료를 대량으로 구매하는 경우에, 판매자와 협상을 통해 가격할인을 받을 수도 있다. 이런 경우에, 직접재료원가는 낮은 비율로 증가할 것이다.

원가분류

앞서 2가지 원가분류법(직접/간접원가 그리고 변동/고정원가)에 대해서 배웠다. 원가는 동시에 다음과 같이 분류될 수 있다.

- 직접 그리고 변동원가
- 직접 그리고 고정원가
- 간접 그리고 변동원가
- 간접 그리고 고정원가

보기 2-5는 BMW X6의 원가를 위의 4가지 원가분류에 따라 분류한 것을 보여주고 있다.

보기 2-5 자동자 제조기업의 원가분류 사례

원가행태 패턴	원가대상에 원가배부: 직접원가	원가대상에 원가배부: 간접원가
변동원가	• 원가대상: 제조된 BMW X6 ㉡ 자동차 조립 라인에서 사용된 타이어	• 원가대상: 제조된 BMW X6 ㉡ 공장의 전력비 (공장에서는 여러 개의 제품이 조립됨)
고정원가	• 원가대상: 제조된 BMW X6 ㉡ BMW X6 조립 라인 감독관의 급여	• 원가대상: 제조된 BMW X6 ㉡ 공장의 1년 임차료 (공장에서는 다양한 제품이 생산됨)

총원가와 단위원가

앞 절에서는 활동과 생산량 기준에 따른 원가행태를 살펴보았다. 이번 절에서는 단위원가에 대해서 배워보도록 하겠다.

단위원가

단위원가(unit costs)는 총원가를 총생산량으로 나눈 값으로 평균원가로도 불린다. 평균원가는 의사결정시에 사용되는 기본적인 정보이다. 당신이 콘서트 출연 계약자라고 상상해 보자. 만약 당신이 Paul McCartney를 고척돔구장에서 연주하도록 하는 계약을 결정했다고 하자. 이때, 총비용은 약 $4,000,000가 발생할 것으로 추정되었다. 이 정보는 도움이 되지만, 의사결정을 위해서는 충분한 정보는 아니다.

공연에 대한 의사결정을 내리기 전에, 공연에 참석할 사람이 몇 명이 될지 반드시 예측해야 한다. 얼마나 많은 사람이 참석할지 알지 못한 상태에서 콘서트 티켓 가격을 결정할 수는 없다. 콘서트 티켓 가격을 결정하기 위해 당신은 총원가($4,000,000)를 참석할 것으로 예상되는 관객 수로 나눈 공연의 단위원가를 계산할 것이다. 만약, 50,000명의 사람이 참석할 것으로 예상된다면 콘서트의 단위원가는 $80($4,000,000÷50,000)이다. 만약 20,000명이 참석한다면, 콘서트의 단위원가는 $200($4,000,000÷20,000)이다. 총원가가 단일화된 단위로 표기된 것(즉, 활동량이나 생산량에 따라 평균화된 값)이 아니라면, $4,000,000라는 총원가의 정보는 의사결정하기에 충분한 정보가 아니다. 총원가와 총 관객 수로 계산된 단위원가가 훨씬 간단하고 납득할 만한 방법이다.

회계시스템은 일반적으로 총원가와 단위원가를 모두 보고한다. 이때, 단위는 다양한 방법으로 표기될 수 있다. 예를 들어, 조립 자동차 수, 배달 물건 수, 노무시간 등이 모두 단위로 사용될 수 있다. 스피커를 제조하는 Tennessee Products를 예를 들어 생각해 보

자. Tennessee Products는 Memphis에 공장이 있다. Tennessee Products 2017년도에 500,000개의 스피커시스템을 만들었고 이때 $40,000,000의 제조원가가 발생했다. 이 기업의 스피커시스템 단위원가는 $80이다.

$$\frac{\text{총제조원가}}{\text{총제조량}}=\frac{\$40,000,000}{500,000\text{개}}=1\text{개당 }\$80$$

만약, 480,000개가 팔리고 20,000개가 기말재고로 남아 있다면, 단위원가의 개념은 손익계산서와 재무상태표에 보고되는 원가를 결정하는 데 도움이 된다. 결과적으로 단위원가는 Tennessee Products에 대한 유용한 정보를 외부 정보이용자들에게 전달하는 역할을 한다.

매출원가(손익계산서), 480,000단위×$80단위원가	$38,400,000
재고자산(재무상태표), 20,000단위×$80단위원가	1,600,000
500,000단위의 총제조원가	$40,000,000

단위원가는 가치사슬의 모든 영역에서도 쉽게 볼 수 있다(제품디자인의 단위원가, 방문판매의 단위원가 그리고 고객서비스통화의 단위원가). 경영자들은 가치사슬의 단위원가를 합산하여 각 제품과 서비스의 단위원가와 수익성을 측정할 수 있다. 경영자들은 이 정보를 활용하여 어떤 제품에 더 많은 자원을 투자할지 혹은 가격은 어떤 수준으로 책정할지 결정한다.

단위원가 사용 시 주의사항

경영자들은 단위원가를 재무제표에 표기하고 상품믹스나 가격 결정에 단위원가정보를 활용하지만, 일반적으로 의사결정 시에 단위원가보다 총원가의 정보를 더 많이 활용한다. Tennessee Products의 Memphis 공장 사례를 한 번 살펴보자. 2017년도의 총원가는 $40,000,000였고, 이때 $10,000,000는 고정원가, $30,000,000는 변동원가이다(스피커 시스템 1대의 변동원가는 $60이다). 2018년도의 총고정원가와 총변동원가는 2017년도와 동일하다고 가정한다. 2018년도의 생산 수준은 다를 것으로 예상되었고, 이를 기반으로 계산된 예산원가(총변동원가, 총고정원가, 총원가)는 다음과 같다.

생산단위 (1)	단위 변동원가 (2)	총변동원가 (3)=(1)×(2)	총고정원가 (4)	총원가 (5)=(3)+(4)	단위원가 (6)=(5)÷(1)
100,000	$60	$ 6,000,000	$10,000,000	$16,000,000	$160.00
200,000	$60	$12,000,000	$10,000,000	$22,000,000	$110.00
500,000	$60	$30,000,000	$10,000,000	$40,000,000	$ 80.00
800,000	$60	$48,000,000	$10,000,000	$58,000,000	$ 72.50
1,000,000	$60	$60,000,000	$10,000,000	$70,000,000	$ 70.00

만약 2018년도의 생산량이 2017년도의 생산량인 500,000단위 수준보다 낮게 된다면, 경영자가 사용한 단위원가 $80는 올바른 정보가 아니다. 그리고 이로 인해 2018년의 실제 총원가는 과소평가될 것이다. 만약에 새로운 경쟁자가 등장하거나 수요의 감소로 인해 생산량이 200,000단위까지 하락한다면, 위의 표에서 알 수 있듯이 총원가는 $22,000,000이다. 만약, 경영자가 $80단위원가 정보를 활용했다면, 이 경우에 추정원가는 $16,000,000($80 × 200,000단위)이다. 이는 실제원가보다 $6,000,000만큼 작은 값이다($22,000,000 − $16,000,000). 다시 말하자면, 단위원가 $80는 생산량이 500,000단위인 경우에만 적용 가능한 정보이다.

그러므로 기업은 단위원가에 지나치게 의존하는 것을 조심해야 한다. 위의 표에서 알 수 있듯이, 경영자는 의사결정을 내릴 때, 단위원가보다 총변동원가, 총고정원가, 총원가를 고려해야 한다. 그러므로 의사결정을 내릴 때, 경영자는 총원가를 먼저 계산하고 그 다음에 단위원가를 계산해야 한다.

사업분야, 재고의 종류, 재고가능원가, 기간원가

다음에서는, 다양한 기업의 사업분야와 재고의 종류에 대해서 살펴보고, 이러한 요소들이 재고가능원가와 기간원가 분류에 어떠한 영향을 미치는지 알아보자.

제조, 매매 그리고 서비스 기업

우리는 기업을 제조, 매매, 서비스 기업으로 구분한다.

- **제조기업(manufacturing-sector companies):** 구매한 재료와 부품들을 완성품으로 만든다. 자동차회사인 Jaguar, 휴대폰 제조회사인 Samsung, 식품가공회사인 Heinz 그리고 컴퓨터 제조회사인 Lenovo가 대표적인 제조기업이다.
- **상품매매기업(merchandising-sector companies):** 구매한 유형상품을 그대로 판매한다. 소매업(Barnes & Noble과 같은 서점, 백화점인 Target), 유통(의료기기 유통업체인 Owens and Minor), 도매업(전자부품 공급자인 Arrow Electronics)이 포함된다.
- **서비스기업(service-sector companies):** 서비스(무형상품)를 제공한다. 예를 들어, 서비스기업은 법률서비스 혹은 감사서비스를 그들의 고객들에게 제공한다. 대표적인 서비스기업에는 법무법인인 Wachtell, Lipton, Rosen & Katz, 회계법인인 Ernst & Young, 은행인 Barclays, 뮤추얼펀드회사인 Fidelity, 보험회사인 Aetna, 교통회사인 Singapore Airlines, 여행사인 American Express가 있다.

재고 종류

제조기업은 재료와 구성요소들을 구매하여 완성품으로 만든다. 제조기업들은 보통 다음과 같은 3가지 종류의 재고자산을 한 개 이상 가지고 있다.

- **직접재료 재고자산:** 직접재료는 제조과정에 사용된다(예: 휴대폰 제조기업의 직접재료는 컴퓨터칩이나 다른 부품들이 이에 해당된다).
- **재공품 재고자산:** 생산 중인 자산(미완성 제품)을 나타낸다(예: 휴대폰 제조기업인 경우에, 여러 제조과정에서 완성되지 않은 휴대폰이 이에 해당된다).
- **제품 재고자산:** 아직 팔리지 않은 완성된 상품(예: 완성된 휴대폰이 이에 해당된다).

상품매매기업은 제품(유형자산)을 구매하여 제품의 기본형태 그대로 판매하는 기업이다. 상품매매기업은 오직 한 가지 형태의 재고자산을 가지고 있다(상품). 서비스기업은 서비스와 무형의 제품을 제공한다. 그들은 유형재고자산을 가지고 있지 않다.

제조원가 분류

제조원가는 보통 직접재료원가, 직접노무원가 그리고 제조간접원가로 분류된다. 이는 제조원가를 직접원가와 간접원가로 분류한 것이다.

- **직접재료원가:** 재료를 취득하는 과정에서 발생한 원가 중 원가대상으로 추적 가능한 비용이다. BMW X6의 경우 강철과 타이어가 직접재료이고, 컴퓨터칩은 휴대폰의 직접재료에 해당된다. 직접재료원가에는 직접재료 구매가격뿐만 아니라 운반비, 세금과 같이 직접재료를 취득하기 위한 모든 비용이 포함된다.
- **직접노무원가:** 원가대상에 추적 가능한 제조노무원가이다. 예를 들어, 직접재료를 제품으로 만드는 생산직원의 급여와 복리후생비가 직접노무원가에 해당한다.
- **제조간접원가:** 원가대상과 관련된 제조원가 중에 추적이 불가능한 비용이다. 간접재료원가, 간접노무원가 그리고 제조간접원가가 이에 해당된다. BMW X6의 경우에 간접재료원가로는 윤활유, 간접노무원가에는 공장을 유지관리하는 직원의 급여, 마지막으로 제조간접원가에는 공장 감가상각비, 공장 임차료, 공장 보험비 등이 해당된다.

이제 재고가능원가와 기간원가에 대해 살펴볼 것이다.

재고가능원가

재고가능원가는 제품의 원가이며, 기업의 재무상태표에서 자산으로 분류된다. 제품의 원가는 물건이 판매되었을 때, 매출원가로 비용처리된다. 제조기업의 경우에 모든 제조원가는 재고가능원가이다. 제조원가는 처음에 재공품 재고자산으로 분류되었다가, 완성된 후에는 제품 재고자산으로 분류된다. 휴대폰 제조회사인 Cellular Products의 사례를 살펴보자. 컴퓨터칩과 같은 직접재료원가, 직접노무원가 그리고 제조간접원가는 새로운 자산을 만든다. 휴대폰은 재공품으로 시작하여 제품으로 완성된다. 그리고 휴대폰이 판매되었을 때, 원가는 자산에서 비용계정인 매출원가로 옮겨간다. 이는 수익 · 비용 대응의 원칙에 따라, 소비자가 구매한 제품이나 서비스가 나가고 이에 따른 자산의 유입이 수익으로 기록되는 것이다.

매출원가는 제품을 생산하는 데 발생한 모든 제조원가가 포함되어 있다. 휴대폰은 생산된 회계기간이 아닌 다른 회계기간에 판매될 수 있다. 따라서, 휴대폰이 생산된 회계기간 동안에 제조원가는 재무상태표에 재고자산으로 기록되고, 휴대폰이 판매되는 시점에 제조원가는 비용으로 인식되어 손익계산서에 기록된다.

월마트와 같은 상품매매기업에게 있어 재고가능원가는 판매하기 위해 구매한 상품의 원가이다. 상품매매기업의 원가는 제품의 가격뿐만 아니라, 운반비, 보험료 등과 같이 상품을 획득하기 위한 제반비용을 다 포함한다. 서비스기업은 무형의 제품이나 서비스를 제공한다. 서비스기업은 재고가능원가를 가지고 있지 않다.

기간원가

기간원가는 매출원가 외에 손익계산서에 있는 모든 비용이다. 디자인비용, 마케팅, 유통 그리고 서비스 비용은 대표적인 기간원가이다. 이러한 비용들은 미래가 아니라 발생한 기간에 매출을 올릴 것이기 때문에 해당 비용이 발생한 회계기간에 비용으로 처리된다. 제조기업의 경우, 손익계산서에서 보고되는 모든 비제조원가는 기간원가이다. 상품매매기업인 경우에도 손익계산서에서 보고되는 비용 중 재판매를 위해 구매한 상품의 원가를 제외한 모든 원가는 기간원가이다. 기간원가의 대표적인 예는 판매직원의 급여나 광고비이다. 서비스기업은 재고가능원가가 없기 때문에 손익계산서에 보고되는 모든 비용이 기간원가이다.

보기 2-6 은행의 기간원가 사례

원가대상에 원가배부

원가행태 패턴	직접원가	간접원가
변동원가	• 원가대상: 모기지론 (주택담보대출) 수 예) 각각의 모기지론에 관련된 부동산 재평가 비용	• 원가대상: 모기지론 (주택담보대출) 수 예) 변호사/주택소유자에게 배달된 모기지론 서류 우편비
고정원가	• 원가대상: 모기지론 (주택담보대출) 수 예) 모기지론 상품을 개발하는 임직원들의 급여	• 원가대상: 모기지론 (주택담보대출) 수 예) 매년 은행에서 지원하는 골프대회 후원 비용

여기에서 흥미로운 주제를 잠시 생각해볼 것이다. 과연 R&D 비용은 기간원가인가 아닌가? 앞에서 잠깐 살펴보았듯이, 최근에 모든 산업 전반에 걸쳐 혁신은 성공의 중요한 요소이다. 혁신과 R&D 투자의 장점은 미래 수익에 영향을 미칠 수 있다는 점이다. 그렇다면, R&D 비용은 기간원가로 고려되어서 현재의 수익에 대응되어야 하는 것인가? 정답은 기간원가로 인식되어야 한다는 것이다. 왜냐하면, 혁신의 성공 여부는 불확실하다. 혁신이 성공해도, 혁신이 미래의 어느 시점의 수익에 영향을 미칠지 결정하는 것은 어렵다. 그러나 몇몇 경영자들은 R&D 비용을 기간원가로 인식하게 되면, 현재의 수익을 감소시키기 때문에 혁신을 축소할 수 있다고 주장한다.

보기 2-5는 자동차 제조회사의 간접/직접원가 그리고 변동/고정원가 분류법에서의 재고가능원가 사례를 보여주고 있다. 보기 2-6은 은행에서 직접/간접원가 그리고 변동/고정원가 분류법에서의 기간원가 사례를 보여준다.

재고가능원가와 기간원가의 흐름

우리는 제조회사의 손익계산서를 통해 재고가능원가와 기간원가의 흐름을 살펴볼 것이다.

제조기업 사례

보기 2-7과 보기 2-8의 Cellular Products 기업의 원가흐름을 살펴보자. 보기 2-7은 제조회사의 재고가능원가와 기간원가 흐름의 차이점을 잘 보여주고 있다. 재고가능원가는 제품이 판매되어 매출원가로 손익계산서에 기록되기 전까지 재무상태표의 재공품계정과 제품계정에 기록된다. 기간원가는 바로 손익계산서에 비용으로 기록된다. 보기 2-8은 재고가능원가와 기간원가가 재무상태표에 어떻게 기록되는지 보여주고 있다.

우리는 보기 2-7 왼쪽에 있는 직접재료의 흐름을 추적할 것이다. 이 정보는 표 2-8에서는 Panel B에 있다. 명료하게 표현하기 위해 단위원가를 제외한 모든 금액은 $1,000 단위이다.

보기 2-7 제조기업인 Cellular Products의 수입과 비용 흐름(단위: 천 달러)

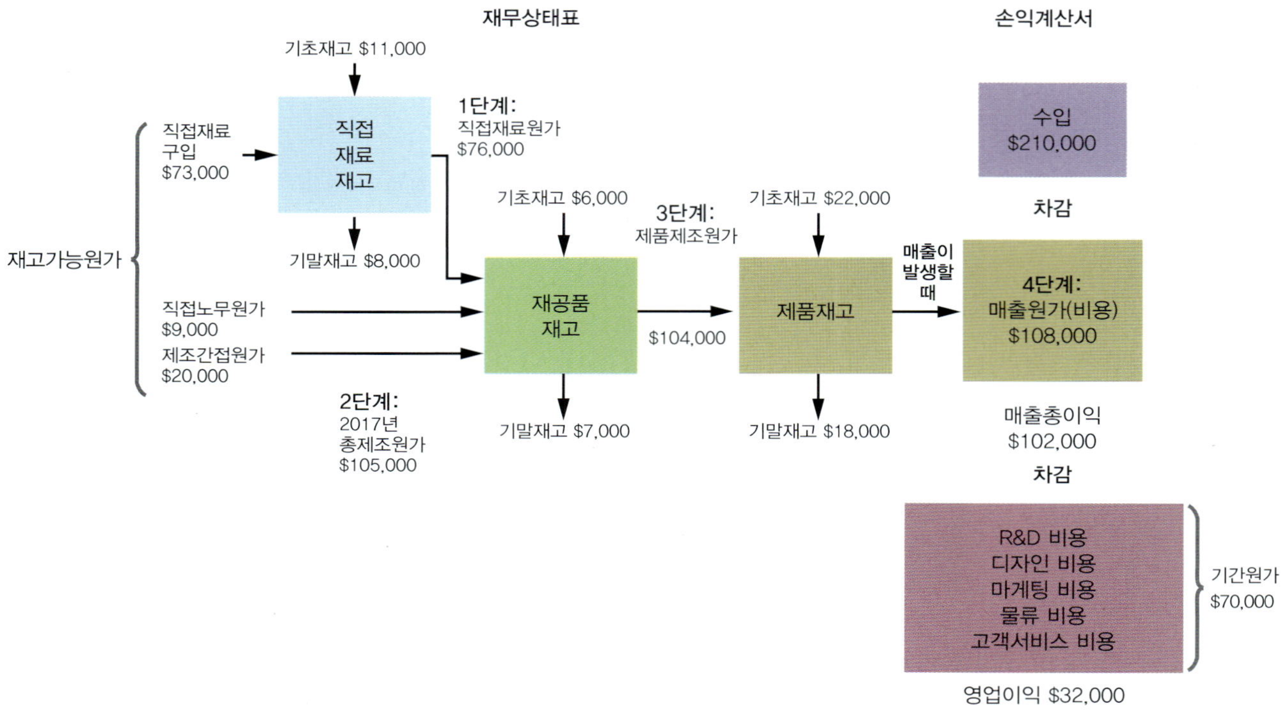

1단계: 2017년 직접재료원가 보기 2-7을 보면 기초재료재고는 $11,000에서 시작한다. 그리고 직접재료매입은 $73,000이다. 1단계를 보면 직접재료 $76,000가 재공품으로 투입되었고, 그 결과 기말재료재고는 $8,000가 된다. 그리고 기말재료재고는 내년의 기초재고가 된다.

보기 2-8 Panel B(22~27행)의 직접재료원가는 다음과 같이 계산된다.

직접재료 기초재고, 2017년 1월 1일	$11,000
+ 2017년 직접재료매입	73,000
− 직접재료 기말재고, 2017년 12월 31일	8,000
= 2017년 직접재료원가	$76,000

2단계: 2017년 총제조원가 총제조원가는 2017년에 발생한 직접제조원가와 제조간접원가를 모두 일컫는다. Cellular Products 기업은 제조원가를 아래와 같이 세 종류로 구분하고 있다.

(1) 2017년 직접재료원가(보기 2-8, Panel B의 22~27행)	$ 76,000
(2) 2017년 직접노무원가(보기 2-8, Panel B의 28행)	9,000
(3) 2017년 제조간접원가(보기 2-8, Panel B의 29~36행)	20,000
2017년 총제조원가	$105,000

보기 2-8 제조기업인 Cellular Products의 손익계산서와 제조원가명세서

	A	B	C	D
1	Panel A: 손익계산서			
2	Cellular Products			
3	손익계산서			
4	2017년 1월 1일~2017년 12월 31일(단위: $1,000)			
5	수입		$210,000	
6	매출원가			
7	제품 기초재고(2017년 1월 1일)	$ 22,000		
8	제품제조원가(Panel B 참조)	104,000		
9	판매가능 제품원가	126,000		
10	제품 기말재고(2017년 12월 31일)	18,000		
11	매출원가		108,000	
12	매출총이익		102,000	
13	영업비용(기간원가)			
14	R&D, 디자인, 마케팅, 물류, 고객서비스 비용	70,000		
15	총영업비용		70,000	
16	영업이익		$ 32,000	
17				
18	Panel B: 제품제조원가			
19	Cellular Products			
20	제조원가명세서[a]			
21	2017년 1월 1일~2017년 12월 31일(단위: $1,000)			
22	직접재료			
23	기초재고(2017년 1월 1일)	$ 11,000		
24	직접재료매입	73,000		
25	사용 가능한 직접재료원가	84,000		
26	기말재고(2017년 12월 31일)	8,000		
27	직접재료원가		$ 76,000	
28	직접노무원가		9,000	
29	제조간접원가			
30	간접노무원가	$ 7,000		
31	소모품	2,000		
32	전기료	5,000		
33	감가상각비−공장건물	2,000		
34	감가상각비−공장시설장비	3,000		
35	기타	1,000		
36	총제조간접원가		20,000	
37	2017년 제조원가		105,000	
38	재공품 기초재고(2017년 1월 1일)		6,000	
39	제품가능 제조원가		111,000	
40	재공품 기말재고(2017년 12월 31일)		7,000	
41	제품제조원가		$104,000	
42	[a] Note that this schedule can become a schedule of cost of goods manufactured and sold simply by including the beginning and ending finished goods inventory figures in the supporting schedule rather than in the body of the income statement.			

(4단계: 6–11행, 1단계: 22–27행, 2단계: 27–37행, 3단계: 37–41행; 41행 제품제조원가 $104,000 → 8행)

도전! 2-2

Diana Corporation은 2017년 정보를 다음과 같이 제공했다.

직접재료 기초재고, 2017년 1월 1일	$12,000
2017년 직접재료 매입	$85,000
직접재료 기말재고, 2017년 12월 31일	$ 7,000
2017년 직접노무원가	$30,000
2017년 제조간접원가	$40,000

2017년에 발생한 총제조원가를 계산하시오.

3단계: 2017년 총제품제조원가 총제품제조원가는 언제 제조가 시작되었든지와 상관없이 당기년도에 제품으로 완성된 원가를 의미한다.

재공품재고자산표는 직접재료원가표의 1단계와 유사한 구조를 가지고 있다. 재공품 재고자산은 기초재공품 $6,000를 시작으로 2017년 총제조원가 $105,000를 더하면 $111,000가 된다. 2017년에 발생한 제조원가 중 일부는 기말재공품 재고자산으로 남아있게 된다. 그래서 재공품 재고자산 중 기말재공품 재고자산 $7,000를 뺀 $104,000가 재공품이 완성되어 제품이 된 제품제조원가이다. 보기 2-8의 Panel B(37~41행)에서 계산된 2017년 제품제조원가는 다음과 같다.

재공품 기초재고, 2017년 1월 1일	$ 6,000
+ 2017년 총제조원가	105,000
= 제품가능 제조원가	111,000
− 재공품 기말재고, 2017년 12월 31일	7,000
= 2017년 제품제조원가	$104,000

4단계: 2017년 매출원가 매출원가는 현재 회계기간 동안에 완성된 제품 중에 고객들에게 판매된 제품의 제조원가이다. 보기 2-7의 제품재고자산표를 보면, 판매가능 제품재고는 기초 제품재고 $22,000와 2017년 제품제조원가 $104,000의 합인 $126,000이다. 그리고 기말 제품재고는 다음 연도의 기초제품재고가 된다. 그러므로 2017년의 매출원가는 판매가능 제품재고에서 기말제품재고 $18,000를 차감한 $108,000이다.

매출원가는 수입에 대응되는 비용이다. 보기 2-8의 Panel A(6~11행)에서 계산된 Cellular Products의 매출원가는 다음과 같다.

제품 기초재고, 2017년 1월 1일	$ 22,000
+ 2017년 제품제조원가	104,000
− 제품 기말재고, 2017년 12월 31일	18,000
= 2017년 매출원가	$108,000

보기 2-9는 Cellular Products의 제조원가 흐름과 관련된 T 계정이다. 제품제조원가는 모두 재고가능원가이다. 제조가 완료된 물건은 제품 재고자산 계정으로 이동된다. 그리고 상품이 판매될 때, 해당 비용은 매출원가로 인식된다. 12월 31일 재공품($7,000) 계정에 있는 직접재료원가, 직접노무원가, 제조간접원가와 제품($18,000) 계정에 있는 재고자산들은 재무상태표에 자산으로 기록된다. 다음 회계연도에 재공품 재고자산이 제품이 되고 그리고 이 제품이 팔리게 된다면 이 원가들은 모두 비용처리된다.

보기 2-9 Cellular Products의 제조원가 흐름에 대한 총계정원장(단위: $1,000)

재공품 재고

기초재고, 2017년 1월 1일	6,000	제품제조원가	104,000
직접재료원가	76,000		
직접노무원가	9,000		
제조간접원가	20,000		
기말재고, 2017년 12월 31일	7,000		

제품 재고

기초재고, 2017년 1월 1일	22,000	매출원가	108,000
	104,000		
기말재고, 2017년 12월 31일	18,000		

매출원가

108,000	

2-3 도전!

Diana Corporation은 2017년 정보를 다음과 같이 제공했다.

재공품 기초재고, 2017년 1월 1일	$ 9,000
2017년 총제조원가	$160,000
재공품 기말재고, 2017년 12월 31일	$ 8,000
제품 기초재고, 2017년 1월 1일	$ 15,000
제품 기말재고, 2017년 12월 31일	$ 21,000

2017년 (1) 제품제조원가와 (2) 매출원가를 계산하시오.

우리는 이제 2017년도 Cellular Products의 손익계산서를 작성할 것이다. 보기 2-7의 오른쪽 부분과 보기 2-8 Paenl A는 Cellular Products의 손익계산서이다. Cellular Products의 수입은 $210,000(단위: 천)이다. 그리고 2017도년에 재고가능원가 중 비용처리된 부분은 매출원가로 $108,000이다.

매출총이익 = 수입 − 매출원가 = $210,000 − $108,000 = $102,000

영업비용은 $70,000로 R&D, 마케팅, 디자인, 물류 그리고 고객서비스 비용이 포함되어 있다. 영업비용은 대표적인 기간원가이다. 영업비용에는 판매사원의 급여, 마케팅에 사용되는 컴퓨터 및 다른 장비들의 감가상각비, 물류를 위한 창고의 임차료 등이 포함된다. 영업이익은 영업으로 발생한 수입에서 매출원가와 영업비용(기간원가)을 차감한 값이다. 혹은, 매출총이익에서 영업비용을 차감한 것으로 표현할 수도 있다. Cellular Products의 영업이익은 $32,000(매출총이익, $102,000 − 기간원가, $70,000)이다. 기간원가는 손익계산서상에서 판매관리비로 보고된다.

원가회계를 처음 배우는 사람들은 간혹 임차료, 전화요금, 감가상각비와 같은 간접원가는 재고자산과 관련이 없다고 생각하기에, 간접원가는 항상 기간원가일 것이라고 생각한다. 이것은 잘못된 생각이다. 간접원가가 마케팅 부서나 혹은 본사에서 발생한 비용인 경우에는 기간원가가 맞다. 하지만 제조에서 발생한 간접원가는 제조간접원가로 분류되고, 이는 재고가능원가이다.

재고가능원가는 제품이 팔릴 때까지 비용으로 보고되지 않기에, 경영자들은 예상보다 더 많은 단위를 생산하는 경우가 발생하기도 한다. 예상보다 더 많은 제품을 생산하게 되면 재고가 증가한다. 고정제조원가 중 재고부분은 발생한 연도에 비용으로 처리하지 않고 다음 회계연도까지 미룰 수 있다. 경영자는 제품을 과대생산하여 매출이 증가하지 않아도 영업이익과 매출총이익을 높일 수 있다. 이 내용은 나중에 뒤에서 자세히 다룰 것이다.

재고가능원가와 기간원가 정리

보기 2-7은 제조기업의 재고가능원가와 기간원가의 차이점을 보여준다. 제품의 제조원가는 직접재료원가, 직접노무원가 그리고 제조간접원가로 구성되어 있다. 제조원가는 모두 재고가능원가이다. 제품으로 완성되기 이전에 제조원가는 재공품 재고자산으로 인식되고, 완성된 이후에도 제품이 판매되기 전까지는 제품 재고자산으로 기록된다. 비제조원가인 판매관리비는 기간원가이다.

상품매매기업의 재고가능원가와 기간원가의 흐름은 제조기업과 유사하다. 그러나 상품매매기업의 원가흐름은 훨씬 간단하고 이해하기 쉽다. 보기 2-10은 상품을 구매하여 고객에게 판매하는 도매업의 재고가능원가와 기간원가를 보여주고 있다. 매입된 상품은 재무상태표에 상품 재고자산으로 기록된다. 상품매매기업도 마케팅, 물류 그리고 고객서비스 비용이 발생하는데, 이러한 비용은 모두 기간원가이다. 손익계산서에서 기간원가는 수입에서 차감된다.

보기 2-10 상품매매 기업의 수입과 비용의 흐름

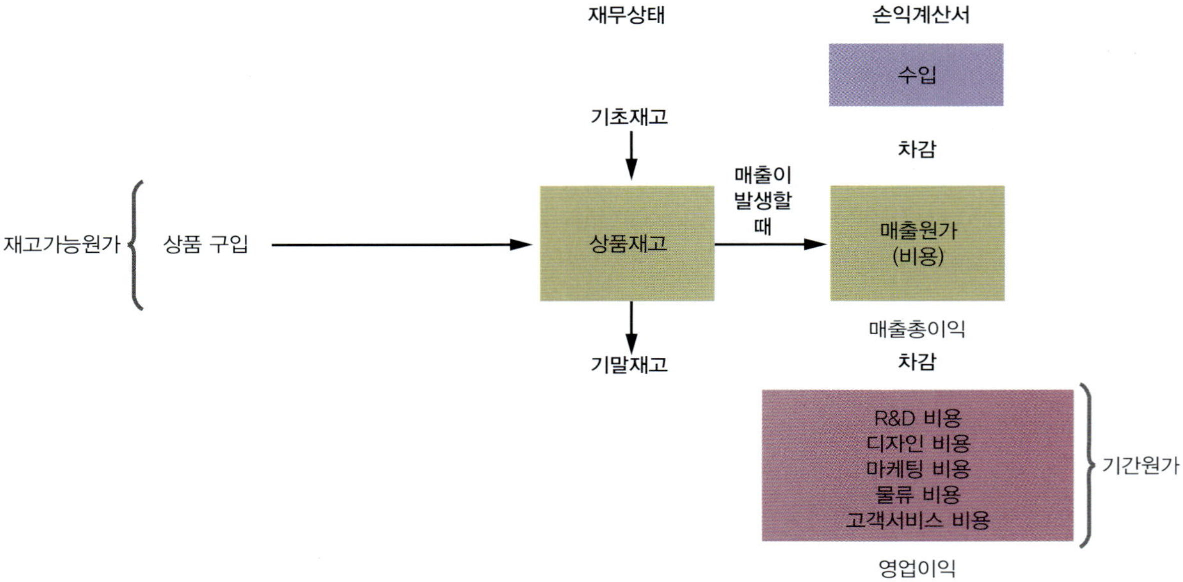

기본원가와 가공원가

제조원가시스템에서 많이 사용되는 원가분류 용어는 기본원가와 가공원가이다. 기본원가는 모든 직접원가를 의미한다. Cellular Products 사례로 살펴보면 다음과 같다.

기본원가 = 직접재료원가 + 직접노무원가 = $76,000 + $9,000 = $85,000

기본원가가 총원가에서 차지하는 비중이 크면 클수록, 제품의 원가정확성은 높아진다. 정보기술의 발달로 기업들이 원가를 정교하게 분류하는 것이 가능해졌다. 그 결과, 최근에 직접원가의 비중이 증가하였다. 예를 들어, 전력원가가 어디에서 사용되었는지 구체적으로 추적하는 것이 가능해졌다. 이로 인해 전력원가도 특정제품의 직접원가로 분류하는 것이 가능해졌다. 또한 특정 생산라인이 특정 제품을 생산하는 데만 사용된다는 것이 분류된다면, 생산장비의 감가상각비 역시 직접제조원가로 분류될 수 있다. 가공원가는 직접재료원가를 제외한 모든 제조원가이다. 가공원가는 제조원가를 제품으로 만드는 데 사용되는 모든 제조원가를

일컫는다. Cellular Products의 사례로 살펴보면 다음과 같다.

가공원가 = 직접노무원가 + 제조간접원가 = \$9,000 + \$20,000 = \$29,000

직접노무원가는 기본원가와 가공원가에 모두 포함된다.

원가회계와 원가관리의 개념

아래는 원가회계와 원가관리의 특성에 대한 것이다.

- 제품, 서비스 그리고 다른 원가대상의 원가를 계산한다.
- 계획, 통제 그리고 성과평과에 대한 정보를 획득한다.
- 의사결정과 관련한 정보를 분석한다.

위에 제시한 내용들은 3장에서부터 11장에 걸쳐 배울 것이다.

제품, 서비스, 원가대상의 원가 계산

우리는 이미 원가시스템이 직접원가를 추적하고 간접원가를 제품에 배부하는 것을 배웠다. 4장과 5장에서 우리는 제품과 서비스의 총원가와 단위원가를 계산하는 개별원가계산과 활동기준원가계산을 배울 것이다. 또한, 경영자들이 정보를 활용하여 전략 수립, 가격결정, 제품믹스 그리고 원가관리와 관련된 의사결정을 어떻게 결정하는지 배울 것이다.

계획, 통제, 성과평과 관련 정보 획득

예산은 계획과 통제를 위한 대표적인 방법 중 하나이다. 예산은 경영자로 하여금 미래를 예측하고, 기업의 전략을 계획에 반영하도록 하며 조직 내 구성원들 간의 의사소통을 원활하게 도와준다. 또한, 예산은 기업의 성과평가 기준으로 활용된다. 경영자들은 예산을 달성하기 위해 노력하기 때문에 예산은 종종 기업의 행동과 의사결정에 중요한 영향을 미친다.

결산이 끝나면, 경영자들은 기업의 실제성과와 예측성과를 비교한다. 비교분석을 통해 경영자들은 실제와 예측 차이에 대해 이해하고 미래성과를 개선하고자 노력한다. 또한 경영자들은 결함률, 고객만족도와 같은 비재무적 성과자료를 활용하여 다양한 부서를 평가하고 통제한다. 이러한 내용은 7장과 8장에서 차이분석을 통해 배울 것이다. 6~9장에서는 전략을 수행하는 관리회계사의 역할에 대해 상세히 다룰 것이다.

의사결정 관련 정보 분석

전략을 수립하고 실행할 때, 경영자들은 수입과 원가에 대해 정확하게 이해하고 있어야 한다. 관리회계사는 경영자들이 관련 있는 정보와 관련 없는 정보를 구분할 수 있도록 도와준다. 기업이 상품을 직접 제조할지 혹은 외주에 맡길지 결정해야 하는 상황을 생각해 보자. 원가시스템에 따르면, 기업이 직접 상품을 제조할 경우 단위제조원가가 \$25라고 한다. 이때, 외주업체에서 제품의 단위가격을 \$22로 제시했다고 가정해 보자. 간단하게 생각해 보면, \$22가 \$25보다 적은 금액이기 때문에, 기업은 외주업체에 제품생산을 의뢰하는 것이 합리적이라고 판단할 수 있다. 그러나 만약에 \$25 제조원가 중 \$5가 이미 기업이 지불하고 있는 임차료라고 가정해 보자. 게다가, 제품을 외주에 맡긴다면, 제조공장이 다른 제품을 생산하지 않고 가동되지 않은 채로 있을 것이라고 추가 가정을 해보자. 이는 해당 제조공장이 다른 수익을 창출하는 방법으로 사용되지 않음을 의미한다. 이러한 상황에서는 제품을 직접 제조하는 것이 사오는 것보다 비용이 적게 들 것이다. 왜냐하면, 직접 제조하는 것은 단위당 추가비용이 $20이지만($25−$5), 구매하는 것은 $22이기 때문이다. $5는 상품 제조 여부와 상관없이 기발생원가이기 때문에 의사결정에서 고려하지 않아야 하는 비관련원가이다. 이처럼 관련원가를 분석하는 것은 의사결정에 중요한 부분이다.

어떤 제품을 생산할지 혹은 제품을 얼마나 생산할지에 대한 의사결정을 내리기 위해, 경영자는 생산량 수준에 따라 수입과 원가가 어떻게 변하는지 꼭 알아야 한다. 이를 위해 경영자는 변동원가와 고정원가를 반드시 구별할 수 있어야 한다. 후속 장들에서는 생산량 변화에 따른 영업이익 변화와 변동원가와 고정원가를 측정하는 방법들을 배울 것이다.

자율학습

Foxwood Company는 메탈과 목재 제조기업이다. Foxwood는 상품을 주택건설 관련 자재시장에서 판매하고 있다. 2017년 자료는 다음과 같다.

사포	$ 2,000
재료운반비	70,000
윤활유와 냉각수	5,000
간접노무원가	40,000
직접노무원가	300,000
직접재료 기초재고(2017년 1월 1일)	40,000
직접재료 기말재고(2017년 12월 31일)	50,000
제품 기초재고(2017년 1월 1일)	100,000
제품 기말재고(2017년 12월 31일)	150,000
재공품 기초재고(2017년 1월 1일)	10,000
재공품 기말재고(2017년 12월 31일)	14,000
공장 임대비용	54,000
감가상각비–공장시설장비	36,000
재산세–공장시설장비	4,000
화재보험료	3,000
직접재료매입	460,000
매출	1,360,000
광고비	60,000
마케팅부서 직원급여	100,000
유통 · 판매비	70,000
고객서비스비	100,000

요구사항

1. 제조원가명세서를 활용하여 손익계산서를 작성하시오. 모든 제조 항목 원가는 간접원가와 직접원가로 구분하고, 변동원가는 V, 고정원가는 F로 표시하시오. 만약 헷갈린다면, 총원가가 생산량에 따라 변하는지 변하지 않는지 판단하고 결정하시오.
2. 직접재료원가와 공장임대비용은 생산량이 900,000개에 대한 비용이라고 가정해 보자. 이제 생산단위 1개당 직접재료원가는 얼마인가? 그리고 생산단위당 공장임대비용은 얼마인가? 공장임대비용은 고정원가로 가정한다.
3. Foxwood Company가 다음년도에는 1,000,000개를 생산할 수 있다고 가정해 보자. 2의 문제들을

이 상황에 적용해서 다시 계산하시오.

Solution

[1] 제조원가 명세서를 활용한 손익계산서

Foxwood Company
손익계산서
2017년 1월 1일~12월 31일

매출		$1,360,000
매출원가		
제품 기초재고(2017년 1월 1일)	$ 100,000	
제품제조원가(제조원가명세서 참조)	960,000	
판매가능제품원가	1,060,000	
(차감) 제품 기말재고(2017년 12월 31일)	150,000	910,000
매출총이익		450,000
영업비용		
광고비	60,000	
마케팅부서 직원급여	100,000	
유통 · 판매비	70,000	
고객서비스비	100,000	330,000
영업이익		120,000

제조원가명세서
2017년 1월 1일~12월 31일

직접재료		
기초재고(2017년 1월 1일)		$40,000
직접재료매입		460,000
사용 가능한 직접재료원가		500,000
기말재고(2017년 12월 31일)		50,000
직접재료원가		450,000(V)
직접노무원가		300,000(V)
제조간접원가		
사포	$ 2,000(V)	
재료운반비	70,000(V)	
윤활유와 냉각수	5,000(V)	
간접노무원가	40,000(V)	
공장임대비용	54,000(F)	
감가상각비-공장시설장비	36,000(F)	
재산세-공장시설장비	4,000(F)	
화재보험료	3,000(F)	214,000
2017년 제조원가		964,000
재공품 기초재고(2017년 1월 1일)		10,000
제품가능 제조원가		974,000
재공품 기말재고(2017년 12월 31일)		14,000
제품제조원가(손익계산서)		$960,000

[2] 직접재료 단위원가 = 직접재료원가 ÷ 총생산량

= $450,000 ÷ 900,000 = $0.50(단위원가)

공장임대비용 단위원가 = 공장임대비용 ÷ 총생산량

= $54,000 ÷ 900,000 = $0.06(단위원가)

[3] 직접재료원가는 변동원가이다. 그러므로 총원가는 $450,000가 아니라 $500,000(1,000,000개 × $0.50/1개)로 증가한다. 그러나 단위원가는 영향을 받지 않는다. $500,000 ÷ 1,000,000 = $0.50(단위원가)이다.

그러나 공장임대비용은 $54,000으로 고정원가이다. 그래서 총원가는 변하지 않는다. 그러나 공장임대비용 단위원가는 $0.060에서 $0.054($54,000÷1,000,000=$0.054)로 줄어든다.

과제

서술형 문제

2-1 원가대상에 대해서 정의내리고 3가지 예를 제시하시오.

2-2 직접원가와 간접원가의 차이는 무엇인지 서술하시오.

2-3 원가동인이란 무엇인가? 한 가지 예를 제시하시오.

2-4 관련범위란 무엇인가?

2-5 단위원가는 왜 필요한가?

2-6 직접재료원가, 직접노무원가, 제조간접원가, 기본원가 그리고 가공원가에 대해 설명하시오.

객관식 문제

2-7 Frisco 기업은 현재 관련범위 내에서 변동원가와 고정원가를 분석하고 있다. 관련범위 내에서 원가동인 활동량이 변화한다면, 다음 중 사실인 것은 무엇인가?

I. 원가동인 수준이 증가할 때, 총고정원가는 변하지 않는다.
II. 원가동인 수준이 증가할 때, 단위고정원가는 증가한다.
III. 원가동인 수준이 감소할 때, 단위변동원가는 감소한다.

a. I, II, III
b. I, II
c. I
d. II, III

2-8 ABC 회사의 2020년도 재무자료는 다음과 같다.

매출액	$5,000,000
직접재료원가	850,000
직접노무원가	1,700,000
변동 제조간접원가	400,000
고정 제조간접원가	750,000
변동 판매관리비	150,000
고정 판매관리비	250,000

2020년도의 매출원가는 얼마인가?

a. $2,550,000
b. $2,950,000
c. $3,100,000
d. $3,700,000

2-9 다음은 Roosevelt 제조기업의 회계자료를 추출한 것이다.

직접재료 매입액	$80,000
직접재료 사용액	76,000
직접노무원가	10,000
간접노무원가	12,000
판매직원 급여	14,000
기타 공장 비용	22,000
판매관리비	20,000

당기제품제조원가는 얼마인가?

a. $124,000

b. $120,000

c. $154,000

d. $170,000

주관식 문제

2-10 **직접, 간접, 고정, 변동원가.** 케이블을 제조하는 Sumitomo 케이블은 다양한 종류의 알루미늄 케이블과 구리 케이블을 제조한다. 케이블은 제조되자마자 유통채널을 통해 직접 판매된다. 아래에 다양한 원가가 제시되어 있다.

알루미늄, 구리 막대	품질 통제비
금속 제조직원의 급여	기계 수리비
절연 재료	공장 경비원 급여
기계의 감가상각비	테스트비
공장건물의 감가상각비	포장 재료
공장건물의 보험료	공장 공과금
기계 작동직원의 급여	연료
전기료	감독자 급여

원가들을 직접 변동원가, 직접 고정원가, 간접 변동원가, 간접 고정원가로 분류하시오. 요구사항

2-11 **원가분류, 제조업.** COOPER 가구회사는 리클라이너와 흔들의자를 제조한다. 각각의 조립라인에서 의자들은 생산된다. 원가 항목을 다음에 맞게 분류하시오. 요구사항

1. 조립된 리클라이너의 직접원가와 간접원가
2. 조립된 리클라이너의 고정원가와 간접원가

원가 항목
리클라이너에 사용되는 천 원가
COOPER 가구회사 홍보직원의 급여
가구제조회사 컨벤션 참가비
리클라이너 조립라인에서 사용되는 윤활유 원가
리클라이너 프레임의 운송비용
리클라이러 조립라인 전기료
리클라이너 조립라인 임시직의 시급
COOPER 가구회사의 1년 화재보험료
공장책임자의 급여

2-12 변동원가, 고정원가, 총원가. Bridget Ashton은 작은 레스토랑을 개업하려고 한다. 그녀는 예산이 빠듯한 상태이고, 다음의 전화 요금제 중 하나를 선택해야 한다.

1번째 요금제	1분당 100원
2번째 요금제	기본요금 15,000원(240분 무료+무료시간 초과 시 1분에 80원)
3번째 요금제	기본요금 22,000원(510분 무료+무료시간 초과 시 1분에 50원)

요구사항

1. 각각의 요금제를 그래프로 그려보시오(X축은 통화시간, Y축은 전화요금).
2. 만약 Ashton이 한 달에 100분을 통화한다고 하면, 어떤 요금제가 적합한가? 240분이나 540분인 경우에는 어떤 요금제가 적합한가?

2-13 재고가능원가 흐름. Renka's Heaters 기업의 2020년 10월 자료는 다음과 같다.

직접재료 재고(2020년 10월 1일)	$ 105
직접재료 매입액	365
직접재료 사용액	385
총제조간접원가	450
변동 제조간접원가	265
2020년 10월 발생한 총제조원가	1,610
재공품 재고(2020년 10월 1일)	230
제품제조원가	1,660
제품 재고(2020년 10월 1일)	130
매출원가	1,770

요구사항

다음을 계산하시오.

1. 2020년 10월 31일 직접재료 재고
2. 2020년 10월 고정 제조간접원가
3. 2020년 10월 직접노무원가
4. 2020년 10월 31일 재공품 재고
5. 2020년 10월 판매가능재고(제품)
6. 2020년 10월 31일 제품 재고

2-14 제품제조원가, 손익계산서, 제조업. Peterson 회사의 회계 잔고는 다음과 같다.

Peterson 회사	2020년 기초	2020년 기말
직접재료 재고	$21,000	$23,000
재공품 재고	26,000	25,000
제품재고	13,000	20,000
직접재료 매입액		74,000
직접노무원가		22,000
간접노무원가		17,000
공장 보험료		7,000
공장, 건물, 시설장비 감가상각비		11,000
공장 수리비		3,000
마케팅 비용		91,000
일반 관리비		24,000

요구사항

1. 2020년의 제품제조원가를 계산하시오.
2. 2020년의 매출이 $310,000이다. 2020년의 손익계산서를 작성하시오.

2-15 단위원가 계산. Minnesota office products(MOP)는 Vaasa 목재공장에서 3종류의 종이제품을 생산한다(Supreme, Deluxe 그리고 Regular). 각 제품들은 공장 내에 전용생산라인이 있다. 제조원가는 직접재료, 직접 노무 그리고 제조간접원가로 구성되어 있다. 2017년 7월 공장에서 발생한 제조간접원가는 $150 millions이다(이 중 $15 millions는 고정원가이다). 제조간접원가는 각 제품의 직접노무원가를 기준으로 배부된다. 2017년 7월 제조원가는 다음과 같다(단위: millions).

	Supreme	Deluxe	Regular
직접재료원가	$ 89	$ 57	$ 60
직접노무원가	$ 16	$ 26	$ 8
제조간접원가	$ 48	$ 78	$ 24
생산량	125	150	140

요구사항

1. 2017년 7월에 생산된 각 제품의 단위원가(제조원가)를 계산하시오.
2. 2017년 8월에 Supreme은 150 million, Deluxe는 190 million 그리고 Regular는 220 million을 생산했다고 가정해보자. 2017년 7월 단위원가 정보를 활용하여 2017년 8월의 총제조원가를 예측하는 것이 가능할까? 만약 문제가 있다면 그 이유를 서술하시오.

2-16 변동원가, 고정원가, 관련범위. Dotball Candies는 전자동 공정으로 알사탕을 생산한다. Dotball Candies는 사탕을 제조하는 기계를 최근에 구매하였다. 기계는 1달에 4,400개의 사탕을 생산할 수 있다. Dotball Candies는 $9,500을 지불하여 기계를 구매하였고, 기계는 정액법을 사용하여 10년간 감가상각된다(잔존가치 $0). 공장과 창고임차료 그리고 기타고정제조간접원가는 매달 $1,300 발생한다.

Dotball Candies는 현재 매달 3,100개의 알사탕을 생산하고 판매한다. Dotball Candies는 매달 생산에 필요한 재료를 구매하고 있다. 재료원가는 알사탕 1개당 $0.1이다(10센트). Dotball Candies은 내년에 수요가 100% 증가할 것이라고 예상한다. 수요에 맞춰 재료를 구매할 예정이고, 구매량의 증가로 인해 10% 할인을 받을 수 있다. 임차료와 기타고정제조간접원가는 동일하다.

요구사항

1. Dotball Candies의 현재 년간 생산관련범위는 얼마인가?
2. Dotball Candies의 현재 년간 고정제조원가는 얼마인가(관련범위 내)? 현재 년간 변동제조원가는 얼마인가?
3. 내년에 Dotball Candies가 현재 가지고 있는 기계와 동일한 것을 구매한다고 가정해보자. Dotball Candies의 내년 생산관련범위는 얼마인가? 내년에 고정제조원가와 변동제조원가는 변하는가?

2-17 구입원가와 매출원가 계산. 다음은 Marvin Department Store의 2017년 자료이다(단위: 1,000).

마케팅, 유통, 고객 서비스 비용	$ 37,000
상품 재고, 2017년 1월 1일	27,000
수도전기료	17,000
일반관리비	43,000
상품재고, 2017년 12월 31일	34,000
매입	155,000

기타비용	4,000
교통비	7,000
매입환출 및 매입에누리	4,000
매입할인	6,000
수입	280,000

요구사항

1. 구입원가와 매출원가를 계산하시오.
2. 2017년도 손익계산서를 작성하시오.

2-18 당기제품제조원가, 손익계산서, 제조기업. 다음은 Carolina Corporation의 자료이다(단위: 1,000).

Carolina Corporation	2017년 기초	2017년 기말
직접재료재고	124,000	73,000
재공품재고	173,000	145,000
제품재고	240,000	206,000
직접재료 구입		262,000
직접노무원가		217,000
간접노무원가		97,000
공장 보험료		9,000
감가상각비(유형자산)		45,000
공장수도전기료		26,000
보수유지비		12,000
기계임차료		65,000
마케팅, 유통, 고객 서비스 비용		125,000
일반관리비		71,000

요구사항

1. 2017년 제조원가명세서를 작성하시오.
2. 2017년 수입이 $1,300,000이다(단위: 1,000). 2017년 손익계산서를 작성하시오.

3 원가-조업도-이익 분석

학습목표

1 원가-조업도-이익(CVP) 분석의 특징에 대해서 학습한다.

2 손익분기점에 대해 학습하고 목표영업이익을 달성하기 위해 필요한 생산량을 측정한다.

3 세금이 CVP 분석에 미치는 영향을 학습한다.

4 관리자들이 의사결정 시 CVP 분석을 어떻게 활용하는지 학습한다.

5 관리자들이 불확실성에 대응하기 위해 민감도분석을 어떻게 활용하는지 학습한다.

6 CVP 분석을 활용하여 변동원가와 고정원가에 대해 학습한다.

7 다양한 제품을 생산하는 기업의 CVP 분석에 대해 학습한다.

8 서비스기업과 비영리조직에서의 CVP 분석에 대해 학습한다.

9 공헌이익과 매출총이익의 차이를 구분한다

모든 경영자는 판매량, 판매가격, 혹은 제품원가가 변할 때, 이익이 어떻게 변하는지 알고자 한다. Home Depot 경영자는 손익분기점을 달성하기 위해 얼마나 많은 전기드릴을 판매해야 하는지 혹은 특정금액의 이익을 창출하기 위해 얼마나 많은 전기드릴을 판매해야 하는지 알고자 한다. P&G 경영자 역시 나이지리아로 그들의 사업을 확장하게 될 때, 원가, 매출 그리고 이익이 어떻게 변하는지 알고자 한다. 이들은 모두 "만약에 …을 한다면 어떻게 될 것인가?"라는 질문을 공통적으로 하고 있다. 만약 우리가 더 많은 전기드릴을 판매한다면 어떻게 될까? 만약 우리가 나이지리아에서 판매를 시작한다면 어떻게 될 것인가? "만약에 …을 한다면 어떻게 될 것인가?"에 대한 질문과 이에 대한 여러 대안들을 검증하는 것은 경영자들로 하여금 더 나은 의사결정을 내릴 수 있도록 도와준다.

다음 사례를 통해 우리는 캘리포니아 Coachella 음악 페스티벌 주최자인 Goldenvoice가 손실기업에서 이익을 창출하는 기업으로 어떻게 발전할 수 있었는지 살펴볼 것이다.

Coachella는 달콤한 음악으로 어떻게 이윤을 창출할 수 있었을까?[1]

매년, 캘리포니아에서는 150팀 이상의 유명한 록, 힙합 그리고 EDM 음악가들의 공연을 즐길 수 있는 Coachella 뮤직 페스티벌이 열린다. 매년 화려한 뮤직 페스티벌을 개최하기 위해 Goldenvoice는 많은 비용을 지불한다. Drake나 Jack White 같은 주요 배우의 공연비용만 $400만이다. 공연과 제작 관련한 무대담당자, 공연보험료 그리고 보안팀까지 갖추면 비용에 대략 $1,200만 정도가 소요된다.

높은 고정원가를 커버하고 이익을 달성하기 위해, Coachella는 많은 티켓을 판매해야만 한다. 몇 년을 고생한 후에 Goldenvoice는 이익을 달성하기 위해 Coachella를 연속해서 개최하기로 결정했다. 장소, 라인업 그리고 가격까지 동일한 공연이었다. Goldenvoice는 또한 Stagecoach를 개최하였다. Stagecoach는 Coachella 공연 1주일 뒤에 똑같은 장소에서 개최되는 컨트리뮤직 페스티벌로 Coachella와 Stagecoach는 같은 무대와 울타리, 같은 임시시설을 사용하였다. 티켓 가격은 $375에서 $889까지 형성되어 있었는데, 2015년 Coachella는

---

[1] 출처: Chris Parker, "The Economics of Music Festivals: Who's Getting Rich? Who's Going Broke?" *L.A. Weekly*, April 17, 2013 (http://www.laweekly.com/music/the-economics-of-music- festivals-whos-getting-rich-whos-goingbroke-4167927); Anil Patel, "Coachella: A Lesson in Strategic Growth," *Anil Patel's blog*, LinkedIn, April 17, 2015 (https://www.linkedin.com/pulse/coachella-lesson-strategic-growth-anil-patel); Ray Waddell, "Coachella Earns Over $84 Million, Breaks Attendance Records," *Billboard*, July 15, 2015 (http://www.billboard.com/articles/business/6633636/coachella-2015-earnings-84-million-breaks-attendance-records).

티켓판매로 $8,400만의 믿기지 않는 판매를 기록했고, Stagecoach는 티켓 판매로 $2,100만 매출을 달성했다. Coachella의 확장 정책은 Goldenvoice로 하여금 고정원가를 회수하고 더 많은 이익을 달성할 수 있도록 도와주었다.

WENN Ltd/Alamy Stock Photo

American Airlines과 General Motors는 고정비용이 높은 사업을 운영하고 있다. 이들에게는 손익분기점을 달성하기 위한 정확한 매출 정보가 중요하다. 이러한 기업들은 의사결정을 내리기 위해 "만약에 …을 한다면 어떻게 될 것인가?"에 대해 질문하고 다양한 대안들을 고민한다. 대부분의 항공산업의 이익은 각각의 비행에서 마지막에 탑승한 2~5명의 승객으로부터 발생한다. 결과적으로, American Airlines의 매출이 감소한다면, 이는 파산을 선언해야 함을 의미한다. 이번 장에서는 어떻게 원가–조업도–이익(CVP) 분석이 경영자들로 하여금 위험을 줄이는 데 도움을 주는지 배울 것이다.

CVP 분석의 기초

2장에는 매출, 총원가 그리고 이익에 대해서 배웠다. 경영자들은 원가–조업도–이익(CVP) 분석을 통해 판매량, 판매가격, 제품의 단위당 변동원가, 제품의 단위당 고정원가의 관계와 행태를 분석하고자 한다. 아래 사례를 통해 CVP 분석에 대해 살펴보도록 하자.

> **사례** Emma Jones는 젊은 기업가로서, 최근에 경영대학 입학시험을 위한 시험 준비서와 소프트웨어 패키지인 GMAT Success를 알게 되었다. Emma는 이 책과 프로그램이 너무 좋아서 GMAT Success 출판사와 패키지 판매에 대한 계약을 체결했다. 그녀는 최근 보스톤에서 열린 대학교 박람회에서 해당 패키지를 판매하였다. 현재 그녀는 시카고에서 열릴 대학교 박람회에서 판매할 패키지에 대해 고민하고 있다. Emma는 패키지를 출판사로부터 개당 $120를 지불하고 구입한다. 이때, 판매되지 않은 상품에 대해서는 전액 환불받기로 계약되어 있다. 박람회에서 부스를 빌리기 위해서는 $2,000를 지불해야 한다. 이외에도 판매와 관련한 다른 부대비용이 발생할 것이다. 그렇다면, Emma는 부스를 빌려야 할 것인가? 아니면 빌리지 않아야 할 것인가?

Emma는 다른 경영자들과 마찬가지로 이익을 극대화할 수 있는 의사결정을 내려야 하는 상황에 직면했다.

1. **문제와 불확실성을 식별한다** 경영자들은 각 상황에서 행동에 대해 선택해야 한다. Emma가 두 개의 불확실한 문제를 어떻게 결정하는지에 따라 부스대여 여부가 결정될 것이다. 이때, 패키지의 판매가격과 판매량이 Emma가 마주한 불확실한 문제이다. Emma는 자신이 선택한 의사결정에 따라 결과가 달라질 수 있다는 것을 알고 결정해야 한다. 만약 패키지가 비싼 가격에도 많이 팔릴 것이라고 확신한다면, 그녀는 부스를 대여할 것이다.

2. **정보를 수집한다** 경영자가 불확실한 문제에 맞닥뜨렸을 때, 그들은 문제를 확실하게 이해하기 위해 가능한 모든 정보를 수집해야 한다. 예를 들어, Emma는 박람회에 참석하는 사람 혹은 박람회에 참가하는 다른 경쟁업체에 대한 정보를 수집해야 한다. 또한 그녀는 보스톤 박람회의 판매 경험을 정보로 활용해야 한다.

3. **미래를 예측한다** 경영자는 가능한 모든 정보를 활용하여 미래를 예측한다. Emma는 GMAT Success 패키지의 가격을 $200로 책정하기로 결정했다. 그녀는 판매가를 $200로 하면 적어도 30패키지에서 최대 60패키지까지 판매할 수 있다고 확신했다. Emma는 정확한 예측을 하기 위해 반드시 현실을 고려해야 하며 다양한 판단을 해야 한다. 만약 지나치게 긍정적인 예상을 했다면, 그녀는 부스를 대여하지 말았어야 함에도 불구하고 부스를 대여하는 의사결정을 했을 것이다. 만약 지나치게 부정적인 예상을 했다면, 그녀는 부스를 빌려야 했음에도 불구하고 부스를 대여하지 않는 의사결정을 내릴 것이다.

   Emma는 4개월 전에 있었던 보스톤 박람회와 시카고 박람회가 비슷할 것이라는 믿음을 가지고 예측할 것이다. 그러나 Emma는 예측과 관련하여 몇 가지 사항에 확신하지 못하고 있다. 가령, 보스톤과 시카고 박람회를 비교할 수 있는가? 두 박람회에 참가하는 사람들은 똑같은가? 시장 상황은 4개월 동안 변하지 않았는가? 나의 생각에 어떠한 편견도 없는가? 지난 경험에만 의존하여 긍정적인 예상을 하고 있는 것은 아닌가? 경쟁요소를 고려하지 않은 것은 아닌가? 다른 경쟁사가 낮은 가격의 제품을 박람회에서 판매하는 것은 아닐까? 만약 그렇다면, 나는 어떻게 해야 하는가? 만약 가격을 낮춘다면, 몇 개의 제품이 팔릴 것인가?

   Emma는 계획을 다시 생각해 보고 가정들을 재검정해야 할 것이다. 그리고 박람회 개최자에게 요청하여 작년에 참가한 학생 자료와 총매출 자료를 얻어야 한다. 이렇게 한다면, 객관적이고 정확한 자료를 기반으로 신뢰할 수 있는 예측이 가능하게 될 것이다.

4. **최적의 대안을 선택한다** Emma는 CVP 분석을 통해 시카고 박람회에서 부스를 대여하기로 결정했다.

5. **선택된 대안을 실행하고, 성과를 평가하며 학습한다** 현명한 경영자는 피드백을 중요하게 생각한다. 경영자들은 예상결과와 실제결과를 비교함으로써 예상과 실제의 차이가 왜 발생했는지 이해하고자 한다. 이를 통해 경영자들은 추가적으로 고려해야 하는 사항에 대해서 알게 된다. Emma의 사례를 통해 위의 내용을 살펴보자. 시카고 박람회가 끝난 후, Emma는 자신이 예측했던 판매가격과 판매량이 실제로 맞았는지 확인할 것이다. 만약 실제와 예상이 달랐다면, 어떠한 이유로 이러한 차이가 발생했는지 확인할 것이다. 피드백 과정을 통해 Emma는 다음 박람회 때 추가적으로 고려해야 하는 부분을 파악할 수 있다. Emma는 피드백을 반영하여 다음 박람회 때 더 좋은 의사결정을 내릴 수 있을 것이다.

Emma는 4번째 단계에서 CVP 분석으로 어떻게 의사결정을 하였는가? 그녀는 우선 원가를 고정원가와 변동원가로 구별하고, 공헌이익을 계산했다.

공헌이익

부스대여료는 Emma가 얼마나 많은 패키지를 팔든지 상관없이 $2,000로 고정되어 있으므로 고정원가이다. 패키지 원가는 패키지 판매량에 비례하여 변하고, 판매되지 않은 패키지는 전액 환불받을 수 있으므로 변동원가이다.

영업이익이 판매량에 따라 어떻게 변하는지 알기 위해서 Emma는 5패키지를 팔았을 때 영업이익과, 40패키지를 팔았을 때 영업이익을 계산했다.

	5패키지 판매한 경우	40패키지 판매한 경우
매출	$1,000($200/패키지×5패키지)	$8,000($200/패키지×40패키지)
변동원가(매입)	600($120/패키지×5패키지)	4,800($120/패키지×40패키지)
고정원가	2,000	2,000
영업이익	$(1,600)	$1,200

판매량이 변할 때 같이 변하는 부분은 총매출과 총변동원가이다. 총매출과 총변동원가의 차이는 공헌이익이다. 즉,

공헌이익 = 총매출 − 총변동원가

공헌이익은 판매량에 따라 영업이익이 어떻게 달라지는지 보여준다. Emma가 5패키지를 판매했을 때, 공헌이익은 $400(총매출－총변동원가＝$1,000－$600)이다. 40패키지를 판매했을 때, 공헌이익은 $3,200(총매출－총변동원가＝$8,000－$4,800)이다. 공헌이익을 계산할 때, 모든 변동원가를 차감해야 하는 것을 명심해야 한다. 예를 들어, 만약에 Emma가 1패키지를 판매할 때마다 수수료를 박람회에 지불해야 한다고 가정해 보자. 이 경우에, 패키지의 매입원가뿐만 아니라 수수료도 변동원가이다.

단위당 공헌이익은 공헌이익과 영업이익을 계산하기 위한 유용한 도구이다. 단위당 공헌이익은 다음과 같다.

단위당 공헌이익 = 판매가격 − 단위당 변동원가

GMAT Success 사례에서, 패키지 단위당 공헌이익은 $200－$120＝$80이다. 고정원가와 다르게, 변동원가는 Emma가 GMAT Success를 판매한 경우에만 판매당 $120가 발생한다.

단위당 공헌이익을 사용하여 다음과 같이 공헌이익을 계산할 수 있다.

공헌이익 = 단위당 공헌이익 × 판매량

예를 들어, Emma가 40패키지를 판매한 경우, 공헌이익은 $80(단위당 공헌이익) × 40(판매량) = $3,200이다.

Emma가 박람회에 참가하기 전에 이미 고정원가 $2,000는 발생했다. 단위당 공헌이익이 $80이므로 Emma는 박람회에서 한 패키지를 판매할 때마다 $80씩 고정원가를 회수한다. Emma는 패키지를 많이 판매하여 부스대여료인 $2,000를 회수하고 추가적인 이익을 창출하기를 원한다.

패키지 판매량 변화에 따라 영업이익이 어떻게 변하는지 알기 위해, Emma는 보기 3-1에 있는 표를 작성한다. 보기 3-1의 손익계산서는 기존 손익계산서와 달리 원가를 변동원가와 고정원가로 구분하고 공헌이익을 계산한다. 이러한 손익계산서를 공헌이익계산서라고 한다.

영업이익 = 공헌이익 − 고정원가

판매량이 1개 증가할 때 공헌이익은 $80씩 증가한다. 패키지 판매량이 증가할수록 Emma는 고정원가를 더 많이 회수할 수 있게 되고, 영업손실을 줄일 수 있게 된다. 만약 Emma가 25패키지를 판매한다면, 공헌이익은 $2,000($80/패키지 × 25패키지)가 된다. 이

보기 3-1 GMAT Success 패키지의 다양한 판매량에 따른 공헌이익계산서

	A	B	C	D	E	F	G	H
1				패키지 판매량				
2				0	1	5	25	40
3	매출	$ 200	패키지당	$ 0	$ 200	$ 1,000	$5,000	$8,000
4	변동원가	$ 120	패키지당	0	120	600	3,000	4,800
5	공헌이익	$ 80	패키지당	0	80	400	2,000	3,200
6	고정원가	$2,000		2,000	2,000	2,000	2,000	2,000
7	영업이익			$(2,000)	$(1,920)	$(1,600)	$ 0	$1,200

경우, Emma는 고정원가를 전액 회수하고 영업이익은 0이 된다. 만약 Emma가 40패키지를 판매한다면, 공헌이익은 $1,200($3,200 − $2,000)만큼 증가한 $3,000이고, 영업이익은 $1,200가 된다. 보기 3-1을 보면, 공헌이익의 증가액과 영업이익의 증가액이 같음을 확인할 수 있다.

삼성이나 프라다와 같은 기업들은 다양한 제품을 판매하기 때문에 단위당 공헌이익을 계산하는 것이 복잡하다. 그래서 이런 기업들은 공헌이익을 화폐단위로 표기하는 대신 퍼센트(%)로 표기한다. 퍼센트로 표기된 공헌이익은 공헌이익비율(공헌이익퍼센티지)이라고 부른다.

$$공헌이익비율 = \frac{공헌이익}{매출}$$

보기 3-1에서 판매량이 40개인 경우 공헌이익비율을 계산해 보자.

$$공헌이익비율 = \frac{\$3,200}{\$8,000} = 0.40 \text{ 혹은 } 40\%$$

공헌이익비율은 매출당 공헌이익을 의미한다. Emma는 그녀가 벌어들이는 매출의 40%를 공헌이익으로 얻게 된다. 이는 매출 $1당 공헌이익을 40센트씩 벌고 있음을 의미한다. 공헌이익비율은 제품 간 혹은 기업 간 서로 다른 화폐를 사용하는 경우에 손쉽게 공헌이익을 계산하는 방법이다. 공헌이익비율을 사용하여 다음과 같이 공헌이익을 계산할 수 있다.

$$공헌이익 = 공헌이익비율 \times 매출(화폐단위로\ 표기)$$

공헌이익비율과 영업이익의 관계를 도출해 보자.

$$영업이익 = 공헌이익 - 고정원가$$

위의 식에서 공헌이익을 '공헌이익비율 × 매출'으로 대체하면 다음과 같다.

$$영업이익 = 공헌이익비율 \times 매출 - 고정원가$$

예를 들어, Emma가 40패키지를 팔았다면,

매출	$8,000
공헌이익비율	40%
공헌이익(40%×$8,000)	$3,200
고정원가	2,000
영업이익	$1,200

Emma 사례와 같이 한 가지 제품만 판매하는 기업의 경우, 공헌이익비율의 분모와 분자를 판매량으로 나눠서 표시할 수 있다.

$$공헌이익비율 = \frac{공헌이익/판매량}{매출/판매량} = \frac{단위당\ 공헌이익}{판매가격}$$

Emma 사례에서 공헌이익비율은 다음과 같다.

$$공헌이익비율 = \frac{\$80}{\$200} = 0.40\ 혹은\ 40\%$$

공헌이익비율은 매출의 변화가 공헌이익에 미치는 영향을 보여준다. Emma 사례를 살펴보면, 매출이 $5,000에서 $8,000로 $3,000만큼 증가하였을 때, 공헌이익은 $2,000에서 $3,200로 $1,200만큼 증가했다.

수입이 $8,000일 때 공헌이익(0.40 × $8,000)	$3,200
수입이 $5,000일 때 공헌이익(0.40 × $5,000)	2,000
수입이 $3,000만큼 증가했을 때 공헌이익 변화(0.40 × $3,000)	$1,200

$$공헌이익\ 변화 = 공헌이익비율 \times 수입의\ 변화$$

공헌이익 분석은 다양하게 사용된다. Home Depot의 경영자들은 공헌이익분석을 활용하여 경기가 침체되었을 때, 매출의 변동성이 기업의 수익성에 미치는 영향을 분석한다.

CVP 관계 도출 방법

보기 3-1에 있는 엑셀 스프레드시트는 어떻게 작성되었는가? 보기 3-1에는 CVP 관계를 나타내는 여러 공식들이 함축되어 있다. CVP 분석을 활용하여 올바른 의사결정을 내리기 위해, 보기 3-1의 공헌이익계산서의 구조와 내용들을 정확하게 이해해야 한다. CVP 관계를 보여주는 3가지 방법은 다음과 같다.

- 방정식 방법
- 공헌이익 방법
- 그래프 방법

각 방법들은 목적에 따라 유용하게 사용된다.

방정식 방법과 공헌이익 방법은 경영자가 특정한 매출 수준에서 영업이익을 결정하는 데 유용한 방법이다(예: 판매량이 5일 때, 8일 때, 15일 때와 같이 정확한 판매량이 주어진 경우). 그래프 방법은 판매량과 영업이익의 관계를 시각화하여 보여준다. 그래서 판매량 수준이 정해지지 않은 상황에서 전체적인 관계를 파악하는 데 유용한 방법이다.

방정식 방법

보기 3-1의 모든 행은 등식으로 표현될 수 있다.

$$매출 - 변동원가 - 고정원가 = 영업이익$$

각 행에 있는 매출은 어떻게 계산되는가?

$$매출 = 판매가격 \times 판매량$$

변동원가는 어떻게 계산되는가?

변동원가 = 단위당 변동원가 × 판매량

따라서,

[(판매가격) × (판매량) − (단위당 변동원가) × (판매량)] − 고정원가 = 영업이익 ………… 식 (1)

식 (1)은 판매량 정보를 활용하여 영업이익을 계산하는 기본 공식이다. 예를 들어, 보기 3-1의 F열 7행은 Emma가 5개의 패키지를 팔았을 때 영업이익을 나타낸다.

($200 × 5) − ($120 × 5) − $2,000 = $1,000 − $600 − $2,000 = − $1,600

공헌이익 방법

식 (1)을 새롭게 나열하면,

[(판매가격 − 단위당 변동원가)×(판매량)] − 고정원가 = 영업이익

(단위당 공헌이익)×(판매량) − 고정원가 = 영업이익 ………………… 식 (2)

GMAT Success 예제에서, 단위당 공헌이익은 $80($200 − $120)이다. 그러므로 Emma가 패키지 5개를 팔았을 때,

영업이익 = ($80 × 5) − $2,000 = − $1,600

식 (2)는 앞에서 이야기했던 "각 판매량은 $80(단위당 공헌이익)씩 고정원가($2,000)를 회수할 수 있도록 도와준다"를 표현한 식이다.

도전! 3-1

Bernard Windows는 윈도를 설치하는 작은 회사이다. Bernard Windows의 원가 구조는 다음과 같다.

윈도 설치가격	$ 500
윈도 설치에 따른 변동비용	$ 400
연간 고정비용	$150,000

Bernard가 2,000개의 윈도를 설치하였다면, 영업이익을 (1) 방정식 방법과 (2) 공헌이익 방법을 사용하여 계산하시오.

그래프 방법

그래프 방법은 총원가와 총매출의 관계를 시각화한다. 각 그래프는 선으로 나타나며, 각각의 관계를 보여준다. 보기 3-2는 GMAT Success 판매를 그래프 방법으로 나타낸 것이다. 총원가와 총매출을 선형관계로 가정하였기 때문에, 일차함수로 표기할 것이다.

1. **총원가 곡선** 총원가 곡선은 변동원가와 고정원가의 합이다. 고정원가는 판매량과 상관없이 $2,000로 일정하다. 총원가 곡선을 그리기 위해 우선 두 개의 점을 계산해 보자(두 개의 점을 계산 후, 이 두 점을 연결해서 선을 그릴 것이다). 먼저, 한 점(보기 3-2에서 A)은 판매량이 0인 지점이다. 판매량이 0일 때, 고정원가는 $2,000가 발생하고 판매

량은 0이므로 변동원가는 $0이다. 그러므로 총원가는 $2,000이다. 두 번째 점은 생산량이 0 이상인 아무 점을 선택하고, 이에 대응하는 총원가를 결정해 본다. 예를 들어, 판매량이 40개인 점을 선택했다면, 이에 대응하는 변동원가는 $4,800(40개 × $120/개)이다. 고정원가는 관련범위 내에서는 항상 $2,000로 일정하므로, 판매량이 40개일 때 총원가는 $6,800($4,800 + $2,000)이다. 그리고 이 점은 보기 3-2에서 B로 표기되어 있다. A와 B를 연결하면 직선인 총원가곡선을 그릴 수 있게 된다.

2. **총매출 곡선** 가장 쉽게 한 점을 선택하는 방법은 판매량이 0인 점을 선택하는 것이다. 보기 3-2의 C를 보면 판매량이 0이고 매출도 0이다. 두 번째 점은 판매량이 0 이상인 아무 점을 선택하고, 해당 판매량에 대응되는 매출을 결정한다. 예를 들어, 40개가 판매되었다면, 총매출은 $8,000($200 × 40개)이다. 이는 보기 3-2에서 D에 해당하는 점이다. C와 D를 연결하면 직선인 총매출 곡선을 그릴 수 있다.

이익 혹은 손실은 두 곡선 간의 직선거리로 알 수 있다. 25개 미만이 판매된 경우에는, 총원가가 총매출보다 크다. 보기 3-2에서 보라색으로 색칠된 부분이 이 부분이며, 영업손실이 발생했음을 알려준다. 25개 이상 판매된 경우에는 총매출이 총원가보다 크다. 보기 3-2에서 회색으로 색칠된 부분이고, 이는 영업이익이 발생했음을 나타낸다. 판매량이 25개인 경우에는 총원가와 총매출이 같다. Emma가 25개의 패키지를 판매했다면 손실도 이익도 발생하지 않은 것이다.

많은 회사들은 그래프 방법으로 판매량 변화에 따른 매출과 원가의 변화를 파악한다. 그래프는 이익 영역과 손실 영역을 이해할 수 있도록 돕는다.

보기 3-2 GMAT Success의 원가-조업도 그래프

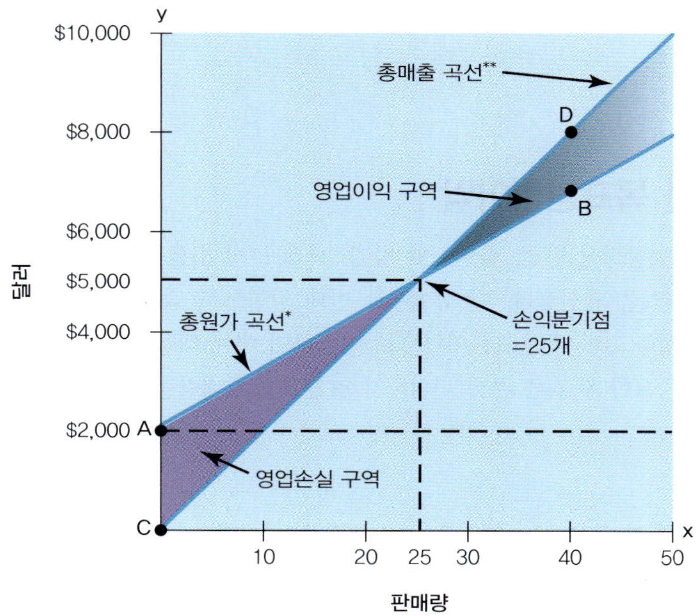

* 총원가 곡선의 기울기는 단위당 변동원가이다=$120

** 총매출 곡선의 기울기는 판매가격이다=$200

원가-조업도-이익 가정

CVP 분석을 할 때 다음의 몇 가지 가정을 한다.

- 매출과 원가는 제품의 판매량이 변할 때에만 변한다. 판매량은 유일한 매출동인이자 원가동인이다.
- 총원가는 두 종류로 구분된다. 판매량에 따라 변동하지 않는 고정원가(부스대여료, $2,000)와 판매량에 기반하여 변하는 변동원가(GMAT Success 패키지당 가격, $120)
- 총원가와 총매출 곡선은 관련범위 안에서 판매량과 선형관계(직선관계)이다.
- 판매가격, 단위당 변동원가 그리고 총고정원가는 일정하다.

CVP 분석을 실행하기 위해서는 반드시 원가를 변동원가와 고정원가로 분류해야 한다. 변동원가와 고정원가에 대한 분류는 의사결정을 내리는 기간에 따라 달라질 수 있다.

기간이 짧을수록, 총원가에서 고정원가의 비율은 더 크다. American Airlines를 예를 들어 생각해 보자. American Airlines는 1시간 뒤에 출발 예정이며, 아직 20석이 안 팔린 상황이다. 비행기 출발이 1시간 남은 상황에서 American Airlines의 티켓이 팔릴 가능성이 낮기 때문에 기존의 변동원가(고객에게 제공하는 음료 및 서비스원가)는 티켓이 팔리지 않더라도 발생하는 비용이다. 그러므로 이러한 경우에 변동원가는 고정원가로 분류될 수 있다.

반대로, American Airlines가 1년 뒤 비행을 계획하고 있다고 가정해 보자. American Airlines는 해당 비행기를 이용하는 고객이 적어서 비행을 취소하기로 결정했다. 이 경우에 기존의 고정원가(승무원비용, 수화물 처리비용)는 변동원가로 분류될 수 있다. 왜냐하면 1년이 넘게 남은 상황에서, American Airlines는 더 이상 해당 비행서비스를 제공하지 않기 때문에 승무원비용과 같은 고정원가가 더 이상 발생하지 않는다. 고정원가가 판매량에 영향을 받으므로 변동원가로 분류된다. 그러므로 원가를 분류할 때 관련범위와 의사결정 상황을 고려해야 한다.

손익분기점과 목표영업이익

앞에서 다양한 방법(방정식 방법, 공헌이익 방법, 그래프 방법)을 사용하여 각기 다른 판매량에 대응되는 영업이익을 계산했다. 이 장에서는 반대 방향으로 접근할 것이다. 즉, 판매량으로 접근하지 않고, 달성하고자 하는 목표이익으로 접근하여 이에 대응되는 판매량을 구할 것이다. 이번 장에서 가장 중요한 부분은 손실을 피하기 위한 최소판매량을 구하는 것이다.

손익분기점

손익분기점은 총매출과 총비용이 같아지는 판매량을 의미한다. 즉, 영업이익이 $0가 되는 판매량이 손익분기점이다. 앞서 그래프 방법을 통해 손익분기점을 계산하는 방법을 살펴보았다. 보기 3-1을 생각해 보면, Emma가 25개의 패키지를 판매했을 때, 영업이익은 $0였다. 즉, 25개가 손익분기점이 되는 것이다. 방정식 방법의 공식들만 잘 이해한다면, 수많은 판매량과 이에 대응되는 영업이익을 계산하지 않고도 손익분기점을 바로 계산할 수 있다.

방정식 방법의 식 (1)에서부터 다시 시작해 보자.

$$[(\text{판매가격}) \times (\text{판매량}) - (\text{단위당 변동원가}) \times (\text{판매량})] - \text{고정원가} = \text{영업이익}$$

손익분기점에서 영업이익은 $0이므로, 영업이익에 $0를 대입하고, 판매량은 Q로 표시하면 다음과 같다.

$$(200 \times Q) - (120 \times Q) - \$2{,}000 = \$0$$
$$\$80 \times Q = \$2{,}000$$
$$Q = \$2{,}000 \div \$80 = 25\text{개}$$

만약, Emma가 25개보다 패키지를 덜 판다면, 손실이 발생할 것이다. 25개를 판매한다면, 손익분기점을 이룰 것이다(손실도 없고 이익도 발생하지 않는다). 25개 이상을 판매한다면, 이익이 발생할 것이다. 손익분기점은 판매량으로 표시될 수도 있고, 매출로 표시될 수도 있다[25개 × $200(판매가격) = $5,000]. 공헌이익 방법의 식 (2)로 다시 시작해 보자.

$$(\text{단위당 공헌이익}) \times (\text{판매량}) - \text{고정원가} = \text{영업이익}$$

손익분기점에서 영업이익은 $0이다. 그러므로

$$(\text{단위당 공헌이익}) \times (\text{손익분기점 판매량}) = \text{고정원가} \quad \cdots\cdots \text{식 (3)}$$

식 (3)을 재정렬하면,

$$\text{손익분기점 판매량} = \frac{\text{고정원가}}{\text{단위당 공헌이익}} = \frac{\$2{,}000}{\$80} = 25\text{개}$$

$$\text{손익분기점 매출} = \text{손익분기점 판매량} \times \text{판매가격}$$
$$= 25 \times \$200 = \$5{,}000$$

실제로 대부분의 기업들은 다양한 제품을 판매하기 때문에, 관리회계사는 공헌이익 비율로 손익분기점 매출을 계산한다. GMAT Success의 사례에서 매출이 $8,000일 때, 공헌이익은 $3,200였다.

$$\text{공헌이익비율} = \frac{\text{공헌이익}}{\text{매출}} = \frac{\$3{,}200}{\$8{,}000} = 0.40 \text{ 혹은 } 40\%$$

이는 매출의 40%가 공헌이익임을 의미한다(혹은, 매출 1달러당 40센트가 공헌이익이다). 공헌이익이 고정원가와 같아지는 점이 손익분기점이다. Emma의 사례에서 고정원가는 $2,000이므로, 공헌이익이 $2,000가 되는 지점이 손익분기점이다. 매출 1달러당 40센트가 공헌이익이므로, 공헌이익이 $2,000가 되기 위해서는 매출은 $5,000가 되어야 한다($2,000÷0.40).

$$\text{손익분기점 매출} = \frac{\text{고정원가}}{\text{공헌이익비율}} = \frac{\$2{,}000}{0.40} = \$5{,}000$$

손익분기점은 손실을 피하기 위해 얼만큼 판매해야 하는지 알려준다. 경영자들은 손익분기점뿐만 아니라 목표이익을 달성하기 위한 판매량 역시 중요하게 생각한다. Emma의 사례에서, 판매가격이 $200인 경우에 25개의 패키지를 판매한다면, Emma가 부스를 대여하더라도 손실은 발생하지 않는다. 그렇다면, Emma는 목표하는 영업이익을 달성하기 위해 패키지를 얼마나 판매해야 하는가?

목표영업이익

Emma가 목표영업이익을 $1,200로 설정했다고 가정해 보자. 그녀는 몇 개의 패키지를 판매해야 하는가? 첫 번째 방법은 보기 3-1에서와 같이 다양한 판매량을 대입하여, 대응되는 영업이익이 $1,200가 되는 판매량을 찾는 것이다. 보기 3-1을 보면 40패키지가 판매되었을 때, 영업이익이 $1,200가 된다. 더 간단한 방법은 앞서 제시한 방정식 방법의 식 (1)을 활용하는 것이다.

$1,200의 영업이익을 달성하기 위한 판매량은 Q라고 표시하기로 한다. 판매가격은 $200이고, 단위당 변동원가는 $120, 고정원가는 $2,000이다. 그리고 Emma의 목표영업이익은 $1,200이다. 위의 값들을 식 (1)에 대입하면 다음과 같다.

$$(\$200 \times Q) - (120 \times Q) - \$2{,}000 = \$1{,}200$$
$$\$80 \times Q = \$2{,}000 + \$1{,}200 = \$3{,}200$$
$$Q = \$3{,}200 \div \$80 = 40\text{개}$$

또 다른 방법으로는 앞에 제시한 공헌이익 방법의 식 (2)가 있다.

식 (2)의 영업이익을 목표영업이익으로 대체하면, 식 (4)가 도출된다.

$$\text{목표판매량} = \frac{\text{고정원가} + \text{목표영업이익}}{\text{단위당 공헌이익}} \quad \cdots\cdots \text{식 (4)}$$

$$= \frac{\$2{,}000 + \$1{,}200}{\$80} = 40\text{개}$$

증명

매출, $200×40	$8,000
변동원가, $120×40	4,800
공헌이익, $80×40	3,200
고정원가	2,000
영업이익	$1,200

목표영업이익 $1,200를 달성하기 위한 매출은 다음과 같은 계산법으로 쉽게 구할 수 있다.

- 공헌이익이 $3,200임을 인식한다. 고정원가 $2,000와 목표영업이익 $1,200를 더하면 벌어야 하는 공헌이익은 $3,200이다.
- 매출 $1당 공헌이익은 $0.40씩 벌 수 있다. 공헌이익비율은 40%이다.

공헌이익 $3,200를 벌기 위해서 수입은 반드시 $3,200÷0.40=$8,000가 되어야 한다. 즉,

도전! 3-2

Bernard Windows는 윈도를 설치하는 작은 회사이다. Bernard Windows의 원가 구조는 다음과 같다.

윈도 설치가격	$ 500
윈도 설치에 따른 변동비용	$ 400
연간 고정비용	$150,000

(1) 손익분기점(수량과 금액)과 (2) Bernard Windows가 목표영업이익 $100,000를 달성하기 위해 필요한 윈도 설치수량 및 매출액을 계산하시오.

$$\text{목표영업이익을 달성하기 위한 매출} = \frac{\text{고정원가} + \text{목표영업이익}}{\text{공헌이익비율}}$$

$$\text{목표영업이익(\$1,200)을 벌기 위한 매출} = \frac{\$2{,}000 + \$1{,}200}{0.40} = \frac{\$3{,}200}{0.40} = \$8{,}000$$

그래프 방법을 통해 Emma가 목표영업이익 $1,200를 달성하기 위한 판매량을 구하는 것이 가능할까? 그래프 방법으로 가능하지만, 보기 3-2를 보면 알 수 있듯이 정확히 총매출 곡선과 총원가 곡선의 차이가 $1,200가 되는 지점을 찾는 것은 쉬운 일이 아니다. 하지만 이익－조업도 곡선(profit－volume graph)을 사용한다면, 그래프 방법으로도 쉽게 목표판매량을 계산할 수 있을 것이다.

이익－조업도 곡선은 판매량 변화가 영업이익에 미치는 효과를 보여준다. 보기 3-3는 GMAT Success의 이익－조업도 곡선이다(고정원가 $2,000, 판매가격 $200, 단위당 변동원가 $120). 이익－조업도 곡선은 두 점으로 그릴 수 있다. 가장 쉽게 계산할 수 있는 한 점은 M으로 판매량이 0일 때 발생한 영업 손실이다. M의 x축은 판매량 0이고 y축은 −2,000이다. 다른 한 점은 N으로 손익분기점이다. 이익-조업도 곡선은 지점 M과 N을 지나는 직선이다. Emma가 영업이익 $1,200를 벌기 위한 판매량을 찾기 위해 x축에 평행하는 'y＝1,200' 직선을 그린다. 이익－조업도 곡선과 'y＝1,200' 직선이 만나는 점이 Emma가 영업이익을 $1,200 만들 수 있는 지점이다. 이때, 판매량은 40개이다.

Emma와 마찬가지로 California Pizza Kitchen과 같은 대기업의 경영자들은 이익-조업도 분석을 통해 판매량에 따른 이익의 변화를 이해한다. 경영자들은 이익－조업도 분석을 통해 목표이익을 달성하기 위한 판매 수준 또한 결정한다.

지금까지 우리는 CVP 분석을 실행함에 있어 세금 효과를 고려하지 않았다. 그러나 기업의 주주들은 CVP 분석을 실행할 때, 세금 효과를 고려하길 원한다. 왜냐하면 주주들은 배당금이나 이익률 정보를 중요하게 생각하기 때문이다. 배당금과 이익률은 세후 영업이익으로 결정되므로 이사회에서는 경영진들이 의사결정을 내릴 때, 영업이익이 아니라 세후 영업이익을 기반으로 의사결정을 내리길 원한다.

보기 3-3 GMAT Success의 이익-조업도 그래프

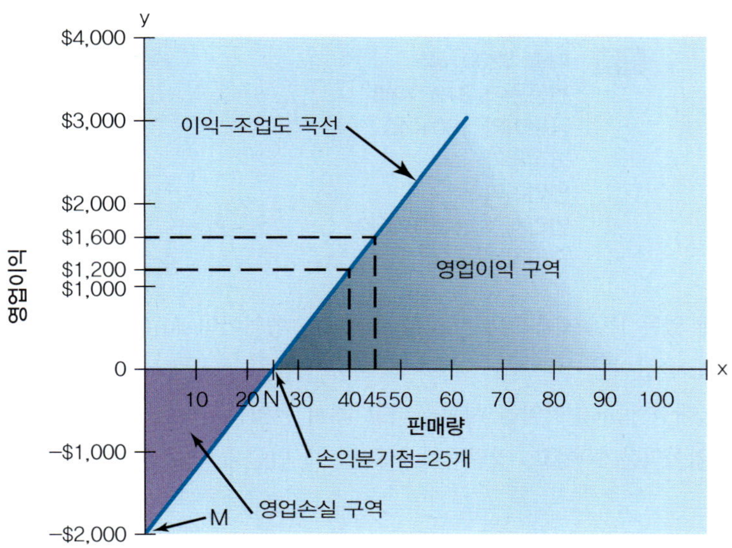

세금과 목표순이익

순이익은 영업이익에 영업외수익(이자수익과 같은)을 가산하고 영업외비용(이자비용과 같은)과 법인세를 차감한 값을 의미한다. 계산의 편의를 위해, 이번 장에서는 영업외수익과 영업외비용은 0이라고 가정한다. 따라서, 순이익 공식은 다음과 같다.

$$순이익 = 영업이익 - 법인세$$

순이익을 계산하기 위해 CVP 분석은 목표영업이익 대신 목표순이익으로 시작한다. 예를 들어, Emma가 GMAT Success 패키지를 판매해서 순이익 $960를 목표로 설정했다고 가정해 보자. 이때, 법인세율은 40%이다.

$$목표순이익 = (목표영업이익) - (목표영업이익 \times 법인세율)$$

$$목표순이익 = (목표영업이익) \times (1 - 법인세율)$$

$$목표영업이익 = \frac{목표순이익}{1 - 법인세율} = \frac{\$960}{1 - 0.40} = \$1,600$$

즉, 목표순이익 $960를 벌기 위해서, Emma는 $1,600의 영업이익을 달성하면 된다.

증명		
	목표영업이익	$1,600
	법인세(40%, 0.40×$1,600)	640
	목표순이익	$ 960

목표순이익에 대응되는 목표영업이익을 찾는 것이 가장 중요한 부분이다. 그리고 앞의 식 (1)을 활용하여, 목표판매량을 계산하면 된다.

$$(\$200 \times Q) - (\$120 \times Q) - \$2,000 = \$1,600$$

$$\$80 \times Q = \$3,600$$

$$Q = \$3,600 \div \$80 = 45개$$

또한, 공헌이익 방법과 식 (4)를 사용하여 목표판매량을 계산할 수 있다.

$$\frac{\$2,000 + \$1,600}{\$80} = 45개$$

증명		
	매출, $200×45	$9,000
	변동원가, $120×45	5,400
	공헌이익, $80×40	3,600
	고정원가	2,000
	영업이익	1,600
	법인세, $1,600×0.40	640
	순이익	$ 960

또한 보기 3-3에 있는 PV 그래프를 사용할 수 있다. 영업이익 $1,600를 벌기 위해, Emma는 45개를 판매해야 한다.

목표영업이익 대신 목표순이익을 사용한다고 해서 손익분기점이 변하지 않는다. 왜냐하면, 손익분기점의 영업이익은 $0이고, 영업이익이 $0일 때 법인세 역시 $0이기 때문이다.

3-3 도전!

Bernard Windows는 윈도를 설치하는 작은 회사이다. Bernard Windows의 원가 구조는 다음과 같다.

윈도 설치가격	$ 500
윈도 설치에 따른 변동비용	$ 400
연간 고정비용	$150,000
세율	30%

Bernard Windows가 순이익 $63,000를 달성하기 위해 필요한 윈도 설치수량과 매출액을 계산하시오.

의사결정을 위한 CVP 분석

앞서 CVP 분석을 통해 손익분기점을 달성하기 위한 목표판매량과 목표영업이익(혹은 순이익)을 달성하기 위한 목표판매량을 계산했다. 경영자들은 다른 전략을 선택할 때 역시 CVP 분석을 활용한다. 새로운 자동차 모델의 엔진 크기, 변속시스템 혹은 조향장치와 같은 제품의 특징을 결정해야 하는 상황을 생각해 보자. 각기 다른 선택은 자동차의 판매가격, 단위당 변동원가, 고정원가, 판매량 그리고 영업이익에 영향을 미칠 것이다. CVP 분석은 경영자들로 하여금 선택에 따른 기대수익률을 추정하여 나은 선택을 하도록 도와준다. 이제 GMAT Success 사례를 통해 Emma가 CVP 분석을 사용하여 어떻게 광고비와 판매가격을 결정하는지 살펴볼 것이다.

광고 의사결정

Emma가 GMAT Success 패키지의 예상판매량을 40개 예상했다고 가정해 보자. 보기 3-3은 Emma의 영업이익이 $1,200가 될 것임을 보여준다. Emma는 박람회 광고책자에 제품정보의 홍보 여부를 고민하고 있다. 광고비는 $500로 고정원가이다. 만약, 광고를 하게 되면 매출은 10% 상승하여, 판매량은 44개가 될 것으로 예상된다. 그렇다면 Emma는 광고를 해야 할까? 다음의 표는 광고와 관련한 CVP 분석을 나타낸다.

	광고 없이 40개 판매 (1)	광고 후 44개 판매 (2)	차이 (3)=(2)−(1)
매출($200×40, $200×44)	$8,000	$8,800	$ 800
변동원가($120×40, $120×44)	4,800	5,280	480
공헌이익($80×40, $80×44)	3,200	3,520	320
고정원가	2,000	2,500	500
영업이익	$1,200	$1,020	$(180)

영업이익은 $1,200에서 $1,020로 감소하였기 때문에 Emma는 광고를 하지 않을 것이다. 차이분석에서도 Emma는 똑같은 결론에 도달할 것이다. 만약 Emma가 광고를 하게 된다면, 공헌이익은 $320만큼 증가하겠지만, 고정원가 역시 $500만큼 증가한다. 그러므로 영업이익은 $180 줄어들게 된다.

CVP 분석을 할 때, 차이를 비교하여 의사결정을 내려야 한다. 예를 들어, 만약에 광고료가 $500가 아니라 $400나 $600인 경우에는 어떻게 해야 할까? 차이분석은 경영자들로 하여금 의사결정에 따른 모든 변화에 대해 이해하는 데 도움이 된다.

판매가격 의사결정

광고를 하지 않기로 결정한 이후, Emma는 판매가격을 $175로 인하하는 것에 대해 고민하고 있다. 이 가격이면, 판매량은 50개가 될 것으로 예상된다. 50개를 판매한다면, Emma는 GMAT Success 패키지를 $120가 아닌 $115에 공급받을 수 있을 것이다. 그렇다면 Emma는 가격을 인하하는 것이 좋을까?

가격 인하 시($175) 공헌이익: ($175−$115)×50	$3,000
가격 변동 없을 시($200) 공헌이익: ($200−$120)×40	3,200
가격 인하 시 공헌이익 변동액	$ (200)

판매가격을 인하하게 된다면, 고정원가는 $2,000로 변하지 않기 때문에 공헌이익은 $200 줄어들게 되고 그 결과 영업이익 역시 $200만큼 감소하게 된다. 그러므로 Emma는 판매가격을 인하하지 않을 것이다.

목표가격 결정

Emma는 아마도 다음과 같은 질문을 할 것이다. "50개를 판매하면서(이때, 구입가격은 $115) 영업이익 $1,200를 벌기 위한 판매가격은 얼마인가?" 다음의 계산과정에 따르면 판매가격이 $179일 때 가능하다.

목표영업이익	$1,200
고정원가(가산)	2,000
목표공헌이익	$3,200
판매량(나누기)	÷50개
목표 단위당 공헌이익	$ 64
단위당 변동원가(가산)	115
목표판매가격	$ 179

증명	매출, $179×50	$8,950
	변동원가, $115×50	5,750
	공헌이익	3,200
	고정원가	2,000
	영업이익	$1,200

Emma는 다른 선택의 영향에 대해서도 검증해야 한다. 예를 들어, 광고료 인상 혹은 판매가격의 인상/인하에 따라 어떤 결과가 나타날지 생각해보아야 한다. Emma는 공헌이익이 얼마나 변했는지(판매가격, 변동원가 그리고 판매량 변화에 따른) 비교할 것이고 영업이익이 가장 크게 되는 대안을 선택할 것이다.

전략적 선택은 언제나 위험을 동반한다. 경영자들은 목표영업이익을 달성하지 못했을 때, CVP 분석을 사용하여 목표를 달성하지 못한 원인에 대해 분석할 수 있다. 예를 들어, 왜 매출액이 그들의 예상매출액보다 10% 낮은지에 대한 원인을 CVP 분석을 통해 모색할 수 있다. 위험분석은 기업으로 하여금 전략 의사결정에 영향을 미친다. 예를 들어, 매출 하락 가능성이 높은 경우에, 경영자들은 변동원가는 늘리고 고정원가는 줄이는 형태로 원가구조를 변경할 수 있다.

CONCEPTS IN ACTION
원가-조업도-이익분석을 통해 5달러 샌드위치로 성공한 Subway

Julian Stratenschulte/dpa/picture-alliance/Newscom

2008년 이후, 44,000개의 지점을 가지고 있는 Subway는 30cm 샌드위치를 $5에 판매하면서 성공을 거두었다. 다양한 샌드위치를 $5에 즐길 수 있다는 점은 Subway의 인기 비결이었고, 인기와 더불어 Subway의 이익은 급성장하였다. $5, 30cm 샌드위치를 판매하면서 Subway는 전 세계적으로 수십억 개의 샌드위치를 판매했다.

Subway는 어떻게 샌드위치를 $5에 판매하기로 결정하였고, $5 그것으로 어떻게 이익창출이 가능했던 것인가? 바로 샌드위치의 높은 판매량과 더불어 다른 상품들의 추가 판매량이 있었기에 가능했다. Subway의 샌드위치는 기존에 $5보다 높은 가격이었다. $5로 판매가격을 인하하였을 때, 샌드위치당 공헌이익은 줄어들었다. 그러나 가격인하로 인해 판매량이 급등하였기 때문에 공헌이익은 증가했다.

샌드위치를 구매하는 고객의 2/3 이상은 감자칩이나 소다를 같이 주문했다. 감자칩과 소다의 단위당 공헌이익은 약 70% 정도로 높은 편이다. 그러므로 더 많은 고객이 샌드위치를 구매할수록 감자칩과 소다의 공헌이익 역시 증가했다. 고정비용은 증가하였지만 공헌이익이 더 큰 폭으로 증가하였기에 영업이익이 증가했다.

현재 Subway는 여러 도전에 직면하고 있다. 고객들의 선호는 계속해서 변하고, McDonalds와 같은 다양한 경쟁사들이 건강한 메뉴를 개발하고 있기 때문에 Subway의 매출 성장세는 주춤하고 있다. Subway가 지속으로 성장하기 위해서는 고객들이 원하는 제품을 찾아서 제공하고 이를 홍보하는 데 주력해야 할 것이다.

출처: Wendy Rotelli, "How Does Subway Profit From The $5 Foot-Long Deal?" *Restaurant Business* blog, Restaurants.com, April 10, 2013 (https://www.restaurants.com/blog/how-does-subway-profit-from-the-5-foot-long-deal); Drew Harwell, "The Rise and Fall of Subway, the World's Biggest Food Chain," *Washington Post*, May 30, 2015 (https://www.washingtonpost.com/business/economy/the-rise-and-fall-of-subway-the-worlds-biggest-food-chain/2015/05/29/0ca0a84a-fa7a-11e4-a13c-193b1241d51a_story.html).

민감도 분석과 안전한계

민감도 분석은 기업이 예상목표치를 달성하지 못하거나 가정들이 변하는 상황들이 실제결과에 미치는 영향을 분석하는 방법이다. 이 분석은 항상 다음과 같은 질문에 답을 주는 것이 목적이다. 가령, "예상보다 실제판매량이 5% 감소하게 된다면 영업이익은 어떻게 될 것인가?" "만약 단위당 변동원가가 10% 증가한다면, 영업이익은 어떻게 될 것인가?" 이는 경영자로 하여금 새로운 프로젝트에 투자하기 전에 가능한 결과를 예상할 수 있도록 도와준다. 예를 들어, Boeing이나 Airbus와 같은 기업들은 새로운 비행기라인을 디자인하는 데 수십 억 달러를 소모한다. 그래서 이들은 CVP 분석을 통해 원가를 회수하기 위한 비행기 판매량을 추정한다. 그리고 경영자들은 강건한 결과를 얻기 위해 다양한 가정 상황(예: 비행기 시장규모, 판매가격 그리고 시장점유율 등)에서 CVP 결과를 검증한다.

엑셀은 경영자들로 하여금 효율적으로 CVP 민감도 분석을 실행할 수 있게 한다. CVP 민감도 분석을 통해 경영자들은 판매가격, 단위당 변동원가 그리고 고정원가의 변화가 영업이익에 미치는 영향을 추정해볼 수 있다. 보기 3-4는 GMAT Success의 엑셀 사례를 보여준다.

보기 3-4 GMAT Success의 CVP관계 분석 스프레드시트

Home Insert Page Layout Formulas Data Review View

D5 ▼ fx =($A5+D$3)/(F1−$B5)

	A	B	C	D	E	F
1			판매가격이 $200일 때			
2			목표 영업이익을 벌기 위한 판매량			
3		단위당	$0	$1,200	$1,600	$2,000
4	고정원가	변동원가	(손익분기점)			
5	$2,000	$100	20	32[a]	36	40
6	$2,000	$120	25	40	45	50
7	$2,000	$150	40	64	72	80
8	$2,400	$100	24	36	40	44
9	$2,400	$120	30	45	50	55
10	$2,400	$150	48	72	80	88
11	$2,800	$100	28	40	44	48
12	$2,800	$120	35	50	55	60
13	$2,800	$150	56	80	88	96
14						

[a] 목표판매량 $= \dfrac{\text{고정원가+목표영업이익}}{\text{단위당 공헌이익}} = \dfrac{\$2,000+\$1,200}{\$200-\$100} = 32$

Emma는 엑셀로 목표영업이익을 달성하기 위한 판매량을 쉽게 확인할 수 있다. 이때, 고정원가와 단위당 변동원가는 실제값을 기반으로 추정해서 사용한다. 예를 들어, 고정원가가 $2,000이고 단위당 변동원가가 $100일 때, 영업이익을 $1,200 벌기 위해서 Emma는 32개의 패키지를 팔아야 한다. 보기 3-4의 C열 13행을 보면 알 수 있듯이, 만약 시카고 박람회의 부스대여료가 $2,800로 상승하고 단위당 변동원가(패키지 가격)가 $150로 상승한다면 손익분기점은 56개이다. Emma는 민감도 분석과 그녀의 예측을 활용하여 부스를 대여한 경우에 적절한 판매가격을 결정할 것이다.

민감도 분석에서 가장 중요한 것은 안전한계이다.

안전한계 = 매출예산(혹은 실제매출) − 손익분기점 매출

안전한계(단위) = 예산(혹은 실제)판매량 − 손익분기점 수량

안전한계는 "만약에 …을 한다면 어떻게 될 것인가?"에 대한 해답을 제공한다. 만약 손익분기점보다 높게 매출을 예측하였는데, 기업의 잘못된 홍보전략으로 인해(혹은 경쟁기업의 제품이 뛰어나서) 매출이 예상보다 감소하게 되었다고 가정해보자. 이때 손익분기점까지 하락가능한 매출액은 얼마인가? 고정원가는 $2,000이고, 판매가격은 $200, 단위당 변동원가는 $120라고 가정해 보자. 보기 3-1에 따르면, Emma는 40개를 판매하는 경우, 예산매출은 $8,000이고 예산영업이익은 $1,200이다. 손익분기점 수량은 25개이고 손익분기점 매출은 $5,000이다.

안전한계 = 매출예산 − 손익분기점 매출 = $8,000 − $5,000 = $3,000

안전한계(단위) = 예산판매량 − 손익분기점 판매량 = 40 − 25 = 15개

때때로, 안전한계는 퍼센티지로 표시된다.

$$\text{안전한계율} = \frac{\text{안전한계}}{\text{매출예산(혹은 실제매출)}}$$

위 사례에서 안전한계율은 37.5%$\left(= \frac{\$3,000}{\$8,000}\right)$이다.

안전한계율의 의미는 매출이 37.5%까지 하락하여도 손익분기점을 달성할 수 있다는 것이다. 그러므로 높은 안전한계는 손실이 발생할 확률이 낮음을 의미한다.

만약, Emma가 30개를 판매한다고 하면, 매출예산은 $6,000($200×30개)이다. 그리고 안전한계는 다음과 같다.

$$\text{매출예산} - \text{손익분기점 매출} = \$6,000 - \$5,000 = \$1,000$$

$$\text{안전한계율} = \frac{\text{안전한계}}{\text{매출예산(혹은 실제매출)}} = \frac{\$1,000}{\$6,000} = 16.67\%$$

안전한계 16.67%의 의미는 다음과 같다. 만약 Emma의 매출이 16.67%보다 더 큰 폭으로 감소한다면, 손실이 발생하게 될 것이다. 낮은 안전한계는 손실이 발생할 확률이 높다는 것을 의미한다. 그러므로 Emma는 고정원가를 줄이거나 공헌이익을 높여서 손익분기점을 낮추기 위해 노력해야 한다. 예를 들어, 그녀는 고객들이 높은 가격을 지불하면서 '그 제품'을 사고 싶어하는지 판단해야한다. 혹은 제품을 판매자로부터 더 낮은 가격에 매입할 수 있는지 역시 알아야 한다. 만약에 Emma가 고정원가를 줄이지 못하거나 공헌이익을 높이지 못하는 상황에서 지금 현재의 위험 수준을 견딜 수 없다고 가정한다면, 그녀는 박람회에서 부스를 대여하지 않는 것이 낫다.

민감도 분석은 경영자들이 의사결정의 위험성에 대해 판단할 수 있도록 도와준다. 민감도 분석은 불확실성을 인식할 수 있는 간단한 방법으로 실제금액이 예상금액으로부터 벗어날 확률을 보여준다. 좀 더 포괄적으로 불확실성을 인식하는 방법은 확률분포로 계산한 기댓값을 사용하는 방법이다.

3-4 도전!

Bernard Windows는 윈도를 설치하는 작은 회사이다. Bernard Windows의 원가구조는 다음과 같다.

윈도 설치가격	$ 500
윈도 설치에 따른 변동비용	$ 400
연간 고정비용	$150,000

Bernard Windows가 1년에 2,400개의 윈도를 설치하였다면, 안전한계(수량과 금액)와 안전한계율을 계산하시오.

원가계획과 CVP

경영자들은 그들의 원가구조에서 고정원가와 변동원가의 수준을 결정할 수 있다. 이것은 기업의 위험과 수익률에 영향을 미치는 전략적 의사결정이다. 이번 장에서는 경영자들과 관리회계사가 어떻게 원가구조를 결정하는지 살펴볼 것이다.

변동원가/고정원가 구조

CVP 분석은 기업의 원가구조에서 고정원가가 변동원가로 대체됨에 따라 발생하는 위험과 수익성에 대한 정보를 제공한다. 보기 3-4에서 6행과 11행을 비교해 보자.

	고정원가	변동원가	판매가격이 \$200일 때, 영업이익 \$0를 달성하기 위한 판매량(손익분기점)	판매가격이 \$200일 때, 영업이익 \$2,000를 달성하기 위한 판매량(손익분기점)
6행	\$2,000	\$120	25	50
11행	\$2,800	\$100	28	48

11행은 6행에 비해 고정원가는 크고, 변동원가는 작다. 그리고 11행의 손익분기점 판매량이 6행에 비해 크다. 하지만 영업이익 \$2,000를 벌기 위해 필요한 판매량은 11행이 6행에 비해 더 작다(48 vs. 50). CVP 분석은 경영자들로 하여금 다양한 변동원가/고정원가 구조를 파악하는 데 도움이 된다. 다음 사례를 통해 원가구조의 영향에 대해 자세히 살펴볼 것이다. 시카고 박람회 주최 측에서 Emma에게 다음의 3가지 대여 조건을 제시했다고 가정해 보자.

- **조건 1:** \$2,000 고정원가
- **조건 2:** \$800 고정원가+GMAT Success 매출의 15%
- **조건 3:** GMAT Success 매출의 25%

Emma는 각각의 조건에 따른 이익과 직면할 위험에 대해 먼저 파악해야 할 것이다. 보기 3-5는 각 조건별 이익-조업도 관계를 그래프로 나타낸 것이다.

- 조건 1을 선택하는 경우, 판매량과 영업이익 관계는 보기 3-3에서 본 이익-조업도 곡선과 동일하다(고정원가는 \$2,000이고 단위당 공헌이익은 \$80).
- 조건 2를 선택하는 경우, 고정원가는 \$800이고, 단위당 공헌이익은 \$50이다[판매가격 − 단위당 변동원가 − 단위당 변동대여료 = \$200 − \$120 − \$30(0.15 × \$200) = \$50].

보기 3-5 GMAT Success의 여러 대안에 따른 이익-조업도 그래프

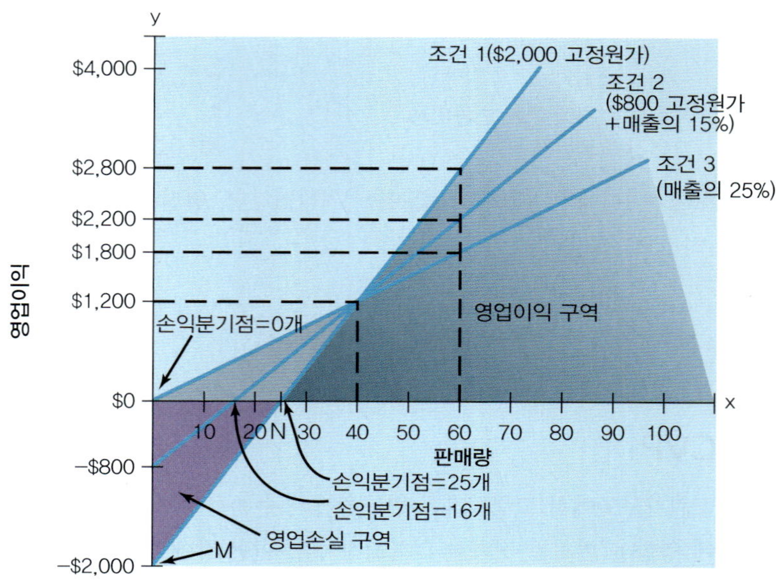

- 조건 3을 선택하는 경우, 고정원가는 $0이고, 단위당 공헌이익은 $30이다[판매가격–단위당 변동원가–단위당 변동대여료=$200–$120–$50(0.25×$200)=$30].

조건 3의 손익분기점은 0으로 3가지 조건 중 가장 낮은 값이다. 조건 1의 손익분기점은 25로 3가지 조건 중 가장 큰 값이다. 조건 1은 판매량이 낮을 때, 손실이 발생할 가능성(위험)이 가장 크지만, 단위당 공헌이익은 $80로 3가지 조건 중 가장 크다. 따라서 매출이 큰 경우(판매량이 40개 이상인 경우), 조건 1의 영업이익이 가장 크다.

3가지 조건 중 하나를 선택하는 것은 기업의 전략적 선택이다. 제품의 수요에 따라 Emma가 선택한 조건은 영업이익(손실)에 큰 영향을 미친다. Emma는 제품에 대한 고객수요와 수요가 낮더라도 그녀가 감당할 수 있는 위험 수준을 고려하여 조건을 선택할 것이다. 예를 들어, Emma의 위험 감당능력이 높다면, 조건 1을 선택할 것이다. 그러나 Emma가 위험회피적이라면, 조건 3을 선호할 것이다. 조건 3을 선택하게 된다면, 매출이 높은 경우에 보상이 상대적으로 작지만, 매출이 낮은 경우에 손실이 발생하지 않는 장점이 있다.

영업레버리지

다양한 원가구조에 따른 위험–수익의 상충관계(trade–off)는 영업레버리지로 측정할 수 있다. 영업레버리지는 판매량이나 공헌이익이 변할 때, 고정원가가 영업이익에 미치는 영향을 설명한다. 조건 1과 같이 원가구조에서 고정원가 비중이 클 경우, 영업레버리지는 크다. 보기 3–5의 조건 1은 기울기가 가장 가파르다. 조건 1을 선택한 기업은 매출이 하락하는 경우에 영업이익이 가장 큰 폭으로 감소한다. 그러므로 조건 1을 선택한 기업은 영업손실에 대한 위험이 크다. 주어진 매출 수준에서 영업레버리지도는 다음과 같이 계산된다.

$$\text{영업레버리지도} = \frac{\text{공헌이익}}{\text{영업이익}}$$

판매량이 40개일 때, 3가지의 조건하에서 영업레버리지도는 다음과 같다.

	조건 1	조건 2	조건 3
1. 단위당 공헌이익	$ 80	$ 50	$ 30
2. 공헌이익(단위당 공헌이익×40)	$3,200	$2,000	$1,200
3. 영업이익(보기 3–5 참조)	$1,200	$1,200	$1,200
4. 영업레버리지도(단위당 공헌이익÷영업이익)	$\frac{\$3,200}{\$1,200}=2.67$	$\frac{\$2,000}{\$1,200}=1.67$	$\frac{\$1,200}{\$1,200}=1.00$

위의 표에 따르면, 조건 1을 선택한 경우 판매량이 40개일 때, 매출(수입)이나 공헌이익이 1% 변하게 되면, 영업이익은 2.67% 변하게 된다. 조건 3을 선택한 경우 판매량이 40개일 때, 매출(수입)이나 공헌이익이 1% 변하게 되면, 영업이익은 1% 변하게 된다. 판매량이 40개에서 60개로 50% 상승했다고 가정해 보자. 공헌이익은 모든 조건에서 50% 상승할 것이다. 그러나 영업이익은 조건 1에서 $1,200에서 $2,800로 133%(2.67×50%) 상승했다. 조건 3에서는 영업이익이 $1,200에서 $1,800로 50%(1.00×50%) 상승했다(보기 3–5 참조). 영업레버리지도는 매출의 변화가 영업이익에 미치는 효과를 경영자들이 파악할 수 있도록 도와준다.

고정원가로 인해 영업레버리지도는 매출 수준에 따라 다른 값을 갖게 된다. 예를 들어, 판매량이 60개일 때, 조건 1~3의 영업레버리지도는 다음과 같다.

	조건 1	조건 2	조건 3
1. 단위당 공헌이익	$ 80	$ 50	$ 30
2. 공헌이익(단위당 공헌이익×60)	$4,800	$3,000	$1,800
3. 영업이익(보기 3–5 참조)	$2,800	$2,200	$1,800
4. 영업레버리지도(단위당 공헌이익÷영업이익)	$\frac{\$4,800}{\$2,800} = 1.71$	$\frac{\$3,000}{\$2,200} = 1.36$	$\frac{\$1,800}{\$1,800} = 1.00$

조건 1의 영업레버리지도는 2.67(판매량 40개)에서 1.71(판매량 60개)로 하락했고, 조건 3의 영업레버리지도는 1.67에서 1.36으로 하락했다. 일반적으로 판매량이 손익분기점 수량보다 큰 경우, 고정원가가 있는 기업은 판매량이 증가하면 영업레버리지도는 감소한다. 만약 조건 3과 같이 고정원가가 0인 경우에는 판매량과 상관없이 영업레버리지도는 항상 1.00이다.

경영자들은 항상 영업레버리지도를 신경써야 한다. General Motors나 American Airlines와 같은 기업을 생각해 보자. 그들의 높은 영업레버리지도는 기업의 재정 악화와 밀접하게 관련되어 있다. 그들은 높은 수요를 예측하였고, 서비스를 제공하기 위해 자금을 빌려 자산을 구매하였다. 그 결과, 고정원가가 증가했다. 그러므로 수입이 감소하면, 손실이 발생하고 그 결과 기업들은 이자와 부채를 갚기 힘들 것이다. 결국, 이들은 파산하게 될 것이다. 그러므로 경영자와 관리회계사는 기업의 위험–수익의 상충관계를 균형이 맞도록 고정원가와 변동원가를 잘 관리해야 한다.

경영자들이 고정원가를 줄이기 위해 무엇을 할 수 있을까? 의류기업인 Nike는 제조를 직접 하지 않는다. 그래서 제조 공장과 관련한 고정원가가 발생하지 않는다. 대신, Nike는 생산을 외주에 맡기고, 중국, 인도네시아, 베트남에 있는 공급자들로부터 제품을 구매한다. 그 결과 Nike의 모든 생산원가는 변동원가이다. Nike는 고정원가를 줄이고 변동원가를 늘림으로써 손실에 대한 위험을 줄였다.

제조를 계속 하는 기업들은 그들의 공장시설을 상대적으로 제조원가가 낮은 중국이나 멕시코로 옮기고 있다. 이렇게 함으로써 그들은 고정원가와 변동원가 모두 줄일 수 있다. General Electronics나 Hewlett–Packard와 같은 기업들은 고객서비스와 상담서비스를 담당하는 본부를 인도로 옮겼다. 기업들의 이러한 선택에 대해서는 논란이 있다. 경제학자들은 다른 국가에 외주를 맡기거나 혹은 공장을 운영하는 것은 기업으로 하여금 원가를 낮출 수 있고, 이로 인해 기업들은 가격 측면에서 경쟁력을 가질 수 있다고 주장한다. 그러나 일부 경제학자들은 이러한 기업의 선택은 미국 내 일자리 감소를 야기시킬 것이라고 문제점을 제기하고 있다.

도전! 3–5

Bernard Windows는 윈도를 설치하는 작은 회사이다. Bernard Windows의 원가구조는 다음과 같다.

윈도 설치가격	$ 500
윈도 설치에 따른 변동비용	$ 400
연간 고정비용	$150,000
윈도 설치판매량	2,500

Bernard는 내년도 영업팀의 보상구조를 바꾸고자 한다. Bernard는 내년에 영업사원에게는 5%의 수수료를 주고, 고정판매비용은 $62,500만큼 줄일 계획이다.
판매량이 2,500개일 때 두 가지 변경사항에 따른 영업레버리지도를 계산하고, 결과에 대해 간략하게 설명하시오.

매출배합이 이익에 미치는 효과

매출배합은 기업이 판매하고 있는 다양한 제품(혹은 서비스)의 구성(혹은 비율)이다. Emma가 뉴욕에서 열리는 대학교 박람회에 참여할 계획을 세우고 있다고 가정해 보자. 그녀는 두 종류의 시험준비서(GMAT Success와 GRE Guarantee)를 판매할 계획이다. 그녀가 세운 예산은 다음과 같다.

	GMAT Success	GRE Guarantee	합계
예상판매량	60	40	100
매출, 판매가격은 각각 $200, $100	$12,000	$4,000	$16,000
변동원가, 단위당 변동원가는 각각 $120, $70	7,200	2,800	10,000
공헌이익, 단위당 공헌이익은 각각 $80, $30	$ 4,800	$1,200	6,000
고정원가			4,500
영업이익			$ 1,500

Emma의 손익분기점은 어떻게 될 것인가? 여러 개의 상품을 판매하는 기업의 손익분기점은 매출배합에 의해 결정된다. Emma의 경우, GMAT Success 판매량과 GRE Guarantee 판매량의 합이 매출배합이다. GMAT Success와 GRE Guarantee의 매출배합이 3 : 2라고 가정할 것이다. 즉, GRE Success의 판매량이 60개일 때, GMAT Guarantee는 40개가 판매될 것이다.

각각의 매출배합(GMAT Success 3개와 GRE Guarantee 2개의 조합)의 공헌이익은 $300이다.

	각 매출배합의 GMAT Success와 GRE Guarantee의 판매량	GMAT Success와 GRE Guarantee의 단위당 공헌이익	매출배합의 공헌이익
GMAT Success	3	$80	$240
GRE Guarantee	2	30	60
합계			$300

손익분기점을 계산하기 위해서, 먼저 Emma가 판매해야 하는 매출배합의 수부터 계산할 것이다.

$$\text{손익분기점(매출배합 수)} = \frac{\text{고정원가}}{\text{매출배합당 공헌이익}} = \frac{\$4,500}{\$300} = 15\text{개}$$

GMAT Success와 GRE Guarantee의 손익분기점에서의 수량은 다음과 같다.

GMAT Success : 15개 × 매출배합당 3개	45개
GRE Guarantee : 15개 × 매출배합당 2개	30개
손익분기점에서의 총개수	75개

GMAT Success와 GRE Guarantee의 손익분기점 금액은 다음과 같다.

GMAT Success : 45개 × $200	$ 9,000
GRE Guarantee : 30개 × $100	3,000
손익분기점 매출	$12,000

많은 제품을 판매하는 경우에, 공헌이익률을 사용하는 것이 훨씬 간단하다. 이 방법을 사용한다면, Emma는 매출배합(GMAT Success 3개와 GRE Guarantee 2개의 조합)을 판매한 경우 얼마의 매출을 창출했는지 계산해야 한다.

	각 매출배합의 GMAT Success와 GRE Guarantee의 판매량	GMAT Success와 GRE Guarantee의 단위당 판매가격	매출배합의 매출
GMAT Success	3	$200	$600
GRE Guarantee	2	100	200
합계			$800

$$\text{매출배합의 공헌이익률} = \frac{\text{매출배합의 공헌이익}}{\text{매출배합의 매출}} = \frac{\$300}{\$800} = 0.375 \text{ 혹은 } 37.5\%$$

$$\text{손익분기점 매출} = \frac{\text{고정원가}}{\text{매출배합의 공헌이익률}} = \frac{\$4,500}{0.375} = \$12,000$$

$$\text{손익분기점 달성을 위한 매출배합 판매량} = \frac{\text{손익분기점 매출}}{\text{매출배합당 매출}} = \frac{\$12,000}{\$800} = 15\text{개}$$

GMAT Success와 GRE Guarantee의 손익분기점 판매량 및 금액은 다음과 같다.

GMAT Success: 15개(매출배합) × 3개(매출배합당) = 45개 × $200 = $9,000
GRE Guarantee: 15개(매출배합) × 2개(매출배합당) = 30개 × $100 = $3,000

다음 표를 보면, 공헌이익 $4,500를 달성할 수 있는 매출배합은 한 개가 아니라 여러 개 존재한다.

매출배합(수량)		매출배합(수량)		
GMAT Success (1)	GRE Guarantee (2)	GMAT Success (3)=$80×(1)	GRE Guarantee (4)=$30×(2)	총공헌이익 (5)=(3)+(4)
48	22	$3,840	$ 660	$4,500
36	54	2,880	1,620	4,500
30	70	2,400	2,100	4,500

매출배합이 GMAT Success 3개당 GRE Guarantee 7개의 조합으로 변경된다면, 손익분기점은 75개에서 100개로 증가한다(손익분기점에서 GMAT Success 30개와 GRE Guarantee 70개). 공헌이익이 낮은 제품(GRE Guarantee)이 매출배합에 더 많이 포함되었기 때문에 손익분기점 수량이 증가한다. 일반적으로, 총판매량이 동일하다면, 공헌이익이 낮은 제품이 큰 비중을 차지하는 매출배합의 영업이익이 작다.

기업들은 매출배합을 어떻게 결정하는 것인가? 매출배합은 고객 수요에 따라 결정된다. 예를 들어, 가솔린 가격이 높으면, 소비자들은 소형차를 선호한다. 가솔린 가격이 지속적으로

도전! 3-6

Bernard Windows는 Chad와 Musk라는 두 종류의 윈도를 판매할 계획이다. 이와 관련한 예산은 다음과 같다.

	Chad 윈도	Musk 윈도	합계
예상 판매량	2,500	1,000	3,500
매출, 판매가격은 각각 $500, $350	$1,250,000	$350,000	$1,600,000
변동원가, 단위당 변동원가는 각각 $400, $275	1,000,000	275,000	1,275,000
공헌이익, 단위당 공헌이익은 각각 $100, $75	$ 250,000	$ 75,000	325,000
고정원가			195,000
영업이익			$ 130,000

Bernard Windows의 손익분기점 (1) 판매량과 (2) 매출을 계산하시오.

상승한다면, 자동차 회사인 Ford, Nissan, Toyota는 소형차를 더 많이 생산하는 방향으로 생산배합을 조정한다. 소형차를 더 많이 생산하는 생산배합은 공헌이익이 낮은 제품을 증가시키므로 손익분기점 수량이 증가하게 된다. 이러한 매출배합의 변화로 손익분기점 수량은 증가하였지만, 이는 올바른 결정이었다. 왜냐하면, 가솔린 가격의 상승으로 대형차에 대한 수요가 급격히 하락했기 때문이다. 추가로, Ford, Nissan, Toyota는 소형차에 대한 수요의 증가에 따라 소형차 가격을 인상할 수도 있다.

서비스기업과 비영리조직에서의 CVP 분석

지금까지 Emma의 상품매매기업의 CVP 분석에 대해 살펴보았다. 제조기업뿐만 아니라 서비스기업과 비영리조직에서도 CVP 분석을 활용하여 의사결정을 내린다. 서비스기업과 비영리조직에 CVP 분석을 적용하기 위해서 먼저 그들의 생산량을 측정해야 한다. 서비스기업과 비영리조직의 생산량은 유형자산을 생산 및 판매하는 제조, 상품매매기업과 다르다. 다양한 서비스 산업(예: 항공, 호텔, 병원)과 비영리조직(예: 대학교)의 생산량 측정방법 사례는 다음과 같다.

산업	생산량 측정방법
항공	여객마일
호텔/모텔	총객실이용 박수
병원	환자 1인당 1일 의료비
대학교	학생 학점-시간

변동원가와 고정원가는 정해진 생산량 측정방법에 맞춰 정의내려진다. 서비스기업과 비영리조직에서 사용하는 공헌이익, 손익분기점, 목표영업이익, 목표순이익, 민감도 분석 그리고 영업레버리지의 정의는 앞에서 배운 정의와 동일하다.

서비스기업에서의 CVP 분석이 어떻게 적용되는지 알아보기 위해 부티크 컨설팅 기업인 Highbridge 컨설팅 사례를 살펴볼 것이다. Highbridge는 컨설팅서비스의 인일(person-days)을 사용하여 생산량을 측정한다. 그들은 컨설턴트를 고용해서 컨설팅서비스를 원하는 기업과 연결시켜 준다. 컨설팅서비스에 대한 수요가 크면 클수록, 더 많은 컨설턴트를 고용한다.

Highbridge는 컨설턴트를 고용한 후 업무에 배정하기 전에 반드시 사전교육을 진행한다. 그리고 매해 기초에 Highbridge는 고용계획에 맞춰 고용예산을 세운다. 2017년도에 Highbridge는 고용예산을 \$1,250,000로 설정하였다. 평균적으로 컨설턴트의 1년 비용은 \$100,000이다. 고용과 관련하여, 인사관리팀의 급여와 비용은 고정원가로 \$250,000이다. 그렇다면 얼마나 많은 컨설턴트를 2017년에 고용할 것인가? 이 문제의 해답을 찾기 위해 우리는 CVP 분석을 사용할 것이다. 이때, 인사팀의 영업이익은 \$0로 가정하고 시작하자. 아래의 식에서 Q는 고용되어야 할 컨설턴트의 수다.

$$\text{고용예산} - \text{변동원가} - \text{고정원가} = 0$$
$$\$1{,}250{,}000 - \$100{,}000Q - \$250{,}000 = 0$$
$$\$100{,}000Q = \$1{,}250{,}000 - \$250{,}000 = \$1{,}000{,}000$$
$$Q = \$1{,}000{,}000 \div \$100{,}000 = 10\text{명}$$

2018년도에 컨설팅 서비스의 수요가 감소할 것으로 예상된다고 가정해 보자. 그래서 Highbridge는 고용예산을 40% 감소하기로 결정했다. 이때, 고용예산은 $\$1{,}250{,}000 \times (1 - 0.40) = \$750{,}000$이다. 그렇다면, 2018년에 고용할 컨설턴트는 40% 감소한 6명을 채용할 것인가? 만약, 2017년도와 고정원가 및 변동원가가 동일하다고 한다면, 컨설턴트를 6명 고용하는 것이 맞는가? 다음의 계산에 따르면 답은 "아니다".

$$750{,}000 - \$100{,}000Q - \$250{,}000 = 0$$
$$\$100{,}000Q = \$750{,}000 - \$250{,}000 = \$500{,}000$$
$$Q = \$500{,}000 \div \$100{,}000 = 5\text{명}$$

Highbridge는 5명의 컨설턴트를 고용하는 것이 맞다. 서비스 기업에서 CVP 관계에 관한 2가지 특성은 다음과 같다.

- 고용해야 하는 컨설턴트는 50%[(10 − 5) ÷ 10] 하락하였고, 고용예산은 이보다 작은 40%가 감소하였다. 이러한 차이가 발생한 이유는 바로 고정원가 때문이다. 고정원가는 여전히 같은 금액으로 지불되고 있으므로, 고용예산보다 컨설턴트 고용이 더 큰 폭으로 감소하게 되는 것이다.
- 만약 기업이 감소된 예산($750,000)으로 6명의 컨설턴트를 고용하고 싶다면 (1) 현재 $100,000로 책정되어 있는 컨설턴트의 급여(변동원가)를 줄이는 방법과 (2) 현재 고정원가($250,000)를 줄이는 방법을 사용할 수 있다. 예를 들어, 인사관리팀의 고정원가를 $210,000로 줄인고, 컨설턴트의 급여(변동원가)를 $90,000로 줄인다고 가정해 보자. 그렇다면 Highbridge는 6명의 컨설턴트를 고용할 수 있다[($750,000 − $210,000) ÷ $90,000 = 6명].

만약에 인사관리팀의 고정원가가 $250,000이고, Highbridge는 컨설턴트당 $100,000를 제공하는 조건으로 6명을 채용할 계획이라고 생각해 보자. 이 경우에, Highbridge의 고용예산은 $850,000이다[($100,000 × 6) + $250,000]. 이때, 고용할 컨설턴트는 40%[(10 − 6) ÷ 10] 하락하였고, 고용예산은 32%[($1,250,000 − $850,000) ÷ $1,250,000] 감소하였다. 이 현상 역시 고정원가로 인하여 고용예산보다 컨설턴트 고용이 더 큰 폭으로 감소하였다.

공헌이익과 매출총이익

지금껏 이윤과 관련한 2가지 중요한 개념을 배웠다. 2장에서는 매출총이익에 대한 개념을 배웠고, 이번 장에서는 공헌이익에 대해 배웠다. 매출총이익과 공헌이익은 무슨 관계가 있을까? 다음 공식을 통해 CVP와 위험분석에 대한 정보를 제공하는 '공헌이익'과 기업의 경쟁력을 보여주는 '매출총이익'을 명확하게 구분해 보자.

$$\text{매출총이익} = \text{매출} - \text{매출원가}$$
$$\text{공헌이익} = \text{매출} - \text{모든 변동원가}$$

매출총이익은 기업이 제품에 대한 판매가격을 결정할 때 필요한 정보이다. 제약산업에 속한 기업들의 매출총이익은 상대적으로 높다. 제약제품들은 브랜드파워가 있는 경우 고객들이 높은 가격을 지불할 의지가 높고, 특허 수입이 있기 때문에 매출총이익이 높다. 대조적으로 복제제약품 제조산업은 산업 내 경쟁이 치열해서 매출총이익이 상대적으로 낮다. 공헌이익은 기업이 고정원가를 지불하고 난 후, 얼마나 여력이 있는지 보여주는 지표이다. 이는 손실위험을 평가하는 데 유용하다. 예를 들어, 공헌이익이 고정원가보다 큰 기업은 손실위험이 굉장히 낮다. 매출총이익과 공헌이익은 서로 관련은 있지만 시사하는 바가 다르다. 예를 들어, 경쟁적인 시장에 매출총이익이 낮은 기업이라 하더라도 고정원가가 작으면 손실위험이 낮다.

제조기업의 매출총이익과 공헌이익의 차이점에 대해서도 이야기해 보자. 이 둘은 두 가지 측면, 즉 고정제조원가와 변동판매관리비(비제조원가) 측면에서 개념이 다르다. 다음의 예를 통해 차이점에 대해서 살펴보도록 하자.

공헌이익계산서(단위: 1,000)		
매출		$1,000
변동제조원가	$250	
변동판매관리비	270	520
공헌이익		480
고정제조원가	160	
고정판매관리비	138	298
영업이익		$ 182

손익계산서(단위: 1,000)	
매출	$1,000
매출원가 (변동제조원가 $250 + 고정제조원가 $160)	410
매출총이익	590
판매관리비(변동 $270 + 고정 $138)	408
영업이익	$ 182

공헌이익을 계산할 때, 고정제조원가 $160,000는 매출에서 차감되지 않는다. 그러나 매출총이익을 계산할 때, 고정제조원가는 매출에서 차감된다. 제조기업의 매출원가에는 변동제조원가와 고정제조원가가 모두 포함되어 있다($250,000 + $160,000). 공헌이익을 계산할 때, 변동판매관리비 $270,000는 매출에서 차감된다. 하지만 매출총이익을 계산할 때, 변동판매관리비는 차감되지 않는다.

공헌이익과 마찬가지로, 매출총이익은 총액으로 표현될 수도 있고, 단위당 금액 혹은 퍼센티지로 표현될 수 있다. 예를 들어 매출총이익률은 매출총이익을 매출로 나눈 값으로, 위의 사례에서 59%($590 ÷ $1,000)이다.

경영자들이 때때로 매출총이익과 공헌이익을 혼동하는 이유는 상품매매기업 때문이다. 상품매매기업에서는 매출원가가 매입한 상품의 변동원가와 같기 때문에 공헌이익과 매출총이익이 동일한 값을 갖는다. 그래서 매출총이익과 공헌이익이 같다고 착각하는 경우가 종종 발생한다.

자율학습

Wembley Travel Agency는 로스앤젤레스와 런던 항공편을 전문으로 하는 기업이다. Wembley Travel Agency는 United Airlines의 왕복티켓을 $900에 판매한다. 지난 달까지 United Airlines는 Wembley Travel Agency에 항공권 가격의 10%를 수수료로 지불했다. 이 수수료는 Wembley Travel Agency의 유일한 수입원이다. Wembley Travel Agency의 고정원가는 1달에 $14,000(급여, 임차료 등)이고 수수료나 보너스와 같은 변동원가는 티켓당 $20이다.

United Airlines은 모든 여행사에 새롭게 변경된 지급요건에 대해 공지했다. United Airlines이 여행사에게 티켓당 10%의 수수료를 주는 요건은 이전과 같은데 이때 수수료는 티켓당 최대 $50이다. $500가 넘는 모든 티켓의 수수료는 $50이다. Wembley의 관리자들은 United의 새로운 지급요건이 손익분기점과 수익성에 영향을 미칠 것이라고 생각한다.

1 이전의 10% 수수료하에서, Wembley는 매달 몇 장의 왕복티켓을 팔아야 (a) 손익분기점에 도달하는가? 그리고 (b) 영업이익 $7,000를 달성하기 위해서는 몇 장의 왕복티켓을 판매해야 하는가?

2 United의 변경된 지급요건 하에서 Wembley는 매달 몇 장의 왕복티켓을 팔아야 (a) 손익분기점에 도달하는가? 그리고 (b) 영업이익 $7,000를 달성하기 위해서는 몇 장의 왕복티켓을 판매해야 하는가?

Solution

1 Wembley는 티켓당 10%의 수수료를 받는다(0%×$900=$90). 따라서

판매가격 = 티켓당 $90
단위당 변동원가 = 티켓당 $20
단위당 공헌이익 = $90 − $20 = 티켓당 $70
고정원가 = 매달 $14,000

a. $\text{손익분기점 티켓 수량} = \frac{\text{고정원가}}{\text{단위당 공헌이익}} = \frac{\$14,000}{\text{티켓당 } \$70} = 200\text{티켓}$

b. 목표영업이익=$7,000/달

$$\text{목표판매량} = \frac{\text{고정원가} + \text{목표영업이익}}{\text{단위당 공헌이익}}$$

$$= \frac{\$14,000 + \$7,000}{\text{티켓당 } \$70} = \frac{\$21,000}{\text{티켓당 } \$70} = 300\text{티켓}$$

2 변경된 지급요건에 따르면, Wembley는 티켓을 $900로 판매하여도 $50만 수수료로 받을 수 있다. 따라서

판매가격 = 티켓당 $50
단위당 변동원가 = 티켓당 $20
단위당 공헌이익 = $50 − $20 = 티켓당 $30
고정원가 = 매달 $14,000

a. $\text{손익분기점 티켓 수량} = \frac{\$14,000}{\text{티켓당 } \$30} = 467\text{티켓(반올림)}$

b. $\text{목표판매량} = \frac{\$21,000}{\text{티켓당 } \$30} = 700\text{티켓}$

티켓당 수수료의 최대금액을 $50로 설정하는 것은 Wembley의 손익분기점을 2배 이상 증가시켰다(200티켓에서 467티켓으로 증가). 또한 $7,000의 영업이익을 벌기 위해 판매해야 하는 티켓 수량 역시 2배 이상 증가하였다(300티켓에서 700티켓으로 증가). Wembley의 관리자들은 United Airlines의 변경된 지급요건이 발표되자마자 의의를 제기했다. 그러나 불행하게도 다른 항공사들도 잇따라 지급요건을 United Airlines와 유사하게 변경하기 시작했다.

과제

서술형 문제

3-1 원가−조업도−이익 분석의 정의를 서술하시오.

3-2 원가−조업도−이익 분석의 가정들을 서술하시오.

3-3 공헌이익에 대해 서술하시오.

3-4 소득세가 증가하면 손익분기점이 어떻게 변화하게 되는지 서술하시오.

3-5 영업레버리지란 무엇인가? 영업레버리지도는 경영자들에게 어떠한 정보를 제공하는가?

3-6 공헌이익과 매출총이익의 차이는 무엇인가? 원가-조업도-이익 분석은 공헌이익의 정보를 제공하는가? 아니면 매출총이익의 정보를 제공하는가?

객관식 문제

3-7 Jack's Jax의 고정원가는 $25,000이다. 만약, 공헌이익이 60%, 세율은 25%, 판매가격은 $20라면, $15,000의 순이익을 달성하기 위해 Jack's Jax는 얼마나 판매해야 하는가?

a. 5,625
b. 4,445
c. 3,750
d. 3,333

3-8 올 한해 XYZ 회사는 고정 판매관리비는 작년과 동일하게 유지하였고, 변동 판매관리비는 인상했다. XYZ 회사에 대해 올바른 내용을 선택하시오.

a. 공헌이익과 매출총이익은 낮을 것이다.
b. 공헌이익은 높고, 매출총이익은 작년과 동일할 것이다.
c. 손익계산서와 공헌이익계산서상에 보고되는 영업이익은 동일한 값을 가질 것이다.
d. 손익계산서에 기록되는 재고자산은 공헌이익계산서의 재고자산보다 적은 값을 가질 것이다.

3-9 A기업은 손익분기점에 도달하기 위해 10,000개의 제품을 판매해야 한다. 고정원가는 $110,000이고, 판매가격과 단위당 변동원가는 각각 $20, $9이다. 만약 매출이 $220,000라면, 기업의 안전한계는 얼마인가?

a. $0
b. $20,000
c. $110,000
d. $200,000

주관식 문제

3-10 **CVP 계산.** 빈칸을 채우시오.

요구사항

상황	매출	변동원가	고정원가	총원가	영업이익	공헌이익	영업 이익률(%)	공헌 이익률(%)
a.	$4,250			$3,500			30.00	60.00
b.				$6,000		$3,000	25.00	
c.	$6,600	$3,500			$2,200			
d.		$2,400	$1,800		$3,200			

3-11 **CVP 연습.** Patisserie Hartog은 암스테르담에 10개의 퍼프 페이스트리 가게를 운영하고 있다. 내년도 예산은 다음과 같다.

매출	$12,500,000
고정원가	$ 2,240,000
변동원가	$ 9,750,000

변동원가는 퍼프 페이스트리 판매량에 따라 변한다. 내년도 예산 자료를 기반으로 각각의 상황에 따른 (예정)영업이익을 계산하시오.

요구사항

1. 매출은 일정하고, 공헌이익이 15% 상승한 경우
2. 매출은 일정하고, 공헌이익이 15% 감소한 경우
3. 고정원가가 10% 상승한 경우
4. 고정원가가 10% 감소한 경우
5. 판매량이 12% 상승한 경우
6. 판매량이 12% 감소한 경우
7. 고정원가와 판매량이 모두 8% 상승한 경우
8. 고정원가는 6% 상승하고, 변동원가는 6% 감소한 경우
9. 위의 8가지 상황 중 (예정)영업이익이 가장 높은 것은 무엇인가? 왜 그런지 설명하시오.

3-12 CVP 분석, 소득세. Sonix 전자는 냉장고 판매기업이다. 냉장고의 평균 판매가격은 $5,000이다. Sonix는 냉장고를 제조업자로부터 $4,200에 구매한다. Sonix 전자는 매달 $52,800의 임차료를 지급하고, 판매사원의 급여로 $75,200를 지급한다. 판매사원의 급여와 관련해서 그들은 냉장고 매출의 4%만큼 수수료를 받는다. Sonix 전자는 매달 지역광고로 $18,400를 지불한다. 세율은 30%이다.

요구사항

1. Sonix 전자가 손익분기점을 달성하기 위해서는 몇 대의 냉장고를 판매해야 하는가?
2. Sonix 전자는 $63,000 순이익(월기준)을 목표로 설정하였다. 그렇다면 목표영업이익은 얼마인가? 이를 달성하기 위해 몇 대의 냉장고를 판매해야 하는가?

3-13 CVP 분석, 안전한계. Ariba 기업은 $3,200,000 손익분기점 매출을 달성했다. 현재 판매량은 105,000개이고, 변동원가는 $30이다. 고정제조원가, 관리비, 판매비는 각각 $400,000, $250,000, $150,000이다.

요구사항

1. 공헌이익률을 계산하시오.
2. 판매가격을 계산하시오.
3. 안전한계를 판매량과 금액으로 계산하시오.
4. Ariba에게 손실이 발생할 확률은 얼마인가? 이처럼 위험이 발생할 이유는 무엇이라고 생각하는가?

3-14 영업레버리지도. Broadpull Rugs는 4주 동안 할인매장인 Tryst's Club에서 카펫을 판매할 계획이다. Broadpull Rugs는 카펫가격을 $1,500로 결정했다. Broadpull Rugs는 카펫을 $900에 매입하고 있으며, 판매되지 않은 제품은 전액 환불이 가능하다. Tryst's Club은 Broadpull Rugs에게 공간대여료로 다음과 같은 두 가지 조건을 제시하였다.

- 조건 1: 판매기간 동안 발생한 매출의 25%
- 조건 2: 판매기간 동안 $30,000의 고정대여료

이때, 다른 비용은 전혀 발생하지 않는다고 가정한다.

요구사항

1. 조건 1과 조건 2의 손익분기점을 판매량으로 계산하시오.
2. 각 조건하에서 Broadpull Rugs가 동일한 영업이익을 벌게 되는 매출은 무엇인가?
   a. Broadpull Rugs가 조건 1을 선호하는 판매량의 범위는 어떻게 되는가?
   b. Broadpull Rugs가 조건 2를 선호하는 판매량의 범위는 어떻게 되는가?
3. 판매량이 80일 때, 각 조건의 영업레버리지도를 계산하시오.

3-15 공헌이익, 의사결정. Brandon Harris는 슈퍼베이커리라는 빵집을 운영하고 있다. 2016년도 슈퍼베이커리의 매출과 원가자료는 다음과 같다.

매출		$475,000
매출원가		190,000
매출총이익		285,000
영업비용		
급여(고정원가)	$175,000	
판매수수료(매출의 15%)	71,250	
감가상각비(장비)	22,000	
보험료(1년)	5,000	
가게 임차료(월 $5,000)	60,000	
기타 영업비용	50,000	383,250
영업이익(손실)		$(98,250)

기타 영업비용에 대해서 분석해본 결과, 기타 영업비용의 80%는 판매량에 따라 변동하고, 나머지 20%는 판매량과 상관없이 일정하게 발생한다.

요구사항

1. 슈퍼베이커리의 공헌이익을 계산하시오.
2. 공헌이익률을 계산하시오.
3. 만약, 프로모션을 추가로 $15,000 증가한다면, 매출이 30% 증가할 것으로 예측된다. 그렇다면 Mr. Harris는 어떻게 하는 것이 좋은가?
4. 영업이익을 증가시키기 위해 Mr. Harris가 할 수 있는 방법은 무엇인가?

3-16 CVP, 목표영업이익, 서비스기업. Modern Beauty Parlour는 여성전용스파다. 여성고객당 평균 월별 변동원가는 다음과 같다.

스파용품	$110
피부 미용사 수수료(커미션)	50
기타 비품(비누, 화장솜 등)	40
합계	$200

월별 고정원가는 다음과 같다.

임차료	$1,250
수도 · 전기료	300
TV 광고료	250
급여	1,500
기타	300
합계	$3,600

Modern Beauty의 서비스가격은 평균적으로 $250이다.

요구사항

1. 손익분기점을 계산하시오.
2. Modern Beauty는 1달 기준으로 $4,000의 영업이익을 목표로 하고 있다. 이를 달성하기 위한 고객 수는 얼마인가?
3. Modern Beauty는 더 좋은 빌딩으로 이사 가고자 한다. 새 빌딩의 월 임차료는 $2,350이다. 더 많은 고객들을 유치하기 위해 Modern Beauty는 TV 광고료를 $420로 계약하였다. 만약 다른 조건들이 똑같다면, 영업이익을 $4,000 달성하기 위해 Modern Beauty는 서비스 가격을 얼마로 산정해야 하는가?

3-17 CVP 분석, 신발가게. LadyStyle은 여성신발 판매기업이다. LadyStyle은 20개의 다양한 신발을 판매한다(단, 단위원가와 판매가격은 모두 동일하다). 신발의 단위는 한 켤레를 의미한다. 각 매장에는 고정급여를 받는 가게 매니저와 가게 관리자가 있다. 신발을 판매하는 판매사원의 급여는 고정급여와 판매수수료로 구성되어 있다. LadyStyle은 아래 자료의 수입과 원가가 예상되는 새로운 가게를 열 계획을 고민 중이다.

Home Insert Page Layout Formulas Data Review View

	A	B	C	D	E
1	변동원가 자료(단위: 신발 1켤레)			고정원가 자료(1년 기준)	
2	판매가격	$40.00		임차료	$ 25,000
3	신발 원가	$29.00		급여	96,000
4	판매수수료	$ 2.00		광고료	35,000
5	단위당 변동원가	$31.00		감가상각비	6,000
6				기타 고정원가	9,000
				총고정원가	$171,000

각각의 상황은 독립적으로 발생한 것이다.

요구사항

1. 1년 기준으로 손익분기점의 (a) 판매량과 (b) 매출을 계산하시오.
2. 만약 15,000켤레가 판매된다면, 영업이익(손실)은 어떻게 될 것인가?
3. 만약 판매수수료 대신 고정급여를 지급한다고 가정해 보자. 이때, 고정급여는 총 $19,190이다. 그렇다면, 1년 기준으로 손익분기점의 (a) 판매량과 (b) 매출은 어떻게 되는가?
4. 만약, 가게 매니저와 가게 관리자가 고정급여에 추가로 수수료를 받는다고 가정해 보자. 가게 매니저는 판매량당 $0.50의 수수료를 받을 것이고 가게 관리자는 판매량당 $1.00의 수수료를 받을 것이다. 그렇다면, 1년 기준으로 손익분기점의 (a) 판매량과 (b) 매출은 어떻게 되는가?
5. 만약, 가게 매니저와 가게 관리자가 고정급여에 추가로 수수료를 받는다고 가정해 보자. 가게 매니저는 판매량당 $0.50의 수수료를 받을 것이고 가게 관리자는 판매량당 $1.00의 수수료를 받을 것이다. 25,000켤레가 판매된 경우의 영업이익은 어떻게 될 것인가?

3-18 매출배합, 3개의 제품. Matrix Company는 3종류의 벨트 A, B, C를 생산하고 있다. A, B, C의 공헌이익은 각각 $7, $5 그리고 $4이다. Matrix Company의 경영진은 다음 회계연도에 400,000개의 제품이 판매될 것이라고 예상하고 있다(A는 40,000개, B는 200,000개 그리고 C는 160,000개). Matrix Company의 고정원가는 $1,020,000이다.

요구사항

1. Matrix Company의 손익분기점 판매량은 얼마인가? 이때, 주어진 매출배합이 유지된다고 가정한다.
2. 만약 매출배합이 유지된다면, 400,000개가 판매되었을 때 총공헌이익은 얼마인가? 그리고 영업이익은 얼마인가?
3. 만약 A가 40,000개, B가 160,000개, 그리고 C가 200,000개 팔렸다면, 이때 영업이익은 얼마인가? 이때 새로운 손익분기점 판매량은 얼마인가?

4 개별원가계산

학습목표

1. 원가계산시스템의 핵심 구성요소를 학습한다.
2. 개별원가계산과 종합원가계산을 비교한다.
3. 개별원가계산의 평가 및 시행방법을 설명한다.
4. 정상원가계산의 7단계 접근법 개요를 설명한다.
5. 실제원가계산과 정상원가계산을 구분한다.
6. 개별원가계산에서 원가흐름을 추적한다.
7. 회계연도 말에 대체적 방법을 사용하여 과소배부 또는 과대배부된 제조간접원가를 조정한다.
8. 정상원가계산의 변형을 이해한다.

Tomas Marek/123RF

돈을 잃는 것은 누구도 좋아하지 않는다. 마케팅 컨설팅서비스를 제공하는 신생 벤처기업이든, 고객 맞춤형 오토바이를 제조하는 기존 기업이든 회사가 이익을 창출하기 위해서는 작업별 원가(개별 제품을 생산하는 데 얼마가 소요되는지)를 아는 것이 필수적이다. 다음의 기사는 이를 잘 알고 있는 Turner 건설회사의 사례이다.

개별원가계산과 세계 최고층 빌딩[1]

Turner Construction Company는 세계에서 가장 높은 건물(2,716피트 높이의 163층 규모)인 Burj Khalifa를 두바이에 건설하고, 원가 계산 및 가격 책정을 담당했다. 2010년에 완공된 15억 달러의 Burj Khalifa는 49개층의 업무시설, 1,000호수 이상의 아파트, 76층의 수영장과 160개의 객실을 갖춘 Armani 호텔 및 124층의 세계 최고의 야외 전망대를 갖추고 있다.

Burj Khalifa를 건설하기 위해 Turner사의 경영자는 과거 데이터와 시장 정보를 이용하여, 직접원가와 간접원가 및 일반관리비용 등 프로젝트에 관련된 모든 원가를 신중하게 추정하였다. 직접원가는 45,000m^3의 콘크리트, 39,000톤의 철근, 26,000개의 외부 유리패널 및 2,200만 시간의 작업시간이 소요되었다. 간접원가로 감독비용, 회사 소유의 장비 및 안전장비 관련 사항이 발생하였으며, Burj Khalifa에 할당된 일반관리비는 사무실 임대료, 공공요금과 보험료를 포함한다.

7년의 건설기간 동안 현장 관리자가 대형건물의 진행 상태를 보고할 때마다 작업원가는 매우 중요했다. 고급 초고층 빌딩이 제 시간에 원래 예산범위 안에서 완공되도록 하기 위해 관리자는 프로젝트에 관한 잠재적 문제를 파악하고 적절한 조치를 취하였다.

작업의 원가와 수익성 파악은 경영자의 비즈니스 전략 추구와 가격계획 수립, 원가관리에 도움을 준다.

---

1 출처: Bill Baker and James Pawlikowski, "The Design and Construction of the World's Tallest Building: The Burj Khalifa, Dubai," *Structural Engineering International 25* (4 2015): 389–394 (http://www.iabse.org/Images/Publications_PDF/SEI/SEI.Burj%20Dubai.pdf); Burj Khalifa, "Building a Global Icon," http://www.burjkhalifa.ae/en/the-tower/construction.aspx, accessed March 2016; Turner Construction Company, "Burj Khalifa," http://www.turnerconstruction.com/experience/project/28/burj-khalifa, accessed March 2016; SkyscraperPage.com, "World Skyscraper Construction," http://skyscraperpage.com/diagrams/?searchID=202, accessed March 2016.

원가계산시스템의 핵심 개념

원가계산시스템을 학습하기 전에, 2장에서 소개한 원가관련 용어를 복습하고 새로운 용어를 알아보자.

1. **원가대상(cost object)**: 원가의 측정이 요구되는 대상(예: iMac 컴퓨터와 같은 제품, iMac 컴퓨터 수리서비스 등).
2. **직접원가(direct cost)**: 특정 원가대상에 대해 경제적으로 (원가–효익 측면에서) 실현가능한 방법으로 추적이 가능한 원가(예: iMac 컴퓨터 제조에 필요한 메인보드와 부품들의 원가).
3. **간접원가(indirect cost)**: 특정 원가대상에 대해 경제적으로(원가–효익 측면에서) 실현가능한 방법으로 추적이 불가능한 원가(예: 여러 제품의 생산을 관리하는 공장감독관의 급여, 다양한 Apple사의 컴퓨터 제품을 수리하는 시설에 대한 임차료 등). 간접원가는 원가배부기준을 이용하여 원가대상에 배부된다. 원가할당(cost assignment)은 원가대상에 직접원가 또는 간접원가를 부과하는 것을 의미하는 용어이다. 원가추적(cost tracing)은 직접원가를 할당하는 과정이며, 원가배부(cost allocation)는 간접원가를 할당하는 과정이다. 이 세 가지 개념의 관계는 다음의 그림으로 나타낼 수 있다.

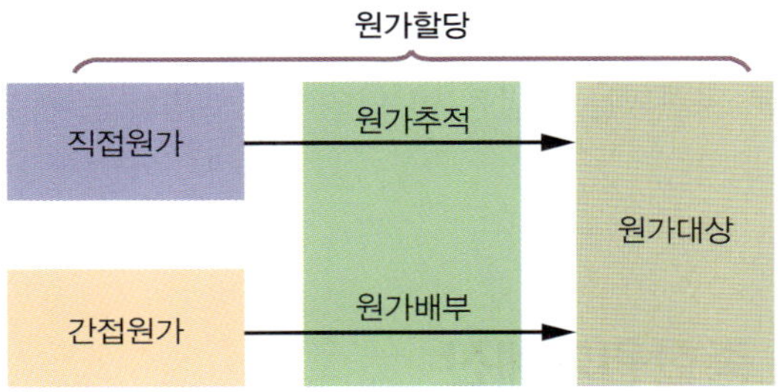

이 장에서 원가대상(예: BMW 미니쿠퍼 차량, MTV네트워크의 감사서비스 등)에 할당된 원가에는 변동원가와 단기에는 변화하지 않는 고정원가가 포함된다. 경영자는 장기의 전략적 의사결정(예: "어떤 배합의 제품과 서비스를 생산해야 하는가?" 또는 "각 제품들은 가격을 얼마로 결정해야 하는가?")에 활용하기 위해 제품과 서비스의 원가를 계산한다. 장기적으로 경영자는 변동원가와 고정원가를 합한 총원가를 초과하는 이익을 얻고자 한다.

원가계산시스템을 설명하기에 앞서 두 가지 개념에 대해 알아둘 필요가 있다.

4. **원가집합(cost pool)**: 개별 간접원가 항목들의 묶음. 원가집합은 제조공장의 총원가와 같이 광범위한 것에서부터 금속절삭기계의 작동원가와 같이 좁은 범위까지 존재한다. 원가계산시스템이 원가를 개별적으로 배부할 필요가 없기 때문에 원가집합은 간접원가의 배부를 단순화할 수 있다. 원가배부기준이 동일한 항목들은 그룹화되어 원가대상에 배부된다.
5. **원가배부기준(cost-allocation base)**: 회사는 금속절삭기계의 작동원가를 각각 다른 제품들에 어떻게 배부해야 할까? 한 가지 방법은 각각 다른 제품을 생산하는 데 기계가 가동된 시간을 이용하는 것이다. 원가배부기준(기계작동시간)은 간접원가 또는 간접원가집합(모든 금속절삭기계의 작동원가)을 원가대상(각 제품들)에 연결하는 체계적인 방법이다. 예를 들어, 금속절삭기계를 10,000시간 작동하면서 발생한 간접원가가 $500,000이고 원가배부기준으로 기계시간을 사용할 경우 원가배부율은 $500,000 ÷ 10,000시간 = 기계시간당 $50가 된다. 만약 어떤 제품이 800기계시간을 사용했다면, 기계시간당 $50 × 800기계시간 = $40,000의 원가가 제품에 배부된다. 이상적인 원가배부기준은 간접원가와 배부기준

사이에 인과관계가 존재하는 원가동인이다. 원가배부기준은 직접노무원가와 같은 재무적 기준과 기계작업시간과 같은 비재무적 기준 모두가 사용될 수 있다. 원가대상이 작업, 제품, 서비스일 경우, 원가배부기준은 원가배분기준(cost-application base)이라고도 한다. 그러나 원가대상이 부문 또는 다른 원가집합인 경우에는 원가배부기준을 원가배분기준이라고 부르지 않는다.

가끔 인과관계가 명확하지 않은 상황에서 원가를 배부해야 하는 경우가 있다. 개별 제품이 아니라 회사 전체와 다양한 부서의 전반적 이미지 개선을 위한 전사적인 차원의 광고 프로그램을 생각해 보자. Pepsi와 같은 여러 회사는 수익기준에 따라 수익이 많은 부서에 더 많은 광고 비용을 할당하는 방식으로 배분한다. 이러한 방식으로 원가를 배분하는 것은 인과관계보다 받는 혜택에 근거한 것이다. 수익이 높은 부서는 수익이 낮은 부서보다 광고의 혜택을 더 많이 받을 것이므로 보다 많은 광고 비용이 할당된다.

원가를 배부하는 또 다른 기준은 원가를 부담하는 개체의 능력이다. 예를 들면 Texas Houston의 시 정부는 시 관리자 사무실의 비용을 경찰, 소방, 도서관 등 시의 다른 부서의 예산 규모에 따라 각 부서로 분배한다. 시의 기본 원칙은 규모가 큰 부서가 보다 많은 간접비용을 부담해야 한다는 것이다. 조직은 일반적으로 인과관계 기준을 이용하고 그 다음으로 수혜기준, 마지막으로 부담기준을 이용하여 비용을 배분한다.

이 다섯 가지 용어로 표현되는 개념은 이 단원에서 설명하는 원가계산시스템을 설계하는 데 사용될 핵심 구성요소이다.

개별원가계산과 종합원가계산

관리회계담당자는 원가계산시스템의 두 가지 기본 개념을 사용하여 원가를 제품 또는 서비스에 배부한다.

1. **개별원가계산:** 개별원가시스템에서는 원가대상이 작업(job)이라고 부르는 하나 또는 여러 개의 구분되는 제품 또는 서비스이다. 각 작업은 일반적으로 다른 양의 자원을 사용한다. 제품이나 서비스는 Hitachi에서 제작하는 특수 기계, Bechtel사에서 관리하는 건설 프로젝트, Audi 서비스센터에서 행해지는 수리작업, Saatchi & Saatchi가 제작하는 광고 캠페인 등과 같이 하나의 단위인 경우가 많다. Hitachi가 제작하는 특수 기계는 독특하고, 공장에서 제작하는 다른 일반기계들과 구별된다. Saatchi & Saatchi에서 담당한 광고 캠페인은 독특하고 다른 고객을 위한 것과는 구별된다. Ethan Allen과 같은 회사는 서로 다른 종류의 가구를 생산하며, 가구 종류별로 제품원가를 계산하기 위해 개별원가계산을 이용한다. 제품과 서비스가 차별적이기 때문에 각 제품이나 서비스에 대해 별도로 원가를 계산하기 위해 개별원가계산시스템을 사용한다.
2. **종합원가계산:** 종합원가계산에서 원가대상은 대량으로 생산된 동일하거나 유사한 제품 또는 서비스이다. 예를 들어 Citibank는 예금 고객을 처리할 때 모든 고객에게 동질적인 서비스를 제공한다. Intel은 각 고객에게 동일한 제품(예: Core i5 칩)을 생산하여 제공한다. Minute Maid는 동일한 냉동 오렌지 주스를 고객에게 판매한다. 종합원가계산시스템은 일정 기간 동안 동일하거나 유사한 제품 또는 서비스를 생산하는 데 발생한 총비용을 생산한 총단위수로 나누어 단위당 비용을 구한다. 이 단위당 비용은 해당 기간에 생산된 제품 또

는 서비스의 평균원가 개념이다.

보기 4-1은 서비스업, 상품매매업, 제조업의 업종 구분에 따른 개별원가와 종합원가의 사례를 보여준다. 이 두 가지 유형의 원가계산시스템은 연속선에 놓았을 때 양극단에 위치하는 개념이며, 중간에는 두 시스템의 속성을 모두 가지는 혼합 형태도 존재한다.

많은 기업들은 순수한 개별원가계산이나 종합원가계산이 아닌, 두 가지 요소를 모두 가지고 있는 혼합 형태의 원가계산시스템을 운영한다. 예를 들어, Kellogg Corporation은 개별원가계산을 이용하여 Corn Flakes, Crispix, Froot Loops 등 서로 이질적인 제품군의 총원가를 계산하고, 특정 제품군 한 박스의 단위당 원가를 계산하기 위해서는 종합원가계산을 이용한다(종합원가계산은 17장에서 설명한다).

보기 4-1 **개별원가계산과 종합원가계산을 사용하는 업종 및 기업의 예**

	서비스업	상품매매업	제조업
개별원가계산의 사용	• 회계법인(Pricewaterhouse Coopers)이 수행하는 감사계약 • 컨설팅회사(McKinsey & Co.)의 경영컨설팅 계약 • 광고대행사(Ogilvy & Mather)의 광고 • 법무법인(Hale & Dorr)의 법률소송 • CompUSA의 컴퓨터 수리 작업 • Universal Studios의 제작 영화	• L. L. Bean의 우편주문 배송 상품 • Walmart의 신제품 판촉활동	• Boeing이 조립한 항공기 • Litton Industries가 건조한 선박
종합원가계산의 사용	• Bank of America의 은행수표 정산 • 미국 우편서비스의 (규격)우편물 배달	• Arthur Daniel Midlands의 곡물거래 • Weyerhauser의 목재 거래	• Shell Oil의 석유정제 • PepsiCo의 음료 생산

개별원가계산: 실행과 평가

이 절에서는 제지업에 사용하는 특수 기계를 제작 및 설치하는 Robinson Company의 사례를 사용하여 개별원가계산에 대해 살펴보자. 2017년 초, Robinson은 Western Pulp and Paper Company(WPP)로부터 새로운 기계의 제작 및 설치 입찰 제안을 받았다. Robinson은 이러한 기계를 제작한 적이 없었기 때문에 경영자는 작업에 대한 결정을 내리기 위해 다음의 5단계 의사결정 단계를 거친다.

1. **문제점과 불확실성을 식별한다:** WPP의 입찰 제안을 수용할 것인지, 또 얼마의 가격에 입찰할 것인지에 대한 의사결정을 위해 경영자는 두 가지 불확실성을 제거해야 한다. (1) 이 작업에 소요되는 원가와 (2) Robinson사의 경쟁기업이 참여할 입찰가격이다.
2. **정보를 획득한다:** Robinson의 경영자는 WPP의 작업이 본인 회사의 전략과 일치하는지를 먼저 평가한다. 이런 종류의 작업을 더 하고 싶어하는지, 시장에서 매력이 있는 분야인지, 경쟁업체보다 경쟁 우위를 확보하고 WPP와 같은 고객을 만족시킬 수 있는지 등에 대해 정보를 수집하여 분석한 결과, Robinson의 경영자는 WPP 작업이 회사의 전략 및 역량에 부합한다는 결론을 내렸다.
3. **미래의 결과를 예측한다:** Robinson의 경영자는 WPP 작업을 수행하는 데 소비되는 직접재료원가, 직접노무원가, 제조간접원가를 예측해야 한다. 또한 원가요인 이외에도 다양한 질적 요인과 위험요인들을 고려해야 하며, 이런 요인들이 편향된 의사결정을 초래할 가능성에 대해서도 평가한다. 예를 들면, WPP 작업에 투입될 엔지니어와 종업원들이 필요한 기술과 능력을 가지고 있는가? 이들이 WPP 작업을 가치 있고 도전적이라고 생각하는가? 추정된 원가는 얼마나 정확하며, 실제원가가 추정원가를 초과할 가능성은 어느 정도인가? Robinson의 경영자는 어떤 편향된 의사결정에 대해 주의해야 하는가?
4. **대안 중 최적의 대안을 선택한다:** Robinson의 경영자는 경쟁기업의 입찰예상가격, 작업에 요구되는 기술적 전문성, 사업의 위험 및 기타 질적 요인들에 근거하여 대안들을 고려하였다. 최종적으로 Robinson은 $15,000에 입찰하였으며, 이는 추정된 제조원가 $9,800에 50%의 이윤을 포함한 가격이다.
5. **의사결정을 실행하고, 성과를 평가하며 학습을 실행한다:** Robinson은 결국 WPP 작업에 낙찰되었다. 회계담당자는 WPP 작업 수행 시 발생하는 모든 원가를 추적한다. 그리고 Robinson 경영자는 당초 예상했던 원가와 실제 발생한 원가를 비교하여 작업이 얼마나 효율적으로 수행되었는지 평가해야 한다.

개별원가계산에서 Robinson사는 가치사슬의 각 부분에 해당하는 작업의 원가(제조, 마케팅, 고객서비스 등)를 집계할 수 있지만, 우리는 이 단원에서 Robinson의 기계 설치원가를 포함하여 제조기능에만 초점을 두고 작업원가를 계산한다. 기계를 제작하기 위해 Robinson은 외부로부터 일부 부품을 구입하고 나머지는 자가제조한다. 또한 각 작업의 수행에는 서비스 요소가 존재하는데, 고객이 위치한 현장에서 기계를 설치하고 고객의 다른 기계 및 공정에 이 기계가 잘 통합되는지를 확인해야 한다.

Robinson이 사용할 수 있는 개별원가계산시스템 중 한 가지 유형은 실제원가계산(actual costing)이다. 이는 원가대상에 직접원가를 추적할 때 직접원가요소별 가격에 직접원가 투입요소의 실제소비량을 곱한 금액을 사용한다. 간접원가의 배부는 간접원가 실제배부율(actual indirect-cost rates)에 간접원가 배부기준의 실제소비량을 곱한 금액을 이용한다. 간접원가 실제배부율은 실제 발생한 총간접원가를 간접원가 배부기준의 실제총소비량으로 나눈 값이다.

$$\text{간접원가 실제배부율} = \frac{\text{연간 실제총간접원가}}{\text{간접원가배부기준의 연간 실제총소비량}}$$

명칭을 통해 알 수 있듯이 실제원가계산에서는 작업의 실제원가가 계산된다. 그러나 실무에서는 실제원가를 적시에 계산하기 어렵다는 문제 때문에 실제원가계산을 잘 사용하지 않는다.[2] 이는 직접재료의 실제가격과 직접노무시간의 실제임률이 아니라 제조간접원가의 실제배부율의 계산과 관련된 것이다. 예를 들어, Robinson은 재료의 실제가격을 사용하고, 작업에 소비한 재료원가는 실제소비량을 곱하여 계산한다. 그러나 다음에 설명하겠지만, 제조간접원가는 주별, 또는 월별로 간접원가 실제배부율을 계산하기가 어렵기 때문에 Robinson은 간접원가실제배부율을 회계연도 말이 되어야 계산할 수 있게 된다. 그러나 경영자는 여러 가지 의사결정에 작업원가에 대한 정보가 필요하기 때문에 기말까지 기다릴 수가 없다. 작업에 대한 지속적인 원가정보는 경영자에게 현재 작업뿐 아니라 새로운 작업에 착수할 수 있도록 도울 수 있다.

간접원가배부율 계산에 사용되는 기간의 범위

간접원가배부율을 계산할 때 1년과 같이 어느 정도 긴 기간을 사용하는데, 이유는 다음과 같다.

1. **배부율 계산의 분자(간접원가집합):** 기간이 짧을수록 원가에 미치는 계절적 패턴의 영향이 더욱 커진다. 예를 들어, 간접원가배부율이 월별로 계산될 경우 난방비(분자에 포함)는 겨울 동안 생산된 제품에 많이 배부된다. 따라서 1년 기간으로 간접원가배부율을 계산하게 되면 계절적 요인에 따른 간접원가배부율의 변동이 평준화된다.

   총간접원가 수준은 비계절적인 요인의 영향으로 불규칙하게 변화하기도 한다. 기계설비의 수선비나 직원의 휴가비 등과 같이 비계절적으로 불규칙하게 발생하는 원가는 특정 월에 발생하지만 영업에 미치는 효익은 향후 몇 달간 나타난다. 만약 간접원가배부율이 월별로 계산된다면 비계절적이고 불규칙하게 발생하는 원가가 많이 발생한 달에 수행된 작업에 간접원가가 많이 배부된다. 1년 동안 발생한 모든 간접원가를 합산하여 단일 연간 간접원가배부율을 계산하면 짧은 기간으로 인한 불규칙적인 원가의 변동을 평준화하는 데 도움이 된다.
2. **배부율 계산의 분모(원가배부기준의 소비량):** 긴 기간을 사용하는 또 다른 이유는 월별 생산량의 변동과 원가배부기준 소비량의 변동에 따라 월별 고정간접원가가 배분되지 않도록 하기 위해서이다. 다음의 예를 살펴보자.

세무회계법인인 Reardon and Pane의 업무는 계절에 따라 크게 달라진다. 세무보고 시즌인 1~4월에는 업무량이 매우 많고, 그 외 기간에는 업무량이 적다. 이 회사에서는 변동간접원가와 고정간접원가가 발생한다. 변동간접원가(소모품비, 동력비, 간접노무비 등)는 간접원가배부기준(전문가의 직접노무시간)의 사용량에 비례하여 변화하고, 월별고정간접원가(감가상각비와 일반관리비)는 단기적으로는 간접원가배부기준의 소비에 따라 변화하지 않는다.

---

[2] 실제원가계산은 pp.107~109에서 자세히 설명한다.

	간접원가			전문가 직접노무 시간	전문가 직접노무 시간당 변동간접 원가율	전문가 직접노무 시간당 고정간접 원가율	전문가 직접노무 시간당 총배부율
	변동원가 (1)	고정원가 (2)	합계 (3)	(4)	(5) = (1) ÷ (4)	(6) = (2) ÷ (4)	(7) = (3) ÷ (4)
업무량이 많은 달	$40,000	$60,000	$100,000	3,200시간	$12.50	$18.75	$31.25
업무량이 적은 달	10,000	60,000	70,000	800	12.50	75.00	87.50

변동간접원가는 전문가직접노무시간에 비례하여 변화하기 때문에 변동간접원가배부율은 업무량의 변화에 관계없이 동일하다. 즉, 업무량이 많은 달의 변동간접원가배부율은 업무량이 적은 달의 배부율과 모두 $12.50로 동일하다. 간혹 업무량이 많은 달에 초과급여가 발생하면 변동간접원가배부율이 높아질 수도 있는데, 이 경우에는 더 높은 변동간접원가배부율로 변동간접원가가 업무량이 많은 달에 수행된 작업에 배부될 것이다.

이번에는 고정원가 $60,000에 대해 살펴보자. Reardon and Pane는 일부 기간에는 더 많은 전문가직접노무시간이 소요되고, 다른 기간에는 상대적으로 적은 전문가직접노무시간이 소요된다는 점을 고려하여 월별고정원가 수준을 결정한다. 고정원가로 인해 총간접원가 배부율은 $31.25에서 $87.50까지 상당히 큰 폭으로 달라진다. 서로 다른 달에 수행된 동일한 작업에 대해 고정원가로 인해 시간당 2.8배($87.50 ÷ $31.25 = 2.80, 또는 280%)나 차이나는 간접원가를 배부하는 경영자는 없을 것이다. 게다가 세금신고 작성 수수료가 원가를 기준으로 결정된다면 업무량이 적은 달에 수수료가 높게 되고, 경영진은 유휴 전문가직접노무시간을 활용하기 위해 더 많은 업무를 수임하고자 할 것이며 이때 손실이 발생할 수 있다(자세한 내용은 9장 참조). 따라서 Reardon and Pane는 월별이 아니라 더 긴 기간으로 간접원가배부율을 계산하기로 했다. 연간 총간접원가와 간접원가배부기준의 연간 소비량 간의 관계에 근거하여 간접원가배부율을 계산하면 업무량의 월별 변동에 따른 영향이 평준화될 수 있다. 연간 고정간접원가배부율은 구축해야 할 작업능력의 총원가와 총업무량에 대해 월별 배부율보다 더 대표성이 높으므로 고정간접원가 또는 작업능력 수준을 결정할 때 월별 기준 배부율보다 유용하다.

연간 간접원가배부율을 사용하는 또 다른 이유는 월별 간접원가배부율을 계산할 때 월~금요일까지의 근무일수가 월별로 다르기 때문이다. 월별 근무일수는 1년 동안 20일에서 23일까지 다양하고, 2월은 근무일수가 가장 적어서 2월에 수행된 작업에는 다른 달보다 더 많은 간접원가가 배분된다. 따라서 연간 배부율을 사용하면 근무일수 차이가 월별 간접원가배부율에 미치는 영향을 줄일 수 있어 경영자가 고정원가 수준을 일정하게 할 수 있다.

정상원가계산

간접원가 실제배부율을 주별 또는 월별로 계산하기는 어렵기 때문에 경영자는 작업이 완성되더라도 실제 소요된 원가를 계산할 수 없다. 따라서 경영자들은 회계연도가 종료되는 시점이 아니라 회계기간 중에 여러 작업원가의 근삿값을 계산하여 사용한다. 그들은 수행한 작업의 가격을 결정하고 원가를 통제 및 관리하며, 업적을 평가하고 새로운 입찰에 참여하며 중간재무제표를 작성하기 위한 목적에서 제조원가 및 기타 원가정보를 필요로 한다. 회사는 회계기간 중에도 지속적으로 작업원가 정보가 즉시 필요하기 때문에 관련 정보를 모두 파악하고 간접원가를 배부하기 위해 회계기간 말까지 기다리는 경우는 거의 없다. 대신에 원가집합별로 간접원가 예정배부율(predetermined or budgeted indirect-cost rate)을 회계연도 초에 계산하여, 작업을 진행하는 동안 간접원가를 원가대상에 배분한다. 앞서 살펴본 배부율 계산식에서 분자와 분모의 영향으로 인해 간접원가 예정배부율은 각 원가집합별로 다음과 같이 계산한다.

$$\text{간접원가 예정배부율} = \frac{\text{연간 총간접원가 예산}}{\text{간접원가배부기준의 연간 총예정소비량}}$$

간접원가 예정배부율을 사용하는 방법을 정상원가계산이라고 하며, 다음과 같이 원가를 계산한다.

(1) 직접원가(직접재료원가와 직접노무원가)는 원가대상에 직접 추적한다. 실제직접원가율(단위당 구입가격 또는 실제임률)에 직접원가투입요소의 실제소비량을 곱하여 계산한다.
(2) 제조간접원가는 예정배부율에 원가배부기준의 실제소비량을 곱하여 배부한다.

정상원가를 이용하여 개별원가계산을 위한 일반적 접근법

Robinson사의 사례를 이용하여 정상원가계산에서 다음의 7단계에 따라 개별 작업에 원가를 할당할 수 있다. 이러한 절차는 제조업, 상품매매업, 서비스업에서 모두 적용할 수 있다.

1단계: 원가대상이 되는 작업을 식별한다. Robinson사의 원가대상은 Western Pulp and Paper(WPP)사가 2017년 주문한 제지기계를 제조하기 위한 작업 WPP 298이다. Robinson의 경영자와 관리회계담당자는 작업별로 원가계산을 하기 위해 증빙자료를 수집한다. 증빙자료(source document)는 회계시스템에 분개를 보조하는 원천자료로, 작업자의 작업시간을 기록한 노무시간표 등을 말한다. WPP 298의 핵심적인 증빙자료는 작업원가기록표(job-cost record, job-cost sheet)인데, 이것은 작업이 착수된 시점부터 특정 작업에 할당될 모든 원가를 집계하는 데 사용된다. 보기 4-2는 WPP가 주문한 제지기계 제조를 위한 작업원가표이다. 이 도표에서 각 단계에 따라 WPP 298작업에 대한 원가계산을 살펴보자.

2단계: 개별작업의 직접원가를 식별한다. Robinson은 직접원가를 직접재료원가와 직접노무원가의 두 가지로 분류한다.

- **직접재료원가:** WPP가 제공한 엔지니어링 명세서와 설계도에 기초하여, 제조담당 엔지니어는 재료출고청구서(materials-requisition record)를 작성하여 창고에서 재료의 출고를 요청한다. 재료출고청구서는 개별 작업 혹은 개별 부문에 소비된 직접재료의 원가 정보를 포함한다. 보기 4-3의 Panel A는 Robinson사의 재료출고청구서이다. 재료를 청구한 개별 작업 정보(WPP 298)와 재료의 내역(Part Number MB 468-A, metal brackets), 실제수량(8), 실제단위가격($14), 실제총원가($112)가 기록되어 있다. 실제총원가 $112는 작업원가기록표(보기 4-2)에도 기록된다. 출고된 모든 재료의 원가를 합하면 직접재료의 총실제원가가 $4,606가 되는데, 이는 작업원가기록표의 직접재료원가 패널의 합계와 일치한다.
- **직접노무원가:** 직접노무원가의 회계처리는 직접재료원가와 유사하다. 직접노무원가의 증빙자료는 노무시간표(labor-time sheet)이며, 여기에는 특정 부문에서 개별 작업 수

보기 4-2 Robinson Company의 증빙자료 : 작업원가기록표

Home Insert Page Layout Formulas Data Review View

	A	B	C	D	E	F
1			작업원가기록표			
2	작업번호:	WPP 298		고객:	Western Pulp and Paper	
3	착수시점:	2017. 02. 06		완성시점:	2017. 02. 28	
4						
5						
6	**직접재료원가**					
7		재료출고				
8	수취일	청구서 번호	부품번호	사용량	단위원가	총원가
9	2017. 02. 06	2017: 198	MB 468-A	8	$14	$ 112
10	2017. 02. 06	2017: 199	TB 267-F	12	63	756
11						•
12						•
13	합계					$4,606
14						
15	**직접노무원가**					
16		노무시간표	작업자		시간당	
17	작업기간	번호	번호	작업시간	임률	총원가
18	2017. 02. 06-12	LT 232	551-87-3076	25	$18	$ 450
19	2017. 02. 06-12	LT 247	287-31-4671	5	19	95
20	•	•	•	•	•	•
21	•	•	•	•	•	•
22	합계			88		$1,579
23						
24	**제조간접원가***					
25				배부기준		
26	날짜	원가집합범위	배부기준	소비량	배부율	총원가
27	2017. 02. 28	제조	직접노무시간	88시간	$40	$3,520
28						
29						
30	합계					$3,520
31	**총제조원가**					$9,705
32						
33						
34	* Robinson Company는 하나의 제조간접원가 집합을 사용한다.					
35	제조간접원가 집합이 다수인 경우에는작업원가기록표의 제조간접원가 패널에 원가집합의 종류를 추가한다.					
36						

행에 소비된 노무시간과 노무원가 자료를 기록한다. 보기 4-3의 Panel B는 특정 작업자(G. L. Cook)의 주별 노무시간표이다. Cook은 개별 작업(WPP 298과 JL 256) 및 이 작업과 무관한 기계 수선유지와 청소 등의 직무에 노무시간이 기록되어 있다.

WPP 298에 Cook이 투입한 25시간에 대한 노무원가는 작업원가기록표(보기 4-2)에 $450(25시간 × $18/시간)으로 나타난다. 또한 JL256의 작업원가기록표에는 $216(12시간 × $18/시간)로 기록된다. 수선유지 및 청소에 투입된 3시간에 대한 노무원가는 $54(= 12시간 × $18/시간)로, 이 원가는 개별 작업에 직접 추적되기 어렵기 때문에 제조간접원가로 분류된다. 이 간접원가는 제조간접원가집합에 포함되어 모든 작업에 합리적인 배부기준을 사용하여 배분된다. 작업원가기록표의 직접노무 패널에 기

보기 4-3 Robinson Company의 증빙자료 : 작업원가기록표

Panel A:

재료출고청구서

재료출고청구서 번호: 2017: 198

작업번호 WPP 298 날짜: 2017. 02. 06

부품번호	부품내역	수량	단가	총원가
MB 468-A	Metal Brackets	8	$14	$112

발행인: B. Clyde 날짜: 2017. 02. 06

수신인: L. Daley 날짜: 2017. 02. 06

Panel B:

노무시간표

노무시간표 번호: LT 232

작업자명: G. L. Cook 작업자번호: 551-87-3076

종업원 분류 코드: 3등급 기계작업자

임률: $18

주간시작일: 2017. 02. 06 주간종료일: 2017. 02. 12

작업번호	월	화	수	목	금	토	일	합계
WPP 298	4	8	3	6	4	0	0	25
JL 256	3	0	4	2	3	0	0	12
수선유지	1	0	1	0	1	0	0	3
합계	8	8	8	8	8	0	0	40

감독: R. Stuart 날짜: 2017. 02. 12

록된 제지기계 제조작업을 위한 총직접노무원가는 $1,579이며, 이는 모든 작업자가 WPP 298에 투입한 직접노무시간에 대한 노무원가 합이다.

두 가지 직접원가 이외의 모든 제조원가는 제조간접원가로 분류된다.

3단계: 개별 작업에 제조간접원가를 배분하기 위한 배부기준을 선택한다. 제조간접원가는 작업에 필요한 원가이지만 개별 작업에 직접 추적이 어렵다. 감독, 제조 엔지니어링, 유틸리티 및 수리와 같은 간접원가를 들이지 않고 작업을 완료하는 것은 불가능하다. 더욱이 서로 다른 작업에는 다른 양의 간접 자원이 필요한데, 이러한 비용은 특정 작업에 직접 추적할 수 없기 때문에 경영자는 이를 체계적인 방법으로 작업에 할당해야 한다.

간접원가집합에 따라 원가동인이 다르기 때문에 회사는 제조간접원가를 할당하기 위해 여러 개의 원가배부기준을 사용하는 경우가 많다. 예를 들어, 기계의 감가상각비와 수선유지비 같은 제조간접원가는 기계시간과 밀접한 관련이 있고, 감독 및 생산 지원과 같은 제조간접원가는 직접노무시간과 밀접하게 관련된다. 그러나 Robinson은 총제조간접원가를 작업에 배부하기 위한 단일 배부기준으로 직접노무시간을 사용하고 있다. 이는 경영자가 Robinson사가 노동집약적인 제조환경을 가지고 있으므로 직접노무시간이 개별 작업에 필요한 제조간접원가 발생을 유발하는 동인이라고 믿기 때문이다(다음 5장에서 많은 제조기업의 경영자가 원가동인 세트를 확장해야 한다는 것을 배울 것이다). 2017년에 Robinson은 직접 제조노동시간을 28,000시간으로 예산을 책정했다.

4단계: 제조간접원가 배부기준별로 관련된 제조간접원가집합을 식별한다. Robinson은 단일 배부기준(직접노무시간)을 사용하여 총제조간접원가를 모든 작업에 배분하는 것이 적합하다고 판단하여, 모든 제조간접원가에 대해 하나의 원가집합을 생성하였다. 이 원가집합은 개별 작업에 직접 추적하기 어려운 제조부문에서 발생한 모든 간접원가가 집계된다. 2017년에 제조간접원가 계산은 총 $1,120,000이다.

3단계와 4단계에서 살펴본 것처럼 경영자는 먼저 원가배부기준을 결정하고, 각 원가배부기준에 관련된 원가를 파악한다. 왜냐하면 각 원가동인과 관련된 원가를 집계하기 전에 먼저 회사의 원가동인을 이해해야 하기 때문이다. 그렇지 않으면 원가집합의 생성을 설명할 수 있는 원가동인이 없을 수도 있다. 3단계와 4단계는 거의 동시에 수행되는 경우가 많다.

5단계: 제조간접원가 예정배부율을 계산한다. 각 원가집합별로 집계된 총간접원가 예산금액(4단계)을 원가배부기준의 예상소비량(3단계)으로 나누면 간접원가 예정배부율이 계산된다. Robinson은 단일 제조간접원가 집합에 대한 배부율을 다음과 같이 계산한다.

$$\text{제조간접원가 예정배부율} = \frac{\text{연간 총제조간접원가 예산}}{\text{간접원가배부기준의 연간 총예정소비량}}$$

$$= \frac{\$1{,}120{,}000}{28{,}000\ \text{직접노무시간}}$$

$$= \$40/\text{직접노무시간}$$

6단계: 작업에 배부될 제조간접원가를 계산한다. 작업의 간접원가는 작업과 관련된 각 배부기준(각 원가집합당 하나의 배부기준)의 실제소비량에 각 배부기준의 예정배부율(5단계)을 곱하여 계산한다. Robinson의 경영자는 단일 원가배부기준으로 직접노무시간을 선택했으므로, WPP 298작업에 88시간의 직접노무시간을 사용한다. 결과적으로 WPP 298에 배부될 제조간접원가는 \$3,520(직접노무시간당 \$40 × 88시간)이며, 보기 4-2의 WPP 298 작업원가기록표의 제조간접원가 패널에 기록된다.

CONCEPTS IN ACTION

AT&T 경기장의 개별원가계산

Tony Gutierrez/AP Image

Dallas Cowboys가 5번의 슈퍼볼에서 우승했지만 많은 축구 팬들은 Texas의 Arlington에 있는 미래형 AT&T 경기장으로 인식한다. 3년 만에 지어진 80,000석 규모의 경기장은 돔 위로 1/4마일 길이의 아치 두 개, 개폐식 지붕, 세계에서 가장 큰 개폐식 유리문(양쪽 끝 구역에 위치), 기울어진 유리 외벽 및 600톤의 대형 전광판을 자랑한다. Manhattan Construction은 원가를 관리하고 수익을 창출하기 위해 각 기능을 구축하는 데 드는 원가를 추정하고 평가했다.

AT&T 경기장 건설 프로젝트는 (1) 개념화, (2) 디자인 설계 및 계획, (3) 사전설계, (4) 시공, (5) 완성및 납품의 다섯 단계로 이루어졌다. 각 단계에서 개별원가계산시스템은 직접재료, 직접노무원가 항목의 실제발생원가를 추적하고, 제조간접원가(감독자 급여, 임대료, 재료취급비 등)를 배분했다. 이러한 원가에 대해 예산원가와 비교하여 재료와 노무 및 간접원가 자원이 얼마나 잘 관리되는지를 평가하였다. 개별원가계산시스템을 구축하지 못했다면 이 복잡한 프로젝트에 대한 원가관리는 매우 어려웠을 것이다. 개별원가계산은 Manhattan Construction이 AT&T 경기장 건설 프로젝트에서 수익을 창출하는 데 핵심적인 역할을 했다.

출처: Manhattan Construction사의 프로젝트매니저 Mark Penny의 2010년 인터뷰 참고; David Dillon, "New Cowboys Stadium Has Grand Design, but Discipline Isn't Compromised(New Cowboys Stadium의 디자인은 웅장하지만 규율은 타협되지 않는다)," *The Dallas Morning News* (June 3, 2009); Brooke Knudson, "Profile: Dallas Cowboys Stadium," *Construction Today* (December 22, 2008); and Dallas Cowboys, "Cowboys Stadium: Architecture Fact Sheet," accessed March 2016 (http://stadium.dallascowboys.com/assets/pdf/mediaArchitectureFactSheet.pdf).

7단계: 모든 직접원가와 간접원가를 합하여 작업별 총원가를 계산한다. 보기 4-2에 WPP 작업의 총제조간접원가는 $9,705로 나타난다.

직접제조원가		
직접재료	$4,606	
직접노무	1,579	$6,185
제조간접원가		
(직접노무시간당 $40 × 88시간)		3,520
WPP 298 작업의 총제조원가		$9,705

Robinson의 입찰가격은 $15,000이다. 이 가격으로 낙찰될 경우 정상원가계산에서는 작업의 매출총이익이 $5,295($15,000 − $9,705), 매출총이익률이 35.3%($5,295 ÷ $15,000 = 0.353)가 된다.

4-1 도전!

Donna Corporation은 주방용 맞춤형 캐비닛을 제조한다. 두 가지 직접원가(직접재료원가와 직접노무원가)와 한 가지 간접원가집합(제조간접원가)으로 구성되는 정상원가계산 시스템을 사용한다. 2017년의 관련 정보는 다음과 같다.

제조간접원가 예산	$960,000
예정 직접노무시간	32,000시간
실제 제조간접원가	$992,000
실제 직접노무시간	31,000시간

다음 정보를 이용하여 정상원가계산에 따라 32 Berndale Drive 작업의 총제조원가를 계산하시오.

실제 직접재료원가	$3,500
실제 직접노무원가	160시간
실제 직접노무원가 임률	시간당 $20

Robinson의 제조부문 관리자 및 영업부문 관리자는 매출총이익과 매출총이익률을 사용하여 여러 작업의 수익성을 평가하고 작업별로 수익성에 차이가 나는 이유를 분석할 수 있다. 직접재료가 낭비되었는가? 직접노무 인건비가 너무 높은가? 작업원가가 단순히 낮게 계산되었나? 이러한 작업원가 분석은 회사의 제조 및 판매 부문 경영자의 성과를 평가하는 데 필요한 정보를 제공한다(Concepts in Action: AT&T 경기장의 개별원가계산 참조).

보기 4-4는 Robinson Company의 개별원가시스템에 대한 개요를 보여준다. 이 도표는 이번 단원 시작 부분에 소개한 개별원가시스템의 5가지 기초 개념 (1) 원가대상, (2) 원가대상의 직접원가, (3) 원가대상의 간접원가, (4) 간접원가집합, (5) 간접원가배부기준을 나타낸다(도표상의 기호는 이 책에 제시된 원가계산시스템의 개요에서 일관되게 사용된다. 삼각형은 항상 직접원가를 나타내며, 직사각형은 간접원가집합, 팔각형은 간접원가배부기준을 의미한다). 보기 4-4의 도표와 같은 원가계산 개요는 중요한 학습 도구이다. 원가계산시스템을 이해하기 위해서는 이러한 개요를 직접 그려보는 것을 권장한다.

보기 4-4와 7단계에 설명된 WPP 298 작업원가 간의 유사점에 유의해야 한다. 보기 4-4는 두 개의 직접원가 범주(직접재료원가 및 직접노무원가)와 하나의 간접원가 범주(제조간접원가)를 보여주며, 7단계에서도 각각 2개의 직접원가와 1개의 간접원가 범주에 각각 해당하는 3달러 금액이 작업에 할당되는 과정을 설명한다.

보기 4-4 Robinson사의 제조원가계산을 위한 개별원가계산시스템 개요

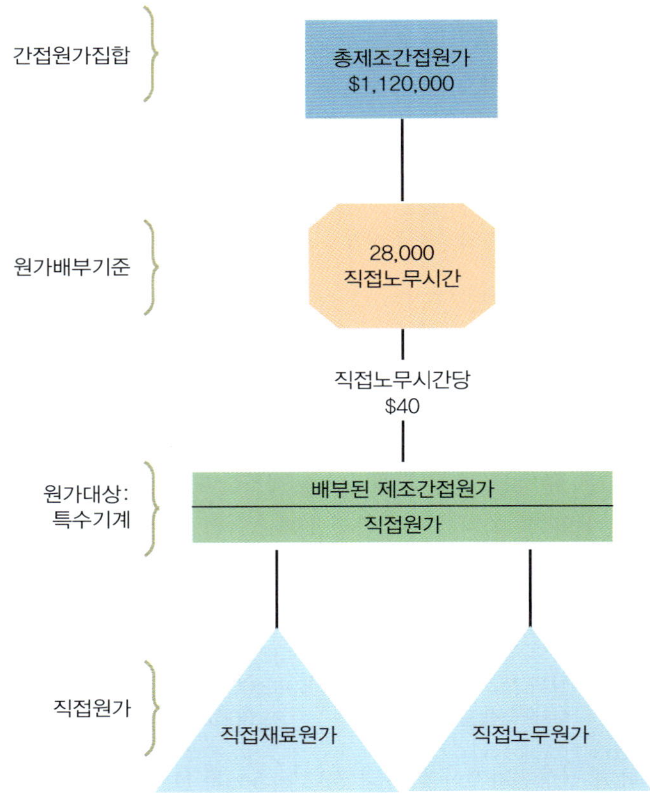

정보기술의 역할

정보기술은 경영자에게 빠르고 정확한 작업원가정보를 제공하여 보다 쉽게 원가를 관리하고 작업을 통제할 수 있도록 도와준다. 예를 들어, 작업에 부과되는 직접재료를 살펴보자. 경영자는 자재를 구매하고 사용할 때마다 경영자는 직접재료원가를 통제해야 한다. 전자문서교환(Electronic Data Interchange, EDI) 기술을 사용하면 Robinson과 같은 회사는 컴퓨터 키보드 몇 개의 키를 클릭하여 공급업체로부터 재료를 주문할 수 있다. 회사와 공급업체 간의 전자 컴퓨터 링크인 EDI는 최소한의 서류 작업과 비용으로 주문이 신속하고 정확하게 전송되도록 한다. 바코드 스캐너는 입고된 재료의 수령을 기록하며, 컴퓨터는 영수증의 주문내역을 확인하고 공급자에게 대금을 지급한다. 생산 현장의 작업자가 컴퓨터 단말기를 통해 재료출고청구를 전송하면 컴퓨터는 재료출고청구서를 작성하여 재료 계정과 작업원가기록표의 재료원가를 즉시 기록한다. 매일 컴퓨터는 특정 작업 또는 제조부서에 청구된 재료출고금액을 합산하며, 그 다음에는 직접재료원가를 모니터링하는 성과보고서를 준비한다. 경영자가 만약 효익이 보고비용을 초과한다고 생각하는 경우 소비된 직접재료의 상세 내역이 매시간 보고될 수도 있다.

마찬가지로, 직접노무원가 정보도 직원이 컴퓨터 단말기에 로그인하고 작업번호, 직원번호, 작업 시작 및 종료 시간을 입력하면 자동으로 노무시간표가 출력된다. 컴퓨터에 입력된 각 직원별 시간당 임률을 사용하여 개별 작업의 직접노무원가를 계산할 수 있다. 정보기술의 발달은 경영자에게 즉각적인 피드백을 제공하여 제조간접원가, 제조 중인 작업, 완성된 작업 및 고객에게 배송 및 설치된 작업을 효과적으로 통제하는 데 도움을 준다.

실제원가계산

Robinson이 정상원가계산 대신 실제원가계산을 사용한다면 WPP 298의 작업원가는 어떻게 달라질까? 실제원가계산과 정상원가계산 모두 직접원가의 실제투입량에 직접재료의 단위당 가격과 직접노무시간당 임률을 각각 곱하여 계산한 직접원가를 작업에 직접 추적한다. 두 방법의 차이는 정상원가계산에서는 제조간접원가 예정배부율을 사용하지만 실제원가계산에서는 연말에 계산되는 간접원가 실제배부율을 사용한다는 점에 있다. 보기 4-5는 실제원가계산과 정상원가계산의 차이를 보여준다.

다음은 2017년 Robinson의 제조부문의 실제 자료이다.

	실제 자료
총제조간접원가	$1,215,000
총직접노무시간	27,000

개별원가계산을 적용하기 위한 1단계와 2단계는 정상원가계산과 실제원가계산이 동일하다. 1단계는 원가대상인 WPP 298을 식별한다. 2단계에서는 직접재료원가 $4,606와 직접노무원가 $1,579를 계산한다. 3단계에서 Robinson은 단일의 제조간접원가 배부기준으로 직접노무시간을 사용하며, 2017년 동안의 직접노무시간은 27,000시간이다. 4단계에서는 제조간접원가 실제발생액 $1,215,000를 단일 제조간접원가집합에 집계한다. 5단계에서는 (4단계에서 구한) 제조간접원가 실제발생액을 (3단계에서 구한) 직접노무시간 실제소비량으로 나누어 제조간접원가 실제배부율을 계산한다. Robinson의 2017년 제조간접원가 실제배부율은 다음과 같이 계산된다.

$$\text{제조간접원가 실제배부율} = \frac{\text{실제 총제조간접원가}}{\text{제조간접원가배부기준의 실제소비량}}$$

$$= \frac{\$1{,}215{,}000}{27{,}000\ \text{직접노무시간}}$$

$$= \text{직접노무시간당 } \$45$$

6단계에서는 작업에 배분될 제조간접원가 실제배부액을 다음과 같이 계산한다.

$$\text{제조간접원가 실제배부액} = \text{제조간접원가 실제배부율} \times \text{제조간접원가배부기준의 실제소비량}$$

$$= \text{직접노무시간당 } \$45 \times 88\ \text{직접노무시간}$$

$$= \$3{,}960$$

보기 4-5 실제원가계산과 정상원가계산

	실제원가계산	정상원가계산
직접원가	실제직접원가율×직접원가의 실제소비량	실제직접원가율×직접원가의 실제소비량
간접원가	간접원가 실제배부율 ×간접원가배부기준의 실제소비량	간접원가 예정배부율 ×간접원가배부기준의 실제소비량

7단계에서는 작업의 실제원가인 $10,145를 다음에 따라 계산한다.

직접제조원가		
직접재료	$4,606	
직접노무	1,579	$6,185
제조간접원가		
($45×88직접노무시간)		3,960
작업의 총제조원가		$10,145

WPP 298 작업의 제조원가는 실제원가계산하에서($10,145) 정상원가계산에서($9,705)보다 $440 더 많다. 그 이유는 제조간접원가 실제배부율 $45가 예정배부율 $40보다 $5만큼 크기 때문이다. 즉, ($45 − $40) × 88 실제직접노무시간 = $440가 된다.

정상원가계산에서 작업의 제조원가는 보다 일찍 산출된다. 따라서 이를 이용하여 Robinson의 제조 및 판매담당자들은 여러 작업들의 수익성 평가, 작업 수행의 효율성, 완성된 작업의 가격결정 등이 가능해진다. 정상원가계산의 또 다른 장점은 조기에 얻은 원가정보를 이용하여 노동효율을 개선하거나 회사의 제조간접원가의 절감 등과 같은 조정을 조기에 실행할 수 있다는 것이다. 정상원가계산에서 배부된 제조간접원가는 회계기간 말에 실제원가계산에 의해 배부된 제조간접원가와 차이가 난다. 만약 그 차이가 중요하다면 관련 계정들(재공품과 제품, 매출원가)을 정상원가계산이 아니라 실제원가계산에 근거한 금액으로 조정할 필요가 있다. 왜냐하면 회사는 회계연도 초에 발생할 것으로 예상한 금액이 아니라 실제 당기 중에 발생한 금액으로 재무제표를 작성해야 하기 때문이다. 이 단원의 마지막 부분에서 차이를 조정하는 방법을 설명하기로 한다.

도전! 4-2

Donna Corporation은 주방용 맞춤형 캐비닛을 제조한다. 두 가지 직접원가 범주(직접재료원가와 직접노무원가)와 한 가지 간접원가집합(제조간접원가)으로 구성되는 정상원가계산 시스템을 사용한다. 2017년의 관련 정보는 다음과 같다.

제조간접원가 예산	$960,000
예정 직접노무시간	32,000시간
실제 제조간접원가	$992,000
실제 직접노무시간	31,000시간

다음 정보를 이용하여 실제원가계산에 따라 32 Berndale Drive 작업의 총제조원가를 계산하시오.

실제 직접재료원가	$3,500
실제 직접노무원가	160시간
실제 직접노무원가 임률	시간당 $20

제조기업에서의 정상 개별원가계산

Robinson사에서 2017년 2월 동안 발생한 사건들을 이용하여 제조기업에서 정상원가를 적용하여 개별원가계산을 어떻게 하는지 살펴본다. 보기 4-6에는 개별원가계산의 원가흐름에 대한 개관이 제시되어 있다.

보기 4-6의 윗부분은 재고가능원가의 흐름을 보여준다. 구입한 재료와 기타 생산요소가 생산에 투입되어 재공품과 제품으로 전환된 후에 제품이 외부에 판매되면 판매된 제품의 원

보기 4-6 개별원가계산의 원가흐름

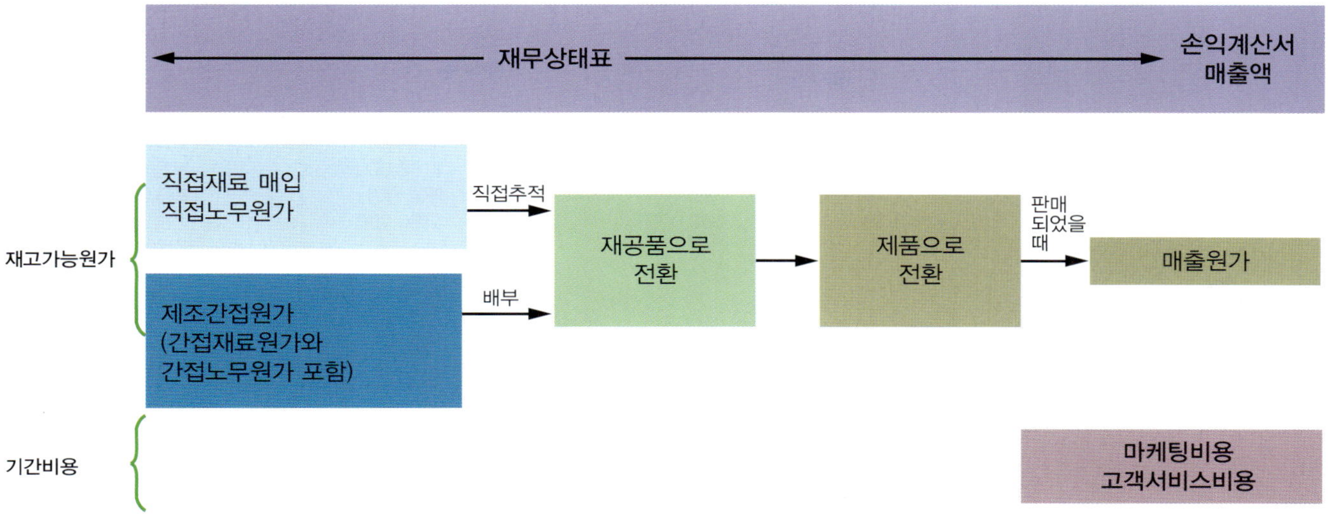

가는 매출원가가 된다.

직접재료원가와 직접노무원가는 작업에 쉽게 추적 가능하다. 직접재료는 직접노무를 통해 다른 형태의 자산인 재공품으로 전환되어 재무상태표의 재공품 재고를 구성한다. 이 과정에서 Robinson은 제조간접원가(간접재료원가와 간접노무원가를 포함) 역시 재공품 재고에 추가한다. 그러나 제조간접원가는 개별 작업에 추적이 불가능하기 때문에 먼저 '제조간접원가' 계정에 집계한 다음 배부기준을 사용하여 개별 작업에 배부한다. 개별 작업에 배부된 제조간접원가는 재공품 계정의 일부가 된다.

2장에서 설명한 것처럼 개별 작업이 완성되면 재공품 계정은 재무상태표의 다른 재고자산 계정인 제품으로 대체된다. 완성된 제품이 판매된 경우에만 판매된 제품원가가 비용(매출원가)으로 매출 수익에 대응하여 손익계산서에 인식된다.

보기 4-6의 아랫부분은 기간비용(마케팅과 고객서비스 비용)이 나타나 있다. 이러한 비용들은 재료를 재공품과 제품으로 전환하는데 발생한 원가가 아니기 때문에 재무상태표의 자산으로 기록되지 않고 발생한 기간에 손익계산서상의 비용으로 인식된다.

다음으로 총계정원장에 거래가 어떻게 기록되는지 살펴보자.

총계정원장

개별원가계산은 각 작업별로 원가기록표를 작성한다. 작업원가기록표의 요약정보는 일반적으로 보조원장에 기록되며, 제조 중인 모든 작업의 작업원가기록표에 집계된 제조원가의 합계가 총계정원장의 재공품통제 계정에 기록된다. 개별 작업별로 발생한 제조원가는 작업원가기록표에 먼저 집계되고, 다시 재공품통제 계정에 기록된다. 따라서 작업원가기록표와 재공품통제 계정에는 작업의 시작시점부터 완성시점까지 발생한 모든 제조원가가 집계된다.

보기 4-7은 Robinson의 총계정원장의 T계정들 간의 관계를 나타내는데, 총계정원장은 원가계산시스템의 조감도를 보여준다. 보기 4-7의 T계정 금액은 각 거래와 거래의 분개에 근거하여 작성된 것이므로 분개가 T계정에 어떻게 기록되는지를 이해해야 한다. 총계정원장에서 '통제'란 용어가 계정과목 명칭에 사용되는 경우(예: 재료통제, 매입채무통제 등)에는 보조원장이 있다는 것을 의미한다.

보기 4-7 제조기업의 정상 개별원가계산: 총계정원장의 계정 관계도(2017년 2월)

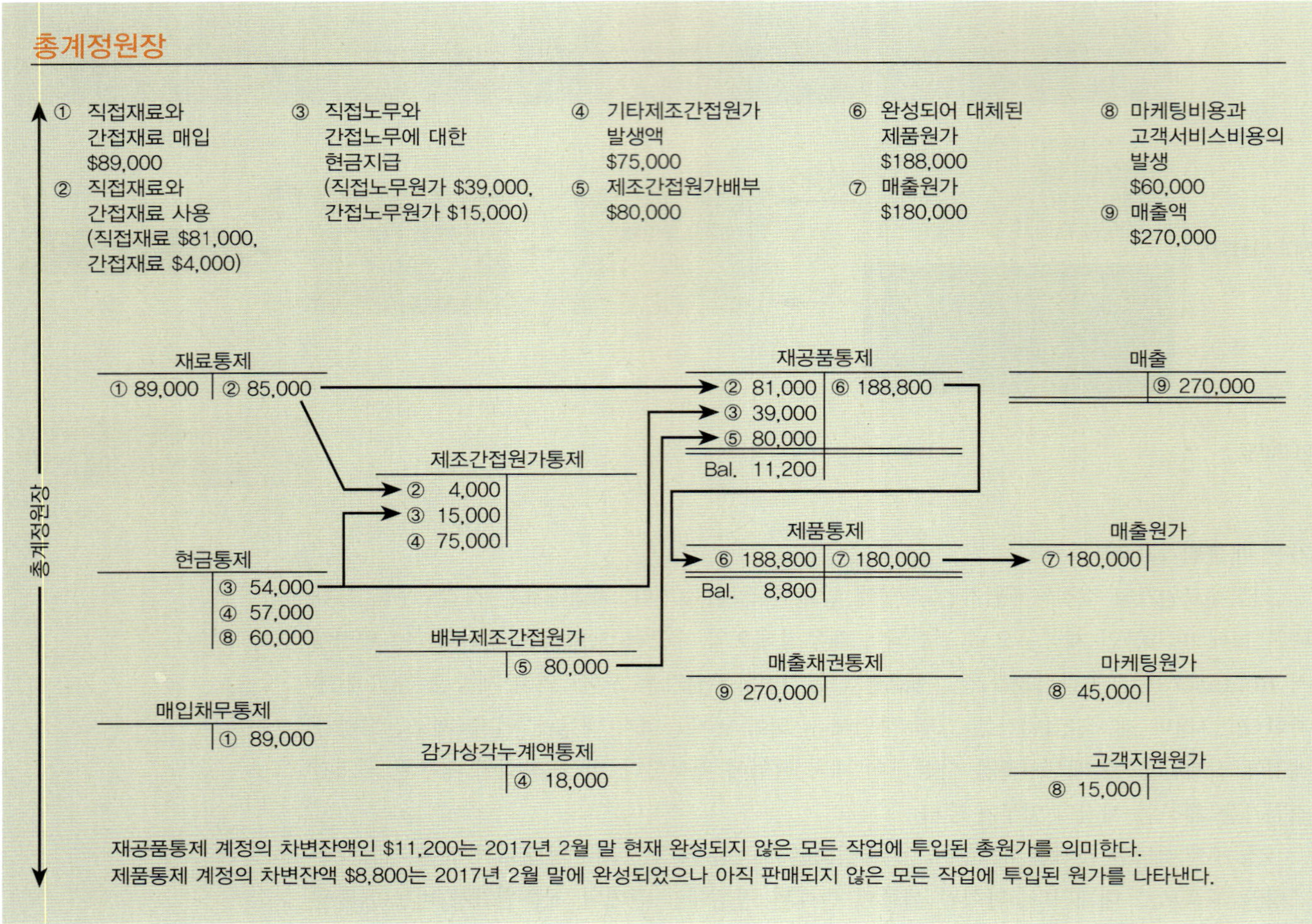

총계정원장은 경영자의 계획과 통제 의사결정을 지원하는 여러 정보 중 하나이다. 효과적인 내부통제와 계획 목적을 달성하기 위해 경영자는 총계정원장과 보조원장의 회계정부뿐 아니라 증빙자료나 재작업비율과 같은 비재무적 정보도 활용해야 한다.

거래에 대한 설명

다음에서는 2017년 2월 Robinson Company의 거래를 요약하고 이에 대한 분개를 살펴보자.

1. 재료(직접재료와 간접재료)를 외상으로 $89,000 매입

	차변	대변
재료통제	89,000	
매입채무통제		89,000

2. 직접재료 $81,000와 간접재료 $4,000를 투입

	차변	대변
재공품통제	81,000	
제조간접원가통제	4,000	
재료통제		85,000

3. 2월에 발생한 급여(직접노무원가 $39,000와 간접노무원가 $15,000)를 모두 현금으로 지급

재공품통제	39,000	
제조간접원가통제	15,000	
현금통제		54,000

4. 2월에 발생한 기타제조간접원가는 $75,000이며, 다음의 내용으로 구성
   - 감독자 및 기술자 급여 $44,000를 현금으로 지급
   - 공장 공공요금, 수선비 및 보험료 $13,000를 현금으로 지급
   - 설비 감가상각비 $18,000

제조간접원가통제	75,000	
현금통제		57,000
감가상각누계액통제		18,000

5. 제조간접원가를 개별작업에 $80,000 배부

재공품통제 : $40×2,000시간	80,000	
배부제조간접원가		80,000

정상원가계산에서 배부제조간접원가는 예정배부율(직접노무시간당 $40)에 각 작업의 배부기준 실제사용량을 곱하여 개별 작업에 배부되는 금액이다(2017년 2월 모든 작업의 실제직접노무시간은 총 2,000시간이다). 배부제조간접원가는 경제적으로 실행가능한 방식으로 특정 작업에 추적할 수 없기 때문에 배부기준을 사용하여 개별 작업에 배부하는 모든 제조간접원가를 포함한다.

거래 4번과 5번에는 뚜렷한 차이가 있는 점에 유의해야 한다. 거래 4번에서는 2월 중 발생한 모든 실제제조간접원가가 제조간접원가통제 계정의 차변에 기록된다. 이러한 원가는 직접원가와 달리 개별 작업에 대해 추적할 수 없기 때문에 재공품통제 계정의 차변에 바로 기록되지 않는다. 제조간접원가는 거래 5번에서 제조간접원가가 배부된 경우에만 개별 작업 및 재공품통제 계정의 차변에 집계된다. 제조간접원가가 배부될 때에는 제조간접원가통제 계정의 잔액이 감소한다(대변에 기록). 제조간접원가배부 금액은 제조간접원가통제 계정의 대변에 직접 기록되거나, 배부제조간접원가라는 대조 계정(contra account)을 통해 잔액을 감소시킬 수 있다. 제조간접원가를 대조 계정으로 할당하면 개별원가계산시스템에서 회사가 제조간접원가 발생액 및 배부제조간접원가에 대한 정보를 별도로 유지할 수 있다.

Robinson Company의 사례에서 정상원가계산시스템에 따라 회계연도 초에 회사의 연간 제조간접원가 및 원가배부기준(직접노무시간)의 사용량을 예측하여 직접노무시간당 제조간접원가 예정배부율 $40가 계산된다. 따라서 이 예측치는 실제발생금액과 대부분 차이가 난다. 이 단원의 뒷부분에서 배부차이를 어떻게 해야 하는지에 대해 논의한다.

6. 2017년 2월 중 완성되어 제품으로 대체된 개별작업의 원가는 $188,800임

제품통제	188,800	
재공품통제		188,800

7. 판매된 제품의 매출원가 $180,000임

매출원가	180,000	
제품통제		180,000

8. 2017년 2월의 마케팅원가 $45,000와 고객지원원가 $15,000를 모두 현금으로 지급

마케팅원가	45,000	
고객지원원가	15,000	
현금통제		60,000

9. 2017년 2월 모든 작업에서의 외상매출액은 $270,000임

매출채권통제	270,000	
매출		270,000

도전! 4-3

Donna Corporation은 주방용 맞춤형 캐비닛을 제조한다. 두 가지 직접원가(직접재료원가와 직접노무원가)와 한 가지 간접원가집합(제조간접원가)으로 구성되는 정상원가계산시스템을 사용한다. 다음은 2017년 4월의 제조간접원가 관련 정보이다.

실제 직접재료 소비액	$ 60,000
실제 직접노무원가 현금지급액	54,000
간접재료 소비액	$ 3,000
감독관 및 엔지니어 급여 현금지급액	$ 50,000
공장 공공요금 및 수선유지비 현금지급액	10,000
공장건물 감가상각비	$ 16,000
실제 직접노무시간	2,700
당기제품제조원가(개별작업 완성 후 제품으로 대체된 금액)	$180,000
매출원가	$175,000

2017년의 추가 자료는 다음과 같다.

2017년 제조간접원가 예산액	$960,000
2017년 동안의 직접노무시간	32,000시간

(a) 직접재료 및 간접재료 사용, (b) 노무원가 발생액, (c) 제조간접원가 발생액, (d) 개별 작업에 대한 제조간접원가 배부, (e) 작업 완성 후 제품으로 대체, (f) 매출원가에 대해 분개를 제시하시오.

간접원가 예산과 회계기간 말의 차이 조정

경영자는 제조간접원가 예정배부율을 계산할 때 실제제조간접원가 및 실제직접노무원가의 근사값을 얻기 위해 애쓴다. 그러나 앞에서 설명한 배부율 계산 시 분자 및 분모에 나타나는 원인으로 인해 정상원가계산을 사용하면 회사는 매달 배부한 제조간접원가와 실제 발생한 제조간접원가가 동일하지 않을 가능성이 높다. 12개월 전의 추정치에 근거하여 제조간접원가 예정배부율을 계산하므로 연말에 산출하게 되는 실제배부율과 같기는 어렵다. 회사는 일반적으로 인정된 회계원칙에 따라 재무제표를 표시하기 위해서는 실제 발생한 원가를 보고해야 한다. 이에 회계기간 말에 제조간접원가 실제발생액과 예정배부액의 차이를 조정해야 한다.

간접원가의 과소배부와 과대배부

간접원가의 과소배부는 특정 회계기간 동안 간접원가 예정배부액이 실제발생액보다 적을 때 발생하며, 반대로 과대배부는 예정배부액이 실제발생액보다 많을 때 발생한다.

간접원가 과소(과대)배부액 = 간접원가 실제발생액 − 간접원가 예정배부액

간접원가 과소(과대)배부액은 과소(과대)흡수간접원가라고도 부른다.

Robinson의 총계정원장을 살펴보면 제조간접원가 관련 계정이 2개이다.

1. **제조간접원가통제:** 모든 제조간접원가(간접재료원가, 간접노무원가, 공장감독자의 급여, 설계비, 설비의 감가상각비 등)의 실제 발생 금액을 기록
2. **배부제조간접원가:** 배부기준을 사용하여 예정배부율과 배부기준의 실제소비량을 곱하여 개별 작업에 배부한 제조간접원가를 기록

연말에 제조간접원가 관련 계정의 잔액은 다음과 같다.

제조간접원가통제			
2017. 12. 31.	1,215,000		

배부제조간접원가			
		2017. 12. 31.	1,080,000

배부제조간접원가 계정의 대변의 기말잔액 $1,080,000는 2017년 모든 작업에 투입된 실제노무시간 27,000시간에 직접노무시간당 예정배부율인 $40를 곱해서 계산된 금액이다.

제조간접원가 실제발생액($1,215,000)이 배부액($1,080,000)보다 크므로 그 차이인 $135,000는 과소배부된 금액이다. 제조간접원가의 배부차이는 두 가지 원인 때문에 발생하는데, 모두 간접원가 예정배부율 $40의 계산과 관련된다.

1. **분자 측면의 원인(제조간접원가집합 관련):** 제조간접원가 실제발생액($1,215,000)이 예산금액($1,120,000)보다 많다.
2. **분모 측면의 원인(제조간접원가배부기준 관련):** 배부기준인 직접노무시간의 실제소비시간(27,000시간)이 예산소비시간(28,000시간)보다 적다.

Robinson은 제조간접원가예산을 실제보다 적게 추정하고 배부기준예산은 실제보다 높게 추정하여 $135,000의 제조간접원가 과소배부차이가 발생하였다. 제조간접원가 배부차이를 기말에 조정하는 방법으로 (1) 수정배부율법, (2) 비례배부법, (3) 매출원가조정법이 있다.

수정배부율법

수정배부율법(adjusted allocation-rate approach)은 제조간접원가의 예정배부율이 아닌 실제배부율을 사용하여 총계정원장과 보조원장의 모든 간접원가 항목을 다시 기록한다. 첫째, 회계연도말에 제조간접원가 실제배부율을 다시 계산한다. 둘째, 회계연도 중 예정배부율을 사용하여 배부된 제조간접원가를 실제배부율을 사용하여 다시 계산한다. 셋째, 회계연도말에 마감분개를 한다. 이 과정을 거쳐 재공품 통제, 제품 통제 및 매출원가 계정과 모든 보조원장의 기말잔액은 제조간접원가 실제발생액으로 기록된다.

전산화된 회계시스템이 보편화되면서 수정배부율법을 적용하는 데 소요되는 비용이 크게 절감되었다. Robinson의 사례에서 실제제조간접원가($1,215,000)는 배부액($1,080,000)을 12.5% 초과한다[($1,215,000 − $1,080,000)$1,080,000]. Robinson은 회계연도 말에 2017년

동안 개별 작업에 배부된 제조간접원가를 12.5% 증가시켜야 한다. 전산회계시스템을 이용하면 단일 소프트웨어 명령을 통해 총계정원장과 보조원장을 모두 수정할 수 있다.

WPP 298 작업을 예로 들어보자. WPP 298에 배부된 제조간접원가 예정배부액은 $3,520(직접노무시간당 $40 × 88시간)이다. 수정배부율법을 사용하면 WPP 298 작업에 배부된 제조간접원가를 12.5% 또는 $440($3,520 × 0.125) 증가시켜야 하므로 수정 후 제조간접원가 배부액은 $3,960($3,520 + $440)이다. 제조간접원가 실제배부율을 사용해도 WPP 298에 배부될 실제제조간접원가는 $3,960($45 × 88시간)이다. 실제배부율을 이용하여 모든 작업의 보조원장을 수정하면 제조간접원가 실제발생액인 $1,215,000가 모든 작업에 배부된다.

수정배부율법을 사용하면 회계기간 중에는 정상원가계산의 적시성과 편리성, 기말에는 제조간접원가 실제발생액을 배분하는 효과를 동시에 얻을 수 있다. 개별 작업원가기록표와 재고자산 및 매출원가 계정이 기말에 수정배부율법을 사용하여 실제원가로 조정된다. 실제원가로 수정되면 Robinson의 수익성 보고가 가능해진다. 개별 작업의 수익성 분석은 작업관리, 가격결정, 제품배합 등 경영자의 미래 의사결정에 정확하고 유용한 정보를 제공한다.

비례배부법

비례배부법(proration approach)은 과소배부 또는 과대배부된 제조간접원가를 비례배부 전 재공품, 제품, 그리고 매출원가의 기말잔액에 비례하여 배부한다. 원재료 계정에는 제조간접원가가 포함되지 않기 때문에 비례배부를 하지 않는다. Robinson 사례에서 2017년 관련 계정의 기말잔액이 다음과 같다고 할 때 비례배부법을 살펴보자.

Home Insert Page Layout Formulas Data

	A	B	C
1	계정	비례배부 전 총기말잔액	비례배부 전 총기말잔액에 포함된 제조간접원가 배부액
2	재공품	$ 50,000	$ 16,200
3	제품	75,000	31,320
4	매출원가	2,375,000	1,032,480
5		$2,500,000	$1,080,000

Robinson은 2017년 말에 과소배부된 $135,000의 제조간접원가를 어떻게 비례배분해야 할까?

- **원가요소별 비례배부법:** 재공품통제, 제품통제 및 매출원가 계정의 기말잔액에 2017년 배부된 총제조간접원가(비례배부 전)를 기준으로 한다. 과소배부된 $135,000의 제조간접원가를 아래 표에서 (2)열의 제조간접원가 배부액에 비례하여 세 개의 계정에 배분하면 (5)열의 기말잔액(비례배부 후)이 된다.

	A	B	C	D	E	F	G
10		비례배부 전 총기말잔액	비례배부 전 배부된 제조간접원가의 기말잔액	비례배부 전 배부된 제조간접원가의 기말잔액 비율	과소배부액 $135,000의 비례배부 계산식		비례배부 후 총기말잔액
11	계정	(1)	(2)	(3)=(2)/$1,080,000	(4)=(3)×$135,000		(5)=(1)+(4)
12	재공품통제	$ 50,000	$ 16,200	1.5%	0.015×$135,000=	$ 2,025	$ 52,025
13	제품통제	75,000	31,320	2.9%	0.029× 135,000=	3,915	78,915
14	매출원가	2,375,000	1,032,480	95.6%	0.956× 135,000=	129,060	2,504,060
15	합계	$2,500,000	$1,080,000	100.0%		$135,000	$2,635,000

원가요소별 비례배부법의 장점은 비례배부 후 관련된 세 개의 계정에 집계된 원가가 제조간접원가 실제발생금액이 된다는 점이다. 2017년 제조간접원가 실제발생액($1,215,000)은 제조간접원가배부액($1,080,000)을 12.5% 초과한다. 표의 (2)열의 제조간접원가 배부액에 12.5%를 곱하면 (4)열의 비례배부액이 계산된다. 계정별로 제조간접원가 과소배부액은 (1)열의 비례배부 전 기말잔액에 가산되어 비례배부 후 금액은 배부 전의 112.5%가 된다. 비례배부법에 따른 분개는 다음과 같다.

재공품통제	2,025	
제품통제	3,915	
매출원가	129,060	
배부제조간접원가	1,080,000	
제조간접원가통제		1,215,000

제조간접원가가 과대배부된 경우에는 재공품통제, 제품통제 및 매출원가 계정은 감소하게 된다.

위 분개를 통해 제조간접원가 관련 계정이 0으로 마감되며 재공품통제, 제품통제 및 매출원가 계정의 잔액제조간접원가 예정배부율이 아닌 실제배부율이 기초부터 사용되었을 경우의 잔액으로 재작성된다. 이 방법은 수정배부율법과 동일한 결과를 보고하지만, 수정배부율법과는 달리 비례배부법을 사용하면 총계정원장만 조정되고 보조원장은 예정배부율을 사용한 것으로 기록된다. 비례배부법의 목적은 재무보고를 위해 총계정원장을 실제배부율로 조정하는데 있는 것이다. 비례배부 결과 매출원가가 $129,060 증가하면 Robinson의 영업이익도 같은 금액만큼 감소한다.

- **총원가기준 비례배부법:** 일부 회사는 비례배부법을 사용하되 재공품통제, 제품통제, 매출원가의 총기말잔액을 기준으로 사용한다. 다음의 표는 비례배부전 총원가를 기준으로 비례배부하는 것을 보여주며, 기말의 계정 잔액을 기준으로 하게 되면 각 계정의 총원가 중 제조간접원가 비율이 동일하지 않기 때문에 앞의 원가요소별 비례배부법보다 정확성이 낮지만 편리하다는 장점 때문에 많이 사용된다.

Home Insert Page Layout Formulas Data Review View

	A	B	C	D	E	F
1		비례배부 전 총기말잔액	비례배부 전 배부된 총기말잔액 비율	과소배부액 $135,000의 비례배부 계산식		비례배부 후 총기말잔액
2	계정	(1)	(2)=(1)/$2,500,000	(3)=(2)×$135,000		(4)=(1)+(3)
3	재공품통제	$ 50,000	2.0%	0.02×$135,000=	$ 2,700	$ 52,700
4	제품통제	75,000	3.0%	0.03× 135,000=	4,050	79,050
5	매출원가	2,375,000	95.0%	0.95× 135,000=	128,250	2,503,250
6	합계	$2,500,000	100.0%		$135,000	$2,635,000

매출원가조정법

매출원가조정법(write-off to cost of goods sold approach)은 당기 중 과소배부 또는 과대배부된 제조간접원가를 전액 매출원가에서 조정하는 방법이다. Robinson의 경우 다음과 같이 분개한다.

계정	차변	대변
매출원가	135,000	
배부제조간접원가	1,080,000	
제조간접원가통제		1,215,000

Robinson의 제조간접원가통제 및 배부제조간접원가 계정은 매출원가에 그 차이가 포함되어 마감된다. 조정 후 매출원가 계정의 기말잔액은 조정 전 잔액 $2,375,000에 제조간접원가 과소배부액 $135,000를 더한 $2,510,000이다. 이로 인해 영업이익은 $135,000 감소한다.

도전! 4-4

Donna Corporation은 주방용 맞춤형 캐비닛을 제조한다. 두 가지 직접원가(직접재료원가와 직접노무원가)와 한 가지 간접원가집합(제조간접원가)으로 구성되는 정상원가계산시스템을 사용한다. 다음은 2017년의 제조간접원가 관련 정보이다.

제조간접원가 예산	$960,000
예정 직접노무시간	32,000시간
실제 제조간접원가	$992,000
실제 직접노무시간	31,000시간

2017년 12월 31일의 자료는 다음과 같다.

	기말 잔액 (비례배부 전)	기말잔액에 포함된 2017년 제조간접원가 (비례배부 전)
재공품	$ 40,000	$ 14,400
제품	60,000	24,000
매출원가	1,900,000	921,600
	$2,000,000	$960,000

정상원가계산을 이용하여 2017년 말에 과소배부 또는 과대배부된 제조간접원가를 계산하고, 이를 재공품, 제품, 매출원가의 각 계정에 배부된 간접원가의 기말잔액에 따라 재공품통제, 제품통제, 그리고 매출원가 계정에 비례배부하시오.

조정방법의 선택

위의 세 가지 방식 중 어떤 방법이 가장 좋을까? 경영자는 다음 표에서처럼 과소배부 또는 과대배부 금액의 크기와 조정된 정보의 사용목적에 따라 조정방법을 결정해야 한다.

조정 목적	과소배부 또는 과대배부 금액	선호하는 방법
예정배부율이 아닌 실제배부율 기준으로 재무상태표와 손익계산서를 작성	영업이익에 비해 크고, 재고수준이 높음	실제제조간접원가를 총계정원장 계정에 배부하는 가장 정확한 방법인 비례배부법
예정배부율이 아닌 실제배부율 기준으로 재무상태표와 손익계산서를 작성	영업이익에 비해 작고, 재고수준이 낮음	더 정확한 비례배부법의 근사치인 매출원가조정법
수익성 분석을 수행하고, 작업원가의 관리방법을 배우며, 향후 작업에 입찰하기 위해 실제 개별 작업원가에 대한 정확한 기록을 제공	영업이익에 비해 큼	총계정원장 계정과 함께 개별 작업 기록을 조정하는 수정배부율법

많은 관리회계담당자와 경영자들은 비효율성으로 인해 발생한 과소배부액은 재공품 또는 제품 재고 계정에 배분되는 것보다 매출원가 계정에 기록되어야 한다고 주장한다. 이런 경우에는 비례배부법과 매출원가조정법을 혼합하여 적용하는 것이 유용할 수 있다. 예를 들어, 비효율성으로 인해 발생한 제조간접원가 과소배부 중 회피 가능한 부분은 매출원가 계정에 기록하고, 회피가 불가피한 부분은 비례배부법을 이용하는 것이다. 전체 비례배부와는 달리 이 경우에는 비효율에 의한 제조간접원가 배부차이는 재고자산의 원가에 포함되지 않는다.

경영자가 선택한 방법은 회사의 영업이익에 영향을 미친다. 제조간접원가 과소배부의 경우 매출원가에 조정하는 방법은 비례배부법에 비해 영업이익이 낮고, 과대배부의 경우에는 비례배부법이 매출원가조정법보다 영업이익이 더 낮다.

Robinson의 경영자는 제조간접원가 배부기준으로 직접노무시간 단일의 제조간접원가집합을 사용하는 것으로 가정했다. 만약 다른 제조부서가 간접원가 자원을 다르게 사용한다고 여긴다면 각 부서에 간접원가를 배부하고 복수의 원가동인에 따라 각 부서에 대해 별도의 제조간접원가배부율을 계산하여 적용할 것이다.

정상원가계산의 변형: 서비스업의 사례

개별원가계산은 회계법인, 광고대행사, 자동차수리업체, 병원 등 다양한 서비스업종에서도 매우 유용하다. 회계법인에서 개별 감사작업의 원가는 Robinson의 개별원가계산 7단계와 같이 작업원가기록표에 집계된다. 노무시간표에 근거하여 감사파트너, 감사관리자 및 스태프 등 전문가들의 직접노무원가가 개별 작업별로 추적된다. 여비, 식비 및 숙박비, 전화요금, 팩스 및 복사비 등 기타 직접원가도 개별 작업에 직접 추적될 수 있다. 비서직, 사무직원, 사무실 임차료, 가구 및 장비의 감가상각비 등 원가는 비용-효익 차원에서 실행 가능한 방법으로 개별 작업에 추적될 수 없기 때문에 간접원가로 분류되고, 합리적인 배부기준을 통해 개별 작업에 배부된다.

어떤 서비스 업체에서는 직접노무원가가 총원가에서 차지하는 비중이 가장 크고 개별 작업이 완료되는 과정에서 직접 추적되기 어려울 수 있다. 예를 들어 회계법인의 직접노무원가에는 연간 보너스가 포함되어 있고 실제 보너스 지급액은 연말이 되어야 알 수 있어 기중에는 직접노무원가를 개별 작업에 추적하기 어렵다. 그리고 기중에는 월별 작업일수의 변동이나 고객수요의 변동에 따라 노무시간이 크게 변화할 수 있어 직접노무원가의 실제발생액을 개별 작업에 추적하기 어렵다. 따라서 간접원가뿐만 아니라 일부 직접원가도 예정배부율을 사용하여 작업별로 배부한다. 이와 같이 기중에 적시성 있는 원가정보를 산출하기 위해 변형된 정상원가계산을 이용할 수 있다. 일반적인 정상원가계산에서는 직접원가는 실제발생액을 개별 작업에 추적하고 간접원가만 예정배부율을 사용하여 배부한다.

직접원가의 예정배부율을 계산하는 절차는 간접원가의 경우와 유사하다. 이를 설명하기 위해 회계법인인 Donahue and Associates의 예를 들어 보자. 2017년 직접노무원가 총예산이 $14,400,000이고 간접원가 총예산이 $12,960,000이며, 직접노무시간 총예산이 288,000시간이라고 가정하자.

$$\text{직접노무원가 예정배부율} = \frac{\text{총직접노무원가 예산}}{\text{예산 총직접노무시간}} = \frac{\$14{,}400{,}000}{288{,}000\text{시간}} = \text{직접노무시간당 } \$50$$

$$\text{간접원가 예정배부율} = \frac{\text{총간접원가 예산}}{\text{원가배부기준의 총예정소비량(직접노무원가)}} = \frac{\$12{,}960{,}000}{\$14{,}400{,}000}$$

$$= \text{직접노무원가의 } 0.90 \text{ 또는 } 90\%$$

2017년 3월에 Donahue and Associates는 Hanley Transport에 대해 감사를 수행하는 데 800직접노무시간을 투입했다. 이때 Hanley Transport에 대한 감사작업 원가는 위의 예정배부율을 이용하여 다음과 같이 계산한다.

직접노무원가: $50×800시간	$40,000
간접원가배부: $40,000×0.9	36,000
합계	$76,000

회계기간 말에 직접원가 예정배부액은 실제발생액과 차이가 나게 되고, 이를 조정하는 방법은 앞에서 설명한 간접원가 예접배부액의 조정과 같다.

Donahue and Associates의 예에서 보듯이 각 서비스 업체마다 기업의 제조환경 및 서비스 제공환경에 가장 적합하게 적용되도록 다양한 원가계산방법을 사용하여 작업별 원가를 계산한다.

자율학습

관리자가 다음과 같은 Endeavour Printing, Inc.의 미완성된 T-계정을 (a)부터 (j)까지의 추가자료를 이용하여 2017년 1월 31일 시점의 최근 정보로 업데이트하도록 요청하였다.
Endeavour의 정상원가시스템은 두 개의 직접원가범주(직접재료원가와 직접노무원가)와 한 개의 간접원가집합(직접노무원가가 배부기준인 제조간접원가)으로 구성된다.

재료통제

차변	대변
2016. 12. 31 30,000	

미지급임금통제

차변	대변
	2017. 01. 31 6,000

재공품통제

차변	대변

제조간접원가통제

차변	대변
2017. 01. 31 114,000	

제품통제		매출원가	
2016. 12. 31 40,000			

추가자료는 다음과 같다.

a. 제조간접원가는 매년 12월에 결정되는 예정배부율을 사용하여 배부된다. 2017년의 제조간접원가 예산은 $1,200,000, 직접노무원가 예산은 $800,000로 예상한다.

b. 2017년 1월 31일에 미완성된 작업은 No.419뿐이다. 작업 No.419에 투입된 직접노무원가는 $4,000이고(투입된 직접노무시간은 250시간임), 직접재료원가는 $16,000이다.

c. 2017년 1월 중 제조에 투입된 직접재료원가는 $180,000이다.

d. 1월 동안 완성된 제품의 원가는 $360,000이다.

e. 2017년 1월 31일 현재 재료 재고의 잔액은 $40,000이다.

f. 2017년 1월 31일 현재 제품 재고의 잔액은 $30,000이다.

g. 모든 공장 작업자의 임률은 동일하다. 1월의 실제 직접노무시간은 5,000시간이고, 기타 노무원가 발생액은 총 $20,000이다.

h. 1월 중 공장의 총지급액은 $104,000이다. 단, 원천징수는 무시한다.

i. 1월동안 발생한 실제 제조간접원가는 총계정원장에 모두 전기되었다.

j. 모든 재료는 직접재료이다.

요구사항

다음을 계산하시오.

[1] 1월의 재료매입금액

[2] 1월의 매출원가

[3] 1월에 발생한 직접노무원가

[4] 1월 동안 작업에 배부된 제조간접원가

[5] 2016년 12월 31일 미지급임금통제 계정 잔액

[6] 2017년 1월 31일 재공품통제 계정 잔액

[7] 2016년 12월 31일 재공품통제 계정 잔액

[8] 2017년 1월 과소배부 또는 과대배부된 제조간접원가

Solution

T계정의 금액은 "(T)"를 표시한다.

[1] 재료통제 계정으로부터 재료매입금액을 구한다:

$180,000(c) + $40,000(e) − $30,000(T) = $190,000

[2] 제품통제 계정으로부터 매출원가를 구한다:

$40,000(T) + $360,000(d) − $30,000(f) = $370,000

[3] 총직접노무원가: $4,000(b) ÷ 250직접노무시간(b) = $16/직접노무시간

직접노무원가: 5,000 직접노무시간(g) × 직접노무시간당 $16 = $80,000

[4] 제조간접원가 예정배부율: $1,200,000(a) ÷ $800,000(a) = 150%

배부제조간접원가: $80,000의 150%([3]을 참고) = 1.50 × $80,000 = $120,000

[5] 미지급임금통제 계정으로부터 2016년 12월 31일 잔액을 구한다:

$104,000(h) + $6,000(T) − $80,000([3]을 참고) − $20,000(g) = $10,000

[6] 재공품통제 계정의 2017년 1월 31일 잔액:

$16,000(b) + $4,000(b) + $4,000(b)의 150% = $26,000

[7] 재공품통제 계정으로부터, 2016년 12월 31일 잔액을 구한다:

$360,000(d) + $26,000([6]을 참고) − $180,000(c) − $80,000([3]을 참고)

− $120,000([4]를 참고) = $6,000

[8] 제조간접원가 배부액: $120,000([4]를 참고) − $114,000(T) = $6,000

T계정에 전기된 금액 앞에 표시된 알파벳은 추가자료의 항목이며, 숫자는 요구사항의 번호를 의미한다.

재료통제

2016. 12. 31	(주어짐)	30,000			
	(1)	190,000*		(c)	180,000
2017. 01. 31	(e)	40,000			

재공품통제

2016. 12. 31	(7)	6,000		(d)	360,000
직접재료원가	(c)	180,000			
직접노무원가	(b) (g) (3)	80,000			
배부제조간접원가	(3) (a) (4)	120,000			
2017. 01. 31	(b) (6)	26,000			

제품통제

2016. 12. 31	(주어짐)	40,000		(2)	370,000
	(d)	360,000			
2017. 01. 31	(f)	30,000			

미지급임금통제

	(h)	104,000	2016. 12. 31	(5)	10,000
				(g) (3)	80,000
				(g)	20,000
			2017. 01. 31	(주어짐)	6,000

제조간접원가통제

1월	(주어짐)	114,000			

배부제조간접원가

				(3) (a) (4)	120,000

매출원가

	(d) (f) (2)	370,000			

* 계정에 모든 전기가 완료된 후에 계산할 수 있다.

과제

서술형 문제

4-1 원가집합, 원가추적 그리고 원가배부기준에 대해 설명하시오.

4-2 개별원가계산과 종합원가계산의 주요 차이점은 무엇인가? 각 원가계산에 대해 하나씩 사례를 제시하시오.

4-3 PepsiCo의 광고 캠페인을 기획하고 실행하는 광고대행사는 개별원가시스템을 사용하는데, 그 이유는 무엇인가? 그리고 은행이 예금입출금서비스의 원가계산 시 종합원가계산을 사용하는 이유는 무엇인가?

4-4 개별원가계산시스템에서 원가대상 또는 작업의 원가를 결정하는 방법에 대해 설명하시오.

4-5 개별원가계산을 사용하는 회사에서 사용하는 원가대상의 예를 두 가지 제시하시오.

4-6 개별원가시스템에서 사용되는 세 가지 주요 증빙자료의 예를 들어보시오.

4-7 개별원가계산에서 정보기술의 역할은 무엇인가?

4-8 많은 기업들이 제조간접원가 예정배부율 계산 시에 주별 또는 월별이 아닌 연도별로 기간을 사용하는 두 가지 주요 원인은 계절별 패턴과 월별 생산량의 변동 때문이다. 연간 배부율이 이 두 요인의 영향을 어떻게 완화할 수 있는지 설명하시오.

4-9 실제원가계산과 정상원가계산을 구분하여 설명하시오.

4-10 개별원가계산 정보가 의사결정에 어떻게 사용될 수 있는지 설명하시오.

4-11 다음 주장에 대해 논의하시오.: "실제원가계산과 정상원가계산은 모두 실제직접원가율과 실제직접원가투입량을 사용하기 때문에 차이가 없다."

4-12 정상개별원가계산에서 원가의 흐름을 설명하시오.

4-13 과소 또는 과대배부된 제조간접원가를 기말에 조정하기 위한 세 가지 방법에 대해 설명하시오.

4-14 기업이 직접노무원가율을 계산하기 위해 실제원가가 아니라 예산원가를 사용하는 경우는 언제인가?

객관식 문제

4-15 다음 중 개별주문원가계산의 적용에 대한 설명으로 정확하지 않은 것은 무엇인가?

a. 고객이 구매한 제품은 매출원가에 직접적인 영향을 미친다.
b. 간접노무원가와 간접재료원가는 실제제조원가발생액의 일부이다.
c. 직접재료원가와 직접노무원가는 총제조원가에 포함된다.
d. 발생한 제조간접원가는 총제조원가를 결정하는 데 이용된다.

4-16 Sturdy Manufacturing Co.는 주문작업 #23에 대해 다음의 원가를 집계하였다.

직접노무원가	$80,000
간접노무원가	12,000
설비감가상각비	1,000
기타 제조간접원가	1,500
직접재료원가	95,000
간접재료원가	4,000
제조간접원가 과대배부액	2,000

회사가 정상개별원가계산을 사용할 경우 주문작업 #23의 총제조원가는 얼마인가?

a. $191,500
b. $193,500
c. $194,500
d. $195,500

4-17 다음 중 개별주문원가계산이 가장 적절하지 않은 산업은 무엇인가?

a. 소기업 인쇄
b. 시리얼 생산
c. 주택건설
d. 항공기 조립

4-18 ABC 기업은 개별원가계산을 사용하며 아이템 X의 조립과 생산에 대한 원가정보는 다음과 같다.

직접노무임금	$35,000
직접재료사용	70,000
간접노무원가	4,000
공과금	400
화재보험	500
제조간접원가배부액	11,000
간접재료원가	6,000
설비감가상각비	600

위의 자료를 이용하여 아이템 X의 제조간접원가를 구하면 얼마인가?

a. $500 과대배부

b. $600 과소배부

c. $500 과소배부

d. $600 과대배부

4-19 Stanford Corporation의 개별원가계산시스템에서는 제조간접원가를 연간 제조간접원가예정배부율을 이용하여 재공품에 배부한다. 1년차 11월 동안 Stanford의 거래 내역은 다음과 같다.

생산에 투입된 직접재료	$180,000
생산에 투입된 간접재료	16,000
제조간접원가 발생액	250,000
제조간접원가 배부액	226,000
직접노무원가	214,000

Stanford 기초 및 기말재공품이 없다. 20X1년 11월 제품 계정으로 대체되는 완료된 작업의 원가는 얼마인가?

a. $604,000 b. $644,000 c. $620,000 d. $660,000

주관식 문제

요구사항

4-20 **개별원가계산, 종합원가계산.** 다음의 조직에서 개별원가계산과 종합원가계산 중 더 적합한 원가계산방법을 결정하시오.

a. 병원

b. 자동차 제조회사

c. 컴퓨터 제조회사

d. 도로 건설회사

e. 비누 제조회사

f. 법무법인

g. 유리제품 제조업체

h. 토지개발회사

i. 이벤트 대행사

j. 정유회사

k. 와인 제조회사

l. 광고 영화제작사

m. 여행사

n. 건강음료 제조회사

o. 회계법인

p. 보일러 제조회사

q. 전기램프 제조회사

r. 택배대행사

s. 제약회사

t. 화장품 제조회사

u. 휴대폰 제조회사

4-21 실제원가계산, 정상원가계산, 제조간접원가의 회계처리. Carolin Chemical은 대량 주문을 받는 산업을 대상으로 다양한 화학제품을 생산하며, 특정 작업의 원가를 계산하기 위해 개별원가계산을 사용한다. 제조공정에 사용되는 재료와 노동력은 직접원가이지만 제조간접원가는 직접노무원가를 이용하여 다른 작업들에 배부된다. Carolin의 원가자료는 다음과 같다.

	2017년 예산	2017년 실제결과
직접재료원가	$2,750,000	$3,000,000
직접노무원가	1,830,000	2,250,000
제조간접원가	3,294,000	3,780,000

요구사항

1. 2017년 제조간접원가 실제배부율과 예정배부율을 계산하시오.
2. 3월 중 작업635에 대한 작업원가기록표는 다음의 정보를 포함한다.

직접재료원가	$73,500
직접노무원가	$51,000

   (a) 실제원가계산과 (b) 정상원가계산을 사용하여 작업 635의 원가를 계산하시오.
3. 정상원가계산을 사용했을 경우 2017년 말 과소 또는 과대배부된 제조간접원가를 계산하시오. 실제원가계산을 사용하면 왜 제조간접원가 배부차이가 발생하지 않는가?
4. Carolin Chemical의 경영자는 왜 정상원가계산을 더 선호하는가?

4-22 개별원가계산, 정상원가계산과 실제원가계산. Caldwell Toys는 국내시장을 대상으로 장난감을 제조한다. 회사는 개별원가계산을 사용하며, 재료 및 노무원가는 서로 다른 작업에 대해 직접적으로 추적되는 반면, 생산지원 부문의 원가는 간접적으로 발생하는데 이를 직접노무시간을 이용하여 서로 다른 작업에 배부한다. Caldwell은 2017년 생산지원 원가의 예산을 $5,100,000로, 직접노무시간을 150,000시간으로 편성하였다.

	스틸 휠	매직 휠
생산기간	2017년 1~5월	2017년 5~9월
직접재료원가	$78,290	$94,650
직접노무원가	$25,445	$32,752
직접노무시간	840	960

직접재료원가와 직접노무원가는 계약에 따라 지급되며, 직접재료는 소비시점에, 직접노무원가는 작업시점에 금액이 파악된다. 2017년 실제 생산지원 원가는 $5,355,000이며, 실제직접노무시간은 153,000시간이다.

요구사항

1. 간접원가의 (a) 예정배부율과 (b) 실제배부율을 계산하시오. 둘에 차이가 나는 이유는 무엇인가?
2. (a) 정상원가계산과 (b) 실제원가계산을 사용하여 스틸 휠과 매직 휠의 작업원가를 계산하시오.
3. Caldwell Toys는 왜 실제원가계산보다 정상원가계산을 선호하는가?

4-23 제조간접원가 예정배부율, 제조간접원가 배부액. Gammaro Company는 정상원가계산을 사용하고 있다. 회사는 제조간접원가를 기계작업시간당 예정배부율을 이용하여 배부한다. 다음은 2017년의 자료이다.

제조간접원가 예산	$4,600,000
예산기계작업시간	184,000
제조간접원가 실제발생액	$4,830,000
실제기계작업시간	180,000

요구사항

1. 제조간접원가 예정배부율을 계산하시오.
2. 2017년 중 배부된 제조간접원가를 계산하시오.
3. 과소 또는 과대배부된 제조간접원가를 계산하시오. Gammaro의 경영자는 이 배부차이 금액을 왜 계산해야 하는가?

4-24 개별원가계산, 제조간접원가 회계처리, 제조간접원가 예정배부율. Lynn Company의 Minneapolis 공장은 기계작업부문과 조립부문으로 구성된다. 회사는 정상개별원가계산을 사용하는데, 두 개의 직접원가 범주(직접재료원가와 직접노무원가)와 두 개의 제조간접원가 집합(기계작업부문의 간접원가는 실제기계작업시간을 기준으로 배부, 조립부문의 간접원가는 실제직접노무원가를 기준으로 배부)으로 이루어진다. 2014년 공장의 예산은 다음과 같다.

	기계작업부문	조립부문
제조간접원가	$1,800,000	$3,600,000
직접노무원가	$1,400,000	$2,000,000
직접노무시간	100,000	200,000
기계작업시간	50,000	200,000

요구사항

1. Lynn의 개별원가계산의 개요를 그림으로 나타내시오. 또한 각 부문별로 제조간접원가 예정배부율을 계산하시오.
2. 2월 중 작업 494의 작업원가기록은 다음과 같다.

	기계작업부문	조립부문
제조간접원가	$45,000	$70,000
직접노무원가	$14,000	$15,000
직접노무시간	1,000	1,500
기계작업시간	2,000	1,000

   작업 494에 배부되는 제조간접원가 금액은 얼마인가?
3. 2014년 말, 제조간접원가 실제발생액은 기계작업부문이 $2,100,000이고 조립부문이 $3,700,000이다. 기계작업부문의 실제기계작업시간이 55,000시간이고 조립부문의 직접노무원가 실제발생액은 $2,200,000라고 가정하자. 각 부문의 과소 또는 과대배부된 제조간접원가를 계산하시오.

4-25 간접원가배부율을 계산하는 기간. Plunge Manufacturing은 야외 물놀이장 및 미끄럼풀을 생산한다. 회사는 정상원가시스템을 사용하며 제조간접원가를 직접노무시간을 기준으로 배부한다. 회사의 생산과 판매의 대부분은 연중 1분기와 2분기에 이루어지는데, 최근 판매가격의 큰 변동으로 인해 가장 큰 고객 중 하나인 Socha Wholesale을 잃을 위기에 처해 있다. Plunge의 경영자는 2분기와 3분기에 생산된 제품의 단위당 제조원가를 분석하도록 요구했다. 내년의 예산자료는 다음과 같다.

	분기			
	1	2	3	4
미끄럼풀의 생산 및 판매량	565	490	245	100

풀 한 단위를 제조하는 데 1시간의 직접노무시간이 소요된다. 실제직접재료원가는 풀 한 단위당 $14.00이고, 실제 노무원가 임률은 시간당 $20이다. 변동제조간접원가 예정배부율은 직접노무시간당 $15이고, 고정제조간접원가 예정배부율은 분기당 $12,250이다.

요구사항

1. 회사는 제조간접원가를 각 분기별로 계산된 제조간접원가 예정배부율에 근거하여 제조간접원가를 배부한다고 가정하고, 2분기와 3분기에 대한 제품 단위당 총제조원가를 계산하시오.
2. 회사가 연간 제조간접원가 예정배부율에 근거하여 제조간접원가를 배부한다고 가정하고, 2분기와 3분기의 제품 단위당 제조원가예산을 계산하시오.
3. Plunge Manufacturing은 제조원가에 30%의 이익을 가산하여 풀의 판매가격을 결정한다. Socha Wholesale은 왜 제품 가격의 변동이 크다고 생각하는가? 요구사항 1과 2의 방법 중 어느 방법을 Plunge에게 추천하는지 설명하시오.

4-26 개별원가계산, 분개. Donald Transport는 조립식 고급주택을 건설한다. 개별원가계산시스템은 두 가지 직접원가 범주(직접재료원가와 직접노무원가)와 하나의 제조간접원가 집합(2017년 기계작업시간당 $31의 예정배부율로 제조간접원가를 배부)으로 구성되어 있다. 다음은 2017년 원가자료이다(단위: 백만).

재료통제, 2017년 1월 1일 기초잔액	$18
재공품통제, 2017년 1월 1일 기초잔액	9
제품통제, 2017년 1월 1일 기초잔액	10
재료 및 소모품 외상매입	154
직접재료원가	152
여러 제조부문에 관련된 간접재료(소모품) 원가	19
직접노무원가	96
여러 제조부문에 관련된 간접노무원가	34
공장건물 및 제조설비의 감가상각비	28
기타 제조간접원가 발생액(다양한 부채계정으로 대변에 기록)	13
제조간접원가 배부액, 실제기계작업시간은 3,000,000시간	?
당기 제품제고원가	298
매출액	410
매출원가	294

요구사항

1. Donald Transport의 개별원가시스템을 그림으로 나타내시오.
2. 거래를 분개하시오. 각 분개에 번호를 부여하고 분개에 대한 설명은 생략한다. 분개를 T계정에 전기하시오. 또, 재공품통제 계정의 기말잔액을 계산하시오.
3. 매출원가조정법을 사용하여 과소 또는 과대배부된 제조간접원가를 기말에 조정하는 분개를 하시오. 그리고 분개를 T계정에 전기하시오.
4. Donald Transport의 2017년 성과는 어떠한가?

4-27 개별원가계산: 실제원가계산, 정상원가계산, 변형된 정상원가계산. Cheney & Partners는 Quebec에 위치한 회계법인으로, 회계감사를 전문으로 한다. 이 회사의 개별원가계산시스템은 하나의 직접원가 범주(전문가의 노무원가)와 하나의 간접원가 집합(감사지원부서의 모든 원가)으로 구성된다.

감사지원 원가는 실제 전문가의 노무시간을 배부기준으로 사용한다. Cheney & Partners는 감사서비스를 수행하기 위해 10명의 전문가를 고용하고 있다.
2017년 예산원가와 실제원가는 다음과 같다.

	A	B	C
1	Cheney & Partners		
2	**2017년 예산**		
3	감사전문가 보수	$960,000	
4	감사지원부서 원가	720,000	
5	고객에게 청구한 전문가 노무시간	16,000	시간
6			
7	**2017년 실제결과**		
8	감사지원부서 원가	$744,000	
9	고객에게 청구한 전문가 노무시간	15,500	시간
10	전문가 노무시간당 임률	$ 53	시간당

요구사항

1. 2017년 전문가 노무시간당 직접원가율과 간접원가율을 (a) 실제원가계산, (b) 정상원가계산, (c) 직접원가를 예정배부율을 사용하여 배부하는 변형된 정상원가계산에 따라 각각 계산하시오.
2. Cheney & Partners에게 어떤 개별원가계산시스템을 권하겠는가? 설명해 보시오.
3. Cheney의 2017년 감사대상 기업인 Pierre &Co.는 예상 전문가 노무시간이 170시간이었으나, 실제로는 185시간 발생하였다. Pierre & Co.의 감사원가를 (a) 실제원가계산, (b) 정상원가계산, (c) 직접원가를 예정배부율을 사용하여 배부하는 변형된 정상원가계산에 따라 각각 계산하시오. 작업원가에 차이가 나는 경우 그 이유를 설명하시오.

4-28 비례배부법. Ride-On-Wave Company(ROW)는 모터가 없는 보트를 제조한다. ROW는 정상원가계산을 사용하고, 직접노무원가를 배부기준으로 사용하여 제조간접원가를 배부한다. 다음은 2017년의 자료이다.

제조간접원가 예산	$125,000
직접노무원가 예산	$250,000
실제 제조간접원가	$117,000
실제 직접노무원가	$228,000

2017년 12월 31일 재고자산의 잔액은 다음과 같다.

계정	기말재고	기말잔액에 포함된 2017년 직접노무원가
재공품	$ 50,700	$ 20,520
제품	245,050	59,280
매출원가	549,250	148,200

요구사항

1. 제조간접원가 예정배부율을 계산하시오.
2. 과소 또는 과대배부된 제조간접원가를 계산하시오.
3. 제조간접원가 배부차이를 다음의 세 가지 방법으로 기말에 조정하는 경우의 재공품, 제품, 매출원가의 기말잔액을 계산하시오.

a. 매출원가조정법

b. 관련된 세 계정의 총기말잔액(비례배부 전)에 비례배부하는 방법

c. 관련된 세 계정에 배부된 간접원가의 기말잔액(비례배부 전)을 사용하여 비례배부하는 방법

4. 위의 방법 중 어느 것이 가장 적절한지 이유와 함께 설명하시오.

4-29 개별원가계산, 제조간접원가의 회계처리, 예정배부율. Pisano Company는 Delaware주의 Dover에 공장을 운영하며 개별원가계산시스템을 사용한다. 공장은 두 개의 부문, 기계작업부문과 마감부문으로 구성된다. Pisano는 정상원가계산을 사용하고, 두 가지 직접원가 범주(직접재료원가와 직접노무원가)와 두 가지 제조간접원가 집합(기계작업시간에 따라 배부하는 기계작업부문과 직접노무원가에 따라 배부하는 마감부문)으로 분류한다. 2014년의 공장 예산 정보는 다음과 같다.

	기계작업부문	완성부문
제조간접원가	$9,065,000	$8,181,000
직접노무원가	$ 970,000	$4,050,000
직접노무시간	36,000	155,000
기계작업시간	185,000	37,000

요구사항

1. Pisano의 개별원가계산시스템의 개요를 그림으로 나타내시오.
2. 기계작업부문과 마감부문의 제조간접원가 예정배부율은 얼마인가?
3. 작업 431에 대한 1월의 원가기록표는 다음과 같다.

	기계작업부문	완성부문
직접재료원가 사용액	$13,000	$5,000
직접노무원가	$ 900	$1,250
직접노무시간	20	70
기계작업시간	140	20

작업 431에 배부된 총제조간접원가를 계산하시오.

4. 작업 431에서 300단위의 제품이 생산되었다. 제품의 단위당 원가는 얼마인가?
5. 2014년의 기말자료는 다음과 같다.

	기계작업부문	완성부문
제조간접원가 발생액	$10,000,000	$7,982,000
직접노무원가	$1,030,000	$4,100,000
기계작업시간	200,000	34,000

각 부문별로 과소 또는 과대배부된 제조간접원가를 계산하시오. Dover 공장 전체에 대한 과소 또는 과대배부금액도 계산하시오.

6. Pisano가 개별원가계산시스템에서 두 가지 종류의 제조간접원가 집합을 사용하는 이유는 무엇인가?

4-30 서비스업, 개별원가계산, 법무법인. Kidman & Associates는 노사관계를 전문으로 다루는 법무법인으로, 고객에게 법률서비스를 제공하는 전문가를 30명(파트너 5명과 일반변호사 25명) 고용하고 있다. 2017년 법률전문가 1인당 평균 보상의 예산은 $97,500이며, 예상 노무시간은 1,500시간이다. 모든 전문가는 청구 가능한 최대 1,500시간까지 고객에게 법률서비스를 제공하고 있다. 모든 전문가의 노무원가는 하나의 직접원가 범주에 포함되고 노무시간에 비례하여 작업에 집계된다. 전문가 인건비를 제외한 Kidman & Associates의 모든 원가는 하나의 간접원가 집합(법무지원)에 포함되며, 전문가 노무시간을 배부기준으로 작업에 배부된다. 2017년의 간접원가계산은 $2,475,000이다.

요구사항

1. Kidman의 개별원가계산시스템 개요를 그림으로 나타내시오.
2. 2017년 법률전문가 노무시간당 직접원가율을 계산하시오.
3. 2017년 법률전문가 노무시간당 간접원가율을 계산하시오.
4. Kidman & Associates는 다음 두 가지 작업에 입찰을 고려하고 있다. 각 작업별 원가를 추정해 보시오.
   a. 전문가 노무시간이 120시간 소요될 것으로 예상되는 Richardson, Inc.의 소송
   b. 전문가 노무시간이 160시간 소요될 것으로 예상되는 Punch, Inc.의 소송

4-31 비례배부법. Zaf Radiator Company는 정상원가계산을 사용하며, 하나의 제조간접원가 집합을 이용하여 기계작업시간을 기준으로 제조간접원가를 배부한다. 2017년의 자료는 다음과 같다.

제조간접원가 예산	$4,800,000
제조간접원가 배부기준	기계작업시간
예상 기계작업시간	80,000
제조간접원가 실제발생액	$4,900,000
실제기계작업시간	75,000

기계작업시간과 제조간접원가가 배부된 계정(배부차이 조정 전)의 기말잔액은 다음과 같다.

	실제기계작업시간	2017년 기말잔액
매출원가	60,000	$8,000,000
제품	11,000	1,250,000
재공품	4,000	750,000

요구사항

1. 2017년 제조간접원가 예정배부율을 계산하시오.
2. 2017년 Zaf Radiator의 과소 또는 과대배부된 제조간접원가를 계산하고, 다음 방법을 이용하여 배부차이 금액을 조정하시오.
   a. 매출원가조정법
   b. 총원가기준 비례배부법(비례배부 전 재공품통제, 제품통제, 매출원가계정의 기말 총잔액 기준)
   c. 제조간접원가기준 비례배부법(비례배부 전 재공품통제, 제품통제, 매출원가 계정의 제조간접원가 배부액 기준)
3. 요구사항 2의 조정방법 중 어떤 방법을 선호하는지 설명하시오.

4-32 총계정원장의 계정 간 관계, 과소 또는 과대배부액. Keezel Company는 정상개별원가계산시스템을 이용한다. 부분적으로 완성된 Keezel의 2017년 T계정과 추가자료는 다음과 같다.

직접재료통제

	차변	대변
2017. 1. 1.	42,000	148,000
	135,000	

재공품통제

	차변	대변
2017. 1. 1.	82,000	148,000
직접노무원가	285,000	

제품통제

	차변	대변
2017. 1. 1.	105,000	700,000
	705,000	

제조간접원가통제

차변	대변
425,000	

배부된 제조간접원가

매출원가

추가자료

a.직접노무원가율은 시간당 $15이다.

b.제조간접원가는 직접노무시간당 $20로 배부된다.

c.회계연도 중 매출액은 $1,550,000이고, 마케팅원가와 유통원가의 합은 $810,000이다.

요구사항

1. 2017년 제조에 투입된 직접재료원가는 얼마인가?
2. 2017년 모든 작업에 배부된 제조간접원가는 얼마인가?
3. 2017년 완성된 작업의 총원가는 얼마인가?
4. 2017년 12월 31일 재공품통제 계정의 12월 31일 잔액은 얼마인가?
5. 과소 또는 과대배부된 제조간접원가를 비례배부하기 전 매출원가는 얼마인가?
6. 2017년 과소 또는 과대배부된 제조간접원가는 얼마인가?
7. 과소 또는 과대배부된 제조간접원가를 다음의 방법을 이용하여 조정하시오.
   a. 매출원가조정법
   b. 재공품통제, 제품통제, 매출원가 계정의 기말잔액에 근거한 비례배부법
8. 요구사항 7의 각 방법을 이용하여 Keezel의 2017년 영업이익을 계산하시오.
9. 요구사항 7의 방법 중 Keezel에게 어떤 방법을 추천하는가? 간단히 설명하시오.

4-33 개별원가계산–서비스업. Market Pulse는 전국의 소비재 기업을 대상으로 시장조사를 시행한다. 회사는 전화로 설문조사를 실시하며, 소비자를 식품, 청소제품 및 세면도구를 검토하기 위해 포커스 그룹(표적집단)으로 분류한다. Market Pulse는 하나의 직접원가집합인 직접노무원가와 하나의 간접원가 집합인 일반간접원가로 구성된 정상원가계산을 사용하고 있다.

일반간접원가는 직접노무원가의 150%를 기준으로 각 작업에 배부한다. 실제간접원가는 2017년 4월 30일 현재 배부된 간접원가와 동일하다. 5월의 실제간접비는 $122,000이다. 시장조사 작업을 위한 계획단계와 작업 중 발생한 모든 원가는 '진행 중 작업(Jobs in Progress, JIP)'이라는 재무상태표 계정에 집계되고, 작업이 완료되면 '완료작업원가(Cost of Completed Jobs, CCJ)'라는 손익계산서 계정으로 대체된다. 다음은 2017년 5월의 원가자료이다.

	기초 JIP		5월 중 발생액
그룹	노무원가	일반간접원가 배부액	노무원가
Cococrunch Candy Bars	$18,000	$27,000	$16,000
Brite Toothpaste	4,000	6,000	34,000
Verde Organic Salsa	–	–	22,400
Sparkle Dish Liquid	–	–	5,600

5월 1일 현재, Cococrunch Candy Bars와 Brite Toothpaste의 두 개 작업이 진행 중이다. Verde Organic Salsa와 Sparkle Dish Liquid는 5월 중 완료되었다.

요구사항

1. 5월 말 JIP 잔액을 계산하시오.
2. 5월의 CCJ 총액을 계산하시오.
3. 5월 말 과소 또는 과대배부된 간접원가를 계산하시오.
4. 과소 또는 과대배부된 간접원가를 아래의 방법을 이용하여 조정할 경우 JIP와 CCJ의 기말잔액을 계산하시오.
   a. CCJ에서 조정하는 방법
   b. JIP와 CCJ의 (비례배부 전) 기말잔액에 비례하여 배부
   c. JIP와 CCJ의 (비례배부 전) 기말잔액에 배부된 간접원가 금액에 비례하여 배부
5. 위 방법 중 어떤 방법을 선택하는 것이 좋은지 설명하시오. 또한 간접원가가 과소배부 혹은 과대배부되는지에 따라 선택이 달라지는지 설명하시오.

5 활동기준원가계산

학습목표

1. 광의의 평균원가계산이 제품과 서비스의 원가를 어떻게 과대 또는 과소계산할 수 있는지 설명한다.
2. 원가계산시스템을 정교화하는 세 가지 가이드라인을 소개한다.
3. 단순원가계산시스템과 활동기준원가계산시스템이 어떻게 다른지 구별한다.
4. 네 가지 원가계층구조를 이해한다.
5. 활동기준원가계산을 이용하여 제품 또는 서비스의 원가를 계산한다.
6. 활동기준원가계산시스템 적용에 따른 효익과 비용을 평가한다.
7. 활동기준경영관리에서 경영자가 활동기준원가계산시스템을 어떻게 사용하는지 설명한다.
8. 활동기준원가계산시스템과 부문별원가계산시스템을 비교하여 살펴본다.

좋은 미스터리는 상상력을 사로잡는다. 비즈니스와 조직은 좋은 미스터리와 같다. 원가계산시스템은 종종 해결되지 않은 질문으로 가득 차 있다. 왜 우리는 적자를 보고 있을까? 제품 가격을 정확하게 책정하고 있나? 활동기준원가 계산은 미스터리를 풀고 운영을 개선하는 데 도움이 될 수 있다. General Motors는 활동기준원가계산을 사용하여 공급업체 제품의 원가를 평가한다.

General Motors 사례와 활동기준원가계산[1]

2015년 General Motors(GM)는 기존의 공급업체 입찰을 포기하는 자동차 부품 구매 프로그램을 시작했다. 새로운 프로그램에서는 GM과의 사업을 원하는 자동차 부품 공급업체는 GM의 엔지니어 및 구매관리자 팀이 활동기준원가계산을 이용하여 공급업체의 공장 및 원가 데이터를 평가하는 것에 동의한다. 이 평가는 자재 비용, 노동력, 작업폐물, 생산주기 시간 및 GM이 자동차, 트럭 및 SUV 라인업을 구축하기 위해 필요한 수만 개의 부품 각각에 활동원가를 추가하는 데 도움이 되는 기타 요인을 평가한다.

새로운 프로그램을 통해 2005년 부품 및 소모품에 약 850억 달러를 지출한 GM은 차량에 대해 보다 현실적인 원가 추정치를 개발할 수 있다. GM은 매년 활동기준원가계산을 업데이트하여 공급업체가 효율적인 생산을 통해 원가를 더 많이 절감할 수 있는지 확인이 가능하다. 프로그램 공급 업체는 다른 공급업체로부터 경쟁 입찰을 요청하지 않기로 동의한 GM으로부터 장기 계약을 받아 이익을 얻게 된다.

이 단원에서는 ABC시스템이 경영자가 제품 설계, 프로세스 및 효율성을 개선하여 원가관리 의사결정을 내리는 데 어떻게 도움이 되는지 보여준다.

Drive Images/Alamy Stock Photo

---

[1] 출처: David Sedgwick, "GM to Suppliers: Let's See Books, Not Bids," *Automotive News*, May 11, 2015 (http://www.autonews.com/article/20150511/OEM10/305119952/gm-to-suppliers:-lets-see-books-not-bids); General Motors Company, 2015 Annual Report.

광의의 평균원가계산과 그 결과

과거에는 (TV 및 자동차 제조업체와 같은) 기업들이 한정된 종류의 제품만 생산했다. 이런 기업들은 공정이 단순하므로 제조간접원가 자원을 적게 이용하며, 간접원가는 총원가에서 차지하는 비중이 비교적 낮았다. 따라서 경영자는 단순한 원가계산시스템을 이용하여 쉽게, 적은 비용으로, 비교적 정확하게 간접원가를 배부할 수 있었다. 그러나 제품의 종류가 다양해지고 간접원가가 증가함에 따라 광의의 평균원가계산은 제품의 원가가 부정확하게 계산되었다. 단순한 피넛-버터 원가계산(peanut-butter costing)에서는 개별 제품 또는 서비스가 자원을 소비하는 방식이 획일적이지 않음에도 자원의 원가를 전체적으로 평균하여 원가대상에 균일하게 할당하기 때문이다.

원가의 과소계상 및 과대계상

다음의 예는 평균원가계산이 부정확하고 왜곡된 원가정보를 도출할 수 있음을 보여준다. 사업계획을 논의하기 위해 한 달에 한 번씩 만나는 4명의 동료가 식당에서 계산서를 나누어서 지불하는 경우를 가정해 보자. 각자 주문한 저녁식사는 요리, 디저트 그리고 음료이다. 최근 모임에서의 식당 계산내역은 다음과 같다.

	Emma	James	Jessica	Matthew	합계	평균
요리	$11	$20	$15	$14	$60	$15
디저트	0	8	4	4	16	4
음료	4	14	8	6	32	8
합계	$15	$42	$27	$24	$108	$27

총식사비 $108를 균등하게 나누면 1인당 평균 금액은 $27이다. 이러한 평균화 접근방식은 각 식사를 동일하게 취급하게 된다. 네 명이 모두 동일하게 $27씩 지불하면 Emma와 Matthew는 자신이 먹은 음식보다 많이 부담하며(개별원가보다 과대배부) James는 적게 부담하고(과소배부), Jessica는 (우연히) 정확하게 지불하게 된다. 특히 Emma는 개인 청구금액이 $15에 불과하기 때문에 평균금액인 $27를 지불하는 데 반대할 수도 있다.

이렇게 광의의 평균화 원가계산은 제품이나 서비스의 원가를 과소계산하거나 과대계산하는 결과를 초래한다.

- **제품원가의 과소계산:** 제품이 단위당 실제로 소비하는 자원의 원가보다 낮게 원가를 계산하여 보고하는 것
- **제품원가의 과대계산:** 제품이 단위당 실제로 소비하는 자원의 원가보다 높게 원가를 계산하여 보고하는 것

과소 또는 과대계산된 원가는 어떤 결과를 초래할까? 경영자가 원가정보를 이용하여 제품의 판매가격을 결정한다고 가정해 보자. 원가가 과소계산된 제품은 판매가격이 낮게 결정되어 판매량이 증가할 수 있지만, 제품생산 시 소비된 자원의 원가보다 제품의 매출액이 낮게 되면 손실을 볼 수 있다. 반대로 원가가 과대계산된 제품은 판매가격이 높게 책정되면 유사한 제품을 생산하는 경쟁업체에게 시장점유율을 잃게 될 것이다. 하지만 만약 냉장고와 같은 제품의 가격이 소비자 수요와 기업 간의 경쟁에 따라 시장에 의해 결정된다면 어떻게 될까?

다양한 기능과 복잡성(다른 유형의 내부 구조, 냉각시스템, 통풍구 등)을 가진 냉장고의

제조사를 예로 들어보자. 복잡한 기능의 냉장고 원가가 과소계산되었고 단순한 기능의 냉장고원가가 과대계산된 것으로 가정한다. 이 경우 복잡한 냉장고는 실제보다 수익성이 높은 반면 단순한 냉장고는 실제보다 수익성이 낮은 것처럼 보일 수 있다. 경영자는 이러한 냉장고가 많은 양의 자원을 소비하고 보이는 것보다 수익성이 더 낮을 때, 수익성이 훨씬 높다고 생각하는 복잡하고 과소계산된 냉장고를 전략적으로 홍보할 수 있다. 그들은 단순한 고가의 냉장고에 과소투자할 수도 있는데, 이는 실제로 이 냉장고의 수익이 훨씬 좋을 때 낮은 수익을 보인다. 그 대신에, 실제 이 냉장고가 합리적인 수익성이 있고, 원가를 줄일 수 있는 기회가 제한될 때 더 많은 수익을 내기 위해 간단한 냉장고의 원가를 줄이는 데 집중할 수도 있다.

제품원가의 상호보조

제품원가의 상호보조(product-cost cross-subsidization)는 다수의 제품을 생산하는 회사에서 한 제품의 원가가 과소(과대)계산되면 적어도 다른 하나 이상의 제품 원가가 과대(과소)계산되는 것을 의미한다. 제품원가의 상호보조는 개별 제품이 소비하는 자원의 양을 경영자가 인식하기 어려운 여러 제품에 원가를 균등하게 배분하는 경우에 흔하게 발생한다.

앞의 레스토랑 사례에서 각 식사에 대한 원가의 상호보조 금액은 모든 음식이 개인별로 추적가능한 직접원가이므로 쉽게 계산할 수 있다. 각자 $27씩 지불할 경우 Emma는 자신의 실제 식사비용 $15보다 $12 많은 금액을 지불하며, 그 결과 $42의 식사비용 중 $15 적게 지불한 James의 일부를 보조하게 된다. 만약 간접원가를 고려해서 원가의 상호보조 금액을 계산하려면 더 많은 작업이 필요하다. 왜 그럴까? 두 명 이상이 공동으로 부담해야 하는 음식요금이 있다면 이를 개인별 식사비에 배부할 방법을 먼저 찾아야 하기 때문이다. 예를 들어, 가격이 $40인 와인 한 병을 네 명이 공동부담으로 주문했다면 1인당 $10씩 지불하게 된다. 그런데 Mattew가 와인을 두 잔 마시고, Emma, James, Jessica는 한 잔씩 총 다섯 잔을 마셨다고 가정하자. 각자가 마신 와인의 잔 수를 기준으로 와인 한 병의 금액을 할당하면 Mattew는 $16($40 × 2/5), 다른 사람들은 각각 $8($40 × 1/5)씩 지불해야 한다. 이 경우 비용을 균등하게 배부하게 되면 Emma, James, Jessica는 $2씩을 더 지급하게 되고, 세 사람이 더 지불한 금액 $6는 이만큼 적게 지불하는 Mattew를 보조하는 데 사용된다.

광의의 평균원가가 직접원가와 간접원가에 미치는 영향을 분석하기 위해 Plastim Corporation의 사례를 보도록 하자.

Plastim Corporation의 단순 원가계산시스템

Plastim Corporation은 자동차의 후미등 렌즈를 제조하는 회사이다. 검은색, 빨간색, 주황색 또는 흰색 플라스틱으로 만든 렌즈는 자동차 외부에 보이는 미등 부품이다. 렌즈는 용해된 플라스틱을 몰드에 주입하여 원하는 모양으로 만든 뒤 냉각하여 굳힌 다음 떼어낸다.

Plastim은 모든 렌즈를 자동차 제조업체인 Giovanni Motors에 판매하며, 계약에 따라 단일렌즈 S3와 복합렌즈인 C5, 두 종류를 제작하고 있다. 복합렌즈 C5는 대형이고 색상이 다양하며 형태가 복잡하기 때문에 몰딩의 다양한 부품이 정확하게 정렬되어야 하므로 제조공정이 복잡하다. 반면 단일렌즈 S3는 단색이며 특수한 기능이 거의 없어 제조공정이 간단하다.

설계, 제조 및 유통단계

Plastim은 단일렌즈와 복합렌즈의 생산에 관계없이 다음과 같은 설계, 제조 그리고 유통의 단계를 순서대로 따른다.

- **제품과 공정의 설계:** 매년 Giovanni Motors가 신형자동차 모델에 필요한 단일렌즈와 복합렌즈의 세부 사양을 주문하면 Plastim의 설계 부서는 렌즈의 몰드 및 제조공정을 설계한다.
- **렌즈의 제조:** 렌즈가 몰드를 통해 제조되고 완성 후 청소 및 검품과정을 거친다.
- **렌즈의 유통:** 완성된 렌즈가 포장되어 Giovanni Motors 공장에 선적된다.

Plastim이 생산하는 렌즈는 현재조업도 수준에서 품질이 높기 때문에 마케팅 및 고객서비스 원가는 매우 낮은 상황이다. 몇 개의 경쟁업체가 단일렌즈를 생산하고 있는데, 최근 회의에서 Giovanni의 구매담당자는 Plastim의 영업담당자에게 단일렌즈만 생산하는 Bandi로부터 Plastim의 2017년 공급예정가격인 단위당 $63보다 낮은 $53에 S3렌즈의 공급을 제안했다고 알렸다. Plastim이 판매가격을 낮출 수 없으면 Giovanni에 단일렌즈를 납품할 수 없게 된다. 다행히 Plastim이 Giovanni에 단위당 $137에 판매하는 복합렌즈에 대해서는 경쟁 압력이 없는 상황이다.

Plastim의 경영자는 이에 대응하기 위해 다음 두 가지 대안을 마련했다.

- **S3렌즈의 공급 포기:** 단일렌즈의 수익성이 없다고 판단되면 Plastim은 Giovanni에 S3렌즈의 공급을 포기한다. Bandix는 단일렌즈만 생산하므로 Plastim에 비해 제조기술과 공정이 상대적으로 단순할 것이므로 원가우위를 가질 수 있다. 그렇다면 Plastim은 Giovanni에 S3렌즈의 공급을 포기하는 것이 낫다.
- **S3렌즈의 가격 인하:** 마진을 줄이거나 공격적인 원가절감을 통해 단일렌즈의 가격을 인하하여 지속적으로 Giovanni에 S3렌즈를 공급한다.

장기적인 전략적 의사결정을 위해 Plastim의 경영자는 우선 S3 및 C5 렌즈의 설계, 제조, 유통단계의 원가를 정확하게 이해할 필요가 있다.

Bandix는 단일렌즈만을 생산하기 때문에 총원가를 렌즈생산량으로 나누어 계산하는 단순한 원가계산으로도 비교적 정확하게 제품원가를 구할 수 있다. 이에 비해 Plastim은 제조간접원가가 단일렌즈와 복합렌즈의 생산을 모두 지원하기 때문에 원가계산이 훨씬 복잡하다. Plastim의 경영자는 제조간접원가를 두 가지 렌즈 유형에 정확히 배부할 수 있는 원가계산 방법을 찾아야 한다.

제품의 원가를 계산할 때 Plastim은 변동원가와 단기간 내에 변동하지 않는 고정원가를 모두 S3과 C5에 배부한다. 장기적 전략의사결정에는 변동원가와 고정원가가 모두 포함된 제품 및 서비스 원가를 계산해야 하기 때문이다. 또 장기적으로 경영자는 기업의 총원가에 영향을 미칠 수 있어야 한다. 단기적으로 변동원가이든 고정원가이든 관계없이 결국 장기적으로 총원가를 초과하는 매출을 달성해야 기업이 생존할 수 있다.

가격결정 및 원가관리 의사결정을 위해서 Plastim의 경영자는 제조원가와 비제조원가를 포함한 총원가를 고려하여 S3 및 C5 렌즈에 배부해야 한다. 만약 일반적으로 인정된 회계원칙에 따른 재무제표 작성을 위해 재고자산 원가를 계산하려는 목적이라면 제조원가만을 렌즈에 배부한다. 전 세계 기업을 대상으로 한 설문조사에 의하면 기업들은 원가계산시스템을 재고자산의 원가계산 목적으로만 이용하는 것이 아니라, 가격결정, 제품배합, 원가절감, 공정설계 및 예산편성 등 전략적 의사결정 목적으로도 이용하는 것으로 나타났다. 심지어 (재고자산 원가계산이 단순한) 상품매매기업과 (재고자산이 없는) 서비스업에 속하는 기업들도 전략적 목적으로 원가계산시스템을 설계하고 운영하고 있다.

단일간접원가집합을 사용하는 단순 원가계산시스템

Plastim은 현재 간접원가를 단일배부율을 이용하여 배부하는 단순한 원가계산시스템(4장에서 논의한 원가계산방식)을 사용하고 있다. 4장에서는 개별 작업에 초점을 맞추지만 이 장에서는 원가대상이 제품이라는 것에만 차이가 있다. 보기 5-1은 단순 원가계산시스템의 개요를 보여준다.

1단계: 원가대상인 제품을 식별한다 원가대상은 2017년 Plastim이 생산할 60,000개의 단일 S3렌즈와 15,000개의 복합 C5렌즈이다. Plastim의 관리회계담당자는 먼저 원가대상의 총원가를 집계하고 다음으로 렌즈의 설계, 제조 및 유통 과정에서의 제품단위당 원가를 계산하는 것이다.

2단계: 제품의 직접원가를 식별한다 직접원가는 직접재료원가와 직접노무원가 두 가지이다. 보기 5-2는 단순 원가계산시스템으로 계산한 S3와 C5렌즈의 직접원가와 간접원가를 보여준다. 직접원가의 계산은 5, 6, 7행에 나와 있다. Plastim의 단순원가계산시스템은 직접재료 및 직접노무원가를 제외한 모든 원가를 간접원가로 분류한다.

보기 5-1 Plastim의 단순 원가계산시스템 개요

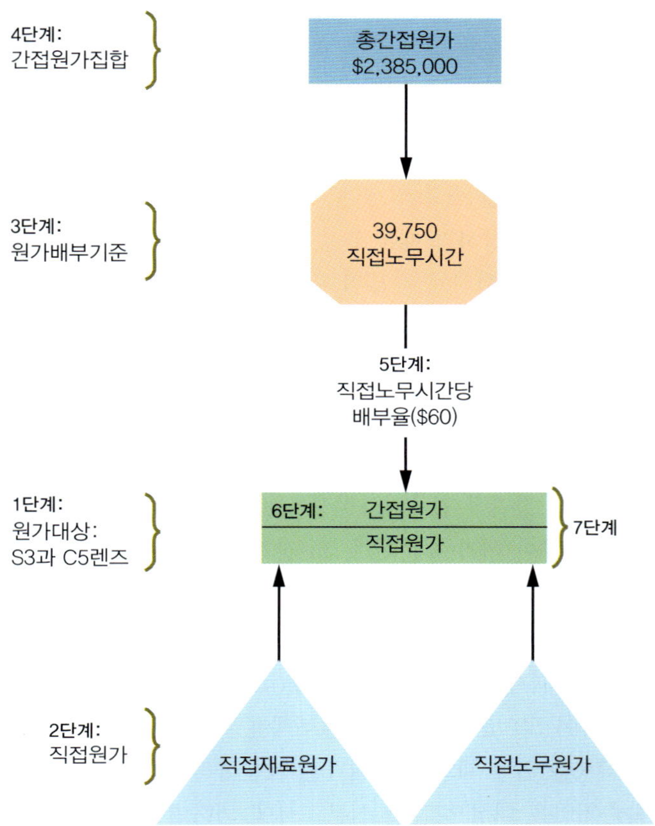

보기 5-2 단순 원가계산시스템을 이용한 Plastim의 제품원가

	A	B	C	D	E	F	G
1		60,000			15,000		
2		단일렌즈(S3)			복합렌즈(C5)		
3		합계	단위당 원가		합계	단위당 원가	합계
4		(1)	(2)=(1)÷60,000		(3)	(4)=(3)÷15,000	(5)=(1)+(3)
5	직접재료원가	$1,125,000	$18.75		$675,000	$45.00	$1,800,000
6	직접노무원가	600,000	10.00		195,000	13.00	795,000
7	총직접원가(2단계)	1,725,000	28.75		870,000	58.00	2,595,000
8	간접원가배부액(6단계)	1,800,000	30.00		585,000	39.00	2,385,000
9	총원가(7단계)	$3,525,000	$58.75		$1,455,000	$97.00	$4,980,000
10							

3단계: 간접원가를 배분할 간접원가배부기준을 선택한다 간접원가의 대부분은 직접노무인력을 지원하는 간접노무원가로, 감독자, 엔지니어, 제조보조인력 및 수선유지 스태프의 급여이다. Plastim의 경영자는 직접노무시간을 모든 제조 및 비제조간접원가를 S3와 C5렌즈에 배부하기 위한 유일한 배부기준으로 이용하고 있다. 과거에는 제조간접원가의 비중이 낮았고 단일의 원가동인의 자원의 소비를 비교적 정확하게 반영할 수 있었기 때문에 많은 기업들이 단순 원가계산시스템을 사용했다. 2017년 Plastim은 39,750 직접노무시간을 투입할 것으로 예상하고 있다.

4단계: 간접원가의 배부기준별로 간접원가집합을 식별한다 Plastim은 단일 배부기준을 사용하기 때문에 2017년의 총간접원가예산 $2,385,000를 하나의 간접원가집합에 집계한다.

5단계: 간접원가 예정배부율을 계산한다.

$$\text{제조간접원가 예정배부율} = \frac{\text{연간 총간접원가 예산}}{\text{간접원가배부기준의 연간 총예정소비량}}$$

$$= \frac{\$2{,}385{,}000}{\text{39,750 직접노무시간}}$$

$$= \text{직접노무시간당 } \$60$$

6단계: 제품에 배부될 간접원가를 계산한다 Plastim은 S3렌즈 60,000개를 생산하는 데 30,000직접노무시간, C5렌즈 15,000개를 생산하는 데 9,750직접노무시간을 투입할 예정이다. 보기 5-2를 통해 간접원가 $1,800,000(직접노무시간당 $60 × 30,000직접노무시간)이 단일렌즈에 배부되고, $585,000(직접노무시간당 $60 × 9,750직접노무시간)이 복합렌즈에 배부되는 것을 알 수 있다.

7단계: 모든 직접원가와 제품에 배부된 간접원가를 합하여 제품의 총원가를 계산한다 보기 5-2에는 단일렌즈와 복합렌즈의 제품원가가 제시되어 있다. 직접원가는 2단계, 간접원가는 6단계에서 계산된다. 단순 원가계산시스템의 개요와 7단계에서 계산된 제품원가는 서로 대응된다. 보기 5-1에는 두 개의 직접원가 범주와 하나의 간접원가 범주가 제시되었으며 이에 따라 7단계에서 각 유형의 렌즈별 예산원가는 직접원가 두 가지와 간접원가 한 가지 항목으로 구성된다. 제품이나 서비스의 세부원가를 계산하기 전에 원가계산시스템의

개요를 살펴보는 것은 매우 도움이 된다. S3렌즈의 단위당 예산원가는 $58.75로 Bandix가 제시한 판매가격인 $53보다 높고, C5렌즈의 단위당 예산원가는 $97로 나타났다.

도전! 5-1 Amherst Metal Works는 두 가지 유형의 금속램프를 생산한다. Amherst는 20,000개의 기본램프와 5,000개의 디자이너램프를 제조하며, 이 회사의 단순원가계산시스템은 단일간접원가집합을 사용하며, 직접노무시간을 기준으로 두 램프에 제조간접원가를 배부한다. 예산원가 정보는 다음과 같다.

	기본램프	디자이너램프	합계
램프당 직접재료원가	$ 9	$15	
램프당 직접노무시간	0.5시간	0.6시간	
램프당 직접노무원가 임률	$20	$20	
제조간접원가			$234,000

Amherst의 단순원가계산시스템을 이용하여 기본램프와 디자이너램프의 총예산원가를 계산하시오.

Plastim 사례에서의 의사결정 5단계 적용

S3렌즈 사업에 대한 Bandix의 위협에 대응할 방안을 결정하기 위해 Plastim의 경영자는 1장에서 소개한 의사결정 5단계를 거치게 된다.

1단계: 문제점과 불확실성을 식별한다 문제점은 명확하다. Plastim이 Giovanni에게 S3렌즈를 지속적으로 공급하면서 이익을 얻기 위해서는 S3의 원가와 가격을 낮추어야 한다. Plastim 직면하고 있는 두 가지 불확실성은 (1) S3렌즈의 제조기술과 공정이 Bandix에 비해 경쟁력이 있는지와 (2) 단순 원가계산시스템을 사용하여 Plastim의 S3렌즈 가격이 과대계산되지 않았는지이다.

2단계: 정보를 획득한다 고위 경영자는 설계 및 공정 엔지니어 팀에게 S3렌즈의 설계, 제조 및 유통 작업을 분석하고 평가하도록 했다. 조사 결과에 의하면 Plastim이 수년 동안 보유한 기술과 공정은 Bandix 및 다른 경쟁제품보다 열등하지 않은 것으로 나타났다. 지속적으로 S3렌즈의 제조와 유통 기술 및 경험을 축적해오고 지속적으로 공정을 개선해왔기 때문이다. 그러나 조사팀은 복합렌즈는 Plastim이 최근에 개발한 모형이기 때문에 C5렌즈의 제조 및 유통 능력에 대해서는 확신하지 못하고 있다. Plastim의 경영진은 이런 불안감 속에서도 C5렌즈의 가격이 경쟁력이 있다는 Giovanni Motors의 판단에 기뻐하고 있다. 그러나 다음 표에서와 같이 현재 예정된 가격에서 Plastim이 C5렌즈를 통해 매우 높은 영업이익률을 얻는 반면, S3렌즈에서 낮은 영업이익률을 얻고 있는 것으로 나타났다.

	단일렌즈(S3) 60,000개		복합렌즈(C5) 15,000개		
	합계 (1)	단위당 자료 (2)=(1)÷60,000	합계 (3)	단위당 자료 (4)=(3)÷15,000	총합계 (5)=(1)+(3)
매출액	$3,780,000	$63.00	$2,055,000	$137.00	$5,835,000
총원가	3,525,000	58.75	1,455,000	97.00	4,980,000
영업이익	$ 255,000	$ 4.25	$ 600,000	$ 40.00	$ 855,000
영업이익률		6.75%		29.20%	

추가정보를 수집하면서 Plastim의 경영자는 회사가 아직 기술력과 효율적인 공정을 갖추지 못한 신제품 C5가 아니라 이미 역량을 갖춘 S3렌즈의 영업이익이 왜 압력을 받고 있는지 고민하기 시작하였다. Plastim은 의도적으로 S3에 대해 낮은 가격을 책정하지 않으므로, 경영자는 원가계산시스템을 평가하기 시작하였다. Plastim의 단순원가계산시스템은 단일렌즈 S3의 원가를 과대계산하고 복합렌즈 C5의 원가를 과소계산하였을 수 있다.

3단계: 미래에 대한 결과를 예측한다 Plastim의 주요 과제는 S3 및 C5 렌즈를 설계, 제작 및 배포하는 데 드는 원가를 잘 측정하는 것이다. 경영자는 직접재료원가와 직접노무원가는 각 렌즈에 대해 쉽게 추적되므로 상당히 확신한다. 더 큰 관심사는 단순원가계산시스템이 각 렌즈 유형에 사용되는 간접자원을 얼마나 정확하게 측정하는지이다. 경영자는 원가계산시스템이 크게 개선될 수 있다고 생각한다.

이러한 결론에 도달하더라도 경영자는 편향된 사고를 피하고자 한다. 특히, S3렌즈에서 가격경쟁력을 갖추기 위해 S3렌즈의 원가를 낮추는 편향된 가정에 근거한 원가계산시스템을 선호하는 것을 주의해야 한다.

4단계: 여러 대안 중 최적의 대안을 선택한다 예측된 제품원가정보와 Bandix의 대응전략을 고려하여 Plastim의 경영자는 Giovanni Motors의 S3렌즈 사업에 입찰할지 여부와 입찰가격을 결정해야 한다.

5단계: 의사결정을 실행하고 성과를 평가하며 학습한다 Plastim이 Giovanni의 S3 사업 입찰에서 낙찰된다면 제조 및 배송 시의 실제원가와 예상원가를 비교하여 원가차이의 원인을 분석해야 한다. 이러한 평가와 학습은 향후에 개선의 기초가 된다.

다음 절에서는 3, 4, 5단계에 초점을 두고 새로운 원가계산시스템을 학습한다. (3) Plastim이 S3 및 C5렌즈에 대한 간접원가배부방법을 개선하는 방법, (4) S3 렌즈 사업의 입찰에 이러한 예측을 활용하는 방법, (5) 성능을 평가하고 제품 설계 및 프로세스를 개선하는 방법

원가계산시스템의 정교화

정교한 원가계산시스템(refined costing system)은 원가대상(작업, 제품 및 서비스 등)에 자원의 원가를 배분할 때 광범위한 평준화를 줄이고, 다양한 원가대상이 소비한 간접자원을 더욱 잘 측정한다. 원가계산시스템을 개선하면 경영자는 자원의 배분방법과 생산할 제품에 대해 보다 나은 의사결정을 내릴 수 있다.

정교한 원가계산시스템의 도입 원인

다음의 세 가지 주요 원인은 원가계산시스템의 개선에 대한 수요를 촉진시킨다.

1. **제품의 다양성 증가** 맞춤형 제품에 대한 수요가 증가함에 따라 경영자는 다양한 제품과 서비스를 제공하게 되었다. 예를 들어, 스웨덴의 발열체 제조기업인 Kanthal은 전기열선 및 온도조절 장치 등 10,000가지 이상의 다양한 제품을 생산한다. 영국의 Barclays 은행과 같은 은행들도 특수한 통장계좌, ATM, 신용카드 및 인터넷뱅킹 상품 등 다양한 유형의 금융상품과 서비스를 제공하고 있다. 이러한 제품은 생산량, 프로세스, 기술 및 복잡성이

다르기 때문에 자원 소비에 대한 수요가 다를 수밖에 없다. 예를 들어, 인터넷뱅킹 상품을 지원하는 데 필요한 컴퓨터 및 네트워크 자원은 저축통장 계좌 지원에 필요한 자원보다 훨씬 많다. 광의의 평균원가를 사용할 경우 이러한 수요의 차이를 포착하지 못하여 원가정보가 왜곡되고 부정확해질 수 있다.

2. **다양한 원가동인과 간접원가 비중의 증가** 컴퓨터자동화생산(Computer-Integrated Manufacturing, CIM)이나 유연생산시스템(Flexible Manufacturing System, FMS)과 같은 제품 및 공정 기술의 진보로 간접원가의 비중이 증가하고 직접원가, 특히 직접노무원가가 감소하고 있다. CIM과 FMS에서 제조현장의 컴퓨터는 장비를 빠르고 자동으로 설정하고 실행하도록 지시한다. 복잡한 기술을 관리하고 다양한 제품을 생산하려면 생산일정, 제품 및 프로세스 설계, 엔지니어링과 같은 활동을 지원하기 위해 추가적인 자원이 필요하다. 직접노무원가는 이러한 원가들의 원가동인이 아니므로 직접노무원가를 배부기준으로 제조간접원가를 배부하게 되면 (Plastim의 단순원가계산 시스템에서처럼) 다양한 제품들이 소비하는 자원을 정확하게 측정하지 못해 제품원가가 왜곡된다.

3. **제품시장에서의 경쟁** 시장의 경쟁이 치열해짐에 따라 경영자는 제품의 가격책정방법 및 주력 판매제품의 결정과 같은 전략적 의사결정을 내리는 데 도움이 되는 정확한 원가정보를 필요로 한다. 경쟁업체는 다른 업체의 실수를 재빨리 이용할 것이므로 가격과 제품믹스에 대한 올바른 의사결정을 내리는 것은 경쟁시장에서 매우 중요하다. 예를 들어, Plastim이 S3렌즈의 원가를 과대계산하고 더 높은 가격을 청구한다면, 경쟁업체는 렌즈의 실제 제조원가를 인지하고 Bandix처럼 보다 낮은 가격을 책정하여 S3 사업을 얻을 수 있을 것이다.

앞의 요소들은 경영자가 원가계산시스템을 개선하고자 하는 이유를 설명해 준다. 원가계산시스템을 정교화하려면 방대한 양의 자료를 수집하고 검증하여 분석 및 저장해야 한다. 정보기술의 발전은 이러한 활동을 수행하는 데 소요되는 원가를 크게 감소시켰다.

원가계산시스템을 정교화하기 위한 가이드라인

원가계산시스템을 정교하게 만드는 방법은 세 가지이다.

1. **직접원가의 추적** 경제적으로 가능한 한 많은 원가를 직접원가로 분류한다. 이는 간접원가로 분류되는 원가를 줄임으로써 직접 추적되는 원가를 증가시키고 배분해야 하는 원가의 비중을 최소화하는 것이 목적이다.

2. **간접원가집합** 개별 원가집합이 동질해지도록 원가집합의 수를 증가시킨다. 동질적인 원가집합 내의 모든 원가는 원가배부기준과 동일하거나 유사한 인과관계(또는 수혜관계)를 가지므로, 단일 원가동인을 원가배부기준으로 사용할 수 있다. 예를 들어, 기계작업시간을 배부기준으로 사용하는 기계작업원가와 유통원가가 모두 포함된 하나의 간접원가집합을 가정해 보자. 기계작업시간은 기계작업원가의 원가동인이지만 유통원가의 원가동인은 아니기 때문에 이 간접원가집합은 동질적이지 않다. 대신에 기계작업원가와 유통원가를 두 개의 간접원가집합으로 분리하여 기계작업시간을 기계작업원가의 배부기준으로 사용하고 제품의 세제곱피트를 유통원가의 배부기준으로 사용하면, 각 간접원가집합은 동질적으로 된다.

3. 원가배부기준 뒷부분에서 설명하겠지만, 경영자는 가능하다면 간접원가의 원가동인을 동질적인 간접원가집합의 원가배부기준으로 사용해야 한다.

활동기준원가계산 시스템

원가계산시스템을 정교화하는 가장 좋은 도구 중 하나는 활동기준원가계산(Activity-Based Costing, 이하 ABC)이다. 활동기준원가계산은 개별활동을 기본적인 원가대상으로 식별한다. 활동(activity)은 제품의 설계, 기계작업준비, 기계 운전 또는 제품의 유통과 같이 특정 목적을 가진 거래, 직무나 작업단위를 말한다. 쉽게 말하면 활동은 동사로, 기업이 수행하는 무엇이다. 전략적 의사결정을 돕기 위해, ABC 시스템은 가치사슬의 전체 기능에서 활동을 식별하고, 개별 활동의 원가를 계산하며, 각 제품 또는 서비스를 생산하는 데 필요한 활동의 소비에 근거하여 원가대상(제품이나 서비스)에 원가를 배분한다.[2]

고정간접원가 배부율의 분모수준의 차이로도 이해할 수 있는 생산조업도차이는 예산고정간접원가와 배부된 고정간접원가의 차이이다. 배부된 고정간접원가는 배부기준단위(Webb의 경우 기계시간) 또는 단위당 예산고정간접원가로 표시될 수 있다.

Plastim의 ABC 시스템

Plastim의 경영자는 단순원가계산 시스템과 왜곡된 제품원가의 산출 가능성을 검토한 뒤에 ABC 시스템을 구축하기로 결정하였다. 직접재료원가와 직접노무원가는 제품에 쉽게 추적할 수 있으므로 ABC 시스템은 간접원가를 부문, 프로세스, 제품 또는 기타의 원가대상에 정교하게 배분하는 과정에 중점을 둔다. Plastim은 활동을 식별하기 위해 설계, 제조, 유통, 회계 그리고 관리부서의 경영자로 이루어진 팀을 구성하였다. Plastim의 ABC 시스템은 활동을 이용하여 현재의 단일 간접원가집합을 다양한 활동과 관련된 간접원가집합으로 세분화하였다.

활동을 식별하는 것은 쉽지 않다. 팀은 Plastim에서 수행되는 수백 가지의 과업을 평가하여, 어떤 과업을 별도의 활동으로 분류하고 어떤 과업을 결합해야 하는지 결정해야 한다. 예를 들어, 몰딩기계의 수선유지 및 운영, 공정의 제어를 별도의 활동으로 간주할지 단일 활동으로 결합할지를 결정해야 한다. 너무 많은 활동이 포함된 ABC 시스템은 복잡하고 관리하기 어렵고, 반대로 너무 적은 활동이 포함된 ABC 시스템은 원가동인과 다양한 간접원가 간의 인과관계를 잘 측정하지 못할 수 있다. 적절한 균형을 위해 Plastim의 팀은 간접원가 비중이 상대적으로 높은

---

2 ABC 시스템에 대한 상세한 내용은 다음을 참고하라. R. Cooper and R. S. Kaplan, *The Design of Cost Management Systems* (Upper Saddle River, NJ: Prentice Hall, 1999); G. Cokins, *Activity-Based Cost Management: An Executive's Guide* (Hoboken, NJ: John Wiley & Sons, 2001); and R. S. Kaplan and S. Anderson, *Time-Driven Activity-Based Costing: A Simpler and More Powerful Path to Higher Profits* (Boston: Harvard Business School Press, 2007).

활동에 초점을 두고, 원가동인이 동일한 활동들을 하나의 활동으로 통합하였다. 예를 들어, 몰딩기계의 유지보수 및 운영 그리고 공정 제어는 몰딩기계 운영이라는 단일 활동으로 통합하기로 결정하였는데, 이 활동들의 원가동인이 모두 몰딩기계 작업시간으로 동일하기 때문이다.

팀은 S3 및 C5 렌즈를 설계, 제조 그리고 유통하는 데 필요한 모든 공정과 단계에 기초하여 다음의 일곱 가지 활동을 식별하였다.

- 제품 및 공정의 설계
- 몰딩기계 작업준비: 몰드(금형)가 적절하게 설치되었는지와 부품들의 정렬 상태를 제조 시작 전에 확인하는 활동
- 렌즈를 생산하기 위한 몰딩기계 운전
- 렌즈 생산 후 몰딩기계의 청소 및 수선유지
- 배치(batch)별 렌즈 선적 준비
- 고객에게 렌즈를 유통
- Plastim의 모든 공정에 대한 관리

이러한 활동에 대한 설명(또는 활동목록)은 ABC 시스템의 기초가 된다. 그러나 활동 목록을 작성하는 것은 ABC 시스템을 구축하는 첫 번째 단계일 뿐이다. Plastim은 앞에서 설명한 원가계산시스템을 개선하기 위한 세 가지 가이드라인을 활용하여 각 활동의 원가와 관련 원가동인을 식별해야 한다.

1. **직접원가의 추적** Plastim의 ABC 시스템은 단일 간접원가집합을 다양한 활동과 관련된 7개의 원가집합으로 세분화된다. 몰딩기계 청소 및 수선유지 활동의 원가는 담당 근로자의 급여와 임금으로 구성된다. 이러한 원가는 특정 몰드와 렌즈에 경제적인 방법으로 추적이 가능하기 때문에 직접원가이다.

2. **간접원가집합** 나머지 여섯 가지 활동원가집합은 간접원가집합이다. Plastim이 사용한 단순원가계산 시스템의 단일 간접원가집합과는 달리 각 활동에 관련된 원가집합은 동질적이다. 즉, 각 활동원가집합은 동일한 원가동인을 갖는 협의의 원가만 포함된다. 유통원가를 예로 들어보자. 모든 유통원가(트럭 기사의 임금 등)는 배송된 패키지의 부피(세제곱피트)에 따라 달라지기 때문에 배송된 패키지의 부피를 유통원가의 유일한 원가동인으로 식별한다. 그러나 단순원가계산 시스템에서 Plastim은 모든 간접원가를 하나의 원가집합에 집계하고 단일 원가배부기준으로 직접노무시간을 사용하는데, 이는 모든 간접원가의 공통된 원가동인은 아니다. 따라서 경영자는 다양한 원가대상(S3 및 C5렌즈)이 자원을 소비하는 행태를 제대로 측정할 수 없다.

   활동집합의 원가를 집계하기 위해 경영자는 다양한 계정 분류(예: 급여, 임금, 수선유지비 및 전기료)에 누적된 원가를 각 활동원가집합에 할당한다. 이를 일반적으로 1단계 배부라고 한다. 예를 들어, 이 단원의 뒷부분에서 보겠지만 총간접원가집합의 $2,385,000 중 Plastim은 $300,000의 작업준비원가를 식별한다. 작업준비원가에는 설비의 감가상각 및 수선유지비, 작업자의 임금 및 설계엔지니어, 공정엔지니어 및 감독자의 급여가 포함된다.

3. **원가배부기준** Plastim은 각 활동원가집합에 대해 (가능한 한) 원가동인을 원가배부기준으로 사용한다. 원가동인을 식별하기 위해 Plastim의 경영자는 다양한 대안을 고려하고, 운영

상의 지식을 활용하여 그중에서 원가동인을 선택한다. 예를 들어, Plastim에서는 복잡한 C5 렌즈에 대해 작업준비에 더 많은 시간과 원가가 소요될 것이므로 작업준비활동의 원가동인으로 작업준비 횟수보다는 작업준비 시간을 선택하는 것이다. 시간이 지나면 경영자는 실제 데이터를 이용하여 자신의 판단에 대해 검증할 수 있다.

ABC 시스템의 논리적 근거는 두 가지이다. 첫째, 활동원가집합을 보다 세분화하여 설정하고, 각 활동원가집합별로 원가동인을 사용하여 원가배부기준으로 사용하면 활동의 원가가 더 정확하게 계산된다. 둘째, 서로 다른 제품이 사용하는 다양한 활동의 원가배부기준 소비량을 측정하여 이를 제품에 할당하면 보다 정확한 제품원가를 계산할 수 있다. 이러한 논리를 Plastim의 기계작업준비활동에 적용하여 살펴보자.

몰딩기계의 작업준비는 시운전, 미세조율 및 기계조정을 필요로 한다. 기계작업준비가 잘못될 경우 렌즈 표면에 흠이 생기는 등의 품질 문제가 야기될 수 있다. 기계작업준비활동에 필요한 자원은 제조공정의 복잡성에 따라 다르다. 복합렌즈는 단일렌즈에 비해 작업준비 횟수당 더 많은 자원을 소비한다. 더욱이 복합렌즈용 몰드는 단일렌즈용 몰드보다 더 자주 청소가 필요하기 때문에 복합렌즈는 작은 규모의 배치로만 생산이 가능하다. 따라서 단일렌즈에 비해 복합렌즈는 더 많은 작업준비 시간을 소비할 뿐만 아니라 작업준비 횟수도 더 많아진다.

S3 및 C5 렌즈의 기계작업준비 자료는 다음과 같다.

		단일렌즈 S3	복합렌즈 C5	합계
1	렌즈생산량	60,000	15,000	
2	배치당생산량	240	50	
3 =(1)÷(2)	배치 수	250	300	
4	배치당 기계작업준비시간	2시간	5시간	
5 =(3)×(4)	총기계작업준비시간	500시간	1,500시간	2,000시간

Plastim은 단순원가계산 시스템에서 총제조간접원가 $2,385,000(기계작업준비활동 원가 $300,000 포함)를 제품에 배부하기 위해 직접노무시간을 사용한다. 다음의 표는 Plastim이 직접노무시간이 아닌 기계작업준비시간을 기준으로 렌즈에 기계작업준비원가를 배부하는 경우 단일렌즈와 복합렌즈에 배부된 원가를 비교하여 제시한다. 직접노무시간당 $60의 배부율 중 직접노무시간당 기계작업준비원가는 $7.54717($300,000 ÷ 39,750시간)이며, 기계작업준비시간당 기계작업준비활동 원가는 $150($300,000÷2,000시간)이다.

	단일렌즈 S3	복합렌즈 C5	합계
직접노무시간을 이용하여 배부한 기계작업준비원가:			
$7.54717×30,000, $7.54717×9,750	$226,415	$73,585	$300,000
기계작업준비시간을 이용하여 배부한 기계작업준비원가:			
$150×500, $150×1,500	$75,000	$225,000	$300,000

이용가능한 시간(이 예에서는 기계작업준비시간)을 사용하여 자원소비원가를 원가대상에 배부하는 ABC 시스템을 시간동인 활동기준원가계산(Time-Driven Activity-Based Costing, TDABC)이라고 한다. 두 번째와 세 번째 가이드라인에 따라 Plastim은 제품에 기계작업준비원가를 배부하기 위해 직접노무시간이 아닌 기계작업준비원가의 원가동인인 기계작업준비시간을 사용해야 한다. C5렌즈는 S3렌즈보다 훨씬 더 많은 기계작업준비시간(1,500시간 ÷ 2,000시간 = 총기계작업준비시간의 75%)을 사용한다. C5에는 더 많은 작업준비 횟수가 요구되며, 각 작업준비가 더 어렵고 많은 준비시간이 필요하기 때문이다.

따라서 ABC 시스템은 S3보다 C5에 훨씬 더 많은 기계작업준비원가를 배부한다. 단순원가계산 시스템에서 기계작업준비원가를 배부하기 위해 작업준비시간이 아닌 직접노무원가를 사용하게 되면 S3렌즈가 직접노무시간을 더 많이 소비하기 때문에 기계작업준비원가의 상당한 비중이 S3렌즈에 배부된다(30,000 ÷ 39,750 = 75.47%). 결과적으로 단순원가계산 시스템은 기계작업준비원가와 관련하여 S3렌즈를 과대계산하게 된다.

이 장의 뒷부분에서 논의하겠지만 ABC 시스템은 보다 정확한 제품원가의 계산을 넘어, 중요한 정보를 경영자에게 제공한다. 예를 들어, 기계작업준비시간을 원가동인으로 식별하면 기계작업준비시간 및 시간당 원가를 줄이기 위한 경영자의 원가절감 노력을 제대로 파악할 수 있다. 기계작업준비시간은 렌즈의 생산수량이 아니라 생산된 렌즈의 배치(또는 묶음)와 관련된 원가동인이다. 활동기준원가계산은 원가동인을 생산수량 또는 조업도(예: 직접노무시간)와 관련된 변수에 국한하지 않고 각 활동원가집합과 인과관계가 높은 것을 식별하려고 한다. 원가배부기준을 조업도와 관련하여 제한하면 원가배부기준과 원가집합의 원가 간의 인과관계가 약해진다. 원가동인을 렌즈 수량뿐 아니라 배치(또는 묶음)로 확대하면 원가계층을 형성하게 된다.

원가계층

원가계층(cost hierarchy)은 다양한 유형의 원가동인, 원가배부기준 또는 인과관계(또는 수혜관계)의 식별 난이도에 따라 다양한 활동원가집합을 분류한다. 일반적으로 ABC 시스템은 네 단계의 원가계층을 이용하며, 원가계층별로 적합한 원가동인을 원가배부기준으로 식별한다.

1. **산출물 단위수준원가(output unit level costs)** (산출물) 단위수준원가는 개별 제품이나 서비스를 한 단위 생산하기 위해 수행된 활동의 원가이다. 자동화된 몰딩기계의 운전 활동과 관련된 기계운전원가(예: 동력비, 기계감가상각비, 수선비 등)는 단위수준원가이다. 왜냐하면 생산된 (또는 기계작업시간이 사용된) 추가 단위에 따라 활동원가가 증가하기 때문이다. Plastim의 ABC 시스템은 기계운전원가를 제품에 배부하기 위해 단위수준 원가배부기준인 몰딩기계작업시간을 이용한다.

2. **배치수준원가(batch-level costs)** 배치수준원가는 제품 또는 서비스의 개별 단위가 아니라 제품이나 서비스의 묶음에 관련된 활동원가이다. Plastim의 사례에서 렌즈가 생산되는 수량과는 관계없이 렌즈가 한 배치(묶음) 생산될 때마다 필요한 시간만큼 기계작업준비활동이 수행됨에 따라 이 활동에 자원이 소비되어 기계작업준비활동원가가 발생하므로, 기계작업준비활동원가는 배치수준원가이다. 예를 들어 Plastim이 동일한 기계작업준비시간을 사용하여 렌즈를 20% 더 적게 생산한다면 기계작업준비시간은 변화할 것인가? 그렇지 않다. 렌즈 생산수량이 아니라 기계작업준비시간이 원가를 발생시키기 때문이다.

   앞의 표에서 설명한 대로 S3렌즈에는 500기계작업준비시간을 (배치당 2기계작업준비시간 × 250배치), C5렌즈는 1,500기계작업준비시간을 소비한다(배치당 5기계작업준비시간 × 300배치). S3 및 C5 렌즈에 배부된 총기계작업준비시간은 생산된 렌즈의 수량이 아니라 각 렌즈 유형이 소비하는 총기계작업준비시간에 따라 달라진다. Plastim의 ABC 시스템은 배치수준의 원가배부기준인 기계작업시간을 사용하여 제품에 기계작업준비원가를 배부한다. 배치수준원가의 다른 예로는 재료취급원가와 품질검사원가, 구매주문원가, 자재수불원가, 외상매입금지급원가 등이 있다.

3. 제품유지원가(product-sustaining costs) 제품유지원가(서비스유지원가)는 제품의 생산량이나 배치 수와 관계없이, 개별 제품이나 서비스를 지원하기 위해 수행된 활동의 원가이다. Plastim의 경우 설계원가는 제품유지원가에 해당된다. 설계원가는 제품 설계자가 제품, 몰드 및 공정을 설계하고 수정하는 데 소요되는 시간에 따라 변동하며, 렌즈의 생산량이나 생산배치의 수에 따라 변하지 않는다. 이러한 설계원가는 몰드의 부품 수에 용해된 플라스틱이 흘러드는 면적(제곱피트)을 곱하여 측정되는 몰드의 복잡성의 함수로 결정된다(S3렌즈: 12개 부품 × 2.5제곱피트, 또는 30개 부품 – 제곱피트, C5렌즈: 14개 부품 × 5제곱피트, 또는 70개 부품 – 제곱피트). Plastim의 ABC 시스템은 부품 수와 몰드면적의 곱인 부품–제곱피트를 제품유지원가 배부기준으로 사용하여 설계원가를 제품에 배부한다. 제품유지원가의 다른 예로는 제품연구개발원가, 엔지니어링 설계변경원가, 신제품 출시를 위한 마케팅 원가 등이 있다.

4. 시설유지원가(facility-sustaining costs) 시설유지원가는 개별 제품이나 서비스에 추적할 수 없지만 조직 전체를 지원하는 활동에 소비된 원가이다. Plastim의 경우와 Volvo, 삼성, General Electric과 같은 기업의 일반관리원가(최고경영자의 보상, 임대료, 건물 보안경비 포함)가 시설유지원가에 해당된다. 일반적으로 이러한 원가와 원가배부기준 간의 적절한 인과관계를 찾기가 어렵기 때문에 일부 기업들은 시설유지원가를 제품에 배부하지 않고 영업이익에서 별도로 차감한다. 이러한 방식을 따를 경우에는 원가(예: 가격책정)에 따라 의사결정을 내릴 때 일부 기간비용이 배부되지 않았음을 염두에 두어야 한다. 따라서 배부되지 않은 시설유지원가의 일부를 회수하기 위해 배부금액보다 더 높게 가격을 설정해야 한다.

활동기준원가계산 시스템의 실행

ABC의 기본 개념을 이해했으므로, Plastim의 경영자가 단순원가계산 시스템을 조정하고 두 시스템을 평가하여 ABC 시스템의 개발을 결정할 때 고려해야 할 요소의 식별방법을 살펴보자.

Plastim의 ABC 시스템의 실행

Plastim의 경영자는 원가계산의 7단계 접근방식과 원가계산시스템을 정교화하기 위한 세 가지 가이드라인(직접원가의 비율을 높임, 동질적인 간접원가집합을 늘림, 인과관계가 높은 원가배부기준을 식별함)에 따라 Plastim의 경영자는 ABC를 도입한다.

1단계: 원가대상으로 선택한 제품을 식별한다 원가대상은 Plastim이 2017년 생산 예정인 60,000개의 S3렌즈와 15,000개의 C5렌즈이다. Plastim의 경영자는 먼저 제품별 총원가를 계산하고, 제품 단위당 설계, 제조 및 유통원가를 계산한다.

2단계: 제품의 직접원가를 식별한다 경제적으로 특정 렌즈에 추적이 가능한 직접원가를 직접재료원가, 직접노무원가, 몰드 청소 및 수선유지원가로 식별한다.

보기 5-5는 ABC 시스템을 적용한 S3 및 C5 렌즈의 직접원가와 간접원가를 보여준다. 직접원가의 계산은 보기 5-5의 6, 7, 8, 9행에 제시되어 있다. Plastim은 다른 모든 원가

보기 5-3 Plastim의 ABC 시스템 개요

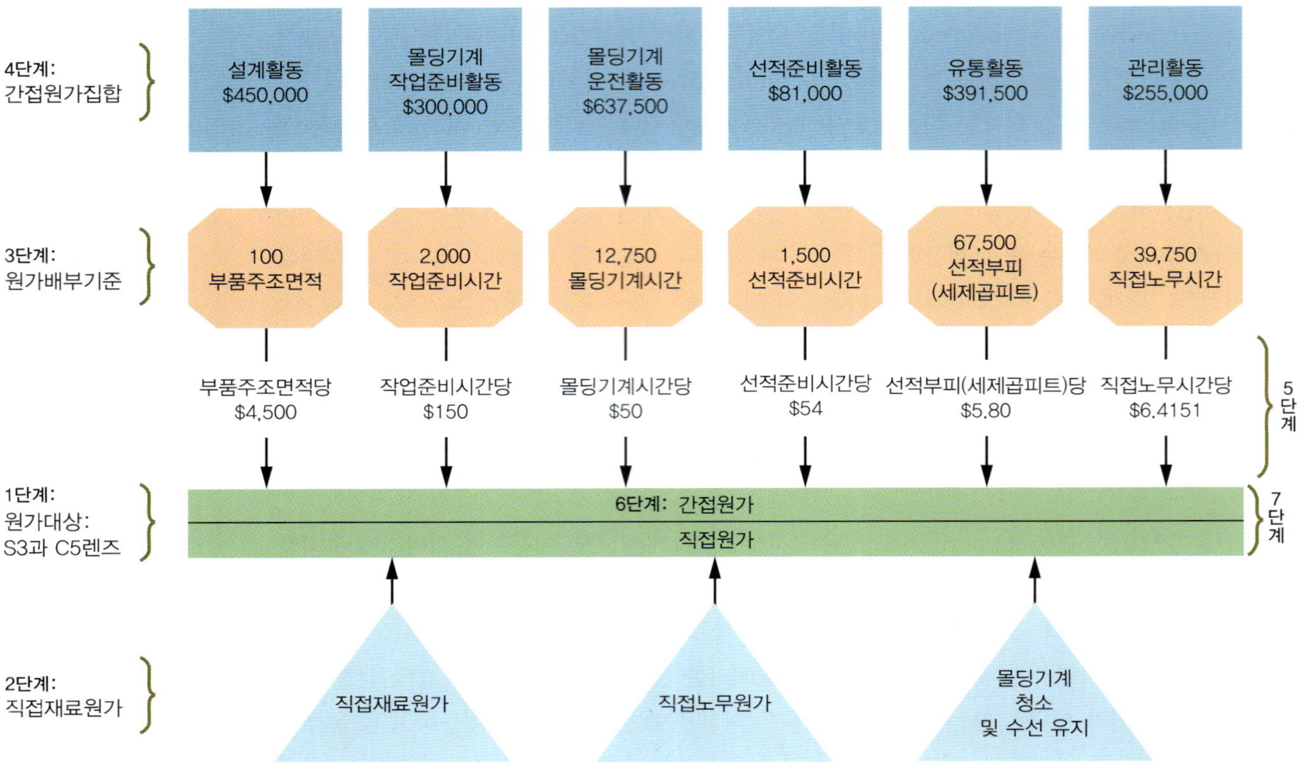

는 간접원가로 분류하며 이는 보기 5-4에 나타나 있다.

3단계: 활동 및 활동별 원가동인(간접원가를 제품에 배부하기 위해 사용할 원가배부기준)을 선택한다 원가계산시스템의 정교화를 위한 두 번째 가이드라인(동질적인 원가집합으로 세분화)과 세 번째 가이드라인(관련 원가배부기준의 식별)에 따라 Plastim은 간접원가를 제품에 배부하기 위해 여섯 가지 활동 – (a) 설계, (b) 몰딩기계작업준비, (c) 몰딩기계운전, (d) 선적준비, (e) 유통, (f) 관리 – 을 식별하였다. 보기 5-4의 두 번째 열에는 원가계층이, 네 번째 열에는 첫 번째 열에 설명된 각 활동에 대한 원가배부기준과 그 예상소비량이 제시되어 있다.

원가배부기준을 파악하면 ABC 시스템에서 그룹화해야 하는 활동집합의 수가 정의된다. 예를 들면, Plastim은 제품 설계, 공정 설계 및 시제품 제작을 별도의 활동으로 정의하는 대신 세 가지 활동을 '설계' 활동 하나로 통합하여 동질적인 설계원가집합을 설정한다. 왜냐하면 같은 원가동인인 몰드의 복잡성이 각 설계활동의 원가를 발생시키기 때문이다. 원가배부기준을 선택할 때 두 번째로 고려해야 할 사항은 신뢰할 수 있는 데이터와 측정치의 이용가능 여부이다. Plastim의 경우 몰드의 부품 수와 면적(부품–제곱피트)으로 몰드의 복잡성을 측정한다. 그런데 이러한 데이터가 없거나 측정하기 어려우면, Plastim은 몰드를 통과하는 재료의 수량과 같은 설계활동원가와 관련성이 낮은 측정치를 사용해야 할 수도 있다.

4단계: 각 원가배부기준에 관련된 간접원가를 식별한다 이 단계에서 Plastim은 원가배부기준과 원가 간의 인과관계를 기반으로 2017년의 간접원가예산을 활동에 배부하고자 한

보기 5-4 간접원가집합별 활동원가배부율

	A	B	C	D	E	F	G	H
1			(4단계)	(3단계)		(5단계)		
2	활동	원가 계층구조	총간접 원가예산	원가동인 예정소비량		간접원가 예정배부율		원가배분기준과 활동원가 간의 인과관계
3	(1)	(2)	(3)	(4)		(5)=(3)÷(4)		(6)
4	설계	제품유지	$450,000	100	부품 −제곱피트	$4,500	부품 −제곱피트당	몰드가 복잡할수록(부품 수가 많고, 면적이 넓을수록) 설계부문의 간접원가는 증가
5	몰딩기계 작업준비활동	배치수준	$300,000	2,000	기계작업 준비시간	$150	기계작업 준비시간당	기계작업준비시간이 증가할수록 작업준비활동원가는 증가
6	몰딩기계 운전활동	단위수준	$637,500	12,750	몰딩기계 운전시간	$50	몰딩기계 운전시간당	몰딩기계운전시간이 증가할수록 몰딩기계운전원가는 증가
7	선적준비활동	배치수준	$ 81,000	1,500	선적준비 시간	$54	선적준비 시간당	선적준비시간이 늘어날수록 선적준비에 발생하는 배치의 원가는 증가
8	유통활동	단위수준	$391,500	67,500	세제곱피트	$5.80	세제곱피트당	배송된 포장부피(세제곱피트)가 증가할수록 유통원가는 증가
9	관리활동	시설유지	$255,000	39,750	직접노무시간	$6.4151	직접노무 시간당	직접노무시간이 증가할수록 관리활동에 필요한 자원의 수요가 증가

다(보기 5-4, 3열 참조). 예를 들어 배달된 패키지의 부피와 인과관계가 있는 모든 원가는 유통원가집합에 집계된다. 물론, 원가배부기준과 활동원가 간의 인과관계 정도는 원가집합에 따라 다르다. 예를 들면, 직접노무시간과 관리활동원가 간의 인과관계는 임의적이지만 기계작업준비시간과 기계작업준비활동원가 간의 인과관계는 강하다.

일부 원가는 측정 활동으로 직접 식별할 수 있다. 예를 들어, 설계엔지니어의 급여와 설계부서에서 사용하는 설비의 감가상각비는 설계활동에 대해 직접적으로 추적될 수 있다. 그러나 기타 원가는 활동 전반에 할당되어야 한다. 제조엔지니어와 감독관은 인터뷰 또는 노무시간표를 기반으로 설계, 몰딩기계작업준비 그리고 몰딩기계운전에 소요되는 시간을 추정한다. 제조엔지니어가 설계에 15%, 몰딩기계작업준비에 45%, 몰딩작업에 40%의 시간을 사용하는 경우, 회사는 각 활동에 비례하여 제조엔지니어의 급여를 배부한다. 또 다른 간접원가는 자원이 다양한 활동을 지원하는 방법을 측정하는 배부기준을 사용하여 활동원가집합에 배부한다. 예를 들어, 임차료는 여러 활동에서 사용하는 면적(제곱피트)을 기준으로 활동원가집합에 배부된다.

대부분의 원가는 활동의 범주와 일치하지 않는 경우가 많다. 따라서 활동의 원가를 제품에 배부(원가배부모델의 1단계)하기 전에 먼저 활동에 원가를 배부해야 할 수도 있다(2단계).

다음의 표는 앞서 식별한 7가지 활동에 대한 원가배부를 보여준다. Plastim의 관리회계담당자는 이러한 원가가 특정 몰드와 렌즈로 쉽게 추적가능하기 때문에 몰드청소원가를 직접원가로 재분류한다.

보기 5-5 활동기준원가계산 시스템을 이용한 Plastim의 제품원가계산

	A	B	C	D	E	F	G
1		60,000			15,000		
2		단일렌즈(S3)			복합렌즈(C5)		
3		합계	단위당 원가		합계	단위당 원가	총원가
4	원가유형	(1)	(2)=(1)÷60,000		(3)	(4)=(3)÷15,000	(5)=(1)+(3)
5	직접원가						
6	직접재료원가	$1,125,000	$18.75		$ 675,000	$45.00	$1,800,000
7	직접노무원가	600,000	10.00		195,000	13.00	795,000
8	몰드청소 및 수선유지 원가	120,000	2.00		150,000	10.00	270,000
9	총직접원가(2단계)	1,845,000	30.75		1,020,000	68.00	2,865,000
10	(활동의) 간접원가						
11	설계						
12	S3, 30부품-제곱피트×$4,500	135,000	2.25				} 450,000
13	C5, 70부품-제곱피트×$4,500				315,000	21.00	
14	몰딩기계작업준비						
15	S3, 500작업준비시간×$150	75,000	1.25				} 300,000
16	C5, 1,500작업준비시간×$150				225,000	15.00	
17	기계운전						
18	S3, 9,000몰딩기계운전시간×$50	450,000	7.50				} 637,500
19	C5, $3,750몰딩기계운전시간×$50				187,500	12.50	
20	선적준비						
21	S3, 750선적준비시간×$54	40,500	0.67				} 81,000
22	C5, 750선적준비시간×$54				40,500	2.70	
23	유통						
24	S3, 45,000세제곱피트×$5.80	261,000	4.35				} 391,500
25	C5, 22,500세제곱피트×$5.80				130,500	8.70	
26	관리						
27	S3, 30,000직접노무시간×$6.4151	192,453	3.21				} 255,000
28	C5, 9,750직접노무시간×$6.4151				62,547	4.17	
29	총간접원가(6단계)	1,153,953	19.23		961,047	64.07	2,115,000
30	총원가(7단계)	$2,998,953	$49.98		$1,981,047	$132.07	$4,980,000
31							

	설계	몰딩기계 작업준비	몰딩기계 운전	몰딩기계 청소	선적준비	유통	관리	합계
급여(감독관, 설계엔지니어, 공정엔지니어)	$320,000	$105,000	$137,500	$ 0	$21,000	$ 61,500	$165,000	$ 810,000
지원스태프 급여	65,000	115,000	70,000	234,000	34,000	125,000	40,000	638,000
감가상각비	24,000	30,000	290,000	18,000	11,000	140,000	15,000	548,000
수선유지비	13,000	16,000	45,000	12,000	6,000	25,000	5,000	122,000
동력비	18,000	20,000	35,000	6,000	5,000	30,000	10,000	124,000
임차료	10,000	14,000	60,000	0	4,000	10,000	20,000	118,000
합계	$450,000	$300,000	$637,500	$270,000	$81,000	$391,500	$255,000	$2,385,000

5단계: 각 원가배부기준의 배부율을 계산한다 보기 5-4의 다섯 번째 열은 3단계에서 파악한 원가배부기준 예산수량과 4단계에서 집계한 활동별 총예산간접원가를 이용하여 예

정배부율을 계산하는 과정을 보여준다.

6단계: 제품에 배부할 간접원가를 계산한다 보기 5-5에서 보면 단일렌즈에 $1,153,953 및 복합렌즈에 $961,047의 총예산간접원가가 배부되었다. 보기 5-5의 각 렌즈에 대한 예산간접원가계산을 살펴보자. Plastim의 운영담당자는 각 유형의 렌즈에서 사용할 원가배부기준의 총사용량을 각 활동별로 파악한다. 예를 들어, 보기 5-5의 15행과 16행은 총기계작업준비시간 2,000시간 중 S3렌즈가 500시간, C5렌즈가 1,500시간 사용하도록 예산이 책정되었음을 보여준다. 예정배부율은 기계작업준비시간당 $150이다(보기 5-4, 5열, 5행). 따라서 S3렌즈에 배부된 기계작업준비원가는 $75,000(500시간 × $150)이고 C5렌즈에 배부된 기계작업준비원가는 $225,000(1,500시간 × $150)이다. 단위당 예산기계작업준비원가는 S3렌즈는 $1.25($75,000 ÷ 60,000단위), C5렌즈는 $15($225,000 ÷ 15,000단위)이다.

7단계: 모든 직접원가와 간접원가를 합하여 제품의 총원가를 계산한다 보기 5-5는 단일렌즈와 복합렌즈의 제품원가를 나타낸다. 직접원가는 2단계에서 계산되고, 간접원가는 6단계에서 계산되었다. 보기 5-3에서 살펴본 ABC 시스템의 개요는 세 가지 직접원가 범주와 여섯 가지 간접원가 범주로 구성된다. 보기 5-5에서 각 렌즈 유형별 예상원가는 9개 항목이 존재하며, 직접원가 3개와 간접원가 6개가 있다. 여기서 계산된 S3 및 C5의 ABC 제품원가의 차이는 각 제품이 활동 영역에서 서로 다른 양의 직접 및 간접원가를 소비하는 방식을 강조한다.

ABC 시스템의 두 가지 특징은 다음과 같다. 첫째, ABC 시스템은 변동원가이든 단기적으로 고정원가이든 관계없이 제품이 소비한 모든 원가를 제품원가에 포함한다. ABC 정보를 사용하여 장기의 전략적 의사결정을 내릴 때 경영자는 매출액이 총원가를 초과하기를 원한다. 그렇지 않으면 회사는 손실을 입게 되고, 사업을 지속할 수 없기 때문이다. 둘째, 제품에 원가를 배부할 때 원가의 계층구조를 인식하는 것이 중요하다. 관리회계 담당

5-2 도전!

Amherst Metal Works는 두 가지 유형의 금속램프를 생산한다. Amherst는 20,000개의 기본램프와 5,000개의 디자이너램프를 제조하며, 이 회사의 활동기준원가계산시스템은 두 개의 간접원가집합을 사용한다. 하나는 작업준비원가이고, 다른 하나는 일반제조간접원가이다. Amherst는 작업준비원가를 작업준비시간에 따라 두 가지 램프에 배부하며, 일반제조간접원가는 직접노무시간에 따라 두 램프에 배부한다. 예산원가 정보는 다음과 같다.

	기본램프	디자이너램프	합계
램프당 직접재료원가	$ 9	$15	
램프당 직접노무시간	0.5시간	0.6시간	
램프당 직접노무원가 임률	$20	$20	
제조간접원가			$114,000
배치당 램프 생산량	250	50	
배치당 작업준비시간	1시간	3시간	
일반제조간접원가			$120,000

Amherst의 활동기준원가계산시스템을 이용하여 기본램프와 디자이너램프의 총예산원가를 계산하시오.

자는 원가의 계층구조를 이용하여 먼저 각 제품의 총원가를 계산한다. 그 다음 총원가를 생산된 수량으로 나누어 단위당 원가를 산출한다.

원가계산시스템의 비교

보기 5-6은 Plastim이 사용했던 단일 간접원가집합을 사용하는 단순원가계산 시스템(보기 5-1과 5-2)과 ABC 시스템(보기 5-3과 5-5)을 비교하여 제시한다. 원가계산시스템을 정교화하기 위한 가이드라인과 보기 5-6의 세 가지 사항이 일치하는 점에 주목하자.

(1) ABC 시스템은 보다 많은 원가를 직접원가로 추적한다.
(2) ABC 시스템은 다양한 활동에 대해 동질적인 원가집합을 설정한다.
(3) ABC 시스템은 각 활동원가집합의 원가와 인과관계가 있는 원가배부기준을 사용한다.

원가계층과 연결하여 동질적인 원가집합과 원가배부기준의 선택은 Plastim의 경영자에게 ABC 시스템의 제품원가가 더 정확하다는 확신을 준다. 보기 5-6의 하단을 살펴보면, 단순원가계산 시스템하에서 단위수준 원가배부기준인 직접노무시간을 이용하여 렌즈에 원가를 배부하면 S3렌즈의 원가는 $8.77만큼 과대계산되고, C5렌즈의 원가는 $35.07만큼 과소계산된다. C5렌즈는 직접노무시간을 배부기준으로 사용하는 경우보다 훨씬 더 많은 조업도단위수준, 배치수준 및 제품유지원가가 높다. S3렌즈는 이러한 원가가 상대적으로 훨씬 적게 배부된다.

보기 5-6 **원가계산시스템의 비교**

	단순원가계산시스템 (단일간접원가집합 사용) (1)	ABC 시스템 (2)	차이 (3)=(2)−(1)
직접원가범주	2 직접재료원가 직접노무원가	3 직접재료원가 직접노무원가 몰딩기계청소 및 수선유지원가	1
총직접원가	$2,595,000	$2,865,000	$270,000
간접원가집합	1 직접노무시간을 배부기준으로 사용하는 단일간접원가집합	6 설계(부품-제곱피트)[a] 몰딩기계작업 준비(작업준비시간) 기계운전(몰딩기계운전시간) 선적준비(선적준비시간) 유통(세제곱피트) 관리(직접노무시간)	5
총간접원가	$2,385,000	$2,115,000	$(270,000)
단일렌즈(S3)에 배부된 총원가	$3,525,000	$2,998,953	$(526,047)
단일렌즈(S3)의 단위당 원가	$58.75	$49.98	$(8.77)
복합렌즈(C5)에 배부된 총원가	$1,455,000	$1,981,047	$526,047
복합렌즈(C5)의 단위당 원가	$97.00	$132.07	$35.07

[a] 괄호안에는 간접원가집합별 원가동인임

ABC 시스템의 장점은 의사결정에 유용한 원가정보를 제공한다는 것이다. 그러나 ABC 시스템에 필요한 변수의 측정과 시스템의 실행비용이 높다는 단점도 존재한다.

활동기준원가계산 시스템의 실행 시 고려할 점

원가계산시스템의 정교한 수준을 결정하기 위해서 경영자는 의사결정으로 인한 기대효익과 기대원가를 비교분석하여 선택해야 한다.

활동기준원가계산 시스템의 효익과 원가

다음은 ABC 시스템이 가장 많은 효익을 제공할 것으로 기대되는 몇 가지 증거이다.

- 높은 비중의 간접원가가 하나 또는 두 개의 원가집합을 이용하여 배부된다.
- 간접원가의 전부 또는 대부분이 단위수준원가로 분류되어 원가대상에 배부된다(배치수준원가, 제품유지원가 또는 시설유지원가로 분류되는 간접원가는 거의 없다).
- 여러 제품들은 조업도, 공정의 단계, 배치의 크기 또는 복잡성 등에 차이가 있어 자원에 대한 다양한 수요를 가지고 있다.
- 기업이 시장경쟁력이 높다고 (생산과 판매하기 적합) 판단하는 제품의 이익이 낮은 반면, 시장경쟁력이 낮다고 판단하는 제품의 이익이 높다.
- 보고된 제품 및 서비스의 제조원가와 마케팅원가에 대해 현장 직원들 간에 상당한 의견 차이가 있다.

ABC 시스템을 시행하려면 경영자는 어느 정도 정교하게 시스템을 구축할 것인지 중요하게 결정해야 한다. 활동과 원가동인, 원가집합을 어느 정도로 세분화할 것인가? 예를 들어 Plastim의 경영자는 몰딩기계의 유형별로 몰딩기계작업시간의 배부율을 식별할 수 있다. 경영자는 보다 상세한 원가계산시스템을 구축하는 데 드는 원가 대비 효익과 한계점에 대해 평가하고 선택해야 한다.

ABC 시스템의 주요 비용과 한계점은 시스템을 실행하는 데 필요한 변수의 측정에 관한 것이다. ABC 시스템을 실행하려면 활동집합의 원가를 집계하고, 원가배부기준으로 사용할 활동집합의 원가동인을 식별하고 측정해야 한다. 기본적인 ABC 시스템에서도 제품 및 서비스의 원가를 계산하기 위해서는 많은 측정 및 계산이 요구되며, 이러한 측정에는 비용이 많이 소요된다. 환경의 변화가 있을 경우에는 이에 따라 활동원가의 배부율도 정기적으로 업데이트해야 한다.

ABC 시스템이 매우 정교해지고 원가집합이 증가할수록 각 원가집합에 대한 활동원가를 계산하기 위해 더 많은 배부가 필요하므로 활동원가집합별로 원가를 집계하는 데 오류의 가능성이 높아진다. 예를 들어, 감독관이 두 가지 활동에 작업시간을 배부할 때보다 다섯 가지 활동에 시간을 배부해야 하는 경우, 각 활동에 소비한 시간을 잘못 식별하기가 쉽다.

때로는 경영자가 사용하고자 하는 배부기준이 아니라 자료를 쉽게 이용할 수 있는 배부기준을 사용해야 한다. 예를 들어, 재료취급원가의 배부기준은 재료의 이동거리와 난이도이다. 그런데 이러한 자료를 얻기 어렵고 비용이 많이 든다면 경영자는 거리와 난이도 대신 이동된 재료의 하중을 사용해야 할 수 있다. 잘못된 원가배부기준을 사용하면 활동원가정보는 왜곡될 우려가 있다. 예를 들면, 이동된 재료의 배치당 원가가 감소한 경우 경영자는 재료취급활동이 효율적으로 이루어지는 것으로 판단할 수 있지만, 사실 이 경우 원가의 감소는 가벼운 재료를 단거리에 걸쳐 이동하였기 때문일 수 있다.

스웨덴의 발열체 제조업체인 Kanthal 등 여러 기업들은 다소 덜 정교한 ABC 시스템이 가진 전략 및 운영상의 이점이, 더욱 정교한 시스템의 구축 및 운영에 발생하는 비용을 정당화하지 않을 만큼 충분히 우수하다고 판단한다. Hewlett-Packard와 같은 다른 기업들은 특정 부서(예: 인쇄 회로기판을 제조하는 Roseville 네트워크 부서) 또는 기능(조달 및 생산)에 한정하여 ABC를 구축하였다. 정보기술의 향상에 따라 측정비용이 감소하면서 보다 정교한 ABC 시스템은 많은 기업들에서 실행가능한 대안이 되었다. 이러한 발전이 지속될수록 매우 정교한 ABC 시스템이 비용-효익에 대한 판단을 통과하게 될 것이다.

전 세계 기업을 대상으로 한 설문조사에 따르면 ABC의 실행은 기업마다 크게 다르다. 그

CONCEPTS IN ACTION

MAYO CLINIC은 원가 절감과 환자치료 개선을 위해 시간동인 활동기준원가계산 시스템을 사용한다.

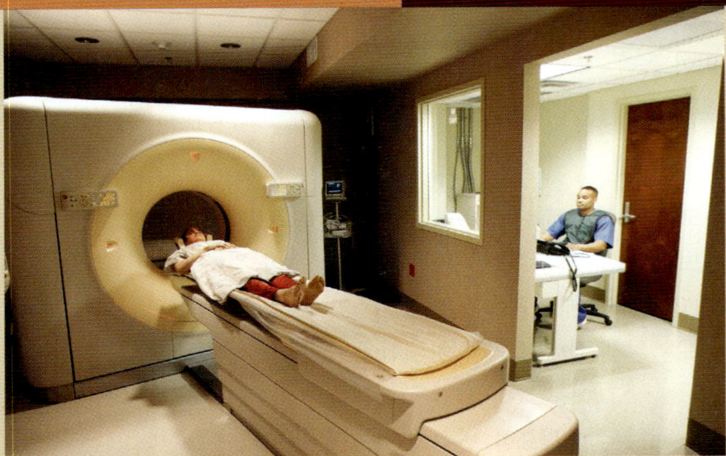

Fuse/Corbis/Getty Images

2024년까지 미국에서 지출되는 5달러 중 1달러가 의료서비스에 사용될 것이다. Minnesota주 Rochester에 있는 Mayo Clinic과 같은 여러 의료센터에서는 시간동인 활동기준원가계산(time-driven activity based costing, TDABC)을 사용하여 의료서비스 제공 시스템에 정확한 원가 및 가치측정 관행을 도입하고 있다.

TDABC는 두 세트의 추정치가 필요한 체계를 이용하여 조직의 모든 자원 원가를 원가대상에 할당한다. TDABC는 먼저 의사의 시간과 같은 한정된 자원의 공급원가를 계산한다. 인력, 감독, 보험, 공간 점유, 기술 및 소모품을 포함한 총 자원 원가는 의사가 업무를 수행할 수 있는 시간의 단위당 원가를 얻기 위해 공급가능한 시간으로 나눈다. 다음으로, TDABC는 원가대상에 필요한 자원의 양(시간)에 대한 수요를 추정하여 단위당 원가를 이용하여 진료한 환자의 수와 같은 원가대상에 대해 자원 원가를 할당한다.

TDABC를 시행하는 의료센터는 원가절감에 성공했다. Mayo Clinic의 정형외과 시술의 경우 TDABC로 수정된 절차로 인해 환자의 입원기간이 단축되고 비용이 비싼 전문요양시설로 퇴원하는 환자가 24% 줄었으며, 원가도 15% 감소하였다. 후속적인 개선에는 태블릿과 스마트폰으로 환자가 진료결과를 확인하고, 보철물과 기타 소모품 원가의 주요 변동을 제거하는 것이 포함되었다.

보다 광범위하게, TDABC를 구현하는 의료서비스 제공자는 환자를 위한 보다 나은 결과가 더 낮은 원가로 진행된다는 사실을 발견하였다. 예를 들어, 질병의 조기발견과 정확한 진단에 더 많은 비용을 지출하면 환자의 고통이 줄어들며 이는 덜 복잡하고 저렴한 치료로 이어질 수도 있다. TDABC의 이해를 통해 의료서비스 제공자는 의료진, 장비, 시설 및 관리 자원을 훨씬 효율적으로 활용할 수 있고, 시스템을 통해 환자의 경로를 간소화할 수 있으며, 결과를 개선하는 동시에 그렇지 못한 서비스를 제거하는 치료방법을 선택할 수 있다.

럼에도 불구하고 ABC시스템의 모형과 아이디어는 단순원가시스템이 특정 경영의사결정 목적에 적합한지 판단할 수 있는 기준을 제공한다. ABC에 기초한 사고는 경영자가 단순원가계산 시스템을 개선하는 데 도움을 줄 수 있다.

자율학습

Family Supermarkets(FS)는 Memphis 매장을 확장하기로 결정하였다. 이를 위해 개별 상품라인의 수익성 관련 자료를 필요로 한다. FS의 2017년 상품라인별 자료는 다음과 같다.

	청량음료	농산물	포장식품
매출액	$317,400	$840,240	$483,960
매출원가	$240,000	$600,000	$360,000
빈병회수원가	$ 4,800	$ 0	$ 0
구매주문횟수	144	336	144
구매수령횟수	120	876	264
선반진열시간	216	2,160	1,080
판매품목 수	50,400	441,600	122,400

FS의 2017년도 추가 자료이다.

활동 (1)	활동 설명 (2)	총지원원가 (3)	원가배부기준 (4)
1. 빈병회수	빈병을 매장으로 회수	$ 4,800	청량음료 라인에 직접추적
2. 구매주문	구매주문서 작성	$ 62,400	624회 구매주문
3. 구매수령	상품 배송 및 수령	$100,800	1,260회 구매수령
4. 선반진열	상품의 선반 진열 및 계속적인 재진열	$ 69,120	3,456 진열시간
5. 고객지원	계산과 포장 등 고객에게 제공된 지원	$122,880	614,400 판매품목 수
합계		$360,000	

요구사항

1 Family Supermarkets는 현재 매장의 모든 지원원가(매출원가를 제외한 모든 원가)를 개별 상품라인별 매출원가를 기준으로 상품라인에 배부한다. 상품라인별 영업이익과 매출액 대비 영업이익률을 계산하시오.

2 Family Supermarkets이 매장 지원원가(매출원가를 제외한 모든 원가)를 ABC 시스템을 사용하여 상품라인에 배부할 경우, 상품라인별 영업이익과 매출액 대비 영업이익률을 계산하시오.

3 1 및 2의 답에 대해 논하시오.

Solution

1 다음의 표에는 상품라인별로 영업이익과 매출액 대비 영업이익률이 제시되어 있다. 매장의 모든 지원원가(매출원가를 제외한 모든 원가)는 상품라인별 매출원가를 배부기준으로 사용하여 상품라인에 배부된다. 총지원원가는 $360,000(= 회수된 빈병 원가 $48,000 + 구매주문원가 $62,400 + 구매수령 원가 $100,800 + 선반 진열원가 $69,120 + 고객지원원가 $122,880)이다.

매장 지원원가 배부율 = $360,000 ÷ 1,200,000(청량음료 $240,000 + 농산물 $600,000 + 포장식품 $360,000) = 매출원가의 30%

지원원가를 각 상품라인에 배부하기 위해 FS는 각 상품라인의 매출원가에 0.30을 곱한다.

	청량음료	농산물	포장식품	합계
매출액	$317,400	$840,240	$483,960	$1,641,600
매출원가	240,000	600,000	360,000	1,200,000
매장 지원원가 ($240,000; $600,000; $360,000) × 0.30	72,000	180,000	108,000	360,000
총원가	312,000	780,000	468,000	1,560,000
영업이익	$ 5,400	$ 60,240	$ 15,960	$ 81,600
영업이익÷매출액	1.70%	7.17%	3.30%	4.97%

[2] ABC 시스템은 빈병의 회수원가를 청량음료 라인에 추적할 수 있는 직접원가로 정의한다. 그리고 FS는 각 활동원가집합별로 원가동인당 배부율을 계산한다(7단계 원가계산 시스템 중 5단계에 해당). 활동별 배부율은 다음과 같다.

활동 (1)	원가계층 (2)	총원가 (3)	원가동인 소비량 (4)	간접원가배부율 (5)=(3)÷(4)
구매주문	배치수준	$ 62,400	624회 구매주문	$100/구매주문 횟수
구매수령	배치수준	$100,800	1,260외 구매수령	$80/구매수령 횟수
선반진열	조업도 단위수준	$ 69,120	3,456진열시간	$20/진열시간
고객지원	조업도 단위수준	$122,880	614,400품목 판매	$0.20/판매품목

각 상품라인별 활동별 지원원가는 활동별 원가동인 배부율과 상품라인별 원가동인의 소비량을 곱하여 계산한다. 상품라인별로 영업이익 및 매출액 대비 영업이익은 다음과 같다.

	청량음료	농산물	포장식품	합계
매출액	$317,400	$840,240	$483,960	$1,641,600
매출원가	240,000	600,000	360,000	1,200,000
빈병회수원가	4,800	0	0	4,800
구매주문원가 (144; 336; 144)×$100	14,400	33,600	14,400	62,400
구매수령원가 (120; 876; 264)×$80	9,600	70,080	21,120	100,800
선반진열원가 (216; 2,160; 1,080)×$20	4,320	43,200	21,600	69,120
고객지원원가 (50,400; 441,600; 122,400)×$0.20	10,080	88,320	24,480	122,880
총원가	283,200	835,200	441,600	1,560,000
영업이익	$ 34,200	$ 5,040	$ 42,360	$ 81,600
영업이익÷매출액	10.78%	0.60%	8.75%	4.97%

[3] 경영자는 단순원가계산 시스템보다 ABC 시스템을 더욱 신뢰할 수 있다고 생각한다. ABC 시스템은 FS의 다양한 활동 유형을 보다 정확하게 식별하며, 개별 상품라인이 자원을 소비하는 행태를 보다 정확하게 추적할 수 있다. 단순원가계산 시스템과 ABC 시스템 하에서 세 가지 상품라인의 상대적 수익성 순위(매출액 대비 영업이익)는 다음과 같다.

단순원가계산 시스템		ABC 시스템	
1. 농산물	7.17%	1. 청량음료	10.78%
2. 포장식품	3.30%	2. 포장식품	8.75%
3. 청량음료	1.70%	3. 농산물	0.60%

각 상품라인별 매출액, 매출원가 그리고 활동원가는 다음과 같다.

	청량음료	농산물	포장식품
매출액	19.34%	51.18%	29.48%
매출원가	20.00	50.00	30.00
빈병회수원가	100.00	0	0
활동내역			
구매주문	23.08	53.84	23.08
구매수령	9.53	69.52	20.95
선반진열	6.25	62.50	31.25
고객지원	8.20	71.88	19.92

청량음료는 농산물이나 포장식품보다 구매수령 횟수와 선반진열 시간이 적고, 고객지원 활동이 덜 요구된다. 대부분의 청량음료 대형 공급업체는 매장에 상품을 직접 배달하고 선반에 진열한다. 이와 달리, 농산물은 구매주문 및 수령 횟수가 가장 많고 선반진열시간도 가장 많이 소요된다. 또한 개별 판매 품목 수가 가장 많으므로 가장 많은 고객지원이 필요하다. 단순원가계산시스템은 각 상품라인이 각 활동영역의 자원을 총매출원가 대비 상품라인의 개별 매출원가와 동일한 비율로 사용한다고 가정한다. 이 가정은 분명 잘못된 것이다. 매출원가의 상대적 비율과는 달리 청량음료 및 포장식품은 자원을 적게 소비하는 반면 농산물은 더 많은 자원을 소비하고 있다. 결과적으로 ABC 시스템은 청량음료 및 포장식품에 배부되는 원가를 줄이고 농산물에 배부되는 원가를 증가시킨다. 단순원가계산 시스템은 지나치게 광범위한 평균화의 한 예시이다.

FS의 경영자는 ABC 정보를 이용하여, 확장할 매장의 공간을 어떻게 할당할 것인가와 같은 의사결정을 내릴 수 있다. 청량음료는 영업이익률이 높으므로 공간 비율을 많이 할당받을 수 있다. 그러나 선반 공간의 할당에 있어 ABC 정보는 고려사항 중 하나일 뿐이다. 여러 상황에서 기업은 상품 관련 의사결정을 내릴 때 특정 요인만 단독으로 고려하면 안되고, 특정 상품의 판매를 중단하거나 비중을 줄이는 경우 다른 상품에 대한 고객 수요에 미치는 영향을 고려해야 한다. 예를 들어, FS가 농산물의 진열을 줄이게 되면 FS에서 쇼핑을 하지 않는 고객이 생길 수 있어 다른 수익성 높은 상품에 대해서도 매출 손실이 발생하게 되므로, 최소한의 선반 공간을 농산물에 할당하는 것이다.

판매가격 결정 시에도 ABC 정보가 유용하게 활용될 수 있다. 예를 들어, 경쟁업체가 청량음료 판매가격을 5% 인하했다고 가정해보자. FS가 현재 청량음료 상품라인에서 얻고 있는 영업이익률이 10.78%임을 감안하면, 판매가격을 인하하면서도 이 라인에서 이익을 얻을 수 있다. 반면, 단순원가계산시스템에서는 청량음료의 영업이익률이 1.70%에 불과하여 경쟁업체의 가격책정 전략에 대응할 여지가 거의 없다.

과제

서술형 문제

5-1 광의의 평균원가계산은 무엇이며, 이는 원가에 어떤 영향을 미치는가?

5-2 부정확안 원가계산은 두 가지 편차를 발생시킬 수 있다. 이 두 가지의 명칭과 사업에 미치는 영향에 대해 설명하시오.

5-3 원가계산시스템의 정교화는 무엇인가? 정교화를 위한 세 가지 가이드라인을 설명하시오.

5-4 활동기준원가계산의 기본적인 원가대상은 무엇인가? 활동기준원가예산은 어떻게 적용되는가?

5-5 원가계층구조는 어떻게 보다 정확한 원가계산시스템을 가능하게 하는가?

5-6 단순원가계산 시스템에서 사용되지 않는 원가계층구조(활동기준원가계산하에서)는 무엇이며, 왜 중요한가?

5-7 단순원가계산 시스템과 ABC 시스템의 차이를 구별하시오.

5-8 ABC는 원가절감과 프로세스 개선 의사결정에 어떻게 도움이 되는가?

5-9 "단순원가계산 시스템과 활동기준원가계산에서의 원가대상은 결코 동일하지 않다."는 주장에 동의하는지 설명하시오.

5-10 ABC 시스템의 도입에 있어 주요 장벽에 대해 설명하시오.

5-11 ABC 시스템의 구축의 주요 행동 이슈는 무엇인가?

5-12 ABC가 제조 및 서비스 기업에게 모두 똑같이 중요한 이유를 설명하시오.

5-13 "활동기준원가계산은 보다 정확하고 자세한 정보를 제공하며, 단순원가계산을 대체해야 한다."는 의견에 동의하는지 설명하시오.

5-14 제품 또는 서비스 원가의 정확성을 높이기 위해 원가계산시스템에서 간접원가집합의 수를 결정하는 주요 요인은 무엇인가?

5-15 세 가지 유형의 USB를 제조하는 회사의 연간 총제조원가는 $10,000,000이다. 경영자는 세 제품 모두 공헌이익이 제품의 생산을 정당화하고 있으며, 따라서 회사가 ABC를 도입하면 총제조원가가 동일한 수준으로 유지되어 ABC를 도입할 필요가 없다고 주장한다. 경영자가 마음을 바꾸도록 하기 위해 어떻게 설득할 수 있겠는가?

객관식 문제

5-16 Conroe Company는 관리회계시스템에서 제공하는 자료를 검토 중이다. 다음 설명 중 올바른 것은 무엇인가?

> I. 원가동인은 원가대상의 총원가를 증가시키는 원인이 되는 요소이다.
> II. 원가동인은 조업도 기반이거나 활동기반일 수 있다.
> III. 원가동인은 일반적으로 제조공정에서 발생하는 가장 큰 비용이다.

a. I, II, III 모두

b. I와 II

c. I

d. II와 III

5-17 Nobis Company는 ABC 시스템을 사용하고 있다. 다음 중 ABC와 관련하여 올바른 설명은 무엇인가?

> I. 부문별원가계산시스템은 ABC 시스템을 개선한 것이다.
> II. ABC 시스템은 제조기업에는 유용하지만, 상품매매기업이나 서비스기업에는 유용하지 않다.
> III. ABC는 수행된 활동과 인과관계가 있는 원가동인을 개발하기 때문에 원가의 왜곡을 방지할 수 있다.

a. I, II, III

b. II와 III

c. III

d. 없다.

주관식 문제

5-18 원가계층구조. SharpPitch, Inc.는 유명한 몇몇 회사의 노래방 기계를 제조하고 있다. 기계에 따라 복잡성과 생산배치의 크기가 다양하며, 2014년에 다음과 같은 비용이 발생했다.

a. 직접노무인력을 지원하는 감독과 같은 간접노무원가: $950,000
b. 구매주문처리, 자재수불 그리고 외상매입금 지급과 같은 구매활동원가: $675,000
c. 간접재료원가: $180,000
d. 다른 유형의 제품을 제조할 때마다 기계작업을 준비하는 활동에 소비된 원가: $450,000
e. 공정 설계, 공정도면 작성 및 제품 엔지니어링 변경활동에 소비된 원가: $315,000
f. 감가상각, 수선유지 및 생산엔지니어링과 같은 기계 관련 간접원가(이러한 자원은 기계운전 활동과 관련됨): $975,500
g. 공장관리, 공장임차료 및 공장건물 및 설비 관련 보험료: $578,000

요구사항

1. 위의 각 원가를 단위수준, 배치수준, 제품유지 또는 시설유지원가로 분류하고, 그 이유를 설명하시오.
2. SharpPitch, Inc.에서 제조하는 두 가지 유형의 노래방 기계에 대해 논의해 보자. 전문가용으로 생산된 기계는 제조가 복잡하고 생산되는 배치의 수가 많다. 다른 유형은 가정용으로, 제조가 간단하며 배치 수가 적다. SharpPitch가 각 유형의 노래방 기계를 생산하는데 소비되는 기계작업시간은 동일하고, 제조간접원가는 단일배부기준으로 기계작업시간을 사용하여 배부한다. 이때, 기계의 제조원가가 잘못 계산될 가능성이 있는가? 이유를 들어 간단히 설명하시오.
3. SharpPitch의 경영관리에 원가계층구조는 어떻게 유용한가?

5-19 ABC, 원가계층구조, 서비스업(CMA 수정). CoreTech Laboratories는 자재에 대해 열에 견디는 검사와 스트레스에 견디는 검사를 수행하며, 모든 생산능력을 가동하고 있다. 현재 CoreTech는 단순원가계산 시스템을 사용 중이며, 모는 영업비용($1,800,000)을 단일 간접원가집합에 집계하고 있다. 검사시간당 원가율은 $20($1,800,000 ÷ 90,000총검사시간)이다. 열 검사에는 50,000검사시간이 소요되고, 스트레스 검사에는 40,000검사시간이 소요된다. CoreTech의 컨트롤러인 Gary Celeste는 열 검사 및 스트레스 검사의 검사과정과 원가구조가 다양하므로, 별도로 간접원가집합을 설정하여 적합한 배부율을 사용하고 청구가격도 차별화해야 한다고 생각한다. 관련 검사시장은 경쟁이 치열해지고 있어, 원가정보가 왜곡되거나 가격책정이 잘못 결정되면 CoreTech는 고객을 상실할 우려가 있다. 이에 Celeste는 CoreTech의 원가를 네 가지 활동원가 범주로 세분화하였다.

a. 직접노무원가 $276,000는 열 검사에 $204,000, 스트레스 검사에 $72,000씩 직접 추적 가능하다.
b. 설비관련 원가(임차료, 수선유지비, 동력비 등) $495,000는 열 검사와 스트레스 검사에 검사시간을 기준으로 배부한다.
c. 기계작업준비원가 $630,000는 열 검사와 스트레스 검사에 기계작업준비시간을 기준으로 배부한다. 기계작업준비에 열 검사는 15,000시간, 스트레스 검사는 6,000시간을 소비하였다.
d. 검사 설계원가 $399,000는 열 검사와 스트레스 검사에 검사설계시간을 기준으로 배부한다. 검사설계에는 열 검사가 4,000시간, 스트레스 검사가 2,000시간을 소비하였다.

요구사항

1. 위의 각 활동원가를 단위수준, 배치수준, 제품(또는 서비스)유지 또는 시설유지원가로 분류하고, 그 이유를 설명하시오.

2. 열 검사와 스트레스 검사의 검사시간당 원가를 계산하시오. 이 금액이 CoreTech가 단순원가계산 시스템을 사용하여 계산한 검사시간당 원가 $20와 차이가 나는 이유를 간단히 설명하시오.
3. 단순원가계산 시스템과 ABC 시스템을 사용하여 계산한 제품원가계산의 정확성을 비교하시오. CoreTech의 경영자가 경영관리 목적으로 원가계층구조 및 ABC 정보를 어떻게 이용할 수 있는가?

5-20 전문서비스기업의 대체 배부기준. Walliston Group(WG)은 다국적 기업들에 세무자문서비스를 제공한다. WG는 (a) 전문가 직접노무시간(시간당 요금 부과) 및 (b) 지원서비스(전문가 직접노무원가 청구액의 30%)에 따라 고객에게 자문 수수료를 부과한다. WG에는 세 명의 전문가가 있으며, 전문가별 시간당 청구금액은 다음과 같다.

전문가	시간당 청구금액
Max Walliston	$640
Alexa Boutin	220
Jacob Abbington	100

WG는 두 명의 고객에 대한 2017년 5월 청구서를 작성하였다. 고객별 전문가 자문제공 시간은 다음과 같다.

	고객별 자문시간	
전문가	San Antonio Dominion	Amsterdam Enterprises
Max Walliston	26	4
Alexa Boutin	5	14
Jacob Abbington	39	52
합계	70	70

요구사항

1. WG가 San Antonio Dominion과 Amsterdam Enterprises에게 청구할 2017년 5월의 자문금액은 얼마인가?
2. 지원서비스가 전문가직접노무시간당 $75로 (전문가 직접노무원가의 30%가 아니라) 고객에게 청구되었다고 가정하자. 이로 인해 2017년 5월 두 고객에게 청구된 금액이 어떻게 달라지는가? 요구사항 1과 2에서 청구된 자문료에 차이가 나는 이유를 설명하시오.
3. 전문가 직접노무원가와 전문가 직접노무시간 중 어느 것이 WG의 지원서비스에 더 적합한 배부기준인가?

5-21 공장전체, 부문별, 활동원가 배부율. Triumph Trophies는 트로피와 상패를 제작하며, Minnetonka Little League의 참가자에게 수여할 트로피와 같이 대규모의 맞춤 주문을 수행한다. 회사의 컨트롤러는 공장 전체, 부문별 그리고 활동기준 원가배부를 비교하여 분석하도록 요청하였다.

2014년 11월 30일 Triumph Trophies 예산정보

성형부문	트로피	상패	합계
직접재료원가	$26,000	$22,500	$48,500
직접노무원가	31,200	18,000	49,200
제조간접원가			
기계작업준비원가			24,000
일반간접비			20,772

조립부문	트로피	상패	합계
직접재료원가	$5,200	$18,750	$23,950
직접노무원가	15,600	21,000	36,600
제조간접원가			
기계작업준비원가			46,000
감독관 급여			21,920

기계작업준비원가는 각 부문에서 처리된 생산배치 수에 따라 변동한다. 각 부서의 제품라인별 예정 배치 수는 다음과 같다.

	트로피	상패
성형부문	40	116
조립부문	43	103

감독관 급여는 부문에서 발생한 직접노무원가에 비례하여 발생한다.

요구사항

1. 총간접원가의 배부기준이 총직접원가인 경우, 공장 전체의 총간접원가에 대해 공장전체의 단일 배부율을 사용하여 트로피와 상패의 예산원가를 계산하시오.
2. 부문별 배부율을 사용하여 트로피와 상패의 예산원가를 계산하시오. 성형부문 간접원가의 배부기준은 성형부문의 직접노무원가이고, 조립부문 간접원가의 배부기준은 조립부문의 총직접원가이다.
3. Triumph가 활동기준원가계산을 사용하여 각 부문에 간접원가를 배부하는 경우 트로피와 상패의 예산원가를 계산하시오.
4. 정보의 세분화가 어떻게 의사결정의 질을 개선하거나 감소시킬 수 있는지 설명하시오.

5-22 ABC, 종합원가계산. Parker Company는 수학용 계산기와 재무용 계산기를 제조하며, 생산능력을 모두 가동하고 있다. 두 제품에 대한 자료는 다음과 같다.

	수학용 계산기	재무용 계산기
연간 생산단위	60,000개	120,000개
직접재료원가	$240,000	$480,000
직접노무원가	$ 75,000	$150,000
직접노무시간	5,000	10,000
기계작업시간	40,000	80,000
생산배치 수	60	60
품질검사시간	1,500	750

총제조간접원가는 다음과 같다.

	합계
기계작업원가	$720,000
기계작업준비원가	150,000
품질검사원가	135,000

요구사항

1. 간접원가집합별로 원가동인을 선택하고, 각 제품의 단위당 제조간접원가를 계산하시오.
2. 제품별로 단위당 제조원가를 계산하시오.
3. Parker의 경영자는 경영관리 목적으로 활동기준원가계산 시스템의 새로운 원가정보를 어떻게 이용할 수 있는가?

5-23 활동기준원가계산, 서비스업. Speediprint Corporation은 전단지, 브로슈어 및 광고자료를 인쇄하는 업체로, 다양한 인쇄작업을 표준작업과 특수작업으로 구분한다. Speediprint는 단순원가계산 시스템을 사용하고 있으며, 총원가를 두 가지 직접원가 범주(직접재료원가와 직접노무원가)와 하나의 간접원가집합으로 분류한다. Speediprint는 최대 조업도로 가동되고 있으며 인쇄기계작업시간을 배부기준으로 사용하여 간접원가를 작업에 배부하고 있다.

최근 표준작업과 특수작업에 배부된 원가의 정확성에 우려가 제기되어, Speediprint는 활동기준원가계산 시스템을 구축하려고 한다. Speediprint의 ABC 시스템은 직접원가 범주는 단순원가계산 시스템과 동일하다. 그러나 단일 간접원가집합이 아니라, 간접원가를 배부하기 위한 여섯 가지 범주(설계, 구매, 작업준비, 인쇄기계작업, 마케팅 및 관리)로 구분된다. 활동기준원가계산이 표준작업 및 특수작업의 원가에 미치는 영향을 분석하기 위해 Speediprint는 2017년의 정보를 다음과 같이 수집하였다.

	A	B	C	D	E	F	G	H
1		표준작업	특수작업	합계	원가배부기준과 활동원가 간의 인과관계			
2	인쇄작업 수	400	200					
3	작업당 원가	$ 600	$ 750					
4	작업당 소모품원가	$ 100	$ 125					
5	작업당 직접노무원가	$ 90	$ 100					
6	작업당 인쇄기계 작업시간	10	10					
7	인쇄기계작업원가			$75,000	인쇄기계작업원가는 인쇄기계작업시간에			
8					비례하여 증가한다.			
9	작업당 작업준비시간	4	7					
10	작업준비원가			$45,000	작업준비원가는 작업준비시간에 비례하여			
11					증가한다.			
12	총구매주문횟수	400	500					
13	구매주문원가			$18,000	구매주문원가는 주문횟수에 비례하여 증가한다.			
14	설계원가	$4,000	$16,000	$20,000	설계원가는 설계부문 전문가의 분석에			
15					근거하여 표준 및 특수작업에 배부된다.			
16	매출액 대비 마케팅원가 비율	5%	5%	$19,500				
17	관리원가			$24,000	관리서비스에 필요한 자원의 수요는			
18					직접노무원가에 비례하여 증가한다.			

요구사항

1. 단순원가계산 시스템에서 표준작업과 특수작업의 원가를 계산하시오.
2. ABC 시스템에서 표준작업과 특수작업의 원가를 계산하시오.
3. 요구사항 1과 2에서 표준작업과 특수작업의 원가를 비교하시오. 두 원가계산시스템에서 작업별 원가에 차이가 나는 이유는 무엇인가?
4. Speediprint는 활동기준원가계산 시스템에서 산출된 새로운 원가정보를 경영관리 목적으로 어떻게 활용할 수 있는가?

5-24 활동기준원가계산, 제조업. Decorative Doors, Inc.는 건물 내부와 외부용 두 가지 유형의 문을 생산한다. 회사는 단순원가계산 시스템을 사용하며, 총원가를 두 가지의 직접원가범주(직접재료원가와 직접노무원가)와 하나의 간접원가집합으로 분류한다. 단순원가계산 시스템에서는 기계작업시간을 기준으로 간접원가를 배부하고 있다. 최근, Decorative Doors의 소유주는 회사의 주력 판매제품인 내부용 문의 시장점유율 하락에 대해 우려하고 있다. 최근의 Decorative Doors의 생산자료는 다음과 같다.

	내부용 문	외부용 문
판매량	3,200	1,800
판매가격	$ 125	$ 200
단위당 직접재료원가	$ 30	$ 45
단위당 직접노무원가	$ 16	$ 16
단위당 직접노무시간	1.50	2.25
생산배치 수	40	85
자재이동 횟수	72	168
기계작업준비 횟수	45	155
기계작업시간	5,500	4,500
품질검사 횟수	250	150

소유주는 ABC 시스템을 사용하는 동일 업계의 다른 기업에 대해 알게 되었는데, ABC 시스템이 제품원가계산에 어떤 영향을 미치는지 궁금해하고 있다. Decorative Doors의 간접원가집합을 분석한 후, 간접원가를 집계하기 위한 6가지 활동(생산계획, 자재취급, 기계작업준비, 조립, 품질검사, 마케팅)을 식별하였다. Decorative Doors는 간접원가를 발생시키는 활동에 관련된 다음의 자료를 수집하였다.

활동	활동원가	활동원가동인
생산계획	$95,000	생산배치 수
자재취급	45,000	자재이동 횟수
기계작업준비	25,000	기계작업준비 횟수
조립	60,000	기계작업시간
품질검사	8,000	품질검사 횟수

마케팅 원가는 개별 제품 매출액의 3%로 결정되었다.

요구사항

1. 단순원가계산 시스템하에서 내부용 문과 외부용 문의 원가를 계산하시오.
2. ABC 시스템하에서 내부용 문과 외부용 문의 원가를 계산하시오.
3. 요구사항 1과 2에서 내부용 문과 외부용 문의 원가를 비교하시오. 두 원가계산 시스템에서 제품별 원가에 차이가 나는 이유는 무엇인가?
4. Decorative Doors는 활동기준원가계산 시스템에서 산출된 새로운 원가정보를 내부용 문의 시장점유율 하락에 대응하기 위한 목적으로 어떻게 활용할 수 있는가?

5-25 활동기준원가계산. Sheri's Custom Framing은 개별원가계산을 사용하고 있으며, 간접원가집합을 다섯 가지(구매, 자재취급, 기계수선유지, 제품검사 및 포장)로 분류한다. 회사는 현재 두 개의 작업[작업 215(15개의 정교한 맞춤형 프레임), 작업 325(6개의 표준 맞춤형 프레임)]에 입찰하는 중이다. 회사의 컨트롤러는 현재 단순원가계산 시스템과 새로 도입할 ABC 시스템하에서 계산된 간접원가 배부금액을 비교하고자 한다. 간접원가집합별 총원가의 예산과 원가동인의 예정소비량은 다음과 같다.

	간접원가 예산	원가동인	원가동인의 예정소비량
구매	$ 35,000	처리된 구매주문 횟수	2,000
자재취급	43,750	자재이동 횟수	5,000
기계수선유지	118,650	기계작업시간	10,500
제품검사	9,450	검사 횟수	1,200
포장	19,950	생산량	3,800
	$226,800		

작업 215 및 작업 325의 관련 자료는 다음과 같다. 작업 215는 배치수준원가가 상대적으로 더 많이 발생하는데, 그 이유는 여러 종류의 재료가 사용되어 구입, 이동, 검사 등의 활동이 작업 325보다 많기 때문이다.

	작업 215	작업 325
구매주문 횟수	25	8
자재이동 횟수	10	4
기계작업시간	40	60
검사 횟수	9	3
생산량	15	6

요구사항

1. 단순원가계산 시스템에서 개별 작업에 배부된 총간접원가를 계산하시오. 간접원가는 기계작업시간을 기준으로 배부한다.
2. ABC 시스템에서 적절한 활동원가동인을 사용하여 개별 작업에 배부된 총간접원가를 계산하시오.
3. Sheri's Custom Framing이 입찰과정에서 단순원가계산 시스템보다 ABC 시스템을 더 선호하는 이유를 설명하시오.

5-26 원가동인의 선택, 활동기준원가계산, 활동기준경영관리. Shade & Hues(S&H)는 고품질의 커튼과 침대시트를 디자인하며, 각 디자인은 작은 배치로 제작된다. 매년 봄, S&H는 새로운 디자인의 커튼과 침대시트를 선보이며, 회사는 이 디자인을 1년 동안 사용하고, 다음 트렌드로 넘어간다. 모든 제품은 동일한 제조장비를 이용하여 생산되며, 최대조업도를 예상하고 있다. 디자인이 변경되면 장비를 새로 조율해야 하며, 새로운 배치의 생산을 위해 기계작업을 준비해야 한다. 배치가 완성되면 즉시 도매업자에게 배송되며, 배송비는 배송 횟수에 따라 다르다. 당기의 예산은 다음과 같다.

Shades & Hues
원가 및 활동예산
2016년 3월 1일부터 2017년 2월 28일까지

직접재료원가-침대시트	$ 382,260
직접재료원가-커튼	510,425
직접노무원가-침대시트	112,500
직접노무원가-커튼	126,000
기계작업준비	78,250
배송	84,500
디자인	193,200
공장 공공요금 및 관리비	255,775
합계	$1,742,910

기타의 예산자료는 다음과 같다.

	커튼	침대시트	합계
생산량	6,240	3,075	9,315
제조시간	1,755	2,655	4,410
생산배치 수	150	100	250
디자인 수	4	6	10

요구사항

1. 원가범주별로 원가계층구조를 분류하시오.
2. 각 원가범주에 대해 적절한 원가동인을 선정하고, 그 이유를 간단히 설명하시오.

3. 각 원가범주별로 원가동인당 예정배부율을 계산하시오.
4. 제품라인별로 총예산원가와 단위당 예산원가를 계산하시오.
5. 원가절감을 위해 요구사항 4의 정보를 어떻게 활용할 수 있는지 설명하시오.

5-27 ABC, 보건의료. Crosstown Health Center는 두 개의 프로그램[마약중독자 갱생과 퇴원 후 간호(정신병원 퇴원자에 대한 상담 및 지원)]을 운영한다. 2017년 센터의 예산은 다음과 같다.

의료전문가 급여:		
의사 4명×$150,000	$600,000	
심리학자 12명×$75,000	900,000	
간호사 16명×$30,000	480,000	$1,980,000
의료소모품		242,000
임차료 및 클리닉 수선유지		138,600
진료기록, 음식, 세탁 등 관리비		484,000
실험실 운영		92,400
합계		$2,937,000

센터장인 Kim Yu는 프로그램별 원가계산에 대해 관심이 많다. 개별 프로그램에 대한 직원 배치 현황은 다음과 같다.

	마약	퇴원 후 간호	총인원수
의사	4		4
심리학자	4	8	12
간호사	6	10	16

Yu는 현재의 원가계산시스템을 정교화하기 위해 ABC 시스템을 구축하려고 한다. 회계사인 Gus Gates에게 ABC 시스템의 적용을 지시하였고, Gates는 2017년 다음의 예산정보를 수집하였다.

	마약	퇴원 후 간호	합계
프로그램 사용공간 면적	9,000	12,000	21,000
환자 수-서비스 연도	50	60	110
실험실 검사 횟수	1,400	700	2,100

요구사항

1. a. 프로그램에 네 가지 간접원가(의료소모품, 임차료 및 클리닉 수선유지, 관리비, 실험실 운영)를 배부하기 위해 적합하다고 생각하는 배부기준을 선택하고, 간접원가집합별로 예정배부율을 계산하시오.
   b. 활동기준원가계산을 사용하여 각 프로그램의 예산원가를 계산하고, 환자수-입원년도 수 단위당 마약 프로그램의 원가를 계산하시오.
   c. ABC 시스템을 시행하여 Crosstown Health Center가 얻을 수 있는 효익은 무엇인가?
2. 소비한 자원의 원가를 프로그램에 배부할 때 Crosstown Health Center는 원가 이외에 어떤 요인을 고려해야 하는가?

6 종합예산과 책임회계

학습목표

1. 종합예산의 정의와 이점에 대해 학습한다.
2. 예산의 장점을 파악한다.
3. 스케줄에 맞춰 예산을 편성한다.
4. 컴퓨터 기반 재무계획모형을 활용한 민감도 분석을 학습한다.
5. 책임회계와 책임중심점에 대해 학습한다.
6. 예산편성의 고려사항에 대해서 학습한다.

아무도 현금부족을 좋아하지 않는다. 지출을 관리하기 위해서 기업은 개인과 마찬가지로 예산이 필요하다. 예산은 경영자와 직원들로 하여금 그들이 올바른 성장과 목표를 향해 가고 있는지 알려주는 역할을 한다. 예산은 모든 종류의 기업에게 중요하다. 예를 들어 대형 금융기업(예: 2000년 중반 부동산버블 붕괴로 재무적 손실을 겪은 Citigroup), 대형 소매기업(예: 이익이 적은 Home Depot), 수익성이 좋은 컴퓨터 기업(예: 고가치 제품을 판매하는 Apple), 그리고 럭셔리 호텔기업(예: 고가치 서비스를 제공하는 Ritz-Carlton) 등이 있다.

Ritz의 '절약': 종합예산

"신사숙녀에게 봉사하는 신사숙녀"는 Ritz-Carlton의 모토이다. Ritz-Carlton 호텔의 경영성과는 각 호텔의 매니저와 관리자가 책임진다. Ritz-Carlton은 호텔에서 실제로 일하는 직원들이 매년 예산을 직접 기획한다. 예산은 호텔 객실, 컨벤션, 웨딩, 회의실, 상점 그리고 식음료의 예상수입과 지출로 구성되어 있다. 매니저들은 매일 예상수입을 관리하고, 객실점유율을 재검토하며 가능한 선에서 가격도 조정한다. Ritz-Carlton의 본사에서는 매달 실제 경영성과와 승인한 예산을 비교·분석한다. 그리고 수입을 올리거나 혹은 비용을 절감할 수 있는 방안들을 주기적으로 호텔 직원들과 공유한다.

성공한 기업들은 왜 예산을 중요하게 생각하는가? Ritz-Carlton의 사례에서 알 수 있듯이 예산은 조직의 의사결정과정에서 중요한 기능 중 하나이다. 다른 사례로 Southwest Airlines에서는 변동이 큰 연료원가를 관리하기 위한 목적으로 예산을 사용한다. Walmart는 Target과의 아슬아슬한 경쟁에서 우위를 유지하기 위해 예산을 활용한다. Gillette는 예산을 사용해서 면도기 광고캠페인을 계획한다.

기업에게 예산은 필수적임에도 불구하고, 예산을 계획하는 과정에서 많은 경영자들은 종종 어려움을 겪는다. 왜냐하면 미래를 정확하게 예측하는 것은 쉬운 일이 아니기 때문이다. 또한 예산을 편성할 때 각 부서들이 전년도보다 더 좋은 성과를 내리라 가정하는 것 역시 경영자들에게는 부담이 된다. 예산달성 여부는 경영자들의 성과평가 항목 중 하나이기 때문에, 경

Suzanne Porter/Rough Guides/Dorling Kindersley, Ltd.

영자들에게 있어 예산편성은 중요하면서도 어려운 일이다. 이번 장에서는 예산의 이점과 더불어 경영자들이 예산을 어떻게 편성하는지에 대해 배울 것이다.

예산과 예산주기

예산은 (1) 특정기간 동안 경영자들이 제안하고 있는 계획의 정량적인 표현과 (2) 그 계획들을 실행하기 위해 필요한 조정이다. 예산은 미래에 기업이 계획하고 있는 지침을 나타내며, 일반적으로 계획의 재무적인 부분과 비재무적인 부분 모두 포함하고 있다. 재무 예산은 기업의 수익, 현금흐름 그리고 재무상태에 대한 경영자들의 기대를 수량화한 예산이다. 과거의 사건에 대해 기록하는 재무제표가 있듯이 미래에 대해 예측하는 재무제표도 존재한다. 예산손익계산서, 예산재무상태표, 예산현금흐름표가 바로 그 예이다. 경영자들은 정확한 재무예산을 편성하기 위해 비재무적 예산의 정보를 활용한다. 비재무적 예산에는 예상판매량, 예상생산량, 직원 수, 시장에 새롭게 출시된 제품 수 등이 해당된다.

전략적 계획과 영업 계획

예산은 기업의 전략과 통합될 때, 가장 유용하다. 전략이란 기업의 목표를 실행하기 위해 외부환경의 기회에 맞춰 기업의 능력을 적응시키는 방법이다. 성공적인 전략을 위해서, 경영자들은 반드시 다음과 같은 질문을 고려해야 한다.

- 기업의 목표는 무엇인가?
- 우리는 경쟁자들과 다른 우리만의 가치를 어떻게 창출할 것인가?
- 우리의 제품은 지역적인가? 한 국가에만 한정되는가? 아니면 전 세계적으로 상품성이 있는가? 우리 제품이 속한 시장은 트렌드에 영향을 많이 받는가? 경제, 산업 그리고 경쟁사들이 우리에게 주는 영향이 큰가?
- 조직구조와 재무구조가 최적의 상태인가?
- 다른 전략의 위험과 기회는 무엇인가? 우리가 선택한 계획이 실패할 경우에 대비한 계획은 무엇인가?

Home Depot는 낮은 가격에 높은 품질의 제품과 서비스를 제공하는 전략을 선택했다. Porsche나 Ritz-Calrton은 경쟁사들의 제품 혹은 서비스보다 고가이더라도 그들만의 특별한 제품과 서비스를 제공하는 것을 목표로 하고 있다. 보기 6-1에서는 전략적 계획은 장기예산을 통해, 영업계획은 단기예산을 통해 계획되고 있음을 보여주고 있다. 이와 관련한 내용으로 표에 있는 화살표를 보면 쌍방향임을 알 수 있다. 위로 향하는 화살표는 예산이 계획과 전략에 영향을 미치고 있음을 보여준다. 예산은 경영자들이 전략적 위험과 기회를 평가하고 이를 기반으로 전략과 계획의 효과를 평가할 수 있도록 도와준다. 이를 통해 경영자들은 그들의 전략과 계획을 재평가하고 수정할 수 있다.

Boeing의 747-8 프로그램은 Boeing 경영자들이 예산으로 영업계획을 어떻게 수정하는지 보여준다. Boeing은 787 Dreamliner 프로그램의 디자인을 약간 수정하여 747-8 제트기 디자인에 활용한다면 상대적으로 비용이 덜 발생할 것이라고 생각했다. 그러나 예상과 다르게 원가의 초과발생과 지속되는 지연으로 인해 Boeing의 전략은 실패하였다. 2012년 초,

보기 6-1 전략, 계획 그리고 예산

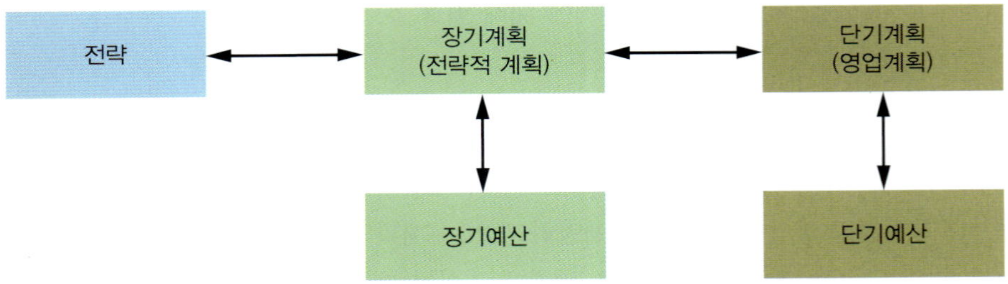

747-8 프로그램은 이미 예산보다 $20억를 초과하였고, 스케줄은 계획보다 1년 정도 뒤쳐졌다. 그 결과, Boeing은 주문받은 100대를 판매하여도 이익을 내지 못하게 되었다. 예상했던 것보다 더 많은 디자인 비용, 재작업 비용 그리고 생산 비용이 발생하여 Boeing은 747-8 프로그램의 생산계획을 연기하기로 결정했다. 이후에도 747-8과 관련 문제들은 지속적으로 발생했다. 그래서 Boeing은 1년에 747-8 비행기를 10개 미만으로 제조하기로 결정했다.

예산주기와 종합예산

경영상태가 좋은 기업은 보통 회계기간 동안 다음의 순서대로 계획을 진행한다.

1. 회계연도가 시작되기 전에 모든 부서의 매니저들은 기업의 과거 경영성과, 시장 반응, 그리고 예상되는 변화들을 고려하여 다음 회계연도의 계획을 세운다. 예를 들어, 올해 경제 상황이 불황에서 호황으로 전환될 것으로 예상된다면, 경영자들은 매출 증가, 생산 증대 그리고 광고비 증가를 계획할 것이다. 경영자들과 관리회계사들은 기업 전체의 계획과 각 부서별 성과를 계획할 것이다.
2. 기초에 상급관리자들은 부하직원들에게 목표치에 대해 공유한다. 목표치는 재무와 비재무적 기대치로, 나중에 실제성과와 비교하는 기준으로 사용된다.
3. 회계기간 동안 관리회계사는 경영자들을 도와 매출 하락과 같이 예상치 못한 일들이 발생하는지 조사한다. 가능하다면, 예상치 못한 상황–제품 디자인 및 기능 변경, 판매를 증진시키기 위한 가격 인하, 수익성을 유지하기 위한 원가 절감–에 따른 대안책을 준비한다.

위의 세 가지 단계는 예산 관련 과정들을 제시하고 있다. 이러한 예산 관련 과정들을 문서화한 것이 종합예산이다. 종합예산이란 특정 기간(회계연도) 동안 기업의 영업과 재무 계획들을 일컬으며, 예상재무제표가 이에 해당된다. 종합예산은 해당 기간에 기업이 달성해야 하는 최초계획이다. 종합예산은 경영자들이 예산을 편성할 때 결정한 영업·재무 의사결정을 반영하여 작성된다.

- 영업의사결정이란 한정된 자원으로 최적의 성과를 만드는 것이다.
- 재무의사결정은 기업이 자원들을 어떤 방법으로 획득할지 결정하는 것이다.

예산을 표현하는 방법은 기업에 따라 다르다. 예를 들어, 예상재무제표는 가끔 추정재무제표라고 불린다. Hewlett-Packard와 같은 기업들은 예산을 목표라고 부르기도 한다. Nissan Motor나 Owens Corning과 같은 대다수의 기업들은 예산을 이익계획이라고 부른다. Microsoft는 목표를 약속이라고 부른다. 이들은 기업 전체의 목표를 부서, 팀 그리고 개개인의 약속으로 퍼뜨린다.

이 책에서는 관리회계사가 어떻게 경영자들을 도와 영업의사결정을 내리는지 볼 것이다. 그리고 이 과정에서 왜 영업예산이 중요한지에 대해서도 논의할 것이다. 예산은 많은 이점을 가지고 있기에 경영자들은 예산을 준비하고 분석하는 데 많은 시간을 할애한다.

예산실행의 장점과 도전과제

예산은 경영통제시스템의 필수적인 부분이다. 경영자들은 예산을 관리할 때, 다음 사항을 꼭 고려해야 한다.

- 회사 내 부서들 간 조화와 의사소통을 촉진한다.
- 성과를 평가하고 이를 통한 학습이 가능하도록 체계를 제공해야 한다.
- 매니저 및 다른 직원들에게 동기를 부여해야 한다.

조화와 의사소통

조화는 기업의 모든 부분, 즉 제품과 서비스 혹은 부서들 간의 균형을 의미하며, 기업이 목표를 달성하기 위한 최고의 방법이다. 의사소통은 모든 직원들이 기업의 목표에 대해 온전하게 이해하는 것을 가능하게 한다. 조화는 경영진으로 하여금 기업 내 부서들의 관계뿐만 아니라 기업과 공급사슬 파트너와의 관계에 대해서도 고민하고 생각하도록 한다.

영국의 전기제품 제조기업인 Pace의 예산 사례를 같이 살펴보자. Pace의 주 상품은 위성방송을 디코딩하는 디지털 셋톱박스이다. 생산부서 매니저가 마케팅부서와 제품의 발송 정보를 공유하고 소통함으로써 적시생산을 할 수 있게 된다. 또한 마케팅부서도 Pace의 고객들과 소통하면서 셋톱박스의 미래 수요에 대해 더 정확하게 예측할 수 있게 된다.

Pace의 가장 큰 고객 중 하나인 BSkyB를 예를 들어 생각해 보자. BSkyB는 새로운 고화질의 개인비디오 녹화서비스 출시를 계획하고 있다. 만약에 Pace의 마케팅부서가 BSkyB의 새로운 서비스 출시날짜를 알고 있다면, 마케팅부서는 이 정보를 생산부서와 공유할 것이다. 그리고 생산부서는 반드시 이 정보를 Pace의 재료조달부서와 공유해야 한다. 즉, Pace가 예산수립과 생산과정에서 기업 내 부서 간 그리고 고객과 공급자와의 소통이 원활할수록 시장 수요에 맞는 개인비디오를 생산할 가능성이 높아진다.

성과평가와 학습을 위한 체계

예산은 기업의 실제성과와 예측성과를 비교하는 것을 가능하게 한다. 예산은 과거 성과를 기반으로 한 성과평가의 두 가지 한계점을 해결해 준다. 첫 번째 한계점은 과거 성과의 신뢰도이다. 때때로 특정연도에 발생한 실수로 인해 과거 성과가 저조할 수 있다. 휴대폰 회사인 Mobile Communications가 현재 연도(2017년) 영업 직원의 성과를 추정한다고 가정해 보자. 그리고 2017년 전후로 많은 영업사원들이 Mobile Communications를 떠났다. 그 이유는 2016년 Mobile Communications의 회장이 "한파에는 아이스크림을 판매할 수 없다"라는 말을 하였는데, 이를 영업사원들이 시장이 좋지 않을 것이라고 잘못 이해하였기 때문이다. 그러므로 2016년의 성과에는 2017년에 남아 있는 영업사원의 노력뿐만 아니라 회사를 떠난 영업사원들의 노력 역시 포함되어 있다. 그러므로 퇴사한 직원의 판매기록을 사용하여 2017

년의 성과 기준을 설정하는 것은 옳지 않다.

또 다른 한계점은 미래 상황이 과거와는 다를 수 있다는 것이다. Mobile Communications의 수입은 2016년에는 10% 증가하였고, 2017년에는 20% 증가하였다. 과연 2017년이 2016년에 비해 성과가 좋았다고 말할 수 있을까? 만약, 2017년 Mobile Communications 기업이 속한 산업의 예상성장률과 실제성장률이 40%라고 가정해 보자. 이 상황에서는 2017년 Mobile Communications의 20% 수입 증가는 2016년도에 비해 10% 더 증가하였다고 하더라도 좋은 성과는 아니다. 이러한 상황에서는 2016년도의 성과를 성과평가기준으로 사용하는 것보다는 예상성장률이 벤치마크로써 더 적합하다. 이러한 이유로 많은 기업들은 동종산업 내 기업들의 성과를 기준으로 평가하는 상대평가 방법을 사용한다. 성과평가 방법으로 예산만 사용하게 된다면, 하위부서에서는 달성하기 쉬운 목표치를 예산으로 설정하고자 할 것이다. 그리고 각 부서의 매니저들은 하위부서의 유인을 알기에 좀 더 달성하기 어렵게 목표치를 조정할 것이다. 그리고 최종결정은 상위부서 경영진들이 내릴 것이다. 상위부서 경영진들은 기말에 경쟁사의 성과와 시장의 상황에 대한 정보를 수집할 것이다. 이 정보는 하위부서 매니저들의 성과를 정확하게 판단할 수 있는 가치 있는 정보이다.

예산은 미래성과를 개선할 수 있는 정보도 제공한다. 실제성과가 예상했던 성과 혹은 계획보다 저조하다면, 상위부서 경영진들은 왜 이런 현상이 발생했는지 고민하게 된다. '무슨 일이 발생한 것인가', '왜 이런 일이 발생한 것인가'와 같은 질문에 대한 답을 찾는 과정에서 경영진들은 부진한 실적 재발을 방지하기 위한 해결책을 찾기도 한다. 즉, 예산정보를 가지고 경영진들은 예산과 실제성과를 면밀히 비교하고 차이에 대해 학습한다. 이를 통해 경영진들은 미래성과를 개선할 수 있다.

동기부여

많은 연구들이 달성하기 쉬운 예산보다 달성하기 어려운 예산이 직원들의 성과를 향상시킨다고 이야기한다. 왜 그런가? 사람들은 목표에 달성하지 못하는 것을 실패라고 생각한다. 그래서 실패를 피하고 성공을 달성하기 위해서 그들은 더 열심히 일하고자 한다(사람들은 실패회피자이다). 그리고 사람들은 목표치에 근접할수록, 목표치를 달성하기 위해 더 열심히 일한다. 약간의 걱정은 성과를 향상시킨다. 그러나 달성할 수 없을 정도로 높게 예산을 설정한다면, 직원들은 실패를 피할 기회가 없다고 생각한다. 그러므로 지나친 예산 설정은 오히려 직원들의 사기를 꺾는다. 그래서 경영자들은 쉽지 않지만 달성할 수 있을 정도의 목표치를 예산으로 설정한다. General Electronic의 전 CEO인 Jack Welch는 쉽지 않지만 달성할 수 있는 예산은 매니저들과 다른 직원들에게 활력을 주고, 동기를 부여하며 만족감과 독창성을 이끌 것이라고 말했다. 이번 장 마지막 부분에서 달성하기 어려운 목표가 직원들에게 어떠한 영향을 미치는지 다시 이야기할 것이다.

예산관리의 도전과제

모든 직책의 경영진들은 예산과정에 참여한다. 상위부서 매니저들은 하위부서 매니저들이 전문적인 지식뿐만 아니라 현장에서의 경험도 있기 때문에 예산편성과정에 참여해야 한다고 생각한다. 또한 예산편성에 직접 참여한다면 하위부서 매니저들의 책임감도 더 커질 것이다. 이를 상향식(Bottom-Up) 예산이라고 한다. 이는 상위부서의 경영진들이 직접 예산을 논의하고 결정하는 하향식(Top-Down) 예산과 반대되는 예산편성방법이다.

예산의 편성과정은 많은 시간을 필요로 한다. 추정해 보면, 상위부서 매니저들은 예산편성과정에 그들의 시간 중 약 10~20%를 사용하고 있으며, 재무부서는 약 50%의 시간을 할애하고 있다. 대부분의 기업들은 1년 예산편성을 위해 약 1달의 시간을 사용하고 있으며, 이는 엄청난 자원의 소비이다.

소규모 기업부터 다국적 대기업에 이르기까지 모든 기업들은 예산을 편성하고 사용한다. 예산편성에는 많은 시간과 노력이 들지만, 예산을 사용함으로써 얻을 수 있는 이익이 더 크기 때문에 많은 기업들은 예산을 사용한다. 그러나 예산을 사용한다고 해서 모두 이익을 얻을 수 있는 것은 아니다. 기업의 매니저들, 특히 상위부서의 경영진들이 예산과 경영통제시스템의 다양한 면모를 이해해야만 예산의 이점을 누릴 수 있다. 하위부서 매니저들이 상위부서 경영진들이 예산에 대한 '신뢰'가 없다고 생각한다면, 하위부서 매니저들은 예산편성과정에 적극적으로 참여하지 않을 것이며 성공적인 예산집행은 불가능할 것이다.

예산은 융통성 없이 집행되어서는 안 된다. 특히 상황이 급격하게 변할 때, 기존의 예산을 고수하는 것은 현명한 방법이 아니다. 예를 들어, 계획에 없던 수리나 혹은 계획에 없던 광고(기업의 장기적 이익을 위한)를 계약해야 하는 상황이 발생했다고 가정해 보자. 이때, 수리나 광고프로그램이 예산에는 없더라도, 기업의 장기적인 이익을 위해 필요하다면, 경영자는 추가적인 지출을 할 수 있다. 예를 들어, 2015년 하반기, Chipotle의 식품안전 문제로 인해 방문했던 약 500명의 손님들이 식중독에 걸리게 되었다. 그 결과, Chipotle의 주가는 반토막이 되었고, 이를 만회하기 위해 Chipotle는 새로운 마케팅 캠페인을 시작하였다. 또 다른 사례로 2007년~2009년 경기침체로 인해 Gucci의 인기는 하락했다. 이로 인해 Gucci는 예산을 감축해야 했고, 새로운 부티크 계획을 보류하였다. 금융위기 때, 소비자들의 지갑이 닫히자 Macy's와 다른 상품매매기업들은 경영난을 겪게 되었다. 그들이 살아남기 위해서는 가격을 인하하거나 혹은 인원을 감축하는 방법을 선택해야 했다. 그 결과, J. C. Penney의 2009년 매출은 예상매출액보다 $20억 낮은 금액이었다. J. C. Penny는 경기침체기에서 생존하기 위해 좀 더 공격적인 전략을 취했다. 기존의 '특별 할인' 전략을 '매일매일 최저가' 전략으로 바꾼 것이다. 그 결과, 경기침체기에서 살아남을 수 있었지만 불행하게도 공격적인 전략으로 인해 2012년 매출액은 급격하게 하락하였다.

영업예산

예산은 보통 1달, 1분기 혹은 1년 주기로 편성되며, 더 작은 단위의 하위기간으로도 편성된다. 예를 들어, 12개월 현금 예산은 12개의 월별 예산으로 쪼개질 수 있다. 이렇게 나눔으로써 현금의 유·출입을 더 쉽게 조정할 수 있다.

예산의 시간범위

예산편성의 동기는 경영자의 예산주기 선택에도 반영되어 있다. Harley-Davidson의 새로운 500cc 오토바이 예산을 예를 들어 생각해 보자. 만약에, 새로운 모델의 총수익성에 대한 예산을 책정하는 경우라면, 제품의 디자인, 생산, 판매 그리고 AS를 포괄할 수 있는 충분한 기간으로 예산기간을 선정하는 것이 합리적이다. Harley-Davidson의 경우에는 5년 혹은 그 이상의 기간이 예산주기로 적합하다. 또 다른 사례로, 몇 개월만 공연하는 연극의 제작예산을 편성하는 경우를 생각해 보자. 만약에 현금지출을 추정하는 것이 예산의 목적이라면, 무대 계획부터 마지막 공연까지 소요되는 6개월 기간을 예산기간을 산정하는 것이 적합하다.

가장 흔히 사용하는 예산주기는 1년이다. 1년 주기를 기반으로 분기 혹은 월별로 예산주기를 나누기도 한다. 예산은 시작과 동시에 수정될 수 있다. 2분기 말에 경영진들은 1분기와 2분기에 획득한 새로운 정보를 반영하여 3분기와 4분기의 예산을 수정한다. 예를 들어, 영국의 브렉시트 이후 파운드의 가치는 유로에 비해 하락하였다. 이로 인해, Opel의 Corsa와 Insignia 모델라인은 영국에서 부진했다. General Motors는 갑작스러운 파운드 평가절하에 대비해 생산비용을 $40억 절감하기로 결정했다. 이를 위해 General Motors는 독일에 있는 Opel 공장의 생산시간과 생산을 감축하였다.

많은 기업들은 연속예산을 사용한다. 연속예산이란 계속예산 혹은 연속예측이라고 불린다. 연속예산이란 정해진 특정 미래기간에 사용 가능한 예산이다. 일정 기간이 경과하면 새로운 기간(1달, 1분기 혹은 1년)을 추가하여 예산을 편성하는 방법이다. 글로벌 전자회사인 Electrolux는 3~5년 전략과 4분기 연속예산을 사용하고 있다. 2016년 4월부터 2017년 3월까지의 4분기 연속예산은 1분기가 지나면 2016년 6월부터 시작하는 새로운 연속예산으로 변경된다. 이처럼 예산은 항상 12개월로 구성되어 있다. 연속예산은 Electrolux 경영진으로 하여금 올해 남아 있는 분기와 상관없이 항상 앞으로의 1년에 대해 고민하도록 한다. 일부 회사들 가령 유럽의 선도 폴리올레핀 플라스틱 제조기업인 Borealis, Massachusetts에 본사를 두고 있는 생명연구 및 제조를 하는 Millipore, 북유럽과 발트해 지역의 금융기업인 Nordea는 모두 5분기 연속예측을 사용하고 있다. 정보 인프라의 거물인 EMC 기업은 6분기 연속 예측과정을 사용하고 있다. 이를 통해 EMC 기업은 시장 상황에 따라 예산을 조정하고 배분할 수 있다.

영업예산 준비과정

기업의 예산편성과정을 직접 살펴보면, 영업예산이 어떻게 편성되는지 알 수 있다. Stylistic Furniture 기업을 사례로 살펴보자. 이 기업은 두 종류의 화강암 커피테이블을 제조한다(Casual 라인과 Deluxe 라인). 2016년 하반기에 Stylistic 이사회는 앞으로 매년 10% 이상의 이익성장률을 의무화하겠다고 발표했다. Stylistic의 CEO인 Rex Jordan은 이사회의 의견에 어떻게 대응해야 할지 고민에 빠졌다. Jordan은 1장에서 배운 5단계 의사결정과정을 실행하였다.

1. **문제와 불확실성을 식별한다.** Stylistic이 직면한 문제점은 전략을 식별하고 10% 이익성장률을 달성하기 위한 예산을 편성하는 것이다. 그리고 불확실성은 다음과 같다. 과연 Stylistic은 수익성이 좋은 Deluxe 라인의 테이블 판매량을 극적으로 늘릴 수 있을까? Stylistic가 직면할 가격압박은 무엇일까? 재료원가의 가격이 인상될 것인가? Stylistic은 효율성 개선을 통하여 원가를 절감할 수 있을까?

2. **정보를 수집한다.** Stylistic의 매니저들은 올해 테이블 판매량 정보를 수집하였다. 그리고 그들은 Deluxe 라인이 예상보다 인기가 좋다는 사실을 알게 되었다. 게다가 Casual 테이블 라인의 경쟁사 제품은 2017년부터 계속해서 품질 문제가 거론되었고, 이는 쉽게 해결될 것 같지 않았다. 그리고 Stylistic 매니저들은 2015년에 비해 2016년의 직접재료원가가

소폭 상승한 것을 발견했다.

3. **미래를 예측한다.** Stylistic의 매니저들은 조금만 더 광고를 늘린다면, 2017년 Deluxe 라인의 가격을 소폭 인상하더라도 테이블 판매량은 2016년에 비해 증가할 것이라고 판단했다. 또한 Casual 라인의 경우, 경쟁사의 품질 논란으로 인해 Casual 라인 테이블의 가격 압박은 없을 것이라고 예상했다.

   구매부서의 매니저는 2017년 직접재료원가는 2016년과 유사할 것이라고 예상했다. 제조부서의 매니저는 Stylistic의 작업효율성이 개선될 것이라고 판단했다. 그래서 다른 재료의 가격이 상승하더라도 테이블 제조원가는 전년도와 유사할 것이라고 예상했다. Stylistic이 12% 영업마진(영업이익 ÷ 매출 = 12%)을 유지하고 매출과 영업이익을 신장시키기 위해서 효율성을 향상시켜야 한다.

4. **최적의 대안을 선택한다.** Jordan과 매니저들은 Deluxe 테이블의 판매량 증진전략이 성공할 것이라고 확신했다. 위의 전략을 선택함에 따른 위험은 있지만 이익이 10% 증가할 수 있는 가장 좋은 방법이다.

5. **선택된 대안을 실행하고, 성과를 평가하며 학습한다.** 7장과 8장에서 배운 것처럼, 경영자들은 기업의 실제성과와 예상치를 비교하며 어떠한 이유로 이러한 차이가 발생했는지 알아야 한다. 추가로 개선할 점은 없는지 파악해야 한다. Stylistic 매니저들은 그들이 예상한 Casual과 Deluxe 라인의 테이블 가격이 정확한지 확인하고자 할 것이다. 예상에 비해 재료의 원가는 증가 혹은 감소하였는가? 효율성은 향상되었는가? 차이를 통한 학습은 미래의 예산편성에 도움이 될 것이다.

Stylistic의 매니저들은 2017년 예산을 편성하였다. 보기 6-2는 2017년도 종합예산의 전반적인 과정을 보여준다. 종합예산은 영업예산과 재무예산으로 구성되어 있다. 보기 6-2의 밝은 초록색, 초록색, 어두운 회색 상자는 예산손익계산서를 나타내며, 이를 추정하는 과정을 영업예산이라고 부른다.

영업예산은 밝은 초록색으로 표시된 매출예산을 시작으로 R&D 비용부터 유통원가에 이르기까지 가치사슬의 다양한 기능에 대한 예산을 정량화한 초록색부분을 거쳐, 어두운 회색으로 표시된 예산손익계산서로 마무리된다.

주황색과 자주색으로 표시된 상자는 재무예산을 나타낸다. 재무예산은 종합예산에서 자본지출예산, 현금예산, 예산재무상태표 그리고 예산현금흐름표로 구성된다. 재무예산은 운영 및 자본지출예산이 현금에 어떠한 영향을 미치는지 보여준다. 이는 주황색 부분을 통해 알 수 있다. 관리회계사는 현금예산과 예산손익계산서를 활용해 예산재무상태표와 예산현금흐름표를 작성한다. 예산재무상태표와 예산현금흐름표는 자주색으로 표시되어 있다.

최고경영자와 라인경영자들은 가치사슬의 다양한 기능을 반영한 종합예산을 완성해야 할 책임이 있다. 이제 보기 6-2의 순서대로 2017년도 Stylistic Furniture의 영업예산을 작성할 것이다. 예산을 작성하기 위해서는 다음의 정보가 필요하다.

- Stylistic는 두 종류의 화강암 커피테이블을 판매한다(Casual 라인과 Deluxe 라인). 판매와 관련 없는 수입(예: 이자수입)은 0이다.
- 재공품재고자산은 무시해도 될 정도로 작으므로 없다고 가정한다.

보기 6-2 Stylistic Furniture의 종합예산

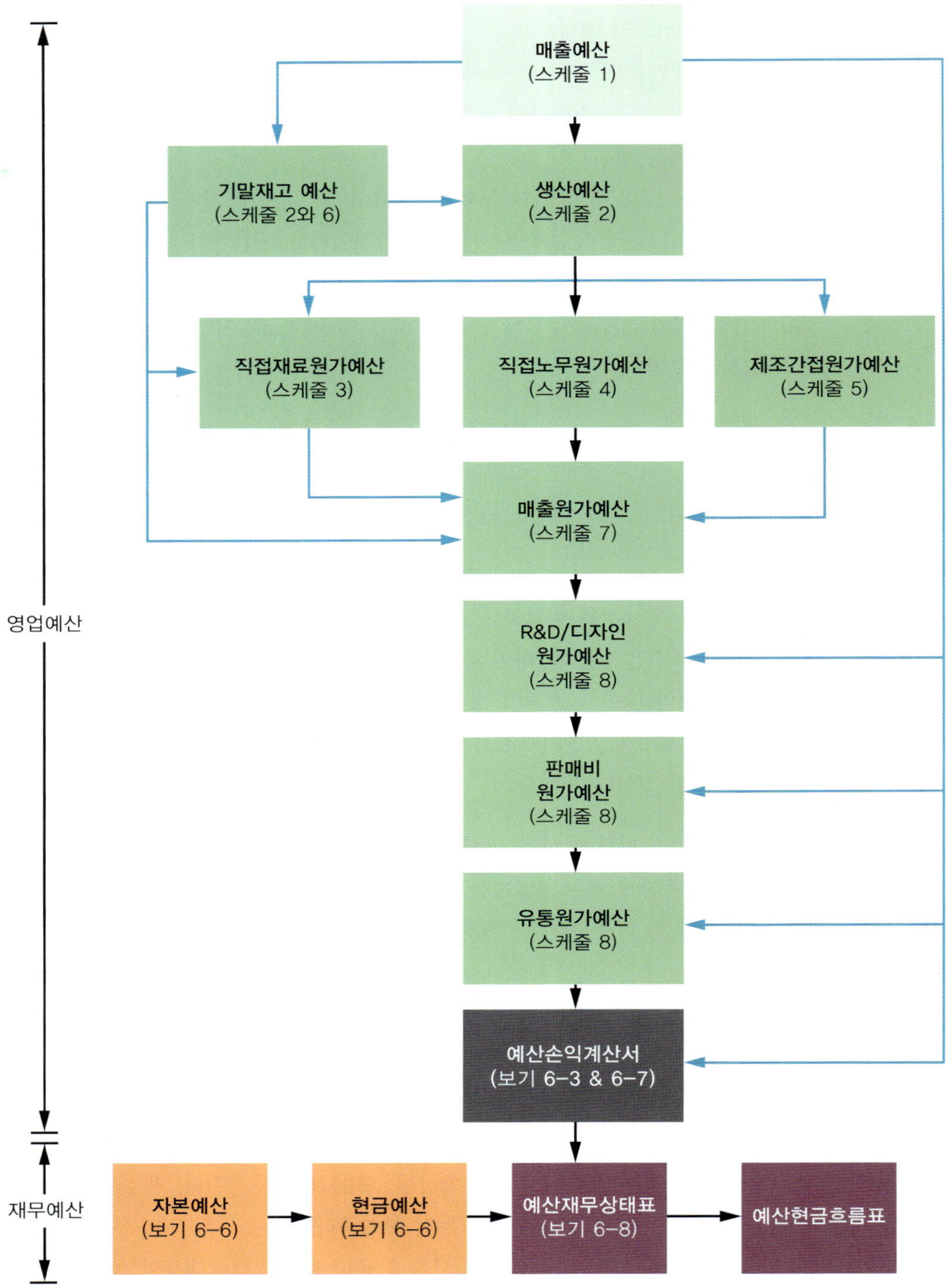

- 직접재료와 제품재고자산은 모두 선입선출법(FIFO)을 사용한다. 직접재료단위원가(구입)와 제품단위원가는 1년 동안 변하지 않고 일정하다. 하지만 1년 단위로 변동할 수 있다.
- 두 종류의 직접재료 – 레드오크(Red Oak, RO)와 화강암(Granite Slabs, GS) – 가 필요하다. 직접재료원가는 커피테이블의 생산량에 따라 변하는 변동원가이다.
- 직접노무원가는 시급으로 지급된다. 그리고 초과근무는 없다.
- 제조간접원가의 원가동인은 직접노무시간과 조립시간 2가지다. 제조간접원가는 영업제

조간접원가와 기계조립간접원가로 구성되어 있다.

- 변동영업제조간접원가의 원가동인은 직접노무시간이다. 고정영업제조간접원가는 2017년 Stylistic 예산에 명시된 300,000직접노무시간이다.
- 기계조립간접원가의 원가동인은 조립노무시간이다. 고정기계조립간접원가는 2017년 Stylistic 예산에 명시된 15,000기계조립시간이다.
- 재고가능원가를 계산하기 위해 모든 영업제조간접원가는 직접노무시간을 기준으로 배부하고, 모든 기계조립간접원가는 조립노무시간을 기준으로 배부했다.
- 비제조원가는 판매관리비로 제품디자인, 판매(광고) 그리고 유통원가가 이에 해당된다. 2017년 제품디자인원가는 고정원가이다. 판매비의 변동원가부분은 영업사원에게 지급되는 수수료이다. 수수료는 매출의 6.5%에 해당된다. 유통원가의 변동원가부분은 판매되어 배송되는 테이블의 면적(입방피트, cubic feet)에 따라 달라진다.

2017년 예산과 관련된 자료는 다음과 같다.

직접재료	
레드오크	1보드피트(board feet, b.f.)당 $7(2016년과 동일)
화강암	1평방피트(square feet, sq.ft.)당 $10(2016년과 동일)
직접노무원가	1시간당 $20

	각 제품 단위	
	Casual 라인의 화강암 테이블	Deluxe 라인의 화강암 테이블
레드오크	12 b.f.	12 b.f.
화강암	6 sq.ft.	8 sq.ft.
직접노무시간	4시간	6시간

	제품	
	Casual 라인의 화강암 테이블	Deluxe 라인의 화강암 테이블
예상판매량	50,000	10,000
판매가격	$ 600	$ 800
목표기말재고자산(수량)	11,000	500
기초재고자산(수량)	1,000	500
기초재고자산(금액)	$384,000	$262,000

	직접재료	
	레드오크	화강암
기초재고	70,000b.f.	60,000sq.ft.
목표기말재고	80,000b.f.	20,000sq.ft.

Stylistic은 2017년도에는 효율성이 개선될 것이라는 가정하에 매출예산을 편성하였다. 효율성 개선은 의사결정단계 3에서 이야기했듯이 Stylistic의 12% 영업마진을 유지하기 위한 중요한 요소이다.

대부분의 기업에는 예산편성에 관한 고려사항과 작성방법에 대한 예산 매뉴얼이 있다. 회사마다 세부사항은 다르겠지만, 제조기업의 영업예산 작성과정은 대체로 유사하다. 매출예산을 시작으로 각각의 다른 예산들을 단계별로 작성한다. 예산을 편성할 때는 (1) 각각의 예산편성에 필요한 정보, (2) 회사의 성과를 개선하기 위해 경영자들이 계획할 수 있는 행동 이 두 가지를 고려해야 한다.

단계 1: 매출예산을 편성한다. Stylistic의 매니저들은 두 종류의 화강암 커피테이블을 판매할 계획이다(Casual 라인과 Deluxe 라인). 매출예산은 2017년에 Stylistic이 판매할 Casual 라인과 Deluxe 라인 테이블의 판매량과 판매가격에 대한 정보를 제공한다.

매출예산은 영업예산의 시작점이다. 왜일까? 왜냐하면 판매량과 매출은 생산량과 재고수준에 중대한 영향을 미치고, 이는 제조원가와 판매관리비에도 영향을 미치기 때문이다. 매출을 예측할 때, 고려해야 하는 요소는 다양하다. 최근 판매량, 경제 상황, 산업 동향, 가격 정책, 판매, 경쟁 그리고 규제정책 등이 바로 그 요소들이다. Stylistic은 2016년에 Deluxe 테이블을 8,000개 판매했다. 2017년 이익성장률 10%를 달성하기 위해서는 Deluxe 테이블을 10,000개 판매해야 한다.

경영자들은 고객관계관리(CRM) 혹은 판매관리시스템을 이용해서 정보를 모은다. 회귀분석이나 추세분석과 같은 통계기법들은 과거자료와 경제지수들을 활용하여 미래매출을 예측한다. 판매부서의 매니저와 판매사원들은 Casual 라인과 Deluxe 라인의 테이블이 경쟁사의 제품과 비교하여 어떠한 전략, 마케팅을 선택할지 혹은 가격은 얼마로 책정할지에 대해 논의한다. 그리고 최고경영자들과 함께 매출을 올리기 위한 다양한 방법들을 논의한다. 마지막으로 경영자들은 자신들의 축적된 경험과 판단을 바탕으로 매출을 예측한다.

최고 경영자들은 스케줄 1의 매출예산에서 알 수 있듯이 예상판매량과 예상판매가격을 결정한다.

스케줄 1: 매출예산
2017년 12월 31일

	판매량	판매가격	총매출액
Casual	50,000	$600	$30,000,000
Deluxe	10,000	800	8,000,000
합계			$38,000,000

예산손익계산서에 보고되는 매출액은 $38,000,000이다.

제품 수요는 기업의 이익 달성을 결정짓는 중요한 요소이기 때문에 매출예산은 시장상황과 제품 수요를 반영해서 편성된다. 간혹 기업의 생산능력이 수요에 미치지 못하거나 혹은 공급 부족으로 매출예산을 달성하지 못하는 경우도 발생한다. 이러한 경우에 경영자들은 최대생산량을 반영하여 매출예산을 편성해야 한다.

단계 2: 생산예산(생산량)을 세운다. 예산과정의 다음 단계는 Casual 라인과 Deluxe 라인의 테이블 생산량을 결정하는 것이다. 생산예산을 편성하기 위해서는 추가로 예상재공품 재고량에 대한 정보가 필요하다. 재고수준이 높으면 재고보관비용과 재고감모비용이 증가한다. 반대로 재고수준이 낮다면 제품공급량이 수요에 미치지 못한 경우 매출이 감소하게 된다. Stylistic의 경영자는 Deluxe 라인 테이블의 재고량은 2016년과 똑같은 수준으로 유지하고 Casual 라인 테이블의 재고량은 늘려서 2016년에 직면했던 공급 부족 문제를 해결하기로 결정했다.

제조부서의 매니저는 스케줄 2와 같이 생산예산을 편성했다. 단계 1에서 계산한 매출과 목표기말제품재고, 기초제품재고에 따라 제품생산량은 결정된다.

$$\text{예상생산량(단위)} = \text{예상판매량(단위)} + \text{목표기말제품재고(단위)} - \text{기초제품재고(단위)}$$

스케줄 2: 생산예산(단위)
2017년 12월 31일

	제품	
	Casual	Deluxe
예상판매량(스케줄 1)	50,000	10,000
목표기말제품재고	11,000	500
총제품요구량	61,000	10,500
(−) 기초제품재고	1,000	500
예상생산량	60,000	10,000

생산예산은 직접재료원가, 직접노무원가 그리고 제조간접원가와 같은 제조원가 예산을 결정한다. 생산예산 관련 원가는 작업효율성이나 제품재설계와 같은 요소에도 영향을 받을 수 있다.

경영자들은 항상 원가를 절감하기 위한 다양한 기회들을 모색해야 한다. 예를 들어, 생산공정의 능률화 및 개선, 시간 단축은 원가를 절감할 수 있는 좋은 방법들이다. 이러한 변화는 기업의 경쟁력을 높이는 장점을 갖고 있지만, 이를 위해서는 투자가 필요하다. 예산편성은 경영자들로 하여금 계획을 평가하고 필요한 자원을 검토할 수 있는 좋은 기회이다.

6−1 도전!

Jimenez Corporation은 두 종류의 인테리어 조명인 Knox와 Ayer을 제조·판매한다. 다음은 Jimenez Corporation의 2017년 예산 관련 정보이다.

	제품	
	Knox	Ayer
예상판매량	21,000	10,000
판매가격	$ 25	$ 40
목표기말재고(수량)	2,000	1,000
기초재고(수량)	3,000	1,000

2017년 12월 31일의 매출예산과 생산예산(수량)을 계산하시오. 그리고 매출예산은 스케줄 1로 표시하고, 생산예산(수량)은 스케줄 2로 표시하시오.

단계 3: 직접재료원가예산과 직접재료구입예산을 세운다. 스케줄 2에서 계산한 것같이 생산예산은 직접재료사용량과 금액을 결정한다. 직접재료사용량은 테이블을 제조하는 직원들의 작업능률에 의해 결정된다. 예산을 결정할 때 경영자들은 끊임없이 품질은 높이고 감모손실을 줄이기 위한 생산과정 개선을 예측한다. 상위부서 매니저들은 예산편성을 통해 생산부서의 매니저들이 직접재료원가를 줄이고 적절한 재공품재고수준을 유지하도록 한다. 우리는 2017년도 Stylistic 예산을 편성할 때 재공품재고자산에 대한 부분은 고려하지 않을 것이다.

다른 회사들과 마찬가지로 Stylistic도 수많은 재료들을 사용하고 있다. 그리고 관리를 용이하게 하기 위해 재료들에 대한 정보는 컴퓨터 시스템에 모두 기록되어 있다. 기록에는 각 제품, 재료에 대한 정보와 재료사용량까지 모든 정보가 담겨 있다. 예를 들어, Stylistic의 기록을 보면, Casual 라인 테이블 1개를 생산하기 위해서는 12b.f. 레드오크와 6sq.ft. 화강암이 필요하고, Deluxe 라인 테이블 1개를 생산하기 위해서는 12b.f. 레드오크와 8sq.ft. 화강암이 필요하다. 직접재료는 모두 선입선출법에 따라 기록된다. 관리회계사는 이러한 정보를 활용하여 스케줄 3A에 표시된 대로 직접재료예산을 세운다.

스케줄 3A: 직접재료예산(사용량과 원가)
2017년 12월 31일

	재료		
	레드오크	화강암	합계
직접재료사용량 예산			
Casual 테이블 직접재료사용량 (60,000개 × 12b.f.와 6sq.ft.)	720,000b.f.	360,000sq.ft.	
Deluxe 테이블 직접재료사용량 (10,000개 × 12b.f.와 8sq.ft.)	120,000b.f.	80,000sq.ft.	
직접재료 총사용량	840,000b.f.	440,000sq.ft.	
직접재료원가예산			
직접재료기초재고(선입선출법)			
레드오크: 70,000b.f. × $7/b.f.	$ 490,000		
화강암: 60,000sq.ft × $10/sq.ft.		$ 600,000	
직접재료구입예산			
레드오크: (840,000−70,000)b.f. × $7/b.f	5,390,000		
화강암: (440,000−60,000)sq.ft. × $10/sq.ft.		3,800,000	
당기 직접재료원가	$5,880,000	$4,400,000	$10,280,000

직접재료구입예산을 세우기 위해서는 직접재료의 재고 수준 정보가 추가로 필요하다. Stylistic은 2017년에 레드오크의 재고 수준은 높이고 화강암의 재고 수준은 낮추기로 결정했다. 구매부서 담당자는 직접재료구입예산을 스케줄 3B와 같이 작성하였다.

스케줄 3B: 직접재료구입예산
2017년 12월 31일

	재료		
	레드오크	화강암	합계
직접재료구입량 예산			
직접재료사용량(스케줄 3A)	840,000b.f.	440,000sq.ft.	
(+) 목표직접재료기말재고	80,000b.f.	20,000sq.ft.	
총직접재료요구량	920,000b.f.	460,000sq.ft.	
(−) 직접재료기초재고	70,000b.f.	60,000sq.ft.	
직접재료구입량	850,000b.f.	400,000sq.ft.	
직접재료구입원가예산			
레드오크: 850,000b.f. × 7/b.f.	$5,950,000		
화강암: 400,000sq.ft. × $10/sq.ft.		$4,000,000	
당기 직접재료구입원가	$5,950,000	$4,000,000	$9,950,000

단계 4: 직접노무원가예산을 세운다. 직접노무원가예산을 편성하기 위해, Stylistic의 매니저들은 임금, 생산방법과 과정, 작업효율성 그리고 고용계획에 대해 추정한다. Stylistic은 직접노무원가와 관련된 직원들의 임금은 시급으로 지급하고, 이들은 초과근무를 하지 않는다고 가정한다. 직접노무원가예산은 스케줄 4와 같이 추정한다.

스케줄 4: 직접노무원가예산
2017년 12월 31일

	생산량(스케줄 2)	생산량당 직접노무시간	총시간	시간당 임금	합계
Casual	60,000	4	240,000	$20	$4,800,000
Deluxe	10,000	6	60,000	20	1,200,000
합계			300,000		$6,000,000

6-2 도전!

Jimenez Corporation은 두 종류의 인테리어 조명인 Knox와 Ayer을 제조·판매한다. 2017년에 Jimenez Corporation은 20,000개의 Knox와 10,000개의 Ayer를 생산할 계획이다. 다음은 2017년 예산 관련 정보이다.

직접재료	
금속	1파운드당 3달러(2016년과 동일)
천	1야드당 4달러(2016년과 동일)
직접노무	1시간당 20달러

각 제품생산 정보

	제품	
	Knox	Ayer
금속	2파운드	3파운드
천	1야드	1.5야드
직접노무	0.15시간	0.2시간

	직접재료	
	금속	천
기초재고	12,000파운드	7,000야드
목표기말재고	10,000파운드	5,000야드

2017년 12월 31일의 (1) 직접재료예산(사용량과 원가), (2) 직접재료구입예산(구입량과 구입금액), (3) 직접노무원가예산을 계산하시오. 이때, (1)은 스케줄 3A로, (2)는 스케줄 3B로, (3)은 스케줄 4로 표시하시오.

단계 5: 제조간접원가예산을 준비한다. Stylistic 매니저들은 관리비, 감가상각비, 유지비, 공급비, 전력비와 같은 제조간접원가예산을 세운다. 제조간접원가예산을 세우기 위해 경영자들은 제품제조와 관련한 다양한 활동과 원가동인에 대해 정확하게 파악해야 한다. 앞서 살펴본 것과 같이, Stylistic의 매니저들은 제조간접원가를 두 가지 활동으로 분류할 수 있다(영업제조간접원가와 기계조립간접원가). 다음 표는 활동과 원가동인에 대한 정보를 보여주고 있다.

제조간접원가	변동제조간접원가의 원가동인	고정제조간접원가의 원가동인	2017년 제조와 조립의 수용치
영업제조간접원가	직접노무시간	제조활동 (최대)수용치	300,000직접노무시간
기계조립간접원가	조립노무시간	조립활동 (최대)수용치	15,000조립노무시간

활동기준예산은 활동기준 원가동인으로 작성한 예산을 의미한다. 활동기준예산은 제품 혹은 서비스의 생산·판매활동에 따라 예산을 분류하고 편성하는 방법이다.

활동기준원가시스템을 통해 Stylistic의 제조부서 매니저들은 다양한 제품들의 간접원가를 영업제조간접원가를 사용해서 추정한다(모든 원가의 원가동인은 직접노무시간이다).

먼저 매니저들은 결함률 혹은 제조시간을 절감할 수 있는 효율성 개선가능성을 파악한다. 그런 다음 이를 기반으로 영업부서의 예상제조간접원가를 추정한다. 영업부서는 전력부에서 에너지(kW)를, 관리부에서 유지·관리 서비스를 지원받고 있다. 그러므로 영업부서 매니저들은 2개의 지원부서로부터 받고 있는 자원 및 서비스를 결정해야 하고 지원부서의 매니저들 역시 영업부서에 서비스를 제공하기 위해 필요한 인력 및 비품 예산을 결정해야 한다. 지원부서의 비용은 영업부서의 제조간접원가로 배부된다. 배부되는 과정에 대해서는 15장에서 자세히 배울 것이다. 스케줄 5의 첫 번째 부분에는 제조간접원가의 상세항목들이 나열되어 있다(변동제조간접원가와 고정제조간접원가).

Stylistic은 예산을 고정제조간접원가와 변동제조간접원가로 나눠서 세운다. 변동제조간접원가로 비품을 예로 들어보기로 한다. Stylistic의 매니저들은 과거자료와 자신들의 경험 및 지식에 기반하여 직접노무시간당 비품원가는 $5라고 추정했다. 예상 직접노무시간이 300,000시간이라고 한다면, 2017년도 예상비품원가는 $1,500,000($5 × 300,000)이다. 만약 직접노무시간당 총변동제조간접원가가 $21.60라면, 2017년 예상 변동제조간접원가는 $6,480,000이다.

Stylistic은 제조활동수용치를 설비의 최대사용치를 기준으로 설정하였다. 그 결과, 제조활동수용치는 300,000직접노무시간이다. 매니저들은 수용치와 잠재적인 원가 개선을 고려하여, 총고정제조간접원가는 $2,520,000로 결정했다(최대사용치만큼 작동하지 않았다 하더라도 고정제조간접원가는 $2,520,000이다). 직접노무시간당 고정제조간접원가는 $2,520,000 ÷ 300,000 = $8.40이다. 즉, 직접노무시간당 제조간접원가는 직접노무시간당 변동제조간접원가($21.60)와 직접노무시간당 고정제조간접원가($8.40)의 합으로 $30이다.

다음으로, Stylistic의 매니저들은 과거 경험과 조립효율성을 반영하여 Casual과 Deluxe 라인 테이블 조립 예산을 편성한다.

매니저들이 고려해야 할 사항들은 다음과 같다.

- 배치당 테이블 생산량을 늘려서 생산예산에 필요한 배치 수를 줄인다.
- 배치당 조립시간을 줄인다.
- 기술자들의 실력을 개선하여 필요한 검수시간을 줄인다.

Stylistic의 매니저들은 Casual과 Deluxe 라인 테이블 조립과 관련하여 다음과 같은 정보를 예측하였다.

	Casual 테이블	Deluxe 테이블	합계
1. 테이블 생산량	60,000테이블	10,000테이블	
2. 배치당 테이블 생산량	50테이블/배치	40테이블/배치	
3. 총배치 수 (1)÷(2)	1,200배치	250배치	
4. 배치당 조립시간	10시간/배치	12시간/배치	
5. 총조립시간 (3)×(4)	12,000시간	3,000시간	15,000시간
6. 테이블당 조립시간 (5)÷(1)	0.2시간	0.3시간	

영업제조간접원가 추정방법과 유사하게 Stylistic의 매니저들은 다양한 제품들의 간접원가를 기계조립간접원가를 사용해서 추정한다(원가동인은 조립노무시간이다). 스케줄 5에서 알 수 있듯이 조립노무시간당 총변동기계조립간접원가는 $88($26 + $56 + $6)이다. 그리고 총변동기계조립간접원가는 $88 × 15,000 = $1,320,000이다. 또한 Stylistic 매니저들이 계획한 대로 15,000조립노무시간의 최대수용치라면, 총고정기계조립간접원가

는 $1,680,000이다(최대사용치만큼 작동하지 않았다 하더라도 고정기계조립간접원가는 $1,680,000이다). 조립노무시간당 고정기계조립간접원가는 $1,680,000 ÷ 15,000 = $112이다. 즉, 기계조립시간당 기계조립간접원가는 기계조립시간당 변동기계조립간접원가($88)와 기계조립시간당 고정기계조립간접원가($112)의 합으로 $200이다.

스케줄 5: 직접노무원가예산
2017년 12월 31일

영업제조간접원가		
변동원가(300,000직접노무시간)		
비품(직접노무시간당 $5)	$1,500,000	
간접제조노무(직접노무시간당 $5.60)	1,680,000	
전력(지원부문원가, 직접노무시간당 $7)	2,100,000	
유지 · 관리(지원부문원가, 직접노무시간당 $4)	1,200,000	$6,480,000
고정원가(최대 300,000직접노무시간)		
감가상각비	1,020,000	
감독비	390,000	
전력(지원부문원가)	630,000	
유지 · 관리(지원부문원가)	480,000	2,520,000
총영업제조간접원가		$9,000,000
기계조립간접원가		
변동원가(15,000조립노무시간)		
비품(조립노무시간당 $26)	$ 390,000	
간접제조노무(조립노무시간당 $56)	840,000	
전력(지원부문원가, 조립노무시간당 $6)	90,000	$1,320,000
고정원가(최대 15,000조립노무시간)		
감가상각비	603,000	
감독비	1,050,000	
전력(지원부문원가)	27,000	1,680,000
총기계조립간접원가		$ 3,000,000
총제조간접원가		$12,000,000

기존의 생산량기준원가시스템에 비해 활동기준원가시스템은 경영자들의 의사결정에 어떠한 정보를 의사결정에 추가적으로 제공하는가? 경영자들은 원가동인이 추가로 고려되었을 때, 기대수익이 기대비용보다 큼을 반드시 확인해야 한다.

Stylistic이 전면 가동으로 운영할 것을 예정하고 있다고 가정해 보자. 따라서 예상원가동인량은 변동제조간접원가와 고정제조간접원가 모두 동일한 값을 가진다. 위 사례에서 영업제조간접원가인 경우 원가동인량은 300,000직접노무시간이었고, 기계조립간접원가의 원가동인량은 15,000조립노무시간이다. 따라서 이 경우에는 단위당 영업제조간접원가를 계산하기 위해 단위당 변동원가와 단위당 고정원가를 따로 계산할 필요가 없다. 대신, 총예상영업제조간접원가를 총원가동인량(제조노무시간)으로 나누면 단위당 영업제조간접원가를 계산할 수 있다($9,000,000 ÷ 300,000 = $30). 유사한 방법으로 단위당 기계조립간접원가는 총예상기계조립제조원가를 총원가동인량(조립노무시간)으로 나누면 된다($3,000,000 ÷ 15,000 = $200).

도전! 6-3

Jimenez Corporation은 두 종류의 인테리어 조명인 Knox와 Ayer을 제조·판매한다. 다음은 2017년 예산 관련 정보이다. 기계조립시간은 제조간접원가의 유일한 원가동인이다. Jimenez의 최대 기계조립가능시간은 1,100시간이다.

	Knox	Ayer
1. 조명생산량 (예정)	20,000개	10,000개
2. 1배치당 조명생산량	100개/배치	80개/배치
3. 1배치당 조립시간	3시간/배치	4시간/배치

변동원가=조립시간당 60달러
고정원가=77,000달러

제조간접원가예산을 계산하고 스케줄 5로 표시하시오.

단계 6: 기말재고 예산을 세운다. 스케줄 6A는 2017년도에 공정이 시작되어 완성된 커피테이블의 단위당 원가계산과정을 보여주고 있다. 이 계산은 기말재고예산과 매출원가예산을 계산하기 위해 필요하다. GAAP에 따라 Stylistic은 변동제조간접원가와 고정제조간접원가를 모두 재고가능원가(제품원가)로 인식한다. 영업제조간접원가 중 일부가 기말재고자산으로 배부될 때, 제조노무시간당 $30로 배부된다. 기계조립간접원가 중 일부가 기말재고자산으로 분류될 때, 조립노무시간당 $200로 배부된다.

스케줄 6A: 제품기말재고예산(단위원가)
2017년 12월 31일

		제품			
		Casual 테이블		Deluxe 테이블	
	단위원가	제품단위당 투입량	총금액	제품단위당 투입량	총금액
레드오크	$ 7	12b.f.	$ 84	12b.f.	$ 84
화강암	10	6sq.ft.	60	8sq.ft.	80
직접제조인력(노무)	20	4시간	80	6시간	120
영업제조간접원가	30	4시간	120	6시간	180
기계조립간접원가	200	0.2시간	40	0.3시간	60
합계			$384		$524

선입선출법하에서 경영자들은 제품기말재고를 계산하기 위해 스케줄 6B와 같이 단위원가를 사용한다.

스케줄 6B: 기말재고예산
2017년 12월 31일

	수량	단위원가		총금액
직접재료				
레드오크	80,000*	$ 7	$ 560,000	
화강암	20,000*	10	200,000	$760,000
제품				
Casual	11,000**	$384***	$4,224,000	
Deluxe	500**	524***	262,000	4,486,000
총기말재고				$5,246,000

* 171쪽에서 가져온 자료 ** 171쪽에서 가져온 자료 *** 선입선출법(FIFO)를 사용하고 있으므로, 제품기말재고는 2017년에 생산된 제품들이다(스케줄 6A 참조).

6-4 도전!

Jimenez Corporation은 두 종류의 인테리어 조명인 Knox와 Ayer을 제조·판매한다. 다음은 2017년 예산 관련 정보이다.

	제품	
	Knox	Ayer
목표기말재고(수량)	2,000	1,000

직접재료

금속	1파운드당 3달러(2016년과 동일)
천	1야드당 4달러(2016년과 동일)
직접노무	$ 20 per hour
기계조립	$130 per hour

	제품	
	Knox	Ayer
금속	2파운드	3파운드
천	1야드	1.5야드
직접노무	0.15시간	0.2시간
기계조립시간	0.03시간	0.05시간

	직접재료	
	금속	천
목표기말재고	10,000파운드	5,000파운드

(1) 2017년 12월 31일의 제품기말재고예산의 단위원가와 (2) 2017년 12월 31일 기말재고예산을 계산하시오. (1)은 스케줄 6A로, (2)는 스케줄 6B로 표시하시오.

단계 7. 매출원가예산을 세운다. 제조와 구매부서의 매니저들은 관리회계사와 함께 스케줄3~6까지의 정보를 활용해 매출원가예산을 세운다. 매출원가예산은 매출예산과 함께 2017년 Stylistic의 매출총이익을 계산하는 데 활용된다.

스케줄 7: 매출원가예산
2017년 12월 31일

	참고자료(스케줄)		총금액
2017년 1월 1일, 제품기초재고	제공된 정보*		$646,000
직접재료원가	3A	$10,280,000	
직접노무원가	4	6,000,000	
제조간접원가	5	12,000,000	
당기제조원가			28,280,000
판매가능원가			28,926,000
2017년 12월 31일, 제품기말재고	6B		4,486,000
매출원가			$24,440,000

* 2017년 기초재고는 Casual 테이블 $384,000와 Deluxe 테이블 $262,000이다(171쪽).

단계 8: 판매관리비예산을 세운다. 스케줄 2~7은 Stylistic의 제조원가예산을 보여준다. 제품디자인, 판매 그리고 유통과 같은 판매관리비 또한 예산을 세워야 한다. 제조간접원가예산 편성과 마찬가지로 판매관리비예산을 편성하기 위해 먼저 판매관리비와 관련된 활동들에 대해 파악해야 한다. Stylistic의 경우 매니저들은 2017년 Casual 라인과 Deluxe 라인의 제품디자인, 판매 및 유통활동과 원가동인에 대해 파악했다. 그리고 매니저들은 예측된 2017년 원가동인량을 기준으로 효율성 개선가능성을 파악하고 판매관리비예산을 준비했다.

제품디자인원가의 가장 중요한 원가동인은 변경되는 디자인 수다. 2017년 예측자료에 따르면 제품디자인 비용 $1,024,000는 모두 고정원가이다.

판매비는 고정원가와 변동원가로 구성되어 있다. 판매비의 변동원가부분은 매출액과 상관관계가 높으므로 판매비(변동원가부분)의 주요한 원가동인은 매출액이다. Stylistic 영업사원들은 매출액의 6.5%(1달러당 6.5센트)를 수수료로 지급받는다. 수수료는 대표적인 판매비의 변동원가이다. Stylistic 매니저들은 2017년 판매비의 고정원가는 $1,330,000가 될 것으로 예산을 세웠다.

변동 유통원가의 원가동인은 판매·배송되는 테이블의 입방피트(cubic feet)이다. Stylistic의 총원가동인량은 Casual 테이블(18입방피트 × 50,000테이블)과 Deluxe 테이블(24입방피트 × 10,000테이블)의 합인 1,140,000입방피트이다. 변동 유통원가는 1입방피트당 $2이다. 고정 유통원가는 기업의 유통능력에 따라 다르다. Stylistic의 경우 유통능력은 1,140,000입방피트(Casual 50,000개의 테이블과 Deluxe 10,000개의 테이블의 입방피트)로 예산 고정유통원가는 $1,596,000이다. 스케줄 8은 Stylistic의 제품디자인, 판매, 유통원가의 예산에 대해 간단하게 정리한 표이다.

스케줄 8: 판매관리비예산
2017년 12월 31일

사업활동	변동원가	고정원가	총원가
제품디자인		$1,024,000	$1,024,000
마케팅(변동원가: $38,000,000×0.065)	$2,470,000	1,330,000	3,800,000
유통(변동원가: $2×1,140,000cu.ft.)	2,280,000	1,596,000	3,876,000
	$4,750,000	$3,950,000	$8,700,000

Stylistic은 올해 매출목표를 달성하기 위해 제품디자인을 혁신하기로 결정했다. 제품디자인 혁신은 2017년 매출상승에 필요한 점진적 혁신이다. R&D는 투자가 먼저 발생하고 이후 R&D가 성공하게 된다면, 기업의 매출 상승과 같은 R&D 투자 이점은 투자 이후 기간에 발생한다. 그리고 기업이 급진적인 혁신에 투자하게 된다면, R&D 이점이 발생하기 이전의 오랜 기간 동안에 더 많은 R&D 비용이 발생하게 된다. 대부분의 기업들은 불확실한 장기적 이익을 위해 많은 금액을 오랜 기간에 걸쳐 투자하는 것을 우려한다. 그러므로 기업들은 획기적이고 급진적인 혁신에 대해 투자하는 것보다는 점진적인 혁신에 투자하는 것을 선호한다. 이로 인해 급진적 혁신에 대한 과소투자 문제가 발생한다.

급진적이고 획기적인 혁신을 계획하고 있는 기업들은 혁신과 관련한 예산을 따로 작성할 필요가 있다. 이러한 방식으로 그들은 다음 해의 혁신투자와 올해의 운영성과를 분리한다. 그리고 새로운 혁신은 그들이 추구하는 전략이나 프로젝트마일스톤(지적재산권, 특허 혹은 고객참여 프로젝트)과 일치해야 한다.

단계 9: 예산손익계산서를 세운다. 각 부서의 매니저들과 CEO는 스케줄 1, 7, 8을 종합하여 예산손익계산서를 작성한다. 보기 6-3은 기본적인 예산손익계산서의 형태이다. 관리회계사와 매니저들은 추가적인 정보를 더 포함시킬 수 있다.

예산은 다양한 기능을 하는 활동이다. 상위부서 경영자들이 목표 매출액과 영업이익을 설정하면, 하위부서에서는 이를 달성하기 위한 예산계획을 세운다. Stylistic의 사례를

보기 6-3

Stylistic Furniture 예산손익계산서

	A	B	C	D
1	Stylistic Furniture 예산손익계산서			
2	2017년 12월 31일			
3	매출	스케줄 1		$38,000,000
4	매출원가	스케줄 7		24,440,000
5	매출총이익			13,560,000
6	영업비용			
7	제품디자인비용	스케줄 8	$1,024,000	
8	판매비	스케줄 8	3,800,000	
9	유통원가	스케줄 8	3,876,000	8,700,000
10	영업이익			$ 4,860,000

생각해 보면, Stylistic은 공격적인 광고지출을 통해 매출을 증가시키고자 했다. 매출 증가를 위해서 Stylistic은 적시에 제품을 생산하고 고객에게 배달하고자 했다. 그 결과, 매출 증가를 위해 판매비뿐만 아니라 제조원가와 유통원가도 증가했다. Stylistic Furniture의 CEO인 Rex Jordan은 2017년도 예산에 만족했다. 왜냐하면 2017년 영업이익이 2016년에 비해 10% 상승할 것이라고 목표를 설정했기 때문이다. 영업이익 상승을 위해 Stylistic은 Deluxe 테이블 매출 증가, 공정과정 개선 그리고 가치사슬의 효율성 증진이 필요하다고 판단했다. Rex는 예산을 검토하면서 추가적으로 두 가지 사항을 고려해야 함을 깨달았다. 첫째, 예산에서 계획한 판매량을 달성하기 위해서 Stylistic은 판매가격을 3% 인하해야 한다. 즉, Casual 테이블은 $582로, Deluxe 테이블은 $776로 판매가격을 인하해야 한다. 둘째, 직접재료의 공급 부족으로 인해 직접재료(레드오크와 화강암)의 가격은 5% 정도 인상 가능성이 있다. 직접재료 가격이 인상된다 하더라도 판매가격은 변하지 않을 것으로 예상된다. Rex는 관리회계사인 Tina Larsen에게 이러한 두 가지 사항이 예상영업이익에 어떤 영향을 미칠지 재무계획모형을 사용하여 분석할 것을 요청했다.

6-5 도전!

Jimenez Corporation은 두 종류의 인테리어 조명인 Knox와 Ayer을 제조·판매한다. 다음은 2017년 예산 관련 정보이며, 도전 6-1부터 6-4에서 계산한 값이 포함되어 있다.

매출(스케줄 1)	$925,000
제품기초재고(2017년 1월 1일)	76,200
제품기말재고(2017년 12월 31일, 스케줄 6B)	59,300
직접재료원가(스케줄 3A)	350,000
직접노무원가(스케줄 4)	100,000
제조간접원가(스케줄 5)	143,000
변동판매비(매출의 4%)	
고정판매비	43,000
변동유통비($1.50/cu.ft.×30,000cu.ft.)	
고정유통비	40,000
고정관리비	75,000

(1) 매출원가예산(스케줄 7로 표시), (2) 판매관리비예산(스케줄 8로 표시) 그리고 (3) 2017년 영업이익예산을 계산하시오.

재무계획모형과 민감도분석

재무계획모형은 종합예산에 영향을 미치는 영업활동, 재무활동 그리고 다른 요소들의 관계를 수학적으로 나타낸 모델이다. 경영자들이나 각 부서의 매니저들은 ERP(Enterprise Resource Planning) 시스템과 같은 컴퓨터 기반 시스템을 사용해서 그들의 사업을 관리한다. ERP는 예산편성과정을 간편하게 해준다. 데이터를 새로 입력하지 않아도 되기 때문에 예산준비시간을 절약할 수 있다. ERP 시스템은 재료, 기계와 장비, 노무, 전력, 관리 그리고 조립 및 설치와 같이 생산과 관련된 방대한 정보를 저장하고 있다. 따라서 매니저들이 제품의 생산과 관련한 다양한 정보를 입력해 놓으면, 언제든지 ERP 시스템을 통해 제품 제조와 관련한 예산원가 정보를 빠르게 얻을 수 있다. 또한 ERP 시스템은 판매관리비 예산편성에도 도움이 된다. 제조기업뿐만 아니라 은행, 병원, 항공사와 같은 서비스 기업에서도 ERP 시스템을 사용한다.

영업예산을 편성할 때, 매니저들은 그들이 달성해야 하는 목표만 고려하지 않는다. 그들은 그들 제품의 수요 감소, 새로운 경쟁자의 등장, 투입물 가격 인상과 같은 잠재적인 위험 요소들에 대해서도 미리 파악하고자 한다. 민감도분석은 경영자들로 하여금 위험에 대해 평가할 수 있는 좋은 방법이다. 민감도분석은 'What-If' 방법으로 예상과 다르게 일이 진행되거나 혹은 가정들이 변하는 경우, 이에 따라 결과가 어떻게 되는지 확인하는 분석방법이다. 소프트웨어 패키지는 보통 민감도분석 모듈을 제공하기 때문에 경영자들은 계획과 예산편성에 이를 활용할 수 있다.

다음의 두 상황을 통해 민감도분석에 대해 학습하고자 한다. 두 상황은 모두 Stylistic Furniture의 2017년 예산편성에 영향을 준다. 각각의 상황은 독립적으로 발생하고, 동시에 발생하지는 않는다.

- **상황 1:** Casual 테이블과 Deluxe 테이블의 판매가격을 3% 인하한다.
- **상황 2:** 레드오크와 화강암의 가격이 5%씩 증가한다.

보기 6-4는 각 상황의 예상영업이익을 보여주고 있다.

상황 1을 보면 테이블 판매가격의 상승은 매출에 영향을 주고(스케줄 1), 변동판매원가에도 영향을 준다(판매수수료, 스케줄 8). 직접재료의 가격 변화는 직접재료예산(스케줄 3A), 제품기말재고의 단위가격(스케줄 6B), 매출원가예산(스케줄 7)에 영향을 미친다. 민감도분석은 경영자들의 예산의사결정에 도움을 준다.

보기 6-4 예산 가정들의 변화가 Stylistic Furniture의 영업예산에 미치는 효과

Home Insert Page Layout Formulas Data Review View

	A	B	C	D	E	F	G	H	I
1	주요 가정								
2		판매량		판매가격		직접재료원가		예산영업이익	
3	What-If 상황	Casual	Deluxe	Casual	Deluxe	레드오크	화강암	금액	종합예산과 차이
4	종합예산	50,000	10,000	$600	$800	$7.00	$10.00	$4,860,000	
5	상황 1	150,000	10,000	582	776	$7.00	$10.00	3,794,100	22%
6	상황 2	250,000	10,000	600	800	$7.35	$10.50	4,418,000	9%

CONCEPTS IN ACTION

24 Hour Fitness의 인터넷 기반 예산편성

B Christopher/Alamy Stock Photo

24 Hour Fitness는 미국에서 가장 큰 피트니스 클럽 체인이다. 24 Hour Fitness는 16개 주에 450개 이상의 클럽을 운영하고 있으며, 회원 수는 약 4백만 명이고 연 매출은 $15억 이상이다. 24 Hour Fitness는 인터넷 기반 소프트웨어 플랫폼인 Longview를 사용하여 예산 계획 및 편성을 관리한다.

회원 수, 프로그램 수, 각 프로그램별 스태프의 운동시간과 같은 자세한 영업 통계 정보를 활용하여, 회계 · 재무부서 관리자들은 각 클럽의 플랫폼에 접근하여 예산을 편성한다. 광고비는 각 클럽의 크기, 운영기간 그리고 이용 고객 수를 고려하여 배부된다. 24 Hour Fitness는 Longview를 사용함으로써 짧은 시간에 정확한 예산을 편성할 수 있게 되었다. 관리자들은 또한 'What-If' 방법을 통해 민감도분석을 실행한다. 또한, 각 클럽 관리자들은 Longview 플랫폼을 활용하여 상세한 매출, 비용 정보에 접근할 수 있다. 예를 들어, 회원들이 클럽 내 주스바, 퍼스널 트레이닝(PT), 제품 판매를 얼마나 이용하는지 혹은 멤버십 기간이 얼마나 남았는지에 대한 회원들의 활동내역 정보를 제공하고 있다. 이를 통해 관리자들은 고객만족을 위한 개선책을 마련할 수 있고, 또한 상위부서 관리자들에게 의사결정에 필요한 정보를 즉각적으로 제공할 수 있다. 24 Hour Fitness 재무부서 상위관리자인 Mike Petano는 다음과 같이 말했다. "Longview 플랫폼을 통해 매일 우리의 비즈니스를 철저히 이해하고, 우리 클럽의 성과를 벤치마킹할 수 있게 되었다. 또한 비즈니스 동인을 훨씬 더 빠르고 잘 이해할 수 있게 되었다."

출처: Longview Solutions, "Longview Case Study: 24 Hour Fitness", 2014 (http://info.longview.com/CaseStudy-24HourFirness.html); 24 Hour Fitness, "About Us," http://www.24hourfitness.com/company/about_us/, accessed March 2016.

보기 6-4를 보면, 판매가격이 3% 하락한 경우의 영업이익이 직접재료가격이 5% 상승한 경우보다 훨씬 더 큰 폭으로 감소한 것을 알 수 있다. 민감도분석은 Stylistic의 경영자들로 하여금 비상계획(컨티전시플랜)을 세울 수 있도록 도와준다. 예를 들어, 만약에 2017년 판매가격이 하락한다면, Stylistic은 계획보다 더 큰 폭으로 원가를 절감해야 한다. 일반적으로, 사업의 성공과 실행가능성이 특정 목표 달성 여부에 크게 의존하는 경우에 경영자들은 불확실성이 해결될 때마다 예산을 자주 업데이트해야 한다. 그래야 경영자들이 변경된 예산에 맞춰 지출 수준을 조정할 수 있다.

앞에서 간단하게 연속예산에 대한 이야기를 했다. 연속예산은 특정 미래시점에 대한 예산이다. 연속예산은 항상 가장 최신 원가와 매출 정보를 반영해서 업데이트되기 때문에 경영자들은 변화하는 시장 수요와 상황에 맞춰 의사결정을 내릴 수 있다.

예산과 책임회계

종합예산에서 정한 목표를 달성하기 위해서 최고경영자들은 기업의 모든 부서 매니저 및 직원들과 함께 노력해야 한다. 조직의 목표를 달성하기 위해 최고경영자들은 하위부서의 매니저와 구성원들에게 책임을 부과해야 한다. 결과적으로, 기업의 조직구조는 구성원들의 행동을 조정한다.

조직구조와 책임

조직구조는 조직 내에 책임소재를 어떻게 배열하는지에 따라 달라진다. Exxon Mobil은 마케팅, 회계, 제조 등과 같이 기능별로 부서들을 구성하였다. 각 부서들은 독립적으로 구성되어 있으며, 각 부서의 관리자들이 부서에 대한 책임과 의사결정 권한이 있다. 이러한 직능별 조직(기능별 조직)은 각 부서에서 전문적인 능력을 활용하기 위해서는 효과적이지만 시장이나 고객의 변화에 따른 반응이 느리다는 단점이 있다. 이러한 점을 극복하기 위해, Procter & Gamble은 제품별 혹은 브랜드별로 조직을 구성하였다. 예를 들어, 각 부서는 치약, 비누와 같이 제품별로 나뉘어 구성되었고, 각 부서에는 모든 기능(마케팅, 제조 등)이 함께 구성되어 있다. 각 제품별 부서의 관리자들은 각 부서에 대한 책임과 의사결정 권한이 있다. 하지만 이러한 조직구조는 기능과 업무가 중복되면서 비효율적이라는 문제점을 가지고 있다. 그래서 일부 기업들은 기능과 사업부서 조직을 혼합해서 사용하였다. 예를 들어, 마케팅은 각 사업부서에 자체적으로 구성되어 있고, 제조부분은 기능별 조직으로 독립적으로 구성하는 조직구조이다. 그 어떤 조직구조도 완벽하지 않다. 기업들은 조직의 목표를 달성하기 위해 가장 적합한 조직구조를 선택하면 된다.

각 부서의 매니저들은 책임중심점에 있다. 책임중심점은 업무에 대한 통제권 및 책임을 동시에 부여하는 하부조직 단위이다. 상위부서 매니저들은 다수의 하위부서를 관리하고 이에 따르는 책임이 상대적으로 더 크다. 책임회계는 각 책임중심점별로 계획, 예산, 행동 그리고 실제성과를 수행하는 시스템이다. 책임중심점은 다음의 4개로 분류된다.

- **원가중심점:** 매니저는 원가에 대해서만 책임을 부담한다.
- **수익중심점:** 매니저는 수익에 대해서만 책임을 부담한다.
- **이익중심점:** 매니저는 수익과 원가에 대해서 책임을 부담한다.
- **투자중심점:** 매니저는 투자, 수익, 원가에 대해서 책임을 부담한다.

Mariott 호텔의 관리부서 매니저는 원가의 발생에 대해서만 통제 책임이 있기 때문에 관리부서는 원가중심점이다. 판매부서 매니저는 수익과 수익에 기반한 예산에 대해서만 책임이 있기 때문에 판매부서는 수익중심점이다. 호텔 매니저는 수익과 더불어 원가에 대해서도 통제 책임이 있기 때문에 이익중심점이다. Mariott 호텔의 지역지배인은 새로운 호텔 프로젝트의 투자와 투자에 따른 수익과 비용에 대해 모두 책임이 있기 때문에 투자중심점이다. 투자중심점의 예산은 수익, 비용 그리고 투자자산에 대해 모두 고려해야 한다.

책임회계는 구성원의 지지와 조직의 목표를 모두 달성하기 위한 방법으로 구성되어야 한다. 최근까지 사무용품 판매업자(OPD)들은 판매부서를 수익중심점으로 운영해왔다. 각각의 영업사원들은 주문당 수익의 3%를 수수료로 받았다. 이때, 주문의 크기, 주문처리 비용, 배달비용과 같은 요소들은 전혀 고려하지 않았다. 고객수익성을 분석하던 중, OPD는 많은 주문들이 수익을 내지 못하고 있음을 발견했다. 그 이유는 소량주문들의 경우에 주문비용과 배달비용이 수익에 비해 상대적으로 크기 때문이다. 그래서 OPD의 경영자들은 판매부서를 이익중심점으로 운영하기로 결정하였고, 영업사원들의 인센티브를 수익의 3%에서 이익의 15%로 변경하였다. 수익에서 이익으로 조건을 변경함으로써 영업부서는 수익뿐만 아니라 주문비용과 배달비용과 같은 원가항목 역시 고려해야 한다. 그리고 이익중심점으로의 변화는 효과적이었다. 판매부서는 주문비용과 배달비용을 고객들이 부담하도록 변경하였고, 또한 소량주문에 대해서는 묶음주문으로 변경할 것을 유도하였다. 그 결과 배달비용과 주문비용은 약 40% 감소하였고 고객의 주문건당 수익성은 개선되었다.

피드백

책임회계는 서로 다른 책임중심점에서 작성된 예산과 그 성과에 대해 최고경영자에게 피드백을 제공한다.

예산과 실제성과의 차이는 '차이(variance)'라고 한다. '차이'는 경영자가 전략을 실행하고 평가하는 데 다음의 3가지 도움을 준다.

- **사전 경고:** 차이는 경영자들에게 예상이 분명하지 않음을 사전에 알려주는 역할을 한다. 경영자들은 차이정보를 활용하여 활동을 수정하거나 혹은 다른 대안을 선택할 수 있다. 예를 들어, 매출이 예상보다 하락한다면, 경영자들은 이 현상을 보고 매출의 급격한 하락 발생 여부를 조사할 수 있다.
- **성과평가:** 차이는 전략을 얼마나 잘 실행했는지에 대한 평가정보를 제공한다. 직접재료원가와 노무원가는 효율적으로 사용되었는가? R&D 지출은 예상대로 증가하였는가? 보증수리원가는 계획한 대로 감소하였는가?
- **전략평가:** 차이는 전략이 효과적이지 않음을 알려준다. 예를 들어, 비용을 절감하고 품질개선을 목표로 하는 기업이 있다고 가정해 보자. 실제로 기업이 목표를 달성하였음에도 불구하고 이익과 매출에는 전혀 영향이 없을 수도 있다. 그렇다면 최고경영자는 이 전략에 대해서 재평가해야 할 것이다.

책임과 통제가능성

통제가능성이란 특정 매니저들이 그들이 책임지는 원가, 수익 그리고 관련된 항목들에 대해 통제할 수 있는 정도를 의미한다. 통제가능 원가란 특정 책임중심점의 매니저의 통제 범위 내에 있는 원가를 의미한다. 책임회계시스템에서는 통제불가능한 원가는 관리자의 성과평가에서 제외하여야 된다. 예를 들어, 공장의 임차료 혹은 세금과 관련한 것은 기계감독자가 통제할 수 없는 부분이므로 기계감독자의 성과평가에 해당 원가들은 반영되면 안 된다. 기계 감독자의 성과는 감독자가 통제할 수 있는 직접재료, 직접노무, 전력 그리고 기계 유지원가 정보로 평가되어야 한다.

실제로, 통제가능성를 정확히 찾아내는 것은 어렵다. 그 이유는 다음과 같다.

- 대부분의 원가는 매니저뿐만 아니라 다양한 사람 및 환경의 영향을 받고 있다. 예를 들어, 구매부서의 매니저는 직접재료원가를 통제할 수 있다. 그러나 동시에 직접재료원가는 시장 상황에도 영향을 받는다. 유사하게 생산부서의 매니저는 직접재료 사용량을 결정한다. 하지만 동시에 직접재료 사용량은 직접재료 구입량에도 영향을 받는다. 게다가 다른 부서의 매니저들은 가끔 팀으로 일하기도 한다. 팀으로 일하는 상황에서는 개개인의 책임을 평가하는 것은 매우 어려운 일이다.
- 시간을 길게 본다면, 모든 원가는 결국 누군가의 통제하에 있게 된다. 그러나 대부분의 성과평가는 1년 혹은 1년 미만의 기간에 이루어진다. 그러므로 해당 원가를 현시점에

> 서 통제하고 있는 매니저는 다른 사람(해당 원가를 과거에 통제했던 매니저)의 성과로 보상을 받을 수 있고 혹은 다른 사람의 문제로 인해 피해를 입을 수도 있다. 예를 들어, 현 경영자는 전 경영자와 공급자 간의 부당한 계약에 대한 책임을 져야할 수도 있다. 그렇다면 과거 경영자의 의사결정을 어떻게 분리할 수 있을까? 정확하게 현재 경영자가 책임지고 통제할 수 있는 부분을 구분할 수 있을까? 아마도 그것은 불가능할 것이다.

경영자들은 성과를 평가함에 있어 통제가능성에 대해 포용하는 방식이 다 다르다. 일부 CEO들은 예산은 약속이므로 하위부서들은 반드시 달성해야 한다고 생각한다. 그들은 "숫자는 항상 이야기한다"라고 말하며 예산을 달성하지 못하는 것은 옳지 않다고 생각한다. 어떤 경영자는 다음과 같이 말한다. "당신은 계획을 한 번 놓칠 수는 있지만, 그것을 두 번 놓치고 싶지 않을 것이다." 경영자들은 불리한 상황에서 어떻게 대처해야 하는지 배울 것이다. 이 상황에서 원가가 통제가능한지 혹은 통제불가능한지 알 필요가 없다. 왜냐하면 원가의 통제가능성 여부와 상관없이 성과의 달성이 중요한 문제이기 때문이다. 이 접근법의 문제점은 관리자의 보상이 위험에 영향을 받을 수 있다는 점이다. 매니저나 경영자가 열심히 일했음에도 불구하고 통제불가능한 요소로 인해 성과가 안 좋은 경우를 가정해 보자. 이러한 상황에서 매니저나 경영자들의 의욕은 꺾일 것이다.

또 다른 CEO들은 숫자로만 매니저들을 평가하는 것은 압박이 될 것이라고 이야기한다. 그들은 통제할 수 없는 요소들은 평가에서 제외시켜야 한다고 주장한다. 즉, 성과를 평가함에 있어 통제할 수 있는 부분의 성과만 평가해야 한다는 것이다. 그들은 이를 위해 상대평가가 필요하다고 주장한다. 하지만 상대평가에서 가장 어려운 점은 정확한 벤치마크를 찾는 것이다. 그럼에도 불구하고 상대평가는 통제불가능한 요소로 인한 불합리성을 어느 정도 해소할 수 있기에 매니저들이 느끼는 압박이 낮아질 것이다.

경영자들은 성과평가뿐만 아니라 다른 상황에서도 통제가능성을 생각해야 한다. 책임회계는 더 광범위하다. 책임회계는 통제뿐만 아니라 정보와 지식도 고려한다. 책임회계는 매니저가 누구를 비난해야 하는지가 아니라 정보를 얻기 위해 누구에게 요청해야 하는지에 대해 알려준다. 물론 Ritz-Carlton 호텔의 사례를 보면 실제수익과 예산수익의 차이는 영업사원의 성과를 평가할 때 유용한 정보이다. 하지만 책임회계에서는 앞으로 어떤 점을 개선해나갈 수 있는지 아는 것이 훨씬 더 중요하다. 즉, 영업사원들이 열심히 일할 수 있도록 동기를 부여하고 그들이 통제할 수 없는 시장 상황 속에서 어떻게 나아가야 할지 알게 하는 것이 Ritz-Carlton 호텔의 미래를 위해 훨씬 더 중요하다. 또한 구매부서의 관리자들이 시장 가격을 통제할 수 없을 때 총구매원가의 중요성만 강조하기보다는 예상치 못한 상황이 발생했을 때 앞으로 어떻게 대응할지 깨닫게 하는 것이 기업의 미래를 위해 중요하다.

책임중심점의 성과보고서는 최고경영자가 원하는 방향으로 바뀌기도 한다. 제조부서를 생각해 보기로 하자. 만약 제조부서가 원가중심점으로 지정되었다면, 제조부서의 관리자는 효율을 강조하고 영업담당자가 요청하는 빠른 서비스와 긴급주문에 대한 사항은 덜 강조했을 것이다. 왜냐하면 빠른 서비스와 긴급주문은 효율성을 감소시키고 비용을 증가시키기 때문이다. 만약 경영자가 제조부서를 이익중심점으로 변경지정을 하게 되었다고 가정해 보자. 제조부서의 관리자는 매출에 미치는 영향이 크지 않기 때문에 변경지정을 하게 되면 통제가능성은 떨어지게 될 것이다. 그럼에도 불구하고 변경지정을 하게 된다면, 제조부서의 관리자는 이

전과는 다른 행동을 하게 될 것이다. 예를 들어, 원가중심점일 때는 긴급주문에 대해서 부정적으로 평가하였다면, 이익중심점으로 변경된 이후에는 긴급주문은 매출을 올리기 때문에 긍정적으로 생각할 것이다. 이익중심점으로 변경하면, 제조부서의 관리자는 원가만 고려하지 않고 수익과 원가의 영향을 모두 고려할 것이다.

콜센터는 보통 원가중심점으로 지정되었다. 콜센터에서는 영업비용을 가장 중요하게 생각하였고, 전화상담사가 통화에 소비하는 시간을 줄이는 것이 목표였다. 그러나 최근 콜센터를 이익중심점으로 지정하는 사례가 생기고 있다. 콜센터를 이익중심점으로 지정하게 된다면, 콜센터의 관리자는 고객상담 서비스의 품질과 효율성 모두를 고려하게 된다. Hewlett-Packard, Microsoft, Oracle 그리고 다른 소프트웨어 플랫폼 기업들은 콜센터를 원가중심점에서 이익중심점으로 변경하고 있다. 그들은 "모든 서비스전화는 매출이다"라고 주장하며 상담서비스 품질의 중요성을 이야기한다.

예산편성의 고려사항

종합예산과 책임회계를 같은 장에서 이야기한 까닭이 무엇일까? 예산편성에는 인적 요소의 영향도 중요하다. 종종 많은 사람들은 예산편성 시 단순히 기계적으로만 설정한다고 생각한다. 그러나 예산관리에는 교육, 설득 그리고 현명한 해석이 필요하다.

여유예산

앞에서도 이야기했듯이, 하위부서의 관리자들이 예산편성과정에 참여한다면 예산의 신뢰성, 구성원들의 동기부여와 업무만족도 모두를 향상시켜 효과적인 예산을 편성할 수 있다. 그러나 효과적인 예산편성이 되기 위해서는 경영자와 하위부서의 관리자 모두 '정직'하게 의사소통을 진행해야 한다.

때때로, 구성원들은 '예산게임'을 하면서 '여유예산'을 만든다. 여유예산이란 예산수익은 과도하게 낮추고 예산비용은 과도하게 높여서 달성하기 쉬운 목표예산을 만드는 것이다. 이러한 행태는 구성원들의 성과를 '차이(실제성과와 예산의 차이)'로 이용하여 평가할 때 많이 발생한다. 또한 예산을 달성하지 못했을 때, 최고경영자들이 각 관리자들과 아무런 소통을 진행하지 않고 예산을 기계적으로 설정해왔다면, 각 관리자들은 예산을 편성할 때 정직하게 의사소통하지 않을 것이다.

여유예산은 관리자들에게 예상치 못한 불리한 상황에 대한 대비책을 제공한다. 그러나 여유예산은 최고경영자들에게 진실된 기업의 수익정보를 제공하지 않는다. 이로 인해 최고경영자들은 자원을 효율적으로 배분하지 못하거나 혹은 잘못된 의사결정을 내릴 수 있다.

여유예산의 문제점을 피하기 위해서 일부 기업들은 예산을 계획에는 사용하지만 성과평과에는 적극적으로 활용하지 않는다. 그들은 관리자들을 평가하기 위해 다양한 지표, 예를 들어, 경영환경이나 같은 산업 혹은 경쟁기업의 성과들을 사용한다. 이러한 성과평가를 상대평가라고 하며, 상대평가는 판단을 할 때 심사숙고해야 한다.

여유예산을 다룰 때에는 좋은 벤치마크를 선택하는 것이 가장 중요하다. 음료병을 만드는 공장관리자를 한 번 생각해 보자. 최고경영자가 컨설팅회사에 생산 수준에 대한 분석을 요청했다고 가정해 보자. 컨설팅회사는 생산 수준을 1시간에 채워지는 병의 개수로 측정하기로 결정하였다. 그리고 해당 기업의 생산 수준을 평가하기 위해 다른 회사의 생산 수준 정보를 획득하였다. 컨설팅회사는 이 정보를 최고경영자에게 제공하면서 영업예산을 세울 때 활용하도록 하였다. 외부 벤치마크 기업의 성과자료는 관리자들로 하여금 쉽게 달성할 수 있는 예산편성을 세우지 못하도록 한다.

연속예산은 여유예산을 줄일 수 있는 또 다른 방법이다. 연속예산은 앞에서 이야기했듯이 기간이 경과하면 새로운 기간(1달, 1분기 혹은 1년)을 추가하여 예산을 편성하는 방법이다. 그러므로 1년보다 짧은 기간에 주기적으로 예산을 업데이트해야 하므로 여유예산을 세우기가 어렵다.

IBM은 혁신적인 성과평가 기법으로 관리자들의 성과를 평가한다. IBM은 예산편성에 사용했던 예측자료의 정확성을 기반으로 관리자들을 평가한다. 즉, IBM의 성과방법은 예산수익과 실제성과가 똑같을수록 그리고 그 성과가 높을수록, 관리자들은 더 많은 보너스를 받는 형식이다. 여유예산을 줄일 수 있는 또 다른 방법은 관리자가 구성원들이 무엇을 하고 있는지 이해하고 파악하는 것이다. 관리자는 구성원들의 행동과 결정을 지시하는 것이 아니라 구성원들에게 동기를 부여하고 스스로 도전할 수 있도록 지원해주어야 한다. 그리고 관리자와 구성원들이 영업에 대해 지속적으로 상호소통을 해야 한다. 이러한 상호관계가 지속적으로 유지된다면, 구성원들이 여유예산을 세울 가능성이 낮아진다. 대신에, 관리자들과 구성원은 예산과 목표에 대한 심도 있는 대화를 나눌 수 있게 된다. 그리고 관리자들은 객관적인 지표와 더불어 주관적인 지표를 활용해서 구성원들의 성과를 평가할 수 있게 된다. 이때, 주관적인 지표는 공정하게 작성되어야 한다.

최고경영자들은 조직의 전략을 수립하는 것뿐만 아니라 기업의 핵심가치와 규범을 결정하고 구성원들이 이를 따를 수 있도록 이끌어가야 할 책임이 있다. 이러한 핵심가치와 규범은 어떤 행동은 용인되고 어떤 행동은 용인되지 않는지 알려준다. Johnson & Johnson(J&J)은 의사, 환자, 직원, 지역사회 그리고 주주들에 대한 책임을 나타내는 신조를 가지고 있다. 직원들은 자신들이 지켜야 하는 행동을 이해할 수 있도록 신조에 대한 교육을 받는다. J&J 관리자들은 종종 내부에서 승진되기 때문에 구성원들과 매우 친밀하다. J&J는 또한 구성원들끼리 멘토링을 하는 문화를 가지고 있다. J&J의 가치는 구성원들로 하여금 서로 잘 이해하고 믿을 수 있는 환경을 조성한다. 이러한 문화 속에서 여유예산은 발생할 가능성이 낮다.

스트레치 타깃

General Electric, Microsoft, Novartis와 같이 성과가 뛰어난 기업들은 '스트레치 타깃'을 사용한다. 스트레치 타깃이란 어렵지만 최대한으로 노력한다면 달성 가능한 목표를 의미한다. 구성원들의 성과에 대한 우려가 모두의 노력을 이끌고 이로 인해 좋은 성과를 달성한다는 경영기법이다. 그러나 달성하기 어려운 목표는 구성원들의 의욕을 꺾고 목표달성을 포기하도록 할 수 있다. Goldman Sachs와 같은 조직은 '수평적' 스트레치 목표를 설정한다. 수평적 스트레치 타깃은 새로운 책임이나 역할을 통해 구성원들의 전문성을 향상시키는 방법이다.

스트레치 타깃의 주요 원리는 심리적 동기이다. 다음의 영업사원에게 제시된 두 개의 보상계약을 같이 살펴보도록 하자.

- 첫 번째 협상은 매출 $1,000,000를 달성하면 $80,000를 보상으로 받는다. 만약, 매출이 $1,000,000에서 $1,100,000 구간에 있다면, 매출 $1당 8센트씩 보상으로 받는다.

- 두 번째 협상은 매출 $1,100,000를 달성하면 $88,000를 보상으로 받는다(스트레치 타깃). 만약, 매출이 $1,100,000를 달성하지 못했다면, 달성하지 못한 매출 $1당 8센트씩 보상에서 차감한다(이때, 매출은 $1,000,000까지만 고려한다).

계산의 편리성을 위해 우리는 매출이 $1,000,000에서 $1,100,000까지에서만 발생한다고 가정한다.

매출 구간 $1,000,000와 $1,100,000에서 영업사원이 받는 보상은 첫 번째 협상과 두 번째 협상에서 모두 동일하다. 그렇다면 두 개의 협상조건이 영업사원에게 주는 심리적 동기도 역시 동일할까? 스트레치 타깃을 선호하는 경영자들은 영업사원들은 두 개의 보상 협상에 따라 다른 심리적 동기를 가질 것이라고 주장한다. 첫 번째 협상을 보면, 매출 $1,000,000는 달성하기 어렵지 않아 보이며, 또한 그 이상의 매출은 보너스이다. 두 번째 협상을 보면, 매출 $1,100,000는 달성하기 어려운 목표이고, 이를 달성하지 못하면 실패이다. 만약 영업사원이 손실을 회피하는 성향이라면, 그는 성공의 기쁨보다 실패의 고통에 더 민감할 것이다. 그래서 만약 두 번째 보상계약을 체결했다면, 실패하지 않기 위해 매출 $1,100,000를 달성하기 위해 최대한의 노력을 할 것이다.

카이젠 예산

기업에서는 지속적으로 개선해나가는 것이 중요하다. 지속적으로 개선하는 것을 일본어로 카이젠이라고 한다. 카이젠 예산은 예산과정에서 지속적인 개선을 추구하는 것을 의미한다. 미국의 General Electrics, 일본의 Toyota를 포함한 대다수의 기업들은 카이젠 예산을 통해 끊임없이 원가를 절감하고 있다. 카이젠 예산을 통한 원가절감은 비약적인 원가절감이 아니라 작은 개선들을 통해 지속적으로 원가를 절감하는 방법이다. 경영자들은 작은 개선을 위해 구성원들의 제안을 소중하게 받아들이며 이를 보상한다. 이러한 문화 속에서 현업을 담당하는 구성원들은 자신들의 전문성과 지식을 최대한 발휘하게 된다.

Stylistic Furniture의 9단계 예산과정에서 우리는 Casual 커피테이블을 제조하는 4시간의 직접노무시간이 필요하다고 가정했다. 카이젠 예산에서는 지속적인 개선을 통해 2017년 1분기에는 4시간의 직접노무시간이 필요하고, 2분기에는 3.95시간, 3분기에는 3.90시간과 같이 테이블을 제조하는 데 필요한 직접노무시간을 지속적으로 절감해 나간다. 이러한 개선을 통해 총직접노무원가가 감소할 것이고, 직접노무시간이 원가동인인 변동영업제조간접원가 역시 감소할 것이다. 만약 Stylistic Furniture가 지속적으로 개선하지 못한다면, 관리자들을 실패의 원인을 분석하고 목표를 수정하거나 혹은 생산과정 개선을 위해 구성원들과 논의할 것이다. 최고경영자들 역시 관리자들과 구성원들이 더 나은 원가절감방법을 찾을 수 있도록 노력할 것이다.

재정난을 겪고 있는 미국의 많은 주와 기관들은 카이젠 방법을 사용하고 있다. 공무원, 규제기관, 정부 관련자들은 카이젠 방법을 통해 비효율성을 줄이고 관료주의적 절차를 없애고자 한다. 실제로 몇몇 주정부 소속의 환경부에서는 카이젠 회의를 개최하거나 혹은 개최를 준비 중이다. U.S. Postal Service(미국 우편국)에서는 다양한 원가절감 활동을 시행하고 있다. 원가절감의 성공은 경영자와 모든 구성원들의 노력에 달려 있다.

자율학습

앞에서 다룬 Stylistic Furniture 사례를 이어서 생각해 보자. Stylistic은 판매량을 유지하기 위해 Casual 테이블과 Deluxe 테이블의 판매가격을 3% 인하한다고 가정해 보자. 그 결과, Casual 테이블의 판매가격은 $582이고, Deluxe 테이블의 판매가격은 $776이다. 다른 정보들은 변하지 않는다.

요구사항

예산손익계산서를 작성하시오. 예산손익계산서를 작성하기 위해 필요한 스케줄 중 변하는 부분이 있는 것은 모두 작성하시오.

Solution

스케줄 1과 8은 변할 것이다. 판매가격은 매출에 영향을 미치므로 판매가격의 변화는 스케줄 1에 영향을 미칠 것이다(앞에서 작성한 스케줄과 다르게 된다). 판매비의 원가동인은 매출이기 때문에 스케줄 8 역시 판매가격의 변화에 영향을 받을 것이다. 판매가격의 변화는 제조원가에 영향을 미치지 않으므로 스케줄 2~7은 앞에서 작성한 것과 동일하다. 판매가격의 변화에 따라 재작성된 스케줄 1, 스케줄 8과 예산손익계산서는 다음과 같다.

스케줄 1: 매출예산
2017년 12월 31일

	판매량	판매가격	총매출액
Casual	50,000	$582	$29,100,000
Deluxe	10,000	776	7,760,000
합계			$36,860,000

스케줄 8: 판매관리비예산
2017년 12월 31일

사업활동	변동원가	고정원가	총원가
제품디자인		$1,024,000	$1,024,000
마케팅(변동원가: $36,860,000×0.065)	$2,395,900	1,330,000	3,725,900
유통(변동원가: $2×1,140,000cu.ft.)	2,280,000	1,596,000	3,876,000
	$4,675,900	$3,950,000	$8,625,900

예산손익계산서
2017년 12월 31일

매출	스케줄 1		$36,860,000
매출원가	스케줄 7		24,440,000
매출총이익			12,420,000
영업비용	–		–
제품디자인비용	스케줄 8	$1,024,000	–
판매비	스케줄 8	3,725,900	–
유통원가	스케줄 8	3,876,000	8,625,900
영업이익		–	$ 3,794,100

과제

서술형 문제

6-1 종합예산에 대해 서술하시오.

6-2 "예산은 성과평가와 개선사항에 대한 정보를 제공한다"라는 의견에 동의하는가? 그 이유를 설명하시오.

6-3 영업예산 편성과정에 대해 서술하시오.

6-4 연속예산에 대해서 설명하시오.

6-5 카이젠 예산에 대해 설명하시오.

6-6 예산을 편성할 때 민감도분석이 필요한 이유는 무엇인지 서술하시오.

객관식 문제

6-7 영업예산과 재무예산에 대한 설명 중 옳은 것을 고르시오.

a. 매출예산은 매출원가예산을 도출한다.
b. 매출원가예산은 생산량예산을 도출한다.
c. 생산예산은 판매관리비예산을 도출한다.
d. 현금예산은 생산예산과 판매관리비예산을 도출한다.

6-8 Superior Industries의 내년 분기별 매출예산은 다음과 같다. 회사의 재고정책에 따르면, 분기별 기말제품재고는 다음 분기 매출의 20%를 유지해야 한다. 다음 연도의 2분기 생산예산은 얼마가 되어야 하는가?

• 1분기: 10,000 • 2분기: 8,000 • 3분기: 12,000 • 4분기: 14,000

a. 7,200개
b. 8,800개
c. 12,000개
d. 10,400개

6-9 Elmhurst Corporation은 책임회계시스템을 변경하려고 한다. 다음 중 옳은 것을 모두 고르시오.

i. 원가중심점에서 관리자들은 원가에 대해서만 책임이 있다.
ii. 책임회계란 관리자들이 자신이 통제할 수 있는 항목에 대해서 책임을 지는 것을 의미한다.
iii. 좋은 책임회계시스템이란 관리자들이 계획하고 통제할 수 있도록 도와주는 것이다.
iv. 책임중심점 관리자는 책임중심점에 배부된 원가를 통제할 수 있다.

a. i, ii
b. ii, iii
c. i, ii, iii
d. i, ii, iv

주관식 문제

6-10 매출예산과 생산예산. Albright Company는 볼펜을 제조하는 기업이다. 2018년에는 452,000개의 볼펜이 판매될 것으로 예상한다. Albright는 2018년 기말재고를 65,400개로 예상하고 있다. 기초재고가 46,500개라고 한다면 2018년도 예상생산량에 대해 계산하시오.

요구사항

6-11 직접재료원가예산. Polyhidron Corporation은 5갤런의 플라스틱 양동이를 제조하는 회사이다. 이 회사는 2018년에 430,000개의 양동이를 생산할 것으로 예상된다. Polyhidron은 양동이 생산을 위해 좋은 품질의 플라스틱 과립을 구입한다. 2개의 5갤런 양동이를 제조하기 위해서는 플라스틱 과립 1파운드가 필요하다. 기업의 목표기말재고는 플라스틱 과립 35,200파운드, 기초재고는 22,500파운드이다. 2018년에 구입해야 하는 플라스틱 과립을 계산하시오.

요구사항

6-12 재료구입예산. Ceremicon Company는 석기점토로 주전자를 만드는 기업이다. Ceremicon은 150,000개의 주전자가 3개월 동안 판매될 것이라고 매출예산을 세웠다. 12월 31일에 기말재고는 34,000개였고 다음 분기의 기말재고는 38,000개가 될 것이라고 예상된다. 주전자 1개는 2파운드의 석기점토를 필요로 한다. Ceremicon은 82,000파운드의 석기점토를 12월 31일에 재고로 가지고 있었고, 다음 분기의 목표기말재고는 95,000파운드이다. Ceremicon은 3개월 동안 얼만큼의 직접재료(석기점토)를 구매해야 하는가?

요구사항

6-13 매출예산, 생산예산 그리고 구입예산. 캘리포니아 북쪽에 있는 Deluxe Motorcar는 다양한 종류의 자동차를 생산하는 회사이다. 가장 인기 있는 세단 모델은 XE8로 2018년에 4,000대가 판매될 것이라고 매출 예산을 세웠다. Deluxe Motorcar는 기초제품재고가 600대이고 기말제품재고는 450대이다. XE8의 판매가격은 $35,200이다. Deluxe Motorcar는 올해 가격인상계획은 없다. Deluxe Motorcar는 타이어는 제조하지 않고 외부공급자로부터 구매한다. 자동차 1대는 여유타이어를 포함하여 총 5개의 타이어를 필요로 한다. Deluxe Motorcar의 타이어 목표기말재고는 400개, 기초재고는 350개이다. 타이어 구입가격은 $45로 예상하고 있다.

요구사항

1. 매출예산을 계산하시오(금액).
2. Deluxe Motorcar가 생산해야 할 자동차는 몇 대인지 계산하시오.
3. 구매해야 할 타이어 수량과 원가를 계산하시오.
4. Deluxe Motorcar 관리자는 예상 타이어 구매원가를 줄이기 위해 무엇을 할 수 있을까? 이때, XE8의 예상매출은 동일하다고 가정한다.

6-14 생산예산과 직접노무원가예산. Roletter Company는 특별한 사진액자를 만들고 판매하는 회사다. Bob Anderson은 Roletter의 종합예산 편성담당자이다. 2018년도의 종합예산 편성 관련 정보는 다음과 같다.

	2018				
	1월	2월	3월	4월	5월
예상판매량	10,000	14,000	7,000	8,000	8,000
판매가격	$54.00	$50.50	$50.50	$50.50	$50.50
단위당 직접노무시간	2.0	2.0	1.5	1.5	1.5
직접노무시간당 임금	$12.00	$12.00	$12.00	$13.00	$13.00

임금과 관련해서 직접노무원가에는 1시간당 $0.50의 연금기여금, $0.20 보험금, $0.30 의료보험과 사회보장세금(social security tax)이 포함되어 있다. 2018년 1월 1일 기준으로 사회보장세금은 고용주에게 7.5% 그리고 고용인에게 7.5%를 부과한다. Roletter가 지급하는 고용혜택은 모두 직접노무원가로 분류한다.

Roletter는 2018년 4월 1일부터 임금을 $13로 올리기로 노사협정을 맺었다. 그리고 노무원가를 줄이기 위해 2018년 3월 1일부터 새로운 기계를 사용할 예정이다. Roletter는 2017년 12월 31일에 17,500개의 액자를 재고로 가지고 있을 것이다. 왜냐하면 Roletter의 재고정책은 다음 달의 판매량 100%와 다다음 달의 판매량 50%를 기말재고로 가지고 있어야 하기 때문이다.

요구사항

1. Roletter의 2018년 1분기 생산예산과 직접노무원가예산을 월별과 분기별로 작성하시오.
2. 예산 편성과정으로 인해 Roletter의 경영자가 취해야 할 조치는 무엇인가?
3. Roletter의 경영자는 회사를 더 잘 관리하기 위해 1번에서 편성한 예산을 어떻게 사용할 수 있을지 서술하시오.

6-15 예산, 카이젠예산, 환경비용. Tom's Apparel은 흰색 티셔츠와 단색 티셔츠를 제조하는 회사이다. 예산에 필요한 정보는 다음과 같다.

	가격	수량	단위당 생산원가
천	$12/야드	0.750야드/1단위	$9
노무	$20/직접노무시간	0.25직접노무시간/1단위	$5
염색*	$0.75/온스	4온스/1단위	$3

* For Colored T–shirts only

예상판매량과 판매가격은 다음과 같다.

	예상판매량	판매가격
흰색 티셔츠	15,000	$15
단색 티셔츠	60,000	$18

Tom's Apparel은 환경친화적인 염색약으로 변경을 고민 중이다. 환경친화적인 염색약은 1온스에 $1.50이다. 염색을 하기 위해서는 티셔츠당 4온스가 필요하다. Tom's Apparel은 비용 증가로 인해 염색약 변경을 꺼리고 있지만, 환경단체에서 기존의 염색약을 사용할 경우에 $140,000의 벌금을 부여하겠다고 경고하고 있다.

요구사항

1. 이러한 상황에서 Tom's Apparel은 환경친화적인 염색약으로 변경하는 것이 경제적으로 맞을까?(다른 비용은 변하지 않고 동일하다)
2. Tom's Apparel은 환경에 책임을 져야 한다는 생각으로 무조건 환경친화적인 염색약으로 변경하기로 결정했다고 가정해 보자. 생산관리자는 카이젠 원가를 사용할 것을 제안했다. 만약 Tom's Apparel이 천과 노무원가를 매달 1%씩 절감한다면, 12개월 뒤에 이익은 얼마가 될 것인가? 또 염색약을 변경하지 않았을 경우의 수익과 비교해서 얼마나 차이가 나는가?
3. 2와 관련해서 재료와 노무원가를 줄이기 위해 어떻게 해야 하는가? 이 계획으로 발생하는 문제는 없는가?

6-16 매출예산과 생산예산. Sabat Corporation은 두 개의 제품을 제조하고 판매한다(Thingone과 Thingtwo). 2016년 7월 Sabat Corporation의 예산 부서는 2017년 예산을 준비하기 위해 다음의 정보를 모았다.

2017년 예상판매량

제품	수량	가격
Thingone	62,000	$172
Thingtwo	46,000	$264

2017년 재고수량

제품	2017년 1월 1일	목표 2017년 12월 31일
Thingone	21,000	26,000
Thingtwo	13,000	14,000

두 제품의 직접재료에 대한 정보는 다음과 같다.

직접재료	단위	1단위당 사용량 Thingone	1단위당 사용량 Thingtwo
A	파운드	5	6
B	파운드	3	4
C	개수	0	2

2017년 직접재료 예상정보는 다음과 같다.

직접재료	예상판매가격	2017년 1월 1일 재고	2017년 12월 31일 재고
A	$11	37,000lb.	40,000lb.
B	6	32,000lb.	35,000lb.
C	5	10,000units	12,000units

2017년도 직접노무원가 예상자료는 다음과 같다.

제품	노무시간	시간당 임금
Thingone	3	$11
Thingtwo	4	$14

제조간접원가는 직접노무시간당 $190이다.

위의 정보를 가지고 Thingone과 Thingtwo의 2017년도 예산을 준비하시오.

요구사항

1. 매출예산(금액)을 작성하시오.
2. 매출예산과 관련해서 CEO가 광고부서 관리자에게 어떠한 질문을 할 것이라고 생각하는가? 간단하게 설명하시오.
3. 생산예산을 작성하시오(생산량).
4. 직접재료 매입예산을 작성하시오(수량).
5. 직접재료 매입예산을 작성하시오(금액).
6. 직접노무원가 예산을 작성하시오(금액).
7. 2017년 12월 31일 예상제품재고를 계산하시오(금액).
8. CEO가 생산예산, 직접재료 및 직접노무원가예산을 살펴본 후에 생산부서 관리자에게 어떠한 질문을 할 것이라고 생각하는가?
9. 예산이 최고경영자에게 어떠한 도움을 줄 것이라고 생각하는지 서술하시오.

7 변동예산과 직접원가차이, 경영통제

학습목표

1 고정예산과 고정예산 차이(variances)를 학습한다.

2 변동예산의 개념과 설정 방법을 학습한다.

3 변동예산 차이 및 매출조업도 차이를 이해한다.

4 차이분석(variance analysis)을 위한 표준원가를 학습한다.

5 직접원가의 가격(price)차이와 능률(efficiency)차이를 이해한다.

6 원가차이의 이용을 이해한다.

7 벤치마크(benchmark)의 설정과 그 역할을 이해한다.

수익성 또는 성장성과 관계없이, 모든 조직은 비용에 대한 통제력을 유지하여야 한다. 또한 고객이 구매 결정에 신중한 경우라면, 경영진이 예산과 차이분석을 수행하여야 할 필요성이 특히 중요해진다. 경영진은 차이분석을 통하여 성과개선이 필요한 특정 부분 또는 전체적인 조정이 필요한 부분에 집중하여, 기업의 비용을 상당히 절감할 수 있다. 한편 기업활동에 환경문제가 중요하게 요구되면서, 원가절감에 대한 동인이 환경에 대한 가치에 반하는 것으로 인식될 수 있다. 그러나 다음의 사례에서 볼 수 있듯이, 폐기물과 전력 사용량 절감과 같은 효율적인 설비운영은 기업경영의 위험과 원가관리에 새로운 방법을 제공하여, 지속 가능성(sustainability)의 초석이 될 수 있음을 알 수 있다.

Singadeli Bakery와 유인통제

Singadeli Bakery는 월병(moon cakes)과 크리스마스 푸딩(puddings) 같은 명절 과자 등을 만드는 싱가포르에 있는 기업이다. 월병은 음력 8월 15일 중추(추석)절에 먹는 별미로, 보통 연꽃 씨앗 앙금으로 채워 둥글게 만든다.

123rf.com

최근 Singadeli는 중추절 월병을 만들기 위해 요리사 두 명을 고용하였고, 그들에게 독립적으로 원재료 주문과 원재료 공급처를 선정할 수 있는 권한을 부여하였다. 그들은 월병 생산량 당 $1.20와 유리한 원재료 가격 차이의 50%를 지급받는다.

Singadeli는 월병 한 개에 kg당 $11.80의 원재료 50g이 필요할 것으로 예상하였으나, 중추절 한 달 전 두 요리사는 그들이 선정한 공급처에 kg당 $9.80의 원재료를 600kg 주문하였다.

중추절 기간 동안 총 11,000개의 월병을 제조 및 판매하였으나, 이 중 2,000개는 낮은 품질로 인하여 가격을 70% 할인하여 판매하였다.

Singadeli의 경영진은 총생산량의 약 20%에 달하는 불량 월병의 비율에 낙담하였고, 이는 두 요리사의 보수가 월병의 품질 또는 판매와 관련 없이, 오직 생산수량에만 비례하고 있기 때문이라 판단하였다. 또한 유리한 가격 차이에 근거한 보너스 지급(유인설계)이, 원재료 품질을 고려하지 않고 오직 가장 저렴한 원재료를 구입하게 유도하였다고 추측하였다. 또한 두 요리사에게 재고관리에 대한 책임이 없기에, 유리한 차이의 규모를 전체적으로 늘리기 위하여 불필요한 원재료가 과잉 구매되었음을 확인하였다(대량구매를 통한 할인 또는 주문

비용 등).

Singadeli의 사례는 종업원의 성과평가 또는 보너스 수준을 결정하기 위해서 표준원가 차이를 이용할 때, 반드시 종업원에게 부여한 권한에 상응하는 책임이 따라야 한다는 것을 보여준다. 적절한 경영시스템을 구축하기 위해서는 자원의 소비와 관련된 핵심 요인, 원재료의 수량과 품질 가격 등이 반드시 포괄적으로 고려되어야 한다. 그렇지 않으면 오직 측정대상으로 선정된 항목들만 중점적으로 수행되는 반면, 경영성과에 중요한 영향을 미칠 수 있는 다른 요소들은 무시되기 때문이다. 잘못된 측정과 보상은 기업 전체에 악영향을 미치는 차선(suboptimal)의 행동을 유도한다. 따라서 경영진은 특정 목표 달성을 유도하기 위한 성과지표가 기업의 다른 영역 성과에 부정적인 영향을 미치지 않도록, 포괄적이고 전체적인 측정과 평가시스템을 설계하고 활용하여야 한다.

앞에서 우리는 경영진의 계획 수립에 예산이 어떻게 활용되는지 살펴보았다. 이제는 예산, 특히 변동예산이 관리를 위한 차이 분석에 어떻게 사용되는지 알아보도록 한다. 차이 분석(variance analysis)은 의사결정된 사항(과업)의 이행 후, 경영진에게 성과평가와 학습을 통하여 5단계 의사결정(five-step decision-making) 중 결정적인 최종단계의 수행을 지원한다. 이 장과 다음 장에서 이를 공부하도록 한다.

고정예산과 차이

차이(variances)는 실제성과(actual results)와 예상성과(expected performance)의 차이이다. 즉, 예상성과는 비교를 위한 기준점이라는 점에서, 예산(budgeted)성과이기도 하다.[1]

차이의 활용

차이는 관리, 즉 계획과 통제로부터 산출되며 예외에 의한 관리(management by exception)에 활용된다. 예외에 의한 관리는 계획(예산)대로 이루어진 영역보다, 계획과 다르게 결과가 나타난 영역에 더 집중하는 것이다. Maytag[2]의 작업폐물 및 재작업 원가를 고려해 보자. 만약 Maytag의 실제 원가가 예산과 비교하여 상당히 크게 나타났다면, 이 차이는 경영진에게 즉시 전달될 것이며, 경영진은 문제의 원인을 파악하여 향후 작업폐물과 재작업을 줄일 수 있는 해결책을 찾아야 할 것이다. 때로는 예산보다 상당히 낮은 수준의 제조원가와 같이, 유리한 차이가 발생할 수도 있다. 이 경우 경영진은 제조원가 감소의 원인(효과적인 교육과 훈련 또는 제조방법의 변화 등)을 찾으려 노력할 것이며, 또한 이를 조직 내에서 유지될 수 있게 하거나, 조직 내 다른 부문에 전파될 수 있게 노력할 것이다.

차이는 성과평가와 관리자의 동기부여에도 사용할 수 있다. Maytag의 생산관리자는 예산 운영원가 달성 여부와 연계된 분기별 보너스를 받는다.

때때로 차이는 기업의 전략이 수정될 필요성을 제시하기도 한다. 예를 들어, 신제품의 과도한 불량률에 근거한 큰 규모의 불리한 차이는, 신제품의 설계 결함을 의심해 볼 수 있다. 이 경우 경영진은 신제품 설계를 조사하여 고객에게 제공할 제품의 구성을 변경할 수 있다. 따라

---

1 예산은 미리 추측해 본 수익 또는 지출이면서, 동시에 구성원에게 주어진 기간 내에 달성해야 하는 목표로 주어질 수 있다. 이런 점에서 예산은 사전적으로 달성해야 하는 목표이면서, 사후적으로 성과평가를 위한 기준점이 된다.

2 세탁기, 식기세척기 등을 만드는 가전회사(https://www.maytag.com/)

서 차이를 통한 이 과정의 반복은 더욱 정교한 예측을 가능하게 하며, 또한 5단계 의사결정의 질을 개선한다.

차이분석의 이점은 비단 기업에만 한정되지 않는다. 최근 복잡한 경제환경에서, 정부는 차이 정보를 기반으로 적시에 정책을 변경한다면, 이후 가혹한 조정(draconian adjustment)을 적게 할 수 있음을 알게 되었다. 예를 들어, 아리조나(Arizona) 주의 스콧데일(Scottsdale) 시는 매월 수입(세금과 수수료 등)과 지출을 점검한다. 그 이유는 물 사용률을 일정하게 유지하는 것이 시 행정부의 목표 중 하나이기 때문이다. 시의 상수도 수입과 지출의 일치 정도를 모니터링(monitoring)하여, 스콧데일 시민들의 상수도 관련 기반시설 증대 비용 부담의 급격한 증가를 회피할 수 있다.[3]

그렇다면 차이분석이 의사결정의 수단으로서 중요한가? 물론 '매우' 그렇다. 영국 공인관리회계사협회[4]의 조사에 따르면, 차이분석은 조직의 규모와 관계없이 가장 손쉽게 사용할 수 있는 원가관리 방법이다.

고정예산과 고정예산차이

이제 우리는 한 회사의 회계시스템을 이용하여 차이분석을 학습할 것이다. 이 장에서 이야기하는 '수준(level)'은 얼마나 세부적으로 차이분석을 수행하는지를 나타내는 것으로, 가장 기본적인 수준 1을 시작으로 수준 2, 수준 3으로 갈수록 보다 더 구체적이고 세부적인 차이분석을 의미한다.

재킷을 제조 판매하는 Webb이라는 회사를 가정해 보자. Webb이 재킷을 만드는 과정은 원단을 재단하는 일과 기타 다양한 수작업이 요구된다. 그리고 Webb은 소매점에 공급하는 도매상에게 재킷을 독점적으로 공급한다. 차이분석에 보다 집중하기 위하여, 아래와 같이 상황을 단순화한다.

- Webb의 원가는 오직 제조원가만을 가정한다. 즉, 마케팅이나 유통 등의 다른 가치사슬(value chain) 과정의 원가는 없다.
- 2017년 4월에 생산된 제품은 2017년 4월에 모두 판매된다.
- 원재료, 재공품, 제품 등의 모든 기초 및 기말재고자산은 없다.

Webb의 제조원가는 세 가지 변동원가로 구성된다. 재킷 단위당 변동원가 예산은 아래와 같다.

원가 내역	단위당 변동원가
직접재료원가	$60
직접노무원가	16
변동제조간접원가	12
총변동원가	$88

직접재료원가, 직접노무원가 및 변동제조간접원가의 원가 동인(cost drive)은 재킷의 제조 수량이며, 관련 범위는 0~12,000벌의 재킷이다. 2017년 4월의 예산 및 실제 자료는 다음과 같다.

---

[3] 정부의 정책 및 논의내용에 대한 구체적인 사항은 S. Kavanagh와 C. Swanson의 "Tactical Financial Management: Cash Flow and Budgetary Variance Analysis" *Government Finance Review* (October 1, 2009) 참조

[4] United Kingdom's Chartered Institute of Management Accountants, CIMA

재킷 생산량 0~12,000개 구간의 예산고정원가	$ 276,000
예산판매가격	$120재킷당
예산 판매량 및 생산량	12,000벌
실제 판매량 및 생산량	10,000벌

고정예산 또는 종합예산은 기간 초 계획된 산출[5] 수준에 근거한다. 따라서 단일(고정)기간 동안 계획된 산출 수준으로부터 출발한다는 점에서, 종합예산은 고정예산으로 말할 수 있다. 보기 7–1의 (3)열은 2016년 말 설정한 Webb의 2017년 4월의 고정예산이며, (1)열은 2017년 4월의 실제자료를 바탕으로 한 손익계산서 자료이다. 예를 들어, 2017년 Webb의 실제수익은 $1,250,000이며, 재킷 단위당 실제 판매가격은 재킷당 $125($1,250,000 ÷ 10,000벌)이다(예산 단위당 판매가격은 $120). 실제 직접재료원가는 $621,600, 재킷당 실제 직접재료원가는 $62.16(= $621,600 ÷ 10,000벌)이다(예산 단위당 직접재료원가는 $60). 이 장에서는 해당 차이를 분석하여, 차이의 원인을 파악하고 설명할 것이다.

먼저 고정예산차이(static–budget variance)는 실제결과와 관련 고정예산의 차이이다(보기 7–1의 (2)열).

유리한 차이(favorable variance, 이하 F로 표시)는 예산에 비해 이익이 증가하는 차이이다. 만약 수익과 관련된 항목이라면, F는 실제수익이 예산수익을 초과하였다는 뜻이며, 원가 항목에서 F는 실제원가가 예산원가보다 적다는 의미이다. 불리한 차이(unfavorable variance, 이하 U로 표시)는 예산에 비해 이익이 감소하는 차이이다. 영국 등의 일부 국가에서는 불리한 차이를 부의 차이(adverse variance)로 부르기도 한다.

영업이익 고정예산 차이 = 실제영업이익 – 고정예산 영업이익
= $14,900 – $108,000
= $93,100 U

보기 7–1 **2017년 4월 Webb의 수준 1 고정예산 차이분석[a]**

수준 1 분석

	실제결과 (1)	고정예산차이 (2)=(1)–(3)	고정예산 (3)
판매수량	10,000	2,000 U	12,000
총수익	$ 1,250,000	$190,000 U	$ 1,440,000
변동원가			
직접재료원가	621,600	98,400 F	720,000
직접노무원가	198,000	6,000 U	192,000
변동제조간접원가	130,500	13,500 F	144,000
총변동원가	950,100	105,900 F	1,056,000
공헌이익	299,900	84,100 U	384,000
고정원가	285,000	9,000 U	276,000
영업이익	$ 14,900	$ 93,100 U	$ 108,000

$ 93,100 U
고정예산차이

[a] F=유리한 차이, U=불리한 차이

[5] 예를 들어, 예상판매량과 이에 근거한 예상생산량

보기 7-1의 불리한 고정예산차이 $93,100는 $14,900의 실제 영업이익에서 영업이익 고정예산 $108,000을 차감하여 계산된다.

보기 7-1의 분석내용은 영업이익 고정예산의 불리한 차이 $93,100에 대한 구체적인 구성요소, 즉 총수익, 각 변동원가 및 고정원가를 구체적으로 나타내어 경영진에게 추가적인 정보를 제공할 수 있다.

Webb의 경영진이 고정예산상 12,000벌의 재킷이 제조 및 판매될 것으로 예상하였음에도, 실제로 10,000벌이 판매되었다. 이때 경영진은 부정확한 판매 및 제조 수량 예측으로 인한 불리한 차이와 실제 10,000벌의 재킷을 제조 및 판매하는 과정에서의 불리한 차이를 구분하여 확인하기를 원할 것이다. 따라서 경영진은 변동예산을 설정하여, 고정예산의 차이를 보다 구체적으로 파악할 필요가 있다.

도전! 7-1

Zenefit 회사는 2017년에 레이저 프린터를 대당 $11에 판매하였다. 레이저 프린터의 예산판매가격은 대당 $12이고, 다른 자료는 아래와 같다.

	실제	예산
제조 및 판매수량	28,000	27,500
변동원가	$90,000	대당 $3
고정원가	$55,000	$58,000

Zenefit의 고정예산 차이를 (a) 수익, (b) 변동원가, (c) 고정원가, (d) 영업이익으로 각각 구분하여 계산하시오.

변동예산

변동예산(Flexible Budgets)은 예산설정 대상기간(budget period)의 **실제 산출량**을 바탕으로 예산수익 및 예산원가를 계산한다. 따라서 경영진이 실제 10,000벌의 재킷이 생산(판매)된 것을 확인한 후, 해당 기간 말(Webb의 경우 2017년 4월 말) 변동예산이 설정된다. 즉, 변동예산은 Webb이 예산기간 초 10,000벌의 재킷 산출량을 정확하게 예측했다고 가정한, 일종의 (기간 말) 가상 예산이다. 변동예산은 Webb이 2017년 4월 초에 최초로 설정한 예산이 아니다(Webb이 기초에 설정한 예산은 재킷 12,000벌이다!). 만약 Webb이 4월의 재킷 산출량이 10,000벌이라는 것을 정확하게 (신의 영역에서) 예측할 수 있었다면, 기간 말 변동예산이 아닌, 기초에 고정예산으로 10,000벌을 설정하였을 것이다. Webb의 변동예산 설정과정에서는 아래의 사항을 이해해야 한다.

- (변동)예산판매가격은 고정예산과 같이 재킷 단위당 $120이다.
- (변동)예산변동원가는 고정예산과 같이 재킷 단위당 $88이다.
- (변동)예산 총고정원가는 고정예산과 같이 $276,000이다.[6] 왜 그럴까? 이유는 실제생산된 10,000벌의 재킷은 관련 범위 0벌에서 12,000벌 이내에 있기 때문이다. 따라서 (예

6 고정예산은 고정원가의 예산이 아니다. 물론 변동예산도 변동원가의 예산이 아니다. 변동원가의 변동은 'variable'이며, 변동예산의 변동은 'flexible'이다.

산)생산량이 0벌에서 12,000벌 이내라면, 생산량과 관계없이 $276,000의 고정원가를 예산으로 설정하였을 것이다.

고정예산과 변동예산의 유일한 차이는, 고정예산은 12,000벌의 재킷 산출량을 바탕으로 설정된 반면, 변동예산은 10,000벌의 실제 재킷 산출량을 바탕으로 '소급'하여 설정한다는 점이다. 다시 말해, 고정예산이 12,000벌의 재킷 수량에서 실제산출량 10,000벌의 재킷 수량으로 '변동' 또는 '조정'되어, 변동예산으로 다시 설정된다는 것이다.[7]

Webb은 아래 3단계를 통하여 변동예산을 설정한다.

1단계: 실제산출량을 식별한다. 2017년 4월, Webb은 10,000벌의 재킷을 제조 및 판매하였다.

2단계: 예산판매가격과 실제산출량(판매량)을 바탕으로 수익에 대한 변동예산을 계산한다.

총수익 변동예산 = 재킷당 $120 × 10,000벌
= $1,200,000

3단계: 예산변동원가, 실제산출량 그리고 예산고정원가를 이용하여 원가에 대한 변동예산을 계산한다.

변동원가 변동예산	$ 600,000
직접재료원가, 재킷당 $60×10,000벌	160,000
직접노무원가, 재킷당 $16×10,000벌	120,000
변동제조간접원가, 재킷당 $12×10,000벌	880,000
총변동원가 변동예산	276,000
고정원가 변동예산	$1,156,000
총원가 변동예산	

이러한 3단계를 통하여 보기 7-2의 (3)열에 제시된 Webb의 변동예산을 설정할 수 있다. 변동예산은 영업이익 고정예산의 불리한 차이 $93,100에 대하여, 보다 구체적인 분석을 가능하게 한다.

> 도전 7-1의 자료를 이용하여, 2017년 Zenefit의 (1) 수익, (2) 변동원가, (3) 고정원가, (4) 영업이익에 대한 변동예산을 계산하시오.
>
> **7-2 도전!**

변동예산차이 및 매출조업도차이

보기 7-2는 Webb의 변동예산 차이분석을 보여주며, $93,100의 불리한 영업이익 차이를, $29,100의 불리한 변동예산차이와 $64,000의 불리한 매출조업도차이로 구분하여 제시한다. 매출조업도차이(Sales-Volume Variances)는 변동예산과 관련 고정예산의 차이이며, 변동예산차이는 실제결과와 변동예산의 차이이다.

---

[7] 만약 2016년 말, Webb이 연간 예산을 설정하는 과정에서 2017년 4월의 산출량이 10,000벌이라고 정확히 예측했다면, 4월의 고정예산과 변동예산은 동일할 것이다.

보기 7-2 2017년 4월 Webb의 수준 2 변동예산 차이분석

수준 2 분석

	실제결과 (1)	변동예산 차이 (2)=(1)−(3)	변동예산 (3)	매출조업도 차이 (4)=(3)−(5)	고정예산 (5)
판매수량	10,000	0	10,000	2,000 U	12,000
총수익	$1,250,000	$50,000 F	$1,200,000	$240,000 U	$1,440,000
변동원가					
직접재료원가	621,600	21,600 U	600,000	120,000 F	720,000
직접노무원가	198,000	38,000 U	160,000	32,000 F	192,000
변동제조간접원가	130,500	10,500 U	120,000	24,000 F	144,000
총변동원가	950,100	70,100 U	880,000	176,000 F	1,056,000
공헌이익	299,900	20,100 U	320,000	64,000 U	384,000
고정제조원가	285,000	9,000 U	276,000	0	276,000
영업이익	$ 14,900	$29,100 U	$ 44,000	$ 64,000 U	$ 108,000

수준 2: $29,100 U 변동예산차이 / $64,000 U 매출조업도차이

수준 1: $93,100 U 고정예산차이

매출조업도차이

보기 7-2 (3)열의 변동예산과 (5)열의 고정예산은 예산판매가격과 재킷당 예산변동원가, 예산고정원가를 이용하여 계산된다. 고정예산과 변동예산의 차이는 오직 실제판매수량(조업도) 10,000벌과 예산판매수량 12,000벌의 차이에 근거하므로, 매출조업도차이라 부른다.[8]

매출조업도차이 = 변동예산 − 고정예산

= $44,000 − $108,000

= $64,000 U

Webb의 영업이익상 매출조업도차이는 12,000벌의 예산판매수량 대비 실제로 10,000벌의 재킷만 판매하였으므로, 예산공헌이익의 차이로 측정된다.

영업이익 매출조업도차이 = 단위당 예산공헌이익 × (실제판매수량 − 판매수량 고정예산)

= (예산판매가격 − 단위당 예산변동원가) × (실제판매수량 − 판매수량 고정예산)

= (재킷당 $120 − 재킷당 $88) × (10,000벌 − 12,000벌)

= 재킷당 $32 × (−2,000벌)

= $64,000 U

8 원가관리회계의 목적이 주로 내부 정보이용자, 즉 경영진에게 유용한 정보를 제공한다는 점에서, 신뢰성 있는 외부 공시를 목적으로 하는 재무회계와는 결이 다르다. 따라서 재무회계에서는 기업 간 재무제표의 비교가능성 등으로 계정과목의 명칭이 비교적 명확하지만, 원가관리회계에서는 각 기업의 상황에 맞게, 또는 정보이용자인 경영진의 이해나 목적에 맞게 설정할 수 있다. 따라서 매출조업도차이 및 각 수준별 차이의 명칭이 많은 교재에서 유사하지만, 약간의 차이는 있을 수 있다.

보기 7-2의 (4)열은 손익계산서 개별 항목의 매출조업도차이를 식별하여, 전체 차이의 구성을 보여준다. 영업이익에 대한 불리한 매출조업도차이는 다음의 이유로 발생할 수 있다.

1. Webb 경영진의 판매 예측 실패
2. 기대한 재킷 수요보다 약한 실제 수요
3. 경쟁기업의 Webb 시장점유율 침범
4. 예상하지 못한 고객 취향 및 선호 변화(Webb의 디자인이 시장의 흐름을 따라가지 못하는 등의 이유)
5. 고객 불만족을 야기하는 Webb 재킷의 품질 문제

불리한 매출조업도차이의 대응방안은 Webb 경영진이 불리한 차이의 원인을 무엇이라고 판단하는지에 달려 있다. 예를 들어, Webb의 경영진이 불리한 매출조업도차이가 시장에 그 원인이 있다고 판단한다면(위 5가지 원인 중 1~4), 영업부서 관리자가 현재 발생한 상황에 대한 설명과 판촉, 시장조사 또는 광고와 같은 개선방안을 제안할 수 있는 최적의 책임자가 된다. 반면, 경영진이 불리한 매출조업도차이가 재킷의 품질에 기인한다고 판단한다면(원인 5), 생산부서 관리자가 품질 하락의 원인을 분석하고 제조공정의 개선 또는 설비투자 등의 개선방안을 제안할 수 있는 최적의 책임자가 될 것이다.

우리는 고정예산 차이를 실제 판매한 재킷 10,000벌의 총수익과 총원가, 예산판매수량 12,000벌의 총수익 및 총원가 차이로 계산하였다. 이 차이의 일부인 매출조업도차이는 판매수량에 대한 부정확한 예측의 효과를 포함한다. 고정예산차이에서 매출조업도차이를 제거하여, 2017년 4월의 총수익 및 총원가를 실제판매수량 10,000벌의 재킷에 근거한 변동예산과 비교할 수 있다.[9] 변동예산은 차이분석에 동일한 실제산출량 10,000벌에 근거하여 실제 및 예산 수익과 원가를 비교한다는 점에서, 판매 및 제조 성과를 측정함에 있어서 고정예산보다 더 우수하다.

변동예산차이

보기 7-2의 (1)~(3)열은 Webb의 변동예산과 실제결과의 차이를 비교한다. 그중 (2)열은 손익계산서 각 항목별 변동예산차이를 나타낸다.

변동예산차이 = 실제결과 – 변동예산

보기 7-2에서 영업이익의 변동예산차이는 $29,100 U($14,900 – $44,000)이다. 이는 실제판매가격과 실제 단위당 변동원가, 실제고정원가가 예산과 차이가 있었기 때문이다. 판매가격과 단위당 변동원가의 실제와 예산은 아래와 같다.

	실제결과	변동예산
판매가격	$125.00($1,250,000 ÷ 10,000벌)	$120.00($1,200,000 ÷ 10,000벌)
재킷당 변동원가	$ 95.01($950,100 ÷ 10,000벌)	$ 88.00($880,000 ÷ 10,000벌)

수익에 대한 변동예산차이는 오직 예산판매가격과 실제판매가격의 차이로만 발생하므로, 판매가격차이라고 한다.

---

9 예를 들어, 판매예산에 미달한 2,000벌의 재킷은 생산되지 않았으므로, 생산되지 않은 2,000벌의 재킷에 대한 원가차이를 계산하는 것은 무의미하다. 이를 제거할 필요가 있다.

$$
\begin{aligned}
\text{판매가격차이} &= (\text{실제판매가격} - \text{예산판매가격}) \times \text{실제판매수량} \\
&= (\text{재킷당 } \$125 - \text{재킷당 } \$120) \times 10{,}000\text{벌} \\
&= \$50{,}000\text{F}
\end{aligned}
$$

Webb의 실제판매가격 $125는 예산판매가격 $120를 초과하였으므로, 영업이익이 증가하는 유리한 판매가격차이가 있다. 일반적으로 마케팅 관리자는 이러한 판매가격의 차이를 파악하고 설명할 수 있는 적절한 담당자이다. 예를 들어, 실제판매가격의 상승은 더 나은 품질 때문이거나, 혹은 시장 전반적인 가격상승 효과일 수 있다. 여기서 Webb의 마케팅 관리자는 시장 내 전반적인 가격상승 때문이라고 결론을 내렸다.

실제 10,000벌의 산출량에 대한 변동원가 변동예산차이는 불리한 차이($70,100 U)로 나타났다. 불리한 차이의 원인은 아래와 같이 추측해 볼 수 있다.

- 제조과정에서 예산투입량에 비해 더 많은 자원(직접노무시간 등)을 투입하였다.
- 제조과정에서 투입된 자원의 단위당 가격(직접노무시간당 임률)이 예산에 비해 높았다.

Webb이 제조과정에서 예산에 비해 더 비싸고 많은 자원을 투입한 이유는 계획된 품질 보다 더 우수한 재킷을 생산했기 때문이거나 제조 및 구매과정의 비효율, 혹은 모든 것이 복합적으로 영향을 미쳤기 때문일 수 있다. 따라서 차이분석의 결과를 단순히 '좋다' 또는 '나쁘다'로 결론 내리기보다는, 추가적인 조사가 필요하다고 생각해야 한다.

실제고정원가 $285,000는 예산 $276,000에 비해 $9,000만큼 크다. 이러한 불리한 고정예산차이는 공장 임차료 또는 감독자 급여의 상승과 같은 예상하지 못한 고정제조간접원가의 상승을 반영한다.

이 장에서는 변동(직접)원가차이에 집중하고, 다음 장에서 제조간접원가차이를 다루도록 한다.

도전! 7-3 도전 7-1의 자료를 이용하여, 2017년 Zenefit의 (1) 수익, (2) 변동원가, (3) 고정원가, (4) 영업이익에 대한 변동예산차이 및 매출조업도차이를 계산하시오.

차이분석을 위한 표준원가

더 많은 정보를 얻기 위하여, 회사는 직접원가에 대한 변동예산차이를 두 가지로 세분화한다.

- 가격차이(price variance): 실제 투입된 가격과 예산투입가격의 차이
- 능률차이(efficiency variance)[10]: 실제 투입된 수량과 예산투입수량의 차이

이것을 수준 3 차이분석이라 부르기로 하자. 경영진은 일반적으로 가격차이보다 능률차이에 더 집중한다. 왜냐하면 능률차이, 즉 투입물의 수량은 생산의 효율성과 같은 기업 내부의 요인에 기인하는 반면, 원재료 가격이나 임률(wage rate)과 같은 가격차이는 기업 외부의 시장에서 주로 영향을 받기 때문이다.

---

[10] 수량차이로도 이해할 수 있다.

예산투입가격과 예산투입수량의 결정

가격차이와 능률차이를 계산하기 위하여, Webb은 예산투입가격(obtaining budgeted input prices)과 예산투입수량(budgets input quantities)을 구해야 한다. 이를 위하여 Webb은 과거자료, 유사한 기업의 자료 또는 표준을 이용할 수 있다. 각각은 아래와 같은 장단점이 있다.

1. 과거 기간의 실제 투입 자료: 대부분의 기업은 실제투입가격과 실제투입수량에 관한 과거자료를 가지고 있다. 예산가격과 예산수량을 설정하기 위해 과거자료의 추세나 패턴을 분석할 수 있다.
   - **장점:** 과거자료는 가정이 아닌 실제수량과 가격을 나타내므로, 성과측정을 위한 유용한 벤치마크가 될 수 있다. 일반적으로 자료수집의 비용이 저렴하다.
   - **단점:** 기업의 과거자료에는 직접재료의 낭비 등과 같은 비효율의 결과가 포함되어 있다. 따라서 과거자료는 기업이 이상적으로 달성할 수 있었던 성과가 아니라, 실제 달성한 성과를 나타낸다. 또한 과거자료는 기술혁신 등 예산기간 동안의 중요한 변화를 포함하지 않는다.

2. 유사 기업의 자료: 유사한 프로세스를 가진 기업이나 벤치마크 역할을 할 수 있는 기업의 자료를 이용할 수 있다. 예를 들어, 켄터키 주의 루이빌에 있는 Baptist Healthcare System[11]은 유사한 범위 내 최상위 병원의 노무성과를 벤치마킹한다(뒤에서 논의).
   - **장점:** 다른 기업, 특히 경쟁사의 자료는 실제성과를 경쟁사와 상대적으로 비교할 수 있는 유용한 정보를 제공한다.
   - **단점:** 다른 기업의 투입가격 또는 투입수량을 구할 수 없거나, 특정 상황으로 인하여 사용할 수 없는 경우가 많다. Costco[12]는 평균적으로 시간당 $20의 임금을 지급한다. 이는 미국 소매업 평균 $11.39보다 상당히 높다. 또한 Costco는 대부분의 직원에게 건강관리를 제공한다. 이는 쾌적한 근무환경이 직원의 이직률을 낮추고 생산성을 높일 수 있다는 점에서, Costco가 직원 만족도에 중점을 두기 때문이다.

3. 자체 개발한 표준: 성과평가의 벤치마크로 사용하기 위하여, 기업이 스스로 개발한 가격, 원가 또는 수량의 표준(일반적으로 단위당)이다. Webb의 표준직접노무원가를 설정하는 과정을 고려해 보자. Webb은 재킷을 만드는 과정을 단계별로 자세히 조사할 것이다. 각 단계별로, 효율적인 장비를 이용한 숙련된 기술자의 작업을 기준으로 표준(투입)시간이 설정된다. 이와 유사하게, 숙련된 작업자가 재킷을 만들기 위해 필요한 원단을 기초로 표준(투입)수량을 결정할 것이다.
   - **장점:** 표준시간은 (1) 과거의 비효율성을 배제하고, (2) 예산기간 동안 예상되는 변화에 집중한다. 예를 들어, Webb의 생산관리자가 표준시간을 달성하기 위하여 성능이 더 우수한 설비(재봉틀 등)를 도입하기로 결정하는 것이다. 따라서 Webb은 과거의 비효율을 제거하고, 더 효율적인 새로운 표준을 달성할 것이다.
   - **단점:** 이러한 표준은 과거 달성된 적이 있었던 벤치마크를 바탕으로 하지 않기 때문에, 즉 달성해 본 적이 없었던 벤치마크이므로 달성되지 못할 수 있으며, 이에 작업자가 표준을 달성하기 위해 노력하지 않을 수 있다.

11 https://www.baptisthealth.com/

12 https://www.costco.com/

'표준'은 아래와 같이 여러 의미를 나타낸다.

- **표준투입량(standard input)**: 산출물 한 단위(재킷 한 단위)를 위해 필요하다고 결정한 투입물의 수량, 예를 들어, 원단의 면적(야드) 또는 직접노무시간을 의미한다.
- **표준가격(standard price)**: 결정된 투입물 한 단위의 기대가격을 의미한다. Webb이 작업자에게 지불할 것으로 예상하는 시간당 표준임률은 시간당 직접노무시간의 표준가격(시간당 표준직접노무원가)의 예이다.
- **표준원가**: 결정된 산출물 한 단위의 원가(재킷 한 단위당 표준직접노무원가)이다.

산출물 한 단위당 표준원가(각 투입물별) = 산출물 한 단위당 허용된 표준투입량
×투입물 한 단위당 표준가격

산출물(재킷) 한 단위 제조에 2평방야드의 투입이 허용되며, 평방야드당 표준가격이 $30인 경우 표준직접재료원가(재킷당)는 다음과 같다.

재킷당 표준직접재료원가 = 2평방야드 × 평방야드당 $30 = $60

산출물 한 단위 제조과정에 0.8노무시간 투입이 허용되며, 노무시간당 표준가격이 $20인 경우 표준직접노무원가(재킷당)는 다음과 같다.

재킷당 표준직접노무원가 = 0.8노무시간 × 노무시간당 $20 = $16

그렇다면 예산과 표준은 어떤 관계인가? 예산이 보다 넓은 개념이며, 예산가격, 예산투입수량 또는 예산원가가 표준에 기반할 필요는 없다. 앞서 설명한 것처럼, 예산은 과거자료나 경쟁기업의 자료를 벤치마크 할 수 있다. 그러나 예산수량 또는 가격 등을 표준에 기반하여 설정하는 경우, '예산'과 '표준'은 혼용할 수 있다. 한 단위의 산출물에 요구되는 각 투입물의 표준원가는 산출물 한 단위에 요구되는 투입물의 표준수량과 투입물 한 단위당 표준가격으로 결정된다. 위 Webb의 표준직접재료원가와 표준직접노무원가가 각각 $60, $16로 계산되는 과정을 참조하라.

표준원가시스템하에서 Webb은 제조과정의 효율성을 유지하지만, 정상적인 휴지기(normal disruption)를 허용한다. 정상 휴지기는 부족한 원재료 수령의 지연 또는 제조설비의 일반적 수리로 인한 작업지체 등을 포함한다. 하나의 대안으로서, 달성하기 매우 어려운(불가능한) 표준보다, 달성하기 까다로운 혹은 도전적인(challenge) 수준의 표준을 설정하는 것이다.

이전에 논의한 바와 같이, 도전적인 표준은 직원의 동기부여에 효과적이며, 기업의 성과를 높일 수 있다. 그러나 불가능한 표준으로 직원이 그것을 달성할 수 없다고 인식한다면, 직원의 좌절감으로 기업의 성과는 저하될 수 있다.

직접원가의 가격차이와 능률차이

Webb의 두 직접원가를 고려해 보자. 2017년 4월에 제조 및 판매된 10,000벌의 재킷에 대한 각각의 실제원가는 다음과 같다.

구매 및 사용된 직접재료[13]	
1. 구매 및 사용된 원단의 평방야드	22,000
2. 평방야드당 실제가격	$ 28
3. 직접재료원가(22,200 × $28) [보기 7-2의 (1)열 참조]	$621,600
사용된 직접노무	
1. 사용된 직접노무시간	9,000
2. 직접노무시간당 실제가격	$ 22
3. 직접노무원가(9,000 × $22) [보기 7-2의 (1)열 참조]	$198,000

이제 Webb의 자료를 이용하여 직접원가 투입기준 가격차이와 능률차이를 도출해 보자.

가격차이는 실제가격과 예산가격의 차이에, 직접재료구매수량 같은 실제투입수량을 곱한 값이다. 특히 직접노무원가 가격차이는 임률차이라 부르기도 한다. 능률차이는 실제투입(사용)된 수량(원단의 평방야드)과 실제산출량에 허용된 예산투입수량의 차이에, 예산가격을 곱한 값이다. 능률차이는 (사용)수량차이라 부르기도 한다. 가격 및 능률차이를 보다 구체적으로 분해하면, 경영진이 이를 어떻게 이용할 수 있는지 이해할 수 있다.

가격차이

가격차이를 계산하는 식은 아래와 같다.

가격차이 = (투입물의 실제가격 − 투입물의 예산가격) × 투입물의 실제수량

따라서 Webb의 두 직접원가 가격차이는,

직접원가	(투입물의 실제가격−투입물의 예산가격) × 투입물의 실제수량	가격차이
직접재료	(평방야드당 $28 − 평방야드당 $30) × 22,200평방야드	$44,400 F
직접노무	(직접노무시간당 $22 − 직접노무시간당 $20) × 9,000시간	$18,000 U

원단의 실제가격이 예산가격보다 저렴하여 영업이익이 증가하므로, 직접재료가격차이는 유리(favorable)한 차이이다. 반면 직접노무시간당 실제임률이 예산임률보다 높아서 영업이익이 감소하였으므로, 직접노무임률(가격)차이는 불리(unfavorable)한 차이이다.

경영진은 가격차이의 원인에 대하여 항상 고려하여야 한다. 예를 들어, Webb의 유리한 직접재료가격차이의 원인은 아래 중 하나 또는 그 이상일 수 있다.

- Webb의 구매관리자는 직접재료가격을 계획된 예산가격보다 유리하게 협상하였다.
- 구매관리자는 보다 저가의 공급처로 전환하였다.
- 구매관리자는 예산보다 더 많은 수량을 주문하여, 수량할인을 받았다.
- 산업 내 직접재료(원단)의 예상치 못한 공급과잉으로, 직접재료가격이 하락하였다.
- 경영진의 시장분석 오류로 직접재료구매예산이 과대설정되었다.
- 구매관리자가 가격 이외의 요소에 대한 불리한 조건을 수용하여(낮은 품질 등), 유리한 가격으로 협상하였다.

Webb 경영진의 직접재료가격차이에 대한 대응방식은 경영진이 직접재료가격차이의 원인을 무엇이라고 믿는지에 따라 달라진다. 예를 들어, 구매관리자가 예산보다 많은 수량을 주문하여 수량할인을 받았다고 판단하는 경우, 경영진은 이로 인한 재고유지비용(창고 증설 등)의

[13] 이 장의 자율학습에서는 직접재료의 사용수량과 구매수량이 같다는 가정을 완화한다.

증가를 조사할 것이다. 이 경우 재고유지비용이 수량할인을 초과한다면, 대량구매는 회사에 도움이 되지 않는다. 일부 기업은 구매관리자의 대량구매를 막기 위하여 원재료 창고 등을 줄이기도 한다.

능률차이

실제산출량하 능률차이는 투입된 실제수량과 실제산출량하에서 허용된 예산수량의 차이에 예산투입가격을 곱한 값이다.

능률차이 = (투입물의 실제수량 − 실제산출량하 허용된 투입물의 예산수량)
× 투입물의 예산가격

능률차이의 핵심은 특정 수준의 산출량을 위하여 예산보다 많은 수량을 투입하는 것을 비효율적으로 평가하는 것이다. 반대로 특정 수준의 산출량을 위하여 예산보다 적은 수량을 사용하였다면, 이는 효율적으로 평가할 수 있을 것이다.

Webb의 능률차이는 아래와 같다.

직접원가	(투입물의 실제수량 − 실제산출량하 허용된 투입물의 예산수량) ×투입물의 예산가격	능률차이
직접재료	[22,200평방야드 − (10,000벌 × 재킷당 2평방야드)] × 평방야드당 $30 = (22,200평방야드 − 20,000평방야드) × 평방야드당 $30	$66,000 U
직접노무	[9,000시간 − (10,000벌 × 재킷당 0.8시간)] × 시간당 $20 = (9,000시간 − 8,000시간) × 시간당 $20	$20,000 U

직접재료원가 능률차이와 직접노무원가 능률차이는 모두 불리한 차이이다. 그 이유는 실제산출량하에서 모든 투입량이 예산보다 많았기 때문이다. 따라서 Webb의 영업이익은 감소하였다. 가격차이와 마찬가지로, 능률차이의 원인은 다양하다. 예를 들어, Webb의 불리한 직접노무원가 능률차이는 아래 중 하나 이상일 수 있다.

- 작업자의 작업속도가 느리거나, 불량품에 대한 재작업으로 인하여 직접노무시간의 투입이 증가하였다.
- Webb의 인사관리자는 미숙련공을 고용하였다.
- 비효율적인 생산계획(또는 관리)으로 인하여, 재킷당 예산생산시간보다 실제 더 많은 시간이 투입되었다.
- 설비유지보수 부서의 부실한 설비유지로 인하여, 예산 대비 더 많은 노무시간이 투입되었다.
- 작업자의 기술수준과 작업환경 등이 정확하게 평가되지 않은 이유로, 표준시간이 너무 엄격하게 설정되었다.

위 불리한 차이의 원인을, Webb의 관리자는 기계장치의 유지보수 불량에 근거한다고 가정해 보자. 그때 Webb의 경영진은 플랜트 엔지니어와 기계장치 기술자 등으로 팀을 구성하여, 향후 기계장치의 고장을 줄이고 노무시간과 제품 품질에 대한 악영향을 줄이기 위한 유지보수 계획을 개발할 수 있다.[14]

---

14 서로 다른 유형의 원재료와 같이 상호 대체될 수 있는 투입물이 다수 존재하는 경우, 능률차이는 배합차이 및 수율차이로 구분할 수 있다.

보기 7-3은 가격차이와 능률차이를 계산하는 다른 방법을 제시한다. 이는 가격차이와 능률차이가 변동예산차이를 세분화하는 것을 보여준다. 직접재료에서 $21,600 U의 직접재료 변동예산차이는 (1)열의 $621,600의 실제발생원가(실제투입수량 × 실제가격)와 (3)열의 변동예산 $600,000(실제산출수량에 허용된 예산투입수량 × 투입물의 예산가격)의 차이이다. 여기서 (1)열과 (3)열 사이에 (2)열(실제투입수량 × 예산가격)이 삽입된다.

- (1)열과 (2)열의 차이는 가격차이 $44,400 F이다. 이 가격차이는 동일한 실제투입수량(22,200평방야드)에, 각각 (1)열의 실제가격($28)과 (2)열의 예산가격($30)을 곱하기 때문에 발생한다.
- (2)열과 (3)열의 차이는 능률차이 $66,000 U이다. 이 능률차이는 동일한 예산가격($30)에 각각 (2)열의 실제투입수량(22,200평방야드)과 (3)열의 실제산출수량에 허용된 예산투입수량(20,000평방야드)을 곱하기 때문에 발생한다.
- 직접재료(원가)가격차이 $44,400 F와 직접재료능률차이 $66,000 U의 합은 직접재료(원가)변동예산차이 $21,600 U와 같다.

보기 7-4는 차이분석을 다른 형식으로 요약한 것이다. 상위 수준의 차이분석 결과가 성과평가를 위해 더 구분되고, 보다 자세한 정보를 제공한다.

보기 7-3 2017년 4월 Webb의 수준 3 직접원가 차이분석

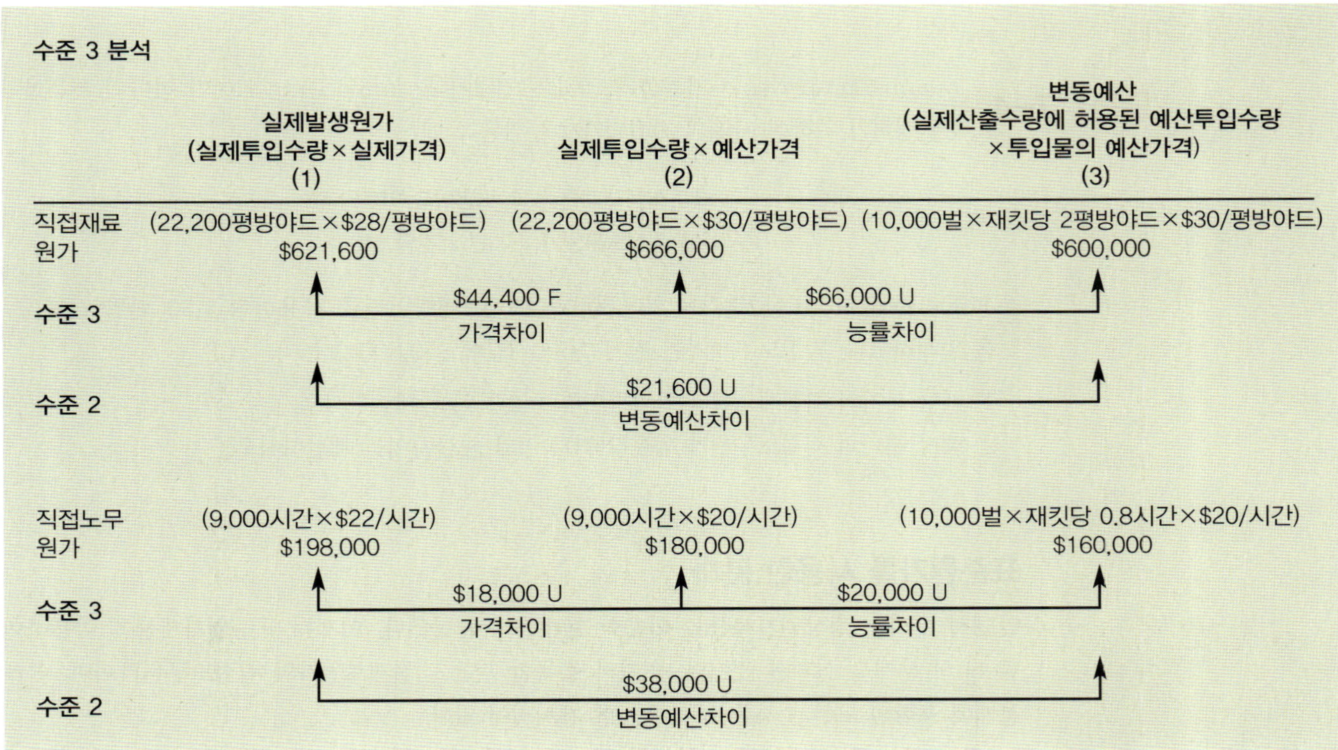

보기 7-4 **수준 1, 2, 3 차이분석의 요약**

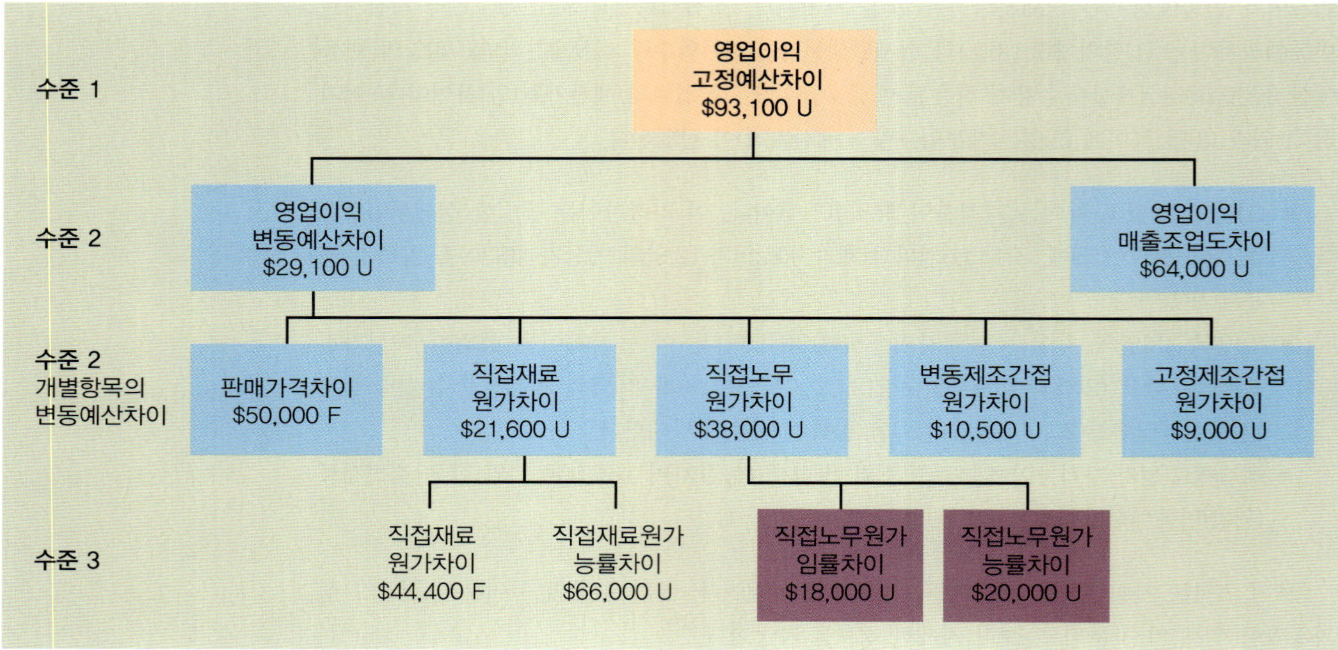

이제 표준원가계산 시스템하에서 Webb의 분개를 살펴보기로 한다.

도전! 7-4

Jamie Draperies는 커튼을 제조하는 기업이다. Jamie Draperies가 하나의 커튼을 완성하기 위하여 아래의 직접원가가 투입된다.

표준직접재료원가: 10평방야드/야드당 $5

표준직접노무원가: 5시간/시간당 $10

Jamie Draperies는 2분기에 $68,600의 14,000평방야드를 사용하여 1,500단위의 커튼을 완성하였다. 직접노무원가는 전체 7,600시간에 $79,800이다.

1. 해당 분기의 직접재료원가 가격차이와 능률차이를 계산하시오.
2. 해당 분기의 직접노무원가 임률(가격)차이와 능률차이를 계산하시오.

표준원가를 사용한 분개

앞에서 우리는 정상원가계산을 이용한 분개를 학습하였다. 이제는 표준원가계산을 이용하여 Webb의 분개를 살펴볼 것이다. 여기서 주목할 것은 직접재료원가와 직접노무원가이며, 아래 분개에 포함된 모든 숫자는 보기 7-3에 제시되어 있다.

참고로 아래 각 분개에서 불리한 차이는 항상 차변(영업이익 감소)이며, 유리한 차이는 항상 대변(영업이익 증가)이다.

분개 1A

직접재료원가 가격차이는 직접재료 구매시점에 분리되었다. 이는 Webb의 원재료 구매를 위하여 설정된 표준가격만큼 직접재료원가조정계정[15] 차변 금액을 증가시키는 것이다(유리한 차이). 이러한 조정은 가격차이를 분리할 수 있는 가장 빠른 방법이다.

1a. 직접재료원가 조정		
(22,200평방야드 × 평방야드당 $30)	666,000	
직접재료원가 가격차이		
(22,200평방야드 × 평방야드당 $2)		44,400
매입채무 조정		
(22,200평방야드 × 평방야드당 $28)		621,600

* 직접재료 구매기록

분개 1B

직접재료를 사용하는 시점에 재공품조정계정을 증가(차변)시켜(불리한 차이), 직접재료원가 능률차이를 조정한다. 실제산출수량 단위별 허용된 표준수량에 표준(구매)가격을 곱한 금액을 이용한다.

1b. 재공품 조정		
(10,000벌 × 벌당 2평방야드 × 평방야드당 $30)	600,000	
직접재료원가 능률차이		
(2,200평방야드 × 평방야드당 $30)	66,000	
직접재료원가 조정		
(22,200평방야드 × 평방야드당 $30)		666,000

* 직접재료 사용기록

분개 2

실제 제조단위에 허용된 표준시간과 표준임률(가격)으로 재공품조정계정을 증가 또는 감소하여, 직접노동 사용시점(노무투입시점)에 직접노무원가 임률차이와 능률차이를 분리한다. 미지급급여조정계정은 실제노무(투입)시간과 실제임률을 바탕으로, 근로자에게 실제로 지급되는 금액으로 측정된다.

2. 재공품 조정		
(10,000벌 × 벌당 0.80시간 × 시간당 $20)	160,000	
직접노무원가 임률차이		
(9,000시간 × 시간당 $2)	18,000	
직접노무원가 능률차이		
(1,000시간 × 시간당 $20)	20,000	
미지급급여조정		
(9,000시간 × 시간당 $22)		198,000

* Webb의 직접노무원가 관련 부채기록

[15] 일종의 임시계정이며 실제 기말재무상태표에는 나타나지 않을 것이다.

앞서 표준원가와 차이분석을 통하여 경영진이 예상(예산)과 다른 부분에 집중할 수 있다는 것을 확인하였다. 또한 위의 분개는 표준원가계산의 또 다른 유리한 점, 즉 제품원가계산의 단순화를 보여준다. 각 단위의 제품이 완성될 때, 표준직접재료원가와 표준직접노무원가 그리고 표준제조간접원가를 이용하여 제품원가를 간단히 계산할 수 있다.

통제의 관점에서 볼 때, 직접재료원가 가격차이를 구매시점에서 분리하는 것과 같이, 차이는 가급적 빨리 분리하여야 한다. 큰 규모의 불리한 가격차이를 실제생산에 직접재료를 투입하기 전에 확인한 경우, 경영진은 현재 공급처로부터 원가절감을 시도하거나 원하는 가격을 제시할 수 있는 잠재적 공급처를 구하는 등의 적절한 시정 조치를 취할 수 있기 때문이다.

중요하지 않은 차이계정의 금액은 회계연도 말 매출원가에 가감한다. 간략한 설명을 위해, 2017년 4월의 직접원가 차이계정의 금액이 중요하지 않다고 가정한다. 따라서 Webb은 다음과 같은 분개를 통하여 직접원가 차이계정을 매출원가계정에 기록한다.

매출원가	59,600	
직접재료원가 가격차이	44,400	
직접재료원가 능률차이		66,000
직접노무원가 임률차이		18,000
직접노무원가 능률차이		20,000

반면, Webb의 기말재고자산이 중요하다면, 차이계정의 금액은 매출원가와 재고자산계정에 비례 배분될 것이다. 예를 들어, 직접재료원가 가격차이는 원재료, 재공품, 제품(이상 재고자산) 및 매출원가계정의 표준직접재료원가를 기준으로 비례 배분된다. 직접재료원가 능률차이는 원재료, 재공품, 제품(이상 재고자산) 및 매출원가계정 기말잔액(직접재료원가 가격차이 배분 후)의 직접재료원가를 기준으로 비례 배분한다.

이전에 논의한 바와 같이, 다수의 회계전문가, 엔지니어 또는 경영자는 원가차이, 특히 비효율성을 측정하는 원가차이가 각 재고자산 및 매출원가에 배분되기보다는, 당기 수익에서 차감되어야 한다고 주장한다. 이러한 관점을 전액 비례 배분하는 방법과 함께 적용한다면, 비효율적인 원가차이를 기말재고자산에 누적하여, 다음 회계연도로 이월하지 않는다는 점에서 우수하다. 즉, 회피할 수 있는 비효율적인 능률차이는 매출원가에 반영되어야 하나, 회피 불가능한 부분은 비례 배분되어야 한다. 동일하게 직접재료원가 가격차이 중 시장 전체 상황에 기인하여 회피 불가능한 부분도 비례 배분되어야 할 것이다.

표준원가계산의 구현

표준원가계산은 원재료, 노무 및 기타 생산 관련 활동의 관리와 통제에 유용한 정보를 제공한다.

표준원가계산과 정보기술

대기업 및 소기업 등 규모에 관계없이, 컴퓨터를 이용한 표준원가계산 이용이 모든 기업에서 증가하고 있다. 예를 들어, 일반 의약품을 제조하는 Sandoz와 컴퓨터를 조립 판매하는 Dell과 같은 회사는 표준가격과 표준수량을 컴퓨터 시스템에 저장한다. 원재료를 수령할 때, 기업은 바코드 등을 이용하여 즉시 수량과 표준가격을 기록하고, 수령한 원재료의 수량과 기업의 주문수량을 확인한다. 이때 원재료 구입에 대하여 실제 기업이 지급해야 하는 금액으로 기록되는 매입채무는 원재료 표준가격과 다를 수 있으며, 이것이 직접재료원가 가격차이를 원재료

구매시점에서 분리하는 것이다.

직접재료원가 능률차이는 산출물이 완성되기까지 생산현장에서 작업담당자가 전산망에 요청한(입력한) 직접재료의 수량과 (허용된) 표준수량의 차이로 계산된다. 직접노무원가 능률차이는 작업자가 생산현장의 작업대 또는 생산라인의 담당 구역에 로그인하여 작업 시작 및 종료시간(로그아웃) 그리고 작업 완료한 수량을 입력할 때 계산된다. 이때 경영진 또는 생산관리자는 실시간으로 집계된 능률차이에 대하여 즉시 감지하고 수정 또는 보완한다.

보다 넓은 표준원가계산의 활용

서비스 산업뿐만 아니라 제조기업의 경우에도 표준원가계산이 유용하게 사용될 수 있다. 전사적 품질관리(Total Quality Management, TQM) 프로그램을 활용하는 기업은 표준원가계산을 통하여 재료원가를 관리한다. McDonald's와 같은 노동 집약적 서비스 기업은 표준원가계산을 이용하여 노무원가를 통제한다. 컴퓨터통합생산(Computer-Integrated Manufacturing, CIM)시스템을 구현한 Toyota와 같은 기업은 변동예산 및 표준원가계산을 이용하여 재고자산을 관리한다. 전사적 자원관리(Enterprise Resource Planning, ERP)시스템 사용이 증가함에 따라, 기업은 재고자산의 표준, 평균 및 실제원가를 보다 쉽게 추적하고, 동시에 각각의 차이를 사실상 실시간으로 평가할 수 있었다. 이에 경영진은 이러한 차이정보를 이용하여, 집중적인 관리가 필요한 제조 또는 구매프로세스를 식별한다.

경영자의 원가차이 사용

경영진과 회계담당자는 의사결정 이후 성과를 평가하고, 조직 학습을 유발하며, 지속적인 개선을 위하여 (원가)차이를 이용한다. 차이는 경영진에게 문제가 발생하거나 어떤 기회가 존재한다는 것을 알려주는 조기 경보시스템의 역할을 한다. 성공적인 차이분석은 경영진이 구성원의 당기 업무수행 및 성과의 효과성을 평가할 뿐만 아니라, 미래 성과개선을 위한 전략의 세밀한 조정을 가능하게 한다. 아래 'Concepts in Action: Chipotle는 재료원가차이의 증가에 적절히 대응할 수 있겠는가?'는 패스트푸드 공룡기업이 각 직접원가 차이분석에 집중하는 중요한 이유를 보여준다.

원가차이의 여러 원인

원가차이를 정확히 해석하고, 이를 바탕으로 적절한 의사결정을 내리기 위해서, 경영진은 원가차이에 여러 원인이 있을 수 있음을 인식하여야 한다. 특히 원가차이를 서로 분리하여 독립적으로 해석해서는 안 된다. 가치사슬 한 부분의 원가차이는 가치사슬 다른 한 부분의 의사결정에 기인할 수 있다. Webb 생산라인의 불리한 직접재료원가 능률차이를 떠올려 보자. 가능성 있는 원인은 아래와 같다.

1. 제품 또는 공정 설계의 오류
2. 미숙련공 또는 기계 결함
3. 부적절한 작업(또는 기계) 할당
4. 판매담당자의 대량주문 승인에 기인한 작업일정 혼란
5. 균일하지 않은 원단(원재료)의 품질

CONCEPTS IN ACTION

Chipotle는 재료원가차이의 증가에 적절히 대응할 수 있겠는가?

Patrick T. Fallon/Bloomberg/Getty Images

Chipotle는 부리토(멕시코 음식)와 함께 여러 해 동안 수익성의 성장을 이루어 왔다. 자체개발한 식사와 유기농 및 천연재료에 중점을 두어, 미국 및 전 세계에서 성공을 이루었다. 이들의 지속적인 성장을 위해서는 재료원가차이 증가를 적절히 관리하는 능력을 유지할 필요가 있다.

Chipotle의 수익성은 부리토의 원가를 가장 낮게 유지할 수 있는지 여부에 달려 있다. 각 매장의 주요 직접원가는 직접재료원가와 노무원가이다. 노무원가는 식당 매니저와 직원의 급여, 건강보험과 같은 복지를 포함한다. 재료원가는 카르니타스, 바르바코아, 치킨, 치즈, 과카몰리, 사워크림 등 고가의 '핵심 7'과 포일, 종이가방 및 플라스틱 식기와 같은 품목을 포함한다.

원가절감을 위하여, Chipotle는 종종 미세한 조리법 조정을 통해 맛과 원가의 적절한 균형점을 찾는다. 예를 들어, 토마토를 직접 자르는 경우 너무 많은 노동력이 필요하므로, 비닐 봉투에 미리 잘려서 준비된 토마토를 사용하여 살사소스를 만든다. 이로 인해 2010년부터 2014년까지 Chipotle의 노무원가는 매출액의 24.7%에서 22.0%로 감소하였다. 반면 유기농 원재료에 집중한 이유로, 같은 시기에 재료원가는 매출액의 30.5%에서 34.6%로 증가하였다. 현지의 신선한 육류와 농산물의 사용은 기존의 원재료에 비해 Chipotle의 원가가 증가하여, 수익성이 감소된다. 그 결과 Chipotle의 각 매장에서는 차별적인 통제관리, 예를 들어, 쌀이나 콩 등에 대한 고객의 추가 요구는 기꺼이 제공하고, 고가의 '핵심 7'에 대한 추가 요구는 충분히 고려하여 대응하도록 직원을 훈련한다.

2015년 대장균과 노로바이러스가 발생한 후, Chipotle는 식품안전을 개선하고 원가차이를 줄이기 위하여 운영방식을 변경하였다. 치즈와 채소는 미리 잘라서, 돼지고기와 쇠고기는 미리 조리한 상태로 각 Chipotle 매장에 공급한다. 미래 수익성이 재료원가의 (불리한) 차이를 최소화하는 데 있다는 점에서, Chipotle의 '식품 통합관리'는 매우 긴밀하게 관리되어야 할 것이다.

출처: Sarah Nassauer, "Chipotle의 주방 안 이야기: 무엇이 진짜 만든 것인가?(Inside Chipotle's Kitchen: What's Really Handmade)", *The Wall Street Journal* (February 24, 2015); Candice Choi, "대장균 사태 이후 Chipotle의 식품 준비과정 변경(Chipotle Makes Food Prep Changes after E. Coli Scares)", *Claims Journal* (December 28, 2015).

위 원인 중 5는 공급망(재킷 원단 공급처)의 비효율성을 고려하여, 더 광범위하고 불리한 직접재료원가 능률차이의 원인을 제공한다. 결국 경영진은 항상 원가차이의 근본 원인을 이해하기 위하여 노력해야 한다.

원가차이를 조사하는 시기

표준은 단일 측정값이 아니라, 투입수량, 원가, 산출수량 및 가격에 대한 수용 가능한 범위이므로, 경영자는 항상 원가차이가 발생할 수 있음을 인식해야 한다. 수용 가능한 범위 내의 원가차이는 '통제상태'로 간주되며, 경영자의 조사나 조치가 요구되지 않는다. 그렇다면 언제 원가차이를 조사하여야 하는가?

종종 경영자는 주관적인 판단이나 경험에 따라 원가차이를 조사한다. 제품 결함 등과 같이 중요한 항목의 경우, 작은 원가차이도 즉시 조사가 필요할 수 있다. 반면, 직접재료원가, 노무원가, 수리원가 등의 기타 항목의 경우, 예를 들어, '예산원가의 $5,000 또는 20%를 초과하는 모든 원가차이를 조사'하는 등의 규칙을 적용한다. 이러한 관점은 $10,000 수리원가의 15% 원가차이($1,500의 원가차이)보다 $1,000,000 직접재료원가의 4% 원가차이($40,000의 원가차이)에 보다 더 많은 주의를 기울여야 함을 의미한다. 다시 말해, 원가차이분석 또한 원가–효익 관점이 적용된다.

성과측정을 위한 원가차이

경영자는 종종 종업원이나 사업부문을 평가할 때 차이분석을 이용하며, 보통 아래 두 가지 성과의 속성이 평가된다.

1. 효과성 Starbucks VIA® Ready Brew 인스턴트 커피라인의 판매, 시장점유율 또는 고객 만족도 수준과 같은 사전에 설정된 목표를 달성한 정도
2. 효율성 주어진 산출수준을 달성하기 위한 투입물의 상대적 수량. 예를 들어, 주어진 수량의 VIA 묶음을 만들기 위하여 더 적은 수량의 아라비카 원두를 사용했거나, 주어진 수량의 아라비카 원두로 보다 많은 수량의 VIA 묶음을 완성할수록 효율성은 높아진다.

앞서 논의한 바와 같이, 원가차이의 원인을 이해하는 것이, 원가차이를 성과평가에 이용하는 것보다 중요하다. Starbucks의 구매담당자가 유리한 직접재료원가 가격차이를 초래하는 가격협상을 수행했다고 가정해 보자. 이 거래는 다음의 이유로 유리한 차이를 달성할 수 있다.

1. 공급처에 대한 구매담당자의 협상이 효과적이었다.
2. 구매담당자는 대량구매할인을 확보하였다(그러나 단기에 필요한 수량보다 더 많은 수량의 구입은 재고자산의 과잉을 유발한다).
3. 구매담당자는 품질수준을 검토하지 않고, 최저가를 제시한 공급처를 선택하였다.

만약 구매담당자의 성과가 오직 가격차이로만 평가된다면, 그 결과는 긍정적일 것이다. 1의 이유와 같이, 공급처와의 협상은 효과적이었고, 그 결과 보다 낮은 가격으로 구매할 수 있었기 때문이다. 대량구매할인 및 품질을 고려하지 않은 최저가 공급처 선정과 같은 2와 3의 이유 또한 단기적으로 이익을 개선할 수 있다. 그러나 이것이 항상 구매담당자의 긍정적인 성과평가를 보장하는가? 안타깝게도 위의 이유에 근거한 단기 이익의 증가는 재고유지원가 또는 검사원가, 불량품원가 등으로 상쇄될 가능성이 크며, 결국 구매담당자의 성과평가는 부정적일 가능성이 크다. 따라서 Starbucks는 2와 3의 이유에 근거한 유리한 가격차이로부터 얻는 이익보다, 더 많은 것을 잃을 수 있다.

경영자는 유리한 차이를 기계적으로 '좋은 소식' 으로 해석하거나, 직원의 우수한 성과로 가정해서는 안 된다.

기업의 개별단위의 성과평가를 중요하게 판단하므로, 차이분석을 유용하게 이용할 수 있다. 그러나 단일 성과측정(예: 달성한 능률차이 또는 소비자 평가 등)이 지나치게 강조되면, 담당자(피평가자)는 해당 측정치의 개선에만 집중하는 경향이 있다. 이는 기업 전체의 목표와 상충되어, 기업 전체목표 달성을 방해할 가능성이 크다. 성과에 대한 이러한 잘못된 관점은 최고 경영자가 기업 전체의 목표를 강조하지 않고 성과평가 및 보상시스템을 설계할 때 주로 발생한다.

조직학습

차이분석의 목적은 경영진이 원가차이가 발생하는 이유를 파악하여 학습하고, 이를 통하여 기업의 미래성과를 개선하는 것이다. 예를 들어, 불리한 직접재료원가 능률차이를 개선하기 위하여, Webb의 경영자는 재킷의 디자인을 개선하거나 보다 나은 품질의 원단을 공급하는 공급처를 선정, 혹은 불량률을 줄이겠다는 작업자의 의식을 고취할 수 있다. 때로는 불리한 직접재료원가 능률차이를 개선하기 위하여 선택해야 하는 양질의 원재료 가격이 상당히 높다면, 제품과 관련된 기업의 전략을 수정할 필요도 있다. 차이분석은 모든 책임과 비난을 뒤집어 쓸 사람을 찾는 '책임 떠넘기기'에 이용되어서는 안 되며, 경영진이 현재 상황을 바탕으로 기업의 미래성과를 개선하는 데 도움이 되어야 한다.

기업은 경영자와 종업원의 성과를 평가하며 조직 내 학습을 개선하기 위해, 차이분석 이용에 균형을 유지하여야 한다. 만약 성과평가 관점이 지나치게 강조되면, 경영자는 도전적이고 지속적인 발전을 가능하게 하는 목표를 설정하여 달성하기보다는, 단지 달성하기 쉬운 목표를 설정하려 노력할 것이다. 예를 들어, Webb의 생산관리자는 작업자가 재킷을 완성할 수 있는 충분한 시간을 허용하는, 달성이 쉬운 표준시간을 선호할 것이다. 그러나 이는 생산부서가 공정을 개선하고 제조시간과 원가를 절감하는 데 있어서 어떠한 유인도 제공하지 않는다. 또는 생산관리자가 작업자에게 허용된 (표준)시간 내에 재킷을 완성하도록 강요할 수 있다. 이 경우 낮은 품질의 재킷이 생산될 가능성이 높으며, 결국 매출이 감소할 것이다. 그러나 차이분석이 조직 내 학습을 촉진하는 수단으로 인식된다면, 부정적인 효과는 최소화될 수 있다.

지속적 개선

경영자는 차이분석을 이용하여 지속적 개선의 효과적인 순환을 만들 수 있다. 이는 원가차이의 원인을 반복적으로 식별하고, 이를 수정하며, 결과를 평가하는 것으로 실현 가능하다. 개선의 기회는 주로 제품생산 초기에 발견할 가능성이 높다. 관리자가 비교적 쉬운 개선점을 식별한다면, 후속 개선점을 식별하기 위해서는 보다 정교하고 세밀할 필요가 있다. 일부 기업은 카이젠(Kaizen)예산을 이용하여, 일련의 기간 동안 지속적인 예산원가절감을 구체적인 목표로 설정한다. 카이젠예산의 장점은 지속적 개선의 목표를 명확히 설정한다는 것이다.

지속적 개선 목표는 신중하게 수행되는 것이 중요하다. 그러나 연구 및 설계단계에서 지속적 개선을 강조하며 지나친 훈련을 요구한다면, 창의적이고 혁신적인 제안을 기대하기 어렵다. 효율성을 개선하려는 명확한 목표가 직원의 도전정신과 기업의 혁신을 제한해서는 안 될 것이다.

재무적 · 비재무적 성과측정

대부분의 기업은 계획과 통제를 위하여 재무적 및 비재무적 성과측정을 조합하여 이용한다. 생산과정을 통제하기 위하여, 생산관리자는 원가차이가 금액으로 표시된 보고서를 회계연도 말까지 기다릴 수 없다. 대신 적시에 이용할 수 있는 비재무적 성과측정이 통제목적으로 자주 이용된다. 예를 들어, Nissan 및 여러 제조업체는 작업자와 생산관리자가 볼 수 있도록 대형 화면에 불량률과 생산량 등을 표시한다.

Webb의 재단실에서는 원단을 재단하고, 각 부분을 바느질한다. 생산관리자는 재단실에서 작업자를 감독하고, 1,000벌의 재킷을 만드는 데 사용된 원단의 면적 또는 재작업률 등의 비재무적 측정치에 집중하여 통제한다. 물론 이러한 비재무적 측정치는 Webb의 작업자가 이해하기에도 쉽다. 또한 Webb의 경영진은 재무적 측정치를 이용하여 전체 작업과정의 원가 효율성(능률)을 평가하고, 재킷 생산을 위한 투입물 배합을 개선 또는 변경하는 등의 의사결정의 결과를 설명한다. 기업에게 재무적 측정치는 다양한 활동의 경제적 영향을 나타낸다는 점에서 중요하다. 따라서 관리자는 한 가지 활동의 원가를 증가시켜(절단작업을 보다 세밀하게 수행) 다른 활동의 원가를 줄이는(재작업 감소) 등의 원하는 수준의 균형을 선택할 수 있다.

벤치마킹과 원가차이분석

Webb은 자사의 영업을 분석하여 예산을 설정하였다. 이제 다른 기업의 영업을 바탕으로 표준(예산)을 설정하는 상황을 고려해 보자. 벤치마킹(benchmarking)[16]은 기업의 성과수준을 경쟁기업 또는 유사한 프로세스를 가진 다른 기업 최선의 성과와 지속적으로 비교하는 과정이다. 벤치마크가 표준으로 사용될 때, 경영진 및 회계담당자는 기업이 해당 표준을 달성하거나 넘어설 수 있다면, 시장에서 충분한 경쟁력을 갖추고 있다는 것을 알고 있다.

따라서 기업은 벤치마크를 개발하고, 경영에 가장 중요한 항목의 차이를 계산한다. 항공사의 효율성을 비교하기 위하여 일반적으로 사용하는 측정단위는 가용좌석마일당 원가이다. 가용좌석마일(Available Seat Mile, ASM)은 항공사 규모의 측정치이며, 항공기의 총좌석과 비행한 총거리를 곱한 값과 같다. United Airlines의 가용좌석마일당 원가를 고려해 보자. United는 원가를 비교하기 위한 벤치마크로, 미국 내 6개의 경쟁 항공사의 자료를 이용한다고 가정한다. 보기 7-5는 이에 대한 자료이다. 벤치마크 대상 기업은 A열에 알파벳 순서로 정

보기 7-5 United Airlines와 다른 6개 항공사의 가용좌석마일(ASM) 벤치마크 비교

	A	B	C	D	E	F	G
1 2 3	항공사	영업원가 (ASM당 센트) (1)	영업수익 (ASM당 센트) (2)	영업이익 (ASM당 센트) (3)=(2)−(1)	연료원가 (ASM당 센트) (4)	노무원가 (ASM당 센트) (5)	총 ASM (백만) (6)
4							
5	United Airlines	13.65	13.66	0.01	4.30	4.27	214,061
6	벤치마크 항공사						
7	Alaska Airlines	11.07	13.13	2.06	3.60	3.45	32,434
8	American Airlines	13.76	14.13	0.37	4.40	3.80	157,598
9	Delta Airlines	14.98	15.45	0.47	5.50	4.41	212,235
10	JetBlue Airways	11.69	12.47	0.78	4.10	3.04	45,200
11	Southwest Airlines	12.42	14.13	1.71	3.90	4.35	131,259
12	U.S. Airways	12.75	14.42	1.67	4.10	3.75	79,913
13							
14	벤치마크 항공사 평균	12.78	13.96	1.18	4.27	3.80	109,773
15							
16	출처: MIT Global Airline Industry Program의 2014년 자료						

16 벤치마킹은 주로 비교 행위를 의미하고, 벤치마크는 비교 대상을 의미한다.

렬되어 있으며, 그 외 열에는 각 항공사별 ASM당 원가, 영업수익, 영업이익, 연료원가, 노무원가 및 가용좌석마일이 기록되어 있다. 모든 항공사가 긍정적인 수준의 영업이익을 보고한다는 점은 연료원가의 하락과 항공산업의 구조조정을 통하여 금융위기로 인한 경기침체로부터 회복하였음을 나타낸다.

United는 원가를 얼마나 잘 관리했는가? 대답은 비교대상으로 어떤 벤치마크를 선정하는지에 따라 달라진다. United의 ASM당 실제원가 13.65센트는 다른 6개 항공사의 ASM당 평균원가 12.78센트보다 높다. 심지어 United의 ASM당 실제원가는 가장 저렴한 Alaska Airlines의 11.07센트보다 23.3%[(13.65 − 11.07) ÷ 11.07 = 0.233]만큼 더 높다. 그렇다면 United의 ASM당 원가가 상대적으로 높은 이유는 무엇인가? E열과 F열의 연료원가 및 노무원가가 그 이유일 수 있다. 벤치마크 자료를 이용한 United의 원가경보장치는 원재료 및 노무투입을 보다 효율적으로 관리하여 원가경쟁력을 갖추게 한다.

기업이 보기 7-5와 같은 적절한 벤치마크를 찾는 것이 어려울 수 있다. 따라서 많은 기업들이 컨설팅 기업으로부터 벤치마크 자료를 구매하기도 한다. 또 다른 문제는 벤치마크 자료를 비교하는 것이다. 다시 말해, '적절한 비교대상'[17]과의 비교가 필요하다. 기업과 기업은 전략이나 재고자산 원가계산방법, 감가상각방법 등 다양한 점에서 차이가 있을 수 있다. 예를 들어, United는 미국 내 거의 모든 주요 도시와 여러 국제도시에 장거리 및 단거리 노선을 운항하는 반면, JetBlue Airways는 상대적으로 적은 수의 도시에, 주로 장거리를 운항한다. Southwest Airlines는 United와 달리, 단거리 직항편을 전문적으로 취급하며, 기내서비스가 적게 제공된다. 따라서 United의 전략이 JetBlue와 Southwest Airlines와 다르기 때문에, ASM당 원가가 다르다고 추측할 수 있다. 오히려 United의 전략은 American Airlines 및 Delta Airlines와 더 유사하다. 따라서 ASM당 원가는 American Airlines 및 Delta Airlines와 경쟁이 더 치열하다. 하지만 United는 여러 도시 및 시장에서 Alaska와 JetBlue, Southwest와 경쟁적으로 대립하고 있으므로, 여전히 이 항공사들을 벤치마크로 설정할 필요가 있다.

United의 회계관리자는 벤치마크 데이터를 이용하여 몇 가지 중요한 질문을 제시할 수 있다.

- 항공기의 크기나 유형, 또는 비행시간과 같은 요인이 ASM당 원가에 어떤 영향을 미치는가?
- 항공사의 원가구조가 고정원가 및 변동원가로 구분되는가?
- 항공편 노선을 변경하거나, 노선별 항공기 유형을 변경하거나, 특정 항공편의 운항 빈도나 시기를 변경하여 United의 성과를 (얼마나) 개선할 수 있는가?
- 항공사 간 ASM당 매출액의 차이는 어떻게 설명할 수 있는가?
- 특정 공항에서 고객(승객)이 인지하는 서비스 품질 또는 항공사 경쟁력의 차이는 있는가?

따라서 회계관리자가 단순히 벤치마크 자료와의 차이 및 차이의 규모를 경영진에게 보고하기보다는, 벤치마크 대상 기업과 유사한 조건하에서 원가 및 매출액이 차이가 발생하는 원인에 대한 통찰을 제공하는 편이 더욱 가치 있을 것이다.

---

17 'apples to apples'

자율학습

O'Shea는 세라믹 꽃병을 제조하는 기업이며, 변동예산을 설정할 때 표준원가를 사용한다. 2017년 9월, O'Shea는 2,000개의 꽃병을 완성하였다. 아래는 직접원가, 직접재료원가와 직접노무원가에 관한 자료이다.

직접재료에는 4,400kg이 사용되었다. 산출물 단위당 허용되는 표준투입수량은 2kg이며, kg당 $15이다. O'Shea는 5,000kg을 $82,500(kg당 $16.50)에 구입하였다(이 문제는 특정 기간에 구매한 원재료의 수량이 사용된 수량과 다른 경우의 직접재료원가차이를 계산하는 과정을 보여준다).

실제 투입된 노무시간은 3,250시간이며, 총 $66,300이다. 산출물 단위당 허용된 표준노무시간은 1.5시간이며, 시간당 $20이다.

요구사항

1 (필수)직접재료원가 가격차이 및 능률차이, 직접노무원가 임률차이 및 능률차이를 계산하시오(직접재료원가 가격차이는 실제 구입한 수량과 변동예산수량에, 직접재료원가 능률차이는 실제 사용된 수량과 변동예산수량에 기초한다).

2 표준원가계산하 분개를 제시하시오(단, 원가차이는 조기에 분리한다).

Solution

1 보기 7-6은 보기 7-3에서 제시된 원가차이가 원재료 구매시점과 사용시점의 차이에 따라 조정될 수 있음을 보여준다. 특히 (2)열 직접재료는 두 가지 계산구조(직접재료의 구입은 $75,000이며 사용은 $66,000)가 가능하다. 직접재료원가 가격차이는, 구매담당자가 해당 차이의 원인을 즉시 식별하고 적절한 조치를 취할 수 있도록, 직접재료 구매시점에 계산된다. 반면 직접재료원가 능률차이는 생산관리자의 책임이므로, 원재료를 사용할 때 식별한다.

보기 7-6 O'Shea의 원가차이 분석: 2017년 9월, 직접재료원가와 직접노무원가

수준 3 분석

	실제발생원가 (실제투입수량 × 실제가격) (1)	실제투입수량 × 예산가격 (2)		변동예산 (실제산출수량에 허용된 예산투입수량 × 예산가격)
직접재료원가	(5,000kg×$16.50/kg) $82,500	(5,000kg×$15.00/kg) $75,000	(4,400kg×$15.00/kg) $66,000	(2,000단위×2kg/단위×$15.00/kg) $60,000
	$7,500 U 가격차이		$6,000 U 능률차이	
직접노무원가	(3,250시간×$20.40/시간) $66,300	(3,250시간×$20.00/시간) $65,000		(2,000단위×1.50시간/단위×$20.00/시간) $60,000
	$1,300 U 가격차이		$5,000 U 능률차이	

2 표준원가계산하 분개는 다음과 같다.

원재료 조정(5,000kg×kg당 $15)	75,000	
직접재료원가 가격차이(5,000kg×kg당 $1.50)	7,500	
매입채무 조정(5,000kg×kg당 $16.50)		82,500

재공품 조정(2,000단위×단위당 2kg×kg당 $15)	60,000	
직접재료원가 능률차이(400kg×kg당 $15)	6,000	
원재료 조정(4,400kg×kg당 $15)		66,000
재공품 조정(2,000단위×단위당 1.5시간×시간당 $20)	60,000	
직접노무원가 임률차이(3,250시간×시간당 $0.40)	1,300	
직접노무원가 능률차이(250시간×시간당 $20)	5,000	
미지급급여 조정(3,250시간×시간당 $20.40)		66,300

※ 참고: 모든 차이는 불리한 차이이므로 차변이며, 따라서 영업이익이 감소한다.

과제

서술형 문제

7-1 조직에서 원가차이분석의 주요 용도는 무엇인가?

7-2 표준원가계산하, 직접재료원가 변동예산차이의 두 요소는 무엇인가?

7-3 원가차이가 영업이익에 미치는 영향은 무엇인가?

7-4 차이분석에서 성과가 고정예산이 아닌 변동예산에 기반하는 이유는 무엇인가?

7-5 변동매출(판매)예산이 사용되는 경우, 매출차이의 주요 구성요소는 무엇인가?

7-6 변동예산과 고정예산은 언제 서로 비슷한가? 그 이유는 무엇인가?

7-7 과거원가에 비해 표준원가의 주요 장점은 무엇인가?

7-8 직접재료차이의 주요 구성요소는 변동예산에서 서로 어떻게 관련 있는가?

7-9 유리한 직접재료원가 가격차이의 원인을 세 가지 제시하시오.

7-10 불리한 직접노무원가 능률차이의 원인을 세 가지 제시하시오.

7-11 차이분석은 지속적 개선(카이젠)에 어떻게 도움이 되는가?

7-12 제조분야 원가차이를 조사하는 분석가가 해당 분야를 넘어선 영역의 차이를 설명할 수 있는 이유는 무엇인가?

7-13 "공장설비관리자는 구매, 영업 및 생산부서가 각각 영업이익의 불리한 차이에 미치는 영향을 거의 알지 못한다."라는 회계담당자의 진술에 의견을 제시하시오.

7-14 직접재료가 대체 가능할 때, 유용한 정보를 얻기 위하여 직접재료원가 능률차이를 어떻게 더 분해할 수 있는가?

7-15 "벤치마킹은 기업의 성과를 시장 최고수준의 성과와 비교하는 것일 뿐, 차이분석과는 아무런 관계가 없다."라는 의견에 동의하는가?

객관식 문제

7-16 Metal Shelf 기업의 표준원가는 파운드당 $4.00이며, 각 완성품(금속선반)은 2파운드의 원재료를 사용할 것으로 예상된다. 10월 중 새로운 공급처로부터 원재료 25,000파운드를 $97,000에 구입하였고, 27,000파운드의 원재료를 이용하여 13,000개의 선반을 완성하였다. 이 경우 직접재료원가차이와 관련하여 가능한 설명은 무엇인가?

a. 원재료의 품질이 열악했기 때문에, 생산부서는 더 많은 재료를 사용해야 했다.
b. 구매관리자는 원재료 구매에 예상보다 더 많은 금액을 지불하였다.
c. 작업자는 예산보다 더 효율적으로 일했다.
d. 전체 재료원가차이는 유리한 차이이므로, 더 이상의 분석은 필요하지 않다.

7-17 다음 중 옳지 않은 것은?

a. 경영진은 표준을 통해 단위당 예산을 설정할 수 있다.
b. 이상적인 표준의 공손은 최소한의 정상공손이다.
c. 참여표준(예산)은 일반적으로 권위적 표준(예산)보다 구현 및 설정하는 데 더 많은 시간을 필요로 한다.
d. 현재 달성 가능한 표준은 직원의 훈련수준을 고려한다.

7-18 Amalgamated Manipulation Manufacturing(AMM)의 표준은 완제품 1단위마다 3파운드의 원재료를 사용하는 것이다. AMM은 5월, 기초 원재료 5,000파운드로 시작하여, 15,000파운드의 원재료를 $19,500에 구매했으며, 기말에 원재료 4,000파운드를 남겼다. 5월 중 완제품 5,000개를 생산했으며, 표준직접재료원가를 파운드당 $1.50로 설정하였다. 5월의 원재료 가격 및 능률차이는 얼마인가?

	가격차이	능률차이
a.	$3,000 U	$1,500 F
b.	$3,000 F	$ 0
c.	$3,000 F	$1,500 U
d.	$3,200 F	$1,500 U

7-19 Atlantic 기업은 브루클린에 자동차 산업을 위한 로봇 장비를 제조하는 설비를 보유하고 있다. Atlantic은 지난 1년간 주요 설비라인으로부터 아래의 정보를 수집하였다.

실제구매수량	200단위
실제사용수량	110단위
표준수량	100단위
실제(지불)가격	단위당 $8
표준가격	단위당 $10

Atlantic은 직접재료원가 가격차이를 구매시점에 분리한다고 할 때, 직접재료가격차이는 얼마인가?

a. $400 유리
b. $400 불리
c. $220 유리
d. $220 불리

7-20 Basix Inc.는 아래의 정보를 바탕으로 직접노무원가 차이분석을 계산하려고 한다.

실제작업시간	200
표준작업시간	250
실제시간당 임률	$12
표준시간당 임률	$10

주어진 정보가 위와 같을 때, 직접노무원가차이와 관련하여 다음 중 옳은 것은?

a. 임률차이와 능률차이는 유리한 차이이다.
b. 임률차이와 능률차이는 불리한 차이이다.
c. 유리한 임률차이와 불리한 능률차이이다.
d. 불리한 임률차이와 유리한 능률차이이다.

주관식 문제

7-21 변동예산. Brabham 기업은 포뮬러 1 레이싱 서킷(Formula 1 motor racing circuit)용 타이어를 생산한다. 2017년 8월, 타이어 3,000단위의 예산 생산 및 판매량을 위하여 타이어당 변동원가 $74와 $54,000의 고정원가를 예산으로 설정하였다. 예산판매가격은 타이어당 $110이다. 2017년 8월 실제 2,800단위의 타이어를 제조 및 판매하였고, 단위당 실제판매가격은 $112였다. 실제총변동원가는 $229,600, 실제총고정원가는 $50,000였다.

요구사항

1. 변동예산과 고정예산을 포함하는 성과보고서(보기 7–2 참조)를 작성하시오.
2. 위 요구사항 1에 대해 논평하시오.

7-22 변동예산. Beta 기업의 명품지갑 한 단위당 예산 직접재료원가, 예산 직접노무원가, 예산 직접유통원가는 각각 $41, $5 그리고 $11이다. 대표이사는 아래의 성과보고서를 읽고 상당히 만족하고 있다.

	실제원가	고정예산	원가차이
직접재료	$373,500	$410,000	$36,500 F
직접노무	48,600	50,000	1,400 F
직접유통	103,500	110,000	6,500 F

요구사항

명품지갑의 실제 산출수량은 9,000단위였다. 위 세 종류의 원가를 모두 변동원가로 가정할 때, 대표이사의 만족은 타당한가? 변동예산과 고정예산을 사용하여 성과보고서를 수정하시오.

7-23 변동의 설정 및 분석. XYZ Printers Inc.는 페이지당 3매의 수표와 부본으로 구성된 고급 수표책을 제조한다. 각 수표책은 개별 고객의 요구에 따라 디자인되며, 고객의 은행을 통하여 주문된다. 2017년 9월 예산에 다음의 자료가 포함되어 있다.

수표책 수량	20,000
권당 판매가격	$ 22
권당 변동원가	$ 9
월간 고정원가	$150,000

이 회사의 부사장은 단위당 판매가격이 예산보다 높고, 단위당 변동원가가 예산보다 낮았음에도 불구하고, 9월의 영업이익이 예상보다 훨씬 낮음을 발견하였다. 이에 부사장은 회계관리자로서, 실망스러운 9월의 성과를 설명하라는 요청을 받았다.
XYZ는 예산을 설정할 때 특별한 분석과정 없이, 예산단위당 수익과 변동원가를 바탕으로 변동예산을 설정한다.

요구사항

1. 9월 실적에 대한 고정예산 차이분석을 제시하시오.
2. 9월 실적에 대한 변동예산 차이분석을 제시하시오.

3. XYZ 기업의 변동예산 차이분석이 고정예산 차이분석보다 유용한 정보를 제공하는 이유는 무엇인가?

7-24 변동예산, 역행작업(working backward). Alpha는 보석 소매점을 위해 개별 디자인된 보석을 제조한다. Alpha의 수습 회계담당직원이 2017년 12월 31일로 종료된 지난 1년간의 차이분석 자료를 실수로 삭제하였다. 다음 자료는 삭제 후 남아 있는 자료이다.

	A	B	C	D	E	F
1	2017년 성과보고서(2017년 12월 31일 기준)					
2						
3		실제결과	변동예산차이	변동예산	매출조업도차이	고정예산
4	판매수량	150,000				140,000
5	매출액	$975,000				$630,000
6	변동원가	675,000				350,000
7	공헌이익	300,000				280,000
8	고정원가	150,000				130,000
9	영업이익	$150,000				$150,000

요구사항

1. 필요한 모든 차이분석을 계산하시오(총고정예산차이는 $0이다).
2. 실제 및 예산 판매가격은 얼마인가? 단위당 실제 및 예산 변동원가는 얼마인가?
3. 계산한 차이분석 결과를 검토하여, 차이의 원인과 잠재적 문제점에 대하여 논의하시오.

7-25 변동예산과 매출조업도차이. Luster, Inc.는 바닐라 및 초콜릿 아이스크림, 푸딩 등 인기 있는 냉동 디저트 및 간식에 사용되는 원재료를 생산한다. Luster는 표준원가계산을 사용하며, 재고자산을 다음 달로 이월하지 않는다(기말재고자산은 없다). 2017년 6월 관련 자료는 아래와 같다.

	A	B	C
1	성과 보고서(2017년 6월)		
2		실제결과	고정예산
3	생산단위(파운드)	350,000	335,000
4	매출액	$2,012,500	$1,976,500
5	변동제조원가	1,137,500	1,038,500
6	공헌이익	$ 875,000	$ 938,000

아이스크림 사업부 경영자인 Sam Adler는 예산보다 많은 수량의 아이스크림이 판매되어 매출이 증가한 것에 상당히 만족하고 있다. 하지만 변동제조원가도 함께 증가하여, 마지막 줄의 공헌이익은 예산 매출액의 3%보다 더 많은 $63,000만큼 감소하였다. 그럼에도 불구하고 Adler는 사업이 전반적으로 잘 운영된다고 추측하고 있다.

요구사항

1. 생산수량, 매출액, 변동제조원가 및 공헌이익의 고정예산차이를 계산하시오. 고정예산에서 차지하는 각 고정예산차이의 비율(%)은 얼마인가?
2. 각 고정예산차이를 변동예산차이 및 매출조업도차이로 구분하시오.
3. 판매가격차이를 계산하시오.
4. 당신이 Luster의 회계담당자일 때, 차이분석의 결과를 Adler에게 어떻게 설명할 것인가? 그 이유는 무엇인가?

7-26 가격 및 능률차이. Modern Tiles Ltd.는 세라믹 타일을 제조한다. 2017년 1월, 파운드당 $0.70에 10,000파운드를 구입하여 사용하는 것으로 예산을 설정하였다. 2017년 1월의 실제 구매 및 사용량은 파운드당 $0.65에 11,000파운드였다. Modern Tiles의 예산은 40,000단위의 세라믹 타일을 근거로 설정되었으며, 실제 완성된 세라믹 타일은 43,000단위이다.

요구사항

1. 변동예산차이를 계산하시오.
2. 가격차이 및 능률차이를 계산하시오.
3. 요구사항 1과 2에 대한 의견을 제시하고, 그 이유를 설명하시오.

7-27 원재료 및 노무원가 차이. 아래는 Theta Homes, Inc.의 자료이다.

	직접재료원가	직접노무원가
원가내역: 실제투입량×실제가격	$150,000	$100,000
실제투입량×표준가격	162,000	95,000
산출량에 허용된 표준투입량×표준가격	168,000	90,000

요구사항

직접재료원가 및 직접노무원가에 대한 가격(임률), 능률차이 및 변동예산차이를 계산하시오.

7-28 직접재료원가 및 직접노무원가 차이. SallyMay, Inc.는 티셔츠를 디자인하고 제조하여, 십여 개의 브랜드 의류 소매점에 판매한다. 2016년 5월, SallyMay의 고정예산 및 실제 투입물에 대한 자료는 아래와 같다.

고정예산	
티셔츠 묶음(1묶음당 12벌)	400
티셔츠 묶음당	
직접재료원가	14m × m당 $1.70 = $23.80
직접노무원가	1.6시간 × 시간당 $8.10 = $12.96
실제결과	
판매된 티셔츠 묶음	450
총직접투입량	
직접재료원가	6,840m × m당 $1.95 = $13,338
직접노무원가	675시간 × 시간당 $8.20 = $5,535

SallyMay는 총직접재료원가 및 직접노무원가가 변동예산의 10% 이상을 넘어설 때, 모든 투입물의 원가차이를 분석하는 정책을 가지고 있으며, 2016년 5월에 직접원가가 변동예산의 10%를 넘어섰다. 이에 생산관리자는 "5월에 새로운 유형의 구입하였다. 이로 인해 재단 및 재봉 속도는 빨라졌지만, 작업자는 평소보다 더 많은 재료를 사용하였다. 하지만 현재 표준은 적절하다."라고 설명하였다.

요구사항

1. 2016년 5월의 직접재료원가 및 직접노무원가 가격(임률)차이와 능률차이를 계산하시오. 두 투입물(직접재료 및 직접노무)의 총변동예산차이를 제시하시오. 변동예산에서 차지하는 직접재료원가 및 직접노무원가 원가차이의 비율(%)은 어느 정도인가?
2. 2016년 5월의 실제 결과에 대해 논하시오. 새로운 유형의 원재료를 계속 시험사용해 볼 것인가?

7-29 가격 및 능률차이, 분개. Schuyler Corporation은 램프를 제조한다. 완제품 한 단위당 직접재료와 직접노무에 대해 다음과 같은 표준을 설정하였다.

직접재료: 10파운드, 파운드당 $4.50	$45.00
직접노무: 0.5시간, 시간당 $30	15.00

2017년 1월의 예산생산량은 10,000단위였으나, 실제로 9,850단위가 완성되었다. 2017년 1월의 실제결과는 아래와 같다.

직접재료: 98,055파운드 사용됨	
직접노무: 4,900시간	$154,350

원재료 및 완성품의 기초재고는 없다고 가정한다. 1월 한 달 동안 100,000파운드의 원재료를 $465,000에 구입하였다. 가격차이는 구입시점에 분리하며, 능률차이는 사용시점에 분리한다.

요구사항

1. 2017년 1월, 직접재료원가 및 직접노무원가의 가격(임률)차이, 능률차이를 계산하시오.
2. 요구사항 1의 원가차이 결과를 분개하시오.
3. 2017년, Schuyler Corporation의 가격(임률)차이 및 능률차이에 대한 의견을 제시하시오.
4. Schuyler는 자사의 다른 기간을 비교대상으로 하여 직접재료원가의 가격차이와 능률차이를 계산할 수 있다. 그 근거는 무엇인가?

7-30 재료 및 노무 차이분석, 표준원가. Dunn, Inc.는 개인가구를 제조한다. 2017년 8월 Dunn은 주력 제품 중 하나인 흔들의자에 대하여 다음과 같은 표준을 마련하였다.

	의자 단위당 표준
직접재료	2평방야드, 평방야드당 $5
직접노무	0.5시간, 시간당 $10

실제성과에 대해 다음과 같은 자료가 수집되었다.

실제 완성된 의자	2,000단위
구매 및 사용(투입)된 원재료	3,700평방야드
평방야드당 가격	$5.10
직접노무원가	$8,820
실제직접노무시간	900시간, 시간당 임률: $9.80

요구사항

1. 직접재료원가 및 직접노무원가의 가격(임률) 및 능률차이를 계산하시오. 각 차이가 발생한 원인에 대하여 설명하시오.
2. 실제 3,700평방야드를 사용하였지만, 6,000평방야드를 구입했다고 가정하자(평방야드당 $5.10). 원가차이는 적절한 시기에 분리된다고 가정한다. 따라서 직접재료 가격차이는 구매시점에, 생산부서가 아닌 구매부서로 분리하여 추적한다. 이러한 방법으로 가격차이와 능률차이를 계산하시오.

7-31 분개와 T계정(7-30의 연속). 요구사항 2를 포함한 예제 7-30의 모든 거래를 분개하고, 이를 T계정에 전기하시오. 이 분개가 정상원가계산의 분개와 어떻게 다른지 설명하시오. 요구사항

7-32 가격 및 능률차이, 벤치마킹. Topiary Co.는 정원용 플라스틱 화분과 기타 플라스틱 용기를 제조한다. 2017년 6월, Topiary는 Mineola와 Bayside에 위치한 두 공장에서 가장 인기 있는 화분인 14인치 크기의 'Grecian'을 1,000묶음(각 묶음은 12단위의 화분으로 구성) 생산하였다. 생산관리자인 Janice Roberts는 비서 Alastair Ramy에게 두 공장의 정확한 단위당 예산 변동원가와 더 저렴한

가격으로 비슷한 품질의 화분을 공급하는 경쟁사 Land Art의 변동원가를 요청하였다. 이에 Ramy는 각 묶음에 대해 다음의 정보를 취합하였다.

묶음당	Mineola 공장	Bayside 공장	Land Art
직접재료원가	13.50 파운드, 파운드당 $9.20	14.00파운드, 파운드당 $9.00	13.00파운드, 파운드당 $8.80
직접노무원가	3시간, 시간당 $10.15	2.7시간, 시간당 $10.20	2.5시간, 시간당 $10.00
제조간접원가	묶음당 $12	묶음당 $11	묶음당 $11

요구사항

1. Mineola 및 Bayside 공장과 Land Art의 묶음당 예산변동원가는 얼마인가?
2. Land Art의 자료를 표준으로 하여, Mineola 및 Bayside 공장의 직접재료 및 직접노무 가격(임률)차이와 능률차이를 계산하시오.
3. 원가차이를 계산하기 위하여, Land Art 벤치마크 자료 이용의 유리한 점은 무엇인가? Roberts가 Land Art 자료를 표준으로 이용할 때 고려해야 하는 두 가지 문제점을 설명하시오.

7-33 고정 및 변동예산, 서비스 산업. Student Finance(StuFi)는 SNS를 이용하여 학생대출시장에 진출하고자 하는 신생기업이다. SNS의 동창회 커뮤니티를 이용하여 대출자와 차입자를 연결하며, 체결된 계약에 대하여 양 거래 상대방에게 0.40%의 수수료를 청구한다.

StuFi는 조만간 기업공개를 계획하고 있으며, 성과가 이에 부응하기를 희망한다. StuFi의 2017년 3분기 예산 및 실제성과는 다음과 같다.

	A	B	C	D	E
1		고정예산		실제결과	
2	신규계약	8,200		10,250	
3	평균대출규모	$145,000		$162,000	
4	대출당 변동원가				
5	전문상담	$360	(8시간, 시간당 $45)	$475	(9.5시간, 시간당 $50)
6	신용조회	$100		$100	
7	공증수수료	$120		$125	
8	자문서비스	$50		$54	
9	일반관리원가(고정원가)	$800,000		$945,000	
10	기술유지원가(고정원가)	$1,300,000		$1,415,000	

요구사항

1. 2017년 3분기 StuFi의 영업이익에 대한 고정예산을 설정하시오.
2. 보기 7-2와 같이, 2017년 3분기 원가차이분석을 영업이익에 대한 매출조업도차이와 변동예산차이를 포함하여 제시하시오.
3. 2017년 3분기 전문상담 노무원가의 임률차이와 능률차이를 계산하시오.
4. 2017년 3분기 전문상담 노무원가의 효과성을 평가할 때 고려해야 할 사항은 무엇인가?

7-34 변동예산, 직접재료원가 및 직접노무원가 차이. Milan Statuary는 유명한 역사적 인물의 흉상을 제조한다. 모든 흉상은 동일한 크기이며, 따라서 각 단위별로 동일한 양의 원재료가 사용된다. 다음은 2017년 고정예산 자료이다.

예상 제조 및 판매수량	6,100단위
예상단위당 판매가격	$ 700
총고정원가	$1,350,000

아래는 직접재료 및 직접노무의 표준원가와 관련된 자료이다.

	표준수량	표준가격	단위당 표준원가
직접재료	16파운드	파운드당 $14	$224
직접노무	3.8시간	시간당 $30	$114

2017년, 5,100단위가 실제 생산·판매되었으며, 단위당 평균 판매가격은 $730이였다. 원재료는 파운드당 $16.42로 70,000파운드를 구매 · 사용하였으며, 시간당 $33.70의 임률로 17,000직접노무시간이 투입되었다. 따라서 실제직접노무원가는 $572,900이며, 실제고정원가는 $1,200,000, 기초 및 기말재고자산은 없다.

요구사항

1. 영업이익에 대한 매출조업도차이 및 변동예산차이를 계산하시오.
2. 직접재료 및 직접노무 가격(임률)차이 및 능률차이를 계산하시오.

7-35 차이분석, 비제조원가. Marcus McQueen은 지난 10년간 '신속 자동차 정비'를 운영해 왔다. 2017년 6월의 고정예산 및 실제결과는 아래에 제시되어 있다. 한편, Marcus는 지난 10년간 업무를 수행한 직원 한 명과 경험이 적은 두 명의 직원을 고용하고 있다. 일반적으로 각 직원은 차량을 설명하는 업무에 경험과 관계없이 2시간이 필요하다. Marcus는 숙련된 직원에게는 차량당 $30를 지불하고, 다른 두 직원에게는 차량당 $15를 지급한다. 지난 6월에 임금인상은 없었다.

2017년 6월 '신속 자동차 정비'의 월간 실제 및 예산 손익계산서

	예산	실제
정비차량	280	320
매출액	$53,200	$72,000
변동원가		
직접재료	1,260	1,360
직접노무	6,720	8,400
총 변동원가	7,980	9,760
공헌이익	45,220	62,240
고정원가	9,800	9,800
영업이익	$35,420	$52,440

요구사항

1. Marcus는 직원 한 명당 평균적으로 몇 대의 자동차 정비 예산을 책정하였는가? 직원들은 실제 몇 대의 자동차를 정비하였는가?
2. 2017년 6월의 변동예산을 설정하시오.
3. 각 숙련도에 따라 직접노무 임률차이 및 능률차이를 계산하시오.
4. 영업의 효율성을 개선하기 위하여, Marcus는 위 손익계산서 정보 외에 어떠한 정보를 더 수집하여야 하는가?

7-36 포괄적 차이분석. Omega Animal Health, Inc.는 고양이 당뇨병을 치료하는 일반 약품을 제조한다. 약품은 100mL 병 단위로 판매되며, 다양한 수준의 수수료를 받는 영업전담팀을 고용하고 있다. 수의학 업계의 일반적으로 좁은 이익 폭을 고려하여, Omega는 엄격한 표준과 원가관리에 의존하여

운영하고 있다. 2017년 4월, Omega는 다음과 같은 예산정보를 가지고 있다.

병(100mL)당 평균 판매가격	$ 9.40
병당 직접재료원가	$ 3.90
시간당 직접노무원가	$ 17.00
시간당 평균 생산수량(병)	100
단위당 판매수수료	$ 0.76
고정원가(관리 및 제조간접원가)	$800,000

4월 Omega의 예상판매량은 800,000병(단위)이었으나, 4월 말 실제결과 중 몇 가지는 예산에서 벗어난 것으로 나타났다.

- 실제판매량과 생산량은 예산의 80% 수준이었다.
- 실제 평균 판매가격은 $9.50로 상승하였다.
- 생산성은 시간당 80병으로 떨어졌다.
- 실제직접노무원가는 시간당 $17.30였다.
- 실제직접재료원가는 단위당 $4.20로 상승하였다.
- 실제판매수수료는 단위당 $0.74였다.
- 실제고정원가는 예산보다 $30,000만큼 증가하였다.

요구사항

2017년 4월, Omega에 대한 다음의 금액을 계산하시오.

1. 고정예산과 실제영업이익
2. 영업이익에 대한 고정예산차이
3. 영업이익 변동예산
4. 영업이익에 대한 변동예산차이
5. 영업이익에 대한 매출조업도차이
6. 직접노무원가 임률차이 및 능률차이
7. 직접노무원가 변동예산차이

7-37 가격차이와 능률차이의 원인. 당신은 국제 식품제조기업의 인턴십 인터뷰에 초대되었다. 인터뷰 장소에 도착하면, 가상의 벨기에 초콜릿 제조업체에 대한 6월 한 달의 아래 정보가 제공된다. 초콜릿 제조업체는 초콜릿이 12개 담긴 1상자를 단위로 제조한다. 제조과정은 노동 집약적이며, 초콜릿 장식으로 인해 높은 수준의 기술이 필요하다.

실제	
제조수량(상자)	12,000
사용된 직접재료	2,640,000g
실제직접재료원가	72,500euro
실제직접노무시간	1,300
실제직접노무원가	15,360euro
표준	
직접재료 구입가격	0.029euro/g
상자당 직접재료	200g
임률	13euro/시간
상자당 직접노무시간	10

인터뷰에서 제시된 다음 질문에 답하시오.

요구사항

1. 6월의 직접재료 및 직접노무 가격(임률)차이와 능률차이를 계산하시오.
2. 위에서 계산된 원가차이의 원인을 설명하시오. 직접재료와 직접노무 원가차이의 원인을 서로 연결할 수 있는가? 향후 개선을 위하여 방안을 제시하시오.

7-38 재료원가차이, 성과평가를 위한 차이분석. Katharine Johnson은 고품질의 크로스 컨트리용 자전거를 생산하는 Best Bikes 기업의 소유주이다. Best Bikes는 공급업체, 제조업체, 유통업체 및 소매점으로 구성된 공급망에 참여하고 있다. Best Bikes는 지난 몇 년간 공급망의 공급업체로부터 티타늄을 구매했다. Best Bikes는 보다 가볍고 튼튼한 티타늄을 원재료로 이용하여, 자전거 품질을 개선한다. 올해 초, Best Bikes는 주립대학을 갓 졸업한 Michael Bentfield를 구매관리자로 고용하였다. Michael은 온라인 시장에서 더 저렴하게 티타늄을 구매하는 것이, 원가를 줄일 수 있는 방법이라 생각하고 있다.

Best Bikes는 이전 공급업체의 자료를 바탕으로 다음의 표준을 설정하였다.

티타늄 원가	파운드당 $18
자전거당 티타늄 사용량	8파운드

공급업체를 온라인으로 전환한 첫 달의 실제결과는 다음과 같다.

자전거 생산량	400
티타늄 구매량	5,200파운드, $88,400
생산에 사용된 티타늄	4,700파운드

요구사항

1. 직접재료 가격차이와 능률차이를 계산하시오.
2. 요구사항 1에서 계산한 원가차이의 원인은 무엇인가? 다른 원가차이가 영향을 받을 수 있는가?
3. Best Bikes가 온라인으로 공급업체를 전환하는 것이 좋은 아이디어인가? 그 이유는 무엇인가?
4. Michael Bentfield의 성과(공급업체 전환)평가는 전적으로 가격차이에 기초해야 하는가? 또한 생산관리자의 평가는 능률차이에만 근거해야 하는가? Katharine Johnson이 성과를 평가하기 전에 원가차이의 원인을 이해해야 하는 것이 왜 중요한가?
5. 성과평가를 위한 원가차이 이외의 차이를 계산하는 이유는 무엇인가?
6. Best Bikes가 온라인 시장에서 낮은 품질의 티타늄을 구매하기로 결정함에 따라 미래에 발생 가능한 문제점은 무엇인가?

7-39 직접재료원가차이 및 직접노무원가차이, 자료추정(CMA 기출). Young Bay Surfboards는 유리섬유 서핑보드를 제조한다. 보드당 표준직접재료원가와 표준직접노무원가는 $223이다. 이는 보드당 40파운드(파운드당 예산가격 $2)의 직접재료와 10시간(시간당 예산임률 $14.30)의 직접노무시간이 포함된 것이다. 다음은 7월에 대한 추가 자료이다.

완성수량	5,500단위
직접재료구매량	160,000파운드
직접재료구매원가	$432,000
실제직접노무시간	41,000시간
실제직접노무원가	$594,500
직접재료능률차이	$1,700 F

기초재고자산은 없었다.

요구사항

1. 7월의 직접노무원가차이를 계산하시오.
2. 7월에 실제 사용된 직접재료수량(파운드)을 계산하시오.
3. 구매한 직접재료의 파운드당 실제가격을 계산하시오.
4. 직접재료가격차이를 계산하시오.

7-40 직접재료 능률, 배합, 수율차이. Gamma's Snacks은 미식가 및 자연식품 시장을 위하여 혼합스낵을 제조한다. 가장 인기 있는 제품은 땅콩, 건포도 및 초콜릿을 혼합한 Tempting Trail Mix이다. 각 묶음에 대한 예산수량, 예산가격 및 직접재료 예산배합비율은 다음과 같다.

	묶음당 수량	컵당 가격	예산배합비율
땅콩	50컵	$1	50%
건포도	30컵	$2	30%
초콜릿	20컵	$3	20%

직접재료 예산배합비율을 약간 변경해도 최종 제품에 전체적인 중요한 영향은 없다. 또한 생산과정 중에 추가된 재료 중 일부는 검사 중 제외될 수 있으므로, 모든 재료가 완제품에 포함되는 것은 아니다.

당기에 Gamma's Snacks는 100묶음의 Tempting Trail Mix를 완성하였고, 관련 자료는 아래와 같다.

	실제수량	실제원가	실제배합비율
땅콩	6,050컵	$ 5,445	55%
건포도	3,080컵	$ 6,930	28%
초콜릿	1,870컵	$ 5,423	17%
합계	**11,000컵**	**$17,798**	**100%**

요구사항

1. 100묶음에 대한 직접재료원가 예산은 얼마인가?
2. 총직접재료 능률차이를 계산하시오.
3. 총직접재료 배합차이와 수율차이를 계산하시오.
4. 요구사항 2와 3에서 계산된 원가차이 간의 관계를 설명하시오. 당기 중 생산된 100묶음에 대한 요구사항 3의 원가차이(배합차이, 수율차이)는 얼마인가? 해당 원가차이는 조사가 필요할 만큼 충분히 큰가?

7-41 직접재료원가차이 및 직접노무원가차이, 추정(AICPA 기출). 2017년 5월 1일, Lowell 기업은 Dandy라는 새로운 제단기의 제조를 시작하였다. Lowell은 원가를 집계하기 위하여 표준원가계산을 채택하였고, Dandy의 단위당 표준원가는 다음과 같다.

직접재료원가(2파운드, 파운드당 $3)	$ 6.00
직접노무원가(0.5시간, 시간당 $16)	8.00
제조간접원가(직접노무원가의 80%)	6.40
	$20.40

다음 자료는 Lowell의 5월 자료이다.

	차변	대변
매출액		$150,000
매입채무(5월 직접재료 구입)		36,300
직접재료가격차이	$4,500	
직접재료능률차이	2,900	
직접노무임률차이	1,700	
직접노무능률차이		2,000

5월 Dandy의 실제생산량은 4,700단위이고, 실제판매량은 3,000단위였다.

직접재료가격차이는 5월 동안 구매한 원재료에 대한 사항이다. 2017년 5월 1일, 기초재고자산은 없었다. 다음 항목을 계산하시오.

요구사항

1. 실제생산수량에 허용된 표준직접노무시간
2. 실제직접노무시간
3. 실제직접노무임률
4. 허용된 표준직접재료수량(파운드)
5. 실제 사용된 직접재료수량(파운드)
6. 구매한 직접재료 실제수량(파운드)
7. 파운드당 직접재료 실제가격

7-42 직접재료원가차이 및 직접노무원가차이, 분개. Smart Shawls, Inc.는 Zanella가 대학에서 설립한 중소기업이다. 그녀는 기숙사 친구들이 공부하는 중에 입을 수 있는 수제 목도리를 만들었다. 목도리에 대한 수요가 증가하면서, 이에 그녀는 몇몇의 직원을 고용하여 본격적으로 사업을 시작하였다. Zanella의 목도리에는 양모(wool)와 노무가 필요하며, 여러 종류의 목도리를 생산하기 위해 여러 종류의 양모를 실험한다. Zanella가 고용한 직원은, 설립 초기부터 함께한 그룹과 최근 고용한 경험이 없는 신입직원 그룹으로 구분할 수 있다.

Zanella는 표준원가계산을 이용한다. 일반적으로 목도리 생산에 3시간, 표준임률은 시간당 $9.00로 예상한다. 목도리당 평균적으로 13타래의 양모가 사용되며, 타래당 $3.40의 가격을 예상한다.

Zanella는 적시재고시스템(Just-In-Time)을 도입하였으며, 고객에게 사용 가능한 양모의 종류와 색상을 미리 알려주었다. 4월 동안 Zanella의 직원들은 580시간과 3,500타래의 양모를 사용하여 목도리 200개를 생산하였다. 이에 양모의 실제구입가격은 $9,000이며(구매수량 모두 사용), 실제 노무원가는 $5,520였다.

요구사항

1. 직접재료(양모) 가격차이 및 능률차이, 직접노무 임률차이 및 능률차이를 계산하시오.
2. 발생한 원가차이를 분개하시오.
3. 계산한 원가차이 간 상관관계를 논리적으로 설명하시오.

7-43 직접재료원가차이 및 직접노무원가차이, 벤치마킹. 당신은 안경렌즈제조업체 In Focus Corporation의 신입회계사이다. 회사는 일반품질의 렌즈를 합리적인 가격에 판매한다. 당신의 상사인 관리자는 렌즈거래협회의 최신 월간 보고서를 당신에게 제공하였다. 이 보고서에는 In Focus와 협회 내 3곳의 경쟁사 정보 및 렌즈 종류별 산업 내 벤치마크 정보도 포함되어 있다. 다만 당신의 회사가 A라는 것을 제외하고는 회사의 상호를 식별할 수는 없다.

2017년 9월 말 협회 소속 기업의 변동원가

	기업 A	기업 B	기업 C	기업 D	산업 내 벤치마크
직접재료투입수량	2.15	2.00	2.20	2.60	2.15(렌즈당 온스)
직접재료가격	$5.00	$5.25	$5.10	$4.50	$5.10(온스당)
직접노무시간 사용	0.75	1.00	0.65	0.70	0.70(시간)
임률	$14.50	$14.00	$14.25	$15.25	$12.50(노무시간당)
변동제조간접원가율	$9.25	$14.00	$7.75	$11.75	$12.25(노무시간당)

요구사항

1. 협회 내 각 기업의 단위당 총변동원가를 계산하시오. 단위당 총원가 내 직접재료원가, 직접노무원가, 변동제조간접원가의 비율(%)을 제시하시오.
2. 협회의 산업 내 벤치마크를 이용하여, 4개 회사에 대한 직접재료 및 직접노무 가격(임률)차이와 능률차이를 계산하시오. 각 회사 및 각 차이에 대한 표준 대비 비율(%)을 제시하시오.
3. 상사에게 제출할 벤치마킹을 목적으로 본 협회 소속을 유지하는 것에 대한 장단점을 간단한 메모 형태로 작성하시오. 단, 당신의 상사가 임원회의에 가져갈, 생산성 향상을 위한 몇 가지 아이디어를 포함하시오.

7-44 직접노무원가차이: 임률, 능률, 배합 및 수율. Trevor Joseph은 기타 제작사업을 위하여 두 명의 직원을 고용하였다. 첫 번째 직원인 George는 20년의 경력을 가지고 있으며, 시간당 $30를 받는다. 두 번째 직원인 Earl은 경험이 거의 없는 신입이며, 시간당 $20를 받는다. 하나의 기타를 완성하기 위해서 평균 10노무시간이 필요하며, 관련 예산정보는 아래와 같다.

	수량	임률	단위당 원가
George	6시간	시간당 $30	$180
Earl	4시간	시간당 $20	80

즉, 한 단위의 기타가 완성되기 위하여 10시간의 직접노무시간이 필요하며, 이는 George 60%, Earl 40%로 구성된다. 때로는 그 비율이 유동적일 수 있지만, 기타의 품질이나 기능 면에서 차이는 없다. 8월 동안 Joseph은 25단위의 기타를 제조하였으며, 실제직접노무원가 내역은 아래와 같다.

George(145시간)	$4,350
Earl(108시간)	2,160
실제직접노무원가	$6,510

요구사항

1. 25단위 기타의 예산직접노무원가는 얼마인가?
2. 총직접노무원가 임률차이 및 능률차이를 계산하시오.
3. 25단위 기타 제조를 위하여, 실제 사용된 직접노무수량(시간)은 얼마인가? 실제직접노무투입(배합)비율은 얼마인가? 25단위의 기타를 위한 George와 Earl의 예산은 얼마인가?
4. 총직접노무원가 배합차이와 수율차이를 계산하시오. 계산결과는 직접노무원가 능률차이와 어떤 관계가 있는가? 이러한 원가차이는 어떤 정보를 제공하는가?

7-45 직접원가 및 판매가격차이. MicroDisk는 SD(Secure Digital)카드 업계의 시장 선도자이며, 휴대폰, 태블릿 및 디지털 카메라와 같은 휴대용 장치에 사용되는 메모리 카드를 판매한다. 이 중 가장 인기 있는 것은 Mini SD로, Target과 Walmart와 같은 할인점을 통해 평균 $8의 가격으로 판매된다. MicroDisk의 월간 표준은 대만의 설비기준, Mini SD 420,000단위이다. 직접원가의 표준 투입량 및 가격은 다음과 같다.

	A	B	C	D	E
1					
2	원가항목	Mini SD 단위당 수량		단위당 표준원가	
3	직접재료:				
4	특수폴리머	17	mm	$0.05	/mm
5	연결핀	10	단위	0.10	/단위
6	Wi-Fi 변환수신기	1	단위	0.50	/단위
7					
8	직접노무:				
9	작업준비	1	분	24.00	/시간
10	조립	2	분	30.00	/시간

CEO인 Phoebe King은 표준원가자료를 기반으로 한 2017년 6월의 기대치에 비해 낮은 실제성과에 상당히 실망하고 있다.

13	2017년 6월 성과보고서				
14		실제	예산	차이	
15	산출수량	462,000	420,000	42,000	F
16	매출액	$3,626,700	$3,360,000	$266,700	F
17	직접재료	1,200,000	987,000	213,000	U
18	직접노무	628,400	588,000	40,400	U

King은 6월에 Mini SD의 산출량이 크게 증가하였음에도 불구하고, 기업의 수익성에 대한 기여가 예상보다 낮았음을 포착하였다. 추가 분석을 위하여 아래의 정보를 수집하였다.

21	2017년 6월 투입보고서			
22	원가항목	수량		실제원가
23	직접재료:			
24	특수폴리머	8,300,000	mm	$415,000
25	연결핀	5,000,000	단위	550,000
26	Wi-Fi 변환수신기	470,000	단위	235,000
27				
28	직접노무:			
29	Setup	455,000	분	182,000
30	조립	864,000	분	446,400

요구사항

다음의 원가차이를 계산하시오. 서로 관련이 있을 수 있는 원가차이를 고려하면서, 원가차이 및 원가차이가 발생할 수 있는 잠재적 이유를 서술하시오.

1. 판매가격차이
2. 각 직접재료별 직접재료 가격차이
3. 각 직접재료별 직접재료 능률차이
4. 각 직접노무별 직접노무 임률차이
5. 각 직접노무별 직접노무 능률차이

7-46 서비스업의 원가차이. Derek Wilson은 20명의 직원을 고용한 자동차 부품기업, Clean Ride Enterprise를 운영한다. 기업의 예전 회계사는 원가차이에 거의 관심이 없었던 이유로, Wilson은 차이분석을 통하여 유용한 정보를 얻을 수 있다고 주장하는 Jamal Jackson을 고용하였다. Jackson은 노동 집약적인 기업 특성으로, 노무원가 차이분석에 집중하기로 하였다.

이에 과거 회계기록을 검토하고, 노무임률과 노무시간에 대한 표준을 설정하기로 하였다. Clean Ride의 직원은 시간당 $20의 숙련공과 시간당 $10의 미숙련공으로 나눌 수 있다. 한 단위 5시간의 작업에는 일반적으로 숙련공 3시간의 노무와 미숙련공 2시간의 노무가 투입된다.

지난 달 완료된 600단위의 작업에 대한 실제자료는 아래와 같다.

2017년 6월 투입보고서	
숙련공(2,006시간)	$39,117
미숙련공(944시간)	9,292
실제 총직접노무원가	$48,409

지난 달 자료를 분석한 결과, Jackson은 직접노무 임률차이는 $1,151 유리, 직접노무 능률차이는 $1,560 불리로 판단하였다. Jackson이 이러한 차이분석 결과를 Wilson에게 보고하려고 하자 생산관리자는 분노하며, "지난 달 직원들이 $1,560 가치의 작업시간을 낭비했다고 보고하려는 것인가요? 나와 직원들은 최선을 다해 일했을 뿐입니다!"라고 항의하였다. 이에 Jackson은 불리한 능률차이가 반드시 직원들이 작업시간을 낭비하고 있다는 의미는 아니며, 구체적인 원인은 추가적인 분석이 필요하다는 설명으로 진정시키려 하고 있다.

요구사항

1. 600단위의 작업에 대한 직접노무원가 예산은 얼마인가?
2. $1,151의 유리한 임률차이와 $1,560의 불리한 능률차이는 어떻게 계산되었는가? 또한 변동예산은 얼마인가?
3. "불리한 능률차이가 반드시 직원들이 작업시간을 낭비하고 있다는 의미는 아니다"라는Jackson의 설명에 대한 당신의 의견은 무엇인가?
4. 지난 달 600단위의 작업에 대한 표준 및 실제 노무배합비율을 제시하시오.
5. 총직접노무원가 배합차이와 수율차이를 계산하시오.
6. 이러한 원가차이를 어떻게 종합적으로 해석할 수 있는가? 직원들은 실제로 작업시간을 낭비하였는가? 만약 추가조사를 통하여 지난 달 미숙련공의 작업시간이 부족했다는 사실을 확인하였다면, 해당 정보가 차이분석 결과를 해석하는 데 어떠한 영향을 미치는가?

7-47 가격차이 및 능률차이, 벤치마킹, 윤리. Sunto Scientific은 소매 체인점에 GPS 장치를 제조 납품하는 기업이다. 가장 인기있는 모델 Magellan XS는 조지아 주 사바나에 있는 공장에서 조립한다. Sunto는 구글지도를 사용하는 스마트폰이 강력한 경쟁자임을 잘 알고 있고, 이에 Magellan XS의 생산관리를 위해 표준원가계산을 도입하였다. 또한 적시생산시스템을 도입하여, 사바나 공장은 어떠한 재고자산도 없이 운영되고 있다.

Magellan XS를 생산하기 위해서는 내비게이션 시스템(드레스덴의 공장에서 고정가격으로 수입), 편광유리 LCD 화면 및 특수 플라스틱 케이스를 조립하여야 한다. 2017년 7월, Magellan XS에 대한 예산 및 실제는 다음과 같다.

	예산	실제
생산수량	4,000	4,400
내비게이션 시스템 원가	$81,600	$89,000
내비게이션 시스템 수량	4,080	4,450
편광유리 원가	$40,000	$40,300
사용된 편광유리 수량	800	816
플라스틱 케이스 원가	$12,000	$12,500
사용된 플라스틱 수량(온스)	4,000	4,250
직접노무원가	$36,000	$37,200
직접노무시간	2,000	2,040

사바나 사업부 관리자인 Jim Williams는 연초 외부 컨설턴트에 의하여 설정된 표준원가에 실망하였다. 현재 산출수량에서 작업자가 상당한 유휴시간을 가지고 있음에도 불구하고, 표준원가와의 차이분석에서 유의한 차이가 거의 발견되지 않으며, 특히 생산관리자 John Kelso가 이 점을 알고 있지만, 느슨한 벤치마크에 의한 성과개선 착시효과로 표준을 강화하지 않으리라 추측하고 있다.

요구사항

1. 2017년 7월의 직접재료(3종류) 및 직접노무 가격(임률)차이와 능률차이를 계산하시오.
2. 외부 컨설턴트의 표준 설정의 정확성을 줄이기 위하여 사바나 공장의 직원이 취할 수 있는 행동의 유형을 설명하시오. 사바나 공장 직원의 이러한 행동 원인은 무엇인가? 이 행동은 윤리적인가?
3. 만약 Williams가 이러한 표준원가에 대하여 아무런 행동도 하지 않는다면, 비윤리적인가?
4. Williams가 해야 하는 행동은 무엇인가?
5. Williams는 해당 산업의 협회 등에서 경쟁기업의 예상원가에 대한 벤치마킹 정보를 얻을 수 있다. 요구사항 1의 원가차이를 계산하기 위하여 동종산업 경쟁기업의 정보를 이용할 때 장단점을 논하시오.

8 변동예산, 제조간접원가차이 및 경영관리

학습목표

1. 변동제조간접원가와 고정제조간접원가 계획의 유사점 및 차이점을 이해한다.
2. 예산변동제조간접원가율과 예산고정제조간접원가율의 설정방법을 학습한다.
3. 변동제조간접원가 예산차이, 능률차이 및 소비차이를 이해한다.
4. 고정제조간접원가 예산차이, 조업도차이 및 소비차이를 이해한다.
5. 제조간접원가차이 4분법을 통한 제조간접원가 조정방법을 학습한다.
6. 매출조업도차이와 (생산)조업도차이의 관계를 설명한다.
7. 활동기준원가의 원가차이계산을 학습한다.
8. 비제조부문의 제조간접원가 차이분석을 이해한다.

일기예보와 조직성과의 관계 대부분의 경우, 현실은 슬프게도 우리의 기대와 일치하지 않는다. 야구경기가 경기 시작 전 비로 취소되었음에도, 예정 시간에 다시 햇살이 빛나기도 한다. 이번 달 흑자를 기대했던 사업주가 월말에 밀려드는 청구서를 받아 들고 꿈을 현실로 조정하기도 한다. 변동 또는 차이는 항상 우리 주변에 있다.

차이분석은 성과가 기대보다 유의하게 낮은 영역에 집중한다는 점에서 기업에게 중요한 활동이다. 이 정보는 적절한 조정을 가능하게 하여, 기업은 원가절감을 달성할 수 있다. 더 나아가 기업은 표준을 설정하는 과정에서 변동 및 고정제조원가를 철저히 파악하여야 하므로, 아래 기사와 같은 장점도 있다.

Tesla Motors의 기가팩토리(Gigafactory)[1]

Tesla Motors는 실리콘 밸리의 전기자동차 제조회사이다. Tesla Motors는 2018년까지 매년 50만 대의 전기자동차 생산계획을 달성하기 위하여, 전기자동차에 필요한 리튬이온 배터리를 생산하는 580만 평방피트의 최첨단 공장, 기가팩토리를 네바다 주에 건설 중이다. 이 $50억 규모의 기가팩토리 건설을 위하여, Tesla Motors는 계획과 통제 목적으로 고정 및 변동제조간접원가를 심층적으로 이해할 필요가 있었다.

MShieldsPhotos/Alamy Stock Photo

기가팩토리는 상당한 고정제조간접원가를 지닌다. 대략적으로 축구장 100개의 규모에 해당하는 기가팩토리를 위하여, Tesla Motors는 수년간 막대한 초기(고정)투자를 준비해야 했다. 이는 감가상각비와 세금, 건설원가, 보험료 그리고 환경친화적 투자(화석연료를 대체하기 위한 태양전지 사용)를 포함한다. 변동원가에 기본적으로 생산직원의 급여와 사무용품, 소모품 등이 포함된다.

고정 및 변동제조간접원가를 파악한다면, (단위당) 배터리에 대한 고정 및 변동제조간접원가 예산을 설정할 수 있다. 기가팩토리 완성 후, 배터리는 기가팩토리 내에서 완성되며(셀 생산방식), 결과적으로 배터리 생산원가는 2016년 대비 30% 이상 감소하여야 한다.

앞에서 우리는 변동예산과 차이분석을 이용하여 경영진이 직접원가(직접재료원가 및 직접노무원가)를 계획하고 통제하는 방법을 학습했다. 이 장에

[1] 출처: Dana Hull, "Inside the Gigafactory That Will Decide Tesla's Fate," *Bloomberg.com*, May 6, 2016; Max Chafkin, "Elon Musk Powers Up: Inside Tesla's $5 billion Gigafactory," *Fast Company*, November 17, 2015; Colin Lecher, "Inside Nevada's $1.3 Billion Gamble on Tesla," *The Verge*, February 8, 2016.

서는 경영진이 제조간접원가(변동제조간접원가와 고정제조간접원가)를 계획하고 통제하는 방법을 학습하도록 한다.

변동 및 고정제조간접원가의 계획

변동 및 고정제조간접원가를 계획하고 통제하는 방법을 이해하기 위해서, Webb Company의 사례를 다시 떠올려 보자. Webb은 재킷을 제조하여 유통업체에 공급하고, 유통업체는 다시 독립 의류상점 또는 소매 체인점에 판매한다. Webb의 원가는 오직 제조원가로만 구성된다고 가정하였기 때문에, 이 장에서는 '제조간접원가' 대신 '간접원가'라는 용어를 사용한다. Webb의 변동간접원가는 에너지, 기계유지보수, 기술지원 및 간접재료를 포함하며, 고정간접원가는 설비임차 및 감가상각비, 설비관리자의 급여를 포함한다.

변동간접원가의 계획

제품 또는 서비스에 대한 변동간접원가를 효과적으로 계획하기 위하여, 경영자는 고객을 위하여 양질의 제품 또는 서비스를 만드는 활동에 집중하는 반면, 가치를 추가하지 않는 활동(비부가가치활동)은 제거하여야 한다. 예를 들어, 고객은 오래 입을 수 있는 Webb의 재킷을 기대하므로, 경영진은 재봉을 필수활동으로 인식한다. 따라서 Webb의 변동간접원가에 포함된 재봉기계의 유지보수활동은 중점적으로 계획하고 관리해야 하는 필수활동이다. 이러한 유지보수는 재봉기계가 고장날 때까지 기다리는 것이 아니라, 정기적으로 유지보수를 계획하는 등의 효율적인 방법으로 수행되어야 한다. 오늘날 많은 기업에서 변동간접원가의 급격한 증가 요인인 에너지 소비의 감소방안을 계획하는 것은 매우 중요한 일이다. 이에 Webb은 실시간으로 에너지 사용을 모니터링하고, 관리하기 위해 스마트 계량기를 설치한다.

고정간접원가의 계획

고정간접원가를 계획하는 것은 필수활동에 대하여 효율적으로 계획한다는 점에서 변동간접원가를 계획하는 것과 유사하다. 그러나 고정간접원가를 계획할 때는 기업에 장기적으로 적절한 수준의 설비용량을 결정하고 투자하는 전략적인 이슈가 있다. 매년 고정원가가 발생하는 Webb의 재봉기계를 고려해 보자. 재봉기계를 너무 많이 임대한다면, 설비용량의 초과와 불필요한 고정원가(고정임대원가)가 발생한다. 그러나 너무 적게 임대한다면 재킷의 고객 수요를 충족하지 못하여, 궁극적으로 고객의 불만족을 야기하게 된다. AT&T(미국통신회사)의 경우 iPhone과 앱(애플리케이션)의 확산을 예견하지 못하였고, 따라서 데이터 트래픽을 소화할 만큼의 네트워크를 업그레이드하지 않았다. 그 이후 AT&T는 iPhone 사용자의 데이터 사용량과 방법에 제한(테더링 및 스트리밍 이용 제한)을 두어야 했으며, 이는 AT&T가 당시 주요 통신사 중에서 고객 만족도가 가장 낮았던 이유이다.

고정간접원가 계획과 변동간접원가 계획의 또 다른 차이점은 계획하는 시기이다. 예산기간이 시작하는 시점, 경영진은 고정간접비 수준에 대한 대부분을 계획하고 결정한다. 그러나 변동간접원가 수준의 계획과 결정은 일상적이고 지속적인 기업운영의 과정이다. 예를 들어, 일회용품, 약품포장, 의료 폐기물 처리 등을 포함하는 병원의 변동간접원가는 수행되는 절차나 활동의 수 또는 패턴의 함수이다. 반면 병원의 주요 서비스를 제공하는 데 발생하는 대부분의

원가는 건물, 장비, 급여와 같은 고정원가이다. 이는 병원 내 활동수준과 관계가 없다.[2]

Webb Company의 표준원가계산

Webb은 표준원가계산을 사용하고 있다. 7장에서는 Webb의 직접제조원가에 대한 표준이 어떻게 개발·설정되는지 학습하였다면, 이 장에서는 제조간접원가의 표준에 대하여 학습한다. 표준원가계산은 (1) 실제산출수량에 허용된 표준투입수량에 표준가격 또는 원가율을 곱하여 직접원가를 추적하고, (2) 표준제조간접원가 배부율에 실제산출수량에 허용된 표준배부량을 곱하여 간접원가를 배부한다.

Webb의 재킷에 대한 표준원가는 예산기간의 시작시점에 계산할 수 있다. 표준원가계산에는 실제제조간접원가 배부를 위한 실제산출수량이나 실제제조간접원가에 대한 기록이 필요하지 않기 때문에, 정리해야 할 정보나 기록이 단순해진다. 경영자에게 필요한 것은 오직 Webb의 표준변동 및 고정간접원가 및 표준배부율이다. 회계담당자는 사전에 계획된 표준원가율과 수량으로 표준원가를 계산한다. 이와 같이 경영진이 표준을 미리 설정하여 둔다면, 표준원가계산은 실제원가계산 또는 정상원가계산과 비교할 때, 상대적으로 적은 비용으로 사용 가능하다.

변동간접원가 예산배부율의 설정

변동간접원가의 예산배부율은 다음의 4단계를 통해 개발할 수 있다. 이 장에서는 '표준배부율'보다 넓은 개념인 '예산배부율'을 사용하여, 앞서 정상원가계산을 설명하는 과정에서 사용한 용어와 일치시키도록 한다. Webb의 표준원가계산에서도 표준배부율을 포함하는 예산배부율을 사용한다.

1단계: 예산 설정을 위한 기간을 선택한다 Webb은 12개월의 예산기간을 사용한다. 우리는 앞에서 월간 간접원가율이 아닌, 연간 간접원가율을 이용해야 하는 두 가지 이유를 학습하였다. 첫째, 원가율에 있어 기업의 계절적 변동과 같은 분자요인과 둘째, 월별 산출수량 차이 및 월별 일수의 차이(28일, 30일, 31일)와 같은 분모의 요인이다. 게다가 매월 간접원가율을 설정하는 것보다, 1년에 한 번 설정하는 것이 경영자 입장에서 훨씬 효율적이다.

2단계: 변동간접원가를 원가대상(산출물)에 배부할 배부기준을 선택한다 Webb의 관리자는 기계시간(수량)이 변동간접원가의 유일한 원가동인이라고 판단하는 이유로, 기계시간을 배부기준으로 선택한다. 공학적 분석결과에 따라, Webb은 실제산출 1단위당 0.40기계시간이 소요될 것으로 추정한다. 따라서 144,000단위 재킷 예산생산량을 위하여, Webb은 57,600(0.40 × 144,000)의 기계시간을 예산으로 설정하였다.

3단계: 각 원가배부기준과 관련된 변동간접원가를 식별한다 Webb은 에너지, 기계유지보수, 엔지니어링, 간접재료 및 노무를 포함한 모든 변동간접원가를 하나의 변동간접원가로 그룹화한다. 2017년 Webb의 총변동간접원가 예산은 $1,728,000이다.

---

[2] 독립형 수술센터(특정 수술을 전문적으로 하는 소형 단위 병원)는 전통적 병원에 비해 고정간접원가를 낮출 수 있었기 때문에 성공할 수 있었다. 더 많은 내용은 다음을 참조. A. Macario, "What Does One Minute of Operating Room Time Cost?" *Journal of Clinical Anesthesia*, June 2010.

4단계: 변동간접원가를 원가대상에 배부하는 각 배부기준별 산출물 단위당 비율을 계산한다 3단계($1,728,000)의 금액을 2단계(57,600)로 나누면, Webb의 표준기계시간당 변동간접원가 $30를 추정할 수 있다. 표준원가계산을 사용하는 경우, 일반적으로 배부기준 단위당 변동원가율(Webb의 경우 기계시간당 $30)을 산출물 한 단위당 표준원가율로 표시한다. Webb은 다음과 같이 산출단위당 예산변동간접원가율을 계산한다.

산출단위당 예산변동간접원가율
= 산출단위당 허용된 예산투입수량 × 투입단위당 예산변동간접원가율
= 재킷당 0.40기계시간 × 시간당 $30 = 재킷당 $12

재킷당 $12의 원가율은 2017년 Webb의 고정예산과 월별성과보고서의 예산변동간접원가이다.

재킷당 $12의 원가율은 산출물이 1단위 증가할 때, Webb의 총변동간접원가가 증가하는 금액이다. 즉, 완성된 재킷의 수량이 증가함에 따라 재킷 완성품(산출물)에 배부되는(재고자산 원가계산을 위해) 변동간접원가는 재킷당 $12만큼씩 증가한다. 재킷당 $12의 변동간접원가는 에너지, 수리, 간접노무 등을 포함한다. 경영진은 각 제품라인별 예산을 설정하고, 그 후 유의한 원가차이에 대한 가능한 원인을 조사하여, 변동간접원가를 통제한다.

고정간접원가 예산배부율의 설정

고정간접원가는 기업의 활동수준이나 생산량 변화와 관계없이, 그 정의에 따라 일정 기간 동안 변하지 않는 총원가이다. 고정원가는 변동예산에 포함되지만, 선택 가능한 산출수량의 수준에 따른 변동원가 또는 매출액과 관계없이, 관련범위 내에서 일정하게 유지된다. Webb의 월간 고정제조간접원가 $276,000가 고정예산 및 변동예산에서 동일하다는 것을 7장의 보기 7-2와 변동예산 설정단계에서 확인할 수 있다. 그러나 이것이 고정원가는 절대로 변하지 않는다는 것을 의미하지는 않는다. 예를 들어, 경영진은 기계설비를 처분하거나, 종업원을 해고하여 고정원가를 조정할 수 있다. 하지만 고정원가는 직접재료원가와 같은 변동원가와 달리 관련범위 내에서 활동수준에 따라 총원가가 증가, 감소하지는 않고 고정되어 있다.

고정간접원가 예산배부율을 설정하는 과정은 변동간접원가 예산배부율을 설정하는 과정과 동일하다. 구체적인 단계는 아래와 같다.

1단계: 예산 설정을 위한 기간을 선택한다 변동간접원가와 동일하게 고정간접원가 예산기간은 일반적으로 1년이며, 이는 계절적 효과를 완화하는 데 도움이 된다.

2단계: 고정간접원가를 원가대상(산출물)에 배부할 배부기준을 선택한다 Webb은 고정제조간접원가 배부기준으로 유일하게 기계시간을 사용한다. 그 이유는 Webb의 경영진이 장기적으로 고정제조간접원가가 필요한 기계시간을 충족하기 위하여 증가, 감소할 것이라 믿기 때문이다. 따라서 기계시간(수량)은 고정간접원가의 유일한 원가동인이며, 고정간접원가 배부율 계산과정의 분모이다. 편의상 Webb의 2017년 144,000단위의 예상 재킷 생산량을 충족하기 위한 조업도 수준으로, 57,600기계시간을 가정한다.[3]

[3] Webb은 여러 기간 동안의 조업도 수준을 계획하므로, 2017년의 예상수요는 2017년의 예산생산량을 위한 조업도 수준보다 적을 수 있다. 기업은 다양한 분모(배부기준) 수준, 즉, 예산생산량 또는 기타 조업도 등을 선택할 수 있다. 이러한 경우에도 이 장에서 설명하는 분석방법이 변하지 않는다. 다만, 각 분모수준의 선택에 따른 효과는 이후에 구체적으로 다루도록 한다.

3단계: 각 원가배부기준과 관련된 고정간접원가를 식별한다 Webb은 고정간접원가 배부기준으로 기계시간만을 사용하므로, 설비 및 기계장치의 감가상각비와 관리자 급여 등을 하나의 배부기준(기계시간)으로 그룹화한다. Webb의 2017년 고정간접원가 예산은 $3,312,000이다.

4단계: 고정간접원가를 원가대상에 배부하는 각 배부기준별 단위당 비율을 계산한다 Webb은 $3,312,000(3단계)를 57,600시간(2단계)으로 나누어, 기계시간당 $57.50의 고정간접원가 배부율을 추정한다.

배부기준 단위당 예산고정간접원가 = 예산고정간접원가 ÷ 예산고정원가 배부기준
= $3,312,000 ÷ 57,600기계시간
= 기계시간당 $57.50

기계시간당 $57.50는 일반적으로 표준원가계산에서 산출(완성품) 단위당 표준원가로 표시된다. 앞서 Webb은 실제 산출(완성품) 1단위당 0.40기계시간이 소요될 것으로 추정하였으므로, 다음과 같이 완성품 단위당 예산고정간접원가를 계산할 수 있다.

산출단위당 예산고정간접원가
= 산출단위당 허용된 배부기준 예산수량 × 배부기준 단위당 예산고정간접원가
= 재킷당 0.40기계시간 × 기계시간당 $57.50
= 재킷당 $23.00

2017년 월별 예산을 준비할 때, Webb은 연간 총고정간접원가 $3,312,000를 12개월 단위로 나눈다($276,000).

변동간접원가 원가차이

이제 예산변동간접원가율을 이용하여 Webb의 변동간접원가 차이를 계산하도록 하자. 다음은 10,000단위의 재킷을 생산·판매한 Webb의 2017년 4월 실제자료이다.

	실제결과	변동예산
1. 산출단위(재킷)	10,000	10,000
2. 산출단위당 기계시간	0.45	0.40
3. 기계시간(1 × 2)	4,500	4,000
4. 변동간접원가	$130,500	$120,000
5. 기계시간당 변동간접원가(4 ÷ 3)	$ 29.00	$ 30.00
6. 산출단위당 변동간접원가(4 ÷ 1)	$ 13.05	$ 12.00

Webb은 변동예산을 통하여 실제원가, 실제수량 대비 예산원가, 예산수량의 차이를 강조하여 나타낼 수 있다.

변동예산 분석

변동간접원가 변동예산차이는 실제변동간접원가와 변동간접원가 변동예산과의 차이이다.

변동간접원가 변동예산차이 = 실제원가 − 변동예산
= \$130,500 − \$120,000
= \$10,500 U

위 \$10,500의 불리한 변동예산차이는 실제 10,000단위 재킷의 생산·판매에 대한 Webb의 실제변동간접원가가 변동예산금액을 \$10,500만큼 초과한 것을 의미한다. 이에 Webb의 경영자는 그 이유를 알고 싶어 할 것이다. Webb은 10,000단위의 재킷을 생산하기 위하여 계획보다 많은 기계시간을 사용하였는가? 만약 그렇다면, 작업자의 숙련도가 예상보다 낮았기 때문이었는가? 아니면 Webb이 기계설비 유지관리와 같은 변동간접원가를 더 소비하였기 때문인가?

직접원가항목에 대한 변동예산차이와 같이, Webb의 경영진은 능률차이와 소비차이로 세분화하여, \$10,500의 불리한 차이에 대한 이유를 구체적으로 파악할 수 있다.

변동간접원가 능률차이

변동간접원가 능률차이는 실제완성품(산출)을 제조하기 위해 투입했어야 하는 간접원가 배부기준의 실제수량과 예산수량의 차이에, 단위당 예산변동간접원가 배부율을 곱한 것이다.

변동간접원가 능률차이
= (실제산출량을 위해 사용된 변동간접원가 배부기준의 실제수량 −
실제산출량을 위해 허용된 변동간접원가 배부기준의 예산수량) ×
단위당 예산변동간접원가 배부율
= (4,500시간 − 단위당 0.40시간 × 10,000단위) × 시간당 \$30
= (4,00시간 − 4,000시간) × 시간당 \$30
= \$15,000 U

보기 8-1의 (2)열과 (3)열은 변동간접원가 능률차이를 나타낸다. 이 차이는 단지 간접원가 배부기준의 실제수량(4,500시간)과 예산수량(4,000시간)의 차이에 근거한다. 변동원가 능률차이는 직접원가항목의 능률차이와 동일한 방법으로 계산된다. 그러나 그 의미의 해석은 다르

보기 8-1 2017년 Webb의 변동원가 차이분석[a]

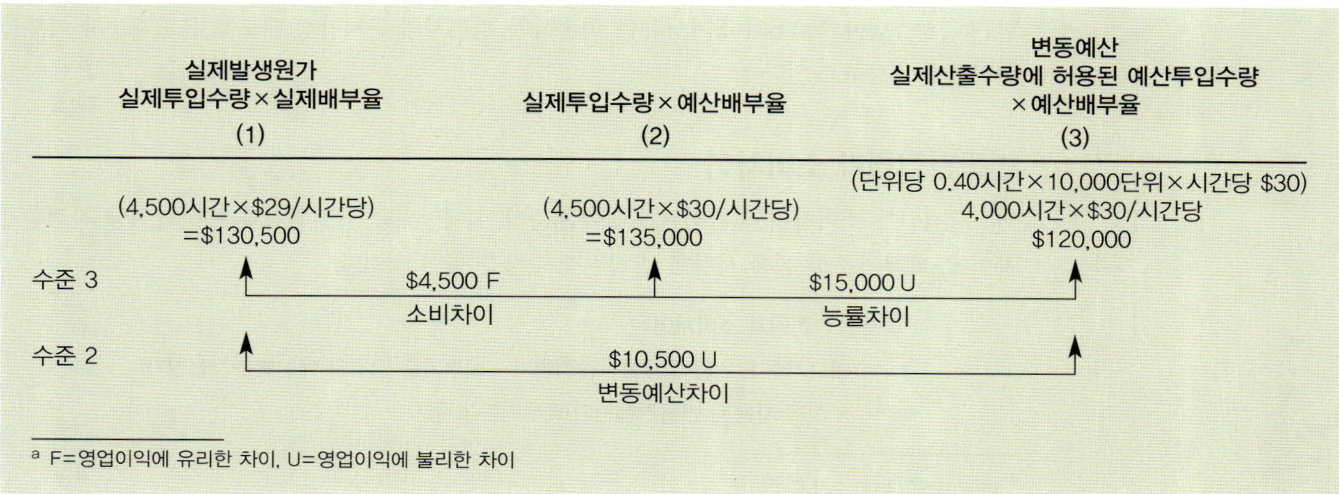

다. 직접원가항목의 능률차이는 실제투입수량과 실제산출수량을 위해 허용된 예산투입수량의 차이에 기초한다. 예를 들어, 법의학 실험실(미국 CSI[4]의 주인공들이 주로 근무하는)은 실제 DNA 검사횟수에 허용된 표준시간보다, 더 많은 또는 더 적은 시간을 사용했는지에 근거하여 직접노무능률차이를 계산할 것이다. 반면 변동간접원가 능률차이는 간접원가 배부기준 수량의 사용 효율성에 근거를 둔다. Webb의 변동간접원가 불리한 능률차이 $15,000는 10,000단위의 재킷을 생산하기 위해 실제 사용한 4,500의 기계시간(배부기준)이 허용된 4,000기계시간보다 많았음을 의미하며, 이는 기계시간이 변동간접원가를 잠재적으로 증가시킨 원가동인임을 의미한다.

다음은 Webb의 실제기계시간의 예산초과 원인과 원인별 대응의 예시이다.

예산초과의 원인	경영진의 대응
1. 작업자의 숙련도가 예상보다 낮았다.	1. 높은 숙련도 또는 경력직 채용과 교육훈련 강화
2. 비효율적인 작업계획으로 예산보다 더 많은 기계시간을 사용하였다.	2. 소프트웨어 등을 통한 효율적인 작업계획으로 설비운영의 효율성 개선
3. 기계장치가 작업에 적절한 수준으로 유지되지 않았다.	3. 모든 기계장치에 대한 예방정비 및 유지보수 강화
4. 유통업체의 무리한 긴급주문을 Webb의 영업부서가 승낙하였고, 이에 예산보다 더 많은 기계시간을 사용하였다.	4. 영업부서 및 유통업체와 생산일정에 대한 정보를 공유하고 조정
5. 표준(예산)기계시간이 너무 엄격하게 설정되었다.	5. 합리적이고 적절한 표준을 개발

$15,000의 불리한 차이의 원인에 따라서, 생산부서뿐만 아니라 판매 또는 유통 등의 가치사슬(value chain)의 다른 부분에서도 조정이 필요할 수 있음을 유의해야 한다.

Webb의 경영자는 불리한 차이의 한 원인으로, 작업자의 숙련도가 낮았음을 발견하였다. 이에 Webb은 직원의 고용절차와 교육훈련을 개선하고 있다. 또한 2017년 4월 이전 2개월 동안, 비효율적인 설비 유지관리도 한 원인이었다. 이는 Webb의 전 공장장이 월별 원가목표를 달성하기 위하여 설비 유지관리 활동을 모두 연기하였기 때문이다. 이전에 강조한 것처럼, 경영자와 관리자는 단기적 원가목표 달성에 몰입하지 말아야 한다. 관리자의 근시안적 태도는 기업의 장기성과를 훼손하기 때문이다. 예를 들어, Webb의 직원이 제대로 정비되지 않은 기계를 사용하는 과정에서 사고가 발생하게 된다면, 그 직원에게도 치명적이며, Webb의 성과에도 치명적이다. 이제 Webb은 내부 유지보수 절차를 강화하여, 필수 월간정비를 실시하지 않는 경우 '적기(red flag)'가 올라와, 반드시 경영진에게 보고 및 사유를 설명하게 하고 있다. 또한 평가시스템이 Webb의 장기성과를 훼손하는 관리자의 근시안적 태도를 유도하는지 여부를 면밀하게 조사하고 있다.

변동간접원가 소비차이

변동간접원가 소비차이는 간접원가 배부기준상 실제단위당 간접원가와 예산단위당 간접원가 차이에, 배부기준상 실제 사용한 간접원가 수량을 곱한 것이다.

변동간접원가 소비차이
= (배부기준 단위당 실제변동간접원가 − 배부기준 단위당 예산변동간접원가)
× 실제 사용된 변동간접원가 배부기준 수량

[4] 미국 CBS의 범죄 수사 드라마

= (기계시간당 \$29 − 기계시간당 \$30) × 4,500기계시간
= (기계시간당 − \$1) × 4,500기계시간
= \$4,500 F

2017년 4월, Webb은 예산보다 낮은 기계시간당 변동간접원가로 운영되었으므로, 유리한 변동간접원가 소비차이가 나타났다. 보기 8-1의 (1)열과 (2)열은 이를 나타내고 있다.

유리한 변동간접원가 소비차이가 발생한 이유를 파악하기 위하여, Webb의 경영진은 간접원가 배부기준 단위당 실제간접원가(기계시간당 \$29)가 단위당 예산간접원가(기계시간당 \$30)보다 낮은 이유를 찾아야 한다.

전체적으로, Webb은 변동예산 4,000기계시간보다 12.5% 많은, 실제 4,500기계시간을 사용했다. 그러나 실제변동간접원가 \$130,500은 변동예산 \$120,000보다 단지 8.75% 클 뿐이다. 즉, 변동예산 대비 실제변동간접원가 증가비율(8.75%)은 실제기계시간 증가비율(12.5%)보다 적다. 결국 기계시간당 실제변동간접원가가 예산보다 낮은 이유로 유리한 변동간접원가 소비차이가 발생한다.

그렇다면 실제변동간접원가 증가비율이 기계시간 증가비율보다 낮은 이유는 무엇일까? 두 가지 이유를 다음과 같이 추측해 볼 수 있다.

1. 에너지 가격, 간접재료, 간접노무와 같은 변동간접원가에 포함된 개별 투입물의 실제 가격이 예산보다 낮다. 예를 들어, 전기료 변동예산이 kWh당 \$0.10이지만, 실제 전기료가 kWh당 \$0.09인 경우이다.

2. 변동예산 대비, 변동간접원가 집합에서 개별 항목의 실제사용량 증가율이 기계시간 증가율보다 적다. 예를 들어, 변동예산 30,000kWh 대비 실제에너지 사용량은 32,400kWh, 8% 더 높다고 가정해 보자. 이는 기계시간 12.5% 증가(실제 4,500시간 대비 변동예산 4,000시간)보다 증가율이 낮으며, 에너지 및 변동간접원가 항목을 보다 효율적으로 사용하였다는 의미이므로, 따라서 부분적으로 유리한 변동간접원가 소비차이를 가능하게 한다.

5단계 의사결정과정의 마지막 단계로, Webb의 경영진은 기업의 성과를 평가하고 학습하기 위하여 변동간접원가차이를 통한 신호(signal)에 관심을 두어야 한다. 이 원가차이 원인의 이해는, Webb이 미래성과를 위하여 적절한 개선과 보다 정확한 예측을 가능하게 한다.

예를 들어, Webb의 경영진은 실제변동간접원가 항목의 가격이 예산과 차이나는 이유를 조사해야 할 것이다. 이 차이는 구매 담당자의 협상력, 시장의 공급과잉 또는 간접재료와 같은 투입물의 낮은 품질에 기인할 수 있다. Webb의 대응은 Webb이 무엇을 원가차이의 원인으로 믿는가에 달려 있다. 만약 투입물의 품질을 원인으로 판단한다면, Webb은 재료구입과정의 품질관리 시스템을 강화할 것이다.

동일한 관점에서, Webb의 경영진은 변동간접원가 사용의 효율성에 영향을 미치는 여러 원인에 대해 이해하여야 한다. 이러한 원인에는 작업자의 기술수준, 기계장치의 유지관리 및 공정의 효율성 등이 있다. Webb의 경영진이 기계시간당 간접노무 감소의 원인을 제조공정개선의 효과라고 판단하였다면, 더 많은 공정개선이 가능한지 조사할 것이다.

그러나 변동간접원가의 유리한 차이를 항상 바람직하게 평가해서는 안 된다는 사실을 강조할 필요가 있다. 예를 들어, Webb의 관리자가 품질이 낮은 저가의 간접재료를 구매하거나, 능력이 부족한 감독인력의 고용, 또는 기계 유지보수 횟수를 줄이는 경우, 변동간접원가의 유

리한 차이가 발생한다. 하지만 이러한 의사결정은 제품의 품질을 훼손하고, 궁극적으로 기업의 장기전망에 악영향을 끼친다.

변동간접원가 능률차이와 소비차이의 개념을 명확히 이해하기 위하여, 다음의 사례를 살펴보자. (1) 전기료가 변동간접원가의 유일한 항목이고, 기계시간이 그 배부기준이라 가정하자. (2) 사용된 실제기계시간은 변동예산의 기계시간과 같으며, (3) 실제전기료는 예산전기료와 같다. (1)와 (2)에서, 변동예산(목표)만큼 실제로 기계시간을 사용하였으므로, 능률차이는 없다. 하지만 (3)에도 불구하고, 여전히 소비차이는 있을 수 있다. 실제로 예산과 동일한 기계시간을 사용하였다 하더라도, 기계시간당 소비되는 전기는 예산보다 높을 수 있기 때문이다(부실한 유지보수로 인하여, 기계가 전기를 과소비하는 경우). 이러한 전기 초과사용의 원가는 불리한 소비차이에 반영된다.

도전! 8-1

Duvet 기업은 베개를 생산한다. 2017년 운영예산은 25,000단위의 베개 생산을 기준으로, 한 단위의 베개 생산에 0.75시간의 기계시간이 허용된다. 시간당 예산변동간접원가는 $25이다.

2015년, 실제로 19,050기계시간을 사용하여 27,000단위의 베개를 생산하였으며, 실제 기계시간당 변동간접원가는 $23였다.

다음을 계산하시오.

1. 2017년 예산변동간접원가
2. 변동간접원가 소비차이
3. 변동간접원가 능률차이

변동간접원가 및 차이의 분개

이제 변동간접원가의 배부와 조정에 관한 분개를 살펴보자. 2017년 4월의 변동간접원가 항목(보기 8-1의 자료)은 다음과 같다.

	차변	대변
1. 변동간접원가 조정	130,500	
매입채무 등		130,500
* 실제 변동간접원가 기록		
2. 재공품 조정	120,000	
변동간접원가(배부)		120,000
* 배부된 변동간접원가 기록 (단위당 0.40기계시간 × 10,000단위 × 기계시간당 $30, 누적된 재공품 원가는 생산이 완료되면 완성품(제품) 원가로, 제품 판매 시 매출원가로 전기)		
3. 변동간접원가(배부)	120,000	
변동간접원가 능률차이	15,000	
변동간접원가 조정		130,500
변동간접원가 소비차이		4,500
* 원가차이 기록		

위 원가차이는 변동간접원가의 과소 또는 과다배부이다. 회계연도 말, 중요하지 않은 원가차이 계정금액은 매출원가로 전기한다. 만약 금액이 중요한 경우, 해당 변동간접원가를 각 계정에 배부한 기준으로 재공품, 완성품, 매출원가에 비례배분한다. 이때 회피 불가능한 원가만

을 비례배분한다. 회피 가능한 비효율에 기인한 원가차이는 다음 기간으로 이월하지 않는다.[5] 2017년 4월 현재 변동간접원가 차이는 2017년 기말 원가차이 잔액과 동일하며, 중요하지 않다고 가정한다. 다음은 원가차이 계정을 매출원가 계정으로 전기하는 분개이다.

매출원가	10,500	
변동간접원가 소비차이	4,500	
변동간접원가 능률차이		15,000

다음에서 고정간접원가차이 계산을 학습하도록 하자.

고정간접원가차이

고정원가항목 변동예산금액은 예산기간 초 고정예산 설정 때 포함된 금액이다. 고정원가는 관련범위 내에서 생산수준의 변화에 영향을 받지 않으므로, 고정원가에 대한 실제생산량과 예산생산량 차이를 조정할 필요는 없다. 2017년 초에 Webb은 고정간접원가 예산을 월별 $276,000로 설정하였으며, 2017년 4월의 실제고정간접원가는 $285,000였다. 고정간접원가 변동예산차이는 실제고정간접원가와 고정간접원가 변동예산의 차이이다.

고정간접원가 변동예산차이 = 실제원가 − 변동예산
= $285,000 − $276,000
= $9,000 U

불리한 원가차이의 이유는 2017년 실제고정원가 $285,000가 예산고정원가 $276,000를 초과하여, 4월의 영업이익이 $9,000만큼 예상보다 감소하였기 때문이다. 이 장의 앞부분에서 변동간접원가 변동예산을 소비차이와 능률차이로 구분하였다. 그러나 고정간접원가에 대한 능률차이는 존재하지 않는다. 왜냐하면, 예산기간 동안 생산을 위해 기계시간을 얼마나 효율적으로 사용하였는지에 따라 고정간접원가 총액이 영향을 받지 않기 때문이다. 따라서 보기 8-2와 같이, 능률차이가 없기 때문에 고정간접원가 변동예산차이는 소비차이와 동일한 금액이다.

보기 8-2 **2017년 4월 Webb의 고정간접원가 차이분석**

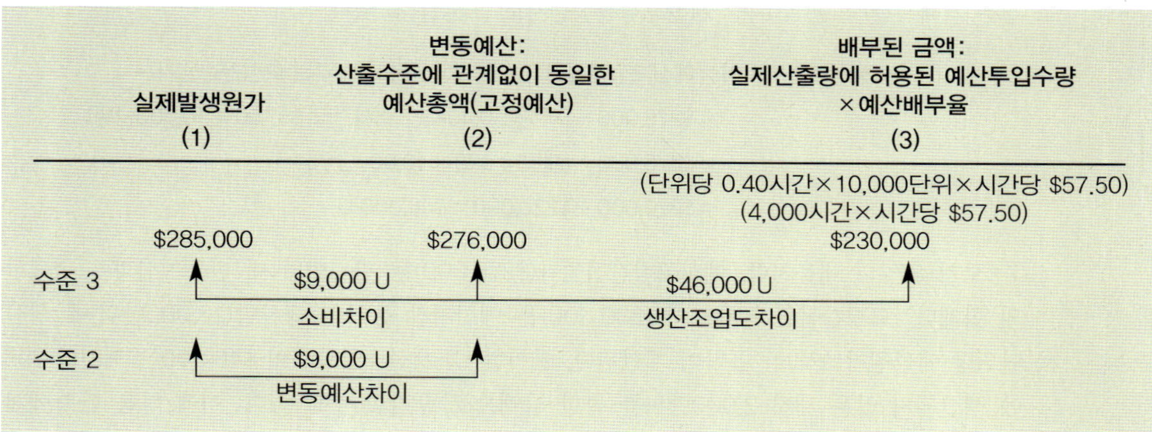

---
5 재공품, 제품 등에 가산하면 다음 기간의 기초재고자산 금액으로 이월되므로, 주로 매출원가에 포함한다.

$$\begin{aligned}\text{고정간접원가 소비차이} &= \text{실제원가} - \text{변동예산}\\ &= \$285{,}000 - \$276{,}000\\ &= \$9{,}000\ \text{U}\end{aligned}$$

불리한 소비차이의 원인은 설비임차료 증가, 기계장치 등의 감가상각비 증가 또는 설비관리자의 예산보다 높은 급여 등의 관리원가 증가일 수 있다. Webb은 이 차이의 원인을 조사한 후, 그 원인을 월별 설비임차료가 예상과 달리 $9,000만큼 증가한 것으로 파악하였다. 그럼에도 불구하고 경영진은 해당 설비임차료가 여전히 경쟁력 있는 수준이라 판단하였고, 만약 더 저렴한 임차료를 제시할 수 있는 업체가 있다면, 공급업체를 변경하려고 한다.

생산조업도차이

생산조업도차이는 오직 고정간접원가에서만 나타난다. 이것은 예산고정간접원가와 실제생산량을 기준으로 배부된 고정간접원가의 차이이다. 연초 Webb은 $276,000의 월간 예산고정간접원가를 기준으로 기계시간당 $57.50의 예산고정간접원가율을 계산하였다. 표준원가계산하에서, Webb의 고정간접원가는 각 예산기간 동안 실제생산량에 표준기계시간당 $57.50의 비율로 배부되며, 이는 재킷당 $23이다(재킷당 0.40기계시간 × 기계시간당 $57.50). 만약 Webb이 1,000단위의 재킷을 생산한다면, 4월의 예산고정간접원가 $276,000 중 $23,000(재킷당 $23 × 1,000단위)가 배부될 것이다. Webb이 10,000단위의 재킷을 생산한다면, $230,000(재킷당 $23 × 10,000단위)가 배부될 것이다. 또한 Webb이 12,000단위의 재킷을 생산한다면(설비용량 내에서 예산생산량 만큼), 예산고정간접원가 총액 $276,000(재킷당 $23 × 12,000단위)가 실제 재킷 생산량에 배부될 것이다. 여기서 중요한 점은 Webb이 설정한 예산고정간접원가 $276,000 총액을 반드시 생산량에 모두 배부할 필요는 없다는 것이다. 그 이유는 Webb이 예산생산량 12,000단위 재킷의 생산을 '지원'하기 위해, $276,000의 고정간접원가 예산을 설정하였기 때문이다. 만약 Webb이 12,000단위 미만의 재킷을 생산하는 경우, 실제 재킷생산에 필요한 만큼의 예산고정간접원가를 배부한다.

고정간접원가 배부율의 분모수준의 차이로도 이해할 수 있는 생산조업도차이는 예산고정간접원가와 배부된 고정간접원가의 차이이다. 배부된 고정간접원가는 배부기준단위(Webb의 경우 기계시간) 또는 단위당 예산고정간접원가로 표시될 수 있다.

$$\begin{aligned}\text{생산조업도차이} &= \text{예산고정간접원가} - \text{실제생산량에 배부된 고정간접원가}\\ &= \$276{,}000 - (\text{재킷당 }0.40\text{시간} \times \text{시간당 }\$57.50 \times 10{,}000\text{단위})\\ &= \$276{,}000 - (\text{재킷당 }\$23 \times 10{,}000\text{단위})\\ &= \$276{,}000 - \$230{,}000 = \$46{,}000\ \text{U}\end{aligned}$$

보기 8-2의 내용처럼, 예산고정간접원가($276,000)는 관련범위 내 변동예산과 고정예산의 합계다. 고정간접원가 배부액($230,000)은 예산기간 동안의 생산량(10,000단위)에 생산단위당 예산원가($23)를 곱하여 계산된다. 불리한(U) 생산조업도차이 $46,000는 재킷당 $23에 생산되지 않은 재킷 2,000단위를 곱한 금액으로 생각할 수도 있다. 이에 다음 단락에서 불리한 생산조업도차이의 원인과 관리에 대하여 살펴보도록 하자.

보기 8-3은 Webb의 생산조업도차이를 보여준다. 계획과 통제목적상, Webb의 고정(제조)간접원가는 관련범위 0~12,000단위 내에서 변하지 않는다. 보기 8-3에서 재고자산 원가계산 목적의 고정원가와 실제고정원가의 행태를 대조해 보자. GAAP(Generally Accepted Accounting Principles)하에서 고정(제조)간접원가는 생산단위별로 재고자산의 원가에 배부된다. Webb이 생산하는 모든 생산단위는 단위별로 고정간접원가를 $23만큼 증가시킨다(배부된다). 이는 고정간접원가를 재킷에 배부할 목적으로, 고정원가를 변동원가와 같은 원가행태가 있는 것으로 간주한다. 보기 8-3의 그래프에서 알 수 있듯이, 예산고정간접원가 $276,000와 배부된 고정간접원가 $230,000의 차이는 $46,000의 불리한 생산조업도차이이다.

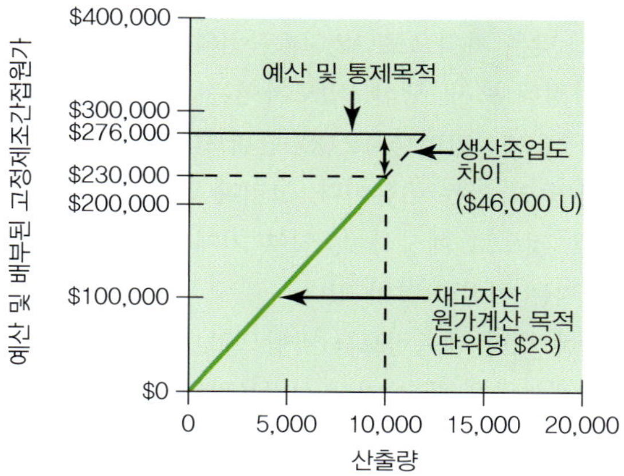

보기 8-3

고정제조간접원가 행태: 2017년 4월 Webb의 계획과 통제목적 예산설정과 재고자산 원가계산 목적의 간접원가 배부

경영진은 고정원가를 각 제품에 배부하는 방식과 실제고정원가의 행태를 주의 깊게 구별하여야 한다. 특히 고정원가가 단위당 금액화되고, 재고자산 원가계산 목적상 배부되기는 하지만, 경영진은 계획 및 통제목적으로 동일한 단위당 고정간접원가를 사용하여야 한다. 그러나 고정원가를 예측할 때에는, 경영진은 단위당 금액이 아닌 원가총액에 집중하여야 한다. 한편, 경영진이 통제목적으로 원가를 배부하거나 단기에 고정된 설비용량을 사용하는 최선의 방법을 식별하려고 할 때, 단위당 금액화된 고정원가의 사용이 종종 잘못된 의사결정으로 이어지는 경우를 다음 장에서 확인할 것이다.

생산조업도차이의 해석

고정원가 총액은 설비용량 취득의 원가를 나타낸다. 그러나 필요한 설비용량의 수준이 취득한 설비용량의 수준보다 적다고 해서, 고정원가는 자동적으로 감소하지 않는다. 기계설비의 연간 임대계약과 같이, 계약상의 이유로 원가는 특정 기간 동안 종종 고정되는 경우가 있다. 또는 설비용량은 정해진 규모 등으로 취득 · 폐기되어야 하므로, 원가가 고정되기도 한다. Webb이 재봉기계를 취득한다면, 1,000단위의 재킷을 생산할 수 있다고 가정해 보자. 만약 재봉기계의 일부를 취득하거나 임차할 수 없다면, Webb은 오직 1,000벌의 재킷 단위로 설비용량(재봉기계)을 추가할 수 있다. 즉, Webb은 10,000단위, 11,000단위 또는 12,000단위의 용량수준을 선택할 수 있을 뿐, 그 사이 단위를 선택할 수는 없다.

이제 Webb의 경영진의 $46,000의 불리한 생산조업도차이를 분석하고자 한다. 이 과잉용량이 발생한 이유는 무엇인가? 왜 12,000단위가 아닌 10,000단위의 재킷이 생산되었나? 수요의 부족인가? Webb은 재킷의 가치와 마케팅 전략을 재평가해야 하는가? 그것이 아니라면 Webb이 너무 많은 설비용량을 확보한 전략적 실책인가? 불리한 생산조업도차이 $46,000의 원인은 이에 대한 조치를 결정한다.

반면, 유리한 생산조업도차이는 고정간접원가의 과다배부를 나타낸다. 즉, 실제생산량에 배부된 고정간접원가가 예산고정간접원가 $276,000를 초과함을 의미한다. 따라서 유리한 생산조업도차이는 예산 $276,000를 초과하여 기록(배부)된 고정원가이다.

생산조업도차이에 근거한 설비용량 계획에 대한 결론을 내릴 때, 우리는 항상 주의해야 한다. Webb의 불리한 생산조업도차이 $46,000를 올바르게 해석하기 위해서, 경영진은 4월에 10,000단위의 재킷만이 판매된 이유를 파악해야 한다. 새 경쟁업체가 Webb보다 낮은 가격으로 시장점유율을 확보했다고 가정해 보자. 판매예산 12,000단위의 재킷을 모두 판매하기 위해서, Webb은 판매가격을 낮추어야 했을 수도 있다. 또는 가격을 인하하지 않고 10,000단위의 재킷을 판매하는 것이, 낮은 가격으로 12,000단위의 재킷을 판매하는 것보다 더 높은 영업이익을 산출하였다고 가정해 보자. 생산조업도차이는 이러한 정보를 반영하지 않는다. 이것이 불리한 차이 $46,000를, 예산판매량 12,000단위보다 2,000단위만큼 적게 판매한 총 경제적 효과(비용)로 해석하면 안 되는 이유이다. 그러나 Webb의 경영진이 10,000단위 이상의 설비용량이 필요하지 않을 것으로 예상하여, 일부 기계설비의 처분 또는 임차계약의 취소를 통해 초과용량을 줄일 여지는 여전히 남아 있다.

기업은 미래 시장상황에 대한 예측정보를 바탕으로, 설비용량 수준을 전략적으로 계획한다. 2017년 Webb의 예산생산량은 해당 기간 설비용량의 최대 생산량과 동일하다. 그러나 실제수요(또는 생산량)는 예산생산량보다 낮은 것으로 나타났으므로, 2017년 4월, Webb은 불리한 생산조업도차이를 기록하였다. 그럼에도 불구하고, Webb의 경영진이 설비용량과 관련한 잘못된 계획을 수립하였다고 단정할 수는 없다. 재킷의 수요는 상당히 불확실하며, 이러한 불확실성과 예상 못한 수요급증(판매기회 또는 공헌이익 상실 등 포함)을 충족하지 못할 비용(위험)을 고려해 볼 때, 2017년 설비용량에 대한 Webb 경영진의 선택은 최선이었을 수 있다.

그렇다면 4월의 불리한 차이에 대하여 Webb의 경영진은 어떻게 대응하여야 하는가? 설비용량을 줄이거나, 판매량을 늘리거나 혹은 아무것도 할 필요가 없는가? 상황분석의 결과는 설비용량의 일부를 줄이는 것을 제안하지만, 예상 외의 수요급증에 대비하기 위해, Webb의 경영진은 현재 설비용량을 유지하기로 결정하였다. 이러한 사항은 다음 장에서 구체적으로 다룰 것이다. 'Concepts in Action: Sandoz의 간접원가관리를 위한 차이분석 및 표준원가 계산'은 경영진의 의사결정을 위하여 차이분석을 사용하는 다른 좋은 예를 보여준다.

다음으로 Webb이 표준원가계산을 사용하여 고정간접원가를 기록한 분개를 살펴보자.

도전! 8-2

Sanjana는 시계를 제조하는 기업이다. 2017년, 이 회사는 $648,000의 고정제조간접원가를 예상했다. Sanjana는 직접노무시간을 이용하여 고정제조간접원가를 배부하고, 연간 540,000단위의 예산생산량에 21,600시간의 노무시간을 예상하고 있다. 매월 같은 생산수량으로 예산이 설정된다. 10월 동안 48,000단위의 시계가 생산되었고, $52,000의 고정제조간접원가가 지출되었다.

다음을 계산하시오.

1. 2017년의 고정간접원가율
2. 10월의 고정간접원가 소비차이
3. 10월의 고정간접원가 생산조업도차이

고정간접원가 및 차이의 분개

아래는 고정간접원가 조정계정과 고정간접원가 배부계정을 사용한 2017년 4월 고정간접원가와 관련한 분개이다.

1. 고정간접원가 조정	285,000	
미지급급여, 감가상각누계액 및 기타		285,000
* 실제 발생한 고정간접원가 기록		
2. 재공품 조정	230,000	
고정간접원가 배부		230,000
* 고정간접원가 배부 기록 (단위당 0.40기계시간×10,000단위×기계시간당 $57.50, 누적된 재공품 조정 계정 잔액은 생산 완료 후 완성품으로, 판매 시 매출원가로 전기된다.)		
3. 고정간접원가 배부	230,000	
고정간접원가 소비차이	9,000	
고정간접원가 생산조업도차이	46,000	
고정간접원가 조정		285,000
* 원가차이 기록		

4월 중 실제로 $285,000의 고정간접원가가 발생하였지만, 재킷에는 $230,000만 배부되었다. 이 $55,000의 차이는 4장 정상원가계산에서 배웠던 고정간접원가 과소배부이다. 항목 3은 표준원가계산하에서, 고정간접원가 소비차이($9,000) 및 생산조업도차이($46,000)를 어떻게 회계처리하는지 보여주고 있다.

회계연도 말, 고정간접원가 소비차이는 재공품, 완성품, 매출원가 조정계정에 고정간접원가 배부기준에 따라 비례배분하거나, 차이금액이 중요하지 않은 경우에는 매출원가로 전기한다. 일부 회사의 경우 비례배분과 매출원가 조정을 결합하기도 한다. 즉, 회피 가능한 비효율의 경우 매출원가로 전기하되, 회피 불가능한 차이는 각 계정으로 비례배분하는 것이다. 2017년 4월의 고정간접원가 소비차이 잔액은 2017년 말 잔액과 동일하며, 중요하지 않다고 가정한다. 다음은 매출원가로 전기하는 분개이다.

매출원가	9,000	
고정간접원가 소비차이		9,000

이제 생산조업도차이를 살펴보자. 2017년 4월의 생산조업도차이 잔액은 2017년 말 잔액과 동일하며, 기말 재공품과 완성품 재고가 있다고 가정한다. 다수의 회계담당자들은 불리한 생산조업도차이는 비례배분해서는 안 되며, 매출원가로 전액 조정하여야 한다고 주장한다. 이러한 주장의 근거로, $46,000의 불리한 생산조업도차이는 실제로 생산되지 않은 2,000단위의 재킷에 관한 원가의 측정치임을 제시한다(재킷당 $23 × 2,000단위 = $46,000). 이 불리한 차이를 각 계정에 비례배부한다면, 생산되지 않은 2,000단위 재킷에 대한 고정간접원가를 생산된(또는 생산 중인) 재킷에 배부하게 되는 문제가 발생한다. 완성된 재킷은 이미 단위당 $23의 고정간접원가를 부담하고 있으므로, 이 주장의 핵심은 사용하지 않은 설비용량의 고정원가가 재공품과 완성품에 배부되지 않도록, 매출원가에서 전액 조정(즉, 당기 매출액이 부담)되어야 한다는 것이다.

그러나 다른 의견도 존재한다. 이는 각 재킷을 생산하는 데 필요한 고정자원의 분모수준이, '고정된(hard)' 것이기보다는 '유동적인(soft)' 것으로 간주한다. 재킷의 설계문제 또는 기계의 기능적인 문제로, 재킷을 제조하는 데 예상보다 더 많은 기계시간이 소요되었다고 가정

CONCEPTS IN ACTION

Sandoz의 간접원가관리를 위한 차이분석 및 표준원가계산

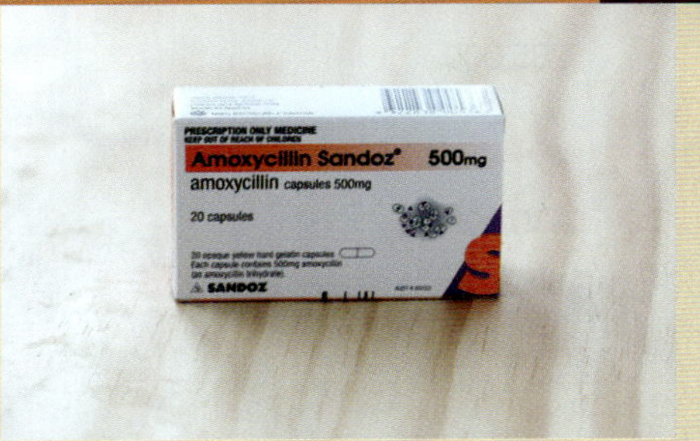

Fir Mamat/Alamy Stock Photo

스위스에 본사를 둔 Novartis AG의 일반 의약품 부문 Sandoz는 $10.1억 규모로, 세계에서 두 번째로 큰 일반의약품 제조기업이다. 일반의약품은 전 세계 의료비용을 절감하는 데 상당한 도움이 된다. 예를 들어, 미국 내 모든 처방 의약품의 88%가 일반의약품이지만, 그 원가는 총의약품원가의 약 28% 수준이다. 시장의 가격압력은 Sandoz가 아주 낮은 이익(마진)률로 운영되고 있음을 의미하며, 따라서 경영진은 간접원가를 포함한 모든 원가를 완벽하고 정확하게 파악하고 있어야 한다. 이에 Sandoz는 표준원가 및 원가 차이분석을 이용하여 간접원가를 관리한다.

Sandoz는 매년 구체적인 생산계획 및 이에 따른 지출계획을 바탕으로 간접원가계산을 준비한다. 그 다음 Sandoz는 활동기준원가계산을 이용하여 예산간접원가를 각 작업중심점(혼합, 정제, 테스트 및 포장 등)에 배부(또는 할당)한다. 마지막으로 각 작업중심점은 각 제품이 요구하는 활동수준에 따라 간접원가를 배부한다. 최종 표준원가는 제품의 수익성 분석 또는 가격 결정을 위한 기초자료로 이용된다. Sandoz의 성과분석에서 두 가지 주요 초점은 전부원가계산의 간접원가와 간접원가 차이분석이다.

Sandoz는 매월 실제생산량의 실제원가와 표준원가를 비교한다. 월간분석은 다음의 두 가지 추세를 평가한다.

1. 원가는 예산과 일치하는가? 만약 그렇지 않다면, 그 이유를 조사하고 담당 관리자에게 알린다.
2. 생산조업도와 제품배합은 계획과 동일한가? 만약 그렇지 않다면, 설비용량의 적정 수준을 검토하며, 이러한 추세가 영구적인지 여부에 따라 설비용량의 조정을 고려한다.

제조간접원가차이는 작업중심점 수준에서 분석한다. 이 차이분석은 기계설비의 적절한 수리, 교체 시기를 식별할 수 있게 한다. 또한 차이분석은 제조과정, 작업준비 또는 설비세척의 비효율성을 식별하게 하여, 기계설비를 보다 효율적으로 사용할 수 있게 한다. 때때로 제조간접원가 차이분석을 통하여 적정 설비용량수준을 계획하는 데 중요한 요소인, '표준'을 검토하고 개선할 수 있다. 또한 경영진은 현재 및 미래 설비용량의 수준을 검토하여, 설비용량의 제약과 미래 증설 가능성을 파악한다.

출처: Novartis AG, 2015 Form 20-F (바젤, 스위스: Novartis AG, 2016); IMS Institute for Healthcare Informatics/Generic *Pharmaceutical Association, Generic Drug Savings in the United States*, 2015년 11월; Conversations with, and documents prepared by, Eric Evans and Erich Erchr of Sandoz, 2004; Conversations with, and documents prepared by, Tobias Hestler and Chris Lewis of Sandoz, 2016.

해 보자. 이에 Webb은 4월의 예산생산량 12,000단위가 아닌, 10,000단위의 재킷만을 생산할 수 있었다. 이 경우, 예산고정간접원가 $276,000는 10,000단위의 재킷 생산을 지원한 것이다. 이러한 논리에 따른다면, 고정간접원가 생산조업도차이는 재공품, 완성품, 매출원가에 적절히 배분되어야 한다.

그렇다면 유리한 생산조업도차이는 어떨까? 2017년 4월, Webb이 13,800단위의 재킷을 생산하였다고 가정해 보자.

$$
\begin{aligned}
\text{생산조업도차이} &= \text{예산고정간접원가} - \text{실제생산량에 배부된 고정간접원가} \\
&= \$276{,}000 - (\text{재킷당 } \$23 \times 13{,}800\text{단위}) \\
&= \$276{,}000 - \$317{,}400 \\
&= \$41{,}400\ \text{F}
\end{aligned}
$$

실제생산량이 계획된 설비용량 수준을 초과하였으므로, 고정간접원가 $276,000가 명백히 13,800단위 재킷의 생산을 지원하였고, 따라서 13,800단위에 배부하여야 한다. 유리한 생산조업도차이, 이 성과는 재공품, 완성품, 매출원가에 배부되어, 각 계정의 금액을 줄인다. 또한 이 비례배분은 유리한 생산조업도차이 전체금액을 매출원가에 모두 반영하는 것에 비해 영업이익이 낮다는 점에서 보수적인 방식이다.

이 논의와 관련된 또 다른 요점은 만약 원가차이를 항상 매출원가에서 전액 조정하기로 설정한 경우, 기업은 영업이익이 증가하거나(재무보고 목적) 감소하도록(세무보고 목적) 표준을 설정할 수 있다는 점이다. 즉, 원가차이를 매출원가에 전액 반영하는 것은 항상 전략적 행동을 유발한다. 예를 들어, Webb은 고정간접원가 배부기준에 사용되는 분모수준을 낮게 설정하여 유리한 생산조업도차이를 유발할 수 있고, 따라서 영업이익은 증가할 수 있다. 혹은 조세부담을 낮추기 위해서 영업이익을 줄이고자 한다면, 그와 반대로 행동할 수 있다. 그러나 비례배분 방법은 실제원가 및 실제생산량에 기반하여 이와 유사하게 고정간접원가차이가 배분되는 효과가 있으므로, 이러한 유형의 조작에는 주로 영향을 받지 않는다.

생산조업도차이를 조정하기 위한 정확한 방법이나, 절대적인 최선의 방법은 없다. 적절한 회계절차는 사실상 판단의 문제이며, 상황에 따라 다르다. 때로는 비례배분 방법을 변형한 방법이 적절할 수도 있다. 예를 들어, 기업은 생산조업도차이 중 일부를 매출원가에 반영하고, 나머지를 비례배부하도록 선택할 수 있다. 매출원가에 반영한 생산조업도차이 일부는 특정 기간 동안 생산을 위해 사용되지 않은 설비용량 수준을 나타내는 목적으로, 나머지는 재공품, 완성품, 매출원가에 비례배분한다.

Webb이 생산조업도차이를 매출원가에 반영하는 분개는 아래와 같다.

매출원가	46,000	
고정간접원가 생산조업도차이		46,000

간접원가차이의 종합적 분석

앞의 설명에서 알 수 있듯이, 변동간접원가 및 고정간접원가의 원가차이 계산은 서로 다른 부분이 있다.

- 변동간접원가는 생산조업도차이가 없다.
- 고정간접원가는 능률차이가 없다.

보기 8-4는 변동원가계산을 이용하여 계산한 2017년 4월 변동간접원가와 고정간접원가 원가차이의 종합적인 요약을 보여준다. Panel A는 변동간접원가차이, Panel B는 고정간접원가차이에 관한 사항이다. 보기 8-4를 학습하는 과정에서, Panel A와 B의 서로 다른 원가차이를 나타내는 각 열이 어떻게 정렬되는지에 주목할 필요가 있다. Panel A와 B 모두 다음에 따른다.

- (1)열과 (2)열의 차이는 소비차이를 측정한다.
- (2)열과 (3)열의 차이는 능률차이를 측정한다(해당되는 경우).
- (3)열과 (4)열의 차이는 생산조업도차이를 측정한다(해당되는 경우).

Panel A에는 능률차이가 있는 반면, Panel B에는 고정간접원가에 대한 능률차이가 없다. 이미 논의한 바와 같이, 고정간접원가 총액은 주어진 예산기간 내 운영의 효율성(능률) 수준에 영향을 받지 않는다.

배부된 변동간접원가 금액이 변동예산금액과 항상 동일하므로, Panel A에는 생산조업도차이가 없다. 변동원가에는 사용하지 않은 설비용량이 없다. 생산량 또는 판매량이 12,000단위에서 10,000단위로 감소하면, 예산변동간접원가 또한 비례적으로 감소한다. 그러나 고정원가는 이와 다르다. Webb은 12,000단위의 재킷 생산을 위해 취득한 설비용량 중 일부를 사용하지 않았기 때문에, Panel B에서 생산조업도차이(보기 8-3 참조)가 나타난다.

4분법

모든 간접원가차이가 보기 8-4와 같이 함께 제시되면, 이를 4분법이라고 한다.

	4분법		
	소비차이	능률차이	생산조업도차이
변동간접원가	\$4,500 F	\$15,000 U	해당 없음
고정간접원가	\$9,000 U	해당 없음	\$46,000 U

4분법은 변동간접원가 및 고정간접원가에 대해 각각 별도로 분석한 원가차이와 동일한 수준의 정보를 제공하지만(보기 8-1 및 보기 8-2), 서로 다른 원가차이 분석을 보여준다.

다른 원가차이와 마찬가지로, Webb의 4분법 원가차이가 서로 독립적인 것은 아니다. 예를 들어, Webb은 낮은 품질의 기계장치를 구매할 수 있으며(유리한 변동간접원가 소비차이), 이에 해당 기계가 예산보다 더 많은 기계시간을 소비하여(불리한 변동간접원가 능률차이), 예산보다 적은 수량을 생산한다(불리한 생산조업도차이).

차이분석의 결합

General Electric 또는 Disney와 같은 대기업이나 복잡한 사업부문의 경영자는 자신의 책임영역 내에서 발생하는 모든 사항을 추적하기 위하여 세부적인 4분법을 사용한다. 이는 계획대로 운영되지 않는 영역을 보다 구체적으로 식별하고, 집중관리할 수 있다. 그러나 소규모 기업의 경영자는 개인적인 관찰과 비재무적 측정치를 통해, 정상운영 여부를 더 잘 파악할 수 있다. 또한 4분법을 위한 추가적 측정의 실익이 그리 크지 않을 가능성이 높다. 예를 들어, 소규모 기업의 경우, 원가계산시스템의 단순화를 위해 고정간접원가와 변동간접원가를 구분하지 않을 수 있다. 예를 들어, 감독, 품질관리, 자재관리 등과 같은 다수의 원가는 일반적으로 변동원가 및 고정원가의 행태를 모두 포함하고 있어서, 그 구분이 쉽지 않다. 따라서 경영자는 변동간접원가와 고정간접원가를 하나의 간접원가로 통합하여, 비교적 덜 구체적인 원가차이 분석을 수행할 수 있다.

단일한 간접원가가 사용되는 경우에도, 여전히 심층적인 차이분석은 가능하다. 이 경우 원가차이는 보기 8-4의 변동간접원가 및 고정간접원가 원가차이의 합이다. 결합된 차이분석은 다음과 같다.

	3분법		
	소비차이	능률차이	생산조업도차이
총간접원가	\$4,500 U	\$15,000 U	\$46,000 U

보기 8-4 2017년 4월 Webb의 원가차이 분석: 4분법

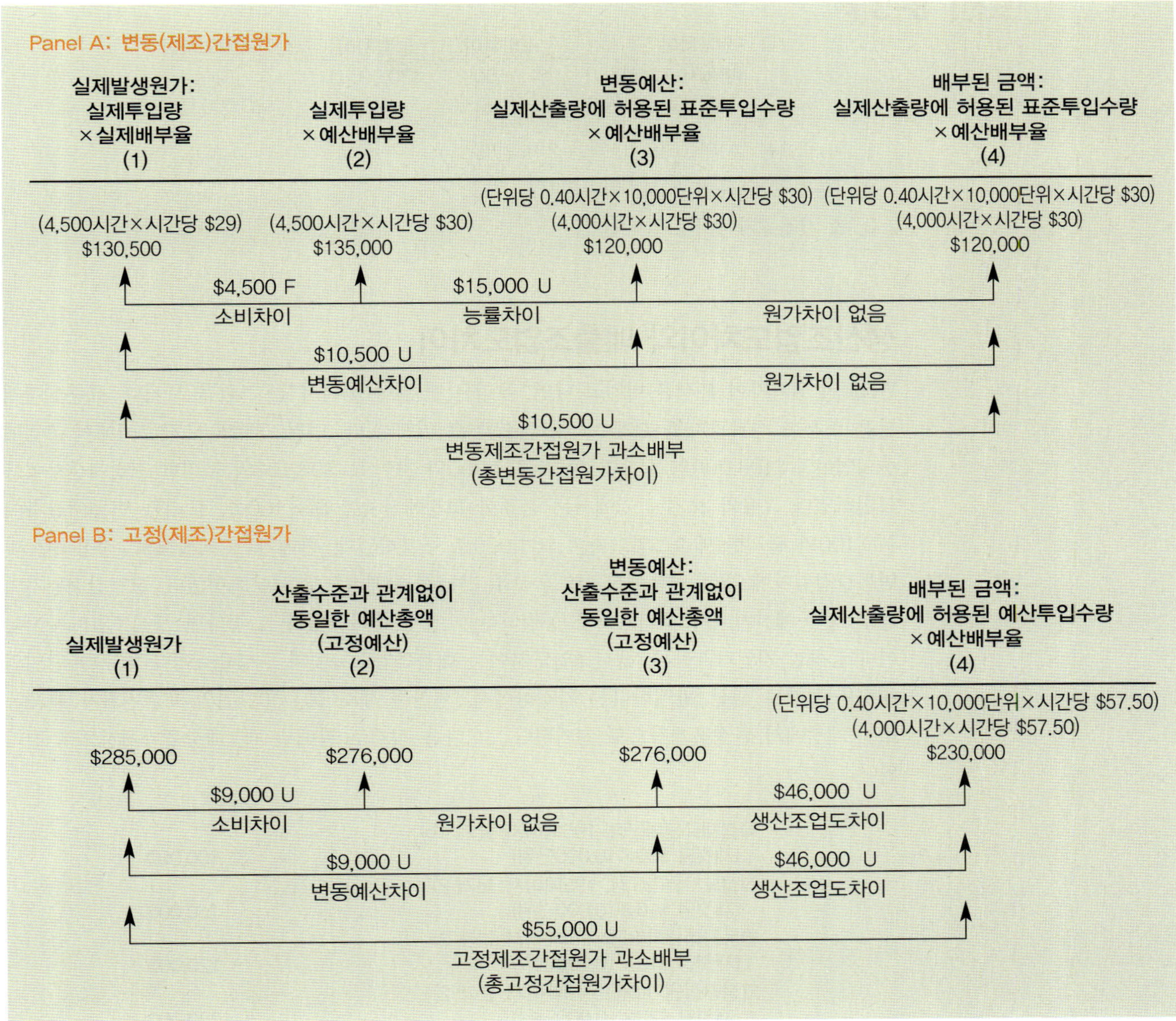

3분법은 4분법에 비해 간단하지만, 변동간접원가 및 고정간접원가의 소비차이가 총간접원가 소비차이로 결합되어 있어서, 일부 정보의 손실이 있다.

결국 총간접원가차이는 각 원가차이의 합이다. Webb의 경우 총간접원가차이는 $65,500 U이다. 이 합계는 변동예산차이와 생산조업도차이의 합계, 즉 과소배부된 간접원가의 총금액과 같다(정상원가계산에서 과소배부된 간접원가에 대한 논의를 참조). 보기 8-4에서, 불리한 총간접원가 차이 $65,500는 (1) 실제총간접원가($130,500 + $285,000 = $415,500)와 (2) 실제 생산량에 배부된 간접원가($120,000 + $230,000 = $350,000)의 차이이다. 만약 총간접원가 차이가 유리한 차이였다면, 간접원가의 과다배부였을 것이다.

도전! 8-3 Proton Equipment, Inc.에 대한 정보가 정보가 다음과 같다.

원가차이	소비차이	능률차이	생산조업도차이
변동제조간접원가	$ 7,500 F	$30,000 U	(B)
고정제조간접원가	$28,000 U	(A)	$80,000 U

1. 위 표에서 (A)와 (B)의 금액은 얼마인가?
2. 3분법의 총 소비차이는 얼마인가?
3. 총 간접원가차이는 얼마인가?

생산조업도차이와 매출조업도차이

Webb의 원가차이 분석을 마치고 나면, 우리는 한 걸음 물러서 '큰 그림'을 보거나, 표준원가계산을 이용한 성과평가를 회계수치와 연결할 수 있게 된다. 먼저, 7장의 보기 7-1에서 고정예산영업이익 $108,000와 실제영업이익 $14,900의 차이로, $93,100의 불리한 고정예산차이를 확인하였다. 7장의 보기 7-2에서는 불리한 고정예산차이 $93,100를, 불리한 변동예산차이 $29,100와 불리한 매출조업도차이 $64,000로 구분하였다. 판매가격, 직접재료, 직접노무 및 변동간접원가에 대한 변동예산차이를 모두 가급적 구체적으로 세분화하였다. 고정간접원가의 경우, 변동예산차이가 소비차이와 동일하다는 점에 주목하였다. 그렇다면 생산조업도차이는 어디에 속할 것인가? 물론, 생산조업도차이는 매출조업도차이의 구성요소이다. 10,000단위의 재킷을 실제로 생산·판매한다는 가정하에서, 생산된 재킷 10,000단위의 표준원가가 재공품조정 계정에서 완성품계정으로 전기된다. 그 다음 실제로 판매될 때, 매출원가계정으로 전기된다.

직접재료원가(7장, 195페이지, 분개 1b) (재킷당 $60×10,000단위)	$ 600,000
직접노무원가(7장, 195페이지, 분개 2) (재킷당 $16×10,000단위)	160,000
변동간접원가(8장, 244페이지, 분개 2) (재킷당 $12×10,000단위)	120,000
고정간접원가(8장, 249페이지, 분개 2) (재킷당 $23×10,000단위)	230,000
표준원가계산 매출원가 (재킷당 $111×10,000단위)	$1,110,000

또한 Webb의 원가계산시스템은 판매된 10,000단위의 재킷에 대하여 단위당 예산판매가격 $120로 매출액을 기록한다. 이에 영업이익에 미치는 영향은 다음과 같다.

매출액(예산판매가격) (재킷당 $120×10,000단위)	$1,200,000
표준원가계산 매출원가 (재킷당 $111×10,000단위)	1,110,000
예산영업이익 (재킷당 $9×10,000단위)	$ 90,000

여기서 중요한 점은, 표준원가계산하 고정간접원가는 마치 변동원가처럼 처리한다는 것이다. 즉, 예산영업이익 $90,000를 설정할 때 $230,000(재킷당 $23×10,000단위)의 고정간접원가가 반영되지만, 총예산고정간접원가는 $276,000이다. 그 다음 Webb의 회계담당자

는 $46,000의 불리한 생산조업도차이(예산고정간접원가 $276,000과 배부된 고정간접원가 $230,000의 차이, 244p, 분개 2)와 총 $29,100의 다양한 변동예산(고정간접원가 소비차이를 포함한) 불리한 차이(보기 7-2)를 기록한다. 따라서 다음의 실제영업이익 $14,900가 산출된다.

예산영업이익	
(재킷당 $9×10,000단위)	$90,000
불리한 생산조업도차이	(46,000)
변동예산영업이익(보기 7-2)	44,000
불리한 변동예산차이(보기 7-2)	(29,100)
실제영업이익(보기 7-2)	$14,900

반면 표준원가계산은 실제 생산 및 판매된 10,000단위에 대한 예산매출액, 표준원가 및 원가차이를 기록하기 때문에, 예산 생산 및 판매량 12,000단위에 대한 고정예산 영업이익 $108,000(199p)는 Webb의 원가시스템에 입력되지 않는다. 결과적으로 고정예산 영업이익 $108,000와 변동예산 영업이익 $44,000(7장의 보기 7-2)의 차이인 불리한 매출조업도차이 $64,000는 표준원가계산하에서 실제로 기록되지 않는다. 그럼에도 불구하고 경영진이 2,000단위만큼 재킷을 적게 팔게 되어 잃어버린 공헌이익을 직관적으로 이해할 수 있다는 점에서(매출조업도차이는 $276,000 예산수준에서 고정원가를 가정한다), 매출조업도차이는 여전히 유용하다.

매출조업도차이는 다음과 같이 두 가지로 구성된다.

- 12,000단위 재킷의 고정예산 영업이익 $108,000와 10,000단위의 예산영업이익 $90,000의 차이. 이는 불리한 영업이익 조업도차이 $18,000($108,000 − $90,000)로, Webb이 예산보다 2,000단위 적은 수량을 생산·판매하였음을 반영한다.

보기 8-5 2017년 4월 Webb의 원가차이 분석 요약: 수준 1, 2, 3

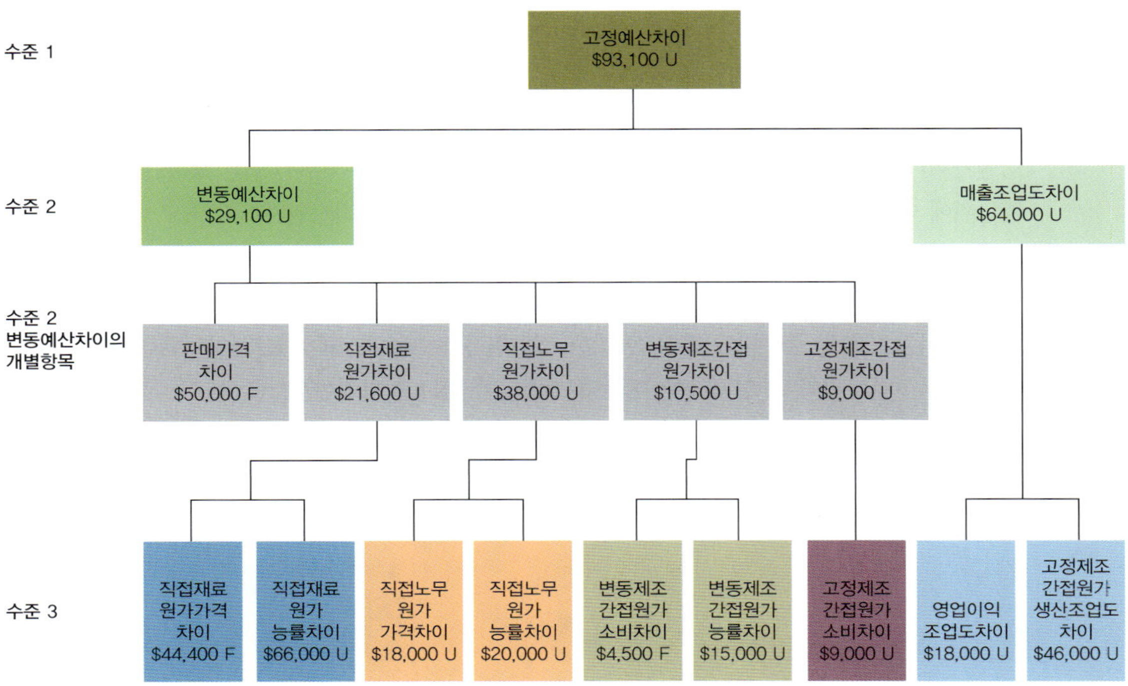

- 예산영업이익 $90,000와 실제 10,000단위에 대한 변동예산 영업이익 $44,000(보기 7-2)의 차이. 이러한 차이는 Webb이 $276,000의 예산고정원가를 변동원가처럼 처리하여, 고정원가를 배분된 금액 $230,000로 가정하기 때문이다. 물론 이 차이는 불리한 생산조업도차이 $46,000이다.

요약하면 다음과 같다.

영업이익 조업도차이	$18,000 U
+ 생산조업도차이	46,000 U
= 매출조업도차이	$64,000 U

보기 8-5는 불리한 고정예산차이 $93,100의 구성요소를 요약하고 있으며, 7장과 이 장에서 다루었던 모든 원가차이이다.

이제 활동기준원가계산에서 차이분석의 사용을 다루어 보도록 하자.

활동기준원가계산과 차이분석

활동기준원가계산(Activity-Based Costing, ABC)시스템은 원가대상의 개별 활동에 초점을 두며, 다양한 활동의 원가를 단위수준, 배치(batch, 묶음)수준, 제품(유지)수준 및 설비(유지)수준으로 분류한다. 이 절에서는 ABC 시스템 및 배치수준원가를 보유한 기업이 원가차이분석을 통하여 얻을 수 있는 이점을 살펴본다. 배치수준원가는 개별 제품단위 또는 서비스단위가 아닌, 제품 또는 서비스 단위의 묶음(또는 그룹)과 관련된 활동의 원가이다. 이제 변동직접배치원가와 고정간접배치원가의 차이분석을 계산해 보자.[6]

Lyco Brass Works는 다양한 종류의 황동 수전 등을 만드는 기업이다. Lyco는 다양한 제품을 생산하기 때문에 활동기준원가계산을 사용한다. 반면, Webb은 한 종류의 재킷만을 생산하므로 활동기준원가계산이 아닌, 간단한 원가계산시스템을 사용한다. Lyco의 제품 중 하나인 '엘레강스'는 황동으로 만든 홈 스파용 수전이며, 배치단위로 생산한다.

Lyco가 생산하는 각 제품에 대하여 원재료 운반, 작업장 간 재공품 운반, 완성품 운반 및 선적은 전용 운반노무를 통하여 이루어진다. 따라서 운반과 관련된 노무원가는 엘레강스의 직접원가이며, 모든 운반은 배치단위로 이루어지는 이유로 운반 노무원가는 제품단위가 아닌 배치단위에 따라 증감한다. 즉, 운반 노무원가는 배치수준 변동직접원가이다.

엘레강스를 생산하기 위하여, Lyco는 기계와 금형을 준비해야 하며, 직원은 기계사용과 금형제작 및 사용에 능숙해야 한다. 따라서 별도의 부서에서 다양한 제품배치에 대한 기계 및 금형을 전문적으로 준비해야 한다. 이러한 셋업원가는 기술자 및 감독자 급여와 설비임차료로 구성된 간접원가이며, 셋업시간에 대하여 고정되어 있다고 가정한다.

2017년 엘레강스에 관한 정보는 다음과 같다.

---

6 이 계산방식으로 변동간접배치원가의 차이분석 또한 가능하다.

	실제결과	고정예산
1. 엘레강스 생산/판매량	151,200	180,000
2. 배치규모(배치당 단위)	140	150
3. 배치 수(1÷2)	1,080	1,200
4. 배치당 운반노무시간	5.25	5
5. 총운반노무시간(3×4)	5,670	6,000
6. 운반노무시간당 원가	$ 14.50	$ 14
7. 총운반노무원가(5×6)	$ 82,215	$ 84,000
8. 배치당 셋업시간	6.25	6
9. 총셋업시간	6,750	7,200
10. 총고정간접셋업원가	$220,000	$216,000

직접노무원가 변동예산 및 차이분석

원재료 및 자재관리에 대한 노무원가 변동예산을 설정하기 위하여, Lyco는 실제 생산된 151,200단위에 대하여 다음의 단계를 진행한다.

1단계: 예산배치규모를 이용하여, 실제생산수량에 필요한 배치 수를 계산한다. 각 배치의 예산규모는 150단위이므로, 실제생산수량 151,200단위에 대해 1,008배치가 요구된다.

2단계: 배치당 원재료 및 자재관리 예산노무시간을 이용하여, 필요한 예산노무시간을 계산한다. 배치당 예산노무시간은 5시간이므로, 1,008단위의 배치에 5,040의 노무시간(1,008배치 × 배치당 5노무시간)이 필요하다.

3단계: 노무시간당 예산원가를 이용하여, 원재료 및 자재관리 노무시간에 대한 변동예산을 계산한다. 변동예산금액은 5,040노무시간 × 노무시간당 예산원가 $14 = $70,560이다.

자재관리에 대한 노무원가 변동예산을 계산할 때, 제품단위가 아닌 배치수량을 이용한다는 점에 주의하여야 한다. 변동예산을 계산하기 위한 '수량'은 적절한 수준의 원가계층을 고려하여 결정해야 한다. 예를 들어, 자재관리(활동)는 배치수준의 원가이므로, 변동예산을 계산하기 위한 수량은 실제생산량 151,200단위에 필요한 배치수량과 배치수량당 노무시간을 의미한다. 만약 제품설계원가와 같은 제품유지수준의 원가의 변동예산을 위한 수량은 제품설계의 복잡성 등을 평가하는 제품유지수준에 초점을 맞추어야 할 것이다.

따라서 자재관리에 관한 직접노무원가 변동예산차이는 다음과 같이 계산된다.

변동예산차이 = 실제원가 − 변동예산원가
= (5,670시간 × 시간당 $14.50) − (5,040시간 × 시간당 $14)
= $82,215 − $70,560
= $11,655 U

불리한 차이는 자재관리 노무원가가 변동예산(목표)보다 $11,655만큼 더 많이 발생하였음을 의미한다. 우리는 이 변동예산차이의 구성요소, 가격 및 능률차이를 조사하여, 불리한 차이의 원인을 파악할 수 있다. 보기 8-6은 이에 대한 내용이다.

가격차이 = (실제투입가격 − 예산투입가격) × 실제투입수량
= (시간당 $14.50 − 시간당 $14) × 5,670시간

$$= 시간당\ \$0.50 \times 5,670시간$$
$$= \$2,835\ U$$

불리한 가격차이는 시간당 실제원가 $14.50의 예산원가 $14의 차이이다. 이 차이는 Lyco의 인사관리자가 임금협상에 미숙했거나, 인력부족으로 인하여 예상치 못하게 임률이 상승한 결과일 수 있다.

능률차이 = (실제 사용된 수량 − 실제생산량에 허용된 예산투입수량) × 예산투입가격
= (5,670시간 − 5,040시간) × 시간당 $14
= 630시간 × 시간당 $14
= $8,820 U

보기 8-6 2017년 Lyco Brass Works의 자재관리 직접노무원가 차이분석

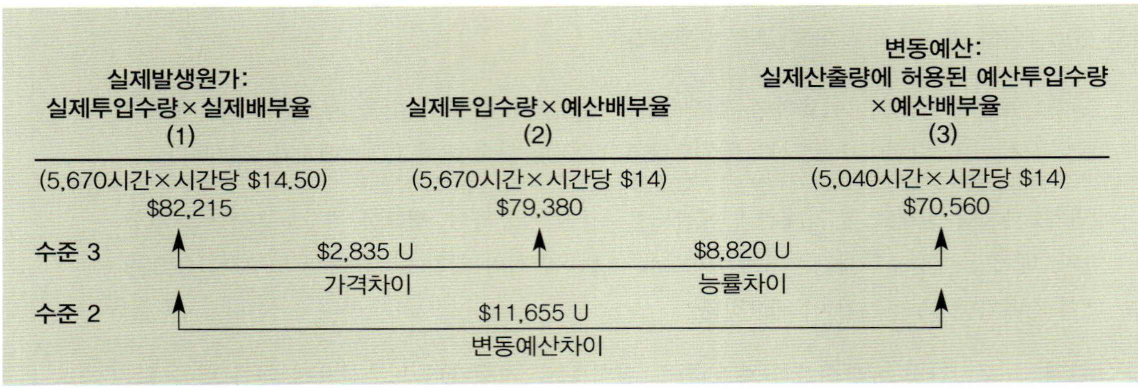

불리한 능률차이는 실제노무시간 5,670시간이 실제생산량에 대한 예산노무시간 5,040시간을 초과하였음을 나타낸다. 이 불리한 차이의 원인은 다음과 같이 추측할 수 있다.

- 예산배치규모 150개보다 실제배치규모는 140개로 작았기 때문에, Lyco는 1,008 (151,200÷150)배치가 아닌 1,080배치로 151,200단위를 생산하였다.
- 배치당 실제 자재관리 노무시간(5.25시간)이 예산노무시간(5시간)보다 많았다.

예산보다 실제배치규모가 작은 이유는, 배치규모가 140단위를 초과할 때 품질문제와 운반비 때문일 수 있다.

또한, 배치당 실제 자재관리 노무시간이 예산보다 더 큰 이유는 다음을 추측해 볼 수 있다.

- 엘레강스 생산라인의 비효율적인 배치
- 재료의 이동과정에서 불필요한 대기시간
- 경험 및 기술이 부족하거나, 동기부여 수준이 낮은 직원
- 매우 엄격하게 설정된 표준시간

능률차이의 원인을 제대로 파악한다면, Lyco의 경영진은 자재관리 노무효율성을 개선하기 위한 보다 효과적인 계획을 개발할 수 있고, 적절한 수정조치를 취할 수 있다.

다음 차례는 준비(셋업)에 관한 고정간접원가이다.

고정셋업간접원가에 대한 변동예산 및 차이분석

보기 8-7은 고정셋업간접원가에 대한 차이분석을 나타낸다.

Lyco의 고정셋업간접원가 변동예산차이는 다음과 같이 계산된다.

$$\begin{aligned}\text{고정셋업간접원가 변동예산차이} &= \text{실제원가} - \text{변동예산}\\ &= \$220{,}000 - \$216{,}000\\ &= \$4{,}000\ \text{U}\end{aligned}$$

보기 8-7 2017년 Lyco Brass Works의 고정셋업간접원가 차이분석

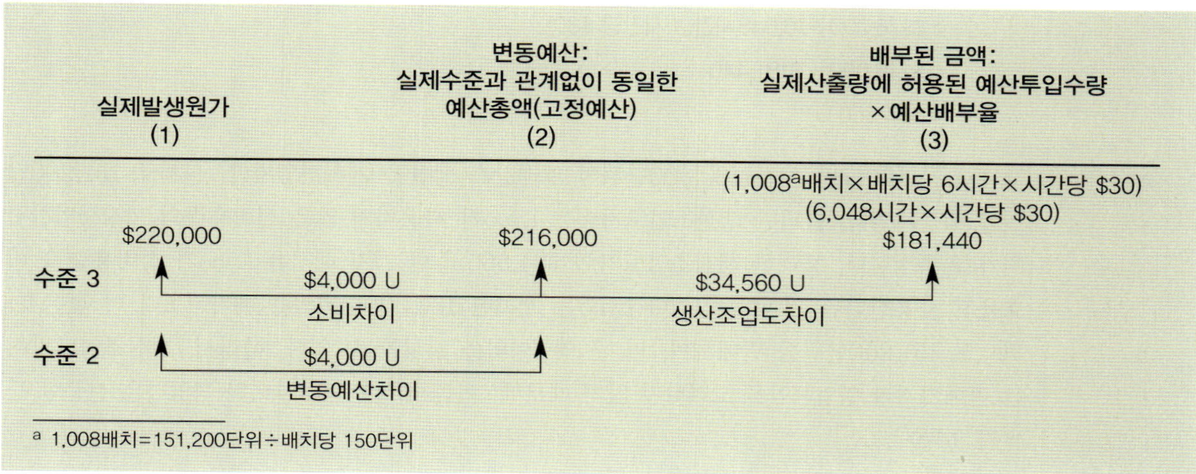

고정셋업간접원가의 변동예산금액은 고정예산 $216,000와 동일한 점에 주의하자. 그 이유는 고정원가에는 수량에 비례하는 특성이 없기 때문이다. 또한 고정간접원가에는 능률차이가 없기 때문에, 고정셋업간접원가의 소비차이는 고정간접원가 변동예산차이와 동일하다. 새로 설치한 기계설비의 임차료가 높거나, 엔지니어 또는 감독자 급여가 높기 때문에 소비차이는 불리할(U) 수 있다. Lyco는 새 기계설비 설치과정에서 발생한 문제점들을 해결하기 위하여, 이와 같은 원가가 발생하였을 수 있다.

생산조업도차이를 계산하기 위하여, Lyco는 먼저 고정셋업간접원가의 예산배부율을 계산한다(4단계 방법).

1단계: 예산을 위한 기간을 설정한다. Lyco는 12개월(2017년)의 기간을 사용한다.

2단계: 고정간접원가를 산출물에 배부할 배부기준을 선택한다. Lyco는 셋업시간을 선택하였고, 2017년 고정예산의 예산셋업시간은 7,200시간이다.

3단계: 원가배부를 위한 고정간접원가를 식별한다. 2017년 Lyco의 예산고정셋업간접원가는 $216,000이다.

4단계: 산출물에 배부하기 위한 단위당 고정간접원가(율)를 계산한다. Lyco의 경우, $216,000(3단계)를 7,200셋업시간(2단계)으로 나눈 값인 $30가 추정된 셋업시간당 고정간접원가이다.

배부기준에 따른 단위당 예산고정셋업간접원가

$$= \frac{\text{예산고정간접원가}}{\text{배부기준에 따른 예산수량}}$$

$$= \frac{\$216{,}000}{7{,}200\text{셋업시간}}$$

= 셋업시간당 $30

고정셋업간접원가 생산조업도차이

= 예산고정셋업간접원가 − 실제생산수량에 허용된 투입수량에 배부된 고정셋업간접원가

= $216,000 − (1,008배치 × 배치당 6시간 × 시간당 $30)

= $216,000 − (6,048시간 × 시간당 $30)

= $216,000 − $181,440

= $34,560 U

Lyco는 2017년 동안 180,000단위의 엘레강스 생산을 계획하였지만, 실제로 151,200단위를 생산하였다. 불리한 생산조업도차이는 Lyco가 사용하지 않은 설비용량의 고정셋업간접원가를 측정한다. 불리한 생산조업도차이 $34,560의 한 가지 해석은 Lyco가 설비용량을 비효율적 사용한다는 것이다. 그러나 Lyco는 계획한 180,000단위의 판매가격보다 더 높은 가격으로 151,200단위를 판매하여, 더 큰 영업이익을 달성할 수 있다. 따라서, 생산조업도차이는 판매가격과 영업이익을 고려하지 않기 때문에, 이를 해석할 때 Lyco의 경영진은 신중할 필요가 있다.

도전! 8-4

Matterhorn은 특수한 레이싱 자동차 장난감 등을 생산하는 기업이다. Matterhorn은 장난감을 배치별로 생산하며, 각 배치를 생산하기 위하여 기계장치와 금형을 준비(셋업)해야 한다. 셋업원가는 배치단위원가이며, 셋업시간에 따른 고정원가이다. 각각의 장난감 자동차 종류별로 필요한 기계장치와 금형을 별도의 부서가 준비한다. 다음은 2017년 7월의 자료이다.

	실제결과	고정예산
생산 및 판매수량	15,000	11,250
배치규모(배치당 단위)	250	225
배치당 셋업시간	5	5.25
총고정셋업간접원가	$12,000	$9,975

다음을 계산하시오.

1. 고정셋업간접원가의 소비차이
2. 예산고정셋업간접원가율
3. 고정셋업간접원가의 생산조업도차이

비제조기업의 간접원가차이

우리는 Webb의 사례를 통하여 변동 및 고정제조간접원가를 분석하였다. 마찬가지로 경영진은 비제조분야의 간접원가를 분석할 수 있고, 이를 이용하여 (1) 가격, (2) 원가 그리고 (3) 제품배합을 결정할 수 있다. 예를 들어, 자동차, 내구성 소비재, 시멘트 또는 철강 등의 산업과 같이 유통원가가 비교적 높은 경우, 표준원가계산은 수량변화에 따른 간접원가 소비차이와 능률차이에 대한 신뢰성 있고 적시성 높은 정보를 제공한다.

항공사, 병원, 호텔 또는 철도와 같은 서비스 분야 기업의 경우는 어떠할까? 차이분석을 통해 얻을 수 있는 혜택은 무엇인가? 이러한 기업의 일반적인 산출(생산)물 측정값은 각각 승객당 마일리지, 환자일수, 객실이용일수 및 톤/마일 화물운송량이다. 원가효율성의 관점에서, 이러한 산출물을 통하여 원가를 추적할 수 있는 방법은 거의 없다. 거의 대부분의 원가가 설비, 건물 또는 직원에 대한 고정원가이기 때문이다. 즉, 설비용량을 효율적으로 사용하는 것이 수익성의 핵심이며, 따라서 고정원가차이분석은 경영진에게 상당히 중요한 정보를 제공한다. Kmart와 같은 소매업체에도 대규모 고정원가(임차료 등)가 존재한다. Kmart의 경우, 판매감소로 인한 미사용 설비용량은 불리한 고정원가차이로 나타났고, 이에 Kmart는 일부 매장을 폐쇄하여 고정원가를 절감하였지만, 결국 기업회생신청[7]을 해야 했다.

지난 15년 동안, United Airlines의 다음 자료를 검토해 보자. 가용 좌석당 마일(Available Seat Miles, ASM)은 실제 좌석에 비행기가 이동한 거리를 곱한 값이다.

연도	총 ASM(백만) (1)	ASM당 영업수익 (2)	ASM당 영업원가 (3)	ASM당 영업이익 (4)=(2)−(3)
2000	175,493	10.2센트	10.0센트	0.2센트
2003	136,566	8.6센트	9.8센트	−1.2센트
2006	143,085	10.6센트	10.8센트	−0.2센트
2008	135,859	11.9센트	13.6센트	−1.7센트
2011	118,973	13.1센트	13.5센트	−0.4센트
2015	219,956	13.1센트	12.2센트	0.9센트

2001년 9월 11일 테러 이후, 항공수요의 급감으로 United Airlines의 매출액은 급격히 감소하였다. 그러나 공항시설, 장비, 인력 등의 고정원가는 대부분 유지되었다. 설비용량을 충분히 활용하지 않은 이유로, United Airlines은 거액의 불리한 생산조업도차이를 확인하였고, 이에 설비용량을 2000년 175,493백만 ASM에서 2003년 136,566백만으로 과감하게 줄였다(1열). 그러나 United Airlines는 규모를 줄인 비행기 좌석마저 채울 수 없었고, 따라서 ASM당 수익은 감소(2열)하는 반면 ASM당 원가는 거의 동일하게 유지(3열)되었다. 2002년 12월, United Airlines는 결국 기업회생을 신청했고, 대출에 필요한 정부보증을 요청하였다. 그 후, 항공여행에 대한 수요증가와 항공기 및 노선 재편성을 통하여, 설비용량 사용의 효율성이 개선되었다. United Airlines은 설비용량에 대한 엄격하고 체계적인 관리를 유지하여, 2003년과 2006년 사이에 ASM당 매출액이 20% 이상 성장하였다. 이에 2006년 2월 1일, United Airlines은 기업회생과정을 종료할 수 있었다. 하지만 이후 계속된 세계적 경기침체와 연료가격의 상승은 United Airlines 설비용량의 하향조정과 영업이익 감소로 나타났다. 결국 2010년 5월, United Airlines와 Continental Airlines 간의 합병계약이 체결되었고, Continental은 2012년에 공식적으로 해산하였다. 이 합병으로 2011년과 2015년 사이

---

[7] 파산법 제11장

United Airlines의 ASM은 약 85% 개선되었고, 최근의 유가하락 효과가 더해져 수익성은 상당히 개선되고 있다.

재무적 · 비재무적 성과측정

이 장에서 논의한 간접원가차이는 재무적 성과측정의 전형적인 사례이다. 그러나 앞의 사례에서 알 수 있듯이, 설비용량의 사용수준 또는 투입물의 물리적 단위와 같은 비재무적 측정치 역시 유용한 정보를 제공한다. 간접원가의 계획과 관리에 있어서, Webb의 경영진에게 도움이 될 수 있는 비재무적 측정치에는 다음이 포함될 수 있을 것이다.

- 기계시간당 예산간접재료 수량 대비 기계시간당 실제로 사용한 간접재료 수량
- 기계시간당 예산연료사용량 대비 기계시간당 실제로 사용한 연료
- 재킷당 예산기계시간 대비 재킷당 실제기계시간

재무적(원가) 차이와 같은 성과측정치는 중요한 문제에 대하여 경영진에게 주의를 주고, 또한 생산현장에서는 매일 혹은 매시간 검토하여 기록하고, 경영진에게 보고할 것이다. 이 장에서 논의한 간접원가차이는 위 3가지 요소의 재무적 영향을 나타내지만, 최초에는 실제로 비재무적 성과측정치(예: 재료수량, 기계시간 등)로 나타날 것이다. 이와 관련한 흥미로운 사례로, 일부 일본기업의 경우 CO_2의 수량에 대하여 예산을 설정하고, 차이분석을 하며, 배출량을 직접 조정한다. 이것의 목표는 일본 정부가 준비하는 온실가스 감축계획에 앞서, 직원들에게 배출량을 알리고 또 줄이는 것이다.

마지막으로, 재무 및 비재무적 성과측정치 모두 관리자의 성과를 평가하기 위하여 사용한다. 각 성과측정치를 단독으로 사용하는 것은 해당 성과측정치에 이용되는 단일 지표만을 독립적으로 적용한다는 점에서 적절하지 않을 수 있다. 예를 들어, 앞서 논의한 비재무적 성과측정치 중 기계시간은 기계시간 사용량의 증가/감소만 나타내지만, 재무적 성과측정의 관점에서는 기계시간의 증가/감소뿐만 아니라 기계시간당 가격의 증가/감소 효과가 복합적으로 반영된다. 따라서 이러한 복합적 효과를 고려해야 한다.

자율학습

Nina Garcia는 Laser Products의 새로 임명된 사장이다. 2017년 5월, Garcia는 위성용 태양전지를 제조하는 우주항공부문의 성과를 검토하고 있다. Garcia는 현재 우주항공부문의 제조간접원가에 관심을 두고 있으며, 변동 및 고정제조간접원가는 레이저 절단시간을 기준으로 태양전지에 배부된다. 다음은 예산과 관련된 정보이다.

예산변동간접원가율	시간당 $200
예산고정간접원가율	시간당 $240
태양전지당 예산 레이저 절단시간	1.5시간
2017년 5월의 예산 생산 및 판매량	5,000단위 태양전지
2017년 5월의 예산고정간접원가	$1,800,000

2017년 5월의 실제결과는 다음과 같다.

실제 생산 및 판매량	4,800단위
레이저 절단시간	8,400시간
변동간접원가	$1,478,400
고정간접원가	$1,832,200

요구사항

1 변동간접원가의 소비차이와 능률차이를 계산하시오.

2 고정간접원가의 소비차이와 생산조업도차이를 계산하시오.

3 요구사항 1과 2에서 계산된 각 원가차이를 설명하시오.

Solution

1과 2는 보기 8-8을 참조한다.

보기 8-8 2017년 5월 Laser Products의 원가차이 분석

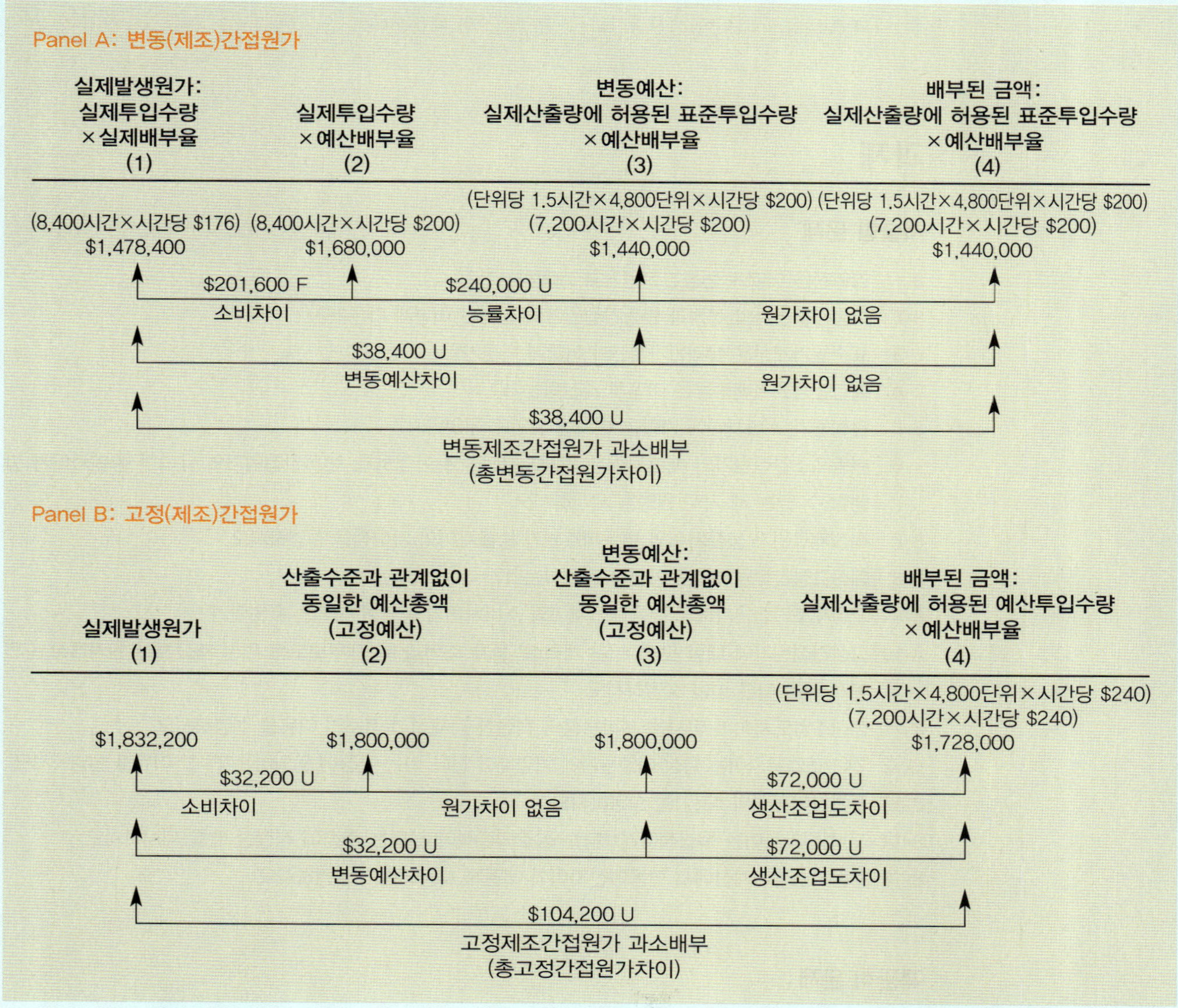

[3] 요구사항 [1]과 [2]에서 계산된 각 원가차이의 이유는 다음과 같다.

- **변동간접원가 소비차이 $201,600 F:** 이러한 차이가 나타난 이유는 첫째, 변동간접원가에 포함된 특정항목(절삭유 등)의 실제가격이 예산보다 낮았기 때문이다. 둘째, 변동간접원가 집합에서 특정항목 실제 사용량의 증가율(%)이 변동예산 대비 레이저 절단시간 증가율에 비해 낮았기 때문이다.
- **변동간접원가 능률차이 $240,000 U:** 이러한 차이가 나타난 이유는 첫째, 레이저 절단기계의 부실한 유지보수로 인하여 태양전지당 레이저 절단시간이 더 많이 소요되기 때문이다. 둘째, 레이저 절단기계에 대하여 낮은 숙련도 또는 미숙한 작업자를 고용한 이유로, 태양전지당 더 많은 절단시간을 소비하였기 때문이다.
- **고정간접원가 소비차이 $32,200 U:** 이러한 차이가 나타난 이유는 첫째, 고정원가 집합의 개별항목의 실제가격이 예산대비 증가하였기 때문이다(예: 예기치 못한 기계설비 임차료의 증가). 둘째, 우주항공부문이 예산보다 더 많은 기계를 임차했거나, 더 많은 감독자를 고용했기 때문이다.
- **생산조업도차이 $72,000 U:** 태양전지의 실제생산량은 4,800단위(예산 5,000단위)이다. 이러한 차이가 나타난 이유는 첫째, 위성수요의 감소와 같은 수요감소 때문이다. 둘째, 노사문제 또는 기계고장 등으로 인한 생산중단과 같은 공급요인 때문이다.

과제

서술형 문제

8-1 경영진은 어떻게 변동간접원가를 계획하는가?

8-2 고정간접원가의 설정과 변동간접원가의 설정은 어떻게 다른가?

8-3 표준원가계산은 실제원가계산과 어떻게 다른가?

8-4 예산변동원가배부율은 어떻게 계산하는가?

8-5 간접원가 소비차이에 영향을 미치는 요인은 무엇인가?

8-6 변동제조간접원가의 배부기준은 기계시간이라고 가정하자. 변동간접원가의 유리한 능률차이가 발생할 수 있는 세 가지 원인을 제시하시오.

8-7 직접재료원가 능률차이와 변동제조원가 능률차이의 차이점을 설명하시오.

8-8 예산고정간접원가율은 어떻게 계산하는가?

8-9 고정제조간접원가에서 변동예산차이와 소비차이가 동일한 이유는 무엇인가?

8-10 고정간접원가에 대한 분석이 (a) 계획 및 통제 측면과 (b) 재무보고를 위한 재고자산 원가계산 측면에서 서로 다른 점을 설명하시오.

8-11 생산조업도차이가 미사용 설비용량의 적절한 경제적 측정치인 이유를 설명하시오.

8-12 "생산조업도차이는 항상 매출원가에 반영해야 한다."라는 주장에 동의하는가? 그 이유를 설명하시오.

8-13 원가차이분석의 4분법을 설명하시오.

8-14 "간접원가차이는 독립적이기보다는 상호의존적이다."라는 주장에 적절한 예를 제시하시오.

8-15 활동기준원가계산에서 변동예산차이가 어떻게 사용되는지 설명하시오.

객관식 문제

8-16 다음 중 간접원가차이에 대하여 옳은 것은?

a. 불리한 차이는 실제간접원가가 배부된 간접원가보다 큰 경우이다.

b. 간접원가 능률차이는 표준변동원가율을 고려하지 않는다.

c. 변동간접원가율은 생산조업도차이 계산에 불필요하다.

d. 소비차이 및 능률차이가 유리하기 위해서는 변동예산차이가 반드시 유리하여야 한다.

8-17 Steed Co.의 내년도 예산생산량은 150,000단위이다. Steed의 CFO는 제품 1단위를 생산하는 데 시간당 $10의 임률로 8시간이 필요할 것으로 예상하고 있다. 만약 공장의 제조간접원가 배부율이 시간당 $6일 경우 예산간접원가는?

a. $7,200,000

b. $9,000,000

c. $12,000,000

d. $19,200,000

8-18 Mary Gerard는 매년 기업의 예산과 실제를 비교 및 검토하여 그 원인을 파악하고, 이를 개선하기 위하여 불리한 차이를 특정한다. 지난해, 변동간접원가 능률차이가 가장 불리하였으며, 이에 다음 중 Gerard가 선택할 수 있는 적절한 원인은?

a. 배부된 간접원가보다 낮은 실제간접원가

b. 예산생산량에 비해 낮은 실제생산량

c. 실제직접노무시간보다 낮은 표준직접노무시간

d. 실제변동간접원가율보다 낮은 표준변동간접원가율

8-19 1월에 Culpepper의 기초 및 기말재고자산은 다음과 같다.

	1월 1일	1월 31일
완성품	$125,000	$117,000
재공품	235,000	251,000
원재료	134,000	124,000

1월 중 제조와 관련된 추가 자료는 다음과 같다.

원재료 구매	$189,000
운반원가	3,000
직접노무원가	400,000
실제간접원가	175,000

Culpepper는 직접노무원가의 40%를 간접원가로 배부하며, 과다 및 과소배부는 연말에 조정한다. 다음 중 1월 말 Culpepper의 간접원가 조정계정의 잔액은?

a. $15,000 과다

b. $15,000 과소

c. $5,000 과소

d. %5,000 과다

8-20 단일제품 Concourse을 생산하는 Fordham의 단위당 표준원가 자료는 다음과 같다.

직접재료(6파운드, 파운드당 $0.50)	$ 3
직접노무(2시간, 시간당 $10)	20
변동제조간접원가(2시간, 시간당 $5)	10
합계	33

11월 중 4,000단위의 Concourse가 생산되었고, 이와 관련한 자료는 아래와 같다.

원재료 구입(36,000파운드, 파운드당 $0.60)	$21,600
생산에 사용한 재료(28,000파운드)	
직접노무(8,200시간, 시간당 $9.75)	79,950
발생한 변동제조간접원가	41,820

11월의 변동간접원가 능률차이는?

a. $2,000 유리

b. $2,000 불리

c. $1,000 유리

d. $1,000 불리

주관식 문제

8-21 변동제조간접원가, 차이분석. Omega Arts가 생산하는 꽃병의 원가는 세 종류의 변동원가(직접재료, 직접노무, 변동제조간접)와 고정원가(제조간접원가)로 구성된다. 변동제조간접원가는 예산직접노무시간을 기준으로 각 꽃병에 배부된다. 2017년 6월의 꽃병당 예산노무시간은 4시간이고, 노무시간당 변동제조간접원가는 $14이다. 2017년 6월의 예산생산량은 1,100단위이다.

2017년 6월의 실제변동제조원가는 완성품 1,150 기준, $65,205였다. 기초 및 기말재고자산은 없었으며, 6월의 실제직접노무시간은 4,830시간이었다.

요구사항

1. 변동제조간접원가에 대한 변동예산차이, 소비 및 능률차이를 계산하시오.
2. 위 결과를 설명하시오.

8-22 고정제조간접원가, 차이분석(8-21의 연속). Omega Arts는 고정제조간접원가를 예산직접노무시간 기준으로 꽃병에 배부한다. 2017년 6월 고정간접원가 예산은 $70,400이고, 실제고정제조간접원가는 $72,200이다.

요구사항

1. 고정제조간접원가 소비차이를 계산하고, 설명하시오.
2. 2017년 6월의 생산조업도차이를 계산하고, 설명하시오.

8-23 변동제조간접원가 차이분석. French Bread는 바게트를 생산하여 식료품점에 공급하며, 전체 원가 구조는 직접재료 및 직접노무의 두 가지 직접원가와 표준직접노무시간으로 배부하는 변동제조간접원가로 구성된다. 다음은 예산자료이다.

직접노무기간	바게트당 0.02시간
변동제조간접원가	직접노무시간당 $10.00

2017년 12월 31일에 추가된 자료는 다음과 같다.

예산생산량	3,200,000단위
실제생산량	2,800,000단위
직접노무시간	50,400시간
실제변동제조간접원가	$680,400

요구사항

1. 변동제조간접원가를 배부하는 데 사용되는 분모수량은 얼마인가? 즉, 얼마의 직접노무시간을 기준으로 예산을 설정하였는가?
2. 변동제조간접원가 차이분석을 제시하시오(보기 8-4 참조).
3. 차이분석의 결과에 대하여 논하시오.

8-24 고정제조간접원가 차이분석(8-23의 연속). French Bread는 표준직접노무시간을 기준으로 고정제조간접원가를 배부한다. 2017년, 고정제조간접원가는 직접노무시간당 $4.00로 설정되었으며, 실제 발생한 고정제조간접원가는 $272,000였다.

요구사항

1. 고정제조간접원가 차이분석을 제시하시오(보기 8-4 참조).
2. 고정제조간접원가의 과소 또는 과다배부 금액은 얼마인가?
3. 결과를 설명하고, 차이가 발생한 원인을 설명하시오.

8-25 제조간접원가, 차이분석. Principles Co.는 원심분리기를 제조하는 기업이다. 고정 및 변동제조간접원가는 원심분리기 조립시간을 기준으로 배부되며, 예산조립시간은 단위당 2시간이다. 다음은 2017년 6월 제조간접원가의 예산과 실제의 결과를 나타낸다.

	A–E	F	G
1	Principles Co.(2017년 6월)	실제결과	고정예산
2	원심분리기 조립 및 판매수량	225	110
3	조립시간	360	
4	조립시간당 변동제조간접원가		$32.00
5	변동제조간접원가	$11,933	
6	고정제조간접원가	$12,180	$10,780

요구사항

1. 보기 8-4와 같이, 변동제조간접원가 및 고정제조간접원가의 차이분석 결과를 제시하시오.
2. 2017년 6월 Principles의 변동 및 고정제조간접원가 및 그 차이에 대한 분개를 제시하시오. 원가차이는 2017년 6월 말 기준, 매출원가에 반영한다.
3. 변동제조간접원가의 계획과 통제는 고정제조간접원가와 어떻게 다른가?

8-26 4분법, 빈칸 채우기. 아래는 제약 및 생명공학 기업인 Healthy Limited의 2018년 8월 제조간접원가에 관한 자료이다.

	변동원가	고정원가
발생한 실제원가	$36,000	$20,000
배부된 원가	38,000	16,500
변동예산	–	15,000
실제투입수량 × 예산원가율	35,600	–

아래 빈칸을 채우시오. 유리한 차이는 F로, 불리한 차이는 U로 표시한다.

	변동원가	고정원가
(1) 소비차이	$______	$______
(2) 능률차이	______	______
(3) 생산조업도차이	______	______
(4) 변동예산차이	______	______
(5) 제조간접원가 과소(과다)배부액	______	______

8-27 원가차이분석. Lopez Co.는 자동차 부품 생산에 표준원가계산을 사용한다. 특정부품의 표준원가는 연간 4,000단위의 생산수량을 기준으로, 시간당 $8와 6시간의 변동간접원가와 시간당 $15와 6시간의 고정간접원가를 포함한다. 실제 생산량은 4,400단위였으며, 실제변동간접원가는 $245,000, 실제고정간접원가는 $373,000, 실제기계시간은 28,400시간이었다.

요구사항

1. 보기 8-4의 4분법을 이용하여 변동제조간접원가 및 고정제조간접원가에 대한 차이분석을 제시하시오.
2. 4분법에 대한 분개를 제시하시오.
3. 개별 고정제조간접원가 항목이 매일 어떻게 통제되는지 설명하시오.
4. 고정제조간접원가 차이 발생의 원인을 설명하시오.

8-28 제조원가, 표준원가계산. 캐나다 텔레콤의 싱가포르 사업부는 통신장비 생산에 표준원가를 사용한다. 6월의 생산 관련 자료는 아래와 같다.

실제변동제조간접원가	$618,840
변동제조간접원가율	표준기계시간당 $8
실제고정제조간접원가	$145,790
예산고정제조간접원가	$144,000
기계시간(배부기준)	72,000
완성품 한 단위당 허용된 표준기계시간	1.2
생산량	65,500
실제기계시간	76,400
기말재공품	0

요구사항

1. 보기 8-4의 4분법을 이용하여 모든 제조간접원가에 대한 차이분석을 제시하시오.
2. 제조간접원가 차이에 대한 분개를 제시하시오.
3. 개별 변동제조간접원가 항목이 매일 어떻게 통제되는지 설명하시오.
4. 변동제조간접원가 차이 발생의 원인을 설명하시오.

8-29 간접원가차이, 비제조기업. Hot Meals Now(HMN)는 식사를 집으로 배달해주는 서비스를 제공하는 기업이다. HMN는 전화 또는 팩스 주문고객에게 음식을 배달해 주기 위하여, 20여 개의 음식점과 계약을 체결하였다. HMN는 배달시간을 기준으로 변동 및 고정간접원가를 배부한다. HMN의 소유자인 Asha Ahuja는 2017년 5월의 간접원가에 대하여 다음의 정보를 입수하였다.

	A	B	C
1	Hot Meals Now(2017년 5월)	실제결과	고정예산
2	산출량(배달횟수)	8,600	12,000
3	배달당 시간		0.70
4	배달시간	5,600	
5	배달시간당 변동간접원가		$1.75
6	변동간접원가	$11,320	
7	고정간접원가	$39,600	$33,600

요구사항

1. 2017년 5월의 HMN의 변동간접원가에 대한 소비차이 및 능률차이를 계산하시오.
2. 2017년 5월의 HMN의 고정간접원가에 대한 소비차이와 생산조업도차이를 계산하시오.
3. HMN의 간접원가차이에 대하여 설명하고, 고정간접원가와 다르게 변동간접원가를 관리해야 하는 이유를 Ahuja에게 설명하시오.

8-30 간접원가, 3분법. XYZ자동차는 자동차용 액세서리를 만드는 기업이다. 2017년 예산변동간접원가는 12,000직접노무시간에 $90,000이며, 예산고정간접원가는 8,000직접노무시간에 $110,000이다. 표준직접노무원가의 80%를 간접원가로 배부한다.

2017년 5월, XYZ자동차는 총 $160,000의 간접원가와 $255,000의 직접노무원가가 발생하였다. 직접노무원가 능률차이는 $9,000 불리이며, 직접노무원가 변동예산차이는 $6,000 유리이다. 직접노무원가 표준임률은 시간당 $18이며, 생산조업도차이는 $50,050 유리이다.

요구사항

1. 〈필수〉 직접노무원가 임률차이를 계산하시오.
2. 총간접원가 배부기준 수량(분모)과 소비차이 및 능률차이를 계산하시오.
3. 개별 변동간접원가가 매일 어떻게 통제되는지 설명하시오. 또한 고정제조간접원가를 통제하는 방법을 설명하시오.

8-31 생산조업도차이 및 매출조업도차이. Marissa Design, Inc.는 독특한 형태의 보석을 만들며, 이로 인해 평균 1.5시간의 작업시간이 소요된다. Marissa는 매월 1,200단위의 보석을 생산하기 위한 설비용량에 대해 임차료, 감가상각비, 감독자급여 및 기타원가를 포함하여 책정된 월 $10,800 고정간접원가를 직접노무시간을 이용하여 배부한다.

2월 중 Marissa는 720단위의 보석을 생산했으며, 실제고정간접원가는 $11,400였다.

요구사항

1. 고정간접원가 소비차이를 계산하고, 유리 및 불리한 차이 여부를 표시하시오.
2. 만약 Marissa가 예산고정간접원가율 계산을 위하여 설비용량에 따른 가용한 직접노무시간을 사용한다면, 생산조업도차이는 얼마인가? 유리 및 불리한 차이 여부를 표시하시오.
3. 불리한 생산조업도차이는 미사용 설비용량의 경제적 비용으로 해석할 수 있다. 이에 Marissa가 이 비용을 미리 인지함에도 불구하고, 부담하는 이유는 무엇인가?
4. Marissa는 보석에 대하여 단위당 $25의 예산변동원가, $55의 예산판매가격을 설정하였다. 매출조업도차이를 계산하고, 요구사항 2의 생산조업도차이로 조정하시오. 두 개념은 무엇을 측정하는가?

8-32 간접원가차이, 비제조기업. Alpha Capital은 금융서비스를 제공하는 기업이다. 최근 Alpha는 사업 확장으로 급격한 성장률을 기록하였고, 이에 간접원가의 증가에 대하여 우려 중이다.

Alpha의 변동 및 고정간접원가 원가동인은 사용 중인 컴퓨터의 CPU 단위이며, 생산측정치는 고객과의 상호작용 수이다.

다음은 2017년 1분기 Alpha의 예산 관련 자료이다.

고객상호작용	13,000
변동간접원가	단위당 0.5 CPU, CPU 단위당 $3
고정간접원가	$19,500

2017년 1분기 실제결과는 아래와 같다.

고객상호작용	14,500
변동간접원가	$22,000
고정간접원가	$19,200
사용된 CPU	7,300

요구사항

1. 변동간접원가 소비 및 능률차이를 계산하고, 유리 및 불리 여부를 나타내시오.
2. 고정간접원가 소비 및 생산조업도차이를 계산하고, 유리 및 불리 여부를 나타내시오.
3. Alpha Capital의 간접원가에 대한 우려가 타당한가? 간접원가 지출을 보다 더 적극적으로 통제하여야 하는가?

8-33 유리 및 불리한 차이. Alma, Inc.는 고압 세척기를 생산하며, 표준원가계산을 사용하고, 기계시간을 기준으로 변동 및 고정제조간접원가를 배부한다. 다음 각각의 내용에 대하여, 유리 또는 불리한 차이 여부를 표시하시오. 판단을 위한 정보가 부족한 경우, '알 수 없음'이라고 표시한다.

내용	변동간접원가 소비차이	변동간접원가 능률차이	고정간접원가 소비차이	고정간접원가 생산조업도차이
실제생산량은 예산보다 6% 적은 반면, 실제고정간접원가는 예산보다 5% 많았다.				
실제생산량은 예산보다 13% 적은 반면, 실제기계시간은 예산보다 7% 많았다.				
실제생산량이 예산보다 10% 많았다.				
실제기계시간이 변동예산 기계시간에 비해 20% 적었다.				
변동예산에 비하여, 실제기계시간은 15% 적었고 실제변동간접원가는 20% 많았다.				

8-34 변동예산차이, 7장 및 8장. Michael Roberts는 고가의 황동출입문 손잡이를 제조하는 Darby Design Company(DDC)의 원가담당 회계사 및 분석가이다. DDC는 직접재료와 직접노무 두 가지 원가 범주를 사용하고 있으며, Roberts는 제조간접원가가 재료사용과 밀접한 관계가 있다고 판단한다. 따라서 DDC는 사용된 재료를 기준으로 제조간접원가를 배부한다.

2017년 초에 DDC는 연간 410,000단위의 생산을 계획하였으며, 각 단위별로 다음의 표준을 설정하였다.

	투입	단위당 원가
직접재료(황동)	0.3파운드, 파운드당 $9	$ 2.70
직접노무	1.2시간, 시간당 $16	19.20
제조간접원가		
변동	파운드당 $4×0.3파운드	1.20
고정	파운드당 $14×0.3파운드	4.20
단위당 표준원가		$27.30

2017년 4월 실제결과는 아래와 같다.

생산량	32,000단위
직접재료 구매	12,900파운드, 파운드당 $10
직접재료 사용	9,000파운드
직접노무원가	$621,600(29,600시간)
변동제조간접원가	$64,900
고정제조간접원가	$160,000

요구사항

1. 4월을 기준으로 아래의 차이를 계산하고 유리 및 불리를 표시하시오.
   a. 직접재료원가 가격차이(구입시점)
   b. 직접재료원가 능률차이
   c. 직접노무원가 임률차이
   d. 직접노무원가 능률차이
   e. 변동제조간접원가 소비차이
   f. 변동제조간접원가 능률차이
   g. 생산조업도차이
   h. 고정제조간접원가 소비차이
2. Roberts는 특정 원가차이를 이용하여 다른 원가차이를 설명할 수 있는가? 예를 들어 설명하시오.

8-35 차이분석 종합. Chef Whiz는 프리미엄 조리기계를 제조한다. 다음은 2017년 동안 Chef Whiz의 제조간접원가 자료이다.

제조간접원가	실제결과	변동예산	배부된 금액
변동	$ 51,480	$ 79,950	$ 79,950
고정	350,210	343,980	380,250

예산생산량	588
단위당 예산기계시간	단위당 3기계시간
실제기계시간	1,170
변동제조간접원가 고정예산	$72,324

요구사항

다음에 요구된 수량을 계산하시오(반드시 요구된 순서에 따라 계산하시오).

1. 예산기계시간
2. 기계시간당 예산고정제조간접원가
3. 기계시간당 예산변동제조간접원가
4. 실제생산량에 허용된 예산기계시간
5. 실제생산량
6. 사용된 단위당 실제기계시간

8-36 분개(8-35의 연속)

요구사항

1. 변동 및 고정제조간접원가에 대한 분개를 제시하시오. 단, 관련 원가차이 조정을 포함하시오.
2. 회계연도 말의 간접원가차이를 매출원가에 조정하는 분개를 제시하시오.

8-37 제조간접원가차이 및 그래프. Best Around, Inc.는 진공청소기를 제조하며, 표준원가계산을 사용한다. 제조간접원가(변동 및 고정)는 예산기계시간을 기준으로 배부되며, 2017년 예산고정제조간접원가는 $17,000,000, 예산변동제조간접원가는 기계시간당 $10이다. 배부기준(기계시간) 규모는 1,000,000기계시간이었다.

요구사항

1. 고정제조간접원가에 대한 그래프를 제시하시오. 그래프에는 고정제조간접원가의 (a) 계획 및 통제와 (b) 재고자산 원가계산을 위한 정보가 표시되어야 한다.
2. 2017년 실제생산량에 허용된 기계시간은 1,125,000기계시간이었지만, 실제로 1,200,000기계시간이 사용되었다고 가정해 보자. 실제변동간접원가는 $12,075,000, 실제고정간접원가는 $17,100,000이다. (a) 변동간접원가 소비 및 능률차이와 (b) 고정간접원가 소비 및 생산조업도차이를 계산하시오(보기 8-4 참조).
3. 과소 또는 과다 배부된 변동간접원가 및 과소 또는 과다 배부된 고정간접원가는 얼마인가? 고정간접원가와 달리, 변동간접원가의 변동예산차이와 과소 또는 과다 배부금액이 항상 동일한 이유는 무엇인가?
4. 배부기준 기계시간 규모가 1,000,000기계시간이 아닌, 1,700,000기계시간이라고 가정했을 때, 요구사항 2를 다시 계산하고 설명하시오.

8-38 간접원가. 2017년 4월, 표준원가계산을 사용하는 다음 두 상황(사례 A와 B)은 서로 독립적이며, 변동 및 고정제조간접원가를 통제하기 위하여 기계시간 기준의 변동예산을 사용한다.

	사례	
	A	B
(1) 실제고정제조간접원가	$ 84,920	$23,180
(2) 실제변동제조간접원가	$120,400	______
(3) 배부기준 기계시간 규모	______	1,000
(4) 실제생산량에 허용된 표준기계시간	6,200	______
(5) 고정제조간접원가(표준기계시간당)	______	______
변동예산자료		
(6) 변동제조간접원가(표준기계시간당)	______	$ 42.00
(7) 예산고정제조간접원가	$ 88,200	$20,000
(8) 예산변동제조간접원가(실제생산량에 허용된 표준기계시간당)	______	______
(9) 예산총제조간접원가(실제생산량에 허용된 표준기계시간당)	______	______
추가자료		
(10) 배부된 표준변동제조간접원가	$124,000	______
(11) 배부된 표준고정제조간접원가	$ 86,800	______
(12) 생산조업도차이	______	$ 4,000 F
(13) 변동제조간접원가 소비차이	$ 5,000 F	$ 2,282 F
(14) 변동제조간접원가 능률차이	______	$ 2,478 F
(15) 고정제조간접원가 소비차이	______	______
(16) 사용된 실제기계시간	______	______

요구사항

각 빈칸을 채우시오(보기 8-4 참조).

8-39 변동예산, 4분법(CMA 기출). Wilson Products는 표준원가계산을 사용하며, 표준직접노무시간(DLH)을 기준으로 제조간접원가(변동 및 고정)를 배부한다. Wilson Products는 연간 예산에서 제조간접원가율을 결정하며, 2017년 제조간접원가 예산은 3,360,000 DLH가 요구되는 672,000단위의 설비용량을 기준으로 설정하며, 연간 생산량은 일정하다.

2017년 5월, 321,000 DLH 기준으로 72,000단위가 생산되었으며, 제조간접원가(MOH)는 실제로 $355,800였다. 연간예산의 1/12과 비교한 실제원가는 다음과 같다.

2017년 연간 예산제조간접원가

	총금액	단위당	투입단위 DLH당	2017년 5월 월간 예산 MOH	2017년 5월 실제 MOH
변동 MOH					
간접노무	$1,008,000	$1.50	$0.30	$ 84,000	$ 84,000
공급	672,000	1.00	0.20	56,000	117,000
고정 MOH					
감독	571,200	0.85	0.17	47,600	41,000
설비	369,600	0.55	0.11	30,800	55,000
감가상각	705,600	1.05	0.21	58,800	88,800
합계	$3,326,400	$4.95	$0.99	$277,200	$355,800

요구사항

2017년 5월을 기준으로, 다음을 계산하시오(각 원가차이는 유리 및 불리를 표시).

1. 총제조간접원가 배부금액
2. 변동제조간접원가 소비차이
3. 고정제조간접원가 소비차이
4. 변동제조간접원가 능률차이
5. 생산조업도차이

8-40 활동기준원가계산, 배치수준 차이분석. Omega's Fleet Feet, Inc.는 무용화를 생산하여 전 세계 매장에 공급한다. 신발은 한 켤레로 개별 포장되지만, 배치단위(상자)로 일괄 배송되며, 운송부서는 변동직접배치단위원가 및 고정간접원가를 모두 기록·관리한다. 다음은 2017년 운송과 관련된 원가 자료이다.

	고정예산	실제결과
배송된 신발(켤레)	300,000	270,000
상자당 평균 신발(켤레)	15	10
상자당 포장시간	1시간	1.2시간
시간당 변동직접원가	$20	$18
고정간접원가	60,000	62,000

요구사항

1. 2017년 고정예산 상자 수는 얼마인가?
2. 2017년 변동예산 상자 수는 얼마인가?
3. 2017년 선적된 실제 상자 수는 얼마인가?
4. 상자포장 시간으로 고정간접원가가 배부되었다고 가정한다면, 예산고정간접원가배부율은 얼마인가?
5. 변동직접배치단위원가의 가격차이와 능률차이를 계산하시오.
6. 고정간접원가의 소비차이와 생산조업도차이를 계산하시오.

8-41 간접원가차이 및 매출조업도차이. Roller Bag은 여행가방을 제조하는 기업이며, 지난 몇 년간 매출액이 꾸준히 성장하고 있다. 2017년 150,000단위의 여행가방을 $80에 판매할 계획을 수립하였다. 2017년 예산생산량을 위한 예산표준기계시간은 375,000기계시간이고, 예산고정간접원가는 $525,000, 기계시간당 예산변동간접원가는 $1.75이다.

2017년 여행가방 시장의 경쟁은 매우 치열하였고, Roller Bag은 310,000기계시간을 사용하여 120,000단위의 여행가방을 생산하였다. 실제변동간접원가는 $488,000, 실제고정간접원가는 $532,400이며, 실제평균판매가격은 $72이다.

실제 직접재료 및 직접노무원가는 표준과 같았으며, 각각 단위당 $20와 단위당 $18였다.

요구사항

1. 변동간접원가 및 고정간접원가 차이(소비, 능률 및 소비, 조업도)를 계산하시오.
2. 보기 7-2와 같이, 매출액, 원가, 공헌이익 및 영업이익을 이용한 변동예산차이와 매출조업도차이에 대한 표를 제시하시오.
3. 여행가방당 예산수익을 바탕으로 영업이익을 계산하시오.
4. 요구사항 3의 예산영업이익을 요구사항 2의 실제영업이익으로 조정하시오.
5. 영업이익조업도차이를 계산하고, 매출조업도차이가 생산조업도차이와 영업이익조업도차이로 어떻게 구성되는지 제시하시오.

8-42 활동기준원가계산, 배치수준 차이분석. Saluki는 대학의 동아리 또는 모임을 위한 단체주문 티셔츠를 전문적으로 제작하는 기업이다. 인쇄를 위한 각 배치당 높은 셋업원가를 이유로, 주문은 최소 100단위 이상을 요구한다. 다만 긴급주문의 경우 배치당 $175의 추가요금으로, 더 작은 수준의 배치로 생산 가능하다.

2017년 생산과정의 예산과 실제원가는 다음과 같다.

	고정예산	실제결과
생산된 티셔츠 수량	125,000	114,000
셋업당 평균 티셔츠 수량	100	95
셋업시간	5	5.20
셋업시간당 직접변동원가	$ 30	$ 32
총고정셋업간접원가	$56,250	$56,000

요구사항

1. 2017년 고정예산 셋업 횟수는 얼마인가?
2. 2017년 변동예산 셋업 횟수는 얼마인가?
3. 2017년 실제 셋업 횟수는 얼마인가?
4. 고정셋업간접원가가 셋업시간을 기준으로 배부되었다면, 예산고정셋업간접원가율은 얼마인가?
5. Saluki의 특별 주문원가 $175는 예산직접변동원가에 포함되는가? 총예산원가에는 포함되는가?
6. 직접변동셋업원가의 가격차이와 능률차이를 계산하시오.
7. 고정셋업간접원가의 소비차이와 생산조업도차이를 계산하시오.
8. 특별주문에 대한 수락 여부를 결정하기 전에, Saluki가 고려해야 하는 질적 요인은 무엇인가?

8-43 7장 및 8장의 종합, 주어진 차이로부터 역산. Gallo Company는 기계제조작업을 계획하고 통제하기 위하여 변동예산과 표준원가를 사용한다. 제조원가는 두 가지 직접원가(직접재료 및 직접노무, 모두 변동원가)와 두 가지 간접원가(변동제조간접원가 및 고정제조간접원가, 모두 직접노무시간으로 배부)로 구성된다.

8월 예산직접노무시간 50,000시간 수준에서, 예산직접노무원가는 $1,250,000, 예산변동간접원가는 $500,000, 예산고정간접원가는 $1,000,000이다.

다음은 8월의 실제결과이다.

직접재료원가 가격차이(구매시점)	$ 179,300 F
직접재료원가 능률차이	75,900 U
실제직접노무원가	535,500
변동제조간접원가 변동예산차이	10,400 U
변동제조간접원가 능률차이	18,100 U
실제고정제조간접원가	957,550

파운드당 직접재료 표준원가는 $11.50이고, 제품 단위당 표준허용량은 6파운드이다. 8월 중 20,000단위의 제품이 생산되었으며, 직접재료의 기초재고 및 기초, 기말 재공품은 없었다. 8월의 직접재료 가격차이는 파운드당 $1.10였다.

7월은 노동시장의 불안정으로 생산 속도가 상당히 둔화되었으며, 그 결과 불리한 직접노무원가 능률차이 $40,000가 발생하였다. 그러나 직접노무원가 임률차이는 없었다. 노동시장의 불안정성은 8월까지 지속되어 일부 직원의 고용에 더 높은 임금이 지급되었으며, 이 높은 임금은 다른 직원에게 모두 적용되어야 했다. 따라서 8월의 실제평균임률은 표준평균임률 대비 시간당 $0.50 높았다.

요구사항

1. 8월, 다음의 사항을 계산하시오.
   a. 구매한 총직접재료(파운드)
   b. 초과 사용한 직접재료의 수량(파운드)
   c. 변동제조간접원가 소비차이
   d. 사용된 실제총노무시간
   e. 생산량에 허용된 총표준허용노무시간
   f. 생산조업도차이
2. Gallo의 변동제조간접원가에 대한 통제방법과 고정제조간접원가의 통제방법이 어떻게 다른지 설명하시오.

8-44 7장 및 8장, 3분법(AICPA 기출). Beal Manufacturing Company의 직접원가는 직접재료원가와 직접노무원가로 구성되며, 표준직접노무시간(DLH)을 기준으로 제조간접원가(변동 및 고정)를 제품에 배부한다. 2017년 초, Beal은 다음의 표준제조원가를 설정하였다.

	투입	단위당 원가
직접재료원가	5파운드, 파운드당 $4	$ 20.00
직접노무원가	4시간, 시간당 $16	64.00
제조간접원가		
변동	DLH당 $8	32.00
고정	DLH당 $9	36.00
단위당 표준제조원가		$152.00

2017년, 1개월 기준 제조간접원가 배부기준의 분모수준은 37,000직접노무시간이며, Beal의 1월 예산은 이를 기준으로 설정되었다. 다음은 1월의 기록내역이다.

직접재료 구입	40,300파운드, 파운드당 $3.80
직접재료 사용	37,300파운드
직접노무	31,400시간, 시간당 $16.25
실제총제조간접원가(변동 및 고정)	$650,000
실제생산량	7,600단위

요구사항

1. 2017년 1월의 생산량 7,600단위에 대한 세부 표준원가 내역을 제시하시오.
2. 2017년 1월의 다음 각 원가차이를 계산하시오(유리 및 불리한 차이를 표시).
   a. 직접재료원가 가격차이(구매시점)
   b. 직접재료원가 능률차이
   c. 직접노무원가 임률차이
   d. 직접노무원가 능률차이
   e. 총제조간접원가 소비차이
   f. 변동제조간접원가 능률차이
   g. 생산조업도차이

8-45 비재무적 차이. Kathy's Kettle Potato Chips는 고급 감자칩을 캘리포니아 전역에 생산·공급한다. Kathy는 감자칩의 품질을 유지하기 위하여 엄격한 검사과정을 유지하며, 이를 위하여 시간당 검사한 파운드 수량과 검사를 통과 또는 통과하지 못한 파운드 수량을 바탕으로 한 표준을 설정하였다.

Kathy는 생산된 1,000파운드의 감자칩마다 200파운드가 검사될 것으로 예상하며, 200파운드의 감자칩 검사에는 1시간이 소요된다. 또한 검사된 감자칩의 1%가 검사에서 탈락할 것으로 예상한다. 5월 중 Kathy는 113,000파운드의 감자칩을 생산하고, 120시간 동안 22,300파운드의 감자칩을 검사하였다. 검사된 22,300파운드 중 215파운드의 감자칩이 탈락되었다.

요구사항

1. 검사에 소요된 시간이 예상보다 많고, 적음을 확인하는 데 도움이 될 만한 두 가지 차이를 계산하시오(변동간접원가의 소비 및 능률차이와 유사하지만, 가격요소는 없다).
2. 검사에 탈락한 감자칩의 비율(%)을 평가하는 데 사용할 수 있는 두 가지 차이를 계산하시오.

8-46 간접원가차이, 서비스부문. Cavio는 클라우드 서비스 제공기업이다. 2017년 3월, Cavio는 고객에게 18,000시간의 RAM서비스를 제공할 것으로 예상하며, 예산변동간접원가율은 RAM시간당 $6이다.

3월 말 기준, 변동간접원가에 대한 $500의 유리한 소비차이와 고정간접원가에 대한 $1,575의 불리한 소비차이가 있다. 한 달 동안 실제로 제공된 서비스에 대하여 예산RAM시간은 14,850시간이었으나, 실제RAM시간은 15,000시간이었고, 총실제간접원가는 $119,875였다.

요구사항

1. 2017년 3월, Cavio의 변동간접원가에 대한 능률차이와 변동예산차이를 계산하시오. 변동간접원가는 얼마만큼 과소/과다 배부되는가?
2. 2017년 3월, Cavio의 고정간접원가에 대한 생산조업도차이 및 변동예산차이를 계산하시오. 고정간접원가는 얼마만큼 과소/과다 배부되는가?

8-47 직접원가 및 간접원가차이, 손익계산서. 2017년 1월에 영업을 시작한 Delta는 백팩을 생산하며, 표준전부원가계산을 사용한다. 또한 간접원가 배분에 직접노무를 선택하였으며, 연말 원가차이는 비례배분하기로 결정하였다.

2017년 Delta는 180,000단위의 백팩을 생산 · 판매할 것으로 예상하고 있으며, 단위당 2야드의 재료(천)와 0.5시간의 직접노무가 필요할 것으로 예상된다. 또한 재료 1야드당 $3, 시간당 $18의 임률, $400,000의 고정간접원가를 예상한다.

2017년, 실제 200,000단위의 백팩을 생산하여 160,000단위를 판매하였으며, 매출액 $4,000,000를 달성하였다.

발생한 원가는 다음과 같다.

고정제조간접원가	$ 450,000
재료원가(410,000야드 구입 및 사용)	$1,250,500
직접노무원가(100,000시간)	$1,795,000

요구사항

1. 2017년을 기준으로 다음의 차이를 계산하고, 유리 및 불리한 차이 여부를 표시하시오.
   a. 직접재료원가 능률차이
   b. 직접재료원가 가격차이
   c. 직접노무원가 능률차이
   d. 직접노무원가 임률차이
   e. 총제조간접원가 소비차이
   f. 고정간접원가 변동예산차이
   g. 고정간접원가 생산조업도차이
2. Delta의 첫해 영업에 대한 매출총이익을 계산하시오.

8-48 간접원가차이, 윤리. 상하이와 심천에 제조공장을 소유한 BuleBox는 표준원가계산을 사용한다. 상하이 공장은 연간 2,000,000단위의 생산량을 예산으로 설정하였으며, 단위당 0.50의 표준노동시간과 노동시간당 $3.30의 변동간접원가율, 연간 $2,400,000의 고정간접원가를 예산으로 설정하였다. 심천 공장은 연간 2,100,000단위의 생산량과 단위당 0.50의 표준노동시간을 예산으로 설정하였다. 그러나 노동시간당 $3.10의 변동간접원가율과 연간 $2,205,000의 고정간접원가를 예산으로 설정하였다.

경영자는 항상 두 공장의 차이분석의 비교 결과를 성과평가 측정치로 이용하였다.

Ken Wooi Keong은 최근에 새로운 본부 임원으로 고용되었으며, 그는 심천 공장의 관리자와 친밀하다는 이유로, 심천 공장의 긍정적인 평가결과를 기대한다. Ken은 기업의 예산고정원가 $3,150,000를 두 공장에 배부해야 하며, 상하이가 비교적 비싼 지역이라는 이유로 심천 공장에는 1/3을, 상하이 공장에는 2/3를 배부해야 한다고 주장한다.

연말에 상하이 공장은 실제 총 1,020,000노동시간과 $3,264,000의 변동간접원가, $2,440,00의 고정간접원가를 바탕으로 실제 1,950,000단위를 생산하였다. 심천 공장은 실제 총 1,225,000노동시간과 $3,920,000의 변동간접원가, $2,300,000의 고정간접원가를 바탕으로 실제 2,175,000단위를 생산하였다. 그해 실제 공통 고정간접원가는 $3,075,000였다.

요구사항

1. 각 공장별 고정원가에 대한 노무시간당 예산고정원가를 계산하시오.
   a. 배부된 공통 고정원가 제외
   b. 배부된 공통 고정원가 포함
2. 각 공장별 변동간접원가 소비차이와 능률차이를 계산하시오.
3. 각 공장별 고정간접원가 소비차이와 생산조업도차이를 계산하시오.
   a. 배부된 공통 고정원가 제외
   b. 배부된 공통 고정원가 포함
4. Ken은 공통 고정원가 배부를 통하여 심천 공장의 성과를 상하이 공장보다 우월하게 보이도록 시도하였는가? 이유(혹은 아닌 이유)는 무엇인가?
5. 원가차이가 성과평가 측정치로 사용될 때, 일반적으로 공통 고정원가를 배부하여야 하는가? 이유(혹은 아닌 이유)는 무엇인가?
6. Ken의 행동에 대하여 전반적으로 어떻게 생각하는가?

9 재고자산 원가계산과 조업도 분석

학습목표

1. 변동원가계산과 전부원가계산의 차이점을 이해한다.
2. 변동원가계산과 전부원가계산의 영업이익을 계산하고 그 차이를 이해한다.
3. 전부원가계산에서 불필요한 재고자산에 대한 유인을 이해한다.
4. 초변동원가계산(재료처리량원가계산) 및 변동원가계산 그리고 전부원가계산을 구분한다.
5. 전부원가계산에서 사용할 수 있는 다양한 조업도(설비용량) 개념을 이해한다.
6. 예산고정제조원가율을 계산하기 위하여 조업도 수준을 선택하는 데 고려하는 주요 요인을 이해한다.
7. 조업도의 계획 및 통제에 대한 기타 주요 이슈에 대해 이해한다.

경영자와 주주에게 영업이익보다 중요한 것은 없다. 설비용량(조업도)에 대한 선행투자가 상당히 중요한 산업에서 (1) 고정자산, 즉 설비 등에 투자하는 규모와 (2) 고객의 수요를 충족하기 위한 설비용량의 활용 수준, 이 두 가지 의사결정은 기업의 이익에 큰 영향을 미친다. 그러나 안타깝게도, 기업의 성과평가와 보상시스템, 재고자산 원가계산방법은 경영자가 소속기업의 장기적인 건전성을 희생하면서까지 단기이익에 치중하도록 유도할 수 있다. 다음은 경영자가 적절한 설비용량(조업도) 및 재고자산 수준을 결정하도록 동기를 부여하는 것이 얼마나 중요한지를 잘 보여주고 있다.

Boeing의 린 생산방식(Lean Manufacturing)[1]

항공기 조립방식을 변경하여 원가의 절감과 생산성 향상을 동시에 달성할 수 있는가? 항공기 제조기업 Boeing의 대답은 "Yes!"였다.

수년간 상당한 매출액을 달성한 후, Boeing은 737, 777 및 787 Dreamliner 상용 항공기에 대한 8년의 주문잔고(Backlog)를 보유하였다. 2014년까지 $4,890억 규모로 누적된 주문서는 세계 36위 경제규모 벨기에의 GDP보다 컸다. 그러나 예상하지 못한 생산 중단, 부품의 부족, 재작업 등에 Boeing은 제조과정 내 낭비를 체계적으로 줄여야 했고, 이에 린 생산방식을 도입하였다.

Antony Nettle/Alamy Stock Photo

지난 수년 간 Boeing의 린 생산방식은 5,700대 항공기 주문잔고의 완성속도를 높이는 데 집중하였고, 지속적으로 기존의 생산 프로세스를 더 효율적으로 재구성하였다. 그 결과는 다음과 같다.

- 777 항공기가 31% 더 빨리 완성되고, 737 항공기는 55% 더 빠르게 완성되었다.
- 787 Dreamliner는 조립과정의 작업시간을 20% 절감하였다.
- 새롭게 완성한 모든 항공기의 생산품질이 35~55% 향상되었다.

---

[1] Steve Wilhelm, "Boeing Has a Lot of Work to Do as It Drives to Cash in on $489B Backlog" *Puget Sound Business Journal* (August 12, 2015); Steve Wilhelm, ""Boeing Cost-cutting Success Is Beyond Belief as 737, 787, 777 Drive Revenue Gains" *Puget Sound Business Journal* (May 13, 2015); The Boeing Company, 2014 Annual Report (Chicago, The Boeing Company, 2015).

이러한 효율성 향상은 Boeing의 제조원가를 줄이면서, 영업이익을 2009년 2.7%에서 2014년 7.9%로 개선하였다. 이에 Boeing의 CEO인 Jim McNerney는 "단지 항공기를 더 많이 만들려는 것이 아니라 더 효율적으로 만들려는 것이며, 지속적인 생산성 개선을 위하여 검토하지 않은 부분을 절대로 남겨두어서는 안 된다."라고 설명하였다.

제조업과 같이 고정원가의 비중이 높은 산업의 경영자는 반드시 적정 수준의 조업도를 결정하고, 효율적으로 관리하여야 한다. 또한 경영자는 Boeing이 한 것과 같이, 생산 및 재고자산 정책을 결정하여야 한다. 경영자의 이러한 의사결정은 제조기업의 영업이익에 영향을 미친다. 이 장에서는 두 가지 유형의 의사결정(선택)에 초점을 맞춘다.

- 재고자산 원가계산방법의 선택에 따라, 재고가능원가로 선택되는 제조원가가 결정된다. 2장의 원가흐름 관련내용에서 재고가능원가는 발생 시 자산으로 인식된 후, 판매 시 매출원가로 비용처리된다는 점을 상기하라. 재고자산 원가계산방법에는 변동원가계산, 전부원가계산, 초변동(재료처리량)원가계산의 세 가지 유형이 있다.
- 조업도(설비용량) 수준의 선택은 원가배부기준의 분모, 즉 사실상 예산고정제조간접원가율을 설정하는 것이다. 조업도 수준에는 이론적 조업도, 실제적 조업도, 정상 조업도, 기대 조업도의 네 가지 가능한 선택지가 있다.

변동 및 전부원가계산

변동원가계산

변동원가계산은 모든 변동제조원가(직접 및 간접)만을 재고가능원가로 포함하는 재고자산 원가계산방법이다. 모든 고정제조원가는 재고가능원가에서 제외되며, 대신 발생한 기간의 비용으로 처리된다. 사실 변동원가계산은 오직 변동제조원가만이 재고화되므로 정확한 표현은 아니다. 변동비제조원가는 여전히 기간비용으로 처리된다. 따라서 이 방법은 직접원가계산으로 설명할 수 있다. 그러나 변동원가계산(직접원가계산)이란 용어 또한 직접마케팅원가는 재고가능원가에서 제외하고 변동제조간접원가(간접원가)는 포함한다는 점에서 부정확하다.

전부원가계산

전부원가계산(absorption costing)은 재고자산원가에 모든 변동제조원가 및 고정제조원가를 포함하는 재고자산 원가계산방법이다. 즉, 재고자산은 관련 제조원가를 전부 '흡수(absorption)'한다. 따라서 개별원가계산은 전부원가계산 중 하나이다.

변동원가계산 및 전부원가계산 모두 변동제조원가는 재고가능원가인 반면, 변동 혹은 고정 여부와 관계없이 가치사슬의 모든 비제조원가(연구개발 및 마케팅 등)는 발생기간의 비용으로 처리된다.

변동원가계산과 전부원가계산의 비교

변동원가계산과 전부원가계산의 차이를 이해하기 위하여, 전문가용 망원경과 같은 광학소비재를 제조하는 Stassen Company의 사례를 이용한다.

Stassen은 표준원가계산을 사용한다.

- 직접원가는 실제산출량에 허용된 표준투입량 및 표준가격으로 제품에 기록된다.
- 간접제조원가는 실제산출량에 허용된 표준투입량에 표준간접원가율을 곱하여 배부된다.

Stassen의 경영진은 망원경 제품라인의 성과를 평가하기 위하여 2017년(당기 사업연도) 손익계산서를 준비하려 한다. 관련 자료는 다음과 같다.

	A	B
1		단위
2	기초재고자산	0
3	생산	8,000
4	판매	6,000
5	기말재고자산	2,000

2017년 실제가격 및 원가자료는 다음과 같다.

	A	B
10	판매가격	$ 1,000
11	단위당 변동제조원가	
12	단위당 직접재료원가	$ 110
13	단위당 직접노무원가	40
14	단위당 제조간접원가	50
15	단위당 총변동제조원가	$ 200
16	판매단위당 변동판매관리비(마케팅)	$ 185
17	고정제조간접원가(간접원가)	$1,080,000
18	고정판매관리비(간접원가)	$1,380,000

논의를 단순화하기 위하여 다음과 같이 가정한다.

- Stassen은 오직 제조원가와 판매관리비(마케팅)만 발생한다. 모든 변동원가의 원가동인은 생산수량이고, 변동판매관리비의 원가동인은 판매수량이다. 배치(batch)수준 및 제품유지수준의 원가는 발생하지 않는다.
- 가격차이, 능률차이 및 소비차이는 없다. 따라서 2017년 예산(표준)가격 및 원가는 2017년 실제가격 및 원가와 동일하다.
- 재공품은 없다.
- 2017년 Stassen의 예산판매량은 6,000단위이며, 이는 실제판매량과 동일하다.
- 2017년 Stassen의 예산생산량은 8,000단위이며, 따라서 단위당 예산고정제조간접원가는 $135($1,080,000/8,000단위)이다.[2]
- 2017년 실제생산량은 8,000단위이며, 생산조업도차이가 없다. 2018년의 경우에는 생산조업도차이가 포함되나, 이 경우에도 생산조업도차이 이외의 차이는 없다.

---

2 설명의 편의를 위하여, 단위당 고정제조간접원가를 계산하는 기준으로 예산생산량을 사용한다. 그러나 이 장의 후반부에서는 단위당 고정제조간접원가를 계산하기 위한 다른 분모수준의 장단점을 검토할 것이다.

- 원가차이는 원가차이가 발생한 기간의 매출원가에 반영한다.

위 자료를 바탕으로, Stassen의 2017년 단위당 재고자산의 원가는 각각 다음과 같다.

	변동원가 계산		전부원가 계산	
단위당 변동제조원가				
직접재료원가	$110		$110	
직접노무원가	40		40	
제조간접원가	50	$200	50	$200
단위당 고정제조간접원가		–		135
단위당 총재고가능원가		$200		$335

변동원가계산과 전부원가계산의 차이점에서 핵심은 바로 고정제조간접원가이다.

- 변동원가계산에서는 고정제조간접원가가 재고자산의 원가에 포함되지 않고, 발생기간의 기간비용으로 처리된다.
- 전부원가계산에서 고정제조간접원가는 재고가능원가이다. Stassen의 사례에서 표준고정제조간접원가는 단위당 $135($1,080,000 ÷ 8,000단위)이다.

9-1 도전!

배터리를 생산하는 Achilles Auto의 2017년 생산량은 100,000단위이며, 그중 75,000단위를 단위당 평균 $60로 판매하였다. 다음은 Achilles Auto의 2017년 추가 자료이다.

직접재료원가	단위당 $20.00
직접노무원가	단위당 $4.00
변동제조간접원가	단위당 $1.00
판매수수료	단위당 $6.00
고정제조간접원가	연간 $750,000
고정판매관리비	연간 $270,000

Achilles Auto의 단위당 재고가능원가를 (1) 변동원가계산과 (2) 전부원가계산을 이용하여 계산하시오.

변동원가계산 vs. 전부원가계산: 영업이익과 손익계산서

변동원가계산과 전부원가계산을 비교할 때, 반드시 기간, 즉 장·단기 여부를 고려해야 한다. 변동 및 전부원가계산에서 단일기간(1년)의 자료와 다기간(2년 이상)의 자료는 어떻게 다른가?

단일기간(1년) 손익계산서 비교

Stassen이 변동원가계산 또는 전부원가계산을 사용하는 경우, 영업이익은 얼마인가? 각 방법의 차이는 보기 9-1에서 잘 나타난다. 2017년 Stassen의 망원경 제품라인에 대하여, Panel A는 변동원가계산 손익계산서를, Panel B는 전부원가계산 손익계산서를 보여준다. 변동원가계산 손익계산서는 공헌이익형식이며, 전부원가계산 손익계산서는 매출총이익형식이다. 차이의 원인은 무엇인가? 변동원가와 고정원가의 구분은 변동원가계산의 핵심이며, 공헌이익으로 강조된다. 마찬가지로 제조원가와 비제조원가의 구분은 전부원가계산의 핵심이며, 매출총이익

보기 9-1 **변동원가계산 및 전부원가계산의 비교: 2017년 Stassen의 망원경 제품라인**

Home Insert Page Layout Formulas Data Review View

	A	B	C	D	E	F	G
1	Panel A: 변동원가계산				Panel B: 전부원가계산		
2	매출액:$1,000×6,000단위		$6,000,000		매출액:$1,000×6,000단위		$6,000,000
3	변동매출원가				매출원가		
4	기초재고자산	$ 0			기초재고자산	$ 0	
5	변동제조원가: $200×8,000단위	1,600,000			변동제조원가: $200×8,000단위	1,600,000	
6					배부된 고정제조원가: $135×8,000단위	1,080,000	
7	판매가능원가	1,600,000			판매가능원가	2,680,000	
8	기말재고자산: $200×2,000단위	(400,000)			기말재고자산: $335×2,000단위	(670,000)	
9	변동매출원가		1,200,000		매출원가		2,010,000
10	변동판매관리비: $185×6,000단위(판매)		1,110,000				
11	공헌이익		3,690,000		매출총이익		3,990,000
12	고정제조원가		1,080,000		변동판매관리비: $185×6,000단위(판매)		1,110,000
13	고정판매관리비		1,380,000		고정판매관리비		1,380,000
14	영업이익		$1,230,000		영업이익		$1,500,000
15							
16	Panel A에서 지출된 제조원가				Panel B에서 지출된 제조원가		
17	변동매출원가		$1,200,000				
18	고정제조원가		1,080,000				
19	합계		$2,280,000		매출원가		$2,010,000

(영업이익)으로 강조된다.

전부원가계산 손익계산서는 변동원가와 고정원가를 구분할 필요가 없다. 그러나 Stassen의 사례에서는 변동원가와 고정원가를 구분하여, 변동원가계산과 전부원가계산의 차이점을 찾아볼 것이다. 보기 9-1의 Panel B에서, 전부원가계산 재고가능원가는 단위당 변동제조원가 $200와 단위당 고정제조간접원가 배부금액 $135로, 단위당 $335이다.

보기 9-1의 변동원가계산 및 전부원가계산에서, $1,080,000의 고정제조간접원가가 어떻게 처리되는지가 중요하다. 변동원가계산 2017년 손익계산서에서는 $1,080,000 총액이 비용처리된다. 반면 전부원가계산하에서 고정제조간접원가 $1,080,000(단위당 $135 × 8,000단위)는 최초 2017년의 재고가능원가(재고자산)로 기록되었다가, 이후 판매될 때 $810,000(단위당 $135 × 6,000단위)만큼 매출원가로 비용처리된다. 그리고 판매되지 않은 2,000단위 $270,000은 기말의 재고자산으로 남는다.

변동원가계산에서는 $1,080,000 전부가 비용으로 처리되는 반면, 전부원가계산에서는 오직 $810,000만이 비용으로 처리되므로, 전부원가계산의 영업이익이 변동원가계산보다 $270,000만큼 더 크다. 단위당 변동제조원가 $200는 두 원가계산방식 모두 동일하다.

이러한 점을 다음과 같이 요약할 수 있다.

	변동원가계산	전부원가계산
변동제조원가: 단위당 $200	재고가능원가	재고가능원가
고정제조원가: 연간 $1,080,000	기간비용으로 처리	연간 예산생산량 수준 8,000단위를 분모로 하여, 단위당 $135를 재고자산화 ($1,080,000 ÷ 8,000단위 = 단위당 $135)

변동원가계산과 전부원가계산의 근본적인 차이는 고정제조원가를 계산하는 방법이다. 재고자산의 수준이 달라지면, 고정제조원가에 대한 회계처리 차이로 인하여 두 방법 간의 영업이익이 달라진다. 이 차이를 확인하기 위하여 8,000단위가 생산된 2017년의 판매량을 각각 6,000, 7,000, 8,000단위로 다르게 하여 비교해 보도록 하자. 각각의 판매량에 따라 총고정제조(간접)원가 $1,080,000는 다음과 같이 비용처리된다.

	A	B	C	D	E	G	H
1			변동원가계산			전부원가계산	
2							
3	판매량	기말	고정제조간접원가			고정제조간접원가	
4		재고자산	재고자산에 포함	비용처리		재고자산에 포함[a]	비용처리[b]
5	6,000	2,000	$0	$1,080,000		$270,000	$ 810,000
6	7,000	1,000	$0	$1,080,000		$135,000	$ 945,000
7	8,000	0	$0	$1,080,000		$ 0	$ 1,080,000
8							
9	[a] $135×기말재고자산						
10	[b] $135×판매량						

8,000단위가 생산 · 판매되는 경우에는 재고자산의 수준이 달라지지 않았기 때문에, 변동원가계산과 전부원가계산은 동일한 영업이익을 보고한다.

9-2 도전!

ZB Toys는 기초재고자산 없이 2017 사업연도를 시작하였다. 2017년 한 해 동안 예산 및 실제 생산량은 30,000단위였으며, 그중 24,000단위를 각각 $50에 판매하였다. 원가자료는 다음과 같다.

발생한 제조원가	
변동	$525,000
고정	$372,000
발생한 광고선전비	
변동	$144,800
고정	$ 77,400

ZB Toys의 영업이익을 (1) 변동원가계산, (2) 전부원가계산하에서 각각 계산하시오. 두 원가계산방법의 영업이익 차이를 설명하시오.

여러 기간의 손익계산서 비교

변동원가계산 및 전부원가계산의 효과를 보다 포괄적으로 파악하기 위하여, Stassen의 회계담당자는 2017년부터 2년간의 손익계산서를 준비하였다. 자료는 다음과 같다.

	E	F	G
1		2017	2018
2	예산생산량	8,000	8,000
3	기초재고자산	0	2,000
4	실제생산량	8,000	5,000
5	판매량	6,000	6,500
6	기말재고자산	2,000	500

Stassen에 대한 2017년의 가정은 2018년에도 동일하게 적용된다.

2018년, Stassen의 실제 망원경 생산량이 단위당 예산고정제조간접원가를 계산하는 데 사용하였던 연간 8,000단위의 예산생산량 수준과 다르기 때문에, 생산조업도차이가 발생하였다. 2018년의 실제판매량은 6,500단위로 예산판매량과 동일하다.

보기 9-2 **변동원가계산 및 전부원가계산의 비교: 2017년과 2018년 Stassen의 망원경 제품라인**

	A	B	C	D	E
1	Panel A: 변동원가계산				
2		2017		2018	
3	매출액:$1,000×6,000, 6,500단위		$6,000,000		$6,500,000
4	변동매출원가:				
5	기초재고자산: $200×0, 2,000단위	$ 0		$ 400,000	
6	변동제조원가: $200×8,000, 5,000단위	1,600,000		1,000,000	
7	판매가능원가	1,600,000		1,400,000	
8	기말재고자산: $200×2,000단위, 500단위	(400,000)		(100,000)	
9	변동매출원가		1,200,000		1,300,000
10	변동판매관리비: $185×6,000, 6,500단위		1,110,000		1,202,500
11	공헌이익		3,690,000		3,997,500
12	고정제조원가		1,080,000		1,080,000
13	고정판매관리비		1,380,000		1,380,000
14	영업이익		$1,230,000		$1,537,500
15					
16	Panel B: 전부원가계산				
17		2017		2018	
18	매출액:$1,000×6,000, 6,500단위		$6,000,000		$6,500,000
19	매출원가:				
20	기초재고자산: $335×0, 2,000단위	0		670,000	
21	변동제조원가: $200×8,000, 5,000단위	1,600,000		1,000,000	
22	배부된 고정제조원가: $135×8,000, 5,000단위	1,080,000		675,000	
23	판매가능원가	2,680,000		2,345,000	
24	기말재고자산: $335×2,000, 500단위	(670,000)		(167,500)	
25	생산조업도차이 조정[a]	$ 0		$ 405,000	U
26	매출원가		2,010,000		2,582,500
27	매출총이익		3,990,000		3,917,500
28	변동판매관리비: $185×6,000, 6,500단위		1,110,000		1,202,500
29	고정판매관리비		1,380,000		1,380,000
30	영업이익		$1,500,000		$1,335,000
31					
32	[a] 생산조업도차이=예산고정제조원가－실제산출량에 허용되는 산출단위당 예산원가를 이용하여 배부된 고정제조간접원가(Panel B의 배부된 고정제조원가)				
33	2017: $1,080,000－($135×8,000)=$1,080,000－$1,080,000=$0				
34	2018: $1,080,000－($135×5,000)=$1,080,000－$675,000=$405,000 U				
35					
36	생산조업도차이는 다음과 같이 계산할 수도 있다.				
37	단위당 고정제조간접원가×(고정제조원가 배부를 위한 분모수준[b]－실제산출량) [b] 기준조업도				
38	2017: $135×(8,000－8,000)단위=$135×0=$0				
39	2018: $135×(8,000－5,000)단위=$135×3,000=$405,000 U				

보기 9-2는 변동원가계산 손익계산서(Panel A)와 전부원가계산 손익계산서(Panel B)를 보여준다. 보기 9-2의 2017년 Panel A와 B의 자료는 보기 9-1과 동일하다. 2018년 자료 또한 Panel B 전부원가계산의 생산조업도차이를 제외하고는 2017년과 거의 동일하다. 보기 9-2의 Panel B 전부원가계산을 공부할 때, 다음 사항을 염두해야 한다.

1. $135의 예산고정제조원가율은 2017년과 2018년의 설비용량(기준조업도[3])수준을 기준으로 산출되었다($1,080,000 ÷ 8,000단위 = 단위당 $135). 실제생산량(판매량이 아님)이 설비용량수준을 벗어날 때, 생산조업도차이가 발생한다. Stassen의 생산조업도차이는 실제생산량과 기준조업도의 차이에 단위당 $135를 곱한 금액이다.

   전부원가계산에서 표준원가계산 적용을 기억해 보자. 제품 한 단위 생산 시마다 $135의

---

3 고정제조간접원가를 배부하기 위한 분모의 수준, 즉 8,000단위는 결국 기준조업도이다.

고정제조원가가 제품원가에 포함된다. 2018년 5,000단위가 생산되면, $675,000(단위당 $135 × 5,000단위)의 고정제조원가가 매출원가에 포함된다(보기 9-2의 Panel B, 22행 참조). 2018년의 총고정제조원가는 $1,080,000이다. 불리한 생산조업도차이 $405,000는 $1,080,000와 $675,000의 차이와 같다. Panel B에서 매출원가에 포함된 고정제조원가와 생산조업도차이의 합이 $1,080,000인지 확인해 보자.

2. 2017년에 비해 500단위의 망원경을 2018년에 더 많이 판매하였음에도 불구하고, 전부원가계산 영업이익은 2017년보다 2018년이 더 낮았다. 이 장의 후반부에서 생산량이 전부원가계산에 미치는 영향을 자세히 살펴볼 것이다.

3. 고정제조간접원가에만 나타나는 생산조업도차이는 전부원가계산과 달리 변동원가계산에서는 존재하지 않는다. 변동원가계산에서 $1,080,000의 고정제조원가는 생산(및 판매)량과 관계없이, 항상 해당 기간의 비용으로 처리한다.

다음은 2017년과 2018년, Stassen의 영업이익차이에 대한 요약이다(보기 9-2 자료 이용).

	2017	2018
1. 전부원가계산 영업이익	$1,500,000	$1,335,000
2. 변동원가계산 영업이익	$1,230,000	$1,537,500
3. 차이: (1)−(2)	$270,000	$(202,500)

위 표에 나타난 이익의 상당한 차이는 이익을 근거로 성과를 측정하는 경영진이 변동원가계산 또는 전부원가계산에 대한 선택의 문제에 고민하는 이유를 잘 보여주고 있다.

변동원가계산과 전부원가계산이 서로 다른 영업이익을 보고하는 이유는 무엇인가? 일반적으로 한 회계기간 동안 재고자산이 증가하면, 전부원가계산보다 변동원가계산의 영업이익이 낮게 보고된다. 반대로 재고자산이 감소하면 전부원가계산보다 변동원가계산 영업이익이 더 높게 보고된다. 이 영업이익의 차이는 전부원가계산하에서, 전적으로 (a) 재고자산이 증가함에 따라 고정제조원가가 (기말)재고자산으로 이동하고, (b) 재고자산이 감소함에 따라 고정제조원가가 재고자산 밖으로(매출원가) 이동하기 때문이다.

Home Insert Page Layout Formulas Data Review View

	A	B	C	D	E	F	G	H
1	공식 1							
2						전부원가계산하		전부원가계산하
3		전부원가계산	−	변동원가계산	=	기말재고자산에 포함된	−	기초재고자산에 포함된
4		영업이익		영업이익		고정제조간접원가		고정제조간접원가
5	2017	$1,500,000	−	$1,230,000	=	($135×2,000단위)	−	($135×0단위)
6		$270,000			=	$270,000		
7								
8	2018	$1,335,000	−	$1,537,500	=	($135×500단위)	−	($135×2,000단위)
9		($202,500)			=	($202,500)		

전부원가계산에서 기말재고자산에 포함된 고정제조간접원가는 미래 기간으로 이월된다. 예를 들어, 2017년 말 $270,000의 고정제조간접원가는 2018년으로 이월된다. 반면, 변동원가계산에서 2017년 고정제조간접원가 $1,080,000은 전액 2017년의 비용으로 처리된다.

기초재고자산 + 제품원가 = 매출원가 + 기말재고자산

따라서 기초 및 기말재고자산의 고정제조간접원가에 초점을 맞추는 대신(공식 1과 같이), 생산(또는 판매)단위당 고정제조간접원가를 기준으로 파악할 수 있다. 이 방식(공식 2 참조)은 회계연도 중 생산 및 판매 단위별 고정제조간접원가가 어떻게 이동하는지를 잘 나타낸다.

	A	B	C	D	E	F	G	H
12	공식 2							
13						전부원가계산하		전부원가계산하
14		전부원가계산	−	변동원가계산	=	생산된 제품에 배부된	−	매출원가에 포함된
15		영업이익		영업이익		고정제조간접원가		고정제조간접원가
16	2017	$1,500,000	−	$1,230,000	=	($135×8,000단위)	−	($135×6,000단위)
17		$270,000			=	$270,000		
18								
19	2018	$1,335,000	−	$1,537,500	=	($135×5,000단위)	−	($135×6,500단위)
20		($202,500)			=	($202,500)		

경영진은 일반적으로 재고자산 수준을 낮추라는 압박에 직면한다. 일부 기업의 경우, 적시생산시스템(Just In Time)과 같이 필요한 경우에만 제품이 생산되는 정책으로 재고자산 수준을 급격히 낮추고 있다. 공식 1은 재고자산 수준을 줄이면 전부원가계산과 변동원가계산의 영업이익 차이가 중요하지 않을 수 있다는 것을 보여준다. 예를 들어, 2017년의 기말재고자산이 2,000단위가 아닌 2단위라고 가정해 보자. 이 경우 전부원가계산과 변동원가계산의 영업이익 차이는 $270,000가 아니라 $270일 것이다.

변동원가계산과 판매 및 생산이 영업이익에 미치는 영향

단위당 공헌이익과 고정제조간접원가가 일정한 경우, 기간 간 변동원가계산의 영업이익 변화는 오직 실제판매량 변화에만 영향을 받는다. 2017년 대비 2018년 Stassen의 영업이익을 아래와 같이 살펴보자.

단위당 공헌이익 = 판매가격 − 단위당 변동제조원가 − 단위당 변동판매관리비

= 단위당 $1,000 − 단위당 $200 − 단위당 $185

= 단위당 $615

변동원가계산 영업이익의 변화 = 단위당 공헌이익 × 판매량의 변화

2018 vs. 2017: $1,537,500 − $1,230,000 = 단위당 $615 × (6,500단위 − 6,000단위)

$307,500 = $307,500

변동원가계산하에서 Stassen의 경영자는 '재고자산을 위해 생산'하여 영업이익을 늘릴 수 없다. 왜 그럴까? 앞의 계산에서 볼 수 있듯이, 변동원가계산에서는 오직 판매수량만이 영업이익의 동인이기 때문이다. 이 장의 후반부에서는 판매량과 재고자산 수준의 증가를 통하여 전부원가계산의 영업이익을 늘릴 수 있는 경우를 소개할 것이다. 다음 내용으로 넘어가기 전, 변동원가계산과 전부원가계산 간의 차이에 대하여 자세히 정리한 보기 9-3의 내용을 확인하도록 한다.

보기 9-3 변동원가계산과 전부원가계산의 영업이익 비교

질문	변동원가	전부원가	설명
고정제조원가는 재고자산화되는가?	아니오	예	원가가 비용으로 인식되는 시기에 대한 이론적인 질문
생산조업도차이가 존재하는가?	아니오	예	분모수준(기준조업도)의 선택은 전부원가계산의 영업이익에 영향을 미친다.
변동원가와 고정원가를 원칙적으로 구분하는가?	예	드물게	원하는 경우 전부원가계산을 쉽게 조정할 수 있다(예: 보기 9-1의 Panel B).
재고자산 수준의 변화가 영업이익에 어떤 영향을 미치는가?[a]			차이는 고정제조원가가 비용화되는(매출원가) 시기에 기인한다.
생산=판매	같다.	같다.	
생산>판매	낮다.[b]	높다.[c]	
생산<판매	높다.	낮다.	
주어진 고정원가와 단위당 공헌이익에서 원가–조업도–이익의 관계에 미치는 영향은 무엇인가?	판매량 수준에 따라	(a) 판매량 수준에 따라, (b) 판매량 수준에 따라, (c) 선택한 배부기준 수준(분모 또는 기준조업도)에 따라	관리목적상의 장점: 판매량수준에 따른 영업이익의 효과는 변동원가계산에서 이해하기 더 쉽다.

[a] 모든 원가차이가 당기 비용처리되고, 재공품 재고의 변화가 없으며, 회계기간별 고정제조원가율은 동일하다고 가정한다.
[b] 즉, 전부원가계산 영업이익보다 낮다.
[c] 즉, 변동원가계산 영업이익보다 높다.

전부원가계산과 성과평가

전부원가계산은 대부분의 국가에서 외부보고 목적으로 요구하는 재고자산 원가계산방법이다(이 장의 후반부에서 그 잠재적 이유에 대해 설명할 것이다). 또한 다수의 기업은 다음과 같은 이유로 내부 회계에도 전부원가계산을 사용한다.

- 경영진은 외부 및 내부 보고와 성과평가에 하나의 재고자산 원가계산방법을 사용하는 것이 효율적이며, 일관성이 있다.
- 경영진이 경영성과를 좋아 보이게 할 수는 있지만, 주주에게 보고되는 영업이익을 훼손하는 행위를 방지할 수는 있다.
- 변동 및 고정원가 여부에 관계없이, 재고자산 제조에 소요된 모든 원가를 측정한다. 많은 기업이 가격결정, 제품 배합 등의 장기적인 의사결정을 위하여, 제조원가가 모두 포함된 원가정보를 이용한다.

전부원가계산의 중요한 특성은 경영진이 기말재고자산의 수량을 늘려(더 많이 생산해서), 이익을 개선할 수 있다는 점이다. 재고자산을 위한 생산, 즉 기말재고자산의 수준을 높이기 위한 생산은 경영진이 미래 수요의 급격한 증가를 예상하여, 이에 따른 생산 부족을 대비하고자 할 때 정당화된다. 예를 들어, 최근 경제상황이 개선됨에 따라, 창문제조기업은 주택시장의 호황을 예상하며 생산규모를 키우고 있다. 그러나 전부원가계산하에서 Stassen의 경영자

는 고객수요 증가와 관계없이, 재고자산의 생산규모 확대를 의도할 수 있다. 그 이유는 생산을 늘릴수록 이익이 증가하고, 이는 두 가지 방식으로 경영자에게 유리할 수 있다. 직접적으로는 이익 증가에 따른 경영자에 대한 보상 증가이고, 간접적으로는 이익 증가에 따른 주가 상승이다. 주가의 상승은 경영자의 주식기반 보상(스톡옵션 등)을 증가시킨다. 그러나 이익이 증가할수록 기업의 세금부담은 늘어난다. 또한 주주 또는 기업지배구조에 관심이 있는 사람들은 기업의 경영성과와 관계없이 경영자 자신의 보상수준을 높이기 위한 행위는 비윤리적이라고 주장한다. 더 나아가, 빠른 혁신속도로 인하여 제품 노후화 위험이 높은 산업의 경우, 재고자산 수준을 높이는 전략은 상당히 위험하다. 예를 들어, 최근 몇 년간 태블릿 PC의 판매는 꾸준히 감소하고 있으며, 최신모델의 경우에도 재고를 줄이기 위하여 할인판매와 같은 판촉활동을 강화하고 있다.

전부원가계산하 불필요한 재고자산 증가에 대한 인센티브를 완화하기 위하여, 많은 기업은 내부보고 목적으로 변동원가계산을 사용한다. 변동원가계산은 변동제조원가와 고정제조원가를 구분하는 데 집중한다. 이러한 구분은 단기의사결정에도 중요하다.

내부보고에 두 가지 방법(단기의사결정과 성과평가를 위한 변동원가계산과 장기의사결정을 위한 전부원가계산) 모두를 이용하는 기업은 각각의 상대적인 이점을 누릴 수 있다. 세계 최대의 회계전문가 단체인 CIMA[4]가 후원한 설문조사에 따르면, 대부분의 조직과 기업 등이 전부원가계산을 사용하지만, 의사결정 또는 성과측정의 목적으로는 응답자의 75% 이상이 변동원가계산 정보를 이용하는 것으로 나타났다.

다음으로 전부원가계산에서 발생할 수 있는 사항에 대하여 구체적으로 살펴보자.

불필요한 재고자산의 축적

전부원가계산의 영업이익을 기준으로 결정되는 보상구조의 경영자는 불필요한 수준 이상의 재고자산을 축적하려는 유인을 가질 수 있다. 여기서 Stassen 경영자의 보상구조 또한 전부원가계산 영업이익에 기반한다고 가정하자. 보기 9-4는 생산수준의 변화에 따라 2018년 Stassen의 영업이익이 어떻게 변화하는지 보여준다. 여기서 생산조업도차이는 매출원가에 전액 반영하며, 2018년 기초재고자산 2,00단위, 판매량 6,500단위는 보기 9-2와 동일하다.

보기 9-4는 4,500단위의 생산량이 2018년 예산판매량 6,500단위(기초재고자산 2,000단위 + 당기생산 4,500단위)를 충족함을 보여준다. 이 생산량 수준에서 영업이익은 $1,267,500이다. 여기서 4,500단위 이상을 생산하여, 일반적으로 재고(자산)를 위한 생산이라고 하는, Stassen의 영업이익을 증가시킬 수 있다. 2018년 기말재고자산 각 단위마다 영업이익은 $135만큼 증가한다. 예를 들어, 9,000단위를 생산한 경우(보기 9-4의 H열), 기말재고자산은 4,500단위이고 영업이익은 $1,875,000이다. 이는 기말재고자산이 없는 경우의 영업이익($1,875,000 − $1,267,500 또는 4,500단위 × 단위당 $135 = $607,500)보다 $607,500만큼 더 많다. 기말재고자산을 위하여 더 생산한 4,500단위에 고정제조간접원가 $607,500가 포함되므로, 2018년 손익계산서에 $607,500만큼은 비용으로 처리되지 않는다.

보기 9-4의 내용은 세 가지 중요한 사항을 제시한다. 첫째, D열은 이 사례의 기본 설정이며, 보기 9-2 Panel B의 2018년 전부원가계산결과를 다시 나타낸다. 둘째, F열은 재고자산 수준이 변경되지 않은 경우, 즉 생산량이 판매량과 같을 때 전부원가계산과 변동원가계산

4 Chartered Institute of Management Accountants, 영국

보기 9-4 Stassen의 각 생산수준별 전부원가계산 영업이익: 2018년 6,500단위 판매 손익계산서

	A	B	C	D	E	F	G	H	I
1	단위								
2	기초재고자산	2,000		2,000		2,000		2,000	
3	생산량	4,500		5,000		6,500		9,000	
4	판매가능수량	6,500		7,000		8,500		11,000	
5	판매량	6,500		6,500		6,500		6,500	
6	기말재고자산	0		500		2,000		4,500	
7									
8	손익계산서								
9	매출액	$6,500,000		$6,500,000		$6,500,000		$6,500,000	
10	매출원가								
11	기초재고자산: $335×2,000	670,000		670,000		670,000		670,000	
12	변동제조원가: $200×생산량	900,000		1,000,000		1,300,000		1,800,000	
13	고정제조원가배부: $135×생산량	607,500		675,000		877,500		1,215,000	
14	판매가능원가	2,177,500		2,345,000		2,847,500		3,685,000	
15	기말재고자산: $335×기말재고자산	0		(167,500)		(670,000)		(1,507,500)	
16	생산조업도차이 조정[a]	472,500	U	405,000	U	202,500	U	(135,000)	F
17	매출원가	2,650,000		2,582,500		2,380,000		2,042,500	
18	매출총이익	3,850,000		3,917,500		4,120,000		4,457,500	
19	판매관리비: $1,380,000+(단위당 $185×6,500단위)	2,582,500		2,582,500		2,582,500		2,582,500	
20	영업이익	$1,267,500		$1,335,000		$1,537,500		$1,875,000	
21									
22	[a] 생산조업도차이=예산고정제조원가−배부된 고정제조원가(손익계산서 고정제조원가배부)								
23	4,500단위 생산: $1,080,000−$607,500 =$472,500 U								
24	5,000단위 생산: $1,080,000−$675,000 =$405,000 U								
25	6,500단위 생산: $1,080,000−$877,500 =$202,500 U								
26	9,000단위 생산: $1,080,000−$1,215,000=($135,000) F								

의 영업이익이 동일하다는 점을 보여준다(보기 9-2의 Panel A 참조). 셋째, 보기 9-4의 사례는 2018년 한 해에 초점을 맞추고 있다. 2018년 말 4,500단위의 기말재고자산을 축적한 Stassen의 경영자는 2019년의 영업이익을 늘리기 위해서는 다시 2019년 기말재고자산을 추가로 증가시켜야 한다. 그러나 저장공간 또는 관리 등의 물리적 한계로 인하여, 시간이 지남에 따라 기말재고자산 증가의 가능한 여유폭은 감소한다. 이러한 한계는 전부원가계산의 부적절한 효과를 제한하는 효과가 있다. 그럼에도 불구하고 전부원가하에서 경영자는 영업이익을 관리하기 위해 고정제조원가를 재고자산 안팎으로 조정할 수 있는 능력과 인센티브를 갖고 있다.

최고경영진 또는 이사회 등은 경영자가 전부원가계산하에서 재고자산을 과잉생산하는 행동을 감시하고 견제할 수 있을 것이다. 그러나 경영자의 이러한 관행을 완전히 예방하는 것은 불가능하며, 감시를 회피할 수 있는 방법은 여전히 많이 있다. 다음의 예를 살펴보자.

- 경영자(혹은 공장관리자)는 고객의 수요와 관계없이, 고정제조간접원가를 가장 많이 '흡수(absorb)'할 수 있는 제품생산을 선택할 수 있다[생산라인에서의 '체리 피킹(cherry picking)']. 이때 고객의 수요가 높은 제품이 비교적 고정제조간접원가를 적게 흡수(또는 배부)하는 것이라면, 생산 지연으로 인하여 납기를 지키지 못할 수 있다. 즉, 시간이 지남에 따라 고객만족도가 떨어질 것이다.
- 공장관리자는 기업 내 다른 공장이 특정 주문을 처리하는 것이 적합하다 판단하더라도, 생산량을 늘리기 위하여 해당 주문을 수락할 수 있다.

- 생산량을 늘리기 위하여 기계설비 등의 수선유지활동을 연기할 수 있다. 결과적으로 당기의 영업이익은 증가할 수 있지만, 수리비용의 증가와 기계설비의 효율성 감소로 향후 영업이익이 급격히 감소할 수 있다.

성과평가 개선을 위한 제안

최고경영진은 관리자 또는 회계관리자 등의 도움을 통하여, 전부원가계산의 부작용을 줄이기 위한 몇 가지 절차를 수행할 수 있다.

- 재고자산과 관련된 예산과 계획 등을 보다 신중하게 설정하여, 초과(또는 과잉)재고자산을 구축할 여지를 제한한다. 예를 들어, 실제재고자산 수준이 예산재무상태표의 (기말)재고자산 추정치 또는 한계범위를 초과하는 경우, 이를 조사하고 소명하게 하는 제도를 구축한다.
- 내부적으로 재고자산 보유비용을 부과한다. 예를 들어, 경영자의 성과를 평가할 때, (기말 또는 월말)재고자산에 대한 기회비용과 부패 및 진부화의 대가로 매월 1%의 보유비용을 부과할 수 있다. 실제 다수의 기업이 이를 채택하고 있다.
- 성과평가의 대상기간을 변경한다. 전부원가계산을 비판하는 이유 중 하나는, 기업의 장기성과를 훼손하는 단기성과를 위한 경영자의 행위이다. 이에 성과평가 대상기간을 3~5년으로 늘린다면, 재고자산 증가에 대한 불필요한 유혹을 어느 정도 방지할 수 있다.
- 성과평가에 사용되는 지표에 재무적 변수뿐만 아니라, 비재무적 변수도 포함한다. 2018년 Stassen 경영자의 성과를 평가하는 데 사용할 수 있는 비재무적 변수의 예(보기 9-4의 H열 참조)는 다음과 같다.

$$\text{(a)}\ \frac{\text{2018년 기말재고자산}}{\text{2018년 기초재고자산}}=\frac{4{,}500}{2{,}000}=2.25$$

$$\text{(b)}\ \frac{\text{2018년 생산량}}{\text{2018년 판매량}}=\frac{9{,}000}{6{,}500}=1.38$$

최고경영진은 판매량만큼 생산하고, 비교적 안정적인 재고자산 수준이 유지되기를 원할 것이다. 여러 제품을 생산하고 판매하는 기업의 경우, 각 제품마다 이 두 측정치를 보고할 수도 있다.

공식적인 성과측정시스템 외에도, 기업은 경영자 자신의 이익을 위한 행동을 억제하는 문화를 구축하고, 행동강령 등을 개발하기도 한다.

재고자산 원가계산방법의 비교

설비용량(조업도)에 관한 논의를 시작하게 전에, 변동원가계산의 변형인 초변동원가계산을 살펴보고, 다른 방법과 비교해 본다.

초변동원가계산

일부 경영자들은 변동원가계산 또한 여전히 과도한 재고자산을 유발한다고 생각한다. Stassen이 생산하는 망원경의 경우, 렌즈 또는 받침대 등과 같은 직접재료만이 완성품에 대한 '진정한 변동원가'라고 주장한다. 재료처리량원가계산이라고도 하는 초변동원가계산(throughput costing)은 오직 직접재료원가만이 재고자산의 원가에 포함되는 극단적인 변동원가계산이다. 특히 변동·직접노무원가와 변동제조간접원가를 모두 기간비용으로 간주하여, 발생기간의 비용으로 처리한다.

보기 9-5는 2017년과 2018년의 초변동원가계산 손익계산서이다. 재료처리량 공헌이익은 매출액에서 판매된 제품의 직접재료원가를 차감한 금액과 같다. 보기 9-5의 영업이익을 전부원가계산 및 변동원가계산의 영업이익과 비교해 보자.

	2017	2018
전부원가계산 영업이익	$1,500,000	$1,335,000
변동원가계산 영업이익	$1,230,000	$1,537,500
초변동원가계산 영업이익	$1,050,000	$1,672,500

초변동원가계산에서는 단위당 직접재료원가 $110만이 재고자산화될 수 있으며, 단위당 전부원가는 $335, 단위당 변동원가는 $200이다. 2017년과 같이 생산량이 판매량을 초과하면, 초변동원가계산 손익계산서에 가장 많은 비용이 인식된다. 초변동원가계산을 지지하는 사람들이 제시하는 초변동원가의 장점은 전부원가 또는 변동원가에 비해 재고자산 축적의 유인을 경영자에게 제공하지 않는다는 점이다. 그럼에도 불구하고 지금까지 널리 채택되고 있지는 않다.[5]

보기 9-5 **2017년과 2018년 Stassen의 초변동원가계산 손익계산서**

Home Insert Page Layout Formulas Data Review View

	A	B	C
1		2017	2018
2	매출액: $1,000×6,000, 6,500단위	$6,000,000	$6,500,000
3	초변동원가 매출원가(직접재료원가)		
4	기초재고자산: $110×0, 2,000단위	0	220,000
5	직접재료원가: $110×8,000, 5,000단위	880,000	550,000
6	판매가능원가	880,000	770,000
7	기말재고자산: $110×2,000, 500단위	(220,000)	(55,000)
8	초변동원가 매출원가	660,000	715,000
9	초변동원가 공헌이익(재료처리량 공헌이익)[a]	5,340,000	5,785,000
10	제조원가(직접재료 이외)[b]	1,800,000	1,530,000
11	판매관리비[c]	2,490,000	2,582,500
12	영업이익	$1,050,000	$1,672,500
13			
14	[a] 매출액－판매된 직접재료원가		
15	[b] 고정제조원가+[(단위당 변동노무원가+단위당 변동제조간접원가)×생산량], $1,080,000+[($40+$50)×8,000, 5,000단위]		
16	[c] 고정판매관리비+(단위당 변동판매관리비×판매량), $1,380,000+($185×6,000, 6,500단위)		

5 참조: E. Goldratt, *The Theory of Constraints* (New York: North River Press, 1990); E. Noreen, D. Smith, and J. Mackey, *The Theory of Constraints and Its Implications for Management Accounting* (New York: North River Press, 1995).

도전! 9-3

Potter Replica는 수집가를 대상으로 특별한 조각상을 생산한다. 2017년 Potter의 예상 및 실제 생산량은 동상 12,000단위였고, 10,000단위를 평균 $425에 판매하였다. 2017년 Potter의 기타 정보는 다음과 같다.

직접재료원가	단위당 $87.50
변동제조원가	단위당 $50.00
고정제조원가	단위당 $62.50
변동판매관리비	단위당 $25.00

Potter의 동상 단위당 원가를 각각 (1) 전부원가계산, (2) 변동원가계산, (3) 초변동원가계산을 적용하여 계산하시오. 2017년 Potter의 재료처리량 공헌이익은 얼마인가?

재고자산 원가계산방법 간의 비교

변동원가계산 및 전부원가계산은 실제, 정상 및 표준원가계산과 결합하여 이용할 수 있다. 보기 9-6은 재고자산 원가계산의 가능한 방법을 서로 비교하고 있다.

변동원가계산은 내부보고 및 계획, 통제를 위하여 변동원가와 고정원가를 구분할 필요성이 있는지에 대한 의견차이가 아닌, 외부보고에 미치는 영향 때문에 회계전문가에게 논란이 되었다. 외부보고를 위하여 변동원가계산이 사용되어야 한다고 주장하는 회계전문가들은 고정제조원가의 경우 실제생산량보다 생산능력에 더 밀접한 관련(또는 동인)이 있다고 주장한다. 따라서 고정원가는 재고자산이 아닌, 발생기간의 비용으로 처리되어야 한다고 주장한다.

외부보고 목적으로 전부원가계산을 지지하는 회계전문가들은 제품을 생산하는 데 변동제조원가뿐만 아니라 고정제조원가 모두가 필요하므로, 고정제조(간접)원가가 재고자산에 포함되어야 한다고 주장한다. 따라서 서로 다른 원가행태(변동 및 고정)와 관계없이, 모든 제조원가를 수익에 대응시키기 위하여 두 가지 유형의 원가(변동 및 고정)를 모두 재고자산에 포함하여야 한다. 주주에 대한 외부보고를 위하여, 전 세계 대부분의 기업은 모든 제조원가를 재고자산에 포함하는(전부원가계산) 일반적으로 인정된 회계원칙(GAAP)을 따르는 경향이 있다. 이는 기업과 외부감사인이 제조원가를 변동 및 고정원가로 구분해야 하는 부담을 덜어준

보기 9-6 재고자산 원가계산방법 간의 비교

			실제원가계산	정상원가계산	표준원가계산
전부원가계산	변동원가계산	변동직접제조원가	실제가격×실제투입수량	실제가격×실제투입수량	표준가격 ×실제산출량에 허용된 표준투입수량
전부원가계산	변동원가계산	변동제조간접원가	실제변동간접원가율 ×배부기준 실제수량	예산변동간접원가율 ×배부기준 실제수량	표준변동간접원가율 ×실제산출량에 허용된 표준투입수량
전부원가계산		고정직접제조원가	실제가격×실제투입수량	실제가격×실제투입수량	표준가격 ×실제산출량에 허용된 표준투입수량
전부원가계산		고정제조간접원가	실제고정원가율 ×배부기준 실제수량	예산고정원가율 ×배부기준 실제수량	표준고정간접원가율 ×실제산출량에 허용된 표준투입수량

다. 사실 변동원가와 고정원가의 구분은 항상 정확하지는 않다.

마찬가지로, 미국 내 세무보고를 위해 경영자는 직접제조원가와 변동 및 고정 간접제조원가를 모두 고려한, '완전한 전부원가계산'을 적용하여야 한다. 간접제조원가에는 임차료, 유지보수, 수리비, 간접재료, 간접노무 등의 항목이 포함된다. 기타간접원가 범주(감가상각비, 보험료, 세금, 임원급여, 파업 관련 비용 등 포함)의 경우, '생산 또는 제조과정 중에 발생하고 필요한' 원가 부분은 재무보고를 위하여 재고자산의 원가로 처리한 경우에만 세무상 원가로 인정된다. 따라서 경영자는 종종 제조와 관련 있는 부분과 제조와 관련 없는 부분 사이에 원가를 배분해야 한다.

조업도(설비용량) 개념 및 고정원가 조업도 분석

변동 및 전부원가계산 방법의 차이는 고정제조간접원가의 처리에서만 발생한다는 것을 확인하였다. 이 고정제조원가는 고객의 예상수요를 충족하기 위해 필요한 설비 등의 규모나 용량을 확보하는 데 사용된다. '적절한' 규모의 설비용량을 결정하는 것은 경영자가 직면하는 가장 어려운 결정 중 하나이다. 시장의 수요를 충족하기 위하여 필요한 생산능력보다 더 많다는 것은 불필요한 생산능력에 대한 비용이 발생함을 의미한다. 반면 생산능력이 부족하다는 것은 일부 고객의 수요가 충족되지 않을 수 있음을 의미하며, 이 경우 고객은 다른 공급처를 선택하여 영원히 돌아오지 않을 수도 있다. 따라서 경영자와 회계담당자 모두 생산능력과 관련하여 발생할 수 있는 문제를 충분히 이해하여야 한다.

전부원가계산에 대한 핵심 질문과 함께 이 부분을 시작해 보자. 기업이 고정제조원가 지출수준을 결정할 때, 경영자는 단위당 고정제조원가를 계산하기 위하여 어떤 조업도(설비용량) 수준을 사용하여야 하는가? 질문에 대한 답을 고민해본 뒤, 기업이 조업도 수준을 어떻게 결정하는지 학습해 보자.

전부원가계산 및 조업도 개념

원가정보의 적시성을 위하여 정상원가계산과 표준원가계산을 강조하였다. 이때, 제품에 예산고정제조원가를 배부하기 위하여 사용되는 조업도 수준을 선택하는 것은 정상원가계산 또는 표준원가계산의 원가정보와 영업이익에 중대한 영향을 미칠 수 있다.

Stassen의 사례를 다시 떠올려 보자. 생산시설의 연간 고정제조원가는 $1,080,000이며, Stassen은 현재 외부보고 목적으로 표준원가계산과 전부원가계산을 사용하고 있고, 단위당 예산고정제조원가율을 계산하여 사용 중이다. 이제 예산고정제조원가율을 계산하기 위해 분모로 사용되는 4가지 조업도 수준(이론적, 실제적, 정상 및 기대 조업도)을 살펴보도록 하자.

이론적 조업도 및 실제적 조업도

경영과 회계영역에서, 조업도 혹은 설비용량은 일반적으로 '제한'이나 '상한'을 의미하는 경우가 대부분이다. 이론적 (최대)조업도는 기계설비 등을 항상 최대효율로 사용하여 생산하는 조업도 수준이다. Stassen은 생산라인이 최대속도로 작동할 때, 교대작업당 25단위를 생산할 수 있다. 연간 360일을 가정하면, 하루 2교대에 대한 이론적 조업도 수준은 다음과 같다.

교대당 25단위 × 하루 2교대 × 360일 = 18,000단위

이론적 조업도는 유지보수 등으로 인한 생산라인의 가동 중지 또는 속도저하를 허용하지 않는다는 점에서 매우 이상적 수준의 조업도이다. 이론적 조업도 수준은 현실에서 달성하기는 불가능하지만, 기업이 꿈꿀 수 있는 설비활용의 이상적인 목표를 나타낸다.

실제적 (최대)조업도는 유지보수 또는 휴일로 인한 가동 중단 등과 같은 불가피한 가동 중단을 고려한, 사실상 이론적 조업도 수준을 낮춘 조업도 수준이다. 실제적 조업도 수준은 1년 300일 동안(이론적 조업도 360일에서 휴일을 고려하여), 하루 2교대에 대해 교대작업당 20단위(이론적 조업도 수준의 25단위보다 완화된)를 실제생산율이라고 가정한다. 연간 실제적 조업도 수준은 다음과 같다.

교대당 20단위 × 하루 2교대 × 300일 = 12,000단위

이론적 또는 실제적 조업도를 추정할 때, 공학적 및 인적 요인이 모두 중요하다. Stassen의 엔지니어는 망원경 제조작업을 위한 기계설비의 기술적 능력에 대한 정보를 제공할 수 있다. 인사부서는 생산라인이 더 빠른 속도로 가동될 때, 부상위험과 같은 직원안전요소를 평가하여, 그 결과정보를 제공할 수 있다.

정상 조업도 및 기대 조업도

이론적 조업도와 실제적 조업도는 기계설비 등이 공급할 수 있는 용량(가용용량) 측면에서 조업도 수준을 측정한다. 반면 정상 조업도 및 기대 조업도(master-budget capacity)는 기계설비 등에 대한 사용수요 측면, 즉 제품의 수요를 바탕으로 측정한 기계설비 등의 예상 사용량과 같은 관점이다. 대부분의 경우, 예산수요는 가용생산능력보다 적다.

정상 조업도는 계절적·주기적 또는 추세 요인을 포함한 기간(예: 2~3년) 동안 고객의 평균수요를 충족할 수 있는 설비용량 사용수준을 의미한다. 기대 조업도는 경영자가 현재 예산기간(보통 1년) 동안 기대하는 설비용량의 사용수준이다. 이 두 가지 조업도 수준은 수요의 주기적 변동패턴이 나타나는 산업에서 서로 상당히 다를 수 있다. 예를 들면 다음과 같다.

- 자동차 산업은 저금리 상황에서 수요가 많을 수 있는 반면, 경기침체로 수요가 적을 수 있다.
- 반도체 산업은 기업들이 직원용 컴퓨터를 업데이트할 경우 수요가 많을 것이고, 기업규모를 축소하면 수요가 감소할 것이다.

연간 8,000단위의 망원경 생산을 기준으로 한 Stassen의 2017년 종합예산을 고려해 보자. 2017년에 8,000단위의 기대 조업도 수준을 사용하였음에도 불구하고, 경영진은 향후 3년간 정상적인(평균) 연간 생산량 수준은 10,000단위로 유지될 것이라 믿고 있다. 즉, 경쟁기업의 가격할인으로 인하여 2017년의 예산생산량을 8,000단위로 설정한 현재의 상황을 경영진은 일시적이고 '비정상적'으로 판단하고 있는 것이다. 따라서 Stassen의 경영진은 2018년 이후의 생산 및 판매량이 더 높아질 것으로 예상하고 있다.

예산고정제조원가율에 미치는 영향

이제 이러한 네 가지 분모(조업도)수준이 예산고정제조원가율에 미치는 영향을 살펴보자.

Stassen은 2017년 망원경 생산을 위한 예산고정제조간접원가를 $1,080,000만큼 설정하였다. 이는 망원경 생산의 설비용량에 관한 지출이며, 설비임차료와 설비관리자의 급여가 포함된다. 2017년 네 가지 조업도 수준에 대한 예산고정제조간접원가율은 다음과 같다.

	A	B	C	D
1		연간	예산 조업도	단위당
2		예산고정제조	수준	예산고정제조
3	조업도 수준	간접원가	(단위)	간접원가
4	(1)	(2)	(3)	(4)=(2)/(3)
5	이론적 조업도	$1,080,000	18,000	$ 60
6	실제적 조업도	$1,080,000	12,000	$ 90
7	정상 조업도	$1,080,000	10,000	$108
8	기대 조업도	$1,080,000	8,000	$135

$60에서 $135까지의 원가율 차이는 각 예산 조업도 수준의 차이로부터 발생한다. 예산(표준)변동제조원가는 단위당 $200이다. 따라서 각 조업도 수준별 단위당 총예산(표준)제조원가는 다음과 같다.

	A	B	C	D
1		단위당	단위당	단위당
2		예산변동	예산고정	예산
3	조업도 수준	제조원가	제조간접원가	총제조원가
4	(1)	(2)	(3)	(4)=(2)+(3)
5	이론적 조업도	$200	$ 60	$260
6	실제적 조업도	$200	$ 90	$290
7	정상 조업도	$200	$108	$308
8	기대 조업도	$200	$135	$335

각 조업도 수준에 따라 원가율을 계산하는 분모가 달라지므로, 이에 따라 예산고정제조원가율도 달라지게 된다. 따라서 Stassen은 조업도 수준을 선택하여야 한다. 하지만 관리 및 통제, 주주 등에 대한 외부보고, 세무보고 등의 모든 영역에 동일한 조업도 수준을 사용할 필요는 없다.

9-4 도전!

Swift Feet, Inc.는 최대 효율로 시간당 1,000단위(켤레)의 운동화를 생산할 수 있다. 매일 8시간, 3회 교대로 작업하며, 불가피한 작업 중단 등으로 생산량은 시간당 평균 800단위이다. 공장은 실제로 한 달 중 27일을 운영하며, 경쟁업체의 등장으로 이번 달 예산판매량은 500,000단위이다. 그러나 이는 일시적 현상이며, 이후 기간부터는 다시 매월 평균 515,000단위가 판매될 것으로 예상하고 있다.
매월 30일을 가정하고 Swift Feet의 월별 (1) 이론적 조업도, (2) 실제적 조업도, (3) 정상 조업도, (4) 기대 조업도를 계산하시오.

조업도 수준의 선택

앞서 살펴본 바와 같이, 경영자는 매 회계연도가 시작될 때마다 적절한 조업도 수준을 선택하고, 단위당 고정제조원가율을 계산한다. 이제 (a) 제품원가 및 조업도 관리, (b) 가격결정, (c) 성과평가, (d) 재무보고, (e) 세무보고 등의 다양한 목적을 위한 조업도 수준의 선택을 논의해 본다.

제품원가 및 조업도 관리

정상원가계산 또는 표준원가계산의 자료는 가격 또는 제품배합에 관한 의사결정에 자주 사용된다. Stassen의 사례에서 알 수 있듯이, 이론적 조업도는 비현실적인 이상적 수준의 가정을 바탕으로 하므로, 단위당 고정제조원가가 비현실적으로 낮아진다. 따라서 기업의 현실적인 조업도 수준에서 크게 벗어날 가능성이 높으므로, 단위당 고정제조원가를 계산하는 데 거의 사용하지 않는다.

단위당 고정제조원가를 계산할 때, 많은 기업에서 실제적 조업도 사용을 선호한다. Stassen의 사례에서 실제적 조업도는 생산을 위해 지출할 예정인 고정제조원가 $1,080,000에 대해 합리적으로 예상할 수 있는 최대 생산 단위(12,000)를 나타낸다. 만약 Stassen이 매년 더 적은 양의 망원경을 생산할 예정이었다면(예: 6,000단위), 아마도 더 작은 규모의 공장을 건설하여 원가를 절감하였을 것이다.

Stassen은 12,000단위를 생산하기 위한 원가 $1,080,000에 기초하여, 단위당 예산고정제조원가 $90를 설정하였다. 이는 Stassen의 경영자가 기계설비 등을 사용하기 전 그리고 실제로 사용할 설비용량의 수준을 알기 전에 선택하는 중요한 전략적 결정이다. 즉, 단위당 $90의 예산고정제조원가는 조업도 공급 단위당 원가이다.

2017년 망원경의 수요는 8,000단위로 예상되며, 이는 실제적 조업도 12,000단위보다 적다. 그러나 Stassen이 12,000단위를 생산할 수 있는 설비용량에 요구되는 원가는 연간 $1,080,000이므로, 12,000단위를 위해 필요한 설비용량을 공급하는 원가는 여전히 단위당 $90이다. 조업도(설비용량)와 이에 따른 원가는 단기적으로 고정된다. 변동원가와 달리, 2017년에 필요한 조업도 수준에 맞게 자동적으로 조정되지 않는다. 이는 단위당 $90에 공급되는 설비용량이 2017년에 모두 필요하거나 사용되지 않음을 의미한다. 실제적 조업도를 분모로 사용하여, 경영자는 공급된 설비용량에 대한 원가를 사용된 부분과 사용되지 않은 부분으로 구별할 수 있다. 단위당 $90의 설비용량 공급원가에서, Stassen이 사용할 부분은 $720,000(단위당 $90 × 8,000단위)이며, 사용하지 않을 부분은 $360,000[단위당 $90 × (12,000 − 8,000)단위]이다.

실제적 조업도를 선택하면, 설비용량의 수요와 관계없이 설비용량 공급원가로 용량 단위당 원가가 결정된다. 사용되지 않은 설비용량에 대한 원가에 초점을 맞추면, 경영자는 미사용 설비용량을 사용하기 위하여 신제품을 설계하거나, 미사용 용량을 임대 또는 제거하는 등의 대책을 마련하여야 한다. 반면, 망원경의 수요를 기반으로 하는 조업도 수준(정상 및 기대 조업도)을 사용하면, 사용되지 않은 설비용량의 수준이 드러나지 않는다. Stassen이 기대 조업도를 선택하였다면, 단위당 고정제조원가는 $135($1,080,000 ÷ 8,000단위)였을 것이다. 이 계산과정에서는 실제적 조업도 자료가 사용되지 않았으므로, 사용 가능하지만 사용하지 않는 설비용량에 대한 원가는 별도로 나타나지 않는다. 하지만 단위당 $135의 원가에는 이미 미사용 설비용량에 대한 원가가 포함되어 있다. 즉, 실제적 조업도의 단위당 고정제조원가 $90와 단위당 미사용 설비용량 원가 $45($360,000 ÷ 8,000단위)의 합이 $135이다.

장기적인 관점에서, 제품의 가격결정이나 경쟁기업을 벤치마크하기 위한 목적 등으로 Stassen은 제품원가 계산을 위해 어떤 조업도를 선택하여야 하는가? 실제적 조업도의 단위당 $90 혹은 기대 조업도의 단위당 $135? 아마도 그 답은 실제적 조업도의 단위당 $90일 것이다. 그 이유는 단위당 $90의 경우 미사용될 설비용량의 원가는 명시적으로 제외된, 오직 사용될 설비용량의 단위당 예산원가이기 때문이다. Stassen의 고객은 제품생산에 실제로 사용된 자원에 대한 원가는 부담할 용의가 있지만, 사용하지 않은 자원에 대한 원가는 부담하기를 원하지 않을 것이며, 그것은 Stassen이 부담해야 할 것이라 판단할 것이다. 게다가 Stassen의 경쟁기업이 미사용 설비용량을 효과적으로 관리한다면, 단위당 고정제조원가를 $90로 유지할 가능성이 높다. 다음으로는 경영자가 정상 조업도 또는 기대 조업도를 사용하여 잘못된, 즉 경쟁력 없는 판매가격을 설정하는 경우를 살펴볼 것이다.

수요감소의 악순환과 가격결정

기업이 경쟁기업의 가격을 따라가지 못할 때 고객의 수요는 감소하게 되고, 이는 단위당 원가 상승으로 나타나 단위당 판매가격을 경쟁기업의 가격에 맞추기를 주저하게 되어, 또다시 고객의 수요가 감소하는 악순환이 나타난다.

이러한 수요감소 추세를 이해하기 위하여 Stassen의 사례를 이용하여 보자. Stassen은 2017년 제품원가계산을 위해 8,000단위의 기대 조업도를 사용한다고 가정해 보자. 그 결과 단위당 제조원가는 $335(단위당 변동제조원가 $200 + 단위당 고정제조원가 $135)이다. 2016년 12월, 경쟁기업이 Stassen의 주요 고객(2017년에 2,000단위를 구매할 것으로 예상된 고객)에게 단위당 $300에 망원경을 공급하겠다고 제안했다고 가정하자. 그러나 Stassen의 경영자는 손실을 보고하지 않고 장기적으로 모든 원가가 회수되기를 원하므로, 경쟁기업의 가격에 따르기를(원가 이하로 판매할) 거부한다. 하지만 손실은 발생하며, 그 이유는 예산고정제조원가 $1,080,000가 단위당 $180($1,080,000 ÷ 6,000)의 비율로 기대 조업도 6,000단위에 배부되기 때문이다.

이 상황에서 2,000단위 판매가 예상되었던 Stassen의 또 다른 주요 고객이 경쟁기업으로부터 단위당 $350의 가격을 제안받았다고 가정하자. Stassen의 경영자는 경쟁기업의 가격 $350를 Stassen의 수정된 가격 $380($200 + $180)와 비교하지만, 원가 이하로의 판매를 거부하며 경쟁기업의 가격을 거절할 것이다. 계획된 생산량은 이제 4,000단위로 더 줄어들게 될 것이다. 나머지 4,000단위의 단위당 예산고정제조원가는 이제 $270($1,080,000 ÷ 4,000단위)가 된다. 다음은 기대 조업도의 감소가 고정제조원가의 배분에 미치는 영향을 요약하고 있다.

Home Insert Page Layout Formulas Data Review View

	A	B	C	D
1			단위당	
2			예산고정제조	단위당
3		단위당	간접원가	예산
4	기대 조업도 수준	예산변동제조원가	[$1,080,000÷(1)]	총제조원가
5	(1)	(2)	(3)	(4)=(2)+(3)
6	8,000	$200	$135	$335
7	6,000	$200	$180	$380
8	4,000	$200	$270	$470
9	3,000	$200	$360	$560

반면, 실제적 조업도는 안정적인 척도이다. 단위당 예산고정제조원가를 계산하기 위하여 실제적 조업도를 분모로 사용하면, 고객의 수요에 연동된 조업도가 아닌 사용 가능한 설비용량에 연동된 조업도이므로, 고객의 수요변화에 따른 단위당 고정제조원가 변동을 회피할 수 있다. 설정된 판매가격을 기계적으로 적용하는 경영자의 경우에도, 정상 조업도 또는 기대 조업도를 사용할 때보다, 실제적 조업도를 사용하는 경우에 수요감소를 촉진할 가능성이 낮다.

단위당 고정제조원가를 계산하기 위하여 실제적 조업도를 사용하면, 예산생산량을 충족하기 위하여 필요한 설비용량과 미사용 설비용량 수준을 명확하게 구분할 수 있다. 앞서 논의한 바와 같이, 망원경 한 단위의 제조원가는 $290(단위당 변동제조원가 $200 + 단위당 고정제조원가 $90)이다. 이 제조원가는 다른 경쟁기업에 비하여 낮을 것이며,[6] 이를 유지하기 위하여 Stassen의 구성원은 최선을 다하고 있을 것이다(논의의 편의를 위하여 다른 원가는 없다고 가정). 그러나 Stassen의 경쟁기업이 단위당 $290 이하로 판매가격을 제시할 수 있다면,

CONCEPTS IN ACTION

ESPN은 죽음의 소용돌이(Death Spiral)를 벗어날 수 있을까?

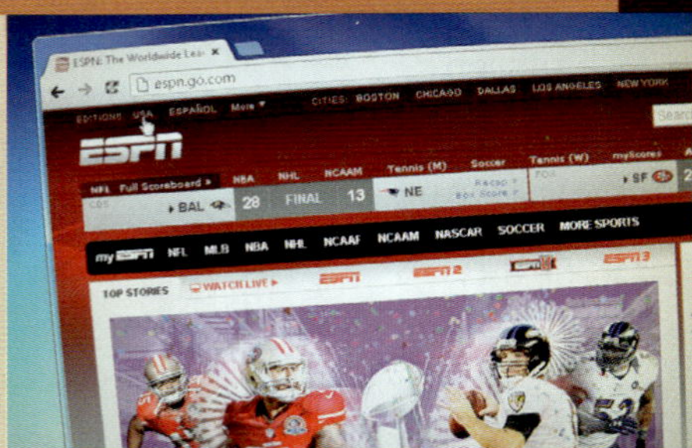

Web Pix/Alamy Stock Photo

지난 수년 동안 ESPN은 미국과 전 세계의 스포츠 방송을 장악하였다. 8개의 케이블 TV 네트워크, 웹 사이트, 잡지 및 다양한 글로벌 영업부문으로 구성된 ESPN은 The Walt Disney Company 내의 $110억 규모의 사업단위이다. 2015년 ESPN은 Disney의 가장 큰 부문인 미디어 네트워크 사업 전체 매출의 약 절반을 차지하며 영업이익의 약 40%인 $44억을 달성하였다.

이러한 재무적 성공에도 불구하고, ESPN은 2013년부터 2015년까지 700만 명 이상의 가입자를 잃어버렸다. Netflix 및 HBO Go의 새로운 서비스로 인하여, 많은 TV 시청자가 값비싼 케이블 구독을 취소하거나(cord cutters) 신규 가입하지 않았다(cord nevers). ESPN 구독료가 월 $8 정도이므로, 구독 취소원가는 2015년 기준 $7억에 육박했다. 반면 최근 몇 년간 ESPN이 스포츠 생중계를 위하여 각 스포츠 리그에 지불하는 비용은 급격히 증가하였다. 예를 들어, 2015년 ESPN이 체결한 NBA와의 생중계 계약은 이전 계약금액의 3배로 9년간 총 $14억 규모이다.

일부 전문가들은 구독 취소가 ESPN 및 기타 케이블 네트워크에 대한 전체적인 수요감소로 이어질지 관심을 가졌다. 여기서 ESPN 구독자의 추가적인 감소는 높은 수준의 고정원가(예: NBA 중계권)를 충당하기 위하여 구독료를 높이도록 유도한다. 결과적으로 높은 구독료는 더 많은 구독취소를 유도하며, 결국 ESPN의 비즈니스 모델을 지속 불가능하게 할 수 있다.

결국, ESPN의 경영진은 가능한 모든 원가를 절감하기 위하여 공격적인 조치를 단행하였다. 2015년 ESPN은 Bill Simmons, Keith Olberman 등과 같은 유명 방송인 및 300명 이상의 직원을 해고하였다. 또한 독립형 ESPN 디지털 스트리밍 서비스를 포함한 새로운 수익모형을 모색하고 있으며, 저렴한 구독 옵션을 마련하기 위해 위성 TV 제공업체와 협상 중이다. 여전히 많은 스포츠 팬들이 ESPN의 전원을 켜고 있지만, ESPN을 죽음의 소용돌이에서 구해내기 위해 그들 중 몇 명이 최후까지 전원버튼을 누를 것인지 지켜볼 일이다.

출처: Matt Bonesteel, "Survey Paints Gloomy Picture for ESPN," *The Washington Post*(January 13, 2016); Jeremy Bowman, "Don't Expect ESPN to Cut the Cord Anytime Soon," *The Motley Fool*(January 24, 2016); Andrew Ross Sorkin, "Beyond Star Wars, a Dark Force Looms for Disney: Cost-cutting," *The New York Times*(December 21, 2015).

6 그렇지 않다면 이미 시장에서 도태되었을 것이다.

Stassen은 더 이상 망원경의 원가를 회수하지(판매하지) 못할 것이다. 이는 Stassen의 미사용 설비용량의 수준 여부와 관계없이, Stassen의 망원경 원가 또는 판매가격이 현재 경쟁력이 없다는 점을 분명히 알려준다. 이때 Stassen이 수익성을 높이고 장기적으로 고객을 유지하는 유일한 방법은 단위당 제조원가를 줄이는 것이다.

이러한 수요감소의 악순환은 전통적 유선전화 산업에서 심각하게 나타나고 있다. 많은 고객들이 무선 또는 인터넷 기반의 통신서비스로 전환함에 따라, 미국 내 가장 큰 유선전화 업체인 Verizon과 AT&T는 가정 및 기업에 대한 유선전화서비스를 줄이고 있다. 미 연방 통신위원회에서 AT&T는 "과거 전통적인 전화서비스의 비즈니스 모델은 이제 죽음의 소용돌이 안에 있습니다."라고 현재 상황을 설명하였다. 케이블 방송 ESPN도 이에 자유로울 수 없으며, 케이블 네트워크 산업 또한 유사한 상황에 직면하고 있다.

성과평가

정상 조업도, 기대 조업도 및 실제적 조업도 중에서 어떤 조업도를 선택하는 것이 마케팅 관리자의 성과평가에 미치는 영향을 살펴보도록 하자. 정상 조업도는 종종 장기계획의 기초로 사용된다. 정상 조업도는 예측을 위하여 선택한 기간에 따라 달라진다. 그러나 정상 조업도는 마케팅 관리자에게 특정 기간 의미 있는 피드백을 제공하지는 않는다. 정상 조업도를 이용하여 마케팅 관리자의 현재 성과를 평가하는 것은 단기 목적을 위하여 장기 측정정보를 오용하는 대표적인 사례이다.

종합예산은 단기 계획 및 통제를 위한 주요 수단이므로, 기업은 마케팅 관리자의 성과평가를 위하여 정상 조업도 또는 실제적 조업도가 아닌, 기대 조업도를 사용하여야 한다. 기업이 달성해야 하는 목표, 즉 종합예산을 신중하게 설정할수록, 경영자는 달성에 대한 의무를 진지하게 받아들일 것이다.

실제적 조업도와 기대 조업도 간의 차이가 클 경우, 여러 기업(예: Texas Instrument, Polysar 및 Sandoz)은 그 차이를 계획된 미사용 설비용량으로 분류한다. 이 접근방식의 한 가지 이유는 성과평가이다. Stassen의 사례에서, 일반적으로 조업도 수준을 계획하는 담당자는 가격결정에 관여하지 않는다. 최고경영진은 향후 5년간의 수요에 초점을 맞추어 12,000단위를 실제적으로 생산할 수 있는 생산시설을 건설하기로 결정하며, 중간 수준의 경영자인 마케팅 관리자는 가격을 결정할 것이다. 따라서 이 마케팅 관리자는 2017년 잠재적 고객에 관련된 제조간접원가에 대해서만 책임을 져야 할 것이다. 2017년 고객수요에 기반한 기대 조업도는 8,000단위(실제적 조업도 12,000단위의 2/3)이므로, 책임회계원칙에 따라 예산고정제조원가의 2/3($1,080,000×2/3=$720,000)만이 2017년 고객 수요에 대한 원가로 배부되어야 한다. 나머지 1/3($1,080,000×1/3=$360,000)은 2017년 이후 수요증가를 대비하기 위한 설비용량의 비용으로 별도 표시하여야 한다.

재무보고

전부원가계산에서 유불리한 생산조업도차이는 단위당 예산고정제조원가를 계산하는 과정에서 사용되는 분모 수준(조업도 수준)의 선택에 영향을 받는다. 2017년, 다음과 같은 Stassen의 운영정보를 가정해 보자.

	A	B	C
1	기초재고자산	0	
2	생산량	8,000	단위
3	판매량	6,000	단위
4	기말재고자산	2,000	단위
5	판매가격	$ 1,000	단위
6	변동제조원가	$ 200	단위당
7	고정제조원가	$1,080,000	단위당
8	변동판매관리비	$ 185	
9	고정판매관리비	$1,380,000	판매 단위당

위의 자료는 보기 9-1에서 Stassen의 변동 및 전부원가계산에 대한 영업이익을 계산할 때 사용한 내용과 같다. 마찬가지로 제조원가에 대한 가격, 소비 및 능률차이는 없다고 가정한다.

생산조업도차이를 계산하는 공식을 떠올려 보자.

생산조업도차이 = 예산고정제조간접원가 − 실제생산량에 배부된 고정간접원가

4종류의 다른 조업도 개념으로 인하여, 4종류의 서로 다른 단위당 예산고정제조원가가 발생한다. 원가율이 다르면, 실제생산된 8,000단위에 배부된 고정제조간접원가와 생산조업도차이가 달라진다. 예산고정제조원가 $1,080,000(실제고정제조원가와 동일)와 각 조업도 수준에 대해 앞에서 계산된 원가율을 이용한 생산조업도차이는 다음과 같다.

생산조업도차이(이론적 조업도) = $1,080,000−(8,000단위×단위당 $60)
= $1,080,000−480,000
= $600,000 U

생산조업도차이(실제적 조업도) = $1,080,000−(8,000단위×단위당 $90)
= $1,080,000−720,000
= $360,000 U

생산조업도차이(정상 조업도) = $1,080,000−(8,000단위×단위당 $108)
= $1,080,000−864,000
= $216,000 U

생산조업도차이(기대 조업도) = $1,080,000−(8,000단위×단위당 $135)
= $1,080,000−1,080,000
= $0

Stassen이 기말에 이 생산조업도차이를 처리하는 방식에 따라서 영업이익에 미치는 영향이 달라진다. 이제 Stassen이 생산조업도차이를 처리하는 세 가지 방식에 대하여 논의해 보자.

1. **조정배부율법** 이 방법은 예산이 아닌 실제원가율을 사용하여 원장의 모든 금액을 조정하는 것이다. 실제고정제조원가가 $1,080,000이고 실제생산량이 8,000단위라면, 재계산된 단위당 고정제조원가는 $135($1,080,000÷실제생산량 8,000단위)이다. 조정배부율법에서는 단위당 예산고정제조원가를 계산하기 위한 조업도의 선택이 기말 재무제표에 영향을 미치지 않는다. 실제로 실제원가계산에서는 기말에 실제배부율을 계산한다.

2. **비례배부법** 과소/과다 배부된 간접원가는 재공품, 완성품 및 매출원가의 기말 잔액에 비례배부한다. 비례배부는 각 계정잔액을 예산원가율이 아닌 실제원가율을 사용한 잔액으로 재조정한다. 비례배부법 역시 단위당 예산고정제조원가를 계산하기 위한 조업도의 선택이 기말 재무제표에 영향을 미치지 않는다.

3. **매출원가조정법** 보기 9-7은 이 방법이 Stassen의 영업이익에 미치는 영향을 보여주고 있다. 2017년 12월 31일 기준 2,000단위의 기말재고자산에 기대 조업도를 선택했을 때 고정제조원가가 가장 많이 배부된다(보기 9-7의 '기말재고자산 조정' 참조). 따라서 기대 조업도를 선택하면 영업이익이 가장 높다. 보기 9-7에서 각 조업도 별 영업이익이 다른 이유는 2017년 재고자산화되는 고정제조간접원가의 크기가 다르기 때문이다.

2017년 12월 31일, 기말재고자산의 고정제조간접원가	
이론적 조업도	2,000단위×단위당 $60=$120,000
실제적 조업도	2,000단위×단위당 $90=$180,000
정상 조업도	2,000단위×단위당 $108=$216,000
기대 조업도	2,000단위×단위당 $135=$270,000

예를 들어, 보기 9-7에서 기대 조업도와 정상 조업도 간의 영업이익 차이 $54,000 ($1,500,000 − $1,446,000)는 재고자산화된 고정제조간접원가 차이($270,000 − $216,000) 때문이다.

요약하면, 9장의 보기 9-4 및 보기 9-7에서 영업이익이 증가하는 공통 요인은 기말재고자산에 포함되는 고정제조원가의 증가이다. 재고자산에 포함되는 고정제조원가의 크기는 기말재고자산의 수량과 단위당 고정제조원가 두 요소에 따라 달라진다. 보기 9-4는 생산량 조정을 통한 기말재고자산 수량 조정이 영업이익에 미치는 영향을 보여주고 있다. 보기 9-7은

보기 9-7 **조업도 선택이 손익계산서에 미치는 영향: 2017년 Stassen Company**

Home Insert Page Layout Formulas Data Review View

	A	B	C	D	E	F	G	H	I
1		이론적 조업도		실제적 조업도		정상 조업도		기대 조업도	
2	분모수준	18,000		12,000		10,000		8,000	
3	매출액[a]	$6,000,000		$6,000,000		$6,000,000		$6,000,000	
4	매출원가:								
5	기초재고자산	0		0		0		0	
6	변동제조원가[b]	1,600,000		1,600,000		1,600,000		1,600,000	
7	고정제조원가[c]	480,000		720,000		864,000		1,080,000	
8	판매가능원가	2,080,000		2,320,000		2,464,000		2,680,000	
9	기말재고자산[d]	(520,000)		(580,000)		(616,000)		(670,000)	
10	매출원가(표준원가)	1,560,000		1,740,000		1,848,000		2,010,000	
11	생산조업도차이 조정	600,000	U	360,000	U	216,000	U	0	
12	매출원가	2,160,000		2,100,000		2,064,000		2,010,000	
13	매출총이익	3,840,000		3,900,000		3,936,000		3,990,000	
14	판매관리비[e]	2,490,000		2,490,000		2,490,000		2,490,000	
15	영업이익	$1,350,000		$1,410,000		$1,446,000		$1,500,000	
16									
17	[a] $1,000×6,000단위=$6,000,000			[d] 기말재고자산:					
18	[b] $200×8,000단위=$1,600,000			($200+$60) ×2,000단위=$520,000					
19	[c] 고정제조원가:			($200+$90) ×2,000단위=$580,000					
20	$60×8,000단위= $ 480,000			($200+$108)×2,000단위=$616,000					
21	$90×8,000단위= $ 720,000			($200+$135)×2,000단위=$670,000					
22	$108×8,000단위=$ 864,000			[e] 판매관리비:					
23	$135×8,000단위=$1,080,000			$1,380,000+($185×6,000단위)=$2,490,000					

단위당 고정제조간접원가를 조정하여(즉, 원가율 계산과정에 분모수준을 조정하여) 영업이익에 미치는 영향을 보여준다.

앞에서 생산조업도차이를 각 계정별로 비례배분할 것인지 매출원가에서 조정할지를 선택할 때, 경영자 및 회계담당자가 고려해야 하는 다양한 이슈를 논의하였다. 생산조업도차이를 기록하는 목적은 미사용된 설비용량 수준을 나타내는 것이다. 그러나 이 금액의 크기를 결정하는 것은 사실 판단의 문제이다.

재무보고를 위해서 SFAS(미국재무회계기준) 151은 고정제조간접원가의 배부에 정상 조업도를 사용하도록 요구하고 있다. 이 경우 정상 조업도는 정상 상황하에서 여러 기간 또는 계절에 걸쳐 예상되는 생산수준의 범위를 의미한다. 비정상적으로 높은 생산수준에 의하여 단위당 고정제조간접비는 낮아지고, 기말재고자산에 과도하게 배부되는 경우는 허용되지 않는다. 실제생산량이 정상생산량 범위 미만인 경우, 배부되지 않는 고정간접원가는 발생기간의 비용으로 처리된다. 그러나 SFAS 151은 중요하지 않은 항목까지 적용할 필요는 없다. 또한 조정금액, 즉 당기 비용으로 처리되는 미사용 설비용량에 대한 고정간접원가 금액으로 외부로 공개할 것을 요구하지는 않는다.

세무보고

세무보고를 위하여 미국 국세청(IRS)은 기업이 '공정한 방법'을 사용하여 간접원가를 재고자산에 배부하는 것을 요구한다. 이는 간접원가율[IRS에서는 '부담률 방법(manufacturing burden rate method)'이라고 함] 또는 표준원가를 포함하는 개념이다. 어느 방법에서든, IRS는 조정배부율법 또는 비례배부법을 이용하여 실제간접원가와 배부금액의 차이를 기말에 조정하는 것을 요구한다.[7] 하나 흥미로운 것은 두 가지 조정방식 모두 IRS는 단위당 예산고정제조간접원가를 계산하기 위하여 실제적 조업도 사용을 허용한다는 점이다. 또한 이러한 방법에 의하여 발생한 생산조업도차이는 발생한 연도에 세무상 비용처리(공제)가 가능하다. 이러한 정책의 세금 혜택은 보기 9-7에서 명확하게 확인할 수 있다. 분모가 실제적 조업도로 설정된 경우의 영업이익(생산조업도차이 $360,000가 매출원가에서 조정)은 정상 조업도 또는 기대 조업도의 영업이익보다 적다.

조업도 계획 및 통제

앞서 논의한 내용 이외에도, 경영자는 조업도 수준을 계획하고 관련 원가를 적절히 통제 및 배분하는 방법을 결정할 때, 다양한 요소들을 고려해야 한다. 이러한 요소에는 조업도에 대한 예상원가와 예상수요에 대한 불확실성, 비제조분야의 관련 문제, 활동기준원가계산의 적용가능 여부 등이 포함된다.

---

7 예를 들어, 미국세법(Section 1.471-11 of the U.S. Internal Revenue Codes)에는 "적절한 표준원가의 사용은… 제시되어 있다. 납세자는 간접원가의 과소 또는 과다 배부금액을 기말재고자산에 비례적으로 다시 배부하여야 한다."라고 물론 기업의 재무보고에서 동일한 회계처리가 이루어지고, 또한 그 금액이 중요하지 않은 경우는 매출원가에서 일괄 조정할 수 있다.

조업도 수준 예측의 어려움

실제적 조업도는 사용 가능한 설비용량의 공급 수준을 의미한다. 경영자는 보통 공학적 분석과 인적 자원에 대한 검토(작업자 안전 등)를 통하여 예산기간 동안의 신뢰할 만한 조업도(분모) 수준 추정치를 산출한다. 일반적으로 수요 측면의 조업도, 특히 장기적 정상 조업도의 신뢰할 만한 추정치를 도출하는 것이 더 어려운 일이다. 예를 들어, 1980년대 미국의 많은 철강회사들은 2~3년 내로 회복할 수 있는 수요하락세에 진입했다고 믿고 있었다. 이는 철강산업의 경우 침체와 상승세가 반복되는 정상 조업도 개념이 합리적으로 적용될 수 있는 산업임을 의미한다. 그러나 안타깝게도, 1980년대의 철강산업에서는 그러한 경기순환이 나타나지 않았고, 그로 인해 수많은 공장과 기업이 문을 닫아야만 했다. 최근의 세계경제 침체는 수요예측이 부정확할 수 있음을 여실히 보여준다. 2006년 자동차 산업의 애널리스트들은 인도의 승용차 수요가 2009년부터 2010년 동안, 연간 192만 단위에 이를 것이라고 예측했다. 하지만 2009년 초, 같은 기간에 대한 예측은 137만 단위로 하향 조정되었다. 부정확한 예측은 자동차 산업에만 국한되지 않는다. 2016년 5월, 중국의 일부 항구에 비축된 철광석의 양은 지난 14개월 중 최고치인 1억 톤 이상이었으며, 중국 정부의 예상과 달리 건설경기는 회복되지 않아서 철광석 가격은 폭락하였다. 경기순환에 대한 불확실한 예측 외에도, 기업은 영업능력의 과대평가로 인하여 발생하는 문제에 직면하기도 한다. 기업의 '정상적 수준'의 수요예측치는 지나치게 낙관적인 전망을 바탕으로 할 수 있다. 기대 조업도는 다음 연도 예상수요에만 초점을 맞춘다. 따라서 기업은 정상 조업도에 비해 기대 조업도를 보다 안정적으로 예측할 수 있다. 그럼에도 불구하고, 기도 조업도 또한 예측에 근거하며, 실제 수요는 항상 예상을 크게 벗어날 수 있다(예: 코로나 바이러스).

한편 정상원가계산 또는 표준원가계산과 같은 원가계산시스템은 경영자가 인식하는 방식의 불확실성을 고려하지 않는다는 점을 주목해야 한다. 전부원가계산에서 단위당 예산고정제조원가를 계산할 때, 가능한 조업도 범위가 아닌, 점추정치가 사용된다. 실제적 조업도를 12,000단위로 추정한 Stassen의 경우 2017년 기대 조업도는 8,000단위지만, Stassen이 2017년과 그 이후에 생산하게 될 실제수량은 여전히, 그리고 상당히 불확실하다. 따라서 대부분의 경영자들은 조업도 수준 계획의 결정에 상당한 불확실성을 인식한다. Stassen은 예상치 못한 수요증가에 대응하기 위하여, 12,000단위를 실제로 생산할 수 있는 공장을 건설하였다. 따라서 특정 기간에 해당 설비용량이 모두 사용되지 않았다 하더라도, 이를 낭비라고 단정지을 수는 없다. 예상하지 못한 수요증가, 즉 갑자기 닥치는 기회를 잡기 위해서는 미사용설비용량이라는 '준비'가 필요하기 때문이다.

고정제조원가 예측의 어려움

고정제조원가율은 분자(예산고정제조원가)와 분모(설비용량, 즉 조업도)를 바탕으로 계산된다. 지금까지의 논의는 오직 분모 수준의 선택에만 집중되었다. 하지만 분자를 예측(또는 측정)할 때에도 중요한 문제점들이 발생한다. 예를 들어, 미국의 전력회사에 대한 규제완화(진입장벽의 철폐 등)는 많은 전력회사의 수익성을 악화시켰다. 이로 인하여 전력회사의 공장 및 설비 등의 가치가 하락하였고, 따라서 고정제조원가에 포함되는 설비 등의 감가상각비가 하락하여, 고정제조원가율의 분자 수준이 감소하였다. 이러한 예측의 어려움은 주로 판단의 문제에 근거하고 있다. 최근 여러 산업에서 지속 가능성 및 환경에 대한 관심 증가는 기업 운영의 고정원가를 증가시켰다. 반면 정보기술에 대한 기반시설의 원가는 Amazon Web Services와 같은 기업의 출현으로 인하여 고정원가에서 변동원가로 원가행태가 변하고 있으며, 그 규모도 급격히 감소하고 있다.

비제조원가

가치사슬의 비제조부문에서도 설비용량과 관련한 원가가 발생한다. Stassen은 생산설비의 실제적 조업도에 영향을 미칠 수 있는 차량운반구 등을 취득할 수 있다. 실제생산량이 실제적 조업도에 미달할 경우, 유통기능과 같은 비제조부문 등의 미사용 설비용량에 대한 원가문제가 발생한다.

이미 검토한 내용과 같이 항공사, 병원 및 철도 등과 같은 많은 서비스 부문의 기업에서 설비용량, 즉 조업도와 관련한 원가문제가 발생하고 있다. 하지만 이러한 기업들은 재고자산이 존재하지 않으므로, 기말재고자산에 대한 원가배부 문제는 없다. 예를 들어, 산부인과에서 환자당 일일 고정간접원가를 계산할 때 사용할 분모수준(정상, 기대, 실제적 조업도)을 결정하여야 한다. 병원의 이러한 의사결정은 진료가격 및 성과평가뿐만 아니라, 병상규모(설비용량) 관리에도 영향을 미칠 수 있다.

활동기준원가계산

논의의 단순화를 위해, 우리는 Stassen의 모든 원가를 변동 또는 고정원가로 가정하였다. 특히 배치 또는 제품유지수준의 원가는 없는 것으로 가정하였다. 그러나 변동원가계산과 전부원가계산의 차이와 같이 활동기준원가계산에서 변동원가는 제품단위수준으로, 고정원가는 배치수준 또는 제품유지수준으로 이어진다는 것을 쉽게 파악할 수 있다.

Stassen의 사례에서 예산고정제조원가율을 계산하기 위해, 우리는 모든 조업도 수준을 제품(망원경)단위, 즉 고정제조원가에 제품단위라는 단일 원가동인이 존재한다고 가정하였다. 앞서 살펴본 바와 같이, 활동기준원가계산에서는 제품단위, 배치, 제품유지, 설비유지수준에서 각각의 원가동인을 가지는 원가집합이 있다. 이에 활동기준원가율을 계산할 때(셋업 또는 재료이동 고정원가 등), 경영자는 각 원가동인의 수량 또는 수준(셋업시간 또는 이동거리 등)을 결정하여야 한다. 그렇다면 경영자는 실제적, 정상 또는 기대 조업도 중에서 무엇을 선택해야 하는가? 이 장에서 설명한 모든 이유(가격결정 및 설비용량 관리)를 근거로, 대부분의 활동기준원가계산 지지자들은 활동기준원가율 계산에 실제적 조업도를 사용하여야 한다고 주장한다.

자율학습

2017년 1월 1일, Stassen Company는 다른 기업으로부터 미리 조립한 망원경 일부를 공급받기로 계약하였다. 2017년부터 2018년 동안 수정된 제조원가의 구조는 다음과 같다.

단위당 변동제조원가	
직접재료원가	$ 250
직접노무원가	20
제조간접원가	5
단위당 총변동제조원가	$ 275
고정제조원가	$480,000

수정된 원가구조에 따라 Stassen의 제조원가 중 생산량 증가에 따라 변동원가의 비중이 상대적으로 높아질 수 있다. 2017년과 2018년에 단위당 예산고정제조원가를 계산하기 위하여 적용한 조업도 수준은 8,000단위였고, 그 외 자료는 보기 9-1 및 보기 9-2와 동일하다고 가정한다. 수정된 원가구조를 적용한 전부원가계산 및 변동원가계산의 영업이익의 자료는 다음과 같다.

	2017	2018
전부원가계산 영업이익	$1,500,000	$1,560,000
변동원가계산 영업이익	1,380,000	1,650,000
차이	$ 120,000	$ (90,000)

요구사항

1 2017년과 2018년의 단위당 예산고정제조원가를 계산하시오.

2 2017년 및 2018년, 전부원가계산 영업이익과 변동원가계산 영업이익의 차이를 기초재고자산 및 기말재고자산에 초점을 맞추어 설명하시오.

3 왜 이 영업이익 차이는 보기 9-2에 비해 더 작은가?

4 2017년의 기대 조업도 수준이 8,000단위가 아니라 10,000단위라는 점을 제외하고, 다른 자료는 동일하다고 가정하자. 2017년 Stassen의 전부원가계산 영업이익은 이전의 $1,500,000와 어떻게 다른지 계산과정과 함께 설명하시오.

Solution

1 단위당 예산고정제조원가 = 예산고정제조원가 ÷ 예산생산량 = $480,000 ÷ 8,000단위 = 단위당 $60

2 전부원가계산 영업이익 − 변동원가계산 영업이익

= 전부원가계산 기말재고자산의 고정제조원가 − 전부원가계산 기초재고자산의 고정제조원가

2017: $1,500,000 − $1,380,000 = (단위당 $60×2,000단위) − (단위당 $60×0단위)

$120,000 = $120,000

2018: $1,560,000 − $1,650,000 = (단위당 $60×500단위) − (단위당 $60×2,000단위)

−$90,000 = −$90,000

3 생산의 많은 부분을 외부로 위탁하여, 고정제조원가의 규모가 크게 감소하였다. 결과적으로 이러한 변화는 전부원가계산과 변동원가계산의 차이를 보기 9-2에 비하여 크게 줄인다.

4 기대 조업도가 10,000단위로 증가하는 경우, 2017년의 예산고정제조원가율은 다음과 같다.

$480,000 ÷ 10,000단위 = 단위당 $48

단위당 제조원가는 $323($275 + $48)이며, 2017년 생산조업도차이는 다음과 같다.

(10,000단위 − 8,000단위) × 단위당 $48 = $96,000 U

2017년 전부원가계산 손익계산서는 다음과 같다.

매출액: 단위당 $1,000×6,000단위	$6,000,000
매출원가	
기초재고자산	0
변동제조원가: 단위당 $275×8,000단위	2,200,000
고정제조원가: 단위당 $48×8,000단위	384,000
변동매출원가	2,584,000
기말재고자산: 단위당 $323×2,000단위	(646,000)
매출원가(표준원가)	1,938,000
생산조업도차이	96,000 U
매출원가	2,034,000
매출총이익	3,966,000
판매관리비: $1,380,000+(단위당 $185×6,000단위)	2,490,000
영업이익	$1,476,000

단위당 예산고정제조원가를 계산하는 과정에서 사용한 조업도(분모) 수준이 크다면, 기대 조업도 8,000단위일 때보다(단위당 $60×2,000단위=$120,000) 더 적은 고정제조원가(단위당 $48×2,000단위=$96,000)가 기말재고자산에 포함된다. 이러한 차이($120,000−$96,000=$24,000)로 인하여 이전에 계산된 영업이익 $1,500,000에 비해 $24,000가 감소한다.

과제

서술형 문제

9-1 "변동원가계산과 전부원가계산의 차이는 전적으로 고정제조원가에 기인한다."라는 주장에 동의하는가? 그 이유를 설명하시오.

9-2 직접원가계산이 아닌, 변동원가계산이라는 용어를 사용하는 이유는 무엇인가?

9-3 서비스부문이나 비제조부문 기업의 경우, 전부원가계산과 변동원가계산을 선택하여 적용하는가?

9-4 고정제조원가를 비용으로 처리하는 시점에 근거하여 전부원가계산과 변동원가계산을 설명하시오.

9-5 "변동원가와 고정원가를 구분하지 않는 기업은 전부원가계산을 사용하고, 구분하는 기업은 변동원가계산을 사용하여야 한다."라는 주장에 동의하는가? 그 이유를 설명하시오.

9-6 "변동원가계산의 문제점은 최근 제조기업에서 그 중요성이 증가하는 고정제조원가를 무시한다는 점이다."라는 주장에 동의하는가? 그 이유를 설명하시오.

9-7 전부원가계산하에서 판매량이 증가하더라도 영업이익이 감소할 수 있는 경우를 설명하시오.

9-8 (a) 변동원가계산 및 (b) 전부원가계산에서 손익분기점에 영향을 미치는 요소는 무엇인가?

9-9 전부원가계산에 대하여 반대하는 사람들은 경영자에게 적절하지 않은 인센티브를 제공한다는 점을 지적한다. 예를 들어 설명하시오.

9-10 공장관리자의 성과를 평가하기 위하여 전부원가계산을 사용할 때, 부정적인 효과를 줄일 수 있는 두 가지 방법을 제시하시오.

9-11 기계설비 또는 공장이 생산할 수 있는 산출수량을 강조하는 조업도 수준은 무엇인가? 또 산출물에 대한 고객의 수요량에 초점을 맞춘 조업도 수준은 무엇인가?

9-12 수요감소 추세와 그것이 가격결정에 미치는 영향을 설명하시오.

9-13 회계 기간 초, 각각 다른 조업도 수준을 선택한다면 항상 재무제표는 달라지는가?

9-14 조업도 수준의 선택과 관련하여, 세무보고 과정에 IRS(미국 국세청)가 요구하는 사항은 무엇인가?

9-15 "실제적 조업도와 기대 조업도의 차이는 설비용량의 수준이 너무 높을 때와 너무 낮을 때의 원가를 균형 있게 조정하는 가장 좋은 측정치이다."라는 주장에 동의하는가? 그 이유를 설명하시오.

객관식 문제

9-16 전부원가계산과 변동원가계산에 대한 설명 중 옳지 않은 것은?

a. 고정판매관리비는 두 방법 모두 재고자산에 포함되지 않는다.
b. 전부원가계산만 외부보고에 사용할 수 있다.
c. 변동원가계산은 고정제조원가가 발생한 기간에 비용처리한다.
d. 기간 내 재고자산이 증가하면, 변동원가계산 영업이익이 전부원가계산 영업이익보다 크다.

9-17 Queen Sales, Inc.는 영업 첫해 아직 판매가 없다. 영업 첫해 12월 31일 현재, 생산과 관련한 자료는 다음과 같다.

직접재료원가	$45,000
직접노무원가	35,000
회계담당자 급여	28,000
설비 감가상각비	18,500
사무실 임차료	12,000
공장감독자 급여	9,600
설비유지원가	7,500

전부원가계산하에서, 영업 첫해 12월 31일 재무상태표상의 재고자산은 얼마인가?

a. $155,600
b. $115,600
c. $98,500
d. $80,000

9-18 King Tooling은 영업 개시 후 첫 2년간 다음의 제품을 생산·판매하였다.

	생산량	판매량
1년차 12월 31일	50,000	40,000
2년차 12월 31일	50,000	55,000

단위당 제조원가는 2년 동안 일정하였다. GAAP 손익계산서의 매출원가 대비 변동원가계산의 매출원가의 수준은?

	Year 1	Year 2
a.	높다.	높다.
b.	높다.	낮다.
c.	낮다.	높다.
d.	낮다.	낮다.

9-19 다음은 Drexler, Inc.의 3년차 재무자료이다.

직접노무원가	$420,000
직접재료원가	210,000
변동제조간접원가	205,000
고정제조간접원가	355,000
변동판매관리비	150,000
고정판매관리비	195,000

Drexler의 3년차 손익계산서에 각각의 원가계산방법에 따라 비용으로 처리될 금액은?

	전부원가계산	변동원가계산
a.	$345,000	$700,000
b.	$345,000	$905,000
c.	$550,000	$700,000
d.	$550,000	$905,000

9-20 성과평가를 위한 변동 및 전부원가계산과 관련하여 다음 중 사실이 아닌 것은?

a. 전부원가계산의 순이익은 제품원가에 고정제조원가가 포함되어 있어 재고자산의 수준이 순이익에 영향을 미칠 수 있으므로 성과평가에 적절하지 않을 수 있다.

b. 공헌이익 손익계산서의 순이익은 제품원가에 고정제조원가가 포함되어 있지 않기 때문에 성과평가에 사용하기 적절하다.

c. 변동원가계산은 의사결정에 도움이 되도록 공헌이익을 별도로 표시한다.

d. 미국 국세청은 해마다 변경하지 않는다는 조건하에서 전부원가계산 또는 변동원가계산의 사용을 허용하지만, 미국 GAAP은 전부원가계산만을 허용한다.

주관식 문제

9-21 **변동 및 전부원가계산, 영업이익 차이의 설명.** Nascar Motors는 자동차를 조립 판매하며 표준원가를 사용한다. 2017년 4월과 5월의 실제 자료는 다음과 같다.

Home Insert Page Layout Formulas Data Review

	A	B	C	D
1		4월		5월
2	물량			
3	기초재고자산	0		150
4	생산량	500		400
5	판매량	350		520
6	변동원가			
7	(생산)단위당 제조원가	$10,000		$10,000
8	(판매)단위당 판매관리비	3,000		3,000
9	고정원가			
10	제조원가	$2,000,000		$2,000,000
11	판매관리비	60,000		60,000

단위당(차량) 판매가격은 $24,000이며, 단위당 예산고정제조원가를 계산하기 위하여 사용한 조업도 수준은 500단위이다. 가격, 능률 및 소비차이는 없으며, 모든 생산조업도차이는 발생한 기간의 매출원가에 반영한다.

1. (a) 변동원가계산 및 (b) 전부원가계산에 따라 Nascar Motors의 2017년 4월과 5월의 손익계산서를 작성하시오.
2. 변동원가계산과 전부원가계산의 매월 영업이익 차이에 대하여 조정하고, 설명하시오.

요구사항

9-22 초변동원가계산(9-21의 연속). Nascar Motors의 단위당 변동제조원가는 다음과 같다.

	A	B	C
1		4월	5월
12	단위당 직접재료원가	$6,700	$6,700
13	단위당 직접노무원가	1,500	1,500
14	단위당 제조간접원가	1,800	1,800

1. 2017년 및 2018년 Nascar Motors의 초변동원가계산 손익계산서를 작성하시오.
2. 요구사항 1의 결과를 9-21의 요구사항 1의 결과와 비교하시오.
3. Nascar Motors의 경영자가 초변동원가계산을 선택할 수 있도록 적절한 유인을 제시하시오.

요구사항

9-23 변동 및 전부원가계산, 영업이익 차이 설명. Crystal Clear Corporation은 50인치 TV를 제조/판매하며, 표준원가계산을 사용한다. 2017년 1월, 2월, 3월의 실제자료는 다음과 같다.

	1월	2월	3월
물량			
기초재고자산	0	100	100
생산량	1,400	1,375	1,430
판매량	1,300	1,375	1,455
변동원가			
(생산)단위당 제조원가	$ 950	$ 950	$ 950
(판매)단위당 판매관리비	$ 725	$ 725	$ 725
고정원가			
제조원가	$490,000	$490,000	$490,000
판매관리비	$120,000	$120,000	$120,000

단위당 판매가격은 $3,500이고, 단위당 고정제조간접원가를 계산하기 위하여 사용한 조업도의 수준은 1,400단위이다. 가격, 능률 및 소비차이는 없으며, 모든 생산조업도차이는 발생한 달의 매출원가에 반영한다.

1. 2017년 1월, 2월, 3월의 (a) 변동원가계산 및 (b) 전부원가계산 손익계산서를 작성하시오.
2. 1월, 2월, 3월의 변동원가계산과 전부원가계산의 영업이익 차이를 설명하시오.

요구사항

9-24 초변동원가계산(9-23의 연속). Crystal Clear Corporation의 단위당 변동제조원가는 다음과 같다.

	1월	2월	3월
단위당 직접재료원가	$550	$550	$550
단위당 직접노무원가	175	175	175
단위당 제조간접원가	225	225	225
	$950	$950	$950

요구사항

1. 2017년 1월, 2월 및 3월의 초변동원가 손익계산서를 작성하시오.
2. 요구사항 1의 결과를 9-23의 요구사항 1의 결과와 비교하시오.
3. Crystal Clear Corporation의 경영자가 초변동원가계산을 선택하도록 적절한 유인을 제시하시오.

9-25 변동 및 전부원가계산. Zeta Company는 최신 유행의 우산을 제조한다. 당신은 Zeta의 선임 애널리스트로서, 재고자산 원가계산방법을 추천하여야 한다. CFO는 당신이 추천한 방법을 적용하여, 2017년의 손익계산서를 작성할 것이다. 다음은 2017년 12월 31일에 종료된 사업연도의 자료이다.

기초재고자산, 2017년 1월 1일	100,000단위
기말재고자산, 2017년 12월 31일	50,000단위
2017년 판매량	400,000단위
판매가격	단위당 $25
단위당 변동제조원가(직접재료원가 포함)	단위당 $6
판매단위당 변동판매관리비	단위당 $2
고정제조원가	$1,625,000
조업도(기계시간)	6,500
표준생산율	기계시간당 50단위
고정판매관리비	$1,100,000

단위당 표준원가는 기초재고자산과 당기 완성품 모두 동일하다고 가정한다. 또한 가격, 능률 및 소비차이는 없다고 가정하며, 모든 생산조업도차이는 발생한 기간의 매출원가에 반영한다.

요구사항

1. 2017년 12월 31일에 종료되는 회계연도의 변동 및 전부원가계산 손익계산서를 작성하시오.
2. 각 원가계산방법의 매출액 대비 영업원가율(%)을 제시하시오.
3. 두 방법의 영업이익 차이를 설명하시오.
4. CFO에게 어떤 원가계산방법을 추천하겠는가? 그 이유는 무엇인가?

9-26 전부 및 변동원가계산(CMA 기출). Osawa, Inc.는 영업 첫해인 2014년에 단일제품 200,000단위를 생산계획하고, 실제로 생산하였다. 변동제조원가는 단위당 $20, 변동판매관리비는 $10였다. 예산 및 실제 고정제조원가와 고정판매관리비는 각각 $600,000, $400,000였다. Osawa는 120,000단위의 제품을 단위당 $40에 판매하였다.

요구사항

1. 전부원가계산을 사용한 Osawa의 2014년 영업이익은 각각 (a) $440,000, (b) $200,000, (c) $600,000, (d) $840,000, (e) 해당 없음이라고 할 때, 각각의 계산과정을 제시하시오.
2. 변동원가계산을 사용한 Osawa의 2014년 영업이익은 각각 (a) $800,000, (b) $440,000, (c) $200,000, (d) $600,000, (e) 해당 없음이라고 할 때, 각각의 계산과정을 제시하시오.

9-27 전부 및 변동원가계산. Regina Company는 2017년부터 전문가용 청소기를 제조하기 시작했다. 2017년 20,000단위 생산 및 판매를 계획하였으며, 가격, 능률 및 소비차이는 없으나, 생산조업도 차이는 모두 발생기간의 매출원가에 반영한다. 2017년 실제 자료는 다음과 같다.

	A	B
1	생산량	18,000
2	판매량	17,500
3	판매가격	$ 450
4	변동원가:	
5	단위당 제조원가	
6	직접재료원가	$ 30
7	직접노무원가	25
8	제조간접원가	60
9	단위당 판매관리비	45
10	고정원가:	
11	제조원가	$1,200,000
12	일반관리비	965,450
13	판매관리비	1,366,400

요구사항

1. 변동원가계산을 사용하여 2017년 손익계산서를 작성하시오.
2. 전부원가계산을 사용하여 2017년 손익계산서를 작성하시오.
3. 요구사항 1과 2의 영업이익차이를 설명하시오.
4. Regina의 최고경영진은 전부원가계산에 따른 영업이익을 기준으로 관리자의 보너스를 지급하고자 한다. 이 보너스 계획은 관리자에게 어떠한 유인을 제공하는지, 또 Regina의 최고경영진은 이러한 보너스 계획을 개선하기 위한 적절한 방법이 있는지 간략히 설명하시오.

9-28 변동 및 전부원가계산, 매출액과 영업이익 변화. 설립 3년이 경과한 Smart Safety는 자전거 헬멧을 생산·판매하며, 표준원가계산을 적용한다. Smart Safety의 사장인 Stuart Weil은 설립 후 3년간의 손익계산서를 검토한 후,

"사실 제가 회계사로부터 들은 기억으로 손익분기점이 52,000단위라고 알고 있는데, 처음 2년간 그 목표를 달성하게 되어 매우 기쁩니다. 하지만 이상한 점이 있습니다. 첫해 및 두 번째 해에 52,000단위를 판매하였고, 실제로 손익분기점을 넘는 효과가 있었으며 영업이익 수준도 나쁘지 않았습니다. 그러나 3년차 판매량은 이전에 비해 20%만큼 더 증가하였으나, 영업이익은 2년차에 비해 80% 이상 감소하였습니다! 우리는 지난 3년간 판매가격이나 원가구조를 변경한 적이 없으며, 심지어 가격, 능률 및 소비차이 또한 없었습니다."

라고 하였다.

	A	B	C	D
1	**전부원가계산**			
2		2013	2014	2015
3	판매량	52,000	52,000	62,400
4	매출액	$2,236,000	$2,236,000	$2,683,200
5	매출원가			
6	기초재고자산	0	0	405,600
7	생산	2,028,000	2,433,600	2,028,000
8	판매가능 재고자산	2,028,000	2,433,600	2,433,600
9	기말재고자산	0	(405,600)	0
10	생산조업도차이 조정	0	(260,600)	0
11	매출원가	2,028,000	1,768,000	2,433,600
12	매출총이익	208,000	468,600	249,600
13	판매관리비(고정원가)	208,000	208,000	208,000
14	영업이익	$ 0	$ 260,000	$ 41,600
15				
16	기초재고자산	0	0	10,400
17	생산량	52,000	62,400	52,000
18	판매량	52,000	52,000	62,400
19	기말재고자산	0	10,400	0
20	단위당 변동제조원가	$ 14	$ 14	$ 14
21	고정제조간접원가	$1,300,000	$1,300,000	$1,300,000
22	단위당 고정제조원가	$ 25	$ 25	$ 25

요구사항

1. 제품에 고정제조원가를 배부하기 위하여, Smart Safety가 사용한 분모(조업도) 수준은 얼마인가? Smart Safety는 연말에 유리 또는 불리한 생산조업도차이를 어떻게 처리하는가? 간략히 설명하시오.
2. Smart Safety의 회계사는 손익분기점 판매량 52,000단위를 어떻게 산출하였는가? 간략히 설명하시오.
3. 각 연도별 변동원가계산 손익계산서를 작성하시오. 단위당 공헌이익과 판매량에 따른 변동원가계산 영업이익의 변화를 설명하시오.
4. 각 연도별 전부원가계산 및 변동원가계산 영업이익의 차이를 조정하고, 이를 이용하여 Stuart Weil에게 2014년과 2015년의 영업이익 변화를 설명하시오.

9-29 조업도. 다음 각 서술내용과 일치하는 하나 이상의 조업도 기호를 표시하시오.

a. 이론적 조업도 b. 실제적 조업도 c. 정상 조업도 d. 기대 조업도

요구사항

1. 항상 최대 효율수준의 생산을 바탕으로 한다.
2. 기계설비가 공급할 수 있는 측면을 바탕으로 한다.
3. 기계설비의 사용 수요 측면을 바탕으로 한다.
4. 다음 예산기간의 기대 사용량 수준을 나타낸다.
5. 당해 기간의 성과평가에 사용된다.
6. 계절, 주기 또는 추세 요인 등을 반영한다.
7. 취득(획득)하였지만 사용하지 않은 설비용량을 강조한다.
8. 이상적인 수준의 벤치마크를 나타낸다.
9. 취득하였지만 사용하지 않은 설비용량이 드러나지 않는다.

10. 해당 조업도를 선택하면, 예상 수요가 변경되더라도 단위당 원가를 재계산할 필요가 없다.
11. 장기적 가격책정 목적으로 사용된다.

9-30 조업도 수준. Thunder Bolt, Inc.는 인기 있는 G36 오토바이를 제조한다. 경영진은 최근 전부원가계산을 도입했으며, 어떤 조업도 수준을 선택할지 논의 중이다. G36의 평균가격은 $8,200이며, 2017년 예산고정제조간접원가는 $6,480,000이다. Thunder Bolt는 주요 부품을 외부업체로부터 공급받는다. 다음은 경영진이 고려하고 있는 조업도이다.

a. 이론적 조업도: 3교대, 교대당 5단위 완성, 연 360일 가정−3×5×360=5,400단위
b. 실제적 조업도: 불가피한 생산 중단 등을 반영하여 조정−3×4×320=3,840단위
c. 정상 조업도: 3,240단위
d. 기대 조업도: 주식시장이 활성화하고 오토바이에 대한 인기가 높아짐에 따라 마케팅 부서는 2017년 3,600단위를 추정하였다.

요구사항

1. 네 가지 조업도에 따라 예산고정제조간접원가율을 계산하시오.
2. 이론적 조업도 또는 실제적 조업도를 사용할 때, Thunder Bolt의 이점은 무엇인가?
3. 원가가산 가격결정방식에서 기대 조업도 사용의 부정적인 효과와 긍정적인 효과는 무엇인가?

9-31 변동 및 전부원가계산과 손익분기점. 반도체 산업의 선두주자인 Artesa는 통신 및 방위산업을 위한 디지털 집적회로(IC)를 생산한다. 2017년 사업연도 중 242,400단위의 IC칩을 단위당 평균 $47에 판매하였다. 다음은 2017년의 추가정보이다(단위당 판매가격은 일정하며 어떤 종류의 원가차이도 없었다).

재고자산, 2017년 1월 1일	32,600단위
재고자산, 2017년 12월 31일	24,800단위
고정제조원가	$1,876,800
고정판매관리비	$3,284,400
직접재료원가	단위당 $13
직접노무원가	단위당 $11

요구사항

1. 2017년 생산한 IC는 몇 단위인가?
2. 2017년 손익분기점 판매량을 각 요구사항에 근거하여 계산하시오.
   a. 변동원가계산
   b. 전부원가계산
3. 원재료 수급의 어려움으로 2018년 직접재료원가가 IC 단위당 $15까지 증가할 것으로 예상된다. 다른 자료는 동일하다고 가정하고, 2018년 손익분기점을 각 요구사항에 따라 계산하시오.
   a. 변동원가계산
   b. 전부원가계산

9-32 변동원가계산 vs. 전부원가계산. Gravis Company는 표준원가를 기반으로 한 전부원가계산을 사용한다. 단위당 변동제조원가는 단위당 $4.50의 직접재료원가와 단위당 $1.50의 기타변동제조원가로 구성된다. 표준생산율은 기계시간당 20단위이며, 총예산 및 실제고정제조간업원가는 $840,000이다. 고정제조간접원가는 기계시간당 $14($840,000÷60,000기계시간)만큼 배부된다.

단위당 판매가격은 $10이며, 단위당 변동판매관리비는 $2, 고정판매관리비는 $240,000이다. 2017년 기초재고자산은 60,000단위, 기말재고자산은 80,000, 판매량은 1,080,000단위이다.

2016년과 2017년 표준원가는 동일하였으며, 논의의 단순화를 위해 가격, 능률 및 소비차이는 없다고 가정한다.

요구사항

1. 2017년 손익계산서를 작성하시오(생산조업도차이는 매출원가에 조정된다).
2. 대표이사는 변동원가계산에 대한 설명을 듣고, 당신에게 2017년 변동원가계산 손익계산서 작성을 요청하였다.
3. 요구사항 1과 2의 영업이익 차이를 설명하시오.
4. 전부원가계산에서 생산량 변화에 따른 예상고정제조간접원가(실제와 동일)와 배부된 고정제조간접원가를 그래프로 나타내시오.
5. 회계전문가들은 일반적으로 채택되는 원가계산방법이 불필요한 재고자산의 축적을 유도한다고 지적한다. (a) 변동원가계산과 전부원가계산 중 어느 방법이 재고자산의 축적을 유도하는가? (b) 경영자의 불필요한 재고자산 축적을 막기 위하여 무엇을 할 수 있는가?

9-33 초변동원가계산(9-32의 연속).

요구사항

1. 2017년 Gravis의 초변동원가계산 손익계산서를 작성하시오.
2. 2017년 공헌이익과 재료처리량 공헌이익의 차이를 조정하시오. 2017년 변동원가계산과 초변동원가계산의 영업이익을 조정하시오.
3. 초변동원가계산을 지지하는 사람들은 변동원가계산, 특히 전부원가계산보다 재고자산 생산에 대한 유인(인센티브)이 없다는 점을 지적한다. 이에 동의하는가? 그 이유는 무엇인가?

9-34 변동원가계산 및 전부원가계산(R. Marple). 2017년 말, 2016년 1월에 영업을 시작한 All Fixed 기업은 변동원가가 없다. 즉, 모두 고정원가이다.

회사는 강변에 위치하고 있으며, 전력 등을 조달할 수 있는 자체 수력발전소를 보유 중이다. 현재 기업은 합성비료를 생산하며, 안정적인 가격으로 판매한다. 직원의 수는 적은 편이며, 모두 고정급을 지급한다. 자동화된 생산설비에서 간단한 조작만으로 생산량을 쉽게 조정할 수 있다.

다음은 예산 및 실제 자료이며, 단위당 고정원가계산 시 예산생산량을 사용한다. 생산조업도차이를 매출원가에서 조정한다.

	2016	2017[a]
판매량	10,000톤	10,000톤
생산량	20,000톤	0톤
판매가격	톤 당 $30	톤 당 $30
고정원가		
제조원가	$280,000	$280,000
판매관리비	$40,000	$40,000

[a] 경영진은 2017년 1월 1일부터 판매 주문량만큼만 생산하는 정책을 채택하였다. 2017년 매출액은 2016년과 동일하며, 2017년 기초재고자산으로 모두 대체되었다.

요구사항

1. (a) 변동원가계산 및 (b) 전부원가계산을 사용하여 2016년과 2017년의 손익계산서를 작성하시오.
2. (a) 변동원가계산 및 (b) 전부원가계산의 손익분기점은 각각 얼마인가?
3. 각 원가계산방법에 따른 2016년과 2017년의 기말재고자산 금액은 얼마인가?
4. 경영자의 보너스가 보고된 영업이익 수준으로 결정된다면, 경영자는 어떤 원가계산방법을 선호하겠는가?

9-35 변동원가계산과 전부원가계산의 비교. Gammaro Company는 표준원가계산을 사용한다. 새로 취임한 사장 Tim Sweeney에게 2017년에 대한 다음의 자료가 제공되었다.

	A	B	C
1	Gammaro Company		
2	2017년 12월 31일, 손익계산서		
3		**변동원가**	**전부원가**
4		**계산**	**계산**
5	매출액	$9,350,000	$9,350,000
6	매출원가(표준)	4,695,000	5,855,000
7	고정제조간접원가(예산)	1,350,000	–
8	고정제조원가 원가차이(모두 유리)		
9	소비	125,000	125,000
10	생산조업도	–	405,000
11	총판매관리비(모두 고정)	1,570,000	1,570,000
12	총원가	7,740,000	7,955,000
13	영업이익	$1,610,000	$1,395,000
14			
15	기말재고자산(표준)		
16	2016년	$1,345,000	$1,730,000
17	2017년	45,000	215,000

요구사항

1. 2017년 설비용량 운영수준은 몇 퍼센트인가?
2. 전부원가계산하에서, 2016년 및 2017년 기말재고자산에 포함된 고정제조간접원가는 얼마인가?
3. 2017년 변동원가계산과 전부원가계산의 영업이익을 조정하고, 설명하시오.
4. 경영진은 2016년까지의 매출액 증가에도 불구하고, 2017년 영업이익이 전부원가계산으로 감소했다고 지적하고 있다. 이 원인을 경영진에게 설명하시오.

9-36 전부원가계산하 영업이익에 대한 생산수준 변화의 효과. Horizon 출판사는 대학 교과서를 제작한다. 이 회사는 최근 회계 관련 교재의 제작을 위하여 Billie White를 고용하였다. Billie의 보수는 교재판매의 이익에 연동된다. 이에 Billie는 제작할 교재의 수량을 결정해야 한다. 다음은 2017년 가을학기에 대한 자료이다.

예상판매량	26,000권
기초재고자산	0권
평균판매가격	권당 $81
변동제조원가	권당 $45
고정제조원가	학기당 $416,000

고정제조원가 배부율은 기대판매량에 근거하며, 권당 $16($416,000/26,000권)이다.

Billie는 26,000권, 32,500권 또는 33,800권 중에서 생산량을 결정해야 한다.

요구사항

1. Billie가 26,000권, 32,500권 또는 33,800권을 생산할 때, 각각의 영업이익을 계산하시오(매출원가에 생산조업도차이를 조정한다).
2. 각 생산수준별로 기말재고자산의 수량과 금액을 제시하시오.

3. 영업이익에 비례하여 보너스를 받는 경영자는, 자신의 보너스를 극대화하기 위하여 수요를 초과하는 교재를 생산할 유인에 노출된다. 이 장에서는 이를 억제할 적절한 방법을 소개하였다. 아래의 제안이 해당 유인을 제한하는 데 효과적일지 평가하시오.
   a. 기말재고자산원가의 5%을 경영자 보너스에서 차감한다.
   b. 경영자 성과평가에 비재무적 요소를 포함한다.

9-37 조업도, 영업이익. Castle Lager은 설립 2년이 경과한 양조장을 인수했다. 양조장은 전부원가계산을 사용하며, 제품을 배럴당 $47로 Castle Lager에 '판매'할 것이다. Castle Lager의 경영자인 Peter Bryant는 2017년 양조장에 대한 다음과 같은 정보를 제공받았다.

Home Insert Page Layout Formulas Data Review View

	A	B	C	D	E
1		기간당			
2		예산고정제조	기간당	일별	시간당
3	조업도 수준	간접원가	생산일수	생산시간	생산량
4	이론적 조업도	$27,900,000	358일	22시간	545배럴
5	실제적 조업도	$27,900,000	348	20	510
6	정상 조업도	$27,900,000	348	20	410
7	기대 조업도				
8	(a) 2017년 1~6월	$13,950,000	174	20	315
9	(a) 2017년 7~12월	$13,950,000	174	20	505

요구사항

1. 각 조업도 수준에 따라 배럴당 예산고정제조간접원가를 계산하고, 각각이 다른 이유를 설명하시오.
2. 2017년 양조장은 다음과 같은 생산결과를 보고하였다.

Home Insert Page Layout Formulas Data

	A	B
12	기초재고자산, 2017/1/1 (배럴)	0
13	생산량	2,670,000
14	기말재고자산, 2017/12/31	210,000
15	실제변동제조원가	$80,634,000
16	실제고정제조간접원가	$26,700,000

변동원가 원가차이는 없으며, 고정제조간접원가차이는 발생기간의 매출원가에 조정한다. (a) 이론적 조업도, (b) 실제적 조업도 및 (c) 정상 조업도의 양조장 영업이익을 계산하시오.

9-38 조업도 수준의 선택(9-37의 연속).

요구사항

1. 양조장의 경영자가 영업이익에 따라 보너스를 받는다면, 어떤 조업도 수준을 선택하겠는가? 이유를 설명하시오.
2. Castle Lager가 세무보고(미국) 시 선호할 조업도는 무엇인가? 그 이유를 설명하시오.
3. IRS(국세청)은 과세소득을 최소화하려는 Castle Lager의 선택을 어떻게 제한할 것인가?

9-39 조업도 수준 선택, 재고자산, 영업이익. Donaldson Company는 컴퓨터 액세서리를 제조하며, 표준원가를 기반으로 전부원가계산을 사용하고 있다. 다음은 2017년의 자료이다.

	A	B	C
1	이론적 조업도	275,000	단위
2	실제적 조업도	265,000	단위
3	정상 조업도	233,200	단위
4	판매가격	$ 39	단위당
5	기초재고자산	35,000	단위
6	생산량	235,000	단위
7	판매량	250,000	단위
8	예산변동제조원가	$ 8	단위당
9	예산고정제조원가	$2,915,000	
10	예산고정판매관리비	$ 200,000	

가격, 능률 및 소비차이는 없다. 실제판매관리비는 예산판매관리비와 동일하고, 생산조업도차이는 매출원가에서 조정된다. 각 조업도 수준에서 단위당 예산제조원가는 단위당 기초재고자산 원가와 동일하다.

요구사항

1. (a) 이론적 조업도, (b) 실제적 조업도, (c) 정상 조업도의 2017년 생산조업도차이를 계산하시오.
2. 이론적, 실제적 및 정상 조업도를 사용하여 전부원가계산 손익계산서를 작성하시오.
3. 정상 조업도의 영업이익이 다른 두 조업도의 영업이익에 비해 작은 이유는 무엇인가?
4. 재고자산에 포함된 고정제조간접원가를 이용하여, 이론적 및 실제적 조업도의 영업이익 차이를 조정하시오.

9-40 변동 및 전부원가계산의 손익분기점. Whistler, Inc.는 특수 스노 보드를 제조하는 기업이며, 2014년초 기초재고자산 240단위로 시작하였다. 2014년 9,000단위를 생산하고, 단위당 $750에 995단위를 판매하였다. 고정제조원가는 $280,000, 변동제조원가는 단위당 $325, 고정판매관리비는 $112,000, 변동판매관리비는 단위당 $15였다. 기초재고자산의 단위당 원가 또한 동일하다고 가정한다.

요구사항

1. 변동원가계산 손익계산서를 작성하시오.
2. 전부원가계산 손익계산서를 작성하시오. 조업도 수준은 1,000단위이며, 생산조업도차이는 매출원가에 반영한다.
3. 다음의 각 조건별 손익분기점을 계산하시오.
   a. 변동원가계산
   b. 전부원가계산(생산량: 900단위)
4. 요구사항 3의 각 손익분기점을 검증하시오.
5. $20,000의 고정판매관리비가 고정제조원가로 재분류되었다고 가정하자. 이 원가의 재분류가 변동원가계산 손익분기점에 영향을 미치는가? 전부원가계산 손익분기점에는 영향을 미치는가? 그 이유를 설명하시오.
6. 원재료 공급사가 원재료 가격을 $30만큼 인상하였다. 이는 요구사항 3의 각 손익분기점에 어떠한 영향을 미치는가?

9-41 수요의 하향 악순환. Gostkowski Company는 새로운 광학 리더기로 경쟁이 치열한 전자제품 시장에 진입하려고 한다. 미래 시장점유율을 위하여 대규모 시설을 임차하고, 고가의 기계설비를 여러 대 구입하였다. 영업 첫해, 실제적 조업도 48,000단위하에서, 24,000단위의 생산과 판매를 계획하였다. 다음은 원가와 관련한 자료이다.

	A	B
1	단위당 변동원가	
2	직접재료원가	$ 20
3	직접노무원가	35
4	변동제조간접원가	9
5	고정제조간접원가	$576,000

요구사항

1. Gostkowski가 전부원가계산을 사용하고, 예산생산량을 조업도로 사용한다고 가정하자. 판매가격은 제조원가의 130%로 설정한다고 할 때, 판매가격을 계산하시오.
2. Gostkowski는 요구사항 1에서 계산한 판매가격으로 시장에 진입하기로 하였다. 그러나 전체시장의 성장에도 불구하고 매출액은 예산보다 낮았으며, 게다가 경쟁기업은 Gostkowski의 가격보다 $16만큼 낮게 가격을 설정하였다. Gostkowski의 경영자는 경쟁기업의 가격은 원가 이하의 가격이므로 이를 유지하기는 불가능할 것이라 주장하며, 2018년에 직접적인 가격조정 없이 18,000단위를 생산·판매하기로 계획을 수립하였다. 변동 및 고정원가와 제조원가의 130%를 가격으로 설정하는 정책이 동일하게 유지된다. 이 경우 조업도 수준(18,000단위)의 선택이 제품원가와 가격에 미치는 영향을 설명하시오.
3. 실제적 조업도를 선택하여 판매가격을 다시 계산하시오. 이 선택이 전자제품 시장에서 Gostkowski에게 어떠한 영향을 미치겠는가? 이 선택이 일반적으로 생산조업도차이에 어떠한 영향을 미치겠는가?

9-42 조업도 수준의 선택에 따른 전부원가계산의 생산조업도차이. 효율적인 소형형광램프(CFL)를 생산하는 Kappa Electricals는 향후 10년간 고객의 수요가 급격히 증가할 것으로 예상한다. 제조와 관련한 큰 규모의 고정원가로 인하여 전부원가계산을 사용하여 성과를 평가하기로 결정하였다. 생산조업도차이는 매출원가에 조정되며, 변동제조원가는 단위(CFL)당 $3이다. 고정제조원가는 연간 $1,200,000이며, 변동 및 고정판매관리비는 각각 단위당 $0.25, 연간 $250,000이다. CFL은 고객의 선호가 뚜렷하므로, 단위당 $10에 판매할 수 있다.

Kappa는 단위당 제조원가를 계산하기 위하여 다양한 조업도 중에서 하나를 선택할 수 있다. 선택가능한 조업도는 다음과 같다.

이론적 조업도	1,000,000단위(CFL)
실제적 조업도	600,000단위
정상 조업도	300,000단위(향후 3년간의 평균 기대생산량)
기대 조업도	250,000단위(올해 기대생산량)

요구사항

1. 각 조업도 수준을 사용하여 단위당 제조원가를 계산하시오.
2. Kappa가 실제로 350,000단위를 생산한다고 가정하자. 각 조업도 수준을 사용하여 생산조업도차이를 각각 계산하시오.
3. 기초재고자산이 없고 실제판매량이 275,000단위라고 가정할 때, 각 조업도 수준별 영업이익을 계산하시오(단위당 고정제조원가를 이용하시오).

9-43 조업도 수준의 선택에 따른 영업이익의 효과와 생산조업도차이의 처리(9-42의 연속).

요구사항

1. Kappa가 생산된 350,000단위를 모두 판매하는 경우 각 조업도 수준별 영업이익은 얼마인가?
2. 275,000단위와 350,000단위가 판매될 때, 각각의 경우마다 각 조업도 수준별 영업이익을 비교하고, 비교 결과를 설명하시오.
3. Kappa가 원래 자료(350,000단위 생산, 275,000단위 판매)에서 생산조업도차이를 비례배부하였다면, 각 조업도 수준별 영업이익은 얼마인가?

9-44 변동 및 전부원가계산, 실제원가계산. 2017년 1월 1일에 영업을 시작한 Beta Company는 음료수를 제조하여 아부다비 국영 유통업체에 직접 판매한다. 음료수는 묶음(6단위)으로 생산·판매되며, 2017년 Beta는 판매할 수 있는 묶음 양보다 더 많이 생산하였다. 변동 및 고정제조간접원가 외에도 직접재료원가 $1,012,500, 직접노무원가 $450,000, 고정판매관리비 $341,250이 발생하였다. 2017년 200,000묶음을 판매하여, 매출액 $2,700,000을 달성하였다.

CFO는 실제원가계산을 사용해야 한다고 확신하지만, 변동원가계산을 기반으로 할지 전부원가를 기반으로 할지는 아직 고민 중이다. 회계담당자는 2017년 영업이익이 변동원가계산의 경우 $460,000, 전부원가계산의 경우 $483,000일 것이며, 기말재고자산은 변동원가계산에서 단위당 $8.20, 전부원가계산에서는 $9.35로 평가될 것이라고 설명하였다. Beta의 변동비제조원가는 발생하지 않는다.

요구사항

1. 2017년 총공헌이익은 얼마인가?
2. Beta는 고정제조원가가 발생한다. 2017년 발생한 고정제조원가는 얼마인가?
3. 2017년 생산한 묶음은 총 몇 단위인가?
4. 2017년 발생한 변동제조간접원가는 얼마인가?
5. 2017년 변동원가계산하에서 매출원가 또는 기간비용으로 처리된 총제조간접원가는 얼마인가?

9-45 원가배부, 수요의 하향 악순환. Top Catering은 LA지역에서 10개의 병원 내 체인을 운영 중이다. 중앙지점인 TopStuff는 식사를 준비해서 각 병원으로 배달한다. 연간 최대 1,025,000단위(인분)의 식사를 제공할 수 있다. 2017년 각 병원 내 식사 관리자의 추정치에 근거하여, 연간 925,000단위의 예산을 설정하였다. 2017년 예산고정원가는 $1,517,000이며, 식사 한 단위당 $6.24(변동원가 $4.60 + 배부된 예산고정원가 $1.64)가 청구된다.

최근 병원은 식사의 품질과 가격상승에 대하여 불만을 제기하였다. 2017년 중반 Top Catering의 사장은 모든 체인점이 이익중심점으로 운영될 것이라고 발표하였다. 중앙지점 TopStuff의 관리자는 2018년 예산을 준비하는 과정에서 식사의 품질인증을 외부에서 받을 수 있다는 사실을 확인하였고, 또는 3개의 병원이 다른 업체로부터 식사를 공급받기로 결정하여, 2018년 예상수요가 820,000단위로 감소할 것이라는 내용을 확인하였다. 다만 2018년 변동원가나 고정원가의 변화는 없을 것으로 예상하고 있다.

요구사항

1. 2017년 단위당 $1.64의 예상고정원가를 계산한 근거를 설명하시오.
2. 2017년과 동일한 방식으로 단위당 예산고정원가 및 가격을 계산할 때, 2018년에 단위당 식사에 대해 청구되는 식사가격은 얼마인가? 이 가격에 대해 병원들의 반응은 어떠하겠는가?
3. TopStuff가 제안할 수 있고, 또 병원이 수용할 수 있는 식사당 가격을 제안하시오. TopStuff가 장기적으로 가격을 통하여 수익성을 확보하기 위하여 무엇을 할 수 있는가?

9-46 원가배부, 윤리(9-45의 연속). 2018년에는 740,000단위의 식사만이 각 병원에 공급되었다. TopStuff는 각 병원의 담당자들이 예상 수요를 부풀렸다고 의심하고 있다.

요구사항

1. TopStuff는 고정원가를 배부하고 가격을 책정하기 위하여 기준 조업도를 사용한다. 2018년 생산조업도차이가 영업이익에 미친 영향은 무엇인가?
2. 병원의 담당자들이 의도적으로 식사의 미래 수요량을 부풀릴 이유(유인)는 무엇인가?
3. TopStuff는 수요조작의 의심을 확인하기 위하여 어떤 증거를 수집하여야 하는가?
4. 예상 식사수요를 늘리는 병원 담당자의 유인을 줄이기 위하여, TopStuff가 취할 수 있는 대책을 두 가지 제시하오.

9-47 전부원가계산 및 초변동원가. Tesla Motors는 캘리포니아에서 전기자동차 S-85를 생산한다. 2017년 차량 단위당 표준변동제조원가는 $58,800이며, 다음과 같다.

직접재료원가	$36,000
직접노무원가	$10,800
변동제조간접원가	$12,000

변동제조간접원가는 자동차 조립시간을 기준으로 배부되며, 차량 단위당 표준조립시간은 20시간이다. 캘리포니아 공장은 고도로 자동화되어 있으며, 월간 실제적 조업도는 4,000단위이다. 월간 예산고정제조간접원가는 $45,000,000이며, 정상 조업도의 표준조립시간을 기준으로 배부된다. 2017년 정상 조업도는 월 3,000단위이다.

2017년 S-85를 처음으로 생산하기 시작하였으며, 첫 3개월간의 실제 생산 및 판매자료는 다음과 같다.

단위	1월	2월	3월
생산	3,200	2,400	3,800
판매	2,000	2,900	3,200

Tesla의 부사장이자 캘리포니아 공장장인 Franz는 그의 보너스에 전부원가계산 월 영업이익의 0.25%가 포함된다. 회사는 생산조업도차이의 조정을 포함하여, 매월 전부원가계산 손익계산서를 작성한다. 2017년 첫 3개월간은 변동원가차이 및 고정원가 소비차이는 없었다.

캘리포니아 공장은 S-85를 단위당 $96,000에 판매한다(판매관리비 차감 후 가격).

요구사항

1. (a) 단위당 고정제조원가와 (b) 단위당 총제조원가를 계산하시오.
2. 전부원가계산의 1월, 2월 및 3월 영업이익을 계산하시오. Franz에게 매달 지급되는 보너스는 얼마인가?
3. 변동원가계산 영업이익에 0.25% 보너스를 지급하면, Franz의 보너스는 얼마나 변화하는가?
4. 요구사항 2와 3의 보너스 차이를 설명하시오.
5. 초변동원가계산 영업이익에 0.25% 보너스를 지급하면, Franz의 보너스는 얼마나 변화하는가?
6. 캘리포니아 공장의 전부원가계산 사용과 관련하여 발생할 수 있는 부적절한 행동을 줄이기 위하여, Tesla가 할 수 있는 대책을 제시하시오.

9-48 원가계산방법과 원가차이. Black Star Company의 경영자인 Rob Kapito는 다양한 내부회계시스템을 검토하는 중이다. 경영자는 이사회의 추천을 받아 하나의 시스템을 선택하기로 하고, 2017년 회사의 영업자료를 4가지 원가계산방법(실제전부원가계산, 정상전부원가계산, 표준전부원가계산 및 표준변동원가계산)을 적용하여, 이사회 발표를 준비하고 있다.

스텝 회계사들의 도움을 받아, 다음과 같은 손익계산서를 준비하였다.

	A	B	C	D
매출액	$900,000	$900,000	$900,000	$900,000
매출원가	$375,000	$250,000	$420,000	$395,000
변동원가				
직접재료원가	15,000	15,000	–	–
직접노무원가	5,000	5,000	–	–
제조간접원가	25,000	–	–	25,000
기타원가(고정원가)	350,000	475,000	350,000	350,000
총원가	$770,000	$745,000	$770,000	$770,000
순이익	$130,000	$155,000	$130,000	$130,000

해당되는 경우, 직접노무시간을 원가동인으로 하여 고정 및 변동제조간접원가를 배부한다. 회사는 재공품 재고가 없으며, 표준원가는 일정하고 모든 원가차이를 매출원가에서 조정한다. 2017년 고정제조간접원가의 변동예산차이는 없으며, 직접노무원가차이는 모두 임률차이이다.

요구사항

1. 아래의 각 원가계산방법에 적절한 손익계산서를 연결하시오(A, B, C, D).

   실제전부원가계산: ____________

   정상전부원가계산: ____________

   표준전부원가계산: ____________

   표준변동원가계산: ____________

2. 2017년 기말재고자산 수준은 어떻게 변화하였는가? 즉, 완성품 재고가 1년 동안 증가, 감소 또는 유지되었는지 알 수 있는가?
3. 네 가지 손익계산서를 바탕으로 조업도 수준과 비교하여 실제생산량을 확인할 수 있는가?
4. 2017년 유리 또는 불리한 변동간접원가 소비차이가 있었는가?

10 원가행태의 결정

학습목표

1 선형원가함수의 개념 및 변동원가 · 고정원가 · 혼합원가 함수를 이해한다.

2 원가함수 추정 시 인과관계의 중요성을 이해한다.

3 다양한 원가함수 추정방법을 학습한다.

4 정량분석을 활용하여 6단계로 원가함수를 추정한다.

5 최적의 원가동인을 파악하기 위한 3가지 기준을 이해한다.

6 학습효과 등 비선형원가함수를 이해한다.

7 원가함수 추정 시 주의사항을 학습한다.

과거가 왜 중요한가? 과거는 미래를 예측하는 데 도움을 준다. 기업은 과거 실적을 분석함으로써 미래성과를 개선하기 위해 노력한다. 경영자는 원가자료 수집으로 원가가 어떻게 발생하는지 분석하여 미래를 대비한다. 최근 대량의 자료를 효율적으로 분석하는 기술이 발달됨에 따라 원가행태를 분석하고 이를 활용하여 조직 운영을 혁신적으로 바꾸는 사례가 많다. 따라서 원가행태를 이해하는 것은 기업경영에서 매우 중요하다.

UPS는 '빅 데이터'를 활용하여 원가를 이해하면서 환경을 보호한다![1]

최근 환경에 대한 관심이 높아지면서 '환경 지속가능성(environmental sustainability)'에 초점이 맞춰지고 있다. 기업의 원가도 '환경 지속가능성'에 영향을 미칠 수 있다.

B Christopher/Alamy Stock Photo

세계적인 거대 해운기업인 UPS의 '빅 데이터' 시스템은 패키지 배송원가 및 운영에 대한 이해도를 높여 비용을 절감하는 동시에 환경보호를 실천한다.

UPS는 전 세계적으로 하루에 1,500만 개 이상의 소화물을 발송한다. 배송기사는 하루에 120~175개의 물건을 배달하므로 하루 중 선택할 수 있는 경로의 수는 너무나 많다. UPS는 55,000개의 드라이브에 대한 가장 효율적인 경로를 찾기 위해 On-Road Integrated Optimization and Navigation의 약자인 Orion이라는 '빅 데이터' 기반 시스템을 구축했다. Orion은 각 배송경로에 대한 200,000개의 가능성을 실시간으로 분석하여 3초 내에 최적의 경로를 제공하는 1,000페이지에 달하는 코드이다.

UPS는 Orion의 도입으로 2014년 말까지 8,500만 마일의 주행거리를 줄이면서 800만 갤런의 연료를 절약하고 85,000톤의 이산화탄소 배출을 감소시켰다. 2017년까지 완전히 구현되면 회사는 연간 1억 마일의 주행거리를 줄일 수 있는데, 이는 1천만 갤런의 연료 절감과 100,000톤의 이산화탄소 감소효과를 준다. Orion이 가져온 연료비 감소와 효율성 증대로 UPS는 연간 $3억에서 $4억를 절약할 것이다.

---

[1] 출처: Katherine Noyes, "The Shortest Distance between Two Points? At UPS, It's Complicated," *Fortune*, July 25, 2014; Alex Woodie, "Why Big Data Is a 'How' at UPS, Not a 'What,'" *Datanami*, October 26, 2015.

UPS 예에서 알 수 있듯이 관리자는 원가가 어떻게 발생하고 변화하는지 파악함으로써 환경을 보호하는 의사결정을 할 수 있다. 이 장에서는 관리자가 생산수량에 따른 발생원가를 파악하여 원가행태와 관련한 의사결정을 어떻게 하는지에 대해 학습한다.

원가함수의 가정과 사례

원가함수란 원가를 발생시키는 조업도가 변할 때 원가가 어떻게 변하는지를 수학적으로 나타내는 식이다. 원가함수를 2차원의 그래프로 표시하자면, 수평축(x축)은 생산을 위해 사용된 기계시간 등 조업도 수준으로 표시하고, 수직축(y축)은 조업도 수준에 따라 결정되는 총원가로 표시한다. 이러한 원가함수의 2가지 가정은 다음과 같다.

- 원가동인의 변동에 따라 총원가가 변동한다.
- 원가행태는 관련범위[2] 내에서는 선형이다. 예를 들어, 선형원가함수의 경우 총원가와 그 총원가와 관련된 조업도 수준이 관련범위 내에서 직선임을 의미한다.

이 장에서 제시하는 원가함수는 대부분 이 2가지 가정에 따른 원가함수를 의미한다. 그러나 모든 원가함수가 선형이거나 단일의 조업도를 사용하는 것은 아니라는 점을 밝혀둔다.

선형원가함수

다음 사례를 통해 기본적인 3가지 선형원가함수의 종류와 원가함수가 실제 경영의사결정에서 어떻게 활용되는지 알아보자.

사례 1 스타트업 기업인 StoreBox와 기업에게 클라우드 컴퓨팅 서비스를 제공하는 Forest Web Services(FWS)는 현재 서비스 공급계약의 여러 형태를 두고 협상 중이다.

- **대안 1**: StoreBox의 총원가는 CPU 사용시간에 비례하여 증가하며, CPU 사용시간당 $0.50라고 하자. CPU 사용시간은 총원가를 변동시키는 유일한 요소이다. Panel A는 StoreBox의 변동원가를 나타내는데, 대안 1에서는 클라우드 서비스에 대한 고정비가 없다. 이를 식으로 나타내면, y = $0.5X이다(여기서 X는 CPU 사용시간으로 x축을 의

보기 10-1 선형원가함수 사례

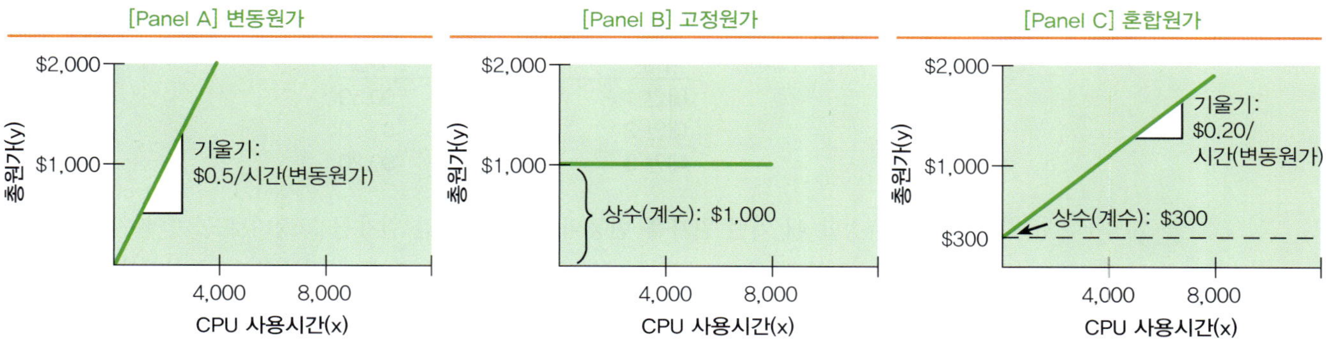

[2] 관련범위는 총원가와 조업도 수준이 일정한 관계가 있는 조업도 수준을 의미한다.

미하며, y는 CPU 사용시간에 따른 총비용으로 y축을 의미한다). Panel A에서 기울기는 $0.50인데 이는 CPU 사용시간 한 단위가 변할 때 총원가가 변하는 금액이다.

- **대안 2:** 총원가는 CPU 사용시간과 상관없이 한 달에 $1,000로 고정되어 있다고 하자. Panel B는 StoreBox의 고정비를 나타내는데, 이를 식으로 제시하면 y = $1,000이다. 고정비 $1,000는 '상수'라고도 불리는데 조업도가 변동해도 이 수치는 변하지 않는다. 그래프를 보면 원가함수의 기울기는 '0'이며, 원가함수는 y축과 상수값에서 교차하고 있으므로 절편값이라 할 수 있다.
- **대안 3:** 총원가가 한 달에 $300씩 고정적으로 발생하고 CPU 사용시간당 $0.20가 추가적으로 발생하는 혼합원가 형태이다. 혼합원가는 준변동원가로 불리며 고정비와 변동비 속성을 동시에 가지고 있다. Panel C는 혼합원가 형태를 나타내고 있는데 이를 식으로 나타내면, y = $300 + $0.20X이다. Panel A나 Panel B와 달리 Panel C의 원가함수는 상수(절편)인 $300와 $0.20의 기울기를 가지고 있다. 관련범위 내의 총원가는 CPU 사용시간이 증가함에 따라 비례적으로 증가한다. 예를 들면, CPU 사용시간이 4,000시간인 경우, 총원가는 $1,100[$300 + ($0.20 × 4,000시간)]이고, CPU 사용시간이 8,000시간인 경우, 총원가는 $1,900[$300 + ($0.20 × 8,000시간)]이다. CPU 사용시간이 두 배가 되었으나 총비용은 약 73%[($1,900 − $1,100) ÷ $1,100] 증가했다.

StoreBox의 경영자는 FWS와 최선의 협상을 하기 위해 3가지 대안의 원가행태를 이해해야 한다. 만약 StoreBox가 매달 최소한 4,000CPU 시간을 사용한다면, 3가지 대안의 총원가는 각각 다음과 같다.

- **대안 1:** $2,000($0.5 × 4,000시간)
- **대안 2:** $1,000
- **대안 3:** $1,100[$300 + ($0.20 × 4,000시간)]

대안 2의 원가가 가장 작으므로 StoreBox는 대안 2를 선택해야 한다. 만약, StoreBox가 사용하는 CPU시간이 매달 4,000시간이 넘는다면, 대안 1과 3이 대안 2보다 더 비쌀 것이므로 대안 2를 선택해야 한다.

보기 10-1에서 3가지 대안의 원가함수를 보면 모두 선형인 직선의 형태이며, 이는 y = a + bX로 일반화할 수 있다. 여기서 a는 상수 또는 계수이며, b는 원가함수인 직선의 기울기이다. 단일의 조업도에 따른 선형원가함수는 a값과 b값을 알면 추정할 수 있으며, 관련범위 내의 총원가를 도식화할 수 있다. 각 대안별 a값과 b값은 다음과 같다.

구분	a값	b값
대안 1	$ 0	$0.50
대안 2	$1,000	$ 0
대안 3	$ 300	$0.20

원가함수를 추정할 때 어떤 원가를 변동비로 볼지, 어떤 원가를 고정비로 볼지의 원가 분류가 매우 중요하다. 원가 분류에 결정적으로 영향을 미치는 요소는 원가대상, 측정기간, 관련범위의 세 가지이다. 우선 원가대상은 특정 원가항목이 원가대상에 따라 고정비가 되기고 하고 변동비가 되기도 한다는 것이다. 예를 들어, 공항으로 승객을 운송하는 공항버스를 가정해 보자. 만약 원가대상이 회사가 보유하고 있는 공항버스라고 한다면, 연간 납부해야 하는 자동차

세는 변동비로 분류될 것이다. 왜냐하면 보유 버스가 많을수록 자동차세 금액이 증가하기 때문이다. 그러나 원가대상이 개별 버스라고 한다면 연간 납부해야 하는 자동차세는 고정비로 분류될 것이다. 왜냐하면 개별 버스가 원가대상이 되면 원가동인으로 운행거리가 가장 적절할 것인데, 이 경우 연간 납부하는 자동차세는 운행거리와 무관하게 발생하기 때문이다. 측정기간과 관련하여 일반적으로 원가 집계기간이 길면 길수록 해당 원가는 변동비로 분류될 가능성이 크다.

예를 들어, 비행기를 제조하는 Boeing에서 발생하는 검사원가를 가정해 보자. 검사원가는 검사원에 대한 인건비가 대부분을 차지하는데 단기적으로 이는 고정비이다. 왜냐하면 검사원들은 그들이 실제로 투입한 검사시간과 관련이 없는 고정급여를 받기 때문이다. 그러나 장기적인 관점에서 Boeing의 전체 검사원가는 검사시간에 따른 변동비라 할 수 있다. 왜냐하면, 소요되는 검사시간이 많을수록 검사원을 추가로 더 고용하거나 반대로 해고하면서 업무를 조정하기 때문이다. 따라서 변동비 · 고정비의 구분은 측정기간이 중요하다. 마지막으로 관련범위는 변동비와 고정비 분류에 있어 중요하다. 변동비와 고정비의 원가행태는 오직 주어진 관련범위 내에서 원가함수가 선형인 경우에만 유효하기 때문이다. 관련범위 밖에서 변동비와 고정비의 형태가 바뀔 수 있으며 이는 조업도와 원가 간 비선형의 관계를 야기하기도 한다. 보기 10-2는 스노보드 제조회사인 Winter Sports의 수년간 스노보드 생산량에 따른 총직접노무비의 변동을 나타낸 그래프이다.

이 경우 관련범위는 x축인 스노보드 생산량 2,000개에서 6,300개 사이이며 이 범위에서는 원가함수가 직선으로 표시된다. 따라서 고정비와 변동비의 개념이 유효하다. 그러나 관련범위 이상 또는 이하인 경우 원가함수는 직선으로 표기되지 않는다. 예를 들어, 관련범위 이하에서 원가함수가 비선형으로 나타나는 이유는 작업 초기 작업자가 생산에 익숙하지 않아 생산량이 적은 경우이다. 이 경우 우리가 알고 있는 1차 방정식 형태의 고정비와 변동비의 개념을 적용할 수 없다. 따라서 원가함수를 추정할 때 원가대상, 측정기간, 관련범위를 철저히 확인해야 한다.

보기 10-2 **관련범위 내에서 원가의 선형성(Winter Sports)**

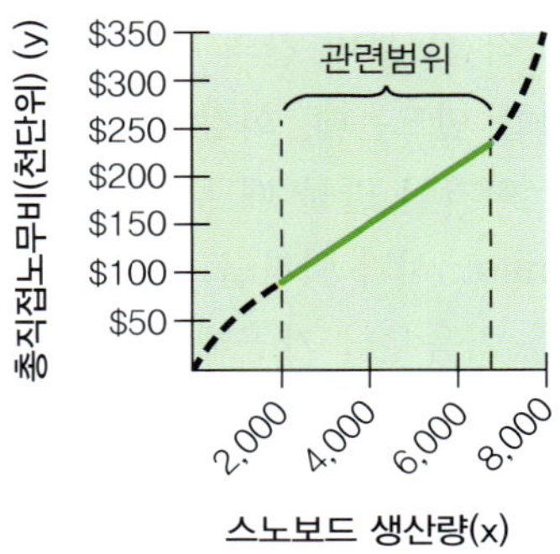

10-1 도전!

다음의 각 상황에 맞는 원가함수를 제시하시오.

1. 파운드당 $1.70인 직접재료비
2. 생산량과 관계없이 총원가가 고정적으로 매달 $8,000
3. 하루에 고정적으로 $80를 지불하면서 추가적으로 마일당 $2.00를 지불하는 자동차 렌트비

원가동인의 파악

StoreBox 사례를 통해 변동원가함수, 고정원가함수, 혼합원가함수를 살펴보았다. 이때 StoreBox는 향후 일어날 상황에 대한 미래의 원가를 추정하였다. 그러나 대부분의 원가함수는 과거자료를 근거로 추정된다. 즉, 과거 원가자료 및 관련된 조업도와의 관계를 활용하여 원가함수를 추정한 후 미래원가를 예측한다. LG는 새로운 TV의 디자인을 결정할 때, 과거 원가자료를 근거로 한 원가함수를 활용하여 새로운 디자인을 적용한 TV의 원가를 추정한다. 그 다음 고객들이 실제로 얼마를 지불할지 예측하여 디자인 수준을 결정한다. Audi는 매년 고객서비스 비용을 변화시키는 요인이 무엇이며, 그 요인이 변동비적 성격인지 고정비적 성격인지를 파악하려 노력한다. 원가추정이 정확할수록 다음 연도 고객서비스 예산 수립에 도움을 주기 때문이다. 그러나 원가함수 추정에서 가장 중요한 것은 원가에 영향을 미치는 요인들을 정확히 파악하는 것이다.

인과관계 기준

원가함수를 추정하는 데 가장 중요한 것은 조업도(또는 원가동인[3]) 수준과 발생 원가 간 인과관계 여부이다. 만약 인과관계가 없으면 원가를 추정하기 어렵다. 인과관계는 조업도(또는 원가동인) 수준의 변화와 총원가의 변화가 관련이 있다는 것을 뜻한다. 인과관계의 예는 다음과 같다.

- **원가와 조업도 수준이 물리적으로 관련된 경우:** 직접재료비와 생산량의 관계가 대표적인 예로서, 제품을 많이 제조할수록 직접재료가 많이 투입되므로 직접재료비가 증가하는 경우
- **계약관계인 경우:** StoreBox와 FWS 간 협상 사례에서, 계약서상 CPU 투입시간이 클라우드 서비스 원가에 영향을 미친다고 명시되어 있는 경우

인과관계를 파악할 때 주의해야 할 것은 두 변수 간 상관관계가 높게 나타난다고 해서 반드시 한 변수가 원인이 되고 다른 변수가 결과가 되는 '인과관계'가 존재하는 것은 아니다. 다음 사례에서 제시되는 직접재료비와 직접노무비 간의 관계를 통해 이를 살펴보자. Winston 가구사는 화강암 탁자와 나무 탁자를 만드는데, 화강암이 나무보다 훨씬 비싸므로 직접재료비가 많이 소요된다. 그러나 화강암 탁자를 만들 때 투입되는 화강암은 이미 채석장에서 조립이 용이하게 가공된 상태이므로 Winston사가 탁자를 만드는 데 직접노무비가 많이 투입되지 않는다. 그러나 나무 탁자는 나무를 처음부터 가공해야 하므로 가공시간이 많이 소요된다. 따라서 나무 탁자에 직접노무비 투입이 훨씬 많다. Winston사는 10,000개의 화강암 탁자와 30,000개의 나무 탁자를 판매한다.

원가동인 파악 시 주의점

원가동인을 파악하는 것은 원가를 절감할 수 있는 기회를 제공한다. 예를 들면, 원가동인의 개수를 파악하여 원가동인을 줄이면 원가절감을 실현할 수 있기 때문이다. 원가동인을 파악하기 위해서는 상대적으로 긴 시간을 두고 원가를 분석해야 한다. 단기적 관점에서 특정원가

---

3 원가함수를 추정할 때 '조업도 수준'과 '원가동인 수준'은 동일한 의미로 사용된다.

의 행태를 분석하면 대부분 원가동인이 뚜렷하지 않은 고정비로 분류할 가능성이 크다. 그러나 장기적 관점에서 그 원가는 원가동인이 뚜렷한 변동비로 분류될 수 있다. 특히 단기적 관점에 초점을 두는 경우 원가동인이 존재하지 않는다고 착각할 가능성이 크다.

원가함수 추정방법

원가함수를 추정하는 대표적 방법으로 (1) 산업공학적 방법, (2) 컨퍼런스(회의) 방법, (3) 계정분석법, (4) 정량적 방법의 4가지를 들 수 있다. 이 방법들은 기본가정, 정확도, 추정에 소요되는 비용 등이 다르며, 두 가지 방법 이상을 혼용해서 원가를 추정할 수 있다.

산업공학적 방법

업무측정 방법(work-measurement method)이라고도 불리는 산업공학적 방법은 물리적 관점에서 투입과 산출의 관계를 파악하여 원가함수를 추정하는 방법이다. 이 방법을 사용하면 특정 산출량을 위해 직접재료를 어느 정도 투입해야 하고 직접노무시간과 기계시간을 얼마나 투입해야 하는지, 이때 총원가는 얼마 정도로 추정할 수 있는지를 알 수 있다. 산업공학적 방법은 투입과 산출 간 물리적 관계가 명확해야 적용할 수 있다. 정부 등 공공기관에서 계약을 할 때 이 방법의 적용을 강제하고 있으며, Bose나 Nokia 등과 같은 기업에서도 직접재료비를 추정하는 데 이 방법을 사용하고 있다. 그러나 직접노무비나 제조간접비 등 다른 원가분류에 이 방법을 적용하기에는 비용이 너무 많이 소요될 것이며, 특히 물리적으로 투입과 산출의 관계가 불명확한 제조간접비, 연구개발비, 광고비 등에 이 방법을 적용하기에는 한계가 있다.

컨퍼런스(회의) 방법

조직 내 다양한 부서의 전문가들에게 원가와 원가동인에 대해 의견을 청취한 뒤 원가함수를 추정하는 방법이다. 예를 들어, 생산부서의 감독자나 기술자들에게 간접노무비가 기계시간과 직접노무시간에 따라 어떻게 달리 발생하는지 물어봄으로써 원가함수를 추정하는 것이다. 소프트웨어 개발원가를 추정할 때 전문가들의 의견을 취합하여 원가를 추정하므로 전문가의 의견이 원가에 반영되는 경우가 종종 있다. 컨퍼런스(회의) 방법은 조직 내 전 부서의 참여와 협력으로 원가함수를 추정하고 전문가의 참여가 높을수록 원가함수의 신뢰도가 증가한다는 장점이 있다. 또한 정교한 분석방법을 요구하지 않으므로 원가함수를 빨리 추정할 수 있다. 그러나 전문성이 결여된 의견이 원가함수에 반영되어 원가함수의 정확도가 떨어질 우려가 있다.

계정분석법

계정분석법은 원가 관련 계정을 변동비, 고정비, 혼합원가로 분류하여 원가함수를 추정하는 방법이다.

계정분석법의 설명을 위해 Elegant Rugs사의 사례를 제시한다. 이 회사는 가정용 및 사무실용 카펫을 제조하여 판매하는 회사이다. 이 회사의 제조공정에서 간접노무비는 감독자의 급여, 유지관리비, 품질검사비 등으로 구성되어 있다. 최근 12주 동안 Rugs사는 생산을 위해 862기계시간을 사용하였으며, 총간접노무비로 $12,501가 발생하였다. 경영진이 질적 분석을 수행한 결과 12주 동안 발생한 간접노무비는 '기계시간'이라는 단일의 원가동인을 가진 혼합원가로 파악되었다. 즉, 기계시간이 증가함에 따라 감독자의 급여 항목은 고정비로, 유지관리비 항목은 변동비로 파악되었다. 만약, '기계시간'을 원가동인으로 하고 간접노무비 발생액을 계산하는 선형원가함수를 추정한다면 우선 어떤 항목이 변동비이고 고정비인지를 구분해야 한다. Rugs사의 경험에 근거하여 간접노무비 $12,501는 고정비 $2,157, 기계시간에 따라 비례하는 변동비 $10,344로 구분하였다고 가정하자. 이때 기계시간당 변동비는 기계시간당 $12(= $10,344 ÷ 862기계시간)로 산정된다. 이에 선형원가함수는 '간접노무비 = $2,157 + ($12 × 기계시간)'으로 제시된다. 이렇게 추정된 선형원가함수는 미래의 원가를 추정할 때 활용된다. 만약 향후 1,000기계시간을 사용할 계획이라면 총원가 추정액은 $14,157[= $2,157 + ($12 × 1,000기계시간)]이다.

계정분석법은 적용하기 쉬우며 상대적으로 정확하고 비용이 많이 들지 않기 때문에 널리 활용된다. 원가 추정치의 신뢰성을 높이기 위해서는 원가분류를 정확히 해야 하며, 신뢰성을 높이기 위해 종종 컨퍼런스(회의) 방법과 병행하여 사용된다. 그러나 원가 관련 계정을 분류할 때 자의적이라는 점이 한계점으로 지적된다.

정량적 방법

정량적 방법은 과거 원가자료를 근거로 수학적으로 원가함수를 도출한다. 대표적인 방법으로 고저점법(high-low method)과 회귀분석법(regression analysis method)이 있다. 특히 회귀분석법의 경우 원가함수를 추정하는 데 가장 정밀한 방법이나 필요한 원가정보가 많아서 분석에 시간이 걸리고 비용이 많이 소요된다는 단점이 있다. 그러나 최근에는 분석기술의 발달과 데이터 저장비용 및 분석비용이 감소함에 따라 회귀분석법이 원가함수를 추정하는 방법으로 주목받고 있다.

정량분석을 통한 원가함수의 추정

정량분석을 적용하여 원가함수를 추정하는 방법을 Elegant Rugs사의 사례를 들어 6단계로 나누어 설명한다.

1단계: 종속변수의 결정 종속변수란 선형원가함수에서 y변수, 즉 원가를 의미하며, 종속변수를 결정한다는 의미는 결국 어떤 원가를 추정할 것인지 결정하라는 뜻이다. Elegant Rugs사의 경우 종속변수는 간접노무비이다.

2단계: 독립변수와 원가동인의 결정 독립변수란 선형원가함수에서 x변수, 즉 조업도 수준 또는 원가동인을 의미한다. 원가함수를 추정하면서 자료에 부합되는 독립변수(원가동인)를 찾는 것은 쉽지 않다.

3단계: 종속변수와 원가동인의 자료 수집 자료 수집 단계가 원가분석에서 가장 어렵고 중요하다. 자료 수집을 위해 원시 회계자료의 확인, 업무담당자와의 인터뷰 등이 필요하다. 수집된 자료는 시계열(time-series) 자료이거나 횡단면(cross-sectional) 자료의 형태이다. 시계열 자료는 특정 회사의 자료가 과거부터 시간순서대로 제시된 것을 의미한다. 이상적인 시계열 자료는 경제상황이나 기술변동과 같은 대외적 환경변화에 영향을 받지 않아야 한다. 원가함수 추정의 기본 전제는 독립변수 x와 종속변수 y 간의 일정한 관계가 성립한다는 것인데, 이와 같은 대외적 환경변화가 x와 y의 관계에 영향을 미치게 되면 추정된 원가함수의 정확도가 떨어질 수 있기 때문이다. 횡단면 자료는 동일한 기간에 걸친 수많은 기업들의 자료를 분석하기에 적합하다. 예를 들면, 은행에서 대출업무를 처리하는 데 비용이 소요되는데, 50명에게 대출을 할 때 소요되는 비용을 측정한다면 특정 시점에 은행의 여러 지점들을 대상으로 자료를 수집하여 분석하는 것이 적합하다. 따라서 추정하고자 하는 원가의 성격에 따라 시계열 자료를 수집할지 횡단면 자료를 수집할지의 선택이 중요하다.

4단계: 수집한 자료의 도식화 원가동인과 원가 간의 관계는 수집된 자료를 그래프로 도식화해 보면 쉽게 파악할 수 있다. 자료를 그래프로 도식화하면 원가함수의 관련범위가 어느 범위인지, 원가동인과 원가 간의 관계가 선형인지 여부를 대략적으로 알 수 있으며, 극단치(이상치)도 파악할 수 있다. 이를 통해 극단치 발생 원인이 자료 수집과정에서의 단순 실수인지, 파업과 같이 제조 공정상의 체계적 문제점인지를 알 수 있게 한다. 보기 10-3은 앞서 언급한 Elegant Rugs사의 12주간 발생한 총기계시간 862시간, 총간접노무비 $12,501를 주별로 나타낸 자료이다. 예를 들면, 12주차의 기계시간은 48시간이며, 간접노무비는 $963이다. 보기 10-4는 보기 10-3의 엑셀자료에서 B열과 C열을 각각 x축과 y축으로 하여 도식화한 것이다. 그래프를 보면 Elegant Rugs사의 기계시간과 간접노무비는 양(+)의 선형관계에 있음을 알 수 있다. 즉, 기계시간이 증가하면 간접노무비가 증가한다는 것이다. 극단치는 관찰되지 않으며 관련범위는 46~96기계시간으로 파악된다.

5단계: 원가함수의 추정 정량적 방법으로 원가함수를 추정하는 대표적인 방법은 고저점법과 회귀분석법이다. 요즈음 엑셀로 간단히 회귀분석을 수행할 수 있어 고저점법의 활용

보기 10-3

Elegant Rugs사의 주간 간접노무비와 기계시간

Home Insert Page Layout Formulas

	A	B	C
1	주	원가동인: 기계시간	간접노무비
2		(x)	(y)
3	1	68	$1,190
4	2	88	1,211
5	3	62	1,004
6	4	72	917
7	5	60	770
8	6	96	1,456
9	7	78	1,180
10	8	46	710
11	9	82	1,316
12	10	94	1,032
13	11	68	752
14	12	48	963
15	합계	862	$12,501

보기 10-4

Elegant Rugs사의 주간 간접노무비와 기계시간 그래프

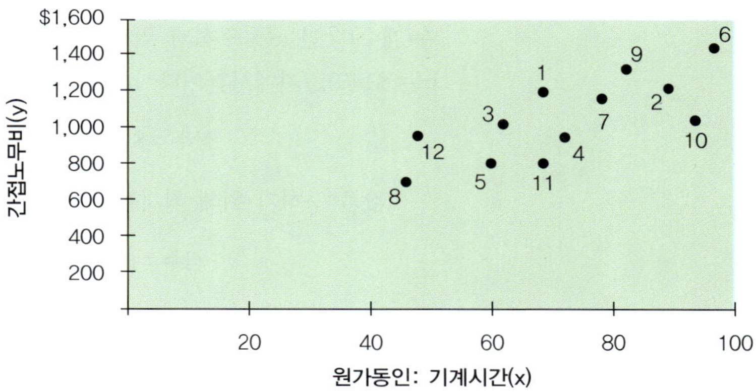

도가 상대적으로 낮을 수 있으나 고저점법은 기본적으로 자료의 선형성을 파악하기 용이한 장점이 있다.

6단계: 원가동인에 대한 평가 추정된 원가함수의 전제가 된 원가동인의 타당성에 대해 재확인하는 단계이다. 원가동인의 타당성이 부족하면 원가함수 및 추정된 원가의 신뢰도가 떨어지기 때문이다.

고저점법

고저점법(high-low method)은 관련범위 내에서 원가동인의 가장 큰 값과 작은 값 및 그에 각각 대응하는 총원가 2개를 활용하여 직선을 긋는다. 이때 직선의 기울기가 원가동인 단위당 변동비이며 직선과 y축이 만나는 점이 상수(계수)값인 고정비를 의미한다. 고저점법의 활용은 원가동인과 총원가 간의 관계를 빨리 파악할 수 있다는 장점이 있다. 보기 10-3의 자료를 활용하여 고저점법을 적용한 원가함수를 추정하면 다음과 같다. 우선 10-3의 자료에서 원가동인(또는 조업도) 기준으로 가장 큰 관측치인 96기계시간과 가장 작은 관측치인 46기계시간을 선택한다. 그 후 각 관측치에 상응하는 간접노무비 $1,456와 $710를 추출한다.

	원가동인: 기계시간(x)	간접노무비(y)
원가동인 중 가장 높은 관측치(6주차)	96	$1,456
원가동인 중 가장 낮은 관측치(8주차)	46	710
차이	50	$ 746

그 다음 선형원가함수의 기울기를 다음과 같이 구한다.

$$\text{기울기} = \frac{\text{원가동인의 최고점에 대응하는 원가와 최저점에 대응하는 원가의 차이}}{\text{원가동인의 최고점과 최저점의 차이}}$$

$$= \$746 \div 50\text{기계시간} = \$14.92/\text{기계시간}$$

그 다음 선형원가함수의 상수(계수)값을 구한다. 이는 최고점 또는 최저점 중 하나를 이용하여 구할 수 있으며, 어느 값을 활용하나 결과는 동일하다. $y = a + bX$인 선형원가함수에서 상수(계수)값인 a를 구하기 위해 식을 변형하면 $a = y - bX$가 되며, 위의 계산 결과 기울기값인 b는 $14.92/기계시간이다. a값을 구하기 위해 최고점을 식에 대입하면,

$$\text{상수} = \$1,456 - (\$14.92/\text{기계시간} \times 96\text{기계시간}) = \$23.68$$

a값을 구하기 위해 최저점을 식에 대입하면,

$$\text{상수} = \$710 - (\$14.92/\text{기계시간} \times 46\text{기계시간}) = \$23.68$$

따라서 고저점법에 따라 원가함수를 추정한 결과는 다음과 같다.

$$y = \$23.68 + (\$14.92/\text{기계시간} \times \text{기계시간})$$

추정된 원가함수는 직선의 형태로 원가동인인 기계시간(x축)의 고점과 저점을 동시에 지난다. 추정된 직선(하늘색 선)에서 총 12개의 관측치가 어디에 있는지 확인해 보면 3개의 관측치(6주, 7주, 8주)가 선상에 있고, 4개의 관측치가 선보다 위에, 5개의 관측치가 선보다 아래에 있다. 상수(계수)값은 y축과 만나는 부분인 $23.68이며, 상수(계수)값은 관련범위가 46~96기계시간인 선형의 원가함수를 추정하는 데 중요한 역할을 한다. 다시 말해 관련범위 내 선형의 원가함수를 추정한 결과 추정된 직선이 y축의 $23.68를 지나게 되었다는 것이다. 여기

보기 10-5 고저점법으로 추정한 Elegant Rugs의 원가함수

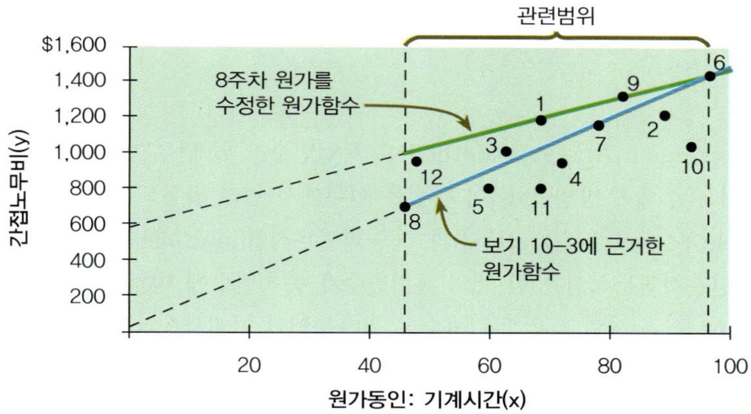

서 주의할 것은 이 상수(계수)값을 기계시간이 '0'일 때 발생하는 고정비라고 해석하면 안 된다는 것이다. 왜냐하면 기계시간이 '0'이라는 것은 기계를 가동하지 않거나 공장을 폐쇄한다는 것을 의미하는데 그러한 상황은 원가함수의 초점인 '관련범위'를 벗어난 것이기 때문이다.

만약, Elegant Rugs사의 6주차 간접노무비가 $1,456가 아닌 $1,280였다 가정해 보자. 이 경우 원가동인 관점에서 봤을 때 6주차의 96기계시간이 최고치이나, 총원가는 9주차의 $1,316가 최고치가 된다. 즉, 기계시간이 많다고 해서 반드시 총원가가 많은 것은 아니게 된다. 이 경우 고저점법을 적용한 원가함수를 추정할 때는 반드시 '조업도 기준'으로 고점과 저점을 판단해야 한다. 비록 9주차의 총원가가 가장 높게 나타났지만 총원가는 고저점법에서 고점과 저점을 판단하는 기준이 될 수 없다. 왜냐하면 고저점법의 원가함수는 원가동인과 원가 간의 일정한 인과관계가 성립한다 가정하고 추정하는 것이므로, 결과치인 원가를 변동시키는 원인인 원가동인을 기준으로 고점과 저점을 판단하는 것이 타당하기 때문이다.

고저점법은 계산하기 간편하고 직관적이어서 이해하기 쉽다. 그러나 고점과 저점의 오직 2개 관측치만으로 원가함수를 추정하기 때문에 추정과정이 타당한지에 대해 주의해야 한다. 예를 들면, Rugs사가 노동조합과 최저임금에 대해 협의하였고 이에 8주차의 간접노무비가 $710가 아닌 $1,000였다고 가정하자. 이를 그래프로 나타낸 것이 보기 10-5의 초록색 선이다. 이 경우 모든 점이 초록색 선 밑에 위치하게 되므로 추정된 원가함수의 타당성이 떨어진

10-1 도전!

M사는 고저점법을 적용하여 다음의 원가자료를 근거로 고정비와 변동비를 구분하고자 한다.

월	원가	시간
1월	$40,000	3,600
2월	38,500	3,000
3월	36,280	3,300
4월	38,000	3,500
5월	69,850	5,850
6월	45,000	4,250

1. 고저점법으로 추정한 선형원가함수의 기울기와 상수(계수)값은 얼마인가?
2. 추정한 선형원가함수는 얼마인가?
3. 3,100시간일 때 총원가는 얼마인가?

다. 이때는 고저점법을 수정하여 관측치를 대표할 수 있는 고점과 저점을 새로 설정하여 원가함수를 추정할 수 있다.

회귀분석법

회귀분석법(Regression Analysis Method)은 독립변수가 한 단위 변할 때 종속변수의 변하는 양을 측정하는 통계적 방법이다. 이 방법은 실무에서 널리 활용되는데, 구체적으로 단순회귀분석법(simple regression method)과 다중회귀분석법(multiple regression method)으로 구분된다. 단순회귀분석법은 한 개의 독립변수가 종속변수에 미치는 영향을 살펴볼 때 사용된다. Elegant Rugs사의 경우 독립변수는 원가동인인 기계시간이며, 종속변수는 간접노무비가 해당된다. 다중회귀분석은 두 개 이상의 독립변수가 종속변수에 미치는 영향을 살펴볼 때 사용된다. Elegant Rugs사의 경우 기계시간, 사용된 배치의 수가 독립변수가 될 것이며, 종속변수는 간접노무비이다.

보기 10-3 Elegant Rugs사의 주간 간접노무비와 기계시간 자료를 근거로 엑셀 등을 통해 회귀분석을 수행한 결과 회귀식은 y = \$300.98 + \$10.31X로 추정된다. 이를 그래프로 제시하면 보기 10-6과 같다. 회귀분석법의 기본 원리는 최소자승법이다. 이는 x축의 특정 한 지점에서 관측되는 관측치들 간 수직거리를 최소화하는 지점을 구한 후, 동일하게 구해진 x축의 다른 점들과 연결하여 직선을 만드는 것이다. 예를 들면, 보기 10-6에서 1주와 11주의 x축 값이 68로 동일하므로 x축 68을 특정 한 지점이라 하면, 이 지점에서 관측되는 관측치는 1과 11이다. 1과 11 간 서로 떨어진 수직거리를 최소화하는 점을 찍는다면 그 점이 바로 회귀식이 지나는 점이라는 논리이다. 즉, 회귀식은 x축 기준으로 이러한 점들을 연결한 선이라는 것이다. 잔차(residual term)는 실제원가와 추정원가의 차이를 의미하며, 이는 보기 10-6에서 관측치 1의 y값(실제원가)과 관측치 1의 수직 아래 회귀식의 y값(추정원가)의 차이를 의미한다. 잔차가 작을수록 회귀식은 적합하게 추정되었다 또는 설명력이 높다고 표현한다. 보기 10-6의 회귀식에서 기울기값(b)은 \$10.31이며 이를 해석하면, 관련범위 내에서 매 기계시간이 추가적으로 사용될 때마다 간접노무비가 평균적으로 \$10.31 증가한다는 것이다.

보기 10-6 **Elegant Rugs사의 주간 간접노무비와 기계시간의 회귀분석 결과**

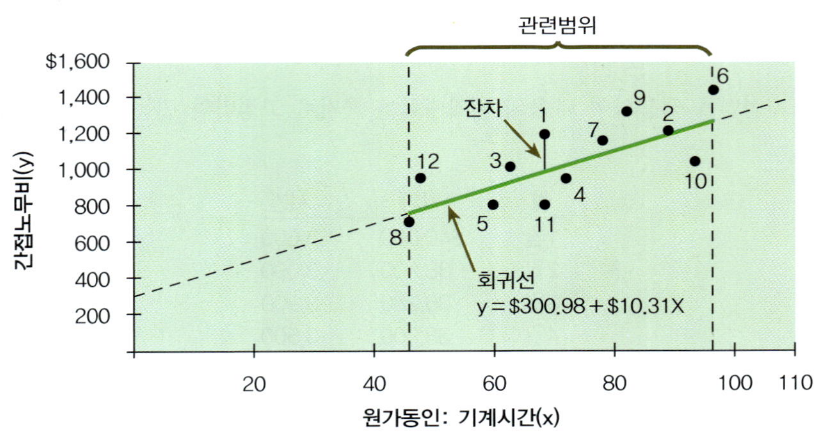

원가동인 평가 및 선택

원가함수를 추정할 때 원가동인을 선정하는 것은 쉽지 않다. 원가함수 추정 시 원가동인이 달라지면 어떤 일이 생기는지 Elegant Rugs사의 사례를 통해 알아보자. 이미 Elegant Rugs사는 앞선 예에서 제시된 바와 같이 간접노무비의 원가동인으로 기계시간을 선정하여 분석하였다. 그러나 직접노무시간도 간접노무비 발생액에 영향을 미칠 수 있으므로 직접노무시간을 원가동인으로 하여 회귀분석을 수행하였다. 보기 10-7에서는 지난 12주간 직접노무시간을 제시하고 있으며, 보기 10-8에서는 직접노무시간을 원가동인으로 한 회귀분석 결과를 제시하고 있다.

직접노무시간을 원가동인으로 한 회귀분석 결과 추정 회귀식은 y = \$744.67 + \$7.72X로 나타났다. 보기 10-6은 원가동인이 기계시간인 경우이고, 보기 10-8은 원가동인이 직접노무시간인 경우의 회귀분석 결과인데, 어느 것이 원가동인으로 더 적절한지는 다음의 3가지 기준으로 판단할 수 있다.

- **경제적 관련성:** 경제적 관련성은 어느 원가동인이 경제적 실질을 더 반영하고 있는지를 의미한다. Elegant Rugs사가 사용한 두 개의 원가동인은 모두 종속변수인 간접노무비와 관련이 있어 보인다. 그러나 제조공정에서 기계의 활용도가 매우 높고 대부분의 공정이 자동화된 공정이라는 점은 직접노무시간보다 기계시간이 간접노무비에 영향을 미치는 원가동인으로 더 적합하다 판단되는 것이다.
- **적합도:** 보기 10-6과 10-8에서 실제원가와 예상원가의 수직 차이가 상대적으로 더 작은 것은 조업도가 기계시간인 경우의 10-6이다. 즉, 회귀식의 잔차가 더 작을수록 추정원가가 실제원가와 차이가 크지 않으므로 더 좋은 원가추정치를 제공한다. 이를 적합도가 높다고 표현한다.

보기 10-7 Elegant Rugs사의 주간 기계시간, 직접노무시간, 간접노무비

Home Insert Page Layout Formulas Data Review

	A	B	C	D
1	주	최초 원가동인: 기계시간	새로운 원가동인: 직접노무시간 (x)	간접노무비 (y)
2	1	68	30	1,190
3	2	88	35	1,211
4	3	62	36	1,004
5	4	72	20	917
6	5	60	47	770
7	6	96	45	1,456
8	7	78	44	1,180
9	8	46	38	710
10	9	82	70	1,316
11	10	94	30	1,032
12	11	68	29	752
13	12	48	38	963
14	합계	862	462	\$12,501

보기 10-8 Elegant Rugs사의 직접노무시간과 간접노무비의 회귀분석 결과

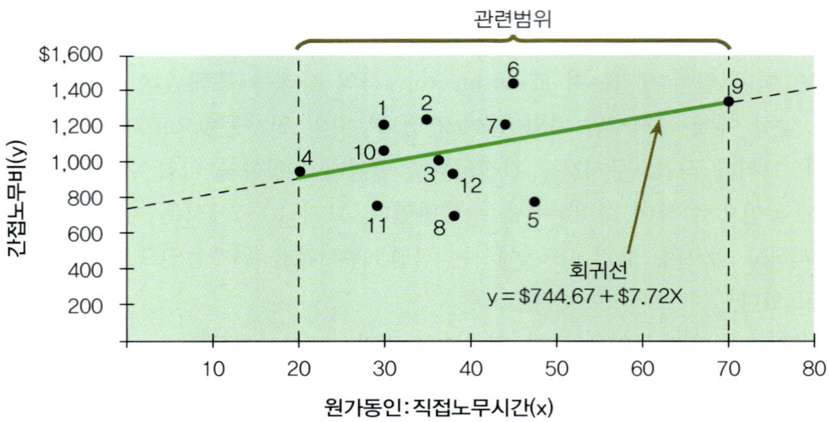

- **독립변수(조업도)의 유의성:** 일반적으로 회귀식의 기울기가 가파를수록 x변수와 y변수 간의 관련 정도가 크고 유의성이 높다고 한다. 이러한 관점에서 보기 10-6과 10-8을 비교하면 10-6의 기울기가 더 크므로 원가동인으로 기계시간이 더 적합하다 할 수 있다.

원가동인을 잘못 선택하면 원가함수와 원가추정치를 신뢰할 수 없게 되므로 의사결정에 심각한 악영향을 미칠 수 있다. 또한 타당한 원가동인은 시간과 환경에 따라 지속적으로 변하므로 원가동인의 타당성에 대해 지속적으로 고민해야 한다.

비선형원가함수

원가함수는 선형인 경우도 있으나 비선형인 경우도 있다. 비선형원가함수란 관련범위 내에서 원가함수가 직선이 아닌 것을 의미한다. 다음 보기 10-9의 Panel A는 직접재료 구매수량의 증가에 따른 직접재료비의 증가를 나타낸다. 그러나 구매를 많이 할수록 할인을 해주는 수량할인 제도로 인해 직접재료구입액 증가에 따라 직접재료비는 변곡점을 중심으로 완만하게 증가한다. 즉, 직접재료 구매수량이 1~1,000인 경우 원가함수의 기울기는 $25이며, 1,001~2,000인 경우 원가함수의 기울기는 $15, 2,001~3,000인 경우 원가함수의 기울기는 $10이다. 이때 관련범위를 1~3,000으로 본다면 원가함수는 비선형원가함수이나, 관련범위를 1~1,000로 본다면 원가함수는 선형이다.[4]

Panel B와 Panel C는 계단원가함수이다. 일정 조업도 수준에서는 원가가 변동이 없다가 조업도가 일정 수준 이상이 되면 원가가 갑자기 증가하므로 그 모양이 계단모양을 나타낸다 하여 계단원가함수라 한다. 조업도 증가에 따라 상대적으로 원가의 증가가 빈번한 Panel B와 같은 형태를 계단-변동원가 함수(step variable-cost function)라 하고, 원가가 변동하기 위해서 상대적으로 더 많은 조업도의 변화를 요구하는 Panel C와 같은 형태를 계단-고정원가 함수(step fixed-cost function)라 한다.

---

[4] 따라서 원가함수에서 관련범위는 매우 중요하다.

보기 10-9 비선형원가함수의 예

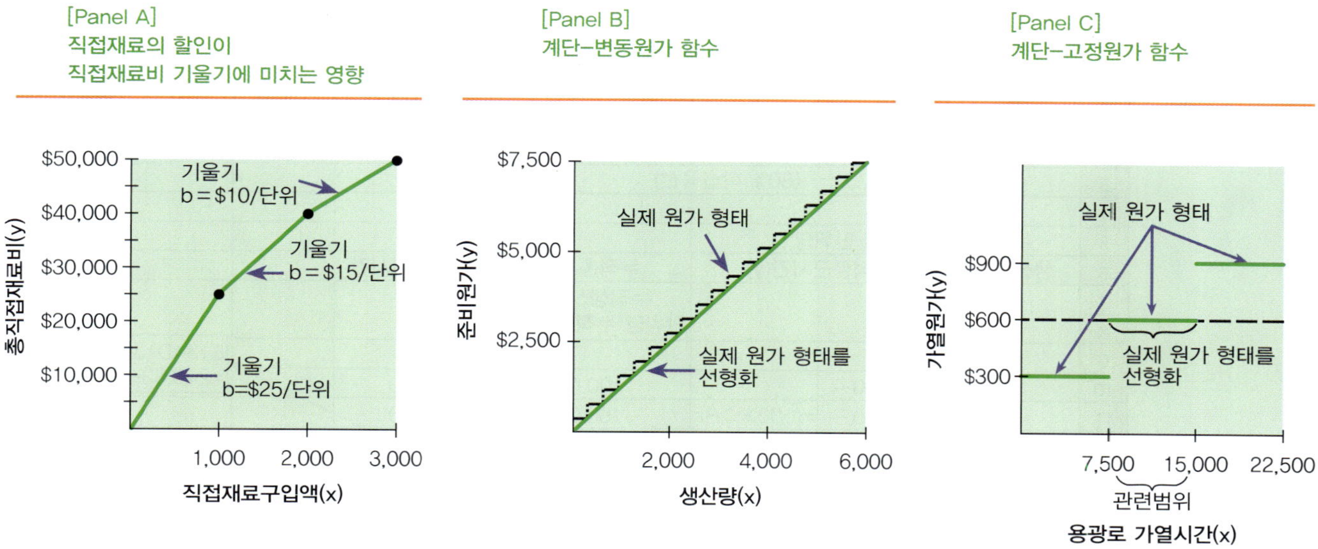

학습곡선

학습곡선(leaning curves)[5]은 비선형원가함수의 대표적 형태이다. 사람은 어떤 일을 하든 처음에는 서투르고 실수도 잦고 시간이 많이 걸리지만 점차 그 일이 익숙해지면 짧은 시간에 성공적으로 일을 완수한다. 즉, 생산량이 증가할수록 단위당 노동시간이 감소하는 것을 측정하는 함수가 학습곡선이다. 학습곡선은 주로 항공기 제조 및 계약단가를 협상할 때 많이 적용된다. 이유는 항공기는 대당 단가가 매우 비싸며, 수많은 부속품으로 구성되어 있어 조립을 위한 노무시간이 많이 소요되는 특성이 있다. 즉, 학습곡선의 적용으로 인해 생산을 증대시킬수록 투입하는 직접노동시간의 감소가능성이 크며 이에 따라 계약 단가를 낮출 수 있기 때문이다. 이하에서는 학습곡선의 대표적인 2가지 형태인 누적평균시간 학습모형과 증분단위시간 학습모형에 대해 설명한다.

누적평균시간 학습모형

이 모형은 누적생산량이 두 배가 될 때, 일정한 비율만큼 단위당 누적평균시간이 감소하는 모형이다. Rayburn이라는 레이더 시스템을 만드는 회사가 있으며 이 회사는 80% 학습곡선을 가지고 있다 가정하자. 여기서 80% 학습곡선이란 Rayburn의 생산량이 X에서 2X로 두 배가 된다면, 2X의 단위당 누적평균시간은 X의 단위당 누적평균시간의 80%라는 의미이다. 다시 말하면, 단위당 누적평균시간이 20% 감소한다는 것이다. 보기 10-10에 구체적으로 누적평균시간 모형을 적용한 사례가 제시되어 있다. A열에서 누적생산량이 1에서 2가 되어 두 배가 될 때, 단위당 누적평균시간(B열)은 100에서 100 × 80%로 감소한 80이 된다. 만약 누적생산량이 2에서 4로 두 배가 된다면, 단위당 누적평균시간은 80에서 80 × 80%로 감소한 64가 된다. D열의 누적총시간을 계산하려면 단위당 누적평균시간(B열)과 누적생산량(A열)을 곱하면 된다. 예를 들어, 누적생산량이 4일 때 누적총시간을 계산하면 256시간(= 64 × 4)이 되는 것이다.

---

5 경험곡선(experience curve)은 학습곡선을 포괄하는 광범위한 의미로서 마케팅, 고객서비스 등 경영활동 전반에서 특정 활동이 증가할수록 단위당 원가가 감소하는 현상을 측정하는 모형을 의미한다.

보기 10-10 Rayburn의 누적평균시간 학습모형

Home Insert Page Layout Formulas Data Review View

	A	B	C	D	E	F	G	H
1		Rayburn의 누적평균시간 학습모형						
2								
3		(80% 학습곡선)						
4								
5	누적	단위당						
6	생산량(x)	누적평균시간(y)		누적총시간	증분단위시간			
7				누적생산량×				
8				단위당 누적평균시간				
9							E13=D13−D12 =210.63−160.00	
10	1	100.00		100.00	100.00			
11	2	80.00	=(100×0.8)	160.00	60.00			
12	3	70.21		210.63	50.63			
13	4	64.00	=(80×0.8)	256.00	45.37			
14	5	59.56		297.82	41.82			
15	6	56.17		337.01	39.19			
16	7	53.45		374.14	37.13			
17	8	51.20	=(64×0.8)	409.60	35.46			
18	9	49.29		443.65	34.05			
19	10	47.65		476.51	32.86			
20	11	46.21		508.32	31.81			
21	12	44.93		539.22	30.89			
22	13	43.79		569.29	30.07			
23	14	42.76		598.63	29.34			
24	15	41.82		627.30	28.67			
25	16	40.96	=(51.2×0.8)	655.36	28.06			

증분단위시간 학습모형

이 모형은 누적생산량이 두 배가 될 때, 증분단위시간이 일정한 비율만큼 감소하는 모형이다. 앞서 Rayburn사의 경우 누적평균시간 학습모형을 적용하여 80% 학습곡선인 상황에 대해 살펴보았다. 여기서는 누적평균시간 학습모형 대신 증분단위시간 학습모형을 적용하여 80% 학습곡선인 상황을 가정한다. 이 경우 80%는 누적생산량이 X에서 2X로 두 배가 될 때, 추가적으로 소요되는 시간은 X단위를 생산할 때 소요되는 시간의 80%라는 것이다.

보기 10-11에 구체적으로 증분단위시간모형을 적용한 사례가 제시되어 있다. A열에서 누적생산량이 2에서 4가 되어 두 배가 될 때, 4번째 단위를 생산할 때 소요되는 시간은 64시간(B열)이며, 이는 2번째 단위를 생산하는 데 소요된 시간인 80시간의 80%에 해당한다. D열의 누적총시간을 계산하려면 증분단위시간(B열)을 합하면 된다. 예를 들어, 누적생산량이 4일 때 누적총시간을 계산하면 314.21시간(= 100.00 + 80.00 + 70.21 + 64.00)이 되는 것이다.

보기 10-12는 누적평균시간 학습모형과 증분단위시간 학습모형의 추정 결과를 도식화한 것이다. Panel A는 누적생산량이 증가할 때 단위당 누적평균시간의 추이를 나타낸 것으로, 보기 10-10의 B열과 10-11의 E열을 근거로 하였다. Panel B는 누적생산량이 증가할 때 누적총시간의 추이를 나타낸 것으로, 보기 10-10의 D열과 10-11의 D열을 근거로 하였다.

학습률이 동일하다 가정하면 누적평균시간 학습모형은 증분단위시간 모형보다 더 빠른 속도로 학습한다고 할 수 있다. 보기 10-12의 Panel B에서 누적평균시간 학습모형 곡선이 증분단위시간 학습모형 곡선보다 아래에 있어, 동일한 누적생산량을 생산한다면 증분단위시간 학습모형이 더 많은 시간을 소요함을 알 수 있다. 예를 들어, 4단위를 생산한다면 80% 증분단위시간 학습모형은 314.21시간을 필요로 하나 80% 누적평균시간 학습모형은 256.00시간을 필요로 하므로, 누적평균시간 학습모형이 상대적으로 더 빠른 속도로 학습한다 할 수 있다.

그렇다면 어떤 경우에 누적평균시간 학습모형 또는 증분단위시간 학습모형을 적용해야 하며, 그때의 학습률은 얼마로 해야 타당한가? 이에 대해서는 명확한 답은 없으며, 대부분 경험 또는 전문가의 의견에 의존한다.

보기 10-11 Rayburn의 증분단위시간 학습모형

Rayburn의 증분단위시간 학습모형

(80% 학습곡선)

누적 생산량(X)	증분단위 시간(y)		누적총시간	단위당 누적평균시간 (누적총시간 / 누적생산량)
1	100.00		100.00	100.00
2	80.00	=(100×0.8)	180.00	90.00
3	70.21		250.21	83.40
4	64.00	=(80×0.8)	314.21	78.55
5	59.56		373.77	74.75
6	56.17		429.94	71.66
7	53.45		483.39	69.06
8	51.20	=(64×0.8)	534.59	66.82
9	49.29		583.89	64.88
10	47.65		631.54	63.15
11	46.21		677.75	61.61
12	44.93		722.68	60.22
13	43.79		766.47	58.96
14	42.76		809.23	57.80
15	41.82		851.05	56.74
16	40.96	=(51.2×0.8)	892.01	55.75

D14=D13+B14
=180.00+70.21

보기 10-12 Rayburn의 누적평균시간 학습모형과 증분단위시간 학습모형

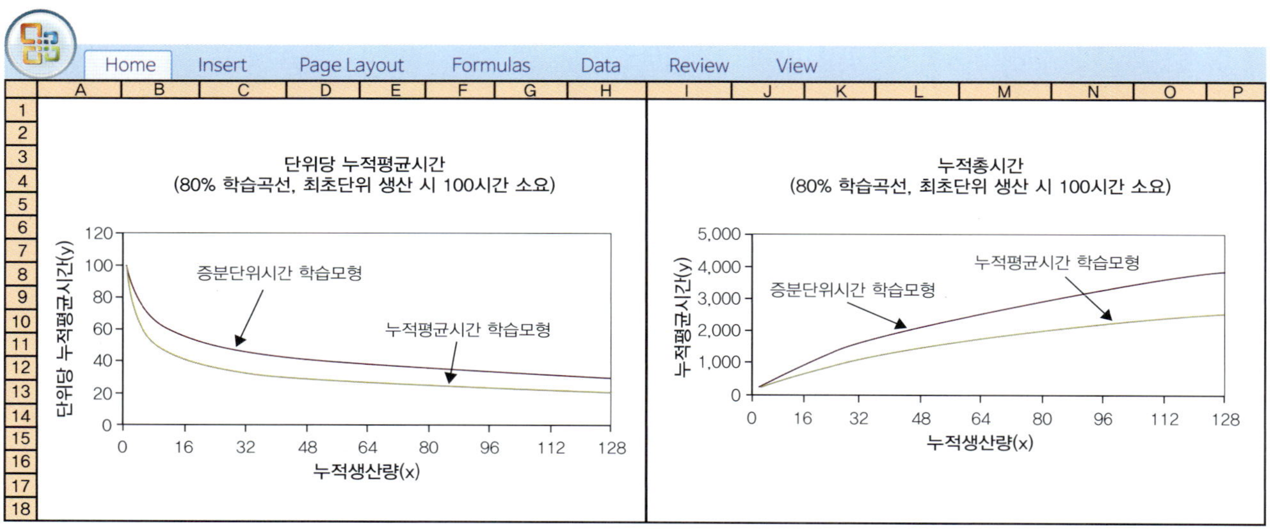

학습곡선의 실제 활용

학습곡선은 실제로 어떻게 활용되는가? 학습곡선은 제품의 가격이나 표준원가를 설정할 때 유용하게 사용된다. 앞선 Rayburn사의 누적평균시간 학습모형 사례를 근거로 생산량에 따라 원가를 예상한 자료는 다음 보기 10-13과 같다.

보기 10-13에서는 생산량이 증가함에 따라 평균 단위당 원가가 감소(F열)한다. 따라서 첫 번째 단위를 판매할 때의 이익보다 판매수량이 많아질수록 이익이 증가한다. 예를 들면, 첫 번째 단위를 생산하는 데 100시간이 필요하며(C열) 시간당 임률이 $50이므로, 한 단위를 생산하는 데 소요되는 노무비는 $5,000이다(D열). 그러나 누적생산량이 16인 경우를 보면 8단위에서 16단위로 2배 생산을 할 때 추가적으로 소요되는 노무비는 $12,288(E열)로서 단위당 $1,536(=$12,288÷8단위)이다. 즉, 처음 한 단위를 생산하는 데 소요되는 노무비가 $5,000인데 8단위에서 16단위로 생산량을 증가시킬 때 한 단위 생산에 소요되는 노무비가 $1,536이라는 것이다.

학습효과는 Pizza Hut, Home Depot, Nissan Motor Company, U.S. Department of Defense 등에서 널리 사용된다. Rayburn사의 경우 학습효과는 생산량이 직접노무시간에 미치는 영향에 초점을 두었지만, 최근 Hewlett-Packard사의 경우 생산량의 증가가 품질에 미치는 영향에 대한 학습효과에 주목하고 있다.

보기 10-13 **생산량 변화에 따라 학습효과를 반영한 단위당 원가 변화(Rayburn사)**

Home Insert Page Layout Formulas Data Review View

	A	B	C	D	E	F
1	누적생산량	단위당 누적평균시간: 노무시간[a]	누적총시간: 노무시간[a]	노무시간당 $50일 때 누적원가[b]	증분 누적원가	평균 단위당 원가
2	1	100.00	100.00	$ 5,000	$ 5,000	$5,000
3	2	80.00	160.00	8,000	3,000	4,000
4	4	64.00	256.00	12,800	4,800	3,200
5	8	51.20	409.60	20,480	7,680	2,560
6	16	40.96	655.36	32,768	12,288	2,048
7						
8	[a] 계산 근거는 보기 10-10 참고					
9	[b] 누적총시간(C열)×$50/노무시간					

도전! 10-3

B사는 다양한 액자를 만든다. 작업자가 처음 액자 1개를 만드는 데 소요되는 시간은 6시간이며, 두 번째 액자를 만드는 데는 4.8시간이 소요된다. 시간당 제조간접비는 $25이다.

1. 누적평균시간 학습모형을 적용한다면, 학습률은 몇 %인가?
2. 누적평균시간 학습모형을 적용하여 작업자가 처음으로 8개의 액자를 만든다면 얼마의 시간이 필요한가? 그리고 그때의 제조간접원가는 얼마인가?
3. 증분단위시간 학습모형을 적용한다면, 학습률은 몇 %인가?
4. 증분단위시간 학습모형을 적용하여 작업자가 처음으로 16개의 액자를 만든다면 얼마의 시간이 필요한가?

CONCEPTS IN ACTION

Joint Strike Fighter 생산에 학습효과가 있을까?

US Air Force Photo/Alamy Stock Photo

학습효과는 1930년대 이후부터 항공기 제조에 많이 적용되었다. 학습효과가 오랜 시간 활용되었음에도 불구하고 여전히 학습효과가 정말 존재하는지에 대한 논쟁이 있다. 특히 이 논쟁은 Joint Strike Fighter(JSF)로 알려진 F-35 Lightning Ⅱ의 생산에 있어서도 마찬가지이다. JSF는 역사상 가장 비싼 항공기이며, 차세대 전투기로 미국, 이탈리아, 네덜란드, 터키, 캐나다, 오스트레일리아, 덴마크, 노르웨이, 일본, 이스라엘에서 활용된다. 2001년에 처음 JSF 프로젝트를 시작한 미 국방성은 총 2,852대를 $2,330억에 구매하기로 하였다. 그러나 2013년까지 미 국방성은 최초 계약 대수인 2,853대보다 409대가 작은 2,443대에 대해 계약단가보다 70%나 더 높은 비용을 지출하였다. 그 사이 대당 가격이 $8,100에서 $16,100로 상승하였기 때문이다.

왜 그럴까? 전문가들은 JSF가 너무 복잡해서 학습효과를 기대할 수 없다고 한다. 학습효과는 제품 디자인과 생산과정이 일정해야 한다. 그러나 JSF는 그렇지 못했다. 미군만 놓고 봤을 때 미군은 같은 JSF지만 세 가지 다른 유형의 비행기를 요구했다. 공군이 요구하는 전통적인 전투기, 해병대가 요구하는 짧은 이착륙 또는 수직 이착륙이 가능한 전투기, 해군이 요구하는 수송용 비행기이다. 비행기 생산수량은 증가하였으며 부품원가는 하락하였다. 2010년에서 2015년 사이 엔진 생산량은 두 배가 되었는데 JSF의 엔진 제조 단가는 변함이 없었다. 이는 JSF 프로그램이 최초에 예상한 바가 아니다.

이러한 상황에도 불구하고 미 국방성과 JSF의 주 제조사인 Lockheed Martin사는 긍정적이다. Lockheed Martin사는 JSF의 학습률이 F-16과 같이 유명한 전투기의 학습률을 뛰어넘을 것이라 주장하였으며, 미 국방성 JSF 담당자인 Chris Bogdan 장군은 2019년까지 JSF의 대당 원가가 $8,000만~$8,500만가 될 것이라 하였다.

출처: Adam Ciralsky, "Will It Fly?" *Vanity Fair*, September 16, 2013; Giovanni de Briganti, "F-35 Engine Unit Costs Continue to Grow Even as Production Increases," *Defense-Aerospace.com*, April 28, 2015; Colin Clark, "Bogdan Predicts F-35s for Less Than $80M, Engines Included!" *Breaking Defense*, February 11, 2016.

학습곡선 추정을 위한 자료 수집과 학습곡선의 보정

학습곡선을 정확히 추정하기 위해서는 다음 두 가지 요건이 충족되어야 한다.

- 추정에 사용되는 원가동인(독립변수) 및 원가(종속변수) 측정치의 수가 많아야 하며 신뢰할 수 있어야 한다. 두 측정치 중 어느 한 측정치라도 잘못 측정되어 오류가 있을 경우 원가함수를 왜곡할 수 있다.
- 다양한 원가동인에 따른 원가정보를 활용해야 한다. 만약 원가함수 추정에 사용된 원가동인들의 수가 작고 유사한 성격이라면 관련범위가 너무 작아 원가함수의 활용도가 낮거나 부정확할 가능성이 있다.

실제 원가함수를 추정할 때 위의 두 요건을 충족하기가 쉽지 않다.

- 원가동인 및 종속변수를 측정하는 기간이 서로 달라 원가함수가 왜곡될 수 있다. 이러한 문제는 발생기준 회계를 사용하지 않을 때 종종 발생한다. 예를 들어, 운송회사에서 윤활유 비용을 예측하는 원가함수를 추정한다면 종속변수로 윤활유 비용, 원가동인으로 트럭운행시간을 쓸 수 있다. 윤활유는 연중 일정하게 구매하는 것이 아니라 한 번에 대량으로 구매하는 것이 보통이다. 만약 회사가 윤활유를 구매하는 시점에 윤활유 비용을 인식한다면 특정 월의 구매시점에서 거액의 윤활유 비용이 계상될 것이며, 윤활유를 구매하지 않은 다른 월에서는 윤활유 비용이 계상되어 있지 않을 것이다. 이러한 자료를 근거로 월별 윤활유 비용을 월별 트럭운행시간에 대응시켜 원가함수를 단순 추정하면 안 된다는 것이다. 왜냐하면, 실제 윤활유는 매일 일정량이 사용되었음에도 불구하고 특정 월에 윤활유 비용이 집중적으로 발생한 것으로 측정되어 원가함수에 반영되었기 때문이다. 이러한 원가함수의 왜곡을 방지하기 위해 윤활유에 대해 발생기준을 적용할 필요가 있다.
- 고정비를 변동비로 분류하면 원가함수가 왜곡될 수 있다. 흔히 제품원가를 계산할 때 감가상각비, 보험료, 임차료와 같은 고정비는 제품 단위당 일정 금액이 제품에 배부된다. 이때 주의해야 할 것은 고정비가 제품 단위당 일정 금액이 배부된다 하여 이를 변동비로 분류하여 원가함수를 추정하면 안 된다는 것이다. 고정비와 변동비의 분류가 잘못되면 (일차)원가함수의 상수값과 기울기값이 무의미해지기 때문이다.
- 원가함수 추정에 사용된 데이터 일부가 결측치이거나 부정확한 경우 원가함수가 왜곡될 수 있다. 데이터의 결측은 원가함수와 관련된 비용이 발생하였음에도 불구하고 제대로 장부에 계상되지 않았거나 또는 다른 비용으로 계정분류를 잘못한 경우 발생한다. 부정확한 데이터는 원가동인과 같은 데이터가 몇 개의 부서를 거치면서 잘못 입력되거나 전달되는 경우 발생한다. 이러한 왜곡현상을 방지하기 위해서는 주기적으로 수집된 데이터를 즉시 확인하는 절차가 필요하다.
- 원가함수 추정에 사용된 데이터에 극단치가 포함되어 있는 경우 원가함수가 왜곡될 수 있다. 극단치는 최초 기록이 잘못된 경우(예: 소수점 오류), 비정상적인 기간을 포함한 경우(예: 중요한 기계의 고장으로 조업도가 없는 경우), 관련범위 이외의 자료를 데이터로 사용한 경우에 발생할 수 있다. 이 경우 극단치를 제거하거나 조정해야 한다.
- 원가동인과 원가 간의 관계가 안정적이지 않다면 원가함수가 왜곡될 수 있다. 예를 들어, 기계시간은 제조간접비와 일정한 관계가 있다고 알려져 있으므로 이를 전제하고 원가함수를 추정해왔다 가정하자. 그런데 원가함수 추정 대상 기간 중 급격한 기술 발전이 있었고 그 결과 더 이상 기계시간과 제조간접비가 일정한 관계가 아닐 수 있다. 즉, 원가동인과 원가 간의 관계가 안정적인 관계가 아닐 수 있다. 이 경우 기술 발전이 있었던 때를 기준으로 전과 후의 표본으로 표본을 양분하여 원가함수를 추정한 후 수치들이 유의한 차이가 있는지 검증해야 한다. 만약 유의한 차이가 있다면 기술 발전에 따른 원가함수를 달리 추정해야 할 것이며, 유의한 차이가 없다면 기술 발전 전과 후를 포함한 측정치를 근거로 원가함수를 추정해야 할 것이다.
- 인플레이션이 원가동인 또는 원가에 영향을 미쳐 원가함수가 왜곡될 수 있다. 예를 들어, 원가동인의 변동이 없으면서 인플레이션으로 인해 원가 자체의 수치가 증가할 수 있다. 이 경우 인플레이션 효과를 제거한 후 원가함수를 추정하여야 한다.

과거자료에 근거하여 원가함수를 추정할 때 위와 같은 다양한 문제점들이 발생할 수 있다. 따라서 경영자는 원가함수의 추정 결과에 근거한 의사결정을 하기 전에 반드시 관련자료의 타당성을 면밀히 검토해야 할 것이다.

과제

서술형 문제

10-1 원가함수를 추정할 때 사용하는 2가지 가정은 무엇인가?

10-2 선형원가함수와 비선형원가함수의 차이는 무엇인지 예를 들어 설명하시오.

10-3 "두 변수 간 상관관계가 높다는 것의 의미가 한 변수가 원인이고 또 다른 변수가 결과이다"라는 서술이 옳은지 그렇지 않은지 설명하시오.

10-4 원가함수 추정 시 컨퍼런스(회의) 방법, 계정분석법의 장점은 무엇인가?

10-5 고저점법을 사용할 경우 고점과 저점의 기준은 무엇인가?

10-6 학습곡선의 개념과 학습곡선의 종류에 대해 설명하시오.

객관식 문제

10-7 HL사는 고저점법을 사용하여 총원가함수를 추정한다. 관련범위가 1,500에서 7,500단위이고, 총원가가 $21,000~$45,000일 때, 2,000단위를 생산한다면 총원가는 얼마인가?

a. $8,000 b. $12,000 c. $23,000 d. $29,000

10-8 단순 선형회귀분석을 통해 제품원가를 추정한다고 가정하자. 고정비는 $235,000이고, 단위동 변동비가 $10일 경우, $300,000의 이익을 달성하기 위해서는 몇 단위를 판매하여야 하는가? 단, 판매가는 단위당 $150이다.

a. 21,400 b. 47,000 c. 60,000 d. 107,000

10-9 회귀분석 모형에서 계수 값은 무엇인가?

a. 종속변수(y)의 변동과 독립변수(X)의 변동 간의 비율
b. −1에서 +1 사이의 범위에 위치
c. 회귀식을 통해 당기순이익을 추정하는데 사용된다.
d. 회귀식의 설명력이 올라갈수록 작아진다.

10-10 종속변수가 총원가이고 독립변수가 생산수준인 회귀모형이 있으며, 총원가와 생산수준 간 상관계수가 0.70인 경우는 무엇인가?

a. 독립변수의 계수 값은 음(−)이다.
b. 생산수준의 변동은 총원가 변동의 49%를 설명한다.
c. 생산수준과 총원가 간 약한 역의 관계가 있다.
d. 상관계수가 1.3이면 회귀식의 적합도가 더 높아질 것이다.

주관식 문제

10-11 원가함수의 추정. 다음은 기계수선비와 관련된 자료이다.

월	기계시간	기계수선비
1월	6,000	$4,000
2월	10,000	$5,400

요구사항

1. 기계수선비의 원가함수를 추정하시오.
2. 추정한 원가함수에서 계수값을 기계수선비의 고정비라고 할 수 있는지에 대해 설명하시오.

10-12 변동, 조정, 혼합 원가함수. 렌트카 회사인 Bengal사는 자동차 대여 계약 조건을 다음의 3종류로 제시한다.

- 유형 1: 하루당 $50
- 유형 2: 하루당 $30에 추가하여 운행 마일당 $0.20
- 유형 3: 운행 마일당 $1

요구사항

1. 수직축을 원가로, 수평축을 운행 마일로 하여 각 유형별 그래프를 그리시오.
2. $y = a + bX$의 형태로 원가함수를 제시하시오.

10-13 원가형태(CPA 기출). 다음 그래프의 수직축은 원가, 수평축은 생산량을 나타낸다. 각 요구사항의 값을 구하시오.

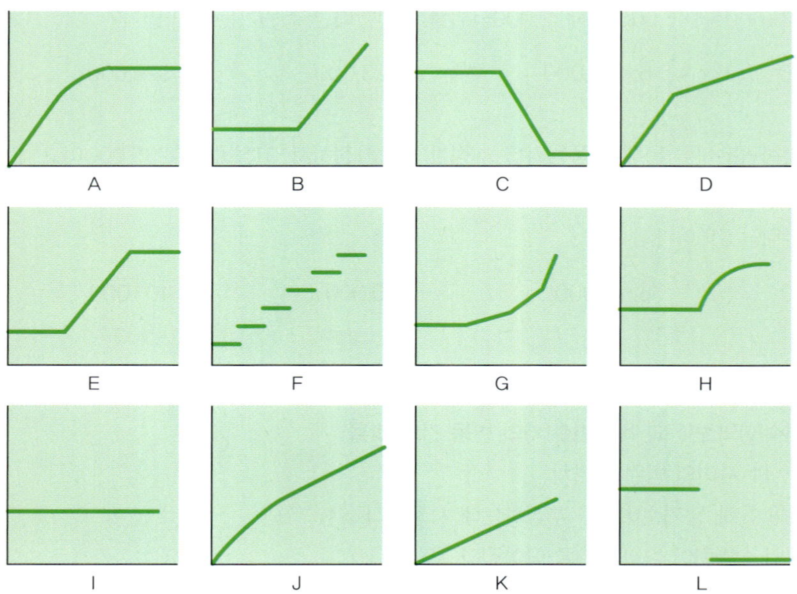

요구사항

1. 기계의 감가상각비(단, 감가상각비는 기계시간에 비례한다.)
2. 전기요금(단, 전기요금은 기본요금과 일정 사용량(kW) 이상이 되면 일정한 율로 사용량에 따라 추가로 부담하는 요금으로 구성된다.)
3. 수도료[(단, 수도료는 생산량에 비례해서 발생하며 구체적인 계산체계는 다음과 같다(1갤런(gal)=3.785412리터)].

최초 1,000,000갤런 이하	$1,000(기본요금)
다음 10,000갤런	$0.003/갤런
다음 10,000갤런	$0.006/갤런
다음 10,000갤런	$0.009/갤런

4. 직접재료비. 단, 직접재료 사용량이 증가함에 따라 단위당 직접재료비가 감소하며(예: 1파운드 직접재료 사용 시 원가는 $10, 2파운드 직접재료 사용 시 원가는 $19.98, 3파운드 직접재료 사용 시 원가는 $29.94), 최소 단위당 직접재료비는 $9.20이다.
5. 비품의 연간 감가상각비. 단, 비품은 정액법으로 상각한다.
6. 수리공의 급여. 단, 1,000기계시간당 수리공 1인이 필요하다(예: 0~1,000기계시간인 경우 수리공 1명이 필요하며, 1,001~2,000기계시간인 경우 수리공 2명이 필요함).
7. 공정에 투입된 직접재료비

10-14 계정분석법, high-low. 다음은 Stein사에서 지난 1년간 발생한 영업비용이다.

월	수선비	기계시간	건강보험료	종업원 수	운송료	운송 수량(개)
1월	$4,500	165	$8,600	68	$25,776	7,160
2월	$4,452	120	$8,600	75	$29,664	8,240
3월	$4,600	230	$8,600	92	$28,674	7,965
4월	$4,850	318	$8,600	105	$23,058	6,405
5월	$5,166	460	$8,600	89	$21,294	5,915
6월	$4,760	280	$8,600	87	$33,282	9,245
7월	$4,910	340	$8,600	93	$31,428	8,730
8월	$4,960	360	$8,600	88	$30,294	8,415
9월	$5,070	420	$8,600	95	$25,110	6,975
10월	$5,250	495	$8,600	102	$25,866	7,185
11월	$5,271	510	$8,600	97	$20,124	5,590
12월	$4,760	275	$8,600	94	$34,596	9,610

요구사항

1. 위의 비용 중 어떤 항목이 변동원가인지, 고정원가인지, 혼합원가인지 분류하시오.
2. 고저점법을 이용하여 각 원가의 원가함수를 추정하시오.
3. 각 원가별로 추정한 원가함수를 활용하여 Stein사의 월별 영업비용을 추정하는 함수를 제시하시오.
4. 다음 달 Stein사는 400기계시간, 80명의 종업원, 9,000개를 운송할 예정이다. 예상되는 영업비용은 얼마인가?

10-15 계정분석법. 플라스틱 제품을 만드는 Gower사의 2020년의 제조원가 세부내역은 다음과 같다.

계정과목	분류	금액
직접재료비	100% 변동원가	$300,000
직접제조인력 급여	100% 변동원가	225,000
전력비	100% 변동원가	37,500
감독직 급여	20% 변동원가	56,250
재료가공직 급여	50% 변동원가	60,000
수선직 급여	40% 변동원가	75,000
감가상각비	0% 변동원가	95,000
임차료 등 일반관리비	0% 변동원가	100,000

Gower사는 2020년에 75,000개의 제품을 생산했으며, 현재 경영진은 2020년의 자료를 근거로 2021년을 예측하려 한다. 2021년과 관련된 추가 예측자료는 다음과 같다.

a. 2021년의 직접재료비는 2020년에 비해 5% 상승할 것이라 예상된다.
b. 2021년의 직접제조인력 급여는 2020년에 비해 10% 상승할 것이라 예상된다.
c. 전력비, 감독직 급여, 재료가공직 급여, 수선직 급여는 변동이 없을 것이라 예상된다.
d. 감가상각비는 5%, 임차료 등 일반관리비는 7% 증가할 것이라 예상된다.
e. 2021년 제조 및 판매 개수는 80,000개로 예상된다.

요구사항

1. 2021년의 각 계정과목별 변동비, 고정비, 총원가를 계산한 후 2021년 총원가를 계산하시오.
2. 2020년 단위당 제조원가를 계산하고, 2021년 단위당 제조원가를 추정하시오.

10-16 누적평균시간 학습곡선. Northern Defense사는 레이더 시스템을 만드는 회사이다. 새로운 레이더 시스템 RS-32를 처음 만들면서 발생한 원가내역은 다음과 같다.

Home Insert Page Layout Formulas Data Review View

	A	B	C
1	직접재료비	$84,000	RS-32 단위당
2	첫 단위 제작에 소요된 직접노무시간	4,400	직접노무시간
3	레이더 시스템 한 단위를 만들기 위해 필요한 노무시간에 적용되는 학습률	85%	
4	직접노무원가	$ 27	직접노무시간당
5	변동제조간접비	$ 13	직접노무시간당

요구사항

1. 누적평균시간 학습모형을 적용한다고 가정할 경우, 2단위, 4단위, 8단위를 생산할 때 각각의 총 변동비를 계산하시오.
2. 증분단위시간 학습모형을 적용한다 가정할 경우, 2단위, 4단위, 8단위를 생산할 때 각각의 총 변동비를 계산하시오.
3. 1과 2의 결과를 비교하고, Northern Defense사의 입장에서는 어떤 모형을 적용해야 하는지 선택하시오.

11 의사결정과 관련 정보

학습목표

1 의사결정 5단계를 이해한다.

2 의사결정 상황에 관련 또는 비관련 정보 구별을 학습한다.

3 기회원가의 개념 및 인소싱-아웃소싱 의사결정에 고려해야 하는 이유를 이해한다.

4 설비용량 제한이 있을 경우의 생산 의사결정을 학습한다.

5 병목현상의 관리를 학습한다.

6 고객 또는 사업부문 추가 시 고려사항을 이해한다.

7 장부가치가 교체 의사결정에 관련이 없는 이유를 이해한다.

8 의사결정과 성과평가의 상충관계를 이해한다.

당신은 오늘 얼마나 많은 결정을 내렸습니까? 당신은 오늘 뮤추얼 펀드에 투자하는 것과 같은 큰 결정을 내렸을 수도, 아니면 커피 메이커를 구입하거나 저녁식사를 위해 식당을 예약하는 간단한 의사결정을 내렸을 수도 있다. 의사결정의 중요성 또는 일상적 여부에 관계없이, 의사결정과정에는 종종 각 선택의 원가와 효익을 평가하는 것이 포함된다. 의사결정과정에서 일부 원가는 해당 의사결정과 관계가 없을 수 있다. 예를 들어, 커피 메이커 구입 여부에 관한 의사결정에, 스타벅스에서 구입하는 커피원가 대비 집에서 커피를 만들 때마다 절약하는 원가는 고려 대상이 아니다. 이미 커피 메이커를 구입했다면, 그 커피 메이커 구입가격(원가)은 회수할 수 없다. 이 장에서는 어떤 원가가 어떤 효익과 관련이 있는지 여부를 설명하고, 대안을 선택할 때 우리가 어떻게 해야 하는지를 설명한다.

브로드웨이와 관련원가[1]

'Hamilton'과 같은 브로드웨이 뮤지컬을 관람하기 위한 관객이 한 명 추가될 때마다 제작자가 부담하는 증분원가는 우리의 예상보다 훨씬 적다. 대부분의 제작원가(출연료, 공연세트, 극장 임차료 및 홍보)는 공연 시작 몇 주 전 또는 몇 개월 전에 고정(지출)된다. 'Hamilton'의 오케스트라 좌석은 보통 $177에 판매된다. 그러나 증분원가가 매우 적다는 이유로, 제작자는 미판매 좌석을 크게 할인된 가격으로 판매할 가치가 있을까?

Francis Vachon/Alamy Stock Photo

만약 쇼가 매우 인기여서 좌석이 모두 매진될 것으로 예상된다면, 좌석당 $177의 가격을 지불할 의향이 있는 관객이 충분하므로, 제작자는 좌석 가격을 $177 이하로 낮추지 않을 것이다. 그러나 공연 전날 티켓의 판매율이 저조하다면, 더 많은 관객을 모으기 위하여, 즉 좌석 판매수익을 높이기 위하여 티켓 가격을 크게 낮출 수 있다.

[1] Haley Goldberg, "You won't believe what these fans are doing for 'Hamilton' tickets," *New York Post*, November 13, 2015 (http://nypost.com/2015/11/13/you-wont-believe-what-these-fans-are-doing-for-hamilton-tickets/); Pia Catton, "For Broadway, 2015 Was a Mixed Bag," *The Wall Street Journal*, January 4, 2016 (http://www.wsj.com/articles/for-broadway-2015-was-a-mixed-bag-1451958995); Musical Workshop, "Production Costs and ROI of Theatrical Shows—From Broadway to West End," (http://www.musicalworkshop.org/workshop/production-costs-and-roi-of-theatrical-shows-from-broadway-to-west-end/), accessed March 2016; Theatre Development Fund, "TKTS Ticket Booths" (https://www.tdf.org/nyc/7/TKTS-Overview), accessed March 2016.

자, TKTS를 검색하자! 타임 스퀘어의 유명한 티켓 판매부스인 TKTS는 브로드웨이 뮤지컬, 연극, 무용 공연의 당일 티켓을 액면가의 최대 50%까지 할인하여 판매한다. 구매 가능한 티켓은 극장의 티켓 판매상황과 수요에 따라 달라지며, 이를 TKTS의 모바일 앱에서 실시간 검색할 수 있다.

브로드웨이와 마찬가지로, 전 세계의 경영자는 원가에 대한 깊은 이해를 바탕으로 의사결정을 내린다. JPMorgan Chase의 경영자는 고객에게 새로운 서비스 제공 여부를 결정하기 전에 금융시장, 소비자 선호도 및 경제동향에 대한 정보를 수집한다. Macy's의 경영자는 공급업체를 선정하기 전에 국내외 의류 제조와 관련된 사실상 거의 모든 정보를 수집·검토한다. Porsche의 경영자는 원가정보를 수집하여, 주요 부품을 직접 생산할지 또는 공급업체로부터 구입할지를 결정한다. 의사결정이 항상 쉬운 일은 아니지만, Peter Drucker는 다음과 같이 말했다. "모든 성공한 비즈니스에는, 누군가의 용감한 결정이 있었다."

정보와 의사결정 프로세스

경영자는 일반적으로 다양한 실행계획 중에서 최선을 선택하기 위해 의사결정모형을 따른다. 의사결정모형은 보통 정량 및 정성분석을 모두 포함하여 결정하는 정형화된 방법이다. 관리회계 담당자는 관련 데이터를 분석하고 정리한 결과를 의사결정권자(경영자)에게 제공하여, 최선의 의사결정을 돕는다.

골프클럽 제조기업인 Precision Sporting Goods의 경영자가 마주한 다음의 전략적 의사결정을 고려해 보자. 제조원가를 절감하기 위하여 제조과정을 재조정할 것인가? Precision Sporting Goods에는 두 가지 대안이 있다. 재조정하거나 또는 하지 않거나.

재조정은 원재료에 대한 수작업을 모두 제거한다. 현재 노무인력은 기계장치에 15명, 원재료 담당에 5명으로 총 20명으로 구성되어 있다. 5명의 원재료 담당인력은 추가 비용 없이 정리해고를 허용하는 계약에 동의한 상태이며, 각 작업자의 연간 작업시간은 2,000시간이다. 재조정에 예상되는 비용은 대부분 신규설비 임차료로, 매년 $90,000이다. 현재 생산량은 25,000단위, 단위당 판매가격 $250, 단위당 직접재료원가 $50, 제조간접원가 $750,000 및 판매관리비 $2,000,000이며, 재조정에 영향을 받지 않는다.

경영자는 보기 11-1의 5단계 의사결정과정(프로세스)을 사용하여 결정을 내린다. 이 의사결정과정을 학습하여, 의사결정과정에서 각각의 정보가 어떻게 이용되고 반영되는지 이해하도록 한다. 의사결정과정의 마지막 단계는 성과를 평가하여, 이전 단계에서 내린 결정에 대한 피드백을 제공한다. 이 피드백은 향후 예측과 예측에 사용되는 방법, 대안의 선택 방법 등에 영향을 미친다.

관련성

이 절의 대부분은 보기 11-1의 단계 4와 대안을 선택할 때 고려해야 하는 관련원가 및 수익에 초점을 맞춘다.

보기 11-1

Precision Sporting Goods의 5단계 의사결정과정

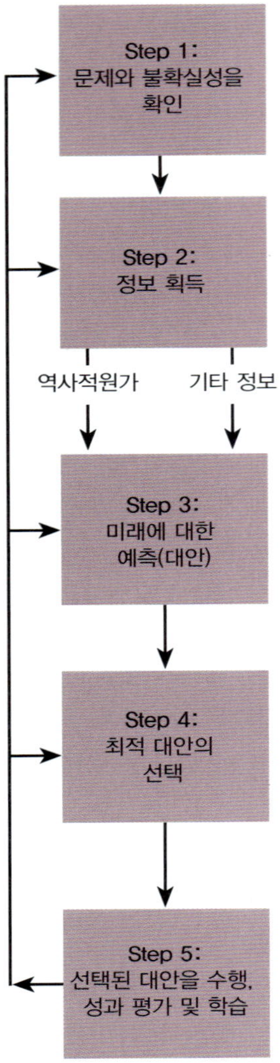

Precision Sporting Goods는 노무원가를 절감하기 위하여 제조과정을 재편해야 하는가? 중요한 불확실성은 조직 재편이 종업원의 사기에 미치는 영향이다.

역사적임률은 시간당 $14이다. 그러나 최근 협상의 결과로 시간당 $16로 $2만큼 인상된다. 제조과정의 재편을 통하여 원재료를 관리하는 5명의 종업원을 모두 해고하여, 종업원을 20명에서 15명으로 줄일 것이다. 이 조직개편은 종업원의 사기에 부정적인 영향을 미칠 가능성이 높다.

경영자는 2단계(Step 2)의 정보를 바탕으로 미래 노무비를 예측한다. 조직개편 전의 예상노무원가는 $640,000(종업원 20명×연간 종업원당 2,000시간×시간당 $16)로, 조직개편 후 예상노무원가는 480,000(종업원 15명×연간 종업원당 2,000시간×시간당 $16)로 예측된다. 조직개편 원가는 연간 $90,000로 예측된다.

경영자는 3단계(Step 3)에서 계산된 예상 효익($640,000−$480,000=$160,000, 즉 원재료 관리에 대한 노무원가 절감효과, 종업원 5명×연간 종업원당 2,000시간×시간당 $16=$160,000)을 조직개편 원가($90,000) 및 기타 고려사항(예: 종업원 사기에 대한 부정적인 효과)과 비교한다. 경영자에게는 재무적 성과가 중요하고, 종업원 사기의 효과가 일시적이라고 예상하므로, 제조과정을 재편하는 대안을 택한다.

선택된 대안의 실행 후, 성과평가의 결과를 경영자에 피드백하며, 이러한 의사결정의 5단계가 전체 또는 부분적으로 반복된다. 경영자는 선택된 대안에 대한 실제노무원가가 $480,000가 아닌, $540,000임을 알게 된다. 또한 종업원 사기에 미치는 실제 효과에 대해서도 알게 된다. 이러한 과거 및 현재의 정보는 더 나은 예측에 상당한 도움이 된다. 또한 경영자는 종업원 교육 및 참여 등을 통하여 종업원 사기에 대한 개선을 위하여 노력할 것이다.

관련원가 및 관련수익

선택을 고려 중인 대안에 따라, 관련원가는 예상되는 미래원가이고 관련수익은 예상되는 미래수익이다. 고려 중인 대안과 관계없는 원가와 수익의 경우, 비관련원가 및 비관련수익이라고 한다. 관련원가 및 관련수익의 '관련(relevant)' 여부는 반드시 다음을 따져보아야 한다.

- 경영자(의사결정권자)가 선택한 대안의 미래 결과를 바탕으로 미래에 발생한다.
- 선택한 대안의 실행과정에 따라 구별된다. 즉, 대안의 실행과정에 따라 차이가 없는 미래 수익과 비용이라면, 의사결정에 영향을 미치지 않는다.

질문은 항상 "특정 행동이 어떤 차이를 만드는가?"이다.

보기 11-2는 Precision Sporting Goods의 재조정을 하는 경우와 하지 않는 경우, 두 대안의 재무자료를 보여준다. 경영자는 '모든 원가와 수익을 고려'하는 방법과 '관련원가 및 관련수익'만을 고려하는 두 가지 방법으로 재무자료를 분석할 수 있다.

처음 두 열은 모든 원가와 수익을 고려하는 방법에 대한 자료이며, 다음 두 열은 두 대안 간 구별되는 미래 노무원가 $640,000 및 $480,000와 재조정원가 $90,000의 관련원가만을

보기 11-2 Precision Sporting Goods의 관련원가 및 관련수익

	모든 매출액 및 원가		관련 매출액 및 원가	
	대안 1: 개편하지 않음	대안 2: 개편	대안 1: 개편하지 않음	대안 2: 개편
매출액[a]	$6,250,000	$6,250,000	—	—
원가				
직접재료원가[b]	1,250,000	1,250,000	—	—
노무원가	640,000[c]	480,000[d]	$ 640,000[c]	$ 480,000[d]
제조간접원가	750,000	750,000	—	—
판매관리비	2,000,000	2,000,000	—	—
조직개편 원가	—	90,000	—	90,000
총원가	4,640,000	4,570,000	640,000	570,000
영업이익	$1,610,000	$1,680,000	$(640,000)	$(570,000)
	$70,000 차이		$70,000 차이	

[a] 25,000단위×단위당 $250=$6,250,000
[b] 25,000단위×단위 $50=$1,250,000
[c] 20명×명당 2,000시간×시간당 $16=$640,000
[d] 15명×명당 2,000시간×시간당 $16=$480,000

고려하는 방법의 자료이다. 관련원가 및 관련수익만을 고려하는 경우, 경영자는 재조정 여부와 관계없이 동일하게 유지되는 수익, 직접재료원가, 제조간접원가 및 마케팅 비용을 무시할 수 있다. 즉, 이러한 항목은 두 대안 간 서로 다르지 않으므로, 의사결정에 관련된 정보가 아니다.

과거(역사적)임률이 시간당 $14이고, 과거 노무원가가 $560,000(20명 × 1인당 연간 2,000노무시간 × 시간당 $14)라는 정보는 보기 11-2에 나타나지 않는다. 미래 예상노무원가 $640,000와 $480,000에 대한 정보는 각 대안의 선택 여부에 따라 발생하거나 또는 발생하지 않을 수 있으므로, 의사결정에 중요하게 고려된다. 그러나 과거 노무원가 $560,000는 이미 과거에 발생하여 각 대안의 선택 여부와 관계없이 항상 $560,000이다. 따라서 의사결정에 고려되지 않으며, 어떤 대안의 선택과 관계없이 변하지 않고 불가피하므로 '매몰원가(sunk costs)'라고 한다.

보기 11-2의 분석에 따르면, 제조과정을 재조정할 경우 예상영업이익이 매년 $70,000만큼 증가한다. Precision Sporting Goods의 경영자는 분석에 모든 정보를 사용하든, 관련 정보만을 사용하든 동일한 결론에 도달할 것이다. 다만, 관련 정보만을 이용하여, 비관련 정보로부터의 혼동을 줄일 수 있다. 관련 정보에 집중하는 방법은 모든 정보를 이용할 수 없는, 즉 정보 사용에 제한이 있는 경우에 특히 유용하다. 원가 및 수익의 의사결정과 관련성 여부만 완전히 파악하여, 관련 정보의 수집에만 집중할 수 있다.

질적 및 양적 관련 정보

경영자는 의사결정의 결과를 양적 및 질적(또는 정량적 및 정성적)인 두 범주로 나눈다. 양적(정량적) 요인은 수치로 측정되는 결과이며, 일부 양적 요인은 재무적 자료, 즉 화폐단위로 측정된다. 예를 들어, 직접재료원가, 직접노무원가 및 마케팅 비용 등이다. 다른 양적 요인은 수치화할 수 있지만 화폐단위로 측정되지 않는 비재무적 측정치이다. 예를 들어, Microsoft의 신제품 개발시간과 JetBlue의 항공편 정시도착비율 등이다. 질적(정성적) 요인은 수치화할 수

없는(또는 어려운) 결과이다. 예를 들어, 직원의 사기 등이다.

관련원가분석은 일반적으로 재무적 관점의 양적 요인을 강조한다. 비재무적 양적 요인과 질적 요인이 측정은 어려울 수 있지만, 의사결정과정에 경영자가 고려해야 하는 중요한 요인이다. Precision Sporting Goods의 사례에서 경영자는 재조정을 하는 대안을 선택하기 전에, 원재료를 담당하는 직원을 정리해고한 뒤 나머지 직원의 사기저하 등의 질적인 요인을 신중하게 고려했을 것이다. 사실 재무적 요인과 비재무적 요인의 상충관계를 고려하는 것은 경영자에게 쉬운 일은 아니다. 예를 들어, 환경에 미치는 영향을 줄이기로 하는 결정은 소비자 및 투자자 등의 평판 형성에 유리하다. 이러한 평판 형성의 이점을 측정하기는 쉽지 않지만, 환경유해 물질의 유출량을 줄이는 조치의 효과를 평가하는 과정에서 중요한 정보가 된다. 따라서 경영자는 의사결정의 모든 결과를 검토하여야 하며, 재무적 요인에만 집중하여서는 안 된다.

보기 11-3은 모든 의사결정 상황에 적용될 수 있는 관련 정보의 주요 기능을 요약하고 있다. 우리는 이러한 의사결정 상황 중 일부를 이 장에서 학습할 것이다. 이후 결합원가, 품질과 적시성, 재고관리와 공급처 평가, 자본투자, 이전가격을 학습할 것이다. 이 모든 내용의 출발점으로, 신제품의 도입 여부 등과 같은 생산수준에 영향을 미치는 의사결정의 관련 정보에 대한 논의를 시작해 본다.

보기 11-3 **관련 정보의 주요 특징**

- 과거(역사적)원가는 예측을 위한 기본 자료로서 유용하다. 하지만 과거원가 자체는 의사결정과 항상 관계가 없다.
- 예상 총미래수익과 예상 총미래원가의 차이를 이용하여 대안을 서로 비교할 수 있다.
- 모든 예상 미래수익과 예상 미래원가가 항상 관련 정보인 것은 아니다.
- 대안 간 서로 차이가 없는(즉, 동일한) 예상 미래수익 및 미래원가는 관련이 없으므로, 분석에서 제외할 수 있다. 핵심 질문은 항상 "의사결정이 어떤 차이를 만드는가?"이다.
- 질적 요인과 비재무적 양적 요인 또한 적절히 고려하여야 한다.

1회 특별주문

생산수준에 영향을 미치는 의사결정 유형 중 하나는 유휴생산능력이 있고 특별주문 수락에 장기적인 영향이 없을 때의 특별주문 수락 여부이다. 이러한 조건을 설명하기 위하여 '1회 특별주문'이라는 표현을 사용한다.

사례 1 Surf Gear는 고도의 자동화된 North Carolina와 Burlington 공장에서 고품질의 비치타월을 생산한다. 매달 45,000단위를 생산할 수 있으며, 현재 월별 30,000단위를 생산하여 백화점에 전량 공급한다. 보기 11-4는 다음 달(8월)에 대한 예상치를 보여주고 있다(이 예상치는 과거 원가정보에 기반한다). 단기적으로 모든 원가는 단일 원가동인(생산량)에 근거하여, 변동 및 고정원가로 구분할 수 있다.

Azelia는 Mugar Corporation에서 타월을 구입하는 고급 호텔체인이다. 그러나 Mugar가 파업으로 인해 생산이 중단되어, Azelia는 새로운 타월 공급업체를 찾아야 한다. 8월에 Azelia는 Surf Gear에 단위당 $11에 타월 5,000단위를 공급해 달라고 요청하였다. 다음의 자료를 바탕으로 Surf Gear의 경영자는 Azelia의 주문을 수락하여야 하는가?

Surf Gear의 회계담당자는 다음과 같은 추가정보를 수집하였다.

- Azelia에 대한 후속 판매는 예상되지 않는다(1회 특별주문).
- 고정제조원가는 45,000단위 조업도를 기준으로 한다. 즉, 고정제조원가는 사용된 실제 조업도가 아니라, 사용 가능한 조업도를 바탕으로 한다. 따라서 특별주문을 수락할 경우, 기존의 유휴설비를 사용하여 5,000단위를 생산하므로, 고정제조원가는 변화하지 않는다.
- 5,000단위 1회 특별주문에 대한 판매관리비는 발생하지 않는다.
- 일반 고객에게 판매되는 타월의 판매가격이나 수량은 특별주문 수락 여부에 영향을 받지 않는다.

회계담당자는 전부원가계산을 사용하여 보기 11-4의 자료를 준비하였다(즉, GAAP[2]의 요구에 따라 변동 및 고정제조원가는 재고자산과 매출원가에 적절히 배부된다). 따라서 이 자료에서는 단위당 $12의 제조원가와 단위당 $7의 판매관리비는 변동 및 고정원가를 모두 포함한다. 제조원가 또는 판매관리비와 같은 가치사슬의 특정 비즈니스 기능(business function)의 모든 원가(변동 및 고정)의 합계를 비즈니스(사업)기능원가라고 한다. 따라서 제품 단위당 전체원가 $19는 가치사슬의 모든 비즈니스 기능(연구개발, 설계, 생산, 마케팅, 유통 및 고객서비스)의 변동 및 고정원가의 합계이다. Surf Gear의 경우, 비즈니스 기능이 제조와 마케팅이므로, 제품의 전체원가는 제조와 마케팅으로 구성된다. 특별주문에는 마케팅 활동이 필요

보기 11-4 **8월 Surf Gear의 전부원가계산 예상 손익계산서**

Home Insert Page Layout Formulas Data Review View

	A	B	C	D
1		합계	단위당	
2	판매량	30,000		
3				
4	매출액	$600,000	$20.00	
5	매출원가(제조원가)			
6	변동제조원가	225,000	7.50[b]	
7	고정제조원가	135,000	4.50[c]	
8	총매출원가	360,000	12.00	
9	판매관리비[a]			
10	변동판매관리비	150,000	5.00	
11	고정판매관리비	60,000	2.00	
12	총판매관리비	210,000	7.00	
13	총원가	570,000	19.00	
14	영업이익	$ 30,000	$ 1.00	
15				
16	[a] Surf Gear는 연구개발비, 설계, 유통 및 고객서비스 원가가 발생하지 않음			
17	[b] 단위당 변동제조원가=단위당 직접재료원가+단위당 변동직접노무원가			
18	+단위당 변동제조간접원가			
19	=$6.00+$0.50+$1.00=$7.50			
20	[c] 단위당 고정제조간접원가=단위당 고정직접노무원가+단위당 고정제조간접원가			
21	=$1.50+$3.00=$4.50			

2 일반적으로 인정된 회계원칙(Generally Accepted Accounting Principles)

하지 않으므로, Surf Gear의 경영자는 제조원가에만 집중할 것이다. Azelia가 단위당 제조원가 $12보다 낮은 판매가격을 제시한다면, 특별주문을 거절할 수 있다.

보기 11-5에서 회계담당자는 제조원가와 판매관리비(마케팅)를 변동 및 고정원가로 구분하여, 공헌이익 손익계산서 형식으로 자료를 재구성하였다. 관련수익($55,000 = 단위당 $11 × 5,000단위) 및 관련원가($37,500 = 단위당 $7.50 × 5,000단위)는 Surf Gear의 특별주문 수락여부에 따라 달라지는 미래 예상 수익 및 원가이다. 고정제조원가와 모든 판매관리비(변동 판매관리비 포함)는 특별주문의 수락 여부에 영향을 받지 않으므로, 관련원가가 아니다. 특별주문을 수락할 경우, $17,500(관련수익 $55,000 − 관련원가 $37,500)의 영업이익을 얻을 수 있다. 이 사례에서, 특별주문 수락 여부를 30,000단위와 35,000단위를 전체적으로 비교하거나(총원가), 관련원가(보기 11-5의 차이 열)만을 이용하여 평가할 수 있다. Azelia가 제안한 판매가격은 단위당 제조원가 $12(변동 및 고정제조원가 모두 포함, 보기 11-4)보다 낮다.

이 특별주문이 장기적 또는 전략적으로 미치는 영향이 없다는 가정은, 특별주문 수락 여부 의사결정에 고려해야 하는 중요한 정보이다. Surf Gear의 경영자가 Azelia에게 단위당 $11에 판매할 경우, 백화점(Surf Gear의 고정 고객) 또한 단위당 $11의 가격을 요구할 것이라고 가정해 보자. 이 경우에는, 기존 고객에 대해 단위당 $11로 판매하게 되어 감소하는 매출액 또한 중요한 관련 정보이다. 따라서 Surf Gear의 경영자는 특별주문 수락으로 인한 수익과 원가의 장·단기 변화를 모두 고려하여야 한다.

보기 11-5 Surf Gear의 1회 특별주문 의사결정: 공헌이익 손익계산서

Home Insert Page Layout Formulas Data Review View

	A	B	C	D	E	F	G	H
1		특별주문 제외				특별주문 포함		차이:
2		30,000단위				35,000단위		5,000단위와
3		판매				판매		관련된 금액
4		단위당		합계		합계		특별주문 단위당
5		(1)		(2)=(1)×30,000		(3)		(4)=(3)−(2)
6	매출액	$20.00		$600,000		$655,000		$55,000[a]
7	변동원가							
8	제조원가	7.50		225,000		262,500		37,500[b]
9	판매관리비	5.00		150,000		150,000		0[c]
10	총변동원가	12.50		375,000		412,500		37,500
11	공헌이익	7.50		225,000		242,500		17,500
12	고정원가							
13	제조원가	4.50		135,000		135,000		0[d]
14	판매관리비	2.00		60,000		60,000		0[d]
15	총고정원가	6.50		195,000		195,000		0
16	영업이익	$ 1.00		$ 30,000		$ 47,500		$17,500
17								
18	[a] 5,000단위×단위당 $11.00=$55,000							
19	[b] 5,000단위×단위당 $7.50=$37,500							
20	[c] 5,000단위의 특별주문에 대해서는 변동판매관리비가 발생하지 않음							
21	[d] 고정제조원가 및 고정판매관리비는 특별주문에 영향을 받지 않음							

11-1 도전!

Rainier Company는 기업에 조경서비스를 제공한다. 모든 조경서비스는 장비를 사용하여야 하며, 장비는 10,000시간을 사용할 수 있다. 현재 장비를 9,000시간 사용하고 있으며, 시간당 $80를 청구한다. 현재 수준에서 원가정보는 다음과 같다.

매출액($80×9,000시간)	$720,000
변동조경원가(재료 및 노무 포함, 시간에 비례: 시간당 $50×9,000시간)	450,000
고정조경원가	108,000
변동판매관리비(매출액의 5%)	36,000
고정판매관리비	72,000
총원가	666,000
영업이익	$ 54,000

Rainier는 Lasell Company로부터 1,000시간의 조경서비스를 시간당 $60로 주문받았다. 시간당 판매금액이 Rainier의 시간당 원가 $62[($450,000+$108,000)÷9,000시간]보다 적더라도 특별주문을 수락해야 하는가? 이 특별주문에는 판매관리비가 발생하지 않는다.

관련원가분석의 잠재적 문제점

경영자는 관련원가분석에서 두 가지 잠재적인 문제점에 주목하여야 한다. 첫째, 모든 변동원가가 관련원가인 반면, 모든 고정원가는 비관련원가라는 잘못된 선입견이다. Surf Gear의 사례에서, Surf Gear가 특별주문을 수락하여도 추가적인 판매관리비가 발생하지 않으므로, 단위당 $5의 변동판매관리비는 비관련원가이다. 반면 고정제조원가는 관련원가가 될 수 있다. 5,000단위의 추가생산은 월 30,000~45,000단위의 관련범위 내에서 처리할 수 있기 때문에, 기존의 고정제조원가 수준에서 유지된다. 그러나 때로는 5,000단위의 추가생산으로 인하여 고정제조원가 및 단위당 변동제조원가가 증가할 수도 있다. Surf Gear가 월 45,000단위의 생산수준을 달성하기 위해, 교대당 15,000단위를 3교대로 생산해야 한다고 가정해 보자. 월 생산량을 30,000단위에서 35,000단위로 늘리려면, 부분적인 3교대(또는 초과근무)가 필요하다. 이는 고정제조원가의 증가(교대근무) 또는 변동제조원가의 증가(초과근무)를 의미한다. 둘째, 단위당 고정원가 자료는 경영자를 두 가지 방식으로 오도하게 할 수 있다.

1. **비관련원가가 포함된 경우** 1회 특별주문에서 단위당 $12의 제조원가에 포함된 단위당 $4.50의 고정제조원가(단위당 노무원가 $1.50 + 단위당 제조간접원가 $3.00)를 고려해보자(보기 11-4, 11-5 참조). 단위당 $4.50의 원가는 특별주문 수락 여부에 따라 변하지 않으므로, 의사결정과정에서 고려하지 않아야 한다.

2. **생산수준 변화에도 단위당 고정원가가 동일한 경우** 일반적으로 총고정원가가 단위당 고정원가에 비해 의사결정 시 오해할 가능성이 적기 때문에, 경영자는 총고정원가를 사용해야 한다. 이 경우, 총고정원가를 중복하는 실수를 할 수 있다. Surf Gear의 사례에서 특별주문 수락 후 35,000단위를 생산하더라도, 고정제조원가는 $135,000로 유지된다. 특별주문의 원가에 단위당 $4.50의 고정제조원가를 고려하여, 총고정제조원가를 $157,500(단위당 $4.5 × 35,000단위)라고 오해할 수 있다.

경영자가 이러한 잠재적 실수를 피하기 위한 가장 좋은 방법은, (1) 총고정원가(단위당 고정원가가 아닌)와 (2) 관련성 여부에 계속 집중하는 것이다. 경영자는 의사결정에 고려해야 하는 모든 항목에 대하여, 대안 간 및 대안의 선택 여부에 따라 달라지는 미래수익과 미래원가 자료를 분석하여야 한다.

단기 가격결정

앞에서 Surf Gear의 경영자는 단위당 $11의 1회 특별주문에 대한 수락 여부를 결정하여야 했다. 때때로 경영자는 1회성 특별주문에 대한 단위당 가격을 결정해야 할 때가 있다. 이것이 몇 개월 기간 이내에 해당되는 단기 가격결정의 사례이다.

Surf Gear의 경영자가 직면하는 단기 가격결정을 고려해 보자. Cranston Corporation은 Surf Gear의 8월 Azelia와의 특별주문이 끝난 뒤, 9월에 5,000단위의 타월을 공급해 달라고 요청하였다. 이는 1회 특별주문이며, Cranston은 Surf Gear로부터 공급받은 타월을 다른 지역에서 재판매할 예정이다. 물론 Surf Gear가 판매하지 않는 지역이므로, 이 특별주문의 수락 여부가 Surf Gear의 매출에 영향을 미치지 않는다.

단기 가격결정을 위한 관련원가

앞의 내용과 마찬가지로, Surf Gear의 경영자는 5,000단위의 특별주문에 대한 원가를 추정한다. 판매관리비의 추가 발생이 없으므로, 관련원가는 앞의 사례에서 계산된 단위당 $7.50 변동제조원가이다. 또한 생산가능 조업도 수준이 월 30,000~45,000단위이므로, 5,000단위의 추가생산에도 고정제조원가는 변하지 않는다. 따라서 $7.50 이상의 판매가격은 단기적으로 Surf Gear의 수익성을 개선할 것이다. Surf Gear의 경영자는 단위당 얼마의 가격을 제시하여야 하는가?

단기 가격결정에 고려해야 하는 전략적 사항

Surf Gear의 경영자는 시장정보를 바탕으로 경쟁 입찰가격이 단위당 $10~$11일 것으로 예상하였으며, 따라서 단위당 $10를 제안하기로 하였다. Surf Gear가 입찰에서 선정되면, 영업이익이 $12,500[관련수익 $50,000(단위당 $10 × 5,000단위) − 관련원가 $37,500(단위당 $7.50 × 5,000단위)]만큼 증가한다. 입찰경쟁에서 선정되며, 또 이익을 극대화하기 위한 Surf Gear 경영자의 전략은 판매가격을 경쟁기업에 비해 낮게 제안하면서, 동시에 $7.50보다 최대한 높게 유지하는 것이다. Surf Gear의 경영자가 Surf Gear의 원가 또는 판매가격이 아닌, 경쟁기업의 정보를 바탕으로 가격을 설정하고 있음에 주목하여야 한다.

Surf Gear가 시장의 유일한 공급자이고, Cranston이 Surf Gear의 판매가격을 낮추어 달라고 요청할 수 있다면 상황이 어떻게 변할 것인가? 특별주문(입찰) 결정의 관련원가에는 기존 고객에 대한 판매상실의 공헌이익 감소도 포함된다. Cranston의 특별주문을 획득하고자 하는 많은 경쟁기업(완전경쟁)이 있다면 어떻게 될 것인가? 이 경우, 완전경쟁 시장에서 Cranston의 특별주문과 기존 시장에서의 판매에서 얻는 공헌이익이 결국 같아질 것이므로, 특별주문 수락 여부에 영업이익 수준은 영향을 받지 않을 것이다.

Surf Gear의 사례와 달리, 일부 단기 상황에서는 제품에 대한 수요나 생산능력에 제한이 있을 수 있다. 이러한 경우, 경영자는 단기적으로 시장에서 수용될 수준만큼, 가격을 전략적으로 인상할 것이다. 예를 들어, 컴퓨터 칩, 휴대폰, 소프트웨어와 같은 경우, 신제품이나 업그레이드 모델의 단기 가격이 상대적으로 높은 것으로 나타났다.

인소싱 vs. 아웃소싱 혹은 자가제조 vs. 외부구입 의사결정

이제 관련성 개념을 다른 전략적 의사결정 상황, 중요 부품 등의 자가제조 혹은 외부구입 결정과 같은 상황에 적용해 보자. 다시 조업도 개념을 사용한다.

아웃소싱과 유휴설비

아웃소싱(outsourcing)은 인소싱(insourcing), 즉 기업 내에서 특정 대상을 직접 생산하거나 서비스를 직접 제공하는 것이 아니라, 외부 공급업체로부터 상품 또는 서비스 등을 구입하는 것이다. 예를 들어, Kodak은 영화필름을 자체 제조(인소싱)하는 것을 선호하지만, IBM은 데이터 처리를 아웃소싱한다. Honda는 일부 부품을 외부 업체로부터 공급받지만(아웃소싱), 주요 부품은 자가제조(인소싱)한다.

생산자가 상품이나 서비스 등을 인소싱 혹은 아웃소싱할지 여부의 의사결정을 '자가제조 혹은 외부구입(make or buy)' 의사결정이라고 한다. 설문조사 결과에 따르면, 기업은 자가제조 혹은 외부구입의 의사결정에서 품질, 납기 준수의 신뢰성 그리고 원가를 가장 중요한 요소로 고려하고 있다. 하지만 때로는 질적 요인이 경영자의 해당 의사결정을 지배하기도 한다. 예를 들어, Dell 컴퓨터는 컴퓨터 프로세서를 자체 제조할 노하우와 기술이 없기 때문에, Intel에서 Intel Core i7 프로세서를 구입한다. 반면, Coca-Cola는 원료배합의 비밀을 유지하기 위하여, 농축액 제조를 아웃소싱하지 않는다.

> **사례 2** Soho Company는 DVD 플레이어와 디지털 미디어 수신기(셋톱박스 등)로 구성된 비디오 시스템을 제조한다. 다음의 표 (1)열과 (2)열은 DVD 플레이어 제조에 대한 예상 총원가와 단위당 예상원가를 보여준다. Soho는 250,000단위를 각각 125단위씩 2,000배치로 생산할 예정이다. 배치당 $625의 변동배치원가는 단위 수가 아닌 배치 수에 비례한다.

DVD 플레이어 제조업체인 Broadfield, Inc.는 내년에 선호하는 배송일정에 따라 DVD 플레이어 250,000단위를 단위당 $64에 공급할 수 있다고 Soho에 제안하였다. 의사결정은 오직 재무적 요인에 근거하여 이루어진다고 가정한다. Soho의 경영자는 DVD 플레이어를 자가제조 혹은 외부구입하여야 하는가?

아래 표의 (1)열과 (2)열은 내년에 DVD 플레이어 250,000단위를 생산할 때 예상되는 총원가와 단위당 원가를 나타낸다. 내년의 단위당 제조원가는 $72이다. 단위당 제조원가가 $72, 즉 Broadfield가 제안한 $64 이상이므로, Soho의 경영자는 DVD 플레이어를 구입해야 하는 것으로 판단할 수 있다. 그러나 반드시 '대안 간의 관련원가 차이'를 검토하여야 한다.

	내년에 250,000단위를 2,000배치로 생산할 때의 예상 총원가 (1)	단위당 예상원가 (2)=(1)÷250,000
직접재료원가(단위당 $36×250,000단위)	$ 9,000,000	$36.00
변동직접노무원가(단위당 $10×250,000단위)	2,500,000	10.00
단위당 변동제조간접원가 (전력 및 설비: 단위당 $6×250,000단위)	1,500,000	6.00
혼합(변동 및 고정) 배치수준 제조간접원가[재료처리 및 셋업: $750,000+(배치당 $625×2,000배치)]	2,000,000	8.00
고정제조간접원가(임차, 보험 및 일반관리)	3,000,000	12.00
총제조원가	$18,000,000	$72.00

여기서, (1) DVD 플레이어를 외부구입하는 경우, 현재 DVD 플레이어를 생산하는 데 사용 중인 설비용량은 유휴상태가 되며, (2) $3,000,000의 고정제조간접원가는 의사결정에 관계없이 계속 발생할 것이지만, (3) DVD 플레이어의 생산이 중단될 경우, 재료처리 및 셋업을 위한 고정급여 $750,000는 발생하지 않는다고 가정해 보자. 보기 11-6은 관련원가분석을 보여주며, 이는 Soho가 Broadfield에 DVD를 구입하는 대신, 자가제조하는 것이 $1,000,000만큼 절약됨을 의미한다. 이러한 분석결과를 바탕으로, Soho의 경영진은 DVD 플레이어를 직접 생산하기로 결정하였다.

보기 11-3의 관련성에 대한 주요 개념이 여기서 어떻게 적용되는지에 주목하자.

- 보기 11-6은 예상 미래 총수익과 미래 총원가의 차이를 비교한다. 과거의 원가는 의사결정에 항상 관련이 없다(매몰원가).
- 보기 11-6은 외부구입 대안에서는 아닌, 자가제조의 재료처리 및 셋업원가 $2,000,000를 보여준다. Soho가 외부구입 시에는 발생하지 않으나, 자가제조할 경우에만 발생하는 고정원가이기 때문이다. 즉, $2,000,000는 대안 간 차이가 있는 원가이므로, 의사결정에 관련된 미래 원가이다.
- 보기 11-6은 두 대안 모두에서 발생하는 임차, 보험 및 일반관리원가 $3,000,000는 고려하지 않는다. 대안 간 차이가 없는, 즉 어떤 대안을 선택하더라도 동일하게 발생하는 미래 원가이기 때문에 비관련원가이다.

의사결정의 일반적인 관점은 증분원가(incremental costs)이다. 증분원가는 특정 활동에 대해 추가되는 총원가이다. 보기 11-6에서 Soho가 DVD 플레이어를 만드는 데 발생하는 추가(증분)원가는 $15,000,000이다. 고정제조간접원가 $3,000,000는 DVD 플레이어 제조 여부와 관계없이 발생하므로 증분원가가 아니다. 마찬가지로, Broadfield에서 DVD 플레이어를 구입하는 경우의 증분원가는 $16,000,000이다. 차액원가(differential cost)는 두 대안 간 총(관련)원가의 차이이다. 보기 11-6에서 자가제조와 외부구입 간의 차액원가는 $1,000,000 ($16,000,000 − $15,000,000)이다. 증분원가와 차액원가는 때때로 같은 의미로 사용되는데,

보기 11-6 Soho Company의 DVD 플레이어 자가제조 혹은 외부구입 의사결정을 위한 관련(증분)항목

	총관련원가		단위당 관련원가	
관련항목	제조	구입	제조	구입
외부구입($64×250,000단위)		$16,000,000		$64
직접재료원가	$ 9,000,000		$36	
직접노무원가	2,500,000		10	
변동제조간접원가	1,500,000		6	
혼합(변동 및 고정)				
재료처리 및 셋업 간접원가	2,000,000		8	
총관련원가[a]	$15,000,000	$16,000,000	$60	$64
DVD 플레이어 자가제조의 유리한 차이	$1,000,000		$4	

[a] 설비임차료, 보험료 및 설비관리원가 $3,000,000는 두 대안 모두에 포함하여 고려할 수 있다. 그러나 개념상 이러한 원가는 의사결정과 관련이 없으므로 관련원가에 포함되지 않는다. 하지만 일부 경영자는 각 대안에서 발생하는 모든 원가 및 비용을 나열하여 검토하기 위하여, 이를 포함하기도 한다.

이를 명확히 기억해 두어야 한다.

증분원가 및 차액원가와 함께, 증분수익과 차액수익을 정의할 필요가 있다. 증분수익은 특정 활동에 추가되는 총수익이고, 차등수익은 두 대안 간 총(관련)수익의 차이이다.

전략적 및 질적(정성적) 요인

전략적 및 질적 요인은 아웃소싱 결정에 영향을 미친다. 예를 들어, Soho의 경영자는 디자인, 품질, 납기의 신뢰성에 대한 통제를 위하여, DVD 플레이어를 자체 생산하는 것을 선호할 수 있다. 반대로, 보기 11-6에서 나타난 재무적 이점에도 불구하고, Soho의 경영자는 아웃소싱을 통하여 조직구조를 효율적으로 만들어, 비디오 시스템 제조 등의 핵심역량에 더 집중하게 만들 수 있다. 예를 들어, 광고회사 J. Walter Thompson은 광고의 기획(핵심역량)에만 집중하기 위하여, 촬영, 일러스트레이션과 같은 제작활동은 아웃소싱한다.

아웃소싱은 위험하다. 공급업체에 대한 의존도가 높아짐에 따라, 공급업체는 가격을 인상하고 배송과 품질상태를 떨어트릴 수 있다. 이러한 위험을 최소화하기 위하여, 일반적으로 경영자는 공급업체와 원가, 품질, 배송요건을 포함한 장기계약을 체결한다. 더 나아가, 주요 핵심 공급업체와는 긴밀한 파트너십 또는 제휴관계를 구축하기까지 한다. 예를 들어, Toyota는 공급업체의 프로세스를 개선하기 위하여 자체 엔지니어를 파견하며, Ford, 현대, Panasonic 및 Sony의 공급업체는 수요업체의 요구를 달성하기 위하여, 제품을 개발하고 생산 프로세스를 혁신하며, 원가를 절감하였다.

아웃소싱에 대한 의사결정은 장기적으로 원가와 효익 관점에서 항상 불확실하다. 사실상 전략적이고 질적인 측면을 고려하여 결정되기 마련이다. 이러한 요인을 모두 고려하여 적절히 판단하는 것은 상당히 어려운 일이다.

국제적 아웃소싱

만약 DVD 플레이어 공급업체가 멕시코에 있다면, Soho의 경영자는 어떤 추가요인을 고려해야 할 것인가? 한 가지 중요한 요인은 환(율)위험일 것이다. 멕시코에 위치한 공급업체가 250,000단위의 DVD 플레이어를 320,000,000페소에 공급한다 제안하였다고 가정해 보자. Soho의 결정은 무엇일까? Soho의 경영자가 예측하는 내년 환율에 따라 그 결정이 달라질 것이다. 만약 $1당 20페소의 환율을 예상한다면, Soho의 예상 구매원가는 $16,000,000(320,000,000페소 ÷ $1당 20페소)로, 보기 11-6의 자가제조의 $15,000,000보다 비싸기 때문에 제안을 거절할 것이다(자가제조할 것이다). 그러나 $1당 22페소의 환율을 예상한다면, 예상 구매원가는 $14,545,454(320,000,000페소 ÷ $1당 22페소)이므로, 자가제조보다 유리하다. 즉, 제안을 받아들이고, 구입할 것이다.

Soho의 경영자는 아직 다른 선택지를 가지고 있다. DVD 플레이어 250,000단위를 320,000,000페소로 구입하는 선(도)계약을 체결하고, 현재의 환율로 320,000,000페소를 미리 구입(환전)해 둔다면, 환율위험으로부터 회피할 수 있다. 이러한 구조의 계약에 소요되는 원가가 $15,000,000보다 크면, Soho는 DVD 플레이어를 자가제조할 것이고, 그 이하이면 외부구입할 것이다.

국제적 아웃소싱은 경영자가 앞에서 논의한 품질, 신뢰성 및 효율성뿐만 아니라 운반비용, 환율위험 등과 함께 다른 질적인 요인을 고려할 것을 요구한다. Concepts in Action: "스타

CONCEPTS IN ACTION

"스타벅스는 국내 생산을 촉진합니다."

Andrew Winning/Reuters/Alamy Stock Photo

수년간 저비용 국가로 생산을 아웃소싱한 많은 기업이, 다시 미국으로 돌아오고 있다. 세계 최대 커피체인 스타벅스는 미국 내 아웃소싱의 선두주자이다. 2012년 오하이오 북동부에 재개장한 도자기 공장 American Mug와 Stein에서 머그잔을 조달하기 시작했으며, 조지아에 $1.72억 규모의 새로운 공장을 건설하여 ready-brew VIA 커피와 Frappuccino를 위한 커피 베이스를 생산하기 시작하였다.

오하이오와 조지아에 있는 공장의 노무비는 다른 해외지역보다 높은 편이지만, 스타벅스의 글로벌 공급망 수석 부사장인 Stephen Lovejoy는 국내(미국)생산으로 인한 다음의 원가절감 가능성을 확인하였다.

- 생산 효율성과 관련된 고도로 숙련된 노동력에 대한 쉬운 접근
- 스타벅스 매장의 50% 이상이 미국에 위치하므로, 운송 및 창고비용 절감
- 시장 출시속도 향상으로, 리드타임 및 재고관리원가 절감

여전히 글로벌 공급망의 혜택을 계속 누리고 있지만, 미국에 기반을 둔 스타벅스, American Apparel과 Ralph Lauren 등은 국내 제조 및 국내 아웃소싱을 통하여 많은 혜택을 누리고 있다.

출처: Zachary Hines, "Case Study: Starbucks' New Manufacturing in the USA," University of San Diego Reshoring Institute (San Diego: University of San Diego, 2015) (http://www.reshoringinstitute.org/wp-content/uploads/2015/05/Starbucks-Casestudy.pdf); Shan Li, Tifany Hsu, and Andrea Chang, "American Apparel, others try to profit from domestic production," *Los Angeles Times*, August 10, 2014 (http://www.latimes.com/business/la-fi- american-apparel-made-in-usa-20140810-story.html); Adrienne Selko, "Starbucks Chooses Domestic Production," *Industry Week*, July 13, 2012 (http://www.industryweek.com/expansion-management/starbucks-chooses-domestic-production).

벅스는 국내 생산을 촉진합니다."는 스타벅스가 어떻게 주요 생산활동을 미국으로 되돌렸는지를 설명한다.

종합적 접근법

보기 11-6의 비교적 단순한 사례에서는 Soho가 Broadfield로부터 DVD 플레이어를 구입하는 경우, 현재 DVD 플레이어 생산설비는 유휴상태로 유지된다고 가정하였다. 그러나 유휴설비는 다른 수익성 있는 용도로 사용할 수 있다. 이 경우 Soho의 경영자는 의사결정에 따라 발생하는 유휴설비의 이용을 통하여 창출될 이익을 해당 의사결정에 고려하여야 한다.

사례 3 Soho가 Broadfield로부터 DVD 플레이어를 구입하기로 결정하는 경우, Soho는 유휴설비를 이용하여 휴대용 DVD 플레이어 Digitech 100,000단위를 생산할 수 있다. 두 DVD 플레이어는 제조과정이 유사하여 설비전환 비용이 발생하지 않는다. Digitech를 생산·판매하기로 할 때, 다음과 같은 수익과 원가가 예상된다.

증분 미래수익		$8,000,000
증분 미래원가		
직접재료원가	$3,400,000	
변동직접노무원가	1,000,000	
변동제조간접원가(전력 및 설비)	600,000	
재료처리 및 셋업(간접원가)	500,000	
총증분 미래원가		5,500,000
증분 미래 영업이익		$2,500,000

설비용량의 제약으로 Soho는 DVD 플레이어와 Digitech를 동시에 만들 수 없다. Soho의 경영자는 두 가지 대안, 즉 (1) DVD 플레이어를 생산하고 Digitech를 생산하지 않거나, (2) DVD 플레이어는 구입하고 Digitech를 생산하는 것 중 어떤 대안을 선택하여야 하는가?

보기 11-7의 Panel A는 '전체 대안(종합적)' 접근방법, 즉 모든 대안의 제품에 대한 미래 수익과 원가정보를 제시한다. 외부 업체로부터 DVD 플레이어를 구입할 때의 원가 $16,000,000는 자가제조 원가 $15,000,000보다 크다. 그러나 DVD 플레이어를 외부구입하여 사용 가능한 유휴설비는 Digitech를 생산 · 판매하여 $2,500,000(미래 증분수익 $8,000,000에서 미래 증분원가 $5,500,000을 차감)의 영업이익을 창출할 수 있다. 따라서 DVD 플레이어를 외부구입하고 Digitech를 생산 · 판매하는 순 관련원가는 $13,500,000($16,000,000 − $2,500,000)이다. 그러므로 Soho의 경영자는 대안 2, DVD 플레이어를 외부구입하고 Digitech를 생산·판매하는 대안을 선택할 것이다.

보기 11-7 **전체 대안(종합적) 접근법과 기회원가 접근법: Soho Company의 자가제조 혹은 외부구입 의사결정**

관련 항목	대안: 1. DVD 플레이어 제조, Digitech 기각	대안: 2. DVD 플레이어 외부구입, Digitech 제조
Panel A: 자가제조 또는 외부구입 의사결정을 위한 종합적 접근법		
DVD 플레이어의 자가제조/외부구입에 대한 미래 증분원가(보기 11-6)	$15,000,000	$16,000,000
Digitech의 미래 원가대비 초과수익(예상이익) 차감	0	(2,500,000)
종합적 접근법에 따른 총관련원가	$15,000,000	$13,500,000
	1. DVD 플레이어 제조	**2. DVD 플레이어 구입**
Panel B: 자가제조 또는 외부구입 의사결정을 위한 기회원가 접근법		
DVD 플레이어의 자가제조/외부구입에 대한 미래 증분원가(보기 11-6)	$15,000,000	$16,000,000
기회원가: Digitech 제조에 설비용량이 사용되지 않음	2,500,000	0
기회원가 접근법에 따른 총관련원가	$17,500,000	$16,000,000

Panel A와 B의 원가차이는 동일하다. 따라서 대안 2의 원가가 대안 1보다 $1,500,000만큼 저렴하다.

기회원가 접근법

오직 한 가지 방법으로 자원을 사용하기로 한다는 것은 다른 방법으로 자원을 사용할 수 있는 기회를 포기해야 함을 의미한다. 이 기회의 상실은 경영자가 의사결정과정에 고려해야 하는 요인이다. 기회원가는 특정 대안을 선택함으로써 포기해야 하는 다른 대안 중 가장 큰 (영업)이익이다. 예를 들어, 회계학 학사학위를 취득하기 위한 (관련)원가는 학비, 교재비, 생활비뿐만 아니라 일하지 않아서 상실된 이익(기회원가)을 포함한다. 그러나 이 과정을 끝내고 회계학 학위를 취득하였을 때 예상되는 미래이익은 기회원가를 포함한 관련원가를 분명히 초과할 것이다.

보기 11-7의 Panel B는 Soho가 선택할 수 있는 대안을 기회원가 접근법으로 분석한 내용을 보여주고 있다. 각 대안은 다음 두 가지 접근법에 따라 다르게 정의된다.

종합적 접근법	기회원가 접근법
1. DVD 플레이어 자가제조, Digitech 생산 안 함	1. DVD 플레이어 제조
2. DVD 플레이어 외부구입, Digitech 생산	2. DVD 플레이어 구입

기회원가 접근법은 Digitech와 관련한 의사결정을 고려하지 않는다. 기회원가 접근법에서 각 대안의 원가는 (1) 증분원가와 (2) 기회원가, 즉 Digitech를 생산하지 않아서 상실한 이익이 포함된다. 이 기회원가는 Digitech 생산 여부가 선택 가능한 대안의 목록에서 제외되기 때문에 발생한다.[3]

DVD 플레이어를 생산하는 대안 1을 고려해 보자. DVD 플레이어를 생산하기 위한 총원가는 얼마인가? Soho의 DVD 플레이어 생산에 $15,000,000의 원가가 발생하지만, 실제로 이것이 경영자가 고려해야 하는 모든 원가인가? 아니다. 한정된 설비용량을 사용하여 DVD 플레이어 생산을 결정하였으므로, Digitech를 생산하여 이익 $2,500,000를 얻을 수 있었으나 포기한 '기회'를 고려하여야 한다. 따라서 DVD 플레이어를 생산하는 대안의 관련원가는 $15,000,000와 기회원가 $2,500,000의 합이다.

다음으로 DVD 플레이어를 외부구입하는 대안 2를 고려해 보자. DVD 플레이어의 외부구입 원가는 $16,000,000이며 기회원가는 $0이다. 이유는 DVD 플레이어를 외부구입하여, Digitech의 생산·판매가 가능하기 때문이다.

Panel B의 결론은 Panel A의 결론과 동일하다. DVD 플레이어를 외부구입하고, Digitech를 생산·판매하여야 한다.

보기 11-7의 Panel A와 B는 자원의 사용제한이 있는 의사결정에 대하여, 일관된 두 가지 접근방법을 설명한다. Panel A의 종합적 접근법에서는 향후 모든 증분원가 및 증분수익이 고려된다. 예를 들어, 대안 2에서 Digitech를 생산·판매하여 얻게 될 미래 영업이익($2,500,000)은 DVD 플레이어 외부구입의 미래 증분원가($16,000,000)에서 차감된다. 반면 Panel B의 기회원가 접근법은 DVD 플레이어에 초점을 맞추어, 설비용량이 Digitech 생산에 사용되지 '않을' 때마다 포기된 영업이익만큼 대안 1과 같이 DVD 플레이어의 기회원가에 가산된다(대안 2에서는 Digitech 생산 여부에 대한 기회원가는 없다). 따라서 Panel A는 대안 2에서 $2,500,000를 차감하는 한편, Panel B는 대안 1에서 $2,500,000를 가산한다. Panel B는 설비용량이 제한될 때, 관련원가 및 관련수익이 (1) 향후 증가하는 원가와 수익에 (2) 기회원가를 더한 것과 같다는 아이디어를 강조한다. 그러나 동시에 고려해야 하는 대안이 두 개

[3] 사실 이러한 이유로, 기회원가 접근법에서도 Digitech의 생산 여부를 고려한다고 이해하여도 무방하다.

이상이라면, 일반적으로 종합적 접근법이 더 쉽다.

재무제표는 경영자의 의사결정에 예상되는 미래 결과를 반영하는 것이 아니라, 선택한 대안의 실제 결과(과거)를 표시한다는 점에서, 기회원가는 재무제표에 반영되지 않는다. 거부 또는 포기된 대안은 거래가 발생하지 않으므로, 기록되지 않는다. Soho가 DVD 플레이어를 생산하면 Digitech를 생산하지 못하며, Digitech에 대한 정보가 재무제표에 나타나지 않을 것이다. 하지만 이 대안의 기회원가는 의사결정에 여전히 중요한 요인이다. 다시 보기 11-7로 돌아가 보자. 재무제표에 기록될 증분원가만으로 결정할 때, DVD 플레이어를 생산하는 것이 구입하는 것보다 저렴하다. 하지만 $2,500,000의 기회원가를 고려하면 달라진다. DVD 플레이어를 구입하는 것이 유리하다.

Soho가 DVD 플레이어를 생산하더라도 Digitech를 생산할 수 있을 만큼 충분한 설비용량을 보유하고 있다고 가정해 보자. 이 경우 DVD 플레이어를 생산하는 기회원가는 $0이다. Soho가 DVD 플레이어를 생산하더라도 Digitech의 생산 및 판매를 포기하지 않을 것이기 때문이다. 이때의 관련원가는 $15,000,000(증분원가 $15,000,000 + $0)이다. 이 상황에서 Soho는 당연히 DVD 플레이어와 Digitech를 모두 생산하여 판매할 것이다.

정량적 요인 외에도, 경영자는 자가제조 혹은 외부구입 의사결정에서 전략적 및 정성적(질적) 요인을 고려한다. 외부 공급업체로부터 DVD 플레이어 구매 여부를 결정할 때, 경영자는 품질, 납기준수 여부 등에 대한 공급업체의 평판과 같은 요인을 고려할 것이며, 또한 Digitech의 생산·판매에 대한 전략적 상황을 고려할 것이다. 예를 들어, Digitech의 생산 및 판매는 기존 DVD 플레이어의 수요를 침범할 것인가?

11-2 도전!

Rainier Company는 조경서비스를 제공하는 기업이다. 모든 조경작업에는 특수 장비가 필요하며, 해당 장비는 10,000시간 사용 가능하다. 현재, 기존 고객으로부터 9,000시간의 조경서비스 주문을 받을 것으로 예상하고 있으며, 시간당 $80를 청구한다. 현재 예상 활동수준에 대한 원가정보는 다음과 같다.

총수익($80×9,000시간)	$720,000
변동조경원가(시간당 $50×9,000시간, 재료 및 노무 포함)	450,000
고정조경원가	108,000
변동판매관리비(총수익의 5%)	36,000
고정판매관리비	72,000
총원가	666,000
영업이익	$ 54,000

Rainier는 Victoria Corporation으로부터 2,000시간의 장비사용이 필요한 조경서비스를 시간당 $60에 공급해 달라는 주문을 받았다. 해당 주문에 대한 변동조경원가는 시간당 $50이고, 변동판매관리비는 수익의 5%이다. 해당 주문은 일부 수락이 불가능하며, 오직 전부 수락 혹은 거절 가능하다. Rainier은 주문을 수락해야 하는가?

재고유지원가

기회원가의 또 다른 예로, Soho의 DVD 플레이어 구매결정과 관련한 다음의 자료를 살펴보자.

내년 DVD 플레이어의 예상수요량	250,000단위
2,500단위 구매 시 단위당 원가	$64.00
30,000단위 이상 구입 시 단위당 원가($64에서 0.5% 할인)	$63.68
주문비용	$150
Soho의 경영자가 고려 중인 대안	
A. 2,500단위씩 100회(주 2회) 구매	
B. 31,250단위씩 8회(분기당 2회) 구매	
평균 재고자산(투자)	
A. (2,500단위×단위당 $64.00)÷2[a]	$80,000
B. (31,250단위×단위당 $63.68)÷2[a]	$995,000
재고자산 투자와 동일한 수준의 위험으로 다른 곳 (예를 들어, 채권 또는 주식)에 투자하였을 때 연간 수익률	12%

[a] 여기서, 구입한 DVD 플레이어는 연중 균등하게 사용(판매)된다고 가정한다. 연중 평균 재고자산(또는 재고자산에 대한 연평균 투자)은 구매가 접수되었을 때(재고자산이 증가하였을 때)와 다음 구매주문 시점의 재고자산의 합을 2로 나눈 값이다(평균).

Soho는 DVD 플레이어를 현금으로 구입할 것이다. 경제적으로 가장 최적의 구매방법(대안)은 무엇인가?

Soho의 회계담당자는 가용할 수 있는 평균 현금 $995,000 수준에서, 종합적 접근법을 이용하여 경영자에게 다음의 분석결과를 설명하였다. Soho가 대안 A와 같이 재고자산에 $80,000를 투자(구매)하면, 나머지 현금 $915,000($995,000 − $80,000)을 연평균 12%의 수익률로 $109,800만큼의 수익을 얻을 수 있다. 이 수익은 대안 A에서 발생한 주문 및 구매원가 등에서 차감될 것이다. Soho가 대안 B와 같이 재고자산에 $995,000 모두를 투자(구매)하면, 다른 투자수익은 얻을 수 없다.

	대안 A: 2,500단위씩 100회 구매 및 잔여현금 투자 (1)	대안 B: 31,250단위씩 8회 구매 및 잔여현금 투자 (2)	차이 (3)=(1)−(2)
연간 주문원가 (100회×횟수당 $150, 8회×횟수당 $150)	$ 15,000	$ 1,200	$ 13,800
연간 구입원가 (250,000단위×단위당 $64.00, 250,000단위×단위당 $63.68)	16,000,000	15,920,000	80,000
잔여현금 투자수익 [0.12×($995,000−$80,000), 0.12×($995,000−$995,000)]	(109,800)	0	(109,800)
관련원가	$15,905,200	$15,921,200	$(16,000)

결론은 2,500단위씩 1년에 100회 구매하는 것이, 31,250단위씩 8회 구매하는 것보다 더 경제적이다($16,000).

다음은 기회원가 접근법을 사용한 분석결과를 나타낸다. 물론 결론은 동일할 것이다.

	대안 A: 2,500단위씩 100회 구매 및 잔여현금 투자 (1)	대안 B: 31,250단위씩 8회 구매 및 잔여현금 투자 (2)	차이 (3)=(1)−(2)
연간 주문원가 (100회×횟수당 $150, 8회×횟수당 $150)	$ 15,000	$ 1,200	$ 13,800
연간 구입원가 (250,000단위×단위당 $64.00, 250,000단위×단위당 $63.68)	16,000,000	15,920,000	80,000
기회원가: 재고자산 투자금액의 투자수익 (0.12×$80,000, 0.12×$995,000)	9,600	119,400	(109,800)
관련원가	$16,024,600	$16,040,600	$(16,000)

기회원가 접근법에서 모든 대안의 관련원가는 (1) 대안의 증분원가에 (2) 해당 대안을 선택하여 상실된 최선의 이익(기회원가)이다. 재고자산 보유의 기회원가는 재고자산에 투자하여 상실된 다른 투자안의 예상수익이다. 재고자산에 대한 기회원가는 앞서 설명한 바와 같이 실현되지 않은 이익이므로 회계시스템에 기록되지 않는다. 따라서 회계시스템에 기록되는 원가(구매 및 주문)를 기준으로 의사결정을 한다면, Soho의 경영자는 31,250단위를 8회 구매하는 것이 유리한 대안이라고 잘못된 결론을 내릴 것이다. 그러나 (3)열은 종합적 접근법과 동일하게, 2,500단위씩 100회 구매하는 것이 더 경제적인 대안임을 나타낸다. 그 이유는 더 작은 규모의 재고자산을 유지하는 경우의 기회원가 차이가 주문원가 차이를 초과하기 때문이다. 재고자산에 투자된 금액의 연간 기회원가(12%)와 낮은 수준의 재고자산에 대한 보험료, 유지원가, 노후화 및 파손위험 등을 고려한다면 낮은 수준의 재고자산을, 즉 100회 구매하는 대안이 훨씬 경제적이다.

설비용량(조업도) 제약하 제품배합결정

이제 관련성 개념이 경영자의 제품배합과 생산할 제품 및 수량에 대한 결정에 어떻게 사용되는지 검토해 보자. 이러한 의사결정은 주로 설비용량(조업도)의 제약하에서(물론 장기에는 제약이 완화될 수 있는) 이루어진다. 예를 들어, 자동차 제조기업 BMW는 단기적으로 판매가격과 수요의 변동에 따라 다양한 자동차 모델(예: 328i, 528i 및 750i)의 배합을 지속적으로 조정한다.

조업도 또는 수요와 같은 제약조건하에서, 기업의 영업이익을 극대화하기 위하여 최적 제품배합(또는 구성)을 결정한다. 이 절에서는 제품배합의 단기 변경에 따라 변하는 유일한 원가는 생산 또는 판매량에 비례하는 변동원가라고 가정한다. 이러한 가정하에서 개별 제품에 대한 공헌이익 분석은 영업이익을 극대화하는 제품배합을 찾는 식견을 제시한다.

사례 4 Power Recreation은 켄터키 공장에서 T1과 T2, 두 가지 형태의 엔진을 생산한다. 다음은 두 엔진의 판매가격, 원가 및 공헌이익에 대한 자료이다.

	T1	T2
판매가격	$800	$1,000
단위당 변동원가	560	625
단위당 공헌이익	$240	$ 375
공헌이익률($240÷$800, $375÷$1,000)	30%	37.5%

엔진을 조립하기 위하여 사용 가능한 기계시간은 매일 600시간이며, 단기적으로 기계시간을 추가할 수 없다. 엔진은 종류에 관계없이 생산하는 만큼 판매 가능하다. 따라서 제약 자원은 기계시간이다. T1엔진 1단위를 생산하기 위하여 2기계시간, T2엔진 1단위를 생산하기 위하여 5기계시간이 필요하다. 경영자는 영업이익을 극대화하기 위하여 어떤 제품배합을 선택하여야 하는가?

단위당 공헌이익 및 공헌이익률 측면에서, 사례 4의 자료는 T2엔진이 T1엔진보다 수익성이 높다는 결과를 보여준다. 그러나 Power Recreation이 단위당 공헌이익 또는 공헌이익률이 높은 제품을 반드시 생산·판매해야 하는 것은 아니다. 다음 자료에서 볼 수 있듯이, 경영자는 제약자원(요인) 단위당 공헌이익이 가장 높은 제품(배합)을 선택하여야 한다. 이것이 제품의 생산 또는 판매를 제한하는 요인(자원)이다.

	T1	T2
단위당 공헌이익	$240	$375
단위당 생산에 필요한 기계시간	2기계시간	5기계시간
기계시간당 공헌이익		
단위당 $240÷단위당 2기계시간	기계시간당 $120	
단위당 $375÷단위당 5기계시간		기계시간당 $75
총공헌이익(600기계시간)		
기계시간당 $120×600기계시간	$72,000	
기계시간당 $75×600기계시간		$45,000

위 사례에서 기계시간은 제한적인 자원이며, T1엔진의 기계시간당 공헌이익($120)은 T2엔진($75)에 비해 크다. 따라서 T1엔진의 생산을 선택하면, 총공헌이익($72,000 vs. $45,000)과 영업이익이 극대화된다. 생산환경의 가능한 다른 제약요인은 직접재료, 노무 및 재무 또는 판매 등의 요인일 수 있다. 백화점의 제약 요인은 상품 전시공간일 수 있다. 제약 요인의 종류에 관계없이, 제약 자원의 단위당 공헌이익이 가장 큰 대안을 선택하여 총공헌이익을 극대화하는 것에 집중하여야 한다.

대부분의 경우, 제조기업 또는 소매기업은 각각 하나 이상의 제약자원을 사용하는 다양한 제품(상품)에 대해 영업이익을 극대화하는 선택과 노력을 하여야 한다. 그러나 일부 제약요인하에서 특정 제품 등의 생산 또는 판매가 기업의 영업이익 극대화에 부정적인 영향을 미치더라도, 해당 제품을 생산할 필요가 있을 수 있다. 예를 들어, 슈퍼마켓은 화장지의 판매가 전체 수익성을 훼손하더라도, 판매해야 할 필요가 있을 수 있다. 고객은 화장지 및 다양한 상품을(설사 고객이 구매하지 않더라도) 진열해 둔 슈퍼마켓에서 음료수를 기꺼이 구매할 것이기 때문이다. 기업은 영업이익 및 수익성을 극대화하기 위하여 다양한 제약자원 및 요인을 고려해야 한다. 거의 모든 자원은 한정적이기 때문이다. 다양한 제약조건을 고려한 의사결정에 선형계획법 등은 유용하게 이용될 수 있다.

마지막으로, 생산량을 늘려서 공헌이익 수준을 높이기 위하여 병목구간(제약)을 관리하는 문제가 있다. 예를 들어, 유휴시간을 관리하여(줄여) 가용한 기계시간을 더 늘릴 수 있는가? 셋업시간과 조립시간을 더 효율적으로 관리하여, T1 및 T2엔진 조립시간을 줄일 수 있는가? 더 많은 엔진을 생산하기 위하여 일부 제조구간을 아웃소싱할 수 있는가? 다음 절에서는 일부 병목 생산구간이 존재할 때, 영업이익을 극대화하기 위하여 경영자가 병목구간(bottleneck)을 관리하여 생산량을 늘리는 과정을 살펴볼 것이다.

11-3 도전!

Rainier Company는 조경서비스를 제공하는 기업이다. 모든 조경작업에는 특수 장비가 필요하며, 해당 장비는 10,000시간 사용 가능하다. 현재, 기존 고객으로부터 9,000시간의 조경서비스 주문을 받을 것으로 예상하고 있으며, 시간당 $80를 청구한다. 현재 예상 활동수준에 대한 원가정보는 다음과 같다.

총수익($80×9,000시간)	$720,000
변동조경원가(시간당 $50×9,000시간, 재료 및 노무 포함)	450,000
고정조경원가	108,000
변동판매관리비(총수익의 5%)	36,000
고정판매관리비	72,000
총원가	666,000
영업이익	$ 54,000

유휴설비를 사용하기 위하여, Rainier의 영업관리자는 새로운 사업을 찾고 있다. 이에 Hudson, Inc.는 Rainier에게 4,000시간의 조경서비스를 시간당 $70에 제공해 주기를 요청하였다. 해당 주문에 대한 변동원가는 시간당 $45이고, 변동판매관리비는 총수익의 5%이다. Rainier는 4,000시간의 주문 중 일부만을 제공할 수도 있다. Rainier의 최적 선택은 무엇인가?

병목, 제약이론 및 재료처리량 공헌이익

Power Recreation의 T1엔진은 조립작업 전 단조작업을 거쳐야 하며, 이를 위하여 일일 1,200시간의 단조작업을 처리할 수 있다고 가정해 보자. T1엔진은 3시간의 단조작업을 거쳐야 하므로, 하루 400단위의 T1엔진을 단조할 수 있다(1,200시간 ÷ T1 단위당 3시간). 그러나 하루 300단위의 T1엔진만을 조립할 수 있다는 점을 기억하자(600기계시간 ÷ T1당 2기계시간). 따라서 T1엔진은 조립작업에 의하여 생산량이 제한된다.

제약이론(Theory of Constraints, TOC)은 일부 병목구간이 존재할 때, 영업이익을 극대화하는 방법을 설명한다.[4] TOC를 사용하기 위하여, 다음을 정의 내리도록 하자.

- 재료처리량 공헌이익(초변동원가 공헌이익)은 매출액(총수익)에 초변동원가 매출원가(직접재료원가)를 차감한 값이다.
- 투자는 (a) 원재료, 재공품 및 완성품 재고자산에 대한 직접재료원가 합계, (b) 연구개발비(R&D), (c) 설비 및 건물(영업용 고정자산) 등의 자본비용으로 구성된다.
- 영업(운영)원가는 재료처리량 공헌이익을 얻기 위해 발생한 모든 영업 관련 원가(직접재료원가 제외)를 의미한다. 영업원가에는 급여, 임차료 및 감가상각비 등의 원가(비용)가 포함된다.

---

[4] Eliyahu M. Goldratt and Jeff Cox, *The Goal* (New York: North River Press, 1986); Eliyahu M. Goldratt, *The Theory of Constraints* (New York: North River Press, 1990); Eric W. Noreen, Debra A. Smith, and James T. Mackey, *The Theory of Constraints and Its Implications for Management Accounting* (New York: North River Press, 1995); and Mark J. Woeppel, *Manufacturers' Guide to Implementing the Theory of Constraints* (Boca Raton, FL: Lewis Publishing, 2000).

제약이론의 목적은 투자 및 영업원가를 줄이면서 재료처리량 공헌이익을 극대화하는 것이다. 제약이론은 비교적 단기간에 영업원가는 고정되어 있고, 직접재료원가가 유일한 변동원가라고 가정한다. 단기에 일부 영업원가는 여전히 변동원가의 특성을 가지지만, 매출액에서 직접재료원가를 차감한 금액이 오직 재료처리량 공헌이익이다. Power Recreation의 사례에서 T1엔진은 $800에 판매되며 변동원가는 $560의 직접재료원가로만 구성되어 있으므로, 재료처리량 공헌이익은 $240이다.

제약이론은 다음의 단계를 통하여 병목구간을 관리한다.

1단계: 병목현상이 전체 시스템의 공헌이익을 결정한다는 것을 인식한다. Power Recreation의 사례에서 조립작업의 산출량이 T1엔진의 전체 산출량을 결정한다.

2단계: 정체 중인 작업량이 많은, 혹은 대기 중인 재고자산이 많은 작업(또는 구간)을 식별하여, 병목구간 여부를 판단한다. T1엔진의 경우 일일 400단위의 단조작업이 가능함에도 불구하고 일일 300단위의 조립작업으로 인하여, 즉 조립작업의 생산능력이 단조작업에 비해 낮으므로, 조립작업 구간에서 재고자산이 축적될 것이다.

3단계: 병목구간을 최대 산출량 수준으로 유지하고, 모든 비병목구간의 작업을 병목구간의 일정에 종속시킨다. 즉, 병목구간의 생산일정에 따라 비병목구간의 생산일정을 결정한다. 영업이익을 극대화하기 위해, 경영자는 제한이 있거나 병목현상이 있는 자원의 공헌이익을 최대화하여야 한다. 병목구간인 조립작업은 항상, 계속 작업이 지속되어야 한다. 작업자는 T1엔진 조립을 위하여 대기하거나 지체하여서는 안 된다. 이를 위하여 생산관리자는 조립작업을 위해, 단조작업을 끝낸 재고자산의 대기수량을 약간 유지하도록 한다. 조립작업에서 단조작업을 끝낸 물량을 기다리지 않도록, 단조작업의 속도를 조정하는 등의 세부 일정을 개발하여 조립작업을 최대용량 수준으로 운영되도록 하는 것이 공헌이익을 최대화하는 것이다. 그러나 조립작업에서 처리 가능한 용량 이상의 단조작업을 운영하는 것은 불필요한 T1 재공품을 늘릴 뿐이다.

4단계: 증분공헌이익이 효율성 및 설비용량 증가에 따른 증분원가를 초과한다면, 병목구간의 효율성과 용량을 늘리기 위한 조치를 수행한다.

Power Recreation의 자료를 이용하여 각 단계를 살펴보자.

	단조	조립
일별 용량	400단위	300단위
일별 생산 및 판매량	300단위	300단위
기타 일별 고정운영원가(직접재료원가 제외)	$24,000	$18,000
단위당 기타 고정운영원가 ($24,000÷300단위, $18,000÷300단위)	단위당 $80	단위당 $60

Power Recreation의 설비용량은 조립작업에서 300단위로 제한된다. 이러한 병목구간을 완화하기 위하여, 경영진은 무엇을 할 수 있는가? 병목구간에 대한 적절한 조치는 다음과 같다.

1. 병목구간의 작업에서 유휴시간(조립기계가 실제로 T1엔진을 조립하지 않는 시간)을 제거한다

   Power Recreation의 경영자는 T1엔진의 조립이 완성되는 즉시 새로운 T1엔진이 조립될 수 있도록, 조립작업에 두 명의 인원을 추가로 배치할 예정이다. 이는 하루에 $320의 원가가 추가로 발생하지만, 병목구간인 조립작업에서 하루 3단위만큼 산출량이 증가할 것이다.

경영자는 이러한 조치를 수행하여야 하는가? 해당 조치의 결과로 일일 $720(엔진당 $240 공헌이익 × 3단위)의 공헌이익이 증가할 것이며, 이는 일일 증분원가 $320보다 크므로 수행하여야 한다. 다른 모든 원가와 비용은 관련이 없다.

2. 병목구간에서 반드시 작업할 필요가 없는 부분은 다른 작업구간 혹은 외부로 이동한다 외부업체인 Spartan Corporation이 Power Recreation의 단조작업을 거친 T1엔진을, 단위당 $75에 매일 5단위 조립하겠다고 제안하였다. Spartan이 제안한 가격은 자체조립 원가 $60보다 높다. Power Recreation의 경영자는 이러한 제안은 수락하여야 하는가? 제안을 수락하는 경우 일일 공헌이익이 $1,200(T1엔진당 $240 × 5단위) 증가하는 한편, 원가는 $375(T1엔진당 $75 × 5단위)만큼 증가할 것이다. 여기서 Spartan이 제안한 가격이 Power Recreation의 자체제조 원가보다 비싸다는 점은 관련이 없다.

   또 다른 외부업체인 Germini Industries가 Power Recreation가 제공하는 직접재료로 T1엔진을 위한 단조작업을, 단위당 $65의 가격으로 하루 8단위 공급하겠다고 제안하였다. 이는 Power Recreation의 단위당 단조작업의 원가 $80보다 저렴하다. 그렇다면 경영자는 이러한 제안을 수락하여야 하는가? 아니다. 단조작업의 완성품이 증가한다고 해도, 조립작업의 병목으로 인하여 Power Recreation의 수익이 증가하지 않는다. 이 제안을 수락할 경우 공헌이익의 증가 없이, 단지 하루 $520(T1엔진당 $65 × 8단위)의 원가만이 증가할 뿐이다.

3. 병목구간의 셋업시간과 처리시간을 줄인다(예: 설계단순화 또는 부품의 단순화) Power Recreation이 하루 $1,000의 비용으로 조립작업 구간의 셋업시간을 줄여, 매일 10단위의 T1을 더 조립할 수 있다고 가정해 보자. 경영자는 이러한 조치를 수행하여야 하는가? 물론이다. 일일 공헌이익이 $2,400(T1엔진 단위당 $240 × 10단위)만큼 증가하며, 이는 일일 $1,000의 증분원가보다 크다. 한편 Power Recreation는 병목현상이 없는 단조작업 구간에서 추가비용을 부담하며 작업시간을 개선할 필요가 있는가? 물론 아니다. 기타 운영원가는 증가하지만, 병목구간인 조립작업의 용량이 개선되지 않으므로 공헌이익의 개선은 없다.

4. 병목구간에서 제조한 부품 또는 제품의 품질을 개선한다 병목구간에서 불량품은 그렇지 않은 경우보다 더 많은 원가가 발생한다. 병목현상이 없는 구간에서 불량품의 원가는 낭비된 재료이다. Power Recreation의 단조작업에서 5단위의 불량품 원가는 $2,800(T1엔진당 직접재료원가 $560 × 5단위)이다. 단조작업구간에서는 유휴설비용량이 있으므로, 공헌이익이 상실되지는 않는다. 단조작업의 불량에도 불구하고, 병목구간인 조립작업으로 300단위의 단조작업 완성품이 전달된다면, 최종 완성품의 감소는 없다. 그러나 병목구간인 조립작업의 불량에 관한 원가는 낭비되는 직접재료와 공헌이익 상실의 기회원가이다. 만약 조립작업에서 5개의 불량품이 발생한다면, 이로 인한 추가비용은 $4,000(T1엔진당 $800 × 5단위), 또는 직접재료원가 $2,800(T1엔진당 직접재료원가 $560 × 5단위)에 상실된 공헌이익 $1,200(T1엔진당 공헌이익 $240 × 5단위, 기회원가)의 합인 $4,000이다.

   병목구간에서의 품질 저하와 관련된 비용이 높은 것은 그만큼 병목구간의 제약된 자원을 낭비해서는 안 된다는 의미이다. 즉, 병목구간의 작업 전, 양질의 부품만 작업하도록 검사를 실시하여야 한다. 또한 병목구간의 기계설비가 정상작동되도록 최선의 상태를 유지하여야 한다.

네 단계의 작업이 성공적이라면, 단조작업의 용량까지 조립작업의 용량을 증가시킨다. 이제 병목구간은 단조작업 구간으로 이동한다. Power Recreation는 단조작업의 효율성과 용량 개선에 지속적인 노력을 기울일 것이다. 예를 들어, Gemini가 제안한 단위당 $65의 가격으로 하루 8단위의 T1엔진 단조작업을 제공하는 대안은 하루 공헌이익 $1,920(T1엔진당 $240×8단위)가 증가할 것이므로 매력적이다. 이는 증분원가 $520(T1엔진당 $65×8단위)보다 크다.

Apple Watch의 사례는 이미 논의한 문제에 대한 좋은 사례이다. Apple은 '탭틱 엔진모터(손목을 두드리는 느낌을 전달)'에 대한 최종 품질 테스트에서, 두 공급업체 중 한 업체의 제품에서 불량이 발생하기 시작하였다는 사실을 알게 되었다. 결국 Apple은 이미 완성된 시계를 폐기하고, 부품생산을 다른 업체에게 의뢰하여야만 했다. 두 번째 공급업체의 경우 품질의 문제는 없었지만, 생산량을 요구수준까지 맞추기까지 상당한 시간이 소요되었다. 결과적으로 Apple은 다른 부품업체에도 생산량을 병목구간의 생산량 수준(두 번째 업체)으로 맞추어 달라고 요구하여야 했다.

제약이론은 기업 전체 생산능력을 향상하는 것이 핵심목표로, 주로 병목구간의 작업관리를 강조하며, 단기적 공헌이익의 극대화에 중점을 둔다. 제약이론은 운영원가를 단기적으로 변경(조정)하기 어려운 것으로 간주하기 때문에, 개별활동 및 원가동인을 식별하지 않는다. 따라서 제약이론은 장기적 관점에는 적합하지 않다. 반대로 활동기준원가계산은 장기적 관점에서 비부가가치활동은 제거하고 부가가치활동에 대한 원가를 절감하는 프로세스 개선에 중점을 둔다. 따라서 활동기준원가계산은 장기 가격설정, 원가통제 및 설비용량(조업도) 관리에 제약이론보다 유용하다. 그러나 제약이론은 병목구간을 관리하여 공헌이익을 극대화하므로, 활동기준원가계산의 장기적 관점을 보완한다.[5]

고객 수익성 및 관련원가

우리는 경영자가 생산할 제품과 각 제품의 생산량을 결정(선택)하는 과정을 검토하였다. 이에 더하여, 경영자는 종종 제품라인 또는 사업부문을 추가하거나 철수하는 의사결정을 내려야 한다. 마찬가지로 원가대상이 고객인 경우, 경영자는 고객(제품라인과 유사) 또는 지점(branch, 가업부문과 유사)의 추가 및 철수 여부를 결정하여야 한다. 제품이 아닌, 고객을 원가대상으로 하는 의사결정에 대한 관련수익과 관련원가 분석을 검토하여 보자.

사례 5 전문가구 도매업체인 Allied Furniture의 서부 영업점은 세 지역의 소매업체 A, B 및 C에 가구를 공급한다. 보기 11-8은 활동기준원가계산을 사용하여, 서부 영업점의 내년 예상수익과 원가를 제시한다. 서부 영업점의 회계담당자는 각 고객(A, B, C)을 지원하는 데 필요한 활동을 기반으로 원가를 할당한다. 원가의 계층구조에 따른 각 활동별 원가에 관한 자료는 다음과 같다.

- 가구취급 노무원가는 고객에게 배송되는 가구의 수량에 비례한다.
- 판매관리비는 판매를 위한 고객의 방문횟수에 비례한다.
- 주문원가는 구객으로부터의 주문 수에 비례하는 배치수준의 원가이다. 배송원

---

[5] 참조: Anthony Atkinson, *Cost Accounting, the Theory of Constraints, and Costing* (Issue Paper, CMA Canada, December 2000).

보기 11-8 Allied Furniture 서부 영업점의 고객 수익성 분석

	고객			
	A	B	C	합계
매출액	$500,000	$300,000	$ 400,000	$1,200,000
매출원가	370,000	220,000	330,000	920,000
노무원가	41,000	18,000	33,000	92,000
설비 감가상각비	12,000	4,000	9,000	25,000
임차료	14,000	8,000	14,000	36,000
판매관리비	11,000	9,000	10,000	30,000
주문 및 배송원가	13,000	7,000	12,000	32,000
일반관리비	20,000	12,000	16,000	48,000
배부된 본사 고정원가	10,000	6,000	8,000	24,000
총원가	491,000	284,000	432,000	1,207,000
영업이익	$ 9,000	$ 16,000	$ (32,000)	$ (7,000)

가는 배송횟수에 비례하는 배치수준의 원가이다.

- 서부 영업점은 고객의 수익을 기준으로 고정일반관리비(설비수준)를 각 고객에게 배부한다.
- Allied Furniture는 본사 고정원가를 각 영업소 예산원가를 기준으로 배부한다. 이후 각 영업소는 배부받은 본사 고정원가를 고객 수를 기준으로 각 고객에게 배부한다.

다음 절에서는 서부 영업점의 경영자가 직면한 몇 가지 결정을 검토해 볼 것이다. 서부 영업점은 고객 C의 계정을 삭제해야 하는가(거래를 철수할 것인가)? 그리고 네번째 고객 D와 거래를 추가해야 하는가? Allied Furniture는 서부 영업점을 폐쇄하여야 하는가? 매출과 원가가 동일한 남부 영업점을 개설하여야 하는가?

거래 철수의 관련수익 및 관련원가 분석

보기 11-8에서 고객 C의 계정은 $32,000의 손실을 나타낸다. 서부 영업점의 경영자는 C(소매점)가 수익성이 낮은 주문을 하고, 주문, 배송, 가구취급 및 판매관리비가 상대적으로 높기 때문에 손실이 발생한다고 추측한다. 따라서 경영자는 고객 C에 대하여 다음과 같은 몇 가지 가능한 조치를 고려하고 있다. 업무의 효율성을 높여 고객 C에 대한 원가(비용)를 절감하거나, 고객 C에게 제공하는 일부 서비스를 축소, 고객 C에게 주문횟수를 줄여달라고 요청, 혹은 고객 C에게 더 높은 가격을 부과하거나 거래를 철수하는 대안들이다. 다음의 분석은 고객 C와 거래를 철수하였을 때의 영업이익에 초점을 둔다.

서부 영업점의 경영자 및 회계담당자는 먼저 관련수익 및 관련원가에 집중한다. 고객 C와 거래를 철수하면,

- 매출원가, 가구취급 노무원가, 판매관리비, 주문 및 배송원가가 절감된다.
- 고객 C에게 제품을 공급하기 위하여 이용하였던 창고 공간과 가구취급 설비를 유휴상태로 유지할 수 있다.
- 고정임차료, 일반관리비 또는 본사 고정원가는 영향을 받지 않는다.

보기 11-9의 (1)열은 보기 11-8의 고객 C의 자료를 이용하여 관련수익 및 관련원가 분석을 보여준다. 고객 C와의 거래를 철수하여 절감할 수 있는 $385,000의 원가는 $400,000의 판매수익 상실을 상쇄하기에는 충분하지 않다. 고객 C와 거래를 철수하면 서부 영업점의 영업이익이 $15,000만큼 감소하므로, 경영자는 고객 C와의 거래를 유지하기로 결정한다. 물론 경영자는 효율성을 개선하고, 더 높은 가격을 청구하는 등의 방법을 계속 찾으려고 노력할 것이다.

서부 영업점이 이미 취득한 자산의 감가상각비는 과거원가이므로 관련원가가 아니다. 임차료, 일반관리비 및 본사 고정원가는 서부 영업점이 고객 C와의 거래를 철수하여도 변경되지 않으므로 비관련원가이다.

영업점 및 고객에게 배부된 간접원가는 항상 비관련원가이다. 유일한 질문은 "고객 C와 거래를 철수하면 원가가 감소하는가?"이다. 이 사례에서 본사 고정원가는 변화가 없으므로, 관련원가가 아니다. 그러나 고객 C와의 거래를 철수하여 본가 고정원가가 감소한다면, 고객 C 혹은 서부 영업점에 배부되는 금액이 변하지 않는다고 하더라도 그 감소금액은 관련원가일 것이다.

고객 C에 대한 창고 및 장비의 대체용도가 없으므로, 이에 대한 기회원가는 없다. 즉, 경영자가 고객 C와의 거래를 철수하면, 창고 공간과 장비는 유휴상태로 유지된다. 그러나 서부 영업점이 창고와 장비를 Sanchez Corporation에 연간 $20,000에 임대할 수 있다고 가정해 보자. 이때, 이 $20,000는 고객 C와의 거래를 계속 유지할 경우의 기회원가가 된다. 그러나 고객 C와 거래를 철수한다면 $5,000(임대수익 $20,000 − 영업이익 상실 $15,000)를 얻게 된다. 종합적 접근법에서 고객 C와의 거래 철수로 인한 수익 상실은 $380,000($400,000 − $20,000)이고, 원가절감은 $385,000(보기 11-9의 (1)열)이다. 최종 결정을 내리기 전에 서부 영업점의 경영자는 고객 C로부터, Sanchez로부터의 임대수익 $20,000 이상 수익을 창출할 수 있는 방안이 있는지 검토해 보아야 한다. 경영자는 고객과의 안정적이고 장기적인 비즈니스 관계에 대한 서부 영업점의 평판에 미치는 영향과 같은 전략적 요소 또한 중요하게 고려하여야 한다.

보기 11-9 **고객 C와 거래 철수 및 고객 D와 신규거래 추가의 관련수익 및 관련원가 분석**

	고객 C와의 거래 철수로 인한 증분원가 (1)	고객 D와의 신규거래 추가로 인한 증분수익 (2)
매출액	$(400,000)	$400,000
매출원가	330,000	(330,000)
노무원가	33,000	(33,000)
설비 감가상각비	0	(9,000)
임차료	0	0
판매관리비	10,000	(10,000)
주문 및 배송원가	12,000	(12,000)
일반관리비	0	0
배부된 본사 고정원가	0	0
총원가	385,000	(394,000)
영업이익(손실)에 대한 효과	$ (15,000)	$ 6,000

거래 추가개설의 관련수익 및 관련원가 분석

서부 영업점의 경영자가 기존 소매점 A, B 및 C고객에 D를 추가하는 것을 고려하고 있다고 가정해 보자. 서부 영업점의 유휴시설(창고 및 장비)은 대체용도가 없으며, 소매점 고객 D는 C와 그 특성이 매우 유사하다. 서부 영업점의 경영자는 고객 D와의 거래에 따른 예상 수익과 원가가 보기 11–8의 고객 C의 자료와 동일하다고 추측한다. 특히 서부 영업점은 고객 D를 위하여 내용연수 1년의 처분가치 없는 장비를 $9,000에 구입하여야 한다. 고객 D와의 거래를 개설하여도, 창고 임차료($36,000), 일반관리비($48,000) 및 본사 실제고정원가는 변하지 않는다. 경영자는 고객 D와의 신규거래를 승인하여야 하는가?

보기 11–9의 (2)열에서 관련수익이 관련원가보다 $6,000만큼 크다. 고객 D와 새로운 계약을 개설하는 데 서부 영업점 시설의 대체사용이 없으므로, 기회원가는 $0이다. 이 분석의 결과를 근거로, 서부 영업점의 경영자는 고객 D와의 신규거래를 승인하려고 한다. 임차료와 일반관리비, 본사 고정원가는 고객 D와의 거래승인 여부에 영향을 받지 않으므로, 비관련원가이다. 그러나 고객 D와의 거래를 위하여 구입하여야 하는 장비의 원가(보기 11–9의 (2)열에서 감가상각비 $9,000로 기록)는 고객 D와의 거래를 승인하지 않는 경우 발생하지 않을 것이므로 관련원가이다. 여기서 중요한 점은 이미 구입한 장비에 대한 감가상각비는 과거에 발생한 원가이므로, 고객 C와의 거래 철수 여부 결정에 비관련원가라는 점이다. 그러나 고객 D와의 신규거래를 위한 새 장비의 감가상각비는 고객 D와의 거래 개설 여부 결정에 관련이 있다. 반드시 이해하여야 한다.

지점 혹은 사업부의 추가와 폐쇄의 관련수익 및 관련원가 분석

기업은 주기적으로 지점(branch) 또는 사업부를 폐쇄하거나 추가하는 결정에 직면한다. 예를 들어, 서부영업점의 예상 손실이 $7,000인 경우(보기 11–8 참조), Allied Furniture의 최고경영자는 서부 영업점을 폐쇄하여야 하는가? 서부 영업점을 폐쇄하면, 서부 영업점에서 발생하는 모든 원가가 절감된다. 서부 영업점이 보유하고 있는 장비는 처분가치가 없으며, 서부 영업점의 폐쇄는 본사 고정원가에 영향을 미치지 않고, 서부 영업점의 공간을 대체용도로 사용할 가능성은 없다.

보기 11–10의 (1)열은 보기 11–8의 합계 자료를 사용하여 관련수익 및 관련원가를 분석한 결과이다. 수익감소 $1,200,000는 원가절감분 $1,158,000를 초과하여, $42,000의 영업이익 감소로 나타난다. 또한 서부 영업점을 폐쇄해도 감가상각비나 본사 고정원가가 감소하지 않는다는 점에서도, 서부 영업점은 폐쇄되어서는 안 된다. 감가상각비는 서부 영업점이 이미 구입한 장비에 대한 원가라는 점에서, 과거원가 또는 매몰원가이다. 서부 영업소의 폐쇄로 각 영업소에 배분되는 금액은 달라지지만, 배분될 고정원가 총액은 달라지지 않는다. 즉, 서부 영업점에 배부되던 $24,000는 다른 영업점에 배부될 것이다. 따라서 서부 영업점이 폐쇄되더라도 배부된 $24,000는 감소하지 않으므로, 비관련원가이다.

마지막으로 Allied Furniture가 남부 영업점을 개설할 수 있는 기회를 마련하였다고 가정해 보자. 남부 영업점의 수익과 원가는 서부 영업점과 동일하며, 개설을 위하여 내용연수 1년의 처분가치가 없는 장비를 $25,000에 구입하여야 한다. 남부 영업점을 추가한다고 해서 본사 고정원가가 증가하지는 않는다. 그렇다면 Allied Furniture의 최고경영자는 남부 영업점의 개설을 승인하여야 하는가? 보기 11–10 (2)열에서 영업이익이 $17,000만큼 증가하므로,

보기 11-10 서부 및 남부 영업점의 폐쇄와 추가에 대한 관련수익 및 관련원가 분석

	서부 영업점 폐쇄로 인한 증분원가 (1)	남부 영업점 추가로 인한 증분수익 (2)
매출액	$(1,200,000)	$1,200,000
매출원가	920,000	(920,000)
노무원가	92,000	(92,000)
설비 감가상각비	0	(25,000)
임차료	36,000	(36,000)
판매관리비	30,000	(30,000)
주문 및 배송원가	32,000	(32,000)
일반관리비	48,000	(48,000)
배부된 본사 고정원가	0	0
총원가	1,158,000	(1,183,000)
영업이익(손실)에 대한 효과	$ (42,000)	$ 17,000

신규개설을 승인하여야 한다. 앞서 내용과 동일하게, 새로 구입하는 장비의 원가(감가상각비)는 의사결정과 관련이 있다. 그러나 남부 영업점의 추가는 본부 고정원가에 영향을 미치지 않으므로, 배부된(될) 본부 고정원가는 여전히 비관련원가이다.

도전! 11-4

Irving Corporation은 메드필드와 오클랜드에 각각 하나씩, 두 개의 매장을 운영하고 있다. 2017년 매장별 영업이익은 다음과 같다.

	메드필드	오클랜드
매출액	$2,100,000	$1,700,000
원가		
매출원가	1,500,000	1,310,000
변동원가(노무)	180,000	170,000
임차료(매년 갱신)	160,000	155,000
설비 감가상각비	50,000	40,000
본사 간접원가 배분	90,000	75,000
총영업원가	1,980,000	1,750,000
영업이익(손실)	$ 120,000	$ (50,000)

설비의 처분가치는 없다.

1. 오클랜드 매장을 폐쇄하는 경우, Irving는 본사 간접원가를 $85,000까지 줄일 수 있다. Irving은 오클랜드 매장을 폐쇄하여야 하는가?
2. 오클랜드 매장을 폐쇄하는 대신, Irving은 오클랜드 매장과 동일한 수익과 원가(내용연수 1년 및 처분가치가 없는 설비 구입원가 포함)를 가진 신규매장의 개설을 고려 중이다. 신규매장을 개설하면, 본사 간접원가는 $10,000만큼 증가한다. Irving은 신규매장을 개설하여야 하는가? 이를 설명하시오.

과거원가의 비관련성과 설비교체 의사결정

과거원가와 매몰원가가 의사결정과 관계가 없다는 점은 이 장에서 여러 차례 강조되었다. 현재 의사결정은 과거에 이미 발생한 사건에 영향을 미칠 수 없기 때문이다. 이제 이러한 개념을 설비교체 의사결정에 적용해 보자. 여기서 기존 기계설비의 장부가치(취득원가에서 감가상각누계액을 차감한 금액)는 과거원가라는 점이 강조될 것이다.

사례 6 항공기 부품을 생산하는 Toledo Company는 구형 금속절단기를 신형으로 교체할지 말지 고려 중이다. 신형기계는 구형보다 효율적이지만 수명이 짧다. 항공기 부품 매출액(연간 $1,100,000)은 설비교체에 영향을 받지 않는다. 회계담당자는 설비교체에 대한 다음의 자료를 준비하였다.

	구형	신형
취득원가	$1,000,000	$600,000
내용연수	5년	2년
사용한 연수	3년	0년
잔여 내용연수	2년	2년
감가상각누계액	$ 600,000	해당 없음
장부가치	$ 400,000	해당 없음
현재 처분가치(현금)	$ 40,000	해당 없음
내용연수 종료 시 처분가치(2년 뒤)	$ 0	$ 0
연간 영업원가(유지관리, 전력, 냉각 등)	$ 800,000	$ 460,000

Toledo는 정액법으로 감가상각하며, 미래 현금흐름의 현재가치는 고려하지 않는다.[6] 경영자는 구형기계를 교체하여야 하는가?

보기 11-11은 두 기계의 원가를 비교한다. Toledo의 기계교체 의사결정에서 다음 네 가지 사항의 관련성을 생각해 보자.

보기 11-11 영업이익 비교: Toledo의 기계교체 의사결정에 대한 관련원가(수익)와 비관련원가(수익)

	2년 합계		
	유지 (1)	교체 (2)	차이 (3)=(1)−(2)
매출액	$2,200,000	$2,200,000	—
운영원가			
현금 운영원가			
($800,000/yr.×2년, $460,000/yr.×2년)	1,600,000	920,000	$680,000
구기계 장부가치			
감가상각비 혹은	400,000	—	—
총액상각	—	400,000[a]	
구기계의 현재 처분가치	—	(40,000)[a]	40,000
신기계 감가상각비	—	600,000	(600,000)
총운영원가	2,000,000	1,880,000	120,000
영업이익	$ 200,000	$ 320,000	$(120,000)

[a] 손익계산서에 두 항목은 기계 처분손실 $360,000로 합산된다.

[6] 19장 참조

- **구형기계의 장부가치 $400,000:** 과거 또는 매몰원가이기 때문에 관련이 없다. 과거의 모든 원가는 비관련원가이다. 이미 발생한 사건은 그 누구도 되돌릴 수 없다.
- **구형기계의 현재 처분가치 $40,000:** Toledo가 기계를 신형으로 교체하는 경우 발생할 미래 수익이므로, 관련수익이다.
- **처분손실 $360,000:** 이것은 항목 1과 2의 차이지만, 구형기계의 장부가치(항목 1)가 비관련원가이므로, 무의미한 정보이다. 따라서 항목 1과 2는 각각 별개로 고려한다.
- **신형기계 구입원가 $600,000:** Toledo가 신형기계를 구입하는 경우에만 발생하는 미래 예상원가이므로, 관련원가이다.

보기 11-11에서 위 네 가지 사항을 명확히 구분하여야 한다. 보기 11-11의 (3)열은 구형기계의 장부가치가 대안 간 서로 다르지 않으므로, 의사결정에 있어서 무시할 수 있음을 나타낸다. 장부가치 $40,000에 대한 감가상각비는 상각시기에 관계없이 항상 그 합계가 $40,000이다. 그러나 신형기계의 취득원가 $600,000와 구형기계의 처분가치 $40,000는 경영자의 기계교체 승인 여부에 따라 달라지므로, 의사결정과 관련 있다. 기계교체원가와 영업원가절감을 고려할 때, 기계교체로 인한 영업이익이 2년간 $120,000만큼 더 크기 때문에, 경영자는 기계교체를 승인한다.

보기 11-12 **영업이익 비교: Toledo의 기계교체 의사결정에 대한 관련원가(수익)**

	2년 합계		
	유지 (1)	교체 (2)	차이 (3)=(1)–(2)
현금 운영원가	$1,600,000	$ 920,000	$680,000
구기계의 현재 처분가치	–	(40,000)	40,000
신기계 감가상각비	–	600,000	(600,000)
총관련원가	$1,600,000	$1,480,000	$120,000

보기 11-12는 관련항목에만 집중하여 동일한 결론을 찾아낸다. 기계를 교체하면 구형기계 장부가치를 계산과정에서 생략하더라도 원가가 절감되며, 따라서 영업이익이 $120,000만큼 증가한다. 관련항목은 (현금)영업원가, 구형기계의 처분가치 및 신형기계의 구입원가(보기 11-12의 감가상각)이다.

의사결정과 성과평가

보기 11-1의 설비교체 5단계 의사결정과정을 고려해 보자.

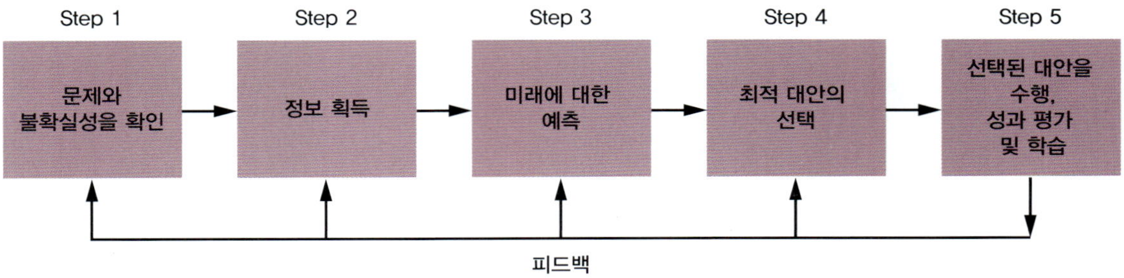

보기 11-11 및 11-12의 의사결정모형(4단계)은 기계설비의 유지보다 기계설비 교체에 관한 사례이다. 그러나 사례와 같이, 경영자는 기업의 영업이익 극대화를 위하여 기계설비를 교체할 것인가? 이러한 의사결정에서 중요한 요소는 경영자가 기업을 위해 최선의 선택을 하는 의사결정 방식과 의사결정 후 경영자에 대한 기업의 성과평가 방식이 일치하는지에 대한 경영자의 인식이다(5단계, 성과평가).

경영자가 자신의 경력을 위하여 성과를 개선할 수 있는 대안을 선택하는 경향이 있다는 주장은 그리 놀라운 일이 아니다. 지금까지 이 장의 내용은 모두 기업을 위한 경영자의 의사결정과 해당 경영자에 대한 성과평가가 서로 일치하였다. 즉, 기업을 위한 최선의 대안이, 곧 경영자 자신의 성과평가에 최선의 대안이었다. 그러나 경영자에 대한 성과평가모형이, 기업 내 경영자의 의사결정모형과 충돌하는 경우가 있을 수 있으며, 이 경우 경영자는 성과평가모형을 먼저 고려하는 경우가 상당하다. 다음의 표는 경영자가 기계를 유지하기로 결정한 후 2년간 Toledo의 발생주의(회계) 이익을 비교하고 있다.

	1년차 회계이익		2년차 회계이익	
	유지	교체	유지	교체
매출액	$1,100,000	$1,100,000	$1,100,000	$1,100,000
영업원가				
현금-영업원가	800,000	460,000	800,000	460,000
감가상각비	200,000	300,000	200,000	300,000
처분손실	–	360,000	–	–
총영업원가	1,000,000	1,120,000	1,000,000	760,000
영업이익(손실)	$ 100,000	$ (20,000)	$ 100,000	$ 340,000

2년 동안 총회계(발생주의)이익은 보기 11-11과 같이 기계를 교체하는 경우가 $120,000만큼 더 크다. 그러나 Toledo 경영자의 승진이나 보너스가 첫해의 영업이익에 근거한다면, 경영자는 구형 기계를 유지하는 대안에 매력을 느낄 것이다. 기계설비를 교체하는 경우 1년차에는 영업손실이 발생하는 반면, 기계설비를 유지하는 경우 1년차에 영업이익 $100,000가 발생하기 때문이다. 최고경영진의 목표는 기계설비의 교체 혹은 유지 대안의 전체기간, 2년간의 영업이익일 것이다. 하지만 최고경영진이 경영자의 성과평가를 1년차에 한정하게 된다면, 경영자는 자신의 성과평가의 대상인 1년차 영업이익에 초점을 맞출 것이다.

경영자는 종종 기업의 의사결정과 개인의 성과평가 사이의 충돌을 해결(또는 개선)하기가 어렵다는 사실을 깨닫게 된다. 이를 개선하기 위하여 기대이익, 즉 예산을 설정하여 평가하는 방안을 고려해 보자. 이는 기계설비를 교체하는 최적 대안을 선택하여도 1년차에는 손실을, 2년차에는 영업이익을 예산으로 설정한다면, 경영자는 충분히 이 최적 대안을 선택한 보상을 받을 수 있을 것이다. 하지만 기업의 의사결정은 경영자만 하는 것이 아니라 사실상 모든 구성원이 일상적으로 수행하므로, 이 모든 의사결정에 대하여 성과평가를 위한 구체적 예산을 설정한다는 것은 매우 비효율적이다. 특히 회계적 이익은 수익과 원가(비용)라는 각 책임중심점으로 구분되며, 이 수익중심점과 원가중심점의 효과가 집합적으로 '이익'에 반영된다. 이는 현재 회계시스템에서는 주주가 최고경영진을, 최고경영진이 경영자를, 경영자가 관리자를 평가하는, 즉 지배구조 상부에서 하부로 평가하는 반복적인 구조에서 각 피평가자가 기업성과에 반하는 자신만을 위한 대안을 선택할 가능성이 낮다.

의사결정과 성과평가의 충돌에 대한 또 다른 예를 검토해 보자. 경영자가 기계설비의 교체를 승인하였고, 이는 기업과 경영자 개인에게도 최적이었다고 가정해 보자. 그러나 얼마 뒤, 경영자가 더 효율적인 기계설비로 교체할 수 있었음을 알게 되었을 때, 과연 경영자는 기계설비 교체 후 곧 더 나은 기계설비 교체를 승인할 수 있겠는가? 아마 그렇지는 않을 것이다. 이는 최초 기계설비 교체 의사결정이 잘못되었음을 스스로 인정하는 것이며, 성과평가에 악영향을 미칠 것이라고 당연히 예상할 것이기 때문이다. 지배구조상 경영자의 상위에 있는 구성원이 이에 대한 지식이 부족할 경우, 경영자는 이러한 정보를 알리기보다는 최근 교체한 기계설비의 장점을 부각할 것이다.

많은 경영자들 및 대중은 이러한 행동, 즉 기업이 아닌 자신의 이익을 위한 의사결정을 비윤리적이라고 생각한다. 언론은 최근 글로벌 금융위기의 중요한 원인 중 하나로 경영자의 이러한 행동을 꼽는다. 따라서 이러한 유인과 행동을 억제하기 위하여 행동강령 또는 윤리규정 등을 개발하고, 기업가치와 윤리적 가치를 중요하게 평가하는 문화를 구축한다.[7]

자율학습

Wally Lewis는 Goldcoast Products의 엔지니어링 개발부서의 관리자이다. Lewis는 개발부서 엔지니어 15명의 컴퓨터 모두를 교체하는 제안을 받았다. 이와 관련한 정보는 다음과 같다.

	구형 컴퓨터	신형 컴퓨터
취득원가	$ 300,000	$ 135,000
내용연수	5년	3년
사용기간	2년	0년
잔여기간	3년	3년
감가상각누계액	$ 120,000	해당 없음
장부가치	$ 180,000	해당 없음
처분가치(현재)	$ 95,000	해당 없음
처분가치(3년 뒤)	$ 0	$ 0
연간 운영원가	$ 40,000	$ 10,000
연간 매출액	$1,000,000	$1,000,000
연간 운영원가(컴퓨터 제외)	$ 880,000	$ 880,000

Lewis의 연간 보너스에는 사업부의 영업이익에 기반한 요소가 포함되어 있다. 또한 사업부의 영업이익 성과는 Lewis의 부사장 승진에도 영향을 미친다.

요구사항

1. 신형 컴퓨터 교체와 구형 컴퓨터 유지를 비교하시오. 화폐의 시간가치와 관련 세금효과는 무시하고, 3년 동안의 누적결과를 함께 비교하시오.
2. Lewis가 신형 컴퓨터 교체를 회피하려는 이유는 무엇인가?

---

7 이 교재에서 다루는 모든 내용의 출발점에서, 우리는 개인의 이익극대화를 암묵적으로 가정하였다. 경영자 자신의 이익극대화를 위한 선택은 이러한 기본적인 가정을 충족하는 행동일 수 있다는 점에서 함께 고민해 볼 필요가 있다.

Solution

1 다음 표는 신형 컴퓨터 교체 및 구형 컴퓨터 유지와 관련한 모든 항목에 관한 사항을 보여준다.

	3년 누적합계		
항목	구형 컴퓨터 (1)	신형 컴퓨터 (2)	차이 (3)=(1)−(2)
매출액	$3,000,000	$3,000,000	–
영업원가			
컴퓨터 외 영업원가(연간 $880,000×3년)	2,640,000	2,640,000	–
컴퓨터 관련 영업원가 (연간 $40,000, 연간 $10,000×3년)	120,000	30,000	90,000
구형 컴퓨터 장부가치			
감가상각비	180,000	–	–
처분 시 장부가치	–	180,000	
처분가치	–	(95,000)	95,000
신형 컴퓨터 감가상각비	–	135,000	(135,000)
총영업원가	2,940,000	2,890,000	50,000
영업이익	$ 60,000	$ 110,000	$ (50,000)

또는 대안 간 차이에만 초점을 맞출 수도 있다.

	3년 누적합계		
항목	구형 컴퓨터	신형 컴퓨터	차이
컴퓨터 외 영업원가 (연간 $40,000×3년, 연간 $10,000×3년)	$120,000	$30,000	$ 90,000
구형 컴퓨터 장부가치	–	(95,000)	95,000
신형 컴퓨터 감가상각비	–	135,000	(135,000)
총관련원가	$120,000	$ 70,000	$ 50,000

결과적으로, 신형 컴퓨터 교체가 최적 대안이다.

2 구형 컴퓨터 유지와 신형 컴퓨터 교체에 관한 첫해 영업이익(회계)은 다음과 같다.

	구형 컴퓨터		신형 컴퓨터	
매출액		$1,000,000		$1,000,000
영업원가				
컴퓨터 외 영업원가	$ 880,000		$ 880,000	
컴퓨터 관련 영업원가	40,000		10,000	
감가상각비	60,000		45,000	
구형 컴퓨터 처분손실	–		85,000[a]	
총영업원가		980,000		1,020,000
영업이익(손실)		$ 20,000		$ (20,000)

[a] $85,000=구형 컴퓨터 장부가치 $180,000−처분가치 $95,000

신형 컴퓨터로 교체할 경우의 영업손실은 $20,000이므로, 구형 컴퓨터를 유지할 때보다 Lewis의 보너스는 감소할 것이다. 또한 $20,000의 영업손실은 Lewis의 부사장 승진에 중대한 악영향을 끼칠 가능성이 크다.

과제

서술형 문제

11-1 의사결정과정 5단계를 간단히 설명하시오.

11-2 관련원가에 대하여 정의하시오. 역사적 원가가 비관련원가인 이유를 설명하시오.

11-3 "모든 미래원가는 관련원가이다."라는 주장에 동의하는가? 그 이유는 무엇인가?

11-4 의사결정과정에서 정량적 및 정성적 요인을 구분하시오.

11-5 관련원가분석에서 주의해야 할 두 가지 잠재적 문제를 설명하시오.

11-6 "변동원가는 항상 관련원가지만, 고정원가는 항상 비관련원가이다."라는 주장에 동의하는가? 이유는 무엇인가?

11-7 "구성부품은 외부구입가격이 단위당 제조원가보다 낮을 때마다 구매하여야 한다."라는 주장에 동의하는가? 이유는 무엇인가?

11-8 기회원가를 정의하시오.

11-9 "경영자는 항상 단위당 구매원가가 가장 낮은 수량 규모로 재고자산을 구매하여야 한다."라는 주장에 동의하는가? 이유는 무엇인가?

11-10 "경영자는 항상 단위당 공헌이익이 가장 높은 제품의 판매를 극대화하여야 한다."라는 주장에 동의하는가? 이유는 무엇인가?

11-11 "영업손실이 발생한 사업부나 지점은 폐쇄되어야 한다."라는 주장에 동의하는가? 이유는 무엇인가?

11-12 "이미 사용 중인 설비의 감가상각비는 항상 비관련원가이다."라는 주장에 동의하는가? 이유는 무엇인가?

11-13 "경영자는 항상 영업이익을 극대화하거나 원가를 최소화하는 대안을 선택할 것이다."라는 주장에 동의하는가? 이유는 무엇인가?

객관식 문제

11-14 **정성적 및 정량적 요인.** Atlas Manufacturing이 제품을 제조하는 데 필요한 부품의 자가제조 또는 외부구매 여부를 결정할 때, 고려해야 하는 정성적 요인이 아닌 것은 무엇인가?

a. 외부 생산자 제품의 품질
b. 영업비밀에 대한 잠재적 손실
c. 제조기한 및 특별주문
d. 단위당 변동원가

11-15 **특별주문 및 기회원가.** Chade Corp.은 신규 고객의 특별주문 수락 여부를 고민 중이다. 단위당 변동원가는 $9이고, 특별주문을 거절하면 단위당 공헌이익 $5만큼 실현할 수 있다고 할 때, 특별주문을 수락하기 위한 조건으로 알맞은 것은?

a. 유휴용량, 단위당 $4의 이익실현
b. 초과용량, 단위당 $6의 이익실현
c. 유휴용량, 단위당 판매가격 $5 이상
d. 초과용량, 단위당 판매가격 $9 이상

11-16 특별주문 및 기회원가. 특별주문을 최대조업도 수준까지 수락할지 여부를 결정할 때, 특별주문의 단위당 판매가격을 단위당 다음과 비교해야 한다.

a. 특별주문의 공헌이익
b. 특별주문의 변동원가 및 공헌이익
c. 차선책의 변동원가 및 공헌이익
d. 현재 생산의 변동원가 및 차선책의 공헌이익

11-17 사업부 유지 또는 폐쇄. Lees Corp.은 사업부 일부의 유지 또는 폐쇄 여부를 고려 중이다. 가업부에 관련된 정보는 다음과 같다.

공헌이익 35,000
회피 가능한 고정원가 30,000
회피 불가능한 고정원가 25,000

주어진 정보를 바탕으로, Lees는

a. 공헌이익이 총고정원가보다 적으므로 사업부를 폐쇄하여야 한다.
b. 회피 가능한 고정원가가 회피 불가능한 고정원가를 초과하므로 사업부를 폐쇄하여야 한다.
c. 공헌이익이 회피 가능한 고정원가를 초과하므로 사업부를 유지한다.
d. 공헌이익이 회피 불가능한 고정원가를 초과하므로 사업부를 유지한다.

11-18 관련원가. Ace 청소회사는 새로운 사업영역으로 진출하려고 한다. 이 의사결정과 관련된 원가는 무엇인가?

	매몰원가	변동원가	기회원가
a.	아니요	예	예
b.	예	예	예
c.	아니요	예	아니요
d.	예	아니요	예

주관식 문제

11-19 자산의 처분. 다음의 질문에 답하시오.

요구사항

1. 어느 기업은 특정 제품라인을 생산 중단하였고, 이와 관련하여 1,250단위의 부품재고가 있다. 부품 재고자산과 관련한 원가는 $76,000이다. 부품은 (a) $26,500의 원가를 추가로 투입하여 재가공한 후 $33,500에 판매되거나, (b) $2,500로 즉시 처분 가능하다. 경제적으로 더 유리한 대안은 무엇인가? 계산과정을 제시하시오.
2. 취득원가 $100,500의 보험에 가입하지 않은 트럭이 사용 첫날 파손되었다. 해당 트럭은 (a) $18,000로 처분한 뒤 $103,000로 대체 트럭을 구입하거나, (b) $88,500의 원가로 수리하여 사용할 수 있다. 최선의 대안은 무엇인가? 계산과정을 제시하시오.

11-20 관련 및 비관련원가. 다음의 질문에 답하시오.

요구사항

1. DeCesare Computers는 단위당 $280로 5,200단위의 회로기판을 생산한다. 단위당 변동원가는 $190, 단위당 고정원가는 $90이다. Peach Electronics는 5,200단위의 회로기판을 $260에

공급할 수 있다고 제안하였다. 만약 이 제안을 수락할 경우 단위당 고정원가 $10를 절약할 수 있다. DeCesare Computers는 이 제안을 수락하여야 하는지 설명하시오.

2. LM Manufacturing는 구형기계의 교체여부를 고려 중이다. 관련정보는 다음과 같다.

	구형 기계	신형 기계
취득원가	$10,700	$ 9,000
내용연수	10년	3년
사용한 기간	7년	0년
잔여기간	3년	3년
감가상각누계액	$ 7,490	해당 없음
장부가치	$ 3,210	해당 없음
현재처분가치	$ 2,200	해당 없음
내용연수 종료 시 처분가치(3년 뒤)	$ 0	$ 0
연간 운영원가(현금)	$17,500	$15,500

LM은 정액법으로 감가상각한다. 화폐의 시간가치와 세금은 고려하지 않는다. 구형 기계를 교체하여야 하는지 설명하시오.

요구사항

11-21 객관식(CPA 기출). 다음 중 가장 타당한 항목을 고르시오.

1. Dalton은 슬리퍼를 생산하여 단위당 $12에 판매한다. 변동제조원가는 단위당 $5.00이고, 배부된 고정제조원가는 단위당 $1.25이다. 단위당 $6.25에 5,000단위의 슬리퍼를 한 묶음으로 주문받았으며, 이를 생산할 수 있는 유휴설비가 남아 있다. 해당 주문과 관련한 판매관리비는 없다. 만약 주문을 수락한다면 영업이익은 (a) $0, (b) $6,250 증가, (c) $28,750 증가, (d) $31,250 증가한다. 계산과정을 제시하시오.

2. Sacramento Company는 주력 제품을 위해 부품 #498을 제조한다. 30,000단위의 #498에 대한 단위당 원가정보는 다음과 같다.

직접재료원가	$ 5
직접노무원가	22
변동제조간접원가	8
고정제조간접원가(배부)	15
단위당 총제조원가	$50

Counter Company는 30,000단위의 #498을 SC에게 공급하는 것을 제안하였다. SC는 전체적으로 최소 $30,000의 원가가 절감될 경우, 제안을 수락한다. SC가 제안을 수락하는 경우 배부된 고정제조간접원가 $8가 더 이상 발생하지 않으며, 외부구입으로 인한 유휴설비를 #575 제조에 이용하여 원가를 절감할 수 있으리라 예측하고 있다. Counter의 제안을 수락하기 위하여 #575 제조에 대한 원가절감은 최소 (a) $90,000 (b) $150,000 (c) $180,000 (d) $210,000이어야 한다. 계산과정을 제시하시오. 또한 부품 #498을 아웃소싱하기 전에 고려해야 할 다른 요소는 무엇이 있는가?

11-22 특별주문, 활동기준원가계산(CMA 기출). GP Company는 운동경기 및 기타 대회 우승자를 위한 메달을 제조한다. 제조공장은 매달 11,000개의 메달을 생산할 수 있는 능력을 갖추고 있으며, 현재는 매달 10,000단위의 메달을 생산하고 있다. 메달의 판매가격은 단위당 $150이며, 다른 정보는 다음과 같다.

생산량에 따른 변동원가	
직접재료원가	$ 350,000
직접노무원가	375,000
배치(셋업, 재료처리 등)수준 변동원가, 200배치×배치당 $500	100,000
고정제조원가	300,000
고정판매관리비	275,000
총원가	$1,400,000

GP는 단위당 $100에 1,000단위의 메달을 공급해 달라는 1회성 특별주문을 받았다. 특별주문을 수락하여도 기업의 다른 업무에는 영향이 없다. GP는 기존 고객을 위하여 10,000단위의 메달을 50단위 배치수준으로, 200배치 생산한다. 그러나 특별주문을 위해서는 40단위 배치수준으로 25 배치를 생산하여야 한다.

요구사항

1. GP는 특별주문을 수락하여야 하는가? 계산과정을 제시하며 설명하시오.
2. 설비용량의 수준이 10,500이며, 특별주문은 분할이 불가능하다고 가정하자. 특별주문 수락 여부를 계산과정을 제시하며 설명하시오.
3. 설비용량의 수준을 다시 11,000단위로 가정하자. 경영자는 특별주문을 수락하면 기존 고객이 $10의 가격인하를 요구할까 걱정하고 있다. 기존 고객은 잉여 설비용량의 활용을 통한 가격혜택을 모든 고객이 공평하게 누려야 한다고 주장한다. 이러한 조건에서 특별주문을 수락하여야 하는가? 계산과정과 함께 설명하시오.

11-23 자가제조 vs. 외부구입, 활동기준원가계산. Svenson Company는 모뎀을 생산한다. 모뎀의 주요 부품인 CMCB를 자체생산하고 있으며, CMCB에 대한 2017년의 제조원가와 2018년의 예상제조원가는 다음과 같다.

	2017년 현재	2018년 예측
변동제조원가		
단위당 직접재료원가	$ 180	$ 170
단위당 직접노무원가	50	45
배치당 변동제조원가(셋업, 재료처리 등)	1,600	1,500
고정제조원가		
CMCB가 외부구입된다면 회피 가능한 고정제조원가	320,000	320,000
회피 불가능한 고정제조원가	800,000	800,000

2017년, Svenson은 200개씩 40배치로, 8,000단위의 CMCB를 생산하였다. 2018년의 수요는 10,000단위로 예상하고 있다. 이 경우 125개씩 80개의 배치로 생산된다. 2018년, 외부공급업자는 Svenson가 원하는 날짜에 단위당 $300에 공급할 수 있다고 제안하였다.

요구사항

1. 2018년 CMCB 단위당 총제조원가를 계산하시오.
2. Svenson가 외부공급업자로부터 CMCB를 구입하는 경우 설비용량은 유휴상태가 된다고 가정해 보자. 재무적 요소만을 고려하여 자가제조 또는 외부구입 의사결정을 계산근거를 제시하며 설명하시오.
3. Svenson 외부공급업자로부터 CMCB를 구입하는 경우 설비용량은 특수회로기판 생산에 사용할 수 있다고 가정하자. 특수회로기판과 관련된 정보는 아래와 같다.

총기대증분수익	$2,000,000
총기대증분원가	$2,150,000

재무적 요소만을 고려하여 자가제조 또는 외부구입 의사결정을 계산근거를 제시하며 설명하시오.

11-24 **재고자산, 기회원가.** 잔디 깎는 기계 제조기업인 Best Trim은 내년에 204,000단위의 점화플러그 구매를 계획 중이다. Best Trim은 매달 17,000단위의 점화플러그를 소비할 예정이며, 공급업체는 단위당 $9의 가격을 제시하였다. 만약 연초에 204,000단위를 일시에 구입할 경우, 2%의 할인을 받을 수 있다. Best Trim은 현금을 연간 10%의 수익률로 투자할 수 있으며, 각 주문마다 $260의 주문비용이 발생한다.

요구사항

1. 매월 17,000단위를 구매하는 대신 204,000단위를 연초에 한 번에 주문할 경우의 기회원가(이자수익)는 얼마인가?
2. 이러한 기회비용은 회계시스템(재무제표)에 반영되는가? 그 이유는 무엇인가?
3. Best Trim는 204,000단위 일시구매와 매월 17,000단위 구매 중 무엇을 선택하여야 하는가? 계산과정을 제시하시오.
4. 구매의사결정에 Best Trim이 고려해야 할 다른 요소는 무엇인가?

11-25 **관련원가, 공헌이익.** Beach Comber는 인기 있는 리조트의 테이크 아웃 음식점이다. 소유주 Sara Miller는 4가지 종류의 음료를 배치할 냉장고 공간을 고민 중이다. 음료에 관한 자료는 다음과 같다.

	콜라	레모네이드	펀치	오렌지주스
단위당 판매가격	$19.10	$20.25	$27.10	$39.50
단위당 변동원가	$14.40	$15.90	$21.50	$29.80
냉장고 공간 1피트당 일일 판매단위	10	24	25	22

냉장고에 진열할 수 있는 최대 공간이 12피트이며, Miller는 각 음료에 대한 진열공간이 최소 1피트 및 최대 6피트이길 원한다.

요구사항

1. 각 음료의 단위당 공헌이익을 계산하시오.
2. Miller의 동료는 단위당 공헌이익이 가장 큰 음료를 최대 피트로 진열하기를 추천한다. 이러한 추천에 동의하는가? 간략히 설명하시오.
3. 냉장고 진열공간을 각 음료별로 최적배분하시오.

11-26 **제품의 수익성 판단.** Isochlorine은 그 생산과정이 환경에 상당히 위험하여, 정부는 연간 생산량을 제한한다. Soleil Company는 Isochlorine를 사용하여 4종류의 화장품 A, B, C, D를 생산한다. Soleil은 $20,000 가치의 Isochlorine 재고를 2,000kg 보유 중이다. 정부의 제한으로 향후 추가적인 Isochlorine의 구입은 불가능하다. Soleil의 광고는 그들의 화장품의 효과를 모든 사람에게 제공하는 것이 목표라고 하지만, 사실 이익극대화가 유일한 목표이다.
Soleil의 경영자는 제한된 원재료의 사용순위를 결정하여야 한다. 관련 정보는 다음과 같다.

제품	판매량	단위당 판매가격	단위당 노무시간	단위당 원재료(g)
A	3,000	$ 70	1.0	500
B	8,000	$ 60	1.2	300
C	4,000	$100	2.0	600
D	5,000	$ 80	1.0	800

요구사항

시간당 노무원가는 $30이며, 변동원가이다. 판매관리비는 판매가격의 10%이다. Soleil은 어떤 배합으로 화장품을 생산해야 하며, 공헌이익은 얼마인가? 계산과정을 제시하시오.

11-27 제약이론, 재료처리량 공헌이익, 관련원가. P기업은 가공과 마감 두 작업과정으로 서류함을 생산한다. 관련 정보는 다음과 같다.

	가공	마감
연간 설비용량	110,000단위	90,000단위
연간 생산량	90,000단위	90,000단위
고정제조원가(직접재료 제외)	$540,000	$270,000
단위당 고정제조원가 ($540,000÷90,000단위, $270,000÷90,000단위)	단위당 $6	단위당 $3

각 서류함은 단위당 $70에 판매하며, 단위당 직접재료원가는 $30이다(가공 초기단계에 투입). 다른 변동원가는 없다. 생산하는 모든 서류함을 판매할 수 있으며, 각 요구사항은 서로 관련이 없다.

요구사항

1. P기업은 연간 마감작업 용량을 1,150단위 증가시킬 수 있으며, 이에 대한 원가는 $35,000이다. 마감작업 용량을 증가시켜야 하는가? 계산과정을 제시하시오.
2. 가공작업을 연간 9,000단위 증가시키는 데 연간 $4,000의 원가가 발생한다. 가공작업의 용량을 증가시켜야 하는가? 계산과정을 제시하시오.
3. 외부 마감업체가 9,500단위의 마감작업을 단위당 $9에 제안하였다. 수락 여부를 계산과정과 함께 설명하시오.
4. H사는 5,000단위를 $3에 가공해 주겠다고 제안하였다. 제안의 수락 여부를 계산과정과 함께 설명하시오.
5. P기업은 가공작업에서 1,700단위의 불량품이 발생한다. 해당 불량품의 원가에 대하여 설명하시오.
6. P기업은 마감작업에서 1,700단위의 불량품이 발생한다. 해당 불량품의 원가에 대하여 설명하시오.

11-28 점포의 개설과 폐쇄. S사는 코네티컷과 로드 아일랜드에 각각 하나의 편의점을 운영하고 있다. 2017년 각 매장별 영업이익은 다음과 같다.

	코네티컷	로드 아일랜드
매출액	$1,070,000	$860,000
영업원가		
매출원가	750,000	660,000
임차료(매년갱신)	90,000	75,000
노무원가(시간당 지급)	42,000	42,000
감가상각비(장비)	25,000	22,000
전열비	43,000	46,000
본부 간접원가 배분	50,000	40,000
총영업원가	1,000,000	885,000
영업이익(손실)	$ 70,000	$ (25,000)

장비의 처분가치는 없다. S사의 A임원은 "로드 아일랜드의 매장을 폐쇄하거나 다른 매장을 추가하여 S사의 수익성을 개선할 수 있다."라고 주장하고 있다.

요구사항

1. 로드 아일랜드의 매장을 폐쇄할 경우 본사 간접원가를 $44,000까지 줄일 수 있다. 로드 아일랜드 매장을 폐쇄할 경우의 P사 영업이익을 계산하시오. 그리고 A임원의 주장을 평가하시오.
2. 로드 아일랜드 매장을 폐쇄하지 않고, 로드 아일랜드 매장과 동일한 매출액과 원가를 가진 다른 매장을 추가로 개설한 경우의 S사 영업이익을 계산하시오(내용연수 1년, 잔존가치가 없는

장비 구입원가 $22,000 포함). 매장을 추가할 경우 본사 간접원가는 $4,000만큼 증가한다. A 임원의 주장을 평가하시오.

11-29 고객 선택. 인쇄업을 운영하는 Rodeo Printers는 Trent Corporation과 Julie Corporation의 두 주요 고객을 가지고 있다. 1월의 두 주요 고객에 대한 자료는 다음과 같다.

	Trent	Julie	합계
매출액	$210,000	$140,000	$350,000
변동원가	84,000	85,000	169,000
공헌이익	126,000	55,000	181,000
고정원가(배분)	102,000	68,000	170,000
영업이익	$ 24,000	$(13,000)	$ 11,000
필요 기계시간	3,000시간	1,000시간	4,000시간

Julie Corporation은 Rodeo에게 2월 동안 $140,000만큼의 인쇄작업을 기존 작업에 추가로 요청하였다. 이 인쇄작업의 변동원가와 필요 기계시간은 기존의 작업과 동일하다. 2월의 Trent의 인쇄작업 요청은 1월과 같으며, Rodeo는 인쇄용량이 허용하는 한 최대한 많은 인쇄작업을 수행하려고 한다. 2월의 총기계시간 및 고정원가는 1월과 동일하다.

요구사항

영업이익을 극대화하기 위한 Rodeo의 의사결정과정을 계산과정과 함께 설명하시오. 또한 최종결정을 내리기 전 고려해야 하는 다른 요인들은 무엇이 있는가?

11-30 관련원가. Papa 피자는 에너지 효율적인 피자오븐 교체를 고려 중이다. 구형 및 신형 오븐의 정보는 다음과 같다.

구형–취득원가	$60,000
구형–장부가치	$50,000
구형–현재 시장가치	$42,000
구형–연간 운영원가	$14,000
신형–구입가격	$75,000
신형–설치원가	$2,000
신형–연간 운영원가	$6,000

구형 오븐은 1년 전에 구입하였으며, 구형 및 신형 오븐 모두 잔존 내용연수는 5년 잔존가치는 없다.

화폐의 시간가치와 세금은 무시한다.

요구사항

1. 위 의사결정에 관한 관련수익 및 관련원가는 무엇인가?
2. 어떤 정보가 관련이 없는가? 그 이유는 무엇인가?
3. Papa 피자는 신형 오븐을 구입하여야 하는지 설명하시오.
4. 신형 오븐 교체와 구형 오븐 유지에 대한 의사결정과 경영자의 성과평가 간의 충돌이 있는가?
5. 신형 오븐 구입과 구형 오븐 유지를 무차별하게 하는 신형 오븐 구입가격은 얼마인가?

11-31 설비개량 vs. 교체. TG Company는 연간 7,500단위의 컴퓨터 책상을 생산하여, 단위당 $750에 판매한다. 이를 위하여 5년이 내용연수를 가진 설비를 $1,800,000에 구입하여 2년간 사용하였으며, 해당 설비의 처분가치는 없다. 설비는 정액법으로 감가상각하고, 현재 처분가치는 $450,000이다. 최근 새로운 기술의 출현으로 설비의 개량 또는 교체를 고려 중이다. 관련자료는 다음과 같다.

	A	B	C
1		설비개량	설비교체
2	취득원가	$3,000,000	$4,800,000
3	단위당 변동제조원가	$ 150	$ 75
4	잔여 내용연수(연)	3	3
5	최종 처분가치	$ 0	$ 0

모든 설비는 정액법으로 감가상각하며, 세금과 화폐의 시간가치는 무시한다.

요구사항

1. TG는 설비를 개량해야 하는가? 교체해야 하는가? 계산과정과 함께 설명하시오.
2. 이제 설비교체의 취득원가를 조정 가능하다고 가정하자. 설비개량보다 교체가 유리한 교체의 최대 취득원가는 얼마인가?
3. (i) 설비의 개량이 유리하거나, (ii) 설비의 교체가 유리한 각각의 판매수량은 얼마인가?
4. TG의 경영자는 임기가 1년 남았고, 보너스는 영업이익에 비례한다. 경영자가 어떤 대안을 선호할지 설명하시오.

11-32 특별주문, 임시가격. GA Company는 아동용 야구배트를 생산하며, 단위당 $36에 판매한다. 연간 50,000단위의 배트를 생산할 수 있으며, 관련 정보는 다음과 같다.

	단위당	합계
직접재료원가	$13	$ 650,000
직접노무원가	5	250,000
변동제조간접원가	2	100,000
고정제조간접원가	6	300,000
변동판매관리비	3	150,000
고정판매관리비	2	100,000
총원가	$31	$1,550,000

요구사항

1. GA가 현재 40,000단위의 배트를 생산·판매하며, 고정원가는 동일하게 유지된다. FT기업은 10,000단위의 배트에 대하여 단위당 $23로 특별주문하였다. 이 주문은 변동판매관리비를 발생시키지 않는다. GA는 이 특별주문을 수락하여야 하는가? 계산과정을 제시하시오.
2. GA는 현재 50,000단위의 배트를 생산 및 판매하고 있다고 가정한다. GA가 FT의 특별주문을 수락할 경우, 일반고객에게 10,000단위의 판매량을 줄여야 한다. (a) 재무적 요인만을 고려할 때, 이 특별주문을 수락하여야 하는가? (b) 재무적 요인만을 고려할 때, 특별주문과 일반 판매($36)를 무차별하게 하는 특별주문의 판매가격은 얼마인가? (c) GA는 특별주문 수락 여부를 결정할 때, 어떤 요소를 추가적으로 고려하여야 하는가?

11-33 임시가격, 설비용량 제약. FF는 특수소재로 바지를 생산하며, 단위당 $142에 판매한다. 지역의 유명 소매점에서 동일한 특수소재로 3,000단위의 반바지를 공급해 달라고 주문하였다. FF는 유휴 설비용량을 보유하고 있으며, 관련 정보는 다음과 같다.

	바지	반바지
원재료(60야드×$12, 30야드×$12)	$ 72	$36
변동직접노무원가	20	10
변동제조간접원가	8	4
고정제조간접원가(배분)	15	9
총제조원가	$115	$59

요구사항

1. FF가 필요한 특수소재(원재료)를 제한 없이 사용할 수 있을 때, 반바지 단위당 최소 판매가격은 얼마인가?
2. FF는 현재 추가로 사용할 수 있는 특수소재가 없다. 따라서 반바지 생산을 위해서는 기존의 바지 생산량을 줄여야 한다. 이 경우 반바지 단위당 최소 판매가격은 얼마인가?

11-34 국제 아웃소싱. Cuddly Critters, Inc.는 브리즈번에서 봉제인형을 생산한다. 최근 회사는 신제품 인형을 개발하여, 이를 브리즈번의 기존 공장에서 생산할지, 인도네시아의 외부 업체에 위탁 생산할지 고민 중이다. 관련자료는 다음과 같다.

연간 기대판매수량	400,000
단위당 평균 판매가격	$5
외부업체의 단위당 가격(루피아, IDR)	27,300 IDR
현재 환율	9,100 IDR=$1
변동제조원가	단위당 $2.85
신제품 인형 생산의 증분 고정제조원가	$200,000
변동 판매 및 유통원가[a]	단위당 $0.50
연간 고정 판매 및 유통원가[a]	$285,000

[a] 판매 및 유통원가는 생산장소에 관계없이 동일하다.

요구사항

1. Cuddly Critters는 신제품 인형을 브리즈번 공장에서 자가생산하여야 하는가? 아니면 인도네시아 외부업체에 생산을 위탁하여야 하는가? 설명하시오.
2. Cuddly Critters는 앞으로 한동안 달러화가 루피아에 비해 약세일 것으로 예측하고 있으며, 또한 어떤 환위험에도 노출되기를 원하지 않는다. 현재 Cuddly Critters는 $3.40에 27,300 IDR을 교환하는 선도거래를 체결할 수 있다고 가정한다. Cuddly Critters는 신제품 인형을 브리즈번 공장에서 자가생산하여야 하는가? 아니면 인도네시아 외부업체에 생산을 위탁하여야 하는가? 설명하시오.
3. 신제품 인형을 인도네시아 외부업체에 위탁생산 여부를 결정할 때, 고려하여야 하는 정성적 요인은 무엇인가?

11-35 관련원가, 기회원가. 소프트웨어 개발기업의 경영자인 Gavin은 새로운 프로그램 E2를 개발하여, 현재 출시할 시기를 결정 중이다. 아직 CD와 고객 설명서는 생산 중이며, 2017년 7월 1일부터 고객에게 배송된다.

하지만 가장 큰 문제는 E2의 이전 버전인 E1을 과도하게 생산하여, E2가 출시되면 더 이상 E1을 판매할 수 없다는 것이다. 따라서 Gavin은 E2의 출시를 2017년 10월 1일로 연기하고, 해당 기간 동안 E1을 계속 판매할지 여부를 고민 중이다.

다음은 관련 정보이다.

	E1	E2
판매가격	$165	$215
단위당 변동원가(CD, 설명서 등)	24	38
단위당 개발원가	60	95
단위당 판매 및 일반관리비	31	41
단위당 총원가	115	174
단위당 영업이익	$ 50	$ 41

각 제품의 단위당 개발원가는 소프트웨어 개발의 총원가를 소프트웨어의 수명주기 동안 예상 판매수량으로 나눈 값이다. 판매 및 일반관리비는 2017년의 고정원가이며, 각 제품의 예산 매출액을 기준으로 배분된다. 표의 단위당 원가는 E2가 2017년 10월 1일에 출시될 것으로 가정하였다.

요구사항

1. 재무적 요인만을 고려할 때, 2017년 7월 1일에 E2를 출시하여야 하는가? 아니면 10월 1일에 출시하여야 하는가? 관련원가 및 관련수익을 포함한 계산결과를 제시하시오.
2. 위의 결정을 내릴 때, 고려해야 할 다른 요소는 무엇인가?

11-36 기회원가 및 관련원가. JW는 워싱턴 DC에서 결혼식, 파티 및 비즈니스 등의 행사에 10대의 리무진 서비스를 독점적으로 제공한다. 차량당 $250의 고정요금과 시간당 $80의 변동요금을 부과하며, 이에 대한 5월의 손익계산서는 다음과 같다.

총수익: (200계약×$250)+(1,250시간×$80)	$150,000
운영원가	
운전기사 급여(시간당 $35×1,250시간)	43,750
차량 감가상각비	19,000
연료원가(시간당 $12.80×1,250시간)	16,000
유지비	18,400
보험료	2,500
광고비	10,500
일반관리비	24,200
총원가	134,350
영업이익	$ 15,650

운전기사 급여와 연료원가는 시간에 비례하는 변동원가이며, 그 외 모든 비용(원가)은 고정원가이다. 5월에는 모든 리무진이 완전히 예약완료되었으며, 6월 또한 예약완료될 것으로 예상하고 있다. 6월 말 계획된 세계적인 자선행사에서 5대의 리무진을 각각 4시간 요청하였고, 해당 일의 예약을 확인한 결과, 3대의 리무진만이 사용 가능하다.

요구사항

1. JW가 자선행사의 요청을 수락하기 위하여 (a) 1대의 리무진으로 6시간 예약된 계약을 취소하거나, (b) 각각 2시간씩 예약된 3대의 리무진 계약을 취소하여야 한다. 각각의 기회원가는 얼마이며, 어떤 계약을 취소하여야 하는가?
2. JW는 자선행사의 제안을 수락할 예정이며, 요구사항 1에서 기회원가가 낮은 예약을 취소하려고 한다. 만약 자선행사의 제안이 가격 등의 이유로 취소되는 경우, 현재 사용 가능한 3대의 리무진은 계속 유휴상태로 남게 된다. 이때 JW가 자선행사에 제안할 수 있는 최저 가격은 얼마인가?
3. 인근에서 영업 중인 리무진 회사가 JW에게 하루 $300로 2대의 리무진을 임대하겠다고 제안하였다. JW가 2대의 리무진에 대한 운전기사 급여와 연료원가를 부담해야 할 때, 기존 예약을 취소하지 않고 자선행사의 제안을 받아들이기 위하여 2대의 리무진을 임차하여야 하는가?

11-37 **기회원가.** WO기업은 13,000단위의 제품을 생산할 능력을 보유하고 있다. 단위당 제조원가 자료는 다음과 같다.

직접재료원가	$10
변동직접노무원가	2
제조간접원가	14
총제조원가	$26

단위당 제조간접원가는 단위당 변동제조간접원가 $8 및 고정제조간접원가 $78,000(조업도 13,000단위)를 기준으로 한다. 단위당 판매관리비는 $4(모두 변동원가), 판매가격은 $52이다.

Apex 기업은 기존의 제품을 개조하여, 단위당 $40에 3,500단위를 공급해 달라고 요청하였다. 기존 제품의 개조에 동일한 공정을 이용하며, 판매관리비는 절반으로 감소한다.

요구사항

1. 3,500단위 기존 제품을 개조하는 경우의 기회원가는 얼마인가? 초과근무는 없다고 가정한다.
2. 외부업체 C는 WO가 Apex의 제안을 수락할 수 있도록 기존제품 3,500단위를 $36에 대신 생산해 주기로 제안하였다. 재무적 요인만을 고려할 때, WO는 C의 제안을 수락하여야 하는가? 계산과정을 제시하시오.
3. Apex이 제안한 시점에 WO가 기존 제품을 9,500단위만 생산하고 있었다고 가정하자. 이 경우 WO가 제안을 수락하는 최소 가격은 얼마인가? 앞의 $40는 고려하지 않는다.

11-38 **자가제조 혹은 외부구입.** 덴버공업은 다른 제조업체에 소형엔진을 생산하여 공급한다. 현재 엔진의 모든 부품을 자가제조 중이지만, 스타터를 공급해 주겠다는 외부업체의 제안을 고려 중이다.

스타터는 현재 덴버공업의 3공장에서 생산되고 있으며, 관련자료는 다음과 같다.

직접재료원가	$ 400,000
변동직접노무원가	300,000
제조간접원가	800,000
합계	$1,500,000

작년에 3공장은 150,000단위의 스타터를 생산하였으며, 단위당 평균 원가는 $10($1,500,000 ÷ 150,000단위)이다.

제조간접원가에 대한 추가 분석을 통하여 다음의 정보가 밝혀졌다. 총제조간접원가의 25%는 변동제조간접원가이며, 고정제조간접원가 중 $300,000는 스타터 생산이 중단되더라도 유지되는 원가이다. 스타터 생산이 중단될 경우 $200,000의 고정제조간접원가가 절감되며, 나머지 $100,000의 고정제조간접원가는 3공장 관리자의 급여이다. 스타터 생산이 중단될 경우 3공장 관리자는 2공장으로 재배치되며, 따라서 덴버공업 전체 급여 중 $80,000를 절약할 수 있다.

요구사항

1. 신뢰할 수 있는 외부 공급업체가 단위당 $8에 스타터를 공급하겠다고 제안하였다. 이 가격은 현재 단위당 평균 제조원가 $10보다 낮으므로, 공장장은 제안 수락을 강력히 요구하고 있다. 재무적 요인만을 고려할 때, 이 제안을 수락하여야 하는가? 내년의 생산량은 작년의 생산량과 다를 수 있다.
2. 만약 외부구입으로 인하여 3공장의 빈 공간을 창고로 사용할 수 있고, 따라서 창고 임차료 $100,000를 절약할 수 있다면, 요구사항 1의 답은 어떻게 변경되는가? 이 정보가 의사결정과 관련이 있거나 없는 이유는 무엇인가?

11-39 자가제조 혹은 외부구입, 활동기준원가계산, 기회원가. LC는 가스그릴을 생산하는 기업이며, 올해 예상생산량은 20,000단위이다. 현재는 가스그릴 양면에 부착되는 버너 40,000단위를 생산하고 있으며, 관련 정보는 다음과 같다.

	단위당 원가	합계
직접재료원가	$8.00	$320,000
변동직접노무원가	4.00	160,000
변동제조간접원가	2.00	80,000
검사, 셋업 및 재료처리원가		8,000
기계 임차		12,000
배부된 고정원가		80,000
총원가		$660,000

LC는 외부공급업체로부터 버너당 $14.80에 필요한 만큼 공급하겠다는 제안을 받았다. 이와 관련한 추가정보는 다음과 같다.

a. 검사, 셋업 및 재료처리원가는 버너 생산 배치 수에 따라 다르다. 현재 LC는 1,000단위를 1배치로 생산하므로, 40,000단위의 버너는 40배치로 생산할 것이다.
b. LC는 버너를 생산하는 기계를 임차하여 사용한다. 만약 외부업체로부터 버너를 구입한다면, 해당 기계를 임차할 필요가 없다.

요구사항

1. LC가 버너를 외부공급업체로부터 구입하는 경우, 해당 버너를 생산하는 설비는 유휴상태로 유지된다고 가정하자. 재무적 요인만을 고려할 때, 40,000단위의 버너를 외부에서 구입하여야 하는가? 계산과정을 제시하시오.
2. 버너를 외부공급업체로부터 구입할 때의 유휴설비를 이용하여 그릴을 개량할 수 있으며, 개량된 그릴은 판매가격이 $48만큼 인상된다. 개량에 드는 원가는 단위당 변동원가 $38와 연간 고정원가 $160,000이다. 20,000단위의 그릴이 생산될 때, LC는 버너(40,000단위)를 자가제조해야 하는가? 아니면 외부구입해야 하는가? 계산과정을 제시하시오.
3. LC의 영업관리자는 20,000단위의 그릴 중 16,000단위의 그릴만이 판매될 것이라고 예상하고 있다. 만약 생산량을 줄이면, 이로 인한 유휴설비로 그릴 개량작업을 할 수 있다. 16,000단위를 생산한다면, 32,000단위의 버너를 1,000단위, 32배치로 생산할 것이다. 재무적 요인만을 고려하여 버너의 자가제조 또는 외부구입에 대한 의사결정을 하고 계산과정을 제시하시오.

11-40 제품배합, 자원제약. Wechsler Company는 동일한 직접재료 Brac을 사용하여 A130, B324 및 C587을 생산한다. 세 제품의 정보는 다음과 같다.

	A130	B324	C587
판매가격	$252	$168	$210
변동원가			
직접재료원가	$ 72	$ 45	$ 27
노무 및 기타원가	$ 84	$ 81	$120
단위당 Brac 투입수량	8lb.	5lb.	3lb.

제품에 대한 수요는 Wechsler가 사용할 수 있는 Brac의 수량을 초과한다. Brac는 파운드당 $90이며, 매달 5,000파운드를 사용할 수 있다. Wechsler는 각 제품을 최소 200단위 이상 생산하여야 한다.

요구사항

1. Wechsler가 생산하여야 하는 제품 A130, B324 및 C587는 각각 몇 단위인가?
2. Brac 1,200파운드를 공급받는 데 지불할 수 있는 최대 금액은 얼마인가?

11-41 제품배합, 특별주문. Gormley Tools는 금속재료 가공을 위한 절삭공구를 생산한다. 일반 절삭공구인 A6와 정밀 절삭공구인 E4의 두 가지 유형의 공구를 생산하며, A6는 일반기계에서 제조하는 반면 E4는 일반기계 및 정밀기계 모두를 이용하여 제조한다. 다음은 관련자료이다.

	A6	E4
판매가격	$200	$300
단위당 변동제조원가	$120	$200
단위당 변동판매관리비	$30	$70
예산 총고정간접원가	$700,000	$1,100,000
단위당 필요 일반기계시간	1.0	0.5

추가정보는 다음과 같다.

a. Gormley는 연간 50,000의 일반기계시간을 사용할 수 있다.
b. 정밀기계의 경우 사용시간에 제한이 없다.
c. E4의 예산 고정간접원가 $1,100,000 중 $600,000는 정밀기계에 대한 임차료이다. 이 고정간접원가는 오직 E4를 생산하는 것과 관계가 있으므로, 전부 E4에 배부된다. Gormley는 위약금 없이 정밀기계의 임차계약을 해지할 수 있다.
d. 기타 모든 간접원가는 고정원가이며, 변경할 수 없다.

요구사항

1. Gormley의 영업이익을 극대화할 수 있는 A6와 E4의 제품배합은 무엇인가? 계산과정을 제시하시오.
2. Gormley가 $300,000로 일반기계의 연간 용량을 15,000시간 늘릴 수 있다고 가정한다. Gormley는 일반기계의 설비용량을 늘려야 하는가? 이 경우 영업이익은 얼마나 증가(감소)하는가? 계산과정을 제시하시오.
3. 일반기계의 연간 용량이 65,000시간으로 증가하였다고 가정하자. Gormley는 외부업체로부터 단위당 $240에 20,000단위의 V2 공급을 요청받았다. 이 요청은 일부 수락과 같이 수정될 수 없다. V2는 변동제조원가가 단위당 $140이라는 점을 제외하고는 A6와 모두 동일하다. Gormley가 영업이익을 극대화하기 위하여 어떤 제품배합을 선택하여야 하는지 계산과정과 함께 설명하시오.

11-42 제약이론, 재료처리량 공헌이익(초변동원가) 및 관련원가. 질풍산업은 전자 테스터를 제조하며, 고객에게 테스터 설치와 검사서비스까지 제공한다. 제조와 설치부서의 추가정보는 다음과 같다(설비용량은 테스터의 단위수로 표시된다).

	테스터 제조	테스터 설치
연간 설비용량	연간 310단위	연간 275단위
테스터 제조 및 설치	연간 275단위	연간 275단위

설치부서는 275단위의 테스터를 설치할 수 있는 용량을 모두 사용하고 있다. 테스터는 설치단위당 $45,000에 판매되며, 직접재료원가는 $20,000, 그 외 모든 원가는 고정원가이다. 각 요구사항은 서로 독립적이다.

요구사항

1. 질풍의 기술자들은 테스터의 생산시간을 줄일 수 있는 방법을 찾았으며, 이는 단위당 $50의 추가 원가가 발생하고 연간 20단위를 추가로 생산할 수 있다. 질풍은 신기술을 채택하여야 하는가? 계산과정을 제시하시오.
2. 질풍의 설계팀은 직접재료원가를 단위당 $2,000만큼 추가로 소비하는 대신, 연간 310단위의 테스터를 추가로 설치할 수 있는 기술을 개발하였다. 이 기술은 채택된다면 모든 테스터 설치에 적용된다. 질풍은 신기술을 채택하여야 하는가? 계산과정을 제시하시오.
3. 질풍의 기술자는 1년에 7단위의 테스터를 추가로 설치할 수 있는 기술을 개발하였다. 신기술이 채택된다면 연간 $55,000의 원가가 추가로 발생한다. 질풍은 신기술을 채택하여야 하는가? 계산과정을 제시하시오.
4. 질풍은 직원의 생산성(시간당 생산량)을 개선하기 위하여, 효과적으로 동기를 부여하는 방법을 고려하고 있다. 그중 하나로 제조 및 설치부서의 직원을 생산성을 기준으로 평가 및 보상하는 것이다. 이 제안을 간단한 설명과 함께 평가하시오.

11-43 제약이론, 공헌이익 및 민감도 분석. TT(Talking Toys)는 가공과 조립의 두 가지 공정으로 인형을 생산한다. TT는 현재 첼시와 탄야, 두 가지 모델을 생산하며, 가공공정은 사용 가능한 원재료의 양에 따라, 조립공정은 노무시간에 의해 제한된다. 유일한 변동원가는 가공공정의 직접재료와 조립부서의 노무이다. 구체적 사항은 다음과 같다.

	원재료 가공	조립시간	판매 가격
첼시	단위당 2파운드	단위당 15분	단위당 $39
탄야	단위당 3파운드	단위당 20분	단위당 $50
가용 원재료 및 노무	36,000파운드	8,500시간	
재료 및 노무원가	파운드당 $8	시간당 $12	

다음의 요구사항은 서로 독립적이다.

요구사항

1. 각 인형에 대한 수요가 충분하다면, TT는 어떤 인형을 몇 단위로 생산·판매하겠는가?
2. 첼시 3단위에 탄야 1단위 조합으로 판매된다면, 각각의 인형은 몇 단위로 생산·판매되는가? 이때 공헌이익은 얼마인가?
3. 첼시 3단위에 탄야 1단위 조합으로 판매될 때, 가공공정이 파운드당 $8에 900파운드를 추가로 구입할 수 있다면 각 인형의 생산량과 공헌이익이 얼마나 증가하겠는가?
4. 첼시 3단위에 탄야 1단위 조합으로 판매될 때, 조립공정이 시간당 $12에 65노동시간을 추가로 확보할 수 있다면 각 인형의 생산량과 공헌이익이 얼마나 증가하겠는가?

11-44 사업부 폐쇄. Ainsely Corporation은 4개의 사업부를 운영 중이며, 2017년 각 부서의 예산 수익 및 원가는 다음과 같다.

	사업부			
	A	B	C	D
매출액	$504,000	$948,000	$960,000	$1,240,000
매출원가	440,000	930,000	765,000	925,000
판매관리비	96,000	202,500	144,000	210,000
영업이익(손실)	$(32,000)	$(184,500)	$ 51,000	$ 105,000

추가분석을 통하여 다음의 각 사업부 변동원가비율을 확인하였다.

매출원가	90%	80%	90%	85%
판매관리비	50%	50%	60%	60%

사업부를 폐쇄하면 해당 사업부의 고정원가를 40%만큼 절감할 수 있다. 경영자는 수익성이 없는 사업부, A와 B에 대해 폐쇄를 고려하고 있다.

요구사항

1. Ainsely가 A를 폐쇄할 경우 영업이익의 증가 또는 감소를 계산하시오.
2. Ainsely가 B를 폐쇄할 경우 영업이익의 증가 또는 감소를 계산하시오.
3. 최고 경영자가 사업부 폐쇄결정을 내리기 전에 고려해야 할 다른 요인은 무엇인가?

11-45 제품라인의 철수. 도미노 여행사의 낚시여행 사업부는 두 가지 유형(기본 및 고급)의 낚시여행을 제공한다. 2017년 각 여행 유형별 영업이익은 다음과 같다.

	기본	고급
매출액(500×$900, 400×$1,650)	$450,000	$660,000
영업원가		
관리자 급여	120,000	100,000
가이드 수당	130,000	380,000
물품제공	50,000	100,000
장비 감가상각비	25,000	60,000
연료비	30,000	24,000
본부 간접원가 배분	45,000	66,000
총영업원가	400,000	730,000
영업이익(손실)	$ 50,000	$(70,000)

장비는 처분가치가 없다. 가이드 수당, 물품 및 연료비는 여행 횟수에 비례하는 변동원가이며, 관리자 급여는 고정원가이다. 낚시여행 사업부의 사장은 고급형에서 발생한 손실에 대해 우려하며, 고급형 여행의 폐쇄를 고려 중이다.

요구사항

1. 고급형 여행이 폐쇄되면 관리자 1명이 해고되어 $50,000를 절약할 수 있다. 고급형의 폐쇄와 기본형 여행 매출과 관계가 없을 때, 고급형 폐쇄에 따른 영업이익의 변화는 얼마인가?
2. 고급형 여행을 폐쇄할 경우, 기본형 여행의 매출이 50% 증가하며, 관리자 1명의 해고로 $50,000를 절약할 수 있다고 가정하자. 고급형 여행에 사용하는 장비는 기본형 여행에 사용할 수 있다. 고급형 여행을 폐쇄하여야 하는지 설명하시오.
3. 경영자가 고급형 여행을 폐쇄하기 전에 고려해야 할 추가 요인은 무엇인가?

11-46 최적제품배합(CMA 기출). Della Simpson, Inc.는 딜라이트와 버번이라는 두 가지 인기 쿠키브랜드를 판매 중이다. 딜라이트는 혼합과 베이킹 공정으로 완성되고, 버번은 혼합, 주입 및 베이킹 공정을 통하여 완성된다.

영업담당 부사장인 Shirra는 Della가 두 종류의 쿠키 모두 현재 수준의 판매가격으로 전량(각각 3,000배치) 판매 가능하다고 예상하고 있다. 각 공정에서 배치당 소요시간과 일일 사용 가능 시간은 다음과 같다.

	A	B	C	D
1		시간(분)		
2		혼합	주입	베이킹
3	딜라이트	30	0	10
4	버번	15	15	15
5	일별 총가용시간(분)	660	270	300

	A	B	C
7		딜라이트	버번
8	배치당 매출액	$ 475	$ 375
9	배치당 변동원가	175	125
10	배치당 공헌이익	$ 300	$ 250
11	월별 고정원가(제품별 배분)	$18,650	$22,350

요구사항

1. 제약조건을 반영하여 딜라이트와 버번의 혼합 및 베이킹공정 생산배치를 나타내는 식을 제시하시오.
2. Della가 영업이익을 극대화하기 위하여 생산·판매하여야 하는 각 쿠키 브랜드의 최적 배치 수를 계산하시오.

11-47 거래의 철수, 활동기준원가계산 및 윤리. Andres는 전국규모 식당체인(CSR)의 회계책임자이다. 영업책임자인 Brinkley와 Andres는 주요 고객 중 하나인 도넬리 피자와의 거래에 대한 수익성에 관해 논의하고 있다. Andres는 활동기준원가계산에 근거하여, 지난 분기 동안 도넬리 피자의 활동에 대한 분석결과를 다음과 같이 제시하였다.

매출액	$43,680
매출원가(모두 변동원가)	26,180
주문(50주문×주문당 $280)	14,000
배달(5,000마일×마일당 $0.70)	3,500
긴급배달(6회×회당 $154)	924
고객방문(6회×회당 $140)	840
총원가	45,444
이익	$(1,764)

영업책임자는 보고서를 보고, "내 모든 노력의 결과를 보니 뿌듯합니다. 도넬리 피자와의 거래를 통해 성과를 이루었습니다. 매출이 지난 분기에 비해 10% 성장했습니다."라고 언급하였다.

그러나 회계책임자는 "매출 증가는 기쁜 일이지만, 도넬리와 거래의 수익성이 문제입니다. 낮은 수준의 매출규모에서 도넬리와의 거래는 이익을 보였지만, 지금은 손실이 나타나고 있습니다. 이번 분기의 이익률은 40%로, 지난 분기보다 5% 포인트 감소하였습니다. 도넬리와의 거래는 철수될 가능성이 있습니다."라고 대답하였다.

이에 영업담당자는 "제정신이 아니군요. 도넬리와의 거래를 중단하게 되면 주문처리, 배달 등의 간접원가는 다른 고객에게 배분될 겁니다. 이 보고서는 도넬리로 인하여 수익성이 악화되는 것처럼 보이지만, 도넬리는 우리에게 아주 훌륭한 고객임을 믿습니다."라고 대꾸하였다.

요구사항

1. 영업책임자의 평가와 유사하게, 도넬리와의 거래를 철수하더라도 주문원가의 10%와 배달원가의 20%는 회피할 수 없는 것으로 나타났다. 도넬리와의 거래를 철수할 경우, 영업이익을 계산하시오.

2. 영업책임자의 보너스는 매출액을 기반으로 한다. 위의 자료를 바탕으로 영업책임자는 어떤 의사결정을 하였을까? CRS는 이를 해결하기 위하여 어떤 방법을 사용할 수 있는가?
3. 회계책임자는 위의 자료를 수정하여야 하는가? 도넬리의 수익성에 대한 영업책임자의 평가에 어떻게 대응하여야 하는가?

11-48 설비교체 및 성과평가. 수잔은 Sanchez Manufacturing의 1공장을 관리한다. Darnell Engineering은 1공장의 3년이 경과된 설비교체에 대하여 몇 가지 설득력 있는 제안을 제시하였다. 그러나 수잔은 내년에 승진을 희망하고 있으며, 승진의 기준이 1공장의 영업이익에 근거한다는 점에서 설비교체를 망설이고 있다. 설비교체와 관련된 정보는 다음과 같다.

	구형 기계	신형 기계
취득원가	$900,000	$540,000
내용연수	5년	2년
사용한 기간	3년	0년
잔여 기간	2년	2년
감가상각누계액	$540,000	해당 없음
장부가치	$360,000	해당 없음
현재처분가치	$216,000	해당 없음
내용연수 종료 시 처분가치(2년 뒤)	$0	$0
연간 운영원	$995,000	$800,000

Sanchez는 모든 설비에 대하여 정액법으로 감가상각한다. 구형 기계에 대한 연간 감가상각비는 $180,000이고, 신형 기계의 경우 $270,000이다. 세금과 화폐의 시간가치는 무시한다.

요구사항

1. 수잔의 우선순위는 승진이며, 다음연도의 회계 영업이익으로 설비교체 의사결정을 내린다고 가정한다. 수잔은 어떤 대안을 선택하겠는가? 계산과정을 제시하시오.
2. 의사결정에 관련된 요인은 무엇인가? 향후 2년 동안 Sanchez에 가장 최선의 대안은 무엇인가? 계산과정을 제시하시오.
3. 수잔이 설비교체를 승인할 수 있는 설비교체의 원가는 얼마인지 설명하시오.

12 전략, 균형성과표

학습목표

1. 기업들이 흔히 사용하는 2가지 전략에 대해 살펴본다.
2. 리엔지니어링에 대해 이해한다.
3. 균형성과표에 제시된 4가지 관점에 대해 이해한다.

Olive Garden, Barnes and Noble, Pepsi와 같은 거대 기업뿐만 아니라 소규모 지역 자동차 판매점, 관공서도 자신들이 목표를 달성하고 있는지 궁금해한다. 영국의 Barclays와 같은 많은 기업들은 목표 달성을 측정하기 위해 균형성과표를 성공적으로 사용하고 있다.

Barclays의 균형성과표

영국의 다국적 은행인 Barclays는 2012년 소속 직원이 국제적으로 통용되는 기준금리인 LIBOR 금리를 조작하면서 그 명성이 꺾였다. 위기에 빠진 Barclays를 구하기 위해 신임 CEO Antony Jenkins는 조직 개편을 시도하였으며, 구체적으로 성과 목표와 인센티브 구조를 변경하기 위해 균형성과표를 도입하려 했다.

Matthew Horwood/Alamy Stock Photo

2014년에 도입된 Barclays의 균형성과표는 회사와 관련된 '5C'(고객, 동료, 시민정신, 행동강령, 회사)에 대한 구체적인 목표와 기준을 설정했다. 5년 이내에 믿음이 가는 은행이 되겠다는 목표를 설정하였으며, 균형성과표는 Barclays의 이러한 목표를 실현시키는 도구가 되었다.

Barclays의 균형성과표는 단기적 재무성과에 초점을 두지 않았으며, 5C와 관련된 목표를 달성하기 위해 균형성과표의 관점을 넓혀 양자의 조화를 추구하였다. 그중 가장 주목할 만한 점은 균형성과표의 학습과 성장 부분에서 Barclays의 5C 중 행동강령과 시민정신을 새로운 목표와 가치로 반영하였다는 점이다. Jenkins는 관리자의 성과 보너스

---

[1] 출처: Barclays PLC, "Barclays' Balanced Scorecard" (https://www.home.barclays/about-barclays/balanced-scorecard.html), accessed March 2016; Barclays PLC, 2015 Annual Report (London, Barclays PLC, 2016) https://www.home.barclays/content/dam/barclayspublic/docs/InvestorRelations/ResultAnnouncements/2015FYResults/20160301_Barclays_Bank_PLC_2015_Annual_Report.pdf); Jed Horowitz, "New Barclays Chief Ties Executive Compensation to Societal Goals," Reuters, September 24, 2012 (http://www.reuters.com/article/us-barclays-jenkins-idUSBRE88N0YY20120924); Alex Brownsell, "Barclays Reveals '5Cs' Values Scorecard in Drive for Brand Transformation," *Marketing*, November 2, 2014 (http://www.marketingmagazine.co.uk/article/1230626/barclays-reveals-5cs-values-scorecard-drive-brand-transformation).

를 분기별 수익과 주가 상승지표에 근거하지 않고, Barclays의 기업윤리 및 시민정신의 목표에 근거하도록 보너스 체계를 변경하였다.

2015년 말 Barclays는 균형성과표의 효과를 확인할 수 있었다. 회사의 장기자본 강화, 직원 참여와 시민의식 관련 목표 달성, 은행 최고 경영진의 여성 비율 증대와 더불어 수익성이 증대되었다. 최근 Barclays의 균형성과표에는 "균형성과표는 우리가 최종적으로 지향하는 목적, 가치 및 행동을 경영문화에 베어들게 해 궁극적으로 시장에서 선택받는 은행이 되기 위한 것"이라 적혀 있다.

이 장에서는 Barclays, Infosys, Merck 및 Verizon과 같은 회사에서 관리회계 정보가 전략을 구현하고 평가하는 데 어떻게 도움이 되는지에 초점을 둔다. 전략은 회사의 운영을 주도하고 관리자의 단기 및 장기 의사결정을 지원한다. 이에 전략을 실현하고 전략의 성공을 평가하기 위한 방법인 균형성과표에 대해 설명하고자 한다.

전략이란 무엇인가?

전략이란 특정 조직이 목표를 달성하기 위해 조직의 능력을 시장의 기회와 일치시키는 방법을 지정하는 것이다. 즉, 전략은 특정 조직이 경쟁 업체와 차별화하면서 고객을 위한 가치를 창출할 수 있는 방법이다. 예를 들어, 소매 대기업인 Walmart는 교외 및 농촌 지역에 매장을 배치하고 저렴한 가격, 다양한 제품 및 각 제품 종류 내에서 몇 가지 선택사항을 제공함으로써 고객을 위한 가치를 창출한다. 이 전략에 따라 Walmart는 공급 업체와 대량 구매를 조건으로 조달 단가를 낮추었으며, 최소한의 영업 직원으로 운영하는 등 원가를 중요시하는 환경을 조성함으로써 비용을 줄이려 노력했다.

기업이 전략을 수립하기 위해서는 반드시 기업이 속한 산업을 이해해야 한다. 산업을 분석할 때는 산업 내의 5가지 요인을 잘 파악하여야 한다. 5가지 요인이란 (1) 경쟁자, (2) 잠재적 시장진입자, (3) 대체재, (4) 고객과의 교섭력, (5) 투입물 공급자와의 교섭력이다. 5가지 요인의 종합적인 효과가 조직의 성장가능성에 영향을 미친다. 일반적으로 경쟁자 또는 잠재적 시장진입자가 강할 때, 유사한 제품이 있을 때, 고객 또는 투입물 공급자의 교섭력이 더 뛰어날 때 성장가능성은 떨어진다. 5가지 요인을 구체적으로 이해하기 위해 Chipset사의 사례를 보자. Chipset사는 통신장비, 모뎀, 증폭기에 사용되는 선형집적회로를 만드는 회사이며, 주력 제품은 고성능 마이크로칩인 CX1이다. Chipset사는 고객의 요구 등 광범위한 시장조사를 수행한 후에 CX1을 출시하였다.

- **경쟁자**: CX1은 가격, 품질, 적기 배달의 측면에서 심각한 경쟁상황에 놓여 있다. 동종 산업의 경쟁자들은 공통적으로 높은 고정비를 부담하고 있으면서 판매가 인하의 압력을 받고 있다. 판매가 인하 압력은 오히려 기업의 경쟁력을 높인다. 왜냐하면 선형집적회로가 가격경쟁력을 갖춤으로써 다양한 관련 기기들에 장착되어 매출을 증대시킬 수 있기 때문이다.
- **잠재적 시장진입자**: 신규사업에 진입할 때 초기 투자비용이 크고 기대 이익이 크지 않다면 진입을 주저할 것이다. 특히 신규 진입 예정 시장에서 이미 경험과 원가에서 우위가 있고, 공급자와 고객 간에 신뢰가 쌓여 있는 Chipset사와 같은 기업이 있다면 신규 진입은 더 어려울 것이다.

- **대체재**: Chipset사는 고객의 수요에 맞게 CX1을 특별가공하여 판매하며, CX1의 디자인과 공정을 지속적으로 개선하여 원가를 절감하였다. 이러한 노력은 CX1이 다른 대체재나 새로운 기술에 의해 대체되는 위험을 낮춘다.
- **고객과의 교섭력**: EarthLink, Verizon과 같은 회사들은 대량으로 주문하기 때문에 CX1의 할인 공급을 강력하게 요구한다.
- **투입물 공급자와의 교섭력**: CX1을 제조하려면 순도 높은 실리콘 웨이퍼와 같은 고품질의 원재료가 필요하며, 숙련된 엔지니어, 기술자, 제조인력이 필요하다. 이러한 원료와 인적 요소의 품질이 높을수록 공급자는 더 많은 비용을 요구할 것이다.

결국, Chipset사는 다양한 경쟁에 직면해 있으며, 이에 대응하기 위해 '제품차별화 전략'을 구사할지, '원가우위전략'을 구사할지 결정해야 한다.

제품차별화는 제품이나 서비스가 경쟁사의 그것들보다 더 독특하거나 우위에 있다고 소비자들을 인식시키는 것이다. Apple사는 전자제품 시장에서 자신들의 제품을 성공적으로 차별화했다 평가되며, 이는 제약시장에서의 Johnson & Johnson이나, 청량음료 시장에서의 Coca-Cola와 유사하다. 이 회사들은 공통적으로 혁신적인 R&D를 수행하였고, 브랜드 전략을 면밀히 추진하였으며, 제품의 시장진입 속도가 빨랐다. 제품차별화 전략은 브랜드 충성도와 제품가격을 높이는 수단이 된다.

원가우위전략은 생산성과 효율성을 바탕으로 경쟁사보다 낮은 가격에 공급할 수 있는 능력이다. 예를 들면, 소매업에서는 Walmart, 건축재료에서는 Home Depot, 전자기기에서는 Texas Instruments가 있다. 전동 모터에서는 Emerson Electric이 대표적인 원가우위전략을 추구하는 기업들이다. 이들 기업은 경쟁사들과 유사한 제품을 싸게 공급하며 차별화된 제품을 공급하지 않는다.

전략의 성공 여부를 평가하기 위해서는 수익성의 원천이 제품차별화인지 원가우위인지 파악해야 한다. 예를 들어, Porche의 수익성은 경쟁사에 비해 제품차별화에 있다고 할 수 있다. Home Depot의 수익성 개선은 지속적인 품질과 생산성 향상을 통한 원가우위에 있다.

그렇다면 Chipset은 어떤 전략을 추구해야 할까? 이를 파악하기 위해서는 보기 12-1에 제시된 고객선호도 지도를 통해 고객선호도를 파악해야 한다. y축은 제품에 대한 고객의 다양한 특성을 의미하며, x축은 Chipset 및 제품차별화를 추구하는 경쟁사인 Visilog의 다양한 평가지표를 제시하고 있다. 보기 12-1을 보면 CX1은 가격, 확장성, 고객서비스의 관점에서

보기 12-1 선형집적회로 시장의 고객선호도 지도

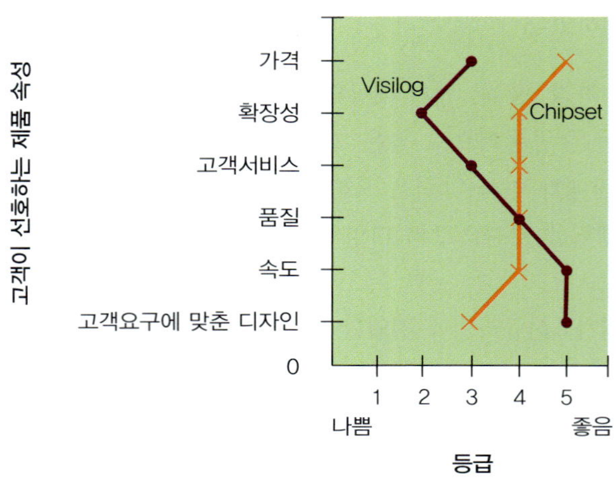

우수하나, Visilog의 제품은 속도와 고객의 요구에 맞춘 디자인이라는 면에서 더 뛰어나다.

CX1은 경쟁 제품보다 차별화가 된 제품이므로, Chipset이 추가적으로 CX1을 차별화하면 좀 더 높은 가격에 판매할 수 있으나 비용이 더 소요될 것이라 예상된다. 반대로, CX1의 제조원가를 낮추면 Chipset은 판매가를 인하하여 시장점유율을 높일 수 있다. 또한 CX1의 확장성은 다양한 고객의 요구를 충족시켜줄 수 있으며, Chipset은 오랜 기간 동안 품질 향상을 위해 노력해온 숙련된 기술자를 보유하고 있다. 제조공정을 개선하고 생산 효율을 높일 수 있는 Chipset의 내부 역량을 활용하면 판매가를 낮추어 원가우위전략을 구사할 수 있을 것이다.

Chipset이 원가우위전략을 성공하려면, 품질을 향상시키고 초과설비의 규모를 줄이는 등 내부 역량을 강화해야 한다. 동시에 조직 내부의 분위기와 성장에 악영향을 주지 않도록 주요 인력에 대한 해고를 하지 않아야 할 것이다.

내부 역량 구축: Chipset사의 품질 향상과 리엔지니어링

품질 향상은 불량률을 줄이고 수율을 개선하는 것이다. 이를 위해 Chipset은 우선적으로 제조공정의 온도나 압력과 같은 실시간 데이터를 철저히 관리해야 한다. 또한 종업원들에게 품질 관리 교육을 주기적으로 실시하여 불량의 원인을 발견하고 개선하려는 노력을 지속해야 한다.

다음으로 Chipset은 리엔지니어링을 통해 고객 주문 이후 납품까지의 전 과정을 개선해야 한다. Chipset의 고객들은 종종 주문한 제품이 늦게 도착한다고 항의한 적이 있었기 때문이다. 여기서 리엔지니어링이란 원가, 품질, 서비스, 속도, 고객만족 등 중요한 성과지표의 목표치를 달성하기 위해 공정을 근본적으로 재검토하고 재설계하는 것을 의미한다. 2016년 Chipset의 주문 배송 시스템을 예로 들어 리엔지니어링의 개념을 설명하면 다음과 같다.

Chipset이 최초 고객으로부터 주문을 받으면 주문서 복사본이 제조부서로 전달되어 제조계획에 반영된다. 여기서 주문을 받는 시점과 실제 제조가 시작되는 시점 간 상당한 시차가 발생하기도 했다. 완성된 CX1은 배송팀에서 배송이 가능할 때까지 기다려야 했으며, 종종 고객이 주문한 수량보다 적은 수량이 배송되기도 했는데 이때는 특별 배송을 실시하기도 했다. 배송 서류는 대금청구부서에 전달된 후 매출계산서를 발행되었고, 회계부서의 전담직원이 매출 대금 회수를 관리하고 있었다. 지금까지의 절차를 보면 CX1을 판매하기 위해 다양한 부서와 복잡한 과정을 거치고 있었다. 특히 이러한 절차의 문제점은 고객 주문에 대해 특정인이 책임을 지지 않는다는 것이다. 이러한 문제점을 해결하기 위해 Chipset은 2016년 말부터 특별 조직을 구성하여 리엔지니어링을 시도하였다. 그 결과 고객관리 매니저 제도를 도입하여 고객관리 매니저 1인이 몇 개의 고객사를 전담하여 관리하도록 하였다. 고객관리 매니저는 주문수량, 납기, 가격 등을 고객과 협상하고, 고객 주문을 받으면 즉시 시스템을 통해 제조부서에 통보하고, 제품 완성 1달 전부터 배송계획을 수립한다. 또한 완성된 제품은 즉시 고객에게 인도되는데, 각 매출 건마다 자동적으로 매출계산서가 발행되며, 고객은 Chipset의 계좌에 지정기일 이내 계좌이체를 하도록 시스템화하였다.

AT&T, Cisco와 같은 회사들은 디자인, 생산, 마케팅 분야에서 리엔지니어링을 실시하여 긍정적인 효과를 얻었다. 리엔지니어링은 특정 부서가 참여해서는 절대 효과를 얻지 못하며 반드시 전사적으로 참여해야 한다. 예를 들어, Chipset의 경우 배송부서, 회계부서와 같이 특정 부서에서 시행되는 리엔지니어링은 효과가 크지 않으며, 반드시 모든 부서가 참여해야 불필요한 절차를 줄일 수 있고 그로 인한 리엔지니어링의 효과가 클 것이라 기대된다.

결국 Chipset이 구사할 수 있는 전략은 서로 연관되어 있다. 즉, 가격, 품질, 서비스에 대한 고객의 요구를 충족시키기 위해서는 원가우위전략을 달성해야 하는데, 원가우위전략을 달성하기 위해서는 리엔지니어링을 통한 품질개선이 뒷받침된 내부 역량 향상이 필수적이다.

전략 실행과 균형성과표

British Petroleum, Dow Chemical, Bank of Montreal 등 많은 회사들이 전략의 실행을 관리하기 위해 균형성과표를 활용한다.

균형성과표

균형성과표는 조직의 전략 추진 성과를 측정하는 도구이다. 여기서 성과는 재무적 성과와 비재무적 성과로 측정한다. 비재무적 성과는 재무적 성과를 유지하거나 목표를 달성하기 위해 반드시 달성해야 하는 성과이다.

균형성과표에서는 조직의 성과를 다음의 4가지 관점에서 측정한다.

- **재무적 관점:** 주주를 위해 창출된 이익과 가치
- **고객 관점:** 기업이 속해 있는 시장에서 성공
- **내부 비즈니스 관점:** 고객 가치 창출을 위한 내부 절차
- **학습과 성장 관점:** 비즈니스 운영을 지원하는 시스템과 인력의 능력

성과를 측정하는 지표는 전략에 따라 달라지며, 이러한 지표들을 모아놓은 것이 균형성과표이다. 여기서 균형이라는 표현은 단기적 성과와 장기적 성과를 측정하기 위해 재무적 측정치와 비재무적 측정치를 사용하기 때문에 붙여진 것이다. 균형성과표는 경영자가 분기 이익과 같은 단기 성과측정치보다 품질, 고객만족도와 같은 비재무적 성과를 강조하도록 한다. 왜냐하면 이러한 비재무적 성과는 결국 재무적 성과로 나타날 것이기 때문이다. 예를 들어, 고객의 반복구매가 이어지거나, 고객만족도 조사결과 고객만족도가 높게 나타난다면 미래의 매출과 이익이 증대될 것이라 예상되기 때문이다. 재무적 측정치와 비재무적 측정치 간 조화를 강조하는 균형성과표는 경영자가 단기적 성과 못지않게 장기적 성과를 강조하게 하는 장점이 있다. 대부분의 영리기업에서 균형성과표의 주된 목적은 장기재무성과를 유지하는 것이다. 이를 위해 비재무적 측정치를 활용하는 데 비재무적 측정치는 측정이 어려운 장기재무성과의 선행지표 역할을 한다. 기업은 장기적으로 재무적 · 사회적 · 환경적 목표를 설정하기도 한다. 이는 사회적·환경적 목표를 달성함으로써 고객 · 종업원 · 투자자에게 기업이 긍정적인 역할을 한다는 믿음을 심어주어 궁극적으로 재무적 목표를 달성할 수 있다고 믿기 때문이다. 또 다른 기업은 사회적 · 환경적 목표 달성이 궁극적인 재무적 목표 달성을 위한 것이 아니라고 보기도 한다. 즉, 재무적 투자자 이외 다양한 이해관계자들에게 기업이 마땅히 해야 할 의무가 있기 때문에 사회적 · 환경적 목표를 우선시해야 한다는 관점이다. 뒤에서 다루겠지만, 균형성과표는 이러한 기업의 다양한 목표를 실현시키기 위한 도구라 할 수 있다.

전략지도와 균형성과표

이 장에서는 Chipset사의 예를 통해 전략지도와 균형성과표의 4가지 관점에 대해 설명한다.

전략지도

균형성과표를 작성하기 위해 먼저 전략지도를 작성해야 한다. 전략지도는 조직의 전략목표와 균형성과표의 4가지 관점(재무, 고객, 내부 비즈니스, 학습과 성장) 간 인과관계를 제시한 도표이다. 보기 12-2는 Chipset의 전략지도이며, 화살표 표시는 특정 전략목표가 다른 전략목표에 영향을 미치는 것을 의미한다. 예를 들어, '종업원 권한 부여'는 '조직의 목표와 종업원의 목표 간 일치'에 영향을 주며, 이는 생산성 및 품질 향상, 납기시간 단축 및 준수, 판매 후 서비스 개선으로 이어져 궁극적으로 고객만족으로 이어진다. '생산성 및 제조품질 향상'은 '영업이익 증대'와 직접적인 관련이 있으며, '고객 만족도'를 높이며 이는 결국 '시장점유율 증대', '영업이익 증대', '주주가치 증대'로 이어진다.

성공적인 전략 실행을 위해 Chipset은 종업원에 투자함으로써 새로운 공정 및 기술 개발과 품질 향상을 이룰 수 있다. 즉, 전략지도는 Chipset의 여러 활동들이 재무적 성과를 창출

보기 12-2 Chipset사의 전략지도(2017년)

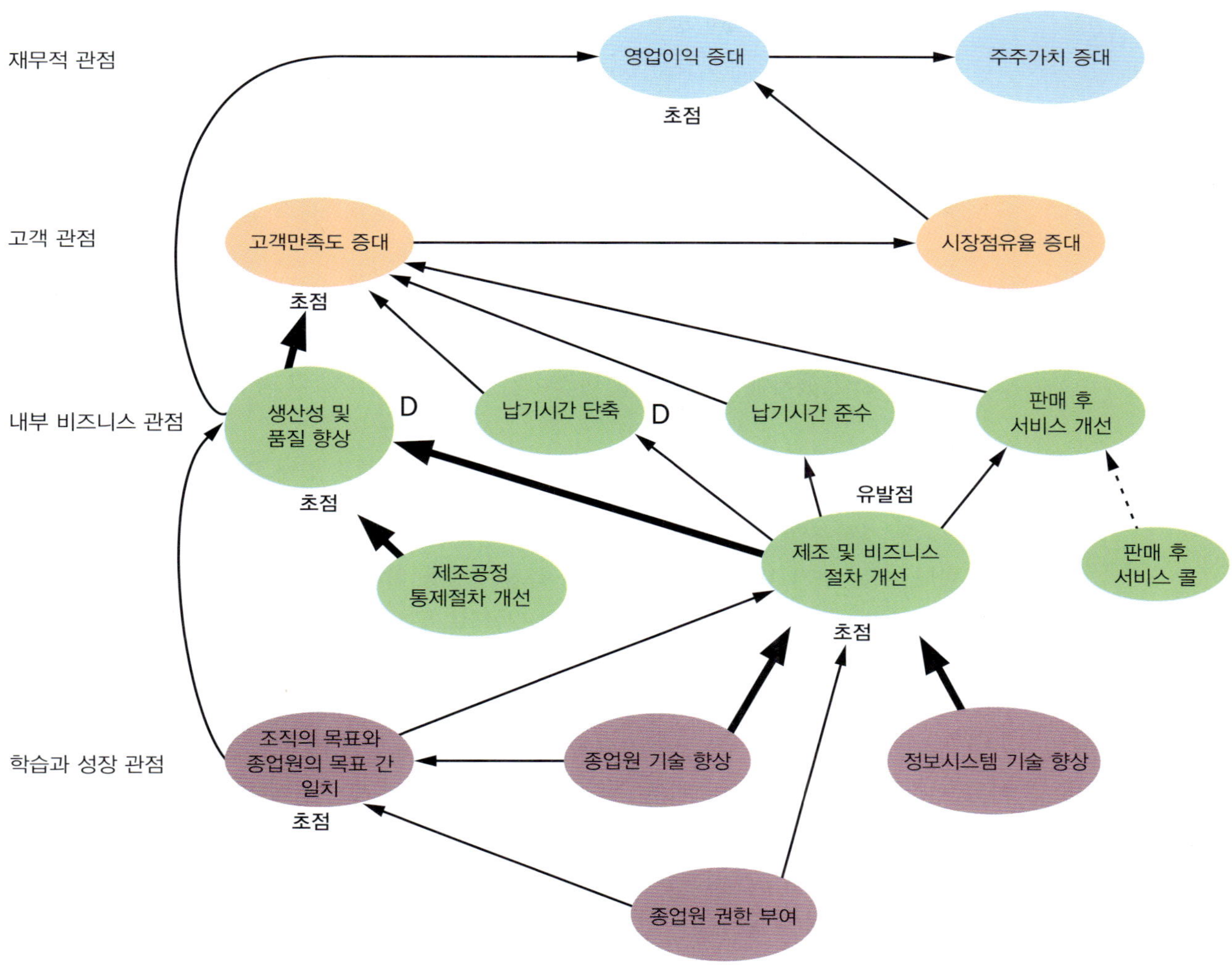

할 수 있는지 평가하는 도구이다. 참고로 전략지도를 작성할 때 다양한 인과관계를 추가할 수도 있으나 이는 바람직하지 못하다. 왜냐하면 전략을 실행할 균형성과표를 작성할 때 균형성과표의 범위가 불필요하게 넓어지거나 이해하기가 복잡할 수 있기 때문이다.

전략지도의 구조분석

Chipset의 경영진은 균형성과표를 작성하기 전에 구조분석을 실시하여 전략지도를 좀 더 명확하게 해야 한다. 전략지도가 명확해질수록 전략에 대해 더 많은 통찰력을 얻을 수 있기 때문이다. 구조분석을 수행하기 위해서는 5가지 항목(관계강도, 외톨이 목표, 초점, 유발점, 독특한 목표)을 고려해야 한다. 이하에서는 5가지 항목에 대한 구체적인 의미를 보기 12-2의 전략지도에 근거하여 설명한다.

1. **관계강도(strength of ties)** 전략지도에서 관계란 각 목표들 간의 연결을 의미하며, 특정 목표가 다른 목표에 미치는 영향력이 높은 정도에 따라 강한 관계, 중간 관계, 약한 관계로 구분된다. 예를 들어, 약한 관계란 특정 목표가 다른 목표에 미치는 영향이 다른 관계들에 비해 상대적으로 약한 것이며, 중간 관계는 평균 수준인 것이다. 회사 내부의 경영진은 판단이나 과거의 경험에 비추어 이러한 관계를 잘 파악할 수 있다. 보기 12-2에서 강한 관계는 두꺼운 화살표로, 중간 관계는 가는 화살표로, 약한 관계는 점선 화살표로 표시되어 있다. 보기 12-2에서 강한 관계는 다음의 5개이며, 이를 전략지도의 하단부부터 제시하면 다음과 같다.

   - 종업원 기술 향상(학습과 성장 관점) → 제조 및 비즈니스 절차 개선(내부 비즈니스 관점)
   - 정보시스템 기술 향상(학습과 성장 관점) → 제조 및 비즈니스 절차 개선(내부 비즈니스 관점)
   - 제조 및 비즈니스 절차 개선(내부 비즈니스 관점) → 생산성 및 품질 향상(내부 비즈니스 관점)
   - 제조공정 통제절차 개선(내부 비즈니스 관점) → 생산성 및 품질 향상(내부 비즈니스 관점)
   - 생산성 및 품질 향상(내부 비즈니스 관점) → 고객만족도 증대(고객 관점)

   즉, 강한 관계란 경영진이 특정 목적을 실행할 때 전략 실현 가능성이 큰 관계를 의미한다. 이는 보기 12-2에서 생산성 및 품질 향상을 위해서는 반드시 제조 및 비즈니스 절차 개선과 제조공정 통제절차 개선이 필요하므로 두꺼운 화살표(강한 관계)로 표시한 것이다. 이에 비해 조직의 목표와 종업원의 목표 간 일치가 제조 및 비즈니스 절차개선에 미치는 효과가 중간 관계로 표현된 것은 앞선 관계에 비해 상대적으로 강하지 않기 때문이다. 추가로 중간 관계는 경영진이 통제할 수 없는 요소에 의해 성과가 결정될 때도 해당된다. 보기 12-2를 보면 시장점유율 증대가 영업이익 증대에 중간 관계를 가지는 것은 경영진이 통제하기 어려운 경쟁사와의 가격경쟁, 고객과의 협상 등에 의해 영업이익이 영향을 받기 때문이다. 관계강도가 중요한 이유는 경영자가 자원을 강한 관계에 집중하면 더 큰 효과를 기대할 수 있기 때문이다.

   Chipset의 전략지도를 보면 판매 후 서비스 콜과 판매 후 서비스 개선이 약한 관계이다. 이는 경영진이 판매 후 서비스 콜을 잘 수행한다고 해서 판매 후 서비스 개선에 미치는 효과가 작다고 판단하기 때문이다. 왜냐하면, 선형집적회로에 대해 고객이 중요시 하는 것은 구매 후 판매사의 지속적 사후관리가 아니라 구매 후 문제가 발생했을 때 얼마나 판매사가 즉각 대응해주느냐이기 때문이다.

2. 외톨이 목표(orphan objectives) 전략지도에서 약한 관계에 놓여 있는 목표를 외톨이 목표라 한다. 보기 12-2에서 판매 후 서비스 콜이 이에 해당된다. 특정 전략적 목표가 외톨이 목표가 되었다는 것은 그 목표가 전체 전략에 얼마나 공헌할지 평가해야 함을 의미한다. 결론적으로 Chipset은 판매 후 서비스 콜을 전략지도에서 삭제하는 것이 효과적이다.

3. 초점(focal points) 전략 중 어떤 것은 다른 것에 비해 여러 전략들과 연관이 되어 있는데 이를 초점이라 한다. 초점에 해당되는 전략의 특징은 복잡하며, 초점 전략을 달성하기 위해 다른 전략의 조정이 필요하다. 초점 전략의 달성이 어렵다하더라도 초점 전략은 중요하기 때문에 반드시 달성해야 한다. 그러나 초점 전략이 다른 전략들과 약한 관계로만 연결되어 있다면 초점 전략 달성을 위한 자원 투입이 불필요하다고 할 수 있다.

4. 유발점(trigger points) 특정 전략으로부터 다양한 전략들이 도출될 때 그 특정 전략을 유발점이라 한다. 유발점에 속하는 전략을 달성해야 그 다음 다양한 전략을 달성할 수 있기 때문에 유발점이 중요하다. 보기 12-2에서 '제조 및 비즈니스 절차 개선'이 유발점인데, '제조 및 비즈니스 절차 개선' 전략을 달성하면 그 다음 '생산성 및 품질 향상', '납기시간 단축', '납기시간 준수', '판매 후 서비스 개선'의 4개 전략을 달성할 수 있다. 유발점은 관련되는 전략들이 많으므로 경영진이 특히 주의를 기울여야 한다.

5. 독특한 목표(distinctive objectives) 전략목표 중 다른 기업들과 차별화된 목표를 독특한 목표라 한다. 이 목표는 주로 '내부 비즈니스 관점', 또는 '학습과 성장'에 위치한다. 그림 12-2에서는 독특한 목표에 해당되는 목표를 'D'라고 표시하였다. Chipset사는 경쟁시장에서 원가우위전략을 추구하는데, 이 전략을 성공하기 위해서는 고객 납기시간을 줄이고, 제조공정을 리엔지니어링하고 비효율을 제거해야 한다. 따라서 보기 12-2에 'D'라고 표시된 '생산성 및 품질 향상', '납기시간 단축'이 Chipset의 독특한 목표가 되는 것이다. 만약 기업의 독특한 목표가 없다면 경영진은 기업의 전략이 무엇이며, 다른 기업과 차별화할 수 있는 전략이 무엇인지를 전략지도를 통해 원점에서 재검토해야 할 것이다.

전략지도에서 얻을 수 있는 통찰력

Chipset사는 전략지도를 통해 회사의 자원을 어떤 전략들에 집중 투입해야 할지 파악할 수 있다. 예를 들면, 외톨이 목표에 자원투입을 중단하거나, 약한 관계에 있는 '판매 후 서비스 콜'을 전략지도에서 제거할 수 있는 것이다.

Chipset사는 보기 12-2의 전략지도를 바탕으로 보기 12-3의 균형성과표를 작성할 수 있다. 균형성과표는 재무적 관점, 고객 관점, 내부 비즈니스 관점, 학습과 성장 관점의 4가지 관점에 초점을 둔다. 균형성과표의 첫 번째 열에는 전략지도의 전략목표들이 제시되어 있다. 2017년 초에 Chipset사는 전략목표, 측정치, 목표 달성방법, 목표성과를 설정한다. 균형성과표는 경쟁사와는 차별적이면서 더 높은 성과목표를 제시함으로써 조직이 더 높은 수준의 성과를 달성하는 데 도움을 준다. 보기 12-3의 다섯 번째 열을 보면 실제성과가 제시되어 있는

보기 12-3 Chipset사의 균형성과표(2017년)

전략목표	측정치	목표 달성방법	목표성과	실제성과
재무적 관점				
영업이익 증대	생산성 증가로 인한 영업이익 증가	투입가능자원과 원가관리	$1,850,000	$1,912,500
주주가치 증대	성장으로 인한 영업이익 증가	고객과의 관계 강화	$2,500,000	$2,820,000
	매출 증가		9%	10%[a]
고객 관점				
시장점유율 증대	통신부품시장에서의 시장점유율	미래 고객요구 파악	6%	7%
고객만족도 증대	신규고객의 수	새로운 시장 발굴	1	1[b]
	고객만족도	판매부서의 고객 관심도 증대	90%의 고객으로부터 최고 등급	87%의 고객으로부터 최고 등급
내부 비즈니스 관점				
판매 후 서비스 개선	서비스 대응 시간	고객 서비스 개선	4시간 이내	3시간 이내
생산성 및 품질 향상	수율	불량 원인 파악 및 품질 개선	91%	92.3%
납기시간 단축	주문-배달 소요시간	주문-배달 절차 개선	30일	30일
납기시간 준수	정시 배달지표	주문-배달 절차 개선	97%	95%
제조 및 비즈니스 절차 개선	주요한 제조 및 비즈니스 절차 개선 건수	제조부서와 판매부서 담당자로 이루어진 TF 구성	5	5
제조공정 통제절차 개선	통제절차 중 개선된 통제절차 비율	연구개발부서와 제조부서 담당자로 이루어진 TF 구성	90%	90%
학습과 성장 관점				
조직의 목표와 종업원의 목표 간 일치	종업원 만족도 등급	팀워크 양성을 위한 종업원 참여	80%의 종업원으로부터 최고 등급	88%의 종업원으로부터 최고 등급
종업원 권한 부여	특정 공정에서 종업원에게 부여된 권한 비율	감독자가 의사결정자가 아닌 코치 역할을 하도록 함	92%	94%
종업원 기술 향상	품질관리 및 공정개선 관련 교육을 받은 종업원 비율	종업원 교육 프로그램	94%	96%
정보시스템 기술 향상	생산과정에서 실시간 피드백을 받은 비율	온오프라인 자료 수집 개선	93%	93%

[a] (2017년 매출 − 2016년 매출) ÷ 2016년 매출 = ($25,300,000 − $23,000,000) ÷ $23,000,000 = 10%

[b] 2017년 사이 고객은 7개 사에서 8개 사로 증가

데 이는 2017년 말에 Chipset이 성과를 어느 정도 달성했는지를 파악하게 해준다.

4가지 관점의 균형성과표

보기 12-3 균형성과표에서 아래에 위치한 관점은 원인에 해당하고 위에 위치한 관점은 결과에 해당한다. 각 관점별 균형성과표를 설명하면 다음과 같다.

1. 재무적 관점 재무적 관점은 특정 전략이 얼마나 수익성이 있는지, 얼마나 주주에게 추가적인 부를 가져다주는지 평가하는 관점이다. Chipset의 핵심 전략은 경쟁사들보다 원가를 절감하고 매출을 증대시키는 것이다. 이에 재무적 관점은 원가를 절감해서 얼마나 추가적인 이익을 창출하였는지, 얼마나 더 많은 CX1을 판매하였는지에 대해 초점을 둔다.

2. 고객 관점 고객 관점은 회사가 속해 있는 시장의 주요 성공지표가 무엇인지, 시장이 어떤 구조로 세분화되어 있는지, 잠재 고객은 누구인지에 대해 초점을 둔다. Chipset의 경우 고객 관점 전략을 실현하기 위해 통신부품시장에서 시장점유율은 얼마인지 파악하거나 고객과의 인터뷰와 같은 시장조사를 실시해야 한다. 또한, 자사 제품에 대한 고객만족도가 어느 정도인지 또는 신규 고객의 수가 얼마나 되는지 파악해야 한다.

3. 내부 비즈니스 관점 내부 비즈니스 관점은 고객 가치 증대와 재무성과 달성을 위한 회사 내부 프로세스 개선에 초점을 둔다. 구체적으로 이 관점에서는 우선 경쟁사를 벤치마크한 후 회사 내부 프로세스 개선 목표를 설정해야 한다. 여기서 경쟁사 벤치마크란 경쟁사의 재무정보, 경쟁사의 가격정책과 고객, 경쟁사와 거래했던 공급자, 경쟁사에서 근무했던 사람, 관련 재무분석가 등을 통해 정보를 수집하는 것이다. 내부 비즈니스 프로세스의 개선 절차는 구체적으로 다음의 3가지다.

   - **혁신과정:** 고객 수요를 충족시키는 제품 또는 서비스를 창조하는 과정이다. 이 과정은 제품차별화 전략을 구사하는 기업이 시장에서의 경쟁력을 지속적으로 유지하기 위해 매우 중요하다. Chipset의 혁신은 품질 향상과 제조 원가를 낮추기 위해 제조공정 통제절차 및 제조능력 향상에 초점을 둔다. 또한 Chipset은 이러한 혁신의 시도를 다양한 측정지표로 측정하여 관리한다.
   - **운영과정:** 제품 또는 서비스를 생산하여 고객에게 전달하는 과정이다. 이러한 관점에서 Chipset은 전략적으로 품질 및 생산성 향상, 배달시간 감소, 납기시간 준수에 초점을 두어야 하며, 이를 위해 수율, 주문-배달 소요시간, 정시 배달지표를 관리해야 한다.
   - **판매 후 서비스:** 판매한 제품 또는 서비스에 대해 고객 지원을 하는 과정이다. Chipset은 고객의 서비스 요청을 빨리 처리하려고 노력한다.

4. 학습과 성장 관점 학습과 성장 관점은 조직 내부에서 근무하는 사람의 능력 또는 조직의 정보 능력을 향상시키는 것에 초점을 둔다. 이 관점은 조직의 내부 구조를 더 진화시켜서 기업의 성과 창출에 도움을 준다. Chipset의 학습과 성장 관점은 다음의 세 가지 능력 향상에 초점을 둔다.

   - **정보시스템 기술 향상:** 생산과정에서 실시간 피드백을 많이 받을수록 정보시스템 기술이 향상될 가능성이 높다.
   - **종업원 기술 향상:** 품질관리 및 공정개선 관련 교육을 받은 종업원이 많을수록 종업원

의 기술이 향상될 가능성이 높다.

- **조직의 목표 달성을 위한 종업원 동기부여:** 종업원 만족도가 높거나 종업원에게 권한 부여 정도가 많을수록 종업원 동기부여의 가능성이 높다.

보기 12-3의 화살표는 넓은 의미에서 인과관계를 의미한다. 즉, 학습과 성장 관점이 어떻게 내부 비즈니스 관점으로 연결되어, 고객 만족으로 이어지고, 이것이 궁극적으로 재무성과로 연동되는지 설명하고 있다. 여기서 각 전략목표들 간의 관계는 이미 전략지도에서 설명하였다. 장기적으로 우수한 재무성과를 창출하기 위해서는 균형성과표의 각 관점에 속해 있는 전략들을 잘 연결해야 한다. 이러한 관계는 Southwest 항공사의 균형성과표에서 잘 드러난다. 이 항공사의 경우 높은 종업원 만족도와 낮은 이직률(학습과 성장 관점)이 양질의 서비스를 효율적으로 제공(내부 비즈니스 관점)하는 체계로 이어지고, 그 결과 고객이 만족(고객 관점)하여 재무성과가 증대(재무적 관점)된 것이다.

지금까지 살펴본 바와 같이 균형성과표는 결국 기업의 활동 또는 전략들이 모두 연계되어 있고 이들의 관계를 명확히 나타내어 준다는 점에서 효익이 크다. 경영진은 균형성과표의 장점을 극대화시키기 위해 전략에 대한 구체적인 실증 결과를 제시할 수 있어야 하며, 각 전략들은 연결되어 있다는 것을 반드시 명심해야 한다.

균형성과표의 실행

균형성과표를 성공적으로 실행하기 위해서는 최고경영진의 추진력과 중간 및 하부 관리자의 의지가 필요하다. Chipset의 경우 부사장이 책임지고 균형성과표 추진팀을 이끌었다. 구체적으로 이 팀은 회사 내 관리자들과 경쟁사, 품질, 기술발전, 고객 등의 주제에 대해 수차례 인터뷰를 진행하여 균형성과표 내의 목표들을 파악하기 위해 노력했다. 이렇게 파악된 목표들은 참여한 관리자 모두의 동의를 얻어야 최종 목표로 확정된다. 또한 참여한 관리자들을 4개의 그룹으로 나누어 각 그룹마다 균형성과표의 관점 하나씩을 맡도록 하였으며, 각 그룹은 각 관점의 측정치, 목표 달성방법, 목표치에 대해 심도 깊은 검토를 하도록 하였다. 이때 관리부서의 역할이 중요한데, 관리부서는 경제 환경, 회사가 속한 산업 및 시장 상황 등 거시적 관점에서 이러한 추진 노력이 유효한지를 지속적으로 검토해야 한다.

위와 같은 과정을 거쳐 작성된 균형성과표는 모든 조직 구성원이 이해하고 공감할 수 있도록 해야 한다. 예를 들어, 제조공정에서 일하는 작업자 또는 기술자들도 자신이 하는 일이 어떻게 고객 만족, 재무적 성과 등과 관련이 있고 나아가 회사의 전략과 어떤 관련이 있는지 이해시키는 것이 중요하다. Citibank, Exxon Mobil과 같은 회사들은 모든 부서에 균형성과표를 배부하여 사내의 모든 사람들이 공유하도록 하였다. 또한 균형성과표는 각 부서에서 자체적으로 작성할 수 있다. 즉, 조직 전체의 균형성과표가 있고 조직 전체의 목표를 달성하기 위한 각 부서의 세부 목표를 명확히 한 균형성과표를 작성 및 활용할 수 있다.

균형성과표를 성과평가에 활용한다면 성과를 다양한 관점에서 체계적으로 측정할 수 있으며, 특히 비재무적 측정치에 대한 조직 내 관심을 고조시킬 수 있다. 균형성과표를 운영하는 회사를 대상으로 균형성과표의 각 관점에 두는 가중치를 설문 조사한 결과, '재무적 관점'은 45~55%, '고객 관점'은 15~25%, '내부 비즈니스 관점'은 10~20%, '학습과 성장 관점'은 10~20%인 것으로 나타났다. 기업들이 비재무적 관점에 가중치를 낮게 두는 이유는 비재무적 측정치가 정량화 · 객관화하기 어렵기 때문이다. 그러나 제조업, 서비스업 등 많은 기업들

보기 12-4 균형성과표에서 자주 사용되는 측정치

재무적 관점
- 이익 측정치: 영업이익, 매출총이익률
- 매출 · 원가 측정치: 매출성장률, 신제품 매출액, 핵심 제품에서의 원가 절감액
- 이익 · 투자 측정치: 경제적 부가가치, 투자수익률

고객 관점
시장점유율, 고객만족도, 고객유지율, 고객요구 대응시간, 고객불만 접수건수

내부 비즈니스 관점
- 혁신과정: 개선된 통제절차 비율, 신제품 수, 신제품 개발 소요시간, 새로운 특허 수
- 운영과정: 수율, 불량률, 정시 배달률, 주문 대응시간, 제조 준비시간
- 판매 후 서비스: 불량품 교체 · 수리 시간, 올바른 제품 활용을 위한 고객 교육시간

학습과 성장 관점
- 종업원 측정치: 종업원 교육 및 기술 습득 정도, 종업원 만족도, 종업원 이직률, 종업원 제안이 제도개선으로 이어진 비율, 개인 또는 팀 단위의 성과급 비율
- 기술 측정치: 정보시스템 활용가능성, 실시간 피드백 비율

이 고객만족, 공정개선, 종업원 동기부여와 같은 비재무적 측정치를 강조하고 있다. 비재무적 측정치의 개선은 궁극적으로 조직이 영속하는 데 도움을 주기 때문이다.

전략이 다르면 균형성과표도 달라진다!

전략에 따라 균형성과표도 달라져야 한다. Chipset이 원가우위전략을 추구한 반면 경쟁사였던 Visilog는 제품차별화 전략을 추구하였다. 그렇다면 Visilog의 균형성과표도 달라져야 한다. 예를 들어, '재무적 관점'은 제품차별화를 통해 벌어들이는 추가적인 수입이 얼마인지에, '고객 관점'은 매출액에서 새로운 고객과 신제품이 차지하는 비중에, '내부 비즈니스 관점'은 신제품의 수 또는 신제품 개발에 소요된 시간에, '학습과 성장 관점'은 고객 취향에 맞는 제품을 생산할 수 있는 제조 기술 향상에 초점을 두어야 한다. 보기 12-4는 서비스업, 소매업, 제조업의 균형성과표에서 공통적으로 사용되는 측정치를 제시하였다.

환경적 성과 · 사회적 성과와 균형성과표

최근 들어 기업의 환경적 성과 또는 사회적 성과에 관심이 고조되고 있다. 이는 결국 기업의 영속성을 따지는 것으로서 기업이 수익성뿐만 아니라 사회적 관점과 환경적 관점에서도 성과가 양호해야 미래의 주주에게 이익이라는 관점이다. 이미 미국에서는 2010년부터 증권감독위원회(SEC)가 기업의 환경 · 사회적 책임과 관련한 성명서를 발표한바 있는데 그중 일부의 내용은 다음과 같다.

> "기업은 기후변화 및 그에 따른 결과에 대응하기 위해 어떠한 노력을 하고 있는지 이와 관련된 사항을 공시해야 한다."

증권감독위원회의 성명서에서 제시된 바와 같이 기업은 기업의 활동이 사회와 환경에 어떠

한 영향을 미치는지를 항상 고려하고 있어야 하며, 일정 부분에 대해 공시의무를 부담하고 있다. 기업의 환경 및 사회적 성과가 예전에 비해 점차 중요해져가고 있음에도 불구하고 아직도 이에 대한 다양한 이견이 존재한다. 즉, 환경 및 사회적 성과를 강조하는 것은 장기적 재무성과 창출에 방해가 되므로 법에서 요구하는 최소의 수준을 맞추기 위해 환경 및 사회적 성과를 위해 투자해야 한다는 관점, 환경 및 사회적 성과 달성이 가장 중요하므로 법에서 요구하는 수준 이상으로 달성해야 한다는 관점, 환경 및 사회적 성과는 장기적 재무성과와 아무런 관련이 없다는 관점이 공존하고 있다.

그러나 많은 기업들은 환경 및 사회적 성과가 우수할수록 뛰어난 인재를 영입할 가능성이 높고, 종업원의 건강과 안전을 위해 더 노력할 것이며, 생산성이 향상되고 원가가 절감될 것이라는 점에 동의한다. 또한 환경과 사회적 성과는 기업의 인지도를 높여 고객을 더욱 늘릴 것이며 이는 장기 재무성과의 증대로 이어질 것이다.

보기 12-5 Chipset사의 환경 및 사회적 균형성과표(2017년)

전략목표	측정치	목표 달성방법	목표성과	실제성과
재무적 관점				
폐기물 감소	폐기물과 에너지 사용 감소로 인한 원가 절감액	품질 향상 프로그램	$400,000	$415,000
종업원 병가 · 사고로 인한 노무비 감소	종업원의 병가 · 사고 때문에 근무를 하지 못함에 따른 원가 절감액	종업원 안전교육 강화	$50,000	$55,000
↑				
고객 관점				
고객과의 지속가능성 증대로 인한 회사의 인지도 상승	고객으로부터 '환경 및 사회적 성과' 부문에서 상위 등급을 받은 비율	환경 및 사회적 목표와 성과에 대해 소통	90%	92%
↑				
내부 비즈니스 관점				
온실가스 배출 감소	매출액 기준 100만 달러당 온실가스 배출량	에너지 효율 증대 및 나무를 심음으로써 탄소배출량 감소	27g/ 매출액 100만 달러	25.6g/ 매출액 100만 달러
재활용 불가 폐기물 감소	매출액 기준 100만 달러당 재활용 불가 폐기물량	재활용 프로그램 활성화	130g/ 매출액 100만 달러	126g/ 매출액 100만 달러
업무 관련 사고 감소	업무 관련 사고로 인한 손실 일 수	종업원 작업환경 개선	종업원 1인당 연간 0.2일	종업원 1인당 연간 0.18일
↑				
학습과 성장 관점				
환경 및 사회적 성과 달성에 대해 종업원 의욕 고취	종업원으로부터 '환경 및 사회적 성과' 부문에서 상위 등급을 받은 비율	환경 및 사회적 성과의 효익에 대한 교육	87%	90%
종업원 인적 구성의 다양성	관리자 중 여성 또는 소수민족 비율	여성 또는 소수민족에 대한 체계적 멘토링과 코칭	40%	42%

만약 환경 및 사회적 성과를 균형성과표에 반영한다면 전략 목표, 측정치, 목표 달성 방법 등 균형성과표의 내용을 전반적으로 수정해야 한다. 만약 Chipset의 균형성과표에 환경 및 사회적 성과를 반영한다면 보기 12-5와 같이 수정할 수 있다.
Chipset은 환경 및 사회적 성과를 측정함으로써 다음과 같은 효익을 기대할 수 있다.

1. **공유가치의 창출** 환경 및 사회적 성과를 측정함으로써 수익창출을 위한 경쟁력과 사회적 성과를 위한 활동이 상호 의존적이라는 것을 인식할 수 있으며, 그 결과 공유가치를 창출할 수 있다는 것이다. 즉, 환경 및 사회적 목표 달성은 곧 사업에서 전략적 우위를 점하는 것과 동일하다고 본다. 예를 들면, 온실가스 배출량을 줄이는 목표는 에너지 사용량을 줄이기 위한 공정개선을 유도할 수 있으며, 폐기물 감소 노력은 포장재 사용이 적절한지에 대한 전면 재검토를 촉진할 수 있다. 결국 환경 및 사회적 목표를 달성하기 위한 노력은 제조공정의 혁신을 유발하여 원가를 절감하는 등 Chipset의 전략적 우위를 달성하는 노력과 동일한 것이 된다.
2. **환경 및 사회적 성과 측정 시 인과관계 분석기법 향상** 보기 12-3에서 제시된 프로세스 및 정보시스템 기술 개발과 함께 Chipset의 경영진은 다양한 배경, 특히 여성과 소수민족의 직원을 채용하도록 장려하는 문화를 조성해야 한다. 이는 사회적 목표를 더욱 발전시킬 뿐만 아니라 최고의 인재를 채용할 수 있는 기회를 제공하기 때문이다. 또한 직원의 교육과 멘토링은 내부 비즈니스 프로세스를 개선으로 연결되어 온실가스 및 폐기물 배출, 업무 관련 사고를 감소시킨다. 결과적으로 이러한 노력들은 고객만족도와 같은 고객 관련 지표들을 향상시킨다. 또한 에너지 소비를 줄이는 공유가치는 원가를 절감시켜 기업에게 재무적 이점을 줄 수 있다. 만약 Chipset이 환경 및 사회적 활동으로 매출액이 증가하였고 그것을 정확하게 측정할 수 있다면 그 측정치 또한 균형성과표의 '재무적 관점'에 포함시켜야 할 것이다. 결국 환경 및 사회적 성과를 측정한다는 것은 각 전략의 인과관계를 다시 파악함을 의미하며, 특히 측정이 어려운 환경 및 사회적 성과를 측정하면서 인과관계 분석기법이 향상되어 균형성과표의 실현가능성을 높일 수 있다.
3. **위험 감소** 환경 및 사회적 성과를 측정한다는 것은 기업이 사회에 착한 기업으로 알려질 가능성이 높다는 것을 의미한다. 즉, 기업이 환경 및 사회적 성과를 측정하면서 환경의 중요성과 기업의 사회적 책임에 관심을 가지고 측정지표들을 관리하다 보면 환경법 등 관련 법규를 위배할 위험이 줄어든다는 것을 의미한다.

Chipset 사례에 제시된 지표 외 환경 및 사회적 성과를 측정하기 위해 다음과 같은 다양한 지표를 고려해볼 수 있다.

1. **재무적 관점** 탄소세, 환경훼손을 복구 · 예방하는 비용(훈련비용, 청소비용, 법률비용 등), 총재료비 중 재활용 재료비의 비율
2. **고객 관점** 브랜드 이미지(회사의 이미지가 좋다고 응답한 응답자의 비율)
3. **내부 비즈니스 관점** 에너지 소비량, 물 소비량, 폐수 방출량, 온실가스 배출량, 환경사고 건수, 윤리규정 미준수 건수, 지역사회 소재 비영리법인에 대한 공헌액, 지역사회 소재 기관과의 협업 건수
4. **학습과 성장 관점** ISO14000 환경관리 기준 준수, 종업원 교육훈련 비율

성공적인 균형성과표의 특징

성공적인 균형성과표의 특징을 살펴보자.

1. 균형성과표가 성공적이려면 전략을 실현하기 위한 목표들 간의 인과관계가 명확히 드러나야 한다. 예를 들어, 영리기업의 경우 균형성과표의 목표 측정치 간 인과관계가 명확해야 재무적 성과가 높아질 것이다.

2. 균형성과표가 성공적이려면 조직구성원들의 전략에 대한 이해도가 높아야 하며, 이를 위해서는 전략을 실현하기 위한 목표가 이해하기 쉽고 측정 가능해야 한다. 간혹 회사의 규모가 너무 커서 각 사업부별 성격이 너무 다른 경우가 있다. 이 경우 종업원들이 회사 전체 균형성과표를 제대로 이해하지 못할 가능성이 있으며, 그 결과 자신이 회사의 전략을 성공하기 위해 어떤 노력을 해야 하는지 모를 수 있다. 이의 해결방안으로 각 사업부별 이해하기 쉬운 균형성과표를 별도로 만들어서 회사 전체의 전략을 성공적으로 실현시킬 수 있다.

3. 균형성과표를 영리기업에서 활용하면 반드시 재무성과의 개선으로 이어져야 한다. 영리기업은 종종 고객만족이나 제품의 품질 그 자체를 최고의 목표로 설정하는 경우가 있으나 이는 잘못이다. 목표 달성에는 반드시 재무성과의 개선이 수반되어야 한다. Xerox사의 경우 무리한 보증서비스를 통해 고객만족도를 높이려 노력하였으나 최종적으로 고객충성도가 떨어지고 재무성과가 악화되었다. 고객들은 고속 컬러 프린터와 같은 혁신적 제품을 원하고 있었으나 이에 적절히 대응하지 못하고 보증서비스에만 치중하였기 때문이다. 이는 결국 균형성과표에서 비재무적 측정치와 재무적 측정치의 관련성을 파악하는 것이 중요함을 의미한다. 대부분의 기업들은 회귀분석 방법을 통해 이러한 관련성을 검증하기도 한다.

4. 중요한 측정치에 집중해야 한다. Chipset의 경우 각 관점별로 3~6개의 측정치가 있으며 총 16개의 목표 측정치가 있다. 목표 측정치가 너무 많으면 집중이 어려우므로 측정치의 개수는 집중할 수 있는 최소 수준으로 하는 것이 좋다.

5. 재무적 성과와 비재무적 성과를 동시에 달성할 수 없는 상황에서 특정 성과에 치중한 결과 다른 성과에 악영향을 미친다면 이러한 상황이 균형성과표에 나타나야 한다. 예를 들어, 제품차별화 전략을 추구하는 기업은 매년 거액의 연구개발비를 지출할 것인데, 특정 연도에 재무적 성과 측정치를 높이기 위해 연구개발비를 줄이는 의사결정을 할 수도 있다. 이는 당장의 재무적 성과는 높게 나타날 수 있으나 장기적인 재무적 성과를 해치는 의사결정이며, 이러한 상황이 균형성과표에 나타나야 한다는 것이다.

균형성과표 작성 시 주의점

균형성과표를 작성할 때는 다음 사항에 주의해야 한다.

1. 균형성과표 내의 전략 간 인과관계가 반드시 정확한 것은 아니다. 균형성과표를 최초 작성할 때 인과관계를 잘못 파악했을 수 있고, 시간이 지나면서 환경이 변하여 인과관계가 달라졌을 수 있다. 인과관계의 타당성은 지속적으로 확인해야 한다.

2. 모든 측정치의 개선을 기대할 수 없으며, 항상 원가제약을 고려해야 한다. 균형성과표의 품질 향상과 적기생산 목표를 달성하기 위해 노력하는 것은 좋으나 이러한 노력에 많은 비용

이 소요된다면 결코 바람직하지 않다. 이는 결국 재무적 측정치를 악화시켜 기업의 장기수익성을 저해시키기 때문이다. 균형성과표를 작성할 때 소요되는 비용과 균형성과표에 따른 효익을 반드시 고려해야 한다.

3. **균형성과표에서 정량지표에 전적으로 의존해서는 안 된다.** 균형성과표에서는 영업이익, 시장점유율, 제조수율과 같은 정량지표 및 고객만족도, 종업원만족도와 같은 정성지표가 사용되는데, 이때 정량지표는 항상 부정확할 가능성과 조작위험이 있음을 인지해야 한다.

4. **종업원 성과평가 시 비재무적 측정치가 중요하다.** 성과평가 시 관행적으로 기존의 재무적 측정치에 의존하는 경향이 많은 것이 사실이다. 그러나 품질, 고객만족도와 같은 비재무적 측정치를 반영하여 종업원을 평가할 경우 전략달성이 한결 쉬울 수 있다.

전략실행 및 전략성공에 대한 평가

Chipset의 전략이 성공적이었는지 평가하기 위해서는 보기 12-3 균형성과표에서 '목표성과'와 '실제성과'를 비교하면 된다. 보기 12-3의 분석결과, 균형성과표의 모든 관점에서 '실제성과'가 경쟁사를 기준으로 설정한 '목표성과'보다 양호한 것으로 나타났다. 이 경우 회사는 그 다음 연도에 새로운 목표를 설정하여 이를 달성하기 위해 지속적으로 노력하면 된다.

이와는 달리 균형성과표에서 모든 목표를 달성하지 못했을 수 있는데, 이는 전략실행에 문제가 있었거나 처음부터 전략이 잘못 설정되었을 수 있다. 예를 들면, '내부 비즈니스 관점'과 '학습과 성장 관점'에서 목표치를 달성하지 못했다면 회사 내부적인 노력이 부족했다 할 수 있으므로 전략실행에 문제가 있는 것이다. 또는 '내부 비즈니스 관점'과 '학습과 성장 관점'의 목표치는 달성하였는데 '고객 관점', '재무적 관점'의 목표를 달성하지 못했을 수 있다. 이는 회사 내부적으로는 열심히 노력하였으나 그 노력의 효과가 제대로 나타나지 않았다 해석되므로 처음부터 전략이 잘못 설정되었거나, 전략 간의 인과관계를 잘못 파악했을 수 있다.

12-1 도전!

온라인으로 상품을 판매하는 N사는 재무적 목표를 주주가치 증대와 영업이익 증대로 설정하였다. 목표를 달성하기 위해 시장점유율과 고객만족도를 높여야 하는데, 이를 위해서는 판매상품 다양화, 배송시간 단축, 고객서비스 증대가 선행되어야 한다. 판매상품의 다양화, 배송시간 단축, 고객서비스 증대를 위해 N사는 내부적으로 우수한 종업원을 계속 고용해야 하고, 종업원 훈련의 수준을 높이며, 정보시스템 환경을 지속적으로 개선해야 한다.

1. 보기 12-2와 같은 N사의 전략지도를 작성하고, 각 전략의 원인과 결과에 대해 설명하시오.
2. N사의 균형성과표를 작성하고 설명하시오.

과제

서술형 문제

12-1 전략이란 무엇인가?

12-2 산업을 분석할 때 고려해야 하는 5가지 요인은 무엇인가?

12-3 고객선호도 지도의 개념과 필요성은 무엇인가?

12-4 리엔지니어링이란 무엇인가?

12-5 균형성과표에서 4가지 관점은 무엇인가?

12-6 균형성과표를 작성할 때 주의해야 할 점은 무엇인가?

주관식 문제

12-7 **균형성과표.** Pineway Electric사는 전동모터를 제조하는 회사이다. 이 회사는 고객에게 주문을 받으면 저렴한 가격과 합리적인 납기를 제시하면서 고품질의 전동모터를 제조하여 판매한다. 전동모터 시장에는 이 회사와 유사한 회사가 많이 있다. Pineway Electric사의 경영진은 지속적인 제조공정 개선과 종업원 만족을 위한 노력이 전략을 실현하기 위한 방법이라 생각한다.

요구사항

1. Pineway Electric사는 제품차별화 전략을 구사하고 있는가, 원가우위전략을 구사하고 있는가?
2. Ramsey사는 Pineway Electric사의 경쟁사로서 더 크고 다양한 전동모터를 더 비싼 가격에 제조하는 회사이다. Ramsey사의 전동모터는 Pineway Electric사의 전동모터보다 품질은 더 좋으나 제조시간과 배달시간이 더 오래 걸린다. 이러한 정보를 근거로 가격, 납기, 품질, 모터 종류의 관점에서 고객선호도 지도를 작성하시오.
3. 전략지도를 작성하고, 관계강도, 초점, 유발점, 독특한 목표를 밝히시오(단, 각 관점별 최소 2개 이상의 전략목표를 제시할 것).
4. Pineway Electric사의 균형성과표에 제시될 전략목표 및 측정치를 제시하시오.

요구사항

12-8 **균형성과표.** 다음은 균형성과표를 작성하기 위한 자료들이다. 제시된 각 항목을 근거로 균형성과표를 작성하시오.

관점	성과 측정치
내부 비즈니스	불량률
고객	자산수익률
학습과 성장	특허 수
재무	종업원 이직률
	당기순이익
전략목표	고객 수익성
신규 고객 확보	실시간 피드백 비율
주주가치 증대	매출총이익률
기존 고객 유지	직무 관련 종업원 훈련시간
품질 향상	자본이익률
수익성 높은 고객 발굴	공급자로부터의 정시 배달률
독점할 수 있는 제품 개발	제품 단위당 원가
정보시스템 기능 향상	운송장 오류 감소율
종업원 기술 향상	제품 단위당 고객 원가
원재료 공급자로부터 정시에 원재료 받음	주당순이익
영업직원 1인이 창출하는 이익 증대	신규 고객 수
신제품 개발	고객 유지 비율
운송장 오류율 감소	

13 가격결정과 원가관리

학습목표

1. 가격결정에 영향을 미치는 세 가지 주요 요인을 이해한다.
2. 장기적 가격결정 방법을 이해한다.
3. 목표원가계산을 이용한 제품가격을 이해한다.
4. 원가의 발생과 확정(locked-in)을 이해한다.
5. 원가가산 가격결정을 이해한다.
6. 가격결정의 수명주기 예산 및 원가를 학습한다.
7. 가격결정의 주요 비원가요인을 학습한다.
8. 가격결정의 반독점법 효과를 학습한다.

기업은 원가와 가격을 신중하게 분석한다. 가격이 높다면 고객은 상대적으로 가격이 낮은 경쟁회사로 이동할 것이라는 사실을 모든 기업은 너무나 잘 알고 있다. 반면 가격이 너무 낮으면 원가를 감당하기 어렵다. 또한 기업은 고객이 기업의 특정 가격전략에 어떻게 반응하는지 알아야 한다. 이러한 요인을 이해하는 것이 IKEA의 성공비결이었다.

IKEA의 가격 및 원가관리[1]

IKEA는 세계적인 가구 소매기업이다. 스웨덴의 한 마을에서 현대적인 디자인과 DIY(Do It Yourself)로 세계 343개의 매장을 보유한 세계 최대 가구소매기업으로 성장하였다. 어떻게 이런 일이 일어날 수 있었을까? 그것은 바로 끊임없는 원가관리와 공격적인 가격정책이다.

IKEA에서 신제품을 개발하기로 결정하면, 제품 개발자는 경쟁기업 유사 제품의 가격을 조사하여, 해당 가격보다 30~50% 낮은 수준으로 목표가격을 설정한다. 그후 IKEA는 신제품에 사용할 재료를 결정하며, 경쟁입찰 과정을 통하여 1,800개 원재료 공급업체 중 하나를 선정한다. 또한 제품설계부터 전 생산과정까지 원가 효율성을 식별하고 검토한다. IKEA의 모든 제품은 조립 전 상태로 고객에게 배송된다. 제품을 조립하여 배송하는 경우, 배송원가가 6배 비싸기 때문이다.

Steve Allen/Allen Creative/Alamy Stock Photo

IKEA는 기존의 제품에도 동일한 원가관리기법을 적용한다. 예를 들어, IKEA의 인기상품 중 하나인 침대협탁은 원재료 및 노무원가가 지속적으로 상승하였음에도 불구하고 1981년 이후 동일한 가격을 유지하고 있다. 협탁의 판매가 시작된 이후, 제품의 유통원가를 절감하고 수익성을 유지하기 위하여 100건 이상의 프로젝트가 시행되었다. IKEA의 설립자 Ingvar Kamprad는 이렇게 강조한다. "자원낭비는 IKEA에서 치명적인

---

[1] 출처: Lisa Margonelli, "How IKEA Designs Its Sexy Price Tags," *Business 2.0*, October 2002; Daniel Terdiman, "Anatomy of an IKEA Product," CNET News.com, April 19, 2008 (http://news.cnet.com/8301-13772_3-9923315-52.html), accessed June 2013; and Anna Ringstrom, "Ikea Founder to Leave Board," *The New York Times*, June 5, 2013; IKEA Annual Report, 2015.

죄악입니다. 값비싼 솔루션은 결국 평범함에 있으며, 가격표 없는 아이디어는 결코 용납되지 않습니다."

IKEA와 마찬가지로 마이크로소프트, 유니레버 및 월마트 등의 많은 기업들은 전략적으로 가격을 결정한다. 이 장에서는 경영자가 다양한 가격별로 고객의 수요를 평가하고, 가치사슬과 제품수명주기에서 고객과 원가를 관리하여 수익성을 달성하는 방법을 논의한다.

가격결정에 영향을 미치는 세 가지 주요 요인

Adidas의 경영자가 최신 운동화의 가격을 책정하는 방법이나, Comcast의 의사결정권자가 인터넷 서비스의 월간 구독료를 결정하는 방법에 대해 생각해 보자. 경영자가 제품 또는 서비스의 가격을 결정하는 방법은 궁극적으로 수요와 공급에 기반한다. 수요와 공급에 영향을 미치는 세 가지 주요 요인은 고객, 경쟁자 및 원가이다.

고객

고객은 제품 또는 서비스의 수요를 통하여 가격에 영향을 미치며, 수요는 제품 또는 서비스의 기능과 품질 등의 요인에 영향을 받는다. 경영자는 항상 고객의 시각으로 가격을 검토한 다음, 원가를 관리하여 이익을 얻는다.

경쟁자

어떤 경영자도 진공상태에서 기업을 운영할 수 없다. 따라서 경영자는 항상 경쟁기업의 행동을 인식하여야 한다. 극단적으로, Home Depot 또는 Texas Instruments와 같은 기업은 경쟁기업의 대체제품이 수요를 침해하고 가격을 낮추게 만든다. 다른 극단에서 Apple과 Porsche와 같은 기업은 독특한 제품과 제한된 경쟁으로, 높은 가격을 비교적 자유롭게 설정할 수 있다. 경쟁기업이 있을 때, 경영자는 경쟁기업의 기술, 설비용량 및 전략을 조사하여 경쟁기업의 원가를 추정한다. 이러한 정보가 가격결정에 중요한 이유는 경쟁기업이 손실발생 없이 유지할 수 있는 가격수준을 예측하고 이해하는 데 도움이 되기 때문이다.

경쟁은 국경을 넘나들기 때문에, 환율변동은 원가 및 가격결정에 영향을 미친다. 예를 들어, 위안화가 미국달러 대비 약화되면, 중국 생산자는 매출 $1당 더 많은 위안화를 받을 수 있으므로, 가격을 낮추면서도 이익을 얻을 수 있다. 즉, 중국제품은 더 저렴해지고, 미국 시장에서 경쟁력은 높아진다.

원가

원가는 공급에 영향을 미치기 때문에, 가격에 영향을 준다. Toyota의 프리우스 또는 Nokia의 휴대폰처럼, 제품의 생산원가가 낮아질수록 기업이 공급할 수 있는 제품의 수량이 늘어난다. 기업이 공급수량을 늘리면 처음에는 추가 생산원가가 감소하지만, 결국 다시 증가하게 된다. 따라서 1단위 추가판매로 인한 수익(한계수익)이 추가 생산원가(한계비용)와 동일해지는 수량까지 제품을 공급할 것이다. 이에 제품의 생산원가를 충분히 이해하는 경영자는 영업이익을 극대화하면서 고객의 수요를 유지할 수 있는 전략적인 가격을 설정할 수 있다.

고객, 경쟁자 및 원가의 측정

설문조사에 따르면 가격결정에 관한 의사결정 시 경영자는 고객, 경쟁자 및 원가를 다르게 평가한다. 극단적으로 밀, 쌀 또는 알루미늄 시장과 같은 완전경쟁시장에서 기업은 사실상 가격을 설정할 수 없으며, 많은 시장참여자들에 의해 결정된 가격을 받아들여야 한다. 이때 원가정보는 경영자가 영업이익을 극대화하는 생산량을 결정하는 데 유용하다.

카메라, 텔레비전, 휴대폰과 같이 경쟁이 비교적 덜한 시장에서는 제품이 주로 차별화되고 앞의 세 가지 요소가 모두 가격에 영향을 미친다. 고객이 제품에 대해 판단하는 가치와 경쟁제품의 가격이 수요에 영향을 미치고, 생산원가 등은 공급에 영향을 미친다.

반도체 또는 소프트웨어와 같이 경쟁수준이 상당히 낮은 경우 가격결정에 영향을 미치는 핵심 요소는 원가나 경쟁자가 아닌, 고객이 제품이나 서비스에 부여한 가치를 기반으로 지불하려는 고객의 의도이다. 더 극단적인 경우는 독점시장이다. 독점기업은 경쟁자가 없으며, 따라서 높은 가격을 설정할 수 있는 여지가 많다. 하지만 일정 수준 이상의 가격상승은 대체제품 또는 구매포기로 이어질 가능성이 있으므로, 그 한계는 있다.

장기적 관점의 가격과 원가

장기가격은 고객과의 장기적인 관계를 구축하기 위하여, 안정적이고 예측 가능한 가격을 기반으로 하는 전략적인 결정이다. 가격에 대한 지속적인 모니터링과 반복적인 계획 수정에 대한 노력을 줄이고 고객과의 장기적 관계를 구축할 수 있다는 점에서, 경영자는 안정적인 가격을 선호한다. 보급형 아이패드 신제품 가격을 항상 $499로 유지하는 Apple과 마찬가지로, 맥도날드는 패스트푸드 가격을 안정적으로 유지한다. 그러나 안정적인 가격을 설정하여 장기적인 목표수익을 달성하기 위해서는 경영자는 고객에게 제품을 공급하기 위한 향후 장기적 원가(모든 직간접원가 포함)를 파악하고 또 관리하여야 한다. 간접(제조)원가는 원가대상과 관련 있지만, 효익-비용 관점 등으로 추적할 수 없다는 점을 기억하자. 이러한 간접원가는 종종 전체원가에서 상당부분을 차지하기도 한다.

Astel Computers의 원가배부 문제를 고려해 보자. Astel은 고급컴퓨터와 노트북컴퓨터, 두 가지 제품을 생산한다. 다음은 Astel의 가치사슬의 6가지 비즈니스를 보여준다.

보기 13-1은 원가배부의 4가지 목적을 보여준다. 제시된 다른 목적에 따라, 각각 다른 적절한 원가계산이 존재한다. 고급컴퓨터와 노트북컴퓨터에 대한 가격을 결정할 때, 가치사슬의 6개 기능에서 발생하는 모든 간접원가를 고려한다. 장기적으로 고객이 제품에 대해 지불하고자 하는 가격이, 제품의 생산과 판매에 관련된 모든 원가를 초과하는 경우에만(장기적으로 이익이 실현 가능할 때) 해당 제품을 생산하여 판매하는 것이 가치가 있기 때문이다.

원가배부 및 수익성 분석은 기업의 제품 홍보에도 영향을 미친다. 기업 전체의 수익성을 높이기 위하여 수익성이 높은 제품에 홍보를 집중하고, 제품의 수익성을 기준으로 영업직원을

보기 13-1 원가배부의 목적

목적	예
1. 경제적 의사결정을 위한 정보제공	• 제품 또는 서비스의 판매가격 결정 • 새로운 제품의 추가 여부 결정
2. 경영자 및 종업원의 동기부여	• 제조과정이 더 단순하거나 원가가 보다 적게 발생하는 제품 설계를 장려 • 판매담당자에게 수익성이 높은 제품 또는 서비스를 판매하도록 장려
3. 원가 회수의 타당성	• 정부와의 계약에서 요구되는 원가가산가격의 '공정성' • 원가절감 비율을 기준으로 지급하는 컨설팅 요금
4. 이익과 자산의 측정	• 외부 정보이용자에게 재고자산 보고 • 세무보고를 위한 재고자산 측정

평가하여, 매출액뿐만 아니라 영업이익을 증가시키는 제품을 판매하도록 동기를 부여한다. 원가배부는 경영자의 원가관리에도 영향을 미친다. 예를 들어, 모든 주문원가를 파악하여, 주문원가를 최소화하는 주문방식을 결정할 수 있다.

원가배부는 때때로 원가보상(계약)에 사용된다. Astel과 정부의 컴퓨터 공급계약 금액은 주로 원가에 (적정)이익을 가산한 금액일 것이다. 미국 정부의 경우, 배부된 간접원가를 포함한 모든 제조원가를 보상하지만, 마케팅 비용 등은 명시적으로 제외한다.

기말 재고자산 평가를 위해, 간접원가 등의 원가를 배부하여야 한다. 이 경우 Astel은 재고자산(제품)에 오직 제조원가만을 배부하고, 연구개발비, 판매관리비 및 유통 등의 원가는 배부하지 않는다.

원가배부는 '목적에 따른 원가계산'의 또 다른 예이다. 이후 우리는 원가배부에 대하여 논의할 것이다. 다만 이 장에서는 가치사슬 전체에서 발생하는 원가(비용)를 바탕으로, 장기 가격결정을 위한 원가배부에 초점을 맞춘다.

장기 가격결정을 위한 제품원가 계산

노트북컴퓨터 시장은 점점 경쟁이 치열해진다는 시장조사 결과에 따라, Astel의 경영자는 노트북컴퓨터 판매가격에 대한 중요한 결정에 직면한다.

경영자가 지난 2016년의 자료를 검토한 결과, 노트북컴퓨터의 기초 및 기말재고자산은 없었으며, 연중 150,000단위를 생산·판매하였다. Astel은 활동기준원가계산(ABC)을 사용하여 원가를 배부하고, 노트북컴퓨터의 제조원가를 계산한다. Astel의 ABC에 대한 자료는 다음과 같다.

- **세 가지 직접제조원가:** 직접재료, 직접노무 및 직접가공원가
- **세 가지 제조간접원가 집합:** 부품 주문 및 수령, 최종 완성품 검사, 재작업(오류 및 결함 수정)

Astel은 기계가 노트북컴퓨터 제조에만 사용되므로, 기계가공 원가를 노트북컴퓨터의 직접원가로 간주한다. Astel은 노트북컴퓨터의 가격을 설정하기 위하여 1년 동안 다음을 조사한다.

- 직접재료원가는 생산된 노트북컴퓨터 수량에 비례한다.
- 직접노무원가는 사용하는 노무시간에 비례한다.
- 직접가공원가는 매년 300,000기계시간의 용량을 임차하는 고정원가이다. 이 임차료는 연간 기계시간 사용량에 따라 변화하지 않는다. 노트북컴퓨터 1단위 생산에 2시간의 기계시간이 필요하다. 2016년 Astel은 전체 가공능력을 사용하여 노트북컴퓨터를 생산하였다(단위당 2기계시간 × 150,000단위 = 300,000기계시간).
- 부품 주문 및 수령, 최종 완성품 검사, 재작업 원가는 해당 원가동인의 수량에 비례한다. 예를 들어, 주문 및 수령원가의 원가동인은 주문 수이다. 장기적으로 주문 수가 감소한다면 주문을 담당하는 직원이 재배치되거나 해고될 수 있으며, 반대로 주문이 증가할 경우 담당직원이 추가로 고용될 수 있다.

다음 표는 2016년 150,000단위 노트북컴퓨터 생산에 대한 제조원가 정보를 요약한 것이다. 회계담당자는 각 간접원가집합을 원가동인의 총수량으로 나누어 단위당 간접원가를 계산한다.

	A	B	C	D	E	F	G	H
1		노트북컴퓨터 150,000단위 생산에 대한						
2		제조원가 정보						
3	원가항목	원가동인	원가동인 수량				원가동인 총수량	원가동인 단위당 원가
4	(1)	(2)	(3)		(4)		(5)=(3)×(4)	(6)
5	**직접제조원가**							
6	직접재료	상자수량	1	단위당 상자	150,000	단위	150,000	$460
7	직접노무(DML)	노무시간	3.2	단위당 노무시간	150,000	단위	480,000	$ 20
8	직접가공(고정)	기계시간					300,000	$ 38
9	**제조간접원가**							
10	주문 및 수령	주문수	50	부품당 주문	450	부품	22,500	$ 80
11	검사	검사시간	30	단위당 검사시간	150,000	단위	4,500,000	$ 2
12					8%	불량률		
13	재작업	재작업 시간	2.5	불량품 단위당 재작업 시간	12,000[a]	불량품 단위	30,000	$ 40
14								
15	[a] 8% 불량률×150,000단위=12,000단위							

보기 13-2는 다양한 범주의 직접 및 간접원가에 따른 2016년 노트북컴퓨터 총제조원가 $102,000,000를 보여준다. 보기 13-2에서 단위당 제조원가는 $680이다. 제조는 가치사슬에서 단지 하나의 기능일 뿐이므로, 장기가격을 설정하기 위해서는 가치사슬 모든 기능의 원가를 배부하여, 노트북컴퓨터를 생산하고 판매하는 전체 원가를 계산하여야 한다.

각 비제조 비즈니스 기능을 위하여, Astel의 경영자는 직접원가를 추적하고, 원가집합과 인과관계에 따른 간접원가를 배부한다. 보기 13-3은 노트북컴퓨터의 2016년 영업이익과 $15,000,000의 매출액 또는 단위당 $100의 매출액을 보여준다.

보기 13-2 2016년 노트북컴퓨터의 활동기준원가계산 제조원가

	A	B	C
1		150,000단위의	단위당
2		총제조원가	제조원가
3		(1)	(2)=(1)÷150,000
4	직접제조원가		
5	직접재료원가(150,000단위×단위당 $460)	$69,000,000	$460
6	직접노무원가		
7	(480,000직접노무시간×시간당 $20)	9,600,000	64
8	직접가공원가(300,000기계시간×시간당 $38)	11,400,000	76
9	직접제조원가	90,000,000	600
10			
11	제조간접원가		
12	주문 및 수령원가(22,500주문×주문당 $80)	1,800,000	12
13	직접노무원가		
14	검사원가(4,500,000검사시간×시간당 $2)	9,000,000	60
15	재작업원가(30,000재작업시간×시간당 $40)	1,200,000	8
16	제조간접원가	12,000,000	80
17	총제조원가	$102,000,000	$680

보기 13-3 2016년 노트북컴퓨터의 활동기준원가계산, 가치사슬 수익성

	A	B	C
1		150,000단위의	
2		총금액	단위당 금액
3		(1)	(2)=(1)÷150,000
4	매출액	$150,000,000	$1,000
5	매출원가[a] (보기 13-2)	102,000,000	680
6	운영원가[b]		
7	연구개발원가	2,400,000	16
8	제품설계원가	3,000,000	20
9	마케팅(판매관리비)원가	15,000,000	100
10	유통원가	9,000,000	60
11	고객서비스원가	3,600,000	24
12	운영원가	33,000,000	220
13	제품 전부원가	135,000,000	900
14	영업이익	$ 15,000,000	$ 100
15			
16	[a] 매출원가=2016년 기초 및 기말재고자산이 없기 때문에 총제조원가		
17	[b] 운영원가 개별항목의 원가금액은 주어진 금액임		

장기가격결정의 대체적 접근법

Astel의 경영자는 2017년 노트북컴퓨터의 가격을 설정하기 위하여 제품원가 정보를 어떻게 이용하여야 하는가? 다음 두 가지 서로 다른 방법이 있다.

- 시장기반
- 원가기반(원가가산)

시장기반 접근방식은 "고객의 요구와 경쟁자의 반응이라는 주어진 두 조건을 만족시키는 가격은 무엇인가?"라는 질문으로 시작한다. 이 가격수준에서, 경영자는 목표이익을 달성하기 위하여 원가를 관리한다. 원가기반 접근법은 "제품 제조원가를 고려하여, 제조원가를 회수하고 목표이익을 달성하기 위하여 어떤 수준의 가격을 설정하여야 하는가?"라는 질문으로 시작한다.

경쟁시장에서 활동하는 기업(철강, 석유 및 천연가스 등)은 주로 시장기반 접근법을 사용한다. 기업이 생산하는 제품이나 서비스는 시장의 다른 기업이 생산한 제품 또는 서비스와 매우 유사하다. 이러한 경우, 기업은 시장에서 정해진 가격을 수용하여야 한다.

비교적 경쟁이 약한 시장에서 활동하는 기업은 시장의 다른 기업과 차이나는 제품 또는 서비스(자동차, 컴퓨터, 컨설팅 또는 법률 서비스 등)를 제공하며, 가격 결정을 위하여 시장기반 또는 원가기반 접근법을 선택할 수 있다. 기업 자신의 원가정보는 쉽게 접근할 수 있으므로 원가정보를 먼저 확인한 후, 고객과 경쟁자의 반응을 고려할 수 있다. 시장기반 접근법을 선택한 기업은 먼저 고객과 시장의 기대를 고려한 뒤, 원가를 조사한다. 두 접근법 모두 고객, 경쟁자 및 원가를 고려하며, 단지 출발점이 다를 뿐이다. 그러나 경영자는 어떤 접근법과 관계없이, 시장의 힘을 고려하여야 한다. 예를 들어, 건설기업은 원가가산 방식으로 최초 입찰가격을 마련한 뒤, 이후 협상과정에서 가격을 조정하여 대응한다.

경쟁이 없는 시장(전력 등)에서 활동하는 기업은 원가기반 접근방식을 따른다. 이는 기업이 경쟁기업의 가격에 대응할 필요가 없거나, 경쟁기업이 없으므로 대응을 할 수도 없다. 가격을 설정하기 위해 원가에 가산하는 이익은 제품이나 서비스에 고객이 지불할 의도나 능력에 따라 달라진다. 그러나 이러한 비경쟁(독점)시장에서는 기업이 얻을 수 있는 이익을 제한하기 위하여, 대부분 규제기관(정부)이 개입한다.

먼저 시장기반 접근방법을 살펴보자.

도전! 13-1

Gonzalo, Inc.는 연필을 유통하는 소규모 기업이다. Gonzalo는 주문, 수령 및 보관, 배송의 세 가지 활동과 원가집합으로 구분하며, 2016년 세부정보는 다음과 같다.

활동	원가동인	원가동인 수량	원가동인당 원가
1. 연필 묶음 주문 및 결제	주문횟수	500	주문당 $100
2. 수령 및 보관	수령횟수	4,000	수령횟수당 $60
3. 배송	배송횟수	1,500	배송당 $80

2016년 Gonzalo는 묶음당 평균가격이 $6인 연필 묶음 250,000단위를 구입하여, 소매점에 묶음당 $8로 판매한다. Gonzalo는 고정원가와 기초/기말재고자산이 없다.
Gonzalo의 2016년 영업이익을 계산하시오.

시장기반 접근법: 목표가격을 위한 목표원가계산

시장기반 가격설정은 잠재적 고객이 지불할 의사가 있는 제품(또는 서비스)의 예상가격을 목표가격으로 시작한다. 목표가격은 고객이 제품 또는 서비스에 대해 인식하는 가치와 경쟁기업의 가격설정방식에 대한 이해를 바탕으로 한다. 경영자는 다음의 이유로 고객과 경쟁자를 이해하여야 한다.

- 원가효율적 경쟁자는 지속적으로 가격 상승을 제한한다.
- 제품의 수명주기가 짧을수록, 가격정책의 실책이나 시장점유율 또는 수익성의 손실을 회복할 기회가 줄어든다.
- 고객은 온라인에서 가격 및 기타 정보를 더 쉽게 습득할 수 있으므로, 보다 저렴한 가격으로 고품질의 제품(또는 서비스)을 요구한다.

고객의 가치인식 이해

기업의 영업 또는 마케팅 조직은 고객과의 긴밀한 접촉 및 상호작용을 통해, 고객의 요구와 제품에 대해 인식하는 가치를 식별한다. 또한 기업은 고객이 원하는 것과 지불하고자 하는 가격에 대한 시장조사를 실시한다.

경쟁자 분석

경쟁기업이 예상가격에 어떻게 반응할지 측정하기 위해서, 경영자는 경쟁기업의 기술, 제품 또는 서비스, 원가 및 재무상태를 이해하여야 한다. 일반적으로 제품이나 서비스가 더 독특할수록 기업이 설정할 수 있는 가격이 높아진다. 기업은 경쟁기업에 대한 정보를 어디서 얻을 수 있는가? 일반적으로 고객과 공급업체 및 경쟁기업의 직원으로부터이다. 일부 기업은 경쟁기업의 제품을 분해 및 분석하여, 제품설계 및 재료, 기술을 이해하는 역설계(reverse-engineer)를 수행한다. 이때 경영자는 경쟁기업의 정보를 수집하기 위하여 불법적이거나 비윤리적인(뇌물 등) 수단을 사용해서는 안 될 것이다.

목표가격 설정 및 목표원가의 구현

노트북컴퓨터의 사례를 이용하여 목표가격 및 목표원가를 개발하는 4단계 과정을 설명한다.

1단계: 먼저 잠재 고객의 욕구를 충족하는 제품을 개발한다 Astel의 경영자는 경쟁회사 제품에 대한 고객 피드백과 기타 정보를 이용하여, 2017년에 구형 제품의 기능을 개선한 노트북컴퓨터를 디자인한다. 그러나 시장조사에 따르면 고객은 노트북컴퓨터의 특수 오디오 기능 및 미래지향적인 디자인 등의 추가기능을 중요하게 생각하지 않으며, 안정적인 기능과 저렴한 가격으로 조정되기를 원한다.

2단계: 목표가격을 설정(선택)한다 경쟁기업이 가격을 $850로 인하할 것으로 예상되어, 경영자는 노트북컴퓨터의 가격을 $1,000에서 20% 인하된 $800로 낮추어, 적극적으로 대응하기를 원한다. 가격을 $800로 인하할 경우, 마케팅 담당자는 연간 판매량이 150,00단위에서 200,000단위로 증가할 것으로 예측한다.

3단계: 단위당 목표가격에서 목표이익을 차감하여, 단위당 목표원가를 도출한다 단위당 목표(영업)이익은 기업이 제품(또는 서비스)을 판매하여 얻고자 하는 수준의 이익이며, 목표원가는 결국 설정된 목표가격에서 목표이익을 달성하기 위한 예상원가이다. 따라서 목표원가는 목표가격에서 목표이익을 차감한 금액이며, 종종 현재 수준의 원가보다 낮다. 따라서 목표원가는 기업이 달성해야 하는 목표이다.

목표자본이익률을 얻기 위하여, Astel의 예상판매량 200,000단위에 대하여 단위당 10%의 영업이익을 달성하여야 한다.

총목표매출액	= 단위당 \$800 × 200,000단위 = \$160,000,000
총목표영업이익	= 10% × \$160,000,000 = \$16,000,000
단위당 목표영업이익	= \$16,000,000 ÷ 200,000단위 = 단위당 \$80
단위당 목표원가	= 단위당 목표가격 − 단위당 목표영업이익
	= 단위당 \$800 − 단위당 \$80 = 단위당 \$720
현재 노트북컴퓨터의 총원가	= \$135,000,000(보기 13–3)
현재 노트북컴퓨터의 단위당 원가	= \$135,000,000 ÷ 150,000단위 = 단위당 \$900

CONCEPTS IN ACTION

H&M은 전 세계 매장에 패스트 패션을 제공하기 위하여 목표가격을 사용한다.

Doug Houghton/Alamy Stock Photo

H&M은 패스트 패션(fast fashion) 분야의 세계적인 선두기업으로, 런웨이에서 주목받은 옷을 몇 주 내 저렴하게 매장으로 가져온다. Alexander Wang이 디자인한 드레스를 \$4.95에, 트렌치 코트를 \$20에 판매하는 것으로 유명한 이 스웨덴 기반의 기업은 현재 세계에서 두 번째로 큰 의류 소매기업이며, 2015년 61개국 3,900개 이상의 매장에서 \$25.3억의 매출액을 기록하였다. 어떻게 이것이 가능하였을까? 바로, 공격적인 가격정책과 함께하는 기업 전체의 '원가의식(cost-consciousness)'이다.

H&M이 생산할 아이템을 선정하면, 160명의 사내 디자이너가 패션, 품질 및 가격 사이에서 적절한 균형을 찾기 시작한다. 디자이너, 구매담당자, 패턴제작자 및 컨트롤러로 구성된 콘셉트 팀이 서로 협력하여 목표가격을 설정한다. H&M의 실제 생산은 유럽과 아시아 전역의 외부기업에 아웃소싱한다. 기본 또는 아동복과 같은 대량의 품목은 대량생산의 원가효율성을 위하여 사전에 주문한다. 반면, 트렌디한 품목은 짧은 기간에 소량생산한다. 제품이 생산되면 H&M의 물류센터로 배송되어, 최종적으로 매장으로 배송된다. 매장에서 필요한 제품은 물류센터에서 신속하게 직접 보충되며, 매번 베스트셀러 제품만으로 신속하게 매장을 채울 수 있으므로, H&M 매장에는 예비 재고가 존재하지 않는다.

H&M은 목표가격설정 및 원가관리업무에 지속가능성을 통합하였다. 화석연료 사용을 최소화하기 위하여, H&M 제품의 약 90%는 선박 또는 철도를 이용하여 운반한다. 또한 전체 원재료 중 14% 이상을 유기농 순면 또는 재활용 재료와 같은 환경 친화적 재료를 사용한다.

출처: Andrew Hoffman, et al., "H&M's Global Supply Chain Management Sustainability: Factories and Fast Fashion," University of Michigan Erb Institute No. 1–429–373 (Ann Arbor, MI: University of Michigan, 2014); "Sales Development in 2015," H&M AB press release (Stockholm, Sweden, December 15, 2015, http://about.hm.com/en/news/newsroom/news.html/en/financial-reports/2015/12/2065879.html); H&M AB, "From Idea to Store" (http://about.hm.com/en/About/Facts-About-HM/Idea-to-Store, accessed March 2016); Clara Lu, "Behind H&M's Fashion Forward Retail Inventory Control," *TradeGecko* blog, August 12, 2014 (https://www.tradegecko.com/blog/hm-retail-inventory-control).

노트북컴퓨터의 단위당 목표원가 $720는 기존 단위당 원가 $900보다 $180만큼 적다. 목표원가를 달성하기 위하여 Astel은 연구개발에서부터 고객서비스까지, 가치사슬의 모든 단계에서 원가를 절감하여야 한다.

목표원가에는 모든 미래원가(비용), 변동원가 및 고정원가(단기)가 포함된다. 장기적으로 기업이 유지되기 위해서는 수익이 비용을 초과하여야 하기 때문이다. 반면, 단기적 임시특별가격 또는 특별주문에 대한 의사결정의 경우, 경영자는 해당 의사결정과 관련된 단기에 변경되는 원가만을 고려해야 한다.

4단계: 가치공학(value engineering)을 수행하여 목표원가를 달성한다 가치공학은 원가를 절감하고 동시에 고객이 만족할 수 있는 수준의 품질을 달성하기 위하여, 가치사슬의 모든 측면을 체계적으로 평가하는 것이다. 가치공학은 제품설계를 개선하며 원재료 종류의 변경, 공정 재배치 등을 포함한다. H&M에 대한 'Concepts in Action'은 목표가격 및 목표원가에 대한 H&M의 접근방식을 설명한다.

13-2 도전!

Gonzalo, Inc.는 연필을 유통하는 소규모 기업이다. Gonzalo는 주문, 수령 및 보관, 배송의 세 가지 활동과 원가집합으로 구분하며, 2016년 세부정보는 다음과 같다.

활동	원가동인	원가동인 수량	원가동인당 원가
1. 연필 묶음 주문 및 결제	주문횟수	500	주문당 $100
2. 수령 및 보관	수령횟수	4,000	수령횟수당 $60
3. 배송	배송횟수	1,500	배송당 $80

2016년 Gonzalo는 묶음당 평균가격이 $6인 연필 묶음 250,000단위를 구입하여, 소매점에 묶음당 $8로 판매한다. Gonzalo는 고정원가와 기초/기말재고자산이 없다. 2017년, 소매점은 2016년 가격에서 5% 할인을 요구하고 있다. Gonzalo의 공급업체는 4%의 할인만을 제공하며, 2017년도 2016년과 동일한 수량의 연필 묶음을 판매할 것으로 예상된다.
다른 모든 원가와 원가동인이 동일하게 유지되는 경우, Gonzalo가 2016년에 얻은 것과 동일한 목표 영업이익(투자이익률)을 2017년에 얻기 위해서, 총원가 및 단위당 원가를 얼마나 절감하여야 하는가?

가치공학, 원가발생구조 및 확정

가치공학을 구현하기 위하여 경영자는 부가가치 활동 및 원가를 비부가가치 활동 및 원가와 구분한다. 부가가치 원가는 제거할 경우 고객에게 제공되는 제품 또는 서비스의 인지된 가치 또는 효용(유용성)이 감소하는 원가이다. 노트북컴퓨터의 사례에서 부가가치 원가는 품질의 신뢰성, 충분한 메모리, 사전에 설치된 운영체제 등과 같이, 고객이 원하는 특정 기능과 속성이다.

비부가가치 원가는 제거되더라도 고객에게 제공되는 제품 또는 서비스의 인지된 가치 또는 효용(유용성)이 감소하지 않는 원가이다. 비부가가치 원가의 예로는 제품의 결함이나 오작동에 의한 원가가 있다. 비부가가치 원가는 고객에게 아무런 가치를 제공하지 않기 때문에, 기업은 이를 최소화하려 한다.

활동이나 원가가 항상 부가가치 또는 비부가가치 범주로 명확하게 구분되는 것은 아니므로, 경영자는 종종 이를 구분하기 위한 판단을 내려야 한다. 감독 또는 생산통제 등과 같은 여러 원가에는 부가가치요소와 비부가가치요소가 모두 포함된다. 만약 이 구분이 상당히 모호할 경우, 일부 경영자는 원가절감에 대한 조직의 관심을 극대화하기 위하여, 해당 원가를 비부가가치 원가로 분류하는 경향이 있다. 이러한 경향은 해당 원가가 부가가치원가인 경우, 고객이 경험할 수 있는 가치가 감소한다.

이러한 구분의 어려움에도 경영자는 가치공학을 위하여 부가가치 원가와 비부가가치 원가를 구분하는 것이 유용하다고 판단한다. 노트북컴퓨터의 사례에서 직접재료, 직접노무 및 직접가공원가는 부가가치 원가이다. 주문, 수령, 테스트 및 검사원가에는 부가가치 및 비부가가치요소가 모두 포함되어 있다. 그러나 재작업은 명백한 비부가가치 원가이다.

다음으로 Astel의 경영자는 원가의 발생과 확정원가를 구분한다. 원가의 발생(incurrence)은 기업이 목표를 달성하기 위하여 자원이 소비(또는 이익의 상실)되는 시기를 나타내며, 원가계산시스템은 원가 발생을 측정(measure)한다. 예를 들어, Astel은 노트북컴퓨터가 생산 및 판매될 때만 노트북컴퓨터의 직접재료원가를 인식한다. 그러나 사실 노트북컴퓨터의 직접재료원가는 훨씬 더 일찍, 즉 노트북컴퓨터가 기획되어 설계된 그 시점에 이미 확정(locked-in)되었다. 따라서 확정원가 또는 설계원가는 아직 발생(incurrence)하지 않았지만, 이미 내린 결정에 따라 미래에 발생할 원가이다.

이러한 점에서, 원가를 관리하기 가장 좋은 기회는 원가가 확정되기 전에 주어진다. 따라서 Astel의 경영자는 스크랩이나 재작업 등과 같이 제품설계 선택에 따라 제조과정에서 발생할 원가를 분석한 후, 최적 제품설계를 통하여 이러한 원가를 통제한다. 마찬가지로, 소프트웨어 업종의 경영자는 소프트웨어 개발단계에서 미리 코딩의 구조를 최대한 단순화하여, 이후 복잡한 수정에 따른 원가를 최소화한다.

보기 13-4는 노트북컴퓨터의 원가 발생과 확정원가의 곡선을 보여준다. 하단 곡선은 보기 13-3의 정보를 이용하여 가치사슬의 각 단계별로 발생한 단위당 누적원가를 나타낸다.

보기 13-4 **노트북컴퓨터와 관련된 원가의 발생과 확정**

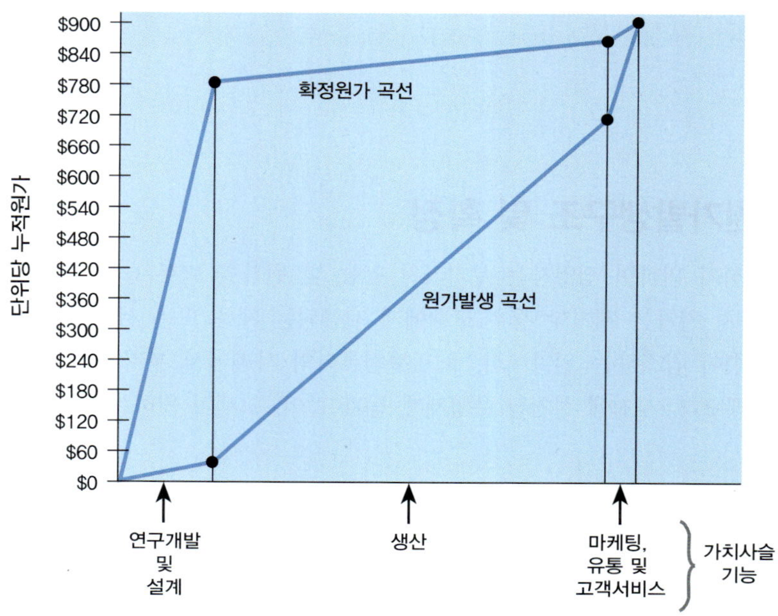

상단 곡선은 누적 확정원가를 나타낸다(구체적 원가수치는 생략). 두 곡선의 단위당 총누적원가는 $900로 동일하지만, 서로 큰 차이가 있다. 예를 들어, 노트북컴퓨터에 대한 연구개발 및 설계 단계까지 발생한 단위당 원가는 약 4%($36÷$900) 수준이지만, 86%($780÷$900) 이상의 원가(직접재료, 주문, 테스트, 재작업, 유통 및 고객서비스원가 포함)가 확정된다.

가치사슬 분석 및 교차기능팀

마케팅담당자, 제품디자이너, 생산엔지니어, 구매담당자, 공급업체, 영업담당자 및 회계담당자 등으로 구성된 다기능 가치공학팀은 고객이 중요하게 생각하는 기능은 유지하면서 원가를 절감하기 위해 노트북컴퓨터를 재설계(슈퍼북이라고 하자)한다. 팀이 공유하는 아이디어는 다음과 같다.

- 복잡한 기능은 줄여, 더 간단하고 안정적인 구조의 마더보드를 사용하여 제조 및 수리 원가를 절감한다.
- 부품을 납땜하는 대신 스냅핏(snap-fit, 부품 체결방식의 하나)으로 직접노무시간 및 원가를 절감한다.
- 주문, 수령, 테스트 및 검사 등의 원가를 절감하기 위하여 사용하는 부품의 종류를 줄인다.
- 노트북컴퓨터보다 더 가볍고 작게 만들어, 유통 및 포장원가를 절감한다.

회계담당자는 가치사슬에 대한 이해를 바탕으로 원가절감의 규모를 추정한다.

팀은 원가가 확정되기 전에 원가를 절감하기 위하여 제품설계에 집중한다. 그러나 모든 원가가 설계단계에서 확정되는 것은 아니다. 경영자는 카이젠(kaizen, 지속적 개선)을 사용하여, 낭비되는 작업시간을 줄여서 제조과정의 효율성과 생산성을 향상시킨다. 요약하면, 가치공학의 주요 단계는 다음과 같다.

1. 고객의 요구와 부가가치 및 비부가가치 원가를 이해한다.
2. 원가가 발생하기 전에 어떻게 확정되는지 예측한다.
3. 교차기능(다기능)팀을 이용한 제품 및 제조과정을 재설계를 통하여, 고객의 요구를 충족하면서 원가를 절감한다.

단위당 목표원가를 달성

보기 13-5는 활동기준관리 개념을 적용하여 2016년에 생산 및 판매된 150,000단위의 노트북컴퓨터와 2017년의 예산이 책정된 200,000단위의 슈퍼북에 대한 원가동인 자료를 비교한다. 가치공학은 부가가치원가(직접재료원가, 직접노무원가 및 테스트 등을 줄이도록 슈퍼북을 설계하여)와 비부가가치원가(재작업을 줄이도록 슈퍼북의 설계를 단순화하여) 모두를 절감한다. 가치공학은 또한 슈퍼북을 생산하는 데 필요한 기계시간을 단위당 1.5시간으로 줄여준다. 이제 Astel은 300,000기계시간 용량을 사용하여 200,000단위의 슈퍼북을 생산할 수 있으므로(노트북컴퓨터의 경우 150,000단위), 단위당 가공원가를 절감할 수 있다. 논의를 단순화하기 위하여, 가치공학은 직접노무원가 시간당 $20, 주문당 $80, 테스트 시간당 $2 및 재작업 시간당 $40에는 영향을 미치지 않는다고 가정한다(이 장의 자율학습은 가치공학이 이러한 원가동인당 원가를 어떻게 절감하는지 다룬다).

보기 13-5 활동기준원가계산하 2016년 노트북컴퓨터, 2017년 슈퍼북의 원가동인수량과 원가율

	A	B	C	D	E	F	G	H	I	J	K	L	M	N
1			2016년 노트북컴퓨터 150,000단위 생산에 대한 제조원가 정보						2017년 슈퍼북 200,000단위 생산에 대한 제조원가 정보					
2														
3	원가항목	원가동인	실제원가동인 수량				실제 원가동인 총수량	실제 원가동인 단위당 원가	예산원가동인 수량				예산원가 동인 총수량	예산원가 동인 단위당 원가
4	(1)	(2)	(3)		(4)		(5)=(3)×(4)	(6)	(7)		(8)		(9)=(7)×(8)	(10)
5	직접제조원가													
6	직접재료	상자수량	1	단위당 상자	150,000	단위	150,000	$460	1	단위당 상자	200,000	단위	200,000	$385
7	직접노무 (DML)	노무시간	3.2	단위당 노무시간	150,000	단위	480,000	$ 20	2.65	단위당 노무시간	200,000	단위	530,000	$ 20
8	직접가공 (고정)	기계시간					300,000	$ 38					300,000	$ 38
9	제조간접원가													
10	주문 및 수령	주문 수	50	부품당 주문	450	부품	22,500	$ 80	50	부품당 주문	425	부품	21,250	$ 80
11	검사	검사시간	30	단위당 검사시간	150,000	단위	4,500,000	$ 2	15	단위당 검사시간	200,000	단위	3,000,000	$ 2
12	재작업				8%	불량률					6.5%	불량률		
13		재작업 시간	2.5	불량품 단위당 재작업 시간	12,000[a]	불량품 단위	30,000	$ 40	2.5	불량품 단위당 재작업 시간	13,000[b]	불량품 단위	32,500	$ 40
14														
15	[a] 8% 불량률×150,000단위=12,000단위													
16	[b] 6.5% 불량률×200,000단위=13,000단위													

보기 13-6 2017년 슈퍼북의 목표제조원가

	A	B	C	D	E	F
1		슈퍼북				노트북
2		200,000단위의		단위당		단위당 실제원가
3		예산제조원가		예산제조원가		(보기 13-2)
4		(1)		(2)=(1)÷200,000		(3)
5	직접제조원가					
6	직접재료원가(200,000단위×단위당 $385)	$77,000,000		$385.00		$460.00
7	직접노무원가(530,000직접노무시간×시간당 $20)	10,600,000		53.00		64.00
8	직접가공원가(300,000기계시간×시간당 $38)	11,400,000		57.00		76.00
9	직접제조원가	99,000,000		495.00		600.00
10	제조간접원가					
11	주문 및 수령원가(21,250주문×주문당 $80)	1,700,000		8.50		12.00
12	검사원가(3,000,000검사시간×시간당 $2)	6,000,000		30.00		60.00
13	재작업원가(32,500재작업시간×시간당 $40)	1,300,000		6.50		8.00
14	제조간접원가	9,000,000		45.00		80.00
15	총제조원가	$108,000,000		$540.00		$680.00

보기 13-6은 보기 13-5의 자료를 이용하여, 슈퍼북의 목표제조원가를 제시한다. 비교를 위해 보기 13-2의 2016년 단위당 실제원가도 나타나 있다. Astel의 경영자는 새로운 설계를 통하여 200,000단위 예상판매량하에서, 단위당 제조원가는 $140($680에서 $540으로), 가치사슬의 다른 기능에서는 단위당 $220에서 $180으로(계산 생략) 감소할 것으로 예상한다. 슈퍼북의 단위당 예산 총원가는 단위당 목표원가인 $720($540 + $180)이다. 2017년 말에 Astel의 경영자는 실제원가와 목표원가를 비교하여, 이후 개선할 사항을 파악한다.

그러나 이러한 과정이 적절하게 관리되지 않으면, 가치공학 및 목표원가는 부적절한 영향을 미칠 수 있다.

- 목표원가를 달성하지 못할 경우, 구성원은 좌절감을 느낄 수 있다.
- 교차기능팀 구성원들의 각각 다른 희망사항을 모두 반영하기 위하여, 너무 많은 기능들이 추가될 수 있다.
- 교차기능팀이 설계를 반복적으로 평가 및 수정하여, 제품의 실제 생산개시가 상당히 늦어질 수 있다.
- 가치사슬의 각 기능별로 요구되는 원가절감에 대한 불공정성으로, 조직 내 갈등이 고조될 수 있다.

이러한 함정을 피하기 위하여, 목표원가계산은 항상 (1) 구성원의 참여를 장려하고 작은 성과도 충분히 동기부여하며, (2) 고객에게 집중하고, (3) 계획된 일정에 주의하며, (4) 가치사슬의 모든 기능에 대하여 원가절감 목표를 설정하여 팀워크와 조직 내 구성원 간 협력문화를 장려한다.

목표가격설정방식은 5단계 의사결정과정의 또 다른 사례이다.

1. **문제와 불확실성을 식별한다** 문제는 2017년 노트북컴퓨터의 판매가격이다. 불확실성은 고객의 요구, 경쟁기업의 반응, 원가의 관리가능성이다.

2. **정보를 수집한다** Astel의 경영자는 시장조사를 통하여 고객의 요구와 경쟁기업이 설정할 수 있는 가격의 범위와 원가절감의 가능성 등을 파악한다.

3. **미래를 예측한다** 경영자는 다양한 가격이 판매수량에 미치는 영향과 가치공학 등을 통한 원가절감의 크기와 가능성을 예측한다.

4. **최적 대안을 선택한다** 경영자는 노트북컴퓨터의 가격을 $1,000에서 $800으로 낮추어, 판매량이 150,000단위에서 200,000단위로 증가할 것으로 예상한다.

5. **선택된 대안을 실행하고, 성과를 평가하며 학습한다** 교차기능 가치공학팀은 노트북컴퓨터를 재설계하여 현재 $900의 원가보다 낮은 $720의 목표원가를 설정한다. 2017년 말, 경영자는 실제원가와 목표원가를 비교하여, 성과를 평가하고 원가를 더 효과적으로 절감할 수 있는 방법을 탐구한다.

도전! 13-3

Gonzalo, Inc.는 연필을 유통하는 소규모 기업이다. Gonzalo는 주문, 수령 및 보관, 배송의 세 가지 활동과 원가집합으로 구분하며, 2016년 세부정보는 다음과 같다.

활동	원가동인	원가동인 수량	원가동인당 원가
1. 연필 묶음 주문 및 결제	주문횟수	500	주문당 $100
2. 수령 및 보관	수령횟수	4,000	수령횟수당 $60
3. 배송	배송횟수	1,500	배송당 $80

2016년 Gonzalo는 묶음당 평균가격이 $6인 연필 묶음 250,000단위를 구입하여, 소매점에 묶음당 $8로 판매한다. Gonzalo는 고정원가와 기초/기말재고자산이 없다. 2017년, 소매점은 2016년 가격에서 5% 할인을 요구하고 있다. Gonzalo의 공급업체는 4%의 할인만을 제공하며, 2017년도 2016년과 동일한 수량의 연필 묶음을 판매할 것으로 예상된다.

Gonzalo는 가치공학을 사용하여 주문, 수령 및 보관업무를 개선하기로 결정하였다. Gonzalo는 주요 공급업체에 장기주문하여 주문횟수를 400회로 줄이고, 주문당 원가를 $75로 절감할 것으로 예상한다. 창고와 연필 묶음의 이동을 재구성하여 수령횟수를 3,500회로 줄이고, 횟수당 원가를 $50로 절감할 것이라 예측한다.

Gonzalo는 2017년에 목표영업이익 $90,000와 단위당 목표영업이익 $0.36를 달성할 것인가? 계산과정을 제시하시오.

원가가산가격

장기적인 가격결정을 위해, 경영자는 때때로 시장기반이 아닌, 원가기반 접근방식을 사용한다. 원가가산 판매가격을 설정하는 일반적인 방식은 원가에 가격구성요소를 더하는 것이다. 따라서 '원가가산'이라고 부르며, 여기서 '가산'은 가격을 구성하기 위해 가산되는 가격구성요소(markup)를 의미한다. 마크업은 일반적으로 고객 및 경쟁기업의 행동에 따라 유연하다. 즉, 시장상황이 궁극적으로 마크업 구성요소를 결정한다.[2] 예를 들어, 대형 할인매장인 코스트코(Costco)는 상품의 가격을 설정할 때, 원가가산 가격설정방식을 이용한다. 그러나 코스트코의 경영자는 Sam's Club 등과 같은 경쟁기업이 유사한 상품을 더 낮은 가격으로 판매할 경우, 가격을 추가로 인하할 것이다.

원가가산 목표투자수익률

Astel이 슈퍼북의 가격을 결정하기 위하여, 단위당 총원가에 12%의 마크업을 사용한다고 가정하자. 원가가산 가격은 다음과 같다.

기준원가(슈퍼북의 단위당 총원가)	$720.00
마크업(0.12×$720)	86.40
예상판매가격	$806.40

경영자는 12%의 마크업을 어떻게 결정하는가? 한 가지 방법은 목표투자수익률(목표연간영업이익을 투자자본으로 나눈 값)을 마크업으로 선택하는 것이다. 투자자본은 다양한 방식으로

2 전기나 천연가스 등과 같은 자원의 경우는 예외로 한다. 이 경우 가격은 원가와 자본이익률을 고려하여 정부가 설정한다. 이러한 자원은 대체자원이나 대체기술을 통한 시장의 영향력이 미치지 않기 때문이다.

정의할 수 있다. 이 장에서는 총자산, 즉 고정자산과 유동자산으로 정의한다. Astel의 (세전) 목표투자수익률이 15%이고, 슈퍼북의 자본투자가 $115,200,000라고 가정하면, 슈퍼북의 연간 목표영업이익은 다음과 같다.

투자자본	$115,200,000
목표투자수익률	15%
연간 목표영업이익(0.15×$115,200,000)	$ 17,280,000
슈퍼북 단위당 목표영업이익($17,280,000÷200,000단위)	$ 86.40

위 계산과정은 Astel의 슈퍼북 한 단위에 대한 $86.40의 목표영업이익이 산출되는 과정을 나타낸다. 제품의 단위당 총원가($720)의 백분율로 표시되는 마크업($86.40)은 12%($86.40 ÷ $720)이다.

15%의 목표투자수익률과 12%의 마크업을 혼동하면 안 된다.

- 15% 목표투자수익률은 Astel의 투자자본 대비 예상 연간영업이익이다.
- 12% 마크업은 단위당 총원가 대비 단위당 영업이익이다.

Astel은 목표투자수익률을 이용하여 마크업 비율을 계산한다.

원가가산 방법의 대안

특정 제품에 대한 투자자본을 계산하는 것은 공통적으로 사용하는 기계설비 또는 건물 등에 대한 투자금액을 개별 제품에 임의로 배부해야 한다는 점에서 어려운 일이다. 다음의 표는 슈퍼북의 가격을 설정하기 위해, 투자자본을 명시적으로 계산하지 않는 대안을 제시한다.

	단위당 추정원가 (1)	마크업 비율 (2)	마크업 (3)=(1)×(2)	예상가격 (4)=(1)+(3)
기준원가	$475.00	65%	$308.75	$783.75
변동제조원가	547.00	45	246.15	793.15
제품의 변동원가	540.00	50	270.00	810.00
제조원가	720.00	12	86.40	806.40

서로 다른 기준원가와 마크업 비율이지만, 최종 예상가격은 서로 유사하다. 표의 마크업 비율은 변동제조원가의 65%에서 총원가의 12%까지 매우 다양하다. 이는 예상판매가격을 결정할 때 변동제조원가만을 고려하는 경우, 고정제조원가 및 모든 비제조원가를 회수하며 목표이익을 얻기 위한 가격을 설정하여야 하므로, 더 높은 마크업 비율을 설정한다. 따라서 기업은 원가를 회수하고 목표 투자수익을 달성하기 위하여 보다 신뢰할 수 있는 기준원가와 마크업 비율을 선택한다.

설문조사 결과에 따르면 경영자는 원가가산 가격결정방식을 이용할 때, 주로 제품의 총원가를 사용한다. 즉, 단위당 기준원가에 변동원가 및 고정원가가 모두 포함된다. 경영자는 여러 이유로 단위당 기준원가에 고정원가를 포함한다.

1. 제품의 모든 원가를 완전히 회수 장기적으로 회사가 건전하게 유지되기 위해서는, 제품의 판매가격이 총원가를 초과하여야 한다. 변동원가만을 기준으로 사용하면 변동원가 이상, 즉 공헌이익이 산출되는 수준으로 판매가격을 인하하는 실수를 저지를 수 있다. 항공업계의 사례에서 깨달을 수 있듯이, 치열한 경쟁으로 인하여 변동원가를 하한으로 가격을 인하한 결과, 총원가를 회수할 수 없었기 때문에 손실이 발생하였다. 따라서 총원가를 기준으

로 설정하여 장기 손실을 예방하여야 한다.

2. **가격의 안정성** 총원가를 기준으로 가격을 설정하여 판매직원의 가격인하 유혹과 재량을 제한한다면, 가격의 안정성이 증가한다. 안정적인 가격은 판매자와 구매자 모두 정확한 예측과 계획을 가능하게 한다.

3. **단순성** 총원가를 가격결정의 기준으로 사용한다면, 회계담당자가 제품원가의 발생구조와 동인 등에 대한 상세한 분석을 수행할 필요가 없다. 실제로 변동 및 고정원가의 구분은 검사, 셋업원가 또는 컨설팅과 같은 서비스 산업에서 구분하기 쉽지 않다.

물론 고정원가를 제품 단위당 배부하는 것은 쉽지 않으며, 자의적일 수 있다. 또한 고정원가 배부를 위한 기준 조업도 등의 분모수준이 필요하다. 이러한 추정치로 인하여 제품 단위당 실제원가가 예상원가와 다를 수 있다. 그럼에도 불구하고, 경영자는 앞의 이유로 원가가산 가격결정 방식에서 고정원가를 포함한다.

도전! 13-4

Gonzalo, Inc.는 연필을 유통하는 소규모 기업이다. Gonzalo는 주문, 수령 및 보관, 배송의 세 가지 활동과 원가집합으로 구분하며, 2017년 세부정보는 다음과 같다.

활동	원가동인	원가동인 수량	원가동인당 원가
1. 연필 묶음 주문 및 결제	주문횟수	400	주문당 $75
2. 수령 및 보관	수령횟수	3,500	수령횟수당 $50
3. 배송	배송횟수	1,500	배송당 $80

2017년 Gonzalo는 묶음당 평균가격이 $5.76인 연필 묶음 250,000단위를 구입하였다. Gonzalo는 원가가산 가격결정을 사용할 계획이다.
Gonzalo가 (1) 연필 묶음의 구매원가에 33%의 마크업을, (2) 연필 묶음의 총원가에 7% 마크업을 가산할 경우 각각의 판매가격을 계산하시오.

원가가산가격과 목표가격

원가가산방식으로 결정된 가격은 예상가격이다. Astel이 슈퍼북의 설계단계에서 확인한 총원가는 $750라고 가정한다. 12%의 마크업 비율을 가정하여, 슈퍼북의 가격을 $840[$750 + (0.12 × $750)]로 설정한다. 만약 개인용 컴퓨터 시장의 경쟁이 치열하여 경쟁기업의 대응이 공격적이라면, 마크업 비율을 낮추어 판매가격을 $800로 설정할 수 있다. 동시에 슈퍼북의 재설계를 통하여 총원가를 $720로 절감하여, 판매가격 $800에서 약 12%의 마크업 비율을 달성할 수 있다. 따라서 제품설계와 원가가산가격은 원가, 마크업 그리고 고객의 반응 사이에서 균형을 이루어야 한다.

목표가격설정방식은 원가와 원가에 가산하는 마크업 수준, 고객의 반응 및 설계의 수정을 오가는 노력을 줄여준다. 원가가산가격과 달리, 목표가격설정은 먼저 고객의 선호와 경쟁기업의 예상 반응을 기반으로 제품의 성격과 목표가격을 설정한 다음, 목표원가를 계산한다.

회계사 또는 컨설턴트와 같이 고객에게 다양한 종류의 서비스(또는 제품)를 제공하는 기업은 일반적으로 원가가산가격을 사용한다. 서비스를 전문적으로 제공하는 기업(법무법인 또는 회계법인 등)이 고객에게 제공하는 서비스는 각 고객별로 매우 차별화되어 있다. 따라서 파트너, 매니저 및 스태프 각각의 시간당 원가를 기반으로 가격을 설정한다. 그러나 경쟁이 치열한 경우, 이 가격은 인하될 수 있다. 전문 서비스 기업은 고객이 동일한 기업과 장기적으로 함께 일하는 것을 선호하므로 가격을 결정할 때 장기적 관점에서 판단한다. 예를 들어, 회계법인(또는 공인회계사)은 감사업무를 수임할 때, 최초에 낮은 감사보수를 제안하여 거래를 확보하고, 이후 기간에 높은 감사보수를 청구하여 초기의 손실을 보전한다.

주택수리, 자동차 정비 및 건축기업과 같은 서비스 기업은 시간과 재료(time and materials)라는 원가가산가격을 설정한다. 각 개별작업은 재료와 노무시간에 따라 가격이 설정된다. 직접재료에 마크업이, 직접노무에 마크업이 각각 포함되어, 가격이 결정된다. 직접원가에 포함되는 마크업은 간접원가의 회수까지 고려되어 결정한다.

제품수명주기 예산과 원가

경영자는 때때로 여러 해 동안의 제품수명주기 동안 목표가격과 목표원가를 고려해야 한다. 제품수명주기는 최초 제품의 기획 및 연구개발부터 해당 제품의 고객 서비스가 완전히 종료되는 때까지의 기간을 의미한다. BMW, Ford 및 Hyundai와 같은 자동차 기업의 제품수명주기는 각종 자동차를 설계, 개발, 판매 및 사후 서비스를 제공하기까지 약 12~15년 정도이다. Pfizer, Merck 및 GlaxoSmithKline 등의 성공적인 신약의 수명주기는 15~20년, Bank of America 및 Chase와 같은 은행이 개발한 신형 저축계좌의 수명주기는 10~20년 정도이다. 반면, 반도체 성능 발전의 엄청난 속도로 인하여, 개인용 컴퓨터의 수명주기는 약 2~3년 정도이다.

수명주기예산에서 경영자는 제품의 초기 연구개발부터 최종 고객서비스에 이르기까지의 전체 가치사슬의 모든 비즈니스 기능에 대한 원가를 추정한다. 수명주기원가는 동일한 전체 수명주기기간의 모든 비즈니스 기능에 대한 원가를 추적하고 축적한다. 따라서 수명주기 예산과 원가는 다년간에 걸쳐 계산된다.

수명주기예산과 가격결정

수명주기를 바탕으로 한 예산원가는 가격결정을 전략적으로 평가함에 유용한 정보를 제공한다. 새로운 비즈니스 회계 패키지 '회계로'를 개발하고 있는 (주)회계인의 사례를 검토해 보자. 회계로의 6년 제품수명주기 동안 다음의 예산을 가정한다.

1년차 및 2년차

	총고정원가
연구개발비	$240,000
설계원가	160,000

3~6년차

	총고정원가	단위당 변동원가
제조원가	$100,000	$25
마케팅원가	70,000	24
유통원가	50,000	16
고객서비스원가	80,000	30

보기 13-7은 세 가지 대체판매가격/판매수량 조합에 대한 회계로의 6년 수명주기예산을 제시한다. 다음은 수명주기예산 설정이 특별히 중요한 경우의 설명이다.

1. **연구개발 및 설계개발 기간이 길고 많은 원가가 발생하는 경우** 사례와 같이 생산이 시작되어 수익이 발생하기 전 단계에서 전체 수명주기원가 중 상당한 비율의 원가가 발생하는 경우, 경영자는 연구개발의 시작 여부를 평가하기 위하여 제품의 수명주기 동안의 모든 수익과 원가를 평가하여야 한다.

2. **연구개발 및 설계원가가 낮은 수준이지만, 대부분의 원가가 연구개발 단계에서 확정되는 경우** 회계로의 사례에서 패키지에 대한 설계와 품질수준의 결정은 향후 몇 년 동안의 마케팅, 유통 및 고객서비스원가에 영향을 미친다. 수명주기 예산수익 및 원가를 바탕으로, 회계인의 경영자는 가치사슬의 각 기능별 수익과 원가의 관계를 검토하게 된다. 즉, 수명주기 예산은 수명주기 전체기간의 원가를 강조하여, 원가가 확정되기 전 개발 및 설계단계에서 목표가격 설정과 목표원가 및 가치공학을 용이하게 한다. 보기 13-7에 제시된 금액은 가치공학의 결과이다.

회계인의 경영자는 회계로 패키지를 수명주기 영업이익을 극대화하는 가격, 단위당 $480에 판매하기로 결정하였다. 그 다음, 실제원가를 수명주기예산과 비교하여 피드백하며, 후속제품에 대한 원가를 더 적절히 예측하는 방법에 대하여 학습한다. 보기 13-7은 패키지 단위당 가격이 수명주기 기간 동안 동일하다고 가정한다. 하지만 경영자는 회계로가 시장에 최초로 출시할 때, 구입 욕구가 큰 고객에게 좀 더 높은 가격으로 판매하고, 시간이 지나 제품이 성숙기에 진입할수록 가격을 낮추는 전략을 선택할 수도 있다. 또한 상대적으로 높은 가격을 설정하기 위하여, 새로운 기능을 추가하는 등의 차별화를 시도할 수도 있다. 수명주기계산에는 이러한 전략의 수익과 원가가 모두 포함된다.

보기 13-7 (주)회계인의 회계로 패키지에 대한 수명주기 예산수익 및 원가[a]

	대안: 판매가격/판매수량 조합		
	A	B	C
패키지당 판매가격	$400	$480	$600
판매수량	5,000	4,000	2,500
수명주기 매출액			
($400×5,000, $480×4,000, $600×2,500)	$2,000,000	$1,920,000	$1,500,000
수명주기원가			
연구개발원가	240,000	240,000	240,000
제품설계	160,000	160,000	160,000
생산원가			
$100,000+($25×5,000), $100,000+($25×4,000), $100,000+($25×2,500)	225,000	200,000	162,500
마케팅원가			
$70,000+($24×5,000), $70,000+($24×4,000), $70,000+($24×2,500)	190,000	166,000	130,000
유통원가			
$50,000+($16×5,000), $50,000+($16×4,000), $50,000+($16×2,500)	130,000	114,000	90,000
고객서비스원가			
$80,000+($30×5,000), $80,000+($30×4,000), $80,000+($30×2,500)	230,000	200,000	155,000
총수명주기원가	1,175,000	1,080,000	937,500
수명주기 영업이익	$ 825,000	$ 840,000	$ 562,500

[a] 위 자료는 수명주기매출과 수명주기원가를 계산할 때, 화폐의 시간가치를 고려하지 않는다.

13-5 도전!

Winchester Manufacturing Inc.는 새로운 산업용 모터를 개발할 계획이다. 제품을 설계하고 테스트하기 위하여 6개월의 기간이 소요된다. 회사는 판매시작 후 6개월 동안 10,000단위의 모터가 판매될 것으로 예상한다. 다음 2년간은 20,000단위, 수명주기의 마지막 6개월 동안은 5,000단위의 모터가 판매될 것으로 예상한다. 다음은 회사가 예상하는 원가이다.

기간	원가	기간별 총고정원가	단위당 변동원가
0~6개월	설계원가	$ 500,000	
7~12개월	생산	$1,300,000	단위당 $90
	마케팅	$1,000,000	
	유통	$ 200,000	단위당 $10
13~36개월	생산	$4,900,000	단위당 $70
	마케팅	$2,325,000	
	유통	$ 700,000	단위당 $ 8
37~42개월	생산	$ 800,000	단위당 $60
	마케팅	$ 475,000	
	유통	$ 100,000	단위당 $ 7

화폐의 시간가치는 무시한다.

1. Winchester가 모터의 가격을 단위당 $375로 설정한다면, 제품수명주기 동안 얼마의 영업이익을 달성할 수 있는가? 또 단위당 영업이익은 얼마인가?
2. Winchester는 첫 번째 수명주기단계에서 보고할 영업이익에 대해 우려하고 있다. 처음 6개월 동안은 모터가격을 $425로 설정하고, 그 이후에 $375로 낮추는 것을 고려하고 있다. 이 가격전략에서는 첫 6개월간은 9,500단위, 그 후 2년간은 매년 19,000단위, 마지막 6개월간은 5,000단위를 판매할 것으로 예상한다. 주어진 원가구조가 동일하게 지속될 때, 어떤 가격전략을 선택할 것인지 설명하시오.

환경 및 지속가능성 원가의 관리

환경원가관리는 경영자가 수명주기원가 및 가치공학을 적용하는 중요한 영역이다. 미국의 청정대기법(Clean Air Act) 및 오염부지정화법(Superfund Amendment and reauthorization Act) 등의 환경법은 더욱 엄격한 환경기준 및 정화규칙의 준수를 요구하며, 대기와 토양 및 지하수 오염에 대한 강한 처벌을 도입하였다. 스웨덴과 같은 일부 국가에서는 탄소기반 연료 및 기타 오염원에 대해 탄소세(carbon tax) 또는 수수료를 부과한다. 탄소세는 온실가스 배출에 금전적 가격(대가)을 부과한다(greenhouse). 유럽연합과 같은 지역에서는, 정부가 전체 탄소배출 수준에 한도를 설정하여 시장에서 배출권에 대한 경매를 허용하는 '탄소배출권 거래제(cap and trade)' 시스템을 사용한다. 기업은 탄소배출권에 대한 비용을 지불하고, 할당량보다 더 적게(또는 더 많이) 배출하는 경우 다른 기업에게 배출권을 판매(또는 구매)할 수 있다.

제품 수명주기의 수년 동안 발생하는 환경원가는 종종 제품 및 생산과정 설계단계에 확정된다. 환경오염에 대한 책임을 줄이고 탄소세를 줄이거나 배출권을 구입하는 원가를 절감하기 위하여, 정유, 화학 또는 자동차 산업의 경영자는 제품의 개발 및 설계단계에서부터 이를 고려한다. 예를 들어, Hewlett-Packard 및 Apple과 같은 랩톱컴퓨터 제조업체는 니켈-카드뮴 배터리의 유해 화학물질이 토양으로 누출되지 않도록 하는 재활용 프로그램을 도입하였다.

탄소세는 결국 에너지 효율적인 제품 및 태양열 또는 풍력과 같은 청정 에너지 솔루션의 설계에 혁신을 불러 일으켰다.[3]

지속 가능성 투자가 이후 기간의 재무성과에 미치는 영향은 무엇인가? 새로운 단체인 SASB(Sustainability Accounting Standards Board)는 다양한 산업에 대한 환경, 사회 및 지배구조(Environmental, Social and Governance, ESG)의 성과표준을 정의하기 시작하였다. 관련(또는 중요한) ESG 표준은 재무적 영향과 이해관계자 집단에 기반한 산업에 따라 다르다. 예를 들어, 석유 및 가스산업의 주요 ESG 표준에는 온실가스 배출 및 폐수관리가 포함되는 반면, 기술 및 통신산업의 주요 ESG 표준에는 제품 및 서비스의 수명주기 영향과 에너지관리가 포함된다. 여러 기간에 걸쳐 높은 ESG 등급을 받은 기업은 아마도 높은 고객 충성도 및 만족도, 직원참여, 브랜드 가치와 평판으로 인하여 미래 수익성과 재무성과가 더 높을 것이다.[4]

고객 수명주기원가

지금까지 제품 또는 서비스의 관점에서 수명주기원가를 검토하였다. 고객 수명주기원가는 고객이 제품 또는 서비스를 취득, 사용, 유지 및 폐기하는 과정에서 발생하는 총원가에 중점을 둔다. 고객 수명주기원가는 기업이 제품에 대하여 부여할 수 있는 가격에 영향을 미친다. 예를 들어, Ford는 자동차가 100,000마일 동안 수리나 유지보수를 최소한으로 유지할 수 있다면, 더 높은 가격을 설정하거나 시장 점유율을 높일 수 있다. 마찬가지로, Maytag은 전기를 절약하고 유리관리비용이 낮은 기기에 더 높은 가격을 설정한다. Boeing은 777 항공기가 설계를 통하여 정비기술자가 항공기 여러 부분의 유지보수를 보다 짧은 시간으로 쉽게 수행할 수 있게 하여 수명주기원가를 크게 줄일 수 있었으므로, 더 높은 가격을 책정한다.

가격결정의 비원가요인

어떤 경우에는 원가가 가격결정의 주요 요인이 아닐 수 있다. 다음에서 지불능력, 설비용량의 제한 및 고객의 구매력이 원가와 관계없이 가격설정에 영향을 미치는 몇 가지 방법에 대하여 논의한다.

가격차별

뉴욕에서 런던까지 왕복항공편 티켓의 가격에 대해 생각해 보자. 주말을 런던에서 보내고 돌아오는 이코노미클래스 항공권의 7일 사전예약 가격은 $1,100이다. 그러나 주말을 포함하지 않은 동일 노선 및 등급의 티켓은 $2,000이다. 이 가격차이를 원가로 설명할 수 있는가? 전혀 그렇지 않다. 왜냐하면, 뉴욕에서 런던을 왕복하는 과정에 소요되는 원가는 주말을 런던에서 보내는지 여부와 아무 관계가 없기 때문이다. 이는 바로 가격차별(price discrimination) 때문이다.

---

[3] 스웨덴은 탄소배출 톤당 $140로 가장 비싼 탄소세를 부과하는 국가임에도 불구하고, 1991년 해당 세금이 도입된 이후 국가경제는 지속적으로 성장하고 있다.

[4] M. Khan, G. Serafeim, and A. Yoon, "Corporate Sustainability: First Evidence on Materiality," *The Accounting Review* (September 2016).

가격차별은 동일한 제품(또는 서비스)에 대해 서로 다른 고객에게, 서로 다른 가격을 설정하는 것이다. 항공사의 사례에서 가격차별은 항공권에 대한 두 가지 수요, 사업상의 출장과 여행이라는 서로 다른 수요의 출처에서 비롯된다. 사업상의 출장은 조직을 위하여 업무를 수행하는 여행이므로, 비교적 가격에 둔감하다. 항공사는 출장목적의 승객에게 더 높은 가격을 제시하여, 더 높은 영업이익을 얻을 수 있다. 가격변화에 대한 수요의 둔감성을 '수요의 비탄력성'이라고 한다. 또한 출장목적의 승객은 일반적으로 주말에 목적지(런던)에 머무르려 하지 않고, 집으로 돌아가기를 원한다. 반면 휴가목적의 여행객은 일반적으로 주말에 집으로 돌아갈 필요가 없으며, 목적지에서 주말을 보내기를 선호한다. 그리고 티켓가격을 직접 지불해야 하므로, 여행객의 수요는 가격 탄력적이다. 높은 가격은 수요를 제한하며, 낮은 가격은 수요를 자극한다. 따라서 항공사는 여행객에게 더 낮은 가격을 제안하여, 더 높은 영업이익을 얻을 수 있다.

자, 그렇다면 항공사는 출장승객과 여행객, 두 수요집단에 어떻게 가격을 서로 다르게 설정할 것인가? 목적지에 토요일 밤을 머무르게 하는 것으로 두 수요집단을 구분할 수 있을 것이다. 항공사는 출장승객과 관광목적 여행객의 서로 다른 가격 민감도를 이용하여, 가격을 차별한다. 두 수요집단에 제공하는 모든 서비스의 원가가 정확히 동일하다고 하더라도, 가격은 서로 (상당히) 다르다.

세계 경제상황의 악화로 출장승객의 가격 민감도가 높아지면 어떠할 것인가? 물론 그렇다면 항공사는 출장승객에게 설정하는 가격 수준을 낮추어야 할 수도 있을 것이다. 2009년 글로벌 금융위기 이후, 출장승객을 유치하기 위하여 주말의 포함 여부와 관계없이, 여러 노선에서 대폭적인 할인가격을 제공하기 시작하였다. 그 효과로 항공기의 좌석은 채워지기 시작하였으나, 불행하게도 손실을 극복하기에는 충분하지 않았다.

피크로드 가격

가격차별 외에도, 설비용량의 제약과 같은 기타 비원가요인이 가격결정에 영향을 미친다. 피크로드 가격(peak-load pricing)결정(과부하 가격)은 수요가 해당 제품(또는 서비스)를 생산할 수 있는 설비용량의 물리적 한계에 가까워질수록, 더 높은 가격을 설정하는 방식이다. 수요는 계속 증가하지만 생산능력으로 인하여 공급이 제한된다면, 고객은 제품(또는 서비스)을 획득하기 위하여 더 많은 금액을 지불할 용의가 있을 것이다. 이와는 반대로 유휴 설비용량이 상당하다면, 기업은 수요를 촉진하고 유휴 설비용량을 활용하기 위하여 가격을 낮출 것이다. 피크로드 가격은 통신, 호텔, 렌터카 및 전력산업에서 주로 사용한다. 예를 들어, 2016년 리우하계올림픽 기간 동안 호텔을 예약하기 위해서는 매우 비싼 가격에 상당한 기간을 머물러야 했었다. 항공사 또한 주변 지역을 오가는 항공편에 대하여 상당히 비싼 가격을 설정하였다. 수요가 설비용량을 훨씬 초과하였고, 호텔 및 항공업계는 이익을 극대화하기 위하여 피크로드 가격을 설정하였다.

국제가격

가격에 영향을 미치는 비원가요인 중 다른 예는, 동일한 제품이 다른 국가에서 판매되는 경우에 발생한다. 한 국가에서 생산되어 전 세계적으로 판매되는 소프트웨어, 서적 및 의약품을 생각해 보자. 각 국가에서의 판매가격은 해당 제품을 각 국가에 배송하는 원가보다 훨씬 다양하다. 이러한 가격차이는 각 국가(가격차별의 일종) 소비자의 구매력 차이와 기업이 설정할 수 있는 가격에 대한 정부의 규제로 인하여 발생한다.

독점금지법과 가격결정

법률도 가격 의사결정에 영향을 미친다. 손실 또는 판매감소를 제외하더라도, 기업이 원하는 가격을 항상 자유롭게 설정할 수 있는 것은 아니다. 예를 들어 1936년 미국 Robinson-Patman Act에 따라, 제조기업은 경쟁을 줄이거나 방지하려는 의도가 있는 경우, 두 고객 간의 가격을 차별할 수 없다. 가격차별법의 주요 특징은 다음과 같다.

- 원가에 근거하여 정당화될 수 있다면, 가격차별은 허용된다.
- 경쟁을 줄이거나 방지하려는 의도인 경우에만, 가격차별은 금지된다.

앞에서 다룬 항공사의 가격차별은 항공사 간의 경쟁을 방해하지 않으므로 합법적이다.

약탈가격

미국의 여러 독점금지법을 준수하기 위해서는, 가격이 약탈적이면 안 된다. 기업이 의도적으로 원가 이하의 가격을 설정하는 것이 약탈적인 가격정책이다. 약탈적 가격(predatory pricing)을 설정하여 경쟁기업을 시장에서 몰아내어 공급을 제한한 후, 가격을 올리거나 수요 이하로 공급을 제한하여 손실을 보전한다.

미국 대법원은 약탈적 가격 여부를 증명하기 위하여 다음의 조건을 제시하였다.

- 포식기업(predator company)은 적절한 원가기준 이하의 가격을 설정한다.
- 포식기업은 더 큰 시장점유율과 더 높은 가격을 통해, 원가 이하 가격으로 인한 손실을 미래에 보전할 합리적인 전망을 가지고 있다.

덤핑

약탈적 가격정책과 관련이 있는 것은 바로 덤핑(dumping)이다. 미국 법률에 따라 덤핑은 미국 이외 국가의 기업이, 해당 제품을 생산하는 국가의 시장가격보다 낮은 가격으로, 미국에서 판매하여 미국의 산업에 실질적이고 심각한 피해를 입히는 것을 의미한다. 만약 덤핑이 입증된다면, 미국 시장 가격과의 차이만큼 반덤핑 관세가 부과될 수 있다.

가격담합

독점금지법의 또 다른 제한은 가격담합(공모, collusive pricing)으로, 동일 산업 내 기업들이 경쟁가격보다 높은 가격을 유지하기 위하여 가격 및 생산 결정을 공모하여, 거래를 제한하는 것이다.

자율학습

Astel의 사례를 다시 떠올려 보자. Astel의 마케팅담당자는 슈퍼북을 200,000단위로 판매하려면 가격을 더 낮추어야 한다는 사실을 잘 알고 있다. 또한 목표이익을 $16,000,000 또는 단위당 $80로 유지하기 위하여, 슈퍼북의 원가를 $6,000,000 또는 단위당 $30로 절감하여야 한다. Astel은 제조원가에서 $4,000,000 또는 단위당 $20, 마케팅, 유통 및 고객서비스원가에서 $2,000,000 또는 단위당 $10만큼 절감하는 것을 목표로 한다. 이 업무에 배정된 교차기능팀은 메가북이라는 개선된 슈퍼북을 생산하기 위하여 다음을 제안한다.

- 개별 부품을 구매하는 것이 아니라, 하위 조립단위를 구매하여 직접재료원가 및 주문원가를 줄인다.
- 주문 및 수령과정을 재설계하여, 주문당 원가를 절감한다.
- 테스트 시간 및 테스트 시간당 노무와 전력을 절감한다.
- 시간당 재작업원가를 절감하기 위하여, 새로운 재작업 절차를 개발한다.

단위당 직접노무원가와 총가공원가는 동일하게 유지된다.

다음은 슈퍼북과 비교한 메가북의 원가동인수량 및 원가동인당 원가자료에 대한 내용이다.

요구사항

제안된 개선사항으로 Astel의 목표인 메가북의 제조원가 $4,000,000 또는 단위당 $20 절감을 달성할 수 있겠는가? 계산과정을 제시하시오.

Home Insert Page Layout Formulas Data Review View

	A	B	C	D	E	F	G	H	I	J	K	L	M	N
1			2017년 슈퍼북 200,000단위 생산에 대한 제조원가 정보						2017년 메가북 200,000단위 생산에 대한 제조원가 정보					
2														
3	원가항목	원가동인	예산원가동인 수량				예산원가 동인 총수량	예산원가 동인 단위당 원가	예산원가동인 수량				예산원가 동인 총수량	예산원가 동인 단위당 원가
4	(1)	(2)	(3)		(4)		(5)=(3)×(4)	(6)	(7)		(8)		(9)=(7)×(8)	(10)
5	직접제조원가													
6	직접재료	상자수량	1	단위당 상자	200,000	단위	200,000	$385	1	단위당 상자	200,000	단위	200,000	$375
7	직접노무 (DML)	노무시간	2.65	단위당 노무시간	200,000	단위	530,000	$ 20	2.65	단위당 노무시간	200,000	단위	530,000	$ 20
8	직접가공 (고정)	기계시간					300,000	$ 38					300,000	$ 38
9	제조간접원가													
10	주문 및 수령	주문 수	50	부품당 주문	425	부품	21,250	$ 80	50	부품당 주문	400	부품	20,000	$ 60
11	검사	검사시간	15	단위당 검사시간	200,000	단위	3,000,000	$ 2	14	단위당 검사시간	200,000	단위	2,800,000	$1.70
12	재작업				6.5%	불량률					6.5%	불량률		
13		재작업 시간	2.5	불량품 단위당 재작업 시간	13,000[a]	불량품 단위	32,500	$ 40	2.5	불량품 단위당 재작업 시간	13,000[a]	불량품 단위	32,500	$ 32
14														
15	[a] 6.5% 불량률×200,000단위=13,000단위													

Solution

보기 13-8은 제안된 개선사항에 따른 메가북의 제조원가를 나타낸다. 제조원가는 $108,000,000 또는 단위당 $540(보기 13-6)에서 $104,000,000 또는 단위당 $520(보기 13-8)로 감소하여, 목표 절감액인 $4,000,000 또는 단위당 $20를 달성할 것이다.

보기 13-8 2017년 메가북의 목표제조원가

	A	B	C	D
1		200,000단위의		단위당
2		예산제조원가		예산제조원가
3		(1)		(2)=(1)÷200,000
4	직접제조원가			
5	직접재료원가(200,000단위×단위당 $375)	$ 75,000,000		$375.00
6	직접노무원가(530,000직접노무시간×시간당 $20)	10,600,000		53.00
7	직접가공원가(300,000기계시간×시간당 $38)	11,400,000		57.00
8	직접제조원가	97,000,000		485.00
9	제조간접원가			
10	주문 및 수령원가(20,000주문×주문당 $60)	1,200,000		6.00
11	검사원가(2,800,000검사시간×시간당 $1.70)	4,760,000		23.80
12	재작업원가(32,500재작업시간×시간당 $32)	1,040,000		5.20
13	제조간접원가	7,000,000		35.00
14	총제조원가	$104,000,000		$520.00

과제

서술형 문제

13-1 가격결정에 영향을 미치는 세 가지 주요 요인은 무엇인가?

13-2 "가격결정을 위한 관련원가는 제품의 총원가이다."라는 주장에 동의하는가? 답에 대한 이유를 설명하시오.

13-3 원가배부의 네 가지 목적을 설명하시오.

13-4 활동기준원가계산은 가격결정에 어떻게 유용한가?

13-5 장기가격결정에 대한 두 가지 대안을 설명하시오.

13-6 단위당 목표원가는 무엇인가?

13-7 가치공학과 목표원가예산에서 가치공학의 역할을 설명하시오.

13-8 부가가치원가 및 비부가가치원가의 예를 각각 두 가지 제시하시오.

13-9 "기업이 원가의 발생과 원가의 확정을 구분하는 것은 중요하지 않다."라는 주장에 동의하는가? 답에 대한 이유를 설명하시오.

13-10 원가가산가격은 무엇인가?

13-11 원가가산가격결정의 세 가지 대안을 설명하시오.

13-12 두 제품(또는 서비스)의 원가차이가 가격차이보다 훨씬 작은 사례를 두 가지 제시하시오.

13-13 수명주기예산은 무엇인가?

13-14 제품 수명주기보고형식의 사용은 어떤 장점이 있는가?

13-15 약탈적 가격, 덤핑 및 가격담합을 정의하시오.

객관식 문제

13-16 가격 탄력성에 관한 다음의 설명 중 잘못된 것은 무엇인가?

a. 완전 비탄력적 수요의 제품은 가격이 변하더라도 수요는 동일하다.
b. 완전 비탄력적 수요의 제품은 가격이 변함에 따라 수요는 변화한다.
c. 수요가 가격 탄력적일 때, 낮은 가격은 수요를 자극한다.
d. 수요가 가격 탄력적일 때, 높은 가격은 수요를 감소시킨다.

주관식 문제

13-17 **부가가치, 비부가가치원가.** Magill 수리점은 공작기계를 수리한다. 2017년 활동별 원가는 다음과 같다.

수리를 위한 재료 및 노무	$1,100,000
재작업원가	90,000
업무지연으로 인한 원가	65,000
재료처리원가	80,000
재료조달 및 검사원가	45,000
설비 예방원가	55,000
설비 유지–수리원가	75,000

요구사항

1. 각 원가를 부가가치, 비부가가치 및 구분이 모호한 회색 영역의 원가로 구분하시오.
2. 회색 영역으로 분류된 원가는 60%가 부가가치원가이고, 40%가 비부가가치원가라고 가정하자. 총 7가지 원가 중 부가가치원가 및 비부가가치원가는 각각 얼마인가?
3. Magill은 다음과 같은 개선사항을 고려하고 있다.
   - 재작업 및 업무지연 원가를 40%까지 줄이고, 수리를 위한 재료 및 노무원가를 5%까지 줄이는 효과가 있는 품질개선 프로그램을 도입한다.
   - 공급업체와 협력하여 재료조달 및 검사원가를 20% 줄이고, 재료처리원가를 30% 절감한다.
   - 설비 유지–수리원가를 50%까지 절감하기 위하여, 설비 예방원가를 70% 증가시킨다.

   위의 개선사항이 부가가치와 비부가가치원가 및 총원가에 미치는 영향을 계산하고, 설명하시오.

13-18 **목표영업이익, 부가가치원가, 서비스기업.** Europa Associates는 건축물의 설계 서비스를 제공하는 기업이다. 2017년의 손익계산서는 다음과 같다.

총수익	$701,250
직원급여(7,500시간×시간당 $52)	390,000
여비	15,000
일반관리비	171,600
총원가	576,600
영업이익	$124,650

직원이 소비한 활동별 시간의 비율은 다음과 같다.

설계도면 작성	77%
설계도면 검토	3
설계 오류 수정	8
고객요청 수정 반영	5
건축법 적용 오류 수정	7
합계	100%

일반관리비는 직원급여에 비례한다고 가정하며, 각 요구사항은 서로 독립적이다.

요구사항

1. 2017년 총원가 중 부가가치, 비부가가치 또는 회색 영역의 원가는 각각 얼마인지 간략히 제시하고, 유로파는 원가를 절감하기 위해 어떤 조치를 취할 수 있는지 설명하시오.
2. 비부가가치원가를 부가가치원가로 잘못 분류하면 어떤 결과가 나타나는가? 분류가 확실하지 않다면, 원가를 부가가치원가로 분류할 것인가? 아니면 비부가가치원가로 분류할 것인가? 간략히 설명하시오.
3. 유로파가 모든 오류를 제거했기 때문에, 결과적으로 수정할 필요가 없어 직원급여를 비례적으로 절감할 수 있다고 가정한다. 2017년 유로파의 영업이익을 계산하시오.
4. 이제 유로파가 더 많은 서비스를 제공할 수 있지만, 인력을 충원할 수 없다고 가정한다. 또한 모든 오류를 제거하였으므로, 수정에 시간을 할애할 필요가 없으며, 이 절약된 시간을 이용하여 수익을 비례적으로 증가시킬 수 있다고 가정한다. 여비가 $15,000로 유지될 때, 2017년 유로파의 영업이익을 계산하시오.

13-19 목표가격, 목표원가, 활동기준원가계산. Snappy는 대리석 타일을 공급하는 소규모 업체이다. Snappy는 세 가지 주요 활동 및 원가집합으로 주문, 수령 및 보관, 배송으로 구분하며, 2016년의 세부자료는 다음과 같다.

활동	원가동인	원가동인의 수량	원가동인 단위당 원가
1. 타일의 주문	주문횟수	500	횟수당 $50
2. 수령 및 보관	수령횟수	4,000	횟수당 $30
3. 배송	배송횟수	1,500	횟수당 $40

2016년 Snappy는 단위당 평균 $3의 가격으로 250,000단위의 타일을 구입하여, 단위당 평균 $4의 가격으로 소매점에 판매한다. Snappy는 고정원가와 재고가 없다고 가정한다.

요구사항

1. Snappy의 2016년 영업이익을 계산하시오.
2. 2017년, 소매업체는 2016년의 가격에서 5% 할인을 요구하고 있다. Snappy의 공급업체는 오직 4%의 할인만을 제공한다. 2017년은 2016년과 동일한 수량의 타일 판매가 예상되며, 나머지 모든 원가 및 원가동인이 동일할 경우 2017년의 영업이익을 계산하시오.
3. Snappy는 장기주문을 통하여 주문횟수를 200회로 줄이고, 주문당 원가를 $25로 절감할 것이라 예상한다. 또한 창고의 구조를 재설계하여 수령횟수를 3,125회로 줄이고 횟수당 원가를 $28로 절감할 것이라 예상한다. Snappy는 2017년에 타일 단위당 $0.30의 목표영업이익을 달성할 수 있는가? 계산과정을 제시하시오.

13-20 목표원가, 설계변경. Neuro Instruments는 1개의 직접원가범주(직접재료원가)와 3개의 간접원가범주를 가진 제조원가계산을 사용한다.

a. 배치수에 비례하는 셋업, 주문 및 재료처리원가
b. 기계시간에 비례하는 제조운영원가
c. 엔지니어링 변경횟수에 비례하는 엔지니어링 변경원가

2016년 말 Neuro Instruments는 치열해지는 경쟁에 대응하기 위하여 가치공학을 사용하여 제조원가를 절감하였다. 2016년과 2017년의 실제정보는 다음과 같다.

	2016년	2017년
배치당 셋업, 주문 및 재료처리원가	$ 8,900	$8,000
기계시간당 제조운영원가	$ 64	$ 48
엔지니어링 변경횟수당 원가	$16,000	$8,000

경영자는 가치공학이 인기제품 중 하나인 HJ6의 단위당 목표제조원가 5% 절감에 성공하였는지 평가하려고 한다.
2016년과 2017년 HJ6의 실제결과는 다음과 같다.

	2016년 실제결과	2017년 실제결과
HJ6 생산량	2,700	4,600
단위당 직접재료원가	$ 1,400	$ 1,300
생산에 요구된 배치 수	60	70
생산에 요구된 기계시간	20,000	30,000
엔지니어링 변경횟수	24	7

요구사항

1. 2016년 HJ6의 단위당 제조원가를 계산하시오.
2. 2017년 HJ6의 단위당 제조원가를 계산하시오.
3. Neuro Instruments는 2017년에 HJ6의 단위당 목표제조원가를 달성하였는가? 답에 대해 설명하시오.
4. Neuro Instruments가 2017년 단위당 제조원가를 절감한 방법을 설명하시오.
5. Neuro Instruments가 목표원가를 달성하는 데 어떤 문제가 있는가? 이를 어떻게 극복할 수 있는가?

13-21 목표원가, 설계변경. Sun Systems는 오하이오 남부 주거지역의 에너지 감사를 제공하는 기업이다. 에너지 감사는 주택 소유자에게 태양에너지의 장점에 대한 정보를 제공하며, 태양열 난방시스템 구매 및 설치에 따르는 환급과 세금공제를 설명한다. 감사가 성공할 경우 주택 소유자는 태양열 난방시스템을 구매하며, Sun Systems는 이와 관련한 모든 서류를 준비하고 현지 기업에게 설치를 의뢰한다. Sun Systems는 감사원가를 발생시키는 세 가지 주요 활동, 새 연락처 수집(연락처 수), 출장(이동 거리), 관련 서류준비(업무시간) 활동을 식별하였다. 2016년 및 2017년의 각 활동에 대한 실제원가는 다음과 같다.

	2016년	2017년
시간당 업무원가	$35.00	$35.00
연락처당 평균원가	9.00	7.00
마일당 출장원가	0.55	0.65
시간당 서류준비원가	9.10	9.50

2017년 Sun Systems는 가치공학을 사용하여 원가를 절감하였다. 경영자는 가치공학이 목표원가 5% 절감을 성공하였는지 평가하고자 한다.

Sun Systems의 2016년과 2017년의 실제결과는 다음과 같다.

	2016년 실제결과	2017년 실제결과
감사완료 수	150	178
수집한 연락처 수	215	275
출장 이동거리(마일)	1,756	1,327
총서류준비시간	1,218	1,367
감사당 평균 업무시간	2.2	2

요구사항

1. 2016년 감사당 원가를 계산하시오.
2. 2017년 감사당 원가를 계산하시오.
3. Sun Systems는 2016년에 감사당 목표원가를 달성하였는가? 답에 대해 설명하시오.
4. Sun Systems이 목표원가를 달성하는 과정에 어떤 문제가 있으며, 이러한 문제를 어떻게 극복할 수 있는가?

13-22 원가가산가격, 목표투자수익률. 브랜치는 60객실 규모의 모텔로 곧 영업을 개시할 계획이다. 브랜치는 내년에 16,000박만큼 객실을 임대할 수 있을 것으로 예상하며, 모든 객실의 등급은 동일하여, 같은 가격으로 임대한다. 다음은 내년의 예상운영원가이다.

변동운영원가	1박당 $4
고정원가	
급여	$170,000
건물 및 수영장 유지	48,000
기타 일반관리비	122,000
총고정원가	$340,000

모텔에 투자한 자본은 $1,000,000이며 목표투자수익률은 20%이다. 모텔의 객실 수요는 연중 균일할 것으로 예상하며, 목표투자수익을 달성하기 위하여 원가가산가격을 설정할 것이다.

요구사항

1. 브랜치는 1박당 얼마의 가격을 청구하여야 하는가? 총원가 대비 마크업의 비율은 어느 정도인가(%)?
2. 시장조사를 통하여, 요구사항 1에서 결정된 1박당 가격이 10% 인하되면, 숙박수요가 10% 증가할 것으로 예상한다. 경영자는 가격을 10% 인하하여야 하는가? 계산과정을 제시하시오.

13-23 원가가산가격, 목표가격, 역행작업(working backward). TinRoof, Inc.는 DIY 창고세트를 생산 및 판매한다. 다음은 2016년의 보고내용이다.

생산 및 판매량	3,200
투자	$2,400,000
총원가 대비 마크업비율	8%
투자수익률	12%
단위당 변동원가	$500

요구사항

1. 2016년 TinRoof의 영업이익은 얼마인가? 단위당 총원가, 판매가격 및 변동원가 대비 마크업 비율은 얼마인가?

2. TinRoof는 연간 광고비를 $175,000만큼 늘리는 것을 고려 중이다. 경영자는 광고가 10%의 판매량 증가를 가져올 것으로 기대하고 있다. 광고 여부를 결정하고 계산과정을 제시하시오.
3. 원래 자료로 돌아가서, 2017년 TinRoof는 요구사항 1에서 계산된 가격으로 2,900단위만 판매할 수 있을 것이라 예상하며, 고정원가 $125,000를 절감할 수 있다. 만약 TinRoof가 총원가에서 마크업을 8% 수준으로 유지하기를 원한다면, 단위당 목표변동원가는 얼마인가?

13-24 수명주기예산 및 원가. Jurgensen Manufacturing, Inc.는 충전식 배터리로 작동하는 가정용 진공청소기를 개발할 계획을 갖고 있다. 제품 설계와 테스트에 6개월이 소요된다. 판매개시 후 첫 6개월간은 10,000단위, 이후 2년간은 20,000단위, 마지막 6개월간은 5,000단위의 판매가 예상된다. 다음은 예상원가에 대한 내용이다.

기간	원가	기간별 총고정원가	단위당 변동원가
0~6개월	설계원가	$500,000	
7~12개월	생산	$1,300,000	단위당 $90
	마케팅	$1,000,000	
	유통	$200,000	단위당 $10
13~36개월	생산	$4,900,000	단위당 $70
	마케팅	$2,325,000	
	유통	$700,000	단위당 $8
37~42개월	생산	$800,000	단위당 $60
	마케팅	$475,000	
	유통	$100,000	단위당 $7

화폐의 시간가치는 무시한다.

요구사항

1. 청소기의 가격을 단위당 $375로 설정한다면, 제품수명주기 동안 얼마의 영업이익을 달성할 수 있는가? 단위당 영업이익은 얼마인가?
2. 판매가격이 $375로 유지될 때, 제품설계원가를 제외한 나머지 세 단계 수명주기별 영업이익은 각각 얼마인가?
3. 제품수명주기별 예산영업이익의 변화를 어떻게 설명할 것인가? 새로운 진공청소기 개발에 앞서, 회사가 고려하여야 할 다른 사항은 무엇인가?
4. Jurgensen Manufacturing, Inc.는 첫 번째 수명주기단계에서 보고할 영업이익에 대해 우려하고 있다. 처음 6개월 동안은 진공 청소기 가격을 $425로 설정하고, 그 이후에 $375로 낮추는 것을 고려하고 있다. 이 가격전략에서는 첫 6개월간은 9,500단위, 그 후 2년간은 매년 19,000단위, 마지막 6개월간은 5,000단위를 판매할 것으로 예상한다. 주어진 원가구조가 동일하게 지속될 때, 어떤 가격전략을 선택할 것인지 설명하시오.

13-25 가격결정의 원가 이외 고려사항. Fun Stay Express는 인기 있는 놀이공원 근처에 100객실 규모의 호텔을 운영한다. 6월(30영업일) 동안 월요일부터 목요일 저녁까지 65%의 객실 점유율을 기록하였고, 금요일부터 일요일(주말)까지는 90%를 달성하였다(6월 중 주말은 12영업일, 주중은 18영업일). Fun Stay Express의 스위트 객실가격은 1박당 $850이다. 최근 Fun Stay Express는 호텔의 수익성을 개선하기 위하여 전문가를 고용하였다. 다음 정보는 Fun Stay Express의 원가자료이다.

	고정원가(월별)	변동원가
감가상각비	$25,000	
일반관리비	$38,000	
객실유지	$16,000	객실 1박당 $30
조식	$12,000	조식당 $6

호텔은 투숙객에게 무료로 조식을 제공한다. 6월 동안 객실 1박당 주중 평균 2회, 주말은 평균 4회의 조식이 제공되었다.

요구사항

1. 6월의 객실 1박당 평균원가를 계산하시오. 6월의 영업이익은 얼마인가?
2. 전문가는 객실 1박당 가격을 $75로 낮추면, 주중 객실 점유율이 75%로 증가할 것이라고 추정한다. 또한 주말 객실 1박당 가격을 $105로 인상하여도, 객실 점유율은 90%로 유지될 것으로 예상한다. 전문가의 예상에 근거한 제안은 Fun Stay Express에게 유리한가? 계산과정을 제시하시오.
3. 고객들이 주중과 주말의 가격차이 $30를 받아들이는 이유는 무엇인가?
4. 숙박할인 중개업체가 주중 및 주말에 비어 있는 객실에 대하여 할인거래를 제안하였다. 객실 1박당 평균 3회의 조식이 제공된다고 가정할 때, Fun Stay Express가 제시할 수 있는 객실 1박당 최소가격은 얼마인가?

13-26 원가가산가격, 목표가격, 역행작업(working backward). Rusty Manufacturing의 새로운 경영자는 회사 운영에 대한 작년 자료를 수집하였다. 다음은 해당 자료이며, 일부는 누락되었다.

총매출액	?
생산 및 판매수량	500,000단위
판매가격	?
영업이익	$180,000
총투자	$2,250,000
단위당 변동원가	$4.00
연간고정원가	$2,500,000

요구사항

1. (a) 총매출액, (b) 판매가격, (c) 투자수익률 및 (d) 총원가 대비 마크업 비율을 제시하시오.
2. 새 경영자는 500,000단위 판매량을 유지하면서 고정원가를 $225,000, 단위당 변동원가를 $0.30만큼 절감할 계획을 수립하였다. 요구사항 1의 마크업 비율을 유지하여, 새로운 판매가격을 계산하시오.
3. 요구사항 2의 내용이 유지된다는 가정하에서, 변동원가의 감소에 따른 제품 품질하락으로 판매량이 5% 감소하였다. 영업이익(손실)을 계산하시오.
4. 요구사항 3의 품질 이외에, 경영자의 계획을 실행하는 데 어떤 우려사항이 있는지 간단히 설명하시오.

13-27 가치공학, 목표가격 및 목표원가. Tiffany Cosmetics는 다양한 메이크업 및 미용 제품을 제조 및 판매한다. 이 회사는 새로운 안티 에이징 크림에 대한 특허를 제출하였다. 경영자는 해당 제품 구매가 다른 제품의 판매도 증가시킬 가능성이 있기 때문에, 해당 제품의 가격 경쟁력을 확인하려고 한다. 회사는 다음과 같은 예상원가로, 첫해에 400,000단위의 제품을 판매를 예상한다.

제품설계 및 허가	$1,000,000
직접재료원가	1,800,000
직접노무원가	1,200,000
변동제조간접원가	600,000
고정제조간접원가	2,000,000
고정판매관리비	3,000,000

요구사항

1. 회사는 제품을 병당 $38에 판매할 수 있다고 믿고 있다. 회사의 목표 영업이익은 매출액의 40%이다. 400,000단위를 생산하기 위한 목표 총원가를 계산하시오. 예상원가가 회사의 목표를 충족하는가? 가치공학이 필요한가?
2. 남미에 있는 특정 식물의 과즙을 직접재료로 사용하여야 한다. 회사가 이 특별한 성분을 제거 또는 대체할 수 있다면, 직접재료원가는 45% 감소할 것이다. 그러나 이를 위하여 $300,000의 설계변경이 필요하다. 이 설계변경으로 제품의 목표원가를 달성할 수 있는가?
3. 경영자는 회사의 브랜드를 손상시킬 우려가 있으므로, 제조방식의 변경을 반대한다. 오히려 마케팅에 더 많은 비용을 지출하고, 가격을 올리는 것을 주장한다. 회계담당자는 마케팅 비용을 $400,000만큼 추가로 지출하면, 판매수량의 손실 없이 병당 $42의 판매가격을 달성할 수 있다고 예측한다. 이 가격으로 회사는 매출액의 40%인 목표영업이익을 달성할 수 있는가?
4. 위의 대안(요구사항) 2와 3을 수행할 때의 장단점은 무엇인가?

13-28 목표서비스원가, 가치공학 및 활동기준원가계산. Lagoon은 가족 친화적 놀이공원이다. 공원면적은 25에이커 이상이며, 모든 놀이기구의 이용이 포함된 공원 입장료는 $35이다. 해당 가격에서 Lagoon의 목표이익은 매출액의 35%이다. Lagoon의 경영자는 공원 운영원가를 발생시키는 주요 활동을 식별하였다. 활동별 원가집합, 원가동인 및 각 원가동인 단위당 원가는 다음과 같다.

활동	활동설명	원가동인	원가동인당 원가
티켓판매	공원입구에서 티켓 판매	티켓판매량	판매 티켓당 $2
티켓검사	공원입장 시 티켓검사	고객 수	고객당 $1.50
놀이기구 운영	놀이기구 탑승, 하차 관리	운영횟수	운영당 $90
청소	공원청소	청소시간	시간당 $20

공원은 매일 오전 10시부터 오후 8시까지 운영하며, 주당 평균 고객 수는 55,000명이다. 티켓의 15%는 온라인으로 판매되며, 이에 대해 티켓당 $1의 수수료가 지급된다. Lagoon에는 27개의 놀이기구가 있으며, 각 놀이기구는 1시간에 평균 6회 운영한다. 청소요원은 1에이커마다 배정되며, 1명의 청소요원이 시간당 약 1에이커를 청소할 수 있다.

경쟁에 대응하고 매주 55,000명의 고객을 계속 유지하기 위해, Lagoon은 티켓 가격을 $33로 낮추기로 결정하였다. 이전과 동일한 수준의 이익을 유지하기 위해, Lagoon은 운영원가를 줄여야 하며, 이를 위해 다음과 같은 개선사항을 고려하고 있다.

a. 온라인 티켓 구매에 대한 인지도를 높이기 위해, 주당 $1,000의 광고를 실시한다. Lagoon의 경영자는 이 광고가 온라인 구매비율을 총티켓판매의 40%까지 증가시킬 것으로 예상한다. 이 경우 온라인 티켓 판매수수료는 티켓당 $0.75로 감소한다.

b. 인기 없는 8개 놀이기구의 운영 시간을, 하루 10시간에서 7시간으로 줄인다.

c. 주당 $250의 추가원가로, 공원의 쓰레기통 수를 늘린다. 청소요원은 1명이 시간당 1.25에이커를 청소할 수 있다.

다른 모든 활동에 대한 원가동인당 원가는 동일하게 유지된다.

요구사항

1. Lagoon은 현재 매출액 35% 수준의 목표이익을 달성하고 있는가?
2. 새로운 개선사항을 통하여, Lagoon이 동일한 목표이익을 달성할 수 있는지를 계산을 통해 제시하시오.
3. 목표원가를 달성하는 과정에서 경영자는 어떠한 문제를 직면할 수 있는가? 또한 이를 어떻게 극복할 수 있는가?

13-29 원가가산가격, 목표투자수익률 가격. Zoom-o-licious는 자판기용 캔디를 만들어 30개를 한 묶음으로 소매상에게 판매한다. 회사는 다양한 종류의 캔디를 만들지만 각각의 원가차이가 거의 없고, 따라서 묶음당 모두 같은 가격에 판매한다. Zoom-o-licious의 총투자액은 $15,000,000이고, 내년에 탠디 300,000묶음을 생산 및 판매할 예정이다. Zoom-o-licious의 목표투자수익률은 10%이다.

변동제조원가	묶음당 $4.00
변동판매유통원가	묶음당 $1.00
고정제조원가	$300,000
고정판매유통원가	$400,000
기타고정원가	$200,000

Zoom-o-licious는 캔디 묶음의 가격을 목표투자수익률을 달성할 수 있도록 총원가에 마크업을 가산하여 설정한다.

요구사항

1. 목표영업이익은 얼마인가?
2. 목표영업이익을 얻기 위해 얼마의 목표가격을 설정하여야 하는가? 총원가 대비 마크업 비율을 계산하시오.
3. Zoom-o-licious의 가장 가까운 경쟁 업체는 묶음당 36단위의 캔디를 판매하며, 묶음당 가격을 $16로 인상하였다. 따라서 Zoom-o-licious는 묶음당 가격을 $15로 인상하는 것을 고려하고 있다. 생산 및 판매수량이 4% 감소했다고 가정하고, Zoom-o-licious의 투자수익률을 계산하고, 가격인상은 적절한 판단이었는지 설명하시오.

13-30 원가가산가격, 시간과 재료, 윤리. A & L Mechanical은 배관, 난방 및 에어컨 시스템을 판매 및 설치한다. A & L의 원가계산시스템은 직접노무와 직접재료, 두 가지 원가 범주를 사용한다. A & L은 시간 및 재료에 근거한 가격결정을 사용하며, 직접노무의 80%, 직접재료의 60% 수준의 마크업을 가산하여 지원직원 및 재료, 공유설비 및 도구의 간접원가를 회수하고 이익을 창출한다.
어느 더운 여름날, Michelle Lowry의 집에 설치된 중앙 에어컨이 작동을 멈추었고, A & L의 기술자 Tony Dickenson이 Lowry의 집에 도착하여 에어컨을 점검하였다. 그는 압축기를 교체하거나 수리하는 두 가지 옵션을 고려하였고, 옵션별 원가정보는 다음과 같다.

	노무	재료
수리	7시간	$120
교체	4시간	$230
임률	시간당 $45	

요구사항

1. Dickenson이 Lowry에게 각각의 대안에 대해 얼마의 가격을 제시하여야 하는가?
2. Lowry가 해당 집에서 최소 3년 이상 거주한다고 할 때, Lowry의 최적대안은 무엇인가?

3. Dickenson의 목표가 이익 극대화라면, Lowry에게 어떤 옵션을 추천할 것인가? 여기서 적절한 윤리적 행동 방침은 무엇인가?

13-31 원가가산 및 시장기반 가격결정(CMA 기출). Quick Test Laboratories는 온도의 변화에 따라 재료의 반응을 조사하는 실험기업이다. 초기 성장의 대부분은 정부와의 계약에 기반했지만, 최근 성장은 외부 시장에서 비롯되었다. 회사에서 제공하는 두 가지 유형의 테스트는, 열 테스트(HTT)와 저온 테스트(ACT)이다. 현재 예산의 모든 운영원가는 하나의 간접원가 집합에 수집되며, 모든 예상 테스트 시간도 하나의 집합으로 수집된다. 두 가지 유형의 테스트에, 테스트 시간당 하나의 원가율이 적용된다. 원가와 세금을 회수하고 이익을 창출하기 위하여, 원가율에 30%의 마크업을 가산한다.

Quick Test의 관리자인 George Barton은 테스트 절차와 원가구조가 다양한 마크업 비율을 설정하기에 충분한 여지가 있다고 생각한다. 그는 또한 회사가 현재 사용하고 있는 고정적인 요금 구조가 현재 경쟁환경에서 부적절하다고 판단한다. 이에 데이터를 분석한 후, 운영원가를 다음 세 가지 영역으로 나누었다.

노무 및 감독	$ 436,800
셋업원가	351,820
설비	435,600
총예산원가	$1,224,200

George Barton은 이후 총 112,000시간의 테스트 시간을 계획하고 있다. 테스트 시간은 노동과 감독의 원가동인이다. 셋업원가에 대한 원가동인의 예산수량은 700셋업시간이다. 설비에 대한 원가동인의 예산수량은 12,000기계시간이다.

George는 HTT가 테스트 시간의 70%, 셋업시간의 20%, 기계시간의 절반을 사용한다고 추정하였다.

요구사항

1. HTT 및 ACT의 테스트 시간과 시간당 청구요율을 기준으로 운영원가의 단일 원가율을 제시하시오.
2. 운영원가에 대한 세 가지 활동기준원가율을 제시하시오.
3. HTT 및 ACT의 청구요율은 활동기준원가를 기반으로 하는가? 테스트 시간으로 요율을 계산하고, 요구사항 1과 2를 모두 고려할 때, 무엇이 더 최선인지 설명하시오.
4. Quick Test가 ACT에 시간당 $23를 청구하는 경우, Quick Test는 경쟁력을 유지하기 위해 무엇을 할 수 있는가?

13-32 수명주기원가. Maximum Metal Recycling and Salvage는 오래된 산업 현장에서 고철 및 기타 재료를 수거하여 처리한다. 현장의 소유자는 무료로 현장을 이전하며, Maximum은 현장에서 24개월 동안 고철을 수집한 다음 현장을 청소하고 토지를 사용 가능한 상태로 되돌려 토지 개발자에게 판매할 계획이다. 프로젝트와 관련된 예상원가는 다음과 같다.

		고정원가	변동원가
1~24개월	고철수집	월간 $ 2,000	톤당 $80
1~27개월	임시건물 임차	월간 $ 1,000	
	일반관리	월간 $ 6,000	
25~27개월	청소	월간 $20,000	
	토지재생	총 $23,000	
	토지판매원가	총 $80,000	

화폐의 시간가치는 무시한다.

요구사항

1. Maximum이 현장에서 70,000톤의 금속을 회수할 것으로 예상할 때, 해당 프로젝트의 총수명주기 원가는 얼마인가?
2. Maximum이 톤당 $110에 금속을 팔 수 있고, 톤당 $30의 이익(세전)을 원한다고 가정한다. 톤당 목표이익을 달성하기 위하여, Maximum은 프로젝트 종료 시 토지를 얼마의 가격으로 판매해야 하는가?
3. 이제 Maximum이 금속을 톤당 $100에 판매하고, 토지는 요구사항 2에서 계산한 것보다 $110,000 낮은 가격으로만 판매할 수 있다고 가정하자. Maximum이 요구사항 2에서와 같이 프로젝트 총수명주기원가에 대해 동일한 마크업 비율을 유지하려면, 회사는 총수명주기 원가를 얼마나 줄여야 하는가?

13-33 항공편 가격, 기타 고려사항. Europa Airways는 스페인 마드리드에서 이집트 카이로까지 매일 왕복하는 항공편을 도입할 예정이며 왕복 항공권 가격의 여러 설정 방법을 고려 중이다.
Europa Airways의 시장조사부서는 시장을 출장 및 관광으로 분류한다. 다음은 여행사에 지불한 수수료를 포함하여, 두 가지 다른 가격에 따른 판매 예상 좌석 수와 항공권당 변동원가에 대한 정보이다.

		판매 예상 좌석 수	
가격	티켓당 변동원가	출장	관광
$800	$85	300	150
1,800	195	285	30

관광목적 승객은 여행 시작 후 일주일 동안, 적어도 한 번의 주말을 포함하여 여행한 후 돌아오기를 원한다. 출장승객은 일반적으로 같은 주에 여행을 시작하고 완료한다. 그들은 주말을 목적지에서 머물기를 원하지 않는다. 왕복 연료비는 고정원가 $24,700이고, 비행기 임차원가, 지상 서비스 및 승무원 급여를 위해 왕복 항공편에 배부된 고정원가는 총 $183,000라고 가정한다.

요구사항

1. 출장승객과 관광승객에게 다른 가격을 설정할 수 있는가? 계산과정을 제시하시오.
2. 요구사항 1 답의 핵심요인을 설명하시오.
3. Europa Airways는 가격차별을 어떻게 사용할 수 있는가? 즉, 출장승객과 관광승객 모두가 원하는 가격을 지불할 수 있도록, 항공사는 어떤 전략을 세울 수 있는가?

13-34 독점금지법 및 가격. Global Airlines는 국내 및 국제여행을 위한 저가 항공사이다. 회사는 미국 내 여행에 대해 '최저가' 항공권을 보장한다. '최저가' 항공권 보장은 출장승객에게 인기 시간대인 월요일 아침과 금요일 저녁에는 적용되지 않는다.

요구사항

1. Global Airlines의 이러한 가격 책정 관행은 독점금지법을 위반하는가? 그 이유는 무엇인가?
2. Global Airlines가 월요일 오전과 금요일 저녁 항공편에 대해 최저가격 보장을 제공하지 않는 이유와 정책의 동의 여부에 대해 설명하시오.
3. 이러한 가격 정책을 시행하기 전에 Global Airlines에서 고려해야 할 다른 요소는 무엇인가?

13-35 윤리 및 가격. Instyle Interior Designs는 새로운 개발사업을 위해, 4개의 모델하우스 장식에 대한 입찰을 요청받았다. 입찰에서 이기는 것은 영업담당자 Jim Doogan의 승진과 커리어에 큰 도움이 될 것이다. Instyle의 회계담당자인 Sara Groom은 다음의 원가정보를 기반으로 입찰을 준비한다.

직접원가		
설계원가		$ 20,000
가구 및 미술재료		70,000
직접노무		10,000
배송 및 설치		20,000
간접원가		
설계소프트웨어	5,200	
가구취급	4,800	
일반관리비	8,000	
총간접원가		18,000
총원가		$138,000

총원가의 120%로 가격을 책정하는 회사 정책에 따라, Groom은 Doogan에게 입찰에 제출하기 위해 $165,600의 금액을 제공하였다. 그러나 Doogan은 매우 염려하며, Groom에게 그 가격으로는 Instyle이 이길(낙찰) 가능성이 없다고 반발하였다. 또한 그는 사업 개발자를 NBA 플레이 오프 게임에 데려가기 위해 $600의 회사 자금을 사용했다고 털어 놓으며, 그 개발자가 $156,000의 입찰가격이 낙찰을 보장할 것이라고 전해 주었음을 밝혔다. 그는 Groom이 산출할 입찰가격이 그 금액보다 낮을 것이라고 확신했기 때문에, Groom에게 말할 계획이 없었다. Doogan은 Instyle이, 이 귀중한 정보를 활용하지 않으면 이미 지출한 $600가 낭비될 것이라고 생각한다. 아무튼 $138,000의 총원가보다 높기 때문에, $156,000에 낙찰되면 회사는 여전히 돈을 벌 것이다.

요구사항

1. 농구 티켓에 사용된 $600가 입찰 결정과 관련이 있는가? 그 이유는 무엇인가?
2. Groom은 Doogan이 저렴한 가구와 예술품을 적극적으로 사용한다면, $56,000의 입찰가를 충분히 달성할 수 있다고 제안한다. 설계는 이미 검토 및 승인되어, 추가원가 없이는 변경할 수 없으므로, 총원가 절감액은 가구와 예술품에서 달성되어야 한다. Doogan이 총원가의 20% 마크업을 가정하여 $156,000의 입찰가를 제출할 수 있는 가구 및 예술품의 목표원가는 얼마인가?
3. Groom이 Doogan에게 개발자의 조언을 고려하도록 제안한 것이 비윤리적인지 평가하시오. 더 낮은 입찰가에 도달하기 위해 가구 및 예술품 비용을 줄이는 것이 Doogan에게 비윤리적인가? 이 상황을 해결하기 위해 Doogan과 Groom은 어떤 조치를 취해야 하는가?

13-36 가치공학, 목표가격 및 확정원가. Wood Creations는 현대적인 목재 조각을 디자인, 제조 및 판매한다. Sally Jensen은 회사의 소속 아티스트이며, 지난 한 달 동안 복잡한 추상 작품의 디자인 작업에 많은 시간을 보냈다. 제품 개발관리자인 Jim Smoot는 Jensen의 디자인을 선호하지만, 조각품의 가격이 경쟁력이 있는지 확인하고 싶어한다. 따라서 Wood의 회계담당자인 Alexis Nampa는 75개의 조각품 생산에 대해 다음과 같은 예상원가 자료를 Smoot에게 제공하였다.

설계원가	$ 8,000
직접재료원가	32,000
직접노무원가	38,000
변동제조간접원가	32,000
고정제조간접원가	26,000
마케팅	14,000

요구사항

1. Smoot는 Wood Creations가 각 제품을 $2,500에 판매할 수 있다고 생각한다. 회사의 목표영업이익은 매출액의 25%이다. 75개의 조각품을 만드는 데 드는 총목표원가를 계산하시오. Nampa가 산출한 원가는 Wood의 요구사항을 충족하는가? 가치공학이 필요한가?

2. Smoot는 Jensen이 Wood Creations에서 일반적으로 사용하는 표준 등급의 목재가 아닌, 최고급 목재를 사용하여 조각품을 디자인했음을 발견하였다. 목재등급을 교체하면 직접재료원가가 60% 낮아진다. 그러나 이 디자인 수정에는 추가로 $1,100의 원가가 발생하며 조각품은 $2,400에 판매된다. 이 디자인 변경으로 조각품이 목표원가를 충족시킬 수 있는가? 목재원가는 확정원가인가?
3. Jensen은 조각품의 디자인 측면에서 고급 목재가 필수라고 주장한다. 그녀는 더 나은 마케팅에 $3,000를 추가로 지출하면, Wood Creations가 각 조각품을 $2,700에 판매할 수 있다고 믿고 있다. 그렇다면 가치공학 없이 조각품의 목표원가 달성할 수 있는가?
4. 요구사항 2와 3의, 75개의 조각품에 대한 총영업이익을 비교하시오. 계산결과에 근거하여, Wood Creations의 최적대안은 무엇인지 설명하시오.
5. Wood Creations의 경영자는 목표원가를 달성하는 데 어떤 문제가 있으며, 이러한 문제를 어떻게 극복할 수 있는가?

14 원가배부, 고객수익성분석, 매출차이분석

학습목표

1. 기업의 매출과 비용이 고객마다 다른 이유를 논의한다.
2. 고객 수익성 명세서(profile)의 중요성을 파악한다.
3. 손익계산서를 바탕으로 원가계층구조를 이해한다.
4. 원가배부결정에 관한 기준을 이해한다.
5. 간접비를 고객에게 수집하고 배부할 때 기업이 직면하는 의사결정을 논의한다.
6. 매출조업도 차이를 매출배합차이와 매출수량차이로 구분하고, 매출수량차이를 다시 시장점유율차이와 시장규모차이로 세분화한다.

기업은 고객 만족을 추구한다. 그러나 기업이 항상 고객을 만족시키는 것은 쉬운 일이 아니다. 예를 들어, "어느 정도로 고객을 만족시키는가?", "어떠한 가격정책으로 선택할 것인가?", "고객들을 차별없이 동질적으로 대해야 하는 것인가?" 등의 문제는 기업 입장에서 어려운 문제이다.

아래의 예시는 기업의 경영자가 고객의 수익성을 파악하는 것이 왜 중요한지를 설명한다.

Delta 항공[상용(단골)고객부터 VIP 고객까지]

Delta 항공은 최근에 상용비행 대신 전세기 서비스를 제공하는 고액 단골고객을 위한 새로운 프로그램을 소개하였다. 상용 승객우대 프로그램에 따르면 $15,000를 지불하고, 125,000마일 혹은 140회 이상의 항공을 사용한 탑티어(Top-tier)에 해당되는 고객에게는 포르셰로 이동하는 특전이 제공된다.

Delta 항공은 가장 수익성이 높은 고객에 특별한 혜택 및 서비스를 제공하는 산업 전반의 경향을 반영하려고 했다. 그 이유는 다음과 같다. 고객수익성 분석에 따르면 상용고객 중 일부가 Delta 매출에서 차지하는 비중이 불균형한 것으로 나타났다.

예를 들어, 고객 중 5%가 전체 티켓 수입의 25%를 차지한다. 이러한 고객에 보상하기 위해서, Delta는 항공거리보다는 티켓구매비용을 바탕으로 한 보상 프로그램으로 변경하려고 한다. 이 변화는 단순히 저가로 많은 거리를 절약해서 타는 고객보다는 비즈니스석 혹은 1등석(first class)을 구매하는 비즈니스 고객에게 더 많은 혜택을 주는 것이다.

Steve Allen/Allen Creative/Alamy Stock Photo

Delta는 최근 항공 산업에서 트렌드를 반영하여 특히 고액을 지불하는 고객에게 사업의 초점을 두고 있다. 전 세계 전반에 항공사들은 높은 수익성을 주는 고객의 가치에 대해서 살펴보고, 이를 보상하는 방식으로 마케팅과 운영부분에 대해서 재점검하고 있다.

어떤 상품, 고객, 부서가 수익성이 높은가를 결정하기 위해서, 조직은 원가를 적절히 배부할 필요가 있다. 이 책 5장에서 소개된 활동기준원가계산(activity-based costing) 개념을 이번 장 원가배부에 적용하려고 한다. 이 장에서는 원가를 부서와 고객에 배부하는 원가배부와 관련한 주요 쟁점을 살펴보고자 한다. 한편 15장에서는 원가를 각각의 사용자와 활동에 배부하는 것과 관련한 주제에 대해서 살펴본다.

고객수익성 분석

고객수익성 분석(Customer–Profitability Analysis)은 고객으로부터 얻는 수익과 해당 수익을 얻기 위해 발생하는 비용을 보고 및 평가하는 것을 의미한다. 수익과 비용에 따른 고객의 차이를 분석하는 것은 각각의 고객으로부터 얻는 영업이익의 차이가 왜 발생하는가를 알 수 있게 한다. 따라서 경영자는 이 고객수익성 정보를 활용하여 기업의 영업 수익에 큰 기여를 하는 고객은 회사로부터 높은 관심을 받도록 하고, 손실이 발생하는 고객에게는 자원의 사용을 제한하는 의사결정을 한다. 앞의 Delta 항공 예에서도 살펴보았듯이, 경영자는 고객의 수익성 분석을 통하여 고객을 수익성이 높은 고객과 아닌 고객으로 구분한다. 이러한 분석을 통해서 수익성을 제공하는 고객에게는 보다 높은 혜택을 제공하게 된다.

13장의 Astel Computer의 사례를 다시 한 번 살펴보면, Astel은 두 개의 부서를 가지고 있다. 이 중에서 Deskpoint Division은 최첨단 컴퓨터를, Provalue Division은 인텔 i5 칩이 내장된 노트북을 주로 생산 · 판매한다. 보기 14–1(보기 13–3과 동일)은 Provalue Division의 2016년에 관한 자료를 제공하고 있다. Astel은 2개의 유통채널을 통해서 제품을 판매하고 있다. (1) 소매점에 Provalue 컴퓨터를 판매하는 도매상과 (2) 기업고객에 직접 매출하는 방식이다. 판매처와 무관하게 제조원가는 $680이다. 2016년 Provalue의 공식 판매가는 $1,100이나 가격할인이 반영된 평균 판매가는 $1,000이다. 여기에서는 Provalue의 10개 도매상에 대한 고객수익성 분석을 살펴보고자 한다.

고객수익 분석(Customer–Revenue Analysis)

다음은 2016년 Provalue의 10개 도매상 중 4개의 수익(Revenue)에 관한 표이다.

Home Insert Page Layout Formulas Data Review View

	A	B	C	D	E
1				고객	
2		A	B	G	J
3	판매량	30,000	25,000	5,000	4,000
4	공식판매가	$ 1,100	$ 1,100	$ 1,100	$ 1,100
5	가격할인	$ 100	$ 50	$ 150	
6	송장가격	$ 1,000	$ 1,050	$ 950	$ 1,100
7	수익(판매량×송장가격)	$30,000,000	$26,250,000	$4,750,000	$4,400,000

2개의 변수, 즉 (1) 구매한 컴퓨터의 수, (2) 가격할인 정도는 4개의 도매상에 대한 수익의 차이를 설명한다.

가격할인은 공식 판매가 이하에서 고객이 컴퓨터를 구입하도록 유인하는 가격의 조정을 의미한다. 일반적으로 최종 송장가격을 기록하는 기업입장에서는 위의 도매상과의 거래에서 가격할인 정도를 면밀히 파악하기는 어렵다.

가격할인은 예를 들어, 구매한 제품의 수량(다수의 수량을 구입할수록 할인을 더 받을 수 있다)과 타고객에게 매출을 증대시킬 수 있다는 기대 등과 같은 몇 가지 요인의 함수이다. 또

보기 14-1 노트북컴퓨터(Provalue Division)의 원가기반 가치사슬활동 수익성

	A	B	C
1		150,000개 단위의	
2		총금액	단위당 금액
3		(1)	(2)=(1)÷150,000
4	매출	$150,000,000	$1,000
5	매출원가[a](보기 13-2)	102,000,000	680
6	영업비용[b]		
7	R&D 비용	2,400,000	16
8	제품설계비용	3,000,000	20
9	마케팅(판매관리비) 비용	15,000,000	100
10	유통비용	9,000,000	60
11	고객서비스 비용	3,600,000	24
12	영업비용	33,000,000	220
13	제품의 전부원가(Full cost)	135,000,000	900
14	영업이익	$ 15,000,000	$ 100
15			
16	[a] 매출원가=기초재고와 기말재고가 없기 때문에 총제조원가(total manufacturing costs)		
17	[b] 영업비용의 개별항목의 원가금액은 주어진 금액임.		

한 몇 가지 사례에서 할인은 영업사원의 잘못된 협상력으로 기인된 경우도 있으며 수익에 기반한 성과평가에 의한 바람직하지 않은 결과이기도 하다. 그러나 어떠한 경우에도 가격할인은 가격차별, 약탈가격, 담합가격으로 기인해서는 안 된다.

고객 혹은 영업사원을 기준으로 가격할인을 추적하는 것은 고객수익성을 높이는 데 도움이 된다. 예를 들어, Provalue 부서 매니저는 엄격하게 수량기반의 가격할인정책 실시를 결정할 수 있다. 기업은 영업사원이 적합하지 않은 고객들에게 큰 가격할인을 시행하기 전에 기업으로부터 허가를 승인받는 것을 요구할 수 있다. 더군다나 기업은 잠재적 미래 성장을 이유로 상당한 크기의 가격할인을 이미 받은 고객에 대한 미래 매출을 추적할 수 있다. 예를 들어, 경영자는 컴퓨터 개당 $150의 가격할인이 추가적으로 미래 매출로 전환될 수 있는지 확인하기 위하여 G 고객에 대한 미래 매출을 추적하여야 한다.

고객 비용 분석(Customer-Cost Analysis)

이 장에서는 5장에서 논의되었던 원가계층구조를 고객에게 적용한다. 고객 원가계층구조는 고객과 관련한 원가를 다양한 원가동인, 원가배부기준, 인과관계 혹은 수혜기준의 난이도를 바탕으로 다양한 고객 원가집합으로 분류한다. 예를 들어, Provalue 고객원가는 (1) 마케팅(판매관리비) 원가 $15,000,000, (2) 유통 원가 $9,000,000, (3) 고객 서비스 원가 $3,600,000이다(보기 14-1). 경영자는 고객 원가계층구조에서 5가지 범주를 사용한다.

1. **고객 산출물 단위수준원가:** 고객에게 각 개별제품을 판매하기 위해 발생하는 단위 비용(예: 판매된 컴퓨터 제품 유지 비용)
2. **고객 배치(batch) 수준원가:** 고객에 판매된 제품의 묶음과 관련된 비용(예: 생산주문 혹은 운송을 위해 발생한 비용)

3. **고객유지원가:** 고객에 운송된 제품의 수 또는 묶음과 무관하게 개별고객을 지원하는 활동에 관련된 비용(예: 고객 방문비용, 고객장소 진열비용)
4. **유통채널원가:** 개별제품단위, 배치단위, 특정 고객과 무관하게 특정한 유통채널과 관련한 활동에 관련된 비용(예: 도매유통채널의 담당자의 급여)
5. **부서유지원가:** 개별고객 혹은 유통채널로 추적 불가능한 부서 활동의 원가(예: 부서담당자의 급여)

Provalue Division의 원가계층구조 5가지 중 4가지는 5장에서 기술되었던 원가계층구조와 상당히 유사하다. 다만 5장에서 기술되었던 원가계층구조가 제품에 초점을 두고 있는 반면, Provalue Division은 고객에 중점을 두고 있다. 추가적으로 Provalue Division은 원가계층구조에 있어서 유통채널원가라는 원가계층구조를 가지고 있다.

고객 수준 원가

보기 14-2는 활동별로 마케팅 및 판매관리비, 유통, 고객서비스에 관한 원가 정보를 담고 있다. 이 표는 원가동인, 활동별로 발생한 총원가, 원가동인의 총수량, 원가동인 단위당 원가, 각 활동별 고객 원가구조 범주를 살펴보고 있다.

예를 들어, Provalue Division의 마케팅 및 판매관리비 $15,000,000 명세서는 다음과 같다.

- 판매주문비용 $6,750,000는 6,000개의 판매에 대하여 판매횟수당 비용 $1,125 ($6,750,000 ÷ 6,000)가 발생한다. 판매주문비용은 판매횟수당 원가가 비례하는 고객배치수준원가이다.
- 고객방문비용은 $4,200,000이며 이는 고객유지원가이다. 이 비용은 고객에게 배송되는 Provalue의 상품배치에 비례하는 것이 아니라 고객방문 횟수에 비례한다.

보기 14-2 **Provalue의 마케팅, 판매관리, 유통, 고객서비스 활동, 원가동인**

Home Insert Page Layout Formulas Data Review View

	A	B	C	D	E	F	G	H
1	2016년 Provalue 제품 150,000개에 대한 마케팅, 관리, 유통, 고객서비스 활동							
2								
3	활동 영역	원가동인	활동 전체 원가	원가동인 수의 총합계		원가동인의 제품단위별 원가		원가계층구조 범주
4	(1)	(2)	(3)	(4)		(5)=(3)÷(4)		(6)
5	마케팅과 관리비							
6	판매주문	판매주문 횟수	$ 6,750,000	6,000	판매 횟수	$1,125	판매주문당	고객배치수준 원가
7	고객방문	고객방문 횟수	4,200,000	750	고객 방문수	$5,600	고객방문 횟수당	고객유지비용
8	도매유통마케팅		800,000					유통채널원가
9	비지니스 판매 채널 마케팅		1,350,000					유통채널원가
10	Provalue 부서 관리		1,900,000					유통유지원가
11	총 마케팅 관리비		$15,000,000					
12								
13	유통							
14	제품취급	입방피트 면적 넓이	$ 4,500,000	300,000	입방피트	$ 15	입방피트당	고객산출물 제품단위수준 원가
15	정기출하	정기출하 수	3,750,000	3,000	정기출하건수	$1,250	정기출하 횟수당	고객배치수준 원가
16	긴급배송	신속선적 수	750,000	150	신속선적	$5,000	신속선적 횟수당	고객배치수준 원가
17	총유통비용		$ 9,000,000					
18								
19	고객서비스							
20	고객서비스	선적된 제품 수	$ 3,600,000	150,000	선적된 제품 수	$ 24	선적된 제품의 횟수당	고객산출물 제품단위수준 원가

- 유통채널원가는 $800,000이며 이는 도매유통을 관리하는 데 발생하는 비용이다.
- 비즈니스 판매 채널을 관리하는 데 $1,350,000의 비용이 발생하며, 이는 유통채널원가에 해당한다.
- Provalue Division의 일반 관리비는 $1,900,000이며, 이는 부서유지원가에 해당한다.

Provalue Division 경영자는 고객 원가계층구조에 있어서 고객 산출물 단위 수준원가, 고객 배치수준원가, 고객유지원가와 같은 3개 범주에서 발생한 원가인 고객 수준 간접비를 파악하는 것에 관심을 가지고 있다. 경영자는 이러한 원가를 줄이는 고객들과 함께 일하기를 바라고 있다. 그 이유는 고객 행동이 유통채널원가, 부서유지원가보다 상대적으로 고객수준원가에 더 영향을 미칠 것으로 기대하기 때문이다. 4명의 대표 도매고객에 관한 원가동인에 대한 정보는 다음과 같다.

Home Insert Page Layout Formulas Data Review View

	A	B	C	D	E	F
1			고객			
2	활동	원가동인의 수량	A	B	G	J
3	마케팅					
4	판매주문서	판매주문서 수	1,200	1,000	600	300
5	고객방문	고객방문 수	150	100	50	25
6	유통					
7	제품취급	입방피트 면적	60,000	50,000	10,000	8,000
8	정기출하	정기출하 횟수	600	400	300	120
9	신속선적	신속선적 횟수	25	5	20	3
10	고객서비스					
11	고객서비스	선적된 제품 수	30,000	25,000	5,000	4,000

보기 14-3은 앞에서 제시된 4명의 도매고객에 대한 고객 수준의 영업이익과 앞에서 살펴본 고객수준의 간접비(원가동인별 비율 × 각 고객에 사용된 원가동인의 수)를 제시하고 있다. 보기 14-3은 Provalue Division 고객 G의 경우 손실이 발생하고 있는 반면, 고객 J는 수익이 나고 있다. 같은 맥락으로 Provalue Division은 고객 B에게 고객 A와 비교해서 상대적으로 적은 컴퓨터를 판매하고 있지만, 오히려 고객 B에게서 더 큰 영업이익이 나고 있는 실정이다.

Provalue Division의 경영자는 보기 14-3의 정보를 사용하여 고객지원에 있어서 필요한 활동의 양을 줄일 수 있다. 예를 들어, 고객 G와 J를 비교할 때, 고객 G는 고객 J보다 25%(5,000 vs. 4,000) 더 많이 컴퓨터를 구매한다. 그러나 기업은 매출증대를 위하여 고객 G에게 가격할인을 제공한다. 고객 J와 비교해서 고객 G는 판매주문 횟수 2배, 고객방문 횟수 2배, 정기출하 횟수 2배 반, 신속선적 횟수는 7배가 상대적으로 높게 나타났다. 만약 Provalue Division의 영업인력이 가격할인을 제한하고, 고객이 Provalue Division의 자산을 사용하지 못하게 할 수 있다면 Provalue의 매출이 적더라도 오히려 수익이 나게 된다. 예를 들어, 고객이 마케팅, 유통서비스를 사용할수록 고객에게 부담을 시킨다면, 고객 G가 판매주문횟수, 고객방문 횟수, 정기출하 횟수, 신속선적의 횟수를 줄이는 동기부여가 될 것이다. Provalue Division의 경영자는 고객 B와 비교해서 상대적으로 수익성이 낮은 고객 A에 대한 원인을 파악하고 고객 A의 수익성을 개선하기 위한 분석을 시행할 것이다.

보기 14-3 **Provalue의 도매채널 고객에 대한 고객수익성분석**

Home Insert Page Layout Formulas Data Review View

	A	B	C	D	E
1		고객 A	고객 B	고객 G	고객 J
2	표시가격(정가) 총수입	$33,000,000	$27,500,000	$5,500,000	$4,400,000
3	가격할인	3,000,000	1,250,000	750,000	
4	수입	30,000,000	26,250,000	4,750,000	4,400,000
5					
6	매출원가[a]	20,400,000	17,000,000	3,400,000	2,720,000
7					
8	매출총이익	9,600,000	9,250,000	1,350,000	1,680,000
9					
10	고객수준원가				
11	마케팅 비용				
12	판매주문[b]	1,350,000	1,125,000	675,000	337,500
13	고객방문[c]	840,000	560,000	280,000	140,000
14	유통비용				
15	제품취급[d]	900,000	750,000	150,000	120,000
16	정기출하[e]	750,000	500,000	375,000	150,000
17	긴급배송[f]	125,000	25,000	100,000	15,000
18	고객서비스비용				
19	고객서비스[g]	720,000	600,000	120,000	96,000
20					
21	전체 고객수준비용	4,685,000	3,560,000	1,700,000	858,500
22					
23	고객수준 영업이익	$ 4,915,000	$ 5,690,000	$ (350,000)	$ 821,500
24	[a]$680×30,000, 25,000, 5,000, 4,000 [b]$1,125×1,200, 1,000, 600, 300 [c]$5,600×150, 100, 50, 25 [d]$15×60,000, 50,000, 10,000, 8,000				
25	[e]$1,250×600, 400, 300, 120 [f]$5,000×25, 5, 20, 3 [g]$24×30,000, 25,000, 5,000, 4,000				

Owens and Minor는 병원에 의료용품을 유통하는 기업이다. Owens and Minor는 전략적으로 개별 서비스에 대해서 가격을 부과하고 있다. 예를 들어, 병원이 신속배달과 특별포장을 원한다면 Owens and Minor는 병원의 이러한 특별한 서비스 제공에 대해서 추가 비용을 부과할 것이다. 이에 대해 고객은 어떻게 반응할 것인가? 이러한 서비스에 대한 가치를 인정하는 병원은 지속적으로 주문을 하겠지만, 만약 이러한 서비스에 대한 가치를 인정하지 않는 병원의 경우 더 이상 주문하지 않을 것이다. 이러한 가격전략은 고객의 행태에 영향을 미칠 수 있다.

ABC(활동기준원가계산) 시스템은 원가절감에 관한 기회를 강조한다. Provalue Division의 경영자는 13장에 기술되었듯이 가치공학(value-engineering)을 적용함으로써 각 활동의 원가를 절감할 수 있다. 예를 들어, 주문절차의 효율성을 개선함으로써, 고객의 주문 수가 동일하다고 하더라도 판매주문에 관한 원가를 줄일 수 있다.

2017년 새로이 제조된 Provalue Ⅱ의 디자인을 단순화하거나 중량을 줄임으로써 단위당(1입방피트) Provalue 취급비용과 전체 제품취급비용을 절감할 수 있다. 고객행동에 영향을 미치고, 마케팅, 유통, 고객서비스 활동을 개선함으로써, Provalue Division의 경영자는 Provalue Ⅱ에 대한 비제조원가를 컴퓨터 개당 $180까지 절감할 수 있고, 이를 통해 Provalue Ⅱ에 대한 목표원가 $720를 달성할 수 있다.

도전! 14-1 Dexter 기업은 도매와 소매 각각 2명의 고객을 가지고 있다. 2016년 관련 정보는 다음과 같다.

	도매고객		소매고객	
	서부지역 도매고객	동부지역 도매고객	Hudson 주식회사	Pental 기업
표시가격(정가) 총수입	$750,000	$1,180,000	$350,000	$260,000
가격할인	51,600	79,200	19,800	6,180
매출원가	570,000	1,020,000	298,000	190,000
운송비용	29,100	23,420	16,460	14,290
주문가공비용	12,640	16,960	9,360	7,260
판매방문비용	12,600	10,240	9,240	8,150

보기 14-3의 형식을 사용하여 고객수준 영업수익성을 계산해 보자.

고객수익성 명세서

고객수익성 명세서는 경영자에서 유용한 도구이다. 보기 14-4는 고객수준 영업이익 기준으로 Provalue Division의 도매고객 10명에 대한 순위를 제시하고 있다(보기 14-3은 이들 고객 중 4명만을 분석하였다).

(4)열은 고객수준누적 영업이익을 나타낸다. 예를 들어, 고객 C는 (4)열에 $13,260,000의 누적수입을 표시한다. $13,260,000는 고객 B의 $5,690,000, 고객 A의 $4,915,000, 고객 C의 $2,655,000를 합한 금액이다.

보기 14-4 2016년 Provalue 도매채널 고객에 대한 누적고객수익성 분석

Home Insert Page Layout Formulas Data Review View

	A	B	C	D	E	F
1	소매고객 코드	고객수준의 영업이익	고객 수익	수익 대비 고객수준 영업이익	누적고객 수준 영업이익	총 고객 수준 영업이익에서 누적고객 수준 영업이익의 비중
2		(1)	(2)	(3)=(1)÷(2)	(4)	(5)=(4)÷$15,027,500
3	B	$ 5,690,000	$26,250,000	21.7%	$ 5,690,000	38%
4	A	4,915,000	30,000,000	16.4%	10,605,000	71%
5	C	2,655,000	13,000,000	20.4%	13,260,000	88%
6	D	1,445,000	7,250,000	19.9%	14,705,000	98%
7	F	986,000	5,100,000	19.3%	15,691,000	104%
8	J	821,500	4,400,000	18.7%	16,512,500	110%
9	E	100,000	1,800,000	5.6%	16,612,500	111%
10	G	(350,000)	4,750,000	27.4%	16,262,500	108%
11	H	(535,000)	2,400,000	222.3%	15,727,500	105%
12	I	(700,000)	2,600,000	226.9%	15,027,500	100%
13	총합계	$15,027,500	$97,550,000			

(5)열은 누적영업이익을 10명의 고객으로부터 얻어진 전체 고객 영업이익인 $15,027,500으로 나누어서 계산된 값이다. 고객 B, A, C 3명의 주요 고객은 전체 영업이익의 88%를 공헌하고 있다. 이 고객은 최고의 서비스를 받을 자격이 있다. 기업은 특별 전화번호 부여, 단골고객 업그레이드, 무료 최고급호텔 숙박권 제공 등과 같이 여러 가지 방식으로 최고의 고객들에게 최선의 서비스를 제공하려고 한다. 많은 기업들에게서 소수의 고객이 영업이익의 많은 부분을 감당하는 경우가 흔히 발견된다. 예를 들어, 마이크로소프트에서는 이점을 강조하기 위해 이런 문구를 사용한다. "모든 수익이 동일하게 수익성에 영향을 미치는 것은 아니다."

(3)열은 고객별 수익성을 제시하고 있다. 비록 고객 A가 영업이익 측면에서는 2위이나 수익성은 상위 6명의 고객 중 최하위에 해당된다. 이러한 결과는 높은 가격할인과 고객수준의 원가 때문이다. Provalue Division의 경영자는 가격할인 혜택을 줄이거나 고객수준의 원가를 절감함으로써 고객 A의 수익성이 증가하기를 원한다. 고객 D, F, J는 전체 매출이 높지 않지만 높은 이윤 폭을 가지고 있다. 고객관리에서 어려운 점은 매출을 증가시킬 때 이윤 폭을 유지하는 것이다. 한편 고객 E, G, H, I의 경우 경영자는 이익과 매출을 증가시키는 데 모두 어려움이 있다.

수익성 분석

보기 14-5는 고객 수익성 분석의 결과를 두 가지 대표적인 방법으로 시각적으로 보여주고 있다. 경영자는 Panel A 막대그래프(보기 14-4 (1)열을 바탕으로)를 통해서 고객의 수익성을 직관적으로 보여줄 수 있다. 예를 들어, 수익성이 높은 고객이 명백히 드러나고, 수익성이 낮은 고객의 수와 그들의 손실이 명백하게 나타난다. 보기 14-5 Panel B는 고객수익성을 보여줄 수 있는 소위 고래곡선(whale curve)이라 불리는 도표이다. 이 도표는 고객의 수익성이 낮아질 때 하방으로 숙여지는 형태를 보이고 있다. 즉, 고객 E까지 고객수익성이 111%까지 증대되다가 고객 E부터 I까지 손실이 나는 구간에서는 낮아진다. 이는 원형의 고래등과 닮았다고 해서 고래곡선이라 불린다.

Provalue Division의 경영자는 수익성이 낮은 고객을 변화시킬 방법을 모색해야 한다. 보기 14-2에서 14-5까지는 고객 수익성을 보여주고 있다. 경영자는 고객에 자원을 배분할 때 다음과 같은 추가적인 요소를 고려해야 한다.

- **고객 유지 확률:** 고객이 지속적으로 기업과 사업을 계속할수록, 가치가 높은 고객일 가능성이 높다. 예를 들어, Provalue 제품을 수년간 지속적으로 판매해왔던 도매상과 같은 경우이다. 고객마다 제품의 충성도와 그들 제품을 자주 구매하려는 의지는 다르다.
- **매출성장 잠재력:** 고객매출 성장성이 높을수록, 가치가 높은 고객이다. 더군다나 다른 제품을 수익성 높게 구매할 수 있는 고객일수록 더 가치 있다. 예를 들어, Provalue와 Deskpoint 제품을 동시에 유통하고자 하는 도매고객의 경우이다.
- **장기 고객 수익성:** 고객 유지 확률과 매출성장 잠재력, 그리고 고객지원 스태프 및 고객지원 관련 원가 등에 영향을 받는 요소이다.
- **대표고객에 대한 수요 증가:** 시장에서 명성을 가지고 있는 고객(reference customers)은 제품추천을 통하여 타 고객에 의한 매출을 발생시킬 수 있다.
- **고객으로부터 학습할 수 있는 능력:** 신제품 혹은 기존 제품을 개선할 수 있는 아이디어를 제공하는 고객, 예를 들어, Astel에게 메모리크기나 비디오 디스플레이 등 제품의

보기 14-5

Panel A: 2016년 Provalue Division 막대 차트로 나타낸 도매채널 고객의 고객수준 영업이익
Panel B: 2016년 Provalue Division의 도매채널 고객의 누적수익성에 대한 고래곡선(Whale Curve)

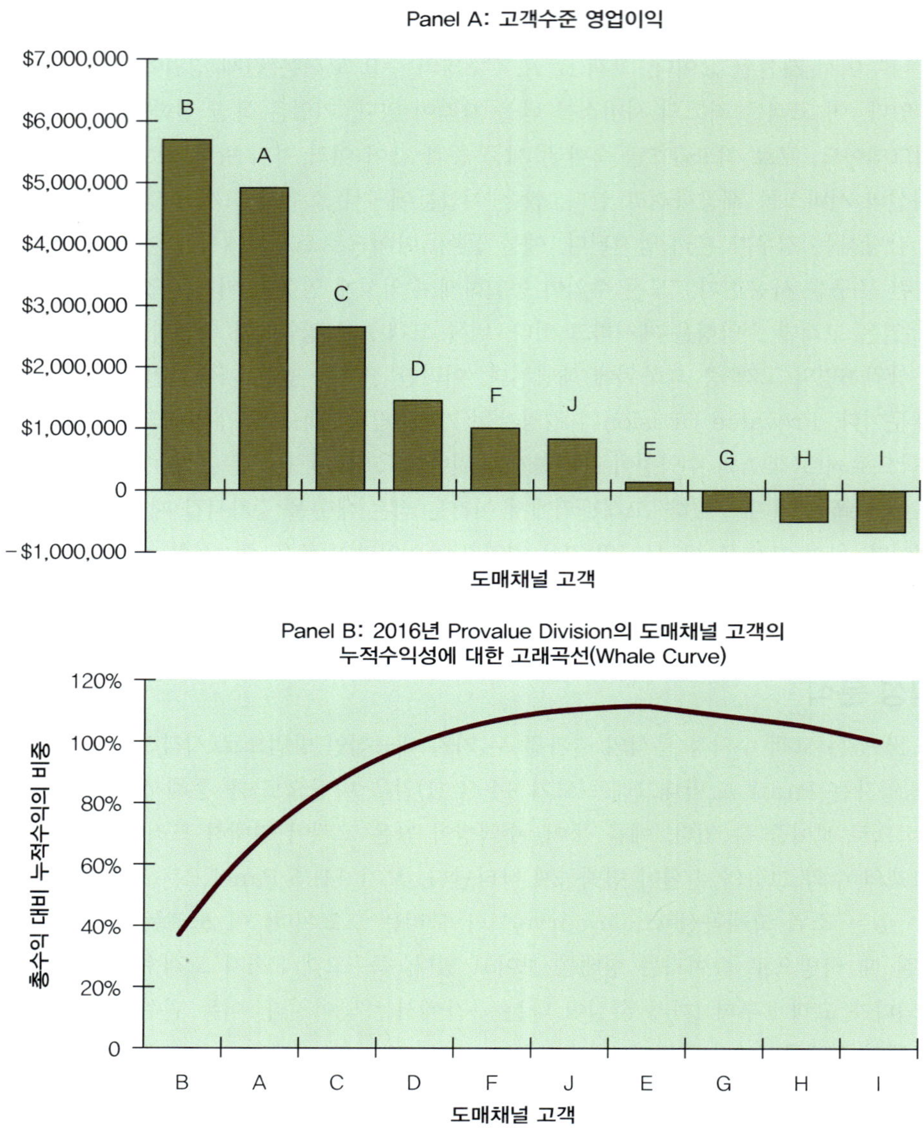

특징에 대한 피드백을 주는 도매고객을 들 수 있다.

경영자는 고객과의 거래를 중단함에 있어서 신중해야 한다. 보기 14-4에서 고객 G에 대한 현재 수익성은 고객 G에 대한 장기 수익성에 대해서 잘못된 신호를 줄 수 있다. 고객 G에 배부된 원가 모두가 변동비의 성격을 가지는 것은 아니기 때문이다. 단기적으로는 Provalue Division의 경영자는 공헌이익기준으로 유휴생산시설을 사용하여 고객 G와 계속 거래하는 것이 더 효율적일 것이다. 고객 G와의 사업을 중단하는 것은 고객 G에 대해서 배부된 모든 원가를 없애는 것이 아니기 때문에 이는 오히려 절감되는 원가에 비해 더 많은 수익을 잃어버리는 결과를 낳을 수 있다.

물론 특정 고객은 만성적으로 적자가 나고 미래전망이 좋지 않을 수 있다. 혹은 기업의 목표 시장에 포함되지 않거나, 기업의 전략과 역량에 비교해서 높은 수준의 서비스를 요구하는 경우도 있다. 이러한 경우에는 조직들이 더 적극적으로 고객과의 거래를 단절하기도 한다. 예를 들어, 미국에서 가장 빠르게 성장 중인 금융기업 Capital One 360은 높은 유지보수비용이 발생하는 10,000명의 고객에 계좌를 닫을 것을 요구하였다.

CONCEPTS IN ACTION

Amazon Prime과 고객수익성

B Christopher/Alamy Stock Photo

Amazon CEO 제프 베조스(Jeff Bezos)는 고객 충성도를 높이기 위한 수단으로 무료배송을 확장하고 신속하게 하려는 방법을 모색하려고 했다. 여기에 대한 해결방안이 Amazon Prime이다. 일종의 연회비를 통한 구독 프로그램이며, 모든 주문에 대해 이틀 내 배송이 가능하게 되었다. 최초 소개 이후, Amazon Prime은 기존의 전자상거래에 관한 기대를 변화시키며 스티리밍 영상, 전자책, 아마존브랜드 구입으로 확대되었다.

2016년 연회비 $99를 지불하는 추정 고객은 약 5,400만 명이다. 이틀 내 배송 및 콘텐츠 제공에 소요되는 고비용으로 다수의 업계전문가들은 Amazon Prime 구독에 따른 손실이 높을 것으로 예상하였다. 하지만 실제 Amazon Prime은 기업입장에서 가장 큰 수익을 창출하고 있다.

비록 Prime 프로그램은 높은 비용이 발생하지만, Amazon Prime 고객은 다른 비구독자 대비 두 배 정도의 비용을 지불하고 있다($1,100 vs. $600). 많은 Prime 고객들은 Amazon으로부터 주문을 자주할 뿐만 아니라 이전에 구매하지 않았던 상품까지 구매하기도 한다. 큰 도시 내 두 시간 배송, 무제한 사진저장 및 음악서비스와 같은 특전은 가장 수익성이 높은 고객들이 Amazon을 최우선으로 선택하게 만드는 수단이 되었다.

출처: Jillian D'Onfro, "Amazon Prime Is Growing Like Crazy: 54 Million Members, Up 35% from Last Year, Says Estimate," *Business Insider*, January 25, 2016 (http://www.businessinsider.com/new-cirp-amazon-prime-numbers-2016-1); Brad Tuttle, "Amazon Prime: Bigger, More Powerful, More Profitable than Anyone Imagined," *Time*, March 18, 2013 (http://business.time.com/2013/03/18/amazon-prime-bigger-more-powerful-more-profitable-than-anyone-imagined/); Rafi Mohammed, "The Logic Behind Amazon's Prime Day," *HBR.org*, July 13, 2015 (https://hbr.org/2015/07/the-logic-behind-amazons-prime-day)

고객수익성을 관리하는 의사결정 프로세스 5단계

이번 단원에서는 경영자가 고객들에게 자원을 배부하기 위하여 고객분석을 어떻게 활용하는가를 설명하기 위해 5가지 의사결정 프로세스를 소개한다.

1. **관련 문제와 불확실성을 파악하라.** 여기에서 문제는 자원을 어떻게 관리하고 고객들에게 배부하는가이다. 경영자는 그들의 행동이 미래 고객의 수익성에 어떻게 영향을 미치는 지를 확신하지 못한다.
2. **정보를 획득하라.** 경영자는 각 고객들에게서 산출된 과거 수익과 개별 고객을 지원하기 위해 발생한 고객수준원가를 파악한다.
3. **미래를 예측하라.** 경영자는 각 고객들로부터 예상수익과 미래에 발생할 수 있는 고객수준원가를 추정한다. 이러한 의사결정 과정에서 경영자는 미래 가격할인이 수익에 미치는 영향, 차별화된 서비스(예: 신속배달)에 대한 가격산정이 이러한 서비스에 대한 고객수요에 대한 영향, 서비스 제공 비용을 경감하는 방법까지 고려한다. 예를 들어, Deluxe 기업은 기존의 종이로 작성하는 주문을 자동주문으로 전환하는 전자주문채널을 개설함으로써 고객서비스 비용을 경감하는 프로세스를 시작하였다.
4. **합리적인 의사결정을 하라.** 경영자는 최고 서비스를 받을 자격이 있는 일부 고객과 그렇지

않은 고객을 파악하고 수익성이 낮은 고객의 수익성을 제고하기 위한 방안을 모색하기 위해 고객수익성 명세서를 사용한다. 예를 들어, 은행은 고객에게 최소잔액을 유지하는 것을 요구한다. 유통기업은 최소 주문수량 혹은 작은 규모의 주문에는 할증료를 부과한다. 또한 경영자는 이러한 자원배분의 의사결정에서 미래 매출 성장률에 대한 잠재력과 같은 장기간 효과를 고려한다.

5. **의사결정을 시행하라. 그리고 성과를 평가하고 학습하라.** 의사결정이 시행된 이후에 경영자는 수익성을 개선하기 위한 의사결정을 평가하기 위하여 예상결과와 실제결과를 비교한다.

원가계층구조에 기반한 영업손익계산서

지금까지의 분석은 고객수준원가(매출주문, 고객방문과 배송과 같이 경영자가 영향을 미칠 수 있는 활동의 원가)에 중점을 두고 진행했다. 이제 Provalue Division의 다른 원가(R&D, 디자인원가, 다른 유통채널을 운영하는 데 필요한 원가, 부서관리비용) 및 Astel Computer의 기업수준원가(기업브랜드 광고비, 판매관리비)를 생각해보자. 이러한 원가는 고객행동에 영향을 받지 않기 때문에 다음과 같은 두 가지 질문을 고려해야 한다. (1) 고객수익성을 계산할 때 이들 원가는 고객에 배부되어야만 하는가? (2) 이들 원가 배부된다면 이들 원가와 고객행위 사이에 인과관계가 약할 때 어떠한 배부기준을 적용해야 하는가? 이 책에서는 첫 번째 질문을 대답하기 위해서 고객수준이 아닌 원가는 배부하지 않는 원가계층구조에 기반한 영업손익계산서를 제시한다.

보기 14-6은 2016년 Provalue Division의 손익계산서를 제시하고 있다. 보기 14-3의 고객 A, B의 고객수준 영업이익이 보기 14-6 (3), (4)열에 제시되어 있다. 보기 14-6은 Provalue Division의 원가계층구조에 기반하여 작성되어 있다. 보기 14-2에 제시되어 있듯이, 모든 고객에게 서비스를 제공하면서 발생한 원가, 예를 들어, 도매유통채널 담당자 원가는 고객수준원가가 아니다. 따라서 이 비용은 보기 14-6에서 고객에게 배부되지 않는다. 경영자는 이러한 원가는 유통채널원가로 파악한다. 그 이유는 고객 행태의 변화가 이 원가에 영

보기 14-6 **원가계층구조를 사용한 Provalue Division 2016년 손익계산서**

	A	B	C	D	E	F	G	H	I	J	K	L	M	N	O
1				고객 유통 채널											
2				도매 고객							비즈니스 판매 고객				
3		총합계	총합계	A**		B**		C			Total	BA	BB	BC	
4		(1)=(2)+(7)	(2)	(3)		(4)		(5)	(6)		(7)	(8)	(9)	(10)	(11)
5	매출(실제 판매가격)	$150,000,000	$97,550,000	$30,000,000		$26,250,000		–	–		$52,450,000	$7,000,000	$6,250,000	–	–
6	매출원가+고객 수준원가	125,550,000*	82,522,500	25,085,000	a	20,560,000		–	–		43,027,500	5,385,000	4,760,000	–	–
7	고객수준 영업이익	24,450,000	15,027,500	$ 4,915,000		$ 5,690,000		–	–		9,422,500	$1,615,000	$1,490,000	–	–
8	유통채널 비용	2,150,000	800,000								1,350,000				
9	유통채널 수준 영업이익	22,300,000	$14,227,500								$ 8,072,500				
10	부서유지비용:														
11	관리비	1,900,000													
12	R&D 비용	2,400,000													
13	디자인 비용	3,000,000													
14	총 부서유지비용	7,300,000													
15	부서 영업이익	$ 15,000,000													
16	* 매출원가+판매주문비용+고객방문비용+제품취급비용+정규선적비용+신속선적비용+고객서비스비용=$102,000,000(보기 14-1)+$6,750,000+$4,200,000+$4,500,000+$3,750,000+$750,000+$3,600,000(보기 14-2)														
17	** 세부 정보는 보기 14-3에 제시되어 있음.														
18	a 매출원가+고객 A에 대한 총 고객수준 원가(보기 14-3)=$20,400,000+$4,685,000=$25,085,000														

향을 미치지 않을 것이기 때문이다. 유통과 관련된 의사결정, 예를 들어 도매유통을 중단하는 의사결정이 이러한 원가에 영향을 미칠 것이다. 또한 개별 고객계정을 관리하는 책임이 있는 영업사원 입장에서는 영향을 거의 미치지 못하는 유통채널원가의 배부로 영업사원의 판매상여금이 부정적으로 영향을 받는다면 영업사원의 동기부여에 부정적 영향을 미칠 것으로 예상할 수 있다. 보기 14-6에서 제시하듯이, Astel은 도매유통채널비용을 개별도매고객으로 배부하지 않고 이 비용을 전체 고객수준 영업이익으로부터 차감한다.

다음으로 Provalue Division의 R&D, 디자인, 관리비와 같은 부서유지비용을 살펴보자. 경영자는 이들 원가와 고객 혹은 판매책임자의 행동 사이에는 인과관계(cause-and-effect)가 없다고 믿는다. 이러한 관점에서 부서유지비용을 배부하는 것은 의사결정, 성과평가, 동기부여 측면에서는 유용성이 없다. 예를 들어, Provalue Division은 유지비용 $7,300,000를 유통채널에 배부했다고 가정하자. 그리고 다음 해에 이 원가배부가 특정 영업채널이 손실을 보고하는 결과를 만들었다면, Provalue Division이 이 영업채널을 중단하는 것이 합리적인가? 11장에서 논의했듯이, 부서유지비용이 유통채널중단의 영향을 받지 않는다면 이러한 이유로 유통채널중단을 결정해서는 안 된다. 부서유지비용을 유통부서에 배부하는 것은 유통부서를 중단하는 것으로부터 얻을 수 있는 잠재적 원가 절감이 예상보다 크게 보이는 잘못된 인상을 줄 수 있다. 보기 14-6에서 원가계층에 기반한 손익계산서는 부서유지비용을 유통채널 혹은 개별고객에게 배부하지 않고 부서유지비용을 전체 영업이익에서 제외한다.

원가계층에 기반한 손익계산서에서 Provalue와 Desktop Division을 지원하기 위해 Astel Computer에서 발생한 브랜드 광고비 $1,050,000, 관리비 $4,400,000를 어떻게 처리해야 하는가? Desktop Division의 수익은 $200,000,000이고 영업비용은 $170,000,000이다. 보기 14-7은 전반적인 Astel Computer에 관한 원가계층기반 손익계산서를 보여주고 있다. 기업유지비용은 부서, 유통채널, 고객 어디에도 배부되지 않는다. 그 이유는 앞에서 논의되었던 부서유지비용과 마찬가지로 이들 비용과 고객 혹은 부서의 수익성과는 인과관계가 없기 때문이다. 이들 비용은 부서 경영자 혹은 관리자의 행동에 영향을 받지 않는다. 따라서 기업유지비용은 부서의 전체 영업이익의 합계로부터 차감된다.

어떤 경영자와 관리회계담당자는 전체 비용을 유통채널 그리고 고객에게 배부한다. 그 이유는 전체 비용이 고객에 제품을 판매하기 위해 발생하였기 때문이다. 모든 기업의 원가를 배부하는 것은 경영자에게 기업의 원가가 어떻게 계획되고 관리되고 있는가를 검증하는 것에 대한 동기부여를 한다. 이와 유사하게, 부서 원가를 유통채널에 배부하는 것은 유통채널 경영자에게 부서에서 발생한 원가를 감시할 동기를 부여한다. 고객에 서비스를 제공하면서 발생

보기 14-7 **원가계층구조를 사용한 Astel Computer의 손익계산서**

	A	B	C	D
1	원가계층구조를 사용한 Astel Computer의 손익계산서			
2				
3		총합	Provalue Division	Deskpoint Division
4				
5	수익	$350,000,000	$150,000,000	$200,000,000
6	부서 영업비용	(305,000,000)	(135,000,000)*	(170,000,000)
7	기업 비용을 제외하기 전 부서 영업수익	45,000,000	$ 15,000,000	$ 30,000,000
8	기업광고비	(1,050,000)		
9	기업관리비	(4,400,000)		
10	영업이익	$ 39,550,000		
11	* $135,000,000=$125,550,000+$2,150,000+$7,300,000 (보기 14-6, 1열)			

한 전부원가(full costs)를 계산하고자 하는 경영자는 전체 기업, 부서, 유통채널원가를 고객에게 배부해야만 한다. 이들 경영자와 관리회계담당자는 장기적으로 전부원가를 기준으로 이익이 나야 된다고 주장한다. 13장에서 살펴보았듯이, 가격결정과 같은 의사결정의 경우, 모든 원가를 배부하는 것은 장기 가격이 제품생산과 판매하는 것에 사용된 모든 자원에 대한 원가를 포함하는 수준에서 결정되어야 한다는 것을 의미한다. 이 경우, 모든 고객에 대한 영업이익의 합은 기업 전반의 영업이익과 동일하다.

그러나 다른 기업은 고객의 행동에 영향을 미치거나 혹은 고객수익성에 명백히 이익을 제공하는 것으로 알려진 기업원가와 부서원가, 혹은 유통원가만을 배부한다. 기업의 광고비는 이러한 비용의 주요한 예이다. 이들 기업은 기업 관리비 혹은 자선재단 기부금 같은 비용은 고객에 대한 혜택이 명백하지 않기 때문에 제외한다. 만약 기업이 기업, 부서, 유통채널과 관련한 비용의 일부 혹은 전체를 배부하지 않는다면, 개별 고객의 수익성의 합보다 전체 기업 수익성의 합이 작아지는 결과가 나올 것이다.

의사결정 목적으로 일부 금액은 배부하지만 모든 간접원가를 배부하지는 않는 것이 일종의 대안으로 선호되기도 한다. Provalue Division의 도매유통채널 경영자의 성과평가를 살펴보자. 통제성에 대한 개념은 도매유통채널 담당자의 책임회계(responsibility accounting) 보고서로부터 기업 최상부의 최고경영진의 급여 같은 기업비용을 제외하는 것을 정당화하기 위해 사용된다. 도매유통경영자는 이러한 기업비용으로부터 수익을 얻지만, 이들 기업 자산이 얼마나 사용해야 하는지 그리고 비용이 발생하는가에 대해서 책임이 없다.

그럼에도 불구하고, 보기 14-6과 14-7에서의 계층구조분석의 가치는 경영자들이 의사결정을 할 때 그리고 성과평가를 진행할 때 각기 다른 수준에 맞추기 위해서 다양한 수준의 객관성을 제공하는 것에 있다. 언제 그리고 어떤 비용이 배부되어야 하는가에 대한 부분은 책 전반에 걸쳐 강조되는 다양한 목적에 따른 다양한 원가에 대한 예에 해당한다.

다음 단원에서는 만약 Astel의 경영자가 유통채널원가(예: 도매유통채널), 부서유지원가

도전! 14-2

Dexter 기업은 각각 2개의 도매고객과 소매고객을 가지고 있다. 2016년 고객에 관련한 정보는 다음과 같다.

	도매고객		소매고객	
	서부지역 도매고객	동부지역 도매고객	Hudson 주식회사	Pental 기업
표시가격(정가) 총수입	$750,000	$1,180,000	$350,000	$260,000
가격할인	51,600	79,200	19,800	6,180
매출원가	570,000	1,020,000	298,000	190,000
운송비용	29,100	23,420	16,460	14,290
주문가공비용	12,640	16,960	9,360	7,260
판매방문비용	12,600	10,240	9,240	8,150

Dexter기업은 유통채널비용은 도매고객의 경우 $36,000, 소매고객의 경우 $14,000가 발생한다. 고객행동의 변화는 유통채널비용에 영향을 미치지 않는다. 원가배부기준과 기업유지비용의 관계에 있어서 인과관계(cause-and-effect)와 수혜기준(benefits-received)과는 무관하다. Dexter기업은 회사가 완전히 영업정지를 했을 때 기업유지원가를 절감할 수 있다.
보기 14-6을 활용하여 고객 원가계층구조 보고서를 작성하라.

(예를 들어, R&D와 디자인), 기업유지원가(예: Astel Computer의 관리비)와 같은 원가를 고객에 배부하기로 결정하였다면, 어떤 일이 발생하는가를 살펴본다.

원가배부 기준

보기 14-8은 경영자가 사용하는 원가배부 의사결정에 관한 4가지 기준을 제시한다. 이러한 의사결정은 간접원가 풀(pool)의 수와 각 간접원가배부의 기준에 영향을 미친다. 앞에서도 살펴보았듯이, 이 책에서는 원가배부의 목적이 경제적 의사결정에 관한 정보를 제공하거나 경영자 혹은 종업원에게 동기부여를 할 때, 인과관계기준 그리고 수혜기준의 우수성을 지속적으로 강조했다. 인과관계기준은 활동기준원가계산(Activity-Based Costing, ABC)에서 사용되는 주요기준이다. ABC 시스템은 관련 원가 풀에 대해 활동과 원가 간의 인과관계를 대표하는 원가동인을 찾아내는 원가계층구조를 사용한다. 그리고 원가동인은 원가 배부기준으로 선택된다. 인과관계는 부서유지원가와 기업유지원가의 경우에는 결정하기 어렵다. 이러한 상황에서는 경영자와 관리회계담당자는 수혜기준, 공정성 혹은 공평성기준, 부담능력기준과 같은 대체 방법을 사용한다(보기 14-8).

인과관계기준이 적절하지 않을 때 원가배부를 위한 가장 좋은 방법은 원가대상의 산출물로 인한 수혜자를 파악하여 수혜기준을 사용하는 것이다.

예를 들어, 유통채널 경영자의 임금과 같은 Provalue 유통채널을 관리하는 비용이 있다고 하자. 도매업자에게 있어서 판매와 비용 사이에 인과관계는 없다. 그러나 수익이 높은 고객이 수익성이 낮은 고객에 비하여 상대적으로 도매유통 지원으로부터 혜택을 많이 받는다고 가정하는 것이 합리적으로 보인다. 수혜기준(benefits received)은 $800,000의 도매유통채널을

보기 14-8 **원가배부 기준**

1. **인과관계기준(cause and effect)**: 이 기준을 사용하게 되면, 경영자는 소모되는 자원의 원인이 되는 변수를 파악한다. 예를 들어, 경영자는 제품을 고객에 배달하는 주문비용을 배부할 때 판매주문횟수를 변수로 사용한다.
2. **수혜기준(benefits received)**: 이 기준을 사용하게 되면 경영자는 원가대상의 산출물의 수혜자를 파악한다. 원가대상의 원가는 수익의 양에 비례해서 수혜자들 사이에 배부된다. 예를 들어, 특정 제품에 대한 홍보가 아닌 기업에 대한 이미지를 제고하는 기업전반의 광고비를 부서에 어떻게 배부하는가에 대한 의사결정을 고려해 보자. 이 프로그램에 대한 비용은 부서 수익을 기준으로 배부된다. 수익이 높을수록, 부서에 배부되는 광고비에 대한 부담은 증가한다. 이 배부에 대한 근거는 높은 수익을 창출하는 부서가 적은 수익을 내는 부서보다 상대적으로 광고의 혜택을 받을 것이라고 가정하기 때문이다.
3. **공정성 혹은 공평성기준(fairness or equity)**: 이 기준은 원가배부가 일반적으로 정부 계약에서 정부와 그 공급자에게 만족스러운 가격을 설정하기 위한 기초로 사용될 때 이용된다. 여기에서 원가배부는 계약하는 당사자들 사이에서 판매가격을 설정하는 수단으로서 합리적이거나 혹은 공정한 수단으로 인식된다. 많은 원가배부 결정에 있어서, 공정성은 운영기준이라기보다는 판단의 문제이다.
4. **부담능력기준(ability to bear)**: 이 기준은 원가가 배부되는 원가대상의 부담 능력에 비례해서 비용을 배부하는 것을 주장한다. 예를 들어, 부서의 영업이익을 기준으로 기업관리비를 배부하는 것이다. 가장 수익성이 높은 부서는 기업관리비를 부담하는 능력이 있다고 가정한다.

관리하는 비용을 고객수익에 기반하여 원가배부하는 것을 정당화한다.

공정성과 부담능력기준은 인과관계기준과 수혜기준보다 상대적으로 덜 사용되고 문제가 있는 기준이다. 이는 배부의 두 당사자가 공정성 기준에 동의하기 어렵기 때문이다. 한 당사자가 공정하다고 생각하는 경우에도 다른 당사자 입장에서는 불공평하다고 느끼는 경우가 많다. 예를 들어, 대학에서 과학과 의학 관련 정부계약에 있어서 전체 관리비 중 일부를 이들 계약에 원가배부하는 것이 합리적이라고 인식할 수 있다. 하지만 정부는 이들 관리비가 이전부터 존재해왔고, 정부계약과 무관하게 발생하는 것이기 때문에 이러한 원가배부가 불공평하다는 입장을 가질 수 있다. 아마도 이러한 문제를 해결하는 가장 공평한 방법은 가능한 정부계약활동과 관리비 사이의 인과관계를 잘 이해하는 것이다. 다시 말해서, 공정성은 쉽게 구현할 수 있는 선택기준이라기보다는 선택의 문제에 가깝다.

부담능력기준을 사용할 때 발생하는 문제를 잘 이해하기 위해서는 부서유지원가 혹은 기업유지원가에 관한 원가배부 전에 고객수준의 원가가 수익을 초과하는 상황에 있는 고객 G를 살펴보자. 이 고객은 부서유지 혹은 기업유지원가를 부담할 능력이 없다. 따라서 부담능력기준의 논리에서는 어떤 비용도 고객 G는 부담하지 않는다. 이러한 비용을 고객 G에게 배부하지 않는다는 것은 Provalue Division의 경영자가 고객 G의 수익성을 회복시키기 위해서 부서유지원가와 기업유지원가에 대한 고객 G의 요구를 줄인다는 것으로 정당화 된다. 그러나 만약 부서유지원가와 기업유지원가가 줄어들지 않고 단순히 다른 고객에 배부된다면, 이들 고객들이 고객 G에게 보조금을 주는 것과 같다. 부담능력기준은 수익성이 높은 고객들의 수익성을 낮추고, 잠재적으로 수익성을 회복하기 위해 가격인상과 같은 부적절한 행동을 유도할 수 있다.

기업은 원가배부를 실행할 때 비용과 편익(costs and benefits)을 살펴본다. 기업은 자료를 수집할 때뿐만 아니라 원가배부에 대하여 경영자를 교육시키기 위해 시간을 소비한다. 일반적으로 원가배부가 복잡할수록, 교육에 대한 비용도 증대한다.

기업 내 원가배부 시스템을 잘 만들고 실행하는 데 있어서 비용은 명백히 상당히 크다. 그러나 불행하게도, 경영자가 더 나은 정보에 기초한 대외구매, 가격책정, 비용관리를 가능하게 하는 잘 만들어진 원가배부를 활용함으로써 얻을 수 있는 이익은 객관적으로 측정하기는 어렵다. 그럼에도 불구하고 원가배부를 할 때, 경영자는 원가배부를 함으로써 발생하는 비용과 이익을 동시에 고려해야 한다.

완전히 배부된 고객 수익성

이번 단원에서는 원가배부의 첫 번째 목적에 중점을 두고자 한다(보기 13-1): ABC 시스템에 기반하여 각각의 고객에게 제품을 제공하는 전체 비용을 측정함으로서 가격결정과 같은 경제적 의사결정 정보를 제공한다.

앞에서 언급된 Astel Computer의 사례를 계속해서 활용하여 Provalue Division의 10명의 고객에 대한 완전히 배부된 고객수익성(Fully Allocated Customer Profitability) 계산을 살펴보자. Provalue Division은 Provalue 컴퓨터를 기업고객에 판매하기 위해서 직접 판매채널을 사용한다. 앞의 예에서 살펴보았듯이, Astel은 Provalue 외에 최첨단 컴퓨터를 판매하는 Deskpoint Division 부서를 가지고 있다. 이 예제를 통해서 고객의 수익성을 계산하기 위해서 기업의 다양한 부문에서 발생하는 원가가 어떻게 배부되고 있는가를 보여주고자 한다.

Astel Computer의 원가를 구분하여 요약하면 다음과 같다.

- **기업원가:** 기업원가는 두 가지 범주가 있다.
  - 기업광고비: Astel 브랜드를 홍보하기 위한 광고비, $1,050,000
  - 기업관리비: 임원인건비, 임대료, 총관리비, $4,400,000
- **부서원가:** 분석에서 초점이 되는 Provalue Division은 3가지의 간접원가 풀(pool)이 있다. 부서원가를 유통채널에 배부하기 위한 2개의 원가동인에 대한 원가 풀 2개: (1) 원가 풀 1은 수혜기준을 바탕으로 각 유통채널의 수익에 기반한 도매와 비즈니스 판매 채널에 배부된 총부서원가로 구성된다; (2) 원가 풀 2는 공정성과 공평성의 기준을 바탕으로 유통채널부서에 배부된 R&D와 디자인비용으로 구성된다; (3) 원가 풀 3은 영업이익이 발생한다면 배부 이전에 각 채널의 영업이익을 기반으로 도매와 비즈니스 판매채널에 배부된 총부서원가로 구성된다. 이러한 원가 풀은 각각의 원가 풀에 있어서는 동일한 인과관계기준, 수혜기준, 공정성과 공평성 기준, 부담능력기준을 기준으로 배부된다는 점에서 동질적(homogeneous)이다. 각각의 원가 풀은 유통채널에 원가를 배부하는 차별적인 원가배부기준을 필요로 한다.
- **유통채널원가:** Provalue Division의 각 유통채널은 두 가지 간접원가 풀을 가지고 있다; (1) 고객의 수익에 기반하여 고객에 배부된 모든 유통원가를 구성하는 원가 풀; (2) 배부 이전에 고객 영업이익에 기반하여 고객에게 배부된 모든 유통채널을 구성하는 원가 풀(영업이익이 플러스인 경우).

보기 14-9는 기업, 부서, 유통채널의 간접원가 Provalue Division의 도매 고객에게 배부하는 개괄표(overview diagram)이다. Deskpoint Division은 원가를 고객에 배부하기 위해 사용된 간접원가 풀을 가지고 있다. 이 원가 풀과 원가배부기준은 Provalue Division의 간접원가계산 및 배부기준과 동일하다.

기업과 부서 원가배부

보기 14-10은 보기 14-9의 개괄표에 기반하여 모든 간접원가를 고객에 배부한다. 이 책은 보기 14-8에서 설명된 원가배부기준에 근거하여 배부 방법에 대해서 기술한다.

1. Provalue Division과 Deskpoint Division의 고객이 기업자원에 요구하는 사항에 따라 진행하는 기업광고 및 기업관리비용 원가배부에 대해 보기 14-9에서 시작하자. 보기 14-10의 앞의 두 개 열은 기업광고비와 기업관리비를 Provalue Division에 배부하는 것을 제시하고 있다.

   a. Astel은 기업광고비 총 $1,050,000를 각 부서의 수익을 기초로 두 개 부서에 배부한다. 높은 수익을 가진 고객이 낮은 수익을 가진 고객보다 상대적으로 기업광고비의 수혜를 더 많이 받는다고 가정하는 것이 합리적이다(보기 14-7).

$$\text{Provalue Division: } \$1{,}050{,}000 \times \frac{\$150{,}000{,}000}{\$150{,}000{,}000 + \$200{,}000{,}000} = \$450{,}000$$

$$\text{Deskpoint Division: } \$1{,}050{,}000 \times \frac{\$200{,}000{,}000}{\$150{,}000{,}000 + \$200{,}000{,}000} = \$600{,}000$$

   b. 수혜기준을 사용하여 Astel은 기업관리비 $4,400,000를 부서광고비 기준으로 각 부서

에 배부한다. 그 이유는 기업 관리비의 중요한 역할이 부서관리를 보조하는 것이기 때문이다. 보기 14-6은 Provalue Division의 부서관리비 $1,900,000를 보여주고 있다. Deskpoint Division의 부서관리비는 $2,100,000이다. 이때 배부는 다음과 같다.

$$\text{Provalue Division: } \$4{,}400{,}000 \times \frac{\$1{,}900{,}000}{\$1{,}900{,}000 + \$2{,}100{,}000} = \$2{,}090{,}000$$

$$\text{Deskpoint Division: } \$4{,}400{,}000 \times \frac{\$2{,}100{,}000}{\$1{,}900{,}000 + \$2{,}100{,}000} = \$2{,}310{,}000$$

2. 다음으로 보기 14-9에서 한 단계 아래의 부서 원가 풀로부터 Provalue Division의 유통채널 원가 풀로 원가배부를 분석한다. 보기 14-10에서 Provalue Division으로 명명된 3개의 열은 Provalue Division의 원가를 도매채널과 비즈니스 판매채널로 배부하는 것을 보여주고 있다.

보기 14-9 기업, 부서, 채널 간접원가를 Provalue의 도매고객에 배부하기 위한 개괄표

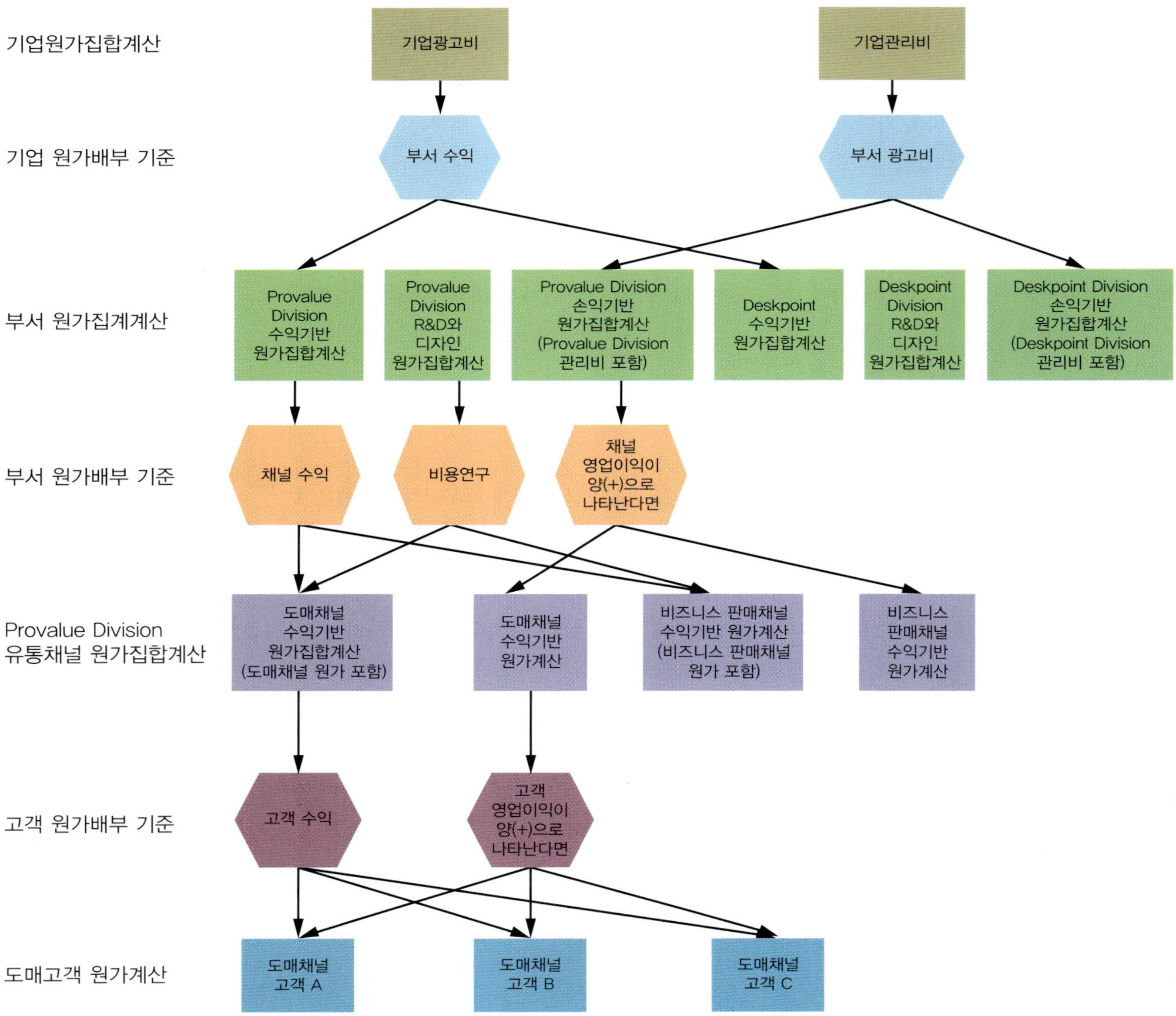

보기 14-10 기업, 부서, 유통의 간접원가를 배부한 이후의 Provalue Division의 도매고객의 수익성(반올림 반영함)

	A	B	C	D	E	F	G				H	I	J	K	L	M	N	O	P	Q	R
1		Astel 기업 원가집계계산		Provalue 부서 원가집계계산			Provalue 유통채널 원가집계계산														
2		부서수익에 기반하여 배부된 원가	부서관리비에 기반하여 배부된 원가	채널 수익에 기반하여 배부된 원가	R&D 및 디자인 원가집계계산	채널 영업이익에 기반하여 배부된 원가	고객 수익에 기반하여 배부된 도매채널 원가	고객 영업이익에 기반하여 배부된 도매채널 원가	고객 수익에 기반하여 배부된 비즈니스 판매채널 원가	고객 영업이익에 기반하여 배부된 비즈니스 판매채널 원가						도매채널 고객					
3											A	B	C	D	E	F	G	H	I	J	Total
4	수익(보기 14-4)										$30,000	$26,250	$13,000	$7,250	$1,800	$5,100	$4,750	$2,400	$2,600	$4,400	$97,550
5	고객수준원가(보기 14-4, 1, 2번 열)										(25,085)	(20,560)	(10,345)	(5,805)	(1,700)	(4,114)	(5,100)	(2,935)	(3,300)	(3,578)	(82,522)
6	고객수준 영업이익										4,915	5,690	2,655	1,445	100	986	(350)	(535)	(700)	822	15,028
7	Astel 기업의 광고비	$(1,050)																			
8	Astel 기업의 관리비		$(4,400)																		
9	광고비를 부서수익에 비례하여 배부하기[1]	1,050		$(450)																	
10	관리비를 부서 관리비에 비례하여 배부하기[2]		4,400			$(2,090)															
11	R&D 비용				$(2,400)																
12	디자인 비용				(3,000)																
13	부서관리 비용					(1,900)															
14	채널수익에 기반하여 Provalue 부서의 기업광고비를 채널에 배부하기[3]			450			$ (293)		$ (157)												
15	공정성기준으로 R&D 및 디자인비용을 배부하기[4]				5,400		(2,700)		(2,700)												
16	유통채널비용						(800)		(1,350)												
17	채널의 영업이익을 기반하여 Provalue division의 부서관리비 배부하기[5]					3,990		$(2,725)		$(1,265)											
18	고객수익에 기반하여 도매채널비용을 고객에 배부하기						3,793				(1,166)	(1,021)	(505)	(282)	(70)	(198)	(185)	(93)	(101)	(172)	(3,793)
19	도매채널 관리비 배부 이전의 영업이익										3,749	4,669	2,150	1,163	30	788	(535)	(628)	(801)	650	11,235
20	영업이익이 양(+)인 경우(부담능력기준) 고객 영업이익을 기준으로 도매채널비용을 고객에 배부하기							2,725			(774)	(964)	(444)	(240)	(6)	(163)				(134)	(2,725)
21	원가배부된 고객수익성										$ 2,975	$ 3,705	$ 1,706	$ 923	$ 24	$ 625	$ (535)	$ (628)	$ (801)	$ 516	$ 8,510
22	[1] $1,050×$150,000/($150,000+$200,000)=$450																				
23	[2] $4,400×$1,900/($1,900+$2,100)=$2,090																				
24	[3] $450×$97,550/$150,000=$293, $450×$52,450/$150,000=$157																				
25	[4] $5,400/2=$2,700																				
26	[5] $3,990×$11,235/$16,450=$2,725, $3,990×$5,215/$16,450=$1,265																				

a. 수혜기준을 사용하여 전에 Provalue Division에 배부되었던 기업의 광고비 $450,000는 각 채널의 수익을 기반으로 다시 도매와 비즈니스 판매채널의 수익기반 원가 풀에 재배부된다(보기 14-6).

$$\text{도매채널: } \$450{,}000 \times \frac{\$97{,}550{,}000}{\$97{,}550{,}000 + \$52{,}450{,}000} = \$292{,}650$$

$$\text{비지니스 판매채널: } \$450{,}000 \times \frac{\$52{,}450{,}000}{\$52{,}450{,}000 + \$97{,}550{,}000} = \$157{,}350$$

b. R&D 비용과 디자인 비용은 하나의 동일한 원가 풀로 합쳐지고 다시 R&D와 디자인 자원에 대한 수요 분석을 기초로 각 채널에 재배부된다. R&D와 디자인 원가의 상당량은 비즈니스 고객이 요구하는 Provalue 컴퓨터의 수정 때문에 발생한다. 분석 결과와 공정성 기준에 의해서 비즈니스 판매채널이 Provalue Division 전체 매출의 1/3을 부담하지만, Provalue Division은 R&D와 디자인 원가의 절반은 비즈니스 판매채널로 배부한다(절반은 도매채널로 배부된다). 보기 14-10은 Provalue Division이 도매와 비즈니스 판매채널 수익기반 원가 풀에 $2,750,000를 각각 배부하는 것을 보여준다.

c. 각 부서는 배부된 기업관리비를 부서관리 원가 풀에 모두 합친다. 이 원가 풀은 시설유지 원가 풀이고, 이 원가는 유통채널의 어떤 활동과도 인과관계를 가지고 있지 않다. 그러나 Astel은 경영자들이 가격결정과 같은 의사결정을 할 때 모든 원가를 잘 파악할 수 있도록 모든 원가를 배부해야 한다. Provalue Division은 총비용 $3,990,000($2,090,000 Provalue Division에 배부된 기업 관리비 + $1,900,000 Prvalue Division의 관리비)의 원가배부를 감당할 수 있는 각 채널의 역량을 대변하는 도매와 비즈니스판매채널의 영업이익을 기초로 배부한다. 채널의 영업이익이 낮을수록, 그 채널에 배부된 부서원가는 낮아진다. 이전 장에도 기술되어 있듯이, 부담능력기준(the ability to bear criterion)에 대한 근거는 낮은 이익을 보고하는 부서는 제조간접비를 줄이기 위해 열심히 노력을 기울일 것이라는 점이다. 보기 14-10을 보면 지금까지 도매채널에 배부되어 왔던 모든 비용을 차감한 후에 도매채널의 영업이익은 $11,234,850[15,027,500(R7) − $292,650(G15) − $2,700,000(G16) − $800,000(G17)]인 반면 비즈니스 판매채널의 영업이익은 $5,215,150이다.

$$\text{도매채널: } \$3{,}990{,}000 \times \frac{\$11{,}234{,}850}{\$11{,}234{,}850 + \$5{,}215{,}150} = \$2{,}725{,}049$$

$$\text{비지니스 판매채널: } \$3{,}990{,}000 \times \frac{\$5{,}215{,}150}{\$11{,}234{,}850 + \$5{,}215{,}150} = \$1{,}264{,}951$$

3. 마지막으로 보기 14-9의 마지막 줄과 Provalue Division의 유통채널 원가 풀에서 개별 도매채널 고객에게 원가를 배부하는 것에 초점을 맞추자. 보기 14-10에서 'Provalue Division 도매채널 고객'이라고 이름 붙여진 4개의 열은 도매채널과 비즈니스 판매채널에 축적된 비용을 보여주고 있다. 보기 14-10은 도매채널원가를 도매고객에 배부하고 있는가만을 제시하고 있다.

a. 도매채널 수익기반 원가 풀은 개별고객이 이러한 원가로부터 어떤 효익을 받는지 잘 나타내주는 수익을 기초로 해서 개별도매고객에 배부된다. 전체 원가 풀인 $3,792,650은 3가지 원가로 구성된다. (1) 도매채널 수익기반 원가 풀에 배부된 기업의 광고비 $292,650(2a), (2) 도매채널 수익기반 원가 풀에 배부된 R&D와 디자인비

$2,700,000(2b), (3) 도매유통채널 자체 비용 $800,000(보기 14-6). 예를 들어 보기 14-10은 고객 A, B에게 배부된 원가를 보여주고 있다.

$$\text{고객 A: } \$3{,}792{,}650 \times \frac{\$30{,}000{,}000}{\$97{,}550{,}000} = \$1{,}166{,}371$$

$$\text{고객 B: } \$3{,}792{,}650 \times \frac{\$26{,}250{,}000}{\$97{,}550{,}000} = \$1{,}020{,}574$$

b. 두 번째 도매채널 원가 풀은 도매채널 영업이익기반 원가 풀에 배부된 부서관리비(2c) $2,725,049로 구성되어 있다. 보기 14-10의 21줄을 보면 영업이익(이익이 있다면)이 이들 원가를 부담할 수 있는 고객의 능력을 대표하고 있기 때문에(보기 14-10의 20줄 참고) 이들 원가는 영업이익을 기초로 개별도매고객에게 배부되고 있다. 보기 14-10에서 보듯이, 20줄에 있는 양(+)으로 나타난 영업이익의 합은 $13,195,922이다. 따라서 고객 A와 B에게 배부된 원가는 다음과 같다.

$$\text{고객 A: } \$2{,}725{,}049 \times \frac{\$3{,}748{,}629}{\$13{,}195{,}922} = \$774{,}117$$

$$\text{고객 B: } \$2{,}725{,}049 \times \frac{\$4{,}669{,}426}{\$13{,}195{,}922} = \$964{,}269$$

부서와 고객에게 기업비용을 배부할 때의 쟁점

Astel의 경영진은 기업원가를 부서에 배부할 때 몇 가지 선택을 하게 된다. 이때 다음과 같은 쟁점이 있다.

1. 부서에 기업원가를 배부할 때, Astel은 부서활동에 비례하여 발생하는 기업원가만 배부해야 하는가? 혹은 고정비도 포함해야 하는가? Astel의 경영진은 변동비와 고정비 양자 모두 부서 그리고 고객에 배부한다. 그 이유는 이러한 배부가 어떤 고객에게 중점을 두어야하는지 그리고 어떤 가격을 제시할 것인지와 같은 장기적인 전략적 의사결정을 함에 있어서 유용하기 때문이다. 장기적인 의사결정에 있어서, 경영진은 (단기에 있어서 변동비 혹은 고정비에 관계없이) 고객에 제품을 판매하기 위해 필요한 모든 자원의 원가를 파악할 필요가 있다. 그 이유는 다음과 같다. 장기적으로 기업은 사실상 모든 원가를 관리할 수 있으며 엄밀히 고정비는 많지 않다. 더군다나, 장기적으로 생존하고 성장하기 위해서 기업들은 단기적으로는 비용의 성격이 변동비이든 고정비이든 무관하게 반드시 고객으로부터 받는 수익이 고객을 지원하기 위해 소모된 전체 자원보다 높아야 한다는 것을 안다.

   동시에 기업원가를 부서에 배부하는 기업들은 특정한 의사결정에 있어서 관련원가를 신중하게 파악해야만 한다. 만약 부서가 기업원가 배부 이전에 이익이 창출되다가, 배부 이후 이익이 나지 않고 손실이 발생한다고 가정해 보자. 이 부서는 폐쇄되어야 하는가? 이 경우 관련원가는 배부된 기업원가가 아니라 부서가 폐쇄될 경우 절약되는 기업원가이다. 부서의 이익이 관련 기업원가를 초과한다면 부서는 폐쇄되어서는 안 된다.
2. 원가를 부서, 채널, 고객에 배부할 때, Astel은 몇 가지 종류의 원가 풀을 사용해야 하는가? 한 가지 극단적인 방법은 모든 비용을 단일 원가 풀에 집합하는 것이다. 또 다른 극단적인 방법은 아주 많은 다양한 개별 원가 풀을 사용하는 것이다. 5장에서 논의

되었듯이, 가장 중요한 고려사항은 모든 원가가 원가배부기준에 있어서 동일하거나 최소한 유사한 인과관계(cause-and-effect)를 가지도록 동질적인(homogeneous) 원가 풀을 만드는 것이다.

예를 들어, 기업원가를 부서에 배부할 때, 만약 기업광고비와 기업관리비가 동일하거나 유사한 인과관계(cause-and-effect relationship)를 가지고 동일한 원가배부기준을 가진다면, Astel은 두 가지 원가를 하나의 원가 풀에 조합할 수 있다. 하지만 만약 여기의 예처럼, 각 원가범주가 각각 다른 원가배부기준을 가진다면(예를 들어, 각 부서의 수익이 기업광고비에 영향을 가지고, 반면에 각 부서의 부서관리비가 기업관리비에 영향을 미친다면), 기업은 이러한 비용에 대해서 개별 원가 풀을 유지해야만 한다. 동종의 원가 풀을 결정하는 것은 판단의 문제이며, 정기적으로 재검토가 필요하다.

경영진은 다양한 원가 풀을 사용하는 효익과 이를 실행하는 데 소요되는 비용을 비교해야만 한다. 다만 정보 수집 기술의 발전으로 다양한 원가 풀을 유지하는 것이 수월할 수 있다.

의사결정에서 배부된 원가 활용

Astel의 경영진은 보기 14-10의 원가가 완전히 배부된 고객수익성 분석을 어떻게 활용할 것인가? 13장에서 다루었듯 제품가격결정에 관한 논의에서, 경영진은 전부원가를 사용하는 것을 종종 선호한다. 완전히 배부된 고객 원가를 활용하는 것도 유사한 이점이 있다.

예를 들어, 보기 14-10에서 $24,000의 수익을 보이고 있는 고객 E를 살펴보자. 이 고객이 $50,000의 가격할인을 요구한다면, Provalue Division은 어떻게 대응해야 하는가? 보기 14-4에서의 분석을 기초로 고객 E는 $100,000의 수익을 보여주고 있다. 따라서 $50,000의 가격할인이 있어도 고객 E는 여전히 수익을 창출한다. 그러나 장기적으로 고객 E는

도전! 14-3

Dexter 기업은 각각 두 개의 도매와 소매 고객을 가지고 있다. 2016년 관련 정보는 다음과 같다.

	도매고객		소매고객	
	서부지역 도매고객	동부지역 도매고객	Hudson 주식회사	Pental 기업
수익(정가기준)	$750,000	$1,180,000	$350,000	$260,000
가격할인	51,600	94,200	19,800	6,180
매출원가	570,000	1,020,000	298,000	190,000
운송비용	29,100	23,420	16,460	14,290
주문가공비용	12,640	16,960	9,360	7,260
판매방문비용	12,600	10,240	9,240	8,150

Dexter의 연 유통채널비용은 도매고객의 경우 $36,000, 소매고객의 경우 $14,000이다. 이 기업의 연 기업유지원가는 $48,000이다.

이 기업은 유통채널원가를 수익을 기초로(실제가격) 각 채널에서 고객에게 배부한다. 기업간접원가는 (1) 채널영업이익을 기초로 유통채널으로(이익이 양(+)), (2) 채널영업이익을 기초로 채널로부터 고객으로(이익이 양(+)) 배부된다.

보기 14-10과 같이 완전히 배부된 원가를 기초로 고객수익성보고서를 작성하시오.

Provalue Division의 모든 부서유지원가와 Astel의 기업원가를 감당할 수 있는 정도로 충분한 수익을 창출해야만 한다. $50,000의 가격할인은 장기적으로 유지하기 어려울 것이다. 또한 Provalue Division이 2017년 Provalue Ⅱ에 대한 계획을 준비할 때(13장 참고), 수익성의 제고 측면에서 고객을 잘 관리하기 위해 무엇을 할지를 고민해야 한다.

고객에 원가를 배부하는 또다른 이점은 원가관리의 기회를 포착할 수 있다는 것이다. 예를 들어, 도매채널 경영자는 기업광고 혹은 R&D와 디자인에 사용되는 정도가 도매고객에 있어서 매출증대에 얼마나 도움이 되는지 조사할 수 있다. 이러한 조사는 광고, R&D, 디자인과 같은 활동의 종류 및 원가에 대한 재평가를 촉발할 수 있다.

매출차이

앞에서 다루었던 고객수익성 분석은 유통채널 내 개별고객들의 실제이익과 Provalue Division에 미치는 영향에 초점을 두고 있다. 그러나 전략적인 수준에서 Provalue Dvision은 도매와 기업 직접판매 두 가지 시장에서 판매하고 있다는 점을 상기하자. 비즈니스 판매채널에서 영업이익은 도매시장에서 영업이익보다 더 크다. 2016년 Provalue Division은 도매를 통해서 60%, 비즈니스 직접 판매를 통해서 40%로 예산을 책정하였다. 그리고 전체적으로 예산보다 Provalue 컴퓨터를 더 많이 판매하였다. 그러나 실제 판매조합은 도매의 경우 66.7%, 기업매출의 경우 33.33%이다. 도매와 기업매출 채널 내 개별고객에 판매하는 수익과 무관하게, Provalue Division의 실제영업이익은 종합예산과 비례해서 판매된 컴퓨터의 수는 긍정적으로 영향을 미쳤으나, 수익성이 낮은 도매고객에 판매됨으로써 매출배합은 부정적으로 영향을 미쳤을 가능성이 있다. 매출수량차이(sales-quantity variance)와 매출배합차이(sales-mix variance)는 Provalue Division의 수익성에 이들 요소가 미치는 영향을 파악할 수 있게 해 준다. Cisco, GE, Hewlett-Packard와 같은 기업들은 인터넷, 전화, 소매 등 다양한 유통채널을 통해서 제품을 판매하기 때문에 이와 유사한 방식으로 분석을 한다.

Provalue Division은 고정가공비 $11,400,000를 제외한 모든 고객 수준원가를 변동비로 분류하고, 모든 유통채널원가, 부서유지원가, 기업유지원가를 고정비로 분류한다. 매출차이분석과 계산을 단순화하기 위해서, 변동비는 Provalue Division의 판매된 제품의 수에 비례한다고 가정한다. 이러한 가정이 없으면 이 분석은 훨씬 복잡해지고 8장에서 기술되었던 ABC 차이분석방법과 같은 접근법이 필요하다. 그러나 기본적인 의미는 동일하다.

2016년 예산과 실제영업이익에 관한 자료는 다음과 같다.

2016년 예산

	판매가격 (1)	단위당 변동비 (2)	단위당 공헌이익 (3)=(1)−(2)	단위당 판매량 (4)	매출배합 (단위기준) (5)	공헌이익 (6)=(3)×(4)
도매채널	$ 980	$755	$225	93,000	60%[a]	$20,925,000
비즈니스 판매채널	1,050	775	275	62,000	40%	17,050,000
합계				155,000	100%	$37,975,000

[a] 도매 채널 내 총 판매수량 비율=93,000÷155,000=60%

2016년 실제결과

	판매가격 (1)	단위당 변동비 (2)	단위당 공헌이익 (3)=(1)−(2)	단위당 판매량 (4)	매출배합 (단위기준) (5)	공헌이익 (6)=(3)×(4)
도매채널	$ 975.50	$749.225	$226.275	100,000	66.67%[a]	$22,627,500
비즈니스 판매채널	1,049.00	784.55	264.45	50,000	33.33%	13,222,500
합계				150,000	100.00%	$35,850,000

[a] 도매 채널 내 총 판매수량 비율=100,000÷150,000=66.67%

예산과 실제 고정 유통채널원가, 부서원가, 기업수준원가는 동일하다(보기 14-6, 보기 14-7).

고정예산차이

고정예산(Static-Budget Variance)차이는 실제결과와 고정예산 상의 예산 금액 간 차이이다. 여기에서 분석은 실제와 예산 공헌이익 사이의 차이에 초점을 두고 있다(앞의 표 6열). 고정예산차이는 $2,125,000U(실제 공헌이익 $35,850,000−예산 공헌이익 $37,975,000)이다. 보기 14-11(1열, 3열)은 고정예산차이의 세부 계산을 보여주기 위해 7장에서 소개된 방식을 사용한다. 경영자는 고정예산차이를 변동예산차이와 매출조업도차이를 세분화함으로써 원가에 대한 이해를 높일 수 있다.

변동예산차이와 매출조업도차이

변동예산차이(flexible budget variance)는 예산기간 내 실제 결과와 실제 산출량 수준에 기반한 변동예산 금액간의 차이를 의미한다. 변동예산 공헌이익은 단위당 예산 공헌이익과 제품의 실제 판매량의 곱으로 계산된다. 보기 14-11에서 2열은 변동예산 계산을 제시하고 있다. 변동예산은 Provalue Division의 실제 판매량을 기준으로 예상한 공헌이익을 측정한다. 변동예산차이는 보기 14-11의 1열과 2열 사이의 차이이다. 1열과 2열의 유일한 차이는 실제 각 제품의 판매된 양을 1열의 실제 단위당 공헌이익과 2열의 예산공헌이익의 차이를 곱함으로써 계산된다. $400,000U의 변동예산차이는 비즈니스채널 판매시 실제 단위당 공헌이익 $264.45는 예산 공헌이익 $275보다 작고, 도매채널판매의 경우 실제 단위당 공헌이익 $226.275이 예산 공헌이익 $225보다 크기 때문에 발생한다. Provalue Division의 경영진은 비즈니스 채널의 컴퓨터 제품당 $10.55($275−$264.45)의 낮은 공헌이익이 변동 주문비와 테스트비용 때문이라는 점을 알고 있으며 향후 이러한 비용을 줄이려는 계획을 준비 중이다.

매출조업도차이(sales volume variance)는 변동예산금액과 고정예산금액의 차이이다. 보기 14-11에서 매출조업도차이는 실제판매량과 예상판매량 차이가 예상공헌이익에 미치는 영향을 보여주고 있다. 매출조업도차이 $1,725,000U는 보기 14-11의 2열과 3열의 차이를 보여주고 있다. 이 경우 불리(Unfavorable)로 나타나는데, 그 이유는 Provalue 도매채널 매출은 예산보다 크게 나타나는 반면, 이익이 예상되는 기업판매의 경우 예산보다 적게 판매되었기 때문이다. Provalue Division 경영진은 매출조업도차이를 매출배합차이(Sales mix variance)와 매출수량차이(Sales quantity variance)로 세부화함으로써 이해를 높일 수 있다.

보기 14-11 2016년 Provalue Division의 변동예산과 매출조업도차이 분석

	실제결과: 판매된 Provalue 제품의 수 ×실제 매출배합 ×단위당 실제 공헌이익 (1)		변동예산: 판매된 Provalue 제품의 수 ×실제 매출배합 ×단위당 예산 공헌이익 (2)		고정예산: 판매된 Provalue 제품의 수 ×예산 매출배합 ×단위당 예산 공헌이익 (3)
패널 A: 도매채널	(150,000×0.6667)×$226.275 100,000×$226.275		(150,000×0.6667)×$225 100,000×$225		(155,000×0.60)×$225 93,000×$225
	$22,627,500		$22,500,000		$20,925,000
레벨 2		$127,500 F 변동예산차이		$1,575,000 F 매출조업도차이	
레벨 1			$1,702,500 F 고정예산차이		
패널 B: 비지니스 판매채널	(150,000×0.3333)×$264.45 50,000×$264.45		(150,000×0.3333)×$275 50,000×$275		(155,000×0.40)×$275 62,000×$275
	$13,222,500		$13,750,000		$17,050,000
레벨 2		$527,500 U 변동예산차이		$3,300,000 U 매출조업도차이	
레벨 1			$3,827,500 U 고정예산차이		
패널 C: All Provalues	$35,850,000		$36,250,000		$37,975,000
레벨 2		$400,000 U 총변동예산차이		$1,725,000 U 총매출조업도차이	
레벨 1			$2,125,000 U 총고정예산차이		

매출배합차이

매출배합차이(Sales-Mix Variance)는 (1) 실제매출배합에 따른 예산공헌이익과 (2) 예산매출배합에 따른 예산공헌이익의 차이로 구할 수 있으며, 계산은 다음과 같다.

	실제판매된 Provalue 제품의 수	×	(실제매출배합 비율 − 예산매출배합 비율)	×	단위당 예산공헌 이익	= 매출배합차이
도매	150,000단위	×	(0.66667 − 0.60)	×	$225단위당	$2,250,000 F
비즈니스 판매	150,000단위	×	(0.33333 − 0.40)	×	$275단위당	2,750,000 U
총매출배합차이						$ 500,000 U

유리한 매출배합차이는 도매채널에서 실제 매출배합비율(66.67%)이 예산 매출배합비율(60%)보다 크기 때문에 발생한다. 반대로 비즈니스 판매채널의 경우 33.33%의 실제 매출배합비율이 40%인 예산 배합비율보다 낮기 때문에 불리한 차이가 발생한다. 전체 매출배합차이는 불리한 차이로 나타나고 이는 실제 매출배합이 예산 매출배합보다 상대적으로 수익이 덜 나는 도매채널로 이동했기 때문이다.

매출배합차이는 복합단위라는 개념으로 설명될 수 있다. 복합단위(composite unit)는 개별판매단위의 배합에 기반한 가중치가 있는 가상의 단위이다. 2016년 예산 매출에 기초하여, 복합단위는 도매채널의 0.6단위와 비즈니스 판매채널의 0.4단위로 구성되어 있다. 따라서 예산 매출배합의 복합단위당 예산 공헌이익은 다음과 같다.

$$0.6 \times \$225 + 0.40 \times \$275 = \$245$$

보기 14-12 2016년 Provalue Division의 매출배합 및 매출수량차이분석

	변동예산: 실제판매수량 ×실제매출배합 ×단위당 예산공헌이익 (1)		실제판매수량 ×예산매출배합 ×단위당 예산공헌이익 (2)		고정예산: 예산판매수량 ×예산매출배합 ×단위당 예산공헌이익 (3)
Panel A: 도매유통채널	(150,000×0.6667)×$225 100,000×$225		(150,000×0.60) 3 $225 90,000×$225		(155,000×0.60)×$225 93,000×$225
	$22,500,000		$20,250,000		$20,925,000
수준 3		$2,250,000 F 매출배합차이		$675,000 U 매출수량차이	
수준 2			$1,575,000 F 매출조업도차이		
Panel B: 비즈니스 유통채널	(150,000×0.3333)×$275 50,000×$275		(150,000×0.40)×$275 60,000×$275		(155,000×0.40)×$275 62,000×$275
	$13,750,000		$16,500,000		$17,050,000
수준 3		$2,750,000 U 매출배합차이		$550,000 U 매출수량차이	
수준 2			$3,300,000 U 매출조업도차이		
Panel C: 전체	$36,250,000		$36,750,000		$37,975,000
수준 3		$500,000 U 매출배합차이		$1,225,000 U 매출수량차이	
수준 2			$1,725,000 U 매출조업도차이		

이와 유사하게, 실제 매출배합의 경우 복합단위는 도매채널의 0.66667단위와 비즈니스 판매채널의 0.33333으로 구성되어 있다. 실제 매출배합에 관한 복합단위별 예산공헌이익은 다음과 같다.

$$0.66667 \times \$225 + 0.33333 \times \$275 = 241.6667$$

매출배합에 있어서 이 변화의 영향은 명백하다. Provalue Division은 낮은 복합단위당 예산공헌이익 $3.3333($245 − $241.6667)을 나타내게 된다. 판매된 150,000개를 기준으로, 매출배합차이는 $500,000 불리로 나타난다(단위당 $3.3333 × 150,000개).

경영진은 2016년 매출배합차이 $500,000 불리가 발생한 원인을 살펴봐야 한다. 수익성 높은 비즈니스 고객을 찾기가 더 어렵기 때문에 매출배합의 변화가 있는 것인가? 더 낮은 가격으로 더 좋은 서비스를 제공하는 비즈니스 판매채널의 경쟁사 때문인가? 아니면 최초 매출추정치가 잠재적인 시장에 대한 적절한 분석 없이 이루어졌기 때문인가?

보기 14-12는 매출배합차이(sales mix variance)와 매출수량차이(sales quantity variance)를 계산하기 위한 표를 보여주고 있다.

매출수량차이

매출수량차이(Sales Quantity Variance)는 (1) 예산배합 수준에서 판매된 실제총판매수량을 기초로 계산한 예산공헌이익과 (2) 고정예산의 공헌이익(예산배합 수준에서 판매된 예산총판매수량)의 차이를 의미한다.

계산은 다음과 같다.

	실제총판매량 − 예산총판매량	× 예산매출배합비율 ×	단위당 예산공헌이익	= 매출수량차이
도매유통채널	(150,000단위 − 155,000단위) ×	0.60	× $225단위당	= $ 675,000 U
비즈니스 유통채널	(150,000단위 − 155,000단위) ×	0.40	× $275단위당	= 550,000 U
총매출수량차이				$1,225,000 U

이 차이는 판매된 모든 제품의 실제수량이 판매된 제품의 예산수량보다 작을 때 불리하게 나타난다. Provalue Division은 예산보다 5,000개 제품을 적게 판매하였다. 따라서 결과적으로 $1,225,000의 매출수량 차이를 낳게 된다(예산매출배합에 의한 복합단위당 예산공헌이익과 매출에서 감소한 수량의 곱으로 계산됨, $245 × 5,000).

경영진은 매출감소의 원인을 살펴보기를 원한다. 매출감소가 경쟁기업의 공격적인 마케팅 혹은 자사의 잘못된 고객서비스 때문인가? 혹은 전체 시장규모의 감소 때문인가? 경영진은 Provalue Division의 시장 점유율의 변화와 시장 크기의 변화를 분석함으로써 매출수량차이의 원인에 대한 추가정보를 획득할 수 있다. 따라서 매출배합차이는 시장점유율차이와 시장규모차이로 세분화될 수 있다.

14-4 도전!

Campbell Corp.은 뉴욕에서 Duma와 Kool의 두 가지 유형의 선글라스를 판매한다. 2017년 예산 및 실제결과는 다음과 같다.

	2017년 예산			2017년 실제결과		
제품	판매가격	단위당 변동원가	판매량	판매가격	단위당 변동원가	판매량
Duma	$20	$16	88,000	$18	$15	90,000
Kool	$23	$18	132,000	$25	$19	110,000

총매출조업도차이, 총매출배합차이 및 총매출수량차이를 계산하시오. 또한 계산과정에서 각 제품에 대한 결과도 표시하시오.

시장점유율차이와 시장규모차이

Provalue에서 판매된 제품의 전체 수량은 시장에 유사한 컴퓨터에 대한 전반적인 수요와 Provalue Divison의 시장점유율에 따라 달라진다. 2016년 Provalue Division의 총 155,000대의 컴퓨터 판매예상은 Provalue의 시장점유율이 20%라는 것과 시장규모는 775,000대로 예상한 추정을 근거로 계산되었다고 가정하자(0.20 × 775,000대). 2016년 실제 시장규모는 800,000대였으며, 실제 시장점유율은 18.75%(150,000 ÷ 800,000 = 0.1875)였다. 보기 14-13은 Provalue Division의 매출수량차이(sales-quantity variance)가 시장점유율차이(market-share variance)와 시장규모차이(market-size variance)로 어떻게 세분화되는지를 보여주고 있다.

시장점유율차이

시장점유율차이(Market-Share Variance)는 실제 시장규모가 유지될 때 실제시장점유율과 예산시장점유율의 차이로 인한 공헌이익의 변화를 의미한다. 시장점유율의 차이에 대한 계산

보기 14-13 2016년 Astel Computers Provalue Division의 시장점유율 및 시장규모차이 분석[a]

실제시장규모 × 실제시장점유율 × 예산매출배합공헌이익 (1)	실제시장규모 × 예산시장점유율 × 예산매출배합공헌이익 (2)	고정예산: 예산시장규모 × 예산시장점유율 × 예산매출배합공헌이익 (3)
(800,000×18.75%[b]×$245)	(800,000×20%[c]×$245)	(775,000×20%[c]×$245)
$36,750,000	$39,200,000	$37,975,000

(1)과 (2)의 차이: $2,450,000 U 시장점유율차이

(2)와 (3)의 차이: $1,225,000 F 시장규모차이

(1)과 (3)의 차이: $1,225,000 U 매출수량차이

[a] F=영업이익에 유리한 효과, U=영업이익에 불리한 효과

[b] 실제시장점유율: 150,000단위÷800,000단위=0.1875 또는 18.75%

[c] 예산시장점유율: 155,000단위÷775,000단위=0.20 또는 20%

공식은 다음과 같다.

시장점유율차이
= 실제시장규모 × (실제시장점유율 − 예산시장점유율) × 예산매출배합 단위당 예산공헌이익
= 800,000단위 × (0.1875−0.20) × 단위당 $245
= $2,450,000 U

Provalue Division은 시장점유율 1.25%의 하락을 경험했다(예산점유율 20%, 실제점유율 18.75%). 시장점유율차이 S2,450,000 U(불리)는 이러한 하락된 점유율의 결과이다.

시장규모차이

시장규모차이(Market-Size Variance)는 예산 시장점유율이 유지된다고 할 때 실제 시장규모와 예산시장규모의 차이로 인한 공헌이익의 차이로 측정된다.

시장규모차이
= (실제 시장규모 − 예산 시장규모) × 예산 시장점유율 × 예산매출배합 단위당 예산공헌이익
= (800,000단위 − 775,000단위) × 0.20 × 단위당 $245
= $1,225,000 F

실제시장규모가 예산시장규모에 비해 3.23%[(800,000 − 775,000) ÷ 775,000 = 0.0323 또는 3.23%] 증가했기 때문에 시장규모차이는 유리하다.

경영자는 2016년 시장규모차이 및 시장점유율차이의 이유를 조사해야 한다. 시장규모의 증가로 인해 유리한 $1,225,000의 시장규모차이가 향후에도 지속될 것인가? 그렇다면 Provalue Division은 20%의 예산시장점유율을 달성하거나 초과함으로써 더 많은 이익을 얻을 수 있을 것이다. $2,450,000의 불리한 시장점유율차이의 원인은 경쟁업체가 더 나은 제품을 제공하거나 고객에게 더 큰 가치를 제공하기 때문이었나? 경쟁기업들이 시장수요를 자극하기 위해 공격적으로 가격을 인하하였는가? Provalue Division 경영자가 예산에 비해 가격을

약간 낮추었음에도 불구하고, 더욱 과감한 가격인하가 비즈니스 유통채널 고객에게 필요하였는가? Provalue 컴퓨터의 품질과 신뢰성이 경쟁업체의 품질과 신뢰성만큼 우수하였는가? 등의 원인을 고려할 수 있다.

일부 기업은 경영자를 평가할 때 시장규모차이보다 시장점유율차이를 더 강조한다. 이는 시장규모차이가 경영자가 통제할 수 없는 경제 전반의 요인 및 소비자 선호도의 변화에 더 영향을 받기 때문이다.

시장규모차이와 시장점유율차이를 계산할 때 다음 사항에 주의하여야 한다. 시장규모 및 시장점유율에 대한 신뢰할 수 있는 정보를 모든 산업에서 구할 수 있는 것은 아니다. 자동차, 컴퓨터 및 텔레비전 산업에는 널리 사용 가능한 시장규모 및 시장점유율 통계가 있다. 그러나 경영 컨설팅 및 개인 재무설계와 같은 다른 산업에서는 시장규모 및 시장점유율에 대한 신뢰성 있는 정보를 구하기 쉽지 않다.

보기 14-14는 Provalue Division의 매출배합, 매출수량, 시장점유율 및 시장규모차이에 대한 요약이다. 이러한 차이는 다양한 제품을 생산하는 기업 또는 각 제품별 단위당 공헌이익이 다른 기업 등에서도 계산이 가능하다.

보기 14-14 2016년 Provalue Division의 차이

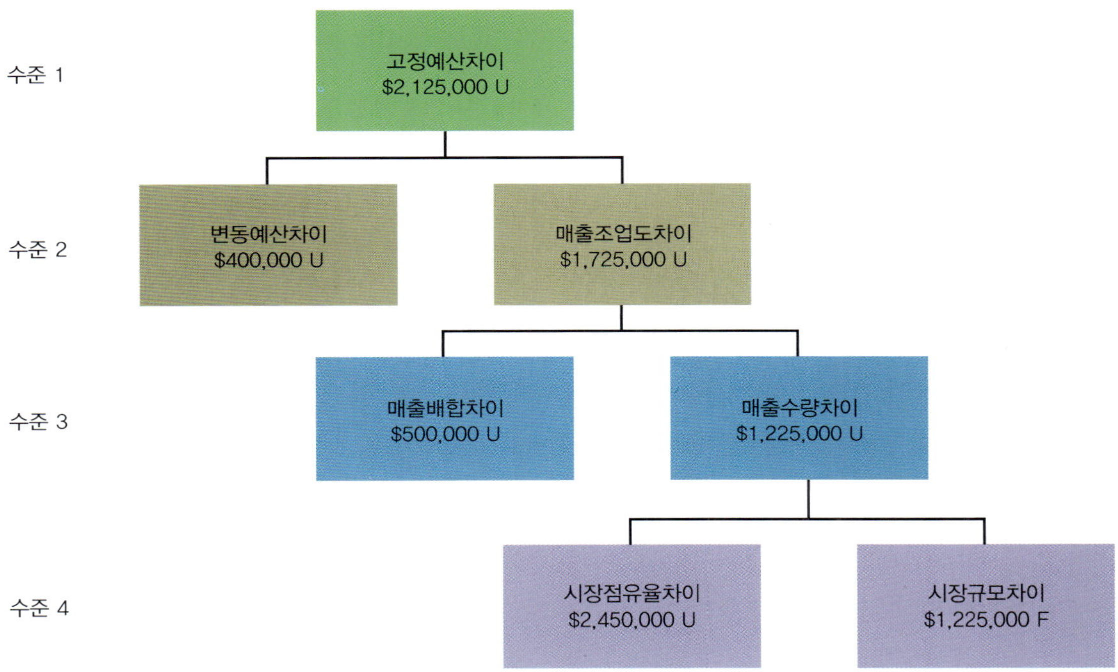

F=영업이익에 유리한 효과, U=영업이익에 불리한 효과

도전! 14-5 Campbell은 뉴욕에서 Duma와 Kool의 두 가지 유형의 선글라스를 판매한다. 2017년 예산 및 실제결과는 다음과 같다.

	2017년 예산			2017년 실제결과		
제품	판매가격	단위당 변동원가	판매량	판매가격	단위당 변동원가	판매량
Duma	$20	$16	88,000	$18	$15	90,000
Kool	$23	$18	132,000	$25	$19	110,000

Campbell은 뉴욕에서 2,000,000단위의 판매량을 기준으로 시장점유율 11%를 가정하여, 2017년 예산을 설정하였다. 그러나 뉴욕의 실제 총판매량은 2,500,000단위였다. 2017년 Campbell의 시장점유율 및 시장규모차이를 공헌이익 측면에서 계산하고, 해당 결과에 대해 설명하시오.

자율학습

Payne 기업은 비닐바닥재와 관련하여 상업용, 주거용 두 가지 제품을 생한하고 있다. 2017년 관련한 예산과 실제 정보는 다음과 같다.

	고정예산			실제결과		
	상업용	주거용	합계	상업용	주거용	합계
판매량(단위:통)	20,000	60,000	80,000	25,200	58,800	84,000
공헌이익						

2016년 말, 마케팅 리서치 기업은 상업용과 주거용 비닐바닥재가 2017년에 800,000통이 판매될 것으로 예상하였다. 2017년 실제로는 700,000통이 판매되었다.

요구사항

1 공헌이익 관점에서 매출배합차이와 매출수량차이를 계산하시오.
2 시장점유율차이와 시장규모차이를 계산하시오.
3 앞의 1번과 2번의 차이분석은 2017년 기업성과에 어떠한 시사점을 제공하는가?

Solution

1 실제 매출배합비율

상업용 = 25,200 ÷ 84,000 = 0.30 (30%)

거용 = 58,800 ÷ 84,000 = 0.70 (70%)

예산 매출배합비율

상업용 = 20,000 ÷ 80,000 = 0.25 (25%)

주거용 = 60,000 ÷ 80,000 = 0.75 (75%)

단위당 예산 공헌이익

상업용 = $10,000,000 ÷ 20,000통 = 단위당 $500

주거용 = $24,000,000 ÷ 60,000통 = 단위당 $400

	실제 판매량 ×	(실제 매출배합비율 − 예산 매출배합비율) ×	단위당 예산공헌이익	= 매출배합 차이
상업용:	84,000통 ×	(0.30 − 0.25)	단위당 $500	= $2,100,000f(유리)
주거용:	84,000통 ×	(0.70 − 0.75)	단위당 $400	= 1,680,000u(불리)
총매출배합차이				$ 420,000f(유리)

	(실제판매량 − 예산판매량) ×	예산매출 배합차이비율 ×	단위당 예산공헌이익	= 매출배합 차이
상업용:	(84,000통 − 80,000통)	0.25	× 단위당 500통	= $ 500,000f(유리)
주거용:	(84,000통 − 80,000통)	0.75	× 단위당 400통	= 1,200,000f(유리)
총매출배합차이				$1,700,000f(유리)

[2] 실제 매출배합비율

실제 시장점유율 = 84,000 ÷ 700,000 = 0.12 (12%)

예상 시장점유율 = 80,000 ÷ 800,000 = 0.10 (10%)

복합제품 단위당 예산 공헌이익 = $34,000,000 ÷ 80,000통 = 단위당 $425

복합제품 단위당 예산공헌이익은 다음과 같이 계산된다.

상업용: 단위당 500통 × 0.25 = $125

주거용: 단위당 400통 × 0.75 = $300

복합제품 단위당 예산공헌이익 = $425

시장점유율차이 = 실제시장규모 × (실제시장점유율 − 예상시장점유율) × 예산복합제품 단위당 공헌이익

=700,000 × (0.12 − 0.10) × $ 425

=5,950,000f

시장규모차이 = (실제시장규모 − 예상시장규모) × 예산시장점유율 × 복합제품 단위당 예산공헌이익

= (700,000 − 800,000) × 0.10 × 단위당 $425

= $4,250,000u

[3] 총매출배합차이와 총매출수량차이는 모두 유리한 것으로 나타났다. 유리한 매출배합차이는 실제매출배합이 이익이 높은 상업용 제품으로 높게 구성되어 있기 때문이다. 유리한 총매출수량차이는 예상보다 실제 판매된 제품의 수가 높기 때문이다.

기업의 시장점유율차이 유리한 이유는 예상시장점유율(10%)보다 실제시장점유율(12%)가상대적으로 높기 때문이다. 시장규모차이는 불리하게 나타났는데, 이는 실제 시장규모가 예상보다 100,000통 (700,000 − 800,000) 작게 나타났기 때문이다. 2017년 Payne기업의 성과는 긍정적인 것으로 보인다. 비록 전체 시장규모는 감소했지만, 기업이 예상보다 시장점유율을 높게 달성했기 때문이다.

과제

서술형 문제

14-1 "나는 고객에게 관심을 집중하고, 원가배부 문제는 회계사에게 모두 맡길 것이다."라는 DIvision 경영자의 의견에 동의하는가? 그 이유를 설명하시오.

14-2 고객수익성 분석이 경영자에게 중요한 주제인 이유는 무엇인가?

14-3 회사는 고객별로 가격 할인의 범위를 어떻게 추적할 수 있는가?

14-4 "고객수익성 명세서는 회사가 수익성을 개선하기 위해 배제하여야 하는 고객을 강조한다."라는 의견에 동의하는가? 그 이유를 설명하시오.

14-5 고객 원가계층 구조에서 세 가지 원가수준의 예를 제시하시오.

14-6 고래곡선은 어떤 정보를 제공하는가?

14-7 "회사는 회사의 모든 원가를 부서(부문)에 배부해서는 안 된다."라는 의견에 동의하는가? 그 이유를 설명하시오.

14-8 경영자는 원가배부 의사결정을 위해 어떤 기준을 사용할 수 있는가? 또 가장 우월한 배부기준은 무엇인가?

14-9 "회사가 원가를 각 부서(부분)에 할당하면, 부서는 배부된 원가를 간접원가집합에 재 배부해서는 안 된다."라는 의견에 동의하는가? 그 이유를 설명하시오.

14-10 "회사는 단기 고정원가를 고객에게 배부해서는 안 된다."라는 의견에 동의하는가? 그 이유를 간단히 설명하시오.

14-11 회사는 부서, 유통채널 및 고객에게 원가를 배부하는 데 사용해야 하는 원가집합의 수를 어떻게 결정해야 하는가?

14-12 경영자가 매출수량차이를 분해하여 어떻게 의미 있는 정보를 획득하는지 설명하시오.

14-13 복합단위의 개념을 사용하여 불리한 매출배합차이를 설명할 수 있는가?

14-14 유리한 매출수량차이가 발생하는 이유를 설명하시오.

14-15 매출수량차이를 구체적으로 분해하시오.

객관식 문제

14-16 **변동예산차이, 매출수량차이, 시장규모 및 시장점유율차이.** 단위당 실제공헌이익은 다음 중 어떤 매출차이에 영향을 미치는가?

a. 변동예산차이
b. 시장규모차이
c. 시장점유율차이
d. 매출수량차이

14-17 **매출조업도, 매출배합 및 매출수량차이.** 자동차 제조업체인 Lexota는 20x2년 9월 동안 다음과 같이 예산 및 실제 매출액을 보고했다.

	예산수량	예산매출액	실제수량	실제매출액
Power Lex 500	200	$10,000,000	150	$8,000,000
Ota Gas Sipper	200	$4,000,000	250	$4,000,000

예산공헌이익률은 두 차량 모두 20%이다. 다음 중 20x2년 9월 Lexota.의 매출액 차이와 관련하여 올바른 설명은 무엇인가?

a. 매출조업도차이는 유리한 차이이다.
b. 매출수량차이는 불리한 차이이다.
c. 각 차량의 예산변동원가는 동일하다.
d. 매출배합차이는 불리한 차이이다.

주관식 문제

14-18 병원의 원가배부, 대체배부기준. Dave Meltzer는 지난 겨울 호수에서 휴가를 보내며, 안타깝게도 스키를 타다 발목이 부러져 시에라 대학 병원에서 이틀을 입원했다. Meltzer의 보험사는 2일 입원에 대해 $4,800의 청구서를 받았다. Meltzer의 눈에 띈 품목은 붕대 한 단위(롤)당 $11.52였다. Meltzer는 Johnson & Johnson의 영업사원이며 붕대 한 단위당 병원의 원가가 $2.20에서 $3.00 사이임을 이미 알고 있다. 그는 $11.52의 청구내역을 요청했으며, 병원의 회계팀은 그에게 다음의 정보를 보냈다.

a. 붕대 구매원가	$ 2.40
b. 구매 서류 처리원가	0.60
c. 비품 관리원가	0.70
d. 수술실 및 입원실 관리원가	1.60
e. 병원 행정원가	1.10
f. 대학 교육 관련원가	0.60
g. 과실 보험원가	1.20
h. 무보험 환자 치료원가	2.72
i. 정상이윤가산	0.60
합계	$11.52

Meltzer는 간접원가가 터무니없다고 생각한다. 그는 "내가 할 수 있는 일은 아무것도 없었다. 그들이 들어와서 주사를 놓을 때, 내가 할 수 있는 것은 '내가 붕대를 가져왔으니 그 붕대는 그냥 두세요.' 라고 하는 것뿐이었다."라고 말했다.

요구사항

1. Sierra University Hospital이 붕대에 배부한 간접원가율을 계산하시오.
2. Sierra는 위 목록에서 간접원가 b부터 i의 배부를 정당화하기 위해 어떤 기준을 사용할 수 있는가? 각 항목을 개별적으로 검토하고, 보기 14-8(465 페이지)에 제시된 배부기준을 사용하시오.
3. Meltzer는 $11.52의 붕대가격에 대해 어떻게 해야 하는가?

14-19 고객 수익성, 고객원가계층. Enviro-Tech의 고객은 소매고객 두 명, 도매고객 두 명이 전부라고 가정한다. 2017년 각 고객과 관련된 정보는 다음과 같다 (단위: 천)

	도매고객		소매고객	
	북미도매상	남미도매상	그린에너지	글로벌파워
매출액(표준가격)	$375,000	$590,000	$175,000	$130,000
가격할인	25,800	47,200	8,400	590
매출원가	285,000	510,000	144,000	95,000
배송원가	4,550	6,710	2,230	2,145
주문원가	3,820	5,980	2,180	1,130
방문판매원가	6,300	2,620	2,620	1,575

Enviro-Tech의 연간 유통원가는 도매고객의 경우 $33,000,000이고 소매고객의 경우 $12,000,000이다. 최고 경영진의 급여 및 일반관리비용과 같은 회사의 연간 기업 유지원가는 $48,000,000이다. 유지원가와 원가배부기준 간의 인과관계나 수혜관계 등은 없다. 즉, Enviro-Tech는 회사가 완전히 영업을 중단하여야 유지원가를 절감할 수 있다.

요구사항

1. 보기 14-3의 형식을 사용하여 고객 수준의 영업이익을 계산하시오.
2. 보기 14-6의 형식을 사용하여 고객원가계층 보고서를 제시하시오.

3. Enviro-Tech의 경영진은 모든 기업 유지원가를 도매 유통채널에 $38,000,000, 소매 유통채널에 $10,000,000만큼 모두 배부하기로 결정하였다. 그 결과 유통채널의 원가는 현재 도매채널의 경우 $71백만($33백만+$38백만), 소매채널의 경우 $22백만($12백만+$10백만)이다. 각 유통채널 수준의 영업이익을 계산하고, 이 계산을 바탕으로 Enviro-Tech의 경영자는 어떤 조치를 취해야 하는지 설명하시오.
4. Enviro-Tech는 활동기준원가계산시스템의 새로운 원가정보를 사용하여 어떻게 그들의 사업을 관리할 수 있는가?

14-20 고객수익성, 용역기업. Speedy Service는 3개 주(state) 지역에 걸쳐 있는 5개 회사의 프린터와 복사기를 수리한다. Speedy의 원가는 고객기업의 위치 및 간접원가집합으로 직접 추적할 수 있는 기술자 및 장비원가로 구성된다. 최근까지 Speedy는 각 고객별 매출액 비율을 기준으로 각 고객에게 사무실 간접원가를 배부하여 고객수익성을 추정했다. 2017년에 Speedy는 다음과 같은 결과를 보고했다.

	A	B	C	D	E	F	G
1		Art	Boris	Chetan	Darby	Esther	Total
2	매출액	$260,000	$200,000	$322,000	$122,000	$212,000	$1,116,000
3	기술자 및 장비원가	182,000	175,000	225,000	107,000	178,000	867,000
4	사무실 간접원가배부	31,859	24,507	39,457	14,949	25,978	136,750
5	영업이익	$ 46,141	$ 493	$ 57,543	$ 51	$ 8,022	$ 112,250

Speedy의 새 관리자인 Tina Patel은 사무실 간접원가가 총원가의 10% 이상이라고 지적하므로, 고객의 사무실 간접원가 사용량을 분석하는 데 집중하였다. 이에 그녀는 다음 정보를 수집하였다.

	I	J	K
1	실제활동		원가동인
2	고객전화 응대	$75	전화응대 횟수
3	주문	$80	주문 횟수
4	계산서 처리	$50	계산서 수
5	고객 데이터베이스 유지	$10	전화응대 횟수

	A	B	C	D	E	F
8		Art	Boris	Chetan	Darby	Esther
9	고객전화 수	150	240	40	120	180
10	주문횟수	120	210	60	150	150
11	계산서 수	30	90	90	60	120

요구사항

1. Patel이 수집한 새로운 정보를 사용하여 고객 수준의 영업이익을 계산하시오.
2. 보기 14-4 및 보기 14-5 형식의 표를 Speedy의 정보를 이용하여 제시하고 설명하시오.
3. 추가 데이터 및 사무실 간접원가 분석을 바탕으로, Speedy는 개별고객과 관련하여 어떤 의사결정을 고려해야 하는가?

14-21 고객 수익성, 유통. Best Drugs는 의약품 유통기업이다. ABC 시스템에는 다음 5가지 활동이 있다.

활동	원가동인(2017년)
1. 주문	주문당 $42
2. 품목단위 주문	품목당 $5
3. 매장배송	배송당 $47
4. 상자배송	상자당 $4
5. 묶음진열	묶음시간당 $13

Best Drugs의 경영자인 Rick Flair는 ABC 시스템을 사용하여 각 유통시장에서 개별고객수익성을 조사하고자 한다. 그는 먼저 소규모 단일 매장 유통시장에 중점을 두며, 두 명의 고객자료를 이용하여 ABC 시스템을 파악하려고 한다. 2017년 8월, 두 고객과 관련된 데이터는 다음과 같다.

	Ann Arbor 약국	San Diego 약국
총주문	13	7
주문당 품목	11	19
총매장배송	5	7
주문당 평균 상자선적량	21	18
매장배송당 평균 묶음진열시간	0.5	0.75
배송당 평균 매출액	$2,600	$1,900
배송당 평균 매출원가	$2,100	$1,700

요구사항

1. ABC 정보를 사용하여 2017년 8월 각 고객의 영업이익을 계산하고, 계산결과 및 Flair가 해야 할 일에 대해 설명하시오.
2. Flair는 월별 영업이익을 기준으로 소규모 단일 매장 유통 시장에서 개별 고객의 순위를 설정한다. 상위 20% 고객의 누적영업이익은 $58,120이며, 하위 40% 고객의 누적영업손실은 $23,670이다. 해당 고객수익성정보를 고려하여 Best Drugs의 적절한 조치 4가지를 제안하시오.

14-22 원가배부 및 의사결정. Blueback Manufacturing에는 중국, 캄보디아, 방글라데시 및 인도의 위치 이름을 딴 4개의 부서가 있다. 미네소타에 있는 본사에서 기간당 $8,400,000의 간접원가가 발생한다. 각 부서장은 본부의 간접원가 배부 후 부서 이익을 기준으로 성과를 평가하고 있다. 본사는 현재 각 부서의 매출액에 따라 이 간접원가를 부문에 배부한다. 경영자는 각 부서장에게 매출액, 부서이익, 직접원가 및 종업원 수 중에서 본사 간접원가 배부기준을 제안하도록 요청했다. 다음은 각 부서에 대한 관련 정보이다.

	중국	캄보디아	방글라데시	인도
매출액	$11,700,000	$12,750,000	$ 9,300,000	$ 8,250,000
직접원가	7,950,000	6,150,000	6,450,000	6,900,000
부서이익	$ 3,750,000	$ 6,600,000	$ 2,850,000	$ 1,350,000
종업원 수	3,000	6,000	2,250	750

요구사항

1. 매출액, 직접원가, 부서이익 및 종업원 수를 배부기준으로 사용하여 Blueback Manufacturing의 본사 간접원가를 4개 부서 각각에 배부하시오. 본사 간접원가를 배부한 후 각 부서의 영업이익을 계산하시오.
2. 인도 부서의 부서장이 선호하는 배부기준은 무엇인지 설명하시오.
3. Blueback이 배부기준을 설정할 때 고려할 요소는 무엇인가?

4. Blueback의 경영자가 배부기준으로 직접원가를 사용하기로 결정했다고 가정한다. 인도 부서를 폐쇄해야 하는가? 그 이유는 무엇인가?

14-23 부문에 대한 원가배분. Rembrandt Hotel & Casino는 네바다의 아름다운 호수에 위치한다. 이 단지에는 300개의 객실이 있는 호텔, 카지노 및 레스토랑이 있다. Rembrandt의 새 경영자는 당신에게 호텔이 2017년에 3개 부문에 고정간접원가를 배부하는 기준을 추천해 달라고 요청하였다. 이와 관련하여 다음의 2016년 손익계산서가 제공된다.

	호텔	레스토랑	카지노
매출액	$16,425,000	$5,256,000	$12,340,000
직접원가	9,819,260	3,749,172	4,248,768
부서이익	$ 6,605,740	$1,506,828	$ 8,091,232

또한 세 부서에 대하여 다음의 정보도 추가로 제공된다.

	호텔	레스토랑	카지노
면적(평방피트)	80,000	16,000	64,000
종업원 수	200	50	250

직접원가, 면적 또는 종업원 수 중 하나를 간접원가 배부기준으로 선택할 수 있다. 2016년 총고정간접원가는 $14,550,000이다.

요구사항

1. 고정간접원가를 배부하기 전 부서이익률을 백분율로 계산하시오.
2. 제시된 세 가지 배부기준을 각각 사용하여 간접원가를 세 부서에 배부하시오. 각 배부기준에 대해 배부 후 부서이익을 금액 및 매출액 대비 비율(백분율)로 제시하시오.
3. 결과에 대해 간략히 논의하시오. 부서에 간접원가를 배부하는 기준을 어떻게 설정할 것인가? 그 이유는 무엇인가?
4. 분석의 결과로 세 부서 중 하나를 폐지하는 것이 타당하다면, 어떤 부서를 폐지할 것이며 그 이유는 무엇인가?

14-24 부서에 대한 원가배분. Holbrook Corporation에는 펄프, 종이 및 파이버 세 부서가 있다. Holbrook의 새 관리자인 Paul Weber는 3개 부서에 대해 기업 전체의 고정간접원가 배부를 검토하고 있다. 그는 2017년 각 부서에 대해 다음과 같은 정보를 제공받았다.

	펄프	종이	파이버
매출액	$9,800,000	$17,100,000	$25,500,000
직접제조원가	3,500,000	7,800,000	11,100,000
부서관리원가	3,300,000	2,000,000	4,700,000
부서이익	$3,000,000	$ 7,300,000	$ 9,700,000
종업원 수	300	150	550
면적	53,200	35,340	101,460

지금까지 Holbrook Corporation은 부서이익을 기준으로 기업 고정간접원가를 배부하였다. Weber는 기업 고정간접원가 구성 목록을 요청하고 다음과 같은 새로운 배부기준을 제안한다.

고정간접원가		제안한 배부기준
인적자원관리	$ 2,300,000	종업원 수
장치	3,200,000	면적
경영관리	4,600,000	부서관리원가
합계	$10,100,000	

요구사항

1. 부서이익을 배부기준으로 사용하여 2017년 회사 고정간접원가를 3개 부서에 배부하시오. 각 부서의 영업이익률은 얼마인가?
2. Weber가 제안한 배부기준을 사용하여 2017 고정간접원가를 배부하시오. 새로운 배부기준에 따른 각 부서의 영업이익률은 얼마인가?
3. 요구사항 1과 2의 결과를 비교하고 논의하시오. 부서의 성과평가 인센티브가 영업이익률을 기반으로 하는 경우, 어떤 부서가 새로운 배부기준을 가장 선호하겠는가? 어느 부문이 가장 반대할 것인가? 그 이유는 무엇인가?
4. Holbrook Corporation은 어떤 배부기준을 사용하여야 하는가? 그 이유는 무엇인가? Weber는 부서 간 의견충돌로 인해 발생할 수 있는 마찰을 어떻게 극복할 수 있는가?

14-25 차이분석, 다양한 제품. 팀 Adelaide Hares는 호주의 크리켓 리그에서 활동한다. Hares는 애들레이드 시가 소유하고 관리하는 Bogga Arena를 홈구장으로 이용한다. Arena는17,500석(하단 6,500석, 상단 11,000석) 규모이며, Hares에게 시설 사용에 대하여 티켓당 요금을 부과한다. 모든 티켓은 예약 네트워크에서 판매되며, Hares는 티켓당 예약수수료를 부과한다. 2017년 각 티켓 유형에 대한 Hares의 예산공헌이익은 다음과 같이 계산된다.

	하단 티켓	상단 티켓
판매가격	$32	$14
Bogga Arena 수수료	9	4
예약수수료	6	2
티켓당 공헌이익	$17	$ 8

2017 시즌의 경기당 예산 및 실제 평균 관객 수는 다음과 같다.

	예산판매량	실제판매량
하단	5,500	3,600
상단	7,000	6,400
합계	12,500	10,000

하단 또는 상단 좌석에 대한 예산 및 실제 공헌이익 간 차이가 없었다. Hares의 매니저는 특히 지난 6개월 동안 지역 경제가 호황을 누리고 있는 상황을 감안할 때, 실제 관객 수가 경기당 예산 관객 수보다 20% 낮다는 점에 불만족하였다.

요구사항

1. 2017년 Adelaide Hares의 각 티켓 유형 및 전체 매출수량차이를 계산하시오.
2. 2017년 Adelaide Hares의 각 티켓 유형 및 전체 매출수량차이와 매출배합차이를 계산하시오.
3. 요구사항 1과 2의 차이결과를 설명하시오.

14-26 차이분석, 역행작업. Hiro Corporation은 Plain과 Chic의 두 가지 브랜드의 와인잔을 판매한다. Hiro는 2017년 6월 매출액에 대해 다음과 같은 정보를 제공한다.

총공헌이익 변동예산	$15,525
와인잔 예산판매수량(전체)	2,300단위
Plain 단위당 예산공헌이익	단위당 $5
Chic 단위당 예산공헌이익	단위당 $12
매출수량차이	$2,700 U
Plain 실제 매출배합비율	60%

모든 차이는 공헌이익으로 계산한다.

요구사항

1. 2017년 6월, 각 제품에 대한 매출수량차이를 계산하시오.
2. 2017년 6월의 개별제품 및 총매출배합차이와 2017년 6월에 대한 개별제품 및 총매출조업도차이를 계산하시오.
3. 차이분석을 종합하여 결론을 제시하시오.

14-27 차이분석, 다양한 제품. Soda-King은 콜라와 Limor 두 가지 청량 음료를 제조 및 판매한다. 2017년 예산 및 실제결과는 다음과 같다.

제품	예산(2017)			실제결과(2017)		
	판매가격	상자당 변동원가	판매수량(상자)	판매가격	상자당 변동원가	판매수량(상자)
콜라	$10.00	$5.50	500,000	$10.10	$5.75	504,300
Limor	$ 7.50	$4.00	750,000	$ 7.75	$3.70	725,700

요구사항

1. 총매출조업도차이, 매출배합차이 및 매출수량차이를 계산하시오. 각 제품에 대한 계산결과 또한 제시하시오.
2. 요구사항 1에서 계산된 차이에서 어떤 결론을 내릴 수 있는가?

14-28 시장점유율차이 및 시장규모차이(14-27에서 계속). Soda-King은 호주 서부지역의 매출액 기준 시장점유율 12.5%를 가정하여, 2017년 예산을 설정하였다. 전체 청량음료시장은 이 지역에서 10백만 상자의 판매량 규모로 추정된다. 그러나 서부지역의 실제 총판매량은 12.3백만 상자였다. 2017년 Soda-King의 시장점유율 및 시장규모 차이를 계산하고, 결과에 대해 설명하시오.

요구사항

14-29 원가배부의 목적. Sarah Reynolds는 최근 Mize Manufacturing의 원가회계 부서에서 관리 보조업무로 일을 시작했다. 원가회계 분야를 처음 접한 Sarah는 Mize의 제품 중 하나인 SR460의 원가가, 원가정보를 요청하는 부서에 따라 달라질 수 있다는 사실에 혼란스럽다. 마케팅 부서에서 새 카탈로그에 표시할 가격을 결정하기 위하여 SR460의 원가를 요청했을 때와 재무정보 공시부서에서 요청했을 때, 그녀는 각각 다른 원가를 보고하여야 한다. Sarah는 Mize의 원가회계시스템을 사용하여 보고서를 작성한다. 이 시스템은 SR460의 단위당 원가에 대해 같은 정보를 산출한다.

직접재료원가	$57.00
직접노무원가	32.70
변동제조간접원가	17.52
배부된 고정제조간접원가	65.68
연구개발비	12.40
마케팅원가	11.90
판매수수료	22.80
배부된 생산부서의 관리원가	10.76
배부된 본부의 관리원가	37.20
고객서비스원가[a]	6.10
유통원가[a]	17.60

[a] 이러한 원가는 SR460에만 해당되지만, SR460을 외부 공급업체에서 구입한 경우에도 제거되지 않는다. 회사가 SR460 생산을 중단한다면, 다른 부서로 배부될 것이다.

요구사항

1. Sarah에게 마케팅 및 재무보고 부서에 제공되는 원가정보가 다른 이유를 설명하시오.
2. 다음을 결정하기 위해 SR460 단위당 원가를 계산하시오.
   a. SR460의 판매가격
   b. 재무보고를 위한 재고자산원가
   c. SR460을 계속 제조할지 아니면 외부 공급업체에서 구매할지 여부(SR460이 Mize의 다른 제품 중 하나의 부품으로 사용된다고 가정한다)
   d. Mize의 생산관리자가 원가를 통제할 수 있는 능력

14-30 고객 수익성. Bracelet Delights는 맞춤형 보석을 제조하는 회사이다. 회사는 현재 고객번호 01, 02, 03, 04, 05, 06인 6명의 고객을 보유하고 있다. 제조활동 외에 회사는 다음과 같은 활동을 한다.

요구사항

1. 고객 주문. 판매원과 디자이너 및 보석제작자는 고객과 시간을 보낸다. 원가동인율은 고객과 함께 보낸 시간당 $420이다.
2. 고객 피팅. 보석이 완성되기 전에 고객이 만족하는지 확인할 수 있다. 원가동인율은 시간당 $30이다.
3. 긴급 주문. 일부 고객은 보석을 빨리 완성하기를 원한다. 원가동인율은 긴급주문당 $900이다.
4. 고객 재방문 횟수. 고객은 보석 수령 후 최대 30일까지 보석을 반환하여 무료로 수리할 수 있다. 원가동인율은 재방문당 $400이다.

6명의 고객에 대한 정보는 다음과 같다. 일부 고객은 여러 종류를 구입하였으며, 보석의 원가는 판매가격의 60%이다.

고객번호	01	02	03	04	05	06
매출액	$850	$4,500	$280	$2,200	$5,500	$650
항목당 원가	$510	$2,700	$168	$1,320	$3,300	$390
고객 주문당 소비시간	3	10	1	8	17	5
피팅시간	1	6	0	0	4	0
긴급주문 수	0	2	1	2	3	0
고객 재방문 수	0	0	0	0	0	1

요구사항

1. 각 고객에 대한 고객 수준 영업이익을 계산하시오. 수익성이 가장 높은 순서대로 고객을 정렬하고, 보기 14-3 및 보기 14-4와 같이 고객수익성 분석을 제시하시오.

2. 수익성이 없는 고객이 있는가? 그 원인은 무엇인가? 이러한 고객에 대해 Bracelet Delights는 어떻게 대응하여야 하는가?

14-31 **고객 수익성, 유통.** Green Paper Delivery는 5명의 신규 고객 수익성을 분석하기로 결정하였다. 회사는 재활용 종이를 케이스당 $20에 구입하고 소매고객에게 케이스당 $26의 정가로 판매한다. 5명의 고객과 관련된 데이터는 다음과 같다.

	고객				
	01	02	03	04	05
판매된 케이스	1,830	6,780	44,500	31,200	1,950
정가	$26	$26	$26	$26	$26
실제판매가격	$26	$25.20	$24.30	$25.80	$23.90
구매주문 수	10	18	35	16	35
고객방문 수	3	5	12	4	12
배송횟수	12	28	65	25	35
배송당 거리	14	4	8	6	45
긴급배송 수	0	0	0	0	3

Green Paper Delivery의 5 가지 활동과 원가동인은 다음과 같다.

활동	원가동인율
주문수령	구매주문당 $90
고객방문	고객방문당 $75
배송	배송거리(마일)당 $3
제품관리	판매 케이스당 $1.20
긴급배송	긴급배송당 $250

요구사항

1. 5명의 소매고객(1, 2, 3, 4, 5) 각각의 고객 수준 영업이익을 계산하고 설명하시오.
2. 경영자는 각 고객의 정가 판매가격과 실제 판매가격을 모두 보고하여, 어떤 판단이 가능한가?
3. 경영자는 5명의 고객 중 한 명 이상을 배제할 것인지 결정할 때, 어떤 요소를 고려해야 하는가?

14-32 **제조회사의 고객수익성.** Antelope Manufacturing은 A1030이라는 부품을 만든다. 이 부품은 고객이 주문할 때만 제조되므로, Antelope는 A1030의 재고를 보관하지 않는다. 정가는 단위당 $115이지만 대량 주문을 한 고객은 가격에서 12% 할인받는다. 고객은 주로 제조회사이다. 영업사원은 해당 주문이 할인을 받을 수 있을 만큼 충분한지 판단한다. 제품이 완성되면 10개의 상자로 포장된다. 부품의 교환 또는 수리가 필요한 경우 10일 이내에 무료 교환 또는 수리를 받을 수 있다.

A1030 단위를 제조하는 데 드는 전체 원가는 $95이다. 또한 Antelope는 고객 수준의 원가가 발생한다. 고객 수준의 원가동인율은 다음과 같다.

주문수령	주문당 $360
제품관리	상자당 $15
긴급주문처리	긴급주문당 $560
교환 및 수리	단위당 $50

Antelope의 고객에 대한 정보는 다음과 같다.

	A	B	C	D	E
구매단위 수	5,400	1,800	1,200	4,400	8,100
할인	12%	12%	0	12%	제품 중 절반의 경우 12% 할인
주문 수	8	16	52	20	16
상자 수	540	180	120	440	810
긴급주문 수	1	6	1	0	5
교환/수리 단위 수	14	72	16	40	180

E고객의 주문 단위를 제외한 모든 고객은 동일한 주문 크기로 주문한다. 고객 E의 주문 수량이 다양했기 때문에 E는 할인 혜택을 받을 수 있었지만, 항상 그런 것은 아니다.

요구사항

1. 보기 14-3의 형식으로, 5명의 고객에 대한 고객 수준 영업이익을 계산하시오. 보기 14-4와 같이 수익성이 가장 높은 고객순으로 고객수익성 분석을 제시하시오.
2. 고객수익성 분석결과를 설명하시오. Antelope에 수익성이 없는 고객이 있는가? Antelope가 5명의 고객에게 다르게 대응해야 할 것이 있는가?

14-33 고객 원가계층, 고객 수익성. Denise Nelson은 인테리어 디자인 컨설팅 및 창문 제조업체인 Denise's Interiors를 운영한다. 그녀의 고객은 컨설팅 서비스를 제공하는 두 곳의 건축회사(Attractive Abodes 및 Better Buildings)와 창문 등을 공급하는 세 명의 고객(Cheery Curtains, Delightful Drapes, Elegant Extras)이다. Denise는 두 곳의 건축회사와 세 명의 고객수익성을 평가하고, 두 유통채널과 사업 전체의 수익성을 평가하려고 한다. 최근 분기에 대한 정보는 다음과 같다.

	Attractive Abodes (AA)	Better Buildings (BB)	Cheery Curtains (CC)	Delightful Drapes (DD)	Elegant Extras (EE)
총매출액	$117,000	94,400	178,690	73,920	36,600
고객수준원가	73,500	58,600	109,290	57,860	28,520

간접원가는 총 $170,200이다. Denise는 간접원가의 25%가 건축사업과 직접 관련되고 40%는 창문사업과 직접 관련되며, 나머지는 일반관리원가라고 판단했다. 경쟁업체로부터 고객을 유인하기 위해서 Denise는 각 매출액, Attractive Abodes에 10% 할인을 제공하고 Elegant Extras(현금)에 5% 할인을 제공했다.

요구사항

1. 보기 14-6의 형식을 사용하여 Denise's Interiors에 대한 고객 원가계층 보고서를 제시하시오.
2. 보기 14-4의 형식을 사용하여 5명의 고객에 대한 고객수익성 분석을 제시하시오.
3. 각 보고서의 결과에 대해 설명하시오. Denise에게 어떤 조언을 할 수 있겠는가?

14-34 부서 원가배분. Richfield Oil Company의 경영자인 Dusty Rhodes는 4개 사업부의 성과에 대해 고위 경영진에게 프레젠테이션을 준비하고 있다. 최근 연도의 4개 부문과 관련된 요약 데이터 (백만 $)는 다음과 같다.

	A	B	C	D	E	F
1		부서				
2		Oil & Gas Upstream	Oil & Gas Downstream	Chemical Products	Copper Mining	합계
3	매출액	$ 8,000	$16,000	$4,800	$3,200	$32,000
4	운영원가	3,000	15,000	3,800	3,500	25,300
5	영업이익	$ 5,000	$ 1,000	$1,000	$ (300)	$ 6,700
6						
7	식별가능자산	$14,000	$ 6,000	$3,000	$2,000	$25,000
8	종업원 수	9,000	12,000	6,000	3,000	30,000

기존 회계시스템에서는 본사에서 발생한 원가를 단일 원가집합(최근 $3,228백만)에 모아 실제 수익을 기준으로 각 부문에 배부한다. 각 부문의 최고경영자는 부문이익 보너스 집합을 공유한다. 부문이익은 영업이익에서 배부된 기업원가를 차감한 것으로 정의한다.

Rhodes는 기업원가의 구성요소를 분석하고 기업원가를 4개의 원가집합에 수집할 것을 제안했다. 최근 1년 동안의 기업원가($백만) 및 Rhodes가 제안한 원가집합 및 배부기준은 다음과 같다.

	A	B	C	D	E
11	기업원가목록	금액	제안된 원가집합	제안된 배부기준	
12	이자비용	$ 2,000	1	식별된 자산	
13	급여	150	2	부문 매출액	
14	회계 및 관리	110	2		
15	마케팅	200	2		
16	법률	140	2		
17	연구개발비	200	2		
18	공무	203	3	영업이익(손익분기점을 넘는 경우만)*	
19	인사관리	225	4	종업원 수	
20	합계	$ 3,228			
21					
22	* 공무, 즉 홍보원가에는 홍보직원 및 환경단체에 대한 기부 등이 포함되기 때문에, Rhodes는 이 원가를 사업부의				
23	영업이익(양수인 경우)을 사용하여 배부하고 영업이익이 0보다 큰 사업부만 배부 대상에 포함하도록 제안한다.				

요구사항

1. Richfield Oil이 각 사업부에 기업 원가를 배부해야 하는 두 가지 이유를 제시하시오.
2. 각 사업부의 매출액을 기준으로 모든 기업원가를 배부할 때, 각 사업부의 영업이익을 계산하시오.
3. 4개의 원가집합을 사용하여 모든 기업원가를 배부할 때 각 부서의 영업이익을 계산하시오.
4. 사업부 경영자들이 새로운 제안을 어떻게 받아들일 것이라고 생각하는가? 기존 단일 원가집합 방식과 비교하여 Rhodes의 제안이 갖는 장점과 단점은 무엇인가?

14-35 부문에 대한 원가배부. Forber Bakery는 식료품점을 위한 빵, 케이크, 도넛의 세 가지 부문으로 구성된다. 각 부문은 개별적으로 운영되고 평가되지만, 본사에는 공통원가가 발생한다. 본사에서 발생하는 원가는 다음과 같다.

인적자원관리(HR)	$1,900,000
회계부서	1,400,000
임차료 및 감가상각	1,200,000
기타	600,000
합계	$5,100,000

Forber 고위 경영진은 현재 위 원가를 모든 부문에 똑같이 배부한다. 부문 경영자 중 한 명이 활동기준원가계산에 대한 조사를 수행하고, HR원가에 대한 직원 수, 회계부서 원가에 대한 총수익, 임차료 및 감가상각을 위한 평방피트 면적과 같은, 다양한 간접원가에 대해 각각 다른 배부기준을 사용할 것을 제안하였다. 관련 자료는 다음과 같다.

	빵	케이크	도넛
매출액	$20,900,000	$4,500,000	$13,400,000
직접원가	14,500,000	3,200,000	7,250,000
부문이익	$ 6,400,000	$1,300,000	$ 6,150,000
직원 수	400	100	300
면적(평방피트)	10,000	4,000	6,000

요구사항

1. Forber의 간접원가를 각 부문에 균등하게 배부한 후, 각 부문별 영업이익을 계산하시오.
2. 제안된 배부기준을 사용하여 개별부문에 본사원가를 배부하시오. 배부 후 부문 영업이익을 계산하시오. 본사 원가를 배부하는 데 사용한 배부기준을 설명하시오.
3. 어떤 부문 경영자가 이 새로운 배부기준을 제안했다고 추측하는지 간단히 설명하시오. 또 어떤 배부기준이 '더 낫다'고 생각하는가?

14-36 원가계층 손익계산서 및 원가배부. Rod Manufacturing는 고객을 위해 금속 막대를 생산한다. 도매부문이 본 분석의 초점이다. 회사 경영진은 사업부 내 3대 핵심 고객의 수익성을 분석하고자 하며, 다음과 같은 정보를 수집했다.

	고객 A	고객 B	고객 C	기타 고객	부문
매출액	1,054,826	1,544,680	2,210,162	480,332	5,290,000
고객수준원가	675,378	951,669	1,517,895	266,058	3,411,000
고객수준영업이익	379,448	593,011	692,267	214,274	1,879,000
고객수준영업이익률	35.973%	38.391%	31.322%	44.610%	35.5%

회사는 다음과 같이 하나의 원가집합을 기준으로 도매 채널원가를, 두 개의 원가집합을 기준으로 부문원가를 고객에게 배부한다. 고객의 행동은 이러한 원가에 영향을 미치지 않는다.

	합계	배부기준
도매채널 원가집합	$740,000	고객수준영업이익
부문원가		
마케팅원가	$560,000	고객 매출액
관리원가	$240,000	고객수준원가

요구사항

1. 고객수준원가, 유통 채널원가 및 부서원가를 배부한 후 고객수익성을 비율로 계산하고 설명하시오.
2. 도매채널 및 부문원가를 고객에게 배부하는 Rod Manufacturing의 장점과 단점은 무엇인가?

14-37 원가계층 손익계산서 및 원가배부. Basic Boards는 두 개의 주요 유통 채널에서 각각 다른 고객에게 판매되는 키보드를 제조한다. 최근 회사의 수익성이 하락하여, 경영진은 다음 정보를 기반으로 각 채널의 수익성을 분석하려고 한다.

	유통채널 A	유통채널 B	합계
매출액	$2,599,506	$2,690,494	$5,290,000
고객수준원가	1,627,047	1,783,953	3,411,000
고객수준영업이익	$ 972,459	$ 906,541	$1,879,000
매출액 대비 고객수준영업이익률	37.409%	33.694%	35.5%

회사는 다음과 같이 두 채널에 유통원가를 배부한다.

	합계	배부기준
유통원가		
마케팅	$560,000	채널 매출액
관리원가	$240,000	고객수준원가

특별 분석에 따르면, 회사는 각 채널에서 요구하는 자원을 기준으로 두 유통채널에 회사원가를 배부한다(유통채널 A, $440,000 및 유통채널 B, $500,000). 회사가 유통채널을 폐쇄하더라도 기업원가는 절약되지 않는다.

요구사항

1. 고객수준원가, 유통원가 및 기업원가를 배부한 후 각 유통채널의 영업이익률을 계산하시오.
2. Basic Boards는 유통채널을 축소(폐쇄)해야 하는지 간단히 설명하시오.
3. 기업원가를 부문에 배부할 것인가? 이러한 배부가 적절한 이유는 무엇인가? 어떤 조치를 취하는 것이 적절하겠는가?

14-38 차이 분석, 매출배합 및 매출수량차이. Space Infonautics는 Windows CE™ 호환 오거나이저를 생산한다. Space Infonautics는 세 가지 모델을 판매하며, MobilePro는 이동 중인 경영진을 위한 강화된 버전, MobileCE는 일반 소비자 중심 버전, MobileKid는 청년을 위한 축소 버전이다. 당신은 Space Infonautics의 마케팅 담당 수석 부사장이다. CEO는 총공헌이익이 예산보다 낮다는 것을 발견했으며, 이에 당신은 실제결과가 예산과 다른 이유를 설명하여야 한다. 회사의 2017년 3분기 예산 및 실제데이터는 다음과 같다.

2017년 3분기 예산영업자료

	판매가격	단위당 변동원가	단위당 공헌이익	판매량 (조업도)
MobilePro	$380	$185	$195	5,550
MobileCE	274	97	177	44,400
MobileKid	146	65	81	61,050
				111,000

2017년 3분기 실제영업자료

	판매가격	단위당 변동원가	단위당 공헌이익	판매량 (조업도)
MobilePro	$351	$180	$171	4,600
MobileCE	284	92	192	49,450
MobileKid	115	73	42	60,950
				115,000

요구사항

1. 각 제품 및 2017년 3 분기 총액에 대한 실제 및 예산 공헌이익을 계산하시오.
2. 2017년 3분기에 세 가지 제품에 대한 실제 및 예산 매출배합을 계산하시오.
3. 2017년 3분기의 총 매출조업도차이, 매출배합차이 및 매출수량차이를 계산하시오.
4. CEO의 높은 관심에 이 회의를 완벽히 준비하여야 한다. 이를 위해 실제 결과를 예산과 비교하는 문단 등을 작성하시오.

14-39 시장점유율 및 시장규모차이(14-38 계속). Space Infonautics의 마케팅 담당 수석 부사장은 총 매출액을 기준으로, 시장점유율 25%를 가정하여 3분기 초에 예산을 준비했다. Star Research는 3분기에 전체 오거나이저 시장이 전 세계적으로 444,000단위에 이를 것으로 예상했다. 그러나 3분기 실제판매량은 50만 대였다.

요구사항

1. 2017년 3분기 Space Infonautics의 시장점유율차이 및 시장규모차이를 계산하시오.
2. 시장점유율과 시장규모차이를 바탕으로 어떤 사건이 있었는지 설명하시오.
3. 시장규모차이가 없었을 실제시장규모를 계산하시오(단위). 이 시장규모를 사용하여 시장점유율 차이가 0이 되는 실제시장점유율을 계산하시오.

14-40 차이분석, 다양한 제품. Robin's Basket은 이탈리아 젤라토 매장 체인을 운영한다. Robin's Basket은 모든 맛에 대해 동일한 가격을 고객에게 청구하지만, 재료 유형에 따라 생산원가가 다르다. 2017년 8월 워싱턴 D.C. 매장의 예산 및 실제 운영 데이터는 다음과 같다.

2017년 8월 예산

	파인트당 판매가격	파인트당 변동원가	파인트당 공헌이익	판매량 (파인트)
민트 초코칩	$9.00	$4.80	$4.20	35,000
바닐라	9.00	3.20	5.80	45,000
건포도	9.00	5.00	4.00	20,000
				100,000

2017년 8월 실제결과

	파인트당 판매가격	인트당 변동원가	파인트당 공헌이익	핀매량 (파인트)
민트 초코칩	$9.00	$4.60	$4.40	33,750
바닐라	9.00	3.25	5.75	56,250
건포도	9.00	5.15	3.85	22,500
				112,500

Robin's Basket은 차이분석에서 공헌이익에 중점을 둔다.

요구사항

1. 2017년 8월의 총 매출조업도차이를 계산하시오.
2. 2017년 8월의 총 매출배합차이를 계산하시오.
3. 2017년 8월의 총 매출수량차이를 계산하시오.
4. 요구 사항 1, 2 및 3의 결과에 대해 설명하시오.

14-41 고객 수익성 및 윤리. KC Corporation은 GoodAir라는 공기청정기를 제조하여 6개 유통회사에 판매한다. GoodAir의 정가는 $300이고 전체 제조원가는 $180이다. 영업사원은 판매에 대한 수수료를 받지만, 수수료는 발생한 판매수익이나 판매된 단위수량이 아닌, 주문 수를 기반으로 한다. 영업사원은 주문당 $10의 수수료를 받는다(정규 급여에 추가).

KC Corporation은 예상 수요에 따라 제품을 만든다. KC는 재고를 보유하고 있으므로 GoodAir의 급한 주문에도 단위당 $18 이상의 추가 제조원가가 발생하지 않는다. KC는 완제품을 고객에게 추가비용 요구 없이, 정기 배송 또는 신속배송을 통해 고객에게 배송한다. KC는 일반 배송보다 신속배송에 대해 훨씬 더 많은 비용이 발생한다. 고객은 때때로 KC로 반품하고 회사는 매출액에서 이러한 반품을 차감한다. 반품에 대한 재입고 수수료는 고객에게 부과되지 않는다.

예산 고객수준원가동인율은 다음과 같다.

주문수령(수수료 제외)	주문당 $15
제품관리	단위당 $1
배송	마일당 $1.20
신속배송	선적당 $175
재입고	반송당 $50
고객방문	고객당 $125

영업사원은 주문당 $10를 받기 때문에, 대량 주문을 여러 개의 작은 주문으로 나누는 경우가 많다. 이 관행은 실제 주문 접수원가를 소액 주문당 $7(주문당 $15에서 $8로)로 작성하기 때문이다. 영업사원이 경영진이나 회계 부서에 알리지 않고 더 작은 주문을 생성하기 때문에 이 낮은 원가율은 예산원가율에 포함되지 않는다. 다른 모든 실제비용은 예산비용과 동일하다.

KC의 고객에 대한 정보는 다음과 같다.

	AC	DC	MC	JC	RC	BC
총구매단위	225	520	295	110	390	1,050
실제주문 수	5	20	4	6	9	18
작성된 주문 수	10	20*	9	12	24	36
제품을 배송하기 위한 총마일 수	360	580	350	220	790	850
반품된 총단위	15	40	0	0	35	40
반품선적 횟수	3	2	0	0	1	5
신속배송 횟수	0	8	0	0	3	4

DC는 20개의 개별 주문을 하기 때문에 주문원가는 주문당 $15이다. 다른 모든 주문은 여러 개의 소규모 주문이므로 실제 주문 비용은 각각 $8이다.

요구사항

1. 각 고객 수준의 운영원가를 고객 산출 단위 수준, 고객 배치 수준 또는 고객 유지원가로 분류하시오.
2. 위의 정보를 사용하여 KC Corporation의 6개 고객에 대한 예상고객 수준 영업이익을 계산하시오. 예상주문원가를 계산하기 위하여 각 $15의 작성된 주문 수를 사용하시오.
3. 작성된 주문 수를 사용하여 $15 대신 실제주문당 $8로 고객 수준 영업이익을 재계산하시오(실제비용이 주문당 $15인 DC 제외). KC Corporation은 이 기간 동안 고객 수준의 운영원가 성과를 어떻게 평가할 것인가?
4. 영업사원이 실제주문을 여러 개의 작은 주문으로 나누지 않은 경우, 고객 수준 영업이익을 다시 계산하시오. 이때, 판매수수료는 반드시 조정한다.
5. 영업사원의 행동이 KC의 이익에 어떤 영향을 미치는가? 그들의 행동이 윤리적인가? 영업사원의 행동을 바꾸기 위해 KC Corporation이 할 수 있는 일은 무엇인가?

15

부문별 제조원가 배부 (공통비용과 수익)

학습목표

1 단일배부율법과 이중배부율법의 차이를 구분한다.

2 실제와 예산 사이 어떤 배부율과 사용량을 선택하는 것이 부서 관리자의 인센티브에 어떻게 영향을 미칠 수 있는지를 이해한다.

3 직접배부법, 단계배부법, 상호배부법을 사용하여 보조부문원가를 배부한다.

4 공통비용을 독립형 방법(stand-alone method)과 증분법(incremental method)을 사용해서 배부한다.

5 배상이 발생한 원가를 기초로 할 때 계약 당사자 간의 명시적 합의의 중요성을 설명한다.

6 제품 묶음으로 인해 수익 할당 문제가 어떻게 발생하는가와 경영자가 수익을 할당하기 위해 사용하는 방법을 이해한다.

기업이 제조간접비와 내부 보조부문 원가를 어떻게 배부하는 가에 대한 문제는 부서 간의 수익성에 큰 영향을 미친다. 원가배부는 기업 전반의 수익에 영향을 미치는 것은 아니다. 하지만 만약 원가배부가 적절히 이루어지지 않는다면, 기업 내 부서와 프로젝트 및 경영자의 수익성을 실제와 다르게 평가할 수 있다. 또한 다음의 사례에서 보듯이 원가배부는 경영자의 의사결정과 제품 가격에 영향을 미칠 수 있다.

원가배부와 '스마트 그리드' 에너지 인프라

미국은 스마트 그리드(smart grid) 전력망으로 전환을 추진하고 있다. 이는 기술, 컴퓨터, 소프트웨어를 활용하여 최적화된 방식으로 에너지를 전송하는 방식이다. 이 시스템은 풍력 및 태양열과 같은 청정 에너지를 통합하여 탄소배출을 줄이고 지속가능한 전기 공급을 하기 위해 사용된다.

Electric Power Resource Institute는 2030년까지 스마트 그리드를 구축하는 데 $3,380억에서 $4,760억 정도의 비용이 소요될 것으로 예상한다. 이 비용은 정기적으로 사용자로부터 회수해야 하는데, 이에 대해 미국 정부는 두 가지 원가 배부방법을 검토하였다. 첫 번째 방법은 망내 원가배부법이다. 예를 들어, 새로운 송전선과 스마트 전력계가 워싱턴주 시애틀에서 배치된다면, 워싱턴주에 거주하는 모든 사람들이 막대한 신기술 초기 투자비용을 공동으로 부담하는 것이다. 다른 방법은 실제로 새로운 스마트 그리드 시스템의 혜택을 받는 소비자에게만 초기 투자비용을 배부하는 방법이다.

iurii/Shutterstock

최종적으로 정부는 수혜를 받는 사람들에게만 초기 투자비용을 부담시키기로 결정하였다. 그 결과 이 소비자들은 월평균 전기요금이 $9에서 $12 증가하지만 스마트 그리드 기술의 안정성을 높이고, 태양광 옥상 발전, 전기 차량, 전력 수요경감, 사이버보안을 강화하는 등의 효과를 기대할 수 있다. 스마트 그리드 기술 확대를 통해, 대체 에너지 비중은 2006년 9%에서 2015년 13%로 증가하게 된다.

스마트 그리드 초기 투자비용의 배부문제와 같은 배부문제는 기업의 보조부문 원가를 배부할 때도 발생한다. 이번 장은 경영자가 원가와 수익을 배부하는 의사결정을 할 때 고민하는 여러 가지 문제에 대해서 살펴본다.

단일배부율법과 이중배부율법을 사용하여 보조부문 원가배부

기업은 운영부문과 보조부문을 구분한다. 운영부문(생산부문)은 직접적으로 제품과 서비스의 가치를 증가시킨다. 예를 들면, 제품을 생산하는 제조부문이 운영부문이다. 한편 보조부문은 기업내 다른 부문(운영부문과 타 보조부문)을 보조하는 활동을 수행한다. 보조부문의 예는 정보시스템, 생산관리, 재료관리, 시설관리 등이다. 경영자는 보조부문의 원가를 운영부문으로 배부할 때 두 가지 질문에 직면한다. (1) 부문 책임자의 급여와 같은 보조부문의 고정비는 운영부문으로 배부되어야 하는가? (2) 고정비가 배부된다면, 보조부문의 변동비와 고정비는 동일한 방식으로 배부되어야 하는가? 첫 번째 질문과 관련하여 많은 기업은 보조부문의 고정비는 운영부문에 서비스를 제공하기 위하여 발생한다고 믿는다. 보조부문에 원가를 배부하기 위한 두 가지 방법으로 단일배부율과 이중배부율법이 있다.

단일배부율법과 이중배부율법

단일배부율법은 고정비와 변동비를 구분하지 않고 각 원가 풀의 원가(보조부문 원가)를 원가대상(운영부문 원가)에 동일배부기준에 기초한 단일배부율로 배부한다. 반대로 이중배부율법은 각 보조부문의 원가를 변동비와 고정비 원가 풀 두 가지로 구분한 후, 각각 다른 원가배부기준을 적용하여 원가배부한다. 단일배부율법 혹은 이중배부율법 모두 경영자는 보조부문의 원가를 운영부문으로 배부할 때 예산비율을 사용하거나 혹은 실제비율을 사용할 수 있다. 그러나 실제비율을 사용하여 원가를 배부하는 것은 개념적으로 선호되지 않고, 실무적으로 잘 사용되지 않는다. 이에 이 장에서는 예산비율을 사용한 단일배부율법과 이중배부율법을 설명한다.

4장에서 설명되었던 Robinson Company 사례의 경우, Robinson은 제지산업에 사용하는 특별한 기계를 생산한다. 4장에서 제조간접비 배부를 위하여 직접노동시간을 기반으로 한 일종의 제조간접비 단일배부율법을 사용하였다. 이 장에서는 Robisnson사의 제조부서 내 운영부문과 보조부문을 고려한 보다 구체적인 회계시스템을 살펴보고자 한다.

Robinson은 2개 운영부문(기계부서, 조립부서)과 3개 보조부문(공장운영, 엔지니어링, 생산관리, 자재관리)을 가지고 있다.

- 공장운영(plant administration)부서는 공장 내 모든 활동을 운영하는 것을 책임지고 있어서, 다른 부서를 감독하는 데 원가가 발생할 수 있다.
- 엔지니어링과 생산관리부서는 다른 부서의 엔지니어링 활동을 보조하고 있다. 즉, 다른 부서의 엔지니어링을 보조하는 데 원가가 발생할 수 있다.
- 자재부서는 각 개별활동에 필요한 자재와 구성품을 관리하는 것을 책임지고 있다. 자재부서의 원가는 각 부서를 보조하면서 발생한 노동시간에 비례한다.

Robinson이 제조하는 기계는 서비스부문을 거치지 않으므로, 서비스부문의 원가는 운영부문에 배부되어야만 한다. 운영부문에 원가가 집계되면 Robinson이 제조하는 다양한 특수기계에 원가를 배부한다. 작업이라 투입되는 기계시간과 필요로 하는 자원은 다르다. 예를 들면, 기계부서에서는 제조간접비 배부기준으로 기계시간을 사용하며, 조립부서에서는 노동시간을 제조간접비 배부기준으로 하는 것과 같이 각 운영부서는 기계생산에 발생하는 제조간접비를 배부받는 기준이 다르다.

우선 자재관리부서의 원가를 기계부서와 조립부서에 배부하는 경우를 살펴보자. 다음은 2017년 자재관리부서의 예산에 관한 자료이다.

실제조업도	4,000시간
자재관리부서의 고정비(조업도 수준 3,000~4,000 노무시간)	$144,000
자재관리부서의 제조부문 지원을 위한 예산사용량	
기계부서	800시간
조립부서	2,800시간
합계	3,600시간
자재관리 노동시간당 예산 변동비용	시간당 $30
제조부문 지원에 필요한 자재관리 노동시간의 실제사용량	
기계부서	1,200시간
조립부서	2,400시간
합계	3,600시간

자재관리부서 관련 예산 수치들은 자재관리 서비스의 수요나 공급을 근거로 계산되며 이는 자재관리부서의 원가배부시 활용된다.

자재관리 서비스의 수요를 바탕으로 한 배부법

여기에서는 단일배부율법과 이중배부율법을 제시한다.

단일배부율법

단일배부율법(single-rate method)은 고정비와 변동비를 결합한 예산비율을 사용한다. 이 비율은 다음과 같이 계산된다.

자재관리 노동시간의 예상 사용량	3,600시간
예상 총원가: $144,000 + (3,600시간 × $30/시간)	$252,000
예상 시간당 배부율: $252,000 ÷ 3,600시간	시간당 $70

시간당 $70라는 배부율은 기계 및 조립 부서에 자재부서 원가를 배부하기 위해 사용된다. 시간당 배부율 $70는 시간당 변동비 배부율 $30보다 상당히 높게 나타났다. 이는 배부율 $70가 공장운영에 필요한 단위당 고정비 $40(예상고정비 $144,000 ÷ 예상 사용량 $3,600시간)를 포함하고 있기 때문이다.

단일배부율법에서는 예상 배부율에 실제사용시간을 곱한 금액을 부문으로 배부한다. 이를 이 예시에서 적용해보면, Robinson은 시간당 예상비율 $70를 사용하여 자재부문원가를 배부한다. 이에 따라 두 부문으로 배부된 보조원가는 다음과 같다.

기계부문: 시간당 $70 × 1,200 시간 = $84,000
조립부문: 시간당 $70 × 2,400 시간 = $168,000

이중배부율법

이중배부율법(dual-rate method)을 사용할 때, 기업은 자재부서에 집계된 변동비와 고정비에 대해 원가배부 기준을 선택해야만 한다. 단일배분율법하에서 변동비는 각 부문이 사용하는 실제 시간에 관한 변동비 시간당 예상비율 $30를 적용하여 배부한다. 그러나 고정비는 각 부문별로 예상시간과 예산고정비용을 기준으로 배부한다. 예를 들어, 기계부문 800시간과 조립부문 2,800시간의 예상사용량을 바탕으로 예산고정비의 비율을 시간당

$40($144,000/3,600)로 계산한다. 이는 이 비율이 예상사용량을 기반으로 측정되었기 때문에, 이 고정비는 우선 운영부문이 예산상 사용할 수 있는 자재부문시설의 상대적 비율을 기반으로 해서 배부된다. 이중배분율법은 다음과 같다.

고정비: 시간당 $40 × 800(예상)시간	$32,000
변동비: 시간당 $30 × 1,200(실제)시간	36,000
합계:	$68,000

2017년 조립부문에 배부되는 원가는 다음과 같다.

고정비: 시간당 $40 × 2,800(예상)시간	$112,000
변동비: 시간당 $30 × 2,400(실제)시간	72,000
합계:	$184,000

이때 각 영업부문은 변동비에 관해서는 단일배부율법과 이중배부율법 양자 모두 동일한 원가가 배부된다(실제사용시간과 $30의 곱). 그러나 원가의 배부 방식에 있어 단일배부율법과 이중배부율법은 차이가 있다. 구체적으로 단일배부율법은 운영부문에서 사용한 실제 사용량을 기반으로 자재부문의 고정비를 배부한다. 이중배부율법은 고정비를 예산사용량을 기반으로 배부한다.

다음에서는 자재관리 서비스의 공급능력을 기반으로 한 자재부서 원가배부의 대체안을 살펴보도록 한다.

공급능력에 따른 원가배부

자재관리부서의 실제조업도가 4,000시간임을 가정하고 다음의 예시를 보자.

시간당 예상 고정비 비율, $144,000 ÷ 4,000시간	시간당 $36
예상시간당 변동비 비율	시간당 30
예상시간당 총비용	시간당 $66

단일배부율법과 이중배부율법을 사용하여 자재관리부서의 원가를 운영부문에 배부하면 다음과 같다.

단일배부율법

기계부문: 시간당 $66 × 1,200(실제)시간	$ 79,200
조립부문: 시간당 $66 × 2,400(실제)시간	158,400
자재관리부서의 유휴조업도에 대한 고정비	
시간당 $36 × 400시간[a]	14,400

[a] 400시간 = 실제조업도 − (기계부문 사용 시간 + 조립부문 사용 시간)
= 4,000 − (1,200 + 2,400)

이중배부율법

기계부문	
고정비: 시간당 $36 ×800(예상)시간	$ 28,800
변동비: 시간당 $30 ×1,200(실제)시간	36,000
총원가	64,800
조립부문	
고정비: 시간당 $36 × 2,800(예상)시간	$100,800
변동비: 시간당 $30 × 2,400(실제)시간	72,000
총원가	172,800
자재관리부서의 유휴조업도에 대한 고정비	
시간당 $36 × 400시간[b]	$ 14,400

[b] 400시간 = 실제조업도 − (기계부문 사용 예상시간 + 조립부문 사용 예상시간) = 4,000 − (800 + 2,800)

기업이 원가를 배부하기 위한 실제조업도(practical capacity)를 사용할 때, 단일배부율법은 기계부문과 조립부문에 사용한 실제고정비를 배부한다. 반면에 이중배부율법은 조립부문에서 사용된 예상고정비를 배부한다. 사용되지 않은 자재부문의 자원은 강조되지만, 부문에는 일반적으로 배부되지 않는다.

원가배부에 있어서 실제조업도 사용의 장점은 경영자가 사용하지 않은 조업도를 경영에 있어서 고려할 수 있다는 점이다(9장, 12장). 실제조업도를 사용하면 자재관리부서의 유휴조업도에 관한 비용으로 사용자 부서에 부담을 주지 않는다. 반대로 원가가 자재관리서비스에 대한 수요를 기반으로 배부된다면, 예산고정비 $144,000는 유휴조업도에 관한 원가를 포함해서 사용부서에 배부된다. 만약 원가가 제품가격산정에 고려된다면, 유휴조업도에 관해서 사용부서에 부가되어 결과적으로 수요하락을 낳게 된다.

최근 이중배부율법은 단일배부율법과 비교해서 더 주목받아 왔다. 다음에서는 단일배부율법과 이중배부율법의 장점과 단점에 대해서 논의한다.

단일배부율법의 장점과 단점

장점: (1) 단일배부율법은 시행함에 있어서 비용이 덜 든다. 이는 부서의 단일원가를 고정비와 변동비 범주로 구분할 때 추가 비용이 많이 발생하기 때문이다. (2) 불확실한 예측에 기반을 두는 것이 아니라 보조부문의 실제사용량을 기준으로 배부하므로 자원사용부서를 통제할 수 있다.

단점: 단일배부율법은 조직 전반의 관점에서는 비효율적이나 부서운영자 입장에서 최선이 되는 의사결정을 할 수도 있다. 이러한 상황이 발생하는 이유는 단일배부율법하에서는 보조부문의 고정비는 영업부문에 변동비처럼 배부된다. 자재관리서비스에 대한 수요에 기반하여 경영자는 배부한다면, 사용부서는 단일배부율법 적용으로 시간당 $70(실제조업도에 기반하면 $66)가 청구된다. 이 중에서 $40는 자재부서의 고정비 배부와 관련된다. 자재관리부서가 사용하지 않은 용량까지 부담할 때 외부공급자가 기계부서 자재관리 노동서비스에 시간당 $55에 공급을 제안한다고 가정하자. 이때 기계부서입장에서는 부서의 원가를 줄인다는 측면에서 해당 업자의 제안을 받아들일 인센티브를 가지게 된다(시간당 $55와 시간당 $70를 비교할 때). 그러나 단기적으로 자재관리부서의 고정비는 관련범위 내(사용시간 3,000시간과 실제조업도 4,000시간 사이) 일정할 것이다. 따라서 경영진이 이러한 제안을 받아들인다면 Robinson은 추가적으로 $25를 부담하게 된다(외부구매가격 $55와 자재관리부서를 사용하는 변동비 $30의 차이).

이중배부율법의 장점과 단점

장점: (1) 이중배부율법 사용 시 경영진은 전체 기업과 각 부문 모두에게 이익이 되는 방향으로 의사결정을 하게 된다. 이는 부문 경영진에게 변동비와 고정비가 어떻게 다른 지를 잘 보여주기 때문이다. 예를 들어, 자재관리서비스의 외부공급자를 사용할 경우 $30를 초과하는 비용을 지불한다면 오히려 시간당 $30의 변동비를 사용하는 자재관리부서를 활용하는 것보다 경제적으로 더 좋지 않은 결과가 나타난다. 일괄적으로 운영부문에 사용되도록 예정되어 있는 고정비를 배부함으로써 이중배부법은 운영부문의 경영자가 아웃소싱(outsourcing)과 같은 의사결정할 때, 고정비를 고려대상에서 제외하는 것을 가능하게 해준다. 따라서 이중배부

율법을 사용하게 되면 단일배부율법에서 발생할 수 있는 잠재적인 문제를 피하게 된다. (2) 예산사용량 기준으로 고정비를 배부하는 것은 사용부서가 단기 · 장기계획 수립을 할 때 도움을 준다. 그 이유는 부서 입장에서는 미리 배부될 원가를 알 수 있기 때문이다. 기업은 장기계획을 기초로 보조부문의 인프라 비용에 투자한다. 이때 예산사용량은 보조부문 서비스에 대한 사용부서의 장기 수요를 기반으로 측정한다.

단점: (1) 이중배부율법은 경영자가 원가를 변동비와 고정비를 구분하는 것을 요구한다. (2)이중배부율법은 사용된 보조부문 고정비가 운영부문 경영진에게 표시되지는 않는다. 그 이유는 고정비는 실제사용량이 아니라 예산을 기초로 운영부문에 배부되기 때문이다. 따라서 기계부서가 실제 노동시간으로 1,200시간을 사용함에도 불구하고, 예산사용량 800 노동시간을 기초로 자재부서의 고정비가 배부된다. (3) 예상 장기사용량을 기초로 고정비를 배부하는 것은 경영자가 그들의 예산사용량을 과소평가하게 유도할 가능성도 있다. (모든 운영부서의 사용

15-1 도전!

Aberdeen 기업은 하나의 보조부문(엔지니어링 서비스)과 두 개의 생산부문(기계와 조립)을 가지고 있다. 엔지니어링 서비스에 관련한 2017년 예산 정보는 다음과 같다.

실제조업도	8,000시간
엔지니어링 서비스의 고정비 (관련범위 6,000～8,000 노동시간)	$280,000
생산 부문을 보조하기 위해 필요한 엔지니어링 서비스 노동시간 예산사용량	
기계부서	2,500시간
조립부서	4,500시간
합계	7,000시간
엔지니어링 서비스 노동시간 대비 예산변동비 (관련 범위 6,000～8,000 노동시간)	사용시간당 $25
생산부문을 보조하기 위해 필요한 엔지니어링 서비스 노동시간 실제사용량	
기계부서	2,000시간
조립부서	4,000시간
합계	6,000시간

1. 단일배부율법 사용 시, 배부비율이 예산원가와 엔지니어링 부서 예산 수량을 기초로 하여 각 부서에 사용된 실제 엔지니어링 서비스 시간을 배부된다고 가정하면 기계부서와 조립부서에 배부되어야 하는 원가를 계산하라.
2. 이중배부율법 사용 시, 기계부서와 조립부서에 배부되어야 할 원가를 계산하라.
   (a) 변동비가 실제시간당 예산변동비를 기초로 하여 배부할 때
   (b) 고정비가 부서별로 시간당 예산고정비와 시간당 예산생산량을 기초로 배부할 때
3. 단일배부율법 사용 시, 배부비율이 엔지니어링 서비스 부서의 예산원가와 실제사용량을 기반으로 측정되고, 각 부서에 사용된 엔지니어링 서비스의 실제시간을 기초로 배부될 때, 기계부서와 조립부서에 배부되는 원가를 계산하라.
4. 이중배부율법 사용 시, 기계부서와 조립부서에 배부되어야 할 원가를 계산하라.
   (a) 각 부서에 사용되는 실제시간당 예산변동비를 기초로 변동비를 배부할 때
   (b) 고정비 배부율이 엔지니어링 서비스 부서의 예산원가와 실제사용량을 기반으로 측정되고, 고정비가 각 부서에서 사용되는 예상 엔지니어링 서비스 시간을 기반으로 배부할 때

량을 과소평가한다는 전제 아래) 예산사용량을 과소평가하는 것은 부서가 고정비를 다소 낮은 비중으로 감당하게 한다. 모든 사용부서가 사용량을 과소평가한다면 Robinson이 전체 보조부문의 필요성을 과소평가하는 결과를 나타나게 된다. 이러한 과소평가를 방지하기 위해서는 일부 기업은 장기사용량을 정확하게 평가하는 경영자에게 당근과 채찍 중 보상을 주는 형태로 운영한다. 한편 일부 기업은 채찍의 형태로 장기사용량을 과소평가하는 부서에 원가 불이익을 주기도 한다. 예를 들어, 영업부문이 예산사용량을 초과한 이후에는 높은 원가비율을 부가하는 것이다.

원가배부의 선택 – 예산과 실제 원가

이 장에서는 구체적으로 원가배부의 선택에 대해서 살펴보고 대체방법의 영향을 고려하고자 한다. 이 책에서는 실제 원가와 예산원가에 대한 선택과 원가배부기준으로 실제사용량과 예산사용량을 선택하는 것이 각 운영부문에 배부되는 원가와 운영부문 관리자의 인센티브에 크게 영향을 미칠 수 있다는 것을 제시한다.

예산 vs 실제비율

Robinson은 단일배부율 또는 이중배부율을 사용하여 보조부문원가(변동비와 고정비)를 배부할 때 예산배부율을 사용한다. 만약 예산을 사용하지 않는다면 당기에 실현된 보조원가를 기반으로 한 실제비율을 사용한다. 이 방법은 사용부서가 감당해야 하는 불확실성 문제로 인하여 흔하게 사용되지는 않는다. 원가배부가 예산비율을 사용하여 측정된다면 부서의 관리자는 확실성을 가질 수 있다. 따라서 사용자는 기업의 정책이 허용한다면 내부자원을 사용할지 혹은 외부에서 구매할지 결정할 수 있다. 반대로 원가배부에서 실제비율이 사용된다면, 사용부서의 관리자는 예산기간이 끝날 때까지 부서에 배부되는 원가를 알 수 없다.

예산비율은 보조부문(예를 들어, 자재관리부서) 관리자에게 효율성을 제고함에 있어서 동기부여하게 도움을 준다. 예산기간 동안 사용자부서가 아닌 보조부문이 불리한 원가차이에 대한 위험을 감당한다. 이는 사용자부서는 보조부문의 실제비율이 예산비율을 넘어서는 어떠한 원가나 비효율성을 지불하지 않기 때문이다.

만약 불리한 원가차이가 가격 상승 때문에 발생했다면, 보조부문의 관리자는 예산비율에 대해 부정적인 관점을 가질 것이다. 일부 조직은 이러한 통제되지 않은 변수를 파악하고 이러한 차이에 대한 보조부문 관리자의 책임을 완화하고자 노력한다. 한편 일부 다른 조직 내 보조부문과 사용부서는 사용부서에 사용된 통제되지 않은 투입물의 가격 상승에 대한 위험을 공유하는 것을 동의한다. 이러한 절차는 보조부문(예산비율이 사용될 때)과 사용부서(실제비율이 사용될 때) 중 하나에 완전히 위험을 부과하는 것을 피한다.

이 장의 나머지 부분에서는 예산비율을 기반으로 한 원가배부법을 설명한다.

예산과 실제사용량

단일배부율과 이중배부율법에 있어서, 변동비는 예산비율과 실제비율을 기반으로 배부된다. 그 이유는 변동비가 사용량과 직접적 인과관계가 있기 때문에, 실제사용량의 함수로 측정하는 것이 적절하다. 더군다나, 예산사용량을 기반으로 변동비를 배부하는 것은 사용부서에 있어서 보조부문 서비스 사용을 통제하는 인센티브를 제공하지 않는다.

고정비를 살펴보도록 하자. Robinson 자재부서의 $144,000 고정비 예산을 고려해보자. 예산사용량이 기계부서는 800시간, 조립부서는 2,800시간이다. 기계부서의 실제사용량은 항상 예산사용량과 같다고 가정한다면, 아래의 3가지 사례를 고려할 수 있다.

사례 1: 조립부서의 실제사용량이 예산사용량과 동일할 때
사례 2: 조립부서의 실제사용량이 예산사용량보다 클 때
사례 3: 조립부서의 실제사용량이 예산사용량보다 작을 때

예산비율과 예산사용량을 기반으로 한 고정비 배부

실제사용량과 무관하게 예산사용량이 배부기준이라면, 사용부서는 고정비 전체를 부담한다. 만약 배부비율이 시간당 $40($144,000/3,600시간)와 예산사용량을 기준으로 계산된다면, 기계부서는 $32,000(시간당 $40 × 800시간) 그리고 조립부서는 $112,000(시간당 $40 × 2,800시간)가 배부된다. 만약 비율이 실제조업도를 적용한 시간당 $36($144,000/4,000시간)라면, 기계부서는 $28,800(시간당 $36 × 800시간)를, 조립부서는 $100,800(시간당 $36 × 2,800시간)의 비용을 부담한다. 그리고 나머지 $14,400(시간당 $36 × 400)는 배부되지 않은 초과용량에 해당하는 비용이다.

예산비율과 실제사용량을 기반으로 한 고정비 배부

보기 15-1의 두 번째 세로줄은 예산비율이 예산사용량을 기반으로 측정되는 것을 보여주는 반면, 세 번째 세로줄은 실용용량이 예산비율을 계산하는 데 있어서 사용된다(시간당 $36). 각 영업부서의 고정비 배부는 보조부문의 실제사용량을 기반으로 다양하게 계산된다. 그러나 한 부서의 실제사용량의 차이는 다른 부서에 배부된 원가에 영향을 미치지 않는다. 기계부서는 조립부서의 실제사용량과 무관하게, 예산비율에 따라서 $32,000 혹은 $28,800로 배부된다.

고정비 배부에 대한 절차는 단일배부율법의 배부 절차와 정확하게 동일하다. 따라서 이 절차는 실제사용량을 기반으로 한 운영부서에 부과된 원가에 대한 통제뿐만 아니라, 예산비율에 대한 고급지식과 같이 단일배부율법의 장점을 가지고 있다.

두 번째 열(column)의 절차는 앞에서 언급했던 단일배부율법의 단점을 보여주고 있다. 예산비율(시간당 $40)은 예산사용량을 기반으로 계산될 때, 사용부서는 사용되지 않은 용량의 원가도 부담한다. 사례 1은 실제사용량이 예산 3,600의 자재관리 노동시간과 동일하고, 실제조업도 4,000노동시간보다 작은 경우이다. 이때 비록 자재관리부서가 유휴생산능력을 가지고 있다고 하더라도 자재관리부서의 고정비 $144,000 전부가 운영부서에 배부된다. 한편 사례 2와 같이 실제사용량(4,000노동시간)이 예산(3,600노동시간)보다 클 경우는 $160,000이 배부되고 이는 고정비 $144,000보다 큰 경우이다. 이는 고정비가 과대배부되는 결과가 나타나고, 기말에 수정분개를 필요로 한다. 그러나 만약 세 번째 열과 같이 실제조업도가 예산비율(시간당 $36)을 계산할 때 사용된다면, 운영부서가 사용한 자재관리부서의 실제사용량을 기준으로 사용부서에 배부되게 된다. 이는 유휴설비를 기준으로 배부되는 것은 아니다라는 점이다.

앞에서 언급한 것과 같이, 아웃소싱 가능성을 평가할 때에서는 실제사용량을 기준으로 배부하는 것은 이해충돌(conflict of interest)을 불러일으킬 수 있다. 기계부서와 조립부서는 자재관리부서 서비스의 실제사용량을 줄임으로써, 두 부서에 배부되는 고정비를 줄일 수 있다.

이는 자재관리부서에 배부되는 고정비가 영업부서에는 변동비처럼 보여진다. 그러나 전체 기업의 관점에서 살펴보면, 운영부서가 자재관리부서의 서비스를 사용하지 않는다면 자재관리부서의 고정비는 줄어들지 않을 것이다. 그리고 이는 아웃소싱에 관한 의사결정과는 무관하다.

실제사용량을 기반으로 한 예산고정비 배부

이번 사례에서는 예산고정비율은 계산되지 않는다. 대신, 자재관리부서의 예산고정비 $144,000는 보기 15-1의 네 번째 열에서와 같이 기계와 조립부서에서 사용된 실제노동시간을 기반으로 두 부서에 배부된다.

- 사례 1, 기계부서에 배부된 고정비는 예산비율과 예산사용량을 기반으로 계산된 2번째 열과 동일한 경우
- 사례 2, 기계부서에 배부된 고정비가 예산비율과 예산사용량에 기반하여 계산된 수치보다 $3,200만큼 작다($28,800 vs. $32,000).
- 사례 3, 기계부서에 배부된 고정비는 예산비율과 예산사용량을 기반으로 계산된 수치보다 $4,000만큼 크다($36,000 vs. $32,000).

비록 실제사용량이 예산사용량과 동일하더라도, 왜 사례 3에서 자재관리부서의 고정비는 $4,000 더 배부되는 것인가? 이는 전체 고정비 $144,000가 실제 사용시간 400보다 적게 배부되었기 때문이다. 즉, 조립부서의 낮은 사용량이 기계부서에 배부된 고정비의 증가를 유도한다. 예산고정비가 실제사용량을 바탕으로 배부될 때, 사용부서는 예산기간 말까지 고정비 배부에 대해 알 수 없다. 따라서 이 방법은 예산비율보다 상대적으로 실제 원가비율을 사용하는 모든 방법과 유사한 약점을 가지고 있다.

이상의 내용을 요약하면, 단일배부율법과 이중배부율법의 형태를 정당화할 수 있는 강력한 경제적 그리고 동기부여가 되는 이유가 있다. 이는 특히 이중배부율법을 지지하는 바이다.

보기 15-1 실제사용량에 있어서 변동이 고정비 배부에 미치는 영향

	(1) 실제사용량		(2) 예산사용량을 기반으로 한 예산비율[a]		(3) 실제조업도를 기반으로 한 예산비율[b]		(4) 예산고정비 배부	
사례	기계부서	조립부서	기계부서	조립부서	기계부서	조립부서	기계부서	조립부서
1	800 hours	2,800 hours	$ 32,000	$ 112,000	$ 28,800	$ 100,800	$ 32,000[c]	$ 112,000[d]
2	800 hours	3,200 hours	$ 32,000	$ 128,000	$ 28,800	$ 115,200	$ 28,800[e]	$ 115,200[f]
3	800 hours	2,400 hours	$ 32,000	$ 96,000	$ 28,800	$ 86,400	$ 36,000[g]	$ 108,000[h]

a $\frac{\$144{,}000}{(800+2{,}800)\text{시간}} = \$40/\text{시간}$　b $\frac{\$144{,}000}{4{,}000\text{시간}} = \$36/\text{시간}$　c $\frac{800}{(800+2{,}800)} \times \$144{,}000$　d $\frac{2{,}800}{(800+2{,}800)} \times \$144{,}000$

e $\frac{800}{(800+3{,}200)} \times \$144{,}000$　f $\frac{3{,}200}{(800+3{,}200)} \times \$144{,}000$　g $\frac{800}{(800+2{,}400)} \times \$144{,}000$　h $\frac{2{,}400}{(800+2{,}400)} \times \$144{,}000$

보조부문 원가배부

이전 내용에서, 운영부문에 보조부문의 원가를 배부할 때 몇 가지 사안을 검토해왔다. 여기에서 두 개 혹은 그 이상의 보조부문의 원가가 운영부문뿐만 아니라 보조부문에 상호 배부될 때 발생하는 배부문제를 살펴본다. 상호 보조의 예는 Robinson의 자재관리부서가 자재관리 서비스를 생산관리부서를 비롯해 다른 모든 부서에 이러한 서비스를 종합적으로 제공하는 것이다. 정확한 보조부문 원가배부는 정확한 생산, 서비스, 고객원가를 가능하게 한다.

보기 15-2의 6열에 Robinson의 2017년 전체 예산 제조간접비 $1,120,000에 대한 세부 내용을 제시하고 있다. 예를 들어, 감독급여 $200,000, 감가상각비 $193,000, 간접노동비 $195,000, 임대료 및 보험료 $160,000이다. Robinson의 전체 예산 제조간접비 $1,120,000는 몇 단계를 거쳐서 기계와 조립부서로 배부된다.

Step A: 개별원가를 보조부문과 운영부문으로 추적하고 배부하는 것

보기 15-2는 1에서 5열까지 이 단계에 대한 계산절차를 보여준다. 예를 들어, 감독급여는 감독관이 업무할 때 부서로 추적된다. 2장에서 기술하였듯이, 감독급여는 개별 작업의 간접비이다. 왜냐하면 감독급여는 개별원가계산에서는 추적이 되지 않는다. 그러나 이 원가는 경제적으로 실현가능한 방식으로 개별 부서에 파악 가능하다. 임대료 및 보험료는 개별 부서에서는 추적이 가능하지 않다. 왜냐하면 이 원가는 Robinson의 제조설비에 걸쳐 발생하기 때문이다. 따라서 이러한 임대료 및 보험료 원가는 원가동인인 평방피트를 기초로 다른 부서에 배부된다.

Step B: 타 보조부문과 운영부문에 공장관리비를 배부하는 것

공장관리비는 개별 부서의 감독관에 관한 비용이다. 따라서 공장관리비는 감독 원가를 기초로 부서에 배부된다.

일부 기업은 공장관리비를 개별 작업, 제품, 혹은 고객에 배부하는 것을 선호하지 않는다. 왜냐하면 이들 원가는 고정비이고 공장의 활동수준과는 무관하기 때문이다. 하지만 Robinson과 같은 기업은 공장관리비를 부서와 개별 작업, 제품 혹은 고객에 배부한다. 왜냐하면 원가를 배부하는 것은 기업이 제품의 전체 제조관리비를 계산하게 허용하기 때문이다. Robinson은 공장관리비를 다음과 같이 계산한다.

$$\text{공장관리비 원가비율} = \frac{\text{전체 공장관리비}}{\text{전체 감독급여}} = \frac{\$100{,}000}{\$200{,}000} = 0.50$$

보기 15-2의 아래 부분에서는 Robinson이 공장관리비를 보조부문과 운영부문에 0.5의 원가배부비율과 감독급여를 어떻게 사용하고 있는지를 제시하고 있다.

Step C: 엔지니어링, 생산관리, 자재관리원가를 기계와 조립 운영부서에 배부하는 것

원가가 배부되는 두 개의 보조부문[엔지니어링과 생산관리(Engineering and Production Control) 그리고 자재관리(Materials Management)]은 운영부서를 지원할 뿐만 아니라 보조부문 간 상호 간에도 지원한다. 이는 엔지니어링과 생산관리부서는 자재관리부서를 보조하고(예를 들어, 자재관리기구의 엔지니어링 서비스와 자재이동 스케줄링) 자재관리부서는 엔지니어링과 생산관리부서를 상호 보조한다(예를 들어, 자재 이동).

자재관리부서를 살펴보자. 보기 15-2에서 자재관리부서의 전체 예산원가는 $264,000이다. 자재관리부서는 기계부서에 자재관리노동 서비스 800시간을, 조립부서에 2,800시간을 제공하는 것으로 예산을 배정받았다. 이번에는 자재관리부서가 자재관리 노동서비스를

보기 15-2 **2017년 Robinson 기업의 예산제조간접비의 구체적 내역과 공장관리비 부서원가배부**

Home Insert Page Layout Formulas Data Review View

	A	B	C	D	E	F	G
1		보조부문			운영부문		
2	Step A:	공장 관리부서 (1)	엔지니어링 및 생산관리부서 (2)	자재관리부서 (3)	기계부서 (4)	조립부서 (5)	합계 (6)
3	공장관리자 급여	$ 92,000					$ 92,000
4	감독 급여(각 부서로 추적)		$ 48,000	$ 40,000	$ 52,000	$ 60,000	200,000
5	엔지니어링 급여 (각 부서로 추적)		110,000	36,000	60,000	24,000	230,000
6	감가상각 및 유지보수 (각 부서로 추적)		39,000	55,000	79,000	20,000	193,000
7	간접 재료(각 부서로 추적)		20,000	12,000	11,000	7,000	50,000
8	간접 재료(각 부서로 추적)		43,000	77,000	37,000	38,000	195,000
9	렌트, 유틸리티, 보험 (제곱피트를 기반으로 하여 각 부서로 배부, $8^a \times$ 1,000, 2,000, 3,000, 8,000, 6,000sq. ft.)	8,000	16,000	24,000	64,000	48,000	160,000
10	합계	$100,000	$276,000	$244,000	$303,000	$197,000	$1,120,000
11							
12	Step B:						
13	공장관리비 배부 $0.50^b \times$ $48,000, $40,000, $52,000, $60,000	(100,000)	24,000	20,000	26,000	30,000	
14		$ 0	$300,000	$264,000	$329,000	$227,000	
15	a $160,000÷20,000 total square feet area=$8 per square foot						
16	b 공장관리비 원가비율$=\frac{\text{(전체 공장관리비)}}{\text{(전체 감독급여)}}=\frac{\$100,000}{\$200,000}$						

엔지니어링과 제품통제부서로 추가적으로 400시간을 제공할 것으로 가정한다. 앞에서는 자재관리부서는 $144,000의 예산 고정비와 노동시간당 $30인 예산 변동비를 가지고 있었다는 것을 기억해 보자. 따라서 보기 15-2에서 살펴보듯이 자재관리부서의 전체 예산원가는 $264,000($144,000 + 노동시간당 $30 × (800 + 2,800 + 400)로 계산된다.

보기 15-3은 공장관리비를 배부한 이후 그리고 부문 상호 간 원가배부 이전 보기 15-2에 대한 예산 제조간접비에 관한 관련 데이터를 제시하고 있다. 이 보기에서 비율을 이해하기 위해서는 엔지니어링과 생산관리부서의 사례를 살펴보자. 이 부서는 타 부서의 엔지니어링 활동을 지원한다. 그리고 이 부서의 예산원가는 각 타부서의 예산 엔지니어링 임금에 기반하여 배부된다. 보기 15-2에서 보듯이 총합계는 $120,000이고 구체적으로 예산 엔지니어링 임금은 자재관리부서는 $36,000, 기계부서는 $60,000, 조립부서는 $24,000이다. 따라서 엔지니어링과 생산관리부서는 자재관리부서에 30%($36,000/120,000=0.30), 기계부서에 50%($60,000/$120,000), 조립부서에 20%(24,000/$120,000)를 지원하는 것으로 계획되었다. 유사하게 자재관리부서는 총 4,000 자재관리 노동시간 중 10%(400/4,000=0.10)는 엔지니어링 생산 통제부서, 20%(800/4,000=0.20)는 기계부서, 70%(2,800/4,000=0.70)는 조립부서에 배부되기로 예산이 정해졌다.

지금부터 보조부문의 예산 제조간접비를 기계부서와 조립부서로 배부하는 3가지 방법[직접배분법(direct method), 단계배분법(step-down method), 상호배분법(reciprocal method)]에 대해서 제시한다.

보기 15-3 Data for Allocating Support Department Costs at Robinson Company for 2017

	A	B	C	D	E	F	G
1		보조부문			운영부문		
2		엔지니어링 및 생산관리부서	자재관리부서		기계부서	조립부서	합계
3	원가배부 이전 예산 제조간접비	$300,000	$264,000		$329,000	$227,000	$1,120,000
4							
5	Support work furnished:						
6	엔지니어링 및 생산관리부서						
7	예산 엔지니어링 임금	—	$ 36,000		$ 60,000	$ 24,000	$ 120,000
8	백분율	—	30%		50%	20%	100%
9	자재관리부서						
10	예산 자재관리 노동시간	400	—		800	2,800	4,000
11	백분율	10%	—		20%	70%	100%

이를 위해 여기에서는 예산원가와 예산시간을 사용한다. 그 이유는 우리의 목표는 Robinson은 보조부문(자재관리와 엔지니어링과 생산관리)의 예산원가를 운영부서(기계와 조립)로 배부한 이후에 운영부서(기계와 조립)의 예산원가를 결정하는 것이다. 기계부서의 예산원가는 기계부서의 예산 기계 시간(기계부서의 원가동인)으로 나누어진다. 그리고 조립부서의 예산원가는 조립부서 내 예산 직접 제조노동시간(조립 부서원가의 원가동인)으로 나누어진다. 기계부서에서 사용된 실제 기계 시간과 조립부서에 사용된 실제 직접 제조 노동시간에 기반하여 원가가 운영부서로 흘러가는 것과 같이 이러한 제조간접비 비율은 개별 작업에 제조간접비 배부를 위하여 사용될 것이다. 이와 관련한 설명을 단순화하기 위하여 아래에서는 각 개별 부서의 원가를 배부하기 위하여 단일배부율법을 사용할 것이다.

직접배분법

직접배분법(direct method)은 각 보조부문의 예산원가를 운영부서로 배부한다. 직접법은 보조부문 간의 원가는 배부하지 않는다. 보기 15-4는 보기 15-3의 데이터를 직접법을 통하여 제시하고 있다. 엔지니어링과 생산관리의 원가를 운영부서에 배부하기 위해 사용한 근거는 운영부서에서의 예산 엔지니어링 임금을 의미한다($60,000 + $24,000 = $84,000). 이때 전체 예산 엔지니어링 임금 중 엔지니어링과 생산관리부서에서 자재부서로 제공되는 $36,000은 제외된다. 엔지니어링과 생산관리부서의 예산원가 $300,000는 기계부서와 조립부서로 5/7($60,000/$840,000)과 2/7($24,000/$84,000)의 비율로 배부된다. 그 결과 기계부서는 $214,286(2/7 × $300,000)이 배부되고, 조립부서는 $85,714가 배부된다. 이와 유사하게 자재관리부서의 예산원가를 운영부서로 배부하기 위해 사용되는 근거는 800 + 2,800 = 3,600 예산 자재관리 노동시간이다. 이는 자재관리에서 엔지니어링과 생산관리부서에 제공되는 예산 자재관리 노동시간 400을 제외한 값이다.

직접배분법은 각 보조부문에 대한 예산 비율을 계산하는 것을 수반한다. 예를 들어, 엔지니어링과 생산관리부서의 예상 원가 비율은 357.143%($300,000/$84,000)이다. 따라서 기계부서에는 $214,286(357.143% × $60,000)가 배부되고, 조립부서는 $85,714(357.143% × $24,000)가 배부된다. 계산과 설명의 편의를 위하여, 타 부서에 사용된 보조부분의 서비스

보기 15-4 2017년 Robinson기업의 보조부문 원가 직접배분법

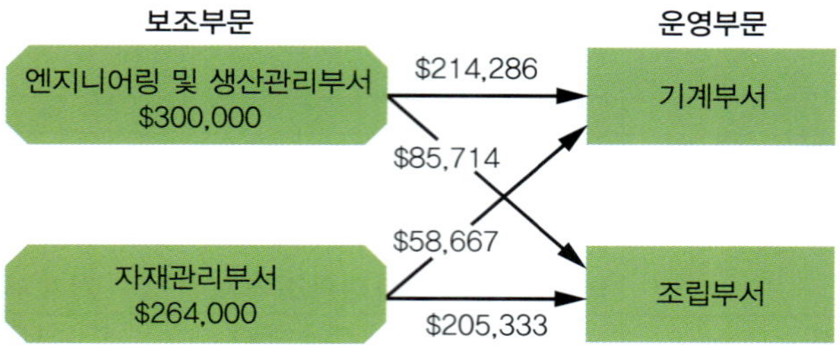

	A	B	C	D	E	F	G
1		보조부문			운영부문		
2		엔지니어링 및 생산관리부서	자재관리부서		기계부서	조립부서	합계
3	원가배부 이전 예산 제조간접비	$300,000	$264,000		$329,000	$227,000	$1,120,000
4	엔지니어링 및 생산관리부서 원가배부(5/7. 2/7)	(300,000)			214,286	85,714	
5	자재관리부서 원가배부(2/9. 7/9)		(264,000)		58,667	205,333	
6	운영부문 총예산 제조간접비	$ 0	$ 0		$601,953	$518,047	$1,120,000

비율을 사용하여 보조부문 원가를 배부한다.

많은 경영자는 사용의 편의성 때문에 직접법을 사용하는 것을 선호한다. 경영자는 타 부서의 보조부문 사용량을 예상할 필요가 없다. 하지만 직접법의 단점은 보조부문 상호 간 서비스 지원에 대한 정보를 무시한다는 점이다. 이로 인하여 운영부서의 원가 예측에 있어서 정확성이 떨어진다. 이어서 보조부문 간 상호 제공된 서비스를 부분적으로 인식하는 두 번째 방법을 제시한다.

단계배분법

일부 기업은 소위 순차할당방법(sequential allocation method)이라 불리는 단계배분법(step-down method)을 사용한다. 이 방법은 보조부문 상호 간 제공하는 서비스를 부분적으로 인식하는 방법으로, 보조부문의 원가를 타 보조부문과 운영부문에 순차적으로 배부한다.

보기 15-5는 단계배분법을 보여주고 있다. 엔지니어링과 생산관리부서의 예산원가 $300,000가 먼저 배부된다. 보기 15-3은 엔지니어링과 생산관리부서가 자재관리부서에 30%, 기계부서에 50%, 조립부서에 20% 서비스를 제공하고 있음을 보여주고 있다. 따라서, $90,000($300,000 × 30%)는 자재부서에, $150,000(50% × $300,000)는 기계부서에, $60,000(20% × 300,000)는 조립부서에 배부된다. 자재관리부서의 예산원가는 $354,000이다. 이는 부서간 상호배부 이전에 $264,000와 엔지니어링과 생산관리부서의 $90,000의 합으로 구성된다. 다음으로 $354,000은 기계부서에 제공된 자재관리부서의 서비스와 조립부서를 기반으로 하여 두 운영부서에 배부된다. 보기 15-3에서 자재관리부서는 기계부서에 서비스의 20%를 그리고 조립부서에 70%를 제공한다. 따라서 $78,667(2/9 × 354,000)는 기계부서에, $275,333(7/9 × $354,000) 조립부서에 배부된다.

단계배분법은 경영자가 보조부문 간 배부 우선순위를 결정해야 한다. 이 예에서 보듯이,

보기 15-5 2017년 Robinson기업의 보조부문 원가 단계배분법

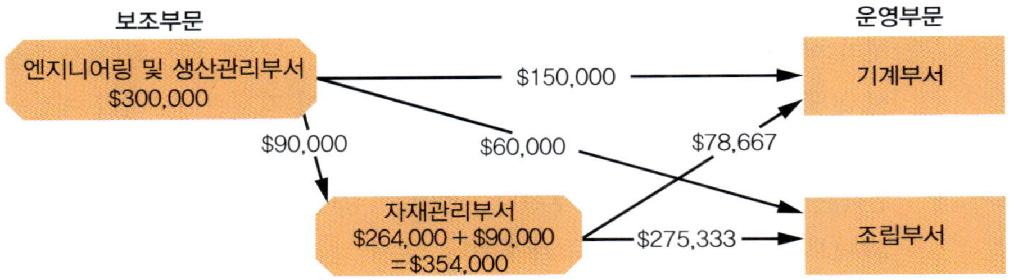

	A	B	C	D	E	F	G
1		보조부문			운영부문		
2		엔지니어링 및 생산관리부서	자재관리부서		기계부서	조립부서	합계
3	원가배부 이전 예산 제조간접비	$300,000	$264,000		$329,000	$227,000	$1,120,000
4	엔지니어링 및 생산관리부서 원가배부	(300,000)	90,000		150,000	60,000	
5	(3/10, 5/7, 2/7)						
6			354,000				
7	자재관리부서 원가배부(2/9, 7/9)		(354,000)		78,667	275,333	
8							
9	운영부문 총예산 제조간접비	$ 0	$ 0		$557,667	$562,333	$1,120,000

우선 자재관리부서를 포함하여 모든 부서 중에서 엔지니어링과 생산관리부서가 먼저 원가배부되어야 한다. 자재관리부서는 다음 순서로 배부되어야 하며, 이때 기계와 조립 두 개의 운영부서에 배부되어야 한다. 만약 다른 순서로 배부가 되면 원가배부에 있어서 다른 결과가 유도된다. 예를 들어, 자재관리부서의 원가가 먼저 배부되고, 엔지니어링과 생산관리부서의 원가가 다음에 배부된다면 다른 결과가 나타난다. 일반적으로 단계배분법의 보조부문 원가배부의 순서는 전체 서비스 중 비중이 높은 보조부문을 시작으로 비중이 높은 부서로 이어진다. 이번 예에서 엔지니어링과 생산관리부서의 예산원가가 우선 배부되었는데, 이는 엔지니어링과 생산통제 부서는 30%의 서비스를 자재관리부서에 배부하는 반면, 자재관리부서는 10%의 서비스를 엔지니어링과 생산관리부서에 배부하기 때문이다(보기 15-3).

단계배분법하에서는 일단 보조부문의 원가가 배부되고 나면 다음 보조부문의 원가는 배부되지 않는다. 즉, 엔지니어링과 생산통제부서의 원가가 배부되면 엔지니어링과 생산통제부서는 더 이상 다음 단계 보조부문의 원가를 추가적으로 배부받지는 않는다. 그 결과 단계배분법은 보조부문 상호 간에 제공하는 전체 서비스를 인식하지 못한다. 다음에서는 이러한 서비스를 전체적으로 인식하는 상호배분법에 대해서 배우보고자 한다.

상호배분법

상호배분법(reciprocal method)은 모든 보조부문에 제공되는 상호 서비스를 전체적으로 인식함으로써 보조부문의 원가를 배부한다. 예를 들어, 엔지니어링과 생산관리부서는 엔지니어링 서비스를 자재관리부서에 제공한다. 마찬가지로 자재관리부서는 엔지니어링과 생산관리부서를 위해 자재관리서비스를 제공한다. 상호배분법은 보조부문 원가배부에 상호부서 간의 관

계를 완전히 포함하려 고려한다.

보기 15-6은 상호배분법에 대한 예시를 살펴보고 있다. 우선, 엔지니어링과 생산관리부서의 예산원가는 자재관리부서를 포함한 다른 부서에 배부된다(자재관리부서 30%, 기계부서 50%, 조립부서 20%). 보기 15-5에서 보듯이 자재관리부서의 예산원가는 첫 번째 원가배부 이후 총 $354,000($264,000 + $90,000)이다. 다음으로 $354,000는 자재관리부서가 지원하는 모든 타 부서에 배부된다. 엔지니어링과 생산관리부서 10%, 기계부서 20%, 조립부서 70%(보기 15-3)의 비율로 배부된다. 앞서 엔지니어링 생산관리부서의 원가가 0으로 떨어졌다가 다시 자재관리부서로부터 $35,400가 배부된다. 이러한 원가는 엔지니어링과 생산관리부서원가가 배부되는 동일한 비율로 자재관리부서를 포함한 모든 부서에 재배부된다. 0으로 떨어진 자재관리부서의 예산원가는 엔지니어링과 생산관리부서의 $10,620를 배부받게 된다. 이 원가는 다시 자재관리부서가 전에 배부되었던 비율과 동일하게 재배부되게 된다. 이러한 연속적인 절차는 결과적으로 모든 보조부서의 원가가 운영부서인 기계부서와 조립부서에 배부될 때까지 계속 배부된다.

상호배분법을 실행하는 다른 방법은 아래와 같은 방정식을 계산하는 것이다.

1단계: 방정식의 형태로 보조부문의 예산원가와 상호관계를 표시하라

EPC는 완전히 상호배부된(complete reciprocal costs) 엔지니어링과 생산관리부서의 원가이며 MM은 자재관리부서의 상호배부된 원가이다. 상호배부원가는 보조부문의 원가와 부서 간 원가배부의 합으로 구성된다. 보기 15-3에 관한 식은 다음과 같다.

$$\text{EPC} = \$300{,}000 + 0.1\text{MM} \qquad (1)$$

$$\text{MM} = \$264{,}000 + 0.3\text{EPC} \qquad (2)$$

식 (1)의 0.1MM은 엔지니어링과 생산관리부서에 사용된 자재관리부서 서비스의 예산 비율이다. 식 (2)의 0.3EPC는 자재관리부서가 사용한 엔지니어링과 생산관리부서의 예산비율이다. 따라서 식 (1)과 식 (2)의 완전상호배부된 원가는 보조부문의 가공원가(artificial costs)라 불린다.

2단계: 각 보조부문의 상호배부된 예산원가를 얻기 위한 일차방적식을 계산하라

$$\text{MM} = \$264{,}000 + [0.3(\$300{,}000 + 0.1\text{MM})]$$

$$\text{MM} = \$264{,}000 + \$90{,}000 + 0.03\text{MM}$$

$$0.97\text{MM} = \$354{,}000$$

$$\text{MM} = \$364{,}949$$

이를 식 (1)에 대입하면

$$\text{EPC} = \$300{,}000 + 0.1(\$364{,}949)$$

$$\text{EPC} = \$300{,}000 + \$36{,}495 = \$336{,}495$$

완전 상호배부된 원가 혹은 가공원가는 자재관리부서 $364,949, 엔지니어링과 생산관리부서 $336,495로 계산된다. 완전 상호배부원가는 보기 15-6의 표 아래에 자재관리부서와 엔지니어링과 생산관리부서부터 배부된 수치가 제시되어 있다. 만약 상호배부 관계인 보조부서가 3개 이상인 경우, 각 보조부서의 완전 상호배부 원가를 계산하기 위해서 Excel 같은 프로그램을 사용할 수 있다. 상호배부되는 보조부문의 원가계산을 위해서 역

보기 15-6 **2017년 반복법을 활용한 Robinson기업의 보조부문 원가 상호배분법**

Home Insert Page Layout Formulas Data Review View

	A	B	C	D	E	F	G
1		엔지니어링 및 생산관리부서	자재관리부서		기계부서	조립부서	합계
2	원가배부 이전 예산 제조간접비	$300,000	$264,000		$329,000	$227,000	$1,120,000
3	엔지니어링 및 생산관리부서의 첫 번째 원가배부 (3/10, 5/10, 2/10)	(300,000)	90,000		150,000	60,000	
4			354,000				
5	자재관리부서의 첫 번째 원가배부 (1/10, 2/10, 7/10)	35,400	(354,000)		70,800	247,800	
6	엔지니어링 및 생산관리부서의 두 번째 원가배부 (3/10, 5/10, 2/10)	(35,400)	10,620		17,700	7,080	
7	자재관리부서의 두 번째 원가배부 (1/10, 2/10, 7/10)	1,062	(10,620)		2,124	7,434	
8	엔지니어링 및 생산관리부서의 세 번째 원가배부 (3/10, 5/10, 2/10)	(1,062)	319		531	212	
9	자재관리부서의 세 번째 원가배부 (1/10, 2/10, 7/10)	32	(319)		63	224	
10	엔지니어링 및 생산관리부서의 네 번째 원가배부 (3/10, 5/10, 2/10)	(32)	10		16	6	
11	자재관리부서의 네 번째 원가배부 (1/10, 2/10, 7/10)	1	(10)		2	7	
12	엔지니어링 및 생산관리부서의 다섯 번째 원가배부 (3/10, 5/10, 2/10)	(1)	0		1	0	
13							
14	운영부문 총예산 제조간접비	$ 0	$ 0		$570,237	$549,763	$1,120,000
15							
16	총보조부문 원가배부(첫 번째, 두 번째 열의 괄호 안의 수치):						
17	엔지니어링 및 생산관리부서: $300,000+$35,400+$1,062+$32+$1=$336,495						
18	자재관리부서: $354,000+$10,620+$319+$10=$364,949						

행렬이 사용되므로, 상호배분법은 경우에 따라 행렬법으로 지칭되기도 한다.

3단계: 예상 사용비율(모든 부서에 공급된 전체 서비스량 기초)을 기초로 모든 타 부서(보조부문과 운영부서)에 각 보조부서의 완전상호 배부된 원가를 배부하라

엔지니어링과 생산관리부서(1/10)×364,949	= $ 36,495
기계부서(2/10)×$364,949	= $ 72,990
조립부서(7/10)×$364,949	= $255,464
합계	$364,949

이와 유사하게, 엔지니어링과 생산관리부서의 상호배부된 원가인 $336,495는 자재관리부서, 기계부서, 조립부서에 각각 3/10, 5/10, 2/10의 비율로 배부된다.

보기 15-7은 상호배분법을 기본으로 한 요약정보를 제시하고 있다.

Robinson의 보조부문의 완전 상호배부된 원가 $701,444는 예산 $564,000보다 크게 나타난다.

보기 15-7 2017년 선형방적식을 활용한 Robinson기업의 보조부문 원가 상호배분법

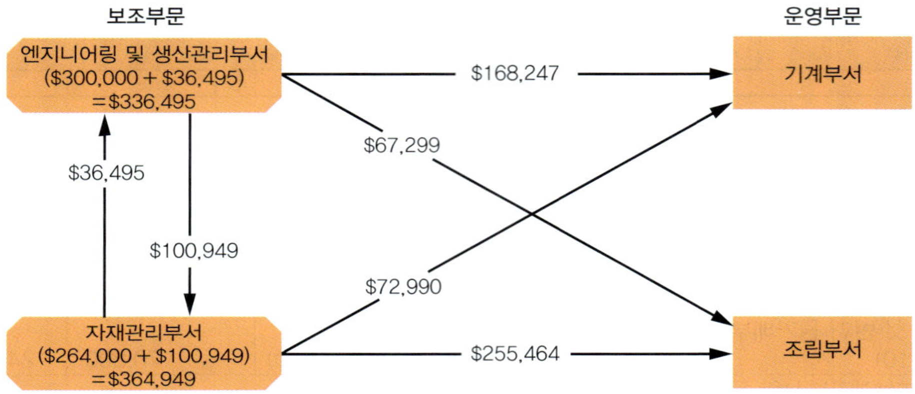

	A	B	C	D	E	F	G
1		보조부문			운영부문		
2		엔지니어링 및 생산관리부서	자재관리부서		기계부서	조립부서	합계
3	원가배부 이전 예산 제조간접비y	$300,000	$264,000		$329,000	$227,000	$1,120,000
4	엔지니어링 및 생산관리부서 원가배부 (3/10, 5/10, 2/10)	(336,495)	100,949		168,247	67,299	
5	자재관리부서 원가배부(1/10, 2/10, 7/10)	36,495	(364,949)		72,990	255,464	
6							
7	운영부문 총예산 제조간접비	$ 0	$ 0		$570,237	$549,763	$1,120,000

보조부문	완전 상호배부된 예산원가	예산원가	차이
엔지니어링 및 생산관리부서	$336,495	$300,000	$ 36,495
자재관리부서	364,949	264,000	100,949
합계	$701,444	$564,000	$137,444

각 보조부문의 상호배부된 예산은 처음 예산보다 크게 나타난다. 그 이유는 보조부문의 원가가 운영부문 뿐만 아니라 서비스를 사용하는 모든 부서에 배부되는 것을 고려하기 때문이다. 이 단계는 보조부문과 운영부문 간 관련성뿐만 아니라 보조부문 간 상호관련성을 완전히 인식하고 있는 것을 의미한다. 각 보조부문의 완전 상호배부된 예산과 예산의 차이는 보조부문 사이에 배부된 원가를 반영한다. 상호배분법 하에서 운영부문에 배부된 전체 예산은 $564,000이다(보기 15-7 엔지니어링과 생산관리부서 $168,247 + $67,299, 자재관리부서 $72,990 + $255,464).

보조부문 원가배부법에 관한 개괄(Overview)

상호배분법은 개념적으로 가장 정확한 측정법이다. 그 이유는 상호배분법은 모든 보조부문 사이에 제공된 상호서비스를 고려하고 있기 때문이다. 직접배분법과 단계배분법은 복잡하지 않고 이해하기 쉬워서 경영자의 입장에서는 상호배분법에 비하여 상대적으로 계산이 용이하다는 장점이 있다. 직접배분법과 단계배분법을 사용하여 운영부문에 배부된 원가가 상호배분법을 사용하여 배부한 원가와 거의 유사하다면, 경영자는 계산이 용이한 직접배분법과 단계

배분법을 사용해야 한다. 그러나 반복 계산을 수행하거나 혹은 연립방정식을 풀이할 수 있는 역량이 증가한다면, 더 많은 기업들이 상호배분법을 시행하려고 할 것이다.

상호배분법의 또 다른 장점은 보조부문의 완전 상호배부된 원가를 강조하고, 이러한 원가는 예산원가와 실제원가가 어떻게 다른지를 보여준다는 점이다. 보조부문의 완전 상호배분된 원가를 아는 것은 보조부문이 제공하는 서비스를 아웃소싱(outsourcing)을 할 것인지 의사결정을 하는 데 있어서 중요한 키포인트이다.

Robinson의 보조부문의 원가가 아웃소싱 가능한 변동비라고 가정해 보자. 예를 들어 현재 자재관리부서가 제공하는 모든 서비스에 대하여 제3자가 서비스를 제의한다고 할 때, 자재관리부서가 처음 제시한 예산 $264,000와 비교해서는 안 된다. Robinson에서 타부서에 자재관리 노동시간 4,000시간을 배부하기 위하여 엔지니어링과 생산관리부서가 자재관리부서에 제공한 서비스를 포함한 완전 상호배분된 원가 $364,949를 기준으로 비교해야 한다. 자재관리노동의 완전 상호배부된 원가는 시간당 $91.24($364,949/4,000시간)이다. 다른 조건이 동일하다면, 외부업체가 기존의 자재관리서비스를 대체할 때 비용은 $364,949 혹은 시간당 $91.24보다 작아야 한다. 이는 기존의 자재관리부서의 예산 $264,000보다 큰 금액이며, 이때 Robibson의 영업이익은 개선될 수 있다.

이러한 점에서 볼 때 자재관리부서를 운영하지 않음으로써 기대되는 원가절감액은 자재관리부서의 원가 $264,000와 엔지니어링 및 생산관리부서의 원가 $100,949의 합이다(보기 15-7. 자재관리부서를 정지함으로써 Robinson의 자재관리부서를 지원하기 위하여 발생한 상호배부된 엔지니어링과 생산관리부서의 원가의 30%($100,949)는 추가로 발생하지 않을 것이다. 따라서 전체 원가절감은 $374,949($264,000 + 100,949)이다. 직접배분법과 단계배분법은 아웃소싱에 관한 의사결정에 있어서 유용한 정보를 제공하지 못한다.

개별원가계산에서의 적용(WPP 298)

Robinson은 간접비를 개별작업으로 배부하기 위하여 사용되는 단위당 비율을 계산하기 위하여, 각 운영부문(기계부서와 조립부서)의 예산원가를 사용하고 있다(4장 Step 5 개별원가계산시스템). Robinson은 조립부서에서는 직접노동시간 20,000시간(전체 직접노동시간 28,000시간 중에서)과 기계부서에서는 10,000기계시간이 발생할 것이라 예상하고 있다. 각 배부법에 의한 예산 제조간접비 배부율은 다음과 같다.

	보조부문 원가 배부이후 총 예산제조간접비		제품원가계산을 위한 시간당 예산 제조간접비	
보조부문 원가배부법	기계부서	조립부서	예산 10,000 기계시간	예산 20,000 노동시간
직접배부법	$601,953	$518,047	$60.20	$25.90
단계배부법	557,667	562,333	55.77	28.12
상호배부법	570,237	549,763	57.02	27.49

개별원가 시스템(4장 Step 6)에서 다음 단계는 개별 작업별로 배부된 간접비를 계산하는 것이다. WPP 298의 경우 Robinson은 실제로 기계부서에서 기계시간으로 40시간을 사용하고 조립부서의 경우 노동시간(전체 노동시간 88시간 중에서)으로 55시간을 사용한다. 3가지 배부법에 따른 WPP 298 작업에 배부된 제조간접비는 다음과 같다.

직접배분법: $3,833($60.20 × 40 + $25.90 × 55)
단계배분법: $3,777($55.77 × 40 + $28.12 × 55)
상호배분법: $3,793($57.02 × 40 + $27.49 × 55)

WPP 298에 배부된 제조간접비는 3가지 배부법에 따라 차이가 있다. 그 이유는 WPP 298의 경우 개별 작업은 기계시간과 노동시간을 필요로 하기 때문이다. 이 차이는 작업이 조립시간보다 기계시간을 상대적으로 더 필요로 할 경우보다 크게 나타날 것이다. 반대로 조립시간보다 기계시간의 차이가 큰 경우에도 마찬가지로 차이가 크게 나타날 것이다.

정상원가를 사용할 경우 다양한 배부기준은 4장에서 제시되었던 직접 제조노동시간을 활용하여 단일배분 기준으로 배부된 $3,520보다 상호배분법을 이용하여 작업 WPP 298에 배부된 상대적으로 더 높은 제조간접비($3,793)를 초래한다. 기계시간과 조립노동시간 두 가지 배부기준을 사용할 경우 Robinson은 제조간접비 원가동인에 대한 더 좋은 모형을 구성할 수 있다.

최종단계(4장, Step 7)는 개별 작업에 할당된 모든 직접원가와 간접원가를 포함함으로써 작업 전체원가를 계산할 수 있다. 상호배분법하에서, WPP 298의 전체 제조원가는 다음과 같다.

직접제조원가		
직접재료비	$4,606	
직접노동비	1,579	$6,185
제조간접비		
기계부서		
(기계시간당 $57.02×40 기계시간)	2,281	
조립부서		
(노동시간당 $27.49×55 노동시간)	1,512	3,793
WPP 298의 총제조원가		$9,978

Step 7에서 원가는 원가시스템에서 각각 2가지 직접원가와 2가지 간접원가 범주에 상응하는 4가지 수치를 가지고 있다.

도전! 15-2

Montvale 여행사는 대학동창회에 교육투어를 제공한다. 이 기업은 국내여행부서와 해외여행부서 두 개의 운영부문과 관리부서와 IT부서 두 개의 보조부문으로 구성되어 있다. 또한 관리부서와 IT부서 보조부문은 상호 서비스를 제공하고 있다. 아래에는 관련 정보를 제시하고 있다.

	보조부문		운영부문		
	관리부서	IT	국내여행부서	해외여행부서	합계
원가배부이전의 예산 제조간접비	$400,000	$250,000	$1,300,000	$1,840,000	$3,790,0000
제공된 보조부문:					
관리부서					
예산 관리급여	—	$88,000	$55,000	$77,000	$220,000
비율	—	40%	25%		
IT부서				35%	100%
예산 IT 서비스시간	600	—	2,200	1,200	4,000
비율	15%	—	55%	30%	100%

보조부문의 원가배부 이후 운영부문의 총제조간접비는 어떻게 되는가? 아래의 네 가지 측정법에 따라 계산하시오. (a) 직접배분법, (b) 단계배분법(관리부서 우선배부), (c) 단계배분법(IT부서 우선배부), (d) 상호배분법

연말에, 기계부서와 조립부서의 실제 제조간접비는 각 부서에 배부된 제조간접비와 비교할 수 있다.

공통원가 배부

공통원가(common costs)는 두 명 이상의 사용자에 의해 시설, 활동, 원가대상(cost object)이 공유될 때, 이들을 운영하는 데 발생하는 비용을 지칭한다. 공통원가는 개별 사용자가 시설 혹은 활동을 개별적으로 운용하기보다는 공유함으로써 원가를 낮추는 과정에서 발생한다. 원가회계에 있어서 합리적으로 개별 사용자에게 공통원가를 배부하는 것은 중요한 문제이다.

예를 들어, 시애틀에 있는 Jason Stevens가 올버니에 있는 회사에 채용면접을 초청받았다. 시애틀에서 올버니까지 왕복 항공료는 $1,200이다. 일주일 후 Stevens는 시카고에 있는 한 회사로부터 인터뷰 요청을 받았다. 이때 왕복 항공료로 $800가 발생한다. 시애틀–올버니–시카고–시애틀 여정으로 항공료 $1,500가 발생한다. 각 기업들은 인터뷰로 인해 발생하는 항공료에 대해서 보상한다고 한다. Stevens이 개별적으로 인터뷰를 본다면 $2,000($1,200 + $800)의 항공료가 발생하는 반면, 현재 $1,500 항공료는 비용(감소) 측면에서 기업 입장에서 이득이 되는 공통비용이 된다.

공통비용 $1,500를 합리적으로 배분하는 방법은 무엇일까? 두 기업으로부터 공통원가를 배부하는 방법으로 독립적 측정법(stand–alone method)과 증분법(incremental method) 두 가지 방법이 있다.

독립적 원가배분법

독립적 원가배분법(stand–alone cost allocation method)은 공통원가 시설 혹은 활동의 각 사용자를 개별 객체로 간주해서 원가배부의 가중치를 결정하는 것을 의미한다. 위 사례의 공통원가 항공료 $1,500의 경우, 개별 왕복 항공료는 $1,200과 $800이다. 이를 바탕으로 가중치를 결정하면 다음과 같다.

$$\text{알바니 고용주: } \frac{\$1,200}{\$1,200+\$800}\times\$1,500=0.60\times\$1,500=\$900$$

$$\text{시카고 고용주: } \frac{\$800}{\$800+\$1,200}\times\$1,500=0.40\times\$1,500=\$600$$

이 측정방법은 보기 13–1에서와 같이 공정성과 공평성기준(The fairness or equity criterion)을 강조한다. 이 측정방법은 개별 기업이 개별 독립적인 원가에 비례해서 전체원가를 감당하기 때문에 합리적으로 간주된다.

증분 원가배분법

증분 원가배분법(incremental cost–allocation method)은 공통원가에 대해서 어떤 사용자가 더 책임을 지는가에 대해 순서대로 원가대상의 순서를 정하고, 이들 사용자들 사이에서 원가를 배부하는 것을 의미한다. 첫 번째 순서의 원가대상 사용자는 주 사용자(primary user)이고, 독립적인 형태로 주 사용자에 대한 원가를 우선 배부한다. 다음으로 두 번째 이용자는 차액만큼 주 사용자 대신 추가적으로 발생한 비용을 부담한다.

이 측정방법을 어떻게 적용하는지 알아보기 위해서, Jason Stevens의 $1,500 항공료의 예를 다시 살펴보자. 올버니에 있는 기업이 당사자(primary party)라고 가정하자. 이렇게 생각한 이유는 Jason이 시카고에 있는 회사의 인터뷰를 수락하기 전에 올버니에 있는 기업과 먼저 인터뷰하기로 약속했기 때문이다. 이에 따른 원가배분은 다음과 같다.

당사자	배부된 원가	배부된 누적원가
올버니(주당사자)	$1,200	$1,200
시카고(추가 당사자)	300($1,500 – $1,200)	$1,500
합계	$1,500	

따라서 올버니에 있는 기업이 시애틀–올버니 간 항공료를 전액 부담한다. 다음으로 전체 항공료에서 배부되지 않은 부분은 시카고에 있는 기업으로 배부된다. 하지만 만약 시카고에 있는 기업이 주 당사자로 정해진다면, 시카고의 기업에 $800, 올버니의 기업에 $700가 배부된다. 둘 이상의 당사자가 있다면 이 방법은 첫 번째 순위부터 마지막 순위까지 순서를 정해야 한다(예를 들어, 각 기업이 인터뷰를 정한 날짜 순서).

증분법을 사용하면, 주 당사자는 통상 공통원가를 가장 많이 배부받는다. 만약 증분의 사용자가 새 제품의 생산라인 혹은 신매출의 영역과 같이 새 기업 혹은 새로운 부서라면 증분법은 공통원가를 적게 배부함으로써 이들에게 단기적으로 기회를 제공할 수 있다. 이 방법의 문제점은 공통원가가 관련된 경우 모든 사용자가 비용을 적게 부담하는 추가(incremental) 사용자로 간주되기를 바란다는 점이다.

이러한 논쟁을 피하기 위해 경영자가 사용할 수 있는 접근법은 독립적 원가배분법(stand alone cost–allocation)이다. 다른 대안법은 균형가치평가법(shapley value method)이다. 이 방법은 각 당사자를 주 당사자로 간주하고 다음은 추가 당사자로 간주한다. 위의 식을 바탕으로, 올버니에 있는 기업은 주 당사자로 $1,200를 배부받고, 그리고 추가 당사자로 $800를 배부받는다. 이때 평균값은 $950 [($,1200 + $700) ÷ 2]이다. 시카고에 있는 기업은 주 사용자로 $800, 추가 사용자로 $300를 배부받는다. 마찬가지로 평균값 $550 [($800 + $300) ÷ 2]를 배부받는다. 최종적으로 균형가치법(shapley value method)은 각 기업에 주 당사자와 추가 당사자로 배부한 원가의 평균값을 사용한다.

앞에서 살펴보았듯이, 공통원가 배부는 명확하지 않은 경우도 있으며, 경우에 따라 논란이 발생하기도 한다. 경영자는 우선적으로 공통원가 배부법에 대한 원칙을 명시해야 한다. 만약 원칙을 명시하지 않는다면, 경영자는 맹목적으로 하나의 방법을 따르기보다는 당사자들에게 공정하게 보이는 원가배분법에 대하여 신중하게 고려하는 적절한 판단력을 발휘해야 한다. 예를 들어, Stevens는 장래의 고용주가 충분히 이를 받아들이는 수준으로, 각 고용주의 항공료의 최대 보상선을 넘지 않는 항공료 원가배분법을 선택해야 한다. 다음에서는 다양한 계약의 원가자료의 기능과 원가배부에 관한 논쟁에 대해서 토론한다.

15-3 도전!

Taylor와 Victor는 동시에 염색 기계리스를 고려하고 있는 작은 의류기업이다. 두 기업은 생산일정을 맞추기 위해서 Taylor는 600기계시간, Victor는 400기계시간이 필요하다고 추정하였다. 만약 각 기업이 각자 기계를 임대한다면, 수수료는 사용량의 시간당 $60가 발생한다. 하지만 만약 두 기업이 같이 기계를 임대한다면 수수료는 사용량 시간당 $54로 낮아질 것이다.

1. 독립적 원가배부법(stand-alone cost allocation) 하에서 Taylor와 Victor의 각자 수수료 할당량을 계산하라.
2. Taylor와 Victor의 증분 원가배부법하에서 (a) Taylor를 주 당사자로 가정하였을 때, (b) Victor를 주 당사자로 가정하였을 때 각각의 상황에 따라 각자 수수료 할당량을 계산하라.
3. 균형가치평가법(Shapley value method)을 사용할 때 Taylor와 Victor 각자의 수수료 할당량을 계산하라.
4. 수수료를 배분하기 위해 어떤 방법을 추천할 것인가?

원가배분법과 분쟁

다수의 광고계약은 원가회계정보를 기반으로 한 조항을 담고 있다. 다음과 같은 예가 있다.

- 새 전투기를 디자인하고 조립하는 국방부와 기업 간의 계약에서 전투기의 가격은 직접비용, 제조간접비 고정비의 합을 기반으로 하여 결정된다는 것을 명시하고 있다.
- 컨설팅 기업과 병원 간의 계약에서 컨설팅 기업은 컨설팅 기업의 제안을 실행하여 발생하는 원가절감의 일정부분과 고정수수료의 합을 받는다는 것을 명시하고 있다.

계약분쟁은 원가계산과 관련하여 발생한다. 예를 들어, 위의 두 계약조건에 있어서 명시된 원가를 계산하기 위해서는 어떤 원가가 포함되어야 하는가에 대한 논쟁이다. 경영자는 명확한 게임의 규칙을 정함으로써 계약당사자 간 논쟁을 줄일 수 있다. 게임의 규칙이란 허용가능한 원가에 대한 정의를 포함해야 한다. 직접노무비의 범위, 원가배분기준, 예산과 실제원가의 차이를 설명하는 법 등을 명시한다.

미국 정부가 계약자를 보상하는 방식은 다음과 같다.

1. **계약원가에 대한 분석없이 계약자가 고정가격을 보상받는 경우:** 예를 들어 경쟁입찰이 있을 때, 충분한 가격경쟁이 있을 때, 혹은 일반적인 가격이 시장에 형성되어 있는 경우 위의 방법이 사용된다.
2. **계약자가 실제 계약원가 분석을 기반으로 해서 보상받을 경우:** 예를 들어, 새로운 무기시스템과 같은 업무의 특성상 개별작업을 완수하는 원가에 대한 불확실성이 있을 때이다. 수십억 달러같이 큰 규모의 계약은 경쟁입찰의 형태로 하지 않는다. 그 이유는 계약자가 계약에 대하여 고정 가격을 받고 이어서 이를 달성하기 위해 고가의 비용을 부담하는 위험을 감수하지 않을 것이기 때문이다. 계약에 대하여 시장기반 고정가격을 설정하는 것은 계약자에게 매력적인 제안이 아니거나 정부입장에서는 너무 부담스러운 계약가격을 요구하는 것으로 보일 수 있다. 이러한 문제를 해결하기 위해서, 정부는 일반적으로 계약을 완수

하기 위해서 잠재적으로 높은 비용에 대한 위험을 부담한다. 시장에서 공급자들이 결정한 판매가에 의존하기보다는 정부는 원가와 고정수수료의 합계를 기반으로 협상한다. 이러한 계약을 원가보상계약(cost plus contract)이라고 한다.

원가에 대하여 계약의 일부로 보상하는 것은 허용되어야 한다. 허용가능원가(allowable cost)는 계약당사자가 보상가능한 원가로 포함하는 것으로 동의한 비용이다. 일부 계약은 허용가능 원가(allowable cost)는 어떻게 결정되어야 하는가를 명시하고 있다. 예를 들어, 단순히 이코노미 클래스 항공료는 미국 정부 내 계약에 있어서 허용가능한 원가에 해당된다. 다른 계약은 허용가능한 원가 범주화를 파악한다. 예를 들어, 로비활동 혹은 음주 등은 미국 정부 계약에 있어서는 허용가능한 원가가 아니다. 그러나 허용가능원가에 대한 기준이 늘 명확한 것은 아니다. 정부에 과다 청구함으로서 발생하는 계약분쟁은 때때로 발생한다.

감독비용(supervision cost)과 같이 일부 허용가능 제조간접비는 많은 다른 계약과 활동을 지원한다. 정부법령은 감독비는 인과관계기준(cause-and-effect) 혹은 수혜기준(benefits received basis)을 기반한 특정 계약에 허용가능 하도록 규정한다. 많은 계약에서 관리비와 같은 비용은 인과관계기준 혹은 수혜기준으로 배부하는 것이 어려울 수 있다. 그럼에도 불구하고, 계약당사자는 계약을 확고히 하는 데 도움이 되기 위해 이러한 방식으로 이들 원가를 배부하는 것이 합리적이고 공정하다고 간주한다. 정부의 원가보상계약에 대한 일반적인 규칙은 보상이 고정비와 실제 허용가능한 원가의 합을 기준으로 되어야 한다는 점이다.

미국 정부의 모든 계약은 원가회계표준위원회(Cost Accounting Standards Board)에서 제시한 원가회계표준을 준수해야 한다. 정부계약과 관련해서 CASB는 원가회계기준을 실행, 수정, 폐지에 대한 권한을 가진 단체이다. 원가표준은 미국 내 일관성과 지속성을 지키는 목적으로 작성되어 있다. 이 회계표준은 정치적 고려와 회계기준의 상호작용을 대변한다. 인과관계기준(cause-and-effect)과 수혜기준(benefits received) 뿐만 아니라 공정성과 공평성

CONCEPTS IN ACTION

미국 정부와 보상가능원가에 관한 계약분쟁

David Coleman/Alamy Stock Photo

미국 정부는 수십억 달러를 특정 계약 서비스를 수행하는 사기업에 소비하고 있다. 최근 정부는 서비스원가를 과다청구한 일부 계약을 조사하고 있다. 다음 예는 연방정부를 대표해서 미국 법무부(Department of Justice's Civil Division)가 조사한 사례이다.

1. Hewlett-Packard는 2001년부터 2010년 기간 동안 미국우편국(USPS)에 비용을 과다청구했다는 것에 동의하며 $3,250만를 지불하는 것을 동의했다. 구체적으로 HP는 유사 규모의 다른 고객에 제공하는 가격보다 더 높지 않게 가격을 설정하겠다는 미국우편국과의 계약을 따르지 않아 고소되었다.
2. United Technology 기업은 공군에 F-15와 F-16 전투기 엔진을 제공하는 계약으로 인해 $473(백만 달러)를 부담해야 한다. 이 기업은 공급자로부터 받을 수 있는 가격할인을 제외하였다. 이는 결과적으로 국방부가 더 많은 비용을 부담하게 되었다.

과 같은 용어는 정부계약에서 중요한 관점이다.

결합제품과 수익 배부기준

배부에 관한 쟁점은 다양한 제품(예를 들어, 소프트웨어 프로그램, 케이블, 인터넷 패키지)을 하나의 묶음으로 단일 가격으로 판매할 때 발생하기도 한다. 이 경우 수익 배분에 대한 방법은 공통원가배부에서 설명된 방법과 유사한다.

결합과 수익배부

수익은 고객에 제공된 제품 혹은 서비스로부터 얻어진 자산의 유입이다(예를 들어, 현금 혹은 매출채권). 원가배부와 유사하게, 수익배부(revenue allocation)는 수익이 특정 수익대상이 관련이 있을 때 그러나 경제적으로 실현가능(원가효율)한 방법으로 추적이 불가능할 때 발생한다. 수익대상은 개별 수익의 측정대상을 의미한다. 수익대상의 예로는 제품, 고객, 부서 등이다. 다음으로 3가지 프로그램을 개발, 판매, 지원하는 Dynamic Software 기업의 수익배부에 대해 살펴본다.

1. WordMaster, 워드프로세서 프로그램, 36개월 전 출시
2. DataMaster, 스프레드시트프로그램, 18개월 전 출시
3. FinanceMaster, 예산과 현금관리 프로그램, 6개월 전 출시, 미디어의 큰 관심

Dynamic Software는 개발제품 판매와 더불어 결합제품(bundled product)을 판매하고 있다.

결합제품은 2개 혹은 그 이상의 다수 제품을 단일 가격으로 하나의 패키지로 판매하는 것을 의미한다. 결합제품의 가격은 일반적으로 제품을 개별적으로 판매했을 때 가격의 합보다 작은 경우가 대부분이다. 예를 들어, 은행은 단일 수수료로 개별 고객에게 결합서비스를 제공할 수 있다. 리조트 호텔은 숙박, 식당, 레크리에이션(골프, 테니스)을 포함하는 주말패키지를 특별가격으로 제공할 수 있다. 부서가 개별제품으로부터 매출과 이익에 대한 책임을 부담할 때, 결합제품의 수익은 적절히 배부되어야만 한다.

Dynamic Software는 결합제품 매출(suite sales로 지칭)을 개별제품으로 배부한다. 개별제품의 수익은 제품을 개발하고 영업하는 소프트웨어 엔지니어, 개발자, 생산담당자를 보상하기 위해 사용된다.

Dynamic Software는 결합제품 매출을 각 제품에 어떻게 배부하는가? 관련 정보는 다음과 같다.

	판매가	단위당 제조원가
독립적 제품		
WordMaster	$125	$18
DataMaster	150	20
FinanceMaster	225	25
결합제품		
Word+Data	$220	
Word+Finance	280	
Finance+Data	305	
Word+Finance+Data	380	

앞에서 배웠던 공통원가 배부와 유사하게 수익을 배부하는 방법 역시 독립적 배부법과 증분법 두 가지 방법이 있다.

독립적 수익 배부법

독립적 수익 배부법(stand-alone revenue allocation method)은 결합이 된 개별제품의 정보를 활용하여 결합제품의 수익을 개별제품에 배부하는 방법이다. Word + Finance 결합제품의 경우 $280로 판매하고, 같은 양의 두 제품을 판매한다는 것을 전제한다. 3가지 형태의 독립적 수익 배부법은 다음과 같다.

1. **판매가(Selling prices):** 개별제품의 판매가격인 WordMaster의 가격 $125와 FinanceMaster의 가격 $225를 사용하면 결합제품 $280에 대한 가중치는 다음과 같다.

$$\text{WordMaster}: \frac{\$125}{\$125+\$225} \times \$280 = 0.357 \times \$280 = \$100$$

$$\text{FinanceMaster}: \frac{\$225}{\$125+\$225} \times \$280 = 0.643 \times \$280 = \$180$$

2. **단위당 원가(Unit costs):** 이 방법은 수익 배분을 위한 가중치를 결정하기 위해 개별 제품의 원가(이 경우 단위당 제조원가)를 사용한다.

$$\text{WordMaster}: \frac{\$18}{\$18+\$25} \times \$280 = 0.419 \times \$280 = \$117$$

$$\text{FinanceMaster}: \frac{\$25}{\$18+\$25} \times \$280 = 0.581 \times \$280 = \$163$$

3. **물리적 단위(Physical units):** 이 방법은 결합된 제품에 동일한 가중치를 둔다. 따라서 Word와 Finance 두 제품에 각각 50%로 배부된다.

$$\text{WordMaster}: \frac{1}{1+1} \times \$280 = 0.50 \times \$280 = \$140$$

$$\text{FinanceMaster}: \frac{1}{1+1} \times \$280 = 0.50 \times \$280 = \$140$$

상기의 세 가지 방법을 사용하여 개별 제품에 수익을 배부하면 다음과 같다.

수익배부 시 가중치 기준	WordMaster	FinanceMaster
판매가격	$100	$180
제품단위당 원가	117	163
개수	140	140

증분 수익 배부법

증분 수익 배부법(incremental revenue allocation method)은 경영자에 의해 결정된 기준에 따라 결합제품을 구성하는 각 제품의 순위를 결정하여 수익을 배분하는 방법이다. 이러한 순위를 통해 결합제품의 수익을 각 제품에 배부한다. 첫 번째 순위는 주산품(primary product)이며, 두 번째 순위는 주산품을 생산하고 난 후 생산되는 제품이며, 세 번째 순위는 두 번째 순위제품을 생산하고 난 후 추가로 생산되는 제품이다.

증분 수익 배부법에서 제품의 순서를 어떻게 결정하는 것인가? 어떤 기업은 개별 제품의 중요성에 대해서 고객에 설문조사하기도 한다. 예를 들어, 결합제품 중 하나의 제품이 기존 제품이고, 다른 제품이 신상품이라면, 경영자는 기존 제품을 주제품으로 신상품을 첫 번째 증분 제품으로 순서를 정할 수 있다. 다른 경영자는 결합제품 중에서 가장 최근의 손익을 파악할 수 있는 개별제품 기준으로 제품의 순위를 매기기도 한다. 경영자는 순위를 산정함에 있어 지식 혹은 직관을 사용하기도 한다.

Word+Finance 결합제품의 예를 살펴보도록 하자. Dynamic Sofrware가 Wordmaster와 FinanceMaster를 동일한 수량을 판매하며, 이 중 WordMaster가 주제품, FinanceMaster가 증분제품이라 가정한다. WordMaster는 우선 100%인 $125를, FinanceMaster는 남은 수익 $155($280−$125)를 배부받는다.

제품	배부된 수익	누적 배부된 수익
WordMaster	$125	$125
FinanceMaster	155($280 − $125)	$280
합계	$280	

만약 결합제품의 가격이 제품의 개별 가격보다 작다면, 주제품은 우선 결합수익의 100%를 배부받는다. 결합제품에 있는 다른 모든 제품은 수익에 있어서 추가배분은 없다.

다음은 FinanceMaster가 주산품, WordMaster가 증분제품이라 가정해 보자. 증분수익 배부법은 다음과 같이 계산된다.

제품	배부된 수익	누적 배부된 수익
FinanceMaster	$225	$225
WordMaster	55($280 − $225)	$280
합계	$280	

여기에서 균형가치법(Shapley value method)은 주제품과 증분제품으로 배부된 수익의 평균을 각 제품에 배부하는 것이다.

WordMaster	($125 + $55)÷2 = $180÷2 =	$90
FinanceMaster	($225 + $155)÷2 = $380÷2 =	190
합계		$280

만약 Dynamic Software 하나의 제품을 다른 제품보다 상대적으로 많이 판다면 균형가치법이 더 적합할 것이다.

결합제품으로 3개 이상의 제품이 있을 때 증분 수익 배부법은 결합제품의 수익을 순차적으로 배부한다. WordMaster가 세 제품(Word+Finance+Data) 중 주산품이라고 가정하자. 또한 FinanceMaster가 첫 번째 증분제품, DataMaster가 두 번째 증분제품이며, Dynamic Software가 WordMaster, FinanceMaster, DataMaster 세 제품을 동일 수량 판매한다. 이 결합제품의 가격은 $380이다. 결합제품 수익 $380에 대한 배부는 다음과 같다.

제품	배부된 수익	누적 배부된 수익
WordMaster	$125	$125
FinanceMaster	155($280 − $125)	$280 (price of Word+Finance suite)
DataMaster	100($380 − $280)	$380 (price of Word+Finance+Data suite)
합계	$380	

한편 WordMaster가 주산품이고, DataMaster가 첫 번째 증분제품, FinanceMaster가 두 번째 증분제품이라고 가정하자.

제품	배부된 수익	누적 배부된 수익
WordMaster	$125	$125
DataMaster	95($220 − $125)	$220(price of Word+Data suite)
FinanceMaster	160($380 − $220)	$380(price of Word+Data+Finance suite)
합계	$380	

개별제품의 순서는 제품의 수익을 결정한다. DynamicSoftware 제품관리자는 개별생산품이 결합제품 매출에 어떻게 공헌하고 있는가에 대하여 다른 관점을 가지고 있을지 모른다. 사실 각 제품관리자는 Word+Finance+Data 결합제품에 있어서 자신들의 제품이 주산품이라 주장할 수 있다. 왜냐하면 독립적 수익배부법은 개별제품의 순서를 필요로 하지 않고, 이 방법은 관리자들 간의 논쟁을 불러일으키지 않기 때문이다.

또한 수익배부법은 세금과 관련해서는 중요하다. 예를 들어, 미국 내 통신업계에서 2위 사업자인 Verizon Communication은 휴대폰 서비스, 케이블 TV, 인터넷 서비스상품을 각각 혹은 결합상품으로 판매하고 있다. 미국의 주(state) 세법에 따르면, 결합상품 판매 시, 판매명세서에 각 제품의 가격이 개별적으로 표기되지 않은 경우 가장 높은 세율에 해당되는 휴대폰 서비스로 세금이 부과된다. 전체 결합제품에서 고객이 가장 높은 세율을 부담하게 하지 않기 위해서, Verizon은 결합 서비스의 수익을 판매 가격을 기준으로 휴대폰서비스, 케이블 TV, 인터넷 서비스로 배부한다. 따라서 고객은 각 서비스에 대한 세금을 지불한다. 참고로 CCH SureTax와 같은 전문 프로그램은 Veriozon과 같은 기업이 각 주법에 따라 수익을 인식하게 도움을 준다.

도전! 15-2

Essence 기업은 향수를 혼합하고 판매한다. 이 기업은 남성향수와 여성향수 두 부서로 구성되어 있으며, 각 부서는 각기 다른 매출전략, 유통, 생산방식을 가지고 있다.

Essence는 현재 남성용 향수인 Him, 여성용 향수인 Her를 결합한 형태인 Sync라고 불리는 결합제품 판매를 고려 중이다. Essence는 이 두 향수를 동일한 양으로 판매한다. 최근 관련 자료는 다음과 같다.

제품	소매가
Him	$25.00
Her	$50.00
Sync	$60.00

1. 아래의 기준을 사용해서 결합제품 Sync의 매출수익을 Him과 Her로 배부하라.
   a. 각 제품의 판매가를 기준으로 독립적 수익배부법
   b. Him을 주산품으로 한 증분 수익 배부법
   c. Her를 주산품으로 한 증분 수익 배부법
   d. 균형가치평가법
2. 위의 4가지 방법 중 여러분은 어떠한 방법을 추천하겠는가? 그리고 이유는 제시하라.

자율학습

이 문제는 이중배부율법 사용시 기업 내 두 개의 보조부문의 원가가 영업부문에 어떻게 배부되는가를 보여준다. 고정비는 타 부문에서 사용된 예산원가와 예산시간을 사용해서 배부된다. 변동비는 타 부문에서 사용한 실제원가와 실제시간을 사용해서 배부된다.

Horizons computer는 기업 내 두 개의 보조부문(법률부서와 인사부서)과 제조부문(노트북 사업부(LTD)와 워크스테이션 사업부(WSD))의 예산과 실제량에 대해서 다음과 같이 보고하고 있다.

	A	B	C	D	E	F	G
1		보조부문			운영부문		
2		법률부서	인사부서		LTD	WSD	Total
3	예산사용량						
4	법률부서(시간)	—	250		15,000	750	2,500
5	(비율)	—	10%		60%	30%	100%
6	인사부서(시간)	2,500	—		22,500	25,000	50,000
7	(비율)	5%	—		45%	50%	100%
8							
9	실제사용량						
10	법률부서(시간)	—	400		400	1,200	2,000
11	(비율)	—	20%		20%	60%	100%
12	인사부서(시간)	2,000	—		26,600	11,400	40,000
13	(비율)	5%	—		66.5%	28.5%	100%
14	원가배부 이전의 예산 고정제조간접비	$360,000	$475,000		—	—	$835,000
15	원가배부 이전의 예산 변동제조간접비	$200,000	$600,000		—	—	$800,000

두 보조부문(법률부서와 인사부서)의 원가는 LTD와 WSD에 어떻게 배부될 것인가? 아래의 각각의 측정방법에 따라 계산하시오. (a) 직접배분법, (b) 단계배분법(법률부서 배부를 우선), (c) 방정식을 사용한 상호배분법

Solution

보기 15-8은 보조부문의 고정비와 변동비의 원가를 배부하는 것을 제시하고 있다. 이에 대한 요약은 다음과 같다.

	LTD	WSD
(a) 직접배분법		
고정비	$465,000	$370,000
변동비	470,000	330,000
	$935,000	$700,000
(b) 단계배분법		
고정비	$458,053	$376,947
변동비	488,000	312,000
	$946,053	$688,947
(c) 상호배분법		
고정비	$462,513	$372,487
변동비	476,364	323,636
	$938,877	$696,123

보기 15-8 **이중배부율법 활용하여 기업 보조부문원가를 운영부문에 배부하기**

Home Insert Page Layout Formulas Data Review View

	A	B	C	D	E	F	G
20		보조부문			운영부문		
21	배분법	법률부서	인사부서		LTD	WSD	합계
22	**A. 직접배분법**						
23	고정비	$360,000	$475,000				
24	법률부서(1,500÷2,250; 750÷2,250)	(360,000)			$240,000	$120,000	
25	인사부서(22,500÷47,500; 25,000÷47,500)		(475,000)		225,000	250,000	
26	운영부문에 배부된 보조부문 고정비	$ 0	$ 0		$465,000	$370,000	$835,000
27	변동비	$200,000	$600,000				
28	법률부서(400÷1,600; 1,200÷1,600)	(200,000)			$ 50,000	$150,000	
29	인사부서(26,600÷38,000; 11,400÷38,000)		(600,000)		420,000	180,000	
30	운영부문에 배부된 보조부문 변동비	$ 0	$ 0		$470,000	$330,000	$800,000
31	**B. 단계배분법**						
32	(법률부서 배부 우선)						
33	고정비	$360,000	$475,000				
34	법률부서(250÷2,500; 1,500÷2,500; 750÷2,500)	(360,000)	36,000		$216,000	$108,000	
35	인사부서(22,500÷47,500; 25,000÷47,500)		(511,000)		242,053	268,947	
36	운영부문에 배부된 보조부문 고정비	$ 0	$ 0		$458,053	$376,947	$835,000
37	변동비	$200,000	$600,000				
38	법률부서(400÷2,000; 400÷2,000; 1,200÷2,000)	(200,000)	40,000		$ 40,000	$120,000	
39	인사부서(26,600÷38,000; 11,400÷38,000)		(640,000)		448,000	192,000	
40	운영부문에 배부된 보조부문 변동비	$ 0	$ 0		$488,000	$312,000	$800,000
41	**C. 상호배분법**						
42	고정비	$360,000	$475,000				
43	법률부서(250÷2,500; 1,500÷2,500; 750÷2,500)	(385,678)[a]	38,568		$231,407	$115,703	
44	인사부서(2,500÷50,000; 22,500÷50,000; 25,000÷50,000)	25,678	(513,568)[a]		231,106	256,784	
45	운영부문에 배부된 보조부문 고정비	$ 0	$ 0		$462,513	$372,487	$835,000
46	변동비	$200,000	$600,000				
47	법률부서(400÷2,000; 400÷2,000; 1,200÷2,000)	(232,323)[b]	46,465		$ 46,465	$139,393	
48	인사부서(2,000÷40,000; 26,600÷40,000; 11,400÷40,000)	32,323	(646,465)[b]		429,899	184,243	
49	운영부문에 배부된 보조부문 변동비	$ 0	$ 0		$476,364	$323,636	$800,000
50							
51	[a] 고정비	[b] 변동비					
	LF0=법률부서 고정비, PF=인사부서 고정비, 고정비 상호배부법 연립방정식	LV=법률부서 변동비, PV=인사부서 변동비, 변동비 상호배부법 연립방정식					
52	LF=$360,000+0.05 PF	LV=$200,000+0.05 PV					
53	PF=$475,000+0.10 LF	PV=$600,000+0.20 LV					
54	LF=$360,000+0.05($475,000+0.10 LF)	LV=$200,000+0.05 ($600,000+0.20 LV)					
55	LF=$385,678	LV=$232,323					
56	PF=$475,000+0.10($385,678)=$513,568	PV=$600,000+0.20($232,323)=$646,465					

과제

서술형 문제

15-1 단일배부율법과 이중배부율법을 구분하라.

15-2 이중배부율법이 부서 경영자가 의사결정함에 있어서 어떻게 더 유용한지 설명하라.

15-3 예산원가비율이 보조부문 경영자가 효율성을 제고함에 있어서 어떻게 동기부여가 되는지 설명하라.

15-4 보조부문 원가를 운영부분에 배부하는 데 사용되는 원가배부기준의 예를 제시하라.

15-5 경영자가 타 부서에서 소속부서에 배부함에 있어서 실제 원가배부 비율보다 예산원가 배부비율을 선호하는 이유는 무엇인가?

15-6 편향적이지 않은 원가 배부를 위하여, 고정비는 사용자 부서 경영자에 의해 추정된 장기 사용량을 기반으로 원가배부되어야 한다. 그 이유는 무엇인가?

15-7 보조부문의 원가를 운영부문으로 배부하는 3가지 방법에 대해서 설명하라.

15-8 개념적으로 보조부문 원가를 배부하는 가장 최적의 방법이 무엇인지 논리적 근거와 함께 제시하라.

15-9 공통원가를 배부하는 두 가지 방법을 설명하라

15-10 공통원가를 배부할 때 증분원가배부법을 사용하기 어려운 이유는 무엇인가? 이를 어떻게 극복할 수 있는가?

15-11 기업이 미국정부와 계약할 때, 원가회계기준위원회(Cost Accounting Standards Board)의 역할은 무엇인가?

15-12 정부계약과 관련해서 발생할 수 있는 원가배부 관련 논쟁을 줄일 수 있는 방법은 무엇인가?

15-13 기업은 점차적으로 증가하는 수익배부 관련 의사결정을 어떻게 해결할 수 있는가?

15-14 독립적 수익배부법과 증분수익배부법을 설명하라.

주관식 문제

15-15 **단일배부율법 vs. 이중배부율법.** CC 엔지니어링의 제조부문에 서비스를 제공하는 Ukraine 전력회사는 차기 예산을 가지고 있다. 이 예산은 다음과 같다.

제조부서	조업도 기준 필요량 (Kilowatt-hours)	월별 평균예상 사용량 (Kilowatt-hours)
Livonia	16,000	12,000
Warren	22,000	10,000
Dearborn	23,000	8,000
Westland	19,000	10,000
합계	80,000	40,000

전력회사를 운영함에 있어서 예산 기간 동안 월별 예상 비용은 총합은 $21,600이고, 변동비 $4,000, 고정비 $17,600이다.

요구사항

1. Ukraine 전력회사가 단일배부율법을 사용된다고 가정하자. (a) 원가배부비율이 조업도를 기준으로 계산되고, 원가가 조업도를 기준으로 배부된다면 (b) 원가배부비율이 월별평균예상 사용량을 기준으로 계산되고, 원가가 월별 예상 사용량을 기준으로 배부된다면, 이 두 가지 경우 예산은 각 제조부문에 어떻게 배부될 것인가?
2. Ukraine 전력회사가 이중배부율법을 적용한다고 가정하자. 변동비는 월별 평균 사용량을 기초로 배부되고, 고정비는 조업도를 기초로 배부된다면, 각 제조부서에 배부되는 예산은 어떻게 되는가? 이중배부율법이 더 선호되는 이유는 무엇인가?

15-16 보조부문 원가배부: 직접법과 단계배분법. 피닉스 기업은 정부 혹은 기업고객에게 경영컨설팅을 제공한다. 피닉스는 관리서비스(AS)와 정보시스템(IS) 두 개의 보조부문과 정부컨설팅(GOVT)과 기업컨설팅(CORP) 두 개의 운영부문으로 구성되어 있다. 2017년 1분기 피닉스와 관련한 정보는 다음과 같다.

Home Insert Page Layout Formulas Data Review View

	A	B	C	D	E	F	G
1		보조부문			운영부문		
2		AS	IS		GOVT	CORP	합계
3	원가배부 이전의						
4	예산 제조간접비	$600,000	$2,400,000		$8,756,000	$12,452,000	$24,208,000
5	AS가 보조하는 분량 (예산 온도 기준)	—	25%		40%	35%	100%
6	IS가 보조하는 분량 (예산 컴퓨터 시간 기준)	10%	—		30%	60%	100%

요구사항

1. 두 보조부문의 원가를 아래의 3가지 방법을 사용해서 운영부서에 배부하라.
   a. 직접배분법
   b. 단계배분법(AS 우선배부)
   c. 단계배분법(IS 우선배부)
2. 각 운영부서에 배부되는 보조부문 원가의 차이를 비교하고 설명하라.
3. 단계배분법 사용 시, 보조부문 원가를 배부하는 순서를 결정할 때 어떠한 점을 고려해야 하는가?

15-17 보조부문원가 배부, 상호배분법 예제 15-19에 주어진 자료를 참고

요구사항

1. 상호배분법을 사용해서 보조부문의 원가를 두 개의 운영부서에 배부하라.
   (a) 일차방정식
   (b) 반복법
2. 직접배분법과 단계배분법 차이를 비교하라. 그리고 추천할 방법을 근거와 함께 제시하라.

15-18 공통원가 배부. Evan과 Brett는 버클리 대학의 학생이다. 그들은 Brett이 소유한 아파트를 같이 사용하고 있다. Brett는 가능한 한 인터넷 패키지 서비스를 구독하는 것을 고려하고 있다.

	상품	월별 요금
A.	인터넷	$75
B.	휴대폰 서비스	25
C.	인터넷 + 휴대폰 서비스	90

Evan은 인터넷에 많은 시간을 소비하고 있다. Brett은 인터넷보다는 휴대폰에 시간을 할애하고 있다. 그들은 인터넷+휴대폰 패키지 서비스를 $90에 구독하는 것이 유리하다고 판단하였다.

요구사항

1. (a) 독립적 원가배부법 (b) 증분 원가배부법 (c) 균형가치법을 사용해서 Evan과 Brett 사이에 $90를 배부하라.
2. 위의 3가지 방법 중 추천하는 방법은 무엇인가? 이유를 설명하라.

15-19 Essence 기업은 향수를 혼합하고 판매한다. 이 기업은 남성향수와 여성향수 두 부서로 구성되어 있으며, 각 부서는 각기 다른 매출전략, 유통, 생산방식을 가지고 있다. Essence는 현재 남성용 향수인 Him, 여성용 향수인 Her를 결합한 형태인 Sync라고 불리는 결합제품 판매를 고려 중이다.

Essence는 이 두 향수를 동일한 양으로 판매한다. 최근 관련 자료는 다음과 같다.

	A	B
1	제품	소매가
2	Him	$25.00
3	Her	$50.00
4	Sync(Him and Her)	$60.00

요구사항

1. 아래의 기준을 사용해서 결합제품 Sync의 매출 수익을 Him과 Her로 배부하라.
   a. 각 제품의 판매가를 기준으로 독립적 수입배부법
   b. Him을 주산품으로 한 증분 수익배부법
   c. Her를 주산품으로 한 증분 수익배부법
   d. 균형가치평가법
2. 위의 4가지 방법 중에서 여러분이 추천하고 싶은 방법은 무엇인가? 그 이유를 설명하라.

15-20 공통원가 배부. Hall Auto 자동차 기업은 이 기업의 제품을 광고하기 위해 미디어를 적극적으로 활용하고 있다. 2016년 말, 이 기업의 회장 Tina Hall은 본사에서 발생한 광고비를 판매된 제품의 수에 비례해서 4개의 지역판매처에 원가배부하기로 결정하였다. 그녀는 기업이 기업구매담당자가 각 지역 매출담당자가 할 수 있는 것보다 기업단위의 광고계약을 협상을 잘 할 수 있는 것으로 확신했다. Tina는 2017년 기업 전체 광고비 $1.7 백만불에 관한 예산 계획을 수립하고, 새로운 계획안을 지역 매출담당자에게 소개했다. 하지만 동쪽 지역 담당자인 Lee Chan은 이 계획에 찬성하지 않고 있다. 그는 새 원가배부법은 불공평하고 이는 이전보다 광고비를 급증시킬 것으로 예상한다. 동쪽 지역의 경우 저가 중고차 판매량이 높고, 광고비는 대체로 신차와 관련되어 있기 때문이다. Lee가 항의 이후 Tina는 각 부서가 새 배부법 이전에 광고비에 얼마만큼 부담하는가를 살펴보았다. 결과는 다음과 같다.

판매지역	2016년에 판매된 실제 자동차 수	2016년 실제 광고비
East	4,620	$ 261,600
West	1,120	392,400
North	3,220	697,600
South	5,040	828,400
	14,000	$2,180,000

요구사항

1. 원가배부기준으로서 2016년 자료를 사용하고, 아래의 기준에 따라 각 부서에 광고비($1,700,000)를 배부하라.
   a. 판매된 자동차 수에 기반하여 Davenport 배부법
   b. 독립적 배부법
   c. 증분 배부법(2016년 기준으로 광고비를 사용한 순서)
2. 각 판매 담당자에게 공평하다고 느낄 수 있는 방법은 무엇인가? 광고비를 배부하기 위한 다른 대안으로는 어떤 것이 있을까?

15-21 수익배부. Yang 기업은 중국에 장기로 체류하는 학생들을 위한 DVD를 생산 · 판매하고 있다. 두 가지 종류의 DVD가 있으며, 하나는 '기초 중국어', 다른 하나는 '중국어 대화'이다. 세 번째 DVD를 준비 중이며 이는 '중국어 읽기'이다. 제품을 결합해서 아래와 같이 판매하고 있다.

DVD	판매가
기초중국어	$ 72
중국어대화	$112
중국어읽기	$ 48
기초중국어 + 중국어읽기	$100
중국어대화 + 중국어읽기	$140

요구사항

1. 판매가를 사용해서, 기초중국어 + 중국어읽기 패키지 상품의 수익을 각 제품으로 배부하라.
   (a) 독립적 배부법
   (b) 증분배부법
   (c) 균형가치평가법
2. 판매가를 사용해서 중국어대화 + 중국어읽기 패키지 상품의 수익을 각 제품으로 배부하라.
   (a) 독립적 배부법
   (b) 증분배부법
   (c) 균형가치평가법
3. 수익을 배부할 때 어떠한 방법이 가장 적절하다고 생각하는가? 이유는 무엇인가?

15-22 보조부문의 원가배부: 직접배분법, 단계배분법. 배부 전에 Central Valley 기업은 제조부서 제조간접비 예산을 준비하고 있다.

보조부문		
건물과 부지	$45,000	
인사과	300	
공장관리	37,320	
카페테리아	970	
창고	9,990	$93,580
운영부문		
기계	$36,600	
조립	46,000	82,600
합		$176,180

경영자는 개별 부서 제조간접비 비율을 사용함으로써 적절한 재고원가를 계산할 수 있다고 판단하였다. 이 비율은 보조부문 원가가 운영부분에 배부된 이후에 사용된다. 배부에 대한 기준은 다음 부분과 같이 선택된다.

부서	직접 제조 노동시간	직원 수	점유공간 (제곱피트)	제조 노동시간	신청 수
건축부서	0	0	0	0	0
인사부서	0	0	2,500	0	0
관리부서	0	40	12,000	0	0
카페테리안(영업손실)	0	10	5,000	3,000	0
창고부서	0	5	6,000	2,000	0
기계부서	8,000	55	22,000	13,000	6,000
조립부서	32,000	140	202,500	26,000	4,000
합계	40,000	250	250,000	44,000	10,000

요구사항

1. 단계배분법을 이용해서 보조부문 원가를 배부하라. 기계와 조립에 대한 직접 제조 노동시간당 제조간접비 비율을 계산하라. 이 문제에서 주어진 순서에 따라 보조부문의 원가를 배부하라. 가장 적절한 보조부문의 원가 배부기준을 사용하라.
2. 1번에 근거하여 직접배분법을 사용하라.
3. 아래의 정보를 활용하여 1번과 2번의 요구조건에 따라 각 작업별로 제조간접비를 계산하라.

	직접 제조 노동시간	
	기계	조립
작업 88	17	7
작업 89	9	20

4. 기업은 배부된 원가를 포함해서 부서가 전체 원가를 잘 운영하고 있는 바를 기준으로 운영부서의 경영자의 성과를 평가하려고 한다. 기계부서의 경영자로서, 1번과 2번에서 얻어진 결과로부터 어떤 원가배부법이 적절한지 고려해 보라.

15-23 공통원가. 의료업체인 Ema 기업과 Gold 기업은 염색 기계를 같이 사용하는 것을 고려 중이다. 이 기업들은 생산을 맞추기 위해서 Ema는 600시간 Gold는 400시간의 기계 사용시간을 필요로 한다고 추정하고 있다. 각 기업들이 개별적으로 사용한다면 사용량 대비 시간당 $60의 비용이 발생할 것으로 예상한다. 두 기업이 공동으로 기계를 임대한다면 사용량 대비 $54의 비용이 발생할 것으로 예상된다.

요구사항

1. 독립적 원가배부법 사용 시 Ema와 Gold의 각자 비용을 계산하라.
2. 증분 원가배부법 사용 시 Ema와 Gold의 각자 비용을 계산하라.
3. 균형가치평가법 사용 시 Ema와 Gold의 각자 비용을 계산하라.
4. Ema와 Gold에 추천하고 싶은 방법을 설명하라.

15-24 보조부문 원가배부, 원가의 집계계산, 직접배분법, 단계배분법, 상호배분법. Sportz 주식회사는 일반인과 프로들을 위한 스포츠신발, 스포츠웨어를 생산하고 있다. 이 기업은 신발과 의류 두 개 생산라인을 가지고 있다. 이 제품들은 개별적인 제조공장에서 생산되고 있다. 그러나 이 두 제조공장은 IT와 인사조직에 대한 공통 보조부서 서비스를 공유하고 있다. 각 제조부서와 보조부문에 관한 전체 원가 관련 정보는 다음과 같다.

	변동비	고정비	부서별 전체원가
IT	$ 600	$ 2,000	$ 2,600
인사조직	$ 400	$ 1,000	$ 1,400
의류	$2,500	$ 8,000	$10,500
신발	$3,000	$ 4,500	$ 7,500
전체 비용	$6,500	$15,500	$22,000

보조부문(IT와 인사조직)의 전체비용은 생산부문(의류, 신발)에 다음과 같은 단일배분율법에 따라 배부된다.

IT: 부서별 IT 노동시간

인사조직: 부서별 지원된 종업원 수

관련된 부서별 정보는 다음과 같다.

부서	IT 사용시간	종업원 수
의류	5,040	220
신발	3,960	88
IT	–	92
인사조직	3,000	–

요구사항

1. (a) 직접배분법, (b) 단계배분법(IT부서부터 배부), (c) 단계배분법(인사조직부터 배부), (d) 상호배부법을 각각 사용해서 IT와 인사조직에 대한 보조부문의 원가를 배부한 이후에 생산부서의 원가를 계산하라.
2. IT부서에 대한 작업을 시간당 $97.50의 비용으로 외부 개별기업에 아웃소싱이 된다고 가정하자. Sportz는 더 이상 IT부서를 운영하지 않는다면 IT부서의 고정비 30%는 줄어들 수 있다. Sportz는 IT서비스의 아웃소싱을 결정해야 하는가?

15-25 보조부문 원가배부, 직접배분법, 단계배분법, 상호배분법. Ballentine 기업은 Eastern 부서와 Western 부서 두 개의 운영부서를 가지고 있다. 운영부서는 엔지니어링과 IT 두 개의 보조부문의 서비스를 사용하고 있다. 엔지니어링과 IT 관련 정보는 다음과 같다.

	보조부문		운영부문		
	엔지니어링	IT	Eastern	Western	합
예산 제조간접비	$300,000	$250,000	$650,000	$920,000	$2,120,000
제공된 보조부문 작업량					
엔지니어링	—	$ 60,000	$ 50,000	$ 90,000	$ 200,000
비율	—	30%	25%	45%	100%
IT	450	—	1,500	1,050	3,000
비율	15%	—	50%	35%	100%

요구사항

1. (a) 직접배분법, (b) 단계배분법(엔지니어링 우선배부), (c) 단계배분법(IT 우선배부), (d) 상호배분법을 사용하여 보조부문의 원가를 배부한 이후(Eastern과 Western) 운영부서의 전체 제조간접비를 계산하라.
2. 서비스 부서의 원가배부와 관련하여 Ballentine 기업에 추천할 만한 원가배부법은 무엇인가?

16 원가배부: 결합제품과 부산물

학습목표

1 결합제품에 있어서 분리점을 파악하고, 결합제품과 부산물의 차이를 비교 설명한다.

2 결합원가는 왜 개별제품으로 배분되어야 하는가를 설명한다.

3 4가지 결합원가 배부방법을 파악한다.

4 결합원가를 배부할 때 분리점에서 판매가치법을 우선적으로 사용하는 상황을 파악한다.

5 판매 혹은 추후 공정이라는 의사결정 상황에서 왜 결합원가는 의사결정에 영향을 미치지 않는지 설명한다.

6 부산물과 관련한 2가지 회계처리방법을 학습한다.

정유회사와 같은 기업들은 동시에 다수의 제품을 생산 판매한다. 예를 들어, ExxonMobil은 원유추출 및 정제과정을 거쳐 석유, 천연가스, LPG를 생산 · 판매한다. 이와 유사하게 의료서비스 사업도 환자들에게 의료, 재활, 요양 등의 다양한 형태의 서비스를 제공한다. 여기에서 중요한 질문은 "기업은 결합제품 및 결합서비스에 대해서 원가를 어떻게 배부하는가?"이다.

어떻게 결합제품 원가를 배부하는지 이해하는 것은 단순히 수익을 목표로 하는 기업만이 대상이 아니라 자선단체에 있어서도 중요한 문제이다.

결합제품배부 그리고 The Wounded Warrior Project

자선단체는 조직의 미션을 완수하기 위하여 기부자로부터 기부금을 모은다. 미국의 Wounded Warrior Project(WWP)는 상이용사를 위한 프로그램과 서비스를 제공하고 있다. 이 단체는 2015년에 $372만의 모금액을 달성할 정도로 미국에서 가장 크고 빠르게 성장하고 있는 자선단체이지만, 결합원가와 관련한 논쟁으로 인하여 2016년 2명의 경영진을 사임시켰다.

미국 회계기준은 모금 관련 우편비용이 교육 목적이고 단순 모금 권유가 아닌 여론의 형성 등을 위한 경우, 이러한 비용을 공익서비스로 분류할 수 있게 허용하고 있다. 이러한 결합원가는 프로그램, 모금, 관리비 등에 배부되어야 한다. 2014년 WWP는 총 예산의 76%에 해당되는 $1억 9,000만을 상이용사 프로그램에 사용한 것으로 보고하였다. 그러나 이 중에서 약 $4,100백만은 모금목적상 교육적 지출이었다. 이 부분이 아니라면 상이용사를 위한 프로그램의 예산은 WWP 예산의 60%에 불과하다.

Ricky Fitchett/ZUMA Wire/Alamy Stock Photo

WWP와 같은 자선단체는 이러한 결합원가를 적절히 사용한다면 다양한 목적을 하나의 캠페인을 통해 달성할 수 있기 때문에 자선단체 활동의 효율성을 증대시키는 것으로 생각되어 왔다. 그러나 다른 입장에서는 결합원가가 자선단체의 활동에서 프로그램 예산의 비중을 과다 계상할 수 있도록 하여 기부자들을 오도할 수 있다는 주장도 있다.

2016년 언론에서는 WWP의 결합원가 배부에 관하여 문제제기를 하였다. 그 결과 WPP는 CEO와 COO를 해고하고, 전례 없이 회계비용에 대한 감시나 통제를 강화하였다.

이 장에서는 결합제품 원가를 배부하는 방법을 살펴본다. 또한 외부보고 목적에 부합하는 하나의 수치가 의사결정과 같은 다른 목적에는 적합하지 않은지에 대해 검토하도록 한다.

결합원가 기초

결합원가(joint-cost)는 동시에 다양한 제품을 생산하는 생산공정에서 발생한 원가를 의미한다. 예를 들어, 석탄의 정제과정에서 코크(석탄로 만든 연료), 천연가스, 기타 제품들이 생산된다. 여기에서 정제과정에서 발생하는 원가는 결합원가가 된다. 분리점(splitoff points)은 2개 혹은 그 이상의 다수 제품으로 분리되어 파악될 수 있는 특정 시점을 의미한다. 예를 들어 코크, 천연가스, 기타 제품들이 분리되는 그 시점을 분리점이라고 볼 수 있다. 분리가능 원가(separable costs)는 분리점 이후 발생한 개별 제품 제조원가, 마케팅, 유통 등의 모든 원가를 의미한다. 분리점 이후 판매 혹은 추가공정에 관한 의사결정은 다른 제품에 관한 의사결정과 달리 독립적으로 이루어질 수 있다.

보기 16-1 **결합원가 예시**

산업	분리점에서 분리가능제품
농업 및 식품 가공산업	
코코아	코코아 버터, 코코아 파우더, 코코아 드링크믹스, 태닝크림
양	양고기, 내장, 양가죽, 뼈, 지방
돼지	베이컨, 햄, 갈비, 돼지고기 로스트
원유(raw milk)	크림, 우유
목재	다양한 등급과 형태의 목재
칠면조	가슴, 날개, 허벅지, 칠면조 다리, 사료 가금류분
채취업	
석탄	코크(석탄으로 만든 연료), 가스, 타르, 암모니아
구리광	구리, 은, 납, 아연
석유(petroleum)	원유(crude oil), 천연가스
소금	수소, 염소(chlorine), 가성소다
화학산업	
LPG	부탄, 에탄, 프로판
원유(crude oil)	가솔린, 등유, 벤젠, 나프타
반도체산업	
실리콘 와퍼 칩	용량, 속도, 기대수명, 온도 내성 등의 차이에 따른 메모리 칩 등

보기 16-1 예에서 보듯이, 다양한 산업에서 제품 공정은 추가공정 이후 혹은 분리점에서 동시에 2개 혹은 다수의 제품이 생산한다. 이러한 예에서 동반 제품이 나타나지 않으면 개별 제품을 생산할 수 없다. 결론적으로 결합원가는 각각의 판매될 제품을 기준으로 배부가 된다.

결합제품공정의 산출물은 크게 두 가지 카테고리로 구분될 수 있다. 매출에 있어서 이익이 되는 제품과 이익이 되지 않는 제품이다. 예를 들어, 탄화수소의 화학처리를 통하여 이익이 되는 석유나 천연가스를 생산할 수도 있고, 동시에 이익이 되지 않는 물도 생산된다. 생산공정에서 부차적으로 만들어진 물은 재활용 처리된다. 일반적으로 제품이라는 용어는 매출로 인해서 이익이 되는 산출물을 의미한다.

결합공정에서 생산된 제품 중 어떤 제품이 상대적으로 높은 가치를 가진다면 이를 주산품(main product)이라고 한다. 결합공정에서 생산된 제품 중 둘 이상의 제품이 다른 제품에 비해 높은 가치를 가진다면, 이를 결합제품(joint product)이라 한다. 결합공정에서 생산된 제품 중 상대적으로 낮은 가치를 가지는 제품을 부산물(byproduct)이라고 한다.

예를 들어, 원재료인 목재가 공정을 거쳐 표준목재(standard lumber)와 목재칩(wood chip)으로 생산될 때, 표준목재는 주산품, 목재칩(wood chip)은 부산물로 분류된다. 이는 표준목재는 목재칩과 비교해서 상대적으로 높은 매출을 가지고 있기 때문이다. 그러나 목재로 고급목재(fine-grade lumber), 표준목재(standard lumber), 목재칩(wood chip)을 생산할 때, 고급목재와 표준목재는 목재칩에 비해 전체 매출 중 높은 비중을 가지고 있다. 이러한 이유로 고급목재와 표준목재는 결합제품, 목재칩은 부산물로 분류되고 있다.

주산품, 결합제품, 부산물을 구분하는 것이 실무적으로는 명확하지 않다. 회사마다 결합제품이 매출에서 차지하는 중요도는 다르다. 예를 들어, 원유를 정제할 때 얻는 경유에 대해 어떤 기업은 휘발유와 마찬가지로 결합제품으로 분류하고, 다른 기업은 부산물로 처리하고 있다. 또한 시간에 따라 제품의 분류(주산품, 부산물, 결합제품)가 바뀌기도 한다. 저순도 반도체의 경우, 1년에 가격 등락폭이 상위/하위 각각 30% 정도이다. 만약 가격이 상승하는 경우 저순도 반도체는 결합제품이 되나, 가격이 하락하는 경우 부산물이 되기도 한다. 위의 예들을 고려할 때 실무에서는 개별 기업이 제품분류를 어떻게 하는지 이해하는 것이 중요하다.

결합원가 배부

경영자는 결합원가를 배부하기 전에 우선 그 전후 사정을 잘 살펴보아야 한다. 결합원가(joint costs)는 다음과 같은 목적에 따라 개별제품 및 서비스에 배부되어야 한다.

- 내부/외부 재무보고를 위해 재고자산과 매출원가를 계산한다. 9장에서 학습하였듯이, 전부원가계산은 재무보고 및 세무보고 목적으로 사용된다. 전부원가계산에서 기말재고의 가치를 계산하기 위해서는 결합제조원가 및 종합원가를 제품에 배부하는 것을 필요로 한다. 더불어 다수의 기업은 부서별로 수익성과 부서책임자의 성과를 평가하기 위해서 결합원가 배부를 기초로 한 내부회계 데이터를 사용한다.
- 정부기관과 같은 기업은 원가가산계약을 체결하여 제공하거나 제공받은 제화나 용역에 대해 사후적으로 보상을 받거나 준다. 이때 결합원가배부가 중요하다. 일례로, 방위산업에서 원가가산계약 관련 부정이 자주 발견되며 이와 관련한 소송이 빈번한데, 이 또한 결합원가배부와 관련이 있다. 부정을 저지른 기업은 '교차청구'라는 방법을 사용하는데, 이 방법은 매출액이 정해져 있는 고정계약건에서 발생한 비용 일부 원가를 사후보상해주는 원가가산계약 건으로 이전시키는 방법으로, 원가가산계약을 체결한 업체가 부담하지 않아도 되는 부당한 비용을 더 부담하는 것이다. 즉 결합원가 배부라는 명목으로 부당하게 다른 계약건에 추가적 비용을 배분한 것이다. 방위산업 계약담당자들은 민간기업이나 외국정부와 원가가산계약을 체결할 때, 이들이 부당한 결합원가를 원가가산계약건에 배부할 가능성에 대해 반드시 검토해서 계약을 체결해야 한다. 다른 예로, 한 명의 장기기증자에게서 여러 장기를 적출할 때 발생하는 비용(결합원가)은 장기이식을 받는 환자에게 의료비를 청구하기 위한 근거자료로 활용되므로, 합리적인 방법으로 배분되어 의료기관에 소속된 여러 장기센터에 할당되어야 한다. 이때 비용(결합원가)을 배부하는 방법은 장기이식 전에 계약으로 명시하여, 부당한 결합원가의 배부 및 부담 가능성을 배제하기도 한다.

- 결합공정에 생산된 제품과 서비스의 가격을 조정한다. 이는 채굴산업 및 에너지산업에서 특히 중요하다. 그 이유는 산출물의 가격은 결합원가 배부액을 포함하는 원가금액에 고정수익을 가산한 금액을 규제하고 있기 때문이다. 또한 시장지배력이 있는 통신업의 경우 가격이 규제되는 제품과 규제되지 않는 기타 활동도 동시에 가지고 있다. 이러한 경우 결합원가는 규제되지 않는 서비스로부터 규제되는 서비스로 이전되지 않도록 구분하여 배부되어야 한다.
- 결합제품 또는 결합서비스가 중요한 것으로 간주되는 상사소송 상황이나 보험금 지급 상황에서 결합원가 배부가 중요하다.

다음에는 미국과 남아프리카 공화국 간 결합원가와 관련한 분쟁을 제시하고 있다. 여기에서는 결합원가 배부가 왜 중요한지 그리고 논란의 문제가 되어 왔는지를 보여주고 있다.

CONCEPTS IN ACTION

결합원가와 관련한 미국과 남아프리카 공화국 간의 분쟁

Vicki Beaver/Alamy Stock Photo

15년 동안, 미국과 남아프리카 공화국은 닭고기(chicken)와 관련한 거래 분쟁이 있어 왔다. 남아프리카 공화국 정부는 미국 가금류 판매업자(American poultry farmers)들이 낮은 판매가로 닭고기를 덤핑판매(dumping)하는 것에 대응하기 위하여 미국으로부터 수입하는 닭고기에 관세를 부과하였다. 이 관세는 굉장히 심각한 것이어서 미국 판매업자들이 시장에서 완전히 퇴출되는 수준이었다. 이들 사이의 분쟁은 소비자 선호와 원가배부방식의 차이에 관한 것이었다.

미국 소비자들이 닭고기 날개부분을 선호하는 반면, 남아프리카 공화국 소비자들은 닭다리를 선호한다. 그 결과 미국 판매업자들은 남아프리카 공화국에서 높은 가격으로 닭다리를 판매할 수 있었다. 남아프리카 공화국에 수입되는 미국산 닭다리에 대해 남아프리카 공화국 정부는 미국 판매업자들이 생산원가보다 낮은 가격으로 판매하고 있다고 믿고 있다. 이는 국제거래를 위반한 사항으로 남아프리카 공화국은 미국 닭고기에 대해 209%에서 375%까지 반덤핑 관세를 부과하였다.

미국은 남아프리카 공화국의 조치를 거부하면서 남아프리카 공화국이 미국 농산업자들이 사용하는 원가배부법을 이해하지 못하고 있다고 주장하였다. 닭고기가 부문별로 해체될 때, 이러한 작업과 관련한 결합원가(공통원가)가 발생한다. 닭고기의 부문별 원가를 결정하기 위해서는 닭고기의 모든 부분에 결합원가를 배부해야 한다. 미국 농산업자들은 분리점에서의 판매가치법을 기준으로 원가를 배부한다. 즉, 최종 제품의 가격이 높을수록 높은 원가를 배부받는 것이다. 미국에서 상대적으로 판매가 저조한 닭다리 부분은 결합원가도 작게 배부받을 것이다. 하지만 이러한 상황은 남아프리카 공화국에서는 오히려 반대이다.

2015년 미국과 남아프리카 공화국은 닭고기와 관련한 장기간의 거래 분쟁을 종식하였다. 합의를 통해서 남아프리카 공화국은 일정 부분 미국 닭고기를 반덤핑 대상에서 제외하는 것에 동의했다. 미국 농산업자는 이를 환영했으나, 2000년에서 2015년 사이 남아프리카 공화국에서 닭고기 소비시장에서의 시장점유율을 높일 수 있는 기회는 놓치게 되었다.

결합원가 배부

결합원가를 배부하기 위하여 다음과 같은 두 가지 접근법이 사용된다.

첫 번째 접근법(Approach 1)

수익과 같은 시장정보를 기초로 하여 결합원가를 배부한다. 이번 장에서는 이와 관련한 3가지 방법을 제시한다.

1. 분리점에서의 판매가치법(sales value at splitoff method)
2. 순실현가치법(net realizable value(NRV) method)
3. 균등매출총이익률법(constant gross-margin percentage NRV method)

두 번째 접근법(Approach 2)

물량기준법: 무게, 수량 결합제품의 수량과 같은 물량기준(Physical units)을 바탕으로 결합원가를 배부한다.

이전 장에서 살펴보았듯이, 이 책에서는 원가배부에 대한 지침으로서 인과관계(the cause-and-effect)기준과 수혜기준(benefits-received)을 사용한다. 결합원가는 동시에 다수의 제품을 생산하기 때문에 인과관계기준을 사용하지는 않는다. 일반적으로 수익은 물량기준보다 수혜기준이 더 적합한 지표이기 때문에 첫 번째 접근법에서는 수혜기준이 사용된다. 예를 들어, 광산업 기업은 10톤의 석탄보다는 1톤의 금으로부터 더 많은 이익을 얻을 수 있는 것처럼 단순한 물량보다 수익이 더 중요하다.

단순한 결합제품 생산공정에 있어서, 결합제품은 추가적인 공정 없이 분리점에서 판매된다. 사례 1은 두 가지 방법(분리점에서의 판매가치법, 물량기준법)을 제시하고 있다. 다음으로 분리점 이후 추가공정을 필요로 하는 결합제품을 설명한다. 사례 2는 순실현가치법(NRV)과 균등매출총이익률법(the constant gross-margin percentage NRV)을 제시한다. 이 책에서는 개념이해를 돕기 위해 실무에서 사용되는 수치보다 작은 수치를 사용한다.

이 장에서는 결합제품(주산품)과 부산물을 구별하기 위해 아래와 같은 부호를 사용한다.

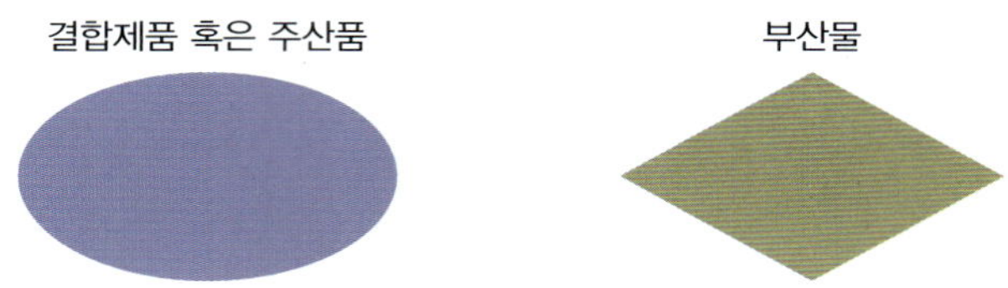

각각의 배부법을 비교하기 위해서 개별제품의 매출총이익률을 사용한다.

사례 1 Farmland Dairy는 개별 농장으로부터 원유(raw milk)를 구매한다. 그리고 이를 분리점까지 공정처리한다. 이러한 공정을 통하여 크림과 우유 두 가지 제품을 생산한다. 두 제품은 슈퍼마켓 혹은 다른 도매 할인매장에 유통하는 독립적인 기업에 판매된다.

2017년 5월 Farmland Dairy는 원유 110,000갤런을 공정처리한다. 생산과정에 있어서 10,000갤런은 증발과 누출 등의 이유로 없어졌다. 25,000갤런의 크림과 75,000갤런의 우유를 생산하였다. 관련 정보는 다음과 같다.

	A	B	C
1		결합원가	
2	결합원가[분리점에서 원유(raw milk) 110,000갤런에 해당하는 결합원가]	$400,000	
3			
4		크림	우유
5	기초재고(갤런)	0	0
6	당기생산	25,000	75,000
7	매출(갤런)	20,000	30,000
8	기말재고	5,000	45,000
9	단위당(갤런) 판매가	$ 8	$ 4

결합원가 $400,000은 20,000갤런의 크림과 30,000갤런의 우유 매출원가에 어떻게 배부되어야 하는가? 그리고 5,000갤런의 크림과 45,000갤런의 우유 기말재고에 어떻게 배부되어야 하는가? 이 책에서는 분리점에서 제품의 비율을 사용하는 두 가지 방법인 상대적 판매가치법과 물량기준법을 제시하고자 한다.

분리점에서의 판매가치법

분리점에서의 판매가치법(sales value at splitoff method)은 분리점에서 상대적 판매가치를 근거로 해서 회계기간 동안 생산된 결합제품에 결합원가를 배부하는 것이다. 사례 1에서 이 방법을 사용하면 보기 16-3 Panel A는 기말재고의 가치평가와 관련하여 크림과 우유의 갤런당 원가를 계산하기 위해서 결합원가가 어떻게 개별 제품에 배부되고 있는가를 보여주고 있다. 이 측정방법은 회계기간 동안 생산된 전체 제품의 매출을 사용한다. 즉, 크림은 25,000갤런, 우유는 75,000갤런을 기준으로 측정하는 것이지 판매된 제품수량 기준(크림 20,000갤런, 우유 30,000갤런)으로 측정하는 것이 아니다. 분리점에서 판매가치법이 단순히 판매된 수량을 기준으로 하는 것이 아닌 이유는 결합원가가 기간 동안 판매된 제품에서만 발생한 것이 아니라 생산된 모든 수량에 대해서 발생하였기 때문이다. 보기 16-3 Panel B는 분리점에서 판매가치법을 사용하는 생산라인기준 손익계산서를 제시하고 있다. 제품당 매출총이익률

보기 16-2 Farmland Dairy의 예

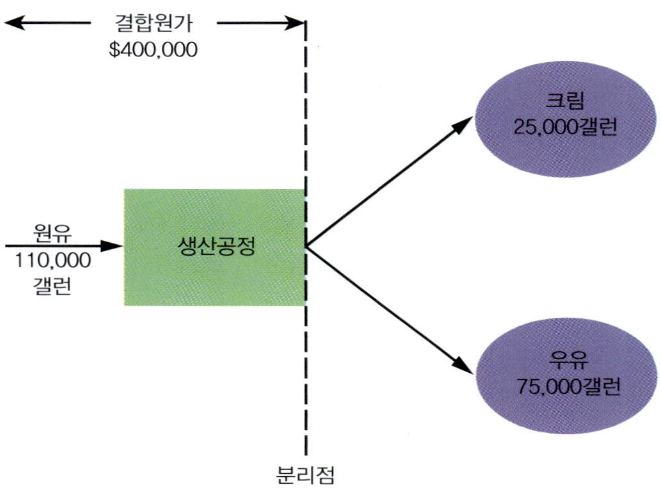

보기 16-3 분리점에서의 판매가치법

	A	B	C	D
1	**Panel A: 분리점에서의 판매가치법**	**크림**	**우유**	**합계**
2	분리점에서의 판매가치법			
3	(25,000갤런×단위당 원가 $8, 75,000갤런×단위당 원가 $4)	$200,000	$300,000	$500,000
4	가중치($200,000÷500,000, $300,000÷500,000)	0.4	0.6	
5	결합원가배부(0.40×$400,000, 0.60×$400,000)	$160,000	$240,000	$400,000
6	단위당 결합원가			
7	($160,000÷25,000갤런, $240,000÷75,000갤런)	$6.40	$3.20	
8				
9	**Panel B: 2017년 5월 분리점에서의 판매가치법을 사용한 제품라인 손익계산서**	**크림**	**우유**	**합계**
10	매출(20,000갤런×단위당 원가 $8, 30,000갤런×단위당 원가 $4	$160,000	$120,000	$280,000
11	매출원가(결합원가):			
12	생산원가(0.40×$400,000, 0.60×400,000)	160,000	240,000	400,000
13	기말재고(5,000갤런×단위당 원가 $6.40, 45,000갤런×단위당 원가 $3.20)	32,000	144,000	176,000
14	매출원가(결합원가)	128,000	96,000	224,000
15	매출총이익	$ 32,000	$ 24,000	$ 56,000
16	매출총이익률($32,000÷$160,000, $24,000÷$120,000, $56,000÷$280,000)	20%	20%	20%

은 20%이다. 즉, 분리점에서 판매가치법은 전체 생산의 매출가치에 대비해서 결합원가를 각 제품에 비례한다(크림: $160,000 ÷ 200,000 = 80%, 우유: $240,000 ÷ 300,000 = 80%). 따라서 2017년 5월 생산된 제품에 대한 총매출이익률은 동일하게 20%이다.

분리점에서 판매가치법이 원가배부의 수혜기준을 따르고 있음을 알 수 있다. 원가는 제품의 수익창출력에 비례해서 제품에 배부된다. 이러한 원가배부기준(분리점에서 판매가치)은 회계시스템 내에 기록되는 공통분모의 관점에서 나타낸다. 이 방법을 사용하기 위해서는 분리점에서 모든 제품에 대한 판매가격이 존재해야만 한다.

물량기준법

물량기준법(physical-measure method)은 상대적 무게, 수량 혹은 용량과 같은 비교가능한 물리적 측정치를 기준으로 회계기간 동안 생산된 결합제품에 결합원가를 배부하는 것을 의미한다. 사례 1에서 $400,000 결합원가는 크림 25,000갤런과 우유 75,000갤런을 생산하는 데 발생하였다. 물리적 측정치로 생산된 제품의 무게(갤런)를 사용함으로써, 보기 16-4의 Panel A는 크림과 우유의 갤런당 원가를 계산하기 위해서 결합원가가 개별 제품에 어떻게 배부되고 있는가를 보여주고 있다.

물량기준법이 무게를 기준으로 결합원가를 배부하기 때문에, 갤런당 원가는 두 제품에 있어서 동일하다. 보기 16-4의 Panel B는 물량기준법을 사용한 제품생산라인 기준 손익계산서를 제시하고 있다. 매출총이익은 크림은 50%, 우유는 0%이다.

수혜기준 관점에서 볼 때, 물량기준법은 분리점에서의 판매가치법보다 바람직하지 않다. 그 이유는 개별 제품의 물량측정치가 수익창출력과는 관련성이 없을 수 있기 때문이다. 금, 은, 납을 동시에 함유하고 있는 광석을 추출하는 광산의 예를 생각해 보자. 물량기준법을 사용할 경우 대부분의 원가가 수익창출력이 거의 없는 납에 배부될 수 있다. 이러한 원가배부법은 광산기업이 발생시키는 원가의 동인과 부합하지 않는다는 한계점을 가지고 있다. 물량기준법을 적용하여 제품별 손익계산서를 작성한다면, 1톤당 판매가치가 큰 금과 은의 경우는 이익이 크게 나타날 것이며, 1톤당 판매가치가 낮은 납의 경우는 큰 손실을 보고할 것이다.

보기 16-4 물량기준법

	A	B	C	D
1	**Panel A: 물량기준법**	**크림**	**우유**	**합계**
2	물량기준법(갤런)	25,000	75,000	100,000
3	가중치($25,000갤런÷100,000갤런, $75,000갤런÷100,000갤런)	0.25	0.75	
4	결합원가배부(0.25×$400,000, 0.75×$400,000)	$160,000	$240,000	$400,000
5	단위당 결합원가($100,000÷25,000갤런, $300,000÷75,000갤런)	$4.00	$4.00	
6				
7	**Panel B: 2017년 5월 분리점에서의 판매가치법을 사용한 제품라인 손익계산서**	**크림**	**우유**	**합계**
8	매출(20,000갤런×단위당 원가 $8; 30,000갤런×단위당 원가 $4	$160,000	120,000	280,000
9	매출원가(결합원가):			
10	생산원가(0.25×$400,000, 0.75×400,000)	100,000	300,000	400,000
11	기말재고(5,000갤런×단위당 원가 $4, 45,000갤런×단위당 원가 $4)	20,000	180,000	200,000
12	매출원가(결합원가)	80,000	120,000	200,000
13	매출총이익	$ 80,000	$ 0	$ 80,000
14	매출총이익률($80,000÷$160,000, $0÷$120,000, $80,000÷$280,000)	50%	0%	28.6%

모든 제품의 상대적 물량기준 측정치를 획득하는 것 또한 간단한 일이 아니다. 기름과 천연가스의 생산을 예로 생각해 보자. 기름은 액체이고 천연가스는 증기이다. 물리적 측정을 사용하기 위해서 기름과 가스는 같은 기준의 British thermal units(BTUs)와 같은 에너지 환산량으로 전환되어야 한다. 이러한 물량기준 측정은 회계분야를 넘어선 전문성을 필요로 한다.

결합공정의 어떤 제품이 물량기준법 계산에 포함되는가에 따라 제품 원가계산에 큰 영향을 미친다. 예를 들어, 광산의 흙과 같이 수익이 없는 산출물은 결합원가 배부에서 제외되어야 한다. 광산업에 있어서 황금보다 많은 흙이 생산된다고 하더라도, 원가는 수익이 없는 제품에 배부되지 않는다. 부산물 또한 물량기준법(physical measure)에 있어서 사용되는 분모에서는 제외된다. 이는 부산물이 결합제품 혹은 주산품에 비해서 상대적으로 수익성이 낮기 때문이다. 물량기준법에 있어서 일반적인 가이드라인은 결합제품 산출물만을 무게측정에 포함하는 것을 제시하고 있다.

16-1 도전!

Xavier 화학은 전나무의 레진(resion)으로부터 3가지 제품(인쇄용 잉크, 광택제, 접착제)을 생산한다. 6월 중 결합공정의 결합원가는 $480,000이다. 추가 관련 정보는 다음과 같다.

제품	생산량	분리점에서의 판매가치법
인쇄용 잉크	15,000리터	$120,000
광택제	15,000리터	$ 72,000
접착제	7,500리터	$ 48,000

(a) 물량기준법, (b) 분리점에서의 판매가치법을 사용해서 각 제품에 결합원가를 배부하시오.

순실현가치법

대부분의 경우 제품은 분리점 이후 판매가치를 높이거나 시장성을 확보하기 위해 추가가공된다. 예를 들어, 원유(crude oil)가 정유될 때, 가솔린, 등유, 벤젠, 나프타는 판매 이전에 추가가공된다. 앞에서 언급되었던 Farmland Dairy 예를 다시 살펴보도록 하자.

사례 2 사례 1에서 사용한 예시를 활용한다. 단, 앞의 보기와는 달리 크림과 우유는 추가공정이 진행된다.

- 크림 → 버터크림: 25,000갤런의 크림은 $280,000 비용의 추가공정 이후 20,000갤런의 버터크림으로 생산된다. 이러한 추가공정 이후 갤런당 $25에 판매된다.
- 우유 → 연유: 75,000갤런의 우유는 $520,000 비용의 추가공정 이후 50,000갤런의 연유로 생산된다. 연유는 갤런당 $22에 판매된다.

보기 16-5의 Panel A는 (a) 결합공정에서 원유가 크림과 우유로 생산되는 과정과 (b) 추가공정에서 크림이 버터크림으로, 우유가 연유로 생산되고 있는 과정을 보여주고 있다. Panel B는 사례 2와 관련한 정보를 담고 있다.

순실현가치법(NRV법)은 결합원가를 제품 매출에서 추가 가공원가를 제외한 상대적 순실현가치를 기초로 해서 회계기간 동안의 결합원가를 결합제품에 배부하는 방법이다. NRV법은

보기 16-5 Farmland Dairy에 대한 개요

Panel A: 사례 2 진행 공정

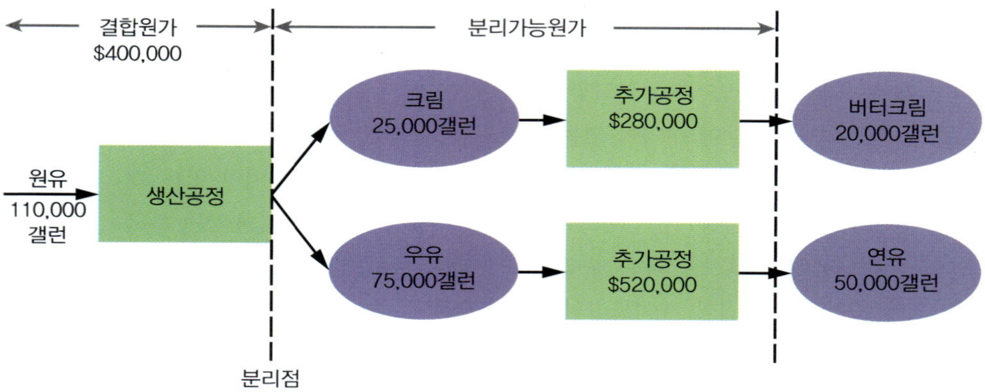

Panel B: 사례 2에 대한 회계 정보

	A	B	C	D	E
1		결합원가		버터크림	연유
2	결합원가[분리점 이전 원유(raw milk) 110,000갤런에 대한 원가]	$400,000			
3	분리가능원가(25,000갤런의 크림을 20,000갤런의 버터크림으로 가공하는 데 발생한 원가)			$280,000	
4	분리가능원가(75,000갤런의 우유를 50,000갤런의 연유로 가공하는 데 발생한 원가)				$520,000
5					
6		크림	우유	버터크림	연유
7	기초	0	0	0	0
8	당기생산	25,000	75,000	20,000	50,000
9	추가가공을 위한 전환	25,000	75,000		
10	매출			12,000	45,000
11	기말재고	0	0	8,000	5,000
12	단위당 판매가	$ 8	$ 4	$ 25	$ 22

보기 16-6 결합원가와 NRV 방법을 사용한 제품라인 손익계산서(Farmland Dairy 2017년 5월)

	A	B	C	D
1	**Panel A: NRV를 사용한 결합원가배부**	**버터크림**	**연유**	**합계**
2	전체 생산 중 최종 매출			
3	(20,000갤런×단위당 $25, 50,000갤런×단위당 $22	$ 500,000	$1,100,000	$1,600,000
4	분리가능원가	280,000	520,000	800,000
5	분리점에서 순실현가치	$ 220,000	$ 580,000	$ 800,000
6	가중치($222,000÷$800,000, $580,000÷800,000)	0.275	0.725	
7	결합원가배부(0.275×400,000, 0.725×$400,000)	$ 110,000	$ 290,000	$ 400,000
8	단위당(갤런) 생산			
9	([110,000+$280,000]÷20,000갤런, [$290,000+$520,000]÷50,000갤런	$ 19.50	$ 16.20	
10				
11	**Panel B: 2017년 5월 NRV를 사용한 제품라인 손익계산서**			
12	매출(12,000갤런×단위당 $25, 45,000갤런×단위당 $22)	$ 300,000	$ 990,000	$1,290,000
13	매출원가:			
14	결합원가(0.275×$400,000; 0.725×$400,000)	110,000	290,000	400,000
15	분리가능원가	280,000	520,000	800,000
16	제품원가	390,000	810,000	1,200,000
17	기말재고(8,000갤런×단위당 $19.50, 5,000갤런×단위당 $16.20)	156,000	81,000	237,000
18	매출원가	$ 234,000	$ 729,000	963,000
19	매출총이익	$ 66,000	$ 261,000	$ 327,000
20	매출총이익률($66,000÷$300,000, $261,000÷$990,000, $327,000÷$1,290,000)	22.0%	26.4%	25.3%

분리점에서 판매가치가 없을 때 일반적으로 많이 선호되는 방법이다. 사례 2에서 이 방법을 사용하면 보기 16-6의 Panel A는 버터크림과 연유의 단위당 원가를 계산하기 위해서 결합원가가 어떻게 배부되고 있는지를 보여주고 있다. Panel B는 NRV를 사용한 제품라인별 손익계산서를 보여주고 있다. 버터의 매출총이익률은 22%, 연유의 매출총이익률은 26.4%로 나타났다.

NRV법은 가정을 단순화하면서 사용된다. 예를 들어, 결합제품의 판매가격이 종종 변화하더라도, 기업은 회계기간 동안 주어진 판매가격을 상정하고 적용한다. 유사하게 기업이 투입량의 질 혹은 제반 여건에 대한 변화를 조정하기 위해서 종종 분리점 이후 공정 숫자나 단계를 변화한다고 하더라도, 기업은 여러 단계에 관한 가정을 단순화해서 NRV를 수행하게 된다.

16-2 도전!

Red Stripe 기업은 토마토로 케첩, 주스, 캔을 생산한다. 2017년 여름 결합원가는 $2,086,000이다. 기업의 재고는 없다. 관련 생산판매에 관한 정보는 다음과 같다.

제품	수량(케이스)	분리점에서의 판매가치	분리가능원가	판매가격
케첩	100,000	단위당(케이스당) $6	단위당(케이스당) $3	단위당(케이스당) $24
주스	175,000	단위당 $8	단위당 $5	단위당 $25
캔	200,000	단위당 $5	단위당 $3	단위당 $10

Red Stripe가 NRV를 사용한다면 각 제품에 결합원가를 배부하고, 각 제품의 단위당(케이스당) 원가를 계산하시오.

균등매출총이익률법

균등매출총이익률법(constant gross-margin percentage NRV method)은 결합제품에 원가를 배부하는 과정에서 회계기간 동안 각각의 제품이 동일한 매출총이익률을 가지고 있는 것으로 간주한다. 이 방법은 우선 전체 매출총이익을 계산하는 것으로 시작한다. 다음으로 제품의 결합원가 배부를 위해서 전체 제품의 매출로부터 매출총이익률과 분리가능원가를 차감한다. 이 방법은 3가지의 과정으로 분리될 수 있다. 보기 16-7, Panel A Farmland Dairy의 예에서 $400,000의 결합원가를 버터크림과 연유에 배부하는 과정을 제시하고 있다. 세부 과정은 아래와 같다.

Step 1: 매출총이익률을 계산한다 우선 결합제품에 대한 전체 매출총이익률을 계산해야 한다. 이는 회계기간 동안 전체 제품의 최종 매출을 기초로 하고 있다. 예를 들어, 보기 16-7, Panel A에서 버터크림과 연유의 최종 기대되는 매출은 $1,600,000이다. 이는 5월 실제 매출인 1,290,000이 아니다.

Step2: 각 제품의 전체 제품원가를 계산한다 각 제품의 매출총이익은 전체 제품의 최종 매출과 매출총이익률의 곱으로 계산한다. 각 제품의 최종 매출과 매출총이익과의 차이는 각 제품의 총원가이다.

보기 16-7 **균등매출총이익률법을 사용한 결합원가배부와 제품라인 손익계산서(Farmland Dairy 2017년 5월)**

Home Insert Page Layout Formulas Data Review View

	A	B	C	D
1	**Panel A: 균등매출총이익률법을 사용한 결합원가배부**			
2	**1단계:**			
3	최종매출 (20,000갤런×갤런당 $25)+(50,000갤런×갤런당 $22)	$1,600,000		
4	결합원가와 분리가능원가의 합($400,000+$280,000+$520,000)	1,200,000		
5	매출총이익	$ 400,000		
6	매출총이익률($400,000÷$1,600,000)	25%		
7		**버터크림**	**연유**	**합계**
8	**2단계:**			
9	최종매출 (20,000갤런×갤런당 $25, 50,000갤런×갤런당 $22)	$ 500,000	$1,100,000	$1,600,000
10	매출총이익(25%×$500,000, 25%×$1,100,000)	125,000	275,000	400,000
11	총생산원가	375,000	825,000	1,200,000
12	**3단계:**			
13	분리가능원가	280,000	520,000	800,000
14	결합원가배부	$ 95,000	$ 305,000	$ 400,000
15				
16	**Panel B: 균등매출총이익률법을 사용한 제품별 손익계산서**			
17	매출(12,000갤런×갤런당 $25, 45,000갤런×갤런당 $22)	$ 300,000	$ 990,000	$1,290,000
18	매출원가:			
19	결합원가(from Panel A)	95,000	305,000	400,000
20	분리가능원가	280,000	520,000	800,000
21	생산원가	375,000	825,000	1,200,000
22	기말재고			
23	(8,000갤런×갤런당 $18.75[a], 5,000갤런×갤런당 $16.50[b])	150,000	82,500	232,500
24	매출원가	225,000	742,500	967,500
25	매출총이익	$ 75,000	$ 247,500	$ 322,500
26	매출총이익률($75,000÷$300,000, $247,500÷$990,000, $322,500÷$1,290,000)	25%	25%	25%
27				
28	[a] 버터크림 총생산원가÷버터크림 총생산량=$375,000÷20,000갤런=단위당(갤런) $18.75			
29	[b] 연유 총생산원가÷연유 총생산량=$825,000÷50,000갤런=단위당(갤런) $16.50			

Step 3: 배부된 결합원가를 계산한다 마지막 단계에서 각 제품의 총 원가에서 각 제품의 분리가능원가를 차감하면, 각 제품이 부담해야 하는 결합원가이다.

보기 16-7의 Panel B는 균등매출총이익률법을 통한 제품별 손익계산서를 보여주고 있다.

균등매출총이익률법은 음(-)의 결합원가를 배부할 수 있는 유일한 방법이다. 이는 상대적으로 수익성이 낮은 제품의 매출총이익률을 전체 평균 수준으로 올리기 위해서 필요할 수 있다. 균등매출총이익법은 근본적으로 앞에서 설명한 2가지 시장기반 결합원가 배부법(분리점에서의 판매가치법, 순실현가치법)과는 큰 차이가 있다. 상대적 판매가치법과 순실현가치법은 원가를 배부할 때 분리점 전후의 수익을 전혀 고려하지 않는다. 균등매출총이익은 각 제품의 최종 매출총이익이 동일하게 만들기 위해서 원가배부를 결정하는 방식으로 제품에 원가를 배부한다.

다시 한 번 Red Stripe의 예를 생각해 보자. 도전 16-2에서의 2017년 정보와 동일하다. Red Stripe가 균등매출총이익률법을 사용할 때 결합원가 배부를 계산해 보자.

16-3 도전!

원가배부법 선택

어떤 결합 원가배부법을 사용할 것인가? 분리점에서 판매가치가 존재할 때는 비록 추가가공이 있더라도, 분리점에서의 판매가치법이 선호된다. 이유는 다음과 같다.

1. **수혜량 측정**(measurement of benefits received): 분리점에서의 판매가치법은 다른 원가배부 방법들보다 결합제품을 통해 얻는 수혜량에 대한 최고의 측정방법이다. 결합원가가 발생하는 이유는 그 결합원가로 인해 수익이 창출되므로, 이러한 관점에서 분리점에서의 판매가치법이 우수하다. 또한 최종 산출물의 배합이 다양할 수 있고, 이에 따라 결합원가의 증감에 따라 시장가치의 증감도 달라지게 된다. 이러한 경우 최종산출물과 총원가 사이에는 명확한 인과관계가 존재한다. 이러한 점들은 상대적 판매가치법의 유용성을 증명하는 것이다.
2. **추가가공 의사결정의 독립성**(Independent of further processing decisions): 분리점에서의 판매가치법은 분리점 이후의 공정에 대한 추가 정보를 필요로 하지 않는다. 반대로 순실현가치법(NRV) 혹은 균등매출총이익률법은 (a) 추가가공 의사결정에 관한 구체적인 순서, (b) 분리가능원가, (c) 개별제품이 판매되는 시점과 같은 추가정보를 필요로 한다.
3. **공통원가기준**(common allocation basis): 기타 다른 시장기반 측정법(market-based approach)과 마찬가지로 제품에 결합원가를 배부하기 위하여 '수익'이라는 공통적인 기준을 사용한다. 반대로 분리점에서 물량기준법은 원가배부에 있어서 쉽게 파악가능한 기준을 사용하지 않는다.
4. **적용의 간단함**(simplicity): 분리점에서의 판매가치법은 단순하다. 반대로 순실현가치법(NRV)과 균등매출총이익률법은 다수의 제품 및 분리점에 있어서 적용이 복잡하다. 그리고 경영자가 분리점 이후 공정에 대한 의사결정순서 혹은 개별 제품의 판매시점을 변경하게 되면 적용의 어려움은 훨씬 증가하게 된다.

분리점에서 판매가격이 없다면 순실현가치법(NRV)이 효율적인 원가배부법이 된다. 최종 판매가격으로부터 분리점 이후의 분리가능원가를 차감함으로써 분리점의 매출을 추정할 수 있다. 순실현가치법은 모든 수익과 이윤은 결합공정에서 발생하고, 분리가능원가 때문에 발생하는 것이 아니라고 가정한다. 하지만 이는 비현실적인 가정이다. 예를 들어, 기업이 중요한 특허기술을 사용하는 공정이 추가가공 공정에 있거나 수익을 증대시키는 혁신적인 마케팅 과정이 추가가공 공정에 존재할 경우, 위의 가정은 부적절하다. 이러한 한계점에도 불구하고, 분리점에서 판매가치가 없을 때 순실현가치법은 균등매출총이익률법 혹은 물량기준법에 비해서 수혜기준에 대한 효율적인 측정방법이 된다.

균등매출총이익률법은 하나의 제품으로 구성되어 있는 것처럼 결합제품을 취급한다. 이 방법은 전체 매출총이익률을 계산하고 이를 각 제품에 적용한다. 그리고 각 제품별 총원가에서 분리가능한 원가를 제외한 비용을 결합원가로 계산한다. 결론적으로 순실현가치법과 다르게 분리점에서 결합제품에 의해 수익이 되는 부분은 측정될 필요가 없다. 또한 균등매출총이익률법은 수익이 결합공정 때문이 아니라 결합점 이후 발생한 원가로부터 파생되었다고 인식한다. 이 방법의 단점은 수익이 제품 전반에 있어서 동일하다고 간주하는 것이다. 모든 제품은 수익 대비 같은 비율의 원가를 가지고 있다고 전제한다. 5장 활동기준원가계산에서 논의했던 바와 같이 이러한 상황은 기업들이 다양한 제품군을 출시할 때 일반적인 것은 아니다.

물량기준법을 사용할 때 수혜기준을 적용하기 어렵다 하더라도, 해당 방법이 선호될 때도 있다. 최종가격의 변동성이 높거나 분리점 이후의 공정이 길고 불명확한 상황에서는 기준점에서 비교가능한 물량기준의 측정을 선호할 수 있다. 예를 들어, 화학이나 정유공정에 있어서는 이러한 점이 적용될 수 있다. 물량기준법은 요금규제가 있는 경우 시장가격을 결정하는 기초로 사용될 때 선호된다. 이는 가격이 기초가 되는 원가를 배부하기 위해서 판매가격을 사용하는 순환론을 피할 수 있다.

결합원가를 배부하지 않는 경우

어떤 기업은 공정의 복잡성 혹은 자료수집에 어려움이 있는 경우 원가를 배부하지 않는 것(not allocating joint costs)을 선택하기도 한다. 예를 들어, 노르웨이 내 9개 제재소에 대한 조사결과에 따르면 어떤 곳도 결합원가를 배부하지 않는다고 한다. 이 연구는 해당 제재소를 인터뷰한 결과, 결합원가는 흥미로운 문제이기는 하나 해결하기 또한 어렵다고 밝혔다고 한다.

따라서 원가를 배부하기보다는 일부 기업은 전체 수익에서 직접 해당 원가를 차감한다. 만약 상당한 재고가 존재한다면 기업은 순실현가치로 재고를 측정할 것이다. 도축업, 통조림 제조업, 광산채굴업의 기업들은 이러한 기존 방법과 차이가 나는 원가배부의 변형법을 사용한다. 회계사들은 일반적으로 순실현가치로 재고자산을 측정하지는 않는다. 그 이유는 이러한 방법이 판매되기 전에 완성된 시점에 있어서 각 제품의 수익을 인식하기 때문이다. 일부 기업은 이같은 문제를 해결하기 위해서 순실현가치에서 추정한 영업이익을 차감하는 방식으로 측정한다. 기말재고가 다음 회계연도에 판매될 때, 매출원가는 장부가치(carrying value)와 동일하다. 이 방법은 이후에 설명할 부산물에 대한 회계처리와 유사하다.

왜 결합원가는 의사결정과 무관한가?

11장 관련원가에서도 설명하였듯이 관련수익(relevant revenues)이라는 개념은 다양한 조치 중에 하나와 차별화되는 기대 미래수익을, 관련원가(relevant cost)라는 것은 다양한 조치 중 차별화되는 기대 미래비용을 의미한다. 이러한 개념은 결합제품 혹은 주산품이 결합점에서 판매되거나 추가공정을 진행할 것인가에 대한 의사결정에도 적용된다.

판매 혹은 추가가공 의사결정

앞서 Farmland Dairy의 상황에서 보듯이 결합점에서 크림과 우유와 같은 결합제품을 판매하는 의사결정과 버터크림과 연유를 추가가공하는 의사결정을 살펴보자. 추가가공에 따라 발생하는 원가는 결합점 이후에 달성할 수 있는 추가 영업이익에 기초로 하여야만 한다. 사례 2는 크림과 우유가 각각 버터크림과 연유로 추가가공되는 경우, 수익이 발생한다는 전제가 있다. 추가가공에 대한 의사결정에 관한 분석은 다음과 같다.

크림에서 버터크림으로 추가가공	
추가 수익	$300,000
[단위당(갤런) $25×20,000갤런] − [단위당(갤런) $8×25,000갤런]	
추가가공원가 차감	280,000
버터크림으로 인한 영업이익 증가	$ 20,000
우유에서 연유로 추가가공	
추가 수익	$800,000
[단위당(갤런) $22×50,000갤런] − [단위당(갤런) $4×75,000갤런]	
추가가공원가 차감	520,000
연유로 인한 영업이익 증가	$280,000

이번 예에서 보듯이, 두 제품의 영업이익은 증가했다. 따라서 경영자는 크림을 버터크림으로, 우유를 연유로 추가가공하는 의사결정을 한다. 결합점 이전에 발생한 $400,000는 추가가공을 할 것인가에 대한 의사결정과 무관하다. 그 이유는 $400,000의 결합원가는 결합점에서 판매하거나 추가가공하거나 동일하기 때문이다. 여기에서 중요한 점은 추가가공으로부터 얻을 수 있는 이익이다.

증분원가(incremental costs)는 추가가공과 같은 조치로부터 발생하는 추가원가(additional costs)이다. 결합원가 배부에 있어서 모든 분리가능원가(separable costs)를 추가가공원가로 전제해서는 안 된다. 추가가공이 있는 때에도 일부 분리가능원가는 빌딩에서의 리스와 같이 고정비용인 경우도 있다. 또한 크림을 버터로 바꾸는 기계의 감가상각비와 같이 일부 분리가능원가는 매몰비용(sunk costs)이다. 연유를 생산하는 부서에 배부되는 기업원가와 같이 일부 분리가능원가는 이미 배부된 원가이다. 이러한 비용들은 분리점에서 판매와 추가가공하는 것에 대한 의사결정 사이에서 차이가 없다. 결론적으로 이들 원가는 관련원가가 아니다.

의사결정과 성과평가

판매와 추가가공에 대한 의사결정을 할 때 의사결정에 사용된 원가개념과 경영자의 성과평가에 사용된 원가개념 사이에 잠재적인 상충관계가 존재한다. 사례 2에서와 같이, 크림을 버터크림으로 추가가공하는 데 고정관리비 배부액이 $30,000이고, 이러한 비용은 오직 버터크림과 경영자의 제품별 손익계산서에 배부된다고 가정하자. 이는 추가가공하는 의사결정에 어떻게 영향을 미칠 것인가?

증분수익과 증분비용을 기초로 크림을 버터크림으로 추가가공하는 경우 Farmland의 영업이익은 $20,000로 증가할 것이다. 그러나 버터크림을 생산하면 고정비 $30,000이 추가로 발생한다. 만약 경영자의 성과평가 기준이 총비용 기준이라면 크림을 버터크림으로 추가가공하는 조치가 경영자의 성과평가에는 $10,000만큼 부정적으로 작용할 것이다(추가 영업이익 $20,000, 배부된 고정비용 $30,000). 따라서 경영자는 분리점에서 크림을 판매하는 것에 더 관심을 가지며 버터크림으로 추가가공하지 않는 의사결정을 할 것이다.

결합제품과 관련해서도 유사한 갈등이 있을 수 있다. 사례 1에서 보듯이, Farmland Dairy는 $20,000의 수익으로 원유를 팔 수도 있다. 기업입장에서 원유를 판매하는 것보다는 크림과 우유로 만들어 파는 것이 영업이익을 극대화할 수 있을 것이다. 두 결합제품을 판매하는 수익($500,000, 보기 16-3)이 결합원가($400,000)를 $100,000 만큼 초과하고 있다. 이는 원유를 판매하면서 $200,000 이익을 창출하는 것보다 수익이 크다. 하지만 크림과 우유 판매라인이 각각 다른 경영자에 의해서 운영되고, 각각의 경영자는 제품별 손익계산서에 의해 평가된다고 가정해 보자. 만약 원가배부법으로 물량기준법이 사용되고, 우유의 단위당(갤런) 판매가격이 $4.00 이하로 떨어진다면 우유생산라인은 손실을 기록할 것이다(보기 16-4, 수익은 $120,000 이하이고, 매출원가는 $120,000에서 고정될 것이다). 따라서 우유생산라인의 경영자는 성과평가의 관점에서 우유를 생산하기보다는 원유를 판매하는 것을 선호하게 될 것이다.

Farmland Dairy의 성과평가가 분리점에서의 판매가치법과 순실현가치법, 균등매출이익률법 등 시장관점의 결합원가 배부방법을 사용한다면 심각한 문제가 되지 않을 것이다. 왜냐하면 이러한 방법은 모든 결합제품이 수익을 창출할 것이기 때문이다.

가격결정

기업들은 가격결정(pricing decisions)시 결합제품의 총원가(full cost) 사용을 신중히 고민해야 한다. 그 이유는 다음과 같다. 결합제품의 제품별 자원소모량 파악이 가격결정에서 중요한데, 이러한 인과관계(cause-and effect relationship)가 명확하지 않기 때문이다. 사실 분리점에서의 판매가치법 혹은 순실현가치법의 사용은 역효과(reverse effect)를 낳을 수 있다. 결합제품의 원가배부가 결합제품의 가격결정에 근거가 되기보다는 오히려 결합제품의 가격이 결합제품의 원가배부에 영향을 미칠 수 있다. 물론 13장에서 살펴보았던 가격결정에 대한 원칙은 전반적으로 결합공정에도 적용된다. 기업이 결합공정을 통해 만드는 제품조합을 바꾼다 하더라도, 장기적으로 결합제품의 수익이 결합원가를 초과하여 이익을 창출하는 것을 확신할 수 있어야만 한다.

부산물 회계처리

결합제품 공정은 단순히 결합제품과 주산품만을 생산하는 것이 아니라 부산물(byproduct)도 생산할 수 있다. 부산물의 전체 매출이 상대적으로 낮더라도, 결합제품 공정에서 부산물은 결합원가 배부에 영향을 미칠 수 있다. 더군다나 부산물은 기업 입장에서도 약간의 수익이 될 수 있다.

주산품과 부산물로 구성된 두 제품의 예를 생각해 보자.

사례 3 Westlake 기업은 원자재인 목재로부터 고급목재(주산품)와 목재칩(부산물)을 생산한다.

- 고급목재(주산품)–단위당 (board foot)[1] $6에 판매
- 우드칩(부산물)–단위당 (cubic foot)[2] $1에 판매

보기 16-8 사례 3: Westlake 기업

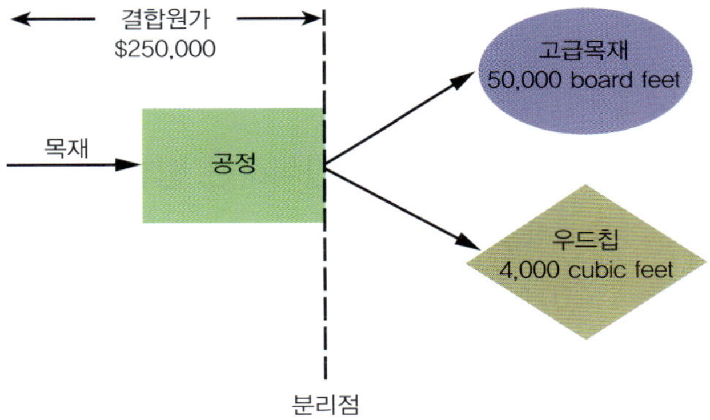

보기 16-9 2017년 7월 Westlake기업의 손익계산서(부산물에 대한 회계처리 판매기준법 적용)

	생산기준법	판매기준법
매출		
주산품: 고급목재(40,000b.f.× b.f.당 $6)	$240,000	$240,000
부산물: 우드칩(1,200c.f.× c.f.당 $1)	–	1,200
총수익	240,000	241,200
매출원가		
총제조원가	250,000	250,000
부산물수입과 재고(4,000c.f.×c.f.당 $1)	(4,000)	–
순제조원가	246,000	250,000
주산품 재고	(49,200)[a]	(50,000)[b]
매출원가	196,800	200,000
매출총이익	$ 43,200	$ 41,200
매출총이익률($43,200÷$240,000, $41,200÷$241,200)	18.00%	17.08%
제고가능원가(기말)		
주산품: 고급목재	$ 49,200	$ 50,000
부산물: 우드칩(2,800c.f.×c.f.당 $1)[c]	2,800	0

a (10,000 ÷ 50,000) × 순제조원가 = (10,000 ÷ 50,000) × $246,000 = $49,200
b (10,000 ÷ 50,000)×총제조원가 = (10,000 ÷ 50,000) × $250,000 = $50,000
c 판매가격

[1] 두께 1인치에 1피트 평방인 널빤지의 부피, 각재의 측정단위

[2] 목재의 재적단위 1입방피트

2017년 7월의 자료는 다음과 같다.

	기초재고	생산	매출	기말재고
고급목재(b.f.)	0	60,000	40,000	10,000
우드칩(c.f.)	0	4,000	1,200	2,800

2017년 7월 결합제조원가는 $250,000이다. 직접재료비는 $150,000 가공비는 $100,000이다. 보기 16-8에서 보듯이, 두 제품은 추가공정 없이 분리점에서 판매된다.

부산물에 관한 회계처리 방법으로 생산기준법(the production method)과 판매기준법(the sales method) 두 가지를 소개한다. 생산기준법은 부산물의 생산이 완료되었을 때 재무제표에서 부산물을 인식하는 방법이다. 판매기준법은 부산물이 판매가 될 때까지 부산물 인식을 늦추는 방법이다. 보기 16-9에는 두 가지 회계처리 방법에 따른 Westlake 기업의 손익계산서를 제시하고 있다.

생산기준법: 부산물이 생산되었을 때 인식하는 방법

생산기준법은 재무제표에서 부산물을 인식하는 방법이다. 2017년 7월 우드칩 4,000cubic feet가 생산되었다. 생산된 부산물에 대한 순실현가치는 주산품의 원가와 상쇄된다. 생산품에 대한 회계처리는 다음과 같다.

1. 재공품	150,000	
미지급금		150,000
2. 재공품	100,000	
미지급급여, 감가상각누계액과 같은 다양한 계정 7월 중 생산공정에 있었던 가공비를 기록하기 위함: 제조소모품, 제조노무비, 공장 감가상각비 등		100,000
3. 부산물 재고–우드칩(4,000c.f. × c.f.당 $1)	4,000	
고급목재($250,000 − $4,000)	246,000	
재공품($150,000 + $100,000) 7월 동안 생산된 제품의 원가를 기록		250,000
4a. 매출원가[(40,000b.f. ÷ 50,000b.f.) × 246,000]	196,800	
제품–고급목재		196,800
4b. 현금(혹은 매출채권) (40,000b.f. × b.f. 당 $6)	240,000	
수익–고급목재		240,000
5. 현금 혹은 매출채권	1,200	
부산물 재고–우드칩 7월 부산물이 판매되었을 때		1,200

생산기준법은 재무제표 상 우드칩의 부산물 재고를 단위당 판매가인 $1로 측정하여 기록하고 있다[(4,000c.f. − 1,200c.f.) × 단위당(c.f.) $1 = $2,800].

이 방법의 한 가지 특징은 부산물 재고를 정상이윤만큼 줄어든 순실현가치로 측정하는 것이다. 예를 들어, 정상이윤이 20%라면 부산물의 순실현가치는 $2,240로 기록된다($2,800 − (20% × $2,800) = $2,240). 그리고 부산물이 다음 회계연도에 판매된다면, 손익계산서는 판매가 $2,800와 부산물 원가 $2,240를 계상한다. 이에 따라 부산물로 인한 영업이익은 $560($2,800 − $2,240)이다.

판매기준법: 판매되는 시점에 인식되는 부산물

이 방법은 부산물이 판매될 때까지 어떠한 분개도 이루어지지 않다가 부산물이 판매될 때 손익계산서에 수익으로 인식한다. 수익은 잡이익으로 처리되거나 매출원가를 수익만큼 차감하여 처리된다. Westlaek 기업의 예에서 보듯이 2017년 8월 부산물의 수익은 $1,200(1,200c.f. × 단위당(c.f.) $1)이다. 이는 4,000c.f.가 생산되었지만 1,200c.f.의 우드칩이 판매되었기 때문이다. 관련한 회계처리는 다음과 같다.

1, 2 생산기준법과 동일 재공품	150,000	
매입채무		150,000
재공품	100,000	
미지급급여, 감가상각누계액 같은 다양한 계정		100,000
3. 제품-최고급목재	250,000	
재공품		250,000
4a. 매출원가[(40,000b.f. ÷ 50,000b.f.) × $250,000]	200,000	
제품-고급목재		200,000
4b. 현금 혹은 매출채권 (40,000b.f. × 단위당(b.f.) $6)	240,000	
수익-고급목재		240,000
5. 현금 혹은 매출채권	1,200	
수익-우드칩		1,200
7월 부산물이 판매되었을 때		

생산기준법과 판매기준법 중에서 기업은 어떤 방법을 선택해야 하는가? 생산기준법은 수익 · 비용 대응의 원칙에 부합하고 더 선호되는 방법이다. 이 방법은 회계기간 동안 생산된 부산물 재고를 인식하고 동시에 주제품 혹은 결합제품의 원가를 줄인다. 그러나 판매기준법은 부산물이 소액이기 때문에 단순하며 실무적으로 종종 사용된다. 판매기준법의 약점은 기업이 부산물의 판매 시기를 임의로 결정할 수 있어 보고이익을 조정할 수 있다는 점이다. 예를 들어, 수익과 당기순이익을 증가시키기 위해서 기업은 몇 년 동안 부산물을 저장한 후, 주산품과 결합제품의 수익이 낮을 때 판매를 할 수도 있다.

16-4 도전!

Natural Resources 기업은 구리(Copper)를 추출하고 있다. 이 기업은 제련법을 통해 개별 사용목적으로 판매될 수 있는 몰리브데넘(molybdenum) 같은 부산물도 산출하고 있다. 분기점에서 두 제품이 판매된다.

Natural Resources 기업은 2017년 11월에 재고 없이 사업을 시작했으며, 비용으로 $600,000를 사용하였다. 11월의 생산과 판매에 관한 정보는 다음과 같다.

	생산(톤당)	매출(톤당)	가격(톤당)
구리	26,000	21,320	$32
몰리브데넘	4,250	3,250	$10

Natural Resource의 생산기준법과 판매기준법하에서 매출총이익은 얼마인가?

자율학습

Inorganic Chemicals(IC)는 소금을 다양한 개별 제품으로 가공한다. 2017년 7월, IC가 소금을 구입하고 두 가지 형태의 제품을 생산하기 위해서 $100,000 결합원가를 지출하였다. 가성소다(caustic soda)와 염소(chlorine)이다. 염소의 외부시장이 존재하지만, IC는 염소 800톤을 추가가공하여 500톤의 PVC(polyvinyl chloride)을 생산하고 이를 판매한다. 7월 소금, 가성소다, 염소, PVC 모두 기초, 기말재고는 없다. 관련 정보는 다음과 같다.

	결합원가	PVC
결합원가	$10,000	
분리가능원가(800통의 염소로부터 500톤의 PVC 생산)		$20,000

	가성소다	염소	PVC
기초(톤)	0	0	0
생산(톤)	1,200	800	500
추가가공을 위한 대체		800	
매출	1,200		500
기말재고	0	0	0
외부 시장에서 톤당 판매가격		$ 75	
판매된 제품의 톤당 판매가격	$ 50		$ 200

요구사항

1. 분리점에서의 판매가치법과 물량기준법에 따라 각각 결합원가 $100,000을 가성소다와 PVC로 배부하시오.
2. 순실현가치법에 따라 결합원가 $100,000을 가성소다와 PVC로 배부하시오.
3. 1, 2의 방법에 따라 가성소다와 PVC 제품의 매출총이익률을 계산하시오.
4. Lifetime Swimming Pool products는 2017년 8월 800톤의 가성소다를 톤당 $75에 구매하겠다는 의사를 밝혔다. 모든 생산과 매출 관련한 정보는 7월과 동일하다고 가정하자. Lifetime에 염소를 판매하는 것은 PVC는 8월에 생산이 없다는 것을 의미한다. Lifetime의 제안을 받아들인다면 영업이익은 어떻게 영향을 미칠 것인가?

Solution

다음은 이 문제와 관련한 정보를 요약한 그림이다.

분리점에서 시장가격이 있음에도 불구하고, 염소는 PVC 형태로 가공되어 판매된다. $100,000의 결합원가는 최종제품인 가성소다와 PVC에 배부된다. 그러나 PVC는 분리점에서 염소의 형태로만 존재하고 있기 때문에 분리점에서의 판매가치법과 물량기준법 하에서는 결합원가를 PVC로 배부하는 것을 기초로 해서 염소의 판매가와 물량기준을 사용한다. 구체적인 관련정보는 다음과 같다.

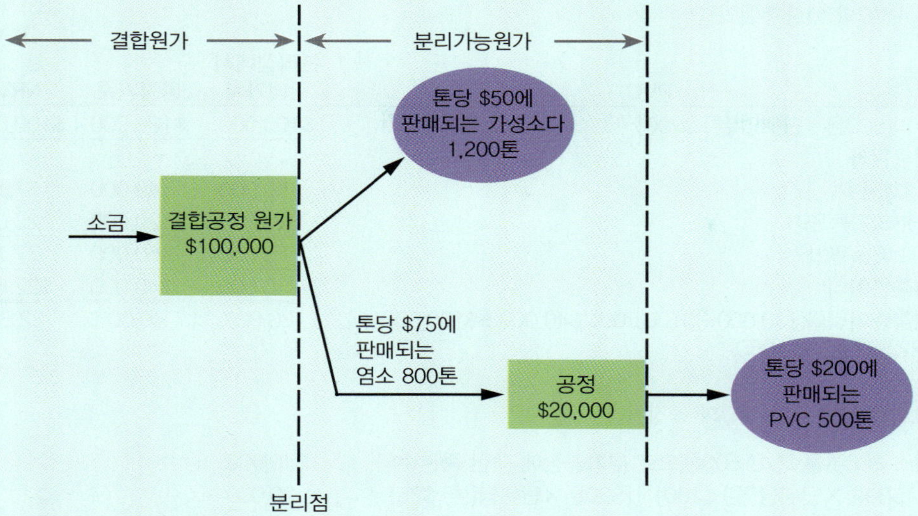

1 a. 분리점에서의 판매가치법

분리점에서의 판매가치법	가성소다	PVC/염소	합
분리점에서 판매가치			
(1,200톤 × 톤당 $50, 800× 톤당 $75	$60,000	$60,000	$120,000
가중치($60,000 ÷ $120,000, $60,000 ÷ $120,000)	0.50	0.50	
결합원가배(0.50 × $100,000, 0.50 × $100,000)	$50,000	$50,000	$100,000

b. 물량기준법

물량기준법	가성소다	PVC/염소	합
물량기준(톤)	1,200	800	2,000
가중치(1,200톤÷2,000톤; 800톤÷2,000톤)	0.60	0.40	
결합원가배부(0.60×$100,000; 0.40×$100,000)	$60,000	$40,000	$100,000

2 순실현가치법(NRV)

순실현가치법	가성소다	PVC/염소	합
최종판매가치			
[1,200톤×단위당(톤) $50, 500톤 × 단위당(톤) $200]	$60,000	$100,000	$160,000
분리가능원가	0	20,000	20,000
분리점에서 순실현가치	$60,000	$ 80,000	$140,000
가중치($60,000 ÷ $140,000, $80,000 ÷ $140,000)	3/7	4/7	
결합원가(3/7 × $100,000, 4/7 × $100,000)	$42,857	$ 57,143	$100,000

3 a. 가성소다의 매출총이익률

가성소다	분리점에서 판매가치	물량기준	NRV
수익[1,200톤 × 단위당(톤) $50]	$60,000	$60,000	$60,000
매출원가	50,000	60,000	42,857
매출총이익	$10,000	$ 0	$17,143
매출총이익률	16.67%	0.00%	28.57%
($10,000÷$60,000, $0÷$60,000, $17,143÷$60,000)			

b. PVC의 매출총이익률

PVC	분리점에서 판매가치	물량기준	NRV
수익[500톤×단위당(톤) $200]	$100,000	$100,000	$100,000
매출원가			
결합원가	50,000	40,000	57,143
분리가능원가	20,000	20,000	20,000
매출원가	70,000	60,000	77,143
매출총이익	$30,000	$40,000	$22,857
매출총이익률($30,000÷$100,000; $40,000÷$100,000; $22,857÷$100,000)	30.00%	40.00%	22.86%

4 염소의 판매 vs. PVC의 공정처리

염소 800톤을 PVC 500톤으로 추가공정에 대한 증분수익	$40,000
[500톤×단위당(톤) $200] – [800톤×단위당(톤) $75]	20,000
추가비용	$20,000
추가영업이익	

과제

서술형 문제

16-1 결합원가가 발견되는 산업의 두 가지 사례를 제시하시오. 각 사례별로 분리점에서 개별 제품은 무엇인지 예시를 드시오.

16-2 결합원가는 무엇인가? 분리가능원가는 무엇인가?

16-3 결합제품과 부산물을 구분하시오.

16-4 결합원가가 발생하는 상황에서 제품의 수가 산출물의 수와 다른 이유는 무엇인가? 그리고 예시를 드시오.

16-5 결합원가를 개별 제품과 서비스로 배부하는 3가지 이유는 무엇인가?

16-6 분리점에서의 판매가치법에서 판매된 제품의 수익을 사용하지 않고 회계기간 내 판매가치를 사용하는 이유는 무엇인가?

16-7 결합원가 배부에 있어서 분리점에서의 판매가치법보다 NRV를 사용하는 상황을 기술하시오.

16-8 분리점에서의 판매가치법과 순실현가치법의 차이를 설명하시오.

16-9 결합원가 배부에 있어서 물량기준법의 2가지 한계점을 제시하시오.

16-10 기업의 최종판매가가 회계기간 동안 크게 변화하거나 경영진이 자주 개별 제품을 판매하는 경우 순실현가치법을 어떻게 사용하는가?

16-11 매출총이익률법이 결합원가 배부와 수익배부(joint–cost–allocation and a profit–allocation)로 불리는 이유는 무엇인가?

16-12 경영자는 제품을 분리점에서 판매할 것인지 추가가공할 것인지 의사결정해야만 한다. 원가배부에서 분리점에서의 판매가치법은 경영자가 이러한 의사결정에 필요한 추가정보를 제공하는 데 있어서 최적의 방법이다. 이유를 설명하시오.

16-13 "경영자는 분리점에서 판매할 것인가 추가가공할 것인지에 관한 의사결정을 할 때에는 추가 수익과 분리가능원가를 고려해야만 한다."라는 의견에 동의하는지 설명하시오.

16-14 부산물에 관한 2가지 회계처리 방법을 기술하시오.

16-15 목표영업이익을 기반으로 하는 월별 성과평가를 받는 경영자가 생산기준법보다 판매가치법을 선호하는 이유는 무엇인가?

객관식 문제

16-16 Select Manufacturing 기업은 3가지 결합제품과 1의 부산물을 생산한다. 부산물은 외부에 판매된다는 것을 전제로 할 때, 기업의 부산물 수익금에 대한 올바른 회계처리는 무엇인가?

a. 판매수익을 결합제품 판매에 비례하여 적용한다.

b. 결합제품 공정에 공통원가를 줄이는 형태로 판매수익을 사용한다.

c. 잡수익 계정으로 판매수익을 기록한다.

d. b와 c 모두 정답

16-17 결합원가 $8,000는 X, Y 공정에서 발생했다. 분리점 이후 $4,000의 비용이 200개의 X제품, $6,000의 비용이 15개의 Y제품에 각각 발생한다. 분리점 이후의 추가공정을 설명하기 위해서, 제품의 수익은 어떻게 되는가?

a. X는 $12,000 이익

b. Y는 $14,000 이익

c. X는 단위당 $60보다 크다.

d. Y는 단위당 $40보다 크다.

16-18 Houston 기업은 Astros와 Texans 두 개의 제품을 생산한다. 관련 정보는 다음과 같다.

	용량
Astros	20,000gal
Texans	10,000gal
합계	30,000gal

두 제품을 생산하기 위한 결합원가는 $120,000이다. 원가배부가 용량기준으로 배부된다면, 결합원가는 각 제품에 어떻게 배부되어야 하는가?

a. $100,000와 $0

b. $80,000와 $40,000

c. $40,000와 $80,000

d. $50,000와 $50,000

16-19 Dallas Company는 결합제품을 생산한다. 이들 제품은 TomL과 JimmyJ이며 분리점 이후 분리가능원가가 발생한다. 분리점 이전의 결합원가는 $200,000이며, 관련 정보는 다음과 같다.

제품	분리가능원가	매출
TomL	$10,000	$ 80,000
JimmyJ	$20,000	$ 50,000
	$30,000	$130,000

분리점에서의 판매가치법을 사용한다면, TomL에 할당되는 결합원가는 얼마인가?

a. $60,000 b. $140,000 c. $48,000 d. $200,000

주관식 문제

16-20 결합원가, 보험지급. Quality Chicken은 닭을 키우고 공정처리한다. 닭은 다섯 가지로 부분으로 해체된다. 2017년 7월 관련 정보는 다음과 같다.

부분	제품 중량(pound)	단위당 판매가격(pound)
가슴살	100	$0.55
날개	20	0.20
다리	40	0.35
뼈	80	0.10
깃털	10	0.05

2017년 7월 결합원가는 $50이다.

가슴살 40pound와 날개 15pound를 특수수송 중에 화재가 발생하였다. Quality Chicken 보험증권은 파괴된 제품의 비용을 변상한다. 보험회사는 Quality Chicken의 결합원가 배부 사용을 허용한다. 생산공정의 마지막에 분리점이 있다고 간주한다.

요구사항

1. 파괴된 특수수송에 관한 원가를 계산하시오.
   a. 분리점에서의 판매가치법
   b. 물량기준법[제품의 중량(pound)]
2. Quality Chicken에 추천 결합원가 배부법은 무엇인가? 그 이유는?

16-21 결합원가와 부산물(16-20 계속). Quality Chicken은 2017년 7월 31일에 기말재고를 계산하였다. 7월 31일의 기말재고는 가슴 살 15(pound), 날개 4(pound), 다리 6(pound), 뼈 5(pound), 깃털 2(pound)이다.

Quality Chicken 경영진은 분리점에서의 판매가치법을 사용하기를 원한다. 그러나 경영진은 하나 혹은 다수의 제품을 결합제품보다는 부산물로 분류하고, 이에 대한 기말재고의 영향을 분석하고자 하였다.

요구사항

1. Quality Chicken은 5가지 제품을 결합제품으로 분류하고 있다고 가정하자. 2017년 7월 31일에 각 제품의 기말재고는 무엇인가?
2. Quality Chicken은 생산기준법을 사용한다고 가정하자. 가슴살과 다리는 주제품이고, 날개, 뼈, 깃털은 부산물이라 가정할 때 2017년 7월 31일 각 결합제품의 기말재고를 측정하시오.
3. 요구사항 1과 2의 결과의 차이를 살펴보시오.

16-22 결합원가배부의 대체방법, 기말재고. The Cook Company는 하나의 원재료를 통해 소위 X, Y, Z라 불리는 3가지 개별제품을 생산가공하고 있다. 모든 제품은 분리점에서 동시에 분리된다.

X와 Y는 다른 추가공정이나 비용 없이 즉각적으로 판매될 준비가 되어 있다. 그러나 Z는 판매되기 전에 추가공정이 진행된다. 분리점에서 Z에 대한 판매가는 없다.

다음 해에 판매가는 동일할 것으로 예상된다. 2017년 동안 판매가와 수량은 다음과 같다.

X ⇒ 68톤, 톤당 $1,200
Y ⇒ 480톤, 톤당 $900
Z ⇒ 672톤, 톤당 $600

당해 총결합제조비는 $580,000이다. Z제품을 생산하기 위해 추가적으로 드는 비용은 $200,000이다.

X, Y, Z는 기초재공품은 없다. 기말재공품에 대한 정보는 X 132톤, Y 120톤, Z 28톤과 같다. 공정 중 기초 및 기말재공품은 없다.

요구사항

1. 2017년 12월 31일, 아래의 결합원가배부에 따라 X, Y, Z의 기말재고와 매출원가를 계산하시오.
   a. 순실현가치법(NRV)
   b. 균등매출총이익률법
2. 1에서 언급한 두 가지 방법을 사용해서 X, Y, Z의 매출총이익을 비교하시오.

16-23 결합원가배부, 분리점에서의 판매가치법, 물량기준법, 순실현가치법(NRV). Fancy Food는 전자레인지로 조리가 가능한 소고기라면, 새우라면 두 가지 형태의 제품을 생산한다. 두 제품은 국수, 양념과 같은 공통 투입량을 사용한다. 라면을 생산하면 'stock'이라 불리는 폐기물이 발생하는데, 이는 지역 배수구에 소액 비용으로 처리된다. 아래에는 소고기라면, 새우라면의 생산과 판매에 관한 정보를 담고 있다.

	A	B	C
1		결합원가	
2	결합원가(분리점까지 발생한 면, 향료 및 기타재료에 관한 원가)	$400,000	
3			
4		소고기 라면	새우 라면
5	기초(톤)	0	0
6	당기생산(톤)	20,000	28,000
7	매출(톤)	20,000	28,000
8	단위당 판매가(톤)	$ 5	$ 20

전자레인지 제품에 대한 인기가 상승하자 Fancy는 다이어트 제품으로 새로운 제품라인을 추가하기로 결정한다. Special B와 Special S라 명명된 신제품은 기존의 라면을 희석시키는 특별한 재료를 추가하는 방식으로 생산되었다. 모든 제품에 대한 정보는 다음과 같다.

	A	B	C	D	E
11		결합원가		Special B	Special S
12	결합원가(분리점까지 발생한 면, 향료 및 기타재료에 관한 원가)	$400,000			
13	분리가능원가(소고기라면 20,000톤이 25,000톤의 Special B로 추가가공)			$100,000	
14	분리가능원가(새우라면 28,000톤이 34,000톤의 Special S로 추가가공)				$238,000
15					
16		소고기 라면	새우 라면	Special B	Special S
17	기초(톤)	0	0	0	0
18	생산(톤)	20,000	28,000	25,000	34,000
19	추가가공으로 전환(톤)	20,000	28,000		
20	매출(톤)			25,000	34,000
21	단위당 판매가(톤)	$ 5	$ 20	$ 17	$ 33

요구사항

1. 아래와 같은 방법으로 결합원가를 배부할 때 Special B와 Special S에 대한 매출총이익률을 계산하시오.
   a. 분리점에서의 판매가치법
   b. 물량기준법
   c. 순실현가치법(NRV)
2. 최근 Fancy는 폐기물로 버리고 있는 stock을 목장에 $4로 판매할 수 있다는 사실을 알게 되었다. 6,000톤의 stock이 생산되고 $12,400의 마케팅 비용이 발생되었다. 기업의 회계담당자는 Stock 제품을 분리점에서의 판매가치법을 이용하여 결합제품으로 처리하게 되면 월별로 $2,435의 손실이 날 것으로 지적하였다. 회계담당자는 어떻게 이러한 반응을 보이게 되었는가? 그리고 여러분은 이 분석에 동의하는가? 그렇다면 Fancy는 최종적으로 Stock을 판매해야 하는가?

16-24 주산품과 부산물에 대한 회계처리(Cheatham and Green 발췌). Tasty 주식회사는 감자칩을 생산하고 있다. Tasty 주식회사는 단독 공정에서 주산품으로 감자칩과 부산품으로 스낵을 생산한다. 두 제품은 분리점에서 최종공정이 되고, 추후 분리가능원가는 없다.
2017년 9월 운영비로 $500,000 발생했고, 생산 및 판매 관련 정보는 다음과 같다.

	생산(pound)	매출(pound)	단위당 판매가(pound)
감자칩(주산품)	52,000	42,640	$16
스낵(부산물)	8,500	6,500	$10

2017년 9월 1일 기초재고는 없다.

요구사항

1. 생산기준법과 판매기준법 각각의 부산물에 대한 매출총이익을 계산하시오.
2. 2017년 9월 30일 생산기준법과 판매기준법으로 각각 주산품과 부산물에 대한 기말재고를 계산하시오.

16-25 결합원가와 부산물(W. Crum 발췌). Royston 주식회사는 식품생산기업이다. 이 기업은 Peanut 부서에서 $180,000의 비용으로 150,000pound의 땅콩을 공정처리한다. 이를 통해 A제품(12,000pound), B제품(65,000pound), C제품(16,000pound)을 생산한다.

- A제품은 Salting 부서에서 $27,000 비용의 추가공정을 통하여 12,000pound, 단위당(pound) $12의 가격으로 소금땅콩을 생산한다.
- B제품은 추가가공 없이 단위당(pound) $3에 판매된다.
- C제품은 부산물로 취급되며, paste 부서에서 $12,000 비용의 추가공정을 통하여 16,000 pound, 단위당(pound) $6의 가격으로 땅콩버터를 생산한다.

이 기업은 제품 C에 관해서 10% 수익의 매출총이익을 얻기를 기대하고 있으며, 제품 C에 관해서 마케팅 비용으로 수익의 20%를 사용할 예정이다. 관련 내용에 대한 개괄적인 그림은 다음과 같다.

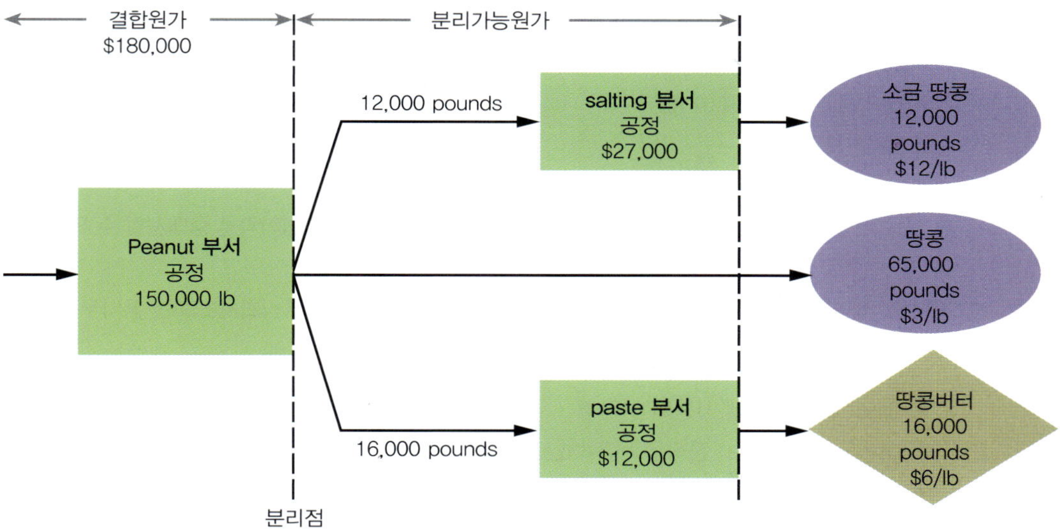

요구사항

1. C제품을 부산물로 간주하고 A, B, C 제품의 pound 당 원가를 계산하시오. 결합원가 배부에 있어서 순실현가치법을 사용하고, A, B 제품의 결합원가로부터 부산물의 순실현가치를 제외하시오.
2. A, B, C 제품을 모두 결합제품으로 간주하고 순실현가치법을 적용하여 제품의 pound 당 원가를 계산하시오. 여기에서 순실현가치로 결합원가를 배부하시오.

16-26 결합원가 배부의 대체방법, 제품믹스 의사결정. Eastern oil 기업은 식물성 유지를 구매한다. 이를 정제과정을 통해 분리점에서 A, B, C, D 4가지 종류의 제품을 생산한다. C제품은 분리점에서 최종 가공된다. A, B, D 제품은 개별적으로 추가가공되어 Super A, Super B, Super D 제품으로 생산된다. 12월 분리점에서 산출은 다음과 같다.

- 제품 A: 275,000갤런
- 제품 B: 100,000갤런
- 제품 C: 75,000갤런
- 제품 D: 50,000갤런

식물성 유지를 구매 및 가공하는 결합원가는 총 $105,000이다. Eastern은 기초와 기말재고는 가지고 있지 않다. 12월 제품 C는 $45,000에 판매되었다. 제품 A, B, D는 추가 정제 이후 판매된다. 관련 정보는 다음과 같다.

	분리가능원가	수익
Super A	$240,000	$375,000
Super B	$ 60,000	$150,000
Super D	$ 45,000	$ 75,000

Eastern 기업은 분리점에서 A, B, D를 판매할 수 있다. 12월 생산에 있어서 대체안은 다음과 같은 수익이 나올 수 있다.

- 제품 A: $75,000
- 제품 B: $62,500
- 제품 D: $67,500

요구사항

1. 아래와 같이 $105,000의 결합원가를 배부함으로써 12월에 판매된 각 제품의 매출총이익률을 계산하시오.
   a. 분리점에서의 판매가치법
   b. 물량기준법
   c. 순실현가치법(NRV)
2. 제품 A, B, D에 대한 추가가공 의사결정을 달리함으로써 12월 영업이익을 증대시킬 수 있는가?

16-27 결합원가배부, 추가가공 혹은 판매(CMA 발췌). Liverpool Sawmill 주식회사(LSI)는 통나무를 구매하고, 이를 3가지 형태의 목재 제품을 생산한다.

- Stud: (벽, 천정)에 사용되는 간주
- Decorative piece: 장식용 제품(벽난로 선반, 대성당 천장 기둥)
- Posts: 버팀대로 사용되는 기둥(광산 버팀대, 목장의 외부 울타리 버팀대)

이들 제품은 통나무에서 껍질을 제거하는 과정, 통나무를 작업할 만한 크기로 자르는 과정(8~16피트 길이 정도), 통나무로부터 개별 제품으로 자르는 과정을 거친 결과이다.
이 결합공정은 해당 연월에 제품의 원가는 다음과 같다.

직접재료	$ 480,000
박피(노무비와 제조간접비)	$ 50,000
풀칠(노무비와 제조간접비)	$ 220,000
제품절개(노무비와 제조간접비)	$ 260,000
결합원가 합계	$1,010,000

결합공정으로부터 단위별 평균 판매가치는 다음과 같다.

제품	분리점에서 산출물	판매가격
Stud	78,000개	$ 5
Decorative piece	4,000개	$85
Posts	28,000개	$26

Stud는 목재작업에서 추가가공 없이 공정에서 제조된 형태인 목재로 판매된다. 또한 Posts는 분리점 이후에 추가가공을 필요로 하지 않는다. Decorative piece는 목재재제소의 제조공정 이후 추가적으로 규격화된다. 이 추가공정에는 월별로 $90,000의 비용이 들고, 일반적으로 10% 손실이 발생한다. 풀칠 없이 아직 완성되지 않은 decorative piece의 시장에서 평균 판매가는 단위당 $55이다.

요구사항

1. Liverpool Sawmill로부터 주어진 정보에 따라, 결합원가 $1,010,000를 아래의 방법에 따라 3가지 제품에 배부하시오.
   a. 분리점에서의 판매가치법
   b. 물량기준법
   c. 순실현가치법
2. Decorative piece를 추가가공할 것인지 분리점에서 초기 제품을 즉시 판매할 것인지를 분석하시오.

16-28 추가가공, 판매 부산물(CMA 발췌). Newcastle Mining Company(NMC)는 석탄을 채굴하고, 1단계 파쇄과정을 거친 후 대량의 원탄(raw coal)을 바지선에 적재하여 고객에게 선적한다.

NMC 경영진은 현재 특수한 형태의 추가가공(분립과 세척공정)을 통하여 고객에게 더 높은 가격으로 판매할 수 있는 지 살펴보고 있다. 새로운 형태의 크기조정과 세척 공장건설은 재무적으로 실행 가능하였기 때문에 제외되었다. 대신에 Andy Kimbell이라는 채광 엔지니어는 크기조정과 세척하는 작업을 아웃소싱을 하는 외부 계약을 체결할지 고민하고 있다. 관련 내용에 대한 요약은 다음과 같다.

	A	B	C
1	판매가격(원탄)	$30	톤당
2	생산원가	$21	톤당
3	분립과 세척된 석탄판매가	$34	톤당
4	원탄 산출물	9,000,000	톤(ton)
5	분립과 세척작업 후 원재료의 손실 비율	6%	
6			
7		분립과 세척공정의 추가원가	
8	직접재료비	$790,000	매년
9	감독임원	$190,000	매년
10	중장비: 임대, 운전, 유지비용	$35,000	매월
11	분립과 세척 계약	$3.30	원탄의 톤당
12	국외 철도화물	$250	60 톤당
13			
14	석탄정제를 위해 회수할 수 있는 분립과 세척작업 폐기물의 비율	75%	
15	판매를 위한 석탄정제를 준비하는 데 필요한 톤(ton)당 원가범위	$3	$5
16	석탄정제 판매가의 범위	$14	$25

Kimbell은 분립과 세척작업에서 재료손실의 75%를 석탄정제에서 회수할 수 있다는 사실을 알게 됐다. 이는 철강업 제조업자에게 판매될 수 있다. 석탄정제의 매출은 불규칙하고, NWC는 최대 1년 동안 특정 보호구역에서 비축해야 할 수 있다. 석탄정제의 판매가는 톤당 $14에서 $25 정도이고, 석탄정제의 판매를 위한 원가범위는 톤당 $3에서 $5이다.

요구사항

1. NWC 입장에서는 원탄을 계속해서 판매하는 것과 분립과 세척의 추가공정을 하는 것 중에서 수익이 나는 것은 무엇인지 분석하시오(단, 석탄정제는 고려하지 않는다).
2. 원탄을 생산하는 비용이 톤당 $20 이하로 떨어진다면 분석은 어떻게 달라질 것인가?
3. 석탄정제의 잠재적 가치를 고려한다면 요구사항 1에서 분석의 결과가 어떻게 달라질 것인가?

16-29 원가배부방법. Kardash Cosmetics는 꽃을 다수 구매하고 이를 향수로 생산한다. 꽃잎의 특정 배합으로 부터 최고급 향수 Seduction을 생산하기 위해서 기업은 A공정을 사용한다. 이때 잔여물도 동시에 생산된다. 이후 잔여물은 추가 B공정을 통해서 Romance라는 중급 향수를 생산한다. 보통 잔여물의 1온스는 Romance 1온스와 같다.
7월 이 회사는 꽃잎 25,000을 사용한다. 예를 들어, A공정은 Seduction과 잔여물을 생산하는데 원가는 다음과 같다.

직접재료비 – $440,000, 직접노무비 – $220,000, 제조간접비 – $110,000

B공정에서 Romance를 생산하는 데 발생한 추가원가는 다음과 같다.

직접재료비 – $22,000, 직접노무비 – $50,000, 제조간접비 – $40,000

7월 중, A공정은 Seduction 7,000온스, 잔여물은 49,000온스를 생산한다. 이로부터 Seduction 5,000온스는 포장되어 온스당 $109.50으로 판매된다. 또한 Romance 28,000 온스는 B공정으로부터 생산되고 온스당 $31.50으로 포장되어 판매된다. 이 중 21,000온스는 잔존물로 남아 있다. 제품포장비는 Seduction은 $137,500, Romance는 $196,000가 발생한다. 회사는 7월 기초재고는 가지고 있지 않다.

기업이 원한다면 Seduction 온스당 포장되지 않은 채로 $56에 판매하고, 공정 A로부터 잔존물은 온스당 $24에 판매할 수 있다.

요구사항

1. Seduction과 Romance에 배부되어야 할 결합원가는 얼마인가?
2. 물량기준법에 따르면, 결합원가는 Seduction과 Romance에 어떻게 배부되어야 하는가?
3. 분리점에서의 판매가치법에 따르면, 결합원가는 Seduction과 Romance에 각각 어느 정도 배부되어야 하는가?
4. Seduction과 Romance의 온스당 순실현가치는 얼마인가?
5. 순실현가치법에 따르면 Seduction과 Romance에 결합원가는 어느 정도 배부되어야 하는가?
6. 기업 전반의 매출총이익률은 얼마인가?
7. 균등매출총이익률에 따라 결합원가를 Seduction과 Romance에 배부하시오.
8. 여러분이 Kardash Cosmetics의 경영자라면, Romance 향수에 꽃잎 잔존물의 추가가공을 할 것인가? 그 이유를 설명하시오.

17 종합원가계산과 공손

학습목표

1 종합원가계산시스템이 적합한 환경에 대해 이해한다.

2 종합원가계산에 대한 기본 개념을 이해하고 평균 단위원가의 계산방법에 대해 학습한다.

3 종합원가계산을 위한 다섯 단계를 학습하고 완성품환산량을 계산할 수 있다.

4 가중평균법과 선입선출법을 이용하여 종합원가계산을 연습한다.

5 전공정원가가 존재하는 경우에 종합원가계산을 적용해 본다.

6 공손, 재작업품, 작업폐물의 정의를 이해한다.

7 정상공손과 비정상공손의 차이를 구별한다.

8 가중평균법과 선입선출법을 적용한 종합원가계산에서 공손 회계처리를 학습한다.

9 다양한 공정 완성도 시점에 검품이 이루어질 경우 공손 회계처리를 학습한다.

여러 기업들은 동질적이거나 유사한 제품 또는 서비스를 생산하기 위해 대량생산 기술을 이용한다. Apple(스마트폰), Coca-Cola(청량 음료), Chevron(가솔린), JPMorgan Chase(수표 처리) 및 Novartis(약제) 등 이러한 회사의 관리회계담당자는 (1) 회계기간 말에 회사가 보유하고 있는 제품과 재공품의 수량을 결정하고, (2) 재공품에 대해 완성도를 평가하며, (3) 완성품과 재공품에 원가를 배분하기 위해 종합원가계산을 사용한다. 재무회계 과목에서 배운 것처럼 재고자산 평가를 위한 방법을 달리 선택하면 영업이익과 법인세, 경영자의 성과평가에 서로 다른 영향을 미친다. 최근 원자재 경우처럼 가격 수준에 상당한 변화가 있는 시기에는 특정 재고자산 평가방법의 사용으로 인한 영향이 상당히 클 수 있다.

니켈 가격의 하락으로 인한 Haynes의 고통[1]

2016년 1월 원자재 가격은 25년 만에 최저치를 기록했다. 세기 최악의 가격 폭락은 부분적으로는 중국 수요의 갑작스런 둔화로 인해 발생했다. 원규, 구리, 철광석, 니켈 등 다양한 원자재에 광범위한 영향이 나타났고, 원자재를 채굴하여 판매하는 기업의 경우 그 영향은 극적이었다. 예를 들면, 세계 최대 광업회사인 BHP Billiton은 2015~2016년 64억 달러의 손실을 보고했는데 이는 회사의 역사상 첫 번째 손실이었다.

Roberta Sherman/Pearson Education, Inc.

흥미롭게도 이 가격폭락의 영향은 제조공정에서 원자재를 사용하는 회사에게도 상당했다. 진보된 기술의 고성능 합금을 개발, 제조 및 판매하는 Haynes International의 경우를 보자. 항공우주, 동력발전 및 화학처리 산업을 운영하는 Haynes는 부식방지와 니켈 및 코발트 기반의 고온합금에 특화되어 있다. 2015년 및 2016년 1분기 동안 니켈 시장 가격의 급락은 회사의 재무 성과에 부정적 영향을 미쳤다. 2016년 5월 Haynes는 2015년 동일 분기에 비해 순수익이 26.1% 감소한 반면 매출총이익은 20.1%에서 8.7%로 감소했다. 결과적으로 Haynes는 2015년의 흑자에 비해 2016년에는 분기 손실을 기록했다.

---

[1] 출처: "Haynes International, Inc. Reports Second Quarter Fiscal 2016 Financial Results," https://globenewswire.com/news-release/2016/05/05/837154/0/en/Haynes-International-Inc-Reports-Second-Quarter-Fiscal-2016-Financial-Results.html; "BHP는 기록적 손실 보고 후 최악의 상황은 끝났다고 제안한다," *Bloomberg*, August 16, 2016.

회장 겸 CEO인 Mark Comerford에 따르면 그 이유는 니켈의 시장가격 수준과 매출원가의 불일치가 매출총이익에 부정적 영향을 미쳤기 때문이다. 특히, 회사는 이전 기간에 높은 가격으로 취득한 니켈 재고를 출하하게 되어 매출원가가 증가한 반면, 니켈 가격 하락에 따른 판매가격 압박으로 매출총이익이 축소되었다. 회사는 선입선출법을 사용하여 재고자산을 평가한다. 선입선출법은 원재료의 원가가 낮아지는 기간에 가중평균법 또는 후입선출법에 비해 매출원가가 높다.

Haynes는 니켈금액의 시장가격 수준과 매출원가 사이 불일치가 최소한 다음 분기 동안 지속될 것으로 예상한다. 니켈 시장가격이 안정되면 회사는 2016년 4분기까지는 압박이 완화될 것으로 예상하고 있다.

원자재 가공을 하는 Haynes 및 다른 기업들과 마찬가지로 Kellogg(시리얼) 및 AB lnBev(맥주)와 같은 회사는 대량생산 기술을 이용하여 동일하거나 유사한 제품 단위를 대량으로 생산한다. 이러한 회사들에서 특징은 개별 생산 프로세스가 원가를 발생시킨다는 것이다. 이번 장에서는 기업이 종합원가계산을 사용하는 방법에 대해 설명한다. 제품 또는 서비스 원가와 재고자산 및 매출원가를 계산할 것이다.

종합원가계산의 개요

종합원가계산을 구체적으로 살펴보기에 앞서, 4장에서 논의한 개별원가계산과 종합원가계산을 간단히 비교해 보자. 개별원가계산과 종합원가계산은 서로 양극의 반대위치에 있는 것으로 볼 수 있다.

개별원가계산	종합원가계산
개별적으로 구분과 식별이 가능한 제품 또는 서비스 단위 (예: 고객 맞춤형 기계와 주택)	동질적이거나 유사한 대량의 제품 또는 서비스 (예: 식품 또는 화학 가공품)

종합원가계산시스템은 동질적이거나 유사한 대량의 산출물 단위에 총원가를 할당하여 제품이나 서비스의 단위당 원가를 계산한다. 즉, 산출물의 단위당 원가는 특정 기간 동안 발생한 총원가를 기간의 산출물 단위로 나누어 계산한다. 제조기업에 종합원가계산을 적용하면 각 제품의 단위는 동일하거나 유사한 금액의 직접재료원가, 직접노무원가, 그리고 제조간접원가를 배부받게 된다.

종합원가계산과 개별원가계산의 주요 차이점은 제품 또는 서비스의 단위당 원가를 계산할 때 사용되는 '평균의 정도'이다. 개별원가계산에서는 개별 작업마다 소비하는 자원의 양이 다르기 때문에 작업마다 동일한 평균 제조원가를 배부하면 제품의 원가는 부정확하게 된다. 반면에 동일하거나 유사한 제품이나 서비스가 한 단위마다 개별 작업이 아니라 대량으로 생산되는 경우에는 종합원가계산을 이용하여 평균 제조원가 개념을 사용하더라도 정확한 원가를 얻을 수 있다. 의류 제조와 같은 생산형태에서는 종합원가계산(재단과 재봉 공정은 각 공정별 단위당 원가가 동일)과 개별원가계산(다른 종류의 의류 배치는 양모, 면 등과 같이 다른 재료가 사용됨)의 측면을 모두 가지고 있는 경우도 있다.

다음의 사례를 살펴보자. Pacific Electronics는 다양한 종류의 휴대폰을 제조하는 업체이다. Pacific Electronics에서 생산하는 휴대폰은 조립공정에서 조립을 마친 다음에 검품공정으로 대체된다. 우리는 조립공정에 초점을 맞추어 종합원가계산을 이용하여 SG-40모델의 원가를 계산해 보기로 하자. SG-40 모델은 동질적이고 여러 성능과 사양을 갖추어 완성된다. SG-40의 조립공정에서 사용되는 종합원가계산은 하나의 직접원가범주(직접재료원가)와 하나의 간접원가범주(가공원가)를 가지고 있다. 가공원가는 직접재료원가를 제외한 모든 제조원가로, 노무원가, 에너지비용, 공장의 감가상각비 등을 포함한다. 다음 그림에서 볼 수 있듯이 휴대폰의 프로세서, 이미지센서, 마이크 등의 직접재료는 조립공정 초기에 모두 투입되고, 가공원가는 공정 전반에 걸쳐 균등하게 투입된다.

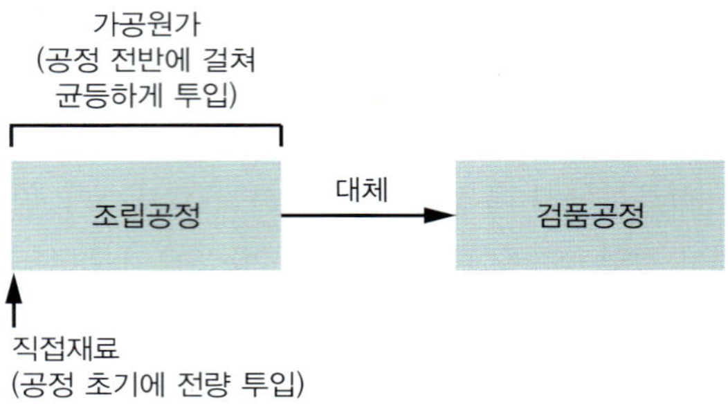

종합원가계산에서는 원가가 공정에 투입되는 시점에 따라 원가를 다른 원가범주로 분류한다. Pacific Electronics 사례와 마찬가지로 종합원가계산은 원가를 제품에 배분할 때 주로 두 가지 원가범주, 직접재료원가와 가공원가를 사용한다. 왜냐하면 대부분의 직접재료는 한 번에 공정에 투입되고, 가공원가는 일반적으로 공정 진행 전반에 걸쳐 균등하게 투입되기 때문이다. 물론 때때로 상황에 따라 달라질 수도 있다.

1. 만약 두 가지 직접재료가 공정의 다른 시점에 투입된다면 원가를 제품에 배분할 때 두 가지 직접재료원가 범주를 설정할 필요가 있다.
2. 만약 직접노무원가가 다른 가공원가와 달리 공정의 특정 시점에 투입된다면, 원가를 제품에 배분할 때 추가로 직접노무원가 범주를 설정해야 한다.

그럼 복잡성이 점점 높아지는 다음의 각 상황별로 종합원가계산의 적용 과정을 살펴보자.

- Case 1: SG-40의 기초재공품과 기말재공품이 모두 없는 경우의 종합원가계산(즉, 당기에 착수한 물량은 모두 당기에 완성됨). 이 사례를 통해 종합원가계산의 기본 개념 및 평균 원가를 학습한다.
- Case 2: SG-40의 기초재공품은 없고 기말재공품이 있는 경우의 종합원가계산. 이 사례를 통해 종합원가계산의 다섯 단계와 완성품환산량 개념을 소개한다.
- Case 3: SG-40의 기초재공품과 기말재공품이 있는 경우의 종합원가계산. 이 사례를 통해 가중평균법과 선입선출법의 원가흐름에 대한 가정이 완성품과 기말재공품의 원가에 미치는 영향을 설명한다.

Case 1: 기초재공품과 기말재공품이 없는 경우의 종합원가계산

2017년 1월 1일, 조립부문에 SG-40의 기초재고는 없다. 1월 중 Pacific Electronics는 400단위를 생산에 착수하여 조립공정 작업을 완성하였고, 이 물량을 검품공정으로 대체하였다.

2017년 조립부문의 자료는 다음과 같다.

2017년 1월 조립공정의 물량단위

기초재공품(1월 1일)	0단위
1월 중 착수량	400단위
1월 중 완성품(다음 공정으로 대체)	400단위
기말재공품(1월 31일)	0단위

물량단위는 완성 여부와 관계없이 산출된 물량의 수를 나타내며, 2017년 1월, 400단위가 착수되어 모두 완성되었다.

2017년 1월 총원가

1월 중 투입된 직접재료원가	$32,000
1월 중 투입된 가공원가	24,000
1월 중 투입된 조립부문의 총원가	$56,000

Pacific Electronics의 조립부서에서 발생한 직접재료원가와 가공원가를 기록하고, 단위당 원가는 총원가를 해당 기간에 생산된 단위수로 나누어 계산한다. 따라서 조립부문의 SG-40의 단위당원가는 $56,000 ÷ 400단위 = $140이다.

단위당 직접재료원가($32,000÷400단위)	$80
단위당 가공원가($24,000÷400단위)	60
조립공정의 단위당 원가	$140

사례 1은 동질적인 제품이나 서비스를 생산하는 회사가 기초재공품과 기말재공품이 없을 때 적용된다. 이런 상황은 서비스부문에서도 자주 볼 수 있다. 예를 들어 은행은 예금액에 관계없이 동일한 과정에 따라 고객예금을 처리하므로 종합원가계산을 적용하여 한 달에 100,000건의 고객예금 처리서비스의 단가를 계산할 수 있다.

Case 2: 기초재공품은 없고 기말재공품은 있는 경우의 종합원가계산

2017년 2월, Pacific Electronics는 400단위의 SG-40 생산에 착수하였다. 1월 중 생산에 착수한 물량은 모두 완성되었기 때문에 조립부문에 2월의 기초재공품은 없다. 일부 고객의 늦은 주문으로 인해 2월 중 착수한 물량 중 일부가 2월 말까지 완성되지 못했다. 2월 중에는 175단위가 조립공정에서 완성되어 검품공정으로 대체되었다.

2017년 2월의 조립부문의 자료는 다음과 같다.

Home Insert Page Layout Formulas Data Review View

	A	B	C	D	E
1		물량단위 (SG-40s) (1)	직접재료원가 (2)	가공원가 (3)	총원가 (4)=(2)+(3)
2	기초재공품(2월 1일 현재)	0			
3	2월 착수물량	400			
4	2월 중 완성되어 다음 공정으로 대체	175			
5	기말재공품(2월 28일)	225			
6	기말재공품 완성도		100%	60%	
7	2월 중 투입된 총원가		$32,000	$18,600	$50,600

조립부문에서 필요한 직접재료는 공정 초기에 모두 투입되므로 2017년 2월 28일의 기말재공품 225단위의 직접재료원가는 완성도가 100%이다. 그러나 가공원가는 공정 전반에 걸쳐 균등하게 투입되므로 조립공정의 감독자는 기말재공품의 완성도를 평균 60%라고 추정했다.

가공원가에 대한 완성도 추정의 정확성은 추정자의 노력, 기술 및 경험과 가공공정의 특성에 달려 있다. 완성품에 필요한 직접재료수량과 재공품에 투입된 직접재료수량을 쉽게 측정할 수 있기 때문에, 일반적으로 직접재료원가에 대한 완성도의 추정은 가공원가에 비해 쉽다. 반면에 가공공정은 일정한 시간이 소요되는 여러 제조단계를 거쳐 진행된다.[2] 따라서 가공원가의 완성도는 한 단위를 완성하는 데 소요되는 전체 가공원가 중 얼만큼의 원가가 현재 생산 중인 단위에 투입되었는지의 비율로 측정된다.

가공원가의 완성도는 보통 가공공정에 대해 잘 알고 있는 부문감독자 또는 라인관리자가 측정한다. 그러나 반도체 제조와 같은 일부 산업에서는 공정이 밀폐된 환경에서 진행되고, 모두 완료되었을 때만 열 수 있기 때문에 완성도의 정확한 추정이 불가능하다. 또한 섬유 산업 같은 환경에서는 셔츠와 바지 등 미완성제품이 많아 추정 작업에 너무 많은 비용이 소요된다. 이러한 경우에는 기말재공품의 가공원가를 계산하기 위해 경영자는 부서의 모든 작업이 미리 설정된 정도(예: 1/3, 1/2 또는 2/3)로 완성되었다고 가정한다.

완성품 한 단위에 투입된 원가와 미완성된 재공품 한 단위에 투입된 원가는 다르기 때문에 완성품과 기말재공품이 모두 존재하는 경우에는 이들에 대해 수행된 작업을 비교하기 위해 공통의 척도가 필요하다. 이에 관련된 작업량의 측정치가 완성품환산량(Equivalent Unit, EU)이다. (1) 2017년 2월에 조립이 완성된 단위의 원가와 (2) 2월 말 재공품으로 남아 있는 미완성된 단위의 원가를 계산하기 위한 다음의 5단계를 설명하면서 완성품환산량의 개념을 더 자세히 살펴보자. 종합원가계산의 5단계는 다음과 같다.

- **1단계:** 산출물의 물량흐름을 요약한다.
- **2단계:** 산출물의 완성품환산량을 계산한다.
- **3단계:** 투입된 총원가를 집계하여 요약한다.
- **4단계:** 완성품환산량 단위당 원가를 계산한다.
- **5단계:** 총원가를 완성품과 기말재공품에 배분한다.

물량흐름의 요약(1단계) 및 완성품환산량 계산(2단계)

1단계에서는 산출물 물량단위의 흐름을 파악한다. 물량단위는 완성 여부에 관계없이 산출물의 수량으로 나타낸다. 보기 17-1의 물량흐름을 보면 당기에 착수한 물량(400단위)이 완성품(175단위, 다음 공정으로 대체)과 기말재공품(225단위)으로 구분된다. 기초재공품은 없으므로, 당기착수 물량은 완성품 물량과 기말재공품 물량의 합과 같다.

당기착수 물량 400단위가 모두 완성되지 않았기 때문에 2단계에서는 물량단위가 아니라 완성품환산량으로 산출물을 계산한다. 완성품환산량은 (1) 완성품과 기말재공품의 생산요소별 투입량을 사용하여 (2) 각 요소가 100% 투입된 완성된 산출물을 얼마나 생산할 수 있는지를 측정한 값이다. 완성품환산량의 이해를 돕기 위해 50단위의 물량이 당기에 착수되었는

---

[2] 예를 들어, 가죽을 가공하는 기존의 태닝(tanning) 공정을 생각해보자. 250~300kg의 가죽을 얻으려면 가죽을 건조하기 전에 오일이 피부에 유입되는 단계인 담금, 중화, 절임, 태닝, 염색, 기름 흡수까지 15단계에 걸쳐 1톤의 생가죽을 투입해야 한다.

보기 17-1 **2017년 2월 조립부문의 물량단위 흐름 요약과 완성품환산량 계산**

	A	B	C	D
1		(1단계)	(2단계)	
2			완성품환산량	
3	물량흐름	물량단위	직접재료원가	가공원가
4	기초재공품	0		
5	당기착수량	400		
6	합계	400		
7	당기완성품(다음 공정으로 대체)	175	175	175
8	기말재공품[a]	225		
9	(225×100%, 225×60%)		225	135
10	합계	400		
11	당기작업량의 완성품환산량		400	310
12				
13	[a] 완성도: 직접재료원가 100%, 가공원가 60%			

데 기말까지 완성되지 않았다고 가정해 보자. 50단위의 기말재공품은 가공원가에 대해 70% 완성된 것으로 추정된다. 50단위에 투입된 가공원가를 이용하여 100% 완성된 단위를 얼마나 생산할 수 있는가? 답은 35단위이다. 70%가 완성된 기말재공품 50단위에 투입된 총가공원가를 사용하면 100% 완성된 물량 35단위(0.70 × 50)를 생산할 수 있다는 의미로, 이를 완성품환산량이라고 한다. 즉, 작업의 양으로 보면 미완성된 재공품 50단위는 완성된 35단위에 해당하는 것으로 간주된다.

완성품환산량은 각 투입요소(직접재료원가와 가공원가)별로 계산한다는 점에 주의해야 한다. 또한 완성품환산량의 정의에 따라, 완성품 물량 한 단위는 각 원가요소에 대해 한 단위의 완성품환산량으로 간주한다. 이 단원에서는 제조기업에서의 완성품환산량 계산에 중점을 두지만 비제조기업에서도 이 개념을 적용할 수 있다.

2단계에서 완성품환산량 계산 시에는 금액을 무시하고 수량에만 초점을 둔다. Pacific Electronics의 사례에서 보면 전체 400단위(완성품 175단위와 기말재공품 225단위)는 직접재료의 측면에서는 100% 완성되었다. 직접재료는 공정 초기에 필요한 양을 모두 투입하기 때문이다. 따라서 보기 17-1에서 직접재료원가의 당기작업량에 대한 완성품환산량은 400단위이다(완성품 175단위에 대한 완성품환산량 175단위와 기말재공품 225단위에 대한 완성품환산량 225단위의 합).

당기완성품 175단위에는 가공원가도 100% 투입되었다. 그러나 기말재공품 225단위는 평균적인 완성도가 60%이므로, 기말재공품에 투입된 가공원가는 완성품 135단위(225단위 × 60% = 135단위)에 사용된 가공원가와 동일하다. 따라서 보기 17-2에서 가공원가의 완성품환산량은 310단위(완성품 175단위에 대한 완성품환산량 175단위와 기말재공품 225단위에 대한 완성품환산량 135단위의 합)이다.

제품원가의 계산(3, 4, 5단계)

보기 17-2에 3, 4, 5단계의 결과가 제시되어 있는데, 이를 제조원가계산표(production cost worksheet)라고 한다.

3단계에서는 완성품과 기말재공품에 배분할 총원가를 집계한다. 재공품의 기초(2월 1일)

보기 17-2 **2017년 2월 조립부문의 총원가 요약, 완성품환산량 단위당 원가 계산, 완성품과 기말재공품에 대한 총원가의 배분**

	A	B	C	D	E	F
1			총제조원가	직접재료원가		가공원가
2	(3단계)	2월 중 투입원가	$50,600	$32,000	+	$18,600
3		합계	$50,600	$32,000	+	$18,600
4						
5	(4단계)	당기 투입원가		$32,000		$18,600
6		÷당기작업량의 완성품환산량(보기 17-1)		÷ 400		÷ 310
7		완성품환산량 단위당 원가		$ 80		$ 60
8						
9	(5단계)	원가배분:				
10		완성품(다음 공정 대체, 175단위)	$24,500	(175[a]×$80)	+	(175[a]×$60)
11		기말재공품(225단위)	26,100	(225[b]×$80)	+	(135[b]×$60)
12		합계	$50,600	$32,000	+	$18,600
13						
14	[a] 완성품(다음 공정 대체)의 완성품환산량(보기 17-1, 2단계)					
15	[b] 기말재공품의 완성품환산량(보기 17-1, 2단계)					

잔액이 없으므로 총원가는 당기에 투입된 원가로만 구성된다(직접재료원가 $32,000, 가공원가 $18,600, 총원가 $50,600).

4단계에서는 완성품환산량 단위당 원가를 직접재료원가와 가공원가로 구분하여 각각 계산한다. 이는 2월에 투입된 직접재료원가와 가공원가를 보기 17-1에서 계산한 완성품환산량으로 나누어 구할 수 있다.

완성품과 기말재공품의 단위당 원가계산에 있어 완성품환산량의 이해는 매우 중요한데, 2017년 1월과 2월의 가공원가를 비교하여 이를 살펴보자. 1월과 2월은 작업 물량단위가 400단위로 동일하지만 1월은 가공원가가 $24,000로 2월의 가공원가 $18,600보다 적다. 그러나 1월과 2월의 완성품환산량 단위당 원가는 $60로 같다. 그 이유는 2월의 가공원가 완성품환산량(310단위)이 1월(400단위)보다 적기 때문에 2월의 총가공원가가 1월보다 적음에도 완성품환산량 단위당 원가는 동일하게 나타난다. 그러나 완성품환산량 대신에 물량단위를 사용하면 단위당 가공원가는 1월에 $60인데 2월에는 $46.50($18,600 ÷ 400)로 감소한 것으로 나타난다. 이렇게 완성도를 고려하지 않고 물량단위를 이용하여 단위당 가공원가를 계산할 경우 경영진은 2월에 생산효율성이 향상된 것으로 잘못 판단할 우려가 있다.

완성품환산량 단위당 원가가 직접재료원가와 가공원가에 대해 모두 계산되면 5단계에서는 총원가를 완성품과 기말재공품에 배분한다. 보기 17-2에서 볼 수 있듯이 원가요소별로 완성품환산량과 완성품환산량 단위당 원가를 곱하여 구할 수 있다. 예를 들면 기말재공품 225단위에 배분되는 총원가는 다음과 같다.

직접재료원가: 완성품환산량 225단위(2단계)	
×직접재료원가 완성품환산량 단위당 원가 $80(4단계)	$18,000
가공원가: 완성품환산량 135단위(2단계)	
×가공원가 완성품환산량 단위당 원가 $60(4단계)	8,100
기말재공품의 총원가	$26,100

3단계에서 집계한 총원가($50,600)는 5단계에서 완성품과 기말재공품에 배분된 원가의

합과 동일한 금액이다.

분개

직접재료원가와 가공원가에 대한 종합원가계산의 분개는 개별원가계산에서와 유사하다. 주요 차이점은 종합원가계산에서는 재공품계정이 각 공정마다 존재한다는 것이다. 이 사례에서는 (1) 재공품–조립공정과 (2) 재공품–검품공정, 이렇게 두 개가 존재한다. Pacific Electronics는 직접재료를 필요시마다 구매하여 조립공정에 바로 투입한다. 보기 17–2의 내용을 이용하여 2월의 분개를 하면 다음과 같다.

	차변	대변
1. 재공품–조립공정	32,000	
매입채무통제		32,000
2월 중 발생한 직접재료의 구매와 투입을 기록		
2. 재공품–조립공정	18,600	
여러 계정(미지급노무비, 감가상각누계액 등)		18,600
2월 중 발생한 가공원가의 기록 : 에너지 관련 비용, 소모품비, 그리고 모든 노무비와 설비에 대한 감가상각비 등		
3. 재공품–검품공정	24,500	
재공품–조립공정		24,500
2월 중 조립공정에서 완성되어 검품공정으로 대체된 원가의 기록		

보기 17–3은 T계정을 이용한 원가흐름의 틀을 보여준다. 분개 3에서 $24,500가 조립부문에서 검품부문으로 대체된 물량을 나타낸다. 2017년 2월의 재공품–조립공정 기말잔액은 $26,100

보기 17–3 2017년 2월 조립부문의 종합원가계산 원가흐름

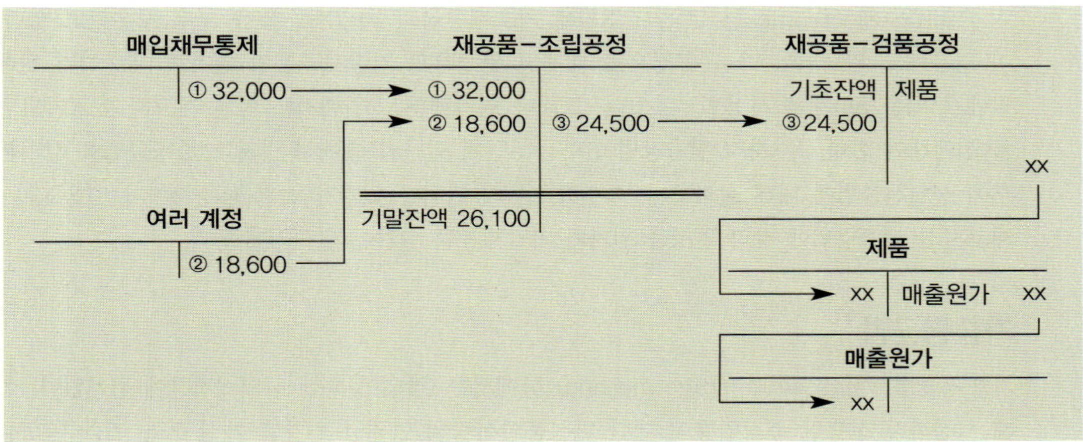

Big Band Corporation은 통신에 사용되는 반도체 칩을 생산한다. 직접재료는 생산공정 초기에 투입되며 가공원가는 공정 전반에 걸쳐 균등하게 투입된다. Big Band의 6월초 재고는 없다. 한 달 동안 직접재료원가는 $935,750, 가공원가는 $4,554,000 발생하였다. Big Band는 475,000개의 반도체칩 생산에 착수하였으며, 425,000개를 6월에 완성하였다. 기말재고의 가공원가 완성도는 50%이다.

17–1 도전!

(1) 6월에 작업한 완성품환산량과 (2) 반도체 칩의 단위당 총제조원가를 계산하시오. 총원가를 완성된 칩과 기말재고에 대해 배분하시오.

이고, 이는 2017년 3월의 재공품-조립공정의 기초재공품이 된다. 이번 달 조립공정의 기말재공품 원가는 다음 달 조립공정의 기초재공품 원가가 된다는 점에 유의해야 한다.

Case 3: 기초재공품과 기말재공품이 있는 경우의 종합원가계산

2017년 3월 초, Pacific Electronics 조립부문은 SG-40의 기초재공품을 225단위 보유하고 있고, 3월 중 275단위를 제조에 착수하였다. 3월 중 조립부문의 자료는 다음과 같다.

	A	B	C	D	E
1		물량단위 (SG-40s) (1)	직접재료원가 (2)	가공원가 (3)	총원가 (4)=(2)+(3)
2	기초재공품(3월 1일)	225	$18,000[a]	$8,100[a]	$26,100
3	기초재공품 완성도		100%	60%	
4	당기착수량	275			
5	당기완성품(다음 공정 대체)	400			
6	기말재공품(3월 31일)	100			
7	기말재공품 완성도		100%	50%	
8	3월의 발생원가		$19,800	$16,380	$36,180
9					
10	[a] 기초재공품(2월의 기말재공품과 동일)				
11	직접재료원가: 225단위×100% 완성×단위당 $80=$18,000				
12	가공원가: 225단위×60% 완성×단위당 $60=$8,100				

Pacific Electronics는 2017년 3월에 기초재공품과 기말재공품을 모두 보유하고 있다. 이 경우에도 완성되어 다음 공정으로 대체된 완성품과 기말재공품의 원가를 계산하기 위해 앞에서 배운 5단계를 사용할 수 있다. 그러나 원가배분을 위해서는 먼저 재고자산 평가방법을 선택해야 한다. 두 가지 평가방법에 따른 5단계 접근법 중에서 먼저 가중평균법을 살펴본 후에 선입선출법에 대해 살펴보자. 투입요소들의 단위당 원가가 기간별로 차이가 있을 경우, 재고자산 평가방법에 따라 완성품 원가와 기말재공품 원가는 달라지게 된다.

가중평균법

가중평균법(weighted-average method) 하에서는 (작업이 수행된 회계기간에 관계없이) 현재 시점까지 진행된 총작업량에 대한 완성품환산량의 단위당 원가를 계산하고, 이를 완성품 및 기말재공품의 완성품환산량에 곱하여 총원가를 배분한다. 가중평균법의 완성품환산량 단위당 원가는 재공품 계정에 기록된 총원가(기초재공품의 원가와 당기에 투입한 원가의 합)를 현재 시점까지 진행한 총작업량으로 나누어서 구한다. 앞에서 배운 종합원가계산의 5단계를 가중평균법을 사용하여 적용해 보자.

1단계: 물량흐름을 요약 보기 17-4의 '물량단위' 열은 기초재공품 225단위와 당기착수량 275단위로 유입된 물량이 완성품 400단위와 기말재공품 100단위로 이동하여 배분되는 흐름을 보여준다.

2단계: 완성품환산량의 계산 다음 식의 관계를 이용하여 완성품환산량을 계산한다.

보기 17-4 가중평균법 사용 시 물량흐름의 요약, 완성품환산량의 계산(2017년 3월, 조립부문)

	A	B	C	D
1		(1단계)	(2단계)	
2			완성품환산량	
3	물량흐름	물량단위	직접재료원가	가공원가
4	기초재공품	225		
5	당기착수량	275		
6	합계	500		
7	당기완성품(다음 공정 대체)	400	400	400
8	기말재공품[a]	100		
9	(100×100%, 100×50%)		100	50
10	합계	500		
11	총완성품환산량		500	450
12				
13	[a] 완성도: 직접재료원가 100%, 가공원가 50%			

$$\text{기초재공품의 완성품환산량} + \text{당기작업량의 완성품환산량} = \text{당기완성품의 완성품환산량} + \text{기말재공품의 완성품환산량}$$

앞의 식에서 우리는 좌변을 계산하는 데 관심이 있지만, 우변을 이용해서 (1) 완성품의 완성품환산량과 (2) 기말재공품의 완성품환산량의 합계를 계산하는 것이 더 쉽다. 이 계산 과정에서는 기초재공품의 완성도는 고려하지 않는 것에 주의해야 한다.

보기 17-4의 '완성품환산량' 열은 지금까지 수행된 작업에 대한 완성품환산량을 보여준다(직접재료원가 500단위 및 가공원가 450단위). 완성품의 완성도는 직접재료원가와 가공원가에 대해 모두 100%이다. 그러나 기말재공품의 완성도는 직접재료원가의 경우 (직접재료가 공정 초기에 모두 투입되기 때문에) 100%이지만, 조립부문 담당자의 추정에 의한 가공원가의 완성도는 50%이다.

3단계: 총원가의 요약 보기 17-5를 통해 3단계를 살펴보면, 2017년 3월의 총원가의 합계는 다음과 같이 요약된다.

기초재공품 원가	
(직접재료원가 $18,000 + 가공원가 $8,100)	$26,100
3월 동안 발생한 제조원가	
(직접재료원가 $19,800 + 가공원가 $16,380)	$36,180
3월의 총원가	$62,280

4단계: 완성품환산량 단위당 원가 계산 보기 17-5의 4단계에서는 가중평균법에서의 직접재료원가와 가공원가의 완성품환산량 단위당 원가의 계산을 보여준다. 가중평균법하에서 원가요소별 완성품환산량 단위당 원가는 기초재공품 원가와 당기에 투입한 제조원가의 합을 총완성품환산량으로 나누어 구한다. 예를 들어 보기 17-5에서 가공원가의 완성품환산량 단위당 원가는 다음과 같이 계산한다.

총가공원가(기초재공품 원가 $8,100+당기발생원가 $16,380)	$24,480
총완성품환산량(기초재공품과 당기완성품의 완성품환산량)	450
가중평균법에서의 완성품환산량 단위당 가공원가	$ 54.40

5단계: 완성품과 기말재공품에 원가배분 보기 17-5의 5단계에서는 완성품과 기말재공품의 완성품환산량(보기 17-4의 2단계에서 계산)에 4단계에서 구한 원가요소별 완성품환산량 단위당 원가를 곱하여 총원가를 배분한다. 예를 들어, 기말재공품 100단위에 대한 총원가는 다음과 같다.

직접재료원가 :	
완성품환산량 100단위×완성품환산량 단위당 원가 $75.60	$7,560
가공원가 :	
완성품환산량 50단위×완성품환산량 단위당 원가 $54.40	2,720
기말재공품 총원가	$10,280

다음 표는 보기 17-5에 제시된 총원가 $62,280이 어떻게 배분되는지를 요약하고 있다. 화살표는 기초재공품원가와 당기제조원가 발생액을 합한 후 가중평균한 총원가를 이용하여 완성품과 기말재공품의 원가가 계산되는 것을 보여준다.

총원가	
기초재공품	$26,100
당기제조원가 발생액	36,180
합계	$62,280

→

가중평균법에 따른 원가배분	
완성품(다음 공정 대체)	$52,000
기말재공품	10,280
합계	$62,280

보기 17-5 **가중평균법 사용 시 총원가의 요약, 완성품환산량 단위당 원가 계산, 완성품과 기말재공품에의 원가배분(2017년 3월, 조립부문)**

Home Insert Page Layout Formulas Data Review View

	A	B	C	D	E	F
1			총제조원가	직접재료원가		가공원가
2	(3단계)	기초재공품	$21,600	$18,000	+	$ 8,100
3		당기착수량	$36,180	$19,800	+	$16,380
4		합계	$62,280	$37,800	+	$24,480
5						
6	(4단계)	총원가		$37,800		$24,480
7		÷총작업량의 완성품환산량(보기 17-4)		÷ 500		÷ 450
8		완성품환산량 단위당 원가		$ 75.60		$ 54.40
9						
10	(5단계)	원가배분:				
11		당기완성품(다음 공정 대체, 400단위)	$52,000	(400[a]×$75.60)	+	(400[a]×$54.40)
12		기말재공품(100단위)	10,280	(100[b]×$75.60)	+	(50[b]×$54.40)
13		합계	$62,280	$37,800	+	$24,480
14						
15	[a] 당기완성품의 완성품환산량: 보기 17-4의 2단계					
16	[b] 기말재공품의 완성품환산량: 보기 17-4의 2단계					

보기 17-5를 이용하여 가중평균법하에서 2017년 3월의 거래를 분개하면 다음과 같다.

	차변	대변
1. 재공품-조립공정	19,800	
매입채무통제		19,800
3월 중 발생한 직접재료의 구매와 투입을 기록		
2. 재공품-조립공정	16,380	
여러 계정(미지급노무비, 감가상각누계액 등)		16,380
3월 중 발생한 가공원가의 기록 : 에너지 관련 비용, 소모품비, 그리고 모든 노무비와 설비에 대한 감가상각비 등		
3. 재공품-검품공정	52,000	
재공품-조립공정		52,000
3월 중 조립공정에서 완성되어 검품공정으로 대체된 원가의 기록		

가중평균법하에서 '재공품-조립공정'의 T계정은 다음과 같다.

재공품-조립공정

기초재공품, 3월 1일	26,100	③ 완성품 ('재공품-검품공정'으로 대체)	52,000
① 직접재료원가	19,800		
② 가공원가	16,380		
기말재공품, 3월 31일	10,280		

17-2 도전!

Stanton Processing Company의 페인팅 부문에 대해 2017년 3월의 기초와 기말재공품을 다음과 같이 가지고 있다.

	완성도	
	직접재료원가	가공원가
3월 1일 (3,000 단위)	40%	10%
3월 31일 (2,000 단위)	80%	40%

회사는 3월 동안 30,000단위를 완성했다. 3월에 발생한 제조원가는 직접재료원가 $176,320, 가공원가 $312,635이다. 3월 1일 기초재고의 원가는 $16,155(직접재료원가 $5,380, 가공원가 $10,775)이다. Stanton이 가중평균법을 사용한다고 가정하고 3월에 수행한 작업의 완성품환산량을 구하고 완성품 원가와 기말재공품원가를 계산하시오.

선입선출법

선입선출법(first-in, first-out method, FIFO)을 적용한 종합원가계산은 (1) 기초재공품의 완성품환산량에 포함된 이전 회계기간에 투입한 원가를 먼저 당기에 완성하여 다음 공정으로 대체한 단위에 배분하고, (2) 당기에 투입한 원가는 먼저 기초재공품을 완성하는 완성품환산량에, 그 다음으로 당기에 착수하여 당기에 완성한 단위에, 마지막으로 기말재공품에 배분한다. 선입선출법은 재공품 공정에 먼저 투입된 완성품환산량이 먼저 완성된다고 가정한다.

선입선출법 종합원가계산의 특징은 당기 이전에 수행한 기초재공품에 대한 작업과 당기에 수행한 작업을 분리한다는 점이다. 선입선출법은 당기제조원가와 당기작업량을 이용하여 완성품환산량 단위당 원가를 계산한다. 그에 반해 가중평균법은 완성품환산량과 완성품환산량 단위당 원가를 구하기 위해 기초재공품과 당기 작업의 완성품환산량 및 원가를 합하여 계산한다.

앞에서 소개한 종합원가계산의 5단계를 이용하여 선입선출법에서의 원가를 계산해 보자.

1단계: 물량흐름을 요약 보기 17-6의 1단계에서는 선입선출법하에서 물량의 흐름을 파악한다.

- 기초재공품 물량 225단위가 먼저 완성되어 다음 공정으로 대체되는 것으로 가정한다.
- 3월 동안 400단위가 완성되었다. 선입선출법에서는 완성품 400단위 중 기초재공품의 완성 물량인 225단위를 제외한 175단위가 당기 중 착수되어 완성된 물량으로 본다.
- 기말재공품은 당기착수 물량 275단위에서 당기착수 당기완성물량 175단위를 제외한 100단위이다.
- 재공품에 투입된 물량단위와 산출된 물량단위는 500단위로 동일하다.

2단계: 완성품환산량의 계산 보기 17-6은 선입선출법에서의 종합원가계산 2단계의 계산을 보여준다. 당기(3월)에 수행된 작업만을 대상으로 원가요소별 완성품환산량을 계산하는 점에 유의한다.

선입선출법에서는 3월에 진행된 기초재공품의 완성품환산량 225단위에 이 물량을 100%까지 완성하기 위해 추가로 수행해야 하는 작업의 비율을 곱한다. 기초재공품의 직접재료원가는 공정 초기에 모두 투입하기 때문에 완성도가 100%이므로 필요한 추가 작업은 0%이고, 가공원가의 완성도는 60%이므로 완성을 위해 필요한 추가 작업비율은 40%이다. 따라서 기초재공품에 대한 직접재료원가의 완성품환산량은 0(0% × 225)이고, 가공원가의 완성품환산량은 90(40% × 225)이다.

당기착수 당기완성 물량은 175단위는 당기에 작업이 100% 진행되기 때문에 완성품환산량은 직접재료원가와 가공원가 모두 100%이다.

기말재공품의 완성품환산량은 100단위에 직접재료원가의 경우 완성도 100%를 곱해서 100이며(100단위에 필요한 직접재료는 모두 당기에 투입되므로), 가공원가는 완성도 50%를 곱해서 50으로 계산된다.

보기 17-6 선입선출법에 따른 2017년 3월 조립부문의 물량흐름 요약 및 완성품환산량 계산

Home Insert Page Layout Formulas Data Review View

	A	B	C	D
1		(1단계)	(2단계)	
2			완성품환산량	
3	물량흐름	물량단위	직접재료원가	가공원가
4	기초재공품	225	(당기 이전의 작업량)	
5	당기착수량	275		
6	합계	500		
7	기초재공품 완성량[a]	225		
8	[225×(100%−100%), 225×(100%−60%)]		0	90
9	당기착수 당기완성량	175[b]		
10	(175×100%, 175×100%)		175	175
11	기말재공품[c]	100		
12	(100×100%, 100×50%)		100	50
13	합계	500		
14	당기작업의 완성품환산량		275	315
15				
16	[a] 기초재공품완성도: 직접재료원가 100%, 가공원가 60%			
17	[b] 당기완성물량 400단위에서 기초재공품완성물량 225단위를 차감한 물량			
18	[c] 기말재공품완성도: 직접재료원가 100%, 가공원가 50%			

3단계: 총원가의 요약 보기 17-7의 3단계에서는 2017년 3월의 기초재공품원가 $26,100와 당기투입원가 $36,180의 합인 총원가 $62,280를 집계한다.

4단계: 완성품환산량 단위당 원가 계산 보기 17-7의 4단계에서는 당기에 수행한 작업에 대한 직접재료원가와 가공원가의 완성품환산량 단위당 원가를 제시한다. 예를 들어, 가공원가의 완성품환산량 단위당 원가는 당기에 발생한 가공원가 $16,380를 당기에 작업한 가공원가 완성품환산량 315단위로 나누면 $52로 구할 수 있다.

5단계: 완성품과 기말재공품에 원가배분 보기 17-7의 5단계에서는 선입선출법하에서의 원가배분을 보여준다. 당기 작업원가는 (1) 기초재공품을 완성시키기 위해 추가로 수행한 작업에 우선 배분하고, 다음으로 (2) 당기에 착수하여 완성한 작업에 배분하며, 마지막으로 (3) 기말재공품에 대한 작업에 배분한다. 5단계의 금액은 보기 17-6의 2단계에서 파악한 원가요소별 완성품환산량과 4단계에서 계산한 완성품환산량 단위당 원가를 곱하여 구할 수 있다. 여기서 핵심은 당기에 수행한 작업에 대한 완성품환산량 단위당 원가를 이용하여 기초재공품이 당기에 완성된 작업의 원가와, 당기에 착수하여 완성한 작업의 원가, 그리고 기말재공품의 원가를 결정하는 것이다.

완성품 물량 400단위 중 225단위는 기초재공품을 완성한 것이며 175단위는 3월 중 착수하여 완성한 물량이다. 선입선출법은 기초재공품 원가 $26,100를 먼저 완성시킨 물

보기 17-7 **선입선출법 사용 시 총원가의 요약, 완성품환산량 단위당 원가 계산, 완성품과 기말재공품에의 원가배분(2017년 3월, 조립부문)**

Home Insert Page Layout Formulas Data Review View

	A	B	C	D	E	F
1			총제조원가	직접재료원가		가공원가
2	(3단계)	기초재공품	$26,100	$18,000	+	$ 8,100
3		당기발생 제조원가	36,180	$19,800	+	$16,380
4		총원가	$62,280	$37,800	+	$24,480
5						
6	(4단계)	당기발생 제조원가		$19,800		$16,380
7		당기작업의 완성품환산량(보기 17-6)		÷ 275		÷ 315
8		완성품환산량 단위당 원가		$ 72		$ 52
9						
10	(5단계)	원가배분:				
11		당기완성품(다음 공정 대체, 400단위)				
12		기초재공품 완성량(225단위)	$26,100	$18,000	+	$8,100
13		기초재공품 완성을 위한 당기의 추가 원가	4,680	(0[a]×$72)	+	(90[a]×$52)
14		기초재공품 완성량 합계	30,780			
15		당기착수 당기완성량(175단위)	21,700	(175[b]×$72)	+	(175[b]×$52)
16		총완성품 원가	52,480			
17		기말재공품(100단위)	9,800	(100[c]×$72)	+	(50[c]×$52)
18		총원가	$62,280	$37,800	+	$24,480
19						
20	[a] 기초재공품 완성을 위해 수행된 완성품환산량(보기 17-6, 2단계)					
21	[b] 당기착수 당기완성품의 완성품환산량(보기 17-6, 2단계)					
22	[c] 기말재공품의 완성품환산량(보기 17-6, 2단계)					

량에 배분한다. 2단계에서 본 것과 같이 기초재공품을 완성시키기 위해서는 가공원가의 완성품환산량 90단위의 작업이 추가로 필요하다. 당기의 가공원가 완성품환산량 단위당 원가는 $52이며, 기초재공품을 완성하는 데 $4,680(90 × $52)의 추가 원가가 발생한다. 따라서 기초재공품 물량의 총제조원가는 $26,100 + $4,860 = $30,780이다. 당기착수 당기완성 물량 175단위는 직접재료원가 및 가공원가에 대한 완성품환산량이 모두 175단위이다. 여기에 당기의 완성품환산량 단위당 원가(직접재료원가는 $72, 가공원가는 $52)를 각각 곱하면 총제조원가는 $21,700[175 × ($72 + $52)]가 된다.

선입선출법하에서는 기말재공품은 당기에 착수하였으나 완성하지 못한 것으로 간주한다. 부분적으로 조립된 기말재공품 100단위에 대한 총원가는 다음과 같다.

직접재료원가 :	
완성품환산량 100단위×완성품환산량 단위당 원가 $72	$7,200
가공원가 :	
완성품환산량 50단위×완성품환산량 단위당 원가 $52	2,600
기말재공품 총원가	$9,800

다음 표는 보기 17-7에 제시된 총원가 $62,280가 선입선출법하에서 어떻게 배분되는지 요약하고 있다. 선입선출법에서 기초재공품원가와 당기에 투입한 원가를 분리하여 처리하는 것에 주목해야 한다. 화살표는 각 원가가 어디로 가는지, 즉 완성품과 기말재공품 중 어디로 흘러가는지를 나타낸다. 기초재공품에 포함된 당기 이전의 원가($26,100)를 완성품원가를 계산할 때 반드시 포함하는 것을 잊지 말아야 한다.

총원가		선입선출법에 따라 배분된 원가	
		당기완성품(다음공정 대체)	
기초재공품	$26,100	기초재공품	$26,100
당기제조 원가	36,180	기초재공품 완성을 위해 투입된 원가	4,680
		당기착수 완성량	21,700
		당기완성품(다음 공정 대체)	52,480
		기말재공품	9,800
총원가	$62,280	총원가	$62,280

선입선출법을 계속 살펴보기 위해서는 보기 17-6과 보기 17-7을 잘 이해해야 한다. 보기 17-6은 물량흐름과 완성품환산량만을 다루고, 보기 17-7은 원가 금액을 보여준다.

선입선출법하에서의 분개는 가중평균법에서와 동일하며 한 가지만 차이가 있는데, 조립공정에서 완성되어 다음 공정으로 대체된 원가가 선입선출법에서는 $52,480이지만 가중평균법에서는 $52,000이다.

도전! 17-3

도전 17-2의 Stanton Processing Company의 경우에 대해 생각해보자. 도전 17-2에서 제시한 2017년 정보를 사용하여 Stanton이 선입선출법(FIFO)을 사용할 경우를 가정하고 문제를 다시 풀어보시오.

가중평균법과 선입선출법의 비교

2017년 3월의 예시에서 가중평균법과 선입선출법에 따라 완성품과 기말재공품에 총원가를 배분한 결과를 비교해 보자.

	가중평균법(보기 17-5)	선입선출법(보기 17-7)	차이
당기완성품(다음 공정 대체)	$52,000	$52,480	+$480
기말재공품	10,280	9,800	−$480
총원가	$62,280	$62,280	

기말재공품원가는 선입선출법에서보다 가중평균법에서 $480 또는 4.9%($480 ÷ $9,800 = 0.049, 또는 4.9%) 더 많다. 이 차이는 Pacific Electronics가 생산하는 많은 제품을 종합하면 매우 커질 것이다. 만약 완성품이 판매된다면 선입선출법에 비해 가중평균법에서 매출원가는 적게 되고 따라서 영업이익은 그만큼 많아진다. 앞의 내용을 이용하여 그 이유를 알아보자. 기초재공품의 경우 직접재료원가의 완성품환산량 단위당 원가는 $80이고, 가공원가의 완성품환산량 단위당 원가는 $60이다. 이는 당기에 수행된 작업에 대한 완성품환산량 단위당 직접재료원가 $72 및 가공원가 $52보다 크다. 당기작업의 단위당 원가는 투입한 직접재료원가 및 가공원가의 가격이 하락했거나, 또는 Pacific Electronics가 생산단위당 투입요소를 줄여 공정 효율성을 개선시켜 감소하였을 수 있다.

선입선출법은 (1) 단위당 원가가 높은 기초재공품 물량이 먼저 완성되어 다음 공정으로 대체되고, (2) 기말재공품은 단위당 원가가 낮은 당기착수 물량으로만 구성된다고 가정한다. 그러나 가중평균법에서는 (1) 단위당 원가가 낮은 당기착수 물량의 원가가 완성품에도 배분되고, (2) 단위당 원가가 높은 기초재공품 물량의 원가가 기말재공품에도 배분되므로 완성품환산량 단위당 원가가 고르게 평준화되는 효과가 있다.

경영자는 종합원가계산시스템에서 산출되는 정보를 제품가격결정과 제품배합 의사결정 및 기업의 성과평가에 활용할 수 있다. 선입선출법은 경영자에게 기간별 단위당 원가의 변동에 관한 정보를 제공하며, 경영자는 이를 이용하여 현재 상황에 따라 판매가격을 조정할 수 있다. 또한 예산이나 전기의 성과와 비교하여 당기의 성과를 평가하는 데에도 유용하다(예를 들어, 단위당 직접재료원가와 가공원가 모두 전기에 비해 감소하였음을 알 수 있다). 선입선출법은 당기에 수행된 작업과 이에 투입된 당기의 원가에 초점을 맞춤으로써 계획 및 통제 목적에 유용한 정보를 제공한다.

한편, 가중평균법은 서로 다른 회계기간의 단위당 원가를 합하여 가중평균하므로 기간 간 비교가 어렵다. 예를 들어, Pacific Electronics는 가중평균법을 사용하게 되면 당기완성품환산량 단위당 원가(직접재료원가 $72와 가공원가 $52)가 아니라 평균화된 원가(직접재료원가 $75.60와 가공원가 $54.40)에 근거하여 의사결정을 하게 된다. 그러나 가중평균법을 사용하면 계산이 쉽고 투입요소의 가격변동성이 월별로 심하더라도 대표성이 있는 평준화된 단위당 원가를 사용한다는 장점이 있다.

따라서 가중평균법과 선입선출법에서의 완성품의 단위당 원가와 영업이익이 상당히 차이가 나는 경우는 (1) 직접재료원가 또는 가공원가의 완성품환산량 단위당 원가가 기간별로 크게 다른 경우, 그리고 (2) 재공품의 물리적 수량이 완성되어 다음 공정으로 대체되는 수량에 비해 상대적으로 많은 경우이다. 기간별 단위당 원가차이와 재고수준이 감소하면 가중평균법

과 선입선출법하에서의 완성품 단위당 원가의 차이도 줄어들게 된다.[3]

그렇다면 가중평균법과 선입선출법에 따른 완성품의 단위당 원가가 크게 차이가 날 경우 경영자는 어떤 방법을 선택해야 할까? Pacific Electronics의 경우처럼 가격이 하락하는 시기에는 선입선출법에서의 매출원가가 높을수록 영업이익이 낮아지고, 이로 인해 법인세 납부액이 줄어들어 현금을 절약하고 기업가치를 높일 수 있다. 따라서 경영자는 선입선출법을 선호할 것이지만 이 선택을 할 수 없다. 만약 경영자의 보상이 영업이익을 기준으로 결정된다면, 법인세 납부액이 증가하더라도 영업이익을 높일 수 있는 가중평균법을 선호할 것이다. 따라서 최고경영자는 보상계획을 신중하게 설계하여 경영자가 기업가치를 제고시킬 수 있는 행동을 하도록 장려해야 한다. 예를 들어, 보상계획은 의사결정 및 성과평가를 조정하기 위해 영업이익 지표 외에도 세후 현금흐름을 지표로 활용할 수 있을 것이다.

종합원가계산에서의 전공정원가

종합원가계산시스템은 대부분 둘 이상의 부문 또는 제조공정을 가지고 있다. 물량이 특정 공정에서 완성되어 다음 공정으로 이동하면, 이에 관련된 원가도 분개를 통해 다음 공정으로 대체된다. 전공정원가(transferred-in costs; previous-department costs)는 제조공정에서 특정 공정의 완성품이 다음 공정으로 이동하여 제조원가가 이전될 때, 이전 공정에서 발생한 원가를 의미한다.

Pacific Electronics의 사례를 검품공정으로 확장해 보자. Pacific Electronics는 조립공정에서 완성된 SG-40은 즉시 검품공정으로 대체된다. 검품공정에서 가공원가는 공정 전반에 걸쳐 균등하게 발생하고, 운송 및 포장재료 등을 포함한 직접재료원가는 공정 종료시점에 투입된다. 검품공정에서 완성된 물량은 즉시 제품으로 대체된다. 검품공정의 원가는 전공정원가, 검품공정에서 투입되는 직접재료원가 및 가공원가로 구성된다. 이러한 내용을 다음 그림을 통해 나타낼 수 있다.

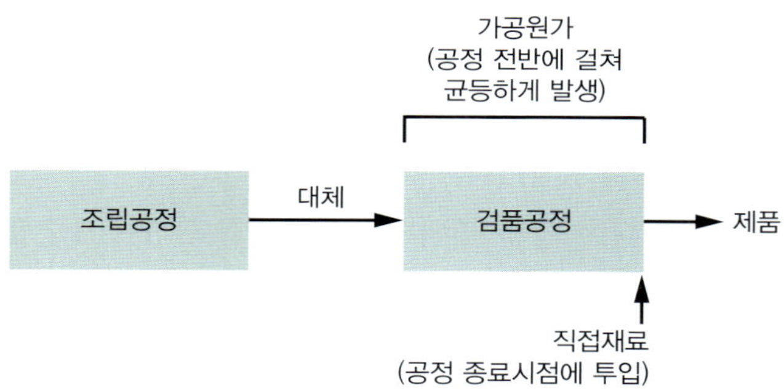

2017년 3월 검품공정의 자료는 다음과 같다.

[3] 예를 들어, 3월의 기초재공품 재고 물량이 (225단위 대신) 125단위라고 가정하고, 이번 기간(3월)에 수행된 작업의 완성품환산량 단위당 원가가 직접재료원가는 $75, 가공원가는 $55라고 가정하자. 3월의 다른 모든 자료는 예시에서와 동일하다. 이 경우, 완성품원가는 가중평균법 하에서 $52,833이고, 선입선출법 하에서 $53,000이다. 기말재공품원가는 가중평균법 하에서 $10,417이며, 선입선출법 하에서 $10,250이다(계산과정은 생략). 이러한 원가 차이는 이 단원의 예시에서보다 작다. 가중평균법에서의 기말재고는 선입선출법에서의 기말재고보다 $167($10,417 − $10,250), 또는 1.6%($167 ÷ $10,250 = 0.016) 많은데, 단원의 예시는 4.9%로 이보다 높다.

	A	B	C	D	E
1		물량단위 (SG-40s)	전공정원가	직접재료원가	가공원가
2	기초재공품(3월 1일)	240	$33,600	$ 0	$18,000
3	기초재공품 완성도		100%	0%	62.5%
4	전공정대체(3월)	400			
5	당기완성품(다음 공정 대체)	440			
6	기말재공품(3월 31일)	200			
7	기말재공품 완성도		100%	0	80%
8	당기(3월) 제조원가 투입액:				
9	직접재료원가와 가공원가			$13,200	$48,600
10	당기대체량(가중평균법, 보기 17-5)[a]		$52,000		
11	당기대체량(선입선출법, 보기 17-7)		$52,480		
12					
13	[a] 선입선출법(보기 17-7)과 가중평균법(보기 17-5)하에서 계산된 3월의 전공정원가는 서로 다르다. 그러나 1월과 2월에 완성품환산량 단위당 원가가 동일한 것으로 가정하였기 때문에 3월의 기초재공품 원가는 $51,600($33,600+$0+$18,000)으로, 가중평균법과 선입선출법에서 동일하다. 만약 두 달의 완성품환산량 단위당 원가가 다르다면, 2월의 기말재공품(3월의 기초재공품) 원가는 원가계산방법에 따라 달라질 것이다. 그러나 전공정원가가 존재하는 종합원가계산의 기본적 접근은 이 절의 설명과 동일하다.				

전공정원가는 공정 초기에 투입되는 별도의 직접재료원가인 것처럼 처리된다. 즉, 전공정원가는 새로운 공정에서 프로세스를 시작할 때 항상 완성도가 100%이다. 연속된 공정이 존재하는 경우, 이전 공정에서 대체된 단위는 다음 공정의 직접재료의 전부 또는 일부가 되지만 직접재료원가가 아니라 전공정원가라고 부른다.

전공정원가와 가중평균법

앞에서 설명한 종합원가계산의 5단계를 이용하여 전공정원가가 존재하는 경우의 가중평균법하에서 완성품과 기말재공품에 원가를 배분해 보자.

보기 17-8은 검품공정의 1단계와 2단계를 보여 준다. 가중평균법에 따라 완성품환산량을 계산하는 과정은 보기 17-4의 조립공정에서와 유사하며, 검품공정에서 전공정원가가 추

보기 17-8 가중평균법하에서의 물량흐름 요약 및 완성품환산량 계산(2017년 3월 검품공정)

	A	B	C	D	E
1		(1단계)	(2단계)		
2			완성품환산량		
3	물량 흐름	물량단위	전공정원가	직접재료원가	가공원가
4	기초재공품	240			
5	당기의 전공정 대체	400			
6	합계	640			
7	당기완성품(다음 공정 대체)	440	440	440	440
8	기말재공품[a]	200			
9	(200×100%, 200×0%, 200×80%)		200	0	160
10	총작업량의 완성품환산량	640			
11			640	440	600
12					
13	[a] 완성도: 전공정 대체량 100%, 직접재료원가 0%, 가공원가 80%				

보기 17-9 가중평균법하에서의 총원가 요약, 완성품환산량 단위당 원가 계산, 완성품과 기말재공품에 총원가의 배분(2017년 3월 검품공정)

	A	B	C	D	E	F	G	H
1			총제조원가	전공정원가		직접재료원가		가공원가
2	(3단계)	기초재공품	$ 51,600	$33,600	+	$ 0	+	$18,000
3		당기제조원가 발생액	113,800	52,000	+	13,200	+	48,600
4		총원가	$165,400	$85,600	+	$13,200	+	$66,600
5								
6	(4단계)	총원가		$85,600		$13,200		$66,600
7		총작업의 완성품환산량(보기 17-8)		÷640		÷440		÷600
8		완성품환산량 단위당원가		$133.75		$ 30.00		$111.00
9								
10	(5단계)	원가배분:						
11		당기완성품(다음 공정 대체, 400단위)	$120,890	(440[a]×$133.75)	+	(440[a]×$30)	+	(440[a]×$111)
12		기말재공품(200단위)	44,510	(200[b]×$133.75)	+	(0[b]×$30)	+	(160[b]×$111)
13		합계	$165,400	$85,600	+	$13,200	+	$66,600
14								
15	[a] 완성품의 완성품환산량(보기 17-8, 2단계)							
16	[b] 기말재공품의 완성품환산량(보기 17-8, 2단계)							

가되는 점만 차이가 있다. 전공정원가는 조립공정에서 발생한 원가이고 검품공정에 투입된 모든 단위는 조립공정에서 먼저 완성되었어야 하기 때문에, 검품공정에서 당기 완성품이든 기말재공품이든 모든 물량에 대해 전공정원가의 완성도는 100%이다. 이에 반해, 검품공정에서 투입되는 직접재료원가는 공정 종료시점에 모두 투입되기 때문에 기초재공품과 기말재공품에서 모두 완성도가 0%이다.

보기 17-9에는 가중평균법의 3, 4, 5단계가 설명되어 있다. 전공정원가, 직접재료원가 및 가공원가의 완성품환산량 단위당 원가를 계산하기 위해 기초재공품과 당기작업량을 구분하지 않고 더해서 사용한다.

검품공정에서 제품으로 대체하는 분개는 다음과 같다(보기 17-9 참조).

	차변	대변
제품	120,890	
재공품-검품공정		120,890
검품공정에서 완성된 제품의 원가를 제품 계정으로 대체하는 기록		

위 분개는 '재공품-검품공정' 계정에 다음과 같이 전기된다(보기 17-9 참조).

재공품-검품공정

기초재공품, 3월 1일	51,600	제품(으로 대체)	120,890
전공정원가	52,000		
직접재료원가	13,200		
가공원가	48,600		
기말재공품, 3월 31일	44,510		

전공정원가와 선입선출법

전공정원가가 존재하는 경우의 선입선출법 종합원가계산을 앞서 배운 5단계를 이용하여 살펴보자. 보기 17-10은 1단계와 2단계를 보여준다. 전공정원가를 고려하는 것 이외에 선입선출법하에서 완성품환산량의 계산은 조립공정과 동일하다(보기 17-6 참조).

보기 17-10 선입선출법하에서의 물량흐름 요약 및 완성품환산량 계산(2017년 3월 검품공정)

Home Insert Page Layout Formulas Data Review View

	A	B	C	D	E
1		(1단계)		(2단계)	
2				완성품 환산량	
3	물량흐름	물량단위	전공정원가	직접재료원가	가공원가
4	기초재공품	240		전기의 작업량	
5	당기의 전공정 대체	400			
6	합계	640			
7	당기완성품				
8	기초재공품 완성량[a]	240			
9	[240×(100%−100%), 240×(100%−0%), 240×(100%−62.5%)]		0	240	90
10	당기착수 완성량	200[b]			
11	(200×100%, 200×100%, 200×100%)		200	200	200
12	기말재공품[c]	200			
13	(200×100%, 200×0%, 200×80%)		200	0	160
14	합계	640			
15	당기작업량의 완성품환산량		400	400	450
16					
17	[a] 기초재공품 완성도: 전공정원가 100%, 직접재료원가 0%, 가공원가 62.5%				
18	[b] 완성품 물량 440단위에서 기초재공품에서 완성된 물량 240단위를 차감한 물량				
19	[c] 기말재공품 완성도: 전공정원가 100%, 직접재료원가 0%, 가공원가 80%				

보기 17-11 선입선출법하에서의 총원가 요약, 완성품환산량 단위당 원가 계산, 완성품과 기말재공품에 총원가의 배분(2017년 3월 검품공정)

Home Insert Page Layout Formulas Data Review View

	A	B	C	D	E	F	G	H
1			총제조원가	전공정원가		직접재료원가		가공원가
2	(3단계)	기초재공품	$ 51,600	$33,600	+	$ 0	+	$18,000
3		당기제조원가 발생액	114,280	52,480	+	13,200	+	48,600
4		총원가	$165,880	$86,080	+	$13,200	+	$66,600
5								
6	(4단계)	당기발생 제조원가		$52,480		$13,200		$48,600
7		당기작업량의 완성품환산량(보기 17-10)		÷400		÷440		÷450
8		완성품환산량 단위당 원가		$131.20		$ 30		$ 108
9								
10	(5단계)	원가배분:						
11		완성품(440단위)						
12		기초재공품(240단위)	$51,600	$33,600	+	$ 0	+	$18,000
13		기초재공품을 완성하기 위한 당기원가 발생액	16,920	(0[a]×$131.20)	+	(240[a]×$30)	+	(90[a]×$108)
14		기초재공품 합계	68,520					
15		당기착수 완성량	53,840	(200[b]×$131.20)	+	(200[b]×$30)	+	(200[b]×$108)
16		총완성품원가	122,360					
17		기말재공품(200단위)	43,520	(200[c]×$131.20)	+	(0[c]×$30)	+	(160[c]×$108)
18		총원가	$165,880	$86,080	+	$13,200	+	$66,600
19								
20	[a] 기초재공품을 완성하기 위한 당기 완성품환산량							
21	[b] 당기착수 완성량의 완성품환산량(보기 17-10, 2단계)							
22	[c] 기말재공품의 완성품환산량(보기 17-10, 2단계)							

보기 17-11에서는 3, 4, 5단계를 제시한다. 3단계에서 총원가는 $165,880로, 가중평균법에서의 $165,400와 차이가 나는데, 이는 조립공정에서 완성되어 검품공정으로 대체된 전공정원가가 두 방법에서 다르기 때문이다(선입선출법에서는 $52,480이고 가중평균법에서는 $52,000). 4단계에서는 당기에 발생한 제조원가를 당기에 작업한 완성품환산량으로 나누어 완성품환산량 단위당 원가를 계산한다. 5단계에서는 총원가 $165,880를 완성품원가와 기말재공품에 배분한다. 전공정원가를 제외한 나머지는 조립공정의 선입선출법에 따른 5단계와 유사하다(보기 17-7 참조).

다수의 공정에서 대체가 이루어지는 경우, 각 공정은 회계처리 목적에 따라 별도의 원가대상으로 간주된다는 점에 유의해야 한다. 검품공정에서 제품으로 대체되는 분개는 다음과 같다(보기 17-11 참조).

제품	122,360	
재공품-검품공정		122,360
검품공정에서 완성된 제품의 원가를 제품 계정으로 대체하는 기록		

위 분개는 '재공품-검품공정' 계정에 다음과 같이 전기된다(보기 17-11 참조).

재공품-검품공정

기초재공품, 3월 1일	51,600	제품(으로 대체)	122,360
전공정원가	52,480		
직접재료원가	13,200		
가공원가	48,600		
기말재공품, 3월 31일	43,520		

전공정원가 관련 주의점

전공정원가의 회계처리 시 기억해야 할 유의사항은 다음과 같다.

1. 이전 공정에서 대체된 전공정원가가 원가계산 시 포함되었는지 확인해야 한다.
2. 선입선출법을 사용하여 완성품 원가를 계산할 때, 기초재공품에 할당된 전기의 원가가 먼저 포함되어야 한다. 예를 들어, 보기 17-11의 $51,600가 완성품 원가에 먼저 포함되어야 한다.
3. 단위당 원가는 기간별로 변동가능성이 있기 때문에 다음 공정으로 대체되는 완성품의 단위당 원가는 서로 다른 배치로 구성될 수 있다. 예를 들면, 보기 17-11에서 선입선출법에 따른 전공정대체량 400단위($52,480)는 조립부서에서 작업했을 때의 직접재료 및 가공원가의 단위당 원가와 다른 배치로 구성된다(보기 17-7 참조). 그러나 이 물량이 검품공정으로 이전될 때는 단일의 단위당 평균 원가 $131.20($52,480 ÷ 400단위)가 된다(보기 17-11).
4. 공정마다 물량의 측정단위가 다를 수 있는데, 이 때에는 공정별로 측정단위를 달리 사용해야 한다. 예를 들어, 첫 번째 공정에서는 킬로그램을, 다음 공정에서는 리터에 근거하여 단위당 원가를 계산할 수 있다. 그럴 경우에는 첫 번째 공정의 완성 물량이 두 번째 공정으로 대체되면 측정단위가 리터로 전환되어야 한다.

제품이 표준규격을 충족하지 못할 경우 보완작업을 거쳐 판매되는 것을 재작업품이라고 부른다.[4] 기업은 제품 생산과정에서 공손과 작업폐물뿐만 아니라 재작업품을 최소화하기 위해 노력한다. 왜 그럴까? 정상 수준을 초과하는 공손과 작업폐물은 기업의 이익에 상당히 부정적인 영향을 미칠 수 있기 때문이다. 재작업품 또한 기업에 수년간 잠재적 비용을 발생시키는 요인이 될 수도 있다.

공손, 재작업품, 그리고 작업폐물의 정의

다음의 용어들은 비슷해 보이지만 원가관리회계 관점에서 의미를 제대로 이해할 필요가 있다. 공손(spoilage)은 완성품 또는 미완성품 중 고객의 요구사항을 충족하지 못해 폐기되거나 제값을 받지 못하고 판매되는 생산품을 말한다. 공손의 예로 이등급품으로 처분되는 불량 셔츠, 신발, 그리고 카펫 등이 있으며, 용해하여 알루미늄 제품 생산에 활용할 목적으로 알루미늄 제품 생산업자에게 판매되는 불량 알루미늄 캔과 같이 재활용되는 것도 있다.

재작업품(rework)은 고객의 요구사항을 충족시키지는 못했지만 추후 재작업을 거쳐 양품으로 제조되어 판매가능한 생산품이다. 예를 들면, 생산 중이거나 생산 완료 후 인도하기 전에 발견된 불량품(스마트폰, 태블릿, 노트북 등)은 종종 재작업을 통해 양품으로 판매된다.

작업폐물(scrap)은 생산과정에서 발생하는 투입 재료의 잔여물이다. 예를 들어, 목공 작업에서 발생하는 짧은 목재, 플라스틱 성형작업에서 발생하는 자투리, 그리고 의류 제조과정에서 남게 되는 원단조각과 같은 것들이다. 작업폐물은 상대적으로 매우 낮은 가격에 판매될 수도 있는데, 이런 면에서 16장에서 배운 부산물(byproduct)과 유사하다. 그러나 작업폐물은 기업이 판매를 목표로 생산한 것이 아니라 제조공정에서 발생하는 잔여물이라는 차이가 있다.

약간의 공손품, 재작업품 및 작업폐물은 여러 제조공정에서 필연적으로 발생한다. 예를 들어, 반도체 제조는 복잡하고 정교하기 때문에 웨이퍼 생산 공정에서 웨이퍼에 부착된 먼지와 실리콘 기판의 결함으로 인한 일부 물량의 손상된 공손이 발생하는 것을 회피하기 어렵다. 일반적으로 손상된 단위는 재작업할 수 없다. 고정밀 공작기계를 제조할 때 손상된 장치는 표준을 충족하도록 재작업할 수 있지만 상당한 원가의 투입이 필요하다. 또한 광산 산업에서 기업은 다양한 양의 귀금속과 폐기물이 혼합된 광석을 가공하는데, 이때 작업폐물이 되는 암석의 발생은 피하기 어렵다.

공손의 두 가지 유형

공손 회계처리는 먼저 공손 원가의 규모를 결정하고, 정상공손 및 비정상공손의 원가를 구분하는 것이 필요하다.[5] 기업이 공손의 원가를 관리하고 통제하며, 이를 줄이기 위해서는 공손

---

[4] 출처 : Yoko Kubota, "Honda Motor Profit Slides on Recall Costs," *The Wall Street Journal* (January 29, 2016); Yoko Kubota, "Honda Air-Bag Recall Costs Take a Toll," *The Wall Street Journal* (November 4, 2015); Hiroku Tabuchi, "Honda Expands Recall of Takata Airbags as Its Longtime Partner's Crisis Widens," *The New York Times* (February 3, 2016).

[5] Saskatchewan 대학의 Samuel Laimon의 제안이 도움이 되었으며, 감사하게 생각한다.

의 원가가 양품(정상품) 원가의 일부로 묻히지 않고 별도로 식별되도록 해야 한다.

정상공손과 비정상공손을 설명하기 위해 플라스틱 사출 성형을 이용하여 iMac 컴퓨터의 케이스를 제조하는 Mendoza Plastics의 예를 살펴보자. 2017년 1월, Mendoza는 완성품 20,500단위를 생산하기 위해 $3,075,000의 원가를 투입하였다. 20,500단위 중 20,000단위는 양품이고 500단위는 공손이며, 1월의 기초 및 기말재고는 모두 없다. 공손 500단위 중 400단위는 사출성형기계가 100% 정상품을 생산하지 못하기 때문에 발생한 것으로, 이러한 공손은 기계 작동이 정교하고 효율적으로 이루어지더라도 불가피하게 발생한다. 나머지 100단위는 기계의 고장 및 작업자의 실수로 발생하는 공손이다.

정상공손

정상공손은 개별 생산공정에 내재된 공손이다. 특히, 공정이 효율적으로 운영되는 경우에도 발생한다. 일반적으로 일부 정상공손을 발생시키지 않고는 양품을 생산할 수 없기 때문에 정상공손의 원가는 양품원가의 구성요소로 포함된다. 이러한 이유로 정상공손원가는 양품, 즉 완성된 제품의 재고원가에 포함된다. 다음은 Mendoza Palstics가 400단위의 정상공손원가를 계산하는 과정에 대한 설명이다.

단위당 제조원가, $3,075,000 ÷ 20,500단위 = $150	
완성품 제조원가, 단위당 $150 × 20,000단위	$3,000,000
정상공손원가, 단위당 $150 × 400단위	60,000
완성품 제조원가(정상공손원가 포함)	$3,060,000

$$\text{완성품 단위당 제조원가} = \frac{\$3{,}060{,}000}{20{,}000\text{단위}} = \$153$$

정상공손율은 정상공손 물량을 완성된 양품의 총물량으로 나누어 계산하며, 생산공정에 착수한 실제 총물량에 대한 비율로 계산하면 안 된다. Mendoza Plastics의 정상공손율은 400 ÷ 20,000=2%이다. 제품의 생산속도와 정상공손율 간에는 상충관계가 존재한다. 따라서 경영자는 생산속도에 따라 발생하는 정상공손율이 어느 정도인지 고려하여 제품의 시간당 생산량을 신중하게 결정해야 한다.

비정상공손

비정상공손은 특정 생산공정에 내재된 원인이 아니며, 효율적인 작업환경에서는 발생하지 않는다. Mendoza 사례에서 기계고장 및 작업자의 실수로 발생한 100단위의 공손이 비정상공손이다(만약 Mendoza가 100% 양품 생산을 목표로 한다면 500단위의 공손은 모두 비정상공손이 된다). 일반적으로 비정상공손은 회피가능하며 통제가능한 것으로 간주한다. 라인 감독자와 다른 생산담당자는 기계고장과 작업자의 실수 등과 같은 원인을 식별하고 재발을 방지하는 조치를 통해 비정상공손을 감소시키거나 제거할 수 있다. 비정상공손원가의 영향을 강조하기 위해 기업들은 비정상공손 수량을 계산하고 그 원가를 손익계산서상에 별도의 비용 계정인 '비정상공손손실'로 기록한다. 즉, 정상공손과는 달리 비정상공손원가는 재고자산으로 간주하지 않으며, 기간비용으로 상각한다. Mendoza의 비정상공손으로 인한 손실은 $15,000(단위당 $150×100단위)이다.

가중평균법과 선입선출법을 이용한 종합원가계산에서의 공손원가

종합원가계산에서 공손은 어떻게 회계처리해야 할까? 비정상공손 물량은 계산하여 이에 투입된 원가를 별도로 비정상공손손실 계정으로 보고해야 한다. 그렇다면 정상공손은 어떻게 회계처리해야 하는가? 정확한 방법은 산출물 단위(물량 또는 완성품환산량)를 계산할 때 정상공손을 분리해서 계산하는 것이다. 다음은 이러한 접근방법을 보여준다.

공손이 있는 경우의 종합원가계산 5단계

사례 1 Anzio Company는 성형 부문에서 재활용이 가능한 컨테이너를 제조한다. 직접재료원가는 공정 초기에 투입하며, 가공원가는 공정 전반에 걸쳐 균등하게 투입된다. 생산제품 중 일부는 공정종료 시점에 수행되는 검품 결과 결함으로 인해 공손으로 처리된다. 정상공손율은 양품의 10% 수준이다. 즉, 10단위의 양품을 생산하기 위해서는 한 단위의 정상공손이 발생한다. 2017년 7월의 요약 자료는 다음과 같다.

	A	B	C	D	E
1		물량단위 (1)	직접재료원가 (2)	가공원가 (3)	총원가 (4)=(2)+(3)
2	기초재공품(7월 1일)	1,500	$12,000	$9,000	$21,000
3	기초재공품 완성도		100%	60%	
4	당기착수량	8,500			
5	당기완성품	7,000			
6	기말재공품(7월 31일)	2,000			
7	기말재공품 완성도		100%	50%	
8	당기제조원가 발생액		$76,500	$89,100	$165,600
9	양품에 대한 정상공손율	10%			
10	정산공손 완성도		100%	100%	
11	비정상공손 완성도		100%	100%	

Anzio Company의 공손원가를 포함하기 위해서는 앞에서 설명한 종합원가계산의 다섯 단계를 약간 수정하여 적용하면 된다.

1단계: 산출물의 물량 흐름을 요약한다 정상공손과 비정상공손 물량을 파악한다.

총공손물량 = (기초재공품 물량 + 당기착수 물량) − (당기완성품 물량 + 기말재공품 물량)
= (1,500 + 8,500) − (7,000 + 2,000)
= 10,000 − 9,000
= 1,000단위

Anzio Company의 정상공손율은 양품의 10%이다. 따라서 정상공손은 양품 7,000단위의 10%인 700단위이며, 이를 이용하면 나머지는 비정상공손이다.

비정상공손 물량 = 총공손물량 − 정상공손물량
= 1,000단위 − 700단위
= 300단위

2단계: 산출물에 대한 완성품환산량을 계산한다 양품에 대해 완성품환산량을 계산하는 방식과 동일하게 공손의 완성품환산량을 계산한다. 모든 공손 물량은 산출물 단위의 계산에 포함된다. Anzio의 검품 시점이 제조공정 완료시점이기 때문에 공손품과 양품에 대해 동일한 양의 작업이 수행되어 완성도가 같다.

3단계: 총원가를 요약한다 투입된 총원가는 재공품 계정의 차변에 모두 기록된다. 이 단계에 대한 상세한 내용은 앞서 설명한 종합원가계산의 3단계와 유사하다.

4단계: 완성품환산량 단위당 원가를 계산한다 이 단계는 종합원가계산의 4단계와 유사하다.

5단계: 완성품과 기말재공품에 총원가를 배분한다 이 단계에서는 양품(완성품과 기말재공품)의 원가뿐만 아니라 공손의 원가도 계산한다.

그럼 가중평균법과 선입선출법하에서 공손이 존재하는 경우의 종합원가계산 5단계를 적용해보자.

가중평균법과 공손

보기 17-12의 패널 A는 정상공손과 비정상공손을 포함한 총작업의 완성품환산량을 계산하기 위한 1단계와 2단계를 보여준다. 보기 17-12의 패널 B는 3, 4, 5단계의 과정을 제시하고 있다.

3단계에서는 총원가를 요약하고, 4단계에서 가중평균법하에서의 완성품환산량 단위당 원가를 계산한다. 원가요소별로 기초재공품원가와 당기에 투입한 제조원가의 합을 현재까지 수행된 총작업에 대한 완성품환산량으로 나누면 가중평균 완성품환산량 단위당 원가가 계산된다. 5단계에서는 2단계에서 구한 완성품환산량에 4단계에서 계산한 완성품환산량 단위당 원가를 곱하여 총원가를 완성품, 정상 및 비정상공손, 기말재공품에 배분한다. 정상공손원가 \$13,825는 모두 당기완성품에 가산된다는 점에 유의해야 한다.

$$\text{완성품 단위당 원가} = \frac{\text{완성품 총원가(정상공손원가 포함)}}{\text{완성품 물량}}$$

$$= \$152,075 \div 7,000\text{단위} = \text{완성품 단위당 } \$21.725$$

이 금액은 완성된 양품의 완성품환산량 단위당 원가 \$19.75(직접재료원가 \$8.85 + 가공원가 \$10.90)와 다르다. 그 이유는 완성된 양품의 단위당 원가에는 완성품환산량 단위당 원가 \$19.75에 정상공손원가 \$1.975(\$13,825 ÷ 양품 7,000단위)가 더해지기 때문에 단위당 \$21.725가 된다. 비정상공손원가 \$5,925는 '비정상공손손실' 계정에 기록하고, 양품의 단위당 원가에는 가산되지 않는다.[6]

---

[6] 생산라인의 중단, 보관 및 공헌이익의 손실에 대한 기회비용은 회계시스템에 기록되지 않기 때문에 공손(및 재작업)의 실제원가는 회계시스템에 기록된 원가보다 더 크다. 18장에서는 원가관리 관점에서 이러한 기회비용에 대해 설명한다.

보기 17-12 **공손이 있는 경우의 가중평균법 종합원가계산(2017년 7월, 성형공정)**

패널 A: 물량흐름의 요약과 완성품환산량의 계산

	A	B	C	D	E
1			(1단계)	(2단계)	
2				완성품환산량	
3		물량흐름	물량단위	직접재료원가	가공원가
4		기초재공품	1,500		
5		당기착수량	8,500		
6		합계	10,000		
7		당기완성품	7,000	7,000	7,000
8		정상공손[a]	700		
9		(700×100%, 700×100%)		700	700
10		비정상공손[b]	300		
11		(300×100%, 300×100%)		300	300
12		기말재공품[c]	2,000		
13		(2,000×100%, 2,000×50%)		2,000	1,000
14		합계	10,000		
15		총작업량의 완성품 환산량		10,000	9,000
16					
17	[a] 정상공손율은 검품을 통과한 양품의 10%임. 10%×7,000=700단위				
18	정산공손품의 완성도: 직접재료원가 100%, 가공원가 100%				
19	[b] 비정상공손=총공손−정상공손=1,000−700=300				
20	비정상공손의 완성도: 직접재료원가 100%, 가공원가 100%				
21	[c] 기말재공품 완성도: 직접재료원가 100%, 가공원가 50%				

패널 B: 총원가의 요약, 완성품환산량 단위당 원가 계산, 완성품, 공손, 기말재공품에 총원가의 배분

			총제조원가	직접재료원가		가공원가
23			총제조원가	직접재료원가		가공원가
24	(3단계)	기초재공품	$21,000	$12,000	+	$ 9,000
25		당기제조원가 발생액	165,600	$76,500	+	89,100
26		총원가	$186,600	$88,500	+	$98,100
27	(4단계)	총원가		$88,500		$98,100
28		총작업량의 완성품환산량(패널 A)		÷10,000		÷9,000
29		완성품 환산량 당위당 원가		$ 8.85		$ 10.90
30	(5단계)	원가배분:				
31		당기완성품(7,000단위)				
32		정상공손원가 배부 전 원가	$138,250	(7,000[d]×$8.85)	+	(7,000[d]×$10.90)
33		정상공손원가(700단위)	13,825	(700[d]×$8.85)	+	(700[d]×$10.90)
34	(A)	완성품 총원가	152,075			
35	(B)	비정상공손원가(300단위)	5,925	(300[d]×$8.85)	+	(300[d]×$10.90)
36	(C)	기말재공품(2,000단위)	28,600	(2,000[d]×$8.85)	+	(1,000[d]×$10.90)
37	(A)+(B)+(C)	총원가	$186,600	$88,500	+	$98,100
38						
39	[d] 원가소요별 완성품환산량: 패널 A 2단계 참조					

도전! 17-4

Azure Textiles Company는 실크 배너를 제조하며, 가중평균 종합원가계산을 사용한다. 직접재료는 공정 초기에 투입되며 가공원가는 공정 전반에 걸쳐 균등하게 투입된다. 공손은 공정 완료 시점에 이루어지는 검품과정에서 식별되며, 공손의 처분가치는 0이다.

	물량단위(배너)	직접재료원가	가공원가
기초재공품, 7월 1일[a]	1,000	$ 1,423	$ 1,110
2017년 7월 착수량	?		
7월중 완성된 제품 단위	9,000		
정상공손	100		
비정상공손	50		
기말재공품, 7월 31일[b]	2,000		
2017년 7월 총투입원가		$12,180	$27,750

[a] 완성도: 직접재료원가 100%, 가공원가 50%
[b] 완성도: 직접재료원가 100%, 가공원가 30%

7월에 수행된 작업의 완성품환산량을 구하고, 완성품(정상공손 포함)과 비정상공손, 기말재공품의 원가를 계산하시오.

선입선출법과 공손

보기 17-13의 패널A는 선입선출법을 이용하여 당기작업량의 완성품환산량을 계산하기 위한 1단계와 2단계를 보여준다. 보기 17-13의 패널 B는 3, 4, 5단계의 과정을 제시한다. 선입선출법은 기초재공품의 원가를 당기작업량의 원가와 분리하는 점에 유의해야 한다. 그러나 공손은 기초재공품과 당기착수 물량 중 어디에서 발생한 것인지 구분하기 어렵다. 따라서 계산의 단순화를 위해 모든 공손원가는 당기착수 완성물량에서 발생한 것으로 가정하고, 당기작업량의 단위당 원가를 이용한다.[7]

도전! 17-5

Azure Textiles Company의 사례를 다시 이용하자, 도전 17-4에서 제시된 2017년 7월의 자료를 동일하게 이용하여, Azure가 선입선출법을 사용할 경우에 대해 물음에 답하시오.

분개

보기 17-12와 17-13의 패널 B의 자료를 이용하여 완성품을 제품으로 대체하고 비정상공손손실을 인식하기 위한 분개를 제시하면 다음과 같다.

	가중평균법		선입선출법	
제품	152,075		151,600	
재공품—성형공정		152,075		151,600
7월에 완성된 양품의 원가를 제품 계정으로 대체				
비정상공손손실	5,925		6,000	
재공품—성형공정		5,925		6,000
7월에 발생한 비정상공손원가를 손실로 기록				

[7] 선입선출법에서의 계산을 단순화하기 위해 공손 단위는 당기에 발생한 것으로 간주한다. 기초재공품의 일부는 이전 기간에 발생한 공손일지라도, 모든 공손은 당기에 발생한 것으로 취급한다.

보기 17-13 **공손이 있는 경우의 선입선출법 종합원가계산(2017년 7월, 성형공정)**

패널 A: 물량흐름의 요약과 완성품환산량의 계산

	A	B	C	D	E
1			(1단계)	(2단계)	
2				완성품환산량	
3		물량흐름	물량단위	직접재료원가	가공원가
4		기초재공품	1,500		
5		당기착수량	8,500		
6		합계	10,000		
7		당기완성품			
8		기초재공품 완성량[a]	1,500		
9		[1,500×(100%−100%), 1,500×(100%−60%)]		0	0
10		당기착수 완성량	5,500[b]		
11		(5,500×100%, 5,500×100%)		5,500	5,500
12		정상공손[c]	700		
13		(700×100%, 700×100%)		700	700
14		비정상공손[d]	300		
15		(300×100%, 300×100%)		300	300
16		기말재공품[e]	2,000		
17		(2,000×100%,2,000×50%)		2,000	1,000
18		합계	10,000		
19		당기작업량의 완성품환산량		8,500	8,100
20					
21	[a] 기초재공물의 완성도: 직접재료원가 100%, 가공원가 60%				
22	[b] 완성품 7,000단위에서 기초재공품으로부터 완성된 물량 1,500단위를 차감한 물량				
23	[c] 정상공손율은 검품을 통과한 양품의 10%, 7,000×10%=700단위 정산공손품의 완성도: 직접재료 원가 100%, 가공원가 100%				
24	[d] 비정상공손=총공손−정상공손=1,000−700=300단위 비정상공손의 완성도: 직접재료원가 100%, 가공원가 100%				
25	[e] 완기말재공품 완성도: 직접재료원가 100%, 가공원가 50%				

패널 B: 총원가의 요약, 완성품환산량 단위당 원가 계산, 완성품, 공손, 기말재공품에 총원가의 배분

26			총제조원가	직접재료원가		가공원가
27	(3단계)	기초재공품	$21,000	$12,000	+	$ 9,000
28		당기제조원가 발생액	165,600	$76,500	+	89,100
29		총원가	$186,600	$88,500	+	$98,100
30	(4단계)	총원가		$76,500		$89,100
31		총작업량의 완성품환산량(패널 A)		÷8,500		÷8,100
32		완성품환산량 단위당 원가		$ 9		$ 11
33	(5단계)	원가배분:				
34		당기완성품(7,000단위)				
35		기초재공품 완성품(1,500단위)	$21,000	$12,000		$ 9,000
36		기초재공품완성을 위한 당기원가추가액	6,600	(0[f]×$9)	+	(600[f]×$11)
37		기초재공품합계	27,600			
38		정상공손원가 배부 전 당기착수 완성량(5,500단위)	110,000	(5,500[f]×$9)	+	(5,500[f]×$11)
39		정상공손(700단위)	14,000	(700[f]×$9)	+	(700[f]×$11)
40	(A)	완성된 양품의 총원가	151,600			
41	(B)	비정상공손(300단위)	6,000	(300[f]×$9)	+	(300[f]×$11)
42	(C)	기말재공품(2,000단위)	29,000	(2,000[f]×$9)	+	(1,000[f]×$11)
43	(A)+(B)+(C)	총원가	$186,600	$88,500	+	$98,100
44						
45	[f] 원가소요별 완성품환산량: 패널 A 2단계 참조					

자율학습 1

Allied Chemicals는 플라스틱 공장을 세 개의 공정으로 운영하며, 그 중 두 번째 공정이 조립공정이다. 조립공정에서 직접재료원가는 공정 종료시점에 투입되며 가공원가는 공정 전반에 걸쳐 균등하게 발생한다. 2017년 6월 조립공정의 자료는 다음과 같다.

	A	B	C	D	E
1		물량단위	전공정원가	직접재료원가	가공원가
2	기초재공품	50,000			
3	기초재공품 완성도		100%	0%	80%
4	당기의 전공정대체량	200,000			
5	당기완성품	210,000			
6	기말재공품	?			
7	기말재공품 완성도		100%	0%	40%

요구사항

[1] 가중평균법과 [2] 선입선출법을 이용하여 완성품환산량을 계산하시오.

Solution

[1] 가중평균법은 완성품환산량 단위당 원가를 계산하기 위해 현재까지 수행된 모든 작업의 완성품환산량을 이용한다. 완성품환산량은 다음과 같이 계산된다.

	A	B	C	D	E
1		(1단계)	(2단계)		
2			완성품환산량		
3	물량흐름	물량단위	전공정원가	직접재료원가	가공원가
4	기초재공품	50,000			
5	당기착수량	200,000			
6	합계	250,000			
7	당기완성품	210,000	210,000	210,000	210,000
8	기말재공품[a]	40,000[b]			
9	(40,000×100%, 40,000×0%, 40,000×40%)		40,000	0	16,000
10	합계	250,000			
11	총작업의 완성품환산량		250,000	210,000	226,000
12					
13	[a] 완성도: 전공정대체량 100%, 직접재료원가 0%, 가공원가 40%				
14	[b] 총 250,000단위에서 완성품 210,000단위를 차감한 물량				

[2] 선입선출법은 완성품환산량을 단위당 원가를 계산하기 위해 당기에 수행된 작업의 완성품환산량만 이용한다. 완성품환산량은 다음과 같이 계산된다.

	A	B	C	D	E
1		(1단계)	(2단계)		
2			완성품환산량		
3	물량흐름	물량단위	전공정원가	직접재료원가	가공원가
4	기초재공품	50,000			
5	당기착수량	200,000			
6	합계	250,000			
7	당기완성품				
8	기초재공품 완성량[a]	50,000			
9	[50,000×(100%−100%), 50,000×(100%−0%), 50,000×(100%−80%)]		0	50,000	10,000
10	당기착수 당기완성량	160,000[b]			
11	(160,000×100%, 160,000×100%, 160,000×100%)		160,000	160,000	160,000
12	기말재공품[c]	40,000[d]			
13	(40,000×100%, 40,000×0%, 40,000×40%)		40,000	0	16,000
14	합계	250,000			
15	당기작업의 완성품환산량		200,000	210,000	186,000
16					
17	[a] 기초재공품 완성도: 전공정원가 100%, 직접재료원가 0%, 가공원가 80%				
18	[b] 완성품 210,000단위에서 기초재공품 완성량 50,000단위를 차감한 물량				
19	[c] 기말재공품 완성도: 전공정원가 100%, 직접재료원가 0%, 가공원가 40%				
20	[d] 총 250,000단위에서 완성품 210,000단위를 차감한 물량				

자율학습 2

Burlington Textiles는 원가가 $40,000이고 순처분가치가 0인 공손품을 가지고 있다. (a) 종합원가계산(공정 A)과 (b)개별원가계산에서 다음의 각 상황에 필요한 분개를 제시하시오.

요구사항

1. $40,000 모두 비정상공손인 경우
2. $40,000 모두 정상공손이며, 모든 작업에 공통으로 적용되는 경우
3. $40,000 모두 정상공손이며, 특정 작업에서 발생하는 경우

Solution

	(a) 종합원가계산			(b) 개별원가계산		
1	비정상공손손실	40,000		비정상공손손실	40,000	
	재공품−공정 A		40,000	재공품통제(특정 작업)		40,000
2	단위 완성 후 다음 공정 대체 시까지 분개없음. 다음 공정 대체 시 정상공손원가는 양품원가의 일부가 됨.			제조간접원가통제	40,000	
				재공품통제(특정 작업)		40,000
	재공품−공정 B	40,000				
	재공품−공정 A		40,000			
3	적용할 수 없음			분개없음. 정상공손원가는 재공품통제(특정 작업) 계정에 남아있음.		

과제

서술형 문제

17-1 종합원가계산시스템을 이용하는 산업의 예를 세 가지 들어보시오.

17-2 종합원가계산에서 원가를 왜 두 가지 범주로 분류하는가?

17-3 완성품환산량에 대해 설명하시오. 종합원가계산에서 완성품환산량을 계산하는 이유는 무엇인가?

17-4 반도체 생산공장에서 반도체 칩의 완성도를 측정할 때 발생할 수 있는 문제는 무엇인가?

17-5 종합원가계산의 다섯 단계에서 완성품환산량을 계산하는 단계는 무엇인가?

17-6 종합원가계산에서 일반적으로 사용하는 세 가지 재고자산평가방법은 무엇인가?

17-7 완성품과 기말재공품에 원가를 배분하는 데 사용되는 가중평균법의 특징을 설명하시오.

17-8 완성품과 기말재공품에 원가를 배분하는 데 사용되는 선입선출법의 특징을 설명하시오.

17-9 계획과 통제 목적으로 선입선출법을 사용하면 어떤 장점이 있는가?

17-10 종합원가계산과 개별원가계산의 분개는 주요 차이점이 무엇인가?

17-11 원가계산담당자들이 종합원가계산에서 전공정원가와 이후 공정에서 추가된 직접재료원가를 구분하는 이유는 무엇인가?

17-12 "전공정원가는 전기에 발생한 원가이다." 이 말에 동의하는지 설명하시오.

17-13 "우리 회사는 원재료의 공급업체와 고정가격에 원재료를 공급받는 장기계약을 체결했기 때문에 종합원가계산에서 가중평균법과 선입선출법 중 어느 것을 선택해도 문제될 것이 없다."라는 공장 관리자의 말에 동의하는지 설명하시오.

17-14 제조기업들이 품질 향상을 위해 실수 없는 작업을 하려는 이유는 무엇인가?

17-15 공손, 재작업품, 그리고 작업폐물을 구분하여 설명하시오.

17-16 "정상공손원가는 계획된 공손원가이다."라는 말에 대해 설명하시오.

17-17 "비정상공손원가는 손실이다."라는 말에 대해 설명하시오.

17-18 "과거에 정상공손으로 간주된 공손원가는 현재 또는 미래에 더 이상 공손원가로 허용되지 않는다." 이에 대해 설명하시오.

17-19 "비정상공손 물량은 직접 식별되지 않고 추론에 의해 계산된다."라는 말에 대해 설명하시오.

17-20 "공손에 대한 회계처리는 원가발생에 관한 것이 아니라 원가배분에 관한 것이다."에 대해 설명하시오.

17-21 "총투입물량은 정상공손 물량뿐만 아니라 비정상공손 물량도 포함하고 있기 때문에 정상공손율을 계산하는 기준으로 부적합하다."라는 의견에 동의하는지 설명하시오.

17-22 정상공손의 단위당 원가는 비정상공손의 단위당 원가와 동일하다."는 의견에 동의하는지 설명하시오.

객관식 문제

17-23 기초재공품이 0이라고 가정하면, 선입선출법과 가중평균법을 사용하여 계산된 완성품환산량은 다음과 같은 관계를 가진다.

1. 선입선출법 완성품환산량은 가중평균법 완성품환산량보다 많다.
2. 선입선출법 완성품환산량은 가중평균법 완성품환산량보다 적다.
3. 가중평균법 완성품환산량은 항상 선입선출법 완성품환산량보다 많다.
4. 가중평균법 완성품환산량은 선입선출법 완성품환산량과 같다.

17-24 다음은 20X1년 5월 Westheimer Corporation의 완성품환산량에 대한 자료이다.

	단위
기초재공품(50% 완성)	4,000
5월 착수량	16,000
당기착수 완성량	14,000
기말재공품(80% 완성)	6,000

가중평균법을 사용할 경우 Westheimer의 20X1년 5월의 완성품환산량은 얼마인가?

a. 14,000 b. 18,800 c. 20,000 d. 39,000

17-25 Sepulveda Corporation은 노트북 PC를 제조하기 위해 종합원가계산을 사용한다. 다음은 첫 번째 연도의 1분기(3월 31일 종료) 동안의 VeryLite 모델 제조를 위한 자료이다.

	단위	직접재료원가
기초재공품(1월 1일)	100	$60,000
1분기 착수량	500	
1분기 완성량	400	
기말재공품(3월 31일)	200	
1분기 발생원가		$840,000

직접재료에 대해 기초재공품의 완성도는 50%이고 기말재공품의 완성도는 75%이다. 선입선출법을 사용할 경우 1분기의 직접재료원가 완성품환산량은 얼마인가?

a. 450 b. 500 c. 550 d. 600

17-26 Penn Manufacturing Corporation은 PC의 프린터 제조를 위해 종합원가계산을 이용하고 있다. 다음은 9월 30일에 종료되는 3분기의 NoToner 모델 제조를 위한 자료이다.

	단위	직접재료원가
기초재공품(7월 1일)	100	$50,000
3분기 착수량	500	
3분기 완성량	400	
기말재공품(9월 30일)	200	
3분기 발생원가		$775,000

직접노무원가에 대한 기초재공품의 완성도는 50%이고 기말재공품의 완성도는 75%이다. 가중평균법을 사용할 경우 기말재공품에서 직접노무의 총금액은 얼마인가?

a. $183,000 b. $194,000 c. $225,000 d. $210,000

17-27 Kimberly Manufacturing은 채광산업에서 사용하는 먼지밀도센서를 제조하는 데 종합원가계산을 이용한다. 다음은 5차 연도의 5월의 운영자료이다.

	단위
기초재공품(5월 1일)	16,000
5월 착수량	100,000
5월 완성량	92,000
기말재공품(5월 31일)	24,000

기초재공품의 직접재료원가 완성도는 60%이고 가공원가 완성도는 20%이다. 기말재공품의 직접재료원가 완성도는 90%이고 가공원가 완성도는 40%이다.
5월의 관련원가는 다음과 같다.

- 기초재고원가: 직접재료원가 $54,560, 직접노무원가 $20,320, 공장제조간접원가 $15,240
- 5월 발생원가: 재료투입 $468,000, 직접노무원가 $182,880, 공장제조간접원가 $391,160

가중평균법을 이용할 경우, 5월의 가공원가 완성품환산량은 얼마인가?

a. $5.65 b. $5.83 c. $6.00 d. $6.41

17-28 다음 중 정상 또는 비정상공손의 처리에 대한 설명으로 옳지 않은 것은?

a. 비정상공손은 생산한 제품의 표준원가에서 제외된다.
b. 정상공손은 재고자산원가의 일부로 자본화된다.
c. 비정상공손은 재무제표에 영향을 미치지 않는다.
d. 정상 및 비정상공손 단위는 제품의 완성품환산량에 영향을 미친다.

17-29 Healthy Dinners Co.는 건강에 민감한 소비자를 대상으로 냉동 저녁식사를 생산한다. 9월 30일로 마감된 분기 동안의 회사의 원가자료는 다음과 같다.

저녁 재료	$3,550,000
준비 작업	900,000
판매 및 마케팅비용	125,000
공장 제조간접비	50,000
정상공손 음식	60,000
비정상공손 음식	40,000
일반관리비	75,000

위 자료를 이용하여, 9월 30일로 마감된 분기의 손익계산서에 반영된 기간비용의 총금액은 얼마인가?

a. $200,000 b. $240,000 c. $290,000 d. $300,000

17-30 Fresh Products, Inc.는 162,500개의 콘아이스크림 전문 품목 생산과 관련하여 12월에 다음과 같은 원가가 발생하였다.

식품 작업	$175,000
아이스크림콘 재료	325,000
판매 및 마케팅비용	10,000
공장 제조간접비	16,000
비정상공손	4,000
정상공손	3,000

12월에 회사의 아이스크림콘 전문 품목에 배분된 단위당 재고원가는 얼마인가?

a. $3.18 b. $3.20 c. $3.22 d. $3.26

주관식 문제

17-31 완성품환산량, 기초재공품이 없는 경우. Candid, Inc.는 디지털카메라 제조업체이다. Candid는 조립부문과 검품부문의 두 개 부문으로 구성되어 있다. 2017년 1월, 회사는 $800,000의 직접재료원가와 $805,000의 가공원가가 발생하여 총원가 $1,605,000이 발생하였다.

요구사항

1. 2017년 1월 1일, 기초재고는 없다. 1월 중 5,000개의 카메라를 생산에 착수하여 1월 말에 5,000개를 완성하였다. 1월에 조립한 카메라의 단위당 원가는 얼마인가?
2. 2월에 5,000개의 카메라를 생산에 착수하였으며, 2월의 총제조원가는 1월과 동일하나, 2월 말에는 4,000개의 카메라를 완성하였다. 재공품 1,000개에는 필요한 직접재료는 모두 투입되었으나 가공원가의 완성도는 60%이다. (a) 2월의 직접재료와 가공원가의 완성품환산량은 각각 얼마인가? (b) 2017년 2월 조립된 카메라의 단위당 원가는 얼마인가?
3. 요구사항 1과 2에서 답에 차이가 나는 이유를 설명하시오.

17-32 분개(17–31의 연속). 문제 17–31의 요구사항 2를 참고하여 답하시오.

요구사항

직접재료원가와 가공원가의 소비를 분개로 나타내시오. 또한 제품 계정으로 대체하는 분개를 제시하시오. 그리고 분개를 재공품 계정에 전기하시오.

17-33 기초재공품이 없고, 직접재료가 공정 중간에 투입되는 경우. Pilar Chemicals는 혼합공정과 정제공정으로 구성된다. 혼합공정의 종합원가계산시스템은 두 종류의 직접재료(화학물질 P와 Q)와 가공원가 집합을 가지고 있다. 다음은 2017년 7월 혼합공정의 자료이다.

단위	
기초재공품(7월 1일)	0
당기착수량	100,000
완성 후 정제공정으로 대체	70,000
원가	
화학물질 P	$600,000
화학물질 Q	140,000
가공원가	360,000

화학물질 P는 혼합공정 시작 시점에 투입되고, 화학물질 Q는 혼합공정의 완성도가 3/4인 지점에 투입된다. 가공원가는 공정 전반에 걸쳐 균등하게 발생한다. 혼합공정의 기말재공품은 2/3만큼 완성되었다.

요구사항

1. 2017년 7월 혼합공정의 원가요소별 완성품환산량을 계산하시오.
2. (a) 7월에 정제공정으로 대체된 완성품의 원가와 (b) 2017년 7월 31일 기말재공품 원가를 구하시오.

17-34 가중평균법, 완성품환산량. Fenton Watches, Inc.의 조립부문은 가중평균법 종합원가계산을 이용한다. 다음은 2017년 5월의 자료이다.

	물량단위(시계)	직접재료원가	가공원가
기초재공품(5월 1일)[a]	80	$493,360	$91,040
당기착수량(2017년 5월)	500		
당기완성량(2017년 5월)	460		
기말재공품(5월 31일)[b]	120		
당기투입원가(2017년 5월)		$3,220,000	$1,392,000

[a] 완성도: 직접재료원가 90%, 가공원가 40%
[b] 완성도: 직접재료원가 60%, 가공원가 30%

요구사항

직접재료원가와 가공원가의 완성품환산량을 계산하시오. 계산과정상에 물량흐름을 나타내시오.

17-35 가중평균법, 원가배분(17-34의 연속). 문제 17-34의 자료를 이용하여 총원가를 요약하고, 직접재료와 가공원가의 완성품환산량 단위당 원가를 계산하시오. 그리고 총원가를 완성품(다음 공정으로 대체)과 기말재공품에 배분하시오.

요구사항

17-36 선입선출법, 완성품환산량. 문제 17-34의 자료를 이용하여, Fenton Watches, Inc.이 종합원가계산에서 가중평균법이 아닌 선입선출법을 사용한다고 가정하자. 직접재료원가와 가공원가의 완성품환산량을 계산하시오. 계산과정에서 물량의 흐름을 제시하시오.

요구사항

17-37 선입선출법, 원가배분(17-36의 연속). 문제 17-34의 자료에 대해 선입선출법을 사용하여 통원가를 요약하고, 직접재료와 가공원가의 완성품환산량 단위당 원가를 계산하시오. 그리고 총원가를 완성품(다음 공정으로 대체)과 기말재공품에 배분하시오.

요구사항

17-38 가중평균법, 원가배분. Tomlinson Corporation은 Milpitas에 위치한 바이오테크 기업이며, 단일공정을 통해 암 치료제를 생산한다. 직접재료는 공정 시작 시점에 모두 투입되고, 가공원가는 공정 전반에 걸쳐 균등하게 발생한다. Tomlinson은 가중평균 종합원가계산을 사용하고 있으며 2017년 7월의 자료는 다음과 같다.

		완성품환산량	
	물량단위	직접재료원가	가공원가
기초재공품(7월 1일)	8,700[a]	8,700	2,175
당기착수량(7월)	34,500		
당기완성품(다음 공정 대체, 7월)	32,000	32,000	32,000
기말재공품(7월 31일)	11,200[b]	11,200	7,840

[a] 완성도: 직접재료원가 100%, 가공원가 25%
[b] 완성도: 직접재료원가 100%, 가공원가 70%

2017년 7월 총원가		
기초재공품		
직접재료원가	$61,500	
가공원가	43,200	$104,700
7월에 투입된 직접재료원가		301,380
7월에 투입된 가공원가		498,624
총원가		$904,704

요구사항

1. 직접재료원가와 가공원가의 완성품환산량을 계산하시오.
2. 총원가를 요약하고, 완성품과 기말재공품에 총원가를 배분하시오

17-39 선입선출법, 원가배분

요구사항

1. 선입선출법을 사용하여 문제 17-38의 물음에 다시 답하시오.
2. Tomlinson의 경영자는 일관성 있는 완성품환산량 단위당 원가를 원한다. 회사는 어떤 종합원가계산 방법을 선택해야 하며, 그 이유는 무엇인가?

17-40 전공정원가, 가중평균법. Trendy Clothing, Inc.는 겨울의류 제조업체이며, 뜨개질 공정과 마감공정으로 구성되어 있다. 이 문제는 마감공정에 대한 문제이다. 직접재료원가는 공정 종료시점에 투입되고, 가공원가는 공정 전반에 걸쳐 균등하게 발생한다. Trendy는 가중평균법 종합원가계산을 사용하며 2017년 6월의 자료는 다음과 같다.

	A	B	C	D	E
1		물량단위	전공정원가	직접재료원가	가공원가
2	기초재공품(6월 1일)	60	$ 60,000	$ 0	$24,000
3	기초재공품 완성도		100%	0%	50%
4	전공정대체량(6월)	100			
5	당기완성품(6월)	120			
6	기말재공품(6월 30일)	40			
7	기말재공품 완성도		100%	100%	75%
8	6월의 총원가		$117,000	$27,000	$62,400

요구사항

1. 전공정원가, 직접재료원가 그리고 가공원가의 완성품환산량을 계산하시오.
2. 총원가를 요약하고, 전공정원가, 직접재료원가 그리고 가공원가의 완성품환산량 단위당 원가를 계산하시오.
3. 완성품과 기말재공품에 원가를 배분하시오.

17-41 전공정원가, 선입선출법. 문제 17-40의 자료를 이용하여 답하시오. Trendy는 모든 공정에서 가중평균법 대신 선입선출법을 사용한다. 문제 17-40에서와 다른 점은 선입선출법하에서 6월 1일 기초재공품의 원가는 ($60,000가 아니라) $45,000이고 6월에 발생한 전공정원가의 총액이 ($117,000이 아니라) $114,000이다.

요구사항

선입선출법을 사용하여 문제 17-40의 요구사항에 답하시오. 기초재공품을 완성시키는 작업, 당기착수 완성량에 대한 작업 그리고 기말재공품에 대한 작업으로 구성되는 당기작업량에 대한 (전공정원가, 직접재료원가, 가공원가의) 완성품환산량을 계산해야 한다.

17-42 정상공손과 비정상공손 물량. 다음은 1월의 분쇄공정에 대한 자료이다.

기초재공품	18,600
당기착수량	189,000
합계	207,600
공손	12,600
완성품(다음 공정 대체)	170,000
기말재공품	25,000
합계	207,600

검품은 공정이 100% 완성된 시점에 이루어진다. 정상공손 물량은 검품을 통과한 양품의 4%이다.

요구사항

1. 정상공손과 비정상공손의 수량을 계산하시오.
2. 공손의 완성품환산량 단위당 원가가 $11이고, 다른 모든 원가는 영향을 받지 않는다고 가정하자. 공손이 전혀 발생하지 않는다면 제조원가를 얼마나 절감할 수 있는지 계산하시오.

17-43 가중평균법, 공손 및 완성품환산량(CMA 수정). 실크로 만든 삼각기를 제조하며 종합원가계산을 사용하는 Gray Manufacturing Company의 2017년 11월 자료는 다음과 같다. 모든 직접재료는 공정 시작시점에 투입되고, 가공원가는 공정 전반에 걸쳐 균등하게 발생한다. 공손은 공정이 완료될 때 진행하는 검품시점에 식별된다. 공손 물량의 순처분가치는 0이다. Gray Manufacturing Company는 가중평균법 종합원가계산을 사용한다.

	물량단위 (삼각기)	직접재료원가	가공원가
기초재공품(11월 1일)[a]	1,000	$ 1,423	$ 1,110
당기착수량(2017년 11월)	?		
당기완성량(2017년 11월)	9,000		
정상공손	100		
비정상공손	5		
기말재공품(11월 30일)[b]	2,000		
당기원가발생액(2017년 11월)		$12,180	$27,750

[a] 완성도: 직접재료원가 100%, 가공원가 50%
[b] 완성도: 직접재료원가 100%, 가공원가 30%

요구사항

직접재료원가와 가공원가의 완성품환산량을 계산하시오. 계산과정에서 첫 번째 열에 물량단위를 나타내시오.

17-44 가중평균법, 원가배분(17-43의 연속). 문제 17-43의 자료를 이용하여 총원가를 요약하고, 완성품환산량 단위당 원가를 계산하시오. 또 총원가를 완성품(정상공손을 포함), 비정상공손, 기말재공품에 배분하시오.

요구사항

17-45 선입선출법, 공손, 완성품환산량. 문제 17-43의 정보를 참고하시오. Gray Manufacturing Company는 가중평균법 대신 선입선출법 종합원가계산을 사용한다.

요구사항

직접재료원가와 가공원가의 완성품환산량을 계산하시오. 계산과정에서 첫 번째 열에 물량단위를 나타내시오.

17-46 선입선출법, 원가배분(17-45의 연속). 문제 17-43의 자료에 대해 선입선출법을 이용하여 총원가를 요약하고, 완성품환산량 단위당 원가를 계산하시오. 또, 완성품(정상공손 포함)과 비정상공손, 기말재공품에 원가를 배분하시오.

요구사항

17-47 공손손실의 인식. Roku Electronics는 Desert Sands 공장에서 범용 전원어댑터를 제조한다. 2017년 4월의 원가정보는 다음과 같다.

전원 어댑터 생산량	10,000
공손	375
총제조원가	$400,000

공손의 처분가치는 없다고 가정한다.

요구사항

1. 범용 전원어댑터를 10,000개 생산한 경우 단위당 원가는 얼마인가?
2. 공손 물량 375단위의 총원가는 얼마인가?
3. 공손이 정상공손이라면, 공손으로 인해 양품 어댑터의 단위당 원가는 얼마나 증가하는가?
4. 공손이 비정상공손일 경우, 공손발생을 기록하는 분개를 하시오.

17-48 가중평균법, 공손. WaferCo는 컴퓨터칩 제조기업이며, 최근 빠르게 성장하고 있다. 직접재료는 공정 시작시점에 모두 투입되며 가공원가는 공정 전반에 걸쳐 균등하게 발생한다. 제품 중 일부는 공손으로 판정되고, 공손은 완성도 100% 지점인 검품시점에 식별된다. 공손의 순처분가치는 없다. WaferCo는 가중평균법 종합원가계산을 사용한다. 2017년 9월의 자료는 다음과 같다.

Home Insert Page Layout Formulas Data Review View

	A	B	C	D
1		물량단위	직접재료원가	가공원가
2	기초재공품(9월 1일)	1,200	$142,321	$ 16,314
3	기초재공품 완성도		100%	30%
4	당기착수량(9월)	2,257		
5	당기완성량(9월)	2,300		
6	기말재공품(9월 30일)	520		
7	기말재공품 완성도		100%	20%
8	총투입원가(9월)		$573,278	$257,376
9	정상공손 허용비율	15%		
10	정상공손 완성도		100%	100%
11	비정상공손 완성도		100%	100%

요구사항

1. 각 원가요소별로 완성품환산량을 계산하시오. 계산과정에서 첫 번째 열에 물량단위를 나타내시오.
2. 총원가를 요약하고, 완성품환산량 단위당 원가를 계산하시오. 또 완성품(정상공손 포함)과 비정상공손, 기말재공품에 원가를 배분하시오.

17-49 선입선출법, 공손(17-48의 연속). 문제 17-48의 자료를 참고하시오.

요구사항

1. 선입선출법 종합원가계산을 사용하여 문제 17-48에 대해 답하시오.
2. WaferCo의 경영자는 가중평균법 또는 선입선출법 중 어느 방법을 선택해야 하는지 간단히 설명하시오.

17-50 가중평균법. Larsen Company는 San Antonio에 있는 공장에서 카시트를 제조한다. 카시트는 조립공정과 검품공정을 거쳐 완성된다. 이 문제에서는 조립공정에 초점을 맞춘다. Larsen Company의 종합원가계산은 하나의 직접원가 범주(직접재료원가)와 하나의 간접원가 범주(가공원가)로 구성된다. 직접재료는 공정 초기에 투입되고 가공원가는 공정 전반에 걸쳐 균등하게 발생한다. 조립공정을 마친 카시트는 즉시 검품공정으로 대체된다.

Larsen Company는 가중평균법 종합원가원가계산을 사용하며, 2017년 10월의 자료는 다음과 같다.

	물량단위 (카시트)	직접재료원가	가공원가
재공품(10월 1일)[a]	5,000	$1,250,000	$ 402,750
당기착수량(2017년 10월)	20,000		
당기완성량(2017년 10월)	22,500		
재공품(10월 31일)b	2,500		
총투입원가(2017년 10월)		$4,500,000	$2,337,500

a 완성도: 직접재료원가 ?%, 가공원가 60%
b 완성도: 직접재료원가 ?%, 가공원가 70%

요구사항

1. 조립공정에서 원가요소별로 완성품환산량을 계산하시오. 계산과정에서 첫 번째 열에 물량단위를 나타내시오.
2. 완성품환산량의 계산을 검토할 때 경영자는 어떤 이슈에 중심을 두어야 하는가?
3. 원가요소별로 2017년 10월의 조립공정의 원가를 요약하고 완성품환산량 단위당 원가를 계산하시오.
4. 완성품과 기말재공품에 원가를 배분하시오.

17-51 분개 (17-50의 연속). 재공품-조립공정에 영향을 미치는 2017년 10월의 모든 거래에 대한 분개를 요약하시오. 재공품-조립공정의 T계정을 설정하고 분개를 전기하시오.

요구사항

17-52 선입선출법 (17-50의 연속).

요구사항

1. 선입선출법 종합원가계산을 이용하여 문제 17-50을 다시 풀어보시오. 조립공정에서 가중평균법과 선입선출법에 따른 차이점을 설명하시오.
2. Larsen의 경영자는 가중평균법과 선입선출법 중 어떤 방법을 선택해야 하는지 간단히 설명하시오.

17-53 전공정원가, 가중평균법(17-50~17-52의 연속). 앞의 문제에서 본 것처럼 Larsen Company는 카시트 제조업체이며, 카시트는 조립공정과 검품공정을 거쳐 생산된다. 이 문제는 검품공정에 대한 것이다. 직접재료는 검품공정이 90% 완성되었을 때 투입되고 가공원가는 검품공정 전반에 걸쳐 균등하게 발생한다. 조립공정에서 완성된 물량은 즉시 검품공정으로 대체되며, 검품공정을 마친 단위는 즉시 제품으로 대체된다.

Larsen Company는 가중평균법 종합원가계산을 사용하며, 2017년 10월의 자료는 다음과 같다.

	물량단위 (카시트)	전공정원가	직접재료원가	가공원가
재공품(10월 1일)[a]	7,500	$2,932,500	$ 0	$ 835,460
당기착수량(2017년 10월)	?			
당기완성량(2017년 10월)	26,300			
재공품(10월 31일)[b]	3,700			
총투입원가(2017년 10월)		$7,717,500	$9,704,700	$3,955,900

a 완성도: 전공정원가 ?%, 직접재료원가 ?%, 가공원가 70%
b 완성도: 전공정원가 ?%, 직접재료원가 ?%, 가공원가 60%

요구사항

1. (a) 기초재공품의 전공정원가와 직접재료원가 그리고 (b) 기말재공품의 전공정원가와 직접재료원가의 완성도는 얼마인가?

2. 각 원가요소에 대해 검품공정의 완성품환산량을 계산하시오. 계산과정에서 물량단위를 첫 번째 열에 나타내시오.
3. 원가요소별로 2017년 10월 검품공정의 원가를 요약하고 완성품환산량 단위당 원가를 계산하시오. 그리고 완성품과 기말재공품에 원가를 배분하시오.
4. 10월 동안 조립공정에서 검품공정으로, 검품공정에서 완성된 제품으로 대체된 거래를 분개하시오.

17-54 전공정원가, 선입선출법(17–53의 연속). 문제 17–53의 자료를 참고하시오. Larsen Company는 모든 공정에서 가중평균법 대신에 선입선출법을 사용한다고 가정하자. 선입선출법을 사용하는 경우에 문제 17–53에서와 다른 점은 10월 1일 기초재공품의 전공정원가가 ($2,932,500이 아니라) $2,800,000이고 10월 중 투입된 전공정원가가 ($7,717,500이 아니라) $7,735,250이다.

선입선출법 종합원가계산을 사용하여 문제 17–45의 요구사항에 답하시오. **요구사항**

17-55 전공정원가, 가중평균법. Publisher, Inc.는 인쇄공정과 제본공정의 두 개 공정으로 운영된다. 각 공정은 하나의 직접원가 범주(직접재료원가)와 하나의 간접원가 범주(가공원가)로 구성되어 있다. 이 문제는 제본공정에 초점을 둔다. 인쇄공정을 통과한 책은 즉시 제본공정으로 대체되며, 직접재료는 제본공정이 70% 완성되는 시점에 투입되고 가공원가는 공정 전반에 걸쳐 균등하게 발생한다. 제본공정이 완료되면 책은 제품 계정으로 대체된다. Publisher, Inc.는 가중평균법 종합원가계산을 사용하여, 2017년 4월 제본공정의 자료는 다음과 같다.

Home | Insert | Page Layout | Formulas | Data | Review | View

	A	B	C	D	E
1		물량단위(권)	전공정원가	직접재료원가	가공원가
2	기초재공품	1,260	$ 39,060	$ 0	$16,380
3	기초재공품 완성도		100%	0%	50%
4	전공정대체량	2,880			
5	당기완성품	3,240			
6	기말재공품(4월 30일)	900			
7	기말재공품 완성도		100%	0%	70%
8	총원가 발생액(4월)		$155,520	$28,188	$84,240

요구사항

1. 2017년 4월 제본공정의 총원가를 요약하고 완성품과 기말재공품에 총원가를 배분하시오.
2. 4월에 인쇄공정에서 제본공정으로 대체, 제본공정에서 제품 계정으로 대체하는 거래를 분개하시오.

17-56 전공정원가, 선입선출법. 문제 17–54의 자료를 참고하시오. Publisher, Inc.가 모든 공정에서 가중평균법 대신에 선입선출법을 사용한다고 가정하자. 선입선출법하에서 17–54와 달라지는 점은 기초재공품에 포함된 전공정원가가 ($39,060이 아니라) $44,100이고 4월 동안 발생한 전공정원가가 ($155,520이 아니라) $149,760이다.

요구사항

1. 선입선출법 종합원가계산을 적용하여 문제 17–54의 요구사항에 답하시오.
2. 문제 17–54에서 제본공정에서의 완성품 원가 및 기말재공품 원가는 가중평균법 종합원가계산과 선입선출법 종합원가계산에서 어떻게 차이가 나는지 설명하시오.

17-57 복수공정 또는 복수작업의 원가계산. Sedona Company는 지속가능한 방식으로 고객의 요구를 충족하는 제품을 만드는 데 전념한다. Sedona는 부드러운 실리콘 슬리브에 BPA가 없고 식기세척기에 안전한, 거품이 있는 유리병인 KLN 물병으로 잘 알려져 있다.

생산공정은 세 가지 기본 작업으로 구성된다. 첫 번째 작업에서 유리는 깨지거나 폐기된 것을 다시 용해하여 만든다. 두 번째 작업에서 유리는 실리콘 마개와 슬리브로 조립되며, 폴리프로필렌 캡을 추가하여 최종 작업에서 완성된다.

컨설팅에 따르면 완제품을 생산하는 데 필요한 총가공원가 중 성형작업에 60%, 조립작업에 30%, 마감작업에 10%가 요구된다.

(녹여서 재생하는) 파유리 구입액	$67,500
실리콘 구입	$24,000
폴리프로필렌 사용	$ 6,000
총가공원가 발생액	$68,850
파유리 기말재공품	$ 4,500
실리콘 기말재공품	$ 3,000
완성된 병의 수량	12,000
3월 말 기말재공품	
성형 후 조립미완성 물량	4,000
조립 후 마무리미완성 물량	2,000

다음은 2017년 3월의 자료이다(모든 종류의 기초재고는 없다).

요구사항

1. 2017년 3월 KLN병의 가공원가에 대한 완성품환산량 단위당 원가는 얼마인가?
2. 세 가지 재료(파유리, 실리콘 그리고 폴리프로필렌) 각각의 완성품환산량 단위당 원가는 얼마인가?
3. 완성품(다음 공정으로 대체)의 원가는 얼마인가?
4. 성형되었으나 아직 조립이 완료되지 않은 물량의 원가는 얼마인가?
5. 조립되었으나 아직 마무리가 완료되지 않은 물량의 원가는 얼마인가?

17-58 가중평균법, 공손. Seafood Company는 Oslo에 위치한 식료품 가공업체이며, 세척공정과 포장공정의 두 개 공정으로 구성되어 있고 종합원가계산을 사용한다. 세척공정에서 직접재료는 공정 초기에 모두 투입되고 가공원가는 공정 전체에 걸쳐 균등하게 발생한다. 공손은 공정 종료시점에 이루어지는 검품시점에 식별되며, 공손의 처분가치는 없다. 세척공정에서 완성된 물량은 모두 포장공정으로 대체된다. 5월의 자료는 다음과 같다.

	A	B	C	D
1	Seafood Company: 세척공정	물량단위	직접재료원가	가공원가
2	기초재공품(5월 1일)	3,600	$ 5,316	$ 1,953
3	기초재공품 완성도		100%	60%
4	당기착수량(5월)	30,000		
5	당기완성품(5월)	24,600		
6	기말재공품(5월 31일)	5,040		
7	기말재공품 완성도		100%	30%
8	당기원가발생액(5월)		$55,500	$44,659
9	정상공손율	10%		
10	정상공손 완성도		100%	100%
11	비정상공손 완성도		100%	100%

세척공정에 대해 총원가를 요약하고, 총원가를 완성품(정상공손 포함), 비정상공손, 기말재공품에 배분하시오(문제 17-60은 이 문제에 대한 추가문제이다). **요구사항**

17-59 선입선출법, 공손. 문제 17-58의 자료를 참고하시오.

선입선출법 종합원가계산을 사용하여 문제 17-58을 풀어보시오(문제 17-61은 이 문제에 대한 추가문제이다). **요구사항**

17-60 가중평균법, 포장공정(17-58의 연속). Seafood Company의 포장공정에서 가공원가는 공정 전반에 걸쳐 균등하게 발생하고, 직접재료는 공정 종료시점에 투입된다. 공손은 검품시점에 식별되며, 검품은 공정 종료시점에 이루어지고 공손의 처분가치는 없다. 포장공정의 완성품은 모두 다음 공정으로 대체된다. 5월 중 전공정원가는 가중평균법 종합원가계산을 사용하여 문제 17-58에서 계산한 세척공정의 5월 완성품원가와 동일하다. 5월의 자료를 요약하면 다음과 같다.

Home Insert Page Layout Formulas Data Review View

	A	B	C	D	E
1	The Seafood Company: 포장공정	물량단위	전공정원가	직접재료원가	가공원가
2	기초재공품(5월 1일)	12,600	$33,698	$ 0	$23,475
3	기초재공품 완성도		100%	0%	70%
4	당기착수량(5월)	24,600			
5	당기완성품(5월)	26,400			
6	기말재공품(5월 31일)	8,400			
7	기말재공품 완성도		100%	0%	40%
8	당기원가발생액(5월)		?	$ 5,760	$40,845
9	정상공손율	8%			
10	정상공손 완성도			100%	100%
11	비정상공손 완성도			100%	100%

가중평균법을 사용하여 포장공정의 총원가를 요약하고, 완성품(정상공손 포함), 비정상공손 및 기말재공품에 총원가를 배분하시오. **요구사항**

17-61 선입선출법, 포장공정(17-59의 연속). 문제 17-60의 자료를 참고하시오. 단, 5월 1일 기초재공품의 전공정원가는 ($33,698이 아니라) $33,090이다. 5월의 전공정원가는 문제 17-59에서 계산한, 선입선출법 종합원가계산을 적용한 세척공정의 5월 완성품원가와 동일하다.

포장공정에 대해 선입선출법을 사용하여 포장공정의 총원가를 요약하고, 완성품(정상공손 포함), 비정상공손 및 기말재공품에 총원가를 배분하시오. **요구사항**

18 균형성과표, 품질, 시간

학습목표

1 원가-품질 간의 관계에서 원가의 4가지 분류를 설명할 수 있다.

2 품질개선을 위해 비재무적 측정치를 개발할 수 있다.

3 의사결정을 위해 원가-품질 측정치를 활용한다.

4 품질을 평가하기 위해 재무적 · 비재무적 측정치를 활용한다.

5 고객대응시간, 정시준수율, 납기지연이 왜 발생하는지에 대해 이해한다.

6 지연원가(cost of delays)를 결정한다.

7 시간을 측정하기 위해 재무적 · 비재무적 측정치를 활용한다.

갈수록 증가하는 고객의 기대치를 충족시키기 위해 General Electric, Sony, Texas Instruments, Toyota와 같은 회사들은 품질을 개선하고 고객대응시간을 줄여 원가 경쟁력을 갖추기 위해 지속적으로 노력하고 있다. 품질을 개선시키면서 고객대응시간을 줄이는 것은 매우 어려우며, 만약 이를 달성하지 못할 경우 기업의 손실은 치명적이다. 다음의 Toyota 사례를 통해 고객대응시간과 품질 개선의 중요성에 대해 살펴보자.

Toyota의 리콜, 그리고 재기[1]

일본의 자동차 회사인 Toyota는 품질이 우수한 차라는 명성으로 유명하다. 공격적 성장정책을 추진한 결과 2008년에 Toyota는 General Motors를 추월하여 세계에서 가장 많이 자동차를 생산하는 회사가 되었다. 그러나 급격한 성장은 품질에 좋지 않은 영향을 미쳤다. 2009년 11월부터 2010년 1월까지 Toyota는 판매한 자동차 9만 대를 리콜해야 했다. 이유는 8개의 자동차 모델에서 가스 패달에 결함이 생겨 운전자가 의도하지 않는 가속현상이 발생했기 때문이다. 정부 담당 부서와 협의 결과 12개의 모델을 리콜 조치하였으며, Camry, Corolla와 같은 Toyota와 Lexus 모델 8개를 생산 및 판매 중단하였다. 비교적 빨리 리콜 조치가 이루어져서 생산 및 판매가 재개되었지만, Toyota는 리콜로 인해 약 20억 달러의 판매손실을 입었다. 수익에 타격은 입은 것보다 Toyota라는 좋은 이미지가 손상을 입은 것이 더 큰 문제였다. 이후 Toyota는 현재와 미래의 고객을 대상으로 고객 신뢰를 회복하기 위해 노력하였다. 품질 교육과 품질 검사를 확대하고 '품질위원회'를 만들어 노력한 결과 2012년에 다시 전 세계에서 가장 큰 자동차 제조회사가 되었다. 2016년 Toyota

Evox Productions/Drive Images/Alamy Stock Photo

[1] 출처: Kate Linebaugh and Norihiko Shirouzu, "Toyota Heir Faces Crisis at the Wheel," *The Wall Street Journal* (January 27, 2010); Micheline Maynard and Hiroko Tabuchi, "Rapid Growth Has Its Perils, Toyota Learns," *New York Times* (January 27, 2010); Chester Dawson, "Toyota Again World's Largest automaker," *The Wall Street Journal* (January 28, 2013); Jacob Bogage, "Toyota Recalls 3.37 Million Cars over Air Bag and Fuel Tank Defects," *The Washington Post* (June 29, 2016).

는 또 다른 품질 문제에 봉착하였다. 연료탱크와 에어백 시스템에 잠재적인 결함이 발견되어 337만 대의 자동차를 자발적으로 즉시 리콜하였다.

Toyota 사례를 통해 품질이 왜 중요한지 알 수 있다. 기업의 경쟁력에서 품질과 납기는 중요한데, 이 장에서는 품질과 납기를 어떻게 재무적·비재무적으로 측정하고 평가하는지에 대해 살펴볼 것이다.

품질: 경쟁력 확보를 위한 수단

미국품질협회에서는 품질을 '고객이 제품(서비스)을 구매하고 사용하는 동안 고객을 만족시키기 위해 제품(서비스)을 정해진 사양에 따라 만들어 제공하는 전체적인 특성'이라 정의한다. Cisco Systems, Motorola, British Telecom, Fujitsu, Honda와 같은 세계적인 기업은 품질을 전략적 경쟁우위에 중요한 요소라 간주한다. 기업이 품질을 중요시하면 생산에 전문성을 갖추고, 원가를 절감하며, 고객만족도를 높임으로써 미래의 수익을 증대시킬 수 있다. 세계적으로 품질이 우수한 회사에 수여하는 유명한 상들이 있는데, 미국의 Malcolm Baldrige National Quality Award, 일본의 Deming Prize, 멕시코의 Premio Nacional de Calidad가 대표적인 품질 우수상이다.

품질의 중요성으로 인해 ISO 9000과 같은 세계적으로 통용되는 품질 표준이라는 개념도 생겨났다. ISO(International Organization for Standardization)는 약 170개국에서 통용되는 품질관리 기준으로서, 생산과정을 감독하고 문서화하고 인증함으로써 품질개선을 지향한다. DuPont, General Electric과 같은 회사는 거래처로부터 높은 품질의 제품을 저렴한 가격에 공급받기 위해 거래처에 ISO 9001 인증 획득을 요구한다. 이제 ISO 9001 획득은 글로벌 시장에서 경쟁하기 위한 필수 요소가 되었다.

기업들은 위험한 물질을 배출함으로써 초래되는 대기오염, 수질오염 등의 환경문제를 줄이기 위해 품질관리 기법을 활용한다. ISO 14000의 목표는 기업이 (1) 환경 관련 비용을 줄이기 위한 환경관리시스템, (2) 사전에 설정해 놓은 환경 목표를 달성하는 과정을 관리하고 성과를 측정하는 시스템을 갖추도록 하는 것이다. 2010년 Mexico 만에서 원유를 시추하던 British Petroleum사의 경우 원유를 시추하던 중 폭발이 발생하여 11명의 근로자가 사망하고 세 달 동안 약 500만 갤런의 원유가 바다에 유출되어 환경 재앙이 발생하였다. 이 사건 이후 더욱 품질과 환경의 중요성에 대해 경각심을 가지게 되었다.

품질은 세부적으로 디자인 품질(design quality)과 적합 품질(conformance quality)로 구분된다. 디자인 품질은 제품이나 서비스의 외관이 고객의 수요를 얼마나 반영한 것인가에 초점을 둔다면, 적합 품질은 제품이나 서비스의 성능이 고객의 수요를 얼마나 반영한 것인가에 초점을 둔다. Apple사의 경우 iPod, iPhone, iPad와 같이 수많은 혁신적인 제품을 개발함에 따라 디자인 품질이 높으며, 음악, 전화, 오락, 업무에 대한 고객의 수요를 충분히 충족시켜줌으로써 적합 품질이 훌륭하다고 평가받고 있다. 그러나 Apple사의 경우 모든 제품에서 훌륭한 평가를 받은 것은 아니다. iPhone 5의 경우 디자인 품질은 훌륭하였으나, 지도 앱이 최초 설계 사양대로 작동하지 않아 적합 품질이 낮다고 평가받은 경우도 있었다. 디자인 품질, 적합 품질, 실제 품질과의 관계를 정리하면 다음과 같다.

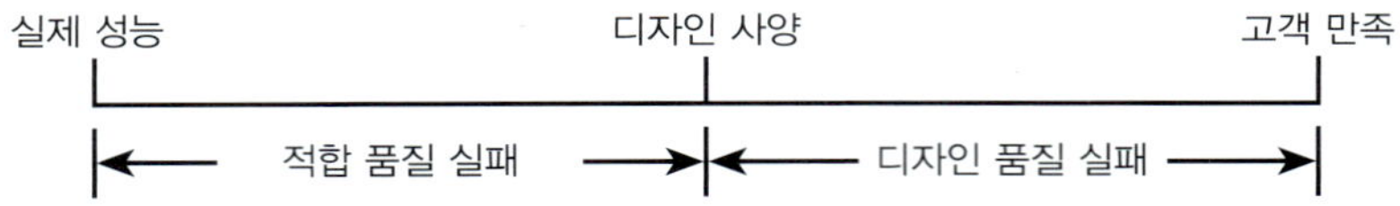

품질관리란 품질과 관련된 원가를 계산하고, 문제점이 무엇인지 식별하고, 개선책을 도출하고 이를 실행하는 과정이다. 품질은 고객 만족, 내부 프로세스의 개선, 불량품의 감소, 종업원 훈련 및 교육과 관련된 재무적인 측면과 비재무적인 측면을 가지고 있으며, 일반적으로 균형성과표를 통해 설명된다.

재무적 관점: 품질원가

품질을 재무적으로 측정할 때 가장 많이 활용되는 지표는 '품질원가(Cost of Quality, COQ)'이다. 품질원가는 낮은 품질의 제품생산을 방지하는 비용 또는 낮은 품질의 제품생산으로 인해 발생하는 추가적인 비용을 의미한다. 품질원가는 다음과 같이 네 가지로 분류할 수 있다.

- **예방원가:** 사전적인 제품 사양에 맞지 않는 제품생산을 방지하는 데 들어가는 원가
- **평가원가:** 생산제품이 제품 사양에 맞는지, 맞지 않는지 평가하는 데 들어가는 원가
- **내부실패원가:** 고객에게 인도되기 전 불량품으로 인해 발생하는 원가
- **외부실패원가:** 고객에게 인도된 후 불량품으로 인해 발생하는 원가

네 가지 품질원가의 항목별 사례는 다음과 같다.

보기 18-1 품질원가 항목별 예시

예방원가	평가원가	내부실패원가	외부실패원가
• 디자인설계 • 공정설계 • 공급자 평가 • 품질 교육 • 신소재 시험	• 검사비용 • 제조공정 검사 • 제품 검사	• 공손, 재작업, 작업폐물 • 기계 수리 • 내부실패에 따른 제조공정 재설계	• 고객 지원 • 보증수리 • 손해배상 청구 • 외부실패에 따른 제조공정 재설계

보기 18-1에 제시된 항목들은 기업의 모든 가치사슬 구간에서 발생할 수 있는 것이며, 공손, 재작업, 작업폐물과 같이 내부 제조과정에서 발생한 실패원가의 개념보다 훨씬 넓은 개념이다.

품질원가를 설명하기 위해 복사기를 제조 · 판매하는 Photon사의 사례를 제시한다. 참고로 Photon사는 2016년에 20,000대의 복사기를 판매하여 매출액과 영업이익을 각각 $3억, $2,400만을 기록하였다. Photon사의 품질원가는 다음 7단계를 통해 파악할 수 있다.

1단계: 원가대상의 식별 원가대상은 Photon사가 제조 · 판매한 복사기의 품질이다. Photon사의 목표는 판매한 복사기 20,000대의 총품질원가를 계산하는 것이다.

2단계: 직접품질원가 파악 복사기의 품질을 관리하기 위한 검사에 지출된 비용이 직접원가에 해당된다. Photon사는 수리인력이 없으므로 복사기 품질과 관련된 직접원가가 없다.

3단계: 품질과 관련된 간접원가를 배부하기 위한 활동과 원가배부기준 선택 보기 18-2의 Panel A, (1)열에서는 Photon사의 품질원가를 측정하기 위해 예방원가, 평가원가, 내부실패원가, 외부실패원가로 활동을 구분하였으며, 이 원가들이 기업의 가치사슬 중 어디에

서 발생하는지 제시하고 있다. 예를 들어, '평가원가'를 보면 검사활동은 평가원가를 발생시키고 제조 부문에서 발생함을 알 수 있다.

4단계: 각 원가배부기준과 관련된 간접 품질원가 파악 품질원가의 각 활동(예: 검사활동)에서 발생한 총원가로서, 각 활동의 변동비와 고정비의 합으로 계산할 수 있다.

5단계: 각 원가배부기준의 배부율 계산 각 활동별로 4단계에서 파악된 총원가를 3단계에서 파악된 원가배부기준의 총수량으로 나누어 각 원가배부기준의 배부율을 계산한다. 보기 18-2에서 Panel A의 (2)열에 원가배부율이 제시되어 있다.

보기 18-2 Photon사 복사기의 활동기준 품질원가 분석

Home Insert Page Layout Formulas Data Review View

	A	B–C	D–E	F	G
1	Panel A: 품질원가 보고서				매출에서
2			원가배부기준		차지하는 비중
3	품질원가와 가치사슬 분류	원가배부율	수량	총원가	(5) = (4) ÷
4	(1)	(2)	(3)	(4) = (2) × (3)	$300,000,000
5	예방원가				
6	디자인설계(R&D/디자인)	시간당 $ 80	40,000시간	$3,200,000	1.1%
7	공정설계(R&D/디자인)	시간당 $ 60	45,000시간	2,700,000	0.9%
8	총예방원가			5,900,000	2.0%
9	평가원가				
10	검사(제조)	시간당 $ 40	240,000시간	9,600,000	3.2%
11	총평가원가			9,600,000	3.2%
12	내부실패원가				
13	재작업(제조)	시간당 $100	100,000시간	10,000,000	3.3%
14	총내부실패원가			10,000,000	3.3%
15	외부실패원가				
16	고객지원(마케팅)	시간당 $ 50	12,000시간	600,000	0.2%
17	운송(물류)	시간당 $240	3,000시간	720,000	0.2%
18	보증수리(고객서비스)	시간당 $110	120,000시간	13,200,000	4.4%
19	총외부실패원가			14,520,000	4.8%
20	총품질원가			$40,020,000	13.3%
21					
22	Panel B: 기회원가 분석				
23					매출에서
24				추정손실액	차지하는 비중
25	품질원가 분류				(3) = (2) ÷
26	(1)			(2)	$300,000,000
27	외부실패원가				
28	판매기회 상실로 인한 추정손실액			$12,000,000[a]	4.0%
29	총외부실패원가			$12,000,000	4.0%
30					
31					
32					
33	[a] 총수익에서 변동비를 차감한 값				

6단계: 제품의 간접 품질원가 계산 복사기의 간접 품질원가는 보기 18-2 Panel A의 (4)열에 제시된 것과 같이, 5단계에서 계산한 (2)열의 원가배부율과 각 활동별 자원소모량인 (3)열의 원가배부기준 수량을 곱하여 계산한다. 예를 들어, 복사기 검사원가의 경우 (시간당 $40 × 240,000검사시간)인 $9,600,000로 계산된다.

7단계: 직접 품질원가와 간접 품질원가를 합한 총품질원가 계산 Photon사의 품질원가는 보기 18-2 Panel A의 (4)열에 제시된 것과 같이 $40,020,000로 총수익 대비 13.3%이다.

위 분석에서 기회비용은 고려되지 않았다. 이 경우 기회비용은 좋지 않은 품질로 인한 매출감소 또는 가격인하가 발생하는 경우이다. 만약, Photon사가 기회비용을 중요한 요소라 판단했고 이를 추정한 결과 $12,000,000이라 한다면(보기 18-2 Panel B), 기회비용을 고려한 품질원가는 $52,020,000로 계산된다.

도전! 18-1

품질원가 분석. Baldwin사는 실외에서 사용하는 탁자를 만드는 회사이다. 회사는 작년에 품질을 개선시키기 위한 노력을 하였으며 품질원가 측정방법을 사용하여 그 성과가 얼마인지를 측정하고자 한다. 결과는 다음과 같다.

Baldwin사의 연도별 품질원가 보고서

	2016	2017
공정설계	$ 10,000	$ 10,200
부산물	$ 15,000	$ 12,800
보증수리비용	$ 19,960	$ 17,520
디자인설계	$ 8,950	$ 12,950
검사	$ 7,000	$ 9,200
재작업	$ 17,960	$ 12,400
총품질원가	$ 78,870	$ 75,070
총수익	$1,000,000	$1,150,000

1. 제시된 원가 항목을 품질원가의 분류(예방, 평가, 내부실패, 외부실패)에 따라 재분류하시오.
2. 품질원가의 각 항목별 원가를 계산하고 품질원가 보고서를 작성하시오.

비재무적 측정치를 활용한 품질평가

Unilever, FedEx, TiVo 같은 회사들은 비재무적 측정치를 활용하여 품질을 관리한다. 이를 위해서는 우선 고객의 관점에서 품질을 바라보는 것이 중요하며, 다음으로 조직 내부의 관점에서 품질을 개선시킬 수 있는 절차를 개발하는 것이 중요하다.

고객 관점: 고객만족도를 측정하는 비재무적 측정치

Photon사는 다음과 같이 오랜 시간 동안 고객만족도를 측정 · 관리하고 있다.

- 제품 외관에 대한 고객 선호도와 만족도 조사 자료
- 시장 규모 및 제품에 대해 만족하는 고객의 비율
- 총판매 건수 중 불량품 판매 건수 및 고객 불만 건수

- 고객에게 인도된 후 불량품으로 판명되는 비율
- 배송 지연율 및 정시 배송률

고객만족도가 높으면 외부실패비용이 감소하여 품질원가가 낮아지고, 고객충성도가 높아져서 미래수익이 커질 것이다. 고객만족도가 낮으면 미래에 외부실패원가가 커져서 품질원가가 높아질 것이라 기대된다.

조직 내부 관점: 품질분석 및 품질개선

품질을 식별하고 분석하는 방법으로 관리 도표, 파레토 도표, 인과관계 도표가 흔히 사용된다.

관리 도표

통계적 품질관리 또는 통계적 공정관리는 제조공정에서 무작위 변인과 비무작위 변인을 구분하게 한다. 무작위 변인이란 우연으로 인해 불량품이 생산되는 것을 의미하는데, 예를 들어 복사물이 흐릿하고 불분명하게 나오거나, 너무 밝거나 어둡게 나오는 경우를 뜻한다. 비무작위 변인이란 우연이 아니라 제조공정에서 무엇인가 체계적으로 잘못되었기 때문에 불량품이 생산되는 것을 의미한다. 예를 들어, 최초 디자인이 잘못 설계되었다든지, 기계 가동 속도를 잘못 맞추었다든지 하여 우연과는 상관없이 지속적으로 불량품이 생산되는 경우를 뜻한다. 관리 도표(control charts)는 통계적 품질관리를 위해 중요한 도구로서, 일정한 간격을 두고 제조과정에서 연속적으로 측정한 관측치를 나타낸 그래프이다. 각 관측치는 사전적으로 기대되는 범위 안에 있어야 하지만, 사전적인 기대 범위를 벗어나는 경우가 있다. 사전적인 기대 범위를 벗어나는 관측치는 비무작위 변인이라 간주하고 발생원인에 대해 추가분석을 해야 한다.

보기 18-3은 Photon사 복사기 생산공정 3개의 일간 불량률을 표시한 관리 도표이다. 각 제조공정의 60일 평균 불량률을 근거로 불량률의 분포를 계산할 수 있다. 산술평균인 μ와 표준편차인 σ가 관리 도표에서 사용되는 두 가지 변수이다. 예를 들어, Photon사는 경험치를 근거로 $\mu \pm 2\sigma$의 범위 밖을 정밀조사하며, μ는 10%, σ는 2%라고 하자. 그렇다면 Photon사는 불량률이 14%[10% + (2 × 2%)] 이상이거나, 6%[10% − (2 × 2%)] 이하인 관측치를 조사할 것이다. 보기 18-3에서, 생산라인 A의 경우 모든 관측치가 $\mu \pm 2\sigma$의 범위에 있으므로 추가적인 검사는 필요 없다. 생산라인 B의 경우 마지막 2개의 관측치를 통해 생산공정에 비무작위적인

보기 18-3 통계적 품질관리: Photon사 복사기의 일간 불량률

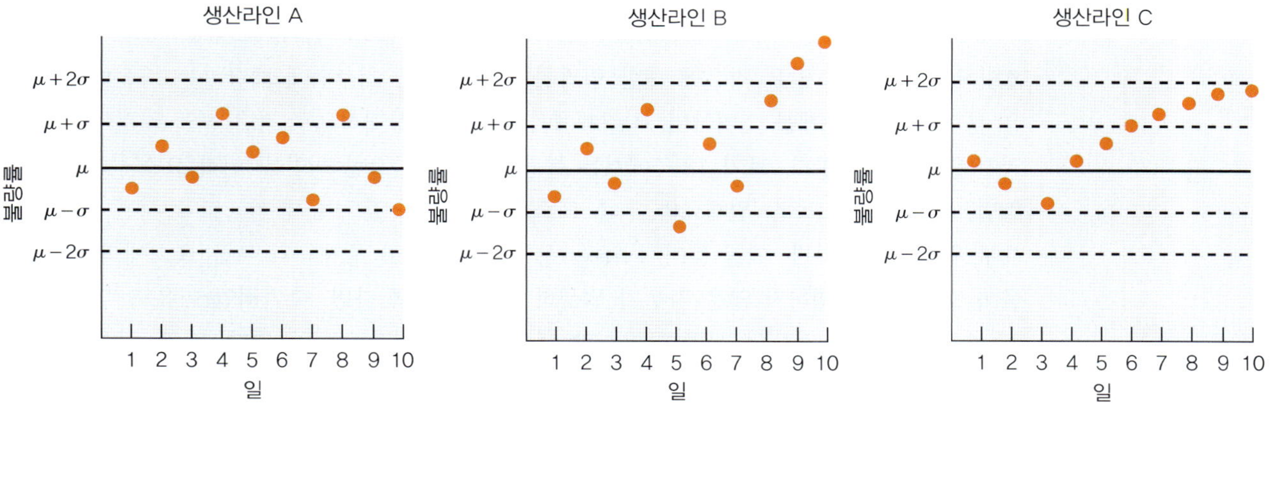

체계적 문제(예: 잘못된 속도 설정 등)가 있을 수 있음을 추론할 수 있다. $\pm 2\sigma$ 규칙에 따르면 마지막 2개의 관측치는 추가적인 조사가 필요하다. 생산라인 C의 경우 $\pm 2\sigma$ 규칙을 위배하지는 않았으나 지난 6일간의 불량률 패턴을 보면 평균에서 일정하게 점점 더 멀어지는 모양을 나타내고 있다. 이는 기계가 점점 노후화되어 간다는 등 생산공정에서 체계적으로 통제가 잘못되어 있을 가능성이 있다. 관리 도표와 같은 통계적 분석방법은 추세와 변이를 통해 공정의 이상 여부를 파악하는 방법이라 할 수 있다.

파레토 도표

파레토 도표는 관리 도표에서 통제 한계선(예: Photon사의 경우 '$\mu \pm 2\sigma$'가 통제 한계선) 외부에 위치한 관측치들을 분석대상으로 한다. 구체적으로 파레토 도표는 결함의 발생 원인을 발생 빈도 기준으로 나열한 표이다. 보기 18-4는 Photon사의 관리 도표에서 통제 한계선을 넘어가는 관측치들을 파레토 도표로 나타낸 것이다. 이를 통해 '복사물이 흐릿하고 분명하지 않은 경우'가 가장 많이 발생하는 불량 형태인 것으로 파악되며, 그 결과 재작업비용의 증대, 보증 및 수리비용의 증대, 고객만족도의 저하로 이어진 것이다.

보기 18-4 Photon사 복사기의 파레토 도표

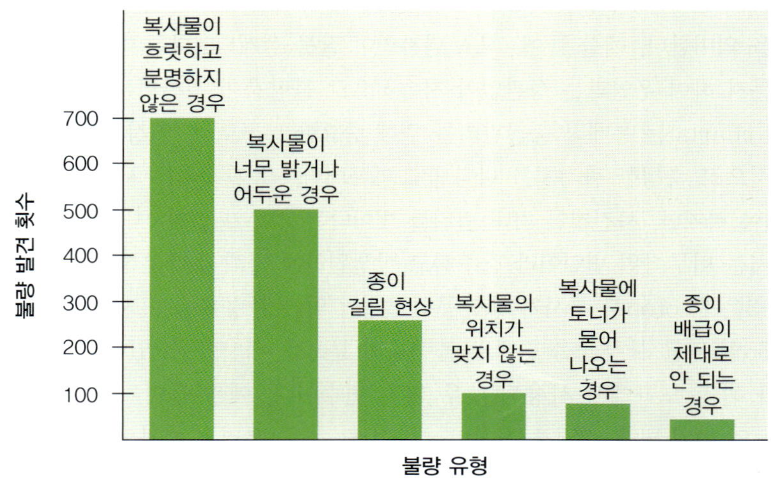

인과관계 도표

파레토 도표 분석 결과 불량의 원인 중 가장 빈번하고 비용이 많이 발생하는 이유를 대상으로 인과관계 분석을 한다. 즉, 인과관계 도표는 불량품 생산 원인을 파악하는 것으로 그 모양이 물고기 뼈와 비슷하다고 하여 'fishbone diagram'이라고도 한다. 보기 18-5는 '복사물이 흐릿하고 분명하지 않은 경우'에 대한 인과관계 도표이다. 척추뼈에 해당하는 가운데 수평선은 분석 대상인 문제를 의미하며, 척추뼈에서 뻗어나온 상대적으로 작은 뼈들은 불량의 잠재적인 원인을 제시한다. 보기 18-5에서는 불량의 4가지 중요한 원인을 '인적 요소', '디자인 및 방법', '기계 관련 요소', '원재료와 부품 요소'로 제시하고 있으며, 화살표로 표시된 부분에서 세부 원인을 제시한다. 예를 들어, Photon사의 기술자들이 '원재료와 부품 요소'에 의해 '복사물이 흐릿하고 분명하지 않은 경우'가 발생하였다고 간주한다면, 추가적인 이유로 '다른 규격의 부품을 사용한 경우'와 '부품이 규격과 다른 경우'를 생각해볼 수 있다. 만약, 사용된 부품의 규격이 정확했다고 한다면, 구매한 부품의 규격이 사양대로 만들어졌는지 확인해야 한다.

보기 18-5 Photon사 복사기의 인과관계 도표

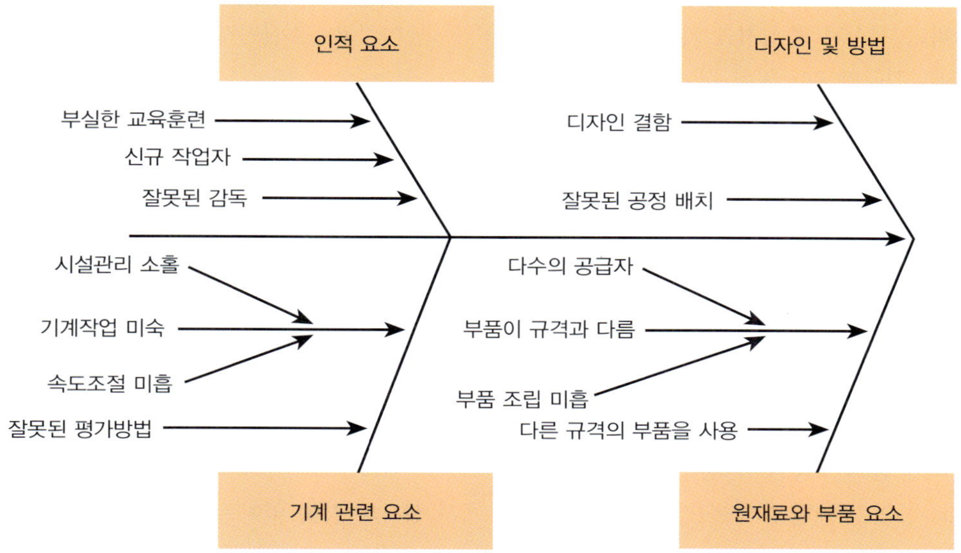

확인 결과 복사기 내부에서 드럼, 렌즈, 거울을 고정시키는 철제 프레임이 공장에서 판매자에게 전달되는 과정 중 압력을 받아 휘어져 있는 것을 발견하였으며, 이로 인해 복사물이 흐릿하고 분명하지 않게 되었음을 파악하게 되었다.

오늘날 제조공정에서는 자동화된 장비와 시스템을 통해 불량이 발생하면 불량을 즉시 파악하여 관리 도표, 파레토 도표, 인과관계 도표를 자동으로 생성하여 불량의 원인을 파악한다.

6시그마 품질

Motorola, Honeywell, General Electric과 같은 회사들은 6시그마 품질 수준을 달성하기 위해 노력한다. 6시그마 품질이란 제조공정의 통제수준을 높여 평균 불량률 μ와 표준편차 σ를 매우 작은 수치가 되게 한 후, 관리 도표에서 평균이 위치할 수 있는 상위 한계값과 하위 한계값의 범위가 6σ라는 의미이다. 이를 직관적인 수치로 환산한다면 100만 개의 제품을 생산할 경우 평균 3.4개의 불량품이 발생하는 정도이다.

6시그마를 실현하기 위해서는 관리 도표, 파레토 도표, 인과관계 도표를 활용할 수 있다. 기업은 6시그마를 통해 제조공정을 끊임없이 개선하여 궁극적으로 불량품을 '0'으로 만드는 것이 목표이다. 이러한 6시그마의 장점에도 불구하고 6시그마는 제조공정의 근본을 완전히 바꾸는 혁신이 아니라 기존 공정을 기본으로 하여 제한된 개선을 수행한다는 점이 한계점으로 지적된다.

조직 내부의 관점에서 품질을 측정하는 비재무적 측정치

조직 내부에서 다양한 품질개선 노력을 수행하는데, 이의 성과를 측정하기 위해 비재무적 측정치를 활용할 수 있다. Photon사의 예를 들면 다음의 비재무적 측정치를 생각해볼 수 있다.

- 불량품 제조 비율 및 재작업 비율
- 관리 도표, 파레토 도표, 인과관계 도표 분석을 통해 파악된 불량의 유형 수

- 디자인 개선 또는 품질원가를 줄이기 위한 디자인 변경 또는 공정 변경 횟수

위에 제시된 측정치를 개선할수록 고객만족은 높아지고, 품질원가는 감소하여 궁극적으로 재무성과가 양호해질 것이다.

학습과 성장 관점: 품질개선

조직 내부의 관점에서 품질을 개선시키기 위해 어떻게 학습과 성장 전략을 구사해야 할까? Photon사의 경우 뛰어난 디자이너를 영입하는 것, 종업원들에게 품질관리기법을 교육하는 것, 직원 이직률을 낮추는 것, 종업원들에게 권한을 넘겨주는 것, 품질이 최우선이라는 조직문화를 만들어 불량의 근본을 없애는 것이 될 수 있으며, 다음과 같이 구체적으로 측정할 수 있다.

- 디자이너들의 경험과 적격성
- 종업원 교육률 및 종업원 이직률
- 종업원 권한 이양률(전체 의사결정 건수에서 상사의 감독 없이 종업원이 전적으로 의사결정하는 건수의 비율)
- 종업원 만족도(설문조사 결과 전체 종업원에서 높은 만족도를 표시하는 사람의 비율)

품질개선에 따른 비용과 효익 분석

앞선 인과관계 도표 분석에서 Photon사의 복사물이 흐릿하고 불분명하게 된 원인이 복사기 내부의 철제 프레임이 배송 중 휘어져 있었기 때문이라 하였다. 이에 대해 기술팀에서 두 가지 대안으로 (1) 생산 전 프레임을 검사하는 방법, (2) 배송 중 휨 방지를 위해 프레임과 운송 컨테이너를 재설계하는 방법을 제시하였다. 두 대안 중 하나의 대안을 선택해야 한다고 하자. 우선 대안을 평가하기 위해 각 대안의 선택으로 2017년 총수익과 총비용이 얼마나 변하는지 분석해야 한다. 분석을 위해 추가적인 가정을 하면, 2016년과 2017년의 품질원가 구성 항목에는 변동이 없으며, 2018년부터 Photon사는 완전히 다른 복사기를 생산할 예정이므로 분석은 2017년만 대상으로 한다. 보기 18-6에 분석 결과가 제시되어 있다.

1. **증분 비용 추정:** 검사 추가 비용 $400,000, 재설계 비용 $660,000(공정 변경 $300,000, 디자인 설계 $160,000, 프레임 제작 $200,000)

2. **재작업, 고객지원, 보증수리 감소로 절약되는 비용:** 보기 18-6의 9행에서는 재작업 감소로 이전에 비해 시간당 $40가 절약됨을 제시하고 있다. 참고로 보기 18-2의 Panel A (2)열의 13행에서는 시간당 재작업 원가가 시간당 $100으로 제시되어 있다. 시간당 재작업 원가에 차이가 발생한 이유는 새로운 대안을 선택하여 품질이 개선됨으로써 $40만큼의 변동비가 절감되었기 때문이며, 보기 18-6에서는 변동분인 $40만 분석 대상이기 때문이다. 보기 18-6의 9행에서 Photon사가 만약 (1) 프레임을 검사하는 대안을 선택할 경우 $960,000(시간당 $40 × 24,000재작업 시간 절감분)을 절감하며, (2) 프레임과 컨테이너를 재설계하는 대안을 선택할 경우 $1,280,000(시간당 $40 × 32,000재작업 시간 절감분)을 절감한다. 보기 18-6에는 추가로 두 대안별로 고객지원비(10행), 운송비(11행), 보증수리비(12행)의 절감분이 제시되어 있다.

보기 18-6 Photon사의 품질개선이 품질원가에 미친 효과

	A	B	C D	E	F	G	H
1			프레임을 검사하는 대안			프레임 재디자인	
2	관련 항목	단위당 관련 수익	수량	총수익		수량	총수익
3	(1)	(2)	(3)	(4)		(5)	(6)
4	추가 검사 비용			($400,000)			
5	추가 제조공정 비용						$(300,000)
6	추가 디자인공정 비용						(160,000)
7	추가 프레임 제작비용(프레임당 $10×20,000프레임)						(200,000)
8				(2)×(3)			(2)×(5)
9	재작업 절감 원가	시간당 $ 40	24,000시간	960,000		32,000시간	1,280,000
10	고객지원 절감 원가	시간당 $ 20	2,000시간	40,000		2,800시간	56,000
11	운송비 절감 원가	상하차 1회당 $ 180	500회	90,000		700회	126,000
12	보증수리 절감 원가	시간당 $ 45	20,000시간	900,000		28,000시간	1,260,000
13	추가 판매로 인한 공헌이익 증가분	복사기당 $6,000	250대	1,500,000		300대	1,800,000
14							
15	순이익 증감액			$3,090,000			$3,862,000
16							
17	대안별 차이				$772,000		

3. **품질개선으로 증대된 공헌이익:** 보기 18-6의 13행을 보면 (1) 프레임을 검사하는 대안을 선택할 경우 복사기 250대를 더 판매하여 $1,500,000의 추가 공헌이익을 얻으며, (2) 프레임과 컨테이너를 재설계하는 대안을 선택할 경우 복사기 300대를 더 판매하여 $1,800,000의 추가 공헌이익을 얻을 것이다. 여기서 주의할 사항은 품질개선으로 인해 증감되는 비용뿐만 아니라 증감되는 공헌이익을 반드시 고려해야 한다는 점이다.

보기 18-6에서 두 대안은 모두 현재 상태보다 더 나은 결과를 나타냄을 알 수 있다. 그러나 카이젠 이론 등 공정 혁신 관점에서 봤을 때 불량의 근원을 제거하는 방안, 즉 프레임을 재설계하는 방안이 프레임을 검사하는 방안보다 더 우수한 것으로 나타났다(관련이익이 $772,000만큼 더 큼). Toyota의 경우 검사를 하는 것보다 불량을 예방하는 것이 더 중요하다고 주장하는데 이 결과와 유사하다 할 수 있다.

보기 18-6에서 눈여겨볼 점은 품질개선이 품질원가에 어떠한 영향을 미치는가 이다. 프레임 재설계는 분명 예방원가(공정설계, 디자인설계, 프레임 제작비용)를 증대시키지만, 내부실패원가(재작업 비용)와 외부실패원가(고객지원비, 운송비, 보증수리비)를 감소시킨다. 품질개선은 또한 매출과 공헌이익을 증대시킨다.

품질원가보고서는 과거자료를 근거로 기간별 비교가 가능하므로 품질개선에 대한 통찰력을 제공한다. Hewlett-Packard와 같은 회사들은 더 나아가 모든 실패원가를 없애고 불량품 '0'을 목표로 하고 있다.

18-2 도전!

품질개선, 관련수익, 관련원가. Cell Design사는 휴대폰 케이스를 제조 · 판매하는 회사이며 매년 1,050,000개의 케이스를 단위당 $10의 가격으로 판매한다(공헌이익률은 40%). 지난 1년간 Cell Design사의 고객을 대상으로 한 설문조사 결과 상당수 고객들이 휴대폰 케이스가 휴대폰에 잘 맞지 않는다고 응답하였다. Cell Design사는 내부 품질관리 절차가 미비하여 이러한 문제가 발생하였다 판단하고, 사양에 맞는 제품을 생산하기 위해 생산공정을 수정하기로 하였다.

현재 품질원가

예방원가	$210,000
평가원가	$100,000
내부실패원가	
재작업	$420,000
작업폐물	$ 21,000
외부실패원가	
제품교환	$315,000
고객 반품으로 인한 매출 취소	$787,500

생산공정 수정 시 추가 소요비용

CAD 디자인 시스템 개선	$150,000
새로운 생산공정에 맞게 기계 설치 조정	$137,500

생산공정을 수정함으로써 제품교환 원가가 60% 감소하고, 고객 반품으로 인한 매출 취소가 70% 감소한다면, 품질원가와 영업이익에 미치는 영향은 얼마이며, Cell Design사는 어떤 대안을 선택해야 하는지 설명하시오.

품질성과 측정

품질성과를 측정한다면 재무적 측정치(품질원가)와 비재무적 측정치를 사용할 수 있다.

재무적 측정치(품질원가)의 장점

재무적 측정치(품질원가)의 장점은 다음과 같다.

- 품질원가 측정치는 품질이 어떻게 영업이익 수치에 영향을 미치는지 제시함
- 품질원가는 내부실패원가와 외부실패원가를 줄이는 데 들어가는 비용과 예방원가 및 평가원가에 지출되는 비용을 비교할 수 있게 함
- 품질개선 방안들을 비교하여 평가할 수 있게 함

비재무적 측정치의 장점

비재무적 측정치의 장점은 다음과 같다.

- 비재무적 측정치는 정량화 및 이해하기 쉬운 경우가 있음
- 비재무적 측정치는 제조공정의 물리적 흐름에 초점을 두기 때문에 품질개선이 필요한 부분을 쉽게 파악하게 함
- '불량품의 수'와 같은 비재무적 측정치는 품질개선 노력의 단기적 효과를 즉시 파악할 수 있게 함
- 고객만족도, 근로자 만족도와 같은 비재무적 측정치는 품질개선 노력의 장기적 성과를 파악할 수 있게 함

재무적 측정치와 비재무적 측정치는 상호 보완적이다. 만약, 재무적 측정치가 없다면, 기업은 비재무적 측정치를 개선하기 위해 비재무적 측정치의 가치보다 더 많은 돈을 투자할 가

능성이 있다. 만약, 비재무적 측정치가 없다면, 품질 관련 문제의 원인을 파악하는 데 시간이 많이 걸릴 수 있다. 대부분의 기업들은 품질성과를 측정하기 위해 두 가지 방법을 동시에 쓰며, 비재무적 측정치의 개선이 재무적 측정치로 연결되는지 확인한다.

경쟁도구인 시간

품질뿐만 아니라 시간도 기업의 전략적 경쟁도구이다. Capital One사는 고객으로부터 인터넷으로 대출 신청이 들어오면 30분 이내로 심사결과를 알려주기로 하면서 인터넷 시장을 넓혀가고 있다. General Electric, Walmart와 같은 회사들은 수익을 높이거나 원가를 절감하는 데 시간이 매우 중요한 요소라 주장한다. 이 회사들은 고객의 요구가 있으면 재빨리 이에 응할 수 있으므로 재고를 많이 보유하지 않아도 된다고 주장한다. 즉, 재고유지비용을 감소시키기 위해 시간이 중요한 것이다.

시간을 잘 관리하기 위해서는 시간 측정을 잘 해야 한다. 이 장에서는 고객대응시간(고객의 수요에 대해 얼마나 빨리 대응하는지)과 정시준수율(계획된 납기를 잘 맞추는지), 지연의 원인과 지연원가에 대해 학습한다.

고객대응시간과 정시준수율

고객대응시간은 고객에게 주문을 받은 시점부터 고객에게 최종 제품이나 서비스를 전달하는 시점까지 소요되는 시간을 의미한다. 건설업, 은행업, 자동차 렌탈업, 패스트푸드업 등 많은 산업에서 고객의 요구에 빨리 대응하는 전략이 중요하다. 비행기를 제조하는 Airbus사의 경우 약정된 날짜에 비행기를 항공사에 인도해야 하는데, 만약 날짜를 지키지 못하여 늦게 비행기를 인도한다면 항공사가 입은 손실을 보상해야 한다. 보기 18-7은 고객대응시간의 구성항목을 제시하고 있다. 주문접수시간은 마케팅 부서가 고객의 정확한 요구를 파악한 후 제조부서에 전달할 때까지 걸리는 시간이다. 제조사이클타임(또는 제조리드타임)은 제조부서가 주문을 접수한 후 제품을 생산할 때까지 걸리는 시간이다. 제조사이클타임은 대기시간과 제조시간의 합이다. 배달시간은 제품이 완성된 후 고객에게 전달될 때까지 걸리는 시간이다. 고객대응시간의 개선 정도를 측정하는 지표로 제조주기효율성(Manufacturing Cycle Efficiency, MCE)이 있는데 이는 다음과 같이 측정한다.

$$제조주기효율성(MCE) = (부가가치\ 제조시간 \div 제조사이클타임)$$

보기 18-7 고객대응시간의 구성요소

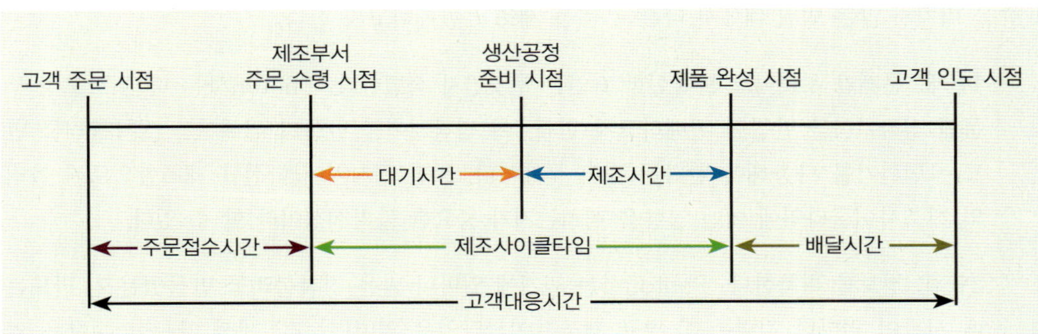

여기서, 부가가치 제조시간이란 제조사이클타임에서 효율적으로 제품을 조립하는 시간이라 할 수 있으며, 비부가가치 제조시간은 주문한 부품이 오기를 기다린다든지 다음 단계의 공정에서 가공을 기다린다든지 하는 시간이다. 비부가가치 제조시간을 줄여야 제조사이클타임과 원가가 감소한다.

서비스 영역에서도 MCE를 적용할 수 있다. 예를 들어, 환자가 병원진료를 받기 위해 사용한 시간이 40분이라 하자. 40분 중 9분은 진료접수에 사용하였고, 20분은 대기실과 검사실에서 사용하였고, 11분은 의사와 간호사를 만나는 데 사용하였다. 이 경우 MCE는 0.275(= 11 ÷ 40)로 계산된다. 즉, 40분 중 27.5%만이 환자의 부가가치 시간인 것이다.

정시준수율은 제품이나 서비스가 예정된 때에 배달되는 것을 의미한다. FedEx사와 같은 배송업체에서 이 지표는 매우 중요하다. 고객대응시간과 정시준수율은 상충관계에 있으며, 고객은 짧은 고객대응시간을 원하면서 동시에 정확한 적기생산 시간을 원한다. 예를 들어, 항공사의 경우 일부러 비행기 도착시간을 넉넉하게 잡음으로써 고객대응시간을 늘린다. 고객들은 이를 좋아하지 않을 수도 있지만, 반대로 비행기가 정시에 도착함으로써 고객만족도를 높일 수 있기 때문이다.

병목현상과 시간동인

고객대응시간과 적기생산을 관리하기 위해서는 제조공정에서 발생하는 지연의 원인과 지연으로 발생하는 비용을 이해해야 한다. 시간동인은 어떤 요인이 변할 때 특정 활동의 속도 변화를 초래하는 모든 원인을 의미한다. 대표적인 시간동인에는 두 가지가 있다.

1. 고객이 언제 주문할지 알 수 없는 대한 불확실성 예를 들어, Airbus사가 비행기 제조 주문을 무작위로 받을수록 완성된 비행기를 고객들이 인도하는 데 시간이 더 걸릴 것이다.

2. 제한된 생산능력으로 인한 병목현상 병목현상은 흔히 생산공정의 한계수준에서 생산하거나 한계수준을 초과하여 생산하는 경우에 발생한다. 예를 들어 생산공정에서 특정 기계의 가공이 반드시 필요한데 특정 기계의 한계수준을 초과하는 물량을 처리해야 하거나, 무선 인터넷 사용 시 동시에 수많은 접속자가 접속하여 속도가 느려지는 경우를 들 수 있다.

Disneyland, Bank of China 등과 같은 기업들은 대기자를 줄이기 위해 적극적으로 노력한다. 다시 Photon사의 이야기로 돌아가면, 이 회사는 쇠막대를 변환기에 투입하여 복사기에 사용되는 부품인 정착롤러를 만든다. 정착롤러는 변환기만을 통해 제조가 가능하다. Photon사는 복사기의 소모성 부품인 정착롤러를 만들어 도매상에 대량공급하는데, 한 번의 주문에 750개의 정착롤러를 판매한다. Photon사는 다음의 4단계를 통해 고객대응시간에 영향을 미치지 않는 범위 내에서 다른 부품을 제조 · 판매하고자 한다.

1단계: 문제가 무엇이고 불확실한 요인은 무엇인지 식별한다 Photon사는 다른 소모성 부품인 정착기어를 만들어 판매하고자 한다. 이 정착기어를 만들기 위해서는 정착롤러를 만드는 변환기를 사용해야 한다는 것이 문제이다. 또한 정착기어를 신규 제조함으로써 롤러의 제조사이클타임에 어떤 영향을 미치는지가 중요한 불확실성이라 할 수 있다.

2단계: 정보를 획득한다 Photon사는 과거에 얼마나 많은 정착롤러를 만들었는지, 만드는 데 시간이 얼마나 걸렸는지, 평균 제조사이클타임은 얼마였는지, 생산 가능한 수량은 얼마인지 파악해야 한다. 자료 수집 결과 Photon사는 연간 10건, 30건, 50건의 주문을 받았으며, 대체로 30건의 주문을 가장 많이 받았다. 각 주문은 750개의 정착롤러를 납품하는 조건이었으며, 제조하는 데 100시간이 소요되었다. 100시간 중 8시간은 롤러를 만들기 위해 기계를 청소하고 준비하는 시간이며, 92시간이 실제 가공시간이었다. 기계의 연간 생산능력은 4,000시간이다.

3단계: 미래를 예측한다 2017년에 Photon사가 30건의 주문을 받아 정착롤러를 만든다고 하자. 각 주문당 750개의 롤러를 납품해야 하며, 각 주문은 100시간의 기계시간이 필요하므로, 총필요기계시간은 3,000시간이다. 기계의 연간 생산능력은 4,000시간이므로 기계는 30건의 주문을 충분히 소화할 수 있다. 그러나 유휴 기계시간이 있음에도 불구하고 대기 또는 지연현상은 발생할 수 있다. 왜냐하면 정착롤러를 만드는 중 도매상이 언제든 추가 주문을 하여 기다릴 수 있기 때문이다.

평균대기시간은 원재료가 기계에 본격적으로 투입되어 제조공정을 거치기 전의 평균대기시간을 의미한다. 평균대기시간을 식으로 표현하여 계산하면 다음과 같다.[2]

$$\frac{\text{연평균 롤러 주문 건수} \times (\text{롤러 주문당 제조시간})^2}{2 \times [\text{기계의 연간 생산능력} - (\text{연평균 롤러 주문 건수} \times \text{롤러 주문당 제조시간})]}$$

$$= \frac{30 \times 100^2}{2 \times [4{,}000 - (30 \times 100)]} = \frac{30 \times 10{,}000}{2 \times (4{,}000 - 3{,}000)} = \frac{300{,}000}{2 \times 1{,}000} = \frac{300{,}000}{2{,}000}$$

$$= 150\text{시간/롤러 주문}$$

따라서 주문 건당 평균 제조사이클타임은 250시간(평균대기시간 150시간 + 제조시간 100시간)이다. 구체적으로 이 식의 분자와 분모를 설명하면 다음과 같다. 우선 분자의 롤러당 제조시간이다. 이 항목이 제곱으로 표시되어 있으므로 제조시간이 대기시간에 큰 영향을 미침을 알 수 있다. 제조시간이 길어질수록 새로운 주문이 들어왔을 때 기계가 사용되고 있을 가능성이 크며 이는 곧 납기지연으로 이어질 것이다. 식의 분모는 미사용 생산능력을 의미한다. 미사용 생산능력이 작을수록 기계는 먼저 들어온 주문을 처리하기 위해 가동되고 있을 가능성이 크며 이는 또한 납기지연으로 이어질 것이다.

이 식은 평균적인 대기시간을 계산한다는 것에 주목해야 한다. 즉, 새로운 주문이 들어왔을 때 마침 기계의 즉시 가동이 가능한 상태여서 대기시간이 0시간일 수 있고, 새로운 주문이 들어왔을 때 먼저 들어온 주문이 2건이나 있어 최대 대기시간이 150시간일 수 있다.

만약 Photon사가 롤러와 기어를 제조한다면 세부 조건은 다음과 같다.

롤러: 30건의 주문(총 750단위)에 각 주문당 100기계시간 소요 예상
기어: 10건의 주문(총 800단위)에 각 주문당 50기계시간 소요 예상(50기계시간은 기계를 준비하는 데 소요되는 3시간과 가공을 하는 데 소요되는 47시간으로 구성됨)

Photon사가 롤러와 기어를 만들 때 평균대기시간은 다음과 같이 계산된다. 참고로 이 식은 앞선 단일제품의 경우 적용되는 식을 확장한 것이다.

---

2 위 식의 전제는 (1) 고객 주문은 평균이 30건인 포아송 분포를 따르며, (2) 먼저 주문한 것이 먼저 처리된다는 것이다. 원가관리회계 학습목적상 위 식을 상세하게 학습할 필요는 없다.

$$\frac{[\text{연평균 롤러 주문 건수} \times (\text{롤러 주문당 제조시간})^2] + [\text{연평균 기어 주문 건수} \times (\text{기어 주문당 제조시간})^2]}{2 \times [\text{기계의 연간 생산 능력} - (\text{연평균 롤러 주문 건수} \times \text{롤러 주문당 제조시간}) - (\text{연평균 기어 주문 건수} \times \text{기어 주문당 제조시간})]}$$

$$= \frac{[30 \times 100^2] + [10 \times 50^2]}{2 \times [4{,}000 - (30 \times 100) - (10 \times 50)]} = \frac{(30 \times 10{,}000) + (10 \times 2{,}500)}{2 \times (4{,}000 - 3{,}000 - 500)}$$

$$= \frac{300{,}000 + 25{,}000}{2 \times 500} = \frac{325{,}000}{1{,}000}$$

$$= 325\text{시간/롤러와 기어 주문}$$

기어 생산을 추가함으로써 평균대기시간은 150시간에서 325시간으로 두 배 이상이 되었다. 기어 추가 생산은 미사용 기계 생산능력을 줄여서 새로운 주문의 대기확률을 높였다 할 수 있다. 평균대기시간의 변화는 미사용 기계 생산능력에 매우 민감하게 움직인다.

Photon사가 만약 롤러와 기어를 동시에 생산하기로 한다면 평균 제조사이클타임은 롤

CONCEPTS IN ACTION

인터넷 병목현상을 해결하기 위해 노력하는 Netflix

IanDagnall Computing/Alamy Stock Photo

Netflix는 세계 최대의 스트리밍 영화 및 TV 쇼 제공 업체이다. 190개국에서 8,000만 명 이상의 Netflix 구독자가 매일 1억 2,500만 시간 이상의 동영상을 시청한다. 이로 인해 Netflix는 많은 양의 인터넷 대역폭을 사용하게 되었다. 일례로 북미의 경우 많은 사람들이 TV를 통해 장편 영화나 'House of Cards'와 같은 프로그램을 시청하는 저녁시간에도 Netflix는 전체 다운 스트림 트래픽의 37%를 차지한다. 인터넷 대역폭 소비가 많다고 인식한 Netflix는 콘텐츠 전송 속도를 늦추어 데이터 병목현상을 완화하기 위해 적극적으로 노력하였다. 데이터 병목현상은 버퍼링의 발생으로 인한 화면 지연현상과 화질이 떨어지는 프로그램을 제공할 우려가 있으며, 이는 결국 고객 불만족으로 이어질 것이다.

최근에 Netflix는 인터넷 데이터 병목현상을 극복하기 위해 2가지 방안을 제시하였다.

- 2014년 Netflix는 Verizon 및 Comcast와 같은 미국의 대규모 인터넷 서비스 제공 업체(ISP)와 계약을 맺고 ISP 네트워크에 직접 접속할 수 있는 위치에 서버를 배치하기 시작했다. 이를 통해 Netflix의 병목현상을 해소할 수 있었다.
- 2015년 말, Netflix는 최대 20% 적은 데이터를 사용하면서 고품질 비디오를 생성하는 새로운 기술을 사용하여 재인코딩한 영화 및 TV프로그램을 배포하기 시작했다. 이는 인터넷을 통과하는 데이터의 절대량을 줄임으로써 병목현상을 완화하는 데 도움이 된다. 특히 이 기술은 유선 인터넷 속도가 느린 지역이나 인도, 아프리카 및 중동과 같은 모바일 인터넷을 우선으로 사용하는 지역에서 효과가 좋다.

Netflix가 전 세계적으로 빠르게 성장하고 더 많은 인터넷 대역폭을 소비함에 따라, 데이터 병목현상을 줄이려는 이러한 노력은 궁극적으로 고객의 만족도를 높일 것이다.

출처: Janko Roettgers, "Inside Netflix's Plan to Boost Streaming Quality and Unclog the Internet," *Variety*, December 14, 2015 (http://variety.com/2015/digital/news/netflix-better-streaming-quality-1201661116/); Cheyenne MacDonald, "America Really Does Love to Netflix and Chill: Site Now Accounts for 37% of All US Broadband Traffic and Video Takes 70% Overall," *The Daily Mail* (U.K.), December 8, 2015 (http://www.dailymail.co.uk/sciencetech/article-3351849/America-really-DOES-love-Netflix-chill-Site-accounts-37-broadband-traffic-video-takes-70-overall.html); Netflix, Inc., "About Netflix" (https://media.netflix.com/en/about-netflix), accessed April 2016.

러가 425시간(평균대기시간 325시간 + 제조시간 100시간)이고, 기어가 375시간(평균대기시간 325시간 + 제조시간 50시간)이 된다. 결국 평균적으로 롤러 주문은 제조사이클타임의 76.5%(325시간 ÷ 425시간)를 소모하는 것이다.

4단계: 최적의 대안 찾기 Photon사는 제조사이클타임을 떨어뜨리면서까지 추가로 기어를 생산해야 하는가? 이에 대한 의사결정을 하기 위해서는 기어 추가 생산과 관련된 수익과 비용 및 생산지연으로 초래되는 모든 비용을 파악해야 한다. 다음에서 이와 관련된 세부 분석방법을 학습한다.

지연으로 인한 관련수익 및 관련원가

Photon사가 기어를 추가 생산하는 경우 관련수익과 관련원가는 다음과 같다.

제품	연평균 주문 건수	주문당 평균 제조사이클타임에 따른 주문당 판매가		주문당 직접재료원가	시간당 · 주문당 재고유지비용
		300시간 이하	300시간 초과		
롤러	30	$22,000	$21,500	$16,000	$1.00
기어	10	10,000	9,600	8,000	0.50

제조사이클타임은 수익과 원가에 영향을 미친다. 수익의 경우 고객에게 빨리 제품을 인도하면 더 높은 가격으로 제품을 판매할 수 있기 때문이며, 원가의 경우 직접재료비와 재고유지비용에 직접적인 영향을 미치기 때문이다. 재고유지비용의 경우 재고자산에 묶인 기회원가 및 보관장소 임차료, 파손 등의 비용을 의미한다. 따라서 재고유지비용은 시간당 · 단위당으로 측정한다. 이 문제의 경우 시간당 · 주문당으로 재고유지비용을 측정한다. Photon사는 주문을 받자마자 원재료를 구매하므로 재고유지비용은 제조사이클타임 동안의 비용으로 측정한다.

보기 18-8에서는 Photon사가 '기어를 생산하는 경우'와 '생산하지 않는 경우'로 구분하여 관련수익과 관련원가를 제시하였다. Photon사는 기어를 추가 생산함으로써 증분 공헌이익이

보기 18-8 Photon사가 기어 생산을 하는 경우 관련수익과 관련원가

관련 항목	대안 1: 기어를 생산하는 경우 (1)	대안 2: 기어를 생산하지 않는 경우 (2)	차이 (3)=(1)−(2)
예상 수익	$741,000[a]	$660,000[b]	$ 81,000
예상 변동비	560,000[c]	480,000[d]	(80,000)
예상 재고유지비용	14,625[e]	7,500[f]	(7,125)
예상 총원가	574,625	487,500	(87,125)
예상(총수익 − 총원가)	$166,375	$172,500	$ (6,125)

[a] ($21,500 × 30) + ($9,600 × 10) = $741,000, 평균 제조사이클타임은 300시간 초과
[b] ($22,000 × 30) = $660,000, 평균 제조사이클타임은 300시간 이하
[c] ($16,000 × 30) + ($8,000 × 10) = $560,000
[d] $16,000 × 30 = $480,000
[e] (롤러의 평균 제조사이클타임 × 롤러의 시간당 · 주문당 재고유지비용 × 롤러의 예상 주문 건수)
+ (기어의 평균 제조사이클타임 × 기어의 시간당 · 주문당 재고유지비용 × 기어의 예상 주문 건수)
= (425 × $1.00 × 30) + (375 × $0.50 × 10) = $12,750 + $1,875 = $14,625
[f] 롤러의 평균 제조사이클타임 × 롤러의 시간당 · 주문당 재고유지비용 × 롤러의 예상 주문 건수)
= 250 × $1.00 × 30 = $7,500

양(+)의 값인 주문당 $1,600(판매가 $9,600 − 변동비 $8,000)로 기대된다. 또한 기계의 생산능력의 경우 최대 기계 가동시간이 4,000시간인데, 롤러와 기어 생산에 3,500시간(롤러: 100시간/주문 × 30주문 + 기어: 50시간/주문 × 10주문)이 소요될 것으로 예상되므로 생산능력도 여유가 있다.

그러나 Photon사는 기어를 추가 생산하지 않는 것이 더 나은 대안이라 결정하였다. 이유는 기어를 추가 생산 시 기존 제품인 롤러에 부정적인 영향을 미치기 때문이다. 다음 표는 기어를 추가 생산함으로써 예상되는 손실과 재고유지비용의 증가를 제시하고 있다.

	평균 제조사이클타임 증가의 영향		
제품	롤러 판매 수익의 감소 (1)	재고유지비용 증가 (2)	기어 추가 생산으로 예상되는 손실 (3) = (1) + (2)
롤러	$15,000[a]	$ 5,250[b]	$20,250
기어	−	1,875[c]	1,875
합계	$15,000	$ 7,125	$22,125

[a] ($22,000 − $21,500)/주문 × 30주문 = $15,000
[b] (425 − 250)시간 × $1.00/시간 · 주문 × 30주문 = $5,250
[c] (375 − 0)시간 × $0.50/시간 · 주문 × 10주문 = $1,875

기어를 추가 생산하면 롤러의 평균 제조사이클타임이 250시간에서 425시간으로 증가한다. 제조사이클타임이 길어지면 롤러 판매 수익이 감소하고 재고유지비용이 증가한다. 여기서 롤러 판매 수익이 감소하는 이유는 롤러의 평균 제조사이클타임이 300시간을 초과하면 주문당 평균판매가가 $22,000에서 $21,500로 감소하기 때문이다. 이러한 효과들을 모두 고려한다면, 기어의 도입으로 $22,125의 추가적인 비용이 예상되며, $16,000($1,600 × 10건 주문)의 추가적인 공헌이익 증가가 예상되므로, 총 $6,125만큼의 추가 손실이 예상된다. 따라서 Photon사는 기어를 추가 제조하지 않는 의사결정을 한 것이다.

이 사례는 수요의 불확실성이 높은 상황에서 추가 생산능력에 여유가 있는 것이 중요함을 제시하고 있다. 병목공정의 생산능력 증대는 제조사이클타임을 줄이고 납기지연 가능성을 낮춘다. 생산능력을 증대시키기 위해서는 작업준비시간과 제조시간을 줄이거나, 새로운 기계장비를 증설하는 방안이 있다. 납기지연 가능성을 줄이기 위해서는 유사한 공정을 통합하여 한 공정에서 생산하는 등 생산계획을 수정하는 방안을 고려해볼 수 있다.

도전! 18-3

대기시간, 제조사이클타임, 관련수익, 관련비용. Seawall사는 사출성형 기법으로 플라스틱 제품을 생산하는 회사로 올해 A제품의 주문 건수를 50건으로 예상하고 있다. 각 주문을 완성하기 위해서는 기계시간으로 80시간이 필요하고, 기계의 연간 최대 가동시간은 5,000시간이다.

1. A제품의 (a) 평균대기시간을 계산하고, (b) 평균주문당 제조사이클타임을 계산하시오.
2. 회사는 신제품 B의 도입을 검토하고 있다. B제품의 주문 건수는 올해 25건으로 예상하며, 각 주문을 완성하기 위해 기계시간 20시간이 필요할 것으로 예상된다. B제품의 도입으로 A제품이 영향을 받지 않는다 가정하고, (a) 평균대기시간과 (b) 제품 A, B의 주문당 평균 제조사이클타임을 계산하시오.
3. 회사는 신제품 B의 도입을 두고 논쟁을 벌이고 있다. 다음 자료는 제품 A, B의 판매가, 변동비, 재고유지원가와 관련된 자료이다.

제품	연평균 주문 건수	주문당 평균 제조사이클타임에 따른 주문당 판매가		주문당 변동원가	시간당 · 주문당 재고유지비용
		320시간 이하	320시간 초과		
A	50	$27,000	$26,500	$15,000	$0.75
B	25	6,400	6,000	5,000	0.25

2번에서 계산한 평균 제조사이클타임을 근거로 회사는 B제품을 제조·판매하여야 하는가?

균형성과표와 시간에 근거한 성과평가

의사결정단계의 마지막은 결정한 사안에 대해 실행한 후 성과를 평가하고 이러한 과정을 학습하는 단계이다. 이는 구체적으로 시간에 근거한 측정치로 변화를 파악하고, 이러한 변화가 회사의 재무적 성과에 어떤 영향을 미쳤는지 분석한 후, 회사의 목표를 달성하기 위해 계획을 변경하였다면 어떻게 변경하였는지 학습하는 것을 의미한다. 이를 위해 균형성과표의 방법론을 적용할 수 있다. 균형성과표는 재무, 고객, 내부 비즈니스, 학습과 성장이라는 네 가지 관점에서 성과를 분석한다. 균형성과표 분석방법을 Photon사에 적용하면 앞선 시간과 관련된 재무적 · 비재무적 측정치를 이해하고, 분석함으로써 궁극적으로 지연현상을 줄이고 병목공정을 개선하는 해결책을 제시할 수 있다.

- **재무 측정치**
  - 지연을 줄임으로써 가격 인상 또는 매출 증가
  - 재고보유비용
- **고객 측정치**
  - 고객대응시간(고객의 요구를 해결하는 데까지 걸리는 시간)
  - 정시준수율(예정된 기한 내에 제품 또는 서비스 제공)
- **내부 비즈니스 측정치**
  - 주요 제품의 평균제조시간
  - 핵심 공정의 제조주기효율성
  - 병목공정에서 생산된 불량품
  - 병목공정에서의 작업준비시간 및 제조시간 단축
- **학습과 성장 측정치**
  - 종업원 만족
  - 병목공정을 관리하는 종업원 수

균형성과표의 각 관점별 이해를 위해 보석가공기계 제작업체인 Bell사의 사례를 들어보자. 우선 이 회사의 주요 재무지표는 제품판매로 인한 이익지표이다. 고객 관점 측정치로는 고객의 요청에 대해 2일 이내 제품을 인도하는 것이다. 이를 달성하기 위한 내부 비즈니스 측정치로 병목공정에 있는 기계를 1주일에 6일 동안, 하루 22시간 운영하는 것이다. 학습과 성장 측정치로는 새로운 종업원을 채용하여 병목공정이 아닌 공정에 투입하고, 기존의 경력 종업원을 병목공정에 투입함으로써 병목공정의 어려움을 해소하는 것이다. Bell사는 균형성과표에서 시간과 관련된 측정치를 중요시함으로써 생산량을 늘림과 동시에 고객대응시간을 줄여 매출과 이익을 증대시킬 수 있었다.

기업은 시간과 관련된 성과를 관리하기 위해 재무적 · 비재무적 방법을 사용한다. 제조사이클타임 또는 고객대응시간과 같은 비재무적 지표를 통해 개선 노력의 효과를 측정할 수 있다. 또한 비재무적 측정치의 증가 또는 감소로 인한 재무적 영향은 수익 또는 비용을 통해 측정할 수 있다.

자율학습

Sloan Moving사는 미국 전역에서 이사 서비스를 제공하는 회사이다. 이 회사는 서비스 품질을 (1) 이사에 소요되는 시간, (2) 정시배달(사전 협의된 배달기한 기준 2일 이내), (3) 분실·파손 수로 측정한다. Sloan은 (2)와 (3)의 측정치를 높이기 위해 연간 $160,000를 투자하여 새로운 배송시스템을 개발하고자 한다. 다음 자료는 Sloan의 현재 성과와 새로운 시스템을 도입하였을 때의 추정 성과이다.

	현재 성과	추정 성과
정시배달률	85%	95%
분실 · 파손 건당 변동비	$60	$60
연간 분실 · 파손 건수	3,000건	1,000건

Sloan은 정시배달률이 1%p 증가하면 연 매출이 $20,000 증가할 것이라 예상한다. Sloan의 공헌이익률은 45%이다.

요구사항

1. Sloan은 새로운 시스템을 도입해야 하는가? 계산근거를 제시하여 설명하시오.
2. Sloan은 새로운 시스템의 도입이 분실·파손 건수를 줄일 것이라 확신하고 있으나, 새로운 시스템이 매출을 증가시킬지는 의문이다. Sloan이 새로운 시스템을 도입하려면 증가해야 하는 최소 매출액은 얼마인지 계산하시오.

Solution

1. 새로운 시스템을 도입하기 위해 추가로 소요되는 원가는 연간 $160,000이다. 새로운 시스템 도입으로 기대되는 연간 추가 이익은 다음과 같다.

정시배달률이 85%에서 95%로 10% 증가함으로 인한 연간 추가 매출 (1%당 $20,000 × 10%p)	$200,000
추가 매출로 인한 공헌이익 증가액($200,000 × 0.45)	$90,000
분실 · 파손 건수의 감소로 인한 변동비 절감액 [건당 $60 × (3,000 − 1,000)건]	120,000
총추가이익	$210,000

추가 이익 $210,000은 추가 원가 $160,000을 초과하므로 Sloan은 새로운 시스템을 도입하여야 한다.

2. 새로운 시스템 도입으로 연간 추가 공헌이익이 $40,000 이상이 되면 시스템을 도입하는 것이 이익이다. 왜냐하면 시스템 도입에 소요되는 비용이 $160,000이며, 시스템 도입으로 절감되는 변동비가

$120,000이기 때문이다. 추가 공헌이익이 $40,000이면 추가 매출액은 $40,000 ÷ 0.45 = $88,889로 계산된다.

과제

서술형 문제

18-1 품질 향상의 두 가지 효익은 무엇인가?

18-2 예방원가의 세부항목 두 가지는 무엇인가?

18-3 평가원가의 두 가지 예는 무엇인가?

18-4 내부실패원가와 외부실패원가의 차이점은 무엇인가?

18-5 품질 관련 문제를 파악하기 위한 방법은 무엇인가?

18-6 품질 관련 고객만족을 측정하는 비재무적 측정치는 무엇인가?

18-7 내부 비즈니스를 측정하는 비재무적 측정치는 무엇인가?

18-8 고객대응시간과 제조사이클타임의 차이점은 무엇인가?

18-9 고정비가 관련원가가 아닐 때, "제품의 판매가격은 항상 변동비보다 높은 수준에서 책정되어야 한다."라는 서술에 동의하는가?

객관식 문제

18-10 Rector는 회사의 품질관리 프로그램을 시험하고 있다. 다음 중 옳은 것은?

> I. 재작업의 원인이 회사 내부의 실패에서 발생하였다면, 재작업원가는 폼질원가에 포함되어야 한다.
> II. 예방원가는 불량품의 생산과 판매를 예방하는 데 들어가는 원가이다.
> III. 내부실패원가는 생산라인의 기계고장으로 발생하는 원가이다.

a. I, II, III 모두 맞다.
b. II만 맞다.
c. I과 III만 맞다.
d. I만 맞다.

18-11 6시그마는 (　　)을 증대시키기 위한 지속적인 품질개선방법이다.

a. 현재의 제품과 비즈니스 프로세스의 개선
b. 신제품 또는 비즈니스 프로세스의 개발
c. 현재 제품/프로세스의 향상과 신제품 프로세스 개발
d. 핵심 성공요인의 통계적 평가

주관식 문제

18-12 품질원가(CMA 기출). Osborn사는 휴대전화의 부품을 제조하는 회사이다. 이 회사의 대표는 지난 2년간 품질을 개선하고자 적극적으로 품질개선 프로그램을 운영하였다. 최근에 발행된 품질원가보고서는 다음과 같다.

Osborn사의 반기별 품질원가보고서(천 단위)

	6/30/2016	12/31/2016	6/30/2017	12/31/2017
예방원가				
기계유지보수비	$ 480	$ 480	$ 440	$ 480
공급자 교육	21	90	45	35
디자인 리뷰	30	218	198	196
총예방원가	531	788	683	521
평가원가				
최초 검사	109	124	89	55
최종 검사	327	327	302	202
총평가원가	436	451	391	257
내부실패원가				
재작업	226	206	166	115
작업폐물	127	124	68	65
총내부실패원가	353	330	234	180
외부실패원가				
보증수리	182	89	70	67
고객반품	594	510	263	186
총외부실패원가	776	599	333	253
총품질원가	$2,096	$2,168	$1,641	$1,211
총매출	$8,220	$9,180	$9,260	$9,050

요구사항

1. 각 기간별로 품질원가의 각 분류항목들이 '총품질원가', '총매출액'에서 차지하는 비율을 계산하시오.
2. 1의 계산 결과, Osborn사의 품질관리 프로그램이 성공적이라 생각하는가?
3. 2015년에 시행된 설문조사 결과 Osborn사의 대표는 품질 향상이 반드시 필요하다 생각했다. 만약 품질관리 프로그램을 도입하지 않았더라면 이때의 기회비용은 어떻게 측정하겠는가?

18-13 품질원가분석. Calculus사는 학생용 계산기를 제조한다. 회사는 작년부터 품질을 향상시키기 위해 노력하였으며 그 결과 품질원가가 감소하였는지 확인하고자 한다. 품질원가 측정결과는 다음과 같다.

Calculus사의 연간 품질원가보고서

	2016	2017
품질 교육	$ 5,500	$ 6,250
기계 수리	$ 4,000	$ 3,750
보증수리 비용	$ 8,300	$ 6,000
디자인 엔지니어링	$ 4,500	$ 5,000
제품 테스트	$ 3,100	$ 4,000
재작업	$ 9,250	$ 7,880
총품질원가	$ 34,650	$ 32,880
총매출	$ 525,000	$ 600,000

요구사항

1. 품질원가 각 항목이 예방원가, 평가원가, 내부실패원가, 외부실패원가 중 어디에 속하는지 분류한 후, 분류에 따라 품질원가보고서를 재작성하시오. 그리고 각 분류항목들이 '총품질원가', '총매출액'에서 차지하는 비율을 계산하시오.
2. 1의 자료를 근거로, Calculus사의 품질관리 프로그램이 성공적이라 생각하는가?

18-14 품질개선, 관련원가, 관련수익. Pressing Matters는 연간 18,000개의 프린팅 프레스기를 판매한다. 재작업과 수리의 변동비와 고정비는 다음과 같다.

	변동비	고정비	총원가
시간당 재작업 원가	$ 79	$115	$194
수리 원가			
시간당 고객지원비	35	55	90
1회당 운송비	350	115	465
시간당 보증수리비	89	150	239

Pressing Matters가 생산하는 현재 프레스기는 특정 색상에서 그림자가 발생하는 현상이 나타나 품질에 문제가 있다. 엔지니어들은 프레스기의 핵심 부품을 교체해야 한다고 주장한다. 새로운 핵심 부품은 구형에 비해 $70 더 비싸다. 만약 내년에 새로운 부품으로 교체한다면 (1) 재작업시간 14,000시간을 줄이고, (2) 고객지원 시간을 850시간 줄이고, (3) 225회의 운송횟수를 줄이고, (4) 보증수리시간 8,000시간을 줄이고, (5) 140대의 프레스기를 더 판매할 것으로 예상한다. 그 결과 총공헌이익은 $1,680,000가 될 것이라 기대된다. Pressing Matters는 핵심 부품의 교체가 품질향상을 가져올 것이라 기대하지만, 재작업과 수리에 들어가는 고정비는 절감하지 못할 것이라 예상한다. Pressing Matters는 내후년에 새로운 프레스기를 만들 것이므로 핵심 부품의 도입과 관련한 의사결정 기간은 1년이다.

요구사항

1. Pressing Matters는 새로운 핵심 부품으로 교체해야 하는가?
2. 140대의 프레스기 추가 판매가 불확실하다 가정하자. 새로운 핵심 부품으로 교체하기 위해 필요한 최소한의 추가 프레스기 판매 대수는 얼마인가?
3. 새로운 핵심 부품으로 교체하기 위해 고려해야할 다른 요소는 무엇인가?

18-15 대기시간. Toy-For-Fun(TFF)는 인형 제작판매기 1대를 보유하고 있으며, 이를 활용하여 아동용 주문제작 인형을 판매하는 회사이다. TFF는 현재 인형 제작판매기가 100% 가동되지 않는 것으로 파악하고 있다. 그러나 인형 제작판매기 앞에 대기하는 줄을 종종 목격한다. 이러한 대기 줄은 대기시간을 유발한다. TFF사는 주문당 평균대기시간, 즉 주문 접수에서 제조까지 걸리는 시간을 측정하고자 한다. 관련 자료는 다음과 같다.

- 연간 예상주문량: 18,000
- 주문당 제조시간: 20분
- 연간 제작판매기의 가용시간: 7,200

요구사항

1. 주문당 평균대기시간을 계산하시오.
2. 대기시간의 원인과 이를 최소화하기 위한 방안을 서술하시오.
3. 판매량이 증가한다면, 평균대기시간이 증가할 것인가? 감소할 것인가?
4. 동일한 성능의 인형 제작판매기를 한 대 더 구매하여 투입한다면, 이것이 평균대기시간에 미치는 영향은 무엇인가?

18-16 비재무적 측정치. Global Cell Phones(GCP)는 전 세계 어디에서도 사용 가능한 휴대전화를 제조하여 판매한다. GCP는 고객들로부터 휴대전화에 대한 불만을 접수하고 있다. 지난 2년간 GCP는 이 휴대전화를 마케팅해 왔으며, 휴대전화의 품질과 관련한 비재무적 정보를 수집했다. GCP는 휴대전화의 품질을 향상시키면 판매량과 이익이 증가할 것이라 기대하고 있다. 2016년과 2017년의 품질 관련 정보는 다음과 같다.

	2016	2017
제조 후 배송한 휴대전화	3,000	15,000
배송한 휴대전화 중 불량품 수	150	600
고객불만 접수 건수	225	375
배송 전 재작업 수	180	1,050
제조사이클타임	15일	16일
평균 고객대응시간	30일	28일

요구사항

1. 2016년과 2017년 각각에 대해 다음을 계산하시오.
   a. 불량품 배송률
   b. 배송 수 대비 고객 불만 건수
   c. 생산 중 재작업 비율
   d. 주문부터 배송까지 걸리는 시간에서 제조사이클타임이 차지하는 비중
2. 1의 계산 결과를 근거로 했을 때 GCP의 품질과 적시성은 향상되었는가?
3. 고객대응시간이 감소하는데 왜 제조사이클타임이 증가하는가?

19 자본예산과 원가분석

학습목표

1 자본예산의 다섯 단계를 이해한다.

2 현금흐름할인법, 순현재가치법, 내부수익률법을 이해한다.

3 회수기간법, 할인회수기간법을 이해한다.

4 발생주의 회계이익률법을 이해한다.

5 관련 현금유입과 현금유출을 통한 자본예산 의사결정을 이해한다.

6 자본예산과 성과평가의 문제점을 파악한다.

Honda는 신규 공장을 중국에 건설해야 하는가, 인도에 건설해야 하는가? Sony는 차세대 PlayStation 개발에 투자해야 하는가? 의류회사인 Gap은 아동복 생산을 중단하고 여성 운동복 생산을 확장해야 하는가? 경영진은 회사의 미래 가치를 창출하기 위해 재무자원을 언제, 어떻게 배분할지에 대해 의사결정해야 한다. 물론 미래가 어떻게 변화할지 프로젝트의 원가가 얼마나 변할지 예측하는 것이 어려운 일이지만 경영자는 항상 고민해야 한다. 이를 해결하기 위해 Target, Chevron과 같은 회사는 프로젝트 관련 자본예산 결정만 주로 하는 특수한 부서를 두기도 한다. 이 장에서는 조직 또는 개인이 프로젝트 투자를 할 때 '가장 큰 효과'를 얻기 위해 사용하는 다양한 방법을 설명한다.

태양광발전 도입 방식을 바꾸어버린 NPV 계산법[1]

최근 몇 년 동안 미국 가정에서는 집 지붕에 태양 전지판을 설치하는 데 수십 억 달러를 지출했다. 2020년까지 미국 국립재생에너지연구소(National Renewable Energy Laboratory)는 주거용 태양광 설치가 미국 단독주택 시장의 5%를 차지할 것으로 예상하였다. 평균 태양광 패널 설치 비용은 $15,000에서 $20,000 사이로 고가이며, 높은 초기투자비용으로 대부분의 주택 소유자는 새로운 태양광 시스템을 설치하기 위해 자금을 조달해야 한다. 예전에는 태양광 패널을 제3자가 설치하고 주택 소유자는 지붕을 빌려주고 태양광 패널을 제3자로부터 리스해서 사용하는 방식이었다. 이러한 방식은 미국 내 태양 에너지 도입을 촉진하는 데 도움이 되었지만, 최근에는 주택 소유자가 제3자로부터 태양광 패널을 임대하는 대신 대출을 활용하여 직접 태양광 시스템을 구매하는 추세이다.

kostasgr/Shutterstock

이 같은 이유는 무엇일까? 태양광 패널의 설치 비용이 지속적으로 하락함에 따라 주택 소유자의 입장에서 태양광 시스템을 리스하는 방안과 직접 설치하는 방안의 순현재가치(NPV)가 변하기 때문이다. 즉, 낮은 이자

[1] 출처: PricewaterhouseCoopers, "Financing US residential solar: Owning, rather than leasing, will bode well for homeowners," August 2015 (www.pwc.com/us/en/technology/publications/assets/pwc-financing-us-residential-solar-08-2015.pdf).

율, 계약금 지급조건의 변경, 전기 요금의 변화로 주택 소유자가 태양광 시스템을 직접 투자하여 소유하는 것이 리스하는 것보다 더 수익성이 좋기 때문이다. 전문가들은 당분간 주택 소유자가 태양광 시스템을 직접 설치하여 소유하는 방안이 대세일 것이라 예측한다.

Nissan, Pepsi, Pfizer 및 Walmart 등의 경영자도 어려운 투자의사결정에 직면한다. 이 장에서는 장기투자 프로젝트를 평가하는 데 사용하는 몇 가지 자본 예산 분석 기법을 소개한다.

자본예산의 단계

자본예산은 프로젝트에 대한 장기투자 의사결정과정이다. 회계에서 이익은 회계기간별로 측정이 되나, 투자는 다양한 투자기간에 걸쳐서 진행된다. 보기 19-1은 회계기간과 투자기간의 차이에 대해 설명한다. 수평축은 투자기간의 관점이고 수직축은 회계기간의 관점이다. 각 투자안 M, N, O, P는 각각 다른 시점에서 시작하고 종료되며, 1년 이상에 걸쳐서 진행된다.

자본예산을 위해 경영자는 각 프로젝트별 시작부터 종료까지 모든 기간 동안 현금흐름을 분석해야 한다. 예를 들어 Honda가 새로운 자동차 모델을 도입하는 경우, 가치사슬의 시작점인 연구개발단계부터 종료점인 고객서비스단계까지 발생하는 모든 비용 및 자동차 판매로 기대되는 수익을 10년이 넘는 장기간 동안 예측하여 분석한다. 일반적으로 자본예산은 다음의 5단계를 거친다.

1단계: 프로젝트의 식별 **조직의 전략에 부합되는 투자안을 식별하라!** 예를 들어, 제품차별화 전략을 추구하는 Nike는 고품질 스포츠웨어 개발을 위해 제품 혁신, 제조 및 디자인에 대한 투자에 관심이 있다. 또는 원가우위 전략을 추구하는 Dell의 경우 제조 원가를 낮추기 위해 해외 생산설비 투자에 관심이 있다. 투자할 프로젝트를 식별하는 것은 경영진의 책임이다.

2단계: 정보획득 **프로젝트를 평가하기 위해 가치사슬에 있는 모든 정보를 수집하라!** 앞선 Honda의 사례에서, 새로운 자동차 모델을 개발하기 위해 최고경영진은 마케팅 임원에게 예상매출을, 공장장에게는 조립시간을, 공급자에게는 핵심 부품의 공급가능성과 가격을 확인해야 한다. 그보다 낮은 생산공정의 관리자들에게는 계획의 실현가능성을 점검해야 한다. 조직 내에서 활발하게 의사소통을 하여 최선의 투자의사결정을 해야 한다. 이 단계에서 프로젝트가 포기될 수도 있다. 페인트 회사인 Akzo-Nobel에서는 신제품 개발을 검

보기 19-1 **프로젝트 자본예산의 회계기간과 투자기간**

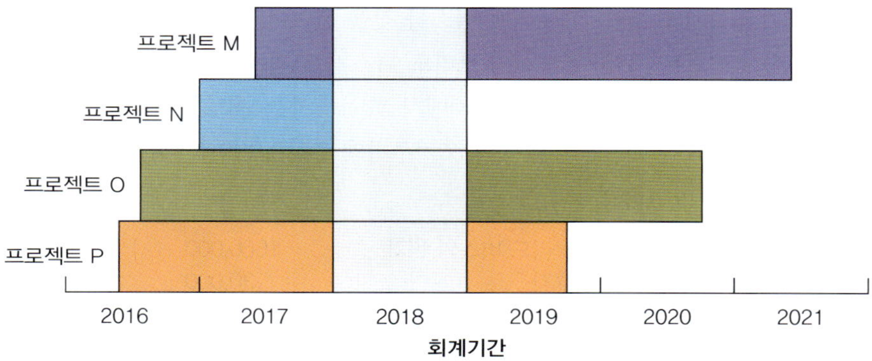

토하는 과정에서 환경기준을 충족하지 못한다면 프로젝트가 더 이상 진행이 되지 않는다.

3단계: 예측 **프로젝트들에서 가능한 현금흐름을 모두 추정해라!** 새로운 프로젝트는 일반적으로 상당한 초기 자본을 지출해야 하며, 이러한 지출은 프로젝트 진행 과정에서의 현금유입과 프로젝트 종료 후 관련 자산의 처분을 통해 회수된다. 즉, 신규 투자안을 분석하는 경우 미래의 현금흐름을 추정해야 한다. BMW의 경우 현간 현금흐름을 예측하고 12년간의 투자예산을 설정한다. 미래에 변화가 당연히 많으므로 이러한 추정 시 다양한 가능성을 검토한다. BMW 마케팅 부서의 경우 90% 신뢰성 범위 내에서 매출액을 예측해야 한다. 특히 BMW의 경우 프로젝트 기간 동안의 현금흐름 추정 시 프로젝트의 후반기 수치에 대한 추정치가 현실적인 가능성이 있는지 확인하려고 한다. 왜냐하면 프로젝트 후반기 수치를 편의적으로 예측함으로써 자본예산 결과를 왜곡시킬 수 있으며, 나아가 프로젝트 후반기까지 해당 담당자가 근무하지 않을 수도 있어 책임 소재가 불분명해지기 때문이다.

4단계: 대안 선택 **수익은 가장 크고 비용은 가장 적은 프로젝트를 선택하라!** 3단계에서 수집한 정량적 자료를 근거로 몇 가지 자본예산 기법을 통해 최적의 프로젝트를 선택할 수 있다. 자본예산 기법이 대부분 재무정보에 초점을 맞추고 있지만, 분석 시 경영진의 비계량적인 정보와 회사의 전략이 반드시 고려되어야 한다. Honda의 경우, 자본예산 분석 결과 수치가 양호하게 나타나는 프로젝트라 하더라도 Honda의 브랜드 포지셔닝 등 다른 전략과 배치되는 경우 신차를 개발하지 않을 수 있다. 최근 안전, 기술, 환경, 지속가능성에 대한 관심이 고조되고 있는데 이러한 상황은 현재 수익성이 낮은 프로젝트에 오히려 유리하게 작용할 수도 있다. 이러한 관점에서 물류 거대 기업인 UPS는 연료 사용과 원가를 줄일 수 있는 운송수단에 대해 최소 수익률을 완화하는 등 평가를 달리 한다.

5단계: 프로젝트 실행, 평가와 학습 자본예산을 실행하기 위한 자본조달을 할 때, 내부현금, 타인자본, 자기자본을 활용할 수 있는데 이에 대한 구체적 실현가능성을 모색해야 한다. 또한 프로젝트가 진행되면서 발생하는 현금유입과 현금유출이 3단계의 예측과 얼마나 차이나는지 분석해야 한다. 그 결과 원래계획보다 더 빨리 추가 투자를 진행할 수도 있고, 프로젝트를 중단할 수도 있다.

자본예산에 대한 구체적 설명은 다음과 같다. 미국에서 버스 운송업을 수행하는 Vector사의 경우 보유 버스 중 일부가 내용연수에 가까워져서 추가적인 수리비 지출이 필요한 상황이다. 손님들은 버스의 공간이 넉넉지 않고, 무선 인터넷 서비스가 제공되지 않는 등 여러 가지 불편을 호소하였다. 이미 Vector사는 친환경적인 책임 경영을 선포한 바 있으므로, 생태계에 피해를 최소로 끼치는 프로젝트만 수행할 것이다. 따라서 1단계에서 Vector사는 조직의 전략에 부합되는 배기가스 배출량이 적은 대체 버스를 찾을 것이며, 2단계인 정보획득 단계에서는 Wi-Fi 서비스가 제공되는 디젤-전기 하이브리드 버스가 고객에게 더 큰 편안함과 공간을 제공할 수 있다는 정보를 수집할 것이다. 3단계에서 Vector사는 새로운 버스에 투자할 경우의 현금흐름을 예측한다. 다음과 같이 세후 순초기투자액 $648,900에 대해 내용연수가 5년인 하이브리드 버스를 구입할 수 있다고 추정한다.

새로운 하이브리드 버스의 원가	$660,000
운전자본의 투자	30,000
구형 버스의 매각 대금(세후)	(41,100)
순초기투자액	$648,900

CONCEPTS IN ACTION

지속가능성장을 위한 Johnson & Johnson의 자본예산

Lucas Jackson/Alamy Stock Photo

최근 많은 기업들이 기후변화와 환경에 대응하기 위해 지속가능성장을 목표로 삼고 있다. 그러나 지속가능성장의 결과를 측정하기 어렵기 때문에 지속가능성장 관련 투자의사결정이 쉽지 않다. 예를 들어, 물 위험에 대한 위험을 줄이거나 에너지 가격 변동성을 낮추어 지속가능성장률을 높였다고 할 때 이 변수들을 어떻게 측정해야 할지 의문이다.

Johnson & Johnson은 투자가 환경에 미치는 나쁜 영향을 줄이면서 투자를 수행하여 사업가치를 증대시키는 독특한 방법을 찾았다. Johnson & Johnson은 냉각기 최적화 시스템, 태양광발전 설비 도입과 같은 온실가스 줄이기 프로젝트를 수행하기 위해 특별 기금을 마련했다. 이후 프로젝트를 수행함으로써 절감되는 비용은 운영예산에 반영하여 운영예산을 줄인다. 이 방법은 초기 투자비용이 많이 소요되지만 상대적으로 운영비용이 작고 장기적으로 봤을 때 이익인 프로젝트에 투자하는 것을 촉진한다.

매년 Johnson & Johnson의 특별 기금은 온실가스 감축 프로젝트에 최소 4,000만 달러를 배정한다. 이러한 프로젝트들은 에너지 절감, 환경보호 및 비용 절감이 가능한지 내부 검토 절차를 거친다. 에너지, 기술 및 재무 관리자로 구성된 위원회는 제안된 프로젝트의 기술, 환경 및 재무 측면을 검토하고, 모범 사례 및 표준과 어느 정도 일치하는지 확인하며, 세후 요구수익률이 15% 이상인지 검증한다.

시간이 흘러 Johnson & Johnson은 이익 예측에 있어 온실가스 감축 프로젝트가 다른 원가절감 프로젝트보다 유리하며, 회사가 직면한 위험 요소를 줄이는 역할을 함을 깨달았다. Johnson & Johnson의 특별 기금 평균 수익률은 19%에 달했다. 2010년에 회사는 그 해의 목표치에 비해 탄소배출량을 20% 줄이기 시작했다. 특별 기금 덕분에 Johnson & Johnson은 2015년까지 이미 탄소배출량을 9.6% 줄였으며 장기적인 온실가스 감축 목표를 달성하기 위해 현재도 지속적인 노력을 하고 있다.

출처: Alexander Perera, Samantha Putt Del Pino, and Barbara Oliveria, "Aligning Profit and Environmental Sustainability: Stories from Industry," World Resources Institute working paper, February 2013 (http://www.wri.org/sites/default/files/pdf/aligning_profit_and_environmental_sustainability_stories_from_industry.pdf); Johnson & Johnson, "Greenhouse Gas Emissions," http://www.jnj.com/caring/citizenship-sustainability/strategic- framework/Greenhouse-Gas Emissions, accessed April 2016.

운전자본은 유동자산과 유동부채의 차이이며, 새로운 투자안은 종종 재고자산과 채권과 같은 추가적인 유동자산의 투자가 필요하다. Vector사의 경우 새로운 버스는 $30,000의 비품, 배터리, 여분의 부속과 같은 추가적인 유동자산이 필요하며, 프로젝트 종료 시 유동자산은 현금화된다. 그러나 하이브리드 기술의 급격한 발전으로 하이브리드 버스의 5년 후 처분가치는 없다고 간주된다. 새로운 하이브리드 버스의 도입으로 영업현금흐름(현금유입에서 현금유출을 차감한 값)은 처음 4년간은 세후 $180,000 증가할 것이며, 5년차에는 $150,000 증가할 것이다. 이는 버스 티켓 판매가격의 증가와 하이브리드 버스의 안락함으로 인한 이용객의 증가, 연료와 유지비용의 감소가 그 원인이다. 분석의 편의를 위해 모든 현금흐름은 연말에 발생한다 가정하고, 특히 5년차의 현금흐름은 $180,000 증가할 것이다(영업현금흐름 $150,000와 운전자본의 처분가치 $30,000). 4단계에서는 프로젝트의 효익과 원가를 계산한다.

이 장에서는 (1) 순현재가치법(Net Present Value method, NPV), (2) 내부수익률법(Internal Rate-of-Return method, IRR), (3) 회수기간법(payback method), (4) 회계적 이익률법(Accrual Accounting Rate-of-Return method, AARR)의 4가지 방법에 대해 설명한다. 순현재가치법과 내부수익률법은 현금흐름을 할인하는 방법을 사용한다.

현금흐름할인

현금흐름할인법(Discounted Cash Flow method, DCF)은 미래의 기대되는 모든 현금유입과 현금유출을 현재 시점으로 환산하여 측정하는 방법이다. 현금흐름할인법의 핵심은 화폐의 시간가치이다. 현재 $1가 미래의 $1보다 크다는 것이다. 즉, 연초에 $1가 있고 이자율이 10%라면 연말에는 $1.1가 되므로, 현재의 $1는 미래의 $1보다 크다는 의미이다. 화폐의 시간가치는 일종의 기회비용인 것이다. 사례를 확장하여, 1년 후 $1의 현재가치는 $1 ÷ 1.10 = $0.9091가 되며, 1년 후 $100의 현재가치는 0.9091을 곱하면 $90.91가 된다. 현재 $90.91는 1년 후 $100가 된다는 논리이다. 이러한 화폐의 시간가치개념을 적용하는 데, 주의해야 할 것은 현금흐름할인법은 오직 현금의 유입과 현금의 유출에만 초점을 두며, 발생주의하의 회계이익은 1차적 고려대상이 아니다.

현금흐름할인법에는 순현재가치법과 내부수익률법이 있는데, 두 방법 모두 요구수익률(Required Rate of Return, RRR)을 사용하고 있다. 요구수익률은 투자안에 대해 최소로 요구하는(허용가능한) 수익률이라는 뜻이다. 요구수익률은 주로 경영진이 설정하는 것으로 투자안의 위험을 감수하면서 투자할 수 있는 최소한의 수익률이라는 의미이다. 만약 투자안의 수익률이 요구수익률보다 낮다면 투자를 하지 않을 것이다. 요구수익률은 할인율(discount rate), 절사율(hurdle rate), 자본비용(cost of capital), 기회자본비용(opportunity cost of capital)으로도 일컬어진다. Vector사의 경우 요구수익률이 연간 8%라 가정하고, 다음의 평가방법을 살펴보자.

순현재가치법

순현재가치법은 투자안으로부터 기대되는 미래의 모든 현금유입과 현금유출을 요구수익률을 사용하여 현재 시점으로 환산한다. 순현재가치법은 다음의 3단계를 적용한다.

1단계: 프로젝트와 관련된 현금유입과 현금유출을 도식화한다! 보기 19-2의 우측에서는 새로운 하이브리드 버스 도입에 따른 현금흐름을 도식화한다. 도식화를 하면 자료를 체계적으로 더 잘 볼 수 있는 장점이 있다. 괄호는 흔히 음(−)수를 의미하므로, 괄호 안의 숫자는 현금유출을 나타낸다. 보기 19-2는 '0' 연도의 버스 구입으로 인한 현금유출과 이후 5년간의 현금유입을 나타낸다. 순현재가치법은 현금유입과 현금유출의 원천을 고려하지 않는다. 즉, 유출입된 현금이 영업으로 인한 것인지, 비품의 매각이나 취득으로 인한 것인지, 운전자본의 투자나 회수로 인한 것인지를 따지지 않고 오직 유출입된 금액에만 초점을 둔다.

2단계: 적절한 할인율을 사용하여 현금흐름을 할인한 후 이들을 합한다! Vector사의 경우 각 연도별 현금흐름을 현재가치 계수 등을 통해 계산할 수 있다. 현재가치 계수를 적용할 경우 현재가치 계수표에서 할인율 8%일 경우 1~5기간의 현재가치 계수가 각각 0.926,

보기 19-2 **Vector사 하이브리드 버스 도입의 순현재가치**

Home Insert Page Layout Formulas Data Review View

	A	B	C	D	E	F	G	H	I
1			초기 순투자금액	$648,900					
2			프로젝트 기간	5년					
3			연간 현금흐름	$180,000					
4			요구수익률	8%					
5									
6		현금흐름의		각 연도 말 관련 현금흐름					
7		현재가치	8% $1의 현가계수	0	1	2	3	4	5
8	방법 1: 각 연도별 현금흐름을 각각 현재가치화하는 방법								
9	초기 순투자금액	$(648,900)	1.000	$(648,900)					
10		166,680	0.926		$180,000				
11		154,260	0.857			$180,000			
12	연간 현금흐름	142,920	0.794				$180,000		
13		132,300	0.735					$180,000	
14		122,580	0.681						$180,000
15	버스 구입 시 순현재가치	$69,840							
16									
17	방법 2: 연금의 현재가치를 적용하는 방법								
18	초기 순투자금액	$(648,900)	1.000	$(648,900)					
19					$180,000	$180,000	$180,000	$180,000	$180,000
20									
21	연간 현금흐름	718,740	3.993						
22	버스 구입 시 순현재가치	$ 69,840							
23									
24	괄호 표시는 현금 유출의 의미								

0.857, 0.794, 0.735, 0.681임을 알 수 있다. 이를 보기 19-2의 기간별 현금흐름에 적용하면 각 현금흐름의 현재가치를 계산할 수 있으며, 이를 합한 금액은 $69,840이다.

3단계: 순현재가치에 따라 의사결정을 수행한다! 순현재가치가 '0'이거나 '양(+)'의 수치가 나온다면 해당 투자안을 채택해야 한다. 이유는 해당투자안의 기대수익률이 요구수익률과 같거나 초과하기 때문이다. 만약 순현재가치가 '음(−)'수로 나타난다면 해당 투자안의 기대수익률이 요구수익률보다 낮기 때문에 해당 투자안을 기각해야 한다.

보기 19-2에서 순현재가치는 $69,840(요구수익률이 연 8%인 경우)로 계산된다. 2가지의 관점에서 해당 프로젝트는 채택될 수 있는데, 첫 번째로 5기간 동안 초기투자비용을 회수할 수 있으며, 두 번째로 5기간 동안 수익률이 요구수익률 8%보다 높기 때문이다.

그러나 최종적으로 버스를 구매하기 전 버스 구매가 Vector사의 브랜드에 미치는 비재무적 효과에 대해 추가적으로 검토해야 한다. 물론 브랜드 영향에 대한 비재무적 효과를 재무적으로 환산하는 것은 쉽지 않다. 예를 들어, 만약 하이브리드 버스 구매의 순현재가치가 음(−)으로 나타났으나 버스를 구매하였다고 하자. 이는 순현재가치법에 따르면 바람직한 의사결정은 아닐 것이다. 그러나 하이브리드 버스 도입으로 인한 기업의 친환경 노력이 대외에 알려져 기업이미지와 신뢰도가 상승하여 이용객이 증가할 수 있고, 정부기관으로부터 추가적인 운송 서비스 제공 요구를 받을 수 있다.

내부수익률법

프로젝트에서 발생하는 모든 현금유입의 현재가치와 현금유출의 현재가치를 일치시키는 할인율을 내부수익률이라 한다. 이는 순현재가치를 '0'으로 만들어주는 할인율이다. 보기 19-3에서는 Vector사의 하이브리드 버스 구매와 관련된 현금흐름을 연 12%의 할인율로 할인하였다. 연 12% 할인율을 적용하였을 경우 순현재가치가 '0'으로 나타났으므로, 내부수익률은 연 12%라 할 수 있다. 내부수익률을 계산하기 위해서는 계산기나 엑셀을 사용하나, 시행착오법(tiral-and-error)도 사용된다. 시행착오법을 간단히 설명하면, 임의의 할인율을 사용하여 순현재가치를 계산한다. 계산한 순현재가치 값이 '0'보다 작으면(크면) 임의의 할인율보다 더 작은(큰) 할인율을 적용한다. 이렇게 계속 시도하여 순현재가치가 '0'이 되는 할인율을 추정하는 방법이 시행착오법이다. Vector사의 경우 보기 19-2에서 제시된 것과 같이 할인율이 8%일 경우 순현재가치는 +$69,840이며, 할인율이 14%인 경우 순현재가치는 −$30,960(연금의 현가계수 3.433 × $180,000 − $648,900)이다. 따라서 순현재가치를 $0로 만드는 할인율은 8%와 14% 사이에 있음을 알 수 있으며, 8~14% 사이 임의의 값 몇 개로 순현재가치를 계속 측정하여 '0'이 나오는 할인율을 추정하는 것이다.

내부수익률이 요구수익률보다 같거나 높을 때 프로젝트를 채택한다. Vector사의 경우 요구수익률이 8%였으나 내부수익률은 12%였으므로, 재무적 관점에서 Vector사는 새로운 버스에 투자를 해야 한다. 일반적으로 순현재가치법과 내부수익률법은 프로젝트를 채택하거나 기각하는 데 일관성 있는 판단 기준을 제공한다. 만약 내부수익률이 요구수익률보다 큰 프로젝트라면 그 프로젝트의 순현재가치는 양(+)의 값으로 나타나 프로젝트를 채택하는 것이 유리하

보기 19-3 Vector사 하이브리드 버스 도입의 내부수익률

Home Insert Page Layout Formulas Data Review View

	A	B	C	D	E	F	G	H	I
1			초기 순투자금액	$648,900					
2			프로젝트 기간	5년					
3			연간 현금흐름	$180,000					
4			요구수익률	12%					
5									
6		현금흐름의			각 연도 말 관련 현금흐름				
7		현재가치	12% $1의 현가계수	0	1	2	3	4	5
8	방법 1: 각 연도별 현금흐름을 각각 현재가치화하는 방법								
9	초기 순 투자금액	$(648,900) ←	1.000 ←	$(648,900)					
10		160,740 ←	0.893 ←		$180,000				
11		143,460 ←	0.797 ←			$180,000			
12	연간 현금흐름	128,160 ←	0.712 ←				$180,000		
13		114,480 ←	0.636 ←					$180,000	
14		102,060 ←	0.567 ←						$180,000
15	버스 구입 시 순현재가치	$ 0							
16	(순현재가치가 0으로								
17	나타남으로써 내부수익률이								
18	12%라는 것이 확인됨)								
19	방법 2: 연금의 현재가치를 적용하는 방법								
20	초기 순투자금액	$(648,900) ←	1.000 ←	$(648,900)					
21					$180,000	$180,000	$180,000	$180,000	$180,000
22									
23	연간 현금흐름	648,900 ←	3.605 ←						
24	버스 구입 시 순현재가치	$ 0							
25									

다. 내부수익률이 요구수익률과 같다면 프로젝트의 순현재가치는 '0'이며, 이 경우 투자를 하는 방안과 하지 않는 방안이 무차별하다. 내부수익률이 요구수익률보다 작은 프로젝트라면 그 프로젝트의 순현재가치는 음(−)의 값으로 나타나 프로젝트를 채택하지 않는 것이 유리하다. 다른 조건이 동일하다면, 내부수익률이 높은 투자안이 낮은 투자안보다 더 선호된다. 예를 들어 내부수익률이 12%라는 것의 의미는 현금유입액이 초기투자비용을 회수하고도 남으며, 투자기간 동안 투자수익률이 12%라고 해석되기 때문이다.

19-1 도전!

A사가 새로운 컴퓨터 시스템을 도입하는 데 $250,000를 투자한다면 연간 $65,000의 영업비용을 절감할 수 있다. 컴퓨터 시스템은 8년 동안 사용할 것이며 잔존가치는 없다. 요구수익률은 8%이고 세금은 무시한다. 초기 투자금액을 제외한 모든 현금흐름은 연말에 발생한다 가정하고 다음을 계산하시오.

1. 순현재가치
2. 내부수익률

순현재가치법과 내부수익률법의 비교

순현재가치법은 주주의 부를 극대화시켜 주는 방법이다. 직관적으로 순현재가치법은 프로젝트가 요구수익률을 초과하여 창출하는 부를 측정하는 방법이다. 순현재가치법이 내부수익률법보다 우수한 이유는 다음과 같다.

- 순현재가치법은 비율로 측정되지 않고 화폐가치로 측정된다. 이에 여러 프로젝트가 진행될 경우 전체 프로젝트의 순현재가치는 개별 프로젝트의 순현재가치를 합하여 측정하면 된다. 이에 비해 내부수익률법은 여러 프로젝트가 진행될 경우 전체 프로젝트의 내부수익률을 측정하기 위해 개별 프로젝트의 내부수익률을 단순 합산하거나 평균하여 계산할 수 없다는 한계가 있다.
- 순현재가치법을 사용할 경우 프로젝트의 순현재가치는 하나의 수치로 계산된다. 그러나 내부수익률법을 적용할 경우 프로젝트의 내부수익률은 여러 개가 산정될 수 있어 어떤 내부수익률을 요구수익률과 비교해야 할지 판단이 어렵다. 프로젝트의 현금유입과 현금유출이 반복되어 나타나는 경우 내부수익률이 여러 개가 나타날 수 있기 때문이다.
- 순현재가치법은 프로젝트의 기간 동안 요구수익률이 달라도 적용할 수 있다. 예를 들어, Vector사의 경우 1년차와 2년차의 요구수익률의 10%이고, 3년차, 4년차, 5년차의 요구수익률이 14%이면 현금유입의 현재가치는 $633,780로 계산된다. 그러나 요구수익률이 달라서 복수로 나타나는 경우 내부수익률법을 적용하기는 어렵다. 왜냐하면 내부수익률은 단일의 수치로 나타나는데 어떤 요구수익률과 비교해야 할지 판단이 어렵기 때문이다.
- 순현재가치법은 투자안의 현금흐름을 회사 전체의 요구수익률로 재투자한다 가정한다. 그러나 내부수익률법은 투자안의 현금흐름을 프로젝트의 수익률로 재투자한다 가정한다. 따라서 상호배타적인 투자안이면서 프로젝트의 기간과 초기투자 금액이 다른 경우 내부수익률법을 적용하여 결론을 내리는 것은 잘못된 결과를 도출할 수 있다. 내부수익률법의 이러한 단점에도 불구하고 내부수익률법이 널리 활용되는 이유는 단일의 '수

익률'로 제시되기 때문에 직관적으로 이해하기가 쉽기 때문이다.

민감도 분석

순현재가치법과 내부수익률을 적용할 때 기본 가정은 현금흐름이 확정적이라는 것이다. 그러나 현실에서 현금흐름은 불확실한 경우가 많다. 이 경우 민감도 분석을 수행한다. 예를 들어, 순현재가치법에서 민감도 분석을 수행하는 경우 특정 범위 내(예: 3%, 5%, 7%와 같이 2%의 범위를 두는 경우)에서 순현재가치를 재산정하는 방식이다. 민감도 분석은 순현재가치가 '0'인 현금유입액을 계산함으로써 의사결정을 지원할 수도 있다.

보기 19-2를 근거로 Vector사의 순현재가치를 '0'으로 만드는 연간 현금유입액을 계산해 보자. 연간 현금흐름을 A라고 하고, 초기 투자금액은 $648,900, $1 기준 8% 요구수익률 5년 연금의 현재가치 계수가 3.993이라고 한다면, 3.993A − $648,900 = $0로 식을 적을 수 있으며, A는 $162,509로 계산된다. 즉, Vector사는 버스 도입 프로젝트에서 연간 최소 현금유입액이 $162,509 이상이 된다면 순현재가치가 '0'보다 큰 수가 나오므로 프로젝트를 채택하는 의사결정을 수행하는 것이다.

보기 19-4는 Vector사의 프로젝트에서 요구수익률과 연간 현금흐름의 변화에 따른 순현재가치의 변화를 나타낸 민감도 분석 결과이다. 민감도 분석은 변수의 변화에 따라 순현재가치가 민감하게 변하는 범위와 그렇지 않은 범위를 파악할 수 있게 해주는 장점이 있다.

보기 19-4 Vector사 하이브리드 버스 도입의 민감도 분석

Home Insert Page Layout Formulas Data Review View

	A	B	C	D	E	F
1	요구	연간 현금흐름				
2	수익률	$ 140,000	$160,000	$180,000	$200,000	$220,000
3	8%	$ (89,880)	$ (10,020)	$ 69,840	$149,700	$229,560
4	10%	$(118,160)	$ (42,340)	$ 33,480	$109,300	$185,120
5	12%	$(144,200)	$ (72,100)	$ 0	$ 72,100	$144,200
6						
7	[a] 프로젝트 기간이 5년임을 가정하고 모든 수치는 계산됨					

회수기간법

회수기간법은 프로젝트의 투자원금을 회수하는 데 얼마나 걸리는지 측정하는 방법이다. 순현재가치법과 내부수익률법과 같이 회수기간법은 현금흐름의 원천이 정상적인 영업에 의한 것인지, 일시적인 자산의 처분에 의한 것인지를 따지지 않는다. 일반적으로 회수기간법은 현금흐름이 일정한 경우가 불규칙한 경우보다 적용하기 더 쉽다.

일정한 현금흐름

Vector사의 경우 초기 버스 구매 비용이 $648,900이고, 이후 5년간 매년 동일한 $180,000의 현금흐름이 기대된다 가정하자. 이 경우 회수기간은 다음과 같다.

$$\text{회수기간} = \frac{\text{초기 순투자금액}}{\text{연간 동일한 현금흐름}}$$

$$= \frac{\$648{,}900}{\$180{,}000} = 3.6\text{년}$$

회수기간법은 유동성에 초점을 둔 프로젝트 평가방법으로, 회수기간이 짧은 프로젝트가 선호된다. 다른 조건이 동일하다면 여러 투자안 중 회수기간이 짧거나, 기업이 예상하는 기간(절사점)보다 짧은 프로젝트가 유동성에 유리하기 때문이다. 그러나 회수기간법은 화폐의 시간가치를 고려하지 않았다는 점과 회수기간 이후의 현금흐름을 무시한다는 단점이 있다.

불규칙한 현금흐름

현금흐름이 불규칙할 경우 회수기간법을 적용할 때 누적현금흐름을 사용한다. 즉, 초기투자금액과 현금유입액의 누적치를 비교하여 초기투자금액이 회수되는 시점을 계산하는 방법이다. Venture Law Group의 사례를 통해 이를 설명하면, 이 회사는 화상회의 기구를 $150,000에 구매하려 하는데, 화상회의 기구를 도입하면 여행경비와 시간을 절약할 수 있으므로 향후 5년 동안 $340,000의 현금을 절감할 것이다. 매년 기대되는 현금 절감액의 크기는 동일하지 않다.

연도	현금 절감액	누적 현금 절감액	초기투자 금액 중 미회수된 금액
0	–	–	$150,000
1	$50,000	$ 50,000	100,000
2	55,000	105,000	45,000
3	60,000	165,000	–
4	85,000	250,000	–
5	90,000	340,000	–

위의 표를 보면 3년도에 초기투자 금액 중 미회수된 금액 $45,000가 회수된다. 구체적인 회수기간을 계산하면 다음과 같다.

$$\text{회수기간} = 2\text{년} + \left(\frac{\$45{,}000}{\$60{,}000} \times 1\text{년}\right) = 2.75\text{년}$$

화폐의 시간가치 개념을 적용하여 할인회수기간법을 활용할 수도 있다. 할인회수기간법은 연간 발생되는 현금흐름을 현재가치로 환산한 후 누적 현금흐름의 현재가치와 초기투자금액을 비교하는 방법이다. 화상회의 기구 사례의 경우, 요구수익률을 8%로 가정하여 다음과 같은 표를 만들 수 있다.

연도 (1)	현금 절감액 (2)	8%, $1의 현재가치 계수 (3)	현금 절감액의 현가 (4)=(2)×(3)	누적 현금 절감액 (5)	초기투자 금액 중 미회수된 금액 (6)
0	–	1.000	–	–	$150,000
1	$50,000	0.926	$46,300	$ 46,300	103,700
2	55,000	0.857	17,135	93,435	56,565
3	60,000	0.794	47,640	141,075	8,925
4	85,000	0.735	62,475	203,550	–
5	90,000	0.681	61,290	264,840	–

(4)열은 미래 현금흐름을 현재가치로 환산한 것이며, 3년에서 4년 사이에 초기투자 금액이 회수된다. 구체적인 회수기간을 계산하면 다음과 같다.

$$\text{할인회수기간} = 3\text{년} + \left(\frac{\$8,925}{\$62,475} \times 1\text{년}\right) = 3.14\text{년}$$

할인회수기간법은 화폐의 시간가치를 고려하나 회수기간법과 마찬가지로 회수기간 이후의 현금흐름을 고려하지 못한다는 단점이 있다. 예를 들어, 프로젝트의 초기 현금유입만 많고 후기 현금유입이 거의 없는 경우 프로젝트의 수익성 평가를 제대로 하지 못할 가능성이 있기 때문이다. 마지막으로 현금유출이 다양한 시점에서 발생하는 경우 다양한 시점의 현금유출을 현재가치를 고려하여 합산한 후 할인회수기간법을 적용하면 된다.

도전! 19-2

A사가 새로운 컴퓨터 시스템을 도입하는 데 $250,000를 투자한다면 연간 $65,000의 영업비용을 절감할 수 있다. 컴퓨터 시스템은 8년 동안 사용할 것이며 잔존가치는 없다. 요구수익률은 8%이고 세금은 무시한다. 초기 투자금액을 제외한 모든 현금흐름은 연말에 발생한다 가정하고 다음을 계산하시오.

1. 회수기간
2. 할인회수기간

발생주의 회계이익률법

발생주의 회계이익률법은 프로젝트로부터 예상되는 연간 발생주의 회계이익을 투자금액으로 나누는 방법이다.

$$\text{발생주의 회계이익률} = \frac{\text{연간 세후 영업이익의 증가}}{\text{초기 순투자금액}}$$

Vector사의 경우 새로운 하이브리드 버스를 구매한다면 초기 투자금액은 $648,900이며, 이 투자로 기대되는 연간 세후 영업이익의 평균 증가액은 $174,000이다. 세후 영업이익의 평균 증가액은 4년 동안 매년 $180,000의 현금흐름과 5년 차의 $150,000의 현금흐름을 합하여 프로젝트 기간인 5로 나눈 값이다. 새로운 버스의 도입으로 증가하는 감가상각비가 $120,000(새로운 버스의 연간 감가상각비 $132,000, 구형 버스의 연간 감가상각비 $12,000)이다. 따라서 세후 기대이익의 연평균 증가액은 $54,000(현금흐름 증가 $174,000와 감가상각비 증가 $120,000의 차이)이다. 발생주의 회계이익률을 계산하면 다음과 같다.

$$\text{발생주의 회계이익률} = \frac{\$174,000 - \$120,000}{\$648,900} = \frac{\text{연간 } \$54,000}{\$648,900}$$
$$= 0.083 \text{ 또는 } 8.3\%/\text{연}$$

하이브리드 버스 도입 프로젝트는 발생주의 회계이익률이 연 8.3%인 낮은 수치로 계산되는데 이는 (1) 분모에 초기 순투자금액을 사용하고, (2) 분자의 이익수치에 감가상각비를 차감하였기 때문으로 파악된다. 이렇게 발생주의 회계이익률이 낮게 나타나는 현상을 완화하기 위하여 분모의 초기 순투자금액을 계산할 때 평균치를 사용한다. 이는 시간에 따라 투자한

자산의 장부가치가 하락하기 때문에 이를 반영한다는 논리이다. Vector사의 경우 이를 적용하면 초기 투자금액은 $648,900이며, 투자안이 종료된 후의 잔존가치는 $30,000(하이브리드 버스의 처분가치는 $0이나 운전자본의 처분가치가 $30,000)이므로, 5년간 평균 투자금액은 다음과 같이 계산된다.

$$\text{5년간 평균 투자금액} = \frac{\text{초기 순투자금액} + \text{순잔존가치}}{2}$$

$$= \frac{\$648{,}900 + \$30{,}000}{2} = \$339{,}450$$

5년간 평균 투자금액을 고려하여 다시 발생주의 회계이익률을 계산하면 다음과 같다.

$$\text{발생주의 회계이익률} = \frac{\$54{,}000}{\$339{,}450} = 0.159 \text{ 또는 } 15.9\%/\text{연}$$

발생주의 회계이익률을 적용할 때 반드시 주의해야 할 사항은 회사마다 프로젝트의 상황이 다르므로 계산방식이 다르다는 것이다. 발생주의 회계이익률은 % 단위로 표시되는 수익률이라는 개념을 사용하므로 내부수익률과 유사한 개념이다. 발생주의 회계이익률은 발생액과 세금을 고려한 영업이익 수치를 사용하여 수익률을 계산하며, 내부수익률은 세후 현금흐름과 화폐의 시간가치 개념을 적용하여 수익률을 계산한다. 일반적으로 자본예산에서 현금흐름과 화폐의 시간가치가 중요한 요소임을 감안한다면, 내부수익률법은 발생주의 회계이익률법보다 더 우월한 방법이라 할 수 있다. 발생주의 회계이익률법은 재무제표의 수치를 근거로 계산하기 때문에 이해하기가 쉽고, 프로젝트의 진행에 따라 재무제표 수치가 어떻게 변화할지 예측이 가능하다. 또한 회수기간법에 비해 프로젝트의 모든 기간 동안 발생하는 이익을 고려하며, 순현재가치법이 현금흐름과 화폐의 시간가치 개념을 사용하는 것과 달리 발생주의 회계이익을 사용한다는 특징이 있다. 기업은 프로젝트의 경제성을 평가할 때 다양한 평가방법을 사용한다. 그러나 사용하는 평가방법에 따라 프로젝트의 우선순위가 바뀔 수 있다. 이때 대부분의 기업은 순현재가치법 평가결과를 더 의존하는 경향이 있다. 이유는 순현재가치법이 회사의 가치를 극대화한다는 관점에서 일관적인 평가결과를 제시하기 때문이다.

19-3 도전!

A사가 새로운 컴퓨터 시스템을 도입하는 데 $250,000를 투자한다면 연간 $65,000의 영업비용을 절감할 수 있다. 컴퓨터 시스템은 8년 동안 사용할 것이며 잔존가치는 없다. 요구수익률은 8%이고 세금은 무시한다. 초기 투자금액을 제외한 모든 현금흐름은 연말에 발생한다 가정하고 감가상각방법은 정액법이다. 다음을 계산하시오.

1. 초기 순투자금액에 근거한 발생주의 회계이익률은 얼마인가?
2. 평균 투자금액에 근거한 발생주의 회계이익률은 얼마인가?

프로젝트와 관련된 현금흐름을 통한 현금흐름할인 분석

지금까지 자본예산 기법을 살펴보았다. 자본예산에서 현금흐름을 할인하는 현금흐름할인(discounted cash flow) 분석방법은 매우 중요한데, 이 분석방법의 핵심은 프로젝트와 관련된 현금흐름이 무엇인지 결정하는 것이다. 관련 현금흐름이란 프로젝트 투자로 인해 미래 현금흐름이 변화하는 것을 의미한다. Vector사의 경우 관련 현금흐름은 '예전 버스를 계속 사용하는 방안'과 '새로운 하이브리드 버스를 도입하는 방안'의 두 방안을 가정하였을 때 기대되는 미래 현금흐름의 차이인 것이다. 관련 현금흐름의 개념을 명확히 설명하기 위해 Vector사와 관련된 다음의 추가 상황들을 살펴보자.

- Vector사는 영리기업이며 매년 40%의 소득세를 납부한다.
- 하이브리드 버스의 도입으로 기대되는 추가 세전 영업 현금유입액은 1~4년 동안 $220,000이고 5년 차에는 $170,000이다.
- 감가상각방법은 정액법을 사용하고 버스의 내용연수 종료 후 잔존가치는 없다.
- 감가상각자산의 처분으로 인한 이익과 손실이 발생하는 경우 적용하는 세율은 40%이다.
- 세후 현금흐름을 할인할 때 적용하는 할인율은 8%이다.

버스와 관련된 정보는 다음과 같다.

	구형 버스	하이브리드 버스
구입가격	–	$660,000
현재 장부가치	$60,000	–
현재 처분가치	28,500	확인 불가
5년 후 잔존가치	0	0
연간 감가상각비	12,000[a]	132,000[b]
운전자본 소요액	6,000	36,000

[a] 연간 감가상각비 $12,000 = $60,000 ÷ 5년
[b] 연간 감가상각비 $132,000 = $660,000 ÷ 5년

보기 19-5 **Vector사 신형 버스 도입 시 1년차 현금흐름**

[Panel A] 손익계산서에 기초한 방법

현금흐름	신형 버스 도입에 따른 현금유입액 증가	$220,000
감가상각비	신형 버스 도입에 따른 추가 감가상각비	120,000
영업이익	영업이익의 증가	100,000
세금	세금($100,000 × 40%)	40,000
당기순이익	이익의 증가	$ 60,000

세후 현금흐름의 증가
- 방법 1: 현금흐름 – 세금 = $220,000 – $40,000 = $180,000
- 방법 2: 당기순이익 + 감가상각비 = $60,000 + $120,000 = $180,000

[Panel B] 항목별 나열방법(방법 3)

현금흐름	신형 버스 도입에 따른 현금유입액 증가	$220,000
세율 × 현금흐름	세금(세율 40%)	88,000
현금흐름 × (1 – 세율)	세후 현금흐름(감가상각효과 미고려)	$132,000
감가상각비	신형 버스 도입에 따른 추가 감가상각비 $120,000	
세율 × 감가상각비	감가상각비의 세금절감효과	$ 48,000
현금흐름 × (1 – 세율) + 세율 × 감가상각비	이익의 증가	$180,000

관련 세후 현금흐름

새로운 대안을 선택함으로써 증가하는 수익과 비용을 측정하여 관련 세후 현금흐름을 추정한다. 즉, (1) 구형 버스를 신형 버스로 대체함으로써 기대되는 세후 현금유출액, (2) 구형 버스를 신형 버스로 대체함으로써 기대되는 세후 현금유입액을 비교하는 것이다. 현금흐름을 추정할 때 주의해야 할 점은 반드시 세금을 고려해야 하며, 자본예산을 수행할 때는 세후 현금흐름 기준이라는 것이다. 보기 19-5에서는 Vector사가 신형 버스를 도입함으로써 1년 차에 예상되는 현금흐름 $180,000를 추정하는 방법 3가지를 제시하였다. 참고로 Vector사는 신형 버스의 도입으로 $220,000의 추가적인 세전 현금유입이 기대되며, 구형 버스의 감가상각비인 $12,000에 비해 신형 버스의 감가상각비가 $132,000로 더 크므로 감가상각비를 추가로 $120,000 더 계상한다 가정하자. 방법 1과 방법 2는 손익계산서에 기초한 방법이다. 방법 1은 오직 현금에만 초점을 두는데, Panel A에 제시된 것처럼 영업현금흐름 $220,000에서 세금 $40,000를 차감하여 $180,000를 계산한다. 방법 2는 순이익 증가액 $60,000에서 시작하는데, $60,000에 감가상각비 $120,000를 더하여 $180,000를 계산한다. 감가상각비를 더하는 이유는 감가상각비가 이익수치만 감소시켰을 뿐 현금의 유출이 실제 발생하지 않았기 때문이다. 방법 3은 가장 쉬운 항목별 방법으로 Panel B에 제시된 것처럼 모든 항목을 나열하여 계산하는 방식이다.

현금흐름의 분류

자본예산 프로젝트의 현금흐름은 3개로 나눌 수 있다. 현금흐름에는 (1) 프로젝트 초기 투자금액인 자산취득금액, 운전자본 소요액, 기존 사용자산을 매각함으로써 유입되는 세후 현금유입, (2) 영업활동을 함으로써 매년 벌어들이는 세후 현금흐름, (3) 프로젝트 종료 시 자산의 매각으로 유입되는 세후 현금흐름, 초기 투자한 운전자본의 회수금액이 있을 수 있다. 구체적으로 Vector사의 사례를 들어 현금흐름을 설명하면 다음과 같다. 우선 프로젝트 초기 현금흐름은 하이브리드 버스의 구입으로 인한 현금유출, 운전자본으로 인한 현금유출, 구형 버스의 매각으로 인한 세후 현금유입이 될 것이다. 프로젝트 진행 중 현금흐름은 신형 버스를 도입하여 절감되는 연료, 유지비, 운영비용, 버스 요금의 인상, 이용객의 증가로 증감되는 현금흐름

보기 19-6 Vector사 하이브리드 버스와 관련된 현금유입과 현금유출

	A	B	C	D	E	F	G	H
1			각 연도 말 현금흐름					
2			0	1	2	3	4	5
3	1a.	신형 버스 초기 투자금액	$(660,000)					
4	1b.	초기 운전자본 투자액	(30,000)					
5	1c.	구형 버스의 처분으로 유입되는 세후 현금	41,100					
6	순투자금액		(648,900)					
7	2a.	영업으로 인한 연간 세후 현금유입액						
8		(감가상각 효과 제외)		$132,000	$132,000	$132,000	$132,000	$102,000
9	2b.	감가상각비를 비용으로 인식함으로써						
10		절감되는 세금		48,000	48,000	48,000	48,000	48,000
11	3a.	신형 버스의 매각으로 유입되는 세후 현금						0
12	3b.	운전자본 투자액의 회수						30,000
13	총관련 현금흐름		$(648,900)	$180,000	$180,000	$180,000	$180,000	$180,000

이다. 프로젝트 종료 시 현금흐름으로는 버스의 매각으로 인한 현금유입액, 운전자본의 회수로 인한 현금유입액이 있을 것이다. 특히 프로젝트 종료 시 현금흐름의 추정은 추정기간이 상대적으로 길어서 어려우며 그 결과 현재가치 측정에 영향을 많이 미친다. 이에 프로젝트 종료 시 추정가치에 주의를 기울여야 한다. 보기 19-6은 Vector사의 현금흐름을 3개의 현금흐름으로 나누어 제시한 것이다.

도전! 19-4

B사는 현재 사용하고 있는 정비시스템을 수리하여 계속 사용할 것인지 새로운 시스템을 구매할지 고민하고 있다. 관련 자료는 다음과 같다.

	현재 시스템	새로운 시스템
구입가격	$123,750	$162,800
현재 장부가치	36,850	
정비시스템 수리 비용	30,250	
연간 운영비용 현금 지출액	69,300	52,800
현재 잔존가치	44,000	
5년 후 잔존가치	8,800	38,500

요구수익률이 14%라고 가정할 경우 어떤 방법이 가장 바람직한가?

프로젝트 관리와 성과 측정

지금까지 자본예산에서 프로젝트 관련 현금흐름 파악과 투자안의 경제성 분석기법들에 대해 공부하였다. 자본예산의 마지막 단계는 결정된 사안을 실행하고 프로젝트를 관리하는 것이다. 하이브리드 버스의 구매나 화상회의 시설을 구매하는 자본예산 프로젝트는 건물, 쇼핑몰, 공장을 건설하는 자본예산 프로젝트보다 간단하다. 건물 등을 완성하는 프로젝트는 매우 복잡하므로 투자안에 대한 지속적인 관리와 통제, 성과측정 과정이 필요하다.

사후 투자 검증

프로젝트가 진행되면서 프로젝트의 실제성과를 사전계획된 예측성과와 비교해볼 수 있다. 만약 사전 예측성과보다 실제성과가 저조하다면 최초 예측을 낙관적으로 하였는지, 실제 프로젝트 진행에 문제가 있는지 파악해야 한다. 낙관적인 예측은 기각해야 할 프로젝트를 채택하게 하는 문제점이 있다. 실제 DuPont사의 경우 낙관적인 예측을 방지하기 위해 관리책임자의 과거 추정치를 실제 발생 수치와 비교하여 제시하는 시스템을 구축하고 있으며, 특히 사후 투자 검증 절차를 진행하고 있다. 사후 투자 검증을 통해 진행하지 말아야 할 프로젝트를 진행하고 있는지 확인하고 있으며, 프로젝트의 관리 및 품질 관리가 제대로 되고 있는지 확인한다. 일반적으로 사후 투자 검증은 성과가 분명하게 측정 가능할 때 수행되어야 하므로 신중해야 한다. 성과가 불분명함에도 불구하고 사후 투자 검증을 시행하게 되면 잘못된 결과가 도출될 수 있다. 특히 실제결과를 사전 추정치와 비교하는 것이 쉽지 않다. 예를 들어, Vector사의 경우 하이브리드 버스 도입 효과를 측정할 때, 유가 및 날씨의 변동으로 인한 통제 불능 요인이 버스 이용객 수에 영향을 미칠 수 있다. 이 경우 전반적인 Vector사의 수익은 증대되겠지만 증대된 수익이 하이브리드 버스 때문인지 외부 요인 때문인지 구분하기 어려울 수 있다. 이렇게 일시적인 외부 요인이 평가에 중요한 영향을 미칠 경우 몇 년 동안의 평균 수익을 비교하는 대안을 생각해 볼 수 있다.

성과평가

경영자는 프로젝트에 대해 평가를 받는데, 중요한 평가 중 하나가 프로젝트의 현금유입과 현금유출이 계획대로 잘 이루어지고 있는지에 대한 것이다. 현실에서 기업은 다수의 프로젝트를 진행하므로 다수의 프로젝트 정보가 반영된 지표로 경영자를 평가한다. 경영자의 성과로서 프로젝트를 평가할 때 주의점은 경영자 평가방법과 프로젝트 평가방법이 얼마나 상관성이 있느냐이다. 예를 들어, 경영자의 성과평가 방법이 순현재가치 평가와 다른 경우를 생각해 볼 수 있다. Vector사의 경영진이 발생주의 회계이익률로 성과평가를 받는다고 하자. 신형 버스 도입의 순현재가치는 $69,840로 '0'보다 수치가 커서 프로젝트는 채택될 수 있다. 그러나 발생주의 회계이익률은 요구수익률보다 낮은 8.3%로 나타나 프로젝트는 최종 기각되었다. 즉, 자본예산에서 순현재가치법은 가장 우수한 방법으로 간주되나, 이 방법이 경영자의 성과평가 기준이 아닐 경우 프로젝트의 순현재가치가 '0'보다 크더라도 프로젝트는 채택되지 않을 수 있다. 또 다른 예로 경영진의 평가 시 순현재가치법을 완전히 무시하고 오직 발생주의 회계이익률로 평가한다고 하자. 이 경우 하이브리드 버스를 도입하는 프로젝트의 발생주의 회계이익률은 Vector사의 요구수익률 이상으로 나타나 프로젝트를 채택할 수 있으나, 이 프로젝트의 발생주의 회계이익률이 지역 내 다른 경쟁사의 평균 발행주의 회계이익률보다 낮다면 이 프로젝트는 기각될 수 있다. 프로젝트 진행 여부를 최종 의사결정하는 사람은 경영자이다. 따라서 프로젝트의 성과평가를 할 때 경영자의 성과평가 기준과의 정합성을 고려하여 신중을 기해야 한다.

자율학습

본문에서 언급되었던 Vector사의 하이브리드 버스 도입 프로젝트로 돌아가자. 만약 Vector사가 비영리법인이고, 하이브리드 버스 도입으로 1년부터 4년까지 매년 추가 영업현금유입이 $240,000, 5년차에 $210,000이라 하자. 교재 본문에서도 제시되었지만, 초기 투자금액은 $661,500(신형 버스 구입 금액 $660,000, 추가 운전자본 소요액 $30,000 가산, 구형 버스 처분 금액 $28,500 차감)이다. 내용연수 5년, 요구수익률 8%, 잔존가치 없고 5년차 현금유입은 운전자본 회수액 $30,000을 포함한 $240,000이다. 이 자료를 근거로 [1] 순현재가치, [2] 내부수익률, [3] 회수기간, [4] 회계적 이익률을 계산하시오.

요구사항

Solution

[1] 순현재가치 = ($240,000 × 3.993) − $661,500 = $958,320 − $661,500 = $296,820

[2] 내부수익률은 약 23.8%

[3] 회수기간은 ($661,500 ÷ $240,000)이므로 2.76년

[4] 회계적 이익률은 (연간 영업이익의 증가 ÷ 초기 순 투자금액)으로 계산된다. 연 평균 영업현금흐름의 증가액 = [($240,000 × 4) + $210,000] ÷ 5년 = $1,170,000 ÷ 5년 = $234,000. 연간 감가상각비의 증가액 = $120,000. 연간 영업이익의 증가 = $234,000 − $120,000 = $114,000. 따라서 회계적 이익률은 ($114,000 ÷ $661,500) = 17.2%

과제

서술형 문제

19-1 "자본예산과 발생주의회계"와의 관련성에 대해 설명하시오.

19-2 자본예산의 5단계를 설명하시오.

19-3 현금흐름할인법에서 제일 중요한 것은 무엇인가?

19-4 "오직 정량적 결과만이 자본예산 분석과 관련이 있다."라는 서술에 대해 동의하는가?

19-5 현금흐름할인법에서 민감도 분석을 어떻게 수행할 수 있는가?

19-6 회수기간법, 회계적 이익률법의 장점과 단점은 무엇인가?

19-7 "현금흐름할인법의 단점은 감가상각비를 고려하지 않는다는 것이다."라는 서술에 대해 동의하는가?

19-8 "제조간접비는 순현재가치 분석에서 관련원가이다."라는 서술에 대해 동의하는가?

19-9 실질 수익률과 명목 수익률 간 차이에 대해 설명하시오.

객관식 문제

19-10 다음 중 내부수익률법의 단점은?

a. 내부수익률은 계산하기 어려우며, 계산기나 엑셀을 사용해야 쉽게 계산할 수 있다.
b. 내부수익률법에서는 투자안으로부터의 현금유입은 내부수익률로 재투자된다고 가정한다.
c. 내부수익률법은 회폐의 시간가치를 고려하지 않는다.
d. 내부수익률법에서는 초기투자금액을 회수한 이후의 현금흐름은 고려하지 않는다.

19-11 어떤 프로젝트의 NPV가 −$4,000이고 요구수익률이 5%일 때 다음 중 옳은 것은?

a. 프로젝트의 내부수익률은 5%보다 작다.
b. 요구수익률은 내부수익률보다 작다.
c. NPV법은 현금흐름이 내부수익률로 재투자된다고 가정한다.
d. 내부수익률이 5%라면, NPV는 양수였을 것이다.

19-12 Nick Enterprise는 운영효율성을 높이기 위해 새로운 기계를 구매하였다. 새로운 기계는 연간 20,000단위(단위당 판매가 $10, 단위당 기초원가 $6, 단위당 고정비 배부액 $3)를 생산한다. 기계의 연간 감가상각비는 $12,000이고, 세율은 25%인 경우, 새로운 기계의 도입으로 인한 연간 현금흐름은 얼마인가?

a. $63,000 b. $51,000 c. $18,000 d. $6,000

주관식 문제

19-13 **자본예산방법.** Yummy Candy Company는 사업확장을 위해 초콜릿 가공 기계의 도입을 고려하고 있다. 새로운 초콜릿 가공 기계 관련 정보는 다음과 같다.

기계의 취득원가	$80,000
연간 공헌이익 증가액	$15,000
기계의 내용연수	10년
요구수익률	6%

회사는 초콜릿 가공 기계를 도입하면 사탕 판매량이 증가하여 공헌이익이 증가할 것이라 예상한다. 내용연수 종료 후 초콜릿 가공 기계의 처분가치와 세금 효과는 없다고 가정하자. 또한 투자는 연초에 발생하며 이외의 모든 현금흐름은 연말에 발생한다고 가정하자.

1. 다음을 계산하시오.
   a. 순현재가치
   b. 회수기간
   c. 할인회수기간
   d. 내부수익률
   e. 초기투자액에 근거한 회계적이익률(정액법 상각 가정)
2. 초콜릿 가공 기계 도입 시 고려해야 할 다른 요소는 무엇인가?

19-14 자본예산방법, 법인세. City Hospital은 $110,000의 시력검사장비를 구매한다면 향후 10년 동안 연간 $28,000의 운영비용을 절감할 수 있을 것이라 예상한다. 시력검사장비는 정액법 감가상각, 내용연수 종료 후 잔존가치는 없으며, 요구수익률은 14%, 초기 투자비용을 제외한 모든 현금흐름은 연말에 발생한다고 가정하자.

요구사항

1. 다음을 계산하시오.
   a. 순현재가치
   b. 회수기간
   c. 내부수익률
   d. 초기투자액에 근거한 회계적 이익률
   e. 평균투자액에 근거한 회계적 이익률
2. 시력검사장비 도입 시 고려해야 할 다른 요소는 무엇인가?
3. 만약 City Hospital이 세금을 납부해야 하며, 세율이 30%라 가정할 때 다음을 계산하라.
   a. 순현재가치
   b. 회수기간
   c. 내부수익률
   d. 초기투자액에 근거한 회계적 이익률
   e. 평균투자액에 근거한 회계적 이익률

19-15 자본예산, 불규칙한 현금흐름. America Cola는 $65,000를 투입하여 신규기계를 도입하고자 한다. 신규기계의 내용연수는 4년, 내용연수 종료 후 잔존가치는 없다. 회사는 신규기계 도입 시 다음과 같이 운영비용을 절감할 것이라 예상한다.

연	금액
1	$25,000
2	22,000
3	21,000
4	20,000
전체	$88,000

회사의 요구수익률은 18%, 세금은 없으며, 초기 투자금액을 제외한 모든 현금흐름은 연말에 발생한다고 가정하자. 다음을 계산하시오.

요구사항

1. 순현재가치

2. 회수기간
3. 할인회수기간
4. 내부수익률
5. 초기투자액에 근거한 회계적 이익률(정액법 감가상각, 회계적 이익률 분자 계산 시 연평균 운영비용 절감액 사용)

19-16 프로젝트의 비교(CMA). 바이오 기업인 New Pharm Corporation은 Santa Clara County에 연구소를 신축하고자 한다. 연구소 신축에 2년이 소요될 것이며, 회사의 요구수익률은 14%이다. 건설업자는 New Pharm Corporation에 다음의 3가지 대금지급방안을 제안하였다.

1안: 계약 시점에서 $175,000를 지불하고, 건설 종료 시점인 두 번째 연도 말에 $4,700,000를 지불하는 방안

2안: 계약 시점에서 $1,625,000를 지불하고, 첫째 연도 말과 두 번째 연도 말에 $1,625,000를 각각 지불하는 방안

3안: 계약 시점에서 $325,000를 지불하고, 첫째, 둘째, 셋째 연도 말에 각각 $1,500,000를 지불하는 방안

요구사항

1. 순현재가치법을 적용하여 3가지 대금지급방안에 대해 평가하라.
2. 어떤 방안이 New Pharm에게 가장 좋은 방안인가? 그 이유는?

19-17 회수기간법과 순현재가치법(CMA). Andrews Construction은 신규 장비 구매에 대한 경제성 분석을 하고 있다. 회사의 예산은 $5,000,000이며, 구체적으로 다음의 세 가지 대안에 대해 검토하고 있다.

Home | Insert | Page Layout | Formulas | Data | Review | View

	A	B	C	D
1		A안	B안	C안
2	**예상 현금유출액**			
3	초기 순 투자금액	$3,000,000	$1,500,000	$4,000,000
4				
5	**예상 현금유입액**			
6	1년	$1,000,000	$400,000	$2,000,000
7	2년	1,000,000	900,000	2,000,000
8	3년	1,000,000	800,000	200,000
9	4년	1,000,000		100,000
10				
11	요구수익률	10%	10%	10%

요구사항

1. 가용한 예산이 $5,000,000로 제한적이므로 회사는 회수기간법 사용을 고려하고 있다.
   a. 회수기간법의 장점과 단점은 무엇인가?

b. 제시된 세 가지 대안 중 회수기간법을 적용하였을 때 어떤 대안을 선택해야 하는가? 단, 세금효과는 무시한다.

2. 순현재가치법을 적용한다고 가정하였을 때 제시된 세 가지 대안 중 어떤 대안을 선택해야 하는가? 단, 세금효과는 무시하며, 초기투자금액을 제외한 나머지 현금흐름은 연말에 발생한다고 가정한다.

19-18 새로운 설비 구매, 법인세. Ella Bakery는 오븐을 구매하고자 한다. 오븐의 내용연수는 4년이고 관련 세전 현금흐름은 다음과 같다.

	A	B	C	D	E	F
1		매 연도 말 관련 현금 흐름				
2		0	1	2	3	4
3	초기 투자 금액	($186,000)				
4	연간현금흐름 (감가상각비효과 제외)		$77,000	$77,000	$77,000	$77,000
5	오븐의 처분으로 인한 현금흐름					$ 6,000

회사의 세후 요구수익률은 14%, 세율은 35%이며, 감가상각방법은 정액법이다. 초기 투자 금액을 제외한 현금흐름은 연말에 발생한다고 가정하자.

요구사항

1. 투자안의 순현재가치, 회수기간, 내부수익률을 계산하라.
2. 초기투자액에 근거한 회계적 이익률을 계산하라.

19-19 새로운 설비 구매, 법인세. Walker Inc.는 노무비를 절감하고자 자동화 생산 설비를 도입하려고 한다. 자동화 생산 설비 도입과 관련한 사항은 다음과 같다.

생산 설비 취득원	$120,000
연간 노무비 절감액	$ 40,000
생산 설비 내용연수	5년
내용연수 종료 후 잔존가치	$ 0
세후 자본비용	8%
세율	25%

요구사항

감가상각방법은 정액법 상각이며, 초기 투자 금액을 제외한 현금흐름은 연말에 발생한다고 가정하자. 투자안의 순현재가치, 회수기간, 할인회수기간, 내부수익률을 계산한 후, 각 방법의 결과를 비교하라.

19-20 고객가치. Ortel Telecom은 소규모 기업들에게 통신 장비와 서비스를 판매한다. 이 회사의 중요한 고객은 Square사와 Cloudburst사로서 두 기업 모두 본사가 New York에 위치해 있는 start-up 회사이다. Ortel사는 2017년부터 Square사와 Cloudburst사와의 거래정보를 수집하였으며, 다음과 같이 향후 3년간 예측을 하였다.

Home Insert Page Layout Formulas Data Review

	A	B	C	D	E
1		연간 기대 상승률		2017	
2		Square	Cloudburst	Square	Cloudburst
3	매출	6%	5.5%	$567,000	$3,510,000
4	원가	5%	4.5%	$364,800	$3,060,000
5	순현금흐름			$202,200	$ 450,000

Ortel사는 Square사와 Cloudburst사와 거래를 할 때 현금거래를 하며, 관련 거래는 연말에 발생한다고 가정하자. Ortel사의 본사는 Cayman Islands에 위치해 있어 세금을 납부하지 않는다. Ortel사의 요구수익률은 12%이다.

요구사항

1. 향후 3년간 Square사와 Cloudburst사로부터의 순현금흐름은 얼마인가?
2. 향후 3년간 Square사와 Cloudburst사로부터의 현금흐름을 근거로 순현재가치법을 적용한다면 어떤 회사가 Ortel사에게 더 중요한 고객인가?
3. Cloudburst사가 2018년부터 판매가격의 10%를 할인하지 않으면 더이상 Ortel사와 거래를 하지 않겠다고 선언하였다. 10% 가격할인을 반영하여 3년 순현재가치를 계산하라. Ortel사는 Cloudburst사와 계속 거래를 하여야 하는가?

[부록 A]

복리와 이자요소표

이자는 화폐사용의 대가이다. 건물 혹은 장비를 대여할 때 대여료를 지불해야 하는 것처럼 이자는 자금에 대한 사용료이다. 만약 일정기간 동안 자금을 차입한다면, 자금을 차입한 비용을 이자로 인식해야 한다. 이자에 대한 개념은 자금이 소유자본인 경우 혹은 현금지출을 동반하지 않는 이자인 경우에도 적용된다. 그렇다면 왜 이자는 고려되어야 하는가? 여러 대안 중 가장 나은 대안을 선택하기 위해서 모든 상황을 고려해야 한다. 왜냐하면 하나의 대안을 선택하면 다른 대안에 투자될 수 있는 자금이 자동적으로 선택된 대안에만 투자되기 때문이다. 최선의 대안을 선택하기 위해 이자 역시 항상 고려되어야 한다.

이자는 일반적으로 중요하다. 장기 프로젝트뿐만 아니라 단기 프로젝트에서도 이자는 중요한 고려사항이다. 이자는 단기 프로젝트보다 장기 프로젝트로 갈수록 그 값이 더욱 커진다. 이자율은 자금 차입 및 투자에 관한 의사결정에 중요한 역할을 한다. 예를 들어, $100,000를 현재 8%의 이자율(복리)로 10년간 투자한다면 10년 뒤 $100,000는 $215,900가 된다. 만약 이자율이 20%라면, $100,000는 10년 뒤에 $619,200가 된다.

이자요소표

컴퓨터 프로그램과 계산기를 사용해서 화폐의 시간가치를 계산할 수 있다. 또한, 다음 4개의 기본적인 이자요소표를 통해 이자를 계산할 수 있다.

[표 1] 단일금액 $1의 미래가치

표 1은 현재 투자한 $1가 주어진 복리이자율과 기간 동안 얼마나 축적되는지 보여준다. 현재 $1,000를 연 8%의 이자율(복리)로 3년 동안 투자했다고 생각해보자. 표를 보면, $1,000는 $1,259.70가 됨을 알 수 있다.

기간	이자	누적이자(복리이자)	미래가치
0	$–	$–	$1,000.00
1	80.00(0.08×$1,000)	80.00	1,080.00
2	86.40(0.08×$1,080)	166.40	1,166.40
3	93.30(0.08×$1,166.40)	259.70	1,259.70

위의 표를 통해 다음의 공식들을 알 수 있다. 공식에서 S는 미래가치를 의미하고, S 아래에 적인 숫자 1, 2, 3은 기간을 의미한다.

$$S_1 = \$1,000 \times (1.08)^1 = \$1,080$$

$$S_2 = \$1,080 \times (1.08) = \$1,000(1.08)^2 = \$1,166.40$$

$$S_3 = \$1,166.40 \times (1.08) = \$1,000(1.08)^3 = \$1,259.70$$

미래가치 공식은 '$P의 미래금액' 혹은 '$P의 복리금액'으로 일컬어진다. '$P의 미래가치' 공식은 다음과 같다.

$$S=P(1+r)^n$$

이때, S는 미래가치 금액, P는 현재가치, r은 이자율, 그리고 n은 기간을 의미한다.

만약 현재가치(P) = $1,000, 이자율(r) = 0.08, 기간(n) = 3이라면, 미래가치는 $1,259.70이다(S = $1,000(1 + 0.08)^3 = $1,259.70).

미래가치표를 이용하여 복잡한 계산과정 없이 간단히 미래가치를 계산할 수 있다. 미래가치표를 사용하여 측정한 미래가치는 공식을 사용한 미래가치와 같다.

[표 2] 단일금액 $1의 현재가치

미래가치 사례에서 $1,000가 3년 동안 연 8% 이자율로 투자된다면, 3년 뒤 $1,000는 $1,259.70가 되는 것을 확인하였다. 현재가치 공식은 위에서 우리가 배웠던 미래가치 공식을 역으로 표현한 것이다. 미래가치 공식 $S = P(1 + r)^n$을 변형한 현재가치 공식은 다음과 같다.

$$P=\frac{S}{(1+r)^n}$$

미래가치(S) = $1,259.70, 기간(n) = 3, 이자율(r) = 0.08일 때 현재가치를 계산해보면 다음과 같다.

$$P=\frac{\$1,259.70}{(1.08)^3}=\$1,000$$

656쪽에 있는 표 2를 사용해서 위의 계산을 확인할 수 있다.

미래가치는 미래 시점에서 평가한 가치로 원금에 이자를 누적하여 계산한 값이다. 원금과 미래가치의 차이는 복리이자로 인해 발생한다. 반대로 현재가치는 현재 시점에서 평가한 가치로 미래가치를 할인한 값이다. 미래가치와 현재가치의 차이는 복리할인이다.

$$\text{복리이자} = P[(1+r)^n - 1]$$

위 사례를 적용하면, 현재가치(P) = $1,000, 기간(n) = 3, 이자율(r) = 0.08이다.
그러므로

$$\text{복리이자} = \$1,000[(1.08)^3 - 1] = \$259.70$$

$$\text{복리할인} = S\left[1-\frac{1}{(1+r)^n}\right]$$

위 사례에서 미래가치(S)=$1,259.70, 기간(n)=3, 그리고 이자율(r)=0.08이다. 그러므로

$$\text{복리할인} = \$1,259.70\left[1-\frac{1}{(1.08)^3}\right]=\$259.70$$

[표 3] 정상연금 $1의 미래가치

동일한 금액이 일정기간 동안 규칙적인 간격으로 지급되거나 혹은 수령하는 것을 연금이라고 한다. 3년 동안 매해 마지막 날에 $1,000가 연 8%의 이자율로 투자되는 상황을 가정해보자.

기말	0	1	2	3	금액
1차년도		\$1,000.00 →	\$1,080.00 →	\$1,166.40	$\$1{,}000(1.08)^2$
2차년도			\$1,000.00 →	1,080.00	$\$1{,}000(1.08)^1$
3차년도				1,000.00	
누적(연금의 미래가치)				\$3,246.40	

향후 3년간 매년 말에 \$1,000씩 투자되는 연금의 경우 3년 후 시점에서 미래가치는 다음과 같이 계산될 수 있다.

$$\$1{,}000(1 + r^2) + \$1{,}000(1 + r)^2 + \$1{,}000$$

연금의 미래가치는 다음과 같이 S_n으로 표현할 수 있다. 기간(n) = 3, 이자율(r) = 0.08 그리고 매년 말에 \$1씩 투자되는 연금을 가정할 것이다.

1. $S_3 = 1 + (1 + r)^1 + (1 + r)^2$
2. 이자율(r)은 8%이므로 r에 0.08대입한다. $S_3 = 1 + (1.08)^1 + (1.08)^2$
3. (2)식에 (1 + r) 곱한다. $(1.08)S_3 = (1.08)^1 + (1.08)^2 + (1.08)^3$
4. (3)식에서 (2)식을 뺀다. $1.08S_3 - S_3 = (1.08)^3 - 1$
5. (4)식을 정리한다. $S_3(1.08 - 1) = (1.08)^3 - 1$
6. (5)식을 (1.08 − 1)로 나눠준다. $S_3 = \frac{(1.08)^3 - 1}{1.08 - 1} = \frac{(1.08)^3 - 1}{0.08} = \frac{0.2597}{0.08} = 3.246$
7. 연금(\$1)의 미래가치 기본공식. $S_n = \frac{(1 + r)^n - 1}{r}$ 또는 $\frac{\text{복리이자}}{\text{이자율}}$

이 공식은 657쪽 표 3의 기본공식이다.

[표 4] 정상연금 \$1의 현재가치

표 3의 사례를 변형하여 연금의 현재가치(P_n) 공식을 구할 것이다.

기말		0	1	2	3
1차년도	$\frac{1{,}000}{(1.08)^1}$ =	\$ 926.14 ←	\$1,000		
2차년도	$\frac{1{,}000}{(1.08)^1}$ =	\$ 857.52 ←		\$1,000	
3차년도	$\frac{1{,}000}{(1.08)^1}$ =	\$ 794.00 ←			\$1,000
총현재가치		\$2,577.66			

연금의 현재가치는 다음과 같이 P_n으로 표현할 수 있다. 기간(n)=3, 이자율(r)=0.08 그리고 매년 말에 \$1씩 투자되는 연금을 가정할 것이다.

1. $P_3 = \frac{1}{1 + r} + \frac{1}{(1 + r)^2} + \frac{1}{(1 + r)^3}$
2. 이자율(r)은 8%이므로 r에 0.08대입한다. $P_3 = \frac{1}{1.08} + \frac{1}{(1.08)^2} + \frac{1}{(1.08)^3}$
3. (2)식에 $\frac{1}{1.08}$을 곱한다. $P_3 \frac{1}{1.08} = \frac{1}{(1.08)^2} + \frac{1}{(1.08)^3} + \frac{1}{(1.08)^4}$

4. (3)식에서 (2)식을 뺀다. $P_3 - P_3\frac{1}{1.08} = \frac{1}{1.08} - \frac{1}{(1.08)^4}$

5. (4)식을 정리한다. $P_3\left(1 - \frac{1}{(1.08)}\right) = \frac{1}{1.08}\left[1 - \frac{1}{(1.08)^3}\right]$

6. 혹은 $P_3\left(\frac{0.08}{1.08}\right) = \frac{1}{1.08}\left[1 - \frac{1}{(1.08)^3}\right]$

7. (6)식에 $\frac{1.08}{0.08}$을 곱한다. $P_3 = \frac{1}{0.08}\left[1 - \frac{1}{(1.08)^3}\right] = \frac{0.2062}{0.08} = 2.577$

연금($1)의 현재가치 기본공식은 다음과 같다.

$$P_n = \frac{1}{r}\left[1 - \frac{1}{(1+r)^n}\right] = \frac{\text{복리이자}}{\text{이자율}}$$

이 공식은 658쪽 표 4의 기본공식이다. 현재가치를 나타내는 표 2와 표 4는 자본예산에서 많이 사용된다.

표 1

단일 금액 $1의 매매가치

$S=P(1+r)^n$, $P=\$1.00$

기간	2%	4%	6%	8%	10%	12%	14%	16%	18%	20%	22%	24%	26%	28%	30%	32%	40%	기간
1	1.020	1.040	1.060	1.080	1.100	1.120	1.140	1.160	1.180	1.200	1.220	1.240	1.260	1.280	1.300	1.320	1.400	1
2	1.040	1.082	1.124	1.166	1.210	1.254	1.300	1.346	1.392	1.440	1.488	1.538	1.588	1.638	1.690	1.742	1.960	2
3	1.061	1.125	1.191	1.260	1.331	1.405	1.482	1.561	1.643	1.728	1.816	1.907	2.000	2.097	2.197	2.300	2.744	3
4	1.082	1.170	1.262	1.360	1.464	1.574	1.689	1.811	1.939	2.074	2.215	2.364	2.520	2.684	2.856	3.036	3.842	4
5	1.104	1.217	1.338	1.469	1.611	1.762	1.925	2.100	2.288	2.488	2.703	2.932	3.176	3.436	3.713	4.007	5.378	5
6	1.126	1.265	1.419	1.587	1.772	1.974	2.195	2.436	2.700	2.986	3.297	3.635	4.002	4.398	4.827	5.290	7.530	6
7	1.149	1.316	1.504	1.714	1.949	2.211	2.502	2.826	3.185	3.583	4.023	4.508	5.042	5.629	6.275	6.983	10.541	7
8	1.172	1.369	1.594	1.851	2.144	2.476	2.853	3.278	3.759	4.300	4.908	5.590	6.353	7.206	8.157	9.217	14.758	8
9	1.195	1.423	1.689	1.999	2.358	2.773	3.252	3.803	4.435	5.160	5.987	6.931	8.005	9.223	10.604	12.166	20.661	9
10	1.219	1.480	1.791	2.159	2.594	3.106	3.707	4.411	5.234	6.192	7.305	8.594	10.086	11.806	13.786	16.060	28.925	10
11	1.243	1.539	1.898	2.332	2.853	3.479	4.226	5.117	6.176	7.430	8.912	10.657	12.708	15.112	17.922	21.199	40.496	11
12	1.268	1.601	2.012	2.518	3.138	3.896	4.818	5.936	7.288	8.916	10.872	13.215	16.012	19.343	23.298	27.983	56.694	12
13	1.294	1.665	2.133	2.720	3.452	4.363	5.492	6.886	8.599	10.699	13.264	16.386	20.175	24.759	30.288	36.937	79.371	13
14	1.319	1.732	2.261	2.937	3.797	4.887	6.261	7.988	10.147	12.839	16.182	20.319	25.421	31.691	39.374	48.757	111.120	14
15	1.346	1.801	2.397	3.172	4.177	5.474	7.138	9.266	11.974	15.407	19.742	25.196	32.030	40.565	51.186	64.359	155.568	15
16	1.373	1.873	2.540	3.426	4.595	6.130	8.137	10.748	14.129	18.488	24.086	31.243	40.358	51.923	66.542	84.954	217.795	16
17	1.400	1.948	2.693	3.700	5.054	6.866	9.276	12.468	16.672	22.186	29.384	38.741	50.851	66.461	86.504	112.139	304.913	17
18	1.428	2.026	2.854	3.996	5.560	7.690	10.575	14.463	19.673	26.623	35.849	48.039	64.072	85.071	112.455	148.024	426.879	18
19	1.457	2.107	3.026	4.316	6.116	8.613	12.056	16.777	23.214	31.948	43.736	59.568	80.731	108.890	146.192	195.391	597.630	19
20	1.486	2.191	3.207	4.661	6.727	9.646	13.743	19.461	27.393	38.338	53.358	73.864	101.721	139.380	190.050	257.916	836.683	20
21	1.516	2.279	3.400	5.034	7.400	10.804	15.668	22.574	32.324	46.005	65.096	91.592	128.169	178.406	247.065	340.449	1171.356	21
22	1.546	2.370	3.604	5.437	8.140	12.100	17.861	26.186	38.142	55.206	79.418	113.574	161.492	228.360	321.184	449.393	1639.898	22
23	1.577	2.465	3.820	5.871	8.954	13.552	20.362	30.376	45.008	66.247	96.889	140.831	203.480	292.300	417.539	593.199	2295.857	23
24	1.608	2.563	4.049	6.341	9.850	15.179	23.212	35.236	53.109	79.497	118.205	174.631	256.385	374.144	542.801	783.023	3214.200	24
25	1.641	2.666	4.292	6.848	10.835	17.000	26.462	40.874	62.669	95.396	144.210	216.542	323.045	478.905	705.641	1033.590	4499.880	25
26	1.673	2.772	4.549	7.396	11.918	19.040	30.167	47.414	73.949	114.475	175.936	268.512	407.037	612.998	917.333	1364.339	6299.831	26
27	1.707	2.883	4.822	7.988	13.110	21.325	34.390	55.000	87.260	137.371	214.642	332.955	512.867	784.638	1192.533	1800.927	8819.764	27
28	1.741	2.999	5.112	8.627	14.421	23.884	39.204	63.800	102.967	164.845	261.864	412.864	646.212	1004.336	1550.293	2377.224	12347.670	28
29	1.776	3.119	5.418	9.317	15.863	26.750	44.693	74.009	121.501	197.814	319.474	511.952	814.228	1285.550	2015.381	3137.935	17286.737	29
30	1.811	3.243	5.743	10.063	17.449	29.960	50.950	85.850	143.371	237.376	389.758	634.820	1025.927	1645.505	2619.996	4142.075	24201.432	30
35	2.000	3.946	7.686	14.785	28.102	52.800	98.100	180.314	327.997	590.668	1053.402	1861.054	3258.135	5653.911	9727.860	16599.217	130161.112	35
40	2.208	4.801	10.286	21.725	45.259	93.051	188.884	378.721	750.378	1469.772	2847.038	5455.913	10347.175	19426.689	36118.865	66520.767	700037.697	40

표 2

단일 금액 $1의 현재가치

$P=\frac{S}{(1+r)^n}$, S=$1.00

기간	2%	4%	6%	8%	10%	12%	14%	16%	18%	20%	22%	24%	26%	28%	30%	32%	40%	기간
1	0.980	0.962	0.943	0.926	0.909	0.893	0.877	0.862	0.847	0.833	0.820	0.806	0.794	0.781	0.769	0.758	0.714	1
2	0.961	0.925	0.890	0.857	0.826	0.797	0.769	0.743	0.718	0.694	0.672	0.650	0.630	0.610	0.592	0.574	0.510	2
3	0.942	0.889	0.840	0.794	0.751	0.712	0.675	0.641	0.609	0.579	0.551	0.524	0.500	0.477	0.455	0.435	0.364	3
4	0.924	0.855	0.792	0.735	0.683	0.636	0.592	0.552	0.516	0.482	0.451	0.423	0.397	0.373	0.350	0.329	0.260	4
5	0.906	0.822	0.747	0.681	0.621	0.567	0.519	0.476	0.437	0.402	0.370	0.341	0.315	0.291	0.269	0.250	0.186	5
6	0.888	0.790	0.705	0.630	0.564	0.507	0.456	0.410	0.370	0.335	0.303	0.275	0.250	0.227	0.207	0.189	0.133	6
7	0.871	0.760	0.665	0.583	0.513	0.452	0.400	0.354	0.314	0.279	0.249	0.222	0.198	0.178	0.159	0.143	0.095	7
8	0.853	0.731	0.627	0.540	0.467	0.404	0.351	0.305	0.266	0.233	0.204	0.179	0.157	0.139	0.123	0.108	0.068	8
9	0.837	0.703	0.592	0.500	0.424	0.361	0.308	0.263	0.225	0.194	0.167	0.144	0.125	0.108	0.094	0.082	0.048	9
10	0.820	0.676	0.558	0.463	0.386	0.322	0.270	0.227	0.191	0.162	0.137	0.116	0.099	0.085	0.073	0.062	0.035	10
11	0.804	0.650	0.527	0.429	0.350	0.287	0.237	0.195	0.162	0.135	0.112	0.094	0.079	0.066	0.056	0.047	0.025	11
12	0.788	0.625	0.497	0.397	0.319	0.257	0.208	0.168	0.137	0.112	0.092	0.076	0.062	0.052	0.043	0.036	0.018	12
13	0.773	0.601	0.469	0.368	0.290	0.229	0.182	0.145	0.116	0.093	0.075	0.061	0.050	0.040	0.033	0.027	0.013	13
14	0.758	0.577	0.442	0.340	0.263	0.205	0.160	0.125	0.099	0.078	0.062	0.049	0.039	0.032	0.025	0.021	0.009	14
15	0.743	0.555	0.417	0.315	0.239	0.183	0.140	0.108	0.084	0.065	0.051	0.040	0.031	0.025	0.020	0.016	0.006	15
16	0.728	0.534	0.394	0.292	0.218	0.163	0.123	0.093	0.071	0.054	0.042	0.032	0.025	0.019	0.015	0.012	0.005	16
17	0.714	0.513	0.371	0.270	0.198	0.146	0.108	0.080	0.060	0.045	0.034	0.026	0.020	0.015	0.012	0.009	0.003	17
18	0.700	0.494	0.350	0.250	0.180	0.130	0.095	0.069	0.051	0.038	0.028	0.021	0.016	0.012	0.009	0.007	0.002	18
19	0.686	0.475	0.331	0.232	0.164	0.116	0.083	0.060	0.043	0.031	0.023	0.017	0.012	0.009	0.007	0.005	0.002	19
20	0.673	0.456	0.312	0.215	0.149	0.104	0.073	0.051	0.037	0.026	0.019	0.014	0.010	0.007	0.005	0.004	0.001	20
21	0.660	0.439	0.294	0.199	0.135	0.093	0.064	0.044	0.031	0.022	0.015	0.011	0.008	0.006	0.004	0.003	0.001	21
22	0.647	0.422	0.278	0.184	0.123	0.083	0.056	0.038	0.026	0.018	0.013	0.009	0.006	0.004	0.003	0.002	0.001	22
23	0.634	0.406	0.262	0.170	0.112	0.074	0.049	0.033	0.022	0.015	0.010	0.007	0.005	0.003	0.002	0.002	0.000	23
24	0.622	0.390	0.247	0.158	0.102	0.066	0.043	0.028	0.019	0.013	0.008	0.006	0.004	0.003	0.002	0.001	0.000	24
25	0.610	0.375	0.233	0.146	0.092	0.059	0.038	0.024	0.016	0.010	0.007	0.005	0.003	0.002	0.001	0.001	0.000	25
26	0.598	0.361	0.220	0.135	0.084	0.053	0.033	0.021	0.014	0.009	0.006	0.004	0.002	0.002	0.001	0.001	0.000	26
27	0.586	0.347	0.207	0.125	0.076	0.047	0.029	0.018	0.011	0.007	0.005	0.003	0.002	0.001	0.001	0.001	0.000	27
28	0.574	0.333	0.196	0.116	0.069	0.042	0.026	0.016	0.010	0.006	0.004	0.002	0.002	0.001	0.001	0.000	0.000	28
29	0.563	0.321	0.185	0.107	0.063	0.037	0.022	0.014	0.008	0.005	0.003	0.002	0.001	0.001	0.000	0.000	0.000	29
30	0.552	0.308	0.174	0.099	0.057	0.033	0.020	0.012	0.007	0.004	0.003	0.002	0.001	0.001	0.000	0.000	0.000	30
35	0.500	0.253	0.130	0.068	0.036	0.019	0.010	0.006	0.003	0.002	0.001	0.001	0.000	0.000	0.000	0.000	0.000	35
40	0.453	0.208	0.097	0.046	0.022	0.011	0.005	0.003	0.001	0.001	0.000	0.000	0.000	0.000	0.000	0.000	0.000	40

표 3

정상연금 $1의 미래가치(매해 마지막 날에 이자)

$$S_n = \frac{(1+r)^n - 1}{r}$$

기간	2%	4%	6%	8%	10%	12%	14%	16%	18%	20%	22%	24%	26%	28%	30%	32%	40%	기간
1	1.000	1.000	1.000	1.000	1.000	1.000	1.000	1.000	1.000	1.000	1.000	1.000	1.000	1.000	1.000	1.000	1.000	1
2	2.020	2.040	2.060	2.080	2.100	2.120	2.140	2.160	2.180	2.200	2.220	2.240	2.260	2.280	2.300	2.320	2.400	2
3	3.060	3.122	3.184	3.246	3.310	3.374	3.440	3.506	3.572	3.640	3.708	3.778	3.848	3.918	3.990	4.062	4.360	3
4	4.122	4.246	4.375	4.506	4.641	4.779	4.921	5.066	5.215	5.368	5.524	5.684	5.848	6.016	6.187	6.362	7.104	4
5	5.204	5.416	5.637	5.867	6.105	6.353	6.610	6.877	7.154	7.442	7.740	8.048	8.368	8.700	9.043	9.398	10.946	5
6	6.308	6.633	6.975	7.336	7.716	8.115	8.536	8.977	9.442	9.930	10.442	10.980	11.544	12.136	12.756	13.406	16.324	6
7	7.434	7.898	8.394	8.923	9.487	10.089	10.730	11.414	12.142	12.916	13.740	14.615	15.546	16.534	17.583	18.696	23.853	7
8	8.583	9.214	9.897	10.637	11.436	12.300	13.233	14.240	15.327	16.499	17.762	19.123	20.588	22.163	23.858	25.678	34.395	8
9	9.755	10.583	11.491	12.488	13.579	14.776	16.085	17.519	19.086	20.799	22.670	24.712	26.940	29.369	32.015	34.895	49.153	9
10	10.950	12.006	13.181	14.487	15.937	17.549	19.337	21.321	23.521	25.959	28.657	31.643	34.945	38.593	42.619	47.062	69.814	10
11	12.169	13.486	14.972	16.645	18.531	20.655	23.045	25.733	28.755	32.150	35.962	40.238	45.031	50.398	56.405	63.122	98.739	11
12	13.412	15.026	16.870	18.977	21.384	24.133	27.271	30.850	34.931	39.581	44.874	50.895	57.739	65.510	74.327	84.320	139.235	12
13	14.680	16.627	18.882	21.495	24.523	28.029	32.089	36.786	42.219	48.497	55.746	64.110	73.751	84.853	97.625	112.303	195.929	13
14	15.974	18.292	21.015	24.215	27.975	32.393	37.581	43.672	50.818	59.196	69.010	80.496	93.926	109.612	127.913	149.240	275.300	14
15	17.293	20.024	23.276	27.152	31.772	37.280	43.842	51.660	60.965	72.035	85.192	100.815	119.347	141.303	167.286	197.997	386.420	15
16	18.639	21.825	25.673	30.324	35.950	42.753	50.980	60.925	72.939	87.442	104.935	126.011	151.377	181.868	218.472	262.356	541.988	16
17	20.012	23.698	28.213	33.750	40.545	48.884	59.118	71.673	87.068	105.931	129.020	157.253	191.735	233.791	285.014	347.309	759.784	17
18	21.412	25.645	30.906	37.450	45.599	55.750	68.394	84.141	103.740	128.117	158.405	195.994	242.585	300.252	371.518	459.449	1064.697	18
19	22.841	27.671	33.760	41.446	51.159	63.440	78.969	98.603	123.414	154.740	194.254	244.033	306.658	385.323	483.973	607.472	1491.576	19
20	24.297	29.778	36.786	45.762	57.275	72.052	91.025	115.380	146.628	186.688	237.989	303.601	387.389	494.213	630.165	802.863	2089.206	20
21	25.783	31.969	39.993	50.423	64.002	81.699	104.768	134.841	174.021	225.026	291.347	377.465	489.110	633.593	820.215	1060.779	2925.889	21
22	27.299	34.248	43.392	55.457	71.403	92.503	120.436	157.415	206.345	271.031	356.443	469.056	617.278	811.999	1067.280	1401.229	4097.245	22
23	28.845	36.618	46.996	60.893	79.543	104.603	138.297	183.601	244.487	326.237	435.861	582.630	778.771	1040.358	1388.464	1850.622	5737.142	23
24	30.422	39.083	50.816	66.765	88.497	118.155	158.659	213.978	289.494	392.484	532.750	723.461	982.251	1332.659	1806.003	2443.821	8032.999	24
25	32.030	41.646	54.865	73.106	98.347	133.334	181.871	249.214	342.603	471.981	650.955	898.092	1238.636	1706.803	2348.803	3226.844	11247.199	25
26	33.671	44.312	59.156	79.954	109.182	150.334	208.333	290.088	405.272	567.377	795.165	1114.634	1561.682	2185.708	3054.444	4260.434	15747.079	26
27	35.344	47.084	63.706	87.351	121.100	169.374	238.499	337.502	479.221	681.853	971.102	1383.146	1968.719	2798.706	3971.778	5624.772	22046.910	27
28	37.051	49.968	68.528	95.339	134.210	190.699	272.889	392.503	566.481	819.223	1185.744	1716.101	2481.586	3583.344	5164.311	7425.699	30866.674	28
29	38.792	52.966	73.640	103.966	148.631	214.583	312.094	456.303	669.447	984.068	1447.608	2128.965	3127.798	4587.680	6714.604	9802.923	43214.343	29
30	40.568	56.085	79.058	113.263	164.494	241.333	356.787	530.312	790.948	1181.882	1767.081	2640.916	3942.026	5873.231	8729.985	12940.859	60501.081	30
35	49.994	73.652	111.435	172.317	271.024	431.663	693.573	1120.713	1816.652	2948.341	4783.645	7750.225	12527.442	20188.966	32422.868	51869.427	325400.279	35
40	60.402	95.026	154.762	259.057	442.593	767.091	1342.025	2360.757	4163.213	7343.858	12936.535	22728.803	39792.982	69377.460	120392.883	207874.272	1750091.741	40

표 4

정상연금 $1의 현재가치(매해 마지막 날에 이자)

$$P_n = \frac{1}{r}\left[1 - \frac{1}{(1+r)^n}\right]$$

기간	2%	4%	6%	8%	10%	12%	14%	16%	18%	20%	22%	24%	26%	28%	30%	32%	40%	기간
1	0.980	0.962	0.943	0.926	0.909	0.893	0.877	0.862	0.847	0.833	0.820	0.806	0.794	0.781	0.769	0.758	0.714	1
2	1.942	1.886	1.833	1.783	1.736	1.690	1.647	1.605	1.566	1.528	1.492	1.457	1.424	1.392	1.361	1.331	1.224	2
3	2.884	2.775	2.673	2.577	2.487	2.402	2.322	2.246	2.174	2.106	2.042	1.981	1.923	1.868	1.816	1.766	1.589	3
4	3.808	3.630	3.465	3.312	3.170	3.037	2.914	2.798	2.690	2.589	2.494	2.404	2.320	2.241	2.166	2.096	1.849	4
5	4.713	4.452	4.212	3.993	3.791	3.605	3.433	3.274	3.127	2.991	2.864	2.745	2.635	2.532	2.436	2.345	2.035	5
6	5.601	5.242	4.917	4.623	4.355	4.111	3.889	3.685	3.498	3.326	3.167	3.020	2.885	2.759	2.643	2.534	2.168	6
7	6.472	6.002	5.582	5.206	4.868	4.564	4.288	4.039	3.812	3.605	3.416	3.242	3.083	2.937	2.802	2.677	2.263	7
8	7.325	6.733	6.210	5.747	5.335	4.968	4.639	4.344	4.078	3.837	3.619	3.421	3.241	3.076	2.925	2.786	2.331	8
9	8.162	7.435	6.802	6.247	5.759	5.328	4.946	4.607	4.303	4.031	3.786	3.566	3.366	3.184	3.019	2.868	2.379	9
10	8.983	8.111	7.360	6.710	6.145	5.650	5.216	4.833	4.494	4.192	3.923	3.682	3.465	3.269	3.092	2.930	2.414	10
11	9.787	8.760	7.887	7.139	6.495	5.938	5.453	5.029	4.656	4.327	4.035	3.776	3.543	3.335	3.147	2.978	2.438	11
12	10.575	9.385	8.384	7.536	6.814	6.194	5.660	5.197	4.793	4.439	4.127	3.851	3.606	3.387	3.190	3.013	2.456	12
13	11.348	9.986	8.853	7.904	7.103	6.424	5.842	5.342	4.910	4.533	4.203	3.912	3.656	3.427	3.223	3.040	2.469	13
14	12.106	10.563	9.295	8.244	7.367	6.628	6.002	5.468	5.008	4.611	4.265	3.962	3.695	3.459	3.249	3.061	2.478	14
15	12.849	11.118	9.712	8.559	7.606	6.811	6.142	5.575	5.092	4.675	4.315	4.001	3.726	3.483	3.268	3.076	2.484	15
16	13.578	11.652	10.106	8.851	7.824	6.974	6.265	5.668	5.162	4.730	4.357	4.033	3.751	3.503	3.283	3.088	2.489	16
17	14.292	12.166	10.477	9.122	8.022	7.120	6.373	5.749	5.222	4.775	4.391	4.059	3.771	3.518	3.295	3.097	2.492	17
18	14.992	12.659	10.828	9.372	8.201	7.250	6.467	5.818	5.273	4.812	4.419	4.080	3.786	3.529	3.304	3.104	2.494	18
19	15.678	13.134	11.158	9.604	8.365	7.366	6.550	5.877	5.316	4.843	4.442	4.097	3.799	3.539	3.311	3.109	2.496	19
20	16.351	13.590	11.470	9.818	8.514	7.469	6.623	5.929	5.353	4.870	4.460	4.110	3.808	3.546	3.316	3.113	2.497	20
21	17.011	14.029	11.764	10.017	8.649	7.562	6.687	5.973	5.384	4.891	4.476	4.121	3.816	3.551	3.320	3.116	2.498	21
22	17.658	14.451	12.042	10.201	8.772	7.645	6.743	6.011	5.410	4.909	4.488	4.130	3.822	3.556	3.323	3.118	2.498	22
23	18.292	14.857	12.303	10.371	8.883	7.718	6.792	6.044	5.432	4.925	4.499	4.137	3.827	3.559	3.325	3.120	2.499	23
24	18.914	15.247	12.550	10.529	8.985	7.784	6.835	6.073	5.451	4.937	4.507	4.143	3.831	3.562	3.327	3.121	2.499	24
25	19.523	15.622	12.783	10.675	9.077	7.843	6.873	6.097	5.467	4.948	4.514	4.147	3.834	3.564	3.329	3.122	2.499	25
26	20.121	15.983	13.003	10.810	9.161	7.896	6.906	6.118	5.480	4.956	4.520	4.151	3.837	3.566	3.330	3.123	2.500	26
27	20.707	16.330	13.211	10.935	9.237	7.943	6.935	6.136	5.492	4.964	4.524	4.154	3.839	3.567	3.331	3.123	2.500	27
28	21.281	16.663	13.406	11.051	9.307	7.984	6.961	6.152	5.502	4.970	4.528	4.157	3.840	3.568	3.331	3.124	2.500	28
29	21.844	16.984	13.591	11.158	9.370	8.022	6.983	6.166	5.510	4.975	4.531	4.159	3.841	3.569	3.332	3.124	2.500	29
30	22.396	17.292	13.765	11.258	9.427	8.055	7.003	6.177	5.517	4.979	4.534	4.160	3.842	3.569	3.332	3.124	2.500	30
35	24.999	18.665	14.498	11.655	9.644	8.176	7.070	6.215	5.539	4.992	4.541	4.164	3.845	3.571	3.333	3.125	2.500	35
40	27.355	19.793	15.046	11.925	9.779	8.244	7.105	6.233	5.548	4.997	4.544	4.166	3.846	3.571	3.333	3.125	2.500	40

찾아보기